Politische Vierteljahresschrift **PVS**

Zeitschrift der Deutschen Vereinigung für Politische Wissenschaft

Gegründet im Auftrag der Vereinigung von Prof. (em.) Dr. Karl Dietrich Bracher, Prof. Dr. Gert von Eynern †, Prof. Dr. Otto Heinrich von der Gablentz †, Prof. Dr. Gerhard Leibholz † und Prof. Dr. Dolf Sternberger †.

Herausgegeben von Vorstand und Beirat der Deutschen Vereinigung für Politische Wissenschaft

Redaktion: Prof. Dr. **Mathias Albert**, Bielefeld; Prof. Dr. **Michèle Knodt**, Darmstadt; Prof. Dr. **Rainer Schmalz-Bruns**, Hannover (ViSdP); Prof. Dr. **Samuel Salzborn**, Göttingen (PVS Literatur); Prof. Dr. **Harald Schoen**, Bamberg, Prof. Dr. **Annette Elisabeth Töller**, FernUniversität Hagen.

Politische Vierteljahresschrift

Sonderheft 50

Thorsten Faas | Cornelia Frank
Harald Schoen (Hrsg.)

Politische Psychologie

 Nomos

Die Deutsche Nationalbibliothek verzeichnet diese Publikation in
der Deutschen Nationalbibliografie; detaillierte bibliografische
Daten sind im Internet über http://dnb.d-nb.de abrufbar.

ISBN 978-3-8487-1360-8 (Print)
ISBN 978-3-8452-5441-8 (ePDF)

INHALTSVERZEICHNIS

IV. PROZESSE POLITISCHER INFORMATIONSVERARBEITUNG

V. POLITISCH-PSYCHOLOGISCHE BEITRÄGE ZUR POLITISCHEN THEORIE

VORWORT

„Die Politische Psychologie verspricht, die Erklärung politischer Phänomene auf diversen Gebieten zu verbessern. Dies gilt für die Forschung zu politischen Eliten ebenso wie zu *mass politics*, wie jüngere Entwicklungen in der internationalen *scientific community* belegen. Auch in Deutschland zeigen sich erste Entwicklungen in diese Richtung, allerdings ist noch ein erheblicher unausgeschöpfter Wissens- und Erkenntnistransfer sowohl zwischen den politikwissenschaftlichen Teildisziplinen als auch zwischen den Fachdisziplinen der Politikwissenschaft und der Psychologie zu konstatieren. Mit seinem Fokus auf dem Querschnittsthema ‚Politische Psychologie' soll das Sonderheft dazu beitragen, diese Perspektive in der deutschen Fachdiskussion weiter zu verankern und bestehende Lücken zu schließen" – so hatten wir das Ziel für das PVS-Sonderheft „Politische Psychologie" in unserem Call for Papers im Juli 2013 formuliert. Die Resonanz hat uns damals überwältigt – insgesamt haben uns über 100 Vorschläge für das Sonderheft aus allen Teilen der Politikwissenschaft erreicht. Nach einem internen und externen Review-Prozess und einer Autorentagung im September 2014 in Mainz freuen wir uns, nun den vorliegenden Band mit insgesamt 21 Beiträgen herausgeben zu dürfen.

Dieser Band wäre ohne die Unterstützung zahlreicher Personen und Institutionen nicht möglich gewesen: Unser Dank gilt Vorstand und Beirat der Deutschen Vereinigung für Politische Wissenschaft (DVPW), die unseren Vorschlag für dieses Sonderheft ausgewählt und uns damit die Chance eröffnet haben, der Politischen Psychologie als interdisziplinären Forschungsperspektive zu mehr Sichtbarkeit (im deutschsprachigen Forschungsraum) zu verhelfen. Dem Geschäftsführer der DVPW, Felix Wurm, gebührt ebenfalls ein herzlicher Dank für die stets sehr angenehme Zusammenarbeit. Auch dem Kollegen Thomas Gschwend von der Universität Mannheim, den die DVPW als externen Gutachter unseres eingereichten Konzepts ausgewählt hat, möchten wir für seine Anmerkungen und Kommentare danken.

Die Autorentagung im Herbst 2014 wäre ohne die finanzielle Unterstützung der DVPW und vor allem der Fritz Thyssen Stiftung nicht möglich gewesen. Mit dem Tagungshotel INNdependence hatten wir zudem eine Örtlichkeit gefunden, die uns eine produktive, konstruktive Arbeitsatmosphäre bereitgestellt hat. Ihnen allen gebührt ebenfalls unser Dank! Zum inhaltlichen Gelingen der Autorentagung haben einerseits die Autorinnen und Autoren, andererseits die von uns eingeladenen Gutachter beigetragen: Kai Arzheimer, Christopher Cohrs, Boris Egloff, Rinaldo Kühne, Michael Meffert, Tobias Rothmund, Christian von Scheve, Rainer Schmalz-Bruns und Bernd Simon haben mit ihren Rückmeldungen zu den eingereichten Manuskripten und den gehaltenen Vorträgen im Rahmen der Autorenkonferenz sehr zur Qualitätssicherung und damit dem Erfolg des Projekts beigetragen. Vielen Dank Ihnen!

Für die organisatorische Unterstützung der Tagung gilt unser großer Dank Simone Ndongala, Judith Schliephake und Johanna Mihm; Johanna Mihm hat zudem durch die gründliche Prüfung und Vereinheitlichung aller Manuskripte einen sehr wertvollen Beitrag zum nun vorliegenden Band geleistet. In diesem Kontext möchten wir auch dem NOMOS Verlag und insbesondere Beate Bernstein und Frank Schoch für die gute Zusammenarbeit danken.

Unser abschließender Dank gilt allen, die einen Vorschlag für dieses Sonderheft eingereicht haben, sowie den Autorinnen und Autoren, die einen Beitrag beigesteuert haben, für ihr Interesse an und ihren Beiträgen zu diesem Band, für die Geduld mit unseren Rückmeldungen sowie für ihr Verständnis für unsere Entscheidungen. Ohne diese Beiträge wäre dieser Band naturgemäß nie zustande gekommen. So aber konnten wir ein umfassendes Sonderheft zur „Politischen Psychologie" vorlegen und hoffen, damit einen Beitrag zur (weiteren) Etablierung dieser interdisziplinären Forschungsperspektive leisten und den Leserinnen und Lesern des Sonderhefts eine gewinnbringende Lektüre ermöglichen zu können.

Mainz, Frankfurt, Mannheim, im April 2015

Thorsten Faas, Cornelia Frank und Harald Schoen

EINLEITUNG

Zur Einführung: Politische Psychologie als interdisziplinäre Forschungsperspektive

Cornelia Frank/Harald Schoen/Thorsten Faas

> „Als Physiker kann man davon ausgehen,
> dass ein Elektron wie das andere ist,
> während Sozialwissenschaftler
> auf diesen Luxus verzichten müssen."
>
> Wolfgang Pauli

1. Einleitung

Die Politische Psychologie ist sowohl im deutschsprachigen als auch angelsächsischen Forschungsraum eine vergleichsweise junge, interdisziplinäre Forschungsperspektive. Ihr Kernanliegen ist es, den Nexus zwischen der Natur des Menschen und politischen Phänomenen zu ergründen (Huddy et al. 2013, S.1; Marcus 2013, S.4). Dies umfasst beispielsweise den Einfluss von Persönlichkeitsprägungen auf Wahlentscheidungen, politisches Protestverhalten, internationale Verhandlungen oder sicherheitspolitische Entscheidungen wie Kriegseintritte (Cottam et al. 2010, S.4). Neben der Betrachtung von (politischer) Persönlichkeit als zentralem Erklärungsfaktor für individuelles und kollektives Verhalten (Winter 2003; Mondak 2010) richtet die Politische Psychologie ihr Augenmerk auch auf gruppen- oder sozialpsychologische Einflussfaktoren bei der Analyse politischer Prozesse sowie die Wechselwirkungen zwischen politischen Institutionen und menschlichem Verhalten (Deutsch u. Kinnvall 2002, S.17; Jost u. Sidanius 2004, S.1). Wie der Blick in verschiedene englischsprachige Lehrbücher zeigt, gibt es keine einheitliche, allgemein anerkannte Definition von Politischer Psychologie (vgl. hierzu auch Prell 2011, S.489ff.). Vielmehr begünstigt deren interdisziplinäre Betrachtungsweise von politischen Phänomenen, zu der u.a. die Psychologie, Biologie, Neurowissenschaften und Soziologie beitragen, eine Vielfalt unterschiedlicher Begriffsverständnisse, die zugleich den Facettenreichtum dieser Forschungsperspektive widerspiegelt.

Während sich die Politische Psychologie im angelsächsischen Raum als Forschungsgebiet etabliert hat, was sich in entsprechenden Lehrstuhlwidmungen oder Masterstudiengängen manifestiert, fristet sie in der deutschen Universitätslandschaft noch immer ein Schattendasein, was ihrer ambivalenten Vorgeschichte hierzulande und den damit einhergehenden Abwehrreflexen in Wissenschaft und Gesellschaft geschuldet sein mag. Wurden Instrumente der Politischen Psychologie im Nationalsozialismus einerseits für die faschistische Massenmanipulation genutzt, trug die Forschungsperspektive andererseits nicht zuletzt durch die Studien zur autoritären Persönlichkeit des Forscherkreises um Theodor Adorno (Adorno et al. 1950) zur kritischen Auseinandersetzung mit diesen Entwicklungen bei. Nichtsdestoweniger ist es erstaunlich, dass die etwa mit den kognitionsbezogenen (u.a. Gross Stein 2012; Carlsnaes 2013), emotionsbezogenen (u.a. Crawford 2000, 2009; Mercer 2006, 2010; Bleiker u. Hutchison 2008) und neurowissenschaftlichen Forschungsprogrammen (u.a. McDermott 2004b; Damasio 2006; Hatemi u. McDermott 2012; Marcus 2013, S.99-127) verbundenen Erkenntnisse seitens der deutschsprachigen politisch-psychologischen Forschung in einigen Gegenstandsbereichen bislang eher zurückhaltend und vereinzelt aufgegriffen worden sind (s. hierzu Abschnitt 3).

Damit läuft die deutschsprachige Forschung Gefahr, erhebliches analytisches Potential zu verschenken und auf politikwissenschaftlich relevante Fragen keine befriedigende Antwort geben zu können. Das analytische Potential erwächst aus dem die verschiedenen Zugänge in der Politischen Psychologie einenden Interesse am Zusammenspiel von Individuen und Kontexten in politischen Prozessen, das als variabel angesehen wird. Diese Variabilität ermöglicht ein komplexes Verständnis von Akteuren. Demnach sind interindividuell verschiedene Reaktionen in identischen Kontexten möglich, ebenso intraindividuell unterschiedliche Reaktionen in unterschiedlichen Kontexten. Zugänge in der Politischen Psychologie unterscheiden sich im Wesentlichen darin, welche Aspekte dieses Zusammenspiels sie auf welche Weise untersuchen. Beispielsweise betonen persönlichkeitspsychologische Ansätze individuell stabile Verhaltenstendenzen, während emotionsbezogene Ansätze einen Modus der Reaktion auf situative Faktoren in den Blick nehmen. Gemeinsam tragen sie, weithin gestützt auf ein realistisches Wissenschaftsverständnis, dazu bei, das variable Zusammenspiel von Individuen und Kontexten in der Politik und dadurch politische Prozesse besser zu verstehen.

Der vorliegende Band soll daher einen Beitrag dazu leisten, der Politischen Psychologie in der deutschsprachigen Forschung zu größerer Resonanz zu verhelfen. Hierzu werden sowohl unterschiedliche individual-, gruppen- und sozialpsychologische Analyseansätze als auch in der (Neuro-)Psychologie etablierte Methoden für die Erklärung politischer Phänomene nutzbar gemacht. Ziel ist es, einen Überblick über die gegenwärtige deutschsprachige Forschung auf diesem Gebiet zu geben und zugleich zu deren Weiterentwicklung beizutragen. In diesem einführenden Kapitel erläutern wir zunächst das – wie die obige Skizze zeigt – für die Politische Psychologie zentrale Akteurs- und Handlungskonzept sowie die unterschiedlichen Strömungen der insgesamt sehr heterogenen Forschungsperspektive. Es folgt ein knapper Überblick über den Forschungsstand, der entlang dreier zentraler politikwissenschaftlicher Gegenstandsbereiche strukturiert ist, nämlich erstens Internationale Beziehungen, zweitens politisches Verhalten von Bürgern sowie drittens politische Systeme und Eliten. Anschließend gehen wir kurz auf Methoden in der Politischen Psychologie ein. Der abschließende fünfte Abschnitt gibt einen Ausblick auf die Einzelbeiträge der fünf Themenschwerpunkte des Bandes: (1) Persönlichkeit und Politik, (2) Emotionen, Affekte und Politik, (3) politische Psychologie von Gruppen, (4) Prozesse der Informationsverarbeitung sowie (5) politisch-psychologische Beiträge zur Politischen Theorie.

2. Akteurs- und Handlungskonzept sowie Felder der Politischen Psychologie

Das Akteurskonzept des homo oeconomicus teilt mit jenem des homo sociologicus wie auch anderen Handlungskonzepten wie dem kommunikativen Handeln (Müller 1994, 1995, 2004) oder dem rhetorischen Handeln (Schimmelfennig 2003) eine Gemeinsamkeit. Alle diese Konzepte gehen implizit von der Vorstellung eines reflektierten Akteurs aus – eine Prämisse, die – zumindest in dieser Gänze – nicht haltbar ist (Frank 2011, S.63). Vielmehr wird diese Prämisse, und damit auch die Konzeption solcher Akteurs- und Handlungsmodelle, angesichts der Implikationen, die mit der „emotionalen Wende" und der „neurowissenschaftlichen Revolution" für die politikwissenschaftliche Forschung einhergehen, grundlegend in Frage gestellt. Emotionale Reaktionen gehen (häufig unbemerkt) den bewussten Wahrnehmungen, Bewertungen und Entscheidungen voraus (McDermott 2004c, S.162; Damasio 2006, S.159; Gross Stein 2012, S.139), womit die Betrachtung von (politischen) Entscheidungen als Resultate ausschließlich bewusster Prozesse kritisch zu hinterfragen ist. Neben dem kognitiven, regelgeleiteten, verstandesbestimmten Entscheidungssystem, das bewusst, langsam und reflektiert ist, verweist die duale Prozesstheorie auf die weitreichende Wirkungsmacht von einem auf Emotionen basierten, intuitiven, assoziativen Entscheidungssystem, das unbewusst, schnell und veränderungsresistent ist (Kahneman 2011, S.31-44). Letzteres trifft die Mehrheit der Entscheidungen und triumphiert im Konfliktfalle über das vernunftgeprägte System. Das (vermeintlich) bewusste Denken agiert häufig lediglich als eine Art „Pressesprecher", der nach außen hin rechtfertigt, was zuvor anderswo entschieden wurde (Wolf 2012, S.606; 608).

Demnach können (politische) Akteure nicht per se als überwiegend reflektierte Wesen mit einem hohen Bewusstseinsgrad betrachtet werden, denen vorwiegend kommunikatives, rhetorisches, zweck- oder wertrationales Handeln eigen ist (Frank 2015).

Indes stellt die Entwicklung „ontologisch plausibler Theorien" (Wolf 2012, S.619), die *ratio* und *emotio* als Erklärungsfaktoren für politische Phänomene integrieren und auf diese Weise die in der Politikwissenschaft häufig verbreitete, falsche Dichotomie von Kognitionen und Emotionen überwinden helfen, ein ebenso erstrebenswertes wie langwieriges Unterfangen dar. Obwohl Thomas Risse-Kappen (1995, S.174) vor nunmehr zwei Dekaden darauf verwies, dass „im post-positivistischen Lager (…) Platz sowohl für den *homo oeconomicus* als auch den *homo sociologicus* und den *homo psychologicus*" [Hervorheb. im Original] ist, stehen sozialwissenschaftliche Bemühungen zur Konzeptionalisierung des Letzteren noch aus.

Die Frage, wie das Akteurs- und Handlungskonzept des homo psychologicus beschaffen ist, vermag auch die Politische Psychologie nicht eindeutig zu beantworten, da keine allgemein akzeptierte Definition von 'Persönlichkeit' oder Persönlichkeitstheorie besteht.[1] Unterschiedliche Persönlichkeitskonzepte verglei-

---

1   Einen guten Überblick über die unterschiedlichen Persönlichkeitskonzepte und Persönlichkeitstheorien liefert das psychologische Standardwerk „Differentielle Psychologie und Persönlichkeitsforschung" von Gerhard Stemmler et al. 2011, insbesondere Kapitel 7-12.

chend, stechen insbesondere vier Unterschiede ins Auge: Erstens die Priorisierung einer Dimension von Persönlichkeit, bei der *entweder* Kognitionen *oder* Eigenschaften *oder* Motivationen als zentral erachtet werden. Ein zweiter Zankapfel betrifft die Stabilität bzw. die Dynamik, die bei der Verfasstheit von Persönlichkeit angenommen wird. Drittens divergieren Persönlichkeitskonzepte hinsichtlich des angenommenen Maßes an genetischer, biologischer und physiologischer Bestimmung einerseits sowie sozialisationsbedingten Prägungen andererseits. Im Bereich der Motivationen betrifft ein vierter Unterschied schließlich die Anerkennung des Vorbewussten und des Unbewussten innerhalb der menschlichen Psyche bzw. die Abgrenzung gegenüber dieser Vorstellung und damit einhergehend die ausschließliche Fokussierung auf das Bewusste.

Eine differenzierte Konzeption von (politischer) Persönlichkeit hat David Winter (2003) vorgelegt. Er betrachtet die Persönlichkeit von Menschen als eine Art „personal computer with some relatively fixed 'hardware' characteristics and also many 'software' applications, each of which can be 'opened' or 'closed' by the operator – some running in a 'window' at the center of the screen, others available in the immediate background 'windows', and few running almost undetected in 'deeper' background" [eigene Hervorheb.] (Winter 2003, S.112).

Im Anschluss an Winter (2003, S.112) umfasst (politische) Persönlichkeit vier Dimensionen: *Kognitionen* verstanden als mentale Repräsentationen wie Überzeugungen, Einstellungen und Heuristiken; *Eigenschaften* als zeitlich und situationsübergreifend relativ stabile Charakteristika; *Motivationen* im Sinne von Beweg- und Vermeidungsgründen für (politische) Handlungen auf bewusster oder unbewusster Ebene sowie den *sozialen Kontext*.

Der homo oeconomicus ist insofern in den homo psychologicus inkorporiert, als beide Akteurs- und Handlungskonzepte davon ausgehen, dass (politische) Akteure in ihren mentalen Kapazitäten der Aufnahme und Verarbeitung von Informationen beschränkt sind, und sich infolgedessen (unbewusst) einer Reihe von kognitiven Heuristiken bedienen, um die komplexe, unwägbare (politische) Welt zu vereinfachen. Einerseits fungieren diese Heuristiken als Orientierungsmittel für die Akteure, bilden allerdings zugleich eine Quelle signifikanter kognitiver Verzerrungen (Levy 2013, S.308), die handlungsrelevant werden (können) und damit (potentiell) wichtige Erklärungsfaktoren für politische Phänomene bilden.

Weist die kognitionspsychologische Lesart von Akteurs- und Handlungskonzept hinsichtlich der angenommenen eingeschränkten Rationalität von Akteuren noch eine vergleichsweise große Schnittmenge mit moderaten Rational Choice-Ansätzen auf, geht eine gesamtpsychologische Betrachtungsweise bei Weitem darüber hinaus, wie das Persönlichkeitsverständnis von Winter (2003, 2011) oder die duale Entscheidungsprozesstheorie von Kahneman (2011, S.31-44) zeigen.

Dieses mehrdimensionale Akteursverständnis eint die vielfältige Forschung in der Politischen Psychologie, in der sich verschiedene Zweige mit je spezifischem Fokus auf eine oder mehrere Dimensionen von Persönlichkeit identifizieren lassen. Für die Zwecke dieses Überblicks seien fünf prominente Forschungszweige unterschieden, die sich in verschiedenen Etappen entwickelt haben. Als erstes ist der psychoanalytische Forschungszweig zu nennen (Lasswell 1948, 1960; George u. George 1964; Erikson 1969), der die älteste Tradition der Persönlichkeitspsychologie wie auch der Politischen Psychologie bildet (Cottam et al. 2010, S.15; Post 2013, S.461). Hier ist der Fokus auf unbewusste Bedürfnisse, Ambivalenzen und Konflikte innerhalb von Individuen oder Gruppen sowie deren Auswirkungen auf politische Prozesse, (Re)Inszenierungen oder Handlungen gerichtet (Mentzos 2002; Volkan 2003; Krell 2004; Wirth 2011).

Einen zweiten Forschungszweig der Politischen Psychologie bilden kognitionspsychologische Ansätze, die systematische ‚Fehler' und ‚Abweichungen' von einer Nutzen maximierenden Rationalität betrachten und hierbei – wie auch in der Zwischenzeit entstandene moderate rationalistische Ansätze – von einer ‚eingeschränkten' Rationalität ausgehen. Bis Ende der 1990er Jahre dominierte der kognitionspsychologische Forschungszweig innerhalb der Politischen Psychologie, da die Einschätzung, kognitive Modelle seien leichter zu überprüfen als emotionsbasierte, weit verbreitet war (Levy 2013, S.309). Neuere Erkenntnisse der Psychologie und der Neurowissenschaften, die auf die große Bedeutung von Emotionen bei (politischen) Entscheidungen verweisen (Cohen 2005, S.3; Marcus 2013, S.99-127), werden in kognitionspsychologischen Ansätzen allerdings nicht berücksichtigt.

Eine stärkere Hinwendung zu emotionalen Erklärungsfaktoren – und damit auch die Etablierung eines dritten Forschungszweigs – ist in der Politischen Psychologie seit Ende der 1990er Jahre zu beobachten (Saurette 2006; Löwenheim u. Heimath 2008; Fattah u. Fierke 2009; McDermott 2009). Studien dieses Forschungszweigs zufolge können sowohl Emotionen wie Angst, Ärger, Freude, Rache oder Demütigung handlungsleitend sein als auch individuelle und kollektive Bedürfnisse nach identitärer Sicherheit (Fisher et al. 2013, S.490), nach Rehabilitation oder Kompensation (Lebow 2010). Mit solchen Aspekten beschäftigt sich viertens der sozialpsychologische Forschungszweig, der sein Augenmerk auf gruppenpsychologische Erklärungsfaktoren wie beispielsweise dichotome identitäre Wir-Bildungen (Cottam et al. 2010, S.200f.) oder soziale Vergleichsprozesse (Tajfel 1970; Tajfel u. Turner 1986) richtet sowie das damit verbundene Konfliktpotential.

Auf evolutionsbiologische Prägungen von Menschen – und somit auch von politischen Akteuren – verweist fünftens die evolutionspsychologische Perspektive (Hammond u. Axelrod 2006; Waller 2007; Hatemi u. McDermott 2012). Aus evolutions- wie auch emotions- und sozialpsychologischer Sicht ist der zentrale Mechanismus im menschlichen Zusammenleben die Bevorzugung der *in-group* bei gleichzeitiger Prädisposition zur Behauptung gegenüber der *out-group* (Tajfel u. Turner 1986; Mercer 2006, S.297f.; Cottam et al. 2010, S.202).

Ungeachtet ihrer spezifischen Schwerpunktsetzungen tragen die verschiedenen Forschungsrichtungen in ihrer Gesamtheit zu dem Petitum bei, eine angemessene Analyse politischer Prozesse müsse zusätzliche Unterscheidungen berücksichtigen. Zwischen Menschen treten in relevanten Hinsichten vergleichsweise stabile Unterschiede auf; in Abhängigkeit von äußeren Einflüssen und inneren Zuständen sind intraindividuelle Unterschiede möglich. Wie im Eingangszitat von Wolfgang Pauli angedeutet, kann man folglich nicht annehmen, dass sich alle Akteure auf eine bestimmte oder auch nur die gleiche Weise verhalten. Daher kann es nicht erstaunen, dass als ein gemeinsamer Nenner der vielfältigen Strömungen in der

Politischen Psychologie eine kritische Haltung zu Rational-Choice-Modellen gelten kann. Gestützt auf häufig idealisierende Uniformitätsannahmen, leiten diese aus der Beschreibung äußerer Bedingungen Prognosen individuellen und kollektiven Verhaltens ab (siehe dazu etwa Friedman 1996). Von hier aus ist es ein recht kleiner Schritt zu einer gleichsam politischen ‚Sozialphysik‘, die es erlaubt, gesellschaftliche und politische Makroentwicklungen präzise vorherzusagen oder zu steuern (z.B. Pentland 2014). Aus Sicht der Politischen Psychologie erscheint ein solches Unterfangen deutlich anspruchsvoller, wenn auch nicht prinzipiell unmöglich. Diese Komplikationen, aus anderer Perspektive: Forschungspotentiale, können jedoch von einem signifikanten Zugewinn an empirischer Präzision in Beschreibung und Erklärung von Mikro- und Makrophänomenen mehr als aufgewogen werden. Daher sollte die Politische Psychologie in einer pluralistischen, nach Erkenntnisgewinn strebenden Politikwissenschaft eine deutlich vernehmbare Stimme besitzen.

Dabei sollte die Politische Psychologie nicht als Ausfluss eines psychologischen Imperialismus (miss-)verstanden werden. Sie ist nicht allein als Zweig der angewandten Psychologie zu begreifen, sondern als interdisziplinäres Feld, das Politikwissenschaft und Psychologie gleichermaßen befruchten kann (z.B. Druckman et al. 2009; Krosnick 2002). Wie bereits skizziert, kann jene in Form besserer Beschreibungen und Erklärungen politikwissenschaftlich relevanter Phänomene profitieren. Für die Psychologie kann sich ein Erkenntnisgewinn aus Analysen auf dem Feld der öffentlichen Angelegenheiten ergeben. Er kann unter anderem in einer stärkeren Sensibilisierung für die Kontextabhängigkeit psychologischer Befunde und in Impulsen zu der in der Disziplin lange währenden Debatte über Stellenwert und Zusammenspiel von Disposition und Situation bestehen (siehe z.B. Cronbach 1957; Funder 2008).

3. Zum Stand der Forschung auf Feldern der Politikwissenschaft

Die Politische Psychologie hat die Forschung auf praktisch allen Feldern der Politikwissenschaft erreicht und beeinflusst, allerdings in unterschiedlichem Maße und mit unterschiedlichen Nuancierungen. Darüber soll der vorliegende Abschnitt einen Überblick geben, der nicht zuletzt wegen der Fülle des Materials auf manchen Gebieten keinen Anspruch auf Vollständigkeit erheben kann, sondern eher schlaglichtartig vorgeht. In der Darstellung werden drei für die Politikwissenschaft zentrale Gegenstandsbereiche unterschieden: Internationale Beziehungen, Politisches Verhalten von Bürgern sowie Politische Systeme und Eliten.

3.1 Internationale Beziehungen

Im Teilbereich „Internationale Beziehungen" haben sich psychologische Ansätze wie die *Prospect Theory* und die *Polyheuristische Theorie*, der *Operational Code*- und *Leadership Trait*-Ansatz oder das *Groupthink-Modell* etabliert, die ihren explanatorischen Mehrwert gegenüber Rational Choice-Ansätzen mehrfach eindrucksvoll unter Beweis gestellt haben (u.a. Davis 2000; Taliaferro 2004; Redd 2005; Dyson 2006, 2009; Badie 2010; Walker et al. 2011; Brummer 2011, 2012).

Indem psychologische Analyseansätze akteursspezifisch geprägte Perzeptionen, Bedeutungszuschreibungen, Einschätzungen, Informationsverarbeitungen sowie (unbewusste) gruppenpsychologische Dynamiken und Zwänge in den Blick nehmen, ermöglichen sie es, die subjektive und intersubjektive Dimension von Außenpolitik zu beleuchten. Hierbei können psychologische Ansätze sowohl in konkurrierender als auch komplementärer Weise nutzbar gemacht werden.

So ist es ein Verdienst der psychologischen Betrachtungsweise des Sicherheitsdilemmas und der Abschreckungspolitik, mittels eines akteurstheoretischen Zugangs die Bedeutung von Heuristiken, wie die Verfügbarkeits-, Repräsentativitäts- oder Ankerheuristik (Gross Stein 2012, S.137), kognitiven Verzerrungen, Verteidigungsstrategien (Tetlock 2005) und emotionalen Überzeugungen (Mercer 2010) bei der Perzeption und Einschätzung wie auch Fehlperzeption und Fehleinschätzung von Sicherheitsbedrohungen herausgearbeitet zu haben. Im Unterschied zu rationalistischen Erklärungsansätzen der Abschreckungspolitik, die sich auf die sendende Seite konzentrieren, widmen sich psychologisch orientierte Forscher (u.a. Jervis 2002; Mercer 2010; Gross Stein 2013; Davis 2013) verstärkt den Empfängern, deren „Logik der Perzeption" auch als von Emotionen beeinflusst konzipiert wird.

Die *Prospect Theory* (Kahneman u. Tversky 1979, 2000; Kahneman 2011, S.342-368), zu Deutsch auch „Neue Erwartungstheorie", wurde ursprünglich in der Verhaltensökonomik entwickelt und findet seit den 1990er Jahren Anwendung in der Sicherheitspolitikforschung (u.a. McDermott 1998; Davis 2000; Taliaferro 2004; Brummer 2012). In kritischer Abgrenzung zur situationsübergreifenden Annahme der Netto-Gewinnoption als übergeordnetem Ziel von (politischen) Akteuren bei risikobehafteten Entscheidungen (Levy 1997, S.88), misst die Prospect Theory dem situativen Entscheidungskontext bei den Risikoabwägungsprozessen von Akteuren eine besondere Bedeutung bei (McDermott 2004a, S. 293). Im Mittelpunkt der Theorie stehen die Erwartungen (*prospects*), die Akteure an die verschiedenen Handlungsoptionen knüpfen. Somit werden Entscheidungen unter Risiko als Wahl zwischen unterschiedlichen Erwartungen konzipiert (Kahneman u. Tversky 1979, S.263). Der Entscheidungsprozess zwischen verschiedenen Handlungsoptionen wird aus Sicht der Prospect Theory u.a. von der Verlustaversion geprägt, wonach Menschen Verluste schwerwiegender einschätzen als vergleichbare Gewinne. Aus der Verlustaversion werden zwei Handlungserwartungen abgeleitet: Zum einen wirkt sich die Verlustaversion des (politischen) Akteurs auf seine Risikobereitschaft aus, d.h. er trifft risikoaverse Entscheidungen, wenn er Gewinne erwartet, wohingegen seine Risikobereitschaft beim Abwehren von Verlusten drastisch steigt. Darüber hinaus ergibt sich aus der Verlustaversion der so genannte „endowment effect", nach dem vorhandener Besitz subjektiv im Werte steigt (Levy 2013, S.314) – und ggf. mit erhöhter Risikofreude verteidigt wird. Dass die Verlustaversion bzw. die Konzessionsaversion einen zentralen Erklärungsfaktor für das Scheitern bzw. Zustandekommen von Friedensabkommen darstellt, haben Studien im Bereich der Friedens- und Konfliktforschung mehrfach gezeigt (Chollet u. Goldgeier 2002, S.160; Giersch 2009; Levy 2013, S.316).

Mit ihren Kernaussagen der Verlustaversion oder des *endowment effects* liefert die *Prospect Theory* auch differenzierte Antworten auf die (neo)realistische Gretchenfrage, ob Staaten eher als Sicherheits- oder Machtmaximierer betrachtet werden sollten. Verorten sich Staaten in der Gewinndomäne, so ist ein risikoaverses Verhalten im Sinne des Waltz'schen defensiven Realismus zu erwarten; sehen sich Staaten hingegen mit der Abwehr von Verlusten konfrontiert, vermag die offensiv-realistische Lesart im Sinne eines risikofreudigen Verhaltens von Mearsheimer Gültigkeit für sich zu beanspruchen (Goldgeier u. Tetlock 2010: S.465).

Neben der Selbstverortung des Entscheidungsträgers in der Gewinn- bzw. Verlustdomäne ist bei der akteursspezifischen Situationsauffassung ein zweiter Aspekt zentral: *Framing* im Sinne der subjektiven Darstellung der Realität und deren folgender, davon geprägter Wahrnehmung.

Dem Framing von Handlungsoptionen misst auch die *Polyheuristische Theorie* einen übergeordneten Stellenwert für den Verlauf und das Ergebnis außenpolitischer Entscheidungsprozesse bei. Die in den 1990er Jahre maßgeblich von Alexander Mintz (1993, 2002, 2004; Geva u. Mintz 1997) entwickelte *Polyheuristische Theorie* liefert mit ihrer Verbindung eines kognitionspsychologisch informierten und rationalen Ansatzes einen komplementären Zugang zur Analyse außenpolitischer Entscheidungen im Zwei-Phasen-Modell mit jeweils spezifischen Entscheidungslogiken. Insbesondere das ‚Herzstück' der Polyheuristischen Theorie, nämlich das aus der Verlustaversion von (politischen) Akteuren abgeleitete nichtkompensatorische Entscheidungsprinzip (Mintz 2004, S.8) in Phase 1, gilt als außerordentlich innovatives Merkmal (Oppermann 2012, S.2). Denn es liefert eine überzeugende Erklärung für die rasche Fokussierung von außenpolitischen Entscheidungsträgern auf wenige, ‚ausreichend gute' Handlungsoptionen, die sich auf Grundlage des kompensatorischen Entscheidungsprinzips rationaler Akteure nicht plausibilisieren ließe. Entsprechend der nichtkompensatorischen politischen Verlustvariable eliminiert der Entscheidungsträger in der ersten Phase des Entscheidungsprozesses alle Optionen, die seiner Ansicht nach auf der von ihm prioritär behandelten Dimension – in aller Regel die innen- bzw. machtpolitische (Levy 2013, S.317) – die Mindestanforderung nicht erfüllen (Mintz 2004, S.9). Hierbei verweist die Polyheuristische Theorie auf die Art und Weise sowie die Reihenfolge des *Framings* von Entscheidungsoptionen (Brummer u. Oppermann 2013, S.180), deren Bewertung davon abhänge, ob diese als (Teil)Erfolge oder etwaige Misserfolge präsentiert würden. Das kompensatorische Entscheidungsprinzip rationaler Ansätze sei dahingegen geeignet, um die Festlegung auf die ‚beste' Option in Phase 2 des außenpolitischen Entscheidungsprozesses zu erklären.

Wenngleich sowohl die Prospect Theory als auch die Polyheuristische Theorie den *First Image*-Ansätzen der Außenpolitikforschung zuzurechnen sind, liefern sie keinen Zugriff zur Öffnung der *Black Box* 'Individuum' (Frank 2015). Diesen analytischen wie explanatorischen Mehrwert kann der kognitionspsychologisch ausgerichtete *Operational Code*-Ansatz für sich beanspruchen, der auf eine vergleichsweise lange Genese zurückblickt (Leites 1951, 1953; George 1969, 1979). Der Operational Code-Ansatz betrachtet die politischen Überzeugungen von Entscheidungsträgern als zentrale Einflussfaktoren gerade bei ihren außenpolitischen Entscheidungen (George 1979, S.3; Walker u. Schafer 2006, S.7). In Abhängigkeit vom Regierungssystemtypus gilt das primäre Interesse dem individuell geprägten Überzeugungssystem, d.h. dem „Operational Code" des Präsidenten bzw. Premierministers. Der Operational Code umfasst zum einen fünf philosophische Überzeugungen, die Aufschluss darüber geben, wie der Akteur die externe Welt sieht, d.h. die Beschaffenheit der internationalen Politik oder seines politischen Gegenübers; sowie fünf instrumentelle Überzeugungen, die die interne Welt des Akteurs widerspiegeln, d.h. die von ihm präferierten Strategien im Umgang mit anderen Akteuren der internationalen Politik (Walker 2011, S.6). Sehr ausgereift ist mittlerweile die Verfahrensweise bei der Erstellung von Operational Codes, die sich computerbasierter quantitativ-inhaltsanalytischer Techniken mit eigens dafür entwickelten Softwareprogrammen („Verbs in Context System"; „Profiler Plus") bedient (Walker et al. 1998, 2003; Schafer u. Walker 2006).[2]

Im Vergleich zu den US-amerikanischen Präsidenten, die nicht nur, aber auch im Bereich der Operational Code-Forschung zweifelsohne die am häufigsten und detailliertesten untersuchten Individuen der Außen- und internationalen Politik sind (u.a. Schafer u. Crichlow 2000; Renshon 2008; Walker et al. 2011), lassen sich die Bundeskanzler in theoretisch-konzeptioneller Hinsicht als ‚vernachlässigte' Untersuchungsobjekte bezeichnen.[3] Angesichts der Vielzahl von Studien zu Bundeskanzlern, die der deutschsprachige Forschungszweig der politischen Führung in den letzten Jahren hervorgebracht hat, ist es umso erstaunlicher, dass hierbei kaum bis gar nicht auf die etablierten individualpsychologischen Analyseansätze der angelsächsischen Außenpolitik- und Leadership-Forschung zurückgegriffen wurde.[4]

Neben dem Operational Code-Ansatz bildet der multivariable Leadership Trait-Ansatz einen weiteren etablierten persönlichkeitspsychologischen Zugang, der maßgeblich von Margaret Hermann (1980, 1984, 2002, 2003) geprägt worden ist und seither vielfältige Anwendung im Teilbereich der Außen- und internationalen Politik findet (Karboo u. Hermann 1998; Preston 2001; Dyson 2004, 2006, 2009; Brummer 2014). Ausgangspunkt bildet ein dreidimensionales Persönlichkeitskonzept, das sowohl Kognitionen wie den Glauben in die eigenen Kontrollfähigkeiten, Eigenschaften wie Selbstbewusstsein oder kognitive Komplexität als auch Motivationen wie das Machtbedürfnis des Entscheidungsträgers umfasst. Aus der Ausprägung dieser Persönlichkeitsvariablen werden unterschiedliche Typen von Führungspersönlichkeiten und ihren jeweiligen Führungsstilen differenziert, die als entscheidend für die Gestaltung der Außen- und internationalen Politik erachtet werden. Hierbei stützen sich LTA-Forscher auf das eigens hierfür entwickelte Software-Programm „Profiler Plus", das ein speziell auf die untersuchten Persönlichkeitsvariablen abgestimmtes Wörterbuch enthält.

---

2   Vgl. hierzu die Homepage von *Social Science Automation*, auf der das *Verbs in Context System* sowie das *Profiler Plus System* in ihren Grundzügen erläutert werden und auch für eigene OPC- oder LTA-Erhebungen angefordert werden können (http://socialscience.net/partners/academicusers.aspx).

3   Jenseits dem Profiling von US-Präsidenten hat die OPC-Forschung vereinzelte Studien zu Staatsoberhäuptern aus anderen Ländern der Welt hervorgebracht, wie etwa die OPC-Analyse von Michail Gorbatschow (Malici 2006b), Waldimir Putin (Dyson 2001) oder Mao Zedong (Feng 2005).

4   Ausnahmen hiervon sind die deutsch- bzw. englischsprachigen Beiträge von Kaarbo u. Hermann (1998), Malici (2006a), Brummer (2011) oder Boin et al. (2012).

Fokussieren sich die oben angeführten Ansätze auf individuelle Entscheidungs-träger, so gründet das auf Irving Janis (1972, 1982) zurückgehende *Groupthink*-Modell auf sozialpsychologischen Überlegungen zu (unbewussten) psychodyna-mischen Prozessen innerhalb einer Entscheidungsgruppe, die die Qualität ihrer Entscheidungen beeinträchtigen können, im schlimmsten Falle desaströse Fehlent-scheidungen zeitigen. Als besonders anfällig für die Entwicklung von Groupthink-Symptomen wie Selbstüberschätzung, Engstirnigkeit und Uniformitätsdruck (Ja-nis 1982, S.256-259) gilt die amerikanische Außenpolitik (Mintz u. DeRouen Jr. 2010, S.45), wofür als exponiertes Beispiel häufig der Irak-Krieg 2003 (Kuntz 2007, Badie 2010) angeführt wird. Inwiefern diese Anfälligkeit durch die Spezifi-ka präsidentieller Regierungssysteme mit Einparteienregierungen begünstigt wird, ist nach wie vor ein Forschungsdesiderat in der Groupthink-Forschung. Ein wei-terer Spezifizierungsbedarf des Groupthink-Modells besteht hinsichtlich des Ne-xus zwischen Persönlichkeitstypus und Stressresistenz, verweisen doch neuropsy-chologische Erkenntnisse darauf, dass Persönlichkeitstypen in Stresssituationen unterschiedliche Reaktionsweisen an den Tag legen (Renshon u. Renshon 2008, S.512-514; Dyson u. t'Hart 2013, S.407f.), was die Uniformitätsannahme hin-sichtlich menschlichen Verhaltens in Stresssituationen, die dem Groupthink-Mo-dell zu Grunde liegt, in Frage stellt.

Innerhalb der Friedens- und Konfliktforschung haben insbesondere die so ge-nannten „ethnischen Konflikte" in der postbipolaren Ära verstärkt Aufmerksam-keit auf sich gezogen, weil deren sich häufig brutalisierender Konfliktverlauf bis hin zum Genozid mit herkömmlichen Ansätzen nicht zu erklären ist, die sich, wie beispielsweise die realistische *Group Conflict Theory*, ausschließlich auf real be-stehende Interessendivergenzen konzentrieren. Aus sozialpsychologischer Pers-pektive lässt sich mit Hilfe der *Social Identity Theory* (Tajfel 1970; Tajfel u. Tur-ner 1986) erklären, warum kollektive Akteure wie ethnische Gruppen, die sich untereinander vergleichen, im Falle negativer Vergleichsergebnisse motiviert sind, ihren Status zu verändern. Von friedens- und konflikttheoretischer Relevanz ist dieser Befund insbesondere für multiethnische Staaten wie jene des ehemaligen Jugoslawiens oder postkolonialen Afrikas. Entsprechend der *Intergroup Emo-tions Theory* empfinden Mitglieder einer (ethnischen) Gruppe im Falle einer star-ken Identifizierung mit der Gruppe letztere als einen Teil ihres psychologischen Selbst und dementsprechend auch ihrer Emotionen (Huddy 2013, S.755-757). Dagegen ist die emotionale Bindung an eine Ethnien übergreifende nationale Identität häufig vergleichsweise schwach ausgebildet (Cottam et al. 2010, S.200).

Neben der sozial- und emotionspsychologischen Betrachtungsweise von (ethni-schen) Konflikten liefert insbesondere der psychoanalytische Forschungszweig mit seinem Konzept der *Abwehrmechanismen* ein geeignetes Instrumentarium, um die Eskalationsprozesse bis hin zu barbarischen Gewaltpraktiken zumindest ansatz-weise verstehen zu können. Charakteristisch ist eine Polarisierung zwischen ‚uns' und ‚den Anderen', die sich im extremsten Falle zu einer Dichotomie zwischen ‚gut' und ‚böse' verfestigt (Volkan 2003, S.60-62; Krell 2004; S.83). Ein zentrales Merkmal dieses Prozesses der *in-group/out-group*-Polarisierung bis hin zur strik-ten Dichotomisierung und damit verbundenem „scapegoating" der out-group, sind starke emotionale Reaktionen auf die jeweilige *out-group*, die einen gewaltsamen Konfliktaustrag begünstigen (Halperin 2008). In seiner extremsten Form mündet dieser Prozess in eine *Dehumanisierung* der anderen (ethnischen) Gruppe (Mentzos 2002, S.201f.; Haslam 2006, S.252, 254) und eine *Deindividualisierung* ihrer Mitglieder, was Akteuren die Anwendung brutalster Praktiken des Konfliktaustrags gerechtfertigt erscheinen lässt (Haslam 2006, S.252f.; Fisher et al. 2013, S.498). Deren Verantwortung spaltet der handelnde Akteur allerdings häufig durch den Abwehrmechanismus der *Depersonalisierung* von sich selbst ab.

Hinsichtlich der Frage, was Menschen zu einer (extrem) gewaltsamen Art der Konfliktaustragung veranlasst, verweist die evolutionspsychologische Perspektive auf „inherited mechanisms that are here because they have, in the past, increased the likelihood of survival and reproduction among ancestors" (Waller 2007, S.150). Demnach liege es nach evolutionspsychologischer Lesart in der Natur des Menschen, um Ressourcen für das Überleben zu kämpfen, wofür eine Organisation in Gruppen zweckdienlich sei. Zentraler Mechanismus dieser Psychodynamik ist aus evolutions-, emotions- wie auch sozialpsychologischer Sicht die Bevorzugung der *in-group* bei gleichzeitiger Prädisposition zur Behauptung gegenüber der *out-group* (Tajfel u. Turner 1986; Mercer 2006, S.297f.; Cottam et al. 2010, S.202).

Wie der kursorische Streifzug durch ausgewählte Themenfelder des Teilbereichs „Internationale Beziehungen" gezeigt hat, können psychologische Ansätze sowohl in konkurrierender als auch komplementärer Weise nutzbar gemacht werden bei der Erklärung politischer Phänomene.

3.2 Politisches Verhalten von Bürgern

Die Entwicklung der Politischen Psychologie ist eng mit der Analyse politischer Einstellungen und politischen Verhaltens von Bürgern verknüpft. Abzulesen ist das nicht zuletzt daran, dass die umfragegestützte Erforschung von politischen Einstellungen und Verhaltensweisen von Bürgern eine Ära der Politischen Psychologie in der Mitte des zwanzigsten Jahrhunderts bestimmte (McGuire 1993). Gestützt auf zeitgenössische psychologische Konzepte und Theorien, wurde untersucht, wie Bürger sich einen Reim auf Politik machen und sich politisch verhalten (Lazarsfeld et al. 1944; Campbell et al. 1954, 1960; Converse 1964; Lane 1962). Die frühen, zumeist in der amerikanischen Gesellschaft erzielten Befunde legten nahe, dass nur wenige Bürger interessiert und wohlinformiert seien sowie auskristallisierte Einstellungen zu politischen Sachfragen und wohlstrukturierte Überzeugungssysteme besäßen (Converse 1970). Bei der politischen Urteilsbildung orientierten sie sich häufig an Gruppenbindungen, etwa zu politischen Parteien und gesellschaftlichen Gruppen, die als Folge eines Strebens nach kognitiver Konsonanz zu längerfristiger Stabilität tendierten (Festinger 1957; Heider 1958). Diese Ergebnisse zogen enorme Aufmerksamkeit auf sich und lösten rege Forschungstätigkeit aus, vermutlich nicht zuletzt deshalb, weil sie die empirische Angemessenheit hehrer Vorstellungen von der politischen Willensbildung einfacher Bürger in Zweifel zogen. Die Forschung zeigte, dass die wesentlichen Schlussfolgerungen auch in den USA und anderen Gesellschaften zu Beginn des 21. Jahrhunderts (z.B. Baldassarri u. Gelman 2008) gelten. Allerdings trugen verschiedene Entwicklungen und Strömungen in der Politischen Psychologie bei, diese Befunde und ihre Implikationen für demokratische Ordnungen besser zu verstehen.

Die so genannte kognitive Revolution, welche die begrenzte Informationsverarbeitungskapazität von Menschen (Simon 1957) betont, hinterließ auch in diesem Zweig der Forschung Spuren. Betrachten wir wie im vorangegangenen Abschnitt stellvertretend die Konzepte und Theorien von Kahneman und Tversky (1979; Tversky u. Kahneman 1974, 1981), so fällt eine Asymmetrie ins Auge. Die Rezeption der Prospect Theory kann trotz eines instruktiven Aufsatzes von Quattrone und Tversky (1988) als zurückhaltend gelten (siehe aber Perla 2011). In erster Linie in der Referendumsforschung lassen sich Beispiele finden, in denen eine Tendenz zum Status quo nachgewiesen wurde (z.B. Kriesi 2005).

Wesentlich größerer Resonanz erfreut sich das Heuristik-Konzept, allerdings in anderer Weise als von Kahneman und Tversky intendiert. Die beiden hatten das Konzept als nicht-motivierte, kognitive Ursache für Abweichungen von ‚rationalen‘ Entscheidungen vorgeschlagen. In der bürgerbezogenen Forschung dominiert jedoch die entgegengesetzte Interpretation, wonach Heuristiken es Menschen ermöglichten, sich trotz ihrer kognitiven Begrenztheit in der Politik angemessen zu orientieren und gute Entscheidungen zu treffen (Gigerenzer u. Gaissmaier 2011). Die Interpretation im Sinne einer „low-information rationality" (Popkin 1991) löste geradezu eine Welle immer neuer Vorschläge aus, welche Merkmale Bürgern als Heuristiken dienen könnten (z.B. Hurwitz u. Peffley 1987; Cutler 2002). Dabei geriet jedoch gelegentlich aus dem Blick, dass für den jeweiligen Kontext ungeeignete oder unangemessen genutzte Heuristiken Bürger in die Irre führen können. In diesem Sinne wurde die Nützlichkeit in Abhängigkeit von Individualmerkmalen (Kuklinski u. Quirk 2000; Lau u. Redlawsk 2001, 2006) und vom gesellschaftlichen und institutionellen Kontext betrachtet, wobei nicht zuletzt stabile Kontexte zur ökologischen Rationalität von Heuristiken beitragen (Brady u. Sniderman 1985; Sniderman et al. 1991; Lupia 1994; Sniderman u. Bullock 2004). Damit ist ein interessantes Forschungsprogramm entstanden, das aus kognitionspsychologischer Perspektive das Zusammenspiel individueller Heuristiken mit Kontextbedingungen analysiert.

Ebenso bemerkenswert ist die Karriere des Framing-Konzepts. Es liegt mittlerweile eine kaum zu überblickende Zahl an Arbeiten vor, in denen untersucht wird, ob und wie Variationen der Darstellung politischer Fragen Reaktionen von Bürgern darauf beeinflussen (z.B. Chong u. Druckman 2007a, 2007b). Anders als Kahneman und Tversky setzt die Forschung jedoch nicht Äquivalenzframes ein, sondern versucht, mit den Frames im gesellschaftlichen Diskurs über politische Streitfragen verwendete Argumentationsfiguren (oder einzelne Elemente daraus (Gamson u. Modigliani 1989)) abzubilden, weshalb sie etwa emotionale Appelle integriert. Diese auf Wirkungen politischer Kommunikation gerichtete Forschung, die auch andere Konzepte wie Priming verwendet, hat facettenreiche Ergebnisse hervorgebracht, die nicht zuletzt darauf hinweisen, dass Framing-Wirkungen nicht beliebig herbeigeführt werden können und unter anderem von individuellen Vorkenntnissen und politischen Prädispositionen, dem engeren sozialen und kommunikativen Umfeld und dem größeren gesellschaftlichen Kontext abhängen (z.B. Sniderman u. Theriault 2004; Druckman u. Bolsen 2011; Druckman u. Leeper

2012). Diese jüngeren Befunde relativieren Befürchtungen, Bürger seien beliebig manipulierbar, sprechen aber doch dafür, dass Elitenwettbewerb für die Funktionsweise einer demokratischen Ordnung von nicht zu unterschätzender Bedeutung ist (z.B. Zaller 1992; Bartels 2003).[5]

Inzwischen eng verknüpft mit der Framingforschung ist die Forschung zur Rolle von Affekten bei der politischen Urteilsbildung. Für die prozessorientierte Forschung aus der Affektperspektive sind Konzepte wie „hot cognition" (Abelson 1963), „primacy of affect" (Zajonc 1980) und „motivated reasoning" (Kunda 1990) von zentraler Bedeutung. Demnach treten bei der politischen Wahrnehmung und Informationsverarbeitung unwillkürlich Affekte auf, die Verlauf und Ergebnisse von Meinungsbildungsprozessen beeinflussen. Gestützt auf eine große Zahl geschickt aufgebauter Experimente, haben Lodge und Taber (2013) in diesem Sinn das Modell des rationalisierenden Bürgers entwickelt, der – von affektiven Reaktionen und einem Verteidigungsmotiv angetrieben – Informationen selektiv und verzerrt wahrnimmt und verarbeitet.[6] Es werden letztlich sich selbst verstärkende Prozesse der Urteilsbildung postuliert. Diese Interpretation konnte zusätzlich mit Hilfe bildgebender Verfahren unterstützt werden, die zeigen, dass Hirnareale, die für bewusstes Denken zuständig sind, bei der politischen Informationsverarbeitung eine nachgeordnete Rolle spielen (Westen et al. 2006; Westen 2007).[7] Diese Argumente und Befunde können erklären, warum Bürger nicht in ihr Weltbild passende Information, wenigstens bis zu einem gewissen Punkt (Redlawsk et al. 2010), ignorieren oder umdeuten (z.B. Gaines et al. 2007; Nyhan u. Reifler 2010). Anders als in der kognitivistischen Perspektive treten also motivierte Verzerrungen auf.

Allerdings werfen sie auch die Frage auf, wie sie mit den wenig strukturierten politischen Überzeugungssystemen vieler Bürger vereinbar sind. Die Erklärung dafür ist darin zu suchen, dass diese Art der Informationsverarbeitung an bestimmte kognitive und motivationale Voraussetzungen geknüpft ist (Lodge u. Taber 2000; ähnlich aus anderer Perspektive Chaiken 1980; Kahneman 2011). Politisch versierte Personen können Zusammenhänge und mögliche Widersprüche zwischen politischen Aussagen erkennen. Als störend werden sie diese aber nur dann empfinden, wenn sie entsprechend motiviert sind. Eine starke Identifikation mit einer Partei, also ein Teil des Selbstbildes, beispielsweise könnte jemanden dazu bringen, unangenehme Information über diese Partei zu negieren. Fehlt eine solche Motivation, wird diese Art der motivierten Verarbeitung nicht in Gang kommen.

Um Faktoren, die politische Informationsverarbeitung motivieren können, zu beschreiben, wird unter anderem auf für die Identität einer Person zentrale Dispositionen zurückgegriffen. Im Grunde bedienten sich die frühen Studien dieser Argumentation, wenn sie die Rolle von Parteibindungen herausstellten (Campbell et al. 1960). Mit der Selbstkategorisierungstheorie und der Theorie der Sozialen

---

5   Siehe in diesem Zusammenhang auch die Implikationen für die Umfrageforschung bei Zaller u. Feldman (1992) und Tourangeau, Rips und Rasinski (2000).

6   Damit beziehen Lodge und Taber (2013) auch prononciert Stellung in der Diskussion über – idealtypisch formuliert – online und memory-based processing.

7   Die neurowissenschaftliche Forschung kann darüber hinaus weitere mit traditionellen Methoden gewonnene Befunde untermauern (siehe für einen Überblick Jost et al. 2014).

Identität (Tajfel 1982; Tajfel u. Turner 1986) konnte das Verständnis von der kontextabhängigen Rolle sozialer Identitäten, etwa auch nationaler Identität, in der politischen Urteilsbildung deutlich verbessert werden. Nicht zuletzt wurde die enge Verknüpfung mit anderen Konzepten, wie Wertorientierungen (Inglehart 1977; Schwartz 1992; Inglehart u. Welzel 2005) und moralischen Orientierungen (Haidt 2012), herausgearbeitet (Abdelal et al. 2006). Gemeinsam nehmen sie eine prominente Stellung im Symbolic-Politics-Ansatz ein (z.B. Sears u. Funk 1991; Sears 1993) Allerdings ist das analytische Potential dieser Perspektive noch nicht ausgeschöpft.

Von motivierter Verarbeitung gehen auch Arbeiten aus, die politische Präferenzen in der Persönlichkeit verankert sehen (McAdams u. Pals 2006). In einflussreichen Arbeiten werden explizit bestimmte Bedürfnisse, etwa die Suche nach Sicherheit, als treibende Kraft postuliert, die bestimmte soziopolitische Orientierungen hervorbrächten (z.B. Duckitt 2001; Jost et al. 2003). Ähnlich argumentieren die inzwischen zahlreichen Arbeiten, die Zusammenhänge zwischen den im Fünf-Faktoren-Modell zusammengefassten Persönlichkeitsmerkmalen mit politischen Einstellungen und Verhaltensweisen nachgewiesen haben (z.B. Caprara et al. 2006; Schoen u. Schumann 2007; Schoen 2007; Mondak u. Halperin 2008; Mondak 2010; Gerber et al. 2010, 2011). Noch weiter von politischen Inhalten entfernte Erklärungen greifen Forscher auf, die politische Präferenzen und Verhaltensweisen mit genetischen Informationen in Verbindung bringen (Alford et al. 2005; Fowler et al. 2008). In der Zwischenzeit ist eine Diskussion darüber entbrannt, in welchem Verhältnis die Befunde zu genetischen Einflüssen und Persönlichkeitsfaktoren hinsichtlich der Kausalitätsfrage stehen (Hatemi u. Verhulst 2015; Verhulst et al. 2012).

Auch wenn im Zusammenhang mit den soeben dargestellten Konzepten auf die Interaktion zwischen Dispositionen und Kontext hingewiesen wird, verweisen Einflüsse von Persönlichkeitsfaktoren, sozialen Identitäten oder Wertorientierungen doch eher auf Konstanz politischer Vorlieben. Einen Kontrapunkt dazu setzt das Forschungsprogramm zur Rolle von Emotionen in der politischen Urteilsbildung, das davon ausgeht, dass situativ auftretende Gefühle die Ergebnisse oder auch den Modus der politischen Urteilsbildung beeinflussen. Als prominentes Beispiel sei das Affective-Intelligence-Modell angeführt (Marcus et al. 2000; Brader 2006). Demnach sorge etwa Angst dafür, dass früher getroffene Urteile in Frage gestellt und neue Informationen bei der Urteilsbildung stärker berücksichtigt werden. Allerdings ist die Befundlage nicht eindeutig (z.B. Ladd u. Lenz 2008).

Zusammengenommen haben die Entwicklungen in den verschiedenen Strömungen der Politischen Psychologie dazu beigetragen, die Prozesse besser zu verstehen, die Bürger zu politischen Urteilen und Entscheidungen gelangen lassen. Nicht zuletzt wurde die mehrdimensionale Kontextabhängigkeit dieser Prozesse deutlicher herausgearbeitet. Auf diese Weise konnten zwar die manchen Beobachter enttäuschenden Befunde zur politischen Versiertheit von Bürgern nicht revidiert werden, jedoch wurde mit der Einsicht in die Kontextbedingtheit ein Beitrag dazu geleistet, dass politische Institutionen auf die Bürger zugeschnitten werden können (z.B. Lupia u. McCubbins 1998).

3.3 Politische Systeme und Eliten: Parlamente, Regierung, Verwaltung und Eliten

In der Forschung zum politischen Entscheidungssystem und den Inhabern von Elitenpositionen spielt die Politische Psychologie eine deutlich kleinere und anders akzentuierte Rolle als in der Forschung zu politischen Einstellungen und Verhaltensweisen von Bürgern und zu internationalen Beziehungen. Die Vorstellung, die Persönlichkeit von Rollenträgern sei für deren Handeln und für Politikergebnisse bedeutsam, fand bereits in der psychoanalytisch dominierten Phase der Politischen Psychologie Eingang in die Forschung zum politischen Spitzenpersonal (Lasswell 1948). In die Verwaltungsforschung führte Merton (1940), aus anderer theoretischer Perspektive, diese Idee ein. Sie beeinflusste die Forschung, wobei nicht alle Persönlichkeitskomponenten gleichermaßen Aufmerksamkeit fanden. Vergleichsweise intensiv untersucht wurden die Rollenverständnisse von Positionsinhabern im politischen und administrativen System. Für Verwaltungseliten konnte gezeigt werden, dass ihre Wertvorstellungen und internalisierten Normen auf ein deutlich „politischeres" Rollenverständnis hindeuten, als es im klassischen Bürokratiemodell vorgesehen ist (z.B. Aberbach et al. 1981; de Graaf 2010). Das Rollenverständnis von Parlamentariern wird nicht zuletzt in Bezug auf deren Funktion als Repräsentanten untersucht (Katz 1997). Das Rollenverständnis beeinflusst das Handeln der Positionsinhaber wesentlich, hängt vom institutionellen Kontext ab und kann die Funktionsweise von Institutionen und die Möglichkeit, diese zu reformieren, erheblich tangieren (z.B. Blomgren u. Rozenberg 2012).

Neben diesen stark rollenbezogenen Vorstellungen wurden und werden weitere Persönlichkeitsmerkmale betrachtet. Die Operational Code-Analyse wird eingesetzt, um Spitzenpolitiker – wie bereits in Abschnitt 3.1 dargestellt – speziell in der Außenpolitik zu charakterisieren (Walker et al. 1999; Schafer u. Walker 2006), selten hingegen in der Innenpolitik (Preston 2001). Wenngleich der Operational Code als relativ stabil angenommen wird, können Amts- und Rollenwechsel von Entscheidungsträgern, Lerneffekte und traumatische Ereignisse als Auslöser bzw. Katalysatoren für kognitive Veränderungsprozesse fungieren (Renshon 2008, S.841). Auch die Leadership-Trait-Analyse, die unter anderen auf kognitive Eigenschaften wie konzeptuelle und integrative Komplexität (Tetlock 1983a, 1984, 1986; Thoemmes u. Conway 2007) abstellt, wird in der Innenpolitik seltener verwendet als in der Außenpolitik (Hermann u. Preston 1994; Kaarbo u. Hermann 1998). In jüngerer Zeit werden auch Versuche unternommen, den klassischen, nicht auf politische Spitzenpositionen zugeschnittenen trait-analytischen Big Five-Ansatz auf Inhaber von Positionen in Politik und Verwaltung anzuwenden (Rubenzer u. Faschingbauer 2004; Best 2011; Dietrich et al. 2012; Caprara et al. 2010; Cooper et al. 2013). In ausgewählten Fällen wird die Persönlichkeit von Spitzenpolitikern mit Hilfe von Winters vier Komponenten umfassendem Modell analysiert (z.B. Winter 2011).[8] Häufig werden diese Analysen als eher deskriptive Einzelfallstudien angelegt, weshalb das analytische Potential dieses Ansatzes bislang nicht vollends ausgeschöpft worden ist.

---

8   Ergänzend ist auf Arbeiten zur Selbstdarstellung von Politikern bei öffentlichen Auftritten hinzuweisen (z.B. Schütz et al. 2005).

Analysen von individuellen und kollektiven Entscheidungen im politisch-administrativen System werden vom Informationsverarbeitungsansatz und dem darin zentralen Konzept der bounded rationality (Simon 1957) geprägt. Ablesen lässt sich das an Modellen heuristischen Entscheidens, etwa Lindbloms (1959) Inkrementalismus und dem Garbage-Can-Modell von Cohen et al. (1972). Diese Ideen beeinflussen auch heute noch die Forschung über Entscheidungen vor allem in der öffentlichen Verwaltung etwa über die Budgetplanung und Veränderungen der Policy-Ausrichtung (z.B. Sabatier 1988; March 1994; Jones 2002; Jones u. Baumgartner 2005).

Im Vergleich dazu wurde die explizite Nutzung von Heuristiken im Handeln von Parlamentariern weniger häufig und prominent untersucht (siehe aber Kropp 2010). Die Prospect Theory wurde in der Außenpolitikanalyse ausgiebig genutzt (Levy 1992, 1997), auf anderen Politikfeldern hingegen kaum (siehe aber Wenzelburger 2014). Hier wird sie vorwiegend indirekt eingeführt, indem angenommen wird, rationale politische Akteure würden bei Policy-Entscheidungen auf Seiten der Bürger Verhalten im Sinne der Prospect Theory unterstellen und daher etwa zögern, staatliche Leistungen zu kürzen, und sich um ein geeignetes strategisches Framing von Policy-Entscheidungen bemühen (Weaver 1986; Pierson 1996; Weyland 1996). Dagegen ist es – anders als in der Außenpolitikforschung – unüblich, das Entscheidungsverhalten von Eliten selbst aus Sicht der Prospect Theory zu analysieren.

Noch zurückhaltender zeigt sich die Forschung, auf diesen Gebieten andere psychologische Konzepte und Prozesse in die Analyse einzubeziehen. Die Rolle von Gruppenprozessen bei kollektiven Entscheidungen wird kaum explizit berücksichtigt. Neuere Entwicklungen in der Psychologie, wie die Wiederentdeckung von Affekten und Gefühlen sowie die Neuropsychologie, wurden in der Forschung zum politisch-administrativen System und Rollenträgern bislang praktisch nicht aufgegriffen. Anders als in einigen der vorher dargelegten Felder zeichnet sich hier also kein Vorsprung der außen- vor der innenpolitikbezogenen Forschung in der Bereitschaft ab, Konzepte der Politischen Psychologie zu rezipieren.

In der insgesamt zögerlichen Rezeption dürften nicht zuletzt Probleme des Feldzugangs und der Messung zentraler Konzepte ihren Niederschlag finden. Möglicherweise kommen darin aber auch Überlegungen zum Ausdruck, bei der Analyse aufwendig selektierter und sozialisierter sowie in stark strukturierte Prozesse eingebundener Träger von Rollen im politischen Entscheidungssystem seien psychologische Konzepte und Theorien verzichtbar (siehe zu dieser Diskussion etwa Greenstein 1969, S.33-62). Allenfalls in der Außenpolitik könnten sie im Falle von Krisen von Nutzen sein, nicht jedoch in der routinehaften Innenpolitik. Sollte dies der Fall sein, trüge diese Selbstbeschränkung dazu bei, die Akteure im politisch-administrativen System als rationale, allein von ihren Interessen geleitete Individuen zu beschreiben, – und könnte als Teil einer Immunisierung verstanden werden. Der Erfolg psychologischer Erklärungen auf anderen politikwissenschaftlichen Gebieten deutet darauf hin, dass sich die Forschung mit diesem Verzicht erheblicher Erkenntnismöglichkeiten begibt und ein nicht ganz realistisches Bild von Akteuren und Prozessen zeichnet. Es wäre daher zu wünschen, dass sie ihre Zurückhaltung aufgibt und künftig einige Axiome als prüfbare Hypothesen auffasste.

4. Zu den Methoden in der Politischen Psychologie

Mit der Vielfalt disziplinärer Bezüge und theoretischer Ansätze in der Politischen Psychologie korrespondiert ein ausgeprägter Methodenpluralismus. Dieser kann nicht nur im Aggregat, sondern auch in einzelnen Forschungsprojekten und bei einzelnen Forschern beobachtet werden. Dem liegt offenbar die Einsicht zugrunde, dass jede Methode spezifische Stärken und Schwächen aufweist und daher die Kombination verschiedener Verfahren besser abgesicherte substantielle Folgerungen gestattet, als sich von einem Methodenmonismus leiten zu lassen (Tetlock 1983b).

Die Stärken und Schwächen von Methoden sind in Bezug auf bestimmte Zielsetzungen zu beurteilen. Forschung strebt danach, die interessierenden Phänomene, etwa Verteilungen von Variablen, Zusammenhänge, Prozesse, kausale Effekte, geeignet zu messen und auf dieser Grundlage Folgerungen abzuleiten, die sich in der Regel nicht ausschließlich auf die Untersuchungseinheiten und -bedingungen beziehen. Vereinfacht kann man diese Anforderungen, die bei jeder Analyse zu problematisieren sind, als interne und externe Validität zusammenfassen (siehe für eine differenzierte Diskussion Shadish et al. 2002, S.33-102). Vor diesem Hintergrund diskutieren wir nun einige in der Politischen Psychologie gebräuchliche Methoden.

In der bürgerbezogenen Forschung werden bevorzugt zwei Untersuchungsanordnungen eingesetzt: die standardisierte Befragung von Zufallsstichproben und das Laborexperiment. In der Befragung werden relevante Merkmale, etwa Prädispositionen, Wahrnehmungen, Bewertungen und Verhalten mit Hilfe von Selbstauskünften der Respondenten gemessen. Die wesentlichen Vorteile bestehen darin, dass eine große Zahl relevanter Konzepte gemessen werden kann und mit Hilfe der Inferenzstatistik von der Stichprobe Verallgemeinerungen auf eine davon verschiedene Grundgesamtheit, häufig die gesamte (wahlberechtigte) Bevölkerung, vorgenommen werden können. Bei entsprechender Datenerhebung kann auch die Kontextabhängigkeit von Phänomenen untersucht werden. Allerdings dürfen die Probleme dieser Methode nicht übersehen werden. Mit Befragungsdaten können Verteilungen und Zusammenhänge sehr gut untersucht werden. Schwieriger ist es, kausale Effekte und Prozesse auf der „molekularen" (Shadish et al. 2002, S.10) Ebene zu analysieren. Um diesem Problem beizukommen, kann man von der klassischen Querschnittbefragung zur Wiederholungsbefragung übergehen. Allerdings können selbst mit dieser Methode schwerlich in der für viele Fragen der politischen Psychologie erforderlichen zeitlichen Differenzierung gemessen werden.

Zweitens impliziert die Befragungstechnik, dass Personen selbst und bewusst über mentale Zustände und Prozesse sowie über ihr Verhalten Auskunft geben. Nicht alle interessierenden Phänomene, etwa unbewusste Prozesse, sind jedoch menschlicher Introspektion zugänglich. Da es sich bei der Befragung um ein reaktives Verfahren handelt, ist zudem nicht garantiert, dass menschlicher Introspektion zugängliche Merkmale unverzerrt gemessen werden. Vielmehr ist mit Messfehlern etwa infolge von Erinnerungsproblemen und sozialer Erwünschtheit zu rechnen.

Drittens kann man aus mit einer Befragung gewonnenen Befunden nicht ohne weiteres Verallgemeinerungen ableiten. Nur wenn eine Zufallsstichprobe vorliegt, kann mit den Mitteln der Inferenzstatistik auf die Grundgesamtheit gefolgert werden. Die zunehmenden Schwierigkeiten, mit persönlichen, telefonischen oder online administrierten Befragungen Zufallsstichproben zu erreichen, lassen diese statistischen Verallgemeinerungen anspruchsvoller als in zurückliegenden Perioden erscheinen. Allerdings sollten Zufallsstichproben aus der interessierenden Population weder als notwendige noch als hinreichende Bedingung für solche Verallgemeinerungen verstanden werden. Zum einen können Gelegenheitsstichproben, etwa bestehend aus Studenten, in Abhängigkeit vom betrachteten Phänomen Folgerungen auf davon verschiedene Populationen erlauben. Werden etwa allgemeine, populationsunabhängige Phänomene, z. B. physiologische Prozesse, untersucht, können auch Gelegenheitsstichproben zu verallgemeinerbaren Ergebnissen führen. Soll hingegen etwa das Verhalten der Inhaber von Elitenpositionen, die spezifische Selektions- und Sozialisationsprozesse durchlaufen haben, untersucht werden, dürften sich beispielsweise studentische Stichproben nur bedingt als nützlich erweisen. Zum anderen sollten bei Verallgemeinerungen neben der Repräsentativität der Untersuchungseinheiten auch bedacht werden, dass jede Befragung – wie jede Untersuchung – mit bestimmten Instrumenten, in einem bestimmten Kontext und in einer artifiziellen Interviewsituation durchgeführt wird und diese Spezifika die Verallgemeinerbarkeit der Befunde einschränken können (z.B. Cronbach 1982). Nimmt man die von der Politischen Psychologie postulierte Kontextabhängigkeit ernst, sollten Ergebnisse einzelner Untersuchungen daher in erster Linie verstanden werden als spezifische Glieder in einer langen Kette empirischer Befunde (siehe Druckman u. Kam 2011).

Das Laborexperiment erlaubt es, relevante Stimuli randomisiert an Teilnehmer in Experimental- und Kontrollgruppen zu vergeben und die äußeren Bedingungen zu kontrollieren. So können im Idealfall kausale Effekte nachgewiesen werden. Darüber hinaus können in dieser Anordnung, besser als in standardisierten Befragungen, Techniken eingesetzt werden, die Selbstauskünfte der Probanden verzichtbar machen. Beispielsweise kann das Verhalten bei den ihnen gestellten Aufgaben beobachtet oder von einem Rechner aufgezeichnet werden (z.B. Lau u. Redlawsk 2006; Lodge u. Taber 2013), sodass Reaktivitätsprobleme reduziert und den Probanden unbewusste Phänomene untersucht werden können (z.B. Greenwald et al. 1998; Payne et al. 2005), bis hin zum Einsatz bildgebender Verfahren zur Erfassung von Hirnströmen (z.B. Westen 2007). Im Ergebnis können Prozesse kleinteilig nachgezeichnet, unbewusste Phänomene und Kausalhypothesen geprüft werden. Erkauft wird dieser Vorteil mit Einwänden gegen die Verallgemeinerbarkeit von Befunden, die sich nicht zuletzt auf die Zusammensetzung der Probanden und die artifizielle Laborsituation beziehen.

Um einige der skizzierten Probleme zu lindern, werden weitere Untersuchungsanordnungen eingesetzt. In Feldexperimenten werden Stimuli in einem natürlichen Umfeld randomisiert vergeben. Folglich können Einwände gegen die situationsbezogene Verallgemeinerbarkeit entkräftet werden. Erkauft wird dies mit dem Verzicht auf eine vollständige Kontrolle möglicher Störfaktoren, auf die volle Kooperationsbereitschaft der Teilnehmer und auf den Einsatz hochspezialisierter

Messverfahren. Analog werden experimentelle Designs (z.B. Schuman u. Presser 1981) oder indirekte, nicht-reaktive Messverfahren in Befragungen integriert, etwa die Messung von Antwortlatenzzeiten. Im Ergebnis wird der Nachweis kausaler Effekte erleichtert bzw. Reaktivität abgeschwächt. Aber auch diese Methoden können die Validitätsprobleme nicht ohne weiteres lösen.

In Bezug auf die Methoden unterscheidet sich die elitenbezogene Forschung deutlich von der bürgerbezogenen. Einerseits ist die Zielsetzung der elitenbezogenen Forschung insofern moderater, als sie häufig von an bestimmten Untersuchungspersonen gewonnenen Ergebnissen nicht auf andere Fälle zu schließen trachtet. Beispielsweise kann es wichtig sein, über den britischen Premierminister in einer spezifischen Situation Aussagen zu treffen. Andererseits sieht sie sich bei der Datenerhebung vor zusätzlichen Problemen. Kann die bürgerbezogene Forschung die Untersuchungspersonen direkt in die Datenerhebung einbeziehen, indem sie befragt oder einem Experiment ausgesetzt werden, ist dies bei Inhabern von Elitenpositionen in wesentlich geringerem Maße möglich. Laborexperimente oder die Erhebung physiologischer Maße kamen bislang nicht vor. Selbstverständlich werden auch mit Eliten standardisierte oder weniger strukturierte Interviews geführt, nicht selten mit stark retrospektivem Charakter, doch treten andere Techniken, die nicht die Kooperation der Untersuchungspersonen bei der Datenerhebung voraussetzen, häufiger auf.

Nicht zuletzt werden Techniken der Beobachtung und der qualitativen und quantitativen Inhaltsanalyse eingesetzt. Beispielsweise geben Experten auf der Grundlage von Beobachtungen Einschätzungen über die Persönlichkeit von Politikern ab (z.B. Post 2003; Winter 2011). Es werden private oder öffentliche Äußerungen von Politikern analysiert, um deren konzeptuelle und integrative Komplexität zu messen (siehe für einen knappen Überblick mit weiteren Verweisen Suedfeld u. Tetlock 2014). Mit Hilfe von Quellenstudien werden Motive und Wahrnehmungen von Akteuren in spezifischen historischen Situationen zu erschließen versucht (z.B. Houghton 1996; Dyson u. Preston 2006). Wie die Beispiele illustrieren, werden die Daten nicht an Stichproben in artifiziellen Situationen erhoben, und die Untersuchungspersonen können nicht so unmittelbar auf die Datenerhebung reagieren, wie es in einem persönlichen Interview der Fall wäre.

Diesen Vorteilen der Messung aus der Entfernung stehen gewichtige Nachteile gegenüber. Mentale Zustände und Prozesse, die für die politische Psychologie von herausragender Bedeutung sind, werden letztlich aus Verhaltensmanifestationen abzuleiten versucht. Dieser Prozedur liegen starke Annahmen zugrunde, da zwischen mentalen und behavioralen Merkmalen keine eindeutige Beziehung besteht. Es kommt hinzu, dass die untersuchten Akteure zwar nicht erhebungsbezogene Reaktivität zeigen können, aber ihr öffentliches Handeln als Akt der Selbstdarstellung bewusst kalkulieren könnten. Darüber hinaus können mit diesen Techniken schwerlich mentale Prozesse auf der molekularen Ebene betrachtet werden. Schließlich ist es schwieriger als im experimentellen Design, mit kontrafaktischen Überlegungen kausale Effekte nachzuweisen.

Die Möglichkeiten und Schwierigkeiten der Datenerhebung erklären zu einem gewissen Teil Schwerpunkte und Lücken in der elitenbezogenen Forschung. Kleinteilige Analysen von Urteilsbildungsprozessen, in denen kognitive und affektive

Faktoren auf komplexe Weise interagieren, sind schwerlich durchführbar, Untersuchungen von affektiven Reaktionen und neuronalen Prozessen kaum vorstellbar. Womöglich spricht aus diesen Aussagen vor allem die begrenzte Vorstellungskraft der Autoren, und in der Zukunft bieten sich neue methodische Möglichkeiten, die bislang ungeahnte Erkenntnisse hervorzubringen helfen.

5. Aufbau des Bandes

Der vorliegende Band soll einen Überblick über den Stand der deutschsprachigen Forschung zur Politischen Psychologie geben. Auf der Grundlage eines ursprünglichen Konzepts und der Einreichungen ergeben sich insgesamt fünf Schwerpunkte: (1) Persönlichkeit und Politik, (2) Emotionen, Affekte und Politik, (3) politische Psychologie von Gruppen, (4) Prozesse der Informationsverarbeitung sowie (5) politisch-psychologische Beiträge zur Politischen Theorie.

Der erste Abschnitt des Bandes umfasst Beiträge zum Themenfeld Persönlichkeit und Politik. Ihn eröffnet *Christian Kandler* mit seinem instruktiven und umfassenden Überblick über verhaltensgenetische Arbeiten zu den Quellen politischer Orientierungen. Darin legt er nicht zuletzt dar, dass für die beiden betrachteten politischen Grundorientierungen „Soziale Dominanzorientierung" (SDO) und „Autoritär Konservative Orientierung" (AKO) deutlich verschiedene Ursachenbündel zu beobachten sind. *David Johann, Markus Steinbrecher* und *Kathrin Thomas* gehen in ihrem komparativ angelegten Beitrag der Bedeutung der Big-Five-Persönlichkeitsfaktoren für politische Partizipation nach. Sie identifizieren Extraversion und Offenheit als besonders wichtig und weisen auf Unterschiede zwischen Österreich und Deutschland hin. Das vielgestaltige politische System des Schweizer Föderalismus machen sich *Kathrin Ackermann* und *Markus Freitag* in ihrem Aufsatz zunutze. Sie untersuchen das Zusammenspiel zwischen Persönlichkeitsmerkmalen und kontextuellen Faktoren bei der Erklärung von Parteibindungen und finden Indizien dafür, dass der Grad der direkten Demokratie den diesbezüglichen Einfluss einzelner Persönlichkeitsmerkmale auf die Stärke von Parteibindungen moderiert. *Anja Mays* analysiert die Wirkung von Persönlichkeitsfaktoren auf die Stabilität politischer Grundorientierungen. In ihrer vergleichenden Analyse von Paneldaten aus Großbritannien und Deutschland findet sie Anhaltspunkte für solche Einflüsse, wobei vor allem Extraversion und Offenheit eine gewisse, destabilisierende Bedeutung zukommt. Unter Rückgriff auf den *Leadership Trait Assessment-Ansatz* untersuchen *Benedikt Backhaus* und *Bernhard Stahl* in einer vergleichenden Außenpolitikanalyse, inwiefern die US-amerikanische Iranpolitik unter George Bush jr. und Barack Obama den jeweiligen präsidentiellen Führungsmerkmalen entspricht.

Im zweiten Abschnitt des Bandes finden sich Beiträge zum Zusammenhang von Emotionen, Affekten und Politik. *Sven-Eric Fikenscher, Lena Jaschob* und *Reinhard Wolf* beschäftigen sich mit Blick auf Staaten und sie repräsentierende Regierungen, ob subjektiv empfundene Erfahrungen von Respekt bzw. Missachtung die Kooperationsbereitschaft erhöhen bzw. beeinträchtigen – und sich somit ein sozialpsychologischer Individuums-Befund auch für die Ebene der zwischenstaatlichen Beziehungen beobachten lässt.

Dorothea Prell und *Tino Prell* führen in die wesentlichen bildgebenden Methoden ein und diskutieren ihre Anwendung anhand ausgewählter Studien zu Wahlverhalten und politischen Einstellungen. Dabei zeigen sie nicht zuletzt, wie die Rolle affektiver Prozesse mit derartigen Verfahren erfasst werden können. *Ulrich Rosar* und *Markus Klein* schließlich gehen der Frage nach, inwieweit (und auf Basis welcher Mechanismen) die Wahlerfolge politischer Kandidaten von ihrer physischen Attraktivität beeinflusst werden. Ihre Ergebnisse zeigen, dass sich Wähler häufiger an attraktive Wahlkreiskandidaten erinnern und sie diese auch besser bewerten.

In der dritten Rubrik folgen Beiträge zur politischen Psychologie von Gruppen. *Florian Stöckel* untersucht, inwiefern soziale Interaktionen zwischen Personen aus unterschiedlichen EU-Ländern zu einer stärker ausgeprägten europäischen Identität führen und die Einstellungen zur EU als politischer Institution verändern. Gegenstand des Beitrags von *Sabrina Mayer* ist eines der wohl am häufigsten untersuchten Konzepte der empirischen Politikwissenschaft, die Parteiidentifikation. In ihrem Aufsatz schlägt sie eine Rekonzeptualisierung der Parteiidentifikation aus Sicht der Theorie der sozialen Identität vor und prüft zwei Typen entsprechender Indikatoren. Sie kann zeigen, dass diese Maße offenbar Aspekte erfassen, die mit dem traditionellen Instrument nicht gemessen werden können und für die politische Urteilsbildung von Bedeutung sind. *Klaus Brummer* geht in seinem Beitrag der Frage nach, ob bestimmte Typen von Regierungssystemen mit ihren jeweiligen Spezifika das Auftreten der Vorbedingungen von *Groupthink*, das häufig zu schwerwiegenden außenpolitischen Fehlentscheidungen führt, begünstigen bzw. weniger wahrscheinlich machen. *Hanja Blendin* und *Gerald Schneider* untersuchen mittels eines spieltheoretischen Experiments, inwiefern bestimmte Handlungskontexte und/oder individuelle Dispositionen wie z.B. Risikoaversion und Narzissmus, die Eskalationsbereitschaft von Entscheidungsträgern beeinflussen.

Die im vierten Abschnitt zusammengestellten Beiträge haben Prozesse politischer Informationsverarbeitung, gleichsam die Interaktion von Individuum und Kontext unter dem Mikroskop, zum Gegenstand. *Nathalie Giger* und *Sascha Huber* gehen in ihrem Beitrag auf Basis eines eleganten Online-Experiments der Frage nach, ob Wähler in Deutschland männliche und weibliche politische Kandidaten systematisch unterschiedlich wahrnehmen – was sie empirisch auch tun: Kandidatinnen werden systematisch anders beurteilt als Kandidaten, allerdings wird dieser Effekt durch den Informationskontext moderiert. *Sven Stadtmüller* widmet sich mit Framing einem sehr prominenten Thema der einschlägigen Forschung. Am Beispiel der Rente mit 67 untersucht der Autor, ob es verschiedenen Varianten gerichteter Frames gelingt, die Einstellungen zu dieser Reform zu verschieben. Die Ergebnisse seines Online-Experiments sind gemischt: Im Aggregat gibt es Verschiebungen, die sich allerdings in bestimmten Subgruppen konzentrieren: Der Informationskontext interagiert mit Individualmerkmalen. Mit ihrem Fokus auf Medien-Priming widmen sich *Dieter Ohr* und *Sünje Paasch-Colberg* einem anderen viel beachteten Thema in der Literatur zur Informationsverarbeitung. Sie verbinden eine Medieninhaltsanalyse mit einer Rolling-Cross-Section Analyse aus dem Kontext der Bundestagswahl 2009 und untersuchen so, ob es ein Kandidaten-Priming gegeben hat. Auch dies ist der Fall, aber auch dieser Effekt wird von individuellen Merkmalen der Befragten moderiert. *Jan Eric Blumenstiel* und *Konstantin Gavras* widmen sich dem Thema der Ambivalenz und prüfen anhand eines recht neuen Messinstruments im deutschen Kontext, welche Hintergründe Ambivalenz erklären können, aber auch welche Konsequenzen damit verbunden sind. *Maria Preißinger* und *Marco Meyer* beleuchten die Bundestagswahlkämpfe 2005, 2009 und 2013 und gehen dabei der Frage nach, ob es in diesen Wahlkämpfen Aktivierungsprozesse gegeben hat. Dabei greifen sie methodisch auf Antwortreaktionszeiten zurück. Tatsächlich zeigen sich leichte Zugänglichkeitssteigerungen im Laufe von Wahlkämpfen bei den Wahlabsichten; für Parteiidentifikationen ist dies allerdings nicht der Fall.

Der fünfte Abschnitt versammelt politisch-psychologische Beiträge zur Politischen Theorie mit deutlich unterschiedlicher Schwerpunktsetzung. Ausgehend von einem integrativen Subjektbegriff, der sozialpsychoanalytische, sozialisatorische, interaktionale, sprachliche und institutionelle Aspekte umfasst, arbeitet *Hans-Joachim Busch* in seinem Beitrag zur Kritischen Politischen Psychologie heraus, wie ein demokratisches Subjekt sinnlich und vernünftig Lebenspolitik zu betreiben vermag. *Marco Steenbergen* widmet sich der Frage, wie sich das „demokratische Dilemma" lösen lässt, wie Bürgerinnen und Bürger also trotz mäßigen Interesses an Politik gute Entscheidungen treffen können. Der Autor diskutiert die mögliche motivierende Rolle bestimmter Emotionen, vor allem aber ambivalenter Einstellungen, um das Dilemma zu lösen. *Johannes Marx* und *Christine Tiefensee* untersuchen in ihrem metatheoretischen Aufsatz die Beziehung zwischen der Politischen Psychologie und zwei Rational-Choice-Varianten, einer instrumentalistischen und einer realistischen. Dabei entdecken sie vor allem zwischen letzterer und der Politischen Psychologie einige Ähnlichkeiten.

Literatur

Abdelal, Rawi, Rose McDermott, Yoshiko M. Herrera, und Alastair Iain Johnston. 2006. Identity as a Variable. *Perspectives on Politics* 4: 695-711.

Abelson, Robert P. 1963. Computer simulation of „hot cognition". In *Computer Simulation of Personality: Frontier of Psychology Theory,* Hrsg. Silvan S. Tomkins, und Samuel Messick, 277-302. New York: Wiley.

Aberbach, Joel D., Robert D. Putnam, und Bert A. Rockman. 1981. *Bureaucrats and politicians in Western democracies.* Cambridge, MA: Harvard University Press.

Adorno, Theodor W., Else Frenkel-Brunswik, und Daniel J. Levison. 1950. *The Authoritarian Personality Studies in Prejudice.* New York: Wiley.

Alford, John R, Carolyn L. Funk, und J. R. Hibbing. 2005. Are Political Orientations genetically Transmitted? *American Political Science Review* 99: 153-167.

Badie, Dina. 2010. Groupthink, Iraq, and the War on Terror: Explaining US Policy Shift toward Iraq. *Foreign Policy Analysis* 6: 277-296.

Baldassarri, Delia, und Andrew Gelman. 2008. Partisans without Constraint: Political Polarization and Trends in American Public Opinion. *American Journal of Sociology* 114: 408-446.

Bartels, Larry M. 2003. Democracy with Attitudes. In *Electoral Democracy*, Hrsg. Michael B. MacKuen, und George Rabinowitz. 48-82. Ann Arbor: University of Michigan Press.

Best, Heinrich. 2011. Does Personality Matter in Politics? Personality Factors as Determinants of Parliamentary Recruitment and Policy Preferences. *Comparative Sociology* 10: 942-962.

Bleiker, Roland, und Emma Hutchison. 2008. Fear no more: emotions and world politics. *Review of International Studies* 34: 115-135.

Blomgren, Magnus, und Olivier Rozenberg (Hrsg.) 2012. *Parliamentary Roles in Modern Legislatures.*London: Routledge.

Boin, Arjen, Paul 't Hart, und Femke van Esch. 2012. Political Leadership in Times of Crises: Comparing Leader Responses to Financial Turbulence. In *Comparative Political Leadership*, Hrsg. Ludger Helms. 119-141. London/New York: Palgrave Macmillan.

Brader, Ted. 2006. *Campaigning for Hearts and Minds: How Emotional Appeals in Political Ads Work*. Chicago: University of Chicago Press.

Brady, Henry E., und Paul M. Sniderman.1985. Attitude Attribution: A Group Basis for Political Reasoning. *American Political Science Review* 79: 1061-1078.

Brummer, Klaus. 2011. Überzeugungen und Handeln in der Außenpolitik. Der Operational von Angela Merkel und Deutschlands Afghanistanpolitik. *Zeitschrift für Außen- und Sicherheitspolitik* 1: 143-169.

Brummer, Klaus. 2012. Germany and the Kosovo War. *Acta Politica* 47: 273-291.

Brummer, Klaus. 2014. Die Führungsstile von Präsidenten der Europäischen Kommission *Zeitschrift für Politik*, 61: 327-345.

Brummer, Klaus, und Kai Oppermann. 2013. *Außenpolitikanalyse*. München: Oldenbourg.

Campbell, Angus, Gerald Gurin, und Warren E. Miller. 1954. *The Voter Decides. Evanston IL: Row, Peterson & Co.*

Campbell, Angus, Philip E. Converse, Warren E. Miller, und Donald E. Stokes. 1960. The American Voter. New York: Wiley.

Carprara, Gianvittorio, Shalom Schwartz, Cristina Capanna, Michele Vecchione, und Claudio Barbaranelli. 2006. Personality and Politics: Values, Traits, and Political Choice. *Political Psychology* 27: 1-28.

Caprara, Gianvittorio, Donata Francescato, Minou Mebane, Roberta Sorace, und Michele Vecchione. 2010. Personality Foundations of Ideological Divide: A Comparison of Women Members of Parliament and Women Voters in Italy. *Political Psychology* 31: 739-762.

Carlsnaes, Walter. 2013. Foreign Policy, In *Handbook of International Relations*, Hrsg. Thomas Risse, Thomas und Beth A. Simmons, 298-326. London: Sage Publications.

Chaiken, Shelly. 1980. Heuristic vs. systematic information processing and the use of source vs. message cues in persuasion. *Journal of Personality and Social Psychology* 45: 524-537.

Chollet, Derek H., und James M. Goldgeier. 2002. The scholarship of decision-making: do we know how we decide? In *Foreign Policy Decision-Making (Revisited)*, Hrsg. Richard Snyder, H.W. Bruck und Burton Sapin. 153-180. New York: Palgrave.

Chong, Dennis, und James N. Druckman. 2007a. Framing Public Opinion in Competitive Democracies. *American Political Science Review* 101: 637-655.

Chong, Dennis, und James N. Druckman. 2007b. Framing Theory. *Annual Review of Political Science* 10: 103-126.

Cohen, Jonathan. 2005. The Vulcanization of the Human Brain: A Neural Perspective on Interactions Between Cognition and Emotion. *Journal of Economic Perspectives* 19: 3-24.

Cohen, Michael D., James G. March, und Johan P. Olsen. 1972. A Garbage Can Model of Organizational Choice. *Administrative Science Quarterly* 17: 1-25.

Converse, Philip E. 1964. The Nature of Belief Systems in Mass Publics. In *Ideology and Discontent*, Hrsg. David E. Apter, 206-261. New York: Free Press.

Converse, Philip E. 1970. Attitudes and Non-Attitudes: Continuation of a Dialogue. In *The Quantitative Analysis of Social Problems*, Hrsg. E. R. Tufte, 168-189. Reading: Addison-Wesley.

Cooper, Christopher A., H. Gibbs Knotts, David M. McCord, und Andrew Johnson. 2013. Taking Personality Seriously: The Five-Factor Model and Public Management. *American Review of Public Administration* 43: 397-415.

Cottam, Martha, Beth Dietz-Uhler, Elena Mastors, und Thomas Preston (Hrsg.). 2010. *Introduction to Political Psychology*. New York: Psychology Press.

Crawford, Neta. 2000. The Passion of World Politics: Propositions on Emotion and Emotional Relationships. *International Security* 24: 116-156.

Crawford, Neta. 2009. Human nature and world politics. *International Relations* 23: 271-288.

Cronbach, Lee J. 1957. The Two Disciplines of Scientific Psychology. *American Psychologist* 12: 671-684.

Cronbach, Lee J. 1982. *Designing Evaluations of Educational and Social Programs*. San Fransisco: Josey-Bass.

Cutler, Fred. 2002. The Simplest Shortcut of All: Sociodemographic Characteristics and Electoral Choice. *Journal of Politics* 64: 466-490.

Damasio, Antonio. 2006. *Descartes' error. Emotion, reason and the human brain*. London: Vintage.

Davis, James W. 2000. *Threats and promises*. Baltimore, MD: Johns Hopkins University.

Davis, James W. (Hrsg.). 2013. *Psychology, Strategy and Conflict*. London & New York: Routledge.

de Graaf, Gjalt. 2010. The Loyalties of Top Public Administrators. *Journal of Public Administration Research* 21: 285-306.

Dietrich, Bryce J., Scott Lasley, Jeffery J. Mondak, Megan L.Remmel, und Joel Turner. 2012. Personality and legislative politics: The Big Five trait dimensions among U.S. state legislators. *Political Psychology* 33: 195-210.

Deutsch, Morton, und Catarina Kinnvall. 2002. What is Political Psychology? In *Political Psychology*, Hrsg. Kristen R. Monroe, 15-42. Mahwah: Lawrence Erlbaum.

Druckman, James N., und Toby Bolsen. 2011. Framing, Motivated Reasoning, and Opinions About Emergent Technologies. *Journal of Communication* 61: 659-688.

Druckman, James N., und Cindy D. Kam. 2011. Students as Experimental Participants: A Defense of the 'Narrow Data Base'. In *Handbook of Experimental Political Science*, Hrsg. James N. Druckman, Donald P. Green, James H. Kuklinski und Arthur Lupia. 41-57. New York: Cambridge University Press.

Druckman, James N., und Thomas J. Leeper. 2012. Learning More from Political Communication Experiments: The Importance of Pretreatment Effects. *American Journal of Political Science* 56: 875-896.

Druckman, James N., James H. Kuklinski, und Lee Sigelman. 2009. The Unmet Potential of Interdisciplinary Research: Political Psychological Approaches to Voting and Public Opinion. *Political Behavior* 31: 485-510

Duckitt, John. 2001. A Dual-Process Cognitive-Motivational Theory of Ideology and Prejudice. *Advances in Experimental Social Psychology* 33: 41-114.

Dyson, Stephen B. 2001. Drawing policy implications from the 'operational code' of 'new' political actor: Russian president Vladimir Putin. *Policy Sciences* 34: 329-346.

Dyson, Stephen B. 2004. *Prime Minister and Core Executive in British Foreign Policy: Process, Outcome and Quality of Decision.* Dissertation. Department of Political Science: Washington State University.

Dyson, Stephen B. 2006. Personality and Foreign Policy: Tony Blair's Iraq Decisions. *Foreign Policy Analysis* 2: 289-306.

Dyson, Stephen B. 2009. Cognitive Style and Foreign Policy: Margaret Thatcher's Black and White Thinking. *International Political Science Review* 30: 33-48.

Dyson, Stephen B., und Paul t'Hart. 2013. Crisis Management. In *The Oxford Handbook of Political Psychology.* Hrsg. Leonie Huddy, David O. Sears und Jack S. Levy, 395-422. Oxford: Oxford University Press.

Dyson, Stephen B., und Thomas Preston. 2006. Individual characteristics of political leaders and the use of analogy in foreign policy decision making. *Political Psychology* 27: 265-288.

Erikson, Erik. 1969. *Gandhi's truth.* New York: Norton.

Fattah, Khaled, und K.M. Fierke. 2009. A Clash of Emotions: The Politics of Humiliation and Political Violence in the Middle East. *European Journal of International Relations* 15: 67-93.

Feng, Huiyun. 2005. The operational code of Mao Zedong: Defensive or offensive realist? *Security Studies* 14: 637-662.

Festinger, Leon. 1957. *A Theory of Cognitive Dissonance.* Stanford: Stanford University Press.

Fisher, Ronald J., Herbert C. Kelman, und Susan Allen Nan. 2013. Conflict Analysis and Resolution. In *The Oxford Handbook of Political Psychology*, Hrsg. Leonie Huddy, David O. Sears und Jack S. Levy, 489-524. Oxford: Oxford University Press.

Fowler, James H., Laura Baker, und Christopher T. Dawes. 2008. Genetic Variation in Political Participation. *American Political Science Review* 102, 233-248.

Frank, Cornelia. 2011. *NATOisierung polnischer und tschechischer Sicherheitspolitik: Normübernahme aus Sicht des rationalen und konstruktivistischen Institutionalismus.* Baden-Baden: Nomos

Frank, Cornelia. 2015. Politische Psychologie in den Internationalen Beziehungen. In *Handbuch Internationale Beziehungen,* Hrsg. Carlo Massala und Frank Sauer. Wiesbaden: Springer (im Erscheinen).

Friedman, Jeffrey (Hrsg.). 1996. *The Rational Choice Controversy. Economic Models of Politics Reconsidered,* Yale: Yale University Press.

Funder, David C. 2008. Persons, Situations, and Person-Situation Interactions. In *Handbook of Personality: Theory and Research,* Hrsg. Oliver P. John, Richard W. Robins und Lawrence A. Pervin, 568-580. New York/London: Guilford.

George, Alexander. 1969. The „operational code": A neglected approach to the study of political leaders and decision-making. *International Studies Quarterly 13* (2): 190-222.

George, Alexander. 1979. The Causal Nexus between Cognitive Beliefs and Decision-making Behavior: The „Operational Code" Belief System. In *Psychological Models in International Politics*. Hrsg. Lawrence S. Falkowski, 95-124. Boulder: Westview Press

George, Alexander, und Juliette George. 1964. *Woodrow Wilson and Colonel House: A personality study.* New York: Dover.

Gerber, Alan S., Gregory A. Huber, David Doherty, Conor M. Dowling, Connor Raso, und Shang E. Ha. 2011. Personality Traits and Participation in Political Processes. *Journal of Politics* 73: 692-706.

Gerber, Alan S., Gregory A. Huber, David Doherty, Conor M. Dowling, und Shang E. Ha. 2010. Personality and Political Attitudes: Relationships Across Issue Domains and Political Contexts. *American Political Science Review 104*: 111-133.

Geva, Nehemia, und Alexander Mintz (Hrsg.). 1997. *Decision Making on War and Peace: The Cognitive-Rational Debate.* Boulder, CO: Lynne Rienner.

Gaines, Brian J., James H. Kuklinski, Paul J. Quirk, Buddy Peyton, und Jay Verkuilen. 2007. Same Facts, Different Interpretations: Partisan Motivations and Opinion on Iraq. *Journal of Politics* 69: 957-974.

Gamson, William A., und Andre Modigliani. 1989. Media Discourse and Public Opinion on Nuclear Power: A Constructionist Approach.: *American Journal of Sociology* 95: 1–37.

Giersch, Carsten. 2009. Risikoeinstellungen in internationalen Konflikten. Wiesbaden: VS Verlag für Sozialwissenschaften.

Gigerenzer, Gerd, und Wolfgang Gaissmaier. 2011. Heuristic Decision Making. *Annual Review of Psychology* 62: 451-482.

Goldgeier, James M., und Philip Tetlock. 2010. Psychological Approaches. In *The Oxford Handbook of International Relations*, Hrsg. C. Reus-Smit und D. Snidal, 462-480. Oxford: Oxford University Press.

Greenstein, Fred I. 1969. *Personality and Politics: Problems of Evidence, Inference, and Conceptualization.* Princeton: Princeton University Press.

Greenwald, Anthony G., Debbie E. McGhee, und Jordan L. K. Schwartz. 1998. Measuring Individual Differences in Implicit Cognition: The Implicit Association Test. *Journal of Personality and Social Psychology* 74: 1464-1480.

Gross Stein, Janice. 2012. Foreign Policy Decision-Making: Rational, Psychological, and Neurological Models. In *Foreign Policy: Theories, Actors, Cases*, Hrsg. Steve Smith, Amelia Hadfield und Tim Dunn, 130-146. Oxford: Oxford University Press.

Gross Stein, Janice. 2013. Threat Perception in International Relations. In *The Oxford Handbook of Political Psychology*, Hrsg. Leoni Huddy, David.O. Sears und Jack .S. Levy, 364-394. Oxford: Oxford University Press.

Haidt, Jonathan. 2012. *The Righteous Mind: Why People are Divided by Politics and Religion.* New York: Knopf.

Halperin, E. 2008. Group-based Hatred in Intractable Conflict in Israel. *Journal of Conflict Resolution* 52: 713-736.

Hammond, Ross, und Robert Axelrod. 2006. The evolution of ethnocentrism. *Journal of Conflict Resolution* 50: 1-11.

Haslam, Nick. 2006. Dehumanization: An integrative review. *Personality and Social Psychology Review* 10: 252-264.

Hatemi, Peter, und Rose McDermott. 2012. A Neurobiological Approach to Foreign Policy Analysis. Identifying Individual Differences in Political Violence. *Foreign Policy Analysis* 8: 111-129.

Hatemi, Peter, und Brad Verhulst. 2015. *Political Attitudes Develop Independently of Personality Traits.* PLOSone (doi: 10.1371/journal.pone.0118106).

Heider, Fritz. 1958. *The Psychology of Interpersonal Relations.* New York: Wiley.

Hermann, Margaret. 1980. Explaining Foreign Policy Behavior Using the Personal Characteristics of Political Leaders. *International Studies Quarterly 24:* 7-46.

Hermann, Margaret. 1984. Personality and foreign policy decision making: A study of 53 heads of government. In *Foreign policy decision-making: perceptions, cognition, and artifical intelligence,* Hrsg. Donald Sylvan und Steve Chan, 53-80. New York: Praeger.

Hermann, Margaret. 2002. *Assessing leadership style: A trait analysis.* Zweite Auflage. Columbus, OH: Social Science Automation.

Hermann, Margaret. 2003. Assessing Leadership Style: A Trait Analysis. In *The Psychological Assessment of Political Leaders. With Profiles of Saddam Hussein and Bill Clinton,* Hrsg. Jerrold Post, 178-215. Ann Arbor: The University of Michigan Press.

Hermann, Margaret G., und Thomas Preston. 1994. Presidents, Advisers, and Foreign Policy: The Effects of Leadership Style on Executive Arrangements. *Political Psychology* 15: 75-96.

Houghton, David P. 1996. The role of analogical reasoning in novel foreign policy situations. *British Journal of Political Science* 26: 523-552.

Huddy, Leonie. 2013. From Group Identity to Political Cohesion and Commitment. In *The Oxford Handbook of Political Psychology,* Hrsg. Leonie Huddy, David O. Sears und Jack S. Levy, 737-773. Oxford: Oxford University Press.

Huddy, Leonie, David O. Sears, und Jack S. Levy. 2013. Introduction: Theoretical Foundations of Political Psycholoy. In *The Oxford Handbook of Political Psychology,* Hrsg. Dies., 1-19. Oxford: Oxford University Press.

Hurwitz, Jon, und Mark A. Peffley. 1987. How are Foreign Policy Attitudes Structured? A Hierarchical Model. *American Political Science Review 81: 1099-1120.*

Inglehart, Ronald. 1977. *The Silent Revolution: Changing Values and Political Styles among Western Publics.* Princeton: Princeton University Press.

Inglehart, Ronald, und Christian Welzel, 2005. *Modernization, Cultural Change, and Democracy: The Human Development Sequence.* Cambridge: Cambridge University Press.

Janis, Irving. 1972. *Victims of Groupthink: A Psychological Study of Foreign Policy-Decisions and Fiascoes.* Boston: Houghton Mifflin.

Janis, Irving. 1982. *Groupthink. Psychological Studies of Policy Decisions and Fiascoes.* 2. Auflage, Boston: Houghton Mifflin.

Jervis, Robert. 2002. Signaling and perception: Drawing inferences and projecting images. In *Political Psychology,* Hrsg. Kristen R. Monroe, 293-312. Mahwah, NJ: Erlbaum.

Jones, Bryan D. 2002. Bounded Rationality and Public Policy: Herbert A. Simon and the Decisional Foundation of Collective Choice. *Policy Sciences 35: 269-280.*

Jones, Bryan D., und Frank R. Baumgartner. 2005. *The Politics of Attention: How Government Prioritizes Problems.* Chicago: University of Chicago Press.

Jost, John T., Jack Glaser, Arie W. Kruglanski, und Frank J. Sulloway. 2003. Political Conservatism as Motivated Social Cognition. *Psychological Bulletin* 129, 339–375.

Jost, John T., und Jim Sidanius. 2004. Political Psychology. An Introduction. In *Political Psychology. Key Readings*, Hrsg. John T. Jost, und Jim Sidanius, 1-17. New York/ Howe: Psychology Press.

Jost, John T., H. Hannah Nam, David M. Amodio, und Jay J. Van Bavel. 2014. Political Neuroscience: The Beginning of a Beautiful Friendship. *Advances in Political Psychology* 35: 3-42.

Kaarbo, Juliet, und Margaret G. Hermann. 1998. Leadership Styles of Prime Ministers: How Individual Differences Affect the Foreign Policymaking Process. *Leadership Quarterly* 9: 43-263.

Kahneman, Daniel. 2011. *Thinking Fast and Slow*. London: Allen and Lane.

Kahneman, Daniel, und Amos Tversky. 1979. Prospect Theory: An Analysis of Decision under Risk. *Econometrica* 47: 263-292.

Kahneman, Daniel, und Amos Tversky (Hrsg.). 2000. *Choices, Values and Frames*. New York: Cambridge University Press and Russell Sage Foundation.

Katz, Richard S. 1997. Representational Roles. *European Journal of Political Research* 32: 211-226.

Krell, Gert. 2004. Theorien in den Internationalen Beziehungen. In *Einführung in die Internationale Politik*, Hrsg. Manfred Knapp und Gert Krell, 57-90. 4. überarbeitete und erweiterte Auflage. München: Oldenbourg Wissenschaftsverlag.

Kriesi, Hanspeter. 2005. *Direct Democratic Choice: The Swiss Experience*. Lanham: Lexington Books.

Kropp, Sabine. 2010. German Parliamentary Party Groups in Europeanised Policymaking: Awakening from the Sleep? Institutions and Heuristics as MPs' Ressources. *German Politics* 19: 123-147.

Krosnick, Jon A. 2002. Is political psychology sufficiently psychological? Distinguishing political psychology from psychological political science. Hrsg. James H. Kuklinski. *Thinking about political psychology*. New York: Cambridge University Press: 187-216.

Kuklinski, James, und Paul J. Quirk. 2000. Reconsidering the Rational Public: Cognition, Heuristics, and Mass Opinion. In *Elements of Reason: Cognition, Choice, and the Bounds of Rationality*, Hrsg. Arthur Lupia, Mathew D. McCubbins und Samuel L. Popkin, 153-182. New York: Cambridge University Press.

Kunda, Ziva. 1990. The Case for Motivated Reasoning. *Psychological Bulletin* 108: 480-498.

Kuntz, Friederike. 2007. *Der Weg zum Irak-Krieg. Groupthink und die Entscheidungsprozesse der Bush-Regierung*. Wiesbaden: VS Verlag.

Leites, Nathan. 1951. *The operational code of the Politburo*. New York: McGraw-Hill.

Leites, Nathan. 1953. *A Study of Bolshevism*. Glencoe: Free Press.

Ladd, Jonathan M., und Gabriel S. Lenz. 2008. Reassessing the Role of Anxiety in Vote Choice. *Political Psychology* 29: 275-296.

Lane, Robert E. 1962. *Political Ideology: Why the American Common Man Believes What he Does*. Oxford: Free Press.

Lasswell, Harold D. 1948. *Power and Personality*. New York: Norton.

Lasswell, Harold D. 1960. *Psychopathology and politics*. Chicago: University of Chicago Press.

Lau, Richard R., und David P. Redlawsk. 2001. Advantages and Disadvantages of Cognitive Heuristics in Political Decision Making. *American Journal of Political Science* 45: 951-971.

Lau, Richard R., und David P. Redlawsk. 2006. *How Voters Decide: Information Processing during an Election Campaign*. New York: Cambridge University Press.

Lazarsfeld, Paul F., Bernard Berelson, und Hazel Gaudet. 1944. *The People's Choice: How the Voter Makes Up His Mind in a Presidential Campaign*. New York: Columbia University Press.

Lebow, Richard N. 2010. *Why Nations fight: Past and future motives for war*. Cambridge: Cambridge University Press.

Levy, Jack S. 1992. Prospect Theory and International Relations: Theoretical Applications and Analytical Problems. *Political Psychology* 13: 283-310.

Levy, Jack S. 1997. Prospect Theory, Rational Choice, and International Relations. *International Studies Quarterly* 41: 87-112.

Levy, Jack S. 2013. Psychology and Foreign Policy Decision-Making. In *The Oxford Handbook of Political Psychology*, Hrsg. Leonie Huddy, David O. Sears und Jack S. Levy, 301-333. Oxford: Oxford University Press.

Lindblom, Charles E. 1959. The Science of „Muddling Through". *Public Administration Review* 19: 79-88.

Lodge, Milton, und Charles S. Taber. 2000. Three Steps Toward a Theory of Motivated Reasoning. In *Elements of Political Reason: Understanding and Expanding the Limits of Rationality*. Hrsg. Arthur Lupia, Mathew D. McCubbins und Samuel Popkin, 183-213. New York: Cambridge University Press.

Lodge, Milton, und Charles S. Taber. 2013. *The Rationalizing Voter*. Cambridge: Cambridge University Press.

Löwenheim, Oded, und Gadi Heimann. 2008. Revenge in international politics. *Security Studies* 17: 685-724.

Lupia, Arthur. 1994. Shortcuts Versus Encyclopedias: Information and Voting Behavior in California Insurance Reform Elections. *American Political Science Review* 88: 63-76.

Lupia, Arthur, und Mathew D. McCubbins. 1998. *The Democratic Dilemma. Can Citizens Learn What They Need to Know?* Cambridge: Cambridge University Press.

Malici, Akan. 2006a. Germans as Venutians of Germany foreign policy behavior. *Foreign Policy Analysis* 2: 37-62.

Malici, Akan. 2006b. Reagan and Gorbachev: Altercasting the End of the Cold War. In *Beliefs and Leadership in World Politics. Methods and Applications of Operational Code Analysis*, Hrsg. Stephan G. Walker und Mark Schafer, 127-150. New York: Palgrave Macmillan.

March, James G. 1994. *A Primer on Decision-Making: How Decisions Happen*. New York: Free Press.

Marcus, George E., W. Russell Neuman, und Michael MacKuen. 2000. *Affective Intelligence and Political Judgment*. Chicago: University of Chicago Press.

Marcus, George E. 2013. *Political Psychology. Neurosciences, Genetics, and Politics*. New York/Oxford: Oxford University Press.

McAdams, Dan P., und Jennifer L. Pals. 2006. A new Big Five: Fundamental Principles for an Integrative Science of Personality. *American Psychologist* 61: 204-217.

McDermott, Rose. 1998. *Risk-Taking in International Relations: Prospect Theory in Post-War American Foreign Policy.* Ann Arbor: University of Michigan Press.

McDermott, Rose. 2004a. Prospect Theory in Political Science: Gains and Losses From the First Decade. *Political Psychology* 25: 289-312.

McDermott, Rose 2004b: The Feeling of Rationality: The Meaning of Neuroscientific Advances for Political Science. *Perspectives in Politics* 2: 691-706.

McDermott, Rose 2004c: *Political Psychology in International Relations.* Ann Arbor: University of Michigan Press.

McDermott, Rose. 2009. *Emotions and War: An Evolutionary Model of Motivation.* In *Handbook of War Studies III*, Hrsg. Manus Midlarsky, 30-62. Ann Arbor, MI: University of Michigan Press.

McGuire, William J. 1993. The Poly-Psy Relationship: Three Phases in a Long Affair. In *Explorations in Political Psychology*, Hrsg. Shanto Iyengar und William J. McGuire, 9–35. New York: Psychology Press.

Mentzos, Stavros. 2002. *Der Krieg und seine psychosozialen Funktionen.* Göttingen: Vandenhoeck & Ruprecht.

Mercer, Jonathan. 2006. Human nature and the first image: emotion in international politics. *Journal of International Relations and Development* 9: 288-303.

Mercer, Jonathan. 2010. Emotional beliefs. *International Organization* 64: 1-31.

Merton, Robert K. 1940. Bureaucratic Structure and Personality. *Social Forces* 18: 560-568.

Mintz, Alexander. 1993. The Decision to Attack Iraq: A Non-Compensatory Theory of Decision Making. *Journal of Conflict Resolution* 37: 595-618.

Mintz, Alexander. 2002. Integrating Cognitive and Rational Theories of Foreign Decision Making. A Poliheuristic Perspective. In *Integrating Cognitive and Rational Theories of Foreign Policy Decision Making*, Hrsg. Alecander Mintz, 1-9. New York, NY: Palgrave Macmillan.

Mintz, Alexander. 2004. How Do Leaders Make Decisions? A Poliheuristic Perspective. *Journal of Conflict Resolution* 48: 3-13.

Mintz, Alexander, und Karl DeRouen Jr. 2010. *Understanding Foreign Policy Decision-Making.* Cambridge: Cambridge University Press.

Mondak, Jeffery J., und Karen D. Halperin. 2008. A Framework for the Study of Personality and Political Behaviour. British Journal of Political Science 38: 335-362.

Mondak, Jeffery J. 2010. *Personality and the Foundations of Political Behavior.* Cambridge: Cambridge University Press.

Müller, Harald. 1994. Internationale Beziehungen als kommunikatives Handeln. *Zeitschrift für Internationale Beziehungen* 1: 15-44.

Müller, Harald. 1995. Spielen hilft nicht immer. Die Grenzen des Rational-Choice-Ansatzes und der Platz der Theorie kommunikativen Handelns in der Analyse internationaler Beziehungen. *Zeitschrift für Internationale Beziehungen* 2: 371-391.

Müller, Harald. 2004. Arguing, Bargaining and all that: Communicative Action, Rationalist Theory and the Logic of Appropriateness in International Relations. *European Journal of International Relations* 10: 395-435.

Nyhan, Brendan, und Jason Reifler. 2010. When Corrections Fail: The Persistence of Political Misperceptions. *Political Behavior* 32: 303-330.

Oppermann, Kai. 2012. Delineating the Scope Conditions of the Poliheuristic Theory of Foreign Policy Decision Making: The Noncompensatory Principle and the Domestic Salience of Foreign Policy. *Foreign Policy Analysis* 8: 1-19.

Payne, B. Keith, Clara Michelle Cheng, Olesya Govorun, und Brandon D. Stewart. 2005. An Inkblot for Attitudes: Affect Misattribution as Implicit Measurement. *Journal of Personality and Social Psychogy* 89: 277-293.

Pentland, Alex. 2014. *Social Physics: How Good Ideas Spread – The Lessons from a New Science.* New York: Penguin.

Perla, Hector. 2011. Explaining Public Support for the Use of Military Force: The Impact of Reference Point Framing and Prospective Decision Making. *International Organization* 65: 139-167.

Pierson, Paul. 1996. The New Politics of the Welfare State. *World Politics* 48: 143–179.

Popkin, Samuel. 1991. *The Reasoning Voter.* Chicago: University of Chicago Press.

Post, Jerrold M. (Hrsg.). 2003. *The Psychological Assessment of Political Leaders. With Profiles of Saddam Hussein and Bill Clinton.* Ann Arbor: The University of Michigan Press.

Post, Jerrold M. 2013. Psychobiography: „The Child is Father of the Man". In *The Oxford Handbook of Political Psycholoy,* Hrsg. Leoni Huddy, David O. Sears und Jack S. Levy, 459-488. Oxford: Oxford University Press.

Prell, Dorothea. 2011. Politische Psychologie als Perspektive und Potential der politikwissenschaftlichen Analyse. Literaturbericht. *Zeitschrift für Politikwissenschaft* 21: 487-509.

Preston, Thomas. 2001. *The President and His Inner Circle: Leadership Style and the Advisory Process in Foreign Affairs.* New York: Columbia University Press.

Quattrone, George A., und Amos Tversky, Amos. 1988. Contrasting Rational and Psychological Analyses of Political Choice. *American Political Science Review* 82: 719-736.

Redd, Stephen. 2005. The Influence of Advisors and Decision Strategies on Foreign Policy Choices: President Clinton's Decision to Use Force in Kosovo. *International Studies Perspectives,* 6: 129-150.

Redlawsk, David P., Andrew J. W. Civettini, und Karen M. Emmerson. 2010. The Affective Tipping Point: Do Motivated Reasoners Ever Get it? *Political Psychology* 31: 563-593.

Renshon, Jonathan. 2008. Stability and change in belief systems. The operational code of George W. Bush. *Journal of Conflict Resolution* 52: 820-849.

Renshon, Jonathan, und Stanley Renshon. 2008. The Theory and Practice of Foreign Policy Decision-Making. *Political Psychology 29: 509-536.*

Risse-Kappen, Thomas. 1995. Reden ist nicht billig. Zur Debatte um Kommunikation und Rationalität. *Zeitschrift für Internationale Beziehungen 2: 171-185.*

Sabatier, Paul A. 1988. An Advocacy Coalition Framework of Policy Change and the Role of Policy-oriented Learning Therein. *Policy Sciences 21: 129-168.*

Rubenzer, Steven J., und Thomas R. Faschingbauer. 2004. *Personality, Character, and Leadership in the White House: Psychologists Assess the Presidents.* London: Brassey's.

Saurette, Paul. 2006. You Dissin Me? Humiliation and Post 9/11 Global Politics. *Review of International Studies* 32: 495-522.

Schafer, Mark and Scott Crichlow. 2000. Bill Clinton's Operational Code: Assessing Source Material Bias. *Political Psychology* 21: 559-571.

Schafer, Mark, und Stephen G. Walker. 2006. Democratic Leaders and the Democratic Peace: The Operational Codes of Tony Blair and Bill Clinton. *International Studies Quarterly* 50: 561-583.

Schimmelfennig, Frank. 2003. *The EU, NATO and the Integration of Europe. Rules and Rhetoric. Cambridge: Cambridge University Press.*

Schoen, Harald. 2007. Personality Traits and Foreign Policy Attitudes in German Public Opinion. *Journal of Conflict Resolution* 51: 408-430.

Schoen, Harald, und Siegfried Schumann. 2007. Personality Trait, Partisan Attitudes, and Voting Behavior: Evidence from Germany. *Political Psychology* 28: 471-498.

Schütz, Astrid, Janine Hertel, und Tobias Schule. 2005. Rise and fall of a political leader: Helmut Kohl. In *Democratization, Europeanization, and Globalization Trends: Cross-National Analysis of Authoritarianism, Socialization, Communications, Youth, and Social Policy*, Hrsg. Russell F. Farnen , Henk Dekker, Christ'l De Lantsheer, Heinz Sünker, Daniel B. German , 69-87. Frankfurt: Peter Lang.

Schuman, Howard, und Stanley Presser. 1981. *Questions and Answers in Attitude Surveys: Experiments on question form, wording and context.* New York: Academic Press.

Schwartz, Shalom H. 1992. Universals in the content and structure of values: Theory and empirical tests in 20 countries. In Mark Zanna Hrsg., Advances in experimental social psychology 25: 1-65. New York: Academic Press.

Sears, David O. 1993. Symbolic Politics: A Socio-Psychological Theory. In *Explorations in Political Psychology*, Hrsg. Shanto Iyengar und William J. McGuire, 113–149. Durham: Duke University Press.

Sears, David O., und Carolyn L. Funk. 1991. The role of self-interest in social and political attitudes. *Advances in Experimental Social Psychology* 24: 1–91.

Shadish, William R., Thomas D. Cook, und Donald T. Campbell. 2002. *Experimental and Quasi-Experimental Designs for Generalized Causal Inference.* Boston/New York: Houghton Mifflin.

Simon, Herbert A. 1957. *Models of Man.* New York: Wiley.

Sniderman, Paul M., und John Bullock. 2004. A Consistency Theory of Public Opinion and Political Choice: The Hypothesis of Menu Dependence. In *Studies in Public Opinion. Attitudes, Nonattitudes, Measurement Error, and Change.* Hrsg. Willem Saris and Paul M. Sniderman, 337-357. Princeton NJ: Princeton University Press.

Sniderman, Paul M., Richard A. Brody, und Philip E. Tetlock. 1991. Reasoning and Choice: Explorations in Political Psychology. Cambridge: Cambridge University Press.

Sniderman, Paul M., und Sean M. Theriault. 2004. The Structure of Political Argument and the Logic of Issue Framing. In *Studies in Public Opinion. Attitudes, Nonattitudes, Measurement Error, and Change*, Hrsg. Willem E. Saris und Paul M. Sniderman, 133-165. Princeton, NJ: Princeton University Press.

Stemmler, Gerhard, Dirk Hagemann, Manfred Amelang, und Dieter Bartussek (Hrsg.). 2011. *Differentielle Psychologie und Persönlichkeitsforschung.* 7. vollständig überarbeitete Auflage. Stuttgart: Kohlhammer.

Suedfeld, Peter, und Philip E. Tetlock. 2014. Integrative Complexity at Forty: Steps Toward Resolving the Scoring Dilemma. *Political Psychology* 35: 597-601.

Tajfel, Henri. 1970. Experiments in intergroup discrimination. *Scientific American* 223: 96-102.

Tajfel, Henri. 1982. *Social Identity and Group Relations*. New York: Cambridge University Press.

Tajfel, Henri, und John Turner. 1986. The social identity theory of intergroup behavior. In *Psychology of intergroup relations*, Hrsg. Stephen Worchel und Willam Austin, 1-24. Chicago: Nelson-Hall.

Taliaferro, Jeffrey W. 2004. *Balancing risks: Great power intervention in the periphery*. Ithaca, NY: Cornell University Press.

Tetlock, Philip E. 1983a. Cognitive style and political ideology. *Journal of Personality and Social Psychology* 45: 118–126.

Tetlock, Philip E. 1983b. Psychological Research on Foreign Policy: A Methodological Overview. *Review of Personality and Social Psychology* 4: 45-78.

Tetlock, Philip E. 1984. Cognitive style and political belief systems in the British House of Commons. *Journal of Personality and Social Psychology* 46: 365–375.

Tetlock, Philip E. 1986. A value pluralism model of ideological reasoning. *Journal of Personality and Social Psychology* 50: 819–827.

Tetlock, Philip E. 2005. *Expert political judgement: How good is it? How can we know?* Princeton, NJ: Princeton University Press.

Thoemmes, Felix J., und Lucian G. Conway. 2007. Integrative complexity of 41 U.S. Presidents. *Political Psychology* 28: 193–226.

Tourangeau, Roger, Lance J. Rips and Kenneth Rasinski, Kenneth. 2000. *The Psychology of the Survey Response*. Cambridge: Cambridge University Press.

Tversky, Amos, und Daniel Kahneman. 1974. Judgment under uncertainty: Heuristics and biases. *Science* 185: 1124-1131.

Tversky, Amos, und Daniel Kahneman. 1981. The Framing of Decisions and the Psychology of Choice. *Science* 211: 453-458.

Verhulst, Brad, J. Eaves Lindon, und Peter K. Hatemi. 2012. Correlation not causation: the relationship between personality traits and political ideologies. *American Journal of Politcal Science* 56: 34–51.

Volkan, Vladimir. 2003. *Das Versagen der Diplomatie. Zur Psychoanalyse nationaler, ethischer und religiöser Konflikte*. 3. Auflage. Gießen: Psychosozial Verlag.

Walker, Stephen G. 2011. Foreign Policy Analysis and Behavioral International Relations. In *Rethinking Foreign Policy Analysis. States, Leaders, and the Microfoundations of Behavioral International Relations*, Hrsg. Ders., Akan Malicin und Mark Schafer, 3-20. New York/London: Routledge.

Walker, Stephen G. and Mark Schafer (Hrsg.) (2006): *Beliefs and Leadership in World Politics. Methods and Applications of Operational Code Analysis*, New York: Palgrave Macmillan.

Walker, Stephen G., Akan Malici, und Mark Schafer (Hrsg.). 2011. *Rethinking Foreign Policy Analysis. States, Leaders, and the Microfoundations of Behavioral International Relations*, New York/London: Routledge.

Walker, Stephen G., Mark Schafer, und Michael D. Young. 1998. Systematic Procedures for Operational Code Analysis: Measuring and Modeling Jimmy Carter's Operational Code. *International Studies Quarterly* 42: 175-189.

Walker, Stephen G., Mark Schafer and Michael D. Young. 1999. Presidential operational codes and foreign policy conflicts in the post-cold war world. *Journal of Conflict Resolution* 43: 610-625.

Waller, James. 2007. *Becoming Evil: How Ordinary People Commit Genocide and Mass Killing*. London: Oxford University Press.

Weaver, R. Kent. 1986. The Politics of Blame Avoidance. *Journal of Public Policy* 6: 371-398.

Wenzelburger, Georg. 2014. Blame Avoidance, Electoral Punishment and the Perceptions of Risk. *Journal of European Social Policy* 24: 80-91.

Westen, Drew. 2007. *The Political Brain. The Role of Emotion in Deciding the Fate of the Nation*. New York: Public Affairs.

Westen, Drew, Pavel S. Blagov, Keith Harenski, Clint Kilts, und Stephan Hamann. 2006. Neural Bases of Motivated Reasoning: An fMRI Study of Emotional Constraints on Partisan Political Judgment in the 2004 U.S. Presidential Election. *Journal of Cognitive Neuroscience* 18: 1947–1958.

Weyland, Kurt. 1996. Risk Taking in Latin American Economic Restructuring: Lessons from Prospect Theory. *International Studies Quarterly* 40: 185–208.

Winter, David G. 2003. Personality and Political Behaviour. In *Oxford Handbook of Political Psychology*, Hrsg. David O. Sears, Leonie Huddy und Robert Jervis, 110-145. Oxford: Oxford University Press.

Winter, David G. 2011. Philosopher-King or Polarizing Politician? A Personality Profile of Barack Obama. *Political Psychology* 32: 1059-1081.

Wirth, Hans-Jürgen. 2011. *Narzissmus und Macht. Zur Psychoanalyse seelischer Störungen in der Politik*. 4. korrigierte Auflage, Gießen: Psychosozial Verlag.

Wolf, Reinhard. 2012. Der „emotional turn" in den IB: Plädoyer für eine theoretische Überwindung methodischer Engführung. *Zeitschrift für Außen- und Sicherheitspolitik* 2: 605-624.

Zajonc, Robert B. 1980. Feeling and Thinking: Preferences Need no Inferences. *American Psychologist* 35: 151-175.

Zaller, John R. 1992. *The Nature and Origins of Mass Opinion*. Cambridge: Cambridge University Press.

Zaller, John R., und Stanley Feldman. 1992. A Simple Theory of the Survey Response: Answering Questions versus Revealing Preferences. *American Journal of Political Science* 36: 579-616.

I. PERSÖNLICHKEIT UND POLITIK

Quellen politischer Orientierung: Genetische, soziale, kulturelle und Persönlichkeitsfaktoren

Christian Kandler

1. Einleitung

Seit der Pionierarbeit von Eaves and Eysenck (1974), die vor etwa vierzig Jahren in der Zeitschrift *Nature* erschienen ist, hat sich die psychologische Verhaltensgenetik mit den Einflüssen von Veranlagung und Umwelt auf interindividuelle Unterschiede in politischen Einstellungen beschäftigt. Bis heute gibt es zahlreiche Studien, die überzeugend konsistent interindividuelle Unterschiede in verschiedenen Manifestierungen politischer Einstellungen, Präferenzen, Werten und Überzeugungen zum Teil auf genetische Einflüsse zurückführen konnten (Alford et al. 2005; Hatemi et al. 2010; Olson et al. 2001). Dazu gehören allgemeine Orientierungen wie Konservatismus und Einstellungen zu sozialer Ungleichheit wie auch Einstellungen zu spezifischen politischen Sachfragen wie Abtreibung, Todesstrafe, Umweltschutz oder Homosexualität. Schätzungen der Erblichkeit (d.h. der Anteil genetisch bedingter Unterschiede an beobachtbaren Unterschieden zwischen Menschen) liegen etwa zwischen 20 Prozent (z.B. Einstellung zu staatlichen Wohnungsbauprogrammen) und 70 Prozent (z.B. Einstellungen gegenüber religiösen Praktiken in der Schule). Neben politischen Präferenzen sind auch spezifische politische Verhaltensweisen, Entscheidungen und Interessen (z.B. Wahlverhalten und Parteimitgliedschaft) zum Teil genetisch beeinflusst (Bell et al. 2009; Dawes u. Fowler 2009; Fowler u. Schreiber 2008).

Wenngleich genetische Faktoren eine Rolle spielen, werden natürlich soziopolitische Einstellungen, Interessen und Verhaltensweisen durch verschiedene Umweltfaktoren geprägt und geformt, wie zum Beispiel soziale Netzwerke, Schulbildung und Medien (Watts u. Dodds 2007). Familien-, Zwillings- und Adoptionsstudien haben gezeigt, dass ganz individuelle Erfahrungen wie auch Umweltfaktoren, welche von gemeinsam aufgewachsenen (z.B. Geschwister) oder zusammenlebenden Familienmitgliedern (z.B. Eltern und Kinder) geteilt werden (wie die Familie als solches), einen bedeutsamen Einfluss auf politische Einstellungen, Interessen und Verhalten ausüben (D'Onofrio et al. 1999; siehe auch Hatemi et al. 2011, für einen Überblick). Darüber hinaus berichten Paar-Studien eine hohe Ähnlichkeit zwischen Ehe- und Lebenspartnern hinsichtlich politischer Präferenzen, was die Bedeutsamkeit der Einstellungen von Partnern für die eigenen Präferenzen unterstreicht (Alford et al. 2011). Erweiterte Zwillingsfamilienstudien (engl. *extended twin family studies*), die neben den Daten von eineiigen und zweieiigen Zwillingen auch andere biologische und verschwägerte Verwandtschaftsbeziehungen untersuchten, fanden Hinweise auf bedeutsame Umweltquellen, welche dazu beitragen, die Ähnlichkeit zwischen allen Verwandten einer Familie im Hinblick auf politische Einstellungen zu erhöhen (Kandler et al. 2012). Solche Befunde zu verschiedenen kontextuellen Wirkfaktoren heben die Wichtigkeit von sozialen Interaktionen mit wichtigen Bezugspersonen (z.B. Eltern, Lebenspartner und Freunde), sozialen Netzwerken und anderen sozialen Kontextvariablen bei der Ausbildung politischer Positionierungen hervor. Weiterhin verweisen internationale und interkulturelle Studien darauf, dass bestimmte Zusammenhänge zwischen politischen Orientierungen vom kulturellen und ideologischen Hintergrund einer Nation abhängen. Konservative in eher kollektivistischen Staaten (z.B. Japan) favorisieren egalitäre Werte, während Konservative in eher individualistischen Ländern (z.B. USA) ökonomischen Wettkampf, soziale Hierarchie und somit Ungleichheit befürworten (Aspelund et al. 2013).

Die erwähnten Befunde verdeutlichen, dass politische Einstellungen von einer grundlegenden genetischen Basis beeinflusst werden, welche die individuelle Rezeptivität für eine spezifische politische Position mitbringen. Politische Einstellungen werden aber gleichwohl von verschiedenen Umweltfaktoren geprägt und geformt. Im vorliegenden Beitrag wird der Stand der verhaltensgenetischen Forschung in Bezug auf zwei politische Kernorientierungen (*Autoritärer Konservatismus* und *Soziale Dominanzorientierung*) dargestellt. Diese Grundorientierungen werden in der Folge zunächst eingeführt. Im Anschluss daran wird die Methodik von Zwillingsstudien Schritt für Schritt und auf der Basis von Daten einer deutschen Zwillingsfamilienstudie – die *Jena Twin Study of Social Attitudes* (JeTSSA; siehe Stößel et al. 2006 für eine umfassende Beschreibung der Studie) – veranschaulicht. JeTSSA enthält wertvolle genetisch informative und umweltsensitive Daten von Zwillingen, deren Eltern und Lebenspartnern (siehe auch Kandler et al. 2012 und 2015a). Diese erlauben es die Beiträge von genetischen und verschiedenen umweltbedingten Quellen interindividueller Unterschiede in politischen Einstellungen zu bestimmen. Darüber hinaus werden die Bedeutung interkultureller verhaltensgenetischer Studien herausgestellt und neuroanatomische sowie neurophysiologische Faktoren als biologische Mediatoren genetischer Einflüsse und Persönlichkeitsfaktoren als potentielle psychologische Mediatoren diskutiert.

2. Politische Kernorientierungen

Häufig wird die politische Landschaft anhand nur eines einzigen Links-Rechts-Spektrums beschrieben. Eine Reihe von Studien hat jedoch die Notwendigkeit von mindestens zwei Dimensionen zur Einordnung von politischen Präferenzen herausgestellt (Jost et al. 2009; Treier u. Hillygus 2009). Eine Dimension reflektiert ein Spektrum von *Liberalismus* zu *Konservatismus* beziehungsweise von *Progressivismus* zu *Traditionalismus* (d.h. das Ausmaß an Veränderungsresistenz), während die andere ein Kontinuum von *Egalitarismus* zu *Elitarismus* beziehungsweise von *Kollektivismus* zu *Individualismus* umfasst (d.h. der Grad an Akzeptanz oder Befürwortung sozialer und ökonomischer Ungleichheit).

Veränderungsresistenz ist eng verwoben mit dem Konstrukt *Autoritärer Konservatismus* und beschreibt interindividuelle Unterschiede im Ausmaß unsicherheitsgetriebener Orientierung sowie Unterschiede in den Präferenzen, kollektive Sicherheit, gesellschaftliche Stabilität und kulturelle Traditionen zu verteidigen und zu bewahren (Altemeyer 1996; Duckitt u. Sibley 2010; Kohn u. Schooler 1983). Im Rahmen des relativ kulturunabhängigen allgemeinen Wertesystems von Schwartz (1994) kann *Veränderungsresistenz* auch als ein Kontinuum von *Offenheit gegenüber Veränderung* versus *Bewahrung des Bestehenden* beschrieben werden. Während autoritär konservative Personen Konsistenz gesellschaftlicher Strukturen, Sicherheit und traditionelle Ansichten präferieren, streben liberale und progressive Personen nach Fortschritt, neuen Ideen und Möglichkeiten sowie nach Stimulation und Selbstbestimmung.

Die zweite Dimension *Ungleichheitsakzeptanz* ist eng mit dem Konstrukt *Soziale Dominanzorientierung* verflochten, welche interindividuelle Unterschiede im Grad wettkampfgetriebener Orientierung und Präferenzen in Bezug auf die Etablierung und Festigung der Überlegenheit der eigenen Gruppe und einer gesellschaftlichen Hierarchie beschreibt (Duckitt u. Sibley 2010; Pratto et al. 1994). Vor dem Hintergrund des kulturübergreifenden Wertesystems von Schwartz (1994) entspricht diese Dimension dem Kontinuum von *Selbstüberschätzung* versus *Selbstüberwindung* (bzw. *Eigengruppenerhöhung* versus *Gruppentranszendenz*). Sozial dominante Personen bevorzugen Macht und Überlegenheit gegenüber anderen, fremden Gruppen, Nationen und Kulturen. Sie streben nach Leistungs- und Selbstwertsteigerung, während weniger sozial dominante Personen mehr Humanismus und Einbindung in die universelle Gemeinschaft propagieren sowie Kooperation und gesellschaftliche Gleichheit befürworten.

In JeTSSA kamen drei etablierte Messinstrumente zur Erfassung der soziopolitischen Grundorientierungen zum Einsatz. Als Indikator für die erste Dimension wurde eine deutsche Kurzversion von Altemeyers Autoritarismus-Skala (Funke 2005; Bsp.-Item: „Gehorsam und Achtung vor Autorität sind die wichtigsten Tugenden, die Kinder lernen sollten.") herangezogen. Diese wurde ergänzt durch eine in Anlehnung an die amerikanische Wilson-Patterson-Konservatismus-Skala entwickelte deutsche Version zur Erfassung von 21 konservativen Einstellungen (Bsp.-Item: „Berufstätige Mütter"). Eine deutsche Übersetzung der Skala zur Erfassung Sozialer Dominanzorientierung (SDO; Sidanius u. Pratto 2001) mit ihren Subfacetten Elitarismus (Bsp.-Item negativ kodiert: „Es wäre gut, wenn alle Gruppen gleichwertig wären.") und Gruppendominanz (Bsp.-Item: „Manchmal müssen andere Gruppen in ihre Schranken gewiesen werden."; Ho et al. 2012) sollten als Indikatoren für die zweite Dimension fungieren (siehe Anhang A für eine vollständige Auflistung aller Items). Die Studienteilnehmer wurden instruiert, auf einer fünfstufigen Skala von „lehne sehr stark ab" bis „befürworte sehr stark" ihre individuelle Meinung für jedes der 48 Items auszudrücken. Mit den daraus resultierenden vier intern konsistenten Skalenwerten ($\alpha > 0{,}70$) war es möglich, die individuellen Ausprägungen auf den beiden Grunddimensionen faktorenanalytisch mit hoher Reliabilität zu bestimmen.

Die Faktorenladungen (siehe Tab. 1) veranschaulichen eine klare zweidimensionale Lösung, die etwa 81 Prozent der Varianz in den vier Variablen aufklärt. Die individuellen Autoritarismus- und Konservatismus-Skalenwerte stehen hoch mit der ersten Dimension in Beziehung (Faktorenladungen > 0,90), während die Subfacetten der SDO-Skala erwartungskonform am höchsten mit der zweiten Dimension konvergieren. Insofern kann die erste Dimension als Autoritär Konservative Orientierung (in der Folge als AKO abgekürzt) und die zweite einfach als SDO interpretiert werden.

Die Subfacette Gruppendominanz der ursprünglichen SDO-Skala weist auch einen relativ hohen Zusammenhang mit AKO auf (Faktorenladung > 0,60). Dies ist konzeptuell nicht verwunderlich und dadurch zu erklären, dass sich das Konstrukt Autoritarismus aus drei Grundkomponenten zusammensetzt: (1) Unterwürfigkeit gegenüber Autoritäten, (2) Dominanz gegenüber Untergebenen und (3) Konservatismus (Altemeyer 1996; Funke 2005). Die beiden ersten Komponenten beinhalten verhaltensbezogene Aspekte der Befürwortung sozialer Hierarchien und erklären somit den empirischen Zusammenhang zwischen der AKO-Dimension und der Präferenz für Eigengruppendominanz, woraus nicht unwesentlich ein positiver Zusammenhang zwischen den individuellen Ausprägungen auf den beiden politischen Kerndimensionen AKO und SDO resultiert ($r = 0,30$).

Tabelle 1: Interne Konsistenz und Zwei-Dimensionen-Lösung bezüglich der Maße politischer Orientierung in JeTSSA

| | | Interne | Faktorenladungen | |
Skalen	Itemzahl	Konsistenz (α)	D1:AKO	D2:SDO
Autoritarismus	11	0,74	0,91	0,14
Konservatismus	21	0,76	0,91	0,29
Gruppendominanz	7	0,70	0,63	0,68
Elitarismus	9	0,79	0,13	0,93

Anmerkung: Die Ergebnisse basieren auf einer Stichprobe von 1857 Personen aus JeTSSA; Faktorenladungen basieren auf Hauptkomponentenanalysen mit Promax-Rotation und reflektieren Zusammenhänge der vier Skalen mit den Dimensionen D1 und D2, welche entsprechend als Autoritär Konservative Orientierung (AKO) und Soziale Dominanzorientierung (SDO) interpretiert werden können.

Der positive Zusammenhang zwischen AKO und SDO ist darüber hinaus auch relativ typisch für westliche Länder wie Deutschland mit einer eher kapitalistisch orientierten Marktwirtschaft beziehungsweise einer individualistischen Gesellschaftsordnung (Duriez et al. 2005; Thorisdottir et al. 2007). Konservative Individuen in Ländern mit einer kapitalistischen Geschichte (z.B. USA) akzeptieren soziale und ökonomische Unterschiede und befürworten gesellschaftliche Hierarchien, während Konservative in Ländern mit einer kommunistischen Geschichte beziehungsweise kollektivistischen Gesellschaftsordnung (z.B. China) eher soziale und ökonomische Gleichheit propagieren. Der moderate Zusammenhang zwischen Konservatismus und der SDO-Dimension (Faktorenladung = 0,29) auf der Basis der JeTSSA-Daten steht im Einklang mit diesem Phänomen.

3. Genetische und Umwelteinflüsse auf politische Orientierungen

Verhaltensgenetische Studien haben genetische Einflüsse auf interindividuelle Unterschiede in AKO (Autoritarismus und Konservatismus) untersucht und eine substantielle Erblichkeit (d.h. Anteil der beobachtbaren Unterschiede zwischen Menschen, welcher auf genetische Unterschiede zurückgeführt werden kann) von etwa 50 Prozent feststellen können (z.B. Bouchard u. McGue 2003; Funk et al. 2013; Ludeke u. Krueger, 2013; McCourt et al., 1999). Die meisten solcher Studien basieren auf dem klassischen Design gemeinsam aufgewachsener Zwillinge. Dieses Design erlaubt anhand des Vergleichs der Ähnlichkeit eineiiger und zweieiiger Zwillinge (EZ und ZZ) den genetischen Beitrag zu bestimmen. Da EZ genetisch identische Individuen sind und ZZ genetisch betrachtet nicht ähnlicher als gewöhnliche Geschwister (sie teilen im Durchschnitt 50 Prozent ihrer genetischen Ausstattung, die zwischen Menschen variieren kann), informiert die Differenz zwischen den EZ- und ZZ-Ähnlichkeiten (bzw. die Differenz zwischen den EZ- und ZZ-Korrelationen r_{EZ} und r_{ZZ}) hinsichtlich eines betrachteten Merkmals über dessen Erblichkeit (h^2: engl. *heritability*): $h^2 = 2 \times (r_{EZ} - r_{ZZ})$. Die Erblichkeit (oder auch Heritabilität) ist ein Varianzverhältnis von genetischer zu beobachtbarer Varianz und kann daher Werte zwischen 0 (nicht erblich) und 1 (100 Prozent erblich) annehmen. Läge die beobachtbare Ähnlichkeit (bzw. Korrelation) von EZ bei $r_{EZ} = 1,00$ und die Korrelation von ZZ bei $r_{ZZ} = 0,50$, dann wäre das Merkmal zu 100 Prozent erblich, denn beobachtbare und genetische Korrelationen wären dann identisch und die Erblichkeit würde $h^2 = 2 \times (1 - 0,5) = 1$ ergeben. Typischerweise korrelieren EZ hinsichtlich AKO in etwa zwischen $r_{EZ} = 0,50$ und $r_{EZ} = 0,70$ und ZZ zwischen $r_{ZZ} = 0,30$ und $r_{ZZ} = 0,40$. Diese Korrelationen legen eine Erblichkeit zwischen 40 und 60 Prozent nahe, denn $h^2 = 2 \times (0,5 - 0,3) = 0,4$ und $h^2 = 2 \times (0,7 - 0,4) = 0,6$. Durchschnittlich liegt die Erblichkeit also bei 50 Prozent.

Obwohl bisher keine Studie genetische und Umweltquellen von SDO untersuchte (vgl. Kandler et al. 2015a), liefern einzelne verhaltensgenetische Studien Hinweise auf einen moderaten genetischen Beitrag zu interindividuellen Unterschieden in Facetten von SDO, wie Ethnozentrismus (18 Prozent; Orey u. Park 2012) und Einstellungen zu Gleichheit (27 Prozent; Olson et al. 2001). Auch experimentelle Studien deuten darauf hin, dass individuelle Ausprägungen in SDO stärker durch den Erfahrungskontext beeinflusst werden (Lehmiller u. Schmitt 2007). Erblichkeitsschätzungen scheinen also für SDO geringer auszufallen als für AKO.

Neben der Bestimmung des genetischen Beitrags an interindividuellen Unterschieden, erlauben verhaltensgenetische Studien auch die Beiträge verschiedener Umweltquellen zu schätzen. Das einfache Zwillingsstudiendesign gemeinsam aufgewachsener EZ und ZZ ermöglicht Schätzungen der Beiträge von Umwelteinflüssen, die Zwillinge ähnlicher machen (geteilte Umweltfaktoren), und von Umweltfaktoren, die Zwillinge unähnlicher machen (nichtgeteilte/individuelle Umweltfaktoren).

Geteilte Umweltfaktoren (c^2; *engl. common environmental influences*) erhöhen die Ähnlichkeit von Zwillingen (bzw. Verwandten) unabhängig von ihrer Zygotie (bzw. ihrem Verwandtschaftsgrad). Da EZ genetisch identisch sind und Erfahrungen teilen können, welche sie ähnlicher machen, kann ihre Ähnlichkeit (bzw. Korrelation) nur auf genetische Einflüsse (h^2) und geteilte Umwelteinflüsse (c^2) zurückgeführt werden. ZZ teilen nur etwa 50 Prozent ihres genetischen Materials, das zwischen Menschen variieren kann. Daher ist ihre Ähnlichkeit nur auf die Hälfte des gesamten genetischen Einflusses (h^2) und auf gemeinsame Umwelteinflüsse (c^2) zurückführbar. Je ähnlicher sich also Zwillinge in einem betrachteten Merkmal sind und je weniger unterschiedlich diese Ähnlichkeit zwischen EZ und ZZ ausfällt, umso stärker ist der Beitrag geteilter Umweltfaktoren. Daraus ergibt sich folgende Formel zur Schätzung geteilter Umwelteinflüsse: $c^2 = 2 \times r_{ZZ} - r_{EZ}$.

In Bezug auf AKO haben verhaltensgenetische Studien von relativ geringen geteilten Umwelteinflüssen berichtet (siehe Hatemi et al. 2011 für einen Überblick). Die Zwillingskorrelationen von durchschnittlich $r_{EZ} = 0{,}60$ und $r_{ZZ} = 0{,}35$ legen nur geringe geteilte Umwelteinflüsse auf interindividuelle Unterschiede von etwa zehn Prozent nahe ($c^2 = 2 \times 0{,}35 - 0{,}6 = 0{,}1$). Die Befundlage für SDO ist, wie oben schon erwähnt, eher dünn und daher unklar in Bezug auf geteilte Umwelteinflüsse. Bisherige Studien verweisen auf eher geringe Beiträge. Da die Erblichkeit aber gerade mal 50 Prozent beträgt, legen die Befunde zu geringen geteilten Umwelteinflüssen nahe, dass ein Großteil interindividueller Unterschiede in AKO und SDO also auf nichtgeteilte ganz individuelle Umwelteinflüsse zurückgeführt werden können.

Nichtgeteilte Umweltfaktoren (e^2) tragen zur Unähnlichkeit von Zwillingen bei. Sie beinhalten ganz individuelle durch die Umwelt vermittelte Erfahrungen. Je unähnlicher sich EZ sind, umso größer ist der Beitrag nichtgeteilter Umwelteinflüsse, denn nur individuelle Umwelteinflüsse können zur Unterschiedlichkeit genetisch identischer Individuen beitragen. Hier wird der Wert von EZ zur Identifikation von individuellen Umwelteinflüssen deutlich. Daraus ergibt sich folgende Formel zur Bestimmung nichtgeteilter Umwelteinflüsse: $e^2 = 1 - r_{EZ}$. Diese Umwelteinflüsse können also, gegeben der EZ-Korrelationen zwischen $r_{EZ} = 0{,}50$ und $r_{EZ} = 0{,}70$ etwa 30 Prozent ($e^2 = 1 - 0{,}7 = 0{,}3$) bis 50 Prozent ($e^2 = 1 - 0{,}5 = 0{,}5$), interindividueller Unterschiede in AKO aufklären. Allerdings sind Schätzungen individueller (zwischen Individuen nicht geteilter) Umwelteinflüsse konfundiert mit Messfehlervarianz. Je geringer die Reliabilität der Messung von AKO und SDO, umso größer ist der Messfehleranteil an der beobachtbaren Varianz. Dadurch würde der nichtgeteilte Umweltbeitrag überschätzt. Anteilig würden daher die Erblichkeit und der Beitrag geteilter Umweltfaktoren unterschätzt werden.

In JeTSSA wurden für jede Person Faktorenwerte bezüglich AKO und SDO basierend auf reliablen und etablierten Messinstrumenten bestimmt. Der Messfehleranteil konnte also minimiert werden. Auf Basis dieser Messwerte wurden genetische sowie geteilte und nichtgeteilte Umwelteinflüsse auf interindividuelle Unterschiede in AKO und SDO mit Hilfe von Strukturgleichungsmodellen bestimmt. Ein solches Modell ist in Abbildung 1 dargestellt. Dieses Modell beinhaltet die Logik des klassischen Zwillingsdesigns. Genetische Faktoren (G) sind perfekt zwischen EZ korreliert, jedoch nur zu $r = 0{,}50$ zwischen ZZ. Geteilte Umweltfaktoren sind sowohl für EZ als auch für ZZ perfekt korreliert. Daher ist die Modellierung nur eines gemeinsamen Faktors notwendig (U_c). Nichtgeteilte Umweltfaktoren (U_i und U_j) sind weder zwischen EZ noch zwischen ZZ korreliert, da sie definitionsgemäß nur zur Unähnlichkeit zwischen Zwillingen beitragen.

Abbildung 1: Modell gemeinsam aufgewachsener Zwillinge

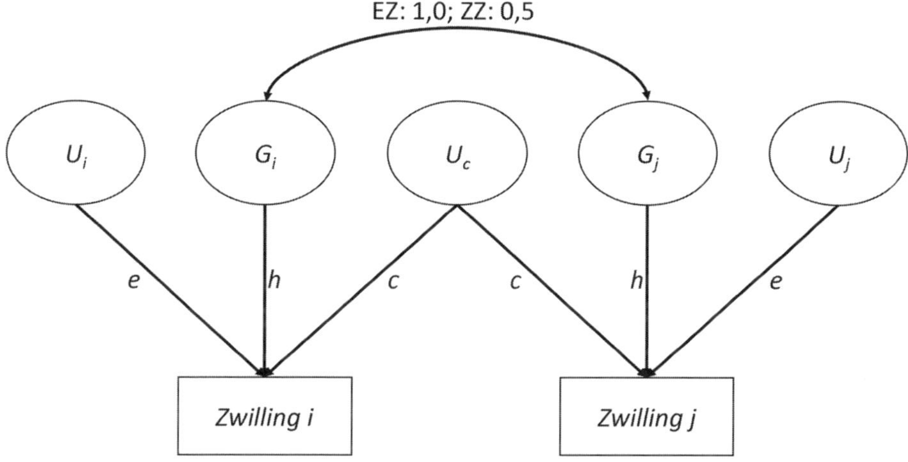

Anmerkung: Modell gemeinsam aufgewachsener Zwillinge i und j eineiiger (EZ) und zweieiiger (ZZ) Zwillingspaare, welches interindividuelle Unterschiede in einem Merkmal wie der Ausprägung in politischer Orientierung auf drei Faktoren zurückführt (genetische Einflüsse G, geteilte Umwelteinflüsse Uc und nichtgeteilte Umwelteinflüsse U_i und U_j) und daher erlaubt die Gesamtvarianz in drei Varianzkomponenten zu zerlegen: Erblichkeit (h^2), Varianz auf Grund geteilter Umwelteinflüsse (c^2) und Varianz auf Grund nichtgeteilter Umwelteinflüsse (e^2). Für weitere Erläuterungen siehe Text.

In JeTSSA wurden für jede Person Faktorenwerte bezüglich AKO und SDO basierend auf reliablen und etablierten Messinstrumenten bestimmt. Der Messfehleranteil konnte also minimiert werden. Auf Basis dieser Messwerte wurden genetische sowie geteilte und nichtgeteilte Umwelteinflüsse auf interindividuelle Unterschiede in AKO und SDO mit Hilfe von Strukturgleichungsmodellen bestimmt. Ein solches Modell ist in Abbildung 1 dargestellt. Dieses Modell beinhaltet die Logik des klassischen Zwillingsdesigns. Genetische Faktoren (G) sind perfekt zwischen EZ korreliert, jedoch nur zu $r = 0{,}50$ zwischen ZZ. Geteilte Umweltfaktoren sind sowohl für EZ als auch für ZZ perfekt korreliert. Daher ist die Modellierung nur eines gemeinsamen Faktors notwendig (U_c). Nichtgeteilte Umweltfaktoren (U_i und U_j) sind weder zwischen EZ noch zwischen ZZ korreliert, da sie definitionsgemäß nur zur Unähnlichkeit zwischen Zwillingen beitragen.

Die Korrelationen zwischen den Zwillingen und die Ergebnisse der Modellanalysen verweisen auf eine substantielle Erblichkeit ($h^2 = 0{,}57$) für AKO (siehe Tab. 2). Etwa 57 Prozent der Varianz in AKO können auf genetische Unterschiede zwischen Individuen zurückgeführt werden. Geteilte Umwelteinflüsse erklären nur etwa 13 Prozent der Varianz in AKO ($c^2 = 0{,}13$). Umwelteinflüsse auf AKO manifestieren sich also größtenteils ganz individuell. Die Erblichkeit für SDO fällt erwartungskonform deutlich geringer aus (20 Prozent). Der Großteil interindividueller Unterschiede in SDO kann auf Umwelteinflüsse zurückgeführt werden. Davon machen geteilte Umwelteinflüsse den kleineren Anteil aus. Insgesamt kann also festgehalten werden, dass die beobachtbare Ähnlichkeit zwischen genetisch Verwandten in Bezug auf ihre politische Orientierung in erster Linie auf ihre genetische Ähnlichkeit zurückgeführt werden kann, denn der Beitrag geteilter Umwelteinflüsse ist geringer. Auf Seiten kontextueller Wirkfaktoren scheinen eher individuelle Umwelteinflüsse insbesondere für SDO-Ausprägungen eine große Rolle zu spielen.

Tabelle 2: Zwillingskorrelationen und Parameterschätzungen auf der Basis von Zwillingsmodellanalysen

Politische Orientierung	Zwillingskorrelationen		Standardisierte Varianzkomponenten		
			Erblichkeit	Umwelteinflüsse	
	EZ	ZZ	h^2	c^2	e^2
AKO	0,70*	0,42*	0,57*	0,13	0,30*
SDO	0,35*	0,24*	0,20*	0,15*	0,65*

Anmerkung: Die Ergebnisse basieren auf einer Stichprobe von 224 eineiigen Zwillingspaaren (EZ) und 166 zweieiigen Zwillingspaaren (ZZ) aus JeTSSA.
*$p < 0,05$

4. Die Rolle der Eltern in Bezug auf politische Orientierungen

Die bisherigen Befunde deuten darauf hin, dass geteilte Umwelteinflüsse, wie geteilte Familienumwelten bei gemeinsam aufgewachsenen Geschwistern, auf die politische Orientierung weniger bedeutsam sind. Der Einfluss der Eltern auf die politische Orientierung ihrer Nachkommen scheint also eher genetisch als umweltvermittelt zu sein. Allerdings kann diese Hypothese direkt überprüft werden, wenn Informationen über die Eltern zusätzlich zu den Zwillingsdaten vorliegen. Solche erweiterten Zwillingsfamiliendesigns ermöglichen es, unter Kontrolle der genetischen Vermittlung zwischen Eltern und ihren Kindern, den umweltvermittelten Einfluss der Eltern auf die politische Orientierung ihrer Nachkommen zu quantifizieren. Der Einbezug von Elterndaten ermöglicht eine erweiterte Zwillingsmodellanalyse (siehe Abb. 2). Der geteilte Umwelteinfluss auf die Ähnlichkeit der Zwillinge kann nun nochmal in einen *geteilten umweltvermittelten Einfluss der Mütter* (m) sowie *der Väter* (v) auf ihre Kinder und in einen *geschwister-* beziehungsweise *zwillingsspezifischen geteilten Umwelteinfluss* (z) zerlegt werden. Darüber hinaus kann nun auch direkt die genetische Vermittlung zwischen Eltern und ihren Kindern modelliert werden. Jedes Kind bekommt jeweils 50 Prozent seiner genetischen Ausstattung von einem Elternteil, was entsprechend zu modellieren ist.

Darüber hinaus erlauben Elterndaten den Einfluss *selektiver Partnerwahl* über die Korrelation zwischen den Eltern in Bezug auf ein Merkmal zu berücksichtigen. Letzteres ist insbesondere in Bezug auf die politische Orientierung wichtig, denn frühere Studien haben auf eine hohe Ähnlichkeit innerhalb von Paaren bezüglich politischer Einstellungen hingewiesen (z.B. Hatemi et al. 2010). Je ähnlicher sich Partner in Paarbeziehungen sind, umso ähnlicher sind ihre Nachkommen, was wiederum genetisch oder umweltvermittelt (z.B. durch soziale, kulturelle oder religiöse Kontexte) sein kann. Die Ähnlichkeit zwischen Mutter und Vater wird über den Pfad μ berücksichtigt und geht daher zusätzlich in die Bestimmung der anderen Parameter mit ein (siehe Abb. 2).

Wenn die Ähnlichkeit der Eltern in Bezug auf politische Einstellungen auf selektiver Partnerwahl beruht, sich Väter und Mütter also entsprechend ihrer politischen Wertvorstellungen gesucht und gefunden haben und diese Merkmale genetisch beeinflusst sind (wie schon festgestellt wurde), dann kann es sein, dass sich Eltern genetisch gesehen ähnlicher sind als es durch eine rein zufällige oder durch eine von den betrachteten politischen Einstellungen unabhängige Partnerwahl zu erwarten wäre. Diese potentielle genetische Ähnlichkeit von Eltern würde auch die genetische Ähnlichkeit zwischen ihnen und ihren Kindern sowie diejenige zwischen ihren Kindern in Bezug auf politische Einstellungen erhöhen. Letzteres würde allerdings nicht auf schon genetisch identische Individuen wie EZ zutreffen. Der Unterschied in der beobachtbaren Ähnlichkeit zwischen EZ und ZZ würde also durch selektive Partnerwahl ihrer Eltern verringert. Die Nichtberücksichtigung der Elternähnlichkeit in einer Zwillingsdatenanalyse würde demzufolge zu einer Unterschätzung der Erblichkeit und einer Überschätzung geteilter Umweltbeiträge führen. Daher ist die Berücksichtigung selektiver Partnerwahl und somit die Hinzuziehung von Elterndaten zu Daten eineiiger und zweieiiger Zwillinge von großem Wert.

Letztlich liefert die zusätzliche Betrachtung von Elterndaten noch einen weiteren Nutzen, nämlich die Berücksichtigung einer spezifischen Form von Anlage-Umwelt-Kovariation. Wenn Eltern sowohl über den genetischen Pfad als auch über den umweltvermittelten Pfad einen Einfluss auf die politische Orientierung ihrer Nachkommen ausüben (d.h. sowohl spezifische Ausprägungen vererben als auch merkmalsrelevante Umwelten bereitstellen), dann stehen diese Einflüsse zwangsläufig über den Phänotyp der Eltern miteinander in Beziehung, was als passive Anlage-Umwelt-Kovariation bezeichnet wird (Scarr u. McCartney 1983). Dieser Varianzbeitrag ist ebenfalls implizit im Strukturgleichungsmodell des erweiterten Zwillingsdesigns (Abb. 2) berücksichtigt: $h^2m(1 + \mu) + h^2v(1 + \mu)$.

Abbildung 2: Zwillings-Eltern-Modell gemeinsam aufgewachsener Zwillinge

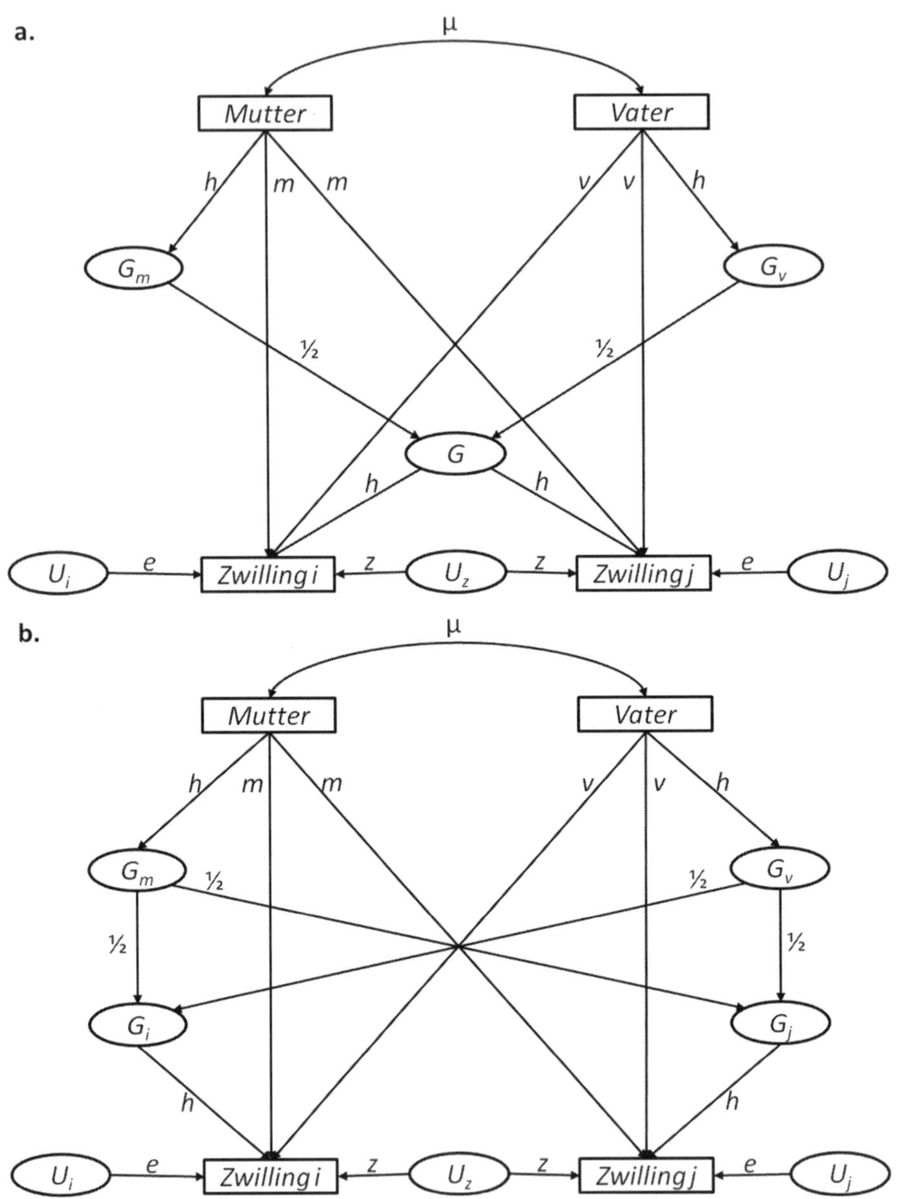

Anmerkung: Zwillings-Eltern-Modell gemeinsam aufgewachsener Zwillinge i und j (a.) eineiiger und (b.) zweieiiger Zwillingspaare, welches interindividuelle Unterschiede in einem Merkmal wie der Ausprägung in politischer Orientierung auf fünf Faktoren zurückführt (Mutter, Vater, genetische Einflüsse G, zwillingsspezifische geteilte Umwelteinflüsse U_z und nichtgeteilte Umwelteinflüsse U_i und U_j) unter Berücksichtigung selektiver Partnerwahl (μ). Für weitere Erläuterungen siehe Text.

In JeTSSA liegen für etwa 70 Prozent der Zwillingspaare Daten der Mütter vor und für etwa 60 Prozent Angaben der Väter zu ihren politischen Orientierungen (Stößel et al. 2006). Die Korrelationen zwischen Eltern und ihren Kindern sowie die Korrelationen innerhalb der Eltern sind in Abbildung 3 (gestricheltes Kästchen) veranschaulicht. Dieser Darstellung kann entnommen werden, dass nicht nur die Zwillingsähnlichkeit, sondern auch die Eltern-Kind-Korrelationen und die Elternähnlichkeit für AKO höher ausfallen als für SDO. Innerhalb von AKO und SDO fallen die Korrelationen zwischen genetisch identischen EZ höher aus als für andere Verwandte ersten Grades (ZZ, Mutter & Kind, Vater & Kind), welche die Hälfte ihrer zwischen Menschen variierenden genetischen Ausstattung teilen. Dies erhärtet den Hinweis auf einen genetischen Beitrag zur Verwandtenähnlichkeit bezüglich politischer Orientierung.

Abbildung 3 ist auch zu entnehmen, dass ZZ- und Eltern-Kind-Korrelationen mehr als halb so groß sind wie EZ-Korrelationen, was auf einen geteilten Umwelteinfluss hindeutet. Allerdings korrelieren die Eltern ebenfalls moderat bis substantiell in AKO und SDO. Selektive Partnerwahl könnte also einen geteilten Umweltbeitrag mimen, sofern die Partnerähnlichkeit zu einem gewissen Grad auf einer genetischen Ähnlichkeit – einer genetisch getriggerten selektiven Partnerwahl – zwischen Partnern beruht.

Mit Hilfe von Strukturgleichungsmodellanalysen können auf der Basis eines komplexen Gleichungssystems mit den Informationen der verschiedenen Verwandtschaftsähnlichkeiten genetische und Umweltbeiträge geschätzt werden. Die Ergebnisse der Modellanalysen (Abb. 2) auf der Basis der JeTSSA-Daten sind in Tabelle 3 zusammengefasst. Durch die zusätzliche Informationsquelle, nämlich der Einbezug der Daten der Eltern, waren direkte Schätzungen des umweltvermittelten Einflusses der Eltern auf ihre Nachkommen möglich. Nur der umweltvermittelte Muttereinfluss (m) auf AKO war statistisch signifikant, jedoch eher klein. Insgesamt erklärte der direkte umweltvermittelte Elterneinfluss ($m^2 + v^2 + 2mv\mu$) nur etwa drei bis vier Prozent der Varianz in politischen Orientierungen ihrer Kinder. Eine reine umweltvermittelte Übertragung der politischen Orientierung der Eltern auf die Kinder ist also vernachlässigbar gering. Vielmehr spielen geschwisterspezifische geteilte Umwelteinflüsse (z^2) und ganz individuelle Umwelteffekte (e^2), insbesondere für SDO, eine größere Rolle.

Die Analyse der Daten von Zwillingen und ihren Eltern erlaubt natürlich auch Erblichkeitsschätzungen (h^2). Diese fallen nun etwas geringer aus als noch auf der Basis einer einfachen Zwillingsmodellanalyse (vgl. Tabelle 2 und 3), obwohl selektive Partnerwahl (μ) sowohl für AKO als auch SDO eine Rolle spielt, was eigentlich zu höheren Erblichkeitsschätzungen führen sollte, da eine Nichtberichtigung von selektiver Partnerwahl im einfachen Zwillingsdesign eine Unterschätzung der Erblichkeit nach sich zieht. Eine Erklärung hierfür kann die genauere Schätzung der Erblichkeit auf der Grundlage mehrerer Verwandtschaftsbeziehungen innerhalb (EZ und ZZ) und zwischen Generationen (Eltern und Kinder) sein, die von einer ungenaueren auf der Grundlage des einfachen Zwillingsmodells abweichen kann. Eine weitere Erklärung mag die zusätzliche Schätzung von passiver Anlage-Umwelt-Kovariation sein, welche bei der relativ unrealistischen Annahme der statistischen Unabhängigkeit von Anlage und Umwelt im einfachen Zwillings-

Abbildung 3: Korrelationen zwischen Familienmitgliedern für politische Kernorientierungen Autoritärer Konservatismus (AKO) und Soziale Dominanzorientierung (SDO).

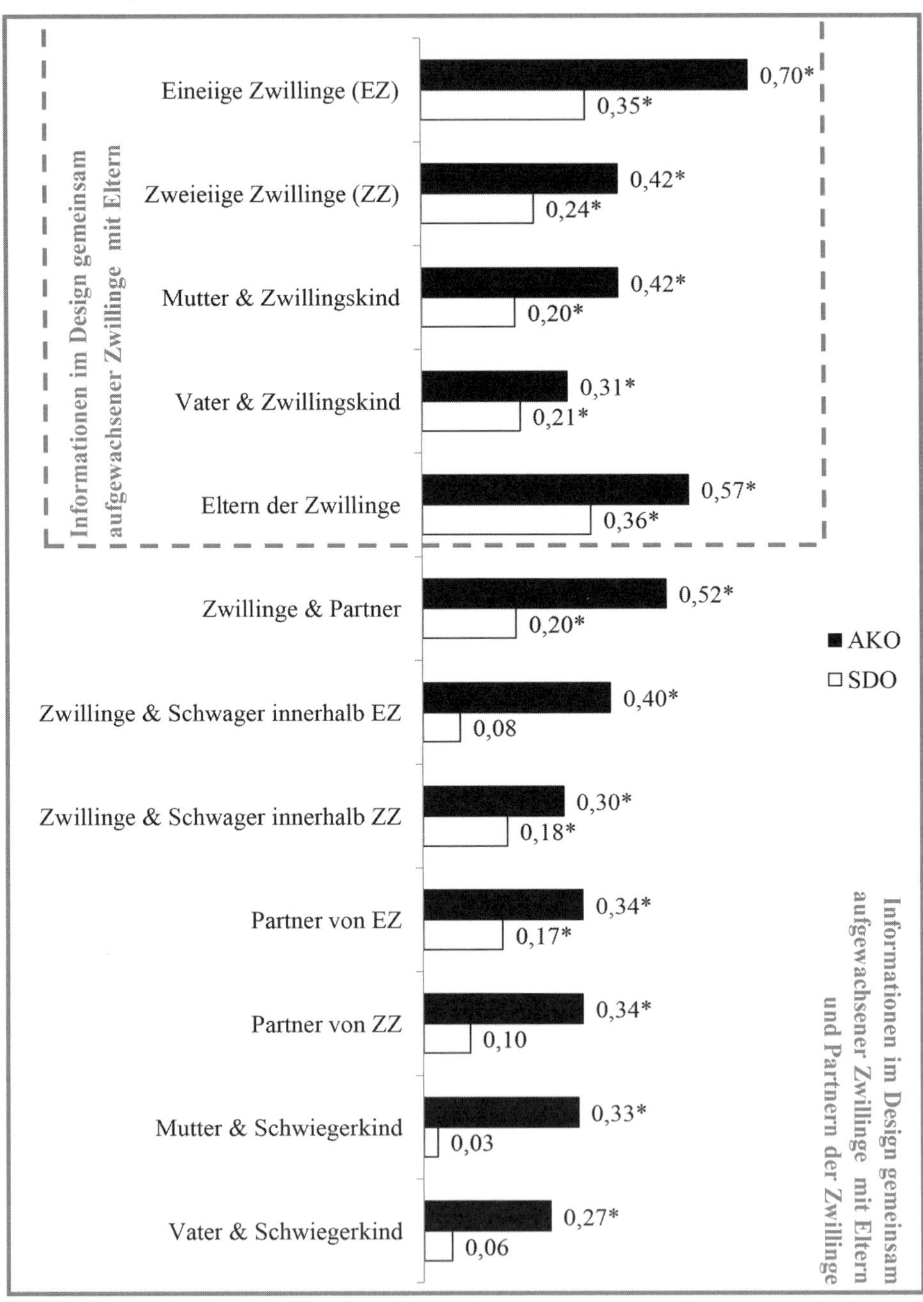

Anmerkung: *p < 0,05

Tabelle 3: Parameterschätzungen von Modellanalysen auf der Basis von Daten eineiiger und zweieiiger Zwillinge sowie der Zwillingseltern

	Politische Orientierungen	
	AKO	SDO
Modellanpassungsstatistiken		
$\chi^2(14)$	23,14	14,16
p	0,06	0,44
CFI	0,97	1,00
RMSEA	0,04	0,01
Modellparameter		
h	0,76*	0,33*
μ	0,58*	0,36*
m	0,22*	0,12
v	-0,07	0,14
z	0,22	0,40*
e	0,52*	0,82*
Standardisierte Varianzkomponenten		
h^2	0,54*	0,10*
$h^2m(1 + \mu) + h^2v(1 + \mu)$	0,13*	0,04
$m^2 + v^2 + 2mv\mu$	0,03	0,04
z^2	0,04	0,16*
e^2	0,26*	0,66*

Anmerkung: Die Ergebnisse basieren auf einer Stichprobe von 224 eineiigen Zwillingspaaren (EZ) und 166 zweieiigen Zwillingspaaren (ZZ) sowie 304 Müttern und 253 Vätern der Zwillinge aus JeTSSA; für die Modellparameter siehe Abbildung 2; h^2: Erblichkeit; $h^2m(1 + \mu) + h^2v(1 + \mu)$: Anlage-Umwelt Kovariation; $m^2 + v^2 + 2mv\mu$: umweltvermittelter Elterneinfluss; z^2: elternunabhängiger von den Zwillingen geteilter Umwelteinfluss; e^2: individuelle Umwelteinflüsse.
*$p < 0,05$

modell mit den Erblichkeitsschätzungen konfundiert ist. Die Summe aus der Erblichkeitsschätzung und dem Beitrag auf Grund von Anlage-Umwelt-Kovariation im komplexeren Modell (siehe Tab. 3: 0,54 + 0,13 = 0,67 für AKO und 0,10 + 0,04 = 0,14 für SDO) übersteigt die Erblichkeitsschätzungen auf der Basis des einfachen Zwillingsmodells (vgl. h^2 in Tab. 2) zumindest für AKO.

Andererseits muss die Partnerähnlichkeit beziehungsweise selektive Partnerwahl hinsichtlich politischer Präferenzen nicht zwangsläufig genetisch vermittelt sein. Partnerähnlichkeit kann auch auf geteilten Umwelten beruhen wie gemeinsame kulturelle, religiöse und soziale Lebenskontexte, die dazu beitragen, dass sich Paarbeziehungen ergeben, in denen die Partner hinsichtlich bestimmter Wertorientierungen und Überzeugungen einander von vornherein ähneln. Dies bezeichnet man als *soziale* beziehungsweise *kulturelle Homogamie*, die einen reinen Umwelteinfluss reflektiert und dann eben nicht zu einer Unterschätzung der Erblichkeit auf der Grundlage eines einfachen Zwillingsmodells führen würde. So könnten Glaubensgemeinschaften und kulturelle Normen, welche oft zwischen allen biologischen und angeheirateten Familienmitgliedern geteilt werden, Einflüsse kultureller Homogamie reflektieren.

Auf einer spezifischeren Ebene sind jedoch auch Umwelteinflüsse vorstellbar, welche nur die Ähnlichkeit von Partnern in Bezug auf politische Kernorientierungen erhöhen, nicht jedoch die Ähnlichkeit aller biologischen und verschwägerten Familienangehörigen. Solche Einflüsse könnten das gemeinsame Wohnumfeld von Paaren betreffen, wie zum Beispiel der Grad an örtlicher Kriminalität oder die Urbanität des Umfeldes. Die Landbevölkerung ist typischerweise konservativer als die städtische (Schmitt 2001). Auch können gemeinsame soziale Umwelten wie Freundeskreise mit bestimmten vorherrschenden Ansichten, Werten und Überzeugungen sowie eine partnerspezifische dyadische Wechselwirkung zur partnerspezifischen Ähnlichkeit beitragen.

5. Genetische und Umwelteinflüsse auf die Partnerähnlichkeit in politischen Orientierungen

Um herauszufinden, ob und in welchem Ausmaß bestimmte Umwelten die Ähnlichkeit innerhalb von Paaren hinsichtlich AKO und SDO beeinflusst, ist es sehr hilfreich, die Partner von Zwillingen zusätzlich zu untersuchen (Kandler et al. 2015a; Reynolds et al. 1996). Ein solches Zwillingsfamiliendesign erhöht die Betrachtung von fünf Verwandtschaftsbeziehungen im Design von Zwillingen und ihren Eltern um weitere sieben (siehe großer Kasten in Abb. 3). Diese zusätzlichen Verwandtschaftsbeziehungen erlauben es die Partnerähnlichkeit im Hinblick auf *selektive Partnerwahl* und *soziale Homogamie* zu untersuchen (Watson et al. 2014). Ein entsprechendes Modell zur Analyse dieser komplexen Verwandtschaftsbeziehungen ist in Abbildung 4 dargestellt.

Selektive Partnerwahl (µ) würde dazu führen, dass sich die Partner von EZ ähnlicher sind als die Partner von ZZ, da EZ genetisch einander ähnlicher sind als ZZ und so potentiell ähnlichere Partner bevorzugen würden. Selektive Partnerwahl würde demnach auch dazu führen, dass Korrelationen zwischen Schwagern innerhalb von EZ-Familien höher ausfallen als innerhalb von ZZ-Familien. *Soziale Homogamie* (s) würde hingegen dazu beitragen, die Ähnlichkeit aller betrachteten Familienmitglieder im gleichen Maße zu erhöhen, da dieses Phänomen geteilte soziale Herkunfts- und Hintergrundkontexte reflektiert und sich somit auf alle Verwandtschaftsbeziehungen zu gleichen Anteilen auswirkt.

Etwa 60 Prozent der Zwillinge in JeTSSA befanden sich zum Zeitpunkt der Datenerhebung in einer Partnerschaft oder zumindest lagen für diese Zwillinge Daten ihrer Partner vor (Kandler et al. 2015a). Die Ergebnisse der Modellanalysen sind in Tabelle 4 zusammengefasst. Sowohl für AKO als auch für SDO konnte die Partnerähnlichkeit auf selektive Partnerwahl (µ) und soziale Homogamie (s) zurückgeführt werden. Soziale Homogamie erklärte 15 Prozent der Varianz in AKO und fünf Prozent der interindividuellen Unterschiede in SDO. Direkte umweltvermittelte Einflüsse der Eltern auf ihre Kinder waren statistisch nicht bedeutsam (erklärten etwa zwei Prozent der Varianz). An dem großen Unterschied hinsichtlich der Erblichkeit zwischen AKO (51 Prozent) und SDO (elf Prozent) änderte sich nichts.

Abbildung 4: Zwillings-Partner-Eltern-Modell gemeinsam aufgewachsener Zwillinge

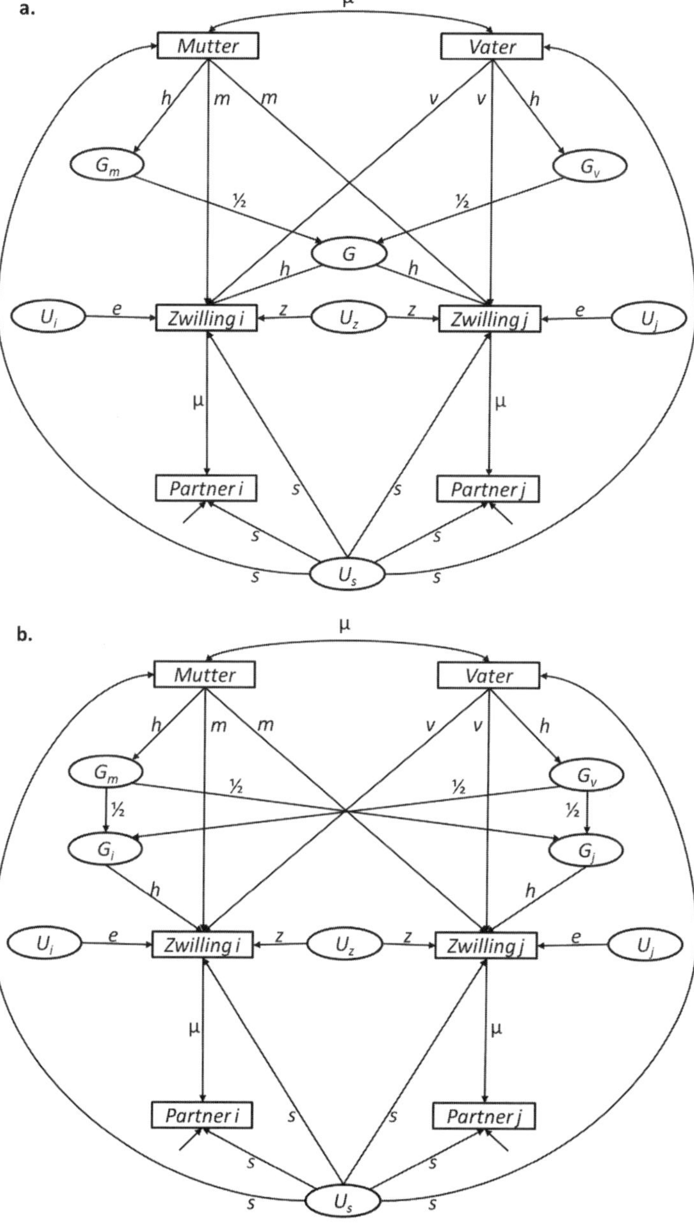

Anmerkung: Zwillings-Partner-Eltern-Modell gemeinsam aufgewachsener Zwillinge i und j (a.) eineiiger und (b.) zweieiiger Zwillingspaare, welches interindividuelle Unterschiede in einem Merkmal wie der Ausprägung in politischer Orientierung auf sieben Faktoren zurückführt (Mutter, Vater, genetische Einflüsse G, zwillingsspezifische geteilte Umwelteinflüsse U_z, soziale Homogamie U_s, partnerspezifische Homogamie U_s und nichtgeteilte Umwelteinflüsse U_i und U_j) unter Berücksichtigung selektiver Partnerwahl (μ). Für weitere Erläuterungen siehe Text.

Tabelle 4: Parameterschätzungen von Modellanalysen auf der Basis von Daten eineiiger und zweieiiger Zwillinge sowie der Zwillingseltern und Zwillingspartner

	Politische Orientierungen	
	AKO	SDO
Modellanpassungsstatistiken		
$\chi^2(33)$	39,54	42,39
p	0,20	0,13
CFI	0,99	0,91
RMSEA	0,02	0,03
Modellparameter		
h	0,71*	0,34*
µ	0,46*	0,21*
m	0,12	0,08
v	-0,16	0,09
z	0,00	0,34*
s	0,39*	0,22*
e	0,52*	0,81*
Standardisierte Varianzkomponenten		
h^2	0,51*	0,11*
$h^2m(1+\mu) + h^2v(1+\mu) + s^2(m+v+h^2)$	0,04	0,04
$m^2 + v^2 + 2mv\mu$	0,02	0,02
s^2	0,15*	0,05*
z^2	0,00	0,12*
e^2	0,28*	0,66*

Anmerkung: Die Ergebnisse basieren auf einer Stichprobe von 224 eineiigen Zwillingspaaren (EZ) und 166 zweieiigen Zwillingspaaren (ZZ) sowie 304 Mütter und 253 Väter und 520 Partner der Zwillinge aus JeTSSA; für die Modellparameter siehe Abbildung 4; h^2: Erblichkeit; $h^2m(1+\mu) + h^2v(1+\mu) + s^2(m+v+h^2)$: Anlage-Umwelt Kovariation; $m^2 + v^2 + 2mv\mu$: umweltvermittelter Elterneinfluss; z^2: elternunabhängiger von den Zwillingen geteilter Umwelteinfluss; s^2: Varianz auf Grund sozialer Homogamie; e^2: individuelle Umwelteinflüsse
*$p < 0{,}05$

Insgesamt lässt sich also nun festhalten, dass interindividuelle Unterschiede in AKO in erster Linie auf genetische Unterschiede (inkl. passive Anlage-Umwelt Kovariation) zurückgeführt werden können, jedoch die individuelle Umwelt und Erfahrungen, die von allen Verwandten (Eltern, Geschwister, Partner, Schwager) geteilt werden, eine wichtige Rolle dabei spielen, Ähnlichkeiten innerhalb einer Familie zu erklären. Individuelle Ausprägungen hinsichtlich SDO scheinen in der Tat stärker abhängig von Umwelteinflüssen zu sein als AKO. Vor allem individuelle Umwelteinflüsse (66 Prozent) spielen eine große Rolle. Darüber hinaus finden sich auch Hinweise auf elternunabhängige von Zwillingen geteilte Umwelteinflüsse (zwölf Prozent), welche die Ähnlichkeit von Zwillingen in Bezug auf SDO erhöhen. Letzteres könnte Einflüsse geteilter sozialer Umwelten reflektieren wie ein gemeinsamer Freundeskreis oder die Mitgliedschaft in einer bestimmten Gruppe, Verein oder Organisation. Jedenfalls geht es hier um Einflüsse, die innerhalb einer

Generation zum Tragen kommen, jedoch nicht die Ähnlichkeit von Verwandten zwischen Generationen erhöhen.

Die verhaltensgenetische Forschung, vor allem in der Betrachtung multipler Verwandtschaftsbeziehungen, erlaubt also – unter Kontrolle des genetischen Beitrags – eine sehr fein aufgelöste Bestimmung der Nettobeiträge verschiedener Umwelteinflüsse auf unterschiedlichen Betrachtungsebenen: (1) individuelle Umwelteinflüsse, (2) dyadische Umwelteinflüsse (z.B. geschwisterspezifische und partnerspezifische Effekte) und (3) Umwelteinflüsse auf Gruppenebene (z.B. soziale Homogamie). Je mehr Verwandtschaftsbeziehungen betrachtet werden, umso feiner wird der Auflösungsgrad zur Schätzung der Beiträge genetischer und umweltvermittelter Faktoren.

6. Kulturelle Einflüsse auf politische Orientierungen

Die statistischen Schätzungen genetischer und Umwelteinflüsse beziehen sich immer auf interindividuelle Unterschiede in einer betrachteten Stichprobe oder Population zu einem bestimmten Zeitpunkt. Meistens stammen die Studien und Stichproben aus einem Land (z.B. JeTSSA aus Deutschland). Die Stichprobenabhängigkeit beschränkt also die betrachteten interindividuellen Unterschiede auf eine bestimmte Population (Kultur, Sprachkreis oder Nation). Da makrokontextuelle Einflüsse wie Medien, Bildungssystem, Wirtschaftssystem und politische Ideologie eines Landes von allen Individuen der betreffenden Population geteilt werden, sind solche Umwelteinflüsse nicht wesentlich in interindividuellen Unterschieden innerhalb eines Landes repräsentiert. Wenn also solche Einflüsse im Verhältnis zur genetischen Variabilität über Nationen und Kulturen in Bezug auf kulturübergreifende interindividuelle Unterschiede in politischen Kernorientierungen eine Rolle spielen, dann sollte der Nettobeitrag der Umwelteinflüsse im Verhältnis zum genetischen Beitrag in interkulturellen verhaltensgenetischen Studien größer ausfallen.

Leider gibt es bisher nur wenige Studien, die vergleichbare Messinstrumente in Bezug auf politische Kernorientierungen über verschiedene Länder, Sprachen und Nationen hinweg einsetzten. Eine Studie, welche Daten von etwa 1.500 Zwillingspaaren aus Deutschland (JeTSSA), Japan (Keio Twin Project) und den USA (Minnesota Twin Study) untersuchte, fand einen deutlich größeren Beitrag geteilter Umwelteinflüsse auf die Ähnlichkeit gemeinsam aufgewachsener Zwillinge für AKO- und SDO-Maße (Kandler et al. 2015b). Geteilte Umwelteinflüsse erklärten 31 Prozent (AKO) und 20 Prozent (SDO) interindividueller Unterschiede über die drei Nationen hinweg. Diese Schätzungen des Beitrags geteilter Umwelteinflüsse lagen deutlich über denen innerhalb eines Landes, zum Beispiel 13 Prozent (AKO) und 15 Prozent (SDO) in Deutschland (vgl. Tabelle 2: c^2). Vor allem in Bezug auf AKO ist der Unterschied beeindruckend.

Dieser Befund verdeutlicht die Wichtigkeit kulturkreisübergreifender genetisch informativer Studien zur Aufdeckung des Nettobeitrags makrokontextueller Faktoren, die kulturelle Unterschiede in politischen Kernorientierungen erklären. Auch hier sind verhaltensgenetische Studiendesigns (wie Zwillingsstudien) im besonderen Maße geeignet, denn nur genetisch informative Studien sind umweltsensitiv genug, indem sie genetische Variabilität kontrollieren, um den Beitrag „wahrer" Umweltfaktoren auf interindividueller Unterschiede in einem Merkmal zu entschlüsseln.

7. Biologische und psychologische Mediatoren genetischer Einflüsse

Verschiedene verhaltensgenetische Studien haben darauf hingewiesen, dass vor allem interindividuelle Unterschiede in AKO deutlich genetisch beeinflusst sind. Natürlich ist klar, dass genetische Faktoren unsere Einstellungen und Wertorientierungen nicht direkt beeinflussen, sondern eher über neuroanatomische und neurophysiologische Pfade vermittelt werden, denn mehr als zwei Drittel der genetischen Unterschiede zwischen Menschen manifestieren sich im Nervensystem (bzw. Gehirn), das nicht nur für basale Emotionen und affektive Reaktionen verantwortlich ist, sondern auch komplexe bewusste Kognitionen (Vorstellungen, Entscheidungen und Einstellungen) produziert. In jüngerer Zeit haben Studien mit der Untersuchung solcher psychophysiologischen Faktoren politischer Orientierung begonnen. Die Größe und die neuronale Aktivität bestimmter Hirnregionen scheinen im Zusammenhang mit konservativen Einstellungen zu stehen (Jost u. Amodio 2012; Jost et al. 2014).

Konservativere haben einen kleineren Anterioren Cingulären Cortex (ACC) und eine größere rechtsseitige Amygdala (Kanai et al. 2011). Im Einklang mit diesen neuroanatomischen Unterschieden konnten Oxley et al. (2008) zeigen, dass rechts-orientierte Personen eine schnellere Bedrohungsreaktion zeigen. Bedrohungssensitivität gegenüber äußeren Gefahren ist bekanntermaßen mit der Amygdala-Aktivität assoziiert. Es ist plausibel, dass Menschen mit einer erhöhten Bedrohungssensibilität ein ihnen vertrauteres und sicher wirkendes Umfeld bevorzugen und daher Veränderungen und Unbekanntem eher ablehnend gegenüberstehen. Diese Tendenz mag sich auch in konservativeren Ansichten äußern.

Weiterhin berichteten Amodio et al. (2007) bei links-orientierten Personen signifikant mehr Aktivität im ACC, was wiederum mit einer größeren Offenheit in Bezug auf neue, diverse und unerwartete Erfahrungen einherging. Diese Befunde wurden durch eine Studie von Weissflog et al. (2013) gestützt. Letztere konnte darüber hinaus zeigen, dass selbstberichteter Egalitarismus und geringe Ausprägungen in Autoritarismus mit einer größeren ACC-Aktivität zusammenhängen. Menschen, die offen gegenüber Unbekanntem und neuen Erfahrungen sind sowie sich flexibel auf Neuerungen und Veränderungen einstellen können, scheinen auch eher liberalere und progressivere Ansichten zu vertreten und wohlwollender anderen Gruppen, fremden Kulturen und Minderheiten gegenüberzustehen. Zusammenfassend lässt sich also festhalten, dass das Propagieren von Gleichheit und Progression mit weniger Bedrohungssensitivität und mehr kognitiver Flexibilität einhergeht.

Kognitive Flexibilität und die Tendenz, sich neuen, diversen und unerwarteten Situationen und Erfahrungen auszusetzen, ist in der Persönlichkeitspsychologie auch als *Offenheit für Erfahrungen* bekannt. Dieses Persönlichkeitsmerkmal wird in vielen Persönlichkeitsmodellen als eine Kerneigenschaft interindividueller Unterschiede beschrieben (Kandler et al. 2014). Genetisch verankerte Persönlichkeitseigenschaften als Basistendenzen und Dispositionen zu bestimmten Emotionen, Kognitionen und Verhalten, in denen sich Menschen unterscheiden, wurden vielfach als Mediatoren des Einflusses genetischer Faktoren auf politische Einstellungen diskutiert (Smith et al. 2011; Kandler u. Riemann 2013). Im Einklang mit dieser Hypothese fanden Studien systematische negative Zusammenhänge zwischen *Offenheit für Erfahrungen* und den politischen Kernorientierungen AKO und SDO (Carney et al. 2008; Sibley u. Duckitt 2008). Offenere Personen nehmen Ideen, Erfahrungen und Situationen positiver auf. Sie stehen fortschrittlichen und liberalen politischen Positionen sowie soziopolitischen Veränderungen befürwortend gegenüber. Sie hinterfragen nicht nur überholte Moralvorstellungen und dogmatische Überzeugungen, sondern legen auch vergleichsweise großen Wert auf Toleranz gegenüber fremden Kulturen und treten für soziale und ökonomische Gleichheit ein.

Neben *Offenheit für Erfahrungen* finden sich auch andere Kerneigenschaften, die mit AKO und SDO systematisch assoziiert sind. So wurden positive Zusammenhänge zwischen *Gewissenhaftigkeit* und AKO-Maßen berichtet (Carney et al. 2008; Duckitt u. Sibley, 2008). Vor dem Hintergrund, dass gewissenhaftere Personen klare Strukturen und Regeln bevorzugen, verwundert dieser Befund nicht. Gewissenhaftere Personen rütteln weniger an den Grundfesten gesellschaftlicher Strukturen und sozialer Normen. Sie halten eher an traditionellen Wertvorstellungen und konservativen Überzeugungen fest.

Während Gewissenhaftigkeit nicht mit SDO assoziiert ist, wird hingegen oft die Persönlichkeitseigenschaft *Verträglichkeit* mit SDO im Zusammenhang gebracht (Duckitt u. Sibley 2008). Verträglichere Personen stehen sozialer und ökonomischer Ungleichheit eher negativ gegenüber. Sie propagieren Humanismus und befürworten mit erhöhter Wahrscheinlichkeit soziale Gerechtigkeit und ökonomischen Ausgleich sowie internationale Kooperationen und Beziehungen.

Während Längsschnittstudien zeigen konnten, dass diese Zusammenhänge in erster Linie von Persönlichkeitseigenschaften auf Einstellungen gerichtet sind (Perry u. Sibley 2012; Sibley u. Duckitt 2013), haben genetisch informative Studien darauf hingewiesen, dass sie primär auf eine gemeinsame genetische Basis zurückgeführt werden können (Kandler et al. 2012; Verhulst et al. 2010). In der Summe verdeutlichen die Befunde, dass genetisch beeinflusste Unterschiede in politischen Einstellungen durch neuroanatomische, neurophysiologische und grundlegende Persönlichkeitseigenschaften vermittelt zu sein scheinen.

8. Diskussion

In diesem Artikel wurde der aktuelle Stand der Forschung in Bezug auf Anlage und Umwelt in politischen Einstellungen dargestellt und anhand der deutschen Zwillingsfamilienstudie JeTSSA verdeutlicht. Interindividuelle Unterschiede in politischen Einstellungen können mit zwei Kernorientierungen beschrieben werden: (1) Autoritär Konservative Orientierung und (2) Soziale Dominanzorientierung. Während Unterschiede in AKO substantiell genetisch beeinflusst sind (50 bis 55 Prozent), ist die Erblichkeit von SDO sehr klein (zehn bis 15 Prozent). Jüngste Forschungsbefunde deuten darauf hin, dass genetische Unterschiede in politischen Kernorientierungen durch interindividuelle Unterschiede in neuroanatomischen Strukturen, neurophysiologischen Mechanismen (Größe und Aktivität im Anterioren Cingulären Cortex und in der rechtseitigen Amygdala) und grundlegenden Persönlichkeitseigenschaften (*Offenheit für Erfahrungen*, *Gewissenhaftigkeit* und *Verträglichkeit*) vermittelt werden.

Während individuelle Ausprägungen in SDO also stark von prägenden Erfahrungen abzuhängen scheinen, reicht die genetische Beeinflussung von AKO an die typischen Erblichkeitsschätzungen für grundlegende Persönlichkeitsmerkmale heran (siehe Kandler et al. 2012). Einige Wissenschaftler betrachten Autoritarismus eher als eine grundlegende Persönlichkeitseigenschaft, welche mit bestimmten Einstellungsmustern einhergeht, und weniger als eine Einstellungsdimension per se (z.B. Altemeyer 1996). Die hohen Erblichkeitsschätzungen stützen diese Sichtweise. Zudem wird die Betrachtung von Autoritarismus als eine Persönlichkeitseigenschaft dadurch gestützt, dass interindividuelle Unterschiede in autoritärem Konservatismus auch über die Zeit stabiler sind als interindividuelle Unterschiede in sozialer Dominanzorientierung (Sibley u. Duckitt 2013). Diese Stabilität reicht ebenfalls an die von Persönlichkeitseigenschaften heran (Kandler et al. 2014). Darüber hinaus konnte in einer interkulturellen verhaltensgenetischen Studie, die Zwillingsdaten aus Deutschland, den USA und Japan untersuchte (Kandler et al. 2015b), gezeigt werden, dass SDO durchaus von den Persönlichkeitseigenschaften *Offenheit für Erfahrungen* und *Verträglichkeit* kausal beeinflusst wird, während eine solche Wirkrichtung für den Zusammenhang zwischen AKO und den Persönlichkeitseigenschaften *Offenheit für Erfahrungen* und *Gewissenhaftigkeit* nicht bestätigt werden konnte. All diese Befunde deuten darauf hin, dass autoritärer Konservatismus eine grundlegendere menschliche Orientierung beschreibt als soziale Dominanzorientierung.

Verhaltensgenetische Studien sind auch im besonderen Maße geeignet, Umwelteinflüsse zu identifizieren, da sie den genetischen Beitrag an interindividuellen Unterschieden in den betrachteten Merkmalen kontrollieren können. Solche Studien erlauben es verschiedene Umwelteinflüsse auf politische Orientierungen zu identifizieren und zu quantifizieren. Diese Umweltfaktoren können sich auf verschiedenen Kontextebenen manifestieren (individuelle, geschwisterspezifisch, familial und kulturell). Darüber hinaus haben internationale verhaltensgenetische Studien gezeigt, dass kulturelle Unterschiede politische Orientierungen beeinflussen und Unterschiede in individuellen Ausprägungen bezüglich AKO und SDO durch interkulturelle Umweltvariabilität erhöhen.

Zwar können Studien multipler Verwandtschaftsbeziehungen Nettoeffekte von genetischen und Umweltquellen bestimmen, welche die Unterschiedlichkeit beziehungsweise Ähnlichkeit von Verwandten erklären, sie können jedoch nicht direkt die entsprechenden molekularen Genvarianten oder spezifische Umweltfaktoren entschlüsseln. Um zu bestimmen, welche Umweltfaktoren kulturelle oder Familienähnlichkeit (wie z.B. religiöse oder soziale Kontexte) vermitteln oder individuelle Erfahrungswerte (wie z.B. individuelle kritische Lebensereignisse) ausmachen, erfordert es, entsprechende Variablen in die Untersuchung mit aufzunehmen und Zusammenhänge zu prüfen.

Darüber hinaus ist die additive Verknüpfung genetischer und Umwelteinflüsse als Quellen interindividueller Unterschiede eine relativ vereinfachte Abbildung der Realität. Genetische und Umweltfaktoren können auf verschiedene Weise miteinander verflochten sein und statistisch interagieren (Scarr u. McCartney 1983). Dies bedeutet, dass genetisch basierte Neigungen zu politischen Orientierungen von Umwelteinflüssen in der Weise abhängen können, dass letztere den Grad der politischen Orientierung beeinflussen (d.h. *Anlage-Umwelt-Interaktion*). So haben zum Beispiel experimentelle Studien gezeigt, dass soziale und ökonomische Bedrohungen (wie Terrorismus oder hohe Arbeitslosenquoten) soziale Intoleranz und konservative Einstellungen verstärken (McCann 2008). Genauso können genetische Neigungen dazu beitragen, dass sich Individuen in bestimmten Umwelten wohler fühlen und sich den Neigungen entsprechende Nischen suchen (d.h. *aktive Anlage-Umwelt-Kovariation*). So sind konservative Individuen auch häufiger Mitglieder konservativer Parteien als liberale oder linksorientierte Individuen. Den Neigungen entsprechende Umwelten können wiederum die phänotypische Merkmalsausprägung verstärken. Zumindest in Bezug auf eine Form des Wechselspiels zwischen Anlage und Umwelt, nämlich *passive Anlage-Umwelt-Kovariation*, konnte die vorliegende Arbeit keine bedeutsamen Beiträge zu interindividuellen Unterschieden in politischen Kernorientierungen erhärten.

Die vorliegende Arbeit sollte verdeutlichen, wie genetisch informative und umweltsensitive Forschung dazu beitragen kann, das Verständnis zu politischen Einstellungen und Entscheidungen zu vertiefen. Sowohl Anlage als auch Umwelt sind als Wirkfaktoren zu berücksichtigen, die additiv und (sicherlich) interaktionistisch dazu beitragen, wie wir in Bezug auf das politische Leben und politische Sachverhalte im Vergleich zu anderen Menschen denken, urteilen und uns verhalten.

Literatur

Alford, John R., Carolyn L. Funk, und John R. Hibbing. 2005. Are political orientations genetically transmitted? *American Political Science Review* 99:153-167.

Alford, John R., Peter K. Hatemi, John R. Hibbing, Nicholas G. Martin, und Lindon J. Eaves. 2011. The politics of mate choice. *The Journal of Politics* 73:369-372.

Altemeyer, Bob. 1996. *The Authoritarian Specter*. Cambridge, MA: Harvard University Press.

Amodio, Davis M., John T. Jost, Sarah L. Master, und Cindy M. Yee. 2007. Neurocognitive correlates of liberalism and conservatism. *Nature Neuroscience* 10:1246-1247.

Aspelund, Anna, Marjaana Lindeman, und Markku Verkasalo. 2013. Political conservatism and left-right orientation in 28 Eastern and Western European countries. *Political Psychology* 34:409-417.

Bell, Edward, Julie A. Schermer, und Philip A. Vernon. 2009. The origins of political attitudes and behaviours: An analysis using twins. *Canadian Journal of Political Science* 42:855-879.

Bouchard, Thomas J. Jr., und Matt McGue. 2003. Genetic and environmental differences on human psychological differences. *Journal of Neurobiology* 54:4-45.

Carney, Dana, John T. Jost, Samuel D. Gosling, und Jeff Potter. 2008. The secret lives of liberals and conservatives: Personality profiles, interaction styles, and the things they leave behind. *Political Psychology* 29:807-840.

D'Onofrio, Brian M., Lindon J. Eaves, Lenn Murrelle, Hermine H. Maes, und Bernard Spilka. 1999. Understanding biological and social influences on religious affiliation, attitudes, and behaviors: a behavior genetic perspective. *Journal of Personality* 67:953-984.

Dawes, Christopher T., und James H. Fowler. 2009. Partisanship, voting, and the dopamine D2 receptor gene. *Journal of Politics* 71:1157-1171.

Duckitt, John, und Chris G. Sibley. 2010. Personality, ideology, prejudice, and politics: A dual-process motivational model. *Journal of Personality* 78:1861-1893.

Duriez, Bart, Alain Van Hiel, und Malgorzata Kossowska. 2005. Authoritarianism and Social Dominance in Western and Eastern Europe: The importance of the sociopolitical context and of political interest and involvement. *Political Psychology* 26:299-320.

Eaves, Lindon J., und Hans J. Eysenck. 1974. Genetics and the development of social attitudes. *Nature* 249:288-289.

Fowler, James H., und Darren Schreiber. 2008. Biology, politics, and the emerging science of human nature. *Science* 322:912-914.

Funk, Carolyn L., Kevin B. Smith, John R. Alford, Matthew V. Hibbing, Nicholas R. Eaton, Robert F. Krueger, Lindon J. Eaves, und John R. Hibbing. 2013. Genetic and environmental transmission of political orientations. *Political Psychology* 34:805-819.

Funke, Friedrich. 2005. The dimensionality of right-wing authoritarianism: Lessons from the dilemma between theory and measurement. *Political Psychology* 26:195-218.

Hatemi, Peter K., Christopher T. Dawes, Amanda Frost-Keller, Jaime E. Settle, und Brad Verhulst. 2011. Integrating social science and genetics: News from the political front. *Biodemography and Social Biology* 57:67-87.

Hatemi, Peter K., John R. Hibbing, Sarah E. Medland, Matthew C. Keller, John R. Alford, Kevin B. Smith, Nicholas G. Martin, und Lindon J. Eaves. 2010. Not by twins alone: Using the extended family design to investigate genetic influence on political beliefs. *American Journal of Political Science* 54:798-814.

Ho, Arnold K., Jim Sidanius, Felicia Pratto, Shana Levin, Lotte Thomsen, Kteily Nour, und Jennifer Sheehy-Skeffington. 2012. Social dominance orientation: Revisiting the structure and function of variable predicting social and political attitudes. *Personality and Social Psychology Bulletin* 38:583-606.

Jost, John T., und David M. Amodio. 2012. Political ideology as motivated social cognition: Behavioral and neuroscientific evidence. *Motivation and Emotion* 36:55-64.

Jost, John T., Christopher M. Federico, und Jaime L. Napier. 2009. Political ideology: Its structure, functions, and elective affinities. *Annual Review of Psychology* 60:307-337.

Jost, John T., Hannah H. Nam, David M. Amodio, und Jay van Bavel. 2014. Political neuroscience: The beginning of a beautiful friendship. *Advances in Political Psychology* 35:3-42.

Kanai, Ryota, Tom Feilden, Colin Firth, und Geraint Rees. 2011. Political orientations are correlated with brain structure in young adults. *Current Biology* 21:677-680.

Kandler, Christian, Edward Bell, Chizuru Shikishima, Shinji Yamagata, und Rainer Riemann. 2015b. In *Emerging Trends in the Social and Behavioral Sciences: Interdisciplinary, Searchable, and Linkable Resource.* Hrsg. Robert A. Scott und Stephen M. Kosslyn, Wiley Online Library. doi: 10.1002/9781118900772.etrds0144

Kandler, Christian, Wiebke Bleidorn, und Rainer Riemann. 2012. Left or right? Sources of political orientation: The roles of genetic factors, cultural transmission, assortative mating, and personality. *Journal of Personality and Social Psychology* 102:633-645.

Kandler, Christian, Gary J. Lewis, Lea H. Feldhaus, und Rainer Riemann. 2015a. The genetic and environmental roots of variance in negativity toward foreign nationals. *Behavior Genetics* 45:181-199.

Kandler, Christian, und Rainer Riemann. 2013. Rechts oder Links? Wie Gene unsere politische Orientierung beeinflussen. *Das In-Mind Magazin* 3.

Kandler, Christian, Julia Zimmermann, und Dan P. McAdams. 2014. Core and surface characteristics for the description and theory of personality differences and development. *European Journal of Personality* 28:231-243.

Kohn, Melvin L., und Carmi Schooler. 1983. *Work and Personality: An Inquiry into the Impact of Social Stratification.* Norwood, N.J.: Ablex Pub. Corp.

Lehmiller, Justin J., und Michael T. Schmitt. 2007. Group domination and inequality in context: Evidence for the unstable meanings of social dominance and authoritarianism. *European Journal of Social Psychology* 37:704-724.

Ludeke, Steven G., und Robert F. Krueger. 2013. Authoritarianism as a personality trait: Evidence from a longitudinal behavior genetic study. *Personality and Individual Differences* 55:480-484.

McCann, Stewart J. H. 2008. Societal threat, authoritarianism, conservatism, and U.S. state death penalty sentencing (1977–2004). *Journal of Personality and Social Psychology* 94:913-923.

McCourt, Kathryn, Thomas J. Bouchard Jr., David T. Lykken, Auke Tellegen, und Margaret Keyes. 1999. Authoritarianism revisited: Genetic and environmental influence examined in twins reared apart and together. *Personality and Individual Differences* 27:985-1014.

Olson, James M., Philip A. Vernon, Julie A. Harris, und Kerry L. Jang. 2001. The heritability of attitudes: A study of twins. *Journal of Personality and Social Psychology* 80:845-860.

Orey, Byron D. A., und Hyung Park. 2012. Nature, nurture, and ethnocentrism in the Minnesota Twin Study. *Twin Research and Human Genetics* 15:71-73.

Oxley, Douglas R., Kevin B. Smith, John R. Alford, Matthew V. Hibbing, Jennifer L. Miller, Mario Scalora, Peter K. Hatemi u. John R. Hibbing. 2008. Political attitudes vary with physiological traits. *Science* 321: 1667-1670.

Perry, Ryan, und Chris G. Sibley. 2012. Big-five personality prospectively predicts social dominance orientation and right-wing authoritarianism. *Personality and Individual Differences* 52:3-8.

Pratto, Felicia, Jim Sidanius, Lisa M. Stallworth, und Bertram F. Malle. 1994. Social dominance orientation: A personality variable predicting social and political attitudes. *Journal of Personality and Social Psychology* 67:741-763.

Reynolds, Chandra A., Laura A. Baker, und Nancy L. Pedersen. 1996. Models of spouse similarity: Applications to fluid ability measured in twins and their spouses. *Behavior Genetics* 26:73-88.

Scarr, Sandra, u. Kathleen McCartney. 1983. How people make their own environments: A theory of genotype→environment effects. *Child Development* 54:424–435.

Schmitt, Hermann. 2001. Zur vergleichenden Analyse des Einflusses gesellschaftlicher Faktoren auf das Wahlverhalten: Forschungsfragen, Analysestrategien und einige Ergebnisse. *Wählen und Wähler* 90:623-645.

Schwartz, Shalom. H. 1994. Are there universal aspects in the structure and contents of human values? *Journal of Social Issues* 50:19-45.

Sibley, Chris G., und John Duckitt. 2008. Personality and prejudice: A meta-analysis and theoretical review. *Personality and Social Psychology Review* 12:248-279.

Sibley, Chirs G., und John Duckitt. 2013. The dual process model of ideology and prejudice: A longitudinal test during a global recession. *Journal of Social Psychology, 153,* 448-466.

Sidanius, Jim, und Felicia Pratto. 2001. *Social Dominance: An Intergroup Theory of Social Hierarchy and Oppression.* Cambridge University Press, Cambridge.

Smith, Kevin B., Douglas R. Oxley, Matthew V. Hibbing, John R. Alford, und John R. Hibbing. 2011. Linking genetics and political attitudes: reconceptualizing political ideology. *Political Psychology* 32:369-397.

Stößel, Katharina, Nicole Kämpfe, und Rainer Riemann. 2006. The Jena Twin Registry and the Jena Twin Study of Social Attitudes (JeTSSA). *Twin Research and Human Genetics* 9:783-786.

Thorisdottir, Hulda, John T. Jost, Ido Liviatan, und Patrick E. Shrout. 2007. Psychological needs and values underlying left–right political orientation: Cross-national evidence from Eastern and Western Europe. *Public Opinion Quarterly* 71:175-203.

Treier, Shawn, und Sunshine D. Hillygus. 2009. The nature of political ideology in the contemporary electorate. *Public Opinion Quarterly* 73:679-703.

Verhulst, Brad, Peter K. Hatemi, und Nicholas G. Martin. 2010. The nature of the relationship between personality traits and political attitudes. *Personality and Individual Differences* 49:306-316.

Watson, David, Andrew Beer, und Elizabeth McDade-Montez. 2014. The role of active assortment in spousal similarity. *Journal of Personality* 82:116-129.

Watts, Duncan J., und Peter S. Dodds. 2007. Influentials, networks, and public opinion formation. *Journal of Consumer Research* 34:441-458.

Weissflog, Meghan J., Becky L. Choma, Jane Dywan, Stefon J. R. van Noordt, und Sidney J. Segalowitz. 2013. The political (and physiological) divide: Political orientation, performance monitoring, and the anterior cingulate response. *Social Neuroscience* 8:434-447.

Anhang A. Messinstrumente: Items und Skalenzuordnung

Right-Wing Authoritarianism (RWA)

(1) Was wir in unserem Land anstelle von mehr ‚Bürgerrechten' wirklich brauchen, ist eine anständige Portion Recht und Ordnung.

(2) Die Zeiten, in denen sich Frauen ihren Männern unterzuordnen hatten, sollten der Vergangenheit angehören. Der ‚Platz einer Frau' in der Gesellschaft sollte sein, wo immer sie möchte.(-)

(3) Die Abkehr von der Tradition wird sich eines Tages als fataler Fehler herausstellen.

(4) Es gibt kein Verbrechen, das die Todesstrafe rechtfertigen würde.(-)

(5) Gehorsam und Achtung vor der Autorität sind die wichtigsten Tugenden, die Kinder lernen sollten.

(6)   Gleichgeschlechtliche Lebensgemeinschaften sollten der Ehe gleichgestellt werden.(-)

(7)   Was unser Land wirklich braucht, ist ein starker, entschlossener Kanzler, der das Übel zerschlagen und uns wieder auf unseren rechten Weg bringen wird.

(8)   Es ist gut, dass die jungen Leute heutzutage größere Freiheiten haben, 'ihr eigenes Ding zu machen' und gegen Dinge zu protestieren, die sie nicht mögen.(-)

(9)   Tugendhaftigkeit und Gesetzestreue bringen uns auf lange Sicht weiter als das ständige Infragestellen der Grundfesten unserer Gesellschaft.

(10) Es ist wichtig, die Rechte von Radikalen und Abweichlern in jeder Hinsicht zu wahren.(-)

(11) Die wahren Schlüssel zum 'guten Leben' sind Gehorsam, Disziplin und Tugend.

Konservatismus

(1)   Zensur der öffentlichen Meinung

(2)   Aufnahme von Asylsuchenden (-)

(3)   Schläge als Erziehungsmittel

(4)   Berufstätige Mütter (-)

(5)   Behinderte Menschen im Berufsleben (-)

(6)   Sexuelle Freizügigkeit (-)

(7)   Bevorzugung von Deutschen bei der Arbeitssuche

(8)   Wahlrecht für eingebürgerte Ausländer (-)

(9)   Allein erziehender Vater (-)

(10) Führungsrolle des Mannes in der Gesellschaft

(11) Geschlechtsumwandlung (-)

(12) Legalisierung von Marihuana (-)

(13) Frauen bei der Bundeswehr (-)

(14) Alternative Heilmethoden (-)

(15) Achtung von Autoritäten

(16) Gleichgeschlechtliche Ehe (-)

(17) Anpassung

(18) Statusunterschiede zwischen verschiedenen Gruppen

(19) Frauen als Vorgesetzte (-)

(20) Größere Chancen für die, die es verdienen

(21) Die Rechte von Radikalen und Abweichlern wahren (-)

Soziale Dominanzorientierung (SDO) – Gruppendominanz

(1)   Um im Leben vorwärts zu kommen, ist es manchmal notwendig, andere für sich einzuspannen.

(2)   Es ist im Grunde falsch, dass einige Gruppen besser gestellt sind als andere. (-)

(3)   Unterlegene Gruppen sollten unter sich bleiben.

(4)   Um seine Ziele zu erreichen, ist es manchmal erforderlich, auf andere Menschen Druck auszuüben.

(5)   Wenn einige Gruppen unter sich bleiben würden, hätten wir weniger Probleme.

(6) Manchmal müssen andere Gruppen in ihre Schranken verwiesen werden.
(7) Einige Menschen sind anderen gegenüber einfach unterlegen.

Soziale Dominanzorientierung (SDO) – Elitarismus
(1) Wir sollten danach streben, das Arbeitseinkommen so gleich wie möglich zu gestalten.(-)
(2) Gruppengleichheit sollte unser Ideal sein.(-)
(3) Es ist in Ordnung, wenn einige Gruppen größere Chancen im Leben haben als andere.
(4) Wir sollten unser möglichstes tun, um gleiche Bedingungen für unterschiedliche Gruppen zu schaffen.(-)
(5) Wir hätten weniger Probleme, wenn wir alle Menschen gleicher behandeln würden.(-)
(6) Es wäre gut, wenn alle Gruppen gleichwertig wären.(-)
(7) Alle Gruppen sollten im Leben die gleichen Chancen bekommen.(-)
(8) Soziale Gleichheit sollte zunehmen.(-)
(-) Negative Itemformulierung im Sinne des zu erfassenden Konstrukts

Persönlichkeit, politische Involvierung und politische Partizipation in Deutschland und Österreich

David Johann/Markus Steinbrecher/Kathrin Thomas

1. Einleitung*

Die Suche nach Einflussfaktoren politischer Partizipation hat eine lange Tradition. In Anbetracht der Bedeutung, die der Beteiligung der Bürger am politischen Prozess beigemessen wird, ist das nicht überraschend (z.B. Steinbrecher 2009). Frühere Studien betonen die partizipationsfördernden Effekte von individuellen Ressourcen, Normen und Werten sowie Faktoren der individuellen politischen Involvierung für politische Beteiligung (z.B. Delli Carpini u. Keeter 1996; Gabriel 2005; Smets u. van Ham 2013; Steinbrecher 2009; van Deth 1997; van Deth 2001; Verba u. Nie 1972; Verba et al. 1995). Der stetige Zuwachs an wissenschaftlichen Arbeiten zu Effekten von Persönlichkeitsmerkmalen, insbesondere der sogenannten Big Five, auf politische Partizipation deutet ferner darauf hin, dass auch Persönlichkeit eine wichtige Rolle für politische Teilhabe spielt. Vor allem aus der amerikanischen Forschung liegen viele Untersuchungen zum Einfluss von Persönlichkeitsfaktoren auf verschiedene Formen politischer Partizipation vor (z.B. Gerber et al. 2009; Mondak 2010; Mondak et al. 2010a; Mondak et al. 2010b; Mondak u. Halperin 2008; Steinbrecher u. Schoen 2012; Vecchione u. Caprara 2009; vgl. auch Blais u. Labbé St-Vincent 2011; Denny u. Doyle 2008). Im deutschen Sprachraum ist dagegen die Zahl der Analysen zur Wirkung der Persönlichkeit auf politische Teilhabe begrenzt (Brandstätter u. Opp 2014; Huber u. Rattinger 2005; Schoen u. Schumann 2007; Schoen u. Steinbrecher 2013; Schumann u. Schoen 2005; Steinbrecher u. Schoen 2012).

Bisherige Studien haben sich vor allem mit den ‚direkten‘, nicht über andere Variablen vermittelten Effekten von Persönlichkeit auf politische Partizipation befasst. In Anbetracht der kurzen Geschichte dieses Forschungsbereichs ist diese Vorgehensweise nachvollziehbar, da grundsätzlich ein Gefühl für mögliche Zusammenhänge und Wechselwirkungen entwickelt werden muss. Theoretisch ist es allerdings wenig plausibel, dass sich die Persönlichkeit eines Menschen unvermittelt auf dessen politisches Verhalten auswirkt. Vielmehr ist davon auszugehen, dass Persönlichkeitseigenschaften vor allem indirekt auf politische Aktivität wirken, indem sie z.B. den Grad politischer Involvierung beeinflussen, welcher sich

* Diese Forschungsarbeit wurde durch die Austrian National Election Study (AUTNES), einem Nationalen Forschungsnetzwerk (NFN), ermöglicht und vom Fonds zur Förderung der wissenschaftlichen Forschung (FWF) (S10902-G11) gefördert. Wir danken den Teilnehmerinnen und Teilnehmern der Autorentagung für das PVS-Sonderheft „Politische Psychologie" für konstruktives Feedback sowie Johann Gründl, Steffen Kramer, Felix Olsowski und Klaus Trenkwalder für ihre hilfreiche Unterstützung.

dann wiederum auf politisches Verhalten auswirkt. Solche indirekten Effekte finden sich etwa in Untersuchungen zur Wahlbeteiligung, bei denen unvermittelte Wirkungen von Persönlichkeitseigenschaften auf politische Beteiligung deutlich kleiner werden bzw. häufig sogar verschwinden, wenn für politische Einstellungen kontrolliert wird (z.B. Schoen u. Steinbrecher 2013). Eine adäquate Einschätzung der Bedeutung von Persönlichkeit für politische Partizipation ist demnach nur möglich, wenn das kausale Wirkungsgefüge zwischen Persönlichkeit, politischer Involvierung und politischer Beteiligung angemessen berücksichtigt wird (Mondak 2010; Schoen u. Steinbrecher 2013; Vecchione u. Caprara 2009).

Ziel dieses Beitrages ist es, dieser Komplexität Rechnung zu tragen, indem die Effekte der Big Five auf vier ausgewählte Formen politischer Partizipation (Wahlbeteiligung, Teilnahme an Bürgerinitiativen sowie Demonstrationen und Mitarbeit bzw. Mitgliedschaft in einer Partei) mit Hilfe von Pfadmodellen untersucht werden (vgl. auch Schoen u. Steinbrecher 2013). Politische Involvierung wird hier als zentrale Voraussetzung politischer Beteiligung betrachtet, um den Vermittlungsmechanismus zwischen Persönlichkeit und individuellem politischen Verhalten zu untersuchen. Diese Fokussierung erscheint sinnvoll, weil viele Demokratietheoretiker davon ausgehen, dass insbesondere das politische Interesse und die politische Kompetenz wesentlich für das Funktionieren von Demokratien sind (z.B. Barber 1994; Dahl 1971, 1992; Delli Carpini u. Keeter 1996).

Eine weitere Innovation dieses Beitrages ist, dass mit Deutschland und Österreich erstmals Analysen zum Einfluss von Persönlichkeit auf Partizipation in zwei deutschsprachigen Ländern einander gegenübergestellt werden. Wenn der politische und institutionelle Kontext für die Wirkung von Persönlichkeitseigenschaften auf politische Partizipation relevant ist, dann könnten mögliche Unterschiede in den Ergebnissen zwischen Deutschland und Österreich auf diese Variationen zurückgeführt werden.

Der Beitrag ist wie folgt gegliedert: Im nächsten Abschnitt (2.) werden das Konzept der Big Five und das kausale Wirkungsgefüge zwischen Persönlichkeitseigenschaften, politischer Involvierung und politischer Partizipation eingehend diskutiert. Des Weiteren werden die Forschungsergebnisse aus diesem Bereich zusammengefasst und die Hypothesen vorgestellt. Im darauffolgenden Abschnitt (3.) werden die verwendeten Datensätze und die Operationalisierung der Variablen präsentiert. Die Analyse (4.) nutzt Pfadmodelle, um die kausalen Verbindungen zwischen den untersuchten Variablenkomplexen genauer zu betrachten. Auf diese Weise können die indirekten (und totalen) Effekte der Big Five ermittelt werden. Der letzte Abschnitt (5.) fasst die Ergebnisse der Analysen zusammen und diskutiert Implikationen für die weitere Forschung.

2. Das Wirkungsverhältnis zwischen Big Five, politischer Involvierung und politischer Partizipation

Die sogenannten *Big Five* sind ein geeignetes Instrument, um die Komplexität menschlicher Persönlichkeit kulturübergreifend zu erfassen (z.B. Goldberg 1993; John 1990; John et al. 1988; McCrae u. Costa 1997, 2008; Mondak 2010;

Ostendorf u. Angleitner 1994; Saucier u. Goldberg 1996; Steinbrecher u. Schoen 2012; aber Cheung et al. 2001). Konzeptionell geht die Dimensionierung der Big Five vor allem auf Studien aus den 1960er-Jahren zurück (z.B. Tupes u. Christal 1961). Die fünf zentralen Persönlichkeitsdimensionen sind Extraversion, Offenheit, Verträglichkeit, Gewissenhaftigkeit und emotionale Stabilität (z.B. Costa u. McCrae 1992; John et al. 2008; Mondak 2010; Mondak u. Halperin 2008). Die Big Five und die mit ihnen assoziierten Charakterzüge sind in Tabelle 1 zusammengefasst.

Tabelle 1: Die Big Five und die mit ihnen assoziierten Charakterzüge

Persönlichkeitsmerkmal	Assoziierte Charakterzüge
Extraversion	tatkräftig, aktiv, freundlich, durchsetzungsfähig, redselig
Offenheit	tolerant, kreativ, interessiert, aufgeschlossen gegenüber Neuerungen und Veränderungen
Verträglichkeit	großzügig, einfühlsam, mitfühlend, altruistisch
Gewissenhaftigkeit	strebsam, genau, fleißig, gründlich, gut organisiert
Emotionale Stabilität	ausgeglichen, ruhig, pragmatisch, kontrolliert

Quellen: Gerber et al. (2011a); Gerber et al. (2011b); Gerber et al. (2011c); John et al. (2008); McCrae u. Costa (2008); Mondak (2010)

Aus der Perspektive der Persönlichkeitsforschung sollten Individuen eine Partizipationsform dann nutzen, wenn eine bestimmte Verhaltensweise zu ihrer Persönlichkeit passt. Grund dafür ist, dass sich die Persönlichkeit eines Menschen auf dessen Ziele sowie auf dessen Wahrnehmung von und Reaktion auf Stimuli seiner Umwelt auswirkt, was sich wiederum in Gewohnheiten, Einstellungen und Verhaltensweisen manifestiert (z.B. Jost et al. 2003; McCrae u. Costa 1996, 1999; Steinbrecher u. Schoen 2012). Dies impliziert auch, dass Persönlichkeitseigenschaften politischen Einstellungen und politischem Verhalten zeitlich und kausal vorgelagert sind und das Potential haben, diese zu beeinflussen (Mondak 2010; Steinbrecher u. Schoen 2012). Ob eine politische Aktivität gut zur jeweiligen Persönlichkeit passt, hängt von den spezifischen Eigenschaften der Beteiligungsform ab. Es ist daher wichtig, sich mit diesen Eigenschaften auseinanderzusetzen (Mondak 2010; Steinbrecher u. Schoen 2012). Des Weiteren ist es wahrscheinlich, dass der politische, institutionelle und kulturelle Länderkontext eine Rolle spielt, weshalb auch dieser im Folgenden näher diskutiert wird.

2.1 Eigenschaften politischer Partizipationsformen und die Relevanz des Länderkontexts

Für eine Strukturierung politischer Partizipationsformen kann zunächst auf die Arbeiten von Verba und Kollegen (Verba et al. 1995; Verba u. Nie 1972) zurückgegriffen werden, die das Repertoire an politischen Aktivitäten im Hinblick auf (1) die Konflikthaftigkeit (gering vs. hoch), (2) die Reichweite bzw. Folgen des Ergebnisses der Partizipation (individuell vs. kollektiv) und (3) die für sie erforderlichen Voraussetzungen (Zeit, Geld, allein vs. gemeinsam) ordnen. Zudem unterscheidet die Partizipationsforschung auch zwischen legalen und illegalen[1] sowie zwischen legitimen und illegitimen Partizipationsformen (z.B. Kaase 1987; Steinbrecher 2009; Steinbrecher u. Schoen 2012).

Zunächst werden diese Kriterien unabhängig vom Länderkontext an die hier untersuchten Partizipationsformen angelegt (siehe Tabelle 2): Die Wahlbeteiligung ist eine legitime Partizipationsform, die man alleine ausüben kann, deren Folgen aber für alle Staatsbürger relevant sind. Die für das Wählen erforderlichen Voraussetzungen, gemessen in Zeitaufwand und finanziellen Kosten, sind im Vergleich zu den anderen Partizipationsformen gering. Weiterhin ist die Ausübung des Wahlrechts in etablierten Demokratien wie Österreich und Deutschland kaum mit Konflikten verbunden. Die Teilnahme an bzw. Mitarbeit in Bürgerinitiativen ist eine Aktivität, deren Ziele nicht von allen Bürgern als legitim angesehen werden müssen. Im Vergleich zur Wahlbeteiligung erfordert das Engagement in Bürgerinitiativen deutlich mehr Aufwand in Form von Zeit und Geld. Darüber hinaus bedeutet die Beteiligung an Bürgerinitiativen, dass sich die Bürger mit anderen Personen zusammenschließen müssen, um die Erfolgschancen der Initiativen zu erhöhen. Ebenso wie die Legitimität ist auch die Konflikthaftigkeit von Bürgerinitiativen abhängig von deren Begehren bzw. Ziel. Die Beteiligung an Demonstrationen unterscheidet sich von den beiden vorangehenden Partizipationsformen hinsichtlich der Konflikthaftigkeit, der mit der Teilnahme verbundenen Kosten, der notwendigen Kooperation mit anderen sowie der möglichen Unterschiede in den Legitimitätsbewertungen der Beteiligten. Während Demonstrationen ein erhöhtes Konfliktpotential sowie Kooperationsbedarf mit anderen mit sich bringen, sind die mit der Teilnahme verbundenen Kosten vermeintlich geringer als bei Bürgerinitiativen, aber höher als bei der Wahlbeteiligung. Die Bewertung der Legitimität einer Demonstration richtet sich ähnlich wie bei Bürgerinitiativen nach ihrem Ziel. Für die Mitarbeit bzw. die Mitgliedschaft in Parteien gilt, dass sich Parteianhänger zwingend und längerfristig mit anderen zusammenschließen und dass der notwendige Aufwand im Hinblick auf Zeit, Einsatz und Kosten im Vergleich zu den anderen Partizipationsformen der höchste ist. Auch die Konflikthaftigkeit ist als verhältnismäßig hoch einzuschätzen (z.B. Steinbrecher 2009; Steinbrecher u. Schoen 2012).

Tabelle 2: Partizipationsformen und ihre Charakteristika

Partizipations-form	Konflikt-haftigkeit	Reichweite	Kosten	Kooperation	Legitimität
Wahlbeteiligung	gering	kollektiv	Zeit	allein	legitim
Bürgerinitiative	gering/mittel	individuell/kollektiv	Zeit	kollektiv	legitim/illegitim
Demonstration	gering/mittel	individuell/kollektiv	Zeit, Qualifikation	kollektiv	legitim/illegitim
Parteimitarbeit	hoch	kollektiv	Zeit, Geld, Qualifikation	kollektiv	legitim/illegitim

---

1 Da alle hier betrachteten Partizipationsformen als legal eingestuft werden können, ist dieser Aspekt im Folgenden nicht zu berücksichtigen.

Neben den Eigenschaften der vier Partizipationsformen sollten auch politische, institutionelle und kulturelle Charakteristika beider Länder relevant für die kausalen Wechselwirkungen zwischen Persönlichkeit, politischer Involvierung und politischer Aktivität sein. Einerseits sind sich Deutschland und Österreich relativ ähnlich: Sie teilen Merkmale ihres politischen Systems, wie zum Beispiel den föderalen Staatsaufbau, ein repräsentatives Staatsoberhaupt und die Grundzüge des Verhältniswahlrechts. Zudem verbindet beide Länder zu großen Teilen eine gemeinsame Geschichte und Sprache. Ferner deuten Studien zu Nationalcharakter und Persönlichkeit an, dass Deutsche und Österreicher aufgrund ihrer geographischen Nähe und der historischen Verknüpfung ihrer Kulturen ähnliche Persönlichkeitsmuster aufweisen (McCrae et al. 2005; McCrae u. Terracciano 2006; Terracciano et al. 2005). Andererseits zeigt sich hinsichtlich des politischen Systems und der politischen Kultur, dass sich Deutschland und Österreich auch unterscheiden. So weisen beide Länder verschiedene Parteiensysteme und ungleiche politische Konstellationen auf. Während Österreich beispielsweise lange Zeit von einer Großen Koalition (SPÖ und ÖVP) regiert wurde, ist eine Große Koalition auf Bundesebene in Deutschland immer noch eine Ausnahme. Für die Wahlbeteiligung ist relevant, dass in einigen Bundesländern Österreichs bis in die 1990er-Jahre bei Nationalratswahlen eine Wahlpflicht galt.[2] Gerade bei älteren Österreichern könnte die Wahlpflicht dementsprechend immer noch stärker verankert sein (vgl. auch Kersting 2004) und dazu führen, dass Persönlichkeit und politische Involvierung für die Erklärung der individuellen Wahlteilnahme weniger relevant sind. Auch im Hinblick auf die Partizipation in Parteien weisen Deutschland und Österreich gravierende Unterschiede auf: Der Anteil der Parteimitglieder an der Wahlbevölkerung liegt in Österreich über 17 Prozent, während es in Deutschland nur 1,8 Prozent sind (Niedermayer 2014; van Biezen et al. 2012). Damit einher geht eine wesentlich größere Bedeutung der Parteien als politische Akteure in Österreich, die sich auch an einer Vielzahl von Verflechtungen mit anderen Gruppen, wie z.B. Wirtschaftskammern und Gewerkschaften, zeigt. Mitgliedschaft in einer und Engagement für eine Partei haben also in Österreich eine ganz andere politische und gesellschaftliche Relevanz als in Deutschland. Auch hier wären daher durchaus unterschiedliche Wechselwirkungen zwischen Kontext, Persönlichkeit, politischer Involvierung und politischer Beteiligung plausibel.

Im Folgenden werden zunächst die Befunde der bisherigen Forschung zum Einfluss von Persönlichkeit auf politische Partizipation diskutiert. Anschließend werden auf der Basis der Charakteristika politischer Partizipation und der spezifischen politischen und institutionellen Verhältnisse in den beiden Ländern Hypothesen für die Einflüsse der Big Five auf politische Beteiligung aufgestellt (für ein entsprechendes Vorgehen vgl. Steinbrecher u. Schoen 2012).

---

2   Vgl. z.B. http://www.bmi.gv.at/cms/BMI_wahlen/faq/faq_5.aspx (Abrufdatum: 9. Dezember 2014).

2.2 Forschungsstand zu unvermittelten Effekten von Persönlichkeit auf politische Partizipation

Während für Deutschland wenige Studien zur Rolle von Persönlichkeit für die Erklärung politischer Partizipation vorliegen (Brandstätter u. Opp 2014; Huber u. Rattinger 2005; Schoen u. Steinbrecher 2013; Steinbrecher u. Schoen 2012), fehlt es in Österreich gänzlich an solchen Untersuchungen. Trotz der Unterschiede im politischen und kulturellen Kontext ist daher auf Ergebnisse aus anderen Ländern, vor allem aus den USA, zurückzugreifen.

Der Fokus früherer Studien lag auf den unvermittelten[3] Effekten von Persönlichkeit auf verschiedene Formen der Teilhabe. Sie zeigen, dass Extraversion ein relevanter Einflussfaktor für politische Beteiligung ist, da Extrovertierte eher bereit sind, aus sich herauszugehen, und dem expressiven Aspekt[4] politischer Aktivität besondere Bedeutung zuschreiben (z.B. Mondak 2010; Schoen u. Steinbrecher 2013; Steinbrecher u. Schoen 2012). Demgemäß ließen sich in früheren Studien partizipationsfördernde Effekte von Extraversion auf die Wahlbeteiligung (Blais u. Labbé St-Vincent 2011; Gerber et al. 2009, 2011a, 2011c; Huber u. Rattinger 2005; Schoen u. Steinbrecher 2013; Steinbrecher u. Schoen 2012), aber auch auf die Teilnahme an Wahlkampfveranstaltungen, Unterschriftenaktionen, Demonstrationen und anderen Formen politischen Protests (Brandstätter u. Opp 2014; Gerber et al. 2009, 2011c; Mondak 2010; Mondak u. Halperin 2008; Mondak et al. 2010a, 2010b; Steinbrecher u. Schoen 2012) feststellen.

Zudem wurden unvermittelte positive Einflüsse der Offenheit auf die Teilnahme an zahlreichen nicht-elektoralen Partizipationsformen identifiziert (Brandstätter u. Opp 2014; Gerber et al. 2009, 2011c; Steinbrecher u. Schoen 2012), nicht aber auf die Wahlbeteiligung (Gerber et al. 2011a, 2011c; Mondak 2010; Mondak u. Halperin 2008; Schoen u. Steinbrecher 2013; Steinbrecher u. Schoen 2012; aber: Huber u. Rattinger 2005; Mondak 2010b). Dies mag daran liegen, dass offene Menschen neugierig und eher bereit sind, neue Informationen und Eindrücke aufzunehmen sowie neue Wege zu gehen (Mondak 2010).

Mit Blick auf die Verträglichkeit sind die empirischen Befunde widersprüchlich. Viele Studien zeigen eher schwache oder gar keine unvermittelten Effekte von Verträglichkeit auf politische Partizipation (Gerber et al. 2009; Mondak et al. 2010a, 2010b; Schoen u. Steinbrecher 2013; Steinbrecher u. Schoen 2012). Grund hierfür mag einerseits ein höheres Maß an Vertrauen gegenüber anderen sein. Verträgliche Menschen gelten als altruistisch und folglich gruppenbezogenen Aktivitäten stärker zugeneigt (z.B. Blais u. Labbé St-Vincent 2011; Denny u. Doyle 2008; Fowler 2006; Fowler u. Kam 2007; Mondak u. Halperin 2008; Steinbrecher u. Schoen

---

3 Wir sprechen in diesem Beitrag durchgängig von ‚unvermittelten' anstatt von ‚direkten' Effekten, um deutlich hervorzuheben, dass solche Effekte der Big Five gemeint sind, die <u>nicht</u> über politische Involvierung vermittelt werden. Es handelt sich folglich nicht um direkte Effekte im theoretischen Sinn. Wie an mehreren Stellen des Beitrags ausgeführt, gibt es eine Vielzahl von Einstellungen und potentiellen Mediatorvariablen, die kausal zwischen Persönlichkeit und politischer Beteiligung anzuordnen sind, die aber in unseren Analysen nicht berücksichtigt werden.

4 In Bezug auf die Motivationen für politische Partizipation nennt Blais (2010: 172) den „expressive act" als eine Erklärung insbesondere dafür, warum Bürger an Wahlen teilnehmen.

2012). Andererseits versuchen verträgliche Menschen, Konflikten auszuweichen und sich von Aktivitäten fernzuhalten, die Konfliktpotential bergen (Brandstätter u. Opp 2014; Gallego u. Oberski 2012; Steinbrecher u. Schoen 2012).

Ferner zeigen Studien zur Gewissenhaftigkeit, dass strebsame, gründliche, gut organisierte, und traditionalistische Bürger tendenziell illegitime und konfliktbehaftete Partizipationsformen meiden (Gerber et al. 2009; Mondak et al. 2010a, 2010b; Steinbrecher u. Schoen 2012). Die Befunde zur Wahlbeteiligung sind widersprüchlich: Einige Studien zeigen, dass gewissenhafte Menschen dazu neigen, sich der Stimme zu enthalten (Gerber et al. 2011a, 2011c), andere Studien liefern Hinweise auf wahlbeteiligungsfördernde Effekte der Gewissenhaftigkeit (Huber u. Rattinger 2005; Mondak u. Halperin 2008; Steinbrecher u. Schoen 2012). Darüber hinaus zeigen einige Untersuchungen weder positive noch negative Effekte (Mondak 2010; Mondak et al. 2010b).

Ähnlich verhält es sich hinsichtlich des unvermittelten Einflusses der emotionalen Stabilität. Einige Studien können positive Wirkungen auf die Teilnahme an Wahlen (z.B. Denny u. Doyle 2008; Gerber et al. 2009, 2011a, 2011c; Huber u. Rattinger 2005), die Mitarbeit in Parteien (Mondak u. Halperin 2008) oder die Beteiligung an politischen Protesten (Brandstätter u. Opp 2014) nachweisen. Andere Studien finden hingegen keine (Schoen u. Steinbrecher 2013; Steinbrecher u. Schoen 2012) oder negative Effekte auf politische Partizipation (Mondak et al. 2010b). Theoretisch gelten emotional Stabile zwar als isoliert, was gegen eine aktive Partizipation spricht, aber sie könnten durchaus in der Lage sein, als stille Teilnehmer an Gruppenaktivitäten oder Aktivitäten mit geringem Kostenaufwand (z.B. Wahlen) teilzunehmen (z.B. Mondak u. Halperin 2008; siehe auch Mondak 2010; Steinbrecher u. Schoen 2012). Neurotiker wiederum könnten aufgrund der Unzufriedenheit mit ihrer eigenen Lebenssituation (Mondak u. Halperin 2008) motiviert sein, aktiv zu werden, um ihre missliche Lage zu verändern bzw. zu verbessern (Steinbrecher u. Schoen 2012). Da sie aber wenig gesellig und Gruppenaktivitäten abgeneigt sind, spricht dies gleichsam gegen aktives politisches Handeln (Mondak u. Halperin 2008).

Die bisherige Forschung konnte zwar einige unvermittelte Effekte der Big Five identifizieren, die Aussagekraft der referierten Befunde ist allerdings begrenzt, denn es ist anzunehmen, dass sich Persönlichkeit vor allem indirekt auf politische Partizipation auswirkt. Theoretisch gilt: Würden in Modellen zur Untersuchung des Einflusses von Persönlichkeit auf politische Partizipation alle denkbaren Mediatorvariablen berücksichtigt, dann sollten sich keine oder nur sehr wenige unvermittelte Effekte von Persönlichkeitseigenschaften auf politische Partizipation identifizieren lassen (Schoen u. Steinbrecher 2013). Im Folgenden diskutieren wir den Forschungsstand mit Blick auf die indirekten, also vermittelten Effekte von Persönlichkeitsmerkmalen über politische Involvierung auf Partizipation und stellen unsere Hypothesen vor.

2.3 Forschungsstand und Hypothesen zu indirekten Effekten von Persönlichkeit auf politische Partizipation, vermittelt über politische Involvierung

Grundlage für unsere Überlegungen und Erwartungen ist die sogenannte Mediationshypothese (z.B. Blais u. Labbé St-Vincent 2011; Gallego u. Oberski 2012; Mondak 2010; Schoen u. Steinbrecher 2013). Diese besagt, dass Persönlichkeit politisches Verhalten indirekt über zwischengelagerte Faktoren, insbesondere die sogenannten „staatsbürgerlichen Einstellungen" (Campbell et al. 1954, 1960) beeinflusst. Zu diesen Einstellungen zählen unter anderem das politische Interesse und Wissen sowie die subjektive politische Kompetenz (interne Efficacy), die unter dem Begriff ‚politische Involvierung' zusammengefasst werden können.

In vielen theoretischen Modellen und Überlegungen findet sich die Annahme, dass gute und vernünftige Entscheidungen nur von solchen Staatsbürgern getroffen werden können, die sich mit Politik beschäftigen und sich mit den Regeln und Institutionen des politischen Systems auskennen (z.B. Delli Carpini u. Keeter 1996). Die große Bedeutung politischer Involvierung als einer der wichtigsten Prädiktoren politischer Beteiligung wurde in vielen Arbeiten nachgewiesen: Je interessierter und sachkundiger Bürger sind, desto eher beteiligen sie sich an verschiedenen Formen politischer Partizipation. Gleiches gilt für die interne Efficacy – Bürger, die sich selbst als kompetent wahrnehmen, sind auch eher dazu bereit, sich politisch zu engagieren (z.B. Delli Carpini u. Keeter 1996; Gabriel 2005; Johann 2012; Schoen 2005; Steinbrecher 2009; Steinbrecher et al. 2007).[5]

Tabelle 3: Hypothesen zu indirekten Effekten der Big Five über politische Involvierung auf verschiedene Formen politischer Partizipation

	Extraversion	Offenheit	Verträg-lichkeit	Gewissen-haftigkeit	Emotionale Stabilität
Spezifischer indirekter Effekt über politisches Wissen	+	+	o	o	o
Spezifischer indirekter Effekt über politisches Interesse	+	+	o	o	o
Spezifischer indirekter Effekt über interne Efficacy	+	+	o	+	+
Totaler indirekter Effekt über Wissen, Interesse und Efficacy	+	+	o	+	+

Anmerkung: +: positiver Effekt erwartet, -: negativer Effekt erwartet, o: kein Effekt erwartet.

---

5 Es lassen sich verschiedene Dimensionen politischen Wissens unterscheiden (z.B. Delli Carpini u. Keeter 1996; Iyengar 1986; Johann 2012; Maier et al. 2010; Westle 2005; Zaller 1986), die unterschiedliche Effekte auf verschiede Formen politischer Partizipation haben können (z.B. Johann 2012). In diesem Beitrag wird nur das Systemwissen abgedeckt.

Wir unterscheiden zwischen spezifischen und totalen indirekten Effekten: Spezifische indirekte Effekte sind über einzelne Mediatorvariablen vermittelte Effekte. In Summe ergeben alle spezifischen indirekten Effekte den totalen indirekten Effekt. Eine Aufgliederung der Ergebnisse in spezifische indirekte Effekte ist wichtig, da nur so identifiziert werden kann, welche der im Modell berücksichtigten Mediatorvariablen eine Vermittlungsfunktion haben. Unsere Hypothesen zu den spezifischen indirekten Effekten sind in Tabelle 3 zusammengefasst. Gemäß der den Persönlichkeitsdimensionen zugeschriebenen Eigenschaften kann davon ausgegangen werden, dass extrovertierte Personen ein höheres politisches Kompetenzgefühl aufweisen und politisch interessierter sind (Blais u. Labbé St-Vincent 2011; Gerber et al. 2011b; Huber u. Rattinger 2005; Schoen u. Steinbrecher 2013; Vecchione u. Caprara 2009). Während ein Einfluss von Extraversion auf politisches Wissen angenommen wird, stehen empirische Nachweise bisher weitgehend aus. Einige Studien liefern widersprüchliche Ergebnisse (Mondak 2010; Mondak u. Halperin 2008), allerdings weisen neuere Arbeiten auf einen Mediationseffekt von Extraversion auf die Wahlbeteiligung über die interne Efficacy und das politische Interesse hin (Gallego u. Oberski 2012; Schoen u. Steinbrecher 2013). Folglich ist davon auszugehen, dass Extraversion über politische Involvierung indirekt einen positiven Einfluss auf alle politischen Partizipationsformen hat.

Offene Menschen sind aufgrund ihrer Neugier und Bereitschaft, sich Neuem bzw. Veränderungen zu stellen, stärker politisch involviert. Dies wird auch konsistent von früheren Studien bestätigt: Offene Bürger sind politisch interessierter (Blais u. Labbé St-Vincent 2011; Gerber et al. 2011b; Mondak 2010; Mondak u. Halperin 2008; Schoen u. Steinbrecher 2013) und verfügen über ein größeres Wissen (Gerber et al. 2011b; Mondak 2010; Mondak u. Halperin 2008). Zudem haben sie ein stärkeres Gefühl subjektiver politischer Kompetenz (Huber u. Rattinger 2005; Mondak 2010; Mondak u. Halperin 2008; Vecchione u. Caprara 2009). Ebenso bestätigt sich die Mediationshypothese durchgehend für das politische Interesse, jedoch nicht für die interne Efficacy (Gallego u. Oberski 2012; Schoen u. Steinbrecher 2013). Aufgrund der theoretischen Erwartungen und eindeutigen empirischen Befunde zum Einfluss von Offenheit auf politische Involvierung erwarten wir positive indirekte Effekte dieser Persönlichkeitseigenschaft über alle Indikatoren.

Theoretische Erwartungen hinsichtlich des indirekten Einflusses der Verträglichkeit sollten sich vor allem aus den Charakteristika von Politik ableiten lassen. Verträgliche Menschen suchen Harmonie und sind Politik, die Streit, Konflikt oder die Notwendigkeit zur Kompromisssuche beinhalten kann, abgeneigt. Zudem eignen sie sich hierfür auch nur das unbedingt notwendige Wissen an und vertrauen eher auf andere Menschen. Folglich könnte man ein niedrigeres Niveau an Efficacy erwarten. Ferner sollte der indirekte Effekt von Verträglichkeit auf Partizipation vom Konfliktpotential und der Legitimität einer Partizipationsform abhängen (z.B. Gallego u. Oberski 2012). Die empirischen Befunde zum Einfluss der Verträglichkeit sind inkonsistent. Altruismus hat einen positiven Einfluss auf das politische Interesse (Blais u. Labbé St-Vincent 2011); ebenso positiv wirkt Verträglichkeit auf politische Kompetenz (Schoen 2005; Schoen u. Steinbrecher 2013). Andere Untersuchungen finden hingegen negative Effekte von Verträglichkeit auf Wissen (Mondak 2010; Mondak u. Halperin 2008; Mondak et al. 2011). In Mediationsanalysen zeigt sich zudem ein negativer indirekter Effekt von Verträglichkeit über Interesse auf politischen Protest (Gallego u. Oberski 2012), genauso wie ein positiver Effekt über die interne Efficacy auf die Wahlbeteiligung (Schoen u. Steinbrecher 2013). Da sowohl die theoretischen Erwartungen als auch die empirischen Ergebnisse widersprüchlich sind, nehmen wir keinen Mediationseffekt von Verträglichkeit über politische Involvierung auf die hier untersuchten Partizipationsformen an.

Gewissenhafte Menschen sollten sich aufgrund ihres Strebens nach Perfektion als politisch kompetenter einstufen. Zu ausgeprägtem politischen Interesse und größerem Wissen sollte Gewissenhaftigkeit nur dann führen, wenn ein Individuum Politik als wichtig und relevant ansieht. Letzteres stellt eine Randbedingung dar, die hier nicht explizit geprüft werden kann. Die Erwartungen zur internen Efficacy werden von bisherigen Studien bestätigt (Huber u. Rattinger 2005; Schoen u. Steinbrecher 2013). Für politisches Interesse und Wissen sind die Befunde aber gemischt: Einige Beiträge finden negative Effekte (Mondak 2010; Mondak u. Halperin 2008), andere können positive Wirkungen nachweisen (Gerber et al. 2011b; Schoen 2005). Ein indirekter Effekt ist also nur vermittelt über die interne Efficacy, nicht aber über die anderen beiden Indikatoren politischer Involvierung, wahrscheinlich.

Emotionale Stabilität sollte sich positiv auf politische Involvierung auswirken. Dafür verantwortlich könnte ein großes Selbstbewusstsein emotional stabiler Individuen sein. Im Gegensatz dazu sollten Neurotiker weniger an Politik interessiert sein und ein geringeres Niveau politischer Kompetenz aufweisen. Dies wird auch in vorherigen Arbeiten angedeutet, die einen positiven Einfluss dieser Persönlichkeitseigenschaft auf politisches Interesse und Wissen zeigen (Gerber et al. 2011b; Schoen 2005; Schoen u. Steinbrecher 2013). Für die Wahlbeteiligung wird auch die Mediationshypothese über die interne Efficacy bestätigt (Schoen u. Steinbrecher 2013). Wir gehen daher davon aus, dass die indirekten Wirkungsmuster von emotionaler Stabilität identisch mit denen der Gewissenhaftigkeit sind.

Über die genannten und berücksichtigen Mediatorvariablen hinaus gibt es noch weitere mögliche Prädiktoren politischer Partizipation, die ebenfalls von Persönlichkeitseigenschaften geprägt werden, wie etwa die ideologische Orientierung, die Parteiidentifikation oder Werte und Normen (z.B. Gerber et al. 2011a; Mondak 2010; Mondak u. Halperin 2008). Diese werden in der folgenden Analyse nicht berücksichtigt, da dies eine Einschränkung des Analysedesigns an anderer Stelle bedeutet hätte. Sollten in den Analysen unvermittelte Effekte auftreten, bedeutet dies, dass diese Einflüsse über andere, hier nicht berücksichtigte Einstellungen vermittelt werden.

3. Datengrundlage und Methode

Datengrundlage für die Analysen ist die Vor- und Nachwahl-Querschnittsstudie 2013 (ZA5702, Rattinger et al. 2014) der German Longitudinal Election Study (GLES)[6] sowie die Pre- und Post-Panel Study 2013 (ZA5859, Kritzinger et al. 2014a, 2014b) der Austrian National Election Study (AUTNES)[7]. Beide Studien erfragen die Teilnahme an vier Partizipationsformen (Wahlteilnahme, Teilnahme an Bürgerinitiativen, Beteiligung an Demonstrationen, Mitarbeit bzw. Mitgliedschaft in Parteien). Zudem ermitteln sie die Persönlichkeit der Respondenten mit Hilfe der Big Five und beinhalten Fragen zu zentralen Merkmalen der politischen Involvierung (politisches Interesse, politisches Wissen, interne Efficacy). Es kann daher geprüft werden, ob sich die Persönlichkeitseffekte auf das Partizipationsverhalten je nach Kontext (Deutschland/Österreich) unterscheiden.

Um die Effekte der Big Five auf politische Partizipation schätzen zu können, werden Pfadmodelle berechnet. Die abhängige Variable in den Pfadmodellen ist jeweils die Teilnahme an einer der vier genannten Partizipationsformen.[8] Sie wurden jeweils so kodiert, dass sie anzeigen, ob sich die Befragten an der Partizipationsform beteiligt haben (=1) oder nicht (=0).[9]

---

6   Die Vorwahl- und Nachwahl-Querschnittsstudie zur deutschen Bundestagswahl 2013 wurde mit Hilfe computergestützter persönlicher Interviews (CAPI) erhoben. Die Vorwahlerhebung fand zwischen 29.07. und 21.09.2013 statt. Die Nachwahlerhebung war vom 23.09. bis 23.12.2013 im Feld. Insgesamt wurden 3.911 Interviews durchgeführt. Die Auswahl der Befragten erfolgte mit einer mehrfach geschichteten disproportionalen Zufallsauswahl nach ADM-Stichprobendesign. Die Ausschöpfungsquoten betrugen 32,1 (Vorwahl) und 27,6 Prozent (Nachwahl). Weitere Informationen unter: http://www.gesis.org/wahlen/gles/daten-und-dokumente/daten/ (Abgerufen am 19. Dezember 2014).

7   Die Pre- und Post-Panel Study zur österreichischen Nationalratswahl 2013 wurde mit verschiedenen Erhebungsmodi als zweiwellige Panelstudie erhoben. Die Vorwahlwelle erfolgte mit computergestützten persönlichen Interviews (CAPI). In der Nachwahlwelle wurden die wiederbefragungsbereiten und erreichbaren Teilnehmer der Vorwahlbefragung mit computergestützten telefonischen Interviews (CATI) befragt. Die Vorwahlerhebung erfolgte zwischen 5. November und 14. Dezember 2012 (N=802) sowie zwischen 6. April und 30. Juni 2013 (N=2464). Die Nachwahlwelle dauerte vom 30. September bis 2. Dezember 2013. 1.504 Personen konnten erneut befragt werden. Die Stichprobe wurde über eine mehrstufige Zufallsauswahl realisiert. Die Ausschöpfungsquote der Vorwahlwelle betrug 61,8 Prozent, 46,1 Prozent der Vorwahlwellen-Teilnehmer konnten in der Nachwahlwelle wiederbefragt werden. Weitere Informationen unter: http://data.autnes.at/datadownload.htm (Abgerufen am 19. Dezember 2014).

8   Bei der parteibezogenen Partizipation gibt es Unterschiede im Fragewortlaut zwischen Deutschland und Österreich. Während in Österreich explizit nach der Mitgliedschaft in einer Partei gefragt wird, geht es in Deutschland um die Unterstützung einer Partei im Wahlkampf. Die Analysen für diese Partizipationsform sind also nicht vollständig vergleichbar. Darüber hinaus unterscheidet sich der zeitliche Bezugsrahmen bei den nicht-elektoralen Beteiligungsarten. Wird in Deutschland nach einer Aktivität in den letzten zwölf Monaten gefragt, geht es in Österreich darum, ob sich jemand jemals auf die angeführten Weisen politisch beteiligt hat, was generell zu höheren Nutzungshäufigkeiten führt.

9   Der genaue Wortlaut der Partizipationsitems kann dem Online-Appendix entnommen werden (vgl. Tabelle O1). Die Zahl der fehlenden Werte unterscheidet sich innerhalb der beiden Datensätze zwischen den einzelnen Partizipationsformen. Grundsätzlich wäre es möglich gewesen, je Datensatz nur jene Fälle zu berücksichtigen, für die bei allen vier Partizipationsformen gültige Fälle vorliegen. Hier wurde auf eine entsprechende Anpassung der Fallzahlen verzichtet, um zu vermeiden, dass unnötig Fälle aus den Analysen ausgeschlossen werden und die Aussagekraft der Ergebnisse eingeschränkt wird. Nachteil dieses Vorgehens ist, dass Effekte und Ergebnisse nur schwer zu vergleichen sind.

Abbildung 1: Pfadmodell

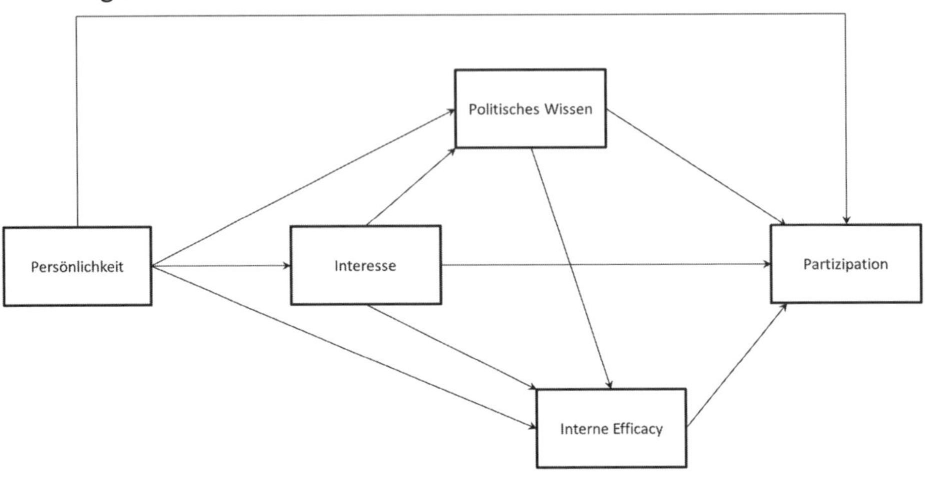

Die genaue Spezifikation der Modelle ist in Abbildung 1 dargestellt. Entsprechend der Hypothesen wird davon ausgegangen, dass Persönlichkeit vor allem indirekt über das politische Interesse, das politische Wissen und die subjektive politische Kompetenz auf politische Partizipation wirkt. Mit Blick auf die intervenierenden Variablen wird außerdem unterstellt, dass die subjektive politische Kompetenz durch politisches Interesse und Wissen bestimmt wird. Ferner wirkt sich das politische Interesse auf das politische Wissen aus. Dies entspricht früheren Annahmen und Befunden zum Zusammenhang von politischem Interesse, Wissen und interner Efficacy (z.B. Delli Carpini u. Keeter 1996; Gabriel 2005; Vetter u. Maier 2005). Es muss gleichwohl angemerkt werden, dass grundsätzlich auch entgegengesetzte Effekte (etwa von politischem Wissen auf politisches Interesse) möglich sind (z.B. Johann 2012; Westle 2006). Berechnet werden die Modelle mit Mplus 7.11 (Muthén u. Muthén 1999-2013). Für die Analysen wurden die Daten repräsentativ gewichtet.

Persönlichkeit wurde in allen Datensätzen unter Rückgriff auf die Items des BFI-10 (Big Five Inventory-10) gemessen (Rammstedt 2007; Rammstedt et al. 2013; Rammstedt u. John 2007). Die Daten der GLES beinhalten allerdings nur eine Frage pro Eigenschaft. Alle Persönlichkeitseigenschaften wurden auf einen Wertebereich von 0 bis 1 rekodiert, sodass hohe Werte extrovertierte, offene, verträgliche, gewissenhafte und emotional stabile Respondenten beschreiben. Im Falle der AUTNES-Daten liegen pro Eigenschaft zwei Items vor.[10] In diesem Fall

---

10 Zur Validierung der Ergebnisse wurden die Analysen auf Basis der AUTNES-Daten mit je nur einem Item pro Persönlichkeitseigenschaft wiederholt. Tabelle O4 (Ergebnisse mit zwei Items pro Persönlichkeitseigenschaft) und O5 (Ergebnisse mit einem Item pro Persönlichkeitseigenschaft) im Online-Appendix zeigen, dass die Ergebnisse weitgehend konsistent sind. Eine Ausnahme bilden die Befunde zur Verträglichkeit. Effekte, die in der Variante mit zwei Items signifikante Einflüsse aufweisen (Tabelle O4), verschwinden teilweise in der Version mit nur einem Item (Tabelle O5). Dies weist darauf hin, dass die Messvariante mit nur einem Item nicht alle Facetten der Verträglichkeit angemessen abbildet. Da für die AUTNES-Daten das BFI-10 vollständig vorliegt, beruhen alle hier präsentierten Ergebnisse auf der Messung mit zwei Items.

wurde für jede Persönlichkeitseigenschaft der Mittelwert aus beiden Items als Indikator gebildet und auf einen Wertebereich von 0 bis 1 rekodiert.

Beim politischen Wissen beschränkt sich die Analyse aus Gründen der Vergleichbarkeit auf Wissen über das politische System. Gemessen wird diese Form politischer Involvierung mittels eines Summenindizes der richtigen Antworten auf Wissensfragen zu Eigenschaften des politischen Systems Deutschlands bzw. Österreichs. Beide Indizes wurden für die Analyse auf einen Wertebereich von 0 (= keine Frage richtig beantwortet) bis 1 (= alle Fragen richtig beantwortet) umgeformt. Das politische Interesse und die subjektive politische Kompetenz der Bürger wird in den verwendeten Datensätzen mittels 5er- (GLES) bzw. 4er-Skala (AUTNES) erhoben. Die Skalen wurden ebenfalls auf einen Bereich von 0 (= kein politisches Interesse/keine subjektive Kompetenz) bis 1 (=starkes politisches Interesse/hohe subjektive Kompetenz) rekodiert.

Als Kontrollvariablen werden in allen Modellen die formale Bildung (Abitur bzw. Matura: 0=nein/1=ja), das Alter (in Jahren) und das Geschlecht (0=Frau/ 1=Mann) der Befragten berücksichtigt. In den Analysen für Deutschland (GLES) wird überdies, wegen des unterschiedlichen Partizipationsverhaltens der Bürger in den beiden Landesteilen (Steinbrecher 2009), für die Region (0=Westdeutschland/ 1=Ostdeutschland) kontrolliert. Die deskriptiven Statistiken aller Variablen können dem Online-Anhang entnommen werden (vgl. Tabellen O2 und O3).

4. Analyseergebnisse zum Wirkungsverhältnis zwischen Big Five, politischer Involvierung und politischer Partizipation

Im Folgenden präsentieren wir unsere Analyseergebnisse. Da trotz Modellierung indirekter Effekte über politische Involvierung einige unvermittelte Effekte zu identifizieren sind, stellen wir zunächst diese Effekte dar. Dann wenden wir uns der Mediationshypothese zu und erläutern unsere Ergebnisse hinsichtlich der indirekten Effekte über das politische Interesse, das politische Wissen und die subjektive politische Kompetenz. Da es sich bei den geschätzten Modellen um saturierte Modelle handelt, wird zur Beurteilung der Modellgüte lediglich auf R^2-Werte zurückgegriffen.

Insgesamt lassen sich nur wenige unvermittelte – zumindest aber nicht über politische Involvierung vermittelte – Effekte der Big Five auf die vier Formen politischer Partizipation identifizieren (siehe Tabelle 4). Dies entspricht der Annahme, dass Persönlichkeit in erster Linie indirekt auf Partizipation wirkt. Beispielsweise zeigen sich weder im deutschen noch im österreichischen Kontext statistisch signifikante Einflüsse der Extraversion auf politische Partizipation. Ähnlich verhält es sich mit Blick auf die Offenheit: In beiden Länderkontexten lassen sich keinerlei unvermittelte Wirkungen von Offenheit auf die Wahlbeteiligung und Parteimitarbeit identifizieren. Allerdings zeigen sich in Österreich partizipationsfördernde Effekte auf die Teilnahme an Bürgerinitiativen und Demonstrationen. Diese sind im deutschen Kontext nicht feststellbar.

Tabelle 4: Unvermittelte, totale indirekte und totale Effekte der Big Five und der intervenierenden Variablen auf politische Partizipation (AUTNES 2013 und GLES 2013)

AUTNES 2013	Wahlbeteiligung			Bürgerinitiative			Demonstration			Parteimitarbeit		
	Unvermittelter Effekt	Totaler indirekter Effekt	Totaler Effekt	Unvermittelter Effekt	Totaler indirekter Effekt	Totaler Effekt	Unvermittelter Effekt	Totaler indirekter Effekt	Totaler Effekt	Unvermittelter Effekt	Totaler indirekter Effekt	Totaler Effekt
B5: Extraversion	-0,21 (0,26)	0,22** (0,07)	0,02 (0,27)	0,01 (0,18)	0,25*** (0,05)	0,26 (0,18)	0,15 (0,16)	0,27*** (0,05)	0,42** (0,16)	-0,02 (0,18)	0,29*** (0,05)	0,26 (0,19)
B5: Offenheit	0,13 (0,24)	0,33*** (0,07)	0,45 (0,25)	0,53*** (0,15)	0,32*** (0,05)	0,85*** (0,15)	0,92*** (0,15)	0,31*** (0,04)	1,23*** (0,15)	-0,07 (0,16)	0,32*** (0,05)	0,24 (0,17)
B5: Verträglichkeit	0,84** (0,30)	-0,20** (0,08)	0,64* (0,31)	-0,23 (0,20)	-0,22*** (0,05)	-0,45* (0,21)	-0,47** (0,18)	-0,20*** (0,05)	-0,68*** (0,19)	-0,21 (0,20)	-0,23*** (0,05)	-0,44* (0,20)
B5: Gewissenhaftigkeit	0,20 (0,29)	0,06 (0,07)	0,25 (0,30)	-0,42* (0,18)	0,09 (0,05)	-0,33 (0,19)	-0,78*** (0,17)	0,09 (0,05)	-0,69*** (0,18)	0,06 (0,19)	0,11* (0,05)	0,17 (0,20)
B5: Emotionale Stabilität	-0,09 (0,32)	0,02 (0,07)	-0,07 (0,32)	0,03 (0,19)	0,04 (0,05)	0,07 (0,20)	0,03 (0,17)	0,01 (0,05)	0,03 (0,19)	0,12 (0,19)	0,02 (0,05)	0,14 (0,19)
Politisches Interesse	0,81** (0,26)	0,30 (0,18)	1,11*** (0,17)	0,65*** (0,17)	0,55*** (0,11)	1,20*** (0,11)	0,92*** (0,13)	0,39*** (0,09)	1,31*** (0,09)	0,71*** (0,17)	0,59*** (0,11)	1,29*** (0,12)
Interne Efficacy	0,38 (0,29)	--	0,38 (0,29)	0,87*** (0,18)	--	0,87*** (0,18)	0,62*** (0,15)	--	0,62*** (0,15)	0,97*** (0,19)	--	0,97*** (0,19)
Politisches Wissen	0,57** (0,17)	0,01 (0,01)	0,58** (0,17)	0,30* (0,12)	0,06** (0,02)	0,36** (0,13)	0,16 (0,11)	0,04** (0,01)	0,20 (0,11)	0,06 (0,12)	0,06** (0,02)	0,12 (0,12)
R²		0,31			0,25			0,32			0,40	
N		1458			3067			3069			3043	

GLES 2013	Wahlbeteiligung			Bürgerinitiative			Demonstration			Parteimitarbeit		
	Unver-mittelter Effekt	Totaler indirekter Effekt	Totaler Effekt	Unver-mittelter Effekt	Totaler indirekter Effekt	Totaler Effekt	Unver-mittelter Effekt	Totaler indirekter Effekt	Totaler Effekt	Unver-mittelter Effekt	Totaler indirekter Effekt	Totaler Effekt
B5: Extraversion	-0,04 (0,18)	0,17* (0,06)	0,13 (0,19)	0,28 (0,20)	0,07** (0,03)	0,35 (0,20)	0,23 (0,18)	0,03 (0,02)	0,27 (0,18)	0,27 (0,17)	0,09* (0,04)	0,35* (0,17)
B5: Offenheit	-0,07 (0,18)	0,30*** (0,07)	0,23 (0,20)	0,34 (0,28)	0,18*** (0,04)	0,53 (0,29)	0,40 (0,22)	0,10** (0,03)	0,50* (0,22)	0,06 (0,23)	0,27*** (0,05)	0,33 (0,23)
B5: Verträglichkeit	0,20 (0,15)	0,10 (0,06)	0,30 (0,17)	-0,41 (0,24)	0,05 (0,03)	-0,35 (0,24)	-0,18 (0,19)	0,05* (0,02)	-0,14 (0,19)	-0,24 (0,21)	0,11** (0,04)	-0,13 (0,21)
B5: Gewissenhaftig-keit	0,22 (0,23)	0,26** (0,09)	0,49 (0,25)	-0,49 (0,30)	0,12* (0,05)	-0,38 (0,30)	-0,30 (0,29)	0,03 (0,04)	-0,27 (0,29)	-0,06 (0,31)	0,13* (0,06)	0,07 (0,31)
B5: Emotionale Stabilität	-0,09 (0,17)	0,17* (0,07)	0,08 (0,19)	0,54 (0,28)	0,13** (0,05)	0,67* (0,28)	-0,23 (0,23)	0,03 (0,04)	-0,20 (0,23)	-0,03 (0,22)	0,14* (0,06)	0,11 (0,22)
Politisches Interesse	2,14*** (0,15)	0,25*** (0,07)	2,39*** (0,13)	1,27*** (0,22)	0,09 (0,07)	1,36*** (0,20)	0,89*** (0,22)	-0,02 (0,08)	0,86*** (0,20)	1,96*** (0,19)	0,08 (0,08)	2,03*** (0,16)
Interne Efficacy	0,33* (0,16)	--	0,33* (0,16)	0,40* (0,20)	--	0,40* (0,20)	-0,05 (0,20)	--	-0,05 (0,20)	0,19 (0,20)	--	0,19 (0,20)
Politisches Wissen	0,39*** (0,11)	0,05* (0,02)	0,44*** (0,10)	-0,13 (0,17)	0,05* (0,03)	-0,08 (0,16)	-0,02 (0,16)	-0,01 (0,03)	-0,02 (0,16)	0,03 (0,16)	0,02 (0,03)	0,05 (0,15)
R²	0,45			0,28			0,17			0,33		
N	1797			3682			3679			3691		

Anmerkung: Standardfehler in Klammern. Schätzer: WLSMV (Mplus 7.11). Daten gewichtet. Die vollständigen Ergebnisse finden sich in den Tabellen O4, O6 und O7. Signifikanzniveaus: ***p<0,001, **p<0,01, *p<0,05.

4.1 Unvermittelte Effekte der Big Five auf politische Partizipation

Richten wir den Blick auf die Verträglichkeit, finden sich in beiden Kontexten fast keine statistisch signifikanten unvermittelten Effekte. Ausnahmen bilden der partizipationsfördernde Einfluss auf die Wahlbeteiligung und der partizipationshemmende Effekt auf die Teilnahme an Demonstrationen in Österreich. Diese Ergebnisse für Österreich ergeben durchaus Sinn: Wählen ist eine Aktivität, die dem Gemeinwohl zuträglich ist, aber wenig Konfliktpotential birgt. Dies kommt verträglichen Menschen entgegen. Bei Demonstrationen mag die Konfliktscheu der Verträglichen gegenüber ihrer altruistischen Natur überwiegen.

Gewissenhaftigkeit wirkt sich negativ auf die Teilnahme an Demonstrationen und Bürgerinitiativen in Österreich aus, was darauf hindeutet, dass diese Eigenschaft über andere Indikatoren jenseits der politischen Involvierung einen Einfluss auf Partizipation hat. Im deutschen Kontext zeigt sich kein Einfluss. Darüber hinaus lassen sich keine unvermittelten Effekte von Gewissenhaftigkeit feststellen.

Emotionale Stabilität entfaltet unabhängig von der Partizipationsform weder im deutschen noch im österreichischen Kontext eine unvermittelte partizipationsfördernde oder -hemmende Wirkung.

Zusammenfassend zeigen die Ergebnisse, dass die Big Five erwartungsgemäß vor allem indirekt wirken. Allerdings unterscheiden sich die Ergebnisse in Deutschland und Österreich. Während sich im deutschen Kontext keinerlei unvermittelte Effekte identifizieren lassen, finden sich in Österreich zumindest einige wenige unvermittelte Effekte der Offenheit, Verträglichkeit und Gewissenhaftigkeit. Die Unterschiede zwischen beiden Ländern könnten darauf zurückzuführen sein, dass in den deutschen Daten jeweils nur eine Facette der fünf Persönlichkeitsdimensionen erfasst wird und nicht alle relevanten Aspekte abgedeckt werden. Ferner könnten in Österreich noch andere Mediatorvariablen relevant sein, die in den hier präsentierten Modellen aus den oben angeführten Gründen nicht berücksichtigt wurden, beispielsweise die Wahlnorm (vgl. hierzu z.B. Kersting 2004).

4.2 Indirekte Effekte der Big Five über politische Involvierung auf politische Partizipation

Die Hypothesen zu den indirekten Effekten der Extraversion auf politische Partizipation bestätigen sich nur teilweise (siehe Tabelle 4 für die totalen, Tabelle 5 für die spezifischen indirekten Effekte). Bis auf eine Ausnahme (GLES 2013: Teilnahme an Demonstrationen) finden sich durchgehend statistisch signifikante positive totale indirekte Effekte. Dies ist vor allem darauf zurückzuführen, dass sich Extraversion positiv auf das politische Interesse und die subjektive Kompetenz der Befragten auswirkt. Dieser Wirkungsmechanismus spiegelt sich auch in den spezifischen indirekten Effekten wider: So ist der indirekte Effekt der Extraversion über das politische Interesse in beiden Ländern durchweg positiv und statistisch signifikant. In Österreich lassen sich zusätzlich statistisch signifikante positive indirekte Effekte über die interne Efficacy auf die Nutzung der nicht-elektoralen Beteiligungsformen identifizieren. Entgegen der Erwartungen scheint Extraversion jedoch nicht indirekt über das politische Wissen auf politische Partizipation zu wirken.

Auch die Hypothesen zu den indirekten Effekten der Offenheit bestätigen sich größtenteils. Die Muster ähneln denen der Extraversion. Ferner zeigen sich in Österreich statistisch signifikante positive indirekte Effekte der Offenheit über die subjektive politische Kompetenz. So scheint Offenheit in Österreich indirekt über die subjektive politische Kompetenz (nicht aber über das politische Wissen) auf die Teilnahme an Bürgerinitiativen und Demonstrationen sowie die Parteimitarbeit zu wirken, nicht aber auf die Wahlbeteiligung.

Die Befunde zu den indirekten Effekten von Verträglichkeit liefern keine eindeutigen, teilweise aber widersprüchliche Ergebnisse. Entgegen unserer Erwartungen finden sich durchweg signifikante totale negative Einflüsse über Verträglichkeit in Österreich, während sich in Deutschland erwartungsgemäß nur für die Teilnahme an Demonstrationen und die Parteimitarbeit positive totale indirekte Effekte identifizieren lassen. Dabei sind die Effekte in Österreich wohl vor allem auf die negative Wirkung von Verträglichkeit über das politische Interesse, aber auch über die subjektive politische Kompetenz zurückzuführen. Letzteres zeigt sich für die Beteiligung an Bürgerinitiativen, Demonstrationen und die Parteimitarbeit, nicht aber für die Wahlbeteiligung. Politisches Wissen hingegen scheint keine Vermittlerfunktion einzunehmen. In Deutschland deuten die Ergebnisse ebenfalls darauf hin, dass politisches Interesse relevant ist. Allerdings wirkt sich Verträglichkeit über diesen Mediator positiv auf die nicht-elektoralen Partizipationsformen aus.

Gewissenhaftigkeit scheint sich unabhängig von der Partizipationsform nicht indirekt über die hier gewählten Indikatoren politischer Involvierung auf politische Partizipation auszuwirken. Es lässt sich lediglich ein statistisch signifikanter positiver spezifischer indirekter Effekt über das politische Wissen auf die Wahlbeteiligung in Deutschland feststellen.

Im Hinblick auf die spezifischen indirekten Effekte von emotionaler Stabilität über politische Involvierung deuten die Ergebnisse in beiden Kontexten auf eine indirekte Wirkung dieses Persönlichkeitsmerkmales hin. In der österreichischen Wahlstudie zeigt sich ein positiver Effekt über die interne Efficacy auf nicht-elektorale Partizipationsformen. In Deutschland ist ein solcher Effekt auf die Teilnahme an Bürgerinitiativen festzustellen. Ferner beeinflusst emotionale Stabilität politische Aktivitäten hier auch über das politische Interesse.

Darüber hinaus scheint sich die emotionale Stabilität auch indirekt positiv über die interne Efficacy sowie das politische Wissen auf die Wahlbeteiligung auszuwirken. Insgesamt zeigt sich also besonders in Österreich die Bedeutung des Mediationsmodells.

Tabelle 5: Spezifische indirekte Effekte der Big Five über politische Involvierung auf verschiedene Formen politischer Partizipation

AUTNES 2013	Wahlbeteiligung					Bürgerinitiative					Demonstration					Parteimitarbeit				
	E	O	V	G	ES	E	O	V	G	ES	E	O	V	G	ES	E	O	V	G	ES
Effekt über Interesse	0,15* (0,06)	0,20** (0,07)	-0,09 (0,05)	0,06 (0,05)	-0,05 (0,04)	0,12** (0,04)	0,13** (0,04)	-0,07* (0,03)	0,04 (0,02)	-0,02 (0,02)	0,17*** (0,04)	0,18*** (0,04)	-0,10** (0,03)	0,06 (0,03)	-0,03 (0,03)	0,13*** (0,04)	0,14*** (0,04)	-0,07* (0,03)	0,04 (0,03)	-0,03 (0,02)
Effekt über Interne Efficacy	0,04 (0,03)	0,02 (0,02)	-0,04 (0,03)	0,02 (0,02)	0,02 (0,02)	0,04* (0,02)	0,05* (0,02)	-0,08** (0,03)	0,03 (0,02)	0,05* (0,02)	0,03* (0,01)	0,03* (0,02)	-0,06** (0,02)	0,02 (0,01)	0,03* (0,02)	0,05* (0,02)	0,06* (0,02)	-0,09** (0,03)	0,04 (0,02)	0,05* (0,02)
Effekt über Wissen	-0,02 (0,03)	0,04 (0,03)	-0,03 (0,03)	-0,04 (0,03)	0,06 (0,04)	-0,00 (0,01)	0,03 (0,02)	-0,01 (0,01)	-0,02 (0,01)	0,03 (0,02)	-0,00 (0,01)	0,02 (0,01)	-0,01 (0,01)	-0,01 (0,01)	0,01 (0,01)	0,00 (0,00)	0,01 (0,01)	-0,00 (0,01)	-0,00 (0,01)	0,01 (0,01)
Effekt über Interne Efficacy & Interesse	0,04 (0,03)	0,06 (0,04)	-0,03 (0,02)	0,02 (0,02)	-0,01 (0,02)	0,09*** (0,02)	0,10*** (0,02)	-0,05** (0,02)	0,03 (0,02)	-0,02 (0,02)	0,07** (0,02)	0,07*** (0,02)	-0,04* (0,02)	0,02 (0,01)	-0,01 (0,01)	0,11*** (0,03)	0,11*** (0,03)	-0,06** (0,02)	0,04 (0,02)	-0,02 (0,02)
Effekt über Interne Efficacy & Wissen	-0,00 (0,00)	0,00 (0,00)	-0,00 (0,00)	-0,00 (0,00)	0,00 (0,00)	-0,00 (0,00)	0,01* (0,00)	-0,00 (0,00)	-0,00 (0,00)	0,01 (0,00)	0,00 (0,00)	0,00* (0,00)	-0,00 (0,00)	-0,00 (0,00)	0,00 (0,00)	-0,00 (0,00)	0,01* (0,00)	-0,00 (0,00)	-0,00 (0,00)	0,01 (0,00)
Effekt über Wissen & Interesse	0,01* (0,01)	0,02 (0,01)	-0,01 (0,01)	0,01 (0,00)	-0,00 (0,00)	0,01* (0,00)	0,01* (0,00)	-0,00 (0,00)	0,00 (0,00)	-0,00 (0,00)	0,00 (0,00)	0,00 (0,00)	-0,00 (0,00)	0,00 (0,00)	-0,00 (0,00)	0,00 (0,00)	0,00 (0,00)	-0,00 (0,00)	0,00 (0,00)	0,00 (0,00)
Effekt über Interne Efficacy, Wissen & Interesse	0,00 (0,00)	0,00 (0,00)	0,00 (0,00)	0,00 (0,00)	0,00 (0,00)	0,00** (0,00)	0,00** (0,00)	-0,00* (0,00)	0,00 (0,00)	0,00 (0,00)	0,00* (0,00)	0,00* (0,00)	-0,00* (0,00)	0,00 (0,00)	0,00 (0,00)	0,00* (0,00)	0,00** (0,00)	-0,00* (0,00)	0,00 (0,00)	0,00 (0,00)
N		1458					3067					3069					3043			

GLES 2013	Wahlbeteiligung					Bürgerinitiative					Demonstration					Parteimitarbeit				
	E	O	V	G	ES	E	O	V	G	ES	E	O	V	G	ES	E	O	V	G	ES
Effekt über Interesse	0,13** (0,05)	0,22*** (0,06)	0,08 (0,05)	0,12 (0,07)	0,06 (0,05)	0,05* (0,02)	0,16*** (0,04)	0,07** (0,02)	0,06 (0,03)	0,06* (0,03)	0,04* (0,02)	0,11** (0,03)	0,05* (0,02)	0,04 (0,02)	0,04* (0,02)	0,08* (0,03)	0,24*** (0,04)	0,11** (0,03)	0,09 (0,05)	0,10* (0,04)
Effekt über Interne Efficacy	0,01 (0,01)	0,02 (0,01)	-0,01 (0,01)	0,05 (0,02)	0,07* (0,03)	0,02 (0,01)	0,02 (0,01)	-0,01 (0,01)	0,06 (0,03)	0,08* (0,04)	-0,00 (0,01)	-0,00 (0,01)	0,00 (0,01)	-0,01 (0,03)	-0,01 (0,04)	0,01 (0,01)	0,01 (0,01)	-0,01 (0,01)	0,03 (0,03)	0,04 (0,04)
Effekt über Wissen	0,01 (0,02)	0,03 (0,02)	0,01 (0,02)	0,07** (0,03)	0,04* (0,02)	-0,00 (0,00)	-0,01 (0,01)	-0,01 (0,02)	-0,02 (0,03)	-0,02 (0,02)	0,00 (0,00)	-0,00 (0,01)	-0,00 (0,01)	-0,00 (0,02)	-0,00 (0,02)	0,00 (0,00)	0,00 (0,01)	0,00 (0,01)	0,00 (0,02)	0,00 (0,02)
Effekt über Interne Efficacy & Interesse	0,01 (0,00)	0,01 (0,01)	0,01 (0,00)	0,01 (0,01)	0,00 (0,00)	0,01 (0,00)	0,02 (0,01)	0,01 (0,00)	0,01 (0,00)	0,01 (0,00)	-0,00 (0,00)	-0,00 (0,01)	-0,00 (0,00)	-0,00 (0,00)	-0,00 (0,00)	0,00 (0,00)	0,01 (0,01)	0,00 (0,00)	0,00 (0,00)	0,00 (0,00)
Effekt über Interne Efficacy & Wissen	0,00 (0,00)	0,00 (0,00)	0,00 (0,00)	0,01 (0,01)	0,00 (0,00)	0,00 (0,00)	0,00 (0,00)	0,01 (0,00)	0,01 (0,00)	0,01 (0,00)	0,00 (0,00)	-0,00 (0,00)	-0,00 (0,00)	-0,00 (0,00)	-0,00 (0,00)	0,00 (0,00)	0,00 (0,00)	0,00 (0,00)	0,00 (0,00)	0,00 (0,00)
Effekt über Wissen & Interesse	0,01* (0,00)	0,01* (0,01)	0,00 (0,00)	0,01 (0,00)	0,00 (0,00)	-0,00 (0,00)	-0,01 (0,01)	-0,00 (0,00)	-0,00 (0,00)	-0,00 (0,00)	0,00 (0,00)	-0,00 (0,01)	0,00 (0,00)	0,00 (0,00)	0,00 (0,00)	0,00 (0,00)	0,00 (0,01)	0,00 (0,00)	0,00 (0,00)	0,00 (0,00)
Effekt über Interne Efficacy, Wissen & Interesse	0,00 (0,00)	0,00 (0,00)	0,00 (0,00)	0,00 (0,00)	0,00 (0,00)	0,00 (0,00)	0,00 (0,00)	0,00 (0,00)	0,00 (0,00)	0,00 (0,00)	0,00 (0,00)	0,00 (0,00)	0,00 (0,00)	0,00 (0,00)	0,00 (0,00)	0,00 (0,00)	0,00 (0,00)	0,00 (0,00)	0,00 (0,00)	0,00 (0,00)
N	1797					3682					3679					3691				

Anmerkung: Standardfehler in Klammern. Schätzer: WLSMV (Mplus 7.11). Daten gewichtet. Die vollständigen Ergebnisse finden sich in den Tabellen O4, O6 und O7. Signifikanzniveaus: ***p<0,001, **p<0,01, *p<0,05.

5. Zusammenfassung und Diskussion

Politische Partizipation ist für Demokratie unabdingbar. Es ist daher von großer Bedeutung zu verstehen, warum sich Menschen politisch engagieren und welche Faktoren zu politischer Teilhabe führen. Zu den partizipationsfördernden Faktoren gehören sowohl Persönlichkeitseigenschaften als auch Faktoren der politischen Involvierung. Allerdings wurden beide bisher weitgehend isoliert voneinander betrachtet. Dies erscheint problematisch, da nur die Berücksichtigung des Zusammenspiels verschiedener Einflussfaktoren politische Partizipation angemessen erklären kann.

Dieser Beitrag hat sich den Effekten von Persönlichkeit auf politische Partizipation gewidmet. Trotz Modellierung indirekter Effekte ist das gänzliche Fehlen unvermittelter Effekte der Big Five in Deutschland überraschend. Dieser Befund deutet darauf hin, dass die Auswahl an Indikatoren politischer Involvierung die Komplexität des Zusammenspieles von Persönlichkeit, Mediatorvariablen und Partizipation im deutschen Kontext besser erklärt als im österreichischen. Dies wiederum lässt vermuten, dass zumindest in Österreich zusätzlich auch andere vermittelnde Faktoren relevant sein könnten, zum Beispiel die oben angesprochene Wahlnorm.

Mit Blick auf die indirekten Effekte lassen sich einige Hypothesen empirisch bestätigen. Dies gilt insbesondere für die Effekte von Extraversion und Offenheit, welche in beiden Länderkontexten weitgehend konsistent sind: Beide wirken partizipationsfördernd, und zwar in erster Linie über das politische Interesse. Die Ergebnisse liefern somit Hinweise auf die zentrale Rolle von Extraversion und Offenheit für jegliche Form von politischer Aktivität, unabhängig vom nationalen und politischen Kontext – was die Mediationshypothese unterstützt (Gallego u. Oberski 2012; Schoen u. Steinbrecher 2013).

Im Studienvergleich sind vor allem drei Aspekte nennenswert: Erstens zeigt sich für Deutschland, dass alle signifikanten indirekten Effekte über politische Involvierung durchweg positiv sind. Mit anderen Worten, höhere Ausprägungen bei den Persönlichkeitseigenschaften führen zu einer stärkeren politischen Involvierung, die sich dann wiederum förderlich auf politische Beteiligung auswirkt. Zweitens fallen bei den österreichischen Daten die relativ einheitlichen indirekten negativen Wirkungen der Verträglichkeit auf nicht-elektorale Partizipation ins Auge. Dies könnte dadurch zu erklären sein, dass bei allen drei Aktivitäten das Konfliktpotential im Vergleich zum Wählen höher ist. Auch wenn sich altruistische Individuen durchaus für das Allgemeinwohl einsetzen, könnte hier ihre Konfliktscheu überwiegen. Drittens zeigt sich in Bezug auf die Mediatorvariablen, dass in beiden Länderkontexten das politische Interesse eine bedeutende Vermittlerfunktion einnimmt, während das Wissen über das politische System aber weitgehend irrelevant zu sein scheint. Über das politische Wissen konnte lediglich in Deutschland ein indirekter Effekt von emotionaler Stabilität identifiziert werden. Zudem deuten die Ergebnisse darauf hin, dass in Österreich die subjektive politische Kompetenz ein relevanter Vermittler von Persönlichkeitseigenschaften (insbesondere Extraversion, Offenheit und emotionale Stabilität) auf politische Beteiligung ist. In Deutschland zeigten sich hingegen nur wenige indirekte Wirkungen über die interne Efficacy.

Es stellt sich die Frage, worauf die Unterschiede in den Ergebnissen zwischen den beiden Ländern zurückzuführen sind. Zunächst ist zu vermuten, dass methodische Aspekte für diese Abweichungen verantwortlich sein könnten. In den AUTNES-Daten wurden die Big Five jeweils mit zwei Items je Persönlichkeitsdimension gemessen, im GLES-Querschnitt aber jeweils nur mit einem Item, so dass immer nur eine Facette der Big Five abgedeckt wird. Besonders sensibel scheint hier die Verträglichkeit zu sein: Wird die Analyse für die AUTNES-Daten mit dem gleichen Item wie in der GLES wiederholt (vgl. Tabelle O5 im Online-Appendix), zeigt sich, dass einige der vorher signifikanten indirekten Effekte von Verträglichkeit verschwinden. Für die anderen Persönlichkeitsdimensionen treten allerdings bei weitem keine so starken Diskrepanzen auf, sodass mögliche Gründe für Abweichungen eher in der unterschiedlichen Messung der abhängigen Variablen, vor allem aber im politischen, institutionellen und kulturellen Kontext der Länder gesucht werden sollten. Zum Beispiel könnten Unterschiede durch eine divergierende Wahrnehmung von Konflikthaftigkeit, Reichweite und Voraussetzung der Partizipationsformen sowie ihrer Legitimität erklärt werden. Die unterschiedlichen Ergebnisse für die Verträglichkeit weisen darauf hin, dass es Abweichungen in der Bewertung der Konflikthaftigkeit politischer Beteiligung zwischen Österreichern und Deutschen mit entsprechenden Implikationen für die Wirkung von Persönlichkeitseigenschaften geben könnte. Leider bleibt aufgrund mangelnder Indikatoren in den Datensätzen unklar, wie stark das wahrgenommene Konfliktpotential der vier Partizipationsformen ist. Überraschend ist die fehlende Wirkung der Gewissenhaftigkeit auf die Wahlbeteiligung in Österreich. Dies könnte damit zu erklären sein, dass die in den 1990er Jahren abgeschaffte Wahlpflicht unterbewusst weiter wirkt. Allerdings wurde bereits vor ihrer Abschaffung die Nichterfüllung der Wahlpflicht rechtlich nicht geahndet (vgl. zur Wirkung der Wahlpflicht und den Folgen der Verletzung der Wahlpflicht in Österreich Filzmaier 2007). Dies spricht gegen diese Annahme.

Dieser Beitrag hat gezeigt, dass politische Involvierung eine entscheidende Vermittlungsfunktion für Effekte der Persönlichkeit auf politische Partizipation hat, wenngleich auch noch andere Mediatorvariablen eine Rolle spielen sollten (Schoen u. Steinbrecher 2013). Es ist daher eine wichtige Aufgabe für folgende Untersuchungen zum kausalen Wirkungsgefüge zwischen Persönlichkeitseigenschaften und politischer Partizipation, die umfassende Komplexität der Wechselwirkungen aller Prädiktoren abzubilden und mit empirischen Analyseergebnissen zu bestätigen. So sollte zukünftige Forschung beispielsweise die Wahlnorm, die Parteiidentifikation, Zufriedenheits- und Vertrauensindikatoren oder auch Sozialkapital berücksichtigen. Zudem besteht auch Bedarf an weiterer vergleichender Forschung. So sollten Datensätze, die zu verschiedenen Zeitpunkten erhoben wurden, einbezogen werden, um die Stabilität, Reliabilität und Validität der hier präsentierten Ergebnisse untermauern zu können. Hier können insbesondere internationale Studien mit einem identischen Fragenprogramm und gleicher Messung ein Gewinn sein, da so der Einfluss von ungleichen Operationalisierungen und Erhebungsmethoden auf die Ergebnisse weitgehend ausgeschlossen werden kann.

Literatur

Barber, Benjamin R. 1994. *Starke Demokratie. Über die Teilhabe am Politischen.* Hamburg: Rotbuch Verlag.

Blais, André. 2010. Political Participation. In *Comparing Democracies 3. Elections and Voting in the 21st Century*, Hrsg. Lawrence LeDuc, Richard G. Niemi und Pippa Norris, 165-183. Thousand Oaks: Sage.

Blais, André, und Simon Labbé St-Vincent. 2011. Personality Traits, Political Attitudes and the Propensity to Vote. *European Journal of Political Research* 50: 395-417. doi: 10.1111/j.1475-6765.2010.01935.x

Brandstätter, Hermann, und Karl-Dieter Opp. 2014. Personality traits („Big Five") and the Propensity to Political Protest: Alternative Models. *Political Psychology* 35: 515-537. doi: 10.1111/pops.12043

Campbell, Angus, Gerald Gurin, und Warren E. Miller. 1954. *The Voter Decides.* Evanston: Row, Peterson and Co.

Campbell, Angus, Philip E. Converse, Warren E. Miller, und Donald E. Stokes. 1960. *The American Voter.* New York: John Wiley & Sons.

Cheung, Fanny M., Kwok Leung, Jian-Xin Zhang, Hai-Fa Sun, Yi-Qun Gan, Wei-Zhen Song, und Dong Xie. 2001. Indigenous Chinese Personality Constructs. Is the Five Factor Model Complete? *Journal of Cross-Cultural Psychology* 32: 407-433. doi: 10.1177/0022022101032004003

Costa, Paul T., und Robert R. McCrae. 1992. *NEO PI-R. Professional manual.* Odessa, FL: Psychological Assessment Resources.

Dahl, Robert A. 1971. *Polyarchy. Participation and Opposition.* New Haven: Yale University Press.

Dahl, Robert A. 1992. The Problem of Civic Competence. *Journal of Democracy* 3: 45-59. doi:10.1353/jod.1992.0048

Delli Carpini, Michael X., und Scott Keeter. 1996. *What Americans Know about Politics and Why It Matters.* Yale: Yale University Press.

Denny, Kevin, und Orla Doyle. 2008. Political Interest, Cognitive Ability and Personality. Determinants of Voter Turnout in Britain. *British Journal of Political Science* 38: 291-310. doi: 10.1017/S000712340800015X

Fowler, James H. 2006. Altruism and Turnout. *The Journal of Politics* 68: 674-683. doi: 10.1111/j.1468-2508.2006.00453.x

Fowler, James H., und Cindy D. Kam. 2007. Beyond the Self: Social Identity, Altruism, and Political Participation. *The Journal of Politics* 69: 813-827. doi: 0.1111/j.1468-2508.2007.00577.x

Filzmaier, Peter. 2007. Ein unaufhaltbarer Sinkflug? Wahlbeteiligung in Österreich und anderswo. *Informationen zur Politischen Bildung* Nr.27. Online: http://www.politische-bildung.com/pdfs/27_wahlbet.pdf (abgerufen am 9. Dezember 2014).

Gabriel, Oscar W. 2005. Politische Einstellungen und politische Kultur. In *Handbuch politisches System der Bundesrepublik Deutschland*, Hrsg. Oscar W. Gabriel und Everhard Holtmann, 459-522. München: Oldenbourg.

Gallego, Aina, und Daniel Oberski. 2012. Personality and Political Participation. The Mediation Hypothesis. *Political Behavior* 34: 425-451. doi: 10.1007/s11109-011-9168-7

Gerber, Alan S., Gregory A. Huber, David Doherty, und Conor M. Dowling. 2011a. The Big Five Personality Traits in the Political Arena. *Annual Review of Political Science* 14: 265-287. doi: 10.1146/annurev-polisci-051010-111659

Gerber, Alan S., Gregory A. Huber, David Doherty, und Conor M. Dowling. 2011b. Personality Traits and the Consumption of Political Information. *American Politics Research* 39: 32-84. doi: 10.1177/1532673X10381466

Gerber, Alan S., Gregory A. Huber, David Doherty, Conor M. Dowling, Connor Raso, und Shang E. Ha 2011c. Personality Traits and Participation in Political Processes. *The Journal of Politics* 73: 692-706. doi: 10.1017/S0022381611000399

Gerber, Alan S., Gregory A. Huber, Connor Raso, und Shang E. Ha. 2009. *Personality and Political Behavior.* Yale University (unveröffentlichtes Manuskript).

Goldberg, Lewis R. 1993. The Structure of Phenotypic Personality Traits. *American Psychologist* 48: 26-34. doi: 10.1037/0003-066X.48.1.26

Huber, Sandra, und Hans Rattinger. 2005. Die Nichtwähler – ein besonderer Menschenschlag? Persönlichkeitseigenschaften in der Nichtwahlerforschung. In *Persönlichkeit. Eine vergessene Größe der empirischen Sozialforschung*, Hrsg. Siegfried Schumann und Harald Schoen, 157-172. Wiesbaden: VS Verlag für Sozialwissenschaften.

Iyengar, Shanto. 1986. *Whither Political Information. Report to the Board of Overseers for the National Election Studies.* Ann Arbor, MI: University of Michigan.

Johann, David. 2012. Direkte und indirekte Effekte spezifischen politischen Wissens auf politische Partizipation. *Politische Psychologie* 2: 23-46.

John, Oliver P. 1990. The „Big Five" Factor taxonomy. Dimensions of personality in the natural language and in questionnaires. In *Handbook of Personality. Theory and Research*, Hrsg. Lawrence A. Pervin, 66-100. New York: Guildford Press.

John, Oliver P., Alois Angleitner, und Fritz Ostendorf. 1988. The lexical approach to personality. A historical review of trait taxonomic research. *European Journal of Personality* 2: 171-203. doi: 10.1002/per.2410020302

John, Oliver P., Laura P. Naumann, und Christopher J. Soto. 2008. Paradigm Shift to the Integrative Big Five Trait Taxonomy. History, Measurement, and Conceptual Issues. In *Handbook of Personality. Theory and Research*, Hrsg. Oliver P. John, Richard W. Robins und Lawrence A. Pervin.114-158. New York: The Guildford Press.

Jost, John T., Jack Glaser, Arie W. Kruglanski, und Frank J. Sulloway. 2003. Political conservatism as motivated social cognition. *Psychological Bulletin* 129, 339-375.

Kaase, Max. 1987. Vergleichende Politische Partizipationsforschung. In *Vergleichende Politikwissenschaft. Ein einführendes Handbuch*, Hrsg. Dirk Berg-Schlosser u. Ferdinand Müller-Rommel, 135-150. Opladen: Leske + Budrich.

Kersting, Norbert. 2004. Briefwahl im internationalen Vergleich. Österreichische Zeitschrift für Politikwissenschaft 33(3): 341-352.

Kritzinger, Sylvia, Eva Zeglovits, Julian Aichholzer, Christian Glantschnigg, Konstantin Glinitzer, David Johann, Kathrin Thomas und Markus Wagner. 2014a. *AUTNES Pre- and Post-Election Survey 2013*, Datenfile ZA5859. Köln: GESIS Datenarchiv. doi:10.4232/1.11918

Kritzinger, Sylvia, Eva Zeglovits, Julian Aichholzer, Christian Glantschnigg, Konstantin Glinitzer, David Johann, Kathrin Thomas und Markus Wagner. 2014b. *AUTNES Pre- and Post-Election Survey 2013 – Documentation.* Wien: Universität Wien.

Maier, Jürgen, Alexander Glantz, und Severin Bathelt. 2010. Was wissen Bürger über Politik? Zur Erforschung der politischen Kenntnisse in der Bundesrepublik Deutschland 1949-2008. *Zeitschrift für Parlamentsfragen* 40: 561-579.

McCrae, Robert R., Antonio Terracciano, und 79 Members of the Personality Profiles of Cultures Project. 2005. Personality Profiles of Cultures. Aggregate Personality Traits. *Journal of Personality and Social Psychology* 89: 407-425. doi: 10.1037/0022-3514.89.3.407

McCrae, Robert R., und Antonio Terracciano. 2006. National Character and Personality. *Current Directions in Psychological Science* 15: 156-161. doi: 10.1111/j.1467-8721.2006.00427.x

McCrae, Robert R., und Paul T. Costa. 1996. Toward a New Generation of Personality Theories. Theoretical Contexts for the Five-Factor Model. In *The Five-Factor Model of Personality. Theoretical Perspectives*, Hrsg. Jerry S. Wiggins, 51-87. New York: Guildford Press.

McCrae, Robert R., und Paul T. Costa, Jr. 1997. Personality trait structure as a human universal. *American Psychologist* 52: 509-516. doi: 10.1037/0003-066X.52.5.509

McCrae, Robert R., und Paul T. Costa, Jr. 1999. A Five-Factor Theory of Personality. In *Handbook of Personality. Theory and Research*, Hrsg. Lawrence A. Pervin und Oliver P. John, 139-153. New York: Guildford Press.

McCrae, Robert R., und Paul T. Costa 2008. The Five Factor Theory of Personality. In *Handbook of Personality. Theory and Research,* Hrsg. Oliver P. John, Richard W. Robins und Lawrence A. Pervin. New York: The Guildford Press.

Mondak, Jeffery J. 2010. *Personality and the Foundations of Political Behavior.* Cambridge: Cambridge University Press.

Mondak, Jeffery J., und Karen D. Halperin. 2008. A Framework for the Study of Personality and Political Behaviour. *British Journal of Political Science* 38: 335-362. doi: 10.1017/S0007123408000173

Mondak, Jeffery J., Damarys Canache, Mitchell A. Seligson, und Matthew V. Hibbing. 2010a. The Participatory Personality. Evidence from Latin America. *British Journal of Political Science* 41: 211-221. doi: 10.1017/S000712341000027X

Mondak, Jeffery J., Matthew V. Hibbing, Damarys Canache, Mitchell A. Seligson, und Mary R. Anderson. 2010b. Personality and Civic Engagement. An Integrative Framework for the Study of Trait Effects on Political Behavior. *American Political Science Review* 104: 85-110. doi: 10.1017/S0003055409990359

Muthén, Linda K., und Bengt O. Muthén. 1999–2013. *Mplus User's Guide* (7. Auflage). Los Angeles: Muthén & Muthén.

Niedermayer, Oskar 2014. Parteimitgliedschaften im Jahre 2013. *Zeitschrift für Parlamentsfragen* 45: 416-439.

Ostendorf, Fritz, und Alois Angleitner. 1994. A Comparison of Different Instruments Proposed to Measure the Big Five. *European Review of Applied Psychology* 44: 45-53.

Rammstedt, Beatrice. 2007. The 10-Item Big Five inventory. Norm values and investigation of sociodemographic effects based on a German population representative sample. *European Journal of Psychological Assessment* 23: 193–201.

Rammstedt, Beatrice, und John, Oiver P. 2007. Measuring personality in one minute or less: A 10-item short version of the Big Five Inventory in English and German. *Journal of Research in Personality,* 41: 203-212. doi: 10.1016/j.jrp.2006.02.001

Rammstedt, Beatrice, Christoph J. Kemper, Mira C. Klein, Constanze Beierlein, und Amastassiya Kovaleva. 2013. Eine kurze Skala zur Messung der fünf Dimensionen der Persönlichkeit. *Methoden, Daten, Analysen*, 7: 233-249. doi: 10.12758/mda.2013.013

Rattinger, Hans, Sigrid Roßteutscher, Rüdiger Schmitt-Beck, Bernhard Weßels, und Christof Wolf. 2014. *Vor- und Nachwahl-Querschnitt (Kumulation) (GLES 2013)*. Datenfile ZA5702, Version 1.0.0. Köln: GESIS Datenarchiv. doi: 10.4232/1.11891.

Saucier, Gerard, und Lewis R. Goldberg. 1996. The language of personality. Lexical Perspectives on the Five Factor Model. In *The Five Factor Model of Personality. Theoretical Perspectives*, Hrsg. Jerry S. Wiggins, 21-50. New York: Guildford Press.

Schoen, Harald. 2005. Ist Wissen auch an der Wahlurne Macht? Politische Kompetenz und Wahlverhalten. In *Persönlichkeit. Eine vergessene Größe der empirischen Sozialforschung*, Hrsg. Siegfried Schumann und Harald Schoen, 137-156. Wiesbaden: VS Verlag für Sozialwissenschaften.

Schoen, Harald, und Siegfried Schumann. 2007. Personality Traits, Partisan Attitudes, and Voting Behavior. Evidence from Germany. *Political Psychology* 28: 471-498. doi: 10.1111/j.1467-9221.2007.00582.x

Schoen, Harald, und Markus Steinbrecher. 2013. Beyond Total Effects. Exploring the Interplay of Personality and Attitudes in Affecting Turnout in the 2009 German Federal Election. *Political Psychology* 34:533-552. doi: 10.1111/pops.12031

Schumann, Siegfried, und Harald Schoen (Hrsg.). 2005. *Persönlichkeit. Eine vergessene Größe der empirischen Sozialforschung*. Wiesbaden: VS Verlag für Sozialwissenschaften.

Smets, Kaat & Carolien van Ham. 2013. The embarrassment of riches? A meta-analysis of individual-level research on voter turnout. *Electoral Studies* 32: 344-359. doi: 10.1016/j.electstud.2012.12.006

Steinbrecher, Markus. 2009. *Politische Partizipation in Deutschland*. Baden-Baden: Nomos.

Steinbrecher, Markus, Sandra Huber, und Hans Rattinger. 2007. *Turnout in Germany. Citizen Participation in State, Federal, and European Elections since 1979*. Baden-Baden: Nomos.

Steinbrecher, Markus, und Harald Schoen. 2012. Persönlichkeit und politische Partizipation im Umfeld der Bundestagswahl 2009. *Politische Psychologie* 2:58-74.

Terracciano, Antonio, Ahmed M. Abdel-Khalek, N. Ádám, Lucia Adamovová, Chang-kyu Ahn, Hyun-nie Ahn, Bader M. Alansari, Lidia Alcalay, Jüri Allik, Alois Angleitner, Maria D. Avia, et al. 2005. National Character Does Not Reflect Mean Personality Trait Levels in 49 Cultures. *Science* 310: 96-100.

Tupes, Ernest T., und Raymond E. Christal. 1961. Recurrent Personality Factors Based on Traits Ratings. *Journal of Personality* 60: 225-251.

Van Biezen, Ingrid, Peter Mair, und Thomas Poguntke 2012. Going, going… gone? The Decline of Party Membership in Contemporary Europe. *European Journal of Political Research* 51: 24-56.

Van Deth, Jan W. 1997. Formen konventioneller politischer Partizipation. Ein neues Leben alter Dinosaurier? In *Politische Orientierungen und Verhaltensweisen im vereinigten Deutschland. Beiträge zu den Berichten der Kommission für die Erforschung des sozialen und politischen Wandels in den neuen Bundesländern e.V. (KSPW). Beiträge zum Bericht 3 „Politisches System"*, Hrsg. Oscar W. Gabriel, 291-319. Band 3.3. Opladen: Leske+Budrich.

Van Deth, Jan W. 2001. Soziale und politische Beteiligung. Alternativen, Ergänzungen oder Zwillinge? In *Politische Partizipation in der Bundesrepublik Deutschland. Empirische Befunde und theoretische Erklärungen*, Hrsg. Achim Koch, Martina Wasmer und Peter Schmidt, 195-219. Opladen: Leske+Budrich.

Verba, Sidney, und Norman H. Nie. 1972. *Participation in America. Political Democracy and Social Equality*. New York et al.: Harper & Row.

Verba, Sidney, Kay L. Schlozman, und Henry E. Brady. 1995. *Voice and Equality. Civic Voluntarism in American Politics*. Cambridge, MA/London: Harvard University Press.

Vecchione, Michele, und Gian V. Caprara. 2009. Personality determinants of political participation: The contribution of traits and self-efficacy beliefs. *Personality and Individual Differences* 46: 487-492. doi: 10.1016/j.paid.2008.11.021

Vetter, Andrea, und Jürgen Maier. 2005. Mittendrin statt nur dabei? Politisches Wissen, politisches Interesse und politisches Kompetenzgefühl in Deutschland, 1994-2002. In *Wächst zusammen, was zusammengehört? Stabilität und Wandel politischer Einstellungen im wiedervereinigten Deutschland*, Hrsg. Oscar W. Gabriel, Jürgen W. Falter und Hans Rattinger, 51-90. Baden-Baden: Nomos.

Westle, Bettina. 2005. Politisches Wissen und Wahlen. In *Wahlen und Wähler. Analysen aus Anlass der Bundestagswahl 2002*, Hrsg. Jürgen W. Falter, Oscar W. Gabriel und Bernhard Weßels, 484-512. Wiesbaden: VS Verlag für Sozialwissenschaften.

Westle, Bettina. 2006. Politisches Interesse, subjektive politische Kompetenz und politisches Wissen. Eine Fallstudie mit Jugendlichen im Nürnberger Raum. In *Jugend und Politik: „Voll Normal!". Der Beitrag der politischen Soziologie zur Jugendforschung*, Hrsg. Edeltraud Roller, Frank Brettschneider und Jan W. van Deth, 209-240. Wiesbaden: VS Verlag für Sozialwissenschaften.

Zaller, John R. 1986. *Analysis of Information Items in the 1985 NES Pilot Study. Report to the Board of Overseers for the National Election Studies*. Ann Arbor, MI: University of Michigan.

Persönlichkeit und Parteibindung unter den Bedingungen direkter Demokratie

Kathrin Ackermann/Markus Freitag

1. Einleitung

Die Parteibindung von Bürgerinnen und Bürgern, ihre Bestimmungsgründe und ihre Auswirkungen auf politische Entscheidungen und politisches Verhalten zählen zu den „Evergreens" der politischen Soziologie. Den Startschuss für unzählige Forschungsarbeiten gaben Campbell und seine Kollegen der Michigan School (1960). Sie beschreiben Parteibindung als den vermittelnden Faktor zwischen der sozialstrukturellen Prägung eines Individuums und seiner letztlichen Wahlentscheidung. Sowohl diese frühen Werke als auch spätere Arbeiten weisen auf die besondere Bedeutung der Stärke einer Parteibindung für die Wahlentscheidung hin (Bartels 2000; Campbell et al. 1960; Schoen u. Weins 2014; Weisberg u. Greene 2003). Vor diesem Hintergrund ist es relevant, die Bedingungen für die Herausbildung einer starken Parteibindung zu kennen. Im Anschluss an die Erkenntnisse der Michigan School sowie an neueste Befunde der politischen Psychologie widmet sich der vorliegende Beitrag dem Einfluss langfristiger, psychologischer Prädispositionen auf die Intensität der Parteibindung. Zudem untersuchen wir, inwiefern diese Effekte durch handlungsrelevante Institutionen moderiert werden.

Zur Erörterung dieser Problemstellung verknüpfen wir zwei Forschungstraditionen. Wir schließen einerseits an eine wachsende Literatur an, welche sich mit dem Einfluss von Persönlichkeitseigenschaften (Big Five) als langfristige Prädispositionen auf politisches Verhalten und politische Einstellungen beschäftigt (für einen Überblick siehe Gerber et al. 2011). Hierunter finden sich auch Arbeiten, die sich mit den psychologischen Grundlagen der Parteienwahl und der Parteibindung auseinandersetzen (Bakker et al. 2014; Caprara et al. 1999, 2006; Gerber et al. 2012a; Mössner 2005; Mondak 2010; Mondak u. Halperin 2008; Schoen u. Schumann 2007; Schoen u. Steinbrecher 2013; Schumann 2001, 2002; Vecchione et al. 2011). Während sich die meisten dieser Artikel mit der Parteineigung per se oder ihrer Richtung beschäftigen, berücksichtigen nur wenige Ausnahmen die Intensität dieser Bindung (Bakker et al. 2014; Gerber et al. 2012a; Mössner 2005). Wir schließen an diese Beiträge an, indem wir den Zusammenhang zwischen Persönlichkeitseigenschaften und der Stärke der Parteibindung in den Mittelpunkt unseres analytischen Interesses stellen und diese Beziehung im Kontext eines Mehrparteiensystems testen, wie es in der Literatur gefordert wurde (Gerber et al. 2012a, S. 673). Weiterhin ergänzen wir die bestehende Forschung um die Berücksichtigung institutioneller Faktoren und ihres potentiell moderierenden Einflusses auf den Zusammenhang zwischen Persönlichkeit und Parteibindung. Dabei konzentrieren wir uns auf den Effekt direktdemokratischer Entscheidungsverfahren, deren Relevanz für die Rolle von Parteien im politischen System sowie für die individuelle Parteibindung bereits an anderen Stellen diskutiert wurde (Bowler u. Donovan 2006; Budge 1996, 2001; Fatke 2014; Kriesi 2006; Ladner u. Brändle 1999; Smith u. Tolbert 2001, 2004). Durch die Berücksichtigung von Kontexten in der Analyse des Zusammenhangs zwischen Persönlichkeit und politischem Verhalten oder politischen Einstellungen kommen wir jüngsten Forderungen aus den Reihen der politischen Psychologie nach, welche in dieser Versuchsanordnung besondere Erkenntnisgewinne vermuten: „the greatest contributions of research on personality will involve identification of interactive relationship between personality traits and other sorts of predictor variables" (Mondak 2010, S. 19).

Wir überprüfen unser theoretisches Modell anhand von Schweizer Umfragedaten in Kombination mit öffentlicher Statistik zum Gebrauch direktdemokratischer Instrumente in den Kantonen. Aufgrund eines zweistufigen Messansatzes zur Erfassung der Intensität der Parteibindung ziehen wir hierarchische Heckman-Selektionsmodelle heran. Diese statistische Methode erlaubt uns, zunächst die Existenz einer Parteipräferenz und in einem zweiten Schritt die Stärke der Bindung an die präferierte Partei zu modellieren. Schließlich verwenden wir Mehrebeneninteraktionen, um das Zusammenspiel zwischen Person (Persönlichkeitseigenschaften) und Situation (direkte Demokratie als institutioneller Kontext) zu testen.

Der Artikel ist wie folgt aufgebaut. Wir erläutern zunächst in drei kurzen Theorieabschnitten unser Modell, welches den Einfluss von Persönlichkeitseigenschaften sowie das Zusammenspiel zwischen diesen Eigenschaften und der direkten Demokratie als institutionellem Kontextfaktor umfasst. Im Anschluss werden die Daten, Messung und Methode der empirischen Analyse vorgestellt. Darauf folgt die Präsentation der Ergebnisse. Schlussfolgerungen runden den Beitrag ab.

2. Persönlichkeitseigenschaften, Stärke der Parteibindung und direkte Demokratie: Theoretische Überlegungen

Anschließend an bisherige Befunde aus der politischen Psychologie sowie Überlegungen zum Einfluss von Institutionen auf politische Einstellungen und politisches Verhalten legen wir in diesem Abschnitt unsere theoretischen Argumente dar. Bevor wir uns jedoch den theoretischen Zusammenhängen zuwenden, werden zunächst die relevanten Konzepte präsentiert.

2.1 Spezifikation der relevanten Konzepte

Für die vorliegende Untersuchung sind mit der Stärke der Parteibindung, den Persönlichkeitseigenschaften und der direkten Demokratie drei Konzepte von elementarer Bedeutung.

Stärke der Parteibindung

Im Anschluss an die Grundgedanken der Michigan School kann Parteibindung als eine „(…) langfristige stabile affektive Bindung an eine politische Partei, die in einer frühen Phase der politischen Sozialisation erworben wird und sich im Laufe des Lebens intensiviert" definiert werden (Schoen u. Weins 2014, S. 262). Dahinter verbirgt sich also nicht zwingend eine formale Mitgliedschaft, sondern vielmehr eine gefühlsmäßige Neigung zu einer bestimmten politischen Partei. Parteibindung wird in der Literatur ferner als mehrdimensionales Konzept beschrieben (Holmberg 2007). Nach Katz (1979) sollte beispielsweise zwischen der Richtung und der Stärke einer Parteibindung unterschieden werden.[1] Während die Richtung angibt, welcher Partei eine Bürgerin oder ein Bürger zugeneigt ist, kann anhand der Stärke die Intensität dieser Bindung bestimmt werden. Trotz der konzeptionell anerkannten Mehrdimensionalität wird die Parteibindung insbesondere im US-amerikanischen Kontext traditionell anhand einer siebenstufigen Skala operationalisiert, welche die Richtung und die Stärke gleichermaßen umfasst. In den Mehrparteiensystemen Westeuropas wiederum werden die beiden Dimensionen konzeptionell getrennt behandelt und anhand eines mehrstufigen Ansatzes gemessen (Holmberg 2007, S. 560).[2] Im vorliegenden Papier interessieren wir uns für die Dimension der Intensität, welche für konkretes politisches Handeln von entscheidender Bedeutung ist (Bartels 2000; Campbell et al. 1960; Schoen u. Weins 2014; Weisberg u. Greene 2003).

Persönlichkeitseigenschaften

Persönlichkeit lässt sich allgemein als „dynamic system of psychological structures and processes that mediates the relationship between the individual and the environment and accounts for what a person is and may become" definieren (Caprara u. Vecchione 2013, S. 24). In Anlehnung an das Eigenschaftsparadigma werden Persönlichkeitseigenschaften dabei als die Kernelemente dieses auf Dauer angelegten Systems betrachtet (Caprara u. Vecchione 2013, S. 24; McCrae u. Costa 2008, S. 162-164; Schumann 2012, S. 33).[3] Sie stellen grundlegende Orien-

---

1   Es gibt verschiedene Ansätze zur Dimensionalität von Parteibindung. Einen guten Überblick dazu bietet Rattinger (2013).

2   Zur Erfassung der Parteibindung in Mehrparteiensystemen hat sich keine einheitliche Fragestellung etabliert (Holmberg 2007, S. 567). Meist wird ein dreistufiger Ansatz verwendet, der in einem ersten Schritt die Existenz einer Parteibindung und in Folgefragen die Richtung und Stärke erfasst. Vor allem die genaue Formulierung der Beziehung zur jeweiligen Partei variiert jedoch stark zwischen den Untersuchungen (Johnston 2006, S. 340-344). Während in manchen Forschungen danach gefragt wird, ob man Anhänger oder Unterstützer einer Partei ist, geht es in anderen Studien darum, ob man sich einer Partei nahe fühlt. In Deutschland wird wiederum traditionell gefragt, ob man einer Partei zuneigt. In der Schweiz haben sich zwei Maße entwickelt. Die Wahlstudie Selects verwendet die Frage nach der Nähe zu einer Partei, während die traditionsreichen Vox-Umfragen zur Abstimmungsanalyse die Parteisympathie oder –präferenz erheben (Vatter 2014, S. 136). Hinter diesen Fragestellungen verbergen sich teils auch verschiedene theoretische Sichtweisen auf Parteibindung. Während die Michigan School von einer langfristigen, stabilen und emotionalen Bindung ausgeht (Campbell et al. 1960), stellt die Rational Choice-basierte Sichtweise eine ständig erfahrungsbasierte Aktualisierung der Sympathie oder Präferenz gegenüber den Parteien in den Mittelpunkt des analytischen Interesses (Fiorina 1981). Diesem Ansatz folgende Messungen decken entsprechend nicht nur langfristige Bindungen, sondern auch kurzfristig veränderbare Präferenzen ab.

3   In der Psychologie existieren verschiedene Zugänge zur Erforschung der Persönlichkeit. Asendorpf und Neyer (2012) unterscheiden sechs verschiedene Paradigmen der Persönlichkeitspsychologie: Eigenschaftsparadigma, Informationsverarbeitungsparadigma, dynamisch-interaktionistisches Paradigma, neurowissenschaftliches Paradigma, molekulargenetisches Paradigma und evolutionspsychologisches Paradigma. Ergänzend sind psychoanalytische sowie humanistische und behavioristische Zugänge zur Persönlichkeit zu nennen (Rattinger 2009).

tierungen („basic tendencies") dar, welche zwar nicht direkt beobachtet werden können, sich aber im Verhalten und den Einstellungen einer Person widerspiegeln. Persönlichkeitseigenschaften sind zumindest in Teilen genetisch bedingt, größtenteils über Zeit hinweg stabil und sind von Werten und Einstellungen zu unterscheiden (Bouchard 2004; Krueger u. Johnson 2008; McCrae u. Costa 2008; Mondak 2010; Roccas et al. 2002). Die kausale Anordnung sieht die Persönlichkeitseigenschaften den beiden anderen Elementen vorgelagert. Sie gehen in Werten auf und bilden sich in bestimmten Situationen zu konkreten Einstellungen aus (Olver u. Mooradian 2003; Roccas et al. 2002). Zur Erfassung der Persönlichkeitseigenschaften hat sich in der Persönlichkeitspsychologie innerhalb der vergangenen 20 Jahre das „Fünf-Faktoren-Modell" fest etabliert (John et al. 2008; McCrae u. Costa 2008; Schoen 2012). Demzufolge lässt sich die Persönlichkeitsstruktur von zwei Menschen anhand von fünf grundlegenden und universellen Eigenschaftsdimensionen unterscheiden (Cottam et al. 2010; Gallego u. Oberski 2012; Winter 2003). Als diese fünf Eigenschaften („Big Five") werden Offenheit für Erfahrungen, Gewissenhaftigkeit, Extraversion, Verträglichkeit und emotionale Stabilität genannt.

Direkte Demokratie

Als halbdirekte Demokratie verbindet das politische System der Schweiz Komponenten einer Repräsentativdemokratie mit ausgebauten Volksrechten. Besonders stark sind die Rechte der Bürgerinnen und Bürger auf der Ebene der Kantone ausgestaltet, auf der eine Mitbestimmung über verschiedene Formen der Initiative und des Referendums möglich ist (Vatter 2014, S. 353). Die Ausgestaltung der direkten Demokratie auf kantonaler Ebene stellt ein institutionelles Gefüge dar, welches als „rules of the game" (North 1990) das politische Handeln und Entscheiden der Bürgerinnen und Bürger beeinflussen kann. Hierbei gilt es zwischen den „rules in form", also den formellen Regeln, und den „rules in use", also der tatsächlichen Nutzung der reglementarisch festgelegten Instrumente, zu unterscheiden (Sproule-Jones 1993). Im Anschluss an Kaiser (1998) sprechen wir vor allem der Nutzung institutioneller Instrumente Verhaltensrelevanz zu und beziehen uns beim Umgang mit der direkten Demokratie auf die tatsächliche Nutzung der Volksrechte in einem Kanton.

2.2 Persönlichkeitseigenschaften und die Stärke der Parteibindung

Im Anschluss an die Spezifikation der relevanten Konzepte werden nachfolgend die theoretischen Argumente hinsichtlich des Zusammenhangs zwischen Persönlichkeitseigenschaften und der Stärke der Parteibindung erläutert. Grundsätzlich kann eine Parteibindung zweierlei Nutzen mit sich bringen (Burden u. Klofstad 2005; Gerber et al. 2012a; Greene 1999, 2000). Erstens vermittelt diese Bande einen affektiv-sozialen Nutzen, da die Bürgerinnen und Bürger in parteibezogene soziale Netzwerke und Gruppen eingebunden sind. Dieser Nutzen sollte sich mit der Stärke der Bindung an eine Partei einstellen. Vor allem bei einer intensiven Parteibindung ist von einer dauerhaften Integration in parteibezogene Netzwerke auszugehen. Dieser Aspekt der Parteibindung sollte besonders auf extrovertierte Personen eine Anziehung ausüben (Gerber et al. 2012a). Extrovertierte Menschen werden als gesprächig, durchsetzungsfähig, aktiv, energievoll und kontaktfreudig charakterisiert. Ihnen wird ein Streben nach sozialer Interaktion, aber auch nach Aufmerksamkeit zugeschrieben (Gerber et al. 2011; McCrae u. Costa 2003; Mondak 2010).

> *H1a: Je höher die Werte der Persönlichkeitseigenschaft „Extraversion", desto stärker die Parteibindung.*

Überdies sollte der affektiv-soziale Nutzen einer Parteibindung für verträgliche Personen ausschlaggebend sein (Gerber et al. 2012a). Die Persönlichkeitseigenschaft Verträglichkeit beschreibt in erster Linie die Beschaffenheit der Beziehungen zu anderen. Verträgliche Personen suchen harmonische Beziehungen zu anderen Menschen und gelten als mitfühlend, gütig, verständnisvoll, herzlich und kooperativ. Wettbewerb lehnen sie hingegen eher ab (Gerber et al. 2011; McCrae u. Costa 2003; Mondak 2010). Für verträgliche Personen sollte also die parteibezogene Einbindung in Netzwerke zu einer stärkeren Bindung an Parteien führen.

> *H1b: Je höher die Werte der Persönlichkeitseigenschaft „Verträglichkeit", desto stärker die Parteibindung.*

Neben dem affektiv-sozialen Nutzen kann die Bindung an eine Partei einen kognitiven Nutzen entfalten, indem sie politische Debatten strukturiert und Heuristiken für politisches Verhalten bereithält. Dieser Mehrwert an zugänglichen Informationen und Argumenten wird mit der Stärke der Bindung an eine Partei offensichtlich. Aufgrund dieser kognitiven Vorteile sollten gerade gewissenhafte Menschen mit größerer Wahrscheinlichkeit eine starke Parteibindung aufweisen (Gerber et al. 2012a). Gewissenhaftigkeit steht für ein Bedürfnis nach Zuverlässigkeit, Ordnung, Beharrlichkeit und Leistung. Personen mit hohen Werten auf der Gewissenhaftigkeitsdimension zeigen sich zudem organisiert, genau, effizient, verantwortungsvoll und verlässlich (Gerber et al. 2011; McCrae u. Costa 2003; Mondak 2010). Eine starke Parteibindung präsentiert für gewissenhafte Personen einen effizienten Weg der Informationsbeschaffung und vermag gleichzeitig ihr Bedürfnis nach Struktur und Orientierung zu stillen.

> *H1c: Je höher die Werte der Persönlichkeitseigenschaft „Gewissenhaftigkeit", desto stärker die Parteibindung.*

Zudem könnte die strukturgebende Wirkung einer Parteibindung für unsichere Menschen von Vorteil sein. Im Umkehrschluss ließe sich damit eine inverse Beziehung zwischen emotionaler Stabilität und der Stärke der Parteieigung erwarten (Gerber et al. 2012a). Emotional stabile Menschen zeigen sich im Gegensatz zu neurotischen Personen entspannt, ruhig, ausgeglichen und unbesorgt (Gerber et al. 2011; McCrae u. Costa 2003; Mondak 2010). Dadurch fällt der kognitive Nutzen einer starken Parteibindung für sie geringer aus.

> *H1d: Je höher die Werte der Persönlichkeitseigenschaft „emotionale Stabilität", desto schwächer die Parteibindung.*

Ebenso ließe sich vermuten, dass sich auch für offene Personen der kognitive Nutzen einer starken Parteineigung nur schwerlich erschließt, da ihr Bedarf an Strukturierung ohnehin gering ausfällt. Offenheit für Erfahrungen umfasst die Bereitschaft zur Abwechslung, ein innewohnendes flexibles Normen- und Wertesystem und das Erproben neuer Handlungsweisen. Besonders offene Personen werden als vielfältig interessiert, einfallsreich, intelligent, originell und neugierig beschrieben (Gerber et al. 2011; McCrae u. Costa 2003; Mondak 2010).

H1e: Je höher die Werte der Persönlichkeitseigenschaft „Offenheit für Erfahrungen", desto schwächer die Parteibindung.

2.3 Persönlichkeitseigenschaften und ihre Wirkung auf die Stärke der Parteibindung in direktdemokratischen Kontexten

Wir gehen weiterhin davon aus, dass die Wirkung von Persönlichkeit auf die Stärke der Parteibindung nicht gleichförmig verlaufen muss, sondern durch situative Gegebenheiten moderiert wird. Technisch gesehen erweitern wir die erwarteten additiven Effekte der Persönlichkeitseigenschaften um multiplikative Verknüpfungen mit kontextuellen Bedingungen. Diese mögliche Interaktion zwischen Person und Situation wird in der Fünf-Faktoren-Theorie von McCrae und Costa (2008, S. 165), welche eine umfassende Erklärung für Einstellungen und menschliches Verhalten liefert, als ein wichtiges Postulat formuliert: „(…) social and physical environment interacts with personality dispositions to shape characteristic adaptations (…)".[4] Mit anderen Worten: der Ausdruck von Persönlichkeitseigenschaften in Verhalten und Einstellungen vermag mit dem Kontext zu variieren. Zwei Individuen mit identischer Persönlichkeitsstruktur können dergestalt eine unterschiedlich stark ausgeprägte Parteibindung aufweisen, wenn sie in strukturell wie kulturell unterschiedlichen Kontexten leben.[5]

Die direkte Demokratie als institutionelles Kontextmerkmal kann in verschiedener Weise auf die individuelle Haltung gegenüber Parteien Einfluss nehmen.

---

4 Ähnlich argumentieren auch Mondak et al. (2010, S. 90): „variation in people's psychological predispositions leads them to respond differently when exposed to common environmental stimuli, and, correspondingly, (…) the expression of personality traits will vary by situation".

5 Innerhalb der politischen Psychologie wird die Rolle der Situation oder des Kontextes menschlichen Handelns für die Herausbildung von Einstellungen bisher kaum berücksichtigt. Obwohl in den letzten Jahren ein wiedererwachtes Interesse am Einfluss von Persönlichkeitseigenschaften auf politisches Verhalten und Einstellungen zu beobachten ist (für einen Überblick und eine Einführung siehe Gerber et al. 2011 oder Schoen 2012), wird das Zusammenspiel zwischen Person und Kontext nur bruchstückhaft betrachtet (Ackermann u. Ackermann 2015; Dinesen et al. 2014; Gerber et al. 2010, 2012b; Mondak et al. 2010; Schoen u. Steinbrecher 2013). In der psychologischen Forschung findet sich im Gegensatz dazu eine lange Debatte zum Einfluss von Person und Situation auf menschliches Verhalten, welche von Eysenck (1944) als Vertreter des personenzentrierten Ansatzes und Mischel (1968) als Vertreter des situationszentrierten Ansatzes geprägt wurde. Jüngere Forschungen zeigen jedoch, dass sich Prädispositionen im Sinne von Persönlichkeitseigenschaften und situationale Einflussfaktoren nicht gegenseitig ausschließen, sondern komplementär verhalten (Funder 2008). Mit anderen Worten: Sowohl die Persönlichkeit als auch die Situation beeinflussen menschliches Verhalten und Einstellungen. Die Umsetzung dieser zentralen Erkenntnis gilt jedoch auch in der psychologischen Forschung nach wie vor als Desiderat (Funder 2008, S. 577).

Zum einen kann angenommen werden, dass die intensive Nutzung direktdemokratischer Instrumente einen Bedarf nach politischer Heuristik und Richtungsweisung induziert, sodass Wähler potentiell nach parteilicher Bindung suchen. Häufig stattfindende Abstimmungskämpfe verhelfen den Parteien zu einer erhöhten Sichtbarkeit und lassen sie als wesentliche Akteure stärker in Erscheinung treten. Die damit artikulierten parteipolitischen Positionierungen und Stellungnahmen stellen wichtige Informationen zu den Abstimmungen bereit und sind von hohem kognitivem Nutzen (Bowler u. Donovan 2000, 2006; Budge 1996, 2001; Fatke 2014; Gerber u. Lupia 1999; Kriesi 2006; Ladner u. Brändle 1999; Smith u. Tolbert 2001). Zum anderen könnten die Volksrechte aber auch als beste Alternative zum Modell der Repräsentationsdemokratie abseits der Parteienwelt wahrgenommen werden und die Parteibindung weniger wichtig erscheinen lassen. In diesem Fall wird den Bürgerinnen und Bürgern schlicht eine alternative Form der Beteiligung am politischen Prozess vor Augen geführt. Kurzum: das Partizipationsrepertoire der Bürgerinnen und Bürger ist in direktdemokratischen Kontexten grösser und die Relevanz von Parteien als wesentliche politische Akteure wird geschmälert, da auch Aktionsbündnisse, Bürgergruppen oder Vereine Alternativen darstellen und die alleinige Bindung an eine Partei einen Teil ihres affektiven Nutzens verliert (Boehmke u. Bowen 2010; Bowler u. Donovan 2006; Fatke 2014; Kobach 1993; Smith u. Tolbert 2004).

Aus diesen Überlegungen lassen sich Annahmen zum moderierenden Effekt der direkten Demokratie auf den Zusammenhang zwischen Persönlichkeit und Stärke der Parteibindung ableiten. Wenn häufig stattfindende Abstimmungen einen größeren Bedarf an Information induzieren, sollte sich dies besonders auf gewissenhafte Personen auswirken. In einem Kontext regelmäßiger Abstimmungen sollten diese sich in noch stärkerer Form an eine Partei binden, weil sie von deren Aufarbeitung relevanter Themen profitieren. Gleiches gilt auch für neurotische oder weniger offene Personen, für welche der kognitive Nutzen einer Parteibindung in einem stark direktdemokratisch geprägten Kontext noch grösser ausfallen dürfte.

H2a: Je häufiger direktdemokratische Abstimmungen in einem Kanton stattfinden, desto stärker wird der positive Zusammenhang zwischen „Gewissenhaftigkeit" und der Stärke der Parteibindung.

H2b: Je häufiger direktdemokratische Abstimmungen in einem Kanton stattfinden, desto stärker wird der negative Zusammenhang zwischen „emotionaler Stabilität" und der Stärke der Parteibindung.

H2c: Je häufiger direktdemokratische Abstimmungen in einem Kanton stattfinden, desto stärker wird der negative Zusammenhang zwischen „Offenheit für Erfahrungen" und der Stärke der Parteibindung.

Der affektive Nutzen einer Parteibindung sollte in einer vitalen direkten Demokratie hingegen abnehmen, da Abstimmungskämpfe nicht allein von politischen Parteien orchestriert werden, sondern alternative politische Akteure wie Aktionsbündnisse, Bürgergruppen oder Interessengruppen auf den Plan gerufen und damit wichtige Alternativen zu den Parteien etabliert werden (Boehmke u. Bowen 2010; Kriesi 1986; Neidhart 1970). Eine Bindung an diese Gruppierungen kann aber gerade für extrovertierte und verträgliche Personen ebenso von affektiv-sozialem Nutzen sein wie eine psychologische Parteimitgliedschaft, die unter diesen Bedingungen an Anziehungskraft verliert. Wir können zudem erwarten, dass eine vitale direkte Demokratie die Stärke der Parteibindung von verträglichen Personen zusätzlich mindern sollte. Immerwährende Abstimmungskämpfe und damit einhergehende parteipolitische Ränkespiele sollten dem Harmonie- und Kooperationsbedürfnis verträglicher Personen entgegenstehen und deren Parteineigung beeinträchtigen.

H2d: Je häufiger direktdemokratische Abstimmungen in einem Kanton stattfinden, desto schwächer wird der positive Zusammenhang zwischen „Extraversion" und der Stärke der Parteibindung.

H2e: Je häufiger direktdemokratische Abstimmungen in einem Kanton stattfinden, desto schwächer wird der positive Zusammenhang zwischen „Verträglichkeit" und der Stärke der Parteibindung.

3. Daten, Variablen und methodisches Vorgehen

Der empirische Test der obigen Annahmen erfolgt mit Hilfe des Datensatzes „Politik und Gesellschaft in der Schweiz (PuGS)" aus dem Jahr 2012.[6] Als abhängige Variable verwenden wir die Stärke der Parteibindung, welche anhand einer 11er Skala erfasst wurde: „Auf einer Skala von 0 bis 10, wie stark fühlen Sie sich dieser Partei verbunden? 0 bedeutet gar nicht verbunden, 10 bedeutet sehr verbunden." Beim verwendeten Instrument handelt es sich freilich um eine Folgefrage. Zunächst wird die Parteipräferenz der Befragten erhoben und in einem zweiten Schritt wird nach der Stärke der Bindung an diese Partei gefragt.[7] Während die erste Fragestellung eine kurzfristige Präferenz für eine Partei erhebt, bildet die zweite Frage die Intensität einer gefühlsmäßigen, auf Dauer angelegten Bindung an diese Partei ab. Unser hauptsächliches Forschungsinteresse gilt dieser zweiten Frage. Als Folgefrage steht diese jedoch in einem logischen Zusammenhang mit der vorgängigen Abfrage, was einer entsprechenden Modellierung im statistischen Modell bedarf (siehe unten).

---

6   Die Befragung wurde vom 10. Oktober bis 7. Dezember 2012 mittels Computer Assisted Telephone Interviews (CATI) im Auftrag des Instituts für Politikwissenschaft der Universität Bern durch das Forschungsinstitut gfs.bern durchgeführt. Einwohnerinnen und Einwohner der Schweiz ab einem Alter von 18 Jahren bildeten die Grundgesamtheit. Es wurde eine nach Sprachregionen geschichtete Zufallsstichprobe gezogen. Die Ausschöpfungsquote betrug 21,9 Prozent. Für den vorliegenden Artikel werden nur Schweizer Staatsbürgerinnen und Staatsbürger berücksichtigt, wodurch eine Stichprobe von 1156 Befragten verwendet werden kann. Die Anzahl der Befragten reduziert sich weiter durch fehlende Werte auf den interessierenden Variablen sowie durch das Selektionsmodell.

7   Die Fragestellung wurde nach dem Vorbild der Schweizer Nachabstimmungsbefragungen (Vox) entsprechend übernommen (http://forsdata.unil.ch/projects/voxit/; zuletzt abgerufen am 17.11.2014). Sie wird in diesen Nachabstimmungsbefragungen seit 1981 eingesetzt und ist somit das am längsten verwendete Instrument zur Erfassung der Parteibindung in der Schweiz. In den Schweizer Nachwahlbefragungen variieren die Messungen. Erst seit Beginn des Selects-Forschungsprojektes im Jahr 1995 kommt die Frage nach der Nähe zu einer Partei standardmässig in der Schweizer Wahlstudie zum Einsatz (http://forscenter.ch/de/our-surveys/selects/; zuletzt abgerufen am 17.11.2014).

Die Big Five Persönlichkeitseigenschaften stellen die zentralen erklärenden Variablen unserer Analyse dar. Sie werden durch das BFI-S gemessen, wobei es sich um eine 15 Items umfassende Kurzversion des BFI handelt (Gerlitz u. Schupp 2005). Im Gegensatz zu dem Standardinstrument BFI oder dem noch umfassenderen NEO-FFI kann diese Kurzversion vergleichsweise einfach in sozialwissenschaftlichen Umfragen zum Einsatz kommen. Das BFI-S besteht aus 15 Aussagen, zu welchen der Befragte auf einer 11er-Skala eine Selbsteinschätzung abgeben muss. Aus diesen 15 Selbsteinschätzungen lassen sich die Messungen der fünf Persönlichkeitseigenschaften konstruieren. Während eine Reihe anderer Studien diese Skalen durch additive Indizes bildet (Mondak 2010), schätzen wir zu diesem Zweck eine auf Maximum-Likelihood Verfahren basierende explorative Faktorenanalyse mit Promax Rotation (vgl. Tabelle A1 im Anhang).[8] Anhand der Faktorenanalyse kann die Faktorenstruktur der Big Five Persönlichkeitseigenschaften bestätigt werden. Die 15 Items laden auf fünf Faktoren, wobei jeweils drei Items einen Faktor abbilden. Jeder Faktor repräsentiert eine der fünf Persönlichkeitseigenschaften. In den nachfolgenden Analysen dienen die auf einen Wertebereich von 0 bis 1 reskalierten Faktorenwerte als unabhängige Variable zur Messung der Big Five Persönlichkeitseigenschaften. Ein Wert von 1 bedeutet dabei den höchstmöglichen Wert der jeweiligen Eigenschaft.

Unser zentrales Argument beschreibt eine Interaktion zwischen Person und Situation. Diese wird anhand von Mehrebeneninteraktionen modelliert. Direkte Demokratie als situativer Kontextfaktor wird durch die Häufigkeit direktdemokratischer Abstimmungen operationalisiert. Um die langfristige Nutzung direktdemokratischer Instrumente zu erfassen, verwenden wir den Durchschnitt der jährlichen Anzahl an Abstimmungen in einem Kanton zwischen 1990 und 2009 (Schaub u. Dlabac 2012). Zur Erleichterung der Interpretation der Mehrebeneninteraktionen wird diese Variable auf 0 zentriert. Damit hat sie einen „echten" Nullpunkt, welcher die durchschnittliche Anzahl der Abstimmungen über die Kantone hinweg angibt.[9]

Das Interesse unserer Analyse gilt dem Zusammenhang zwischen Persönlichkeitseigenschaften, dem direktdemokratischen Kontext und der Stärke der Partei-

---

8   Verhulst et al. (2012, S. 45) konstatieren, dass Faktorwerte weniger stark durch Messfehler verzerrt sind und daher zur Messung von Persönlichkeitseigenschaften einer additiven Skala oder der Verwendung einzelner Items vorzuziehen sind. Angesichts normalverteilter Daten nutzen wir Maximum Likelihood Verfahren zur Extraktion der Faktoren. Da die Items nicht nur auf einem einzelnen Faktor laden, verwenden wir das Rotationsverfahren Promax, welches eine Korrelation zwischen den Faktoren zulässt (vgl. Costello u. Osborne 2005). Weiterführende Analysen ergeben die folgenden Cronbach's alpha Werte für Offenheit für Erfahrungen (0,59), Verträglichkeit (0,43), Gewissenhaftigkeit (0,55), Extraversion (0,56) und emotionale Stabilität (0,57). Auch eine hier nicht dokumentierte konfirmatorische Faktorenanalyse bestätigt unsere Ergebnisse und liefert akzeptable Werte für verschiedene Fit-Masse (RMSE =0,08, SRMR=0,06). Die Ergebnisse dieser zusätzlichen Analysen werden auf Anfrage von den Autoren bereitgestellt. In den nachfolgend geschätzten Regressionsmodellen werden die Big Five Persönlichkeitseigenschaften simultan berücksichtigt. Die höchste Korrelation besteht zwischen Verträglichkeit und Gewissenhaftigkeit (r=0,67). Multikollinearität ist daher nicht anzunehmen.

9   Die kontextuellen Variablen werden zeitlich vor der abhängigen Variablen gemessen, um umgekehrte Kausalität auszuschließen. Überdies sei an dieser Stelle angeführt, dass stabile („sticky") Kontextfaktoren das in der Regel volatilere („loose") Verhalten von Individuen kausal beeinflussen sollten und nicht umgekehrt (Davis 1985).

bindung. Daher kontrollieren wir in unseren Analysen für jene Faktoren, welche die Beziehungen zwischen den interessierenden Variablen potentiell konfundieren (Jaccard u. Jacoby 2009, S. 141-143). Geschlecht (dichotom), Alter (kontinuierlich) und Bildung (kategorial) werden als Kontrollvariablen auf der Individualebene berücksichtigt und auf der Makroebene wird zusätzlich für die Größe des Kantons sowie die Sprachregion kontrolliert. Letztere wird anhand des Anteils der deutschsprachigen Bevölkerung in einem Kanton gemessen. Eine detaillierte Beschreibung aller Variablen sowie deren deskriptive Statistiken finden sich in Tabelle A4 im Online-Anhang.

Die Schweizer Kantone bilden als subnationale Einheiten den kontextuellen Rahmen in unserem Forschungsdesign. Dieses kann als most-similar cases Design verstanden werden, da die Schweizer Kantone zwar eine hohe strukturelle Ähnlichkeit aufweisen, sich aber bezüglich der Ausgestaltung direktdemokratischer Institutionen substantiell unterscheiden (Linder 2010; Vatter 2014). Die Ähnlichkeit der Untersuchungseinheiten erlaubt uns wiederum, viele potentiell relevante Faktoren konstant zu halten. Weiterhin trägt das verwendete Forschungsdesign zwei Eigenheiten unserer Forschungsfrage Rechnung. Zum einen sind die Individuen und ihre politischen Verhaltensweisen und Einstellungen in institutionelle Kontexte eingebettet und dadurch nicht unabhängig voneinander. Diese Abhängigkeiten werden mittels eines linear hierarchischen Modells mit Random Intercepts modelliert (Steenbergen u. Jones 2002). Zum anderen handelt es sich bei unserer Stichprobe um keine reine Zufallsauswahl, da nur Personen mit einer dargelegten Parteipräferenz Eingang in die empirischen Analysen finden. Wir berücksichtigen diese Selektion in die abhängige Variable (Stärke der Parteibindung) mittels eines zweistufigen Heckman-Selektionsmodells. Anhand eines logistischen Mehrebenenmodells schätzen wir zunächst die Wahrscheinlichkeit, dass ein Befragter eine Präferenz für eine Partei aufweist. In dieses Modell schließen wir neben den Big Five Persönlichkeitseigenschaften und ausgewählten soziodemographischen Variablen auch weitere Faktoren ein, welche typischerweise zur Erklärung von Parteipräferenzen herangezogen werden (politisches Interesse, politisches Wissen und politische Ideologie). Diese Wahrscheinlichkeit wird schließlich in Form der Inverse Mills Ratio in den finalen Modellen zur Erklärung der Stärke der Parteibindung berücksichtigt. Außerdem werden in den Modellen mit Mehrebeneninteraktion Random Slopes spezifiziert, um zusätzliche Flexibilität in der Schätzung zu gewinnen.

4. Empirische Befunde

Im Folgenden werden die theoretisch formulierten Zusammenhänge auf den empirischen Prüfstand gestellt, wobei die Wirkung der Persönlichkeit auf die Stärke der Parteibindung unter den Bedingungen direkter Volksmitsprache im Mittelpunkt des Interesses steht.[10] Wir schätzen dazu verschiedene Heckman-Selek-

---

10 Bei allen nachfolgend geschätzten Regressionsmodellen handelt es sich um Mehrebenenanalysen, in welchen die 26 Schweizer Kantone als Kontexteinheiten auf Ebene 2 dienen. Angesichts dieser geringen Anzahl an Beobachtungen auf Ebene 2 wird in den Ergebnistabellen und -grafiken das 90 Prozent-Signifikanzniveau ausgewiesen.

tionsmodelle. Die erste Stufe dieses Modells (Modell 1) findet sich in Tabelle A2 im Anhang und ermittelt zunächst den Einfluss verschiedener Faktoren auf die Existenz einer Parteipräferenz. Auf Grundlage des Selektionsmodells (erste Stufe) wird die Inverse Mills Ratio berechnet, welche die umgekehrte Auswahlwahrscheinlichkeit wiedergibt. Sie steht im vorliegenden Fall also für die Wahrscheinlichkeit, keine Präferenz für eine bestimmte Partei zu haben. Dieses Maß wird in alle nachfolgend geschätzten Modelle eingefügt.

Zunächst analysieren wir den Einfluss der Big Five Persönlichkeitseigenschaften auf die Stärke der Parteibindung ohne die Berücksichtigung von Moderationseffekten. Die Befunde dieses Modells (Modell 2) sind in Abbildung 1 grafisch dargestellt (für weitere Modellinformationen und die numerische Darstellung der Ergebnisse siehe Tabelle A2 im Anhang). Es ist zu erkennen, dass die Inverse Mills Ratio erwartungsgemäß einen signifikant negativen Effekt aufweist (die Parteibindung ist demnach bei denjenigen signifikant geringer, welche in einem ersten Schritt ohnehin keine Parteipräferenz aufweisen). Mit Blick auf die Persönlichkeitseigenschaften kann festgehalten werden, dass lediglich Extraversion in einem Zusammenhang mit der Stärke der Parteibindung steht. Ceteris paribus identifizieren sich sehr extrovertierte Menschen um 1,1 Skalenpunkte mehr mit ihrer Partei als sehr introvertierte Personen. Dieser Befund bestätigt Hypothese 1a sowie die Ergebnisse früherer Studien (Bakker et al. 2014; Gerber et al. 2012a; Mössner 2005). Außerdem kommt neben der Bildung auch der Sprachregion eine Bedeutung für die Stärke der Parteibindung zu. Die Schätzung zeigt, dass die Parteibindung in der lateinischen Schweiz tendenziell stärker verankert ist als in der deutschsprachigen und dass mit steigendem Bildungsgrad die Stärke der Parteibindung zurückgeht. Eine Bildungsstufe (Primar- auf Sekundarstufe bzw. Sekundar- auf Tertiärstufe) mindert die Stärke der Parteibindung um etwa 0,6 Skalenpunkte. Die Veränderung für eine Bildungsstufe ist damit halb so groß wie die Veränderung über die komplette Extraversionsskala hinweg. Angesichts einer 11er-Skala sind sowohl die Bildungseffekte als auch der Persönlichkeitseffekt zwar überzufällig, führen jedoch nur zu geringen absoluten Veränderungen hinsichtlich der Stärke der Parteibindung. Gleiches gilt für den Einfluss der Sprachregion.

Das zentrale Argument unseres Beitrags geht davon aus, dass der Einfluss von Persönlichkeitseigenschaften auf politische Einstellungen und politisches Verhalten nicht unabhängig vom Kontext ist. Vielmehr sollte der Kontext unserem Argument zufolge eine moderierende Wirkung entfalten. Nachfolgend testen wir den moderierenden Einfluss der direkten Demokratie, welche als institutioneller Kontext den Einfluss der Persönlichkeitseigenschaften potentiell strukturieren kann. Dazu werden verschiedene hierarchische Modelle mit Mehrebeneninteraktionen geschätzt (vgl. Modelle 3a-3e in Tabelle A3 im Anhang). In graphischer Form wird die Interaktion dargestellt, welche signifikant und damit von substantieller Bedeutung ist (Berry et al. 2012). Entsprechend zeigt Abbildung 2, dass der Effekt von Verträglichkeit signifikant durch die durchschnittliche Anzahl der Ab-

Abbildung 1: Persönlichkeit und die Stärke der Parteibindung in der Schweiz

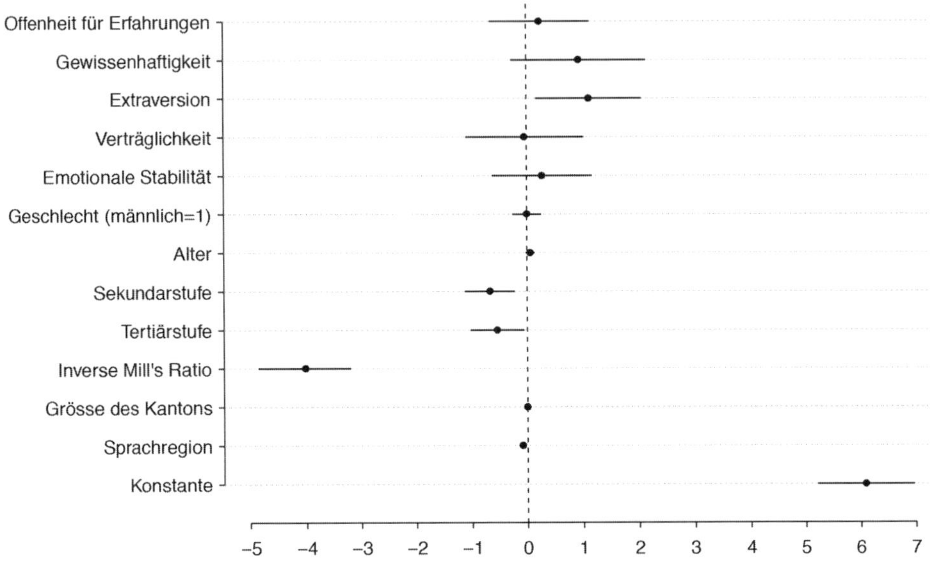

Anmerkung: Die Abbildung basiert auf Tabelle A2 (Modell 2). Sie zeigt die Regressionskoeffizienten (Punkte) mit 90-Prozent-Konfidenzintervall (horizontale Linie).

stimmungen in einem Kanton beeinflusst wird.[11] Dies liefert Evidenz für Hypothese 2e. In Kantonen mit einer durchschnittlichen Anzahl an Abstimmungen (Nullpunkt der x-Achse) hat Verträglichkeit keinen überzufälligen Einfluss auf die Stärke der Parteineigung. Die im Hintergrund der Abbildung in Form eines Balkendiagramms dargestellte empirische Verteilung der moderierenden Variable (Anzahl der Abstimmungen) zeigt, dass dies für ungefähr 45 Prozent der Beobachtungen gilt. Finden hingegen in einem Kanton äußerst selten direktdemokratische Abstimmungen statt, hat Verträglichkeit einen positiven Effekt auf die Stärke der Parteibindung. Dies trifft auf ungefähr ein Drittel der Beobachtungen zu. Die Stärke der Parteibindung erhöht sich dann um ungefähr 1,5 Skalenpunkte. Weisen Kantone indes eine überdurchschnittlich hohe Anzahl an Referenden und Initiativen auf, neigen verträgliche Personen dazu, ihre Parteiverbundenheit aufzugeben. Wie die empirische Verteilung der moderierenden Variable zeigt, betrifft dies ungefähr ein Viertel der Beobachtungen. Liegt die Anzahl der Abstimmungen um fünf Abstimmungen über dem Durchschnitt, nimmt die Intensität der Parteibindung um ungefähr 2,5 Skalenpunkte ab. Sind es mehr als 15 Abstimmungen über dem Durchschnitt, sinkt sie sogar um 5 Skalenpunkte. Der genaue Mechanismus dieses moderierenden Kontexteffektes lässt sich mit unseren Daten freilich nicht

---

11 Die durchschnittliche jährliche Anzahl an Abstimmungen variiert im betrachteten Zeitraum zwischen 1,4 (Kanton Jura) und 21,9 (Kanton Glarus), wobei der Durchschnitt über alle Kantone hinweg bei 5,7 liegt. Auf diesen durchschnittlichen Wert ist die moderierende Variable (Anzahl der Abstimmungen) zentriert und gibt somit die Abweichung von diesem Durchschnitt an.

testen. Ausgehend von unserer theoretischen Argumentation können wir lediglich zwei mögliche Erklärungen für diesen negativen Moderatoreffekt anbieten. Eine mögliche Erklärung steht in Zusammenhang mit dem affektiv-sozialen Nutzen einer Parteibindung. Es kann angenommen werden, dass dieser Nutzen für eine verträgliche Person abnimmt, sobald sie sich in einer vitalen direkten Demokratie befindet. Mit engagierten Verbänden, Vereinen und anderen Gruppierungen gibt es hier abseits von politischen Parteien eine Reihe alternativer Opportunitäten der sozialen Einbindung für verträgliche Personen. Boehmke und Bowen (2010) zeigen beispielsweise, dass die Mitgliedschaft in Interessengruppen durch direktdemokratische Kontexte stimuliert wird. Eine Alternativerklärung zu dieser Argumentation zielt auf das konfliktive Element von Volksabstimmungen ab. Demnach können regelmäßige Volksabstimmungen und damit einhergehende Abstimmungskämpfe parteipolitische Konflikte innerhalb des politischen Systems zu Tage fördern. Möglicherweise bewegt diese wettbewerbliche und konfliktive Seite der Politik verträgliche und Harmonie suchende Personen zu einem Rückzug aus der politischen Arena. Dies könnte dazu führen, dass ihre Parteibindung im Kontext regelmäßiger Volksabstimmungen deutlich schwächer ausfällt.

Zu den geschätzten Interaktionsmodellen sei weiterhin angemerkt, dass der Zusammenhang zwischen Extraversion und der Stärke der Parteibindung in allen Modellen signifikant positiv ist. Die Analysen zeigen aber auch, dass dieser Effekt nicht in entscheidender Weise durch den institutionellen Kontext der direkten Demokratie moderiert wird. Die Persönlichkeitseigenschaften Offenheit für Erfahrungen, Gewissenhaftigkeit und emotionale Stabilität scheinen zudem keine Rolle für die Stärke der Parteibindung in der Schweiz zu spielen, auch nicht in Abhängigkeit des direktdemokratischen Umfeldes.

Um eine mögliche Konfundierung unserer Effekte durch die Richtung der Parteibindung auszuschließen, haben wir verschiedene Modelle als Robustheitstest geschätzt. Die Richtung der Parteibindung wurde durch zwei verschiedene Variablen operationalisiert. Zum einen haben wir die politische Ideologie der Befragten als Kontrollvariable in die Modelle aufgenommen (siehe Tabelle A5 im Online-Anhang). Die Variable selbst hat keinen überzufälligen Einfluss auf die Stärke der Parteibindung. Überdies bleiben die berichteten Effekte auch bei Berücksichtigung der Ideologie stabil. Zum anderen haben wir für die Parteilager kontrolliert, für welche die Befragten eine Präferenz berichten (siehe Tabelle A6 im Online-Anhang). Personen mit einer Präferenz für die Mitteparteien haben tendenziell eine schwächer ausgeprägte Parteibindung. Der Effekt von Extraversion bleibt auch in diesem Fall bestehen, wird aber schwächer. Außerdem wird der Effekt für Gewissenhaftigkeit signifikant. Auch der Moderatoreffekt der direkten Demokratie bleibt bestehen, so dass insgesamt von stabilen Befunden ausgegangen werden kann.[12]

---

12 Um die Stabilität unserer Ergebnisse zu testen, wurden weitere, hier nicht dokumentierte Analysen durchgeführt. Zum einen haben wir die Kontextvariable logarithmiert und standardisiert, wodurch unsere Ergebnisse bestätigt wurden. Zum anderen haben wir eine streng vergleichende Perspektive verlassen und jeweils einen Kanton aus den Schätzungen herausrsortiert. Unter Ausschluss des Kantons Zürich ist der Interaktionseffekt nur noch knapp auf dem 90-Prozent-Niveau signifikant (p=0,12). Allerdings gehen mit diesem Ausschluss auch über zehn Prozent der individuellen Beobachtungen verloren.

Abbildung 2: Moderierender Effekt der direkten Demokratie auf den Zusammenhang zwischen Verträglichkeit und Stärke der Parteibindung

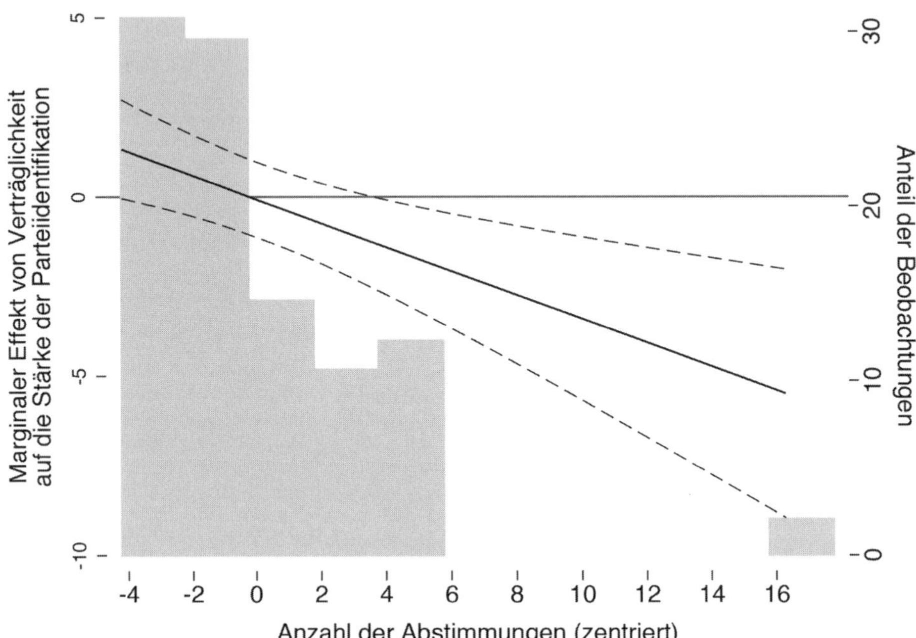

Anmerkung: Die Abbildung basiert auf Tabelle A3 (Modell 3d). Sie zeigt den Effekt von Verträglichkeit auf die Stärke der Parteibindung in Abhängigkeit von der Anzahl direktdemokratischer Abstimmungen.

5. Schlussfolgerungen

Der vorliegende Artikel widmete sich dem Einfluss von Persönlichkeitseigenschaften auf die Stärke der Parteibindung. Im Mittelpunkt des analytischen Interesses stand die Frage, ob dieser Zusammenhang durch die Ausübung der Volksrechte moderiert wird. Theoretischen Erwägungen zufolge kann einer Parteibindung sowohl ein affektiv-sozialer als auch ein kognitiver Nutzen für Bürgerinnen und Bürger zugeschrieben werden. Anschließend an die Überlegungen von Gerber et al. (2012a) gingen wir davon aus, dass für extrovertierte und verträgliche Personen der affektiv-soziale Nutzen von Bedeutung ist, während sich insbesondere für gewissenhafte, wenig offene und neurotische Personen der kognitive Nutzen einer Parteibindung zeigen sollte. Wir argumentierten darüber hinaus, dass diese Eigenschaften die Stärke der Parteibindung in Abhängigkeit des direktdemokratischen Umfeldes beeinflussen. Die direkte Demokratie stellt einen möglichen Kontextfaktor dar, der in der Lage ist, das politische Verhalten von Individuen zu beeinflussen und den Effekt von Persönlichkeit auf Verhalten und Einstellungen zu moderieren. Unsere Annahmen haben wir anhand hierarchischer Heckman-Selektionsmodelle unter der Verwendung von Umfragedaten aus der Schweiz getestet. Diese Analysen zeigten zunächst, dass vor allem extrovertierte Personen eine ausgeprägte Parteineigung offenbaren. Ferner lieferten unsere Analysen empirische Evidenz für das Zusammenspiel zwischen Person und Situation hinsichtlich der Erklärung der Stärke der Parteibindung: Mit einer zunehmenden Anzahl an Volksabstimmungen geht Verträglichkeit mit einer schwächeren Parteibindung einher. Wir führten zwei mögliche Erklärungen für diesen Befund an, die wir aufgrund mangelnder Indikatoren jedoch nicht empirisch testen können. Möglicherweise bietet eine lebhafte direkte Demokratie zusammen mit alternativen Partizipationsformen auch alternative Gelegenheiten der sozialen Einbindung für verträgliche Personen, wodurch die Einbindung in parteibezogene Netzwerke an Bedeutung verlieren könnte. Alternativ ist jedoch auch denkbar, dass sich verträgliche Personen gerade bei reger Nutzung der Volksrechte aus der politischen Arena zurückziehen, weil ihnen diese dann stärker konfliktbehaftet erscheint.

Vergleicht man unsere Befunde mit der Studie von Gerber et al. (2012a), offenbaren sich durchaus Unterschiede. Diese könnten substantieller Art oder methodisch begründet sein. Substantiell finden wir für die Schweiz immer dann einen Effekt der Persönlichkeitseigenschaften auf die Stärke der Parteibindung, wenn wir über den affektiv-sozialen Nutzen der Parteibindung argumentieren. Diese Befunde stimmen mit den Ergebnissen von Gerber et al. (2012a) für den amerikanischen Kontext überein. Für Offenheit für Erfahrungen, emotionale Stabilität und Gewissenhaftigkeit finden wir im Gegensatz zu Gerber et al. (2012a) aber keine Effekte auf die Stärke der Parteibindung.[13] Unsere Argumentation geht davon aus, dass mögliche Effekte dieser Eigenschaften durch den kognitiven Nutzen einer Parteibindung vermittelt werden. Vor diesem Hintergrund liegen die Unterschiede zu den US-amerikanischen Resultaten von Gerber et al. (2012a) möglicherweise im Parteien- und Regierungssystem der Schweiz begründet. Die Wahrscheinlichkeit einer ausgeprägten Parteibindung ist bei stark fraktionalisierten Regierungen geringer, weil eine klare Verantwortlichkeit für eine bestimmte Politik dann nur schwer einer bestimmten Partei zugewiesen werden kann (Huber et al. 2005). Mithin ist es für Bürgerinnen und Bürger schwierig, einen kognitiven Nutzen aus einer Parteineigung zu ziehen. Dies könnte unsere Befunde für die Schweiz mit ihrem konsensual geprägten und stark fraktionalisierten Regierungssystem erklären.

Möglicherweise liegen die Unterschiede zur Studie von Gerber et al. (2012a) aber auch in der ungleichen methodischen Herangehensweise begründet. Das verwendete Instrument zur Messung der Parteibindung unterscheidet sich stark von der in den USA üblichen Forschungspraxis. In der Tradition der Schweizer Abstimmungsanalysen wird die Parteibindung zweistufig erhoben, wobei die erste Stufe die Existenz einer Präferenz für eine Partei erfasst und die zweite Stufe schließlich die Stärke der Bindung an diese Partei misst. Unsere empirische Analyse konzentriert sich ausschließlich auf die Stärke der Parteibindung. Die zweistufige Messung macht für diesen Fall jedoch die Modellierung mittels Heckman-Selektionsmodell erforderlich. Möglicherweise lassen sich die Diskrepanzen in

---

13 Bakker et al. (2014) finden für Deutschland zwar einen zeitlich stabilen Effekt von Offenheit für Erfahrungen, dieser widerspricht den Befunden von Gerber et al. (2012a) jedoch in der Richtung. Für emotionale Stabilität und Gewissenhaftigkeit kann allerdings auch in der Studie von Bakker et al. (2014) kein (zeitlich stabiler) Effekt nachgewiesen werden.

den Befunden auch durch diese Unterschiede in der Messung und statistischen Modellierung erklären.

Die diskutierten Schwächen unserer Studie sind relevant und sollten entsprechend bei der Interpretation der Befunde beachtet werden. Weit wichtiger ist jedoch, dass wir in unserem Artikel erstmals eine Moderation der Effekte von Persönlichkeitseigenschaften auf die Stärke der Parteibindung durch den institutionellen Kontext zeigen konnten. Der Effekt von Verträglichkeit auf die Stärke der Parteineigung ist nicht gleichförmig: In Abhängigkeit von der Nutzung direktdemokratischer Rechte in einem Kanton hat Verträglichkeit einen negativen, keinen oder einen positiven Effekt. Mit diesem Befund trägt unser Artikel zum Verständnis kontextabhängiger Effekte von Persönlichkeitseigenschaften bei. Soziales und politisches Verhalten einer Person hängt von beidem ab: wer und wie eine Person ist und in welchem Kontext sie sich bewegt (Funder 2008). Dieser Interaktion zwischen Person und Situation gilt es im wachsenden Forschungsfeld der politischen Psychologie künftig noch mehr Aufmerksamkeit zu schenken. Unser Artikel ist nur ein erster Schritt in diese Richtung und hat vor diesem Hintergrund explorativen Charakter. Es ist die Aufgabe nachfolgender Studien, unsere Argumente für andere Kontexte, andere Kontextfaktoren und andere zu erklärende Größen zu testen.

Literatur

Ackermann, Kathrin, und Maya Ackermann. 2015. The Big Five in Context, Personality, Diversity and Attitudes toward Equal Opportunities für Immigrants. *Swiss Political Science Review*, online first. doi: 10.1111/spsr.12170.

Asendorpf, Jens B., und Franz J. Neyer. 2012. *Psychologie der Persönlichkeit*. Berlin/Heidelberg: Springer.

Bakker, Bert N., David N. Hopmann, und Mikael Persson. 2014. Personality traits and party identification over time. *European Journal of Political Research*: online first. doi: 10.1111/1475-6765.12070

Bartels, Larry M. 2000. Partisanship and Voting Behavior, 1952-1996. *American Journal of Political Science* 44: 35-50. doi: 10.2307/2669291.

Berry, William, Matt Golder, und Daniel Milton. 2012. Improving Tests of Theories Positing Interaction. *Journal of Politics* 74: 653-671. doi: 10.1017/S0022381612000199.

Boehmke, Frederick J., und Daniel C. Bowen. 2010. Direct Democracy and Individual Interest Group Membership. *The Journal of Politics* 72: 659-671. doi: 10.1017/S0022381610000083.

Bouchard, Thomas J. 2004. Genetic Influence on Human Psychological Traits: A Survey. *Current Directions in Psychological Science* 13: 148-151. doi: 10.1111/j.0963-7214.2004.00295.x.

Bowler, Shaun, und Todd Donovan. 2000. *Demanding Choices. Opinion, Voting, and Direct Democracy*. Ann Arbor: The University of Michigan Press.

Bowler, Shaun, und Todd Donovan. 2006. Direct Democracy and Political Parties in America. *Party Politics* 12: 649-669. doi: 10.1177/1354068806066792.

Budge, Ian. 1996. *The Challenge of Direct Democracy*. Cambridge: Polity Press.

Budge, Ian. 2001. Political parties in direct democracy. In *Referendum Democracy: Citizens, Elites and Deliberation in Referendum Campaigns*, Hrsg. Matthew Mendelsohn, und Andrew Parkin, 67-87. New York: Palgrave.

Burden, Barry C., und Casey A. Klofstad. 2005. Affect and Cognition in Party Identification. *Political Psychology* 26: 869-886. doi: 10.1111/j.1467-9221.2005.00448.x.

Campbell, Angus, Philip E. Converse, Warren E. Miller, und Donald E. Stokes. 1960. *The American Voter*. New York: John Wiley.

Caprara, Gian V., Claudio Barbaranelli, und Philip G. Zimbardo. 1999. Personality Profiles and Political Parties. *Political Psychology* 20: 175-197. doi: 10.1111/0162-895X.00141.

Caprara, Gian V., Shalom Schwartz, Cristina Capanna, Michele Vecchione, und Claudio Barbaranelli. 2006. Personality and Politics: Values, Traits, and Political Choice. *Political Psychology* 27: 1-28. doi: 10.1111/j.1467-9221.2006.00447.x.

Caprara, Gian V., und Vecchione, Michele. 2013. Personality Approaches to Political Behavior. In *Oxford Handbook of Political Psychology*, Hrsg. Leonie Huddy, David O. Sears, und Jack S. Levy, 23-58. Oxford: Oxford University Press.

Costello, Anna B., und Jason W. Osborne. 2005. Best Practices in Exploratory Factor Analysis: Four Recommendations for Getting the Most from your Analysis. *Practical Assessment, Research & Evaluation* 10: 173-178.

Cottam, Martha L., Beth Dietz-Uhler, Elena Mastors, und Thomas Preston. 2010. *Introduction to Political Psychology*. New York: Psychology Press.

Davis, James A. 1985. *The Logic of Causal Order*. Beverly Hills: Sage.

Dinesen, Peter Thisted, Robert Klemmensen, und Asbjørn Sonne Nørgaard. 2014. Attitudes toward Immigration: The Role of Personal Predispositions. *Political Psychology*, online first. doi: 10.1111/pops.12220.

Eysenck, Hans J. 1944. Types of Personality: a Factorial Study of Seven Hundred Neurotics. *The British Journal of Psychiatry* 90: 851-861. doi: 10.1192/bjp.90.381.851.

Fatke, Matthias. 2014. Allure or Alternative? Direct Democracy and Party Identification. *Party Politics* 20: 248-260. doi: 10.1177/1354068813520271.

Fiorina, Morris P. 1981. *Retrospective Voting in American National Elections*. New Haven: Yale University Press.

Funder, David C. 2008. Persons, Situations and Person-Situation Interactions. In *Handbook of Personality: Theory and Research*, Hrsg. Oliver P. John, Richard W. Robin, und Lawrence A. Pervin, 568-580. New York: Guilford Press.

Gallego, Aina, und Daniel Oberski. 2012. Personality and Political Participation: The Mediation Hypothesis. *Political Behavior* 34: 425-451. doi: 10.1007/s11109-011-9168-7.

Gerber, Alan S., Gregory A. Huber, David Doherty, Conor M. Dowling, und Shang E. Ha. 2010. Personality and Political Attitudes: Relationships Across Issue Domains and Political Contexts. *American Political Science Review* 104: 111-133. doi: 10.1017/S0003055410000031.

Gerber, Alan S., Gregory A. Huber, David Doherty, und Conor M. Dowling. 2011. The Big Five Personality Traits in the Political Arena. *Annual Review of Political Science* 14: 265-287. doi: 10.1146/annurev-polisci-051010-111659.

Gerber, Alan S., Gregory A. Huber, David Doherty, und Conor M. Dowling. 2012a. Personality and the Strength and Direction of Partisan Identification. *Political Behavior* 34: 653-688. doi: 10.1007/s11109-011-9178-5.

Gerber, Alan S., Gregory A. Huber, David Doherty, und Conor M. Dowling. 2012b. Disagreement and the Avoidance of Political Discussion: Aggregate Relationships and Differences across Personality Traits. *American Journal of Political Science* 56: 849-874. doi: 10.1111/j.1540-5907.2011.00571.x.

Gerber, Elisabeth R., und Arthur Lupia. 1999. Voter Competence in Direct Legislation Elections. In *Citizen Competence and Democratic Institutions*, Hrsg. Stephen L. Elkin, und Karol Edward Soltan, 147-160. Pennsylvania: The Pennsylvania State University Press.

Gerlitz, Jean-Yves, und Jürgen Schupp. 2005. *Zur Erhebung der Big-Five-basierten Persönlichkeitsmerkmale im SOEP*. DIW Berlin, Research Notes 4. http://www.diw.de/documents/publikationen/73/diw_01.c.43490.de/rn4.pdf Zugegriffen: 25.11.2014.

Greene, Steven. 1999. Understanding Party Identification: A Social Identity Approach. *Political Psychology* 20: 393-403. doi: 10.1111/0162-895X.00150.

Greene, Steven. 2000. The Psychological Sources of Partisan-leaning Independence. *American Politics Research* 28: 511-537. doi: 10.1177/1532673X00028004004.

Holmberg, Sören. 2007. Partisanship Reconsidered. In *The Oxford Handbook of Political Behavior*, Hrsg. Russell J. Dalton, und Hans-Dieter Klingemann, 557-570. Oxford: Oxford University Press.

Huber, John D., Georgia Kernell, und Eduardo L. Leoni. 2005. Institutional Context, Cognitive Resources and Party Attachments across Democracies. *Political Analysis* 13: 365-386. doi: 10.1093/pan/mpi025.

Jaccard, James, und Jacob Jacoby. 2009. *Theory Construction and Model-building Skills: A Practical Guide for Social Scientists*. New York: Guilford Press.

John, Oliver P., Laura P. Naumann, und Christopher J. Soto. 2008. Paradigm Shift to the Integrative Big-Five Trait Taxonomy: History, Measurement, and Conceptual Issues. In *Handbook of Personality: Theory and research*, Hrsg. Oliver P. John, Richard W. Robin, und Lawrence A. Pervin, 114-158. New York: Guilford Press.

Johnston, Richard. 2006. Party Identification: Unmoved Mover or Sum of Preferences? *Annual Review Political Science* 9: 329-351. doi: 10.1146/annurev.polisci.9.062404.170523.

Kaiser, André. 1998. Vetopunkte der Demokratie. Eine Kritik neuerer Ansätze der Demokratietypologie und ein Alternativvorschlag. *Zeitschrift für Parlamentsfragen* 29: 525-541.

Katz, Richard S. 1979. The Dimensionality of Party Identification: Cross-national Perspectives. *Comparative Politics* 11: 147-163. doi: 10.2307/421753.

Kobach, Kris W. 1993. *The Referendum: Direct Democracy in Switzerland*. Aldershot: Dartmouth.

Kriesi, Hanspeter. 1986. Perspektiven neuer Politik: Parteien und neue soziale Bewegungen. In *Politische Parteien und neue Bewegungen: Schweizerisches Jahrbuch für politische Wissenschaft*, Hrsg. Wolf Linder, 333-350. Bern: Haupt.

Kriesi, Hanspeter. 2006. Role of the Political Elite in Swiss Direct-Democratic Votes. *Party Politics* 12: 599-622. doi: 10.1177/1354068806066790.

Krueger, Robert F., und Wendy Johnson. 2008. Behavioral Genetics and Personality. A New Look at the Integration of Nature and Nurture. In *Handbook of Personality: Theory and research*, Hrsg. Oliver P. John, Richard W. Robin, und Lawrence A. Pervin, 287-310. New York: Guilford Press.

Ladner, Andreas, und Michael Brändle. 1999. Does Direct Democracy Matter for Political Parties? An Empirical Test in the Swiss Cantons. *Party Politics* 5: 283-302. doi: 10.1177/1354068899005003002.

Linder, Wolf. 2010. *Swiss Democracy. Possible Solutions to Conflict in Multicultural Societies.* Hampshire/New York: Palgrave Macmillan.

McCrae, Robert R., und Paul T. Costa. 2003. *Personality in Adulthood. A Five-Factor Theory Perspective.* New York/London: The Guilford Press.

McCrae, Robert R., und Paul T. Costa. 2008. The Five-Factor Theory of Personality. In *Handbook of Personality: Theory and Research*, Hrsg. Oliver P. John, Richard W. Robin, und Lawrence A. Pervin, 159-181. New York: Guilford Press.

Mischel, Walter. 1968. *Personality and Assessment.* New York: Wiley.

Mössner, Alexandra. 2005. Typisch Parteiidentifizierer? Parteiidentifikation und Persönlichkeit. In *Persönlichkeit. Eine vergessene Grösse der empirischen Sozialforschung*, Hrsg. Siegfried Schumann, 79-91. Wiesbaden: VS Verlag für Sozialwissenschaften.

Mondak, Jeffery J. 2010. *Personality and the Foundations of Political Behavior.* Cambridge: Cambridge University Press.

Mondak, Jeffery J., und Karen D. Halperin. 2008. A Framework for the Study of Personality and Political Behaviour. *British Journal of Political Science* 38: 335-362. doi: 10.1017/S0007123408000173.

Mondak, Jeffery J., Matthew V. Hibbing, Damarys Canache, Mitchell A. Seligson, und Mary R. Anderson. 2010. Personality and Civic Engagement: An Integrative Framework for the Study of Trait Effects on Political Behavior. *American Political Science Review* 104: 85-110. doi: 10.1017/S0003055409990359.

Neidhart, Leonhard. 1970. *Plebiszit und pluralitäre Demokratie: Eine Analyse der Funktion des schweizerischen Gesetzesreferendums.* Bern: Francke.

North, Douglass C. 1990. *Institutions, Institutional Change and Economic Performance.* Cambridge: Cambridge University Press.

Olver, James M., und Todd A. Mooradian. 2003. Personality Traits and Personal Values: a Conceptual and Empirical Integration. *Personality and Individual Differences* 35: 109-125. doi: 10.1016/S0191-8869(02)00145-9.

Rattinger, Hans. 2009. *Einführung in die Politische Soziologie.* München: Oldenbourg.

Rattinger, Hans. 2013. Dimensionen der Parteiidentifikation. In *Zivile Bürgergesellschaft und Demokratie*, Hrsg. Silke I. Keil, und S. Isabelle Thaidigsmann, 139-159. Wiesbaden: Springer.

Roccas, Sonia, Lilach Sagiv, Shalom H. Schwartz, und Ariel Knafo. 2002. The Big Five Personality Factors and Personal Values. *Personality and Social Psychology Bulletin* 28: 789-801. doi: 10.1177/0146167202289008.

Schaub, Hans-Peter, und Oliver Dlabac. 2012. *Datensatz Demokratiequalität in den Schweizer Kantonen [Datensatz].* Bern: Universität Bern, Institut für Politikwissenschaft.

Schoen, Harald. 2012. Persönlichkeit, politische Präferenzen und politische Partizipation. *Aus Politik und Zeitgeschichte* 49/50: 47-55.

Schoen, Harald, und Siegfried Schumann. 2007. Personality Traits, Partisan Attitudes, and Voting Behavior. Evidence from Germany. *Political Psychology* 28: 471-498. doi: 10.1111/j.1467-9221.2007.00582.x.

Schoen, Harald, und Markus Steinbrecher. 2013. Beyond Total Effects: Exploring the Interplay of Personality and Attitudes in Affecting Turnout in the 2009 German Federal Election. *Political Psychology* 34: 533-552. doi: 10.1111/pops.12031.

Schoen, Harald, und Cornelia Weins. 2014. Der sozialpsychologische Ansatz zur Erklärung von Wahlverhalten. In *Handbuch Wahlforschung*, Hrsg. Jürgen W. Falter, und Harald Schoen, 241-329. Wiesbaden: Springer.

Schumann, Siegfried. 2001. *Persönlichkeitsbedingte Einstellungen zu Parteien.* München/ Wien: Oldenbourg.

Schumann, Siegfried. 2002. Prägen Persönlichkeitseigenschaften Einstellungen zu Parteien? *Kölner Zeitschrift für Soziologie und Sozialpsychologie* 54: 64-84. doi: 10.1007/ s11577-002-0003-3.

Schumann, Siegfried. 2012. *Individuelles Verhalten. Möglichkeiten der Erforschung durch Einstellungen, Werte und Persönlichkeit.* Schwalbach: Wochenschau Verlag.

Smith, Daniel A., und Caroline J. Tolbert. 2001. The Initiative to Party. Partisanship and Ballot Initiatives in California. *Party Politics* 7: 739-757. doi: 10.1177/1354068801007006004.

Smith, Daniel A., und Caroline J. Tolbert. 2004. *Educated by initiative: The effects of direct democracy on citizens and political organizations in the American states.* Ann Arbor: The University of Michigan Press.

Sproule-Jones, Mark. 1993. *Governments at work: Canadian parliamentary federalism and its public policy effects.* Toronto: University of Toronto Press.

Steenbergen, Marco R., und Bradford S. Jones. 2002. Modelling Multilevel Data Structures. *American Journal of Political Science* 46: 218–237. doi: 10.2307/3088424.

Vatter, Adrian. 2014. *Das politische System der Schweiz.* Stuttgart: UTB.

Vecchione, Michele, Harald Schoen, José L. G. Castro, Jan Cieciuch, Vassilis Pavlopoulos, und Gian V. Caprara. 2011. Personality Correlates of Party Preference: The Big Five in Five Big European Countries. *Personality and Individual Differences* 51: 737-742. doi: 10.1016/j. paid.2011.06.015.

Verhulst, Brad, Lindon J. Eaves, und Peter K. Hatemi. 2012. Correlation not Causation: the Relationship between Personality Traits and Political Ideologies. *American Journal of Political Science* 56: 34-51. doi: 10.1111/j.1540-5907.2011.00568.x.

Weisberg, Herbert F., und Steven H. Greene. 2003. The Political Psychology of Party Identification. In *Electoral Democracy*, Hrsg. Michael B. MacKuen, und George Rabinowitz, 83-124. Ann Arbor: The University of Michigan Press.

Winter, David G. 2003. Personality and Political Behaviour. In *Oxford Handbook of Political Psychology*, Hrsg. David O. Sears, Leonie Huddy, und Robert Jervis, 110-145. Oxford: Oxford University Press.

Anhang

Tabelle A1: Faktorstruktur der Big Five Persönlichkeitseigenschaften in der Schweiz

Ich bin jemand, der…	Offenheit für Erfahrungen	Gewissenhaftigkeit	Extraversion	Verträglichkeit	Emotionale Stabilität	Uniqueness $(1-h^2)$
originell ist, neue Ideen einbringt.	0,57					0,60
künstlerische Erfahrungen schätzt.	0,43					0,81
eine lebhafte Phantasie, Vorstellungen hat.	0,82					0,34
gründlich arbeitet.		0,61				0,52
Aufgaben wirksam und effizient erledigt.		0,76				0,47
selten faul ist.*		0,38				0,81
aus sich herausgehen kann, gesellig ist.			0,79			0,43
nicht zurückhaltend ist.*			0,36			0,77
kommunikativ, gesprächig ist.			0,78			0,36
fast nie grob zu anderen ist.*				0,53		0,73
verzeihen kann.				0,31		0,80
rücksichtsvoll und freundlich mit anderen umgeht.				0,64		0,45
entspannt ist, mit Stress gut umgehen kann.					0,37	0,69
sich selten Sorgen macht.*					0,74	0,51
selten nervös wird.*					0,56	0,65
Varianz	1,65	1,92	2,09	1,53	1,27	
N			1117			

Anmerkung: Methode: Maximum Likelihood, Rotation: Promax; nur Faktorladungen > 0,3 werden gezeigt; * Item ist im Originaldatensatz umgekehrt skaliert; Daten: „Politik und Gesellschaft in der Schweiz 2012".

Tabelle A2: Persönlichkeit und Parteibindung in der Schweiz

	Modell 1: Selektionsmodell für Parteipräferenz	Modell 2: Stärke der Parteibindung
Fixed Effects		
Konstante	1,68*	6,09***
	(0,75)	(0,53)
Offenheit für Erfahrungen	-0,05	0,23
	(0,64)	(0,54)
Gewissenhaftigkeit	0,78	0,93
	(0,90)	(0,73)
Extraversion	-0,38	1,11*
	(0,71)	(0,57)
Verträglichkeit	-1,04	-0,04
	(0,78)	(0,64)
Emotionale Stabilität	-0,57	0,27
	(0,65)	(0,54)
Geschlecht (männlich=1)	0,10	-0,00
	(0,19)	(0,15)
Alter	0,03	0,06
	(0,06)	(0,04)
Kein Bildungsabschluss/Primarstufe	*Referenzkategorie*	*Referenzkategorie*
Sekundarstufe	0,26	-0,67*
	(0,30)	(0,27)
Tertiärstufe	0,12	-0,54#
	(0,34)	(0,29)
Politisches Interesse	0,20***	
	(0,04)	
Politisches Wissen	0,16	
	(0,10)	
Ideologie	-0,71***	
	(0,20)	
Ideologie^2	0,07***	
	(0,02)	
Inverse Mills Ratio		-4,02***
		(0,50)
Größe des Kantons	0,00	0,00
	(0,00)	(0,00)
Sprachregion	0,02	-0,09***
	(0,03)	(0,02)
Random Effects		
SD Konstante	0,00	0,17
SD Residual		1,99
AIC	904	3401
N	26	26
n	995	806

Anmerkung: Schätzungen basierend auf dem Datensatz „Politik und Gesellschaft in der Schweiz 2012" und Kontextdaten aus verschiedenen Quellen (vgl. Tabelle A4 im Online-Anhang); hierarchisches Heckman-Selektionsmodell mit Random Intercepts (1. Stufe: Logistisches Modell, AV: Parteipräferenz; 2. Stufe: Lineares Modell, AV: Stärke der Parteibindung) Standardfehler in Klammern; # < 0,10 * p < 0,05 ** p < 0,01 *** p < 0,001.

Tabelle A3: Persönlichkeit und Stärke der Parteibindung im Kontext der direkten Demokratie

	Modell 3a	Modell 3b	Modell 3c	Modell 3d	Modell 3e
Fixed Effects					
Konstante	5,86***	5,92***	5,91***	5,93***	5,90***
	(0,53)	(0,53)	(0,53)	(0,53)	(0,53)
Offenheit für Erfahrungen	0,30	0,26	0,29	0,21	0,29
	(0,54)	(0,54)	(0,54)	(0,54)	(0,54)
Gewissenhaftigkeit	0,97	0,93	0,94	0,90	0,95
	(0,73)	(0,73)	(0,73)	(0,73)	(0,73)
Extraversion	1,06[#]	1,10*	1,08[#]	1,12*	1,08[#]
	(0,56)	(0,56)	(0,57)	(0,56)	(0,56)
Verträglichkeit	-0,09	-0,10	-0,10	-0,07	-0,11
	(0,64)	(0,64)	(0,64)	(0,64)	(0,64)
Emotionale Stabilität	0,33	0,31	0,31	0,26	0,30
	(0,54)	(0,54)	(0,54)	(0,54)	(0,54)
Geschlecht (männlich=1)	-0,00	0,00	0,00	0,01	0,00
	(0,15)	(0,15)	(0,15)	(0,15)	(0,15)
Alter	0,07	0,07	0,07	0,06	0,07
	(0,04)	(0,04)	(0,04)	(0,04)	(0,04)
Kein Bildungsabschluss/ Primarstufe	*Ref.kat.*	*Ref.kat.*	*Ref.kat.*	*Ref.kat.*	*Ref.kat.*
Sekundarstufe	-0,66*	-0,65*	-0,66*	-0,61*	-0,66*
	(0,27)	(0,27)	(0,27)	(0,27)	(0,27)
Tertiärstufe	-0,53[#]	-0,52[#]	-0,54[#]	-0,50[#]	-0,54[#]
	(0,29)	(0,29)	(0,29)	(0,29)	(0,29)
Anzahl der Abstimmungen (zentriert)	-0,17[#]	0,02	-0,07	0,15[#]	-0,04
	(0,09)	(0,11)	(0,07)	(0,08)	(0,07)
* Offenheit für Erfahrungen	0,17				
	(0,13)				
* Gewissenhaftigkeit		-0,09			
		(0,15)			
* Extraversion			0,03		
			(0,11)		
* Verträglichkeit				-0,33**	
				(0,12)	
* Emotionale Stabilität					-0,01
					(0,12)
Inverse Mills Ratio	-4,03***	-4,02***	-4,02***	-3,97***	-4,01***
	(0,50)	(0,51)	(0,51)	(0,50)	(0,51)
Größe des Kantons	-0,00	-0,00	-0,00	-0,00	-0,00
	(0,00)	(0,00)	(0,00)	(0,00)	(0,00)
Sprachregion	-0,07**	-0,07**	-0,07**	-0,07**	-0,07**
	(0,02)	(0,02)	(0,02)	(0,02)	(0,02)

Random Effects					
SD Slope	0,00	0,14	0,09	0,00	0,00
SD Konstante	0,00	0,00	0,00	0,00	0,00
SD Residual	1,99	1,99	1,99	1,98	1,99
AIC	3422	3423	3424	3417	3424
N	26	26	26	26	26
n	806	806	806	806	806

Anmerkung: Schätzungen basierend auf dem Datensatz „Politik und Gesellschaft in der Schweiz 2012" und Kontextdaten aus verschiedenen Quellen (vgl. Tabelle A4 im Online-Anhang); lineares hierarchisches Heckman-Selektionsmodell mit Random Intercepts und Random Slopes, Standardfehler in Klammern; [#] < 0,10 * p < 0,05 ** p < 0,01 *** p < 0,001.

Der Einfluss der Persönlichkeit auf die Stabilität politischer Orientierungen

Anja Mays

1. Einleitung*

Dass die Persönlichkeit Einfluss auf politische Orientierungen hat, konnte in den letzten Jahren wiederholt gezeigt werden (Caprara et al. 2006; Mondak 2010; Mondak et al. 2010; Schoen u. Schumann 2005, 2007; Gerber et al. 2011). Ob, und – gegebenenfalls – in welchem Maße, Persönlichkeitsmerkmale die mittel- und langfristige Stabilität politischer Orientierungen beeinflussen, ist jedoch weitgehend ungeklärt (Mondak 2010; Bakker er al. 2014). Gleichwohl ist diese Fragestellung sowohl für die politische Identität der Individuen als auch für die politische Kultur einer Gesellschaft von großer Bedeutung. So wird davon ausgegangen, dass vor allem *stabile* Grundorientierungen wie Politikinteresse, Wertvorstellungen oder Parteibindungen die persönliche Wahrnehmung des politischen Geschehens lenken (Schumann u. Schoen 2009). Zudem helfen die Grundorientierungen den Bürgern bei der Einordung und Bewertung politischer Ereignisse oder Akteure und erleichtern somit politisches Handeln. Auf der Makroebene wird in der Tradition der politischen Kulturforschung die Bedeutung stabiler politischer Orientierungen hervorgehoben, da ein Mindestmaß an Persistenz als notwendige Voraussetzung für das Überleben einer politischen Gemeinschaft angesehen wird (Almond u. Verba 1965).

Ziel des vorliegenden Aufsatzes ist es, eine Antwort auf die Frage zu finden, inwieweit die Stabilität ausgewählter politischer Grundorientierungen von individuellen Persönlichkeitsmerkmalen beeinflusst wird. Als Untersuchungsgegenstände dienen die Merkmale Politikinteresse und Parteiidentifikation (Art und Intensität), die in der politikwissenschaftlichen Einstellungsforschung allesamt als langfristig stabile Orientierungen konzipiert werden. Die empirischen Analysen erfolgen auf der Basis des Sozioökonomischen Panels (SOEP) für Deutschland und des British Household Panel Surveys (BHPS) für Großbritannien. Diese Daten erlauben als Längsschnittstudien die Untersuchung der längerfristigen individuellen Stabilität und ermöglichen dank des verwandten Fragenkatalogs einen Vergleich zwischen zwei politischen Systemen.

Der vorliegende Beitrag ist wie folgt aufgebaut: Zunächst werden die Untersuchungsgegenstände Politikinteresse und Parteibindungen (Art und Intensität) erörtert. In diesem Kontext wird insbesondere auf die Stabilität der drei Merkmale und ihre Bestimmungsgründe eingegangen. Im Anschluss daran wird das Big Five

---

* Ich danke Boris Egloff, Steffen Kühnel sowie den Herausgebern dieses Bandes für hilfreiche Kommentare.

– Persönlichkeitsmodell dargelegt und begründet, warum ein Einfluss der Persönlichkeitsmerkmale auf die Stabilität der politischen Grundorientierungen vermutet wird. Anschließend werden aus den theoretischen Überlegungen konkrete Hypothesen abgeleitet sowie Datengrundlage und Analysestrategie beschrieben. Nach Darstellung der Ergebnisse werden im Schlussteil die wesentlichen Befunde zusammengefasst und diskutiert.

2. Theoretische Überlegungen

Politisches Interesse kann mit van Deth als „degree to which politics arouses a citizen's curiosity" (van Deth 1990, S.281) definiert werden. Es umfasst Neugier, Aufmerksamkeit und Zuwendung gegenüber politischen Sachverhalten und Ereignissen und fördert somit die Bereitschaft, sich aktiv mit politischen Themen auseinanderzusetzen. Im Allgemeinen sind politisch interessierte Menschen besser über Politik informiert, verfügen über ein höheres Maß an politischem Selbstbewusstsein und sind häufiger politisch aktiv (Delli Carpini et al. 1996; Verba et al. 1995). Aus demokratietheoretischer Sicht wird daher ein Mindestmaß an Politikinteresse oft als notwendige Voraussetzung für das Funktionieren des Systems angesehen: „Ohne Interesse an Politik gibt es kein politisches Engagement und ohne Beteiligung per definitionem keine Mitbestimmung der Bürger" (van Deth 2000, S.115).

Darüber hinaus besitzt Politikinteresse eine wichtige Bedeutung für die Ausgestaltung des individuellen Einstellungs- und Überzeugungssystems. So zeigen empirische Studien, dass politikinteressierte Bürger zumeist mit stabileren politischen Orientierungen und Werten ausgestattet sind als politisch uninteressierte (zu Parteibindungen s. Arzheimer u. Schoen 2005). Zudem wird ihnen ein überdurchschnittlich gut strukturiertes und in sich konsistentes politisches Einstellungsgefüge nachgesagt (Converse 1964).

Nach der vorangestellten Definition und den empirischen Befunden kann das Interesse an Politik als generelle, stabile persönliche Disposition verstanden werden, welche die individuelle politische Identität mitbestimmt. Damit ist das Interesse an politischen Angelegenheiten ein grundlegendes Merkmal der politischen Persönlichkeit und sollte als solches langfristig stabil sein. Empirische Studien zur langfristigen Entwicklung bestätigen eine hohe zeitliche Konstanz des individuellen politischen Interesses (Jennings et al. 2009; Prior 2010).

Eine hohe zeitliche Stabilität des Politikinteresses bedeutet jedoch nicht, dass es sich um eine unveränderliche persönliche Konstante handelt. Stärke und Persistenz des politischen Interesses werden von mehreren Faktoren moderiert. So kann zum einen das Politikinteresse zyklischen Schwankungen unterliegen, die auf veränderte subjektive Aktivierungszustände infolge aktueller politischer Ereignisse (Wahlkämpfe, spektakuläre historische Ereignisse wie Terroranschläge oder die Wiedervereinigung in Deutschland) zurückgehen. Zum anderen können auch biographische Lebensphasen die individuellen Aktivierungszustände verändern und zu unterschiedlich starkem Politikinteresse im Lebensverlauf führen (Prior 2010). Ferner ist aus der Literatur bekannt, dass die Stabilität des politischen Interesses in der Regel umso stärker ausfällt, je höher das Bildungsniveau, je größer die politische Übereinstimmung mit dem Elternhaus und je älter die untersuchten Kohorten sind (Jennings et al 2009).

Unter Parteiidentifikation wird eine langfristig stabile und affektiv verankerte Bindung an eine Partei verstanden. Sie strukturiert als zentrale politische Grundorientierung die Wahrnehmung und Bewertung des politischen Raumes und ist konzeptionell den leichter veränderlichen Einstellungen zu Sachfragen und Kandidaten kausal vorgelagert. Da die Parteiidentifikation sowohl direkt als auch indirekt auf die Wahlentscheidung wirkt, gilt sie als entscheidende Determinante für Wahlverhalten (Campbell et al. 1954, 1960; Miller u. Shanks 1996; für einen dt. Überblick s. Schoen u. Weins 2005).[1] Die Ausbildung der Parteiidentifikation geschieht in der Regel in den frühen Phasen der politischen Sozialisation, vorwiegend durch Übertragung im Elternhaus (vgl. Jennings et al. 2009; für D. auch Becker u. Mays 2003). Der Theorie zufolge intensiviert und stabilisiert sich die Parteibindung meist durch wiederholte Wahlentscheidung zugunsten der präferierten Partei.[2]

Auch wenn die Parteibindung im Lebensverlauf meist an Stabilität gewinnt (Falter et al. 2000), so heißt dies nicht zwangsläufig, dass eine einmal entwickelte Parteiidentifikation gänzlich unveränderbar ist. Dadurch, dass auch Sachfragen- und Kandidatenorientierungen grundsätzlich eine reziproke Wirkung auf die Parteibindung entfalten können, sind Verschiebungen bei Parteiidentifikationen auch im ursprünglichen Konzept der Michigan-Schule bereits angelegt (Campbell et al. 1960). Allerdings verlangt die Theorie, dass die langfristig entwickelten Parteibindungen deutlich stabiler sind als Issue- und Kandidatenorientierungen oder das Wahlverhalten, was durch empirische Untersuchungen auch bestätigt wurde (s. Schoen u. Weins 2005). Ähnlich dem Politikinteresse wird auch die Stärke und Persistenz von Parteineigungen von verschiedenen Moderatoren beeinflusst. So ist beispielsweise aus Longitudinal-Studien bekannt, dass Parteibindungen sich vor allem dann wandeln, wenn sie nur schwach ausgeprägt sind oder noch nicht lange Bestand haben (Falter et al. 2000). Ältere Menschen besitzen daher erfahrungsgemäß auch deutlich stabilere Parteineigungen als jüngere (Dalton 2000). Zudem kann die Stabilität der Parteibindung von ihrer Richtung moderiert werden. In der Vergangenheit erwiesen sich z.B. Bindungen an die beiden Volksparteien Union und SPD sowie in Ostdeutschland an die Linkspartei als stabiler als Identifikationen mit kleineren Parteien (Arzheimer u. Schoen 2005; Bakker et al. 2014), was sich möglicherweise mit der (noch) größeren Bindungsfähigkeit der hinter diesen Parteien stehenden sozialen Milieus erklären lässt.

Darüber hinaus können Umweltfaktoren wie politische Rahmenbedingungen und das soziale Umfeld zu Verschiebungen bei Parteiloyalitäten führen. Eine Abschwächung oder ein Wechsel der Parteibindung ist insbesondere dann zu erwarten, wenn eine Person häufig mit politischen Informationen konfrontiert wird, die

---

1   Im Folgenden werden die Begriffe Parteiidentifikation, Parteibindung und Parteineigung synonym verwendet.
2   Zur Debatte um Parteibindung als kognitive Entscheidungen aufgrund fortlaufender Bewertungen und Erfahrungen mit Parteien s. Fiorina 1981. Zur Entwicklung der Parteibindungsintensität im Lebensverlauf im Kontext von Wahlerfahrungen s. Kroh 2014.

der eigenen Parteiidentifikation entgegenstehen. Dies kann etwa der Fall sein, wenn einschneidende politische Ereignisse oder Modifikationen in der programmatischen Ausrichtung der bevorzugten Partei die politische Diskussion bestimmen und die bislang präferierte Partei einer Neubewertung unterzogen wird. Ebenfalls bedeutend ist das direkte persönliche Umfeld. Ändern sich beispielsweise im Zuge der sozialen und/oder räumlichen Mobilität die parteipolitischen Präferenzen in der sozialen Umgebung, dann kann dies eine Abschwächung oder Veränderungen von Parteiloyalitäten begünstigen (Nieuwbeerta et al. 2000). Ähnliches gilt, wenn eine Person in ein parteipolitisch heterogenes Kontaktnetz eingebunden ist, in dem vielfältige und konträre politische Eindrücke vermittelt werden. Auch hier ist mit einem schnelleren Abschmelzen oder gar einem Wechsel der Parteibindung zu rechnen (Huckfeldt u. Sprague 1995; Beck et al. 2002).

Weitere Merkmale, die einen Einfluss auf die Persistenz einer Parteibindung besitzen, sind neben Alters- bzw. Kohortenzugehörigkeit auch Bildung und die Höhe des politischen Interesses: Je interessierter man sich am politischen Leben zeigt, desto stabiler sind für gewöhnlich auch die Parteibindungen (Schmitt-Beck u. Weick 2001; Arzheimer u. Schoen 2005).

Aus theoretischer Sicht ist ferner zu erwarten, dass die Stabilität des politischen Interesses und der Parteibindungen durch Persönlichkeitsmerkmale moderiert wird. Um die Logik hinter dieser – im Anschluss näher zu untersuchenden – Vermutung verständlich zu machen, wird im folgenden Abschnitt zunächst das Konzept der Big Five-Persönlichkeitsmerkmale erläutert. Anschließend wird begründet, warum diese Persönlichkeitsmerkmale die Entwicklung des Politikinteresses, der Parteibindungen und ihrer Intensität beeinflussen sollten. Außerdem wird auf bislang bekannte Beziehungen zwischen Persönlichkeitsmerkmalen und der Stabilität politischer Orientierungen eingegangen.

2.1 Persönlichkeitsmerkmale: Das Konzept der Big Five

Nach Asendorpf können Persönlichkeitseigenschaften als „stabile Beziehungen zwischen den Situationen und den Reaktionen einer Person" definiert werden (Asendorpf 2004, S.36). Die Reaktionen eines Menschen werden hier als generelle Empfindungs- und Handlungstendenzen aufgefasst. Menschen mit bestimmten Persönlichkeitseigenschaften besitzen eine vergleichbare Bedürfnisstruktur und empfinden bzw. handeln in verwandten Situationen auf ähnliche Weise. Damit lassen sich die verschiedenen Persönlichkeitstypen in ihren Reaktionsmustern systematisch voneinander unterscheiden.

Persönlichkeitseigenschaften gelten als teils genetisch fundiert und teils in frühen Lebensabschnitten erworben (McCrae u. Costa 1995; Asendorpf u. Neyer 2012). Wenngleich neuere Untersuchungen zeigen, dass sich die individuellen Charakterzüge auch in späteren Lebensjahren noch verändern können (Specht et al. 2011), so bleiben sie doch im Lebensverlauf insgesamt relativ stabil (Mondak 2010).

In der Persönlichkeitspsychologie liegen diverse Konzepte zur Beschreibung von Persönlichkeit vor (vgl. Asendorpf u. Neyer 2012). Der aktuell vorherrschende Big-Five-Ansatz geht von einem Fünf-Faktoren-Modell aus, das fünf breite Persönlichkeitsdimensionen umfasst: Extraversion, Verträglichkeit, Gewissenhaftigkeit, Emotionale Stabilität und Offenheit für Erfahrungen. Gemäß ihrer Konzeption enthalten diese fünf Dimensionen jeweils sechs Unterfacetten und sind in der Lage, die Charakteristik einer Person hinreichend, sparsam und kulturübergreifend zu beschreiben (McCrae u. Costa 1997; Dehne u. Schupp 2007; Asendorpf u. Neyer 2012).

Die Dimension *Extraversion* mit den Polen ‚extrovertiert – introvertiert‘ beschreibt in erster Linie Erlebens- und Verhaltenstendenzen in interpersonellen Beziehungen. Personen mit hohen Extraversionswerten besitzen ein starkes Bedürfnis nach sozialer Aufmerksamkeit und Anerkennung. Sie werden als gesellig, kommunikativ, aktiv und erlebnishungrig beschrieben und können sich in der Regel gut durchsetzen.

An Erlebens- und Verhaltensweisen in zwischenmenschlichen Beziehungen knüpft auch der Faktor *Verträglichkeit* an. Verträgliche Menschen weisen ein hohes Harmoniebedürfnis auf und werden als vertrauensvoll, hilfsbereit, kooperativ, bescheiden und warmherzig charakterisiert.

Die Dimension *Gewissenhaftigkeit* bezieht sich hingegen auf individuelle Unterschiede im Bereich der Organisation und Erledigung von Aufgaben. Gewissenhafte Personen haben ein hohes Bedürfnis nach Ordnung und Selbstkontrolle. Sie sind leistungs- und pflichtbewusst und orientieren sich stark an gesellschaftliche Normen. Im Verhalten sind sie zuverlässig und fleißig, gut organisiert, diszipliniert und gründlich.

Der Faktor *Neurotizismus* erfasst das individuelle Ausmaß an emotionaler Stabilität. Emotional stabile Menschen können vergleichsweise gut mit Belastungen und negativen Emotionen umgehen. Sie gelten als entspannt sowie ausgeglichen und lassen sich nicht schnell verunsichern oder aus der Ruhe bringen.

Die letzte Dimension – *Offenheit für Erfahrungen* – beschreibt die individuellen Unterschiede im Interesse an neuen Erfahrungen und in der Empfänglichkeit für Neues. Während offene Personen als interessiert, wissbegierig, phantasievoll, aufgeschlossen, tolerant und unkonventionell geschildert werden, neigen wenig offene Personen eher zu traditionellen und konservativen Denk- und Verhaltensmuster.

2.2 Die Bedeutung der Persönlichkeitsmerkmale für die Stabilität politischer Grundorientierungen

Studien zum Einfluss der Persönlichkeit auf die Entwicklung des politischen Interesses liegen bislang nicht vor. Für den Bereich der Parteibindung wurde jedoch kürzlich eine Untersuchung veröffentlicht, die mit dem SOEP als Datenbasis einen der auch hier verwendeten Datensätze nutzt (Bakker et al. 2014).[3] Da diese Studie allerdings lediglich zwei Messzeitpunkte im Abstand von fünf Jahren berücksichtigt und eine z.T. andere Fragestellung verfolgt, sind ihre Ergebnisse für die folgen-

---

3   Auch Gerber et al. (2012) untersuchten in einer US-amerikanischen Stichprobe die Stabilität von Parteibindungen. Sie fanden in keinem Fall einen Effekt der Persönlichkeit auf die Stabilität. Allerdings stand den Autoren ein nur sehr kurzer Untersuchungszeitraum von wenigen Monaten für ihre Analyse zur Verfügung.

de Untersuchung nur partiell von Belang.[4] Bezüglich der Stabilität der Parteibindungsintensität ergab die Studie, dass Personen mit niedriger emotionaler Stabilität und jene mit einer hohen Offenheit die größte Variation zwischen zwei Zeitpunkten aufweisen. Zudem wurde gezeigt, dass eine hohe Gewissenhaftigkeit zu einem stärkeren Anstieg der Parteibindungsintensität zwischen 2005 und 2009 führte.

Betrachtet man die theoretischen Grundlagen, so lässt sich festhalten, dass bisher kein elaboriertes theoretisches Erklärungsmodell vorliegt, aus dem sich konkrete Annahmen zum Stellenwert der Persönlichkeitsmerkmale für die Orientierungsstabilität ableiten ließen. Gleichwohl lässt sich ein theoretischer Rahmen entwerfen, wenn man von der Prämisse ausgeht, dass sich Persönlichkeitsmerkmale früh entwickeln und langfristig stabil sind. Unter dieser Voraussetzung sollten die Persönlichkeitseigenschaften der Stabilität politischer Orientierungen temporal vorgelagert sein und diese kausal beeinflussen können. Ein theoretischer Ansatzpunkt zum Wirkmechanismus lässt sich herstellen, indem die Stabilität von Orientierungen mit den über die Persönlichkeit vermittelten Motiven und Fähigkeiten der Individuen verknüpft wird. Neben den charakteristischen Empfindens- und Verhaltenstendenzen umfassen die individuellen Persönlichkeitsmerkmale auch unterschiedlich stark ausgeprägte Bedürfnisse und Fähigkeiten. Diesem Gedanken folgend können Persönlichkeitsmerkmale zum einen danach differenziert werden, wie stark das Bedürfnis nach Verhinderung von Veränderung bzw. der Wunsch nach Veränderung im Menschen angelegt ist. Auch wenn man unterstellt, dass Menschen grundsätzlich ‚kognitive Faulpelze‘ sind und die Veränderung einer einmal akzeptierten Orientierung unerwünscht ist, sollte das individuelle Bedürfnis nach Aufrechterhaltung bestehender Vorstellungen mit den Persönlichkeitsmerkmalen variieren. Zum anderen sollte auch die Fähigkeit, auf veränderte gesellschaftliche und/oder politische Rahmenbedingungen zu reagieren und die eigenen Orientierungen anzupassen, mit der Persönlichkeit verbunden sein.

Ausgehend von diesen theoretischen Überlegungen können konkrete Hypothesen darüber formuliert werden, welche Charaktere zur Stabilität neigen oder sich veränderungsfreudig zeigen. Generelle funktionale Unterschiede hinsichtlich der Stabilisierung zwischen den drei Untersuchungsgrößen sind nicht zu erwarten, da es sich bei allen drei Merkmalen um grundlegende politische Orientierungen handelt, die sich – wie oben dargelegt – durch eine hohe Beständigkeit auszeichnen.[5]

Gewissenhafte Personen werden als zuverlässig beschrieben und besitzen ein starkes Bedürfnis nach einem klaren Ordnungsschema. Bedenkt man, dass gewissenhafte Personen dazu tendieren, an traditionellen Werten und gesellschaftlichen Normen festzuhalten, dann ist zu vermuten, dass sie Wandel und Veränderungen

---

4   Die Autoren wählten z.B. ein Verfahren zur Stabilitätsmessung, das eine vollkommen andere Stabilitätsdefinition unterstellt. Sie verglichen, ob sich parteiungebundene Personen im Hinblick auf die Persönlichkeitsmerkmale von stabil gebundenen (je nach Partei) bzw. instabil gebundenen unterscheiden.

5   Allerdings ist denkbar, dass das Interesse an Politik und die Intensität von Parteibindungen etwas leichter veränderlich sind als die Richtung von Parteibindungen, da sie stärker von kurzfristigen, externen Ereignissen abhängen. Insbesondere im Falle der Parteibindungsintensität ist davon auszugehen, dass sich die Bindung an eine Partei zunächst abschwächt, bevor eine neue Parteineigung entwickelt wird. Da es im vorliegenden Aufsatz jedoch nicht primär um den Vergleich der Stabilitäten geht, wird dies im Folgenden nicht näher beleuchtet.

besonders kritisch gegenüberstehen. Die Abneigung gegenüber Veränderung, das Bedürfnis nach festen Regeln und Ordnung sowie die eigene persönliche Verlässlichkeit sollten sich auch auf den Bereich der politischen Orientierung auswirken und hier zu einer höheren Beständigkeit führen. Im Hinblick auf die vorliegende Fragestellung wird daher erwartet, dass sowohl Politikinteresse als auch die Parteibindung und deren Intensität umso stabiler ausfallen, je gewissenhafter die Personen sind.

Emotional stabile Menschen lassen sich nur schwer irritieren und sind vergleichsweise zufrieden und selbstsicher. Folglich dürften sie seltener Veranlassung haben, ihre politischen Orientierungen infrage zu stellen und zu verändern. Umgekehrt werden emotional labile Menschen als ängstlich und leichter zu verunsichern beschrieben. Da ängstliche und unsichere Personen eher geneigt sind, sich und die eigenen Haltungen zu hinterfragen, sollte bei ihnen eine größere Instabilität sichtbar werden. Es ist somit zu erwarten, dass sich emotionale Stabilität positiv auf die Persistenz des politischen Interesses und der Parteibindungen (Art und Richtung) auswirkt.

Extrovertierte Personen haben ein starkes Bedürfnis nach sozialer Anerkennung und orientieren sich stärker an anderen Menschen als introvertierte. Sie sollten über ein größeres und heterogeneres soziales Umfeld verfügen, wodurch sie leichter mit verschiedenen oder für sie neuartigen politischen Positionen in Berührung kommen. Insbesondere die stärkere Außenorientierung, aber auch der häufigere Kontakt mit anderen Vorstellungen könnte die Variabilität der politischen Orientierungen bei Extrovertierten begünstigen. Aus diesem Grund wird von der Hypothese ausgegangen, dass sowohl das Politikinteresse als auch Parteibindungen und ihre Intensität mit zunehmender Extraversion instabiler werden.

Personen mit einer *offenen* Persönlichkeitsstruktur sind vielseitig interessiert und zeigen sich aufgeschlossen gegenüber neuen Informationen und Eindrücken. Die Aufgeschlossenheit gegenüber neuen Ideen und unkonventionellem Handeln impliziert eine stärkere Bereitschaft zur Meinungs- und Verhaltensänderung. Offene Personen sollten sich daher – auch beim Politikinteresse, der Parteibindung und ihrer Intensität – als flexibler und veränderungsfreudiger erweisen als Menschen, die sich durch wenig Offenheit auszeichnen.

Verträgliche Personen sind harmoniebedürftig und entgegenkommend. Sie gehen Konflikten gerne aus dem Weg und neigen nicht dazu, auf ihren Positionen zu beharren. In ihren Haltungen sollten verträgliche Menschen veränderungsbereiter und nachgiebiger sein, sodass vermutet werden kann, dass sie über ein instabileres politisches Interesse sowie über stärker schwankende Parteibindungen und Bindungsintensitäten verfügen als wenig verträgliche Bürger.

3. Daten und Methoden

3.1 Datensätze und Operationalisierung

Für die empirische Analyse wird auf die Längsschnittdaten des SOEP für Deutschland sowie des BHPS bzw. die erweiterte Nachfolgestudie „Understanding Society" (US) für Großbritannien zurückgegriffen. Sowohl das SOEP als auch das BHPS/US sind repräsentative, jährlich erhobene Befragungen privater Haushalte, die jeweils alle Haushaltsmitglieder ab einem Alter von 16 (BHPS) und 17 Jahren (SOEP) erfassen. Das SOEP wird seit 1984 in West- und seit 1990 in Ostdeutschland unter der Federführung des Deutschen Instituts für Wirtschaftsforschung (DIW Berlin) erhoben und umfasst im Jahr 2012 insgesamt rund zwölftausend Haushalte (TNS Infratest Sozialforschung 2013). Das BHPS bzw. das US wird seit 1991 vom Institute for Social and Economic Research der Universität Essex durchgeführt. Die letzte verfügbare Panelwelle liegt ebenfalls für das Jahr 2012 vor und umfasst rund achttausend Haushalte aus der Ausgangsstichprobe des BHPS/US (Taylor et al. 2010; Buck u. McFall 2012).[6]

Beide Datensätze sind als umfassende ‚multi-topic'-Studien konzipiert und enthalten neben den bereits erwähnten Persönlichkeitsmerkmalen auch Angaben zu einigen politischen Orientierungen und Verhaltensweisen. Da für das gewählte Analyseverfahren „Latent Growth Modeling" mindestens drei Messzeitpunkte notwendig sind, kann nur eine begrenzte Auswahl politischer Merkmale untersucht werden.

Das *Politische Interesse*[7] wird sowohl im SOEP als auch im BHPS/US jährlich mit einer vierstufigen Skala von „sehr stark" bzw. „very" bis „überhaupt nicht" bzw. „not at all" erhoben. Für die Analyse wurden die Variablen so rekodiert, dass ein hoher Wert hohes Politikinteresse darstellt.

Die *Parteiidentifikation* wird im SOEP und im BHPS/US – ebenfalls jährlich – über die Frage erfasst, ob man einer bestimmten Partei zuneigt. Wird die Frage nach einer generellen Parteineigung vom Befragten bejaht und eine Partei genannt, dann wurde nachgefragt, wie stark diese Parteineigung ist. Die *Stärke der Parteibindung* wird im SOEP mit einer fünfstufigen („sehr stark" bis „sehr schwach") und im BHPS/US mit einer dreistufigen Skala („very strong", „fairly strong", „not very strong") gemessen. Für die Berechnungen wurde eine Variable erstellt, die in Deutschland von 0 bis 5 (keine bis sehr starke Parteibindung) und in Großbritannien von 0 bis 3 (keine bis sehr starke Parteibindung) reicht.

Zur Erfassung der *Big Five* wird sowohl im SOEP als auch im BHPS eine Kurzskala verwendet, die jeweils 15 Fragen mit drei Items pro Dimension enthält (Big Five Inventory-S). Analysen zur Reliabilität und Validität des Instruments zeigten akzeptable Ergebnisse (für Deutschland: Dehne u. Schupp 2007; Hahn et al. 2012, für Großbritannien: Alcock 2012). Die fünf Persönlichkeitsdimensionen wurden im SOEP zweimal (2005 und 2009) und im BHPS einmal (2006) erhoben. Für die folgenden Stabilitätsanalysen kann für Deutschland auf acht Messzeitpunkte im Zeitraum von 2005 bis 2012 und für Großbritannien auf sechs Befragungswellen zwischen 2006 und 2012 (keine Erhebung im Jahr 2010) zurückgegriffen werden.

6　Für die Datenanalyse wurden ausschließlich die Stichprobengebiete England, Schottland und Wales berücksichtigt. Die nordirische Stichprobe wurde wegen der Unterschiede im Parteiensystem und der politischen Kultur außer Acht gelassen.

7　Der Wortlaut sämtlicher Items findet sich im Online-Anhang.

3.2 Methodisches Vorgehen

Die Analyse der individuellen Stabilität politischer Orientierungen geschieht mithilfe latenter Wachstumskurvenmodelle (sog. Latent Growth Models oder auch LGC-Modelle, Bollen u. Curran 2006; Preacher et al. 2008). Der Vorteil von LGC-Modellen besteht darin, dass mit ihnen nicht die relative Stabilität betrachtet wird – wie z.B. beim autoregressiven Modell -, sondern die absolute Stabilität, die sich auf die intraindividuelle Entwicklung eines Merkmals bezieht. Mit LGC-Modellen kann somit die Entwicklung innerhalb von Personen analysiert werden. Durch die Berücksichtigung relevanter Drittvariablen lassen sich in LGC-Modellen zudem die Bestimmungsgründe der intraindividuellen Verläufe untersuchen.

Die grundlegende Idee bei der Modellierung von Wachstumskurven besteht in der Vorstellung, dass die individuelle Entwicklung eines Merkmals eine Funktion eines latenten Faktors des Ausgangsniveaus (*Intercept-Faktor*) und eines latenten Steigungsfaktors bzw. mehrerer Steigungsfaktoren (*Slope-Faktoren*) plus eines Error-Faktors darstellt (Bollen u. Curran 2006). Dabei repräsentiert der Intercept-Faktor das durchschnittliche Ausgangsniveau (erster Messzeitpunkt) der Individuen innerhalb eines Prozesses, während die Slope-Faktoren die durchschnittlichen Entwicklungen (Steigungen) eines Merkmals über die Zeit darstellen. Die Modellierung einer latenten Wachstumskurve geschieht, indem für jeden Fall einer Stichprobe und über alle Messzeitpunkte hinweg eine einzelne Trajektorie (Wachstumskurve) – bestehend aus einem Ausgangsniveau (*Intercept-Faktor*) und den Veränderungswerten (lineare und ggf. nichtlineare *Slope-Faktoren*) – geschätzt wird. Diese Wachstumskurven werden über alle Fälle gemittelt und charakterisieren so den mittleren Ausgangswert sowie die mittleren Veränderungsraten der Stichprobe über die Zeit. Je flacher eine Wachstumskurve verläuft, umso höher ist die mittlere intraindividuelle Stabilität.

Zusätzlich zu den Mittelwerten werden in LGC-Modellen auch die Varianzen und Kovarianzen der Intercept- und Slope-Faktoren geschätzt. Die Varianzen geben Auskunft darüber, ob bedeutsame interindividuelle Unterschiede in den Entwicklungsverläufen der Merkmale vorliegen. Signifikante Varianzen im Intercept bedeuten, dass zwischen den Stichprobenmitgliedern überzufällige Unterschiede im Ausgangsniveau existieren; signifikante Varianzen im Slope weisen auf interindividuelle Unterschiede in den Verläufen hin. Anhand der Kovarianzen lässt sich entscheiden, ob zwischen Intercept und Slope ein Zusammenhang besteht, ob also mit steigendem Ausgangswert eine Zunahme im Wachstum (bzw. eine Abnahme bei negativer Kovarianz) verbunden ist.

Die anschließende Analyse erfolgt in mehreren Schritten: Zunächst werden mittels sog. *unkonditionaler LGC-Modelle* für die Merkmale ,Stärke des Politikinteresses' und ,Intensität der Parteibindung' lineare und nichtlineare Wachstumskurven geschätzt. Anschließend wird mittels des angepassten χ^2-Differenztests nach Satorra und Bentler[8] ein Modellvergleich durchgeführt und entschieden, welche Wachstumskurven die beste Anpassung an die Daten erzielen. Zeigen sich in diesen unkonditionalen Trajektorien signifikante Varianzen in den Slope-Para-

---

8   Für eine ausführliche Beschreibung des Tests s. die Mplus-Homepage.

metern, dann wird in einem zweiten Analyseschritt mithilfe von *konditionalen LGC-Modellen* untersucht, ob und inwiefern Persönlichkeitseigenschaften als exogene Merkmale die interindividuellen Unterschiede im Ausgangsniveau und/ oder Verlauf der Wachstumskurven erklären können.

Um die Bedeutung der Persönlichkeitsmerkmale unabhängig von soziodemografischen Merkmalen zu untersuchen, werden zudem *Geschlecht, Alter, quadriertes Alter* sowie das *Bildungsniveau* (Bildung in Jahren im SOEP bzw. International Standard Classification of Education, ISCED, für das BHPS/US) und für Deutschland – als Surrogat für unterschiedliche Sozialisationseinflüsse in Ost- bzw. Westdeutschland – *Wohnort vor 1989* als Kovariate in die konditionalen Modelle einbezogen.[9]

Die Datenauswertung der Wachstumsmodelle erfolgt mit dem Programm Mplus (Version 7.2, Muthén u. Muthén, 1998–2012). Sie basiert auf unbalancierten Paneldaten, d.h. es liegen nicht zu allen Messzeitpunkten Beobachtungen für alle Personen vor. Fehlende Werte werden als zufällig fehlend angenommen und mit der Full-Information Maximum-Likelihood-Methode (FIML) ersetzt. Die Verwendung der FIML-Methode erlaubt eine Parameterschätzung mit den klassischen Gütekriterien der Maximum-Likelihood-Schätzer und gilt anderen Verfahren zum Umgang mit fehlenden Werten als überlegen (Reinecke 2005). Für die Modellschätzung wird auf das Robust Maximum-Likelihood-Schätzverfahren (MLR) zurückgegriffen. Das MLR-Verfahren ist robust gegenüber Verletzungen von Verteilungsvoraussetzungen und kann daher auch bei ordinalen Daten verwendet werden. Als Maß für die Modellanpassung werden RMSEA (Root Mean Square Error of Approximation) und CFI (Comparative Fit Indices) verwendet. Der Modellfit kann bei RMSEA-Werten unter 0,05 und CFI-Werten über 0,9 als gut angesehen werden (Reinecke 2005).

Zur Erfassung der Big-Five-Konstrukte liegen jeweils drei Indikatoren vor. In diesen Fällen kann die Fehlerhaftigkeit einer Messung korrigiert werden, indem auf die drei Indikatoren zur gemeinsamen Messung einer latenten Variablen zurückgegriffen wird. Für alle anderen Merkmale liegt jeweils nur ein Indikator zur Messung der Konstrukte vor, sodass hier auf eine Berücksichtigung der Messfehler (s. auch u.) verzichtet wird.

Zusätzlich zu den Stabilitätsanalysen mittels latenter Wachstumskurvenmodelle wird die Stabilität der Parteibindung an sich betrachtet. D.h. es wird untersucht, wie häufig Parteibindungen im Untersuchungszeitraum gewechselt wurden und welche Rolle die Persönlichkeitsmerkmale dabei spielen.

Um die Stabilität der Parteibindungsart untersuchen zu können, muss zunächst geklärt werden, unter welchen Umständen eine Parteibindung als stabil angesehen wird. In der Literatur werden verschiedene Ansätze zur Definition und Messung von Parteibindungsstabilität verfolgt. Aus den unterschiedlichen Konzepten lassen sich jeweils andere Implikationen ableiten, die analytisch sorgfältig zu trennen

---

9   Neben dem Alter könnten als weitere Kontrollgrößen zusätzlich die Kohortenzugehörigkeit bzw. Periodenmerkmale einbezogen werden. Da dies jedoch mit Multikollinearitätsproblemen verbunden ist und im Mittelpunkt dieser Analyse nicht Alters-, Perioden- und Kohorteneffekte stehen, wird hier darauf verzichtet.

sind. Neben der Unterscheidung zwischen absoluter und relativer Stabilität kann zum einen die Konstanz bzw. der Wechsel einer Parteineigung nach inhaltlichen Kriterien differenziert werden. So können beispielsweise nicht stabil parteigebundene Personen analytisch danach differenziert werden, ob sie ihre Parteineigungen innerhalb eines politischen Lagers wechseln oder aber lagerübergreifend bzw. – je nach politischer Konstellation – zwischen Regierungs- und Oppositionsparteien. Ferner können auch Personen voneinander abgegrenzt werden, die ein- oder mehrmalig ihre Parteisympathie(n) wechseln. Ebenso kann zwischen solchen Personen unterschieden werden, die nach einer Abkehr zu ihrer ursprünglichen Parteibindung zurückkehren, und jenen, die anschließend eine neue dauerhafte Parteibindung ausbilden. [10]

Durch die Betrachtung verschiedener Zeithorizonte, kann zum anderen zwischen kurz- und längerfristige Parteibindungsstabilität unterschieden werden. Hierbei ist zu berücksichtigen, dass die Betrachtung langer Untersuchungsintervalle zu höheren Instabilitätsraten führt, da mit jedem zusätzlichen Messzeitpunkt eine weitere Möglichkeit des Parteiwechsels verbunden ist. Da die Parteiidentifikation als dauerhaftes Konstrukt konzipiert ist und die hier vorliegende Datengrundlage eine längere Stabilitätsuntersuchung ermöglicht, wird im Folgenden die langfristige Stabilität über sechs (für Großbritannien) bzw. acht (für Deutschland) Messzeitpunkte hinweg betrachtet. Hinter dieser Stabilitätsdefinition steht der Gedanke, dass sich insbesondere Menschen mit langfristig stabiler Parteiidentifikation in ihren Persönlichkeitseigenschaften von ‚Wechslern' unterscheiden sollten, da es sich bei ihnen um den ‚harten Kern' der Parteianhänger handelt, also um Personen, die sich auf eine einzige Partei festgelegt haben. Um die dauerhafte Stabilität zu erfassen, wird für die anschließenden Analysen eine Parteineigung als stabil betrachtet, wenn auf die Frage nach der Parteibindung über die gesamte Zeitspanne hinweg lediglich eine einzige Partei genannt wird. Da sich in diesem Fall die betreffende Person nie mit einer anderen Partei identifiziert, wird sie als treue Parteianhängerin oder als stabil parteigebunden angesehen (sofern mind. zweimal dieselbe Parteibindung angegeben wird). Wird dagegen im Untersuchungszeitraum mindestens eine weitere Partei genannt, dann liegt nach dieser Definition ein Wechsel der Parteibindung vor. Aus diesen Informationen wird eine Zählvariable gebildet, die zählt, wie oft im Untersuchungszeitraum verschiedene Parteien genannt werden. Antwortet eine Person auf die Frage nach der Parteineigung mit „habe keine Parteibindung", dann wird dies nicht als substanzieller Parteiwechsel gewertet. Dieser Vorgehensweise liegt die Vorstellung zugrunde, dass der Effekt der Persönlichkeitsmerkmale vor allem bei einem tatsächlichen, einem ‚echten' Parteienwechsel wirksam wird – und nicht bereits, wenn gelegentliche Zweifel an der eigentlich präferierten Partei dazu führen, dass man sich zeitweilig als ‚parteiungebunden' bezeichnet. Befragte, die zur Parteibindung keine Aussage

---

10 Eine differenzierte und umfassende Auseinandersetzung mit den unterschiedlichen Formen der Stabilität bzw. Instabilität, ihren Ursachen und Folgen kann an dieser Stelle nicht erfolgen. S. auch Fußnote 22.

machten, sondern mit „weiß nicht" oder „keine Angabe" antworteten, wurden der Kategorie der Parteiungebundenen zugewiesen[11].

Da die abhängige Variable eine Zählvariable ist (Häufigkeit des Wechsels der Parteibindung), wird auf die Methode der negativen Binomialregression zurückgegriffen[12], die im Falle einer Überdispersion[13] angewendet werden kann (Tutz 2010). Die erklärenden Persönlichkeitskonstrukte gehen als Mittelwert-Indizes in die Regressionsmodelle ein.

Als Kontrollgrößen werden in den Regressionsanalysen zum einen die oben beschriebenen soziodemografischen Merkmale verwendet. Zum anderen wird für die Richtung der Parteibindung kontrolliert.[14] Die Parteibindungen werden in die Stabilitätsanalysen einbezogen, da Forschungsarbeiten belegen, dass Persönlichkeitsmerkmale einen Einfluss auf die Richtung politischer Orientierungen ausüben. So korreliert z.B. in Deutschland Gewissenhaftigkeit oft positiv mit konservativen Orientierungen und Parteineigungen (Mößner 2005; Schoen u. Schumann 2005, 2007). Offenheit wird dagegen meist mit linken und linksliberalen Postionen in Verbindung gebracht (Mondak u. Halperin 2008; Gerber et al. 2012; Mößner 2005; Schoen u. Schumann 2005 u. 2007). Um nun zu berücksichtigen, dass eine Konfundierungswirkung dieser Richtungseffekte der Persönlichkeit bei den Stabilitätsanalysen auftreten kann, wird für die Richtung der Parteibindung kontrolliert.

Ein weiteres methodisches Problem betrifft die Frage der Messfehler. Bei der Parteibindung bzw. ihrer Veränderung handelt es sich um eine latente Variable, deren Messwerte grundsätzlich messfehlerbehaftet sind. Bei der Betrachtung der zeitlichen Entwicklung eines Merkmals führen Messfehler üblicherweise zu einer Unterschätzung der Stabilität (bzw. Überschätzung der Variabilität). Um etwaige Verzerrungen zu reduzieren, kann – sofern umsetzbar – eine Messfehlerkontrolle durchgeführt werden. Eine Möglichkeit bei kategorialen Daten die Parteibindungsdynamik statistisch zu modellieren und Messfehler zu berücksichtigen, bieten latente Klassenanalysen (LCA). So haben beispielsweise Arzheimer und Schoen (2005) eine Weiterentwicklung der LCA – die Latent Transition Analysis – verwendet, um Messfehler bei der Stabilitätsmessung von Parteibindungen zu berücksichtigen. Da aber eine solche Analyse als erklärende Variablen ausschließlich kategoriale Merkmale mit wenigen Ausprägungen erlaubt und eine Kategorisierung der erklärenden Variablen mit erheblichem Informationsverlust und einer

---

11 Kontrollberechnungen, die unter Ausschluss der „weiß nicht" und „keine Angabe"-Kategorie durchgeführt wurden, kommen substanziell zu ähnlichen Ergebnissen. Um nicht unnötig Fälle zu verlieren, werden diese Befragten der Gruppe der Parteiungebundenen zugeordnet.

12 Die Berechnung der Regressionsmodelle erfolgt mit dem Programm Stata, Version 12.

13 Eine Überdispersion liegt vor, wenn die Varianzen größer als die Erwartungswerte der betreffenden Merkmale sind. Dies ist hier der Fall.

14 Als Kontrollgrößen wurden Parteidummies für die Parteiidentifikation zum ersten Messzeitpunkt (2005 in Deutschland und 2006 in Großbritannien) konstruiert und in die Analyse aufgenommen. Es wurden Dummies für die fünf bzw. sechs größten Parteien gebildet. Für Deutschland: Unionsparteien, Sozialdemokratische Partei Deutschlands, Freie Demokratische Partei, Bündnis 90/Die Grünen, Partei des Demokratischen Sozialismus/Die Linke, Kontrollgruppe: keine u. sonstige Parteien. Für Großbritannien: Conservative Party, Labour Party, Liberal Democrats, Scottish National Party, Plaid Cymru, Green Party, Kontrollgruppe: keine u. sonstige Parteien.

verzerrten Effektschätzung verbunden wäre, ist dieses Verfahren für die hier vorliegende Fragestellung nicht anwendbar. Überdies führen bei Regressionsanalysen nicht vollständig reliabel gemessene abhängige Variablen zwar zu einer Erhöhung der Residualvarianz, nicht aber zu einer Verzerrung der unstandardisierten Regressionkoeffizienten (vgl. Kmenta 1997). Die Entscheidung, in den hier verwendeten Regressionsmodellen auf eine Messfehlerberücksichtigung zu verzichten, erscheint daher vertretbar.

4. Ergebnisse

4.1 Die Stabilität der politischen Orientierungen – unkonditionale Wachstumskurven und die Häufigkeit des Wechsel der Parteibindungen

In Tabelle 1a sind die unstandardisierten Parameter sowohl der Intercepte (Ausgangsniveau) als auch der Slopes (lineare und quadratische Wachstumsraten) der unkonditionalen Wachstumskurven ausgewiesen. Insgesamt ergeben die Modellgütekriterien CFI und RSMEA bei allen Modellen eine durchweg gute Modellanpassung (RMSEA < 0,05 und CFI > 0,9). Die geschätzten Wachstumskurven mit den linearen und quadratischen Slopes können die zeitlichen Veränderungen in den Merkmalen somit gut abbilden.[15]

Die ersten beiden Spalten der Tabelle dokumentieren die Höhe der Ausgangniveaus und die dazugehörigen Varianzen der jeweiligen Merkmale. Die von Null verschiedenen Varianzen zeigen an, dass sich die befragten Personen in ihren Ausprägungen zum ersten Messzeitpunkt signifikant voneinander unterscheiden.

Die in den Spalten 3 und 5 dargestellten mittleren Slope-Koeffizienten geben die durchschnittlichen linearen und quadratischen Veränderungsraten wieder. Zunächst fällt auf, dass die Slope-Parameter in Großbritannien und Deutschland – bei beiden Merkmalen – eine kurvilineare Veränderung abbilden (signifikante lineare und quadratische Slopes) und dabei jeweils unterschiedliche Vorzeichen tragen. In Deutschland folgen sowohl die Höhe des Politikinteresses als auch die Parteibindungsintensität einem U-förmigen Zeitverlauf (negativer linearer Slope und positiver quadratischer Slope). Auf den britischen Inseln bilden die Wachstumskurven beider Merkmale hingegen ein umgekehrtes U ab (positiver linearer Slope und negativer quadratischer Slope).[16]

Insgesamt sprechen die Befunde – in beiden Ländern – für eine recht hohe durchschnittliche Stabilität, denn die mittleren Veränderungswerte sind – bezogen auf die vier bis sechsstufigen Skalen – durchweg recht niedrig.

---

15 In Modellvergleichen zwischen linearen und kurvilinearen Wachstumsverläufen erzielten die quadratischen Wachstumskurvenmodelle die beste Anpassung an die Daten. Polynome höherer Ordnung führten zu nicht konvergierenden Schätzungen. Die Modellvergleiche zwischen linearen und nichtlinearen Modellen wurden mithilfe des angepassten χ^2-Differenztests nach Satorra und Bentler durchgeführt (ausführliche Beschreibung des Tests auf der Mplus-Homepage).

16 Eine Erklärung für diese Unterschiede kann in länderspezifischen Periodeneffekten liegen.

Tabelle 1a: Unkonditionale Modelle, unstandardisierte Koeffizienten

	Intercept (Ausgangsniveau)		Linearer Slope (Wachstum)		Quadratischer Slope (Wachstum)		Fit Indizes	
	M	*V*	*M*	*V*	*M*	*V*	*CFI*	*RM-SEA*
Politisches Interesse BHPS/US (N= 7960)	2,230***	0,593***	0,011	0,012**	-0,002*	<0,000***	0,995	0,033
Politisches Interesse SOEP (N= 16254)	2,378***	0,478***	-0,011***	0,01***	0,001**	<0,000***	0,984	0,043
Stärke Parteibindung BHPS/US (N= 3687)	1,344***	0,217***	0,015*	0,014*	-0,010***	0,001***	0,985	0,042
Stärke Parteibindung SOEP (N= 10410)	1,961***	2,333***	-0,017	0,173***	0,004***	0,002*	0,974	0,042

Anmerkung: M=Mittelwert, V=Varianz; ***p<0,001, **p<0,01, *p<0,05
Quelle: SOEP 2005-2012 und BHPS/US 2006-2012 (eigene Berechnungen)

Die Frage, ob es zwischen den Befragten bedeutsame Unterschiede in der Stabilität der Merkmale gibt, beantworten die Varianzen der Slope-Faktoren (Spalten 4 und 6). Die signifikanten Varianzen der Slope-Parameter lassen erkennen, dass in beiden Ländern interindividuelle Variabilitäten in den Wachstumsraten vorliegen. Die Befragten unterscheiden sich somit nicht nur im Ausgangsniveau (Tabelle 1a, Spalte 1), sondern auch in der Veränderung (bzw. Stabilität) der Orientierungsmerkmale voneinander. Zwischen den Personen gibt es also erklärungsbedürftige Unterschiede in den Zuwachsraten.

In der Tabelle 1b ist die Wechselhäufigkeit bei Parteibindungen aufgeführt. Während sich die in Tabelle 1a ausgewiesenen Werte auf die Stärke der Parteibindung beziehen, wird hier untersucht, ob bzw. wie oft im Untersuchungszeitraum unterschiedliche Parteineigungen angegeben werden.

Die Daten zeigen auch hier in beiden Ländern eine recht hohe Stabilität. Eine deutliche Mehrheit von jeweils über 70 Prozent der Befragten bleibt ‚ihrer' Partei auch über einen längeren Zeitraum loyal verbunden und wechselt nicht ein einziges Mal die Parteineigung.[17] Bezogen auf die unterschiedlichen Untersuchungszeiträume (sechs Jahre für Großbritannien, acht Jahre für Deutschland) erweisen sich die Deutschen als etwas stabiler in ihren Parteiloyalitäten als die Briten.

---

17 Wie oben beschrieben, wurde jeder Parteibindungswechsel gezählt. Es geht hier also um Wechselbewegungen an sich und nicht um die Wechselrichtung. Ein Wechsel zwischen zwei Parteien (z.B. ABA) wurde daher genauso als zweifache Wechselbewegung gewertet wie ein Wechsel zwischen drei Parteien (z.B. ABC).

Tabelle 1b: Wechselhäufigkeit bei Parteibindungen in Großbritannien und Deutschland

Häufigkeit des Wechsels der Parteibindung	Großbritannien		Deutschland	
	N	%	N	%
Kein Wechsel	2961	72,88	5264	75,33
Einmal gewechselt	476	11,72	772	11,05
Zweimal gewechselt	436	10,73	613	8,77
Dreimal gewechselt	142	3,49	212	3,03
Viermal gewechselt	42	1,03	92	1,32
Fünfmal gewechselt	6	0,15	24	0,34
Sechsmal gewechselt	--	--	11	0,16
Summe N / %	4063	100*	6988	100*

Anmerkung: *Abweichungen von 100% durch Rundungen
Um sicherzustellen, dass die Wechselhäufigkeit nicht von der Anzahl der Wellenteilnahme beeinflusst wird, wurden hier nur solche Befragte einbezogen, die an allen sechs bzw. acht Panelbefragungen teilgenommen haben (balanciertes Panel). Da dies mit einer Stichprobenveränderung einhergeht, wurden Kontrollrechnungen mit einem unbalancierten Panel durchgeführt, die vergleichbare Ergebnisse erbrachten.
Quelle: SOEP 2005-2012 und BHPS/US 2006-2012 (eigene Berechnungen)

4.2 Konditionale Wachstumskurven und Ergebnisse der negativen Binomialregressionen

Um zu überprüfen, ob die in Tabelle 1a beobachteten interindividuellen Variabilitäten in den Wachstumskurven durch Unterschiede in den Persönlichkeitsmerkmalen erklärt werden können, werden im nächsten Schritt konditionale Wachstumskurvenmodelle berechnet. Dazu wird – unter Kontrolle soziodemografischer Merkmale – für jedes politische Orientierungsmerkmal pro Persönlichkeitskonstrukt jeweils ein Modell geschätzt. Die in den folgenden Tabellen ausgewiesenen Koeffizienten der konditionalen Modelle geben Auskunft darüber, ob und – gegebenenfalls – wie die Entwicklung eines Merkmals von den Persönlichkeitseigenschaften beeinflusst wird, ob also die Stabilität der Merkmale von der Persönlichkeit moderiert wird.[18] Auf die Darstellung der Kontrollgrößen wird der besseren Übersicht wegen verzichtet.

Tabelle 2a gibt die Effekte der emotionalen Stabilität auf die Ausgangsniveaus (Intercept) und Entwicklungsverläufe (Slopes) der politischen Orientierungsmerkmale wieder. Die Modelle erzielen auch hier eine gute Datenanpassung.

---

18 Eine alternative Vorgehensweise wäre die Verwendung von multiplen Gruppenvergleichen. Da in diesen Fällen die siebenstufigen Persönlichkeitsindikatoren kategorisiert würden (was mit einem Informationsverlust verbunden wäre) und die doppelte Anzahl an Koeffizienten dargestellt werden müssten, wird hier davon abgesehen.

Tabelle 2a: Die Effekte der emotionalen Stabilität, konditionale Wachstumskurvenmodelle, unstandardisierte Koeffizienten

	Intercept (Ausgangsniveau)	Linearer Slope (Wachstum)	Quadraticher Slope (Wachstum)	Fit Indizes	
				CFI	RMSEA
Politisches Interesse BHPS/US (N= 7960)	-0,004	0,001	<0,001	0,995	0,022
Politisches Interesse SOEP (N= 16254)	0,025**	0,003	<0,001	0,979	0,034
Stärke Parteibindung BHPS/US (N= 3693)	-0,005	0,009	-0,002	0,984	0,029
Stärke Parteibindung SOEP (N= 10410)	0,042	0,019	-0,002	0,968	0,034

Anmerkung: ***p<0,001, **p<0,01, *p<0,05
Quelle: SOEP 2005-2012 und BHPS/US 2006-2012 (eigene Berechnungen)

Die Koeffizienten zeigen, dass die emotionale Stabilität nur beim Politikinteresse in Deutschland Auswirkungen auf die Höhe des Ausgangsniveaus hat (Spalte 1). Emotional stabile Menschen interessieren sich demnach in Deutschland zum ersten Messzeitpunkt etwas stärker für Politik (+0,025 Punkte auf einer vierstufigen Skala).

Das Hauptaugenmerk der vorliegenden Analyse liegt jedoch auf der Bedeutung der Persönlichkeitseigenschaften für die Stabilität der Orientierungen (Slope-Koeffizienten, Spalten 2 und 3, Tabelle 2a). Die durchweg sehr niedrigen und nicht signifikanten Parameter zeigen, dass die emotionale Stabilität – anders als theoretisch erwartet – nicht stabilisierend auf die Entwicklungsverläufe wirkt.

In Tabelle 2b wird der Effekt der emotionalen Stabilität auf die Häufigkeit des Wechsels von Parteibindungen mittels der negativen Binomialregression untersucht. In Bezug auf die Wechselfrequenz bei Parteiloyalitäten unterscheiden sich – weder in Großbritannien noch in Deutschland – emotional ausgeglichene und labile Menschen voneinander.[19]

Tabelle 2b: Effekt der Emotionalen Stabilität auf die Wechselhäufigkeit bei Parteibindungen, negative Binomialregression

	B	Exp(B)	LR Chi²	df	Prob > chi2	N
Emotionale Stabilität BHPS/US	0,002	1,002	210,66	11	0,000	3774
Emotionale Stabilität SOEP	-0,002	0,998	122,18	11	0,000	6771

Anmerkung: ***p<0,001, **p<0,01, *p<0,05
Quelle: SOEP 2005-2012 und BHPS/US 2006-2012 (eigene Berechnungen)

---

19 Zur weiteren Kontrolle wurde auch ein Modell gerechnet, in dem alle Big Five-Konstrukte enthalten sind. Die Effekte unterscheiden sich nur marginal von den hier berichteten und separat geschätzten Modellen.

Ein etwas anderes Bild liefern die Berechnungen für die Effekte der Extraversion aus Tabelle 3a. Extraversion übt in allen Fällen eine positive Wirkung auf die Ausgangshöhe der untersuchten Merkmale aus (Spalte 1). Dies bedeutet: Je extrovertierter eine Personen ist, desto mehr ist sie zum ersten Messzeitpunkt an Politik interessiert und desto stärker fühlt sie sich an eine Partei gebunden. Die Befunde bestätigen damit im Wesentlichen die Ergebnisse anderer Untersuchungen (etwa Mondak et al. 2010; Gerber et al. 2012).

Tabelle 3a: Die Effekte der Extraversion, konditionale Wachstumskurvenmodelle, unstandardisierte Koeffizienten

	Intercept (Ausgangsniveau)	Linearer Slope (Wachstum)	Quadratischer Slope (Wachstum)	Fit Indizes	
				CFI	*RMSEA*
Politisches Interesse BHPS/US (N= 7960)	0,031***	0,000	0,001	0,994	0,024
Politisches Interesse SOEP (N= 16254)	0,109***	-0,006***	<0,001	0,981	0,033
Stärke Parteibindung BHPS/US (N= 3693)	0,039**	-0,008	0,002	0,981	0,029
Stärke Parteibindung SOEP (N= 10410)	0,118***	<0,001	<0,001	0,972	0,032

Anmerkung: ***p<0,001, **p<0,01, *p<0,05
Quelle: SOEP 2005-2012 und BHPS/US 2006-2012 (eigene Berechnungen)

Blickt man auf den Einfluss der Extraversion auf die Stabilität der politischen Orientierungsmerkmale, so stellt sich heraus, dass lediglich in einem der vier Fälle – beim Politikinteresse in Deutschland – ein (negativer) signifikanter Effekt auf die (negative) lineare Entwicklung vorliegt. Das heißt, in Deutschland verläuft die Abnahme des Politikinteresses bei Extrovertierten stärker als bei introvertierten Menschen (negativer Effekt auf den negativen linearen Slope).[20] Gemessen an der linearen Entwicklung von -0,011 (Mittelwert des linearen Slopes, Tabelle 1a, Spalte 3) beim unkonditionalen Wachstumsmodell indiziert der Effektkoeffizient von -0,006 eine Destabilisierung von rund 55 Prozent (-0,006/-0,011). Extraversion führt somit in Deutschland auch nach Kontrolle wichtiger soziodemografischer Merkmale – wie theoretisch vermutet – zu einem instabileren politischen Interesse.

Einen ähnlichen Schluss lassen die Ergebnisse in Tabelle 3b hinsichtlich der Stabilität der Parteibindung in Deutschland zu. Danach steigt mit zunehmender Extraversion die Chance einer Parteibindungsveränderung um den Faktor 1,106 an (= Anstieg von 10,6 Prozent pro Skalenpunkt auf der Extraversionsskala, s. Exp (B) = 1,106, Spalte 2). Dies bedeutet, dass sich bei einem Anstieg von neun

---

20 Die Effekte beziehen sich auf die Entwicklungsverläufe der Parteibindungsintensität, wie sie in den unkonditionalen Modellen der Tabelle 1a wiedergegeben sind. In Deutschland folgt danach die Entwicklung der Parteibindungsintensität einem U-förmigen Verlauf. Da die Effekte der Extraversion nun negativ auf die negative lineare Steigung und positiv auf den quadratischen Verlauf der Kurve wirken, bedeutet dies eine Destabilisierung der Intensität von Parteiloyalitäten.

Punkten auf der Extraversionsskala die Chance auf einen Wechsel der Parteibindung etwa verdoppelt (9x10,6 = 95,4 Prozent).

Insgesamt widersprechen die Ergebnissen damit den Befunden von Gerber et al. (2012) und Bakker et al. (2014), die in ihren Analysen keinen Effekt der Extraversion auf die Stabilität von Parteibindungen finden konnten. Diese Analysen beziehen sich allerdings z.T. auf einen anderen Untersuchungsort (Gerber et al. 2012) oder sind durch die geringe Zahl der Messzeitpunkte limitiert (Bakker 2014).

Tabelle 3b: Effekt der Extraversion auf die auf die Wechselhäufigkeit bei Parteibindungen, negative Binomialregression

	B	Exp(B)	LR Chi²	df	Prob > chi2	N
Extraversion BHPS/US	-0,021	0,980	210,82	11	0,000	3770
Extraversion SOEP	0,101***	1,106	139,36	11	0,000	6773

Anmerkung: ***p<0,001, **p<0,01, *p<0,05
Quelle: SOEP 2005-2012 und BHPS/US 2006-2012 (eigene Berechnungen)

Eine hohe Gewissenhaftigkeit führt in Deutschland zu einem höheren Politikinteresse sowie in Großbritannien zu einer stärkeren Parteibindung (Tabelle 4a, Spalte 1).

Tabelle 4a: Effekte der Gewissenhaftigkeit, konditionale Wachstumskurvenmodelle, unstandardisierte Koeffizienten

	Intercept (Ausgangsniveau)	Linearer Slope (Wachstum)	Quadratischer Slope (Wachstum)	Fit Indizes	
				CFI	RMSEA
Politisches Interesse BHPS/US (N= 7960)	0,001	-0,003	<0,000	0,975	0,047
Politisches Interesse SOEP (N= 16254)	0,066***	-0,006	<0,000	0,974	0,039
Stärke Parteibindung BHPS/US (N= 3693)	0,020*	0,004	-0,001	0,943	0,052
Stärke Parteibindung SOEP (N= 10410)	<0,000	0,042**	-0,007***	0,961	0,037

Anmerkung: ***p<0,001, **p<0,01, *p<0,05
Quelle: SOEP 2005-2012 und BHPS/US 2006-2012 (eigene Berechnungen)

Im Hinblick auf die Entwicklung politischer Orientierungen wurde vermutet, dass sich gewissenhafte Personen durch ein größeres Maß an Konstanz auszeichnen. Diese Hypothese kann mit den konditionalen Wachstumsmodellen in einem von vier Fällen bestätigt werden. Gewissenhafte Personen verfügen in Deutschland über eine stabilere Intensität ihrer Parteiloyalitäten als wenig gewissenhafte (signifikant positiver Effekt auf den negativen linearen Slope, Spalte 2 und signifikant negativer Effekt auf positiven quadratischen Slope, Spalte3).

Was die Stabilität der Parteibindungen an sich betrifft, so zeigen die Befunde in Tabelle 4b für Deutschland ebenfalls eine Bestätigung der Ausgangshypothese: Mit zunehmender Gewissenhaftigkeit sinkt die Chance einer Parteibindungsveränderung um den Faktor 0,936 (negativer Effekt). Das heißt, bei einem Anstieg von einer Einheit auf der Gewissenhaftigkeitsskala reduziert sich die Chance auf einen Parteibindungswechsel um 6,4 Prozentpunkte (= (1-0,936) x100).

Tabelle 4b: Effekt der Gewissenhaftigkeit auf die Wechselhäufigkeit bei Parteibindungen, negative Binomialregression

	B	Exp(B)	LR Chi²	df	Prob > chi2	N
Gewissenhaftigkeit BHPS/US	-0,006	0,994	210,46	11	0,000	3770
Gewissenhaftigkeit SOEP	-0,066**	0,936	126,91	11	0,000	6771

Anmerkung: ***p<0,001, **p<0,01, *p<0,05
Quelle: SOEP 2005-2012 und BHPS/US 2006-2012 (eigene Berechnungen)

In Tabelle 5a wird sichtbar, dass sich das Persönlichkeitsmerkmal Offenheit bei allen Merkmalen positiv auf das Ausgangsniveau auswirkt. Offene Menschen sind demnach in beiden Ländern stärker an Politik interessiert und stärker an eine Partei gebunden (s. Mondak et al. 2010, Gerber et al. 2012).

Ein signifikanter Effekt der Offenheit auf die Slopes ist beim Politikinteresse in Deutschland und bei der Stärke der Parteibindungen in Großbritannien zu beobachten. Da die Entwicklung des Politikinteresses in Deutschland und die Entwicklung der Parteibindungsintensität in Großbritannien in unterschiedliche Richtungen verlaufen (Zunahme der Parteibindungsintensität auf den britischen Inseln, Abnahme des Politikinteresses in Deutschland, s. Tabelle 1a) besitzen die verschiedenen Vorzeichen der signifikanten Effekte der Offenheit (Tabelle 5a, Spalte 2) jeweils die gleiche Bedeutung für die Stabilität der Merkmale. D.h., in Großbritannien führt eine hoch ausgeprägte Offenheit zu einer stärkeren Zunahme des politischen Interesses (höhere Veränderungsrate durch positiven Effekt auf den positiven linearen Slope). Analog hierzu verläuft in Deutschland die Abnahme des Politikinteresses bei offenen Menschen stärker als bei wenig aufgeschlossenen Personen (negativer Effekt auf den negativen linearen Slope und positiver Effekt auf den quadratischen Slope). Beim Politikinteresse in Deutschland und der Parteibindungsintensität in Großbritannien führt Offenheit somit hypothesenkonform zu einer Destabilisierung.[21]

---

21 Rechnet man auch hier die Koeffizienten um, so ergibt sich für das Politikinteresse in Deutschland – gemessen an der linearen Entwicklung von -0,011 (Mittelwert des linearen Slopes, unkonditionales Modell, Tabelle 1a, Spalte 2) – ein Destabilisierungseffekt der Offenheit von 109 Prozent (-0,012/-0,011). Für die Parteibindungsintensität in Großbritannien bedeutet der Effektkoeffizient von 0,017 (Tabelle 5a, Spalte2) bezogen auf den linearen unkonditionalen Slope von 0,015 (Tabelle 1a, Spalte 2) eine Destabilisierung von 113 Prozentpunkten.

Tabelle 5a: Effekte der Offenheit, konditionale Wachstumskurvenmodelle, unstandardisierte Koeffizienten

	Intercept (Ausgangsniveau)	Linearer Slope (Wachstum)	Quadratischer Slope (Wachstum)	Fit Indizes	
				CFI	*RMSEA*
Politisches Interesse BHPS/US (N= 7960)	0,157***	-0,003	0,001	0,983	0,040
Politisches Interesse SOEP (N= 16254)	0,167***	-0,012**	0,001**	0,967	0,044
Stärke Parteibindung BHPS/US (N= 3693)	0,066***	0,017*	-0,002	0,965	0,042
Stärke Parteibindung SOEP (N= 10410)	0,132***	0,006	-0,002	0,949	0,043

Anmerkung: ***p<0,001, **p<0,01, *p<0,05
Quelle: SOEP 2005-2012 und BHPS/US 2006-2012 (eigene Berechnungen)

Die Tabelle 5b zeigt für Deutschland im Einklang mit der Ausgangshypothese, dass Offenheit eine destabilisierende Wirkung auf die Parteibindungen besitzt. Während auf den britischen Inseln kein signifikanter Effekt vorliegt, steigt in Deutschland mit zunehmender Offenheit die Chance eines Wechsels um den Faktor 1,083 an (Spalte 2).

Tabelle 5b: Effekt der Offenheit auf die Wechselhäufigkeit bei Parteibindungen, negative Binomialregression

	B	Exp(B)	LR Chi²	df	Prob > chi2	N
Offenheit BHPS/US	0,037	1,037	211,90	11	0,000	3771
Offenheit SOEP	0,080**	1,083	134,10	11	0,000	6769

Anmerkung: ***p<0,001, **p<0,01, *p<0,05
Quelle: SOEP 2005-2012 und BHPS/US 2006-2012 (eigene Berechnungen)

Verglichen mit den anderen Persönlichkeitsmerkmalen spielt die Verträglichkeit eine eher untergeordnete Rolle. Bezogen auf das Ausgangsniveau sind lediglich zwei schwache, wenn auch signifikante Effekte zu beobachten: Verträgliche Menschen verfügen in Deutschland über ein etwas höheres Politikinteresse, in Großbritannien über eine etwas stärkere Parteibindung als wenig verträgliche (Tabelle 6a, Spalte 1).

Tabelle 6a: Effekte der Verträglichkeit, konditionale Wachstumskurvenmodelle, unstandardisierte Koeffizienten

	Intercept (Ausgangsniveau)	Linearer Slope (Wachstum)	Quadratischer Slope (Wachstum)	Fit Indizes	
				CFI	*RMSEA*
Politisches Interesse BHPS/US (N= 7960)	-0,002	-0,009	0,002	0,989	0,031
Politisches Interesse SOEP (N= 16254)	0,030*	-0,003	<0,001	0,981	0,032
Stärke Parteibindung BHPS/US (N= 3693)	0,121**	-0,026	-0,003	0,971	0,037
Stärke Parteibindung SOEP (N= 10410)	0,002	0,040*	-0,005	0,972	0,031

Anmerkung: ***p<0,001, **p<0,01, *p<0,05
Quelle: SOEP 2005-2012 und BHPS/US 2006-2012 (eigene Berechnungen)

Bei den Entwicklungsverläufen ist die Verträglichkeit nur hinsichtlich der Parteibindungsintensität in Deutschland von Bedeutung (Tabelle 6a, Spalte 2). Dabei wirkt sie – entgegen der theoretischen Erwartung – stabilisierend auf den Verlauf (positiver Effekt auf den negativen linearen Slope). Eine Erklärung für diesen unerwarteten Effekt könnte sein, dass verträgliche Menschen die mit einer Orientierungsänderung verbundenen Dissonanzen eher scheuen als unverträgliche. Sofern dies zutrifft, sollte der Stabilisierungseffekt aber auch bei der Frage nach dem Wechsel der Parteibindung an sich sichtbar werden. Die ausgewiesenen negativen Koeffizienten deuten hier zwar in diese Richtung (Tabelle 6b), sind allerdings weder in Deutschland noch in Großbritannien signifikant. Verträgliche Personen unterscheiden sich somit in der Wechselhäufigkeit nicht von den weniger verträglichen Mitmenschen (Tabelle 6b).[22]

---

22 Um die hier gewählte Stabilitätsoperationalisierung zu testen, wurde in einer weiteren Berechnung eine alternative und restriktivere Stabilitätsdefinition verwendet (s. Darstellung im Online-Anhang). Hierfür wurden nur solche Personen als stabil parteigebunden betrachtet, die bei aufeinanderfolgenden Befragungen exakt gleichen Angaben machten. D.h. Personen die nach der Nennung einer Parteibindung im darauffolgenden Jahr die Kategorie „weiß nicht" oder „keine Angabe" wählten, werden nicht als stabil parteigebunden, sondern als ‚Wechsler' betrachtet. Legt man diese Definition zugrunde, dann weisen die Effekte der Persönlichkeit prinzipiell zwar in die gleiche Richtung, sind aber schwächer ausgeprägt und nur noch im Falle der Extraversion signifikant. Dieser Befund spricht einerseits für die ursprünglich gewählte Operationalisierung, da insbesondere bei einem ‚echten' Parteiwechsel Persönlichkeitsmerkmale eine Rolle zu spielen scheinen. Andererseits macht das Ergebnis aber auch deutlich, dass beim Vergleich verschiedener Stabilitätsanalysen sorgfältig darauf geachtet werden sollte, welche Definitionen gewählt wurden und ob die Vorgehensweisen miteinander vergleichbar sind.

Tabelle 6b: Effekt der Verträglichkeit auf die Wechselhäufigkeit bei Parteibindungen, negative Binomialregression

	B	Exp(B)	LR Chi²	df	Prob > chi2	N
Verträglichkeit BHPS/US	-0,009	0,991	210,57	11	0,000	3771
Verträglichkeit SOEP	-0,049	0,952	125,54	11	0,000	6774

Anmerkung: ***p<0,001, **p<0,01, *p<0,05
Quelle: SOEP 2005-2012 und BHPS/US 2006-2012 (eigene Berechnungen)

5. Zusammenfassung und Diskussion

Die vorliegende Arbeit untersucht erstmals empirisch den Einfluss von Persönlichkeitseigenschaften auf die längerfristige intraindividuelle Stabilität wichtiger politischer Orientierungsmerkmale. Sie zeigt, dass, abgesehen von der emotionalen Stabilität, alle Persönlichkeitsmerkmale – auch nach Kontrolle wichtiger Drittvariablen – einen signifikanten Einfluss auf die Stabilität politischer Orientierungsmerkmale ausüben. Dies ist bemerkenswert, da sich die untersuchten Orientierungsmerkmale über die Zeit insgesamt nur wenig verändern.

Extraversion und Offenheit bewirken tendenziell eine Destabilisierung der politischen Orientierungsmerkmale, d.h. extrovertierte und offene Menschen zeigen – wie vermutet – eine stärkere Bereitschaft zur Veränderung. Offenheit scheint dabei eine etwas größere Rolle zu spielen; sie wirkt häufiger und – bis auf eine Ausnahme – auch stärker destabilisierend auf die untersuchten politischen Orientierungen als die Extraversion.

Betrachtet man die sich aus den Befunden ergebenden Implikationen für den gesellschaftlichen und politischen Wandel, so kann vermutet werden, dass – über einen längeren Zeitraum gesehen – der politische Wandel auf der Einstellungsebene und die Veränderung der politischen Kultur von extrovertierten und offenen Persönlichkeiten vorangetrieben wird. Intensiviert werden könnte der Effekt dadurch, dass sowohl extrovertierte als auch offene Personen stärker politisiert und aktiver sind als introvertierte oder weniger offene Menschen.

Die Gewissenhaftigkeit ist in zwei der sechs untersuchten Fälle von Belang. Wie vermutet sind gewissenhafte Bürger – in Deutschland – stabiler an eine Partei gebunden als ihre weniger gewissenhaften Landsleute. Es konnte somit gezeigt werden, dass bei der Betrachtung im Längsschnitt – im Gegensatz zu der sich auf zwei Messzeitpunkte innerhalb von vier Jahren fokussierenden Untersuchung von Bakker et al. (2014) – eine stabilisierende Wirkung der Gewissenhaftigkeit vorliegt.

Nicht im Einklang mit den theoretischen Annahmen stehen die Befunde zur emotionalen Stabilität sowie zur Verträglichkeit. Während die emotionale Stabilität in keinem Fall einen Einfluss auf die Entwicklung der politischen Orientierungsmerkmale ausübt, hat die Verträglichkeit eine deutliche, aber wider Erwarten stabilisierende Wirkung auf die Parteibindungsintensität in Deutschland.

Vergleicht man die Ergebnisse zwischen Großbritannien und Deutschland, so ist erkennbar, dass beim Einfluss der Persönlichkeit auf die Entwicklungsverläufe keine grundsätzlichen Unterschiede im Sinne von divergierenden Effekten vorliegen. Gleichwohl fällt ins Auge, dass die Persönlichkeitsmerkmale sowohl in den LGC- als auch den Regressionsmodellen sehr viel häufiger zur Erklärung der Stabilitätsunterschiede in Deutschland beitragen als in Großbritannien. Diese Abweichungen könnten zwar auf die verschiedenartigen Skalierungen (bei der Parteibindungsintensität), Varianzen und Stichprobenumfänge zurückgeführt werden, sie könnten aber auch auf kulturelle Unterschiede hinweisen.

Als Fazit lässt sich festhalten, dass die Untersuchung der Bedeutung der Persönlichkeit für die Stabilität politischer Orientierungen und politischen Handelns bereichernd sein kann, Fragen aber noch offen bleiben. Unklar ist zum Beispiel, wie der unerwartete Effekt der Verträglichkeit begründet werden kann und ob hier alternative Hypothesen zu entwickeln wären. Auch kann keine Aussage darüber getroffen werden, ob und wie Persönlichkeitseigenschaften auf die Dauerhaftigkeit anderer bedeutsamer Grundorientierungen wie Werthaltungen oder ideologische Orientierungen Einfluss nehmen.

Ein Forschungsproblem genereller Art berührt die Frage der Messfehler. In diesem Zusammenhang wäre es wünschenswert, dass zukünftige Surveys multiple Indikatoren zur Messung der latenten Variablen erheben, sodass Messfehler angemessen berücksichtigt werden können.

Ein weiterer Aspekt, der hier nicht weiter vertieft werden konnte, betrifft den Stellenwert möglicher Interaktionseffekte. Grundsätzlich sind dabei verschiedene Arten von Interaktionen denkbar: Zum einen kann die Wirkung der Persönlichkeitsmerkmale von den sozialen bzw. politischen Umständen oder den Ressourcen und Positionen einer Person abhängen. So mag die Veränderungsbereitschaft bestimmter Persönlichkeiten je nach Bildungsstand, politischem Wissen, der Homogenität des sozialen Umfeldes oder den Besonderheiten eines politischen Systems unterschiedlich ausfallen. Gewissenhafte Menschen, die sich in einem heterogenen Umfeld mit vielen unterschiedlichen Eindrücken auseinandersetzen müssen, könnten sich beispielsweise mit Veränderungen leichter tun, als Gewissenhafte, die nur selten mit anderen Ideen und Einflüssen in Kontakt geraten. Ebenso ist vorstellbar, dass die Wirkung der Charaktereigenschaften sowohl mit dem Ausmaß der Politisierung als auch mit der politischen Richtung interagiert.

Zum anderen sollte sich die zukünftige Forschung auch mit Interaktionen zwischen den Persönlichkeitsmerkmalen untereinander befassen. In diesem Zusammenhang ist eine Reihe von Interaktionseffekten vorstellbar. Möglich wäre etwa, dass die Veränderungsbereitschaft bei offenen Personen auch davon abhängt, wie gewissenhaft oder extrovertiert sie sind. Weisen sie zugleich ein hohes Maß an Gewissenhaftigkeit auf, könnte sich die Veränderungsrate – beispielsweise bei Parteibindungen – abbremsen, sind sie dagegen stark extrovertiert, so wären häufigere Veränderungen plausibel.

Da gezeigt wurde, dass sich Persönlichkeitseigenschaften auf die Stabilität der untersuchten politischen Merkmale auswirken, erscheinen künftige Forschungsarbeiten die eine Untersuchung auf weitere Orientierungsmerkmale ausweiten und Interaktionseffekte berücksichtigen, vielversprechend.

Literatur

Alcock, Ian. 2012. *Measuring Commitment to Environmental Sustainability. The Development of a Valid and Reliable Measure.* http://www.pbs.plym.ac.uk/mi/pdf/03-08-2012/2012%20Alcock%20FINAL%203%20Aug.pdf. Zugegriffen: 07.08.2014.

Almond, Gabriel A., und Sidney Verba. 1965. *The civic culture. Political attitudes and democracy in five nations.* Boston: Little Brown.

Arzheimer, Kai, und Harald Schoen. 2005. Erste Schritte auf kaum erschlossenem Terrain. Zur Stabilität der Parteiidentifikation in Deutschland,.*Politische Vierteljahresschrift* 46: 629–654.

Asendorpf, Jens B. 2004. *Psychologie der Persönlichkeit. Mit 111 Tabellen.* Berlin Heidelberg: Springer.

Asendorpf, Jens B., und Franz J. Neyer. 2012. *Psychologie der Persönlichkeit.* Berlin, Heidelberg: Springer Berlin Heidelberg; Imprint: Springer.

Bakker, Bert N., David Nicolas Hopmann, und Mikael Persson. 2014. Personality traits and party identification over time. *European Journal of Political Research*: 1-19.

Beck, Paul Allen, Dalton, Russell J., Steven Greene, und Robert Huckfeldt. 2002. The Social Calculus of Voting: Interpersonal, Media, and Organizational Influences on Presidential Choices. *American Political Science Review* 96.

Becker, Rolf, und Anja Mays. 2003. Soziale Herkunft, politische Sozialisation und Wählen im Lebensverlauf. *Politische Vierteljahresschrift* 44: 19–40.

Bollen, Kenneth A., und Patrick J. Curran. 2006. *Latent curve models. A structural equation perspective.* Hoboken, N.J: Wiley-Interscience.

Buck, Nick, und Stephanie McFall. 2012. Understanding Society: design overview. *Longitudinal and Life Course Studies* 3.

Campbell, Angus, Philip E. Converse, Warren E. Miller, und Donald E. Stokes. 1960. *The American voter.* Chicago: University of Chicago Press.

Campbell, Angus, Gerald Gurin, und Warren E. Miller. 1954. *The voter decides.* Evanston, Ill.: Row, Peterson and Co.

Caprara, Gian Vittorio, Shalom Schwartz, Cristina Capanna, Michele Vecchione, und Claudio Barbaranelli. 2006. Personality and Politics: Values, Traits, and Political Choice. *Political Psychology* 27: 1–28.

Converse, Philip E. 1964. The Nature of Belief Systems in Mass Publics. *In Ideology and discontent*, Hrsg. David E. Apter, 206–261. New York: Free Press of Glencoe.

Dalton, Russell J. 2000. The Decline of Party Identifications. In *Parties without partisans. Political change in advanced industrial democracies*, Hrsg. Dalton, Russell J., und Martin P. Wattenberg, 19–36. Oxford/New York: Oxford University Press.

Dehne, Max, und Jürgen Schupp. 2007. Persönlichkeitsmerkmale im Sozio-oekonomischen Panel (SOEP). Konzept, Umsetzung und empirische Eigenschaften. *Research Notes 26.* Berlin: DIW.

Delli Carpini, Michael X., und Scott Keeter. 1996. *What Americans know about politics and why it matters.* New Haven: Yale University Press.

Falter, Jürgen W., Harald Schoen, und Claudio Caballero. 2000. Dreißig Jahre danach: Zur Validierung des Konzepts 'Parteiidentifikation' in der Bundesrepublik. In *50 Jahre Empirische Wahlforschung in Deutschland*, Hrsg. Markus Klein, Wolfgang Jagodzinski,

Ekkehard Mochmann, und Dieter Ohr, 235–271. Wiesbaden: VS Verlag für Sozialwissenschaften.

Fiorina, Morris P. 1981. *Retrospective voting in American national elections*. New Haven, London: Yale University Press.

Gerber, Alan S., Gregory A. Huber, David Doherty, und Conor M. Dowling. 2011. The Big Five Personality Traits in the Political Arena. *Annual Review of Political Science* 14: 265–287.

Gerber, Alan S., Gregory A. Huber, David Doherty, und Conor M. Dowling. 2012. Personality and the Strength and Direction of Partisan Identification. *Political Behavior* 34: 653–688.

Hahn, Elisabeth, Juliana Gottschling, und Frank M. Spinath. 2012. Short measurements of personality – Validity and reliability of the GSOEP Big Five Inventory (BFI-S), *Journal of Research in Personality* 46: 355–359.

Huckfeldt, R. Robert, und John D. Sprague. 1995. *Citizens, politics, and social communication. Information and influence in an election campaign.* Cambridge [England]/ New York: Cambridge University Press.

Jennings, M. Kent, Laura Stoker, und Jake Bowers. 2009. Politics across Generations: Family Transmission Reexamined. *The Journal of Politics* 71: 782.

Kmenta, Jan. 1997. *Elements of econometrics*. Ann Arbor Mich.: Univ. of Michigan Press.

Kroh, Martin. 2014. Growth trajectories in the strength of party identification: The legacy of autocratic regimes. *Electoral Studies* 33: 90-101.

McCrae, Robert R., und Costa, Paul T., Jr. 1995. Trait explanations in personality psychology. *European Journal of Personality* 9: 231–252.

McCrae, Robert R., und Costa, Paul T., Jr. 1997. Personality trait structure as a human universal. *American Psychologist* 52: 509–516.

Miller, Warren E., und J. Merrill Shanks. 1996. *The new American voter*. Cambridge, Mass.: Harvard University Press.

Mondak, Jeffery J. 2010. *Personality and the foundations of political behavior*. New York: Cambridge University Press.

Mondak, Jeffery J., Matthew V. Hibbing, Damarys Canache, Mitchell A. Seligson, und Mary R. Anderson. 2010. Personality and Civic Engagement: An Integrative Framework for the Study of Trait Effects on Political Behavior. *American Political Science Review* 104: 85.

Mondak, Jeffery J., und Karen D. Halperin. 2008. A Framework for the Study of Personality and Political Behaviour. *British Journal of Political Science* 38.

Mößner, Alexandra. 2005. Typisch Parteiidentifizierer? Parteiidentifikation und Persönlichkeit. In *Persönlichkeit. Eine vergessene Grösse der empirischen Sozialforschung*, Hrsg. Siegfried Schumann, 77–91. Wiesbaden: VS Verlag für Sozialwissenschaften.

Muthén, Linda K., und Bengt O. Muthén. 1998-2012. *Mplus. Statistical Analysis With Latent Variables. User's Guide.* Los Angeles, CA: Muthén & Muthén.

Nieuwbeerta, P., Nan Dirk de Graaf, und Wout Ultee 2000. The Effects of Class Mobility on Class Voting in Post-War Western Industrialized Countries. *European Sociological Review* 16: 327–348.

Preacher, Kristopher J, Aaron L. Wichman, Robert C. MacCallum, und Nancy E. Briggs. 2008. *Latent growth curve modeling*. Thousand Oaks, CA: Sage.

Prior, Markus. 2010. You've Either Got It or You Don't? The Stability of Political Interest over the Life Cycle. *The Journal of Politics* 72: 747–766.

Reinecke, Jost. 2005. *Strukturgleichungsmodelle in den Sozialwissenschaften*. München [u.a.]: Oldenbourg.

Schmitt-Beck, Rüdiger, und Stefan Weick. 2001. Die dauerhafte Parteiidentifikation – nur noch ein Mythos? Eine Längsschnittanalyse zur Identifikation mit politischen Parteien in West- und Ostdeutschland. *Informationsdienst Soziale Indikatoren*: 1–5.

Schoen, Harald, und Cornelia Weins. 2005. Der sozialpsychologische Ansatz zur Erklärung von Wahlverhalten. In *Handbuch Wahlforschung*, Hrsg. Jürgen W. Falter, und Harald Schoen, 187–242. Wiesbaden: VS Verlag für Sozialwissenschaften.

Schoen, Harald, und Siegfried Schumann. 2005. Missing Links? Zur Position von Persönlichkeitsfaktoren in Ansätzen zur Erklärung von Wahlverhalten. In *Wahlen und Wähler*, Hrsg. Jürgen W. Falter, Oscar W. Gabriel, und Bernhard Weßels, 388–413. Wiesbaden: VS Verlag für Sozialwissenschaften.

Schoen, Harald, und Siegfried Schumann. 2007. Personality Traits, Partisan Attitudes, and Voting Behavior. Evidence from Germany. *Political Psychology* 28: 471–498.

Schumann, Siegfried, und Harald Schoen. 2009. Muster an Beständigkeit? Zur Stabilität politischer und persönlicher Prädispositionen. In *Vom Interview zur Analyse. Methodische Aspekte der Einstellungs- und Wahlforschung*, Hrsg. Harald Schoen, Hans Rattinger, und Oscar W. Gabriel, 13–34. Baden-Baden: Nomos.

Specht, Jule, Boris Egloff, und Stefan C. Schmukle. 2011. Stability and change of personality across the life course: The impact of age and major life events on mean-level and rank-order stability of the Big Five. *Journal of Personality and Social Psychology* 101: 862–882.

Taylor, Marcia Freed (Hrsg.) mit John Brice, Nick Buck and Elaine Prentice-Lane. 2010. *British Household Panel Survey User Manual British Household Panel Survey User Manual Volume A. Introduction, Technical Report and Appendices*. Colchester: University of Essex.

TNS Infratest Sozialforschung. 2013. SOEP 2012. Methodenbericht zum Befragungsjahr 2012(Welle 29) des Sozio-oekonomischen Panels. *SOEP Survey Papers / Series B – Survey Reports (Methodenberichte) 144*. Berlin: DIW/SOEP.

Tutz, Gerhard. 2010. Regression für Zählvariablen. In *Handbuch der sozialwissenschaftlichen Datenanalyse*, Hrsg. Christof Wolf, und Henning Best, 887–904. Wiesbaden: VS Verlag für Sozialwissenschaften.

van Deth, Jan W. 1990. Interest in politics. In *Continuities in political action. A longitudinal study of political orientations in three western democracies*, Hrsg. M. Kent Jennings, 275–312. Berlin/New York: W. de Gruyter.

van Deth, Jan W. 2000. Das Leben, nicht die Politik ist wichtig. *In Demokratie und Partizipation*, Hrsg. Oskar Niedermayer, und Bettina Westle, 115–135. Wiesbaden: VS Verlag für Sozialwissenschaften.

Verba, Sidney, Kay Lehman Schlozman, und Henry E. Brady. 1995. *Voice and equality. Civic voluntarism in American politics*. Cambridge, Mass.: Harvard University Press.

Präsidentielle Führungsmerkmale und außenpolitisches Verhalten: Die Iranpolitik von George W. Bush und Barack Obama im Vergleich

Benedikt Backhaus/Bernhard Stahl

1. Einleitung

> „As a professor, I tended to think of history as run by impersonal forces. But when you see it in practice, you see the difference personalities make." – Henry Kissinger[1]

Die Amtszeit von US-Präsident George W. Bush wird mit einem völkerrechtlich bedenklichen Angriff auf den Irak am 20. März 2003 und seinen verheerenden menschlichen und finanziellen Folgen assoziiert. Der Nachfolger Bushs, Barack Obama, bekam nur wenige Monate nach seiner Amtseinführung den Friedensnobelpreis verliehen. Diese Entscheidung des Nobelkomitees signalisiert, dass US-Präsidenten für Krieg und Frieden auf dieser Welt entscheidend sind: Personen können einen Unterschied machen.

In der Erklärung außenpolitischen Verhaltens von Staaten dominieren gleichwohl strukturorientierte Ansätze die Forschungslandschaft, die auf innerstaatliche und systemische Erklärungsfaktoren abstellen. Letztendlich sind es aber Individuen, die politische Entscheidungen treffen (Hastedt 2013, S. 152), was auch von Praktikern stets betont wird, wie es das Zitat des ehemaligen US-Außenministers Henry Kissinger widerspiegelt. Diese Studie geht von der Annahme aus, dass es einen systematischen Zusammenhang zwischen präsidentiellen Führungsmerkmalen und dem Außenpolitikverhalten der USA gibt. In Abgrenzung zu strukturzentrierten Zugängen verortet sich diese Studie im Bereich der persönlichkeitspsychologischen Ansätze zur Außenpolitikforschung, die individuelle Prägungen von Entscheidungsträgern als zentralen Einflussfaktor betrachten (Möller u. Shierenbeck 2009, S. 3). „Außenpolitikverhalten" oder hier synonym verwendet „außenpolitisches Verhalten" soll dabei phänomenologische Aspekte von Außenpolitik erfassen und abstrahiert von Entscheidungsprozessen in Regierung und Gesellschaft (Stahl 2006, S. 139). Damit wird einem sozial-konstruktivistischen, weiten Verständnis von Außenpolitikverhalten gefolgt, das nicht nur materiell wirksame Aktionen, sondern auch jede Form von Sprechhandlung und Symbolik umfasst (Onuf 1998, S. 67f.). Die zentrale Forschungsfrage dieser Studie lautet: Besteht ein Zusammenhang zwischen präsidentiellen Führungsmerkmalen der amerikanischen Präsidenten und der Iranpolitik der USA? Mit der Leadership Trait Analysis (LTA)[2] wird ein etablierter Ansatz zur Ermittlung der Führungsmerkmale von

---

1 Zitiert in Byman und Pollack (2001, S. 108).
2 Wir möchten Margaret G. Hermanns Kollegin Hanneke Derksen von der Syracuse University für ihre Beratung in Bezug auf die Kodierung und Katharina Masoud für Arbeiten am Manuskript herzlich danken.

Staatsoberhäuptern herangezogen. Die Persönlichkeitsmerkmale George W. Bushs und Barack Obamas werden mit dem US-Außenpolitikverhalten gegenüber Iran in Bezug gesetzt, um zu prüfen, ob sich die zu erwartenden Unterschiede zwischen präsidentiellen Führungsmerkmalen im außenpolitischen Verhalten widerspiegeln. Die USA bieten sich als präsidentielles Regierungssystem mit großen Vollmachten für den Präsidenten in der Außenpolitik zweifellos für einen persönlichkeitszentrierten Ansatz an. Der Iran wurde aufgrund seiner wichtigen geostrategischen Position, der anhaltenden Debatte über das Atomprogramm und seiner feindlichen Haltung gegenüber Israel und den USA ausgewählt. Es kann mit Blick auf die Literatur argumentiert werden, dass die US-Politik gegenüber dem Iran unter den zu untersuchenden Präsidenten weitgehende Kontinuität aufgewiesen hat, was den Fall zu einem veritablen ‚hard case' für die Theorie macht (Singh 2012, S. 187).

Diese Studie im Bereich der Politischen Psychologie stützt sich auf das LTA-Modell von Margaret Hermann (1980, 1994, 2002, 2003, 2008, 2013; Kaarbo u. Hermann 1998), das sie als besonders geeignet ansieht, die Rolle von Personen in der Politik adäquat zu analysieren (Hermann 2003, S. 46). Erstmals fand es 1980 in einer Analyse der Mitglieder des Sowjetischen Politbüros Anwendung (Hermann 2011) und seitdem hat die Autorin das Modell stetig weiter entwickelt. In jüngerer Vergangenheit wurde die LTA zur Analyse von Außenpolitikverhalten in verschiedenen Regierungssystemen und Entscheidungskontexten genutzt (Dyson 2006; Kesgin 2012; Shannon u. Keller 2007).

Unter den wenigen persönlichkeitspsychologischen Ansätzen steht die LTA der Theorie des „Operational Code" am nächsten (Brummer u. Oppermann 2014, S. 157ff. George 1969; Walker u. Schafer 2010), die zur Analyse von US-Präsidenten (Walker u. Falkowski 1984) sowie anderen Führungspersönlichkeiten wie Angela Merkel (Brummer 2011) oder Xi Jinping (Kai u. Huiyun 2013) erprobt wurde. Der Operational Code-Ansatz gründet sich allerdings auf ein eindimensionales Persönlichkeitsmodell, das Kognitionen auf Überzeugungen beschränkt. Die LTA hingegen basiert auf einem mehrdimensionalen Persönlichkeitsmodell, das auch „Eigenschaften" und „Motivationen" mit einschließt. Dass erst das Zusammenspiel dieser Faktoren die Erklärung von außenpolitischem Verhalten ermöglicht, hat beispielsweise Dyson (2006, 2009) in seinen Analysen der britischen Außenpolitik gezeigt. Darüber hinaus erweist sich das LTA-Modell für unsere Fragestellung als geeigneter, da es im Vergleich zum Operational Code-Ansatz eine stärkere Verhaltensorientierung aufweist.

Um die Forschungsfrage zu beantworten, werden zunächst Profile von George W. Bush und Barack Obama mithilfe der LTA erstellt. Auf Basis eines Vergleichs der Gemeinsamkeiten und Unterschiede hinsichtlich der präsidentiellen Führungsmerkmale beider US-Präsidenten werden Erwartungen an das Außenpolitikverhalten der USA gegenüber Iran formuliert. Anschließend folgt die Analyse ausgewählter Aspekte der US-Iranpolitik, die sich thematisch auf Ereignisse in Bezug auf das Iranische Atomprogramm fokussiert und Rhetorik, die Verhängung von Sanktionen sowie bi- und multilaterale Diplomatie in diesem Kontext umfasst. Im Ergebnis kann die Kongruenz zwischen erwartetem und tatsächlichem Verhalten getestet werden, bevor die LTA im Lichte der Studie diskutiert wird und mögliche

Verwendungen in der zukünftigen Erforschung außenpolitischen Verhaltens von Staaten skizziert werden.

2. Forschungsdesign

2.1 Forschungsfrage, Hypothese & Modellbildung

Diese Studie befasst sich mit der Frage, ob sich präsidentielle Führungsmerkmale von George W. Bush und Barack Obama in der jeweiligen Iranpolitik der USA widerspiegeln. Während „Außenpolitikverhalten" im oben definierten phänomenologischen Verständnis eine gut geeignete abhängige Variable im Forschungsdesign darstellt, fungieren „Führungsmerkmale" als unabhängige Variable. Die Beschränkung auf die beiden aufeinander folgenden US-Präsidenten George W. Bush und Barack Obama erlaubt eine detaillierte Betrachtung ihrer Führungsmerkmale sowie der US-Iranpolitik während ihrer Amtszeit und lässt überdies einen dynamischen Vergleich zu.

Abbildung 1: Forschungsdesign

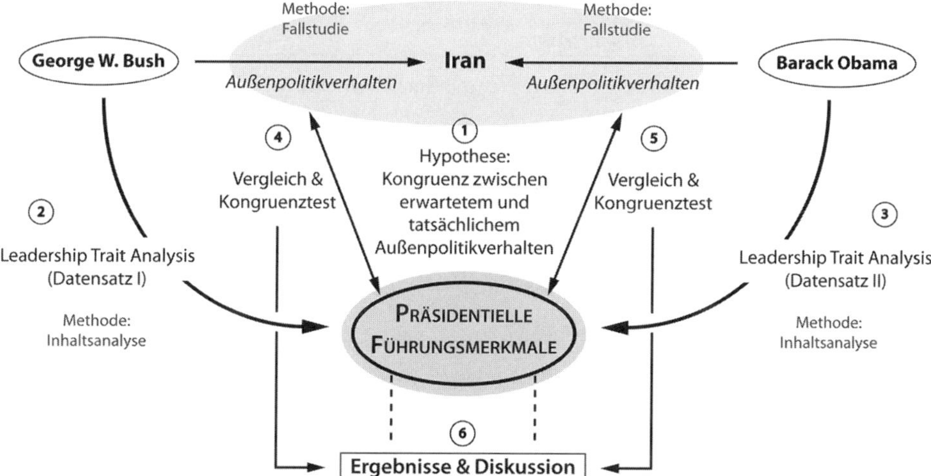

Die Hypothese ist, dass die jeweilige Iranpolitik in beiden Amtszeiten George W. Bushs und der ersten Amtszeit Barack Obamas den zuvor definierten Erwartungen entspricht, die auf der Basis analysierter Führungsmerkmale entwickelt werden. Um diese Hypothese zu testen, werden die analysierten Merkmale im sich anschließenden Kongruenzabgleich als stabil und exogen behandelt (Levy 2003, S. 255; Winter 2003, S. 117), weshalb Unterschiede in Führungsmerkmalen zur Erwartung distinkten Verhaltens in Stil und Substanz der US-Iranpolitik führen. Indem das Außenpolitikverhalten hinsichtlich der Führungsmerkmale interpretiert wird, wird ein Kongruenztest zwischen zu erwartendem und phänomenologisch konstatiertem Verhalten durchgeführt (George u. Bennett 2005, S. 181ff.). Zwar ist hiermit keine strenge Kausalität nachzuweisen – die spezifische „causal chain" bleibt unklar – doch kann behauptet werden, dass Varianzen in der unabhängigen Variable (hier: Führungsmerkmale) Varianzen in der abhängigen (hier: Außenpolitikverhalten) erklären. Mit der Bestimmung der Führungsmerkmale von Bush und Obama sowie dem folgenden Kongruenztest, der den Charakter einer „plausibility probe" (George u. Bennett 2005, S. 75) aufweist, kann sowohl ein signifikanter theoretischer Mehrwert in Bezug auf die LTA als auch ein empirischer hinsichtlich der US-Außenpolitik gegenüber dem Iran generiert werden.

2.2 Margaret G. Hermanns Leadership Trait Analysis

„Führungsmerkmale" können als tieferliegende und im Allgemeinen unbewusste psychologische Charakteristika ihres Trägers definiert werden (Schafer 2000, S. 517). Hermann bestimmt diese anhand verbaler Aussagen der analysierten Personen, wobei die Häufigkeit der Verwendung bestimmter Schlagwörter auf die Ausprägung eines bestimmten Merkmals hinweist (Habibi 2008, S. 32; Hermann 2003, S. 178). Sie identifiziert die folgenden sieben Führungsmerkmale:

Tabelle 1: Führungsmerkmale und ihre Bedeutung

Führungsmerkmal	Beschreibung
Glaube, Ereignisse kontrollieren zu können	belief that one can influence or control what happens
Verlangen nach Macht	need for power and influence
Konzeptionelle Komplexität	ability to differentiate things and people in one's environment
Selbstbewusstsein	self-confidence
Aufgabenfokus	tendency to focus on problem solving and accomplishing something versus maintenance of the group and dealing with others' ideas and sensitivities
Misstrauen ggü. anderen	general distrust or suspiciousness of others
Vorurteile ggü. Ingroup	intensity with which a person holds an in-group bias

Quelle: Hermann 2003, S. 184

Im Anschluss an die Auswertung jedes einzelnen Führungsmerkmals werden diese mit einer Vergleichsgruppe ins Verhältnis gesetzt, bestimmte Merkmale gruppiert und die Stellung ihrer Ausprägung zueinander interpretiert.

– Der Glaube, Ereignisse kontrollieren zu können, und das Verlangen nach Macht lassen eine Aussage über die *Reaktion auf äußere Beschränkungen zu* (Hermann 2003, S. 181f.).
– Selbstvertrauen und Konzeptionelle Komplexität lassen auf die *Offenheit gegenüber Informationen schließen* (Hermann 2003, S. 192f.).
– Aus dem Merkmal des Aufgabenschwerpunkts kann die *Motivation, ein Amt auszuüben, abgeleitet werden* (Hermann 2003, S. 197ff.).
– Die Kombination der Vorurteile gegenüber der Ingroup (eine Voreingenommenheit gegenüber der eigenen Gruppe) und dem Misstrauen gegenüber an-

deren charakterisiert die *Haltung gegenüber der Welt* (Hermann 2003, S. 199ff.).

Ist beispielsweise sowohl die Konzeptionelle Komplexität als auch das Selbstbewusstsein gegenüber der Vergleichsgruppe hoch ausgeprägt, ist die analysierte Person offen gegenüber Informationen. Zusammen genommen zeigen die Reaktion auf äußere Beschränkungen, die Offenheit für Informationen und der Aufgabenschwerpunkt einen spezifischen Führungsstil:

„The term leadership style means the ways in which leaders relate to those around them – whether constituents, advisers, or other leaders – and how they structure interactions and the norms, rules, and principles they use to guide such interactions." (Hermann 2003, S. 181)

Acht verschiedene Führungsstile sind möglich: expansionistisch, evangelikal, aktiv unabhängig, leitend, inkrementell, einflussreich, opportunistisch, oder kollegial (Hermann 2003, S. 185). Die LTA lässt sich als Dreischritt verstehen, bei der zunächst sieben einzelne Führungsmerkmale analysiert werden, diese werden anschließend zu vier kombinierten bzw. abgeleiteten Merkmalen verdichtet, woraus sich letztlich ein spezifischer Führungsstil ergibt.

2.3 Methodik

Die Führungsmerkmale werden durch eine Inhaltsanalyse des verbalen Datenmaterials ‚aus der Distanz' entnommen (McDermott 2004, S. 227). Mithilfe dieser Technik können psychologische Rückschlüsse über politisch relevante Aspekte der Persönlichkeit politischer Akteure aus der systematischen und objektiven Studie transkribierten, mündlichen Materials gezogen werden (Winter u. Stewart 1977, S. 29). In dieser Studie wird davon ausgegangen, dass vorbereitete Reden eher Überzeugungen und Meinungen von Redenschreibern oder Beamten widerspiegeln und nicht die der zu analysierenden Führungsperson („Ghostwriting-Effekt", Hermann 2003, S. 179f. 2008, S. 154; McDermott 2004, S. 34; Schafer 2000, S. 515). Daher wird hier ausschließlich spontanes Material von Pressekonferenzen aus den „Presidential Papers" und dem „American Presidency Project" verwendet, um die Validität der Analyse zu verbessern (US Government Printing Office 2013; Woolley u. Peters 2013). Die Einhaltung der Kodierungsregeln der LTA ist aufgrund der Verwendung der aktuellen Version der Profiler Plus-Software gewährleistet (Young u. Hermann 2012).

Als Vergleichsgruppe wurden „Anglo-Amerikanische Führungspersönlichkeiten" ausgewählt, die ohne die zwei hier analysierten US-Präsidenten aus 15 Führungspersonen besteht. Die hohe Ähnlichkeit dieser Kategorie mit der Position der beiden zu analysierenden Personen ermöglicht die Kontrastierung der Führungsmerkmale George W. Bushs und Barack Obamas mit denen ‚durchschnittlicher' US-Präsidenten. Bei der Datenauswahl und der Analyse wurde auf eine strikte Einhaltung von Hermanns Anforderungen an die LTA geachtet, was eine hohe Validität der generierten Profile sichert: Das ausgewählte Material ist über die Amtszeit des jeweiligen US-Präsidenten verteilt, eine Vielzahl von unterschiedlichen Politikbereichen wurde einbezogen und beide Profile basieren auf über 50

Interviewantworten, von denen jede die Mindestlänge von 100 Wörtern erfüllt. Die Antwortauswahl konzentrierte sich auf technische Aspekte wie beispielsweise die Antwortlänge. Interviewantworten in Bezug auf Iran wurden explizit nicht berücksichtigt, da eine solche Vorgehensweise das zu erklärende Außenpolitikverhalten, welches Rhetorik einschließt, durch sich selbst erklären würde und nicht durch präsidentielle Führungsmerkmale (Tautologie-Problem).

Die Untersuchung des US-Außenpolitikverhaltens ist als Fallstudie (Hastedt 2013, S. 151) konzipiert, in der das außenpolitische Verhalten gegenüber Iran mithilfe der zuvor analysierten Führungsmerkmale interpretiert wird. Somit wird die Kongruenz zwischen präsidentiellen Führungsmerkmalen und US-Iranpolitik getestet (George u. Bennett 2005 S. 181ff.). Die USA werden dabei als einheitlicher Akteur konzeptualisiert und die empirische Analyse ist deskriptiv und chronologisch organisiert (Stahl 2006, S. 140). Sie greift auf Sekundärquellen zurück, die das US-Außenpolitikverhalten gegenüber Iran zusammenfassen und die zur Vermeidung persönlicher Voreingenommenheit vor Erhalt der Kodierungsergebnisse ausgewählt wurden. Aus Platzmangel kann die Analyse keine Details der komplexen US-Iranpolitik im betrachteten Zeitraum berücksichtigen, sondern muss sich auf eine Auswahl von Ereignissen beschränken, die auf der Häufigkeit der Nennung in der Sekundärliteratur und der ihnen von den jeweiligen Autoren beigemessenen Bedeutung basiert. Da eine Kongruenzanalyse nach einer strikten Trennung der Variablen verlangt, werden in der Verhaltensanalyse noch keine Bezüge zu Persönlichkeitsmerkmalen hergestellt, vielmehr wird die Kongruenz zwischen beobachtetem und erwartetem Verhalten in einem eigenen Abschnitt abgehandelt (4.3).

3. Präsidentielle Führungsmerkmale von Bush und Obama im Vergleich

Wenn man den 43ten und 44ten US-Präsidenten miteinander vergleicht, werden Unterschiede und Gemeinsamkeiten bei den Führungsmerkmalen deutlich. Tabelle 2 stellt die Ausprägung der sieben präsidentiellen Führungsmerkmale, die daraus abgeleiteten Merkmale sowie den analysierten Führungsstil von George W. Bush und Barack Obama dar.

3.1 Gemeinsamkeiten

Barack Obama und sein Vorgänger teilen ein moderates Bedürfnis nach Macht, eine moderate Konzeptionelle Komplexität, einen moderaten Aufgabenschwerpunkt und ein geringes Misstrauen gegenüber anderen. Das moderate Machtstreben lässt einen ausgeglichenen Ansatz zwischen direkter und indirekter Interaktion erwarten (Hermann 2003, S. 190f.). Die Konzeptionelle Komplexität, d.h. die Fähigkeit zur differenzierten Betrachtung von Phänomenen, liegt für Bush und Obama beim gleichen Wert leicht oberhalb der Vergleichsgruppe. Dies ist überraschend, da Obama im Gegensatz zu Bush deutlich häufiger als intellektuell und nuanciert denkend beschrieben wird, was eine höhere Konzeptionelle Komplexität als die seines oftmals als moralisierend und stereotyp charakterisierten Vorgängers erwarten ließe (Hermann 2003, S. 195f.; Singh 2012, S. 17, 27, 185; Sullivan 2009, S. 25). Beide US-Präsidenten sind offen für kontextabhängige Informationen sowie für Forderungen und Überzeugungen von anderen, weshalb sich eine große Menge an Informationen aus verschiedenen Quellen in den Ergebnissen ihres Verhaltens wiederfindet (Hermann 2003, S. 192). Ihr moderater Aufgabenschwerpunkt führt zu einer Fall-zu-Fall-Beurteilung der Entscheidung, ob sich Außenpolitikverhalten auf die Lösung konkreter Probleme oder beziehungsbildende Maßnahmen fokussieren sollte (Hermann 2003, S. 198). Das geringe Misstrauen gegenüber anderen sagt aus, dass beide US-Präsidenten Vertrauen und Misstrauen anhand früherer Erfahrungen gegeneinander abwägen (Hermann 2003, S. 203). Der Ausprägung des Führungsmerkmals der Haltung gegenüber der Welt zufolge versteht Obama die internationalen Beziehungen eher als Nullsummenspiel mit andauernder Konfrontation, während Bush zwar ebenfalls dazu tendiert, aber keiner der Kategorien eindeutig zugeordnet werden kann (Hermann 2003, S. 199).

Tabelle 2: Die Führungsprofile von George W. Bush und Barack Obama

	George W. Bush	Barack Obama
Glaube, Ereignisse kontrollieren zu können	Moderat	Hoch
Verlangen nach Macht	Moderat	Moderat
Konzeptionelle Komplexität	Moderat	Moderat
Selbstbewusstsein	Niedrig	Hoch
Aufgabenfokus	Moderat	Moderat
Misstrauen gegenüber anderen	Niedrig	Niedrig
Vorurteile gegenüber Ingroup	Moderat	Hoch
Reaktion auf äußere Beschränkungen	Respektiert Beschränkungen	Stellt Beschränkungen infrage
Offenheit gegenüber Informationen	Offen	Offen
Motivation, ein Amt auszuüben	Situationsabhängig	Situationsabhängig
Haltung gegenüber der Welt	Fall-zu-Fall/Nullsummenspiel	Nullsummenspiel
Führungsstil	Opportunistisch/Kollegial	Aktiv Unabhängig/Leitend

Quelle: Eigene Darstellung (Ergebnisse einer selbst durchgeführten Studie)

3.2 Unterschiede

Obama hat einen aktiven, unabhängigen oder leitenden Führungsstil, durch den er die Manövrierfähigkeit der USA aufrechtzuerhalten und ihre Akzeptanz bei anderen Akteuren auf der Weltbühne zu erhöhen versucht. Bushs Führungsstil ist kollegial oder auch opportunistisch, was ihn Problemlösungen in bestimmten

Kontexten betrachten lässt und ihn veranlasst, mögliche Prestigegewinne durch die Bevollmächtigung anderer zu realisieren (Hermann 2003, S. 185). Des Weiteren unterscheiden sich beide US-Präsidenten hinsichtlich ihrer Überzeugung, Ereignisse kontrollieren zu können, ihres Selbstbewusstseins und ihrer Vorurteile gegenüber ihrer eigenen Ingroup. Aufgrund seiner stärkeren Überzeugung, Ereignisse kontrollieren zu können, akzeptiert Obama äußere Beschränkungen weniger als Bush und neigt eher dazu, die Grenzen des vermeintlich Möglichen zu überschreiten. Der größte Unterschied zwischen den beiden Führungspersönlichkeiten liegt im Selbstbewusstsein: Obama erzielt in diesem Führungsmerkmal einen Wert von dreieinhalb Standardabweichungen über dem niedrigen Selbstbewusstsein Bushs. Während Obama dazu tendiert, sein Selbstbild auch unter herausfordernden äußeren Bedingungen beizubehalten, ist Bushs Persönlichkeit von einem stärkeren Bedürfnis nach Anerkennung durch andere Menschen gekennzeichnet. Aus demselben Grund verarbeitet Obama neu eintreffende Informationen mit einer Tendenz gleichbleibenden Verhaltens, im Gegensatz zu Bush, der stärker nach Informationen und Ratschlägen von anderen strebt und seine Handlungen an diesen ausrichtet (Hermann 2003, S. 192ff.). Eine weitere Unterscheidung zwischen beiden US-Präsidenten basiert auf Obamas höherer Ausprägung von Vorurteilen gegenüber der eigenen Ingroup, die eine stärkere emotionale Bindung aufgrund sozialer, politischer oder ethnischer Zugehörigkeit ausdrückt (Hermann 2003, S. 201). Diese veranlasst Obama mehr als Bush, Anstrengungen zur Wahrung der Zugehörigkeit zu seiner Ingroup zu unternehmen und diese vor der Konkurrenz rivalisierender Gruppierungen zu schützen.

3.3 Verhaltenserwartungen

Da die erstellten Profile den beiden analysierten US-Präsidenten eine überdurchschnittliche Konzeptionelle Komplexität konstatieren, ist in den betrachteten Amtszeiten eine eher geringe Konflikthaftigkeit im außenpolitischen Verhalten der USA gegenüber Iran zu erwarten, die tendenziell bei Bush niedriger sein sollte als bei Obama. Daher ist mit einem Verhalten in den bilateralen Beziehungen zu rechnen, das sich hauptsächlich auf Diplomatie stützt. Da beide Präsidenten weniger bereit sind, Ressourcen für einen Konflikt zu opfern als Führungspersonen mit geringerer Konzeptioneller Komplexität, erscheint eine Eskalation der US-Iran-Beziehungen bis hin zu gezielten Militärschlägen sehr unwahrscheinlich (argumentum e contrario aus Schafer 2000, S. 522). Dabei sollte das Außenpolitikverhalten unter beiden Führungspersönlichkeiten die nuancierte und differenzierte Betrachtung von einzelnen Facetten der zwischenstaatlichen Beziehungen zwischen USA und Iran sowie die Verarbeitung einer großen Menge von Informationen erkennen lassen. Im außenpolitischen Verhalten unter beiden analysierten US-Präsidenten ist die Entwicklung des Vertrauens von früheren Erfahrungen abhängig, was zu der Erwartung einer Verstärkung positiver oder negativer Tendenzen in den bilateralen Beziehungen der beiden Staaten führt.

Jenseits der Erwartung dieser grundlegenden Gemeinsamkeiten wird sich die US-Iranpolitik in den untersuchten Amtszeiten der beiden Führungspersonen in wesentlichen Aspekten voneinander unterscheiden. Für das Außenpolitikverhalten unter Bush wird mit einem Agieren der USA innerhalb vorgegebener Beschränkungen gerechnet, weshalb eine Fortsetzung der Spannungen zwischen den beiden Staaten wahrscheinlich ist, die seit der Islamischen Revolution und der Geiselnahme von Teheran im Jahr 1979 anhalten. Außerdem wird das außenpolitische Verhalten der USA unter Bush von dessen persönlicher Zurückhaltung geprägt sein und der US-Präsident wird öffentlich eine passive Rolle einnehmen. Darüber hinaus ist von einer gewissen Untätigkeit im Außenpolitikverhalten auszugehen, da anderen Staaten die Initiative überlassen wird.

Diesen Charakteristika können drei Erwartungen an das Außenpolitikverhalten in Obamas erster Amtszeit gegenübergestellt werden. Erstens wird die öffentliche Diplomatie wesentlich stärker auf die internationale Ebene ausgerichtet sein als unter Bush und die USA werden deutlich mehr Wert auf eine Steigerung ihres Ansehens in der Welt legen. Zweitens wird Obama wesentlich mehr persönliches Engagement und direkte Präsenz im außenpolitischen Verhalten zeigen, was sich besonders angesichts der zu erwartenden Passivität seines Vorgängers bemerkbar machen sollte (Hermann 2003, S. 187ff.). Drittens – und ebenfalls im Unterschied zu seinem Vorgänger – wird die US-Iranpolitik unter Obama vom Bemühen um eine Überwindung äußerer Beschränkungen gekennzeichnet sein.

4. Das Außenpolitikverhalten der USA gegenüber Iran

Im folgenden Abschnitt wird das tatsächlich beobachtete Außenpolitikverhalten der USA gegenüber Iran untersucht, um anschließend eine Prüfung der Kongruenz zu den zuvor aufgestellten Erwartungen zu ermöglichen. Die Analyse beschränkt sich dabei auf ausgewählte Aspekte des außenpolitischen Verhaltens der USA bezüglich des iranischen Atomprogramms und umfasst symbolische Akte, Rhetorik, das Anstreben oder die Durchführung von Sanktionen sowie bi- oder multilaterale Diplomatie in diesem Kontext. Analog zur Untersuchung der präsidentiellen Führungsmerkmale erstreckt sich die Analyse zeitlich auf die beiden Amtszeiten Bushs und die erste Obamas.

4.1 George W. Bush

Die seit der Islamischen Revolution von 1979 stark belasteten bilateralen Beziehungen zwischen USA und Iran erfuhren eine geringfügige Annäherung zu Beginn von George W. Bushs Präsidentschaft (Shahram 2009, S. 397). Unmittelbar nach den Anschlägen vom elften September und der US-geführten Invasion Afghanistans bestätigte Iran seinen Ruf als Pariastaat nicht, sondern zeigte ein gewisses Maß an Mitgefühl mit den von den Terroranschlägen betroffenen Amerikanern (Townsend 2012). Dennoch zählte Bush den Iran in seiner Rede zur Lage der Nation am 29. Januar 2002 zur „Achse des Bösen" wie Nordkorea und Irak (DiFilippo 2006, S. 101; Singh 2012, S. 45).

4.1.1 Teherans Angebot zu umfassenden Verhandlungen 2003

Die Invasion Iraks und die damit verbundene regionale Präsenz der USA setzte Iran unter Handlungsdruck, was kurz nach dem Sturz Saddam Husseins zu einer umfassenden Verhandlungsofferte Irans an die USA führte. Das weitreichende Angebot enthielt Forderungen nach einem Austausch von Mitgliedern der Mujahedin-e Khalq gegen Mitglieder von al-Qaida, die Beendung der Sanktionen gegen Iran, die Respektierung regionaler Interessen insbesondere im Hinblick auf Irak und die Anerkennung des Rechts auf Zugang zu Atom-, Bio- und Chemie-Technologie (Parsi 2012, S. 3). Von den USA gab es keine offizielle Antwort, vielmehr wurde der Schweizer Botschafter für eine Überschreitung seines Mandats kritisiert, weil er das Angebot aufgrund der Inexistenz einer US-Botschaft in Iran überbracht hatte (Murray 2010, S. 126; Parsi 2012, S. 4f.). Die Haltung der USA wurde von Vizepräsident Dick Cheney und Verteidigungsminister Donald Rumsfeld mit den Worten ausgedrückt: „we don't speak to evil" (zitiert in Parsi 2012, S. 4).

4.1.2 Verhandlungen der EU3-Staaten mit Iran

Trotz der enormen Bedeutung des geheimen iranischen Atomprogramms und dessen Entdeckung im Jahr 2002 nahmen die USA nicht an Gesprächen zwischen Iran und den EU3-Staaten[3] teil, als diese im Oktober 2003 begannen (Fathollah-Nejad 2010, S. 17f. Özcan u. Özdamar 2009, S. 124). Die USA stießen erst 2005 zu den multilateralen Gesprächen hinzu und unterstützten sie eher halbherzig (Pressman 2009, S. 167; Rudolf 2010, S. 5).

4.1.3 Sanktionen des UN-Sicherheitsrats und militärische Drohungen 2006

Die Wahl Mahmoud Ahmadinejads zum Präsidenten der Islamischen Republik Iran im Jahr 2005 hatte weitreichende Auswirkungen auf die bilateralen Beziehungen zwischen den USA und Iran (Shahram 2009, S. 398). Seine Außenpolitik kann als Rückkehr zu revolutionären Prinzipien charakterisiert werden, die im ersten Jahrzehnt nach der Islamischen Revolution in der Politik Irans verankert wurden und in deren Verständnis die USA und Israel als globale und regionale Hauptfeinde zu betrachten sind (Naji u. Jawan 2011, S. 100). Ahmadinejad, mit den Worten Bushs „a very strange man" (zitiert in Murray 2010, S. 135), setzte die Urananreicherung fort und ersetzte alle Beamten, die zuvor an Verhandlungen Irans mit europäischen Staaten beteiligt gewesen waren (Jahanbegloo 2009, S. 11; Özcan u. Özdamar 2009, S. 124).

Der inneriranische Wandel fiel mit einer graduellen Neuausrichtung der USA zusammen, die nun begannen, einen konfrontativeren Kurs einzuschlagen (DiFilippo 2006, S. 115f. Singh 2012, S. 107). Im Jahr 2004 forderte ein Entwurf der USA für eine Resolution der Internationalen Atomenergiebehörde (IAEA), dass Iran seinen Verpflichtungen aus dem Atomwaffensperrvertrag (NPT) nachkommen und bei Nichtbefolgung der UN-Sicherheitsrat Druck auf Teheran ausüben

---

3 Frankreich, Deutschland und das Vereinigte Königreich.

sollte (DiFilippo 2006, S. 118; Rudolf 2010, S. 16).[4] Nachdem dieser Ansatz nicht zu den gewünschten Änderungen im iranischen Verhalten führte, stellte der UN-Sicherheitsrat Iran am 30. März 2006 ein Ultimatum von 30 Tagen zur Einstellung der atomaren Anreicherung. Als Ahmadinejad einige Tage später die Urananreicherung für erfolgreich erklärte, forderte UN-Sicherheitsratsresolution 1696 Iran erneut dazu auf, seine Verpflichtungen aus dem NPT einzuhalten. Nachdem auch dieser Versuch erfolglos blieb, brachten die EU3-Staaten Resolution 1737 in den UN-Sicherheitsrat ein, die einstimmig angenommen wurde (Özcan u. Özdamar 2009, S. 124). Die Bestimmungen der Resolution richteten sich gegen das iranische Atomprogramm und sahen die Einschränkung des Handels mit Raketen und spaltbarem Material, die Einfrierung des Vermögens iranischer Wissenschaftler und die Verhängung von Reisebeschränkungen vor (Kubbig u. Fikenscher 2008, S. 29). Die beiden folgenden UN-Sicherheitsratsresolutionen 1747 im März 2007 und 1803 im März 2008 prononcierten die ursprünglichen Bestimmungen (Katzman 2013, S. 38).

Die Forderung an den Iran, die NPT-Verpflichtungen einzuhalten, wurden von der Bush-Regierung mit Drohungen militärischer Gewaltanwendung begleitet, die auch unilateral und präemptiv erfolgen könnten (DiFilippo 2006, S. 102). Bereits wenige Tage nach den Anschlägen vom elften September hatte Bush eine manichäische Unterscheidung zwischen den USA und den Terroristen (bzw. ihren Unterstützer-Staaten) getroffen und alle souveränen Staaten dazu aufgerufen, sich für eine der beiden Seiten zu entscheiden: „Either you are with us, or you are with the terrorists" (Bush 2001). Diese beiden Elemente, unilaterales militärisches Handeln und eine binäre Aufteilung der Welt, bilden die Säulen der sogenannten Bush-Doktrin (Lindsay 2011, S. 766f.). Sowohl für die frühen Jahre von George W. Bushs Präsidentschaft als auch für seine zweite Amtszeit können Androhungen von Militärschlägen gegen Iran nachgewiesen werden (Pressman 2009, S. 166; Woodward 2009, S. 334; DiFilippo 2006, S. 119; Rudolf 2010, S. 114). Im gleichen Jahr, in dem die USA einen weiteren Flugzeugträger in den Persischen Golf sandten (Kubbig u. Fikenscher 2008, S. 20), sagte Bush: „if you're interested in avoiding World War III, it seems like you ought to be interested in preventing [Iran] from having the knowledge necessary to make a nuclear weapon" (zitiert in Zakaria 2007).

4.2 Barack Obama

Die Wahl Barack Hussein Obamas zum ersten afroamerikanischen Präsidenten in der Geschichte der USA ließ eine Veränderung des Außenpolitikverhaltens auf vielen Gebieten erwarten (Hook 2013, S. 56). Vor seiner Wahl hatte er selbstbewusst und auf die muslimische Welt bezugnehmend behauptet, aufgrund seines multikulturellen Hintergrunds der am besten geeignete Kandidat für eine Verbesserung des internationalen Ansehens der USA zu sein (Obama 2007). Das Vorhaben, die internationalen Beziehungen der USA positiver zu gestalten und sich auf

---

4   Einen Überblick über US-Sanktionen gegen Iran sowie deren Evaluierung bietet Katzman (2013).

internationaler Ebene stärker zu engagieren, sollte auch den Iran umfassen: „we are going to have to take a new approach. And I've outlined my belief that engagement is the place to start" (Obama 2009b).

4.2.1 Obamas neues Engagement

In seiner Antrittsrede untermalte Obama seine Überzeugungen mit einer gegenüber seinem Vorgänger stark veränderten Rhetorik:

„We are a nation of Christians and Muslims, Jews and Hindus, and nonbelievers. We are shaped by every language and culture, drawn from every end of this Earth. (…) America must play its role in ushering in a new era of peace. To the Muslim world, we seek a new way forward, based on mutual interest and mutual respect. (…) To those who cling to power through corruption and deceit and the silencing of dissent, know that you are on the wrong side of history, but that we will extend a hand if you are willing to unclench your fist." (Obama 2009a)

Obwohl Obama keine spezifischen Staaten nennt, wurde seine Antrittsrede weithin als Verhandlungsangebot an den Iran interpretiert (Parsi 2012, S. 8; Rudolf 2010, S. 5; Singh 2012, S. 95). Den Worten des „gegenseitigen Respekts" kommt dabei eine besondere Bedeutung zu, da sie seit der Islamischen Revolution von 1979 von den USA nicht mehr in Bezug auf Iran verwendet wurden und weil sie Irans Selbstbild als Regionalmacht adressieren, die mit den USA auf Augenhöhe verhandeln kann (Shahram 2009, S. 398; Singh 2012, S. 7). Dieser Respekt wurde Iran auch in Obamas Kairoer Rede und seiner Videobotschaft zum Iranischen Neujahr zuteil (Obama 2009d, 2009c; Singh 2012, S. 49). Obamas Gruß zu Nouruz stellte einen einmaligen Versuch dar, die bilateralen Beziehungen substanziell zu verbessern. Obama adressierte dabei nicht nur das iranische Volk, sondern auch Irans Führung und verwendete als erster US-Präsident den offiziellen Namen „Islamic Republic of Iran" (Jahanbegloo 2009, S. 16f. Naji u. Jawan 2011, S. 100). Beide Punkte verdeutlichen die Abkehr von der Forderung eines Regimewechsels und zeigen stattdessen die Bereitschaft, mit der iranischen Regierung zusammenzuarbeiten. Des Weiteren stellte Obama Irans Kultur und Zivilisation heraus, was als weiteres Zeichen des zugesprochenen gegenseitigen Respekts gedeutet werden kann (Jahanbegloo 2009, S. 16f. Naji u. Jawan 2011, S. 100). Obama zeigte darüber hinaus eine Perspektive für die Zukunft der bilateralen Beziehungen auf, die diplomatische Gespräche ohne die vorherige Beschränkung etwaiger Themengebiete umfassen sollte (Obama 2009d). Als möglichem Ergebnis solcher Verhandlungen sollte Iran mehr Bedeutung in regionalen und globalen Kontexten zugesprochen werden, was einer der Hauptforderungen der iranischen Regierung entsprochen hätte (Parsi 2012, S. 64). Somit relativierte Obamas Videobotschaft zu Nouruz das Stigma vom ‚Schurkenstaat' Iran und kann als Teil des Bemühens um einen neuen, positiven Ansatz gesehen werden (Jahanbegloo 2009, S. 16f. Singh 2012, S. 92f.).

4.2.2 Reaktionen auf die Wahlen von 2009

Im Juni 2009 wurde Irans Präsident Mahmoud Ahmadinejad im Amt bestätigt – ein Ergebnis, das nach übereinstimmender Analyse externer Beobachter durch Wahlfälschung zustande kam und Massenproteste im Land auslöste (Singh 2012, S. 93). Die Obama-Administration sah sich in einem Dilemma: Sie konnte die Vorgänge entweder nicht kommentieren und innenpolitischen Widerstand in den USA riskieren, oder sie konnte die Wahl öffentlich kritisieren mit der Gefahr, von der iranischen Regierung und Teilen der Protestierenden als destabilisierende äußere Macht wahrgenommen oder dargestellt zu werden (Rudolf 2010, S. 10). Letzteres barg zudem das Risiko einer Schwächung der iranischen Opposition, die durch die mögliche Darstellung einer direkten Verbindung zu den USA innergesellschaftliche Unterstützung verloren hätte (Singh 2012, S. 94). Daher positionierten sich die USA erst nach einigen Tagen und wählten einen deeskalierenden Ansatz, der gleichwohl auf Menschenrechtsverletzungen hinwies (Parsi 2012, S. 98). Obwohl die Proteste damit unterstützt werden sollten, versicherte Obama zugleich, dass die USA nicht die Absicht hätten, sich in die inneren Angelegenheiten Irans einzumischen (Naji u. Jawan 2011, S. 101).

4.2.3 Gespräche der P5+1-Staaten mit Iran

Die Entwicklung einer Atomwaffe durch Iran stellte für die USA nach wie vor eine rote Linie dar, die unter keinen Umständen überschritten werden durfte (Parsi 2012, S. 34). Daher wurde eine diplomatische Strategie verfolgt, die zu einer Begrenzung des atomar angereicherten Materials auf niedrigem Niveau führen sollte, um Irans Atomwaffenfähigkeit zu verhindern (Fathollah-Nejad 2010, S. 55). Die USA erhöhten ihre Aktivität in den Verhandlungen der P5+1-Staaten[5] mit Iran, die zur Lösung des Streits um das iranische Atomprogramm geführt wurden (Rudolf 2010, S. 9). Obwohl kurz vor Beginn der Gespräche der Bau einer geheimen Atomanlage in Qom bekannt wurde, machten die P5+1-Staaten Iran ein Angebot zum Erhalt von nuklearem Brennstoff für seinen medizinischen Forschungsreaktor in Teheran. Der Vorschlag sah die Verschiffung von schwach angereichertem Uran von Iran nach Russland vor, wo die weitere Anreicherung erfolgen sollte. Anschließend sollte das Material nach Frankreich verbracht werden, um die Umwandlung des Materials für eine Eignung im iranischen Forschungsreaktor zu gewährleisten (Fathollah-Nejad 2010, S. 55f. Singh 2012, S. 95). Dieses Angebot wurde am 1. Oktober 2009 in Genf durch Irans Chefunterhändler, Saeed Jalili, zunächst angenommen, aber zwei Wochen später doch abgelehnt. Mohamed El Baradei, damaliger Generaldirektor der IAEA, modifizierte daraufhin die Vereinbarung und forderte eine Reaktion Irans innerhalb von zwei Tagen. Auch das veränderte Angebot wurde zunächst von Iran angenommen und anschließend wieder verworfen, weil die Widerstände innerhalb der iranischen Führung zu groß waren. Stattdessen schlug Teheran im Gegenzug den gleichzeitigen Austausch nuklear angereicherten

---

5   Die P5+1-Staaten (auch als EU3+3 bezeichnet) umfassen die fünf ständigen Mitglieder des UN-Sicherheitsrats (USA, Großbritannien, Frankreich, China, Russland) und Deutschland.

Materials vor, eine Vorgehensweise, die den P5+1-Staaten keine zusätzliche Zeit für weitere Verhandlungen mit Iran eingeräumt hätte. Im Ergebnis wurden die Verhandlungen abgebrochen und es gab keine weiteren Sitzungen zwischen Iran und den P5+1-Staaten (Fathollah-Nejad 2010, 56, S. 56f.; Singh 2012, S. 95).

4.2.4 UN-Sicherheitsratsresolution 1929

„Once the decision was made to activate the sanctions track, diplomacy had disappeared in all but name. That first became evident when Washington informed Tokyo that its efforts to mediate a solution were no longer welcome" (Parsi 2012, S. 213). Neben dieser veränderten Kommunikation der USA mit ihrem Verbündeten Japan verdeutlicht ein weiteres Beispiel, dass der neue Kurs der USA nach dem Scheitern der P5+1-Gespräche mit Iran deutlich stärker auf die Verhängung von Sanktionen ausgerichtet war: Im Mai 2010 hatten die Türkei und Brasilien eine Vereinbarung mit Iran getroffen, die Parallelen zum P5+1-Angebot von 2009 aufwies (Singh 2012, S. 95). Der Übereinkunft zufolge sollte der Großteil des schwach angereicherten Urans aus Iran in die Türkei verschifft, dort der Anreicherung unterzogen und innerhalb eines Jahres zurückgesandt werden. Einen Monat zuvor hatte Barack Obama auf dem ersten internationalen „Nuclear Security Summit" jedoch bereits angedeutet, dass er nicht länger an diplomatischen Bemühungen in Bezug auf Iran interessiert war und die iranische Regierung als unzuverlässigen Verhandlungspartner einschätzte (Parsi 2012, S. 184ff.). Obwohl die Vereinbarung zwischen der Türkei, Brasilien und Iran wesentliche amerikanische Forderungen erfüllte und Iran dem Austausch überraschend zugestimmt hatte, wurde er von den USA als irrelevant und zu spät eingestuft (Parsi 2012, S. 175, 213; Rudolf 2010, S. 15; Singh 2012, S. 95). Brasilianische und türkische Diplomaten zeigten sich irritiert ob des Kurswechsels der Obama-Administration, die zunächst eine Lösung des Streits um das iranische Atomprogramm in diplomatischen Verhandlungen versprochen hatte, eine solche aber ablehnte, als sie in Reichweite schien (Parsi 2012, S. 201).

Dieser Kurswechsel eröffnete die Möglichkeit weiterer Sanktionen gegen Iran. Am 9. Juni 2010 verabschiedete der UN-Sicherheitsrat Resolution 1929 mit Gegenstimmen der Türkei und Brasiliens sowie einer Enthaltung Libanons (Parsi 2012, S. 205; Singh 2012, S. 95). Dass überhaupt Gegenstimmen in einer Abstimmung über Sanktionen gegen Iran verzeichnet wurden, war ein Novum im UN-Sicherheitsrat (Parsi 2012, S. 205). Inhaltlich umfasste Resolution 1929 neben der Wiederholung der Forderungen der drei vorangegangenen Resolutionen Maßnahmen gegen iranische Unternehmen in militärischen oder nukleartechnologischen Sektoren und den Aufruf zu weitergehenden Maßnahmen, die den iranischen Finanzsektor betreffen (Katzman 2013, S. 38; Rudolf 2010, S. 17ff;. Singh 2012, S. 96). Die multilaterale Sicherheitsratsresolution wurde von den USA durch ein Gesetz („Comprehensive Iran Sanctions, Accountability, and Divestment Act of 2010", CISADA) ergänzt, das von Obama am 1. Juli unterzeichnet wurde und das die Exporte von iranischem Benzin und benzin-verarbeitenden Maschinen reguliert (Katzman 2013, S. 4).

4.3 Kongruenztest zwischen erwartetem und beobachtetem Außenpolitikverhalten

Die Erwartung eines hauptsächlich auf Diplomatie ausgerichteten Außenpolitikverhaltens der USA gegenüber Iran wurde in Teilen erfüllt. Während Bushs erster Amtszeit traten die USA Verhandlungen zwischen den EU3-Staaten und Iran bei und auch für Obamas Präsidentschaft sind diplomatische Initiativen sowie das Bemühen um eine Annäherung mit Iran im außenpolitischen Verhalten feststellbar, insbesondere zu Beginn seiner ersten Amtszeit. Diesem Befund stehen jedoch Zweifel an der Abwesenheit konflikthaften Verhaltens gegenüber, die bei einer genaueren Betrachtung der Außenpolitik aufkommen. Die USA forcierten unter Bush und unter Obama eine Verschärfung der gegen Iran verhängten Sanktionen sowohl durch die Verabschiedung von Gesetzen als auch in multilateralen Foren wie dem UN-Sicherheitsrat. Des Weiteren kann für George W. Bush in jedem einzelnen Jahr seiner Präsidentschaft aggressive Rhetorik gegenüber dem Iran nachgewiesen werden, die den zuvor aufgestellten Verhaltenserwartungen widerspricht. Dennoch kann der Befund, dass das außenpolitische Verhalten der USA unter Bush tendenziell friedfertiger ist als unter Obama, bestätigt werden, wenn Berichte über den Verkauf von bunkerbrechenden Waffen der USA an Israel und Cyberangriffen gegen Irans Atomanlage in Natanz in Obamas erster Amtszeit als glaubhaft eingestuft werden (Lake 2011; Sanger 2012).

Entgegen der zuvor formulierten Erwartung finden sich im Verhalten der Bush-Administration nur wenige Hinweise auf eine differenzierte Betrachtung des bilateralen Verhältnisses oder die Rezeption und Verarbeitung multipler Informationen. Dies wird am deutlichsten in der unmittelbaren Ablehnung des umfassenden Verhandlungsangebots Irans im Jahr 2003 und der fehlenden Bereitschaft der Bush-Regierung, diese Option überhaupt in Betracht zu ziehen. Auch die Eingruppierung von sehr verschiedenen Staaten wie Iran, Irak und Nordkorea in dieselbe Kategorie der „Achse des Bösen" im Rahmen der Rede zur Lage der Nation von 2002 widerspricht der Annahme eines nuancierten Außenpolitikverhaltens. Hingegen zeugt die differenzierte Betrachtung Irans durch die Obama-Regierung, die in der Nouruz-Botschaft oder der Reaktion auf die Wiederwahl Ahmadinejads zum Ausdruck gekommen war, von einer hohen Konzeptionellen Komplexität.

Eine weitere Erwartung an das US-Außenpolitikverhalten gegenüber Iran war die erfahrungsinduzierte Anpassung des Vertrauens und somit eine Verstärkung von positiven oder negativen Tendenzen im bilateralen Verhältnis der beiden Staaten. Diese Verhaltensannahme erweist sich als kongruent mit dem tatsächlich beobachteten Verhalten. Über beide Amtszeiten Bushs hinweg ist eine stetige Verschärfung des US-Kurses sichtbar, wofür insbesondere die im UN-Sicherheitsrat verhängten Sanktionen sprechen. Auch für die erste Amtszeit Obamas ist eine solche Entwicklung festzustellen: Nach der Wiederwahl Ahmadinejads und dem Scheitern der P5+1-Gespräche mit Iran ist das Außenpolitikverhalten der USA durch den zunehmenden Einsatz aggressiverer Instrumente gekennzeichnet.

Das angenommene Agieren der USA innerhalb vorgegebener Beschränkungen während der Präsidentschaften Bushs hat sich weitgehend bestätigt. Das außenpolitische Verhalten der USA in seinen beiden Amtszeiten kann als eine Fortsetzung der seit 1979 traditionell stark belasteten Beziehungen zu Iran interpretiert werden. Auffällig ist in diesem Zusammenhang Bushs aggressive Rhetorik, die sogar als Verstoß gegen das Allgemeine Gewaltverbot der UN-Charta, das bekanntlich auch die Androhung von Gewalt umfasst, gewertet werden kann. Gleichwohl verfolgten die USA ihre Ziele in Bezug auf den Iran in üblichen institutionellen Bahnen der IAEA oder des UN-Sicherheitsrats.

Desgleichen erweist sich die aufgestellte Annahme eines passiven Außenpolitikverhaltens der USA unter Bush als kongruent mit den empirischen Fakten. Die unmaßgebliche Reaktion auf das iranische Verhandlungsangebot von 2003 kann in diesem Sinne interpretiert werden. Noch deutlicher zeigt sich die Kongruenz im sehr späten und zögerlichen Eintritt der USA in die diplomatischen Verhandlungen mit dem Iran, die zuvor den EU3-Staaten überlassen worden waren. Das Beispiel könnte zugleich für die Bestätigung der erwarteten Bevollmächtigung anderer Staaten angeführt werden. Dass die Initiierung konkreter Handlungsschritte in Bushs Präsidentschaften eher verbündeten Staaten zufiel, kann auch an der Tatsache abgelesen werden, dass UN-Sicherheitsratsresolution 1737 von den EU3-Staaten und nicht etwa von den USA eingebracht wurde.

Die Erwartung einer deutlich stärker auf die internationale Ebene ausgerichteten Diplomatie wurde für die Anfangsphase von Obamas Amtszeit bestätigt. Insbesondere seine Kairoer Rede und die Nouruz-Botschaft signalisierten auf der rhetorischen und symbolischen Ebene das Bemühen um eine Aussöhnung mit der muslimischen Welt im Allgemeinen und mit dem Iran im Besonderen. Auch wenn Obama nach wie vor die Erwägung *aller* Optionen in der US-Iranpolitik betonte, also einschließlich der militärischen, stellt der Beginn seiner Präsidentschaft eine zeitweise Abkehr von der aggressiven Rhetorik seines Vorgängers dar. Für die spätere Phase der ersten Amtszeit Obamas, insbesondere nach dem Scheitern der P5+1-Gespräche mit Iran, ähnelt der US-Ansatz allerdings wieder stärker der früheren Kombination aus Drohungen und einer Verschärfung von Sanktionen, was den formulierten Erwartungen widerspricht.

Eine weitere Kongruenz zwischen erwartetem und tatsächlichem außenpolitischen Verhalten der USA gegenüber Iran ist das deutlich stärkere persönliche Engagement und die Präsenz Obamas. In der Tat ist Obama in der US-Iranpolitik wesentlich sichtbarer als der eher zurückhaltende und passive Bush. Das äußert sich nicht nur in seinen direkten Ansprachen wie der Nouruz-Botschaft, sondern auch in der gesamten die nukleare Abrüstung betreffenden Gipfeldiplomatie.

Diese Punkte verdeutlichen bereits, dass das außenpolitische Verhalten der USA gegenüber Iran unter Obama – wie erwartet – vom Bemühen um die Überwindung der von außen vorgegebenen Beschränkungen gekennzeichnet ist. Mit dem Amtswechsel von Bush zu Obama ist ein klarer Bruch mit der Iranpolitik der vorangegangenen drei Jahrzehnte zu konstatieren, der durch die Neudefinition Irans von einem unumstößlich feindlich gesinnten Regime zu einem möglichen Verhandlungspartner charakterisiert ist. Der neue Kurs führte insbesondere in der Anfangsphase von Obamas Präsidentschaft zu einer Vielzahl von Initiativen zur Überwindung der zwischen beiden Staaten bestehenden Differenzen. Allerdings sollte auch betont werden, dass diese Phase der Annäherung und Öffnung nicht lange anhielt. Bereits Mitte des Jahres 2010 ist ein allmählicher Kurswechsel zurück zur Kombination aus Verschärfung von Sanktionen und Drohungen militärischer Gewaltanwendung erkennbar.

Tabelle 3: Ergebnisse des Kongruenztests zwischen erwartetem und tatsächlichem Außenpolitikverhalten der USA gegenüber Iran

	Verhaltenserwartung	Entsprechung
Beide US-Präsidenten	Fokus auf Diplomatie und geringe Konflikthaftigkeit	Teilweise: Verhandlungen mit Iran und EU3 sowie im Rahmen der P5+1, aber Drohungen militärischer Gewalt (Bush) und Waffenlieferungen an Israel (Obama)
	Betrachtung einzelner Facetten der bilateralen Beziehungen und Berücksichtigung vieler Informationen	Nur für Obama, z.B. Nouruz-Botschaft oder Reaktion auf Wiederwahl Ahmadinejads; unter Bush undifferenzierte Betrachtung, z.B. Rede zur Lage der Nation 2002
	Vertrauen auf Basis früherer Erfahrungen und Verstärkung positiver/ negativer Tendenzen	Ja, z.B. Verschärfung von Sanktionen nach Scheitern von Verhandlungen
George W. Bush	Agieren innerhalb vorgegebener Beschränkungen	Ja, Fortsetzung der seit 1979 bestehenden Spannungen
	Passivität und persönliche Zurückhaltung	Ja, z.B. später Eintritt in Verhandlungen der EU3 mit Iran
	Bevollmächtigung anderer Staaten	Ja, z.B. Einbringung von Resolution 1737 in den UN-Sicherheitsrat durch EU3
Barack Obama	Versuch der Erhöhung des internationalen Ansehens der USA	Ja, allerdings eher zu Beginn der Präsidentschaft
	Aktives Engagement und direkte persönliche Präsenz	Ja, z.B. Nouruz-Botschaft und Gipfeldiplomatie
	Verfolgung eines neuen Ansatzes jenseits vorgegebener Beschränkungen	Ja, insbesondere auf rhetorischer Ebene Bruch mit den vorherigen drei Jahrzehnten der US-Iranpolitik; seit Mitte 2010 allerdings Rückkehr zu Sanktionspolitik

Quelle: Eigene Darstellung

5. Diskussion der Leadership Trait Analysis

5.1 Der LTA-Ansatz und die Analyse von Individuen

Die Kongruenzanalyse hat gezeigt, dass präsidentielle Führungsmerkmale zu der Aufstellung von glaubwürdigen Erwartungen an das Außenpolitikverhalten eines Staates beitragen können. Dabei erzeugt die Kombination mehrerer Führungsmerkmale verlässlichere Prognosen als einzelne Führungsmerkmale, was frühere Befunde bestätigt (Winter 2003, S. 131). Allerdings muss, aufgrund des nicht geprüften ‚causal pathway‘, die genaue Ursache für das unterschiedliche Ausmaß der Kongruenz zwischen erwartetem und tatsächlichem Verhalten unklar bleiben. Eine vertiefte, in Richtung Prozessanalyse (vgl. George u. Bennett 2005, S. 205ff.) gehende Herangehensweise könnte den Versuch unternehmen, auf Grundlage der präsidentiellen Führungsmerkmale eines Staatsoberhaupts Verhaltenserwartungen zu generieren und diese mit dem Außenpolitikverhalten einer *anderen* Führungspersönlichkeit abzugleichen. Eine solche kontrafaktische Prüfung, die die Entsprechung zwischen diesen beiden Konstruktionen misst, würde ein präziseres Urteil ermöglichen.

Dass die LTA gewinnbringend auf Außenpolitikverhalten angewendet werden kann, wurde bereits in anderen Studien gezeigt (Dyson 2006; Kaarbo u. Hermann 1998; Kesgin 2012; Shannon u. Keller 2007). Allerdings geben sich die Studien mit unvollständigen Persönlichkeitsprofilen zufrieden (Shannon und Keller 2007) oder greifen nur auf einzelne Führungsmerkmale zurück (Kesgin 2012), weshalb eine Gesamtbeurteilung der LTA auf Basis solcher Studien schwer fällt. Zugegebenermaßen hat Margaret Hermann die externe Validität der LTA in zahlreichen Studien geprüft und mit den Beobachtungen von Journalisten und Regierungspersonal mit Zugang zu den jeweils untersuchten Führungspersönlichkeiten korreliert (Hermann 2003, S. 40). Es bleibt jedoch unklar, wie genau die hohe Korrelation zwischen den von Hermann durchgeführten Studien und der äußeren Kontrollgruppe zustande kam. Eine unabhängige Überprüfung generierter Persönlichkeitsprofile, beispielsweise durch zusätzliche Methoden wie Interviews, erscheint daher sinnvoll.

Auffällig ist, dass das außenpolitische Verhalten während der Frühphase der Obama-Regierung eine höhere Kongruenz zwischen erwartetem und tatsächlichem Verhalten aufweist, als dies unter der Bush-Administration der Fall war. Dieser Befund könnte Bushs geringem Selbstvertrauen und seiner unterdurchschnittlichen Überzeugung, Ereignisse beeinflussen zu können, zugeschrieben werden. Diese beiden präsidentiellen Führungsmerkmale erhöhen die Wahrscheinlichkeit der Passivität der analysierten Führungsperson und deren Beeinflussbarkeit durch Berater, was erklären würde, warum manche Beobachtungen im Außenpolitikverhalten keine Entsprechung mit Bushs Führungsmerkmalen aufweisen. Es bedarf jedoch noch weiterer Forschung, um die Frage zu beantworten, ob eine stärkere Ausprägung des Glaubens an die Beeinflussbarkeit von Ereignissen oder des Selbstbewusstseins *tatsächlich* zu einer stärkeren Entsprechung zwischen präsidentiellen Führungsmerkmalen und außenpolitischem Verhalten führen. Bemerkenswerterweise weicht Bush nur in zwei Führungsmerkmalen von der Vergleichsgruppe der anglo-amerikanischen Führungspersönlichkeiten ab. Ein interessantes Forschungsvorhaben wäre es, die Effekte der Ausübung eines politischen Amtes einer Person auf ihre Führungsmerkmale zu untersuchen. Dies könnte durch einen Vergleich der Führungsmerkmale eines Kandidaten vor und nach seiner Wahl oder durch eine kontinuierliche Analyse der Entwicklung seiner Führungsmerkmale während einer Amtszeit sichergestellt werden.

Darüber hinaus sei darauf hingewiesen, dass Shannon und Keller (2007) von dieser Studie abweichende Ergebnisse für George W. Bushs Konzeptionelle Komplexität und sein Misstrauen gegenüber anderen ermittelt haben. Die Resultate der Führungsmerkmale in diesem Beitrag zeigen zudem für beide Präsidenten eine Veränderung der Führungsmerkmale im Zeitablauf. Diese Befunde sind problematisch, stellen sie doch die Prämisse von stabilen Merkmalen über Zeit und Thema hinweg infrage. Zukünftige Untersuchungen müssen zeigen, wie Führungsmerkmale und kurz- oder langfristige äußere Ereignisse miteinander zusammenhängen und wie sich Merkmale bezüglich bestimmter Themen unterscheiden.

Es ist beispielsweise denkbar, dass bestimmte präsidentielle Führungsmerkmale stärker von äußeren Einflüssen abhängig sind als andere oder dass ihre Ausprägung auch themenspezifisch variieren.

Ein oft formulierter Einwand, der gegen die Bedeutung von Individuen in der Außenpolitikanalyse vorgebracht wird, verweist auf wiederkehrende, über lange Zeiträume stabile Verhaltensmuster im außenpolitischen Verhalten. So wäre für unsere Studie zu fragen, ob die diagnostizierte Verhaltenskontinuität der USA mit den übereinstimmenden Führungsmerkmalen beider US-Präsidenten erklärt werden kann, oder ob konkurrierende Faktoren hierfür verantwortlich zeichnen. Ein solches Muster wäre die Chance auf neue Verhandlungen zu Beginn der ersten Amtszeit eines US-Präsidenten, die sich in der Folge nicht materialisiert, mit der Folge kontinuierlich wachsender Aggression. Tatsächlich kann dieses Muster für die US-Iran-Beziehungen beobachtet werden: Bush wies Teherans Verhandlungsangebot zurück, nachdem Irans geheimes Atomprogramm im Jahr 2003 bekannt wurde, und Obama verfolgte eine Sanktionspolitik mit gleichzeitigem Verzicht auf Diplomatie, nachdem Iran einen Austausch radioaktiv angereicherten Materials im Jahr 2009 abgelehnt hatte. In beiden Fällen waren wachsende Spannungen sowie gegenseitige Anschuldigungen die Folge. Es könnte vermutet werden, dass das Außenpolitikverhalten der USA jeweils zu Beginn einer Amtszeit stark vom Präsidenten bestimmt wird, dieser sich aber nach einem Scheitern eigener Initiativen stark zurücknimmt und bürokratischen Institutionen das Handeln überlässt. Eine andere Interpretation wäre, dass das diplomatische Engagement nur eine taktische Maßnahme darstellte und Obama die aggressive Politik seines Vorgängers im Prinzip fortführte. Diese Darstellung kann allerdings nicht dem Engagement Rechnung tragen, das Obama dem Iran zumindest in der Öffentlichkeit zu Beginn seiner Präsidentschaft entgegenbrachte.

5.2 Der Beitrag der LTA zur Erforschung des Außenpolitikverhaltens von Staaten

Grundsätzlich sind zwei verschiedene Verwendungen der LTA in der Außenpolitikforschung denkbar. Einerseits kann die LTA bei der Betrachtung eines bereits abgeschlossenen Zeitraums oder einzelner Entscheidungen verwendet werden, um Einsichten in die Motivation eines Akteurs und eines bestimmten Außenpolitikverhaltens vor dem Hintergrund verschiedener Handlungsalternativen zu gewinnen. Auf diese Weise ist die LTA in der Lage, zum Verständnis subtilen Wandels, oder von Neujustierungen im außenpolitischen Verhalten eines Staates ex post beizutragen. Eine Ausweitung der Analyseebene von Individuen auf Gruppen durch die Erstellung einzelner Führungsprofile und deren gemeinsame Betrachtung, beispielsweise von hochrangigen Beamten im Außen- oder Verteidigungsministerium, könnte ein noch umfassenderes Bild zur Erklärung außenpolitischen Verhaltens eines Staates erzeugen (Shannon u. Keller 2007) und die Anschlussfähigkeit an gruppenorientierte Ansätze wie „groupthink" gewährleisten (Brummer u. Oppermann 2014, S. 193ff.).

Andererseits können mithilfe der LTA Prognosen für das *wahrscheinliche* Außenpolitikverhalten von Staaten erstellt werden, die einer probabilistischen Logik folgten: „person X (or people of personality type X, or people scoring high on variable X) under particular condition Y is likely to carry out particular action Z" (Winter 2003, S. 133f.). In dieser Verwendungsart fungiert die LTA als Basis für Verhaltensprognosen außenpolitischer Akteure, die ex ante erstellt und im Falle des Eintretens der zuvor definierten Ereignisse oder Entscheidungssituationen einem Kongruenztest unterzogen werden könnten. Somit ermöglicht die LTA die politisch-psychologisch fundierte Erstellung von Präferenzen jenseits rationaler Kosten-Nutzen-Abwägungen und erwiese sich als anschlussfähig für jedwede Modelle zur Erforschung außenpolitischen Verhaltens, die der Bedeutung individueller Akteure Beachtung schenken.

Die LTA kann – innerhalb der erwähnten Grenzen – präzise beschreiben, wie eine Führungsperson unter gegebenen Umständen handelt. Ihr besonderer Vorteil liegt darin, den Führungsstil sowie die Motivation einer analysierten Person beschreiben und daher insbesondere die phänomenologische Form des Außenpolitikverhaltens erfassen zu können. Dies wird auf der symbolischen und rhetorischen Ebene am deutlichsten – Obamas Antrittsrede, seine Nouruz-Botschaft oder seine Kairoer Rede sind hierfür Beispiele. Der LTA gelingt es, auf befriedigende Weise Antworten auf ‚Wie-Fragen‘ zu geben, sie wirkt jedoch überfordert, wenn sie als *alleiniges* Mittel zur Erforschung von ‚Warum-Fragen‘ die gesamte Bandbreite komplexen außenpolitischen Verhaltens erklären soll. Somit erscheint sie besser geeignet für die Analyse einer konkreten, zeitlich begrenzten Entscheidungs- oder Krisensituation mit einer begrenzten Anzahl von Handlungsoptionen.

Zwei zentrale Schwächen der LTA könnten in zukünftigen Forschungsvorhaben Beachtung finden, um ihre Erklärungswert für außenpolitisches Verhalten zu erhöhen: Zum einen könnte die Einführung einer strikten Unterscheidung zwischen Rhetorik und materiell unterlegtem Außenpolitikverhalten Widersprüche zwischen beiden Kategorien offenlegen, wenn Rhetorik und materielles Verhalten inkongruent sind oder bestimmte Redeweisen nur instrumentell oder dialektisch verwendet werden („rhetorical action", „cheap talk"). Beispielsweise hatte Obama trotz der Bekundung gegenseitigen Respekts gegenüber Iran spezielle, bunkerbrechende Waffen an Israel geliefert, im Gegensatz zu seinem Vorgänger, der Iran regelmäßig mit Militärschlägen gedroht hatte (Lake 2011).

Zum anderen ist eine genauere Spezifizierung der präsidentiellen Führungsmerkmale notwendig, da die unklare Terminologie der LTA zu Schwierigkeiten bei der Interpretation von Kodierungsergebnissen und somit zu einer unsicheren Grundlage für die Entwicklung von Verhaltenserwartungen bzw. Kongruenztests führt. Gilt etwa das Vertrauen bzw. Misstrauen gegenüber anderen generell, oder ist eine präzisere Abstufung zwischen verschiedenen Gruppierungen, beispielsweise Nicht-Westlern oder Nicht-Amerikanern, notwendig? Eine weitere Unklarheit besteht in Bezug auf den Versuch der Überwindung äußerer Beschränkungen. Bezieht sich dies auf Regierungskreise, die staatliche Ebene, das internationale System oder eine Kombination dieser Ebenen? Gleichfalls offen für Interpretationen ist das Aufgabenfokus-Führungsmerkmal, da im Außenpolitikverhalten von Staaten oftmals keine scharfe Trennung zwischen der Fokussierung auf Problemlösung und Beziehungsbildung möglich ist. So kann beispielsweise Obamas Nouruz-Botschaft sowohl als beziehungsbildende Maßnahme als auch als Versuch der Lösung des Streits um das iranische Atomprogramm verstanden werden, je nachdem, wie der Grad an Instrumentalität dieses Verhaltens eingeschätzt wird. Schließlich erscheint auch die Fixierung eines Ingroup-Führungsmerkmals problematisch, was am Beispiel des vorgeblich ‚liberalen Internationalen' Barack Obama verdeutlicht werden kann: In Abgrenzung zu seinem republikanischen Vorgänger wird in dieser Sichtweise Obamas Bemühung um diplomatische Lösungen und eine Aussöhnung mit feindlichen Staaten betont. Dem widerspricht aber das Ergebnis der LTA, dass Obama die Welt als Nullsummenspiel betrachtet, da dieser Befund die liberale Grundannahme einer Welt als Positivsummenspiel ausschließt. Auch die diagnostizierten hohen Ingroup-Vorurteile sprechen eher für eine Orientierung Obamas an der nationalen Identität der USA als eine Zuwendung zur Weltgemeinschaft, wie sie von einem Liberalen zu erwarten wäre. Im Einklang mit den Ergebnissen der LTA betonen einige Wissenschaftler dann auch die grundsätzliche Fortsetzung von Bushs außenpolitischem Verhalten unter Obama (Hook 2013, S. 57; Naji u. Jawan 2011, S. 101; Parsi 2012, S. 210; Singh 2012, S. 13). Obamas multiethnischer Hintergrund und die widersprüchlichen Einschätzungen seiner Außenpolitik machen es jedoch schwierig, seine Ingroup genau zu bestimmen (Hermann 2003, S. 201; Lindsay 2011, S. 771f. Rudolf 2010, S. 43; Singh 2012, S. 6, 40). Daher bleibt Unklarheit darüber bestehen, welcher Gruppe er genau zu relativen Gewinnen zu verhelfen versucht.

Die LTA hat den ‚hard test' im Ganzen bestanden, denn sie liefert einen befriedigenden Erklärungswert für die Politik der USA gegenüber dem iranischen Atomprogramm und hilft zugleich, die oftmals vorgenommene stereotype Unterscheidung zwischen G.W. Bush und Obama zu nuancieren. Unter Rücksichtnahme auf die identifizierten Modell-Schwächen wie die unklare Terminologie bestimmter Führungsmerkmale und der aufgezeigten Forschungsdesiderata kann die LTA auch zur zukünftigen Erforschung des außenpolitischen Verhaltens von Staaten einen gewinnbringenden Beitrag leisten.

Literatur

Brummer, Klaus. 2011. Überzeugungen und Handeln in der Außenpolitik. Der Operational Code von Angela Merkel und Deutschlands Afghanistanpolitik. *Zeitschrift für Außen- und Sicherheitspolitik* 4:143-169

Brummer, Klaus, und Kai Oppermann. 2014. *Außenpolitikanalyse.* München: Oldenbourg

Bush, George W. 2001. *Address to a Joint Session of Congress and the American People.* http://georgewbush-whitehouse.archives.gov/news/releases/2001/09/20010920-8.html. Zugegriffen: 12.12.2014

Byman, Daniel L., und Kenneth M. Pollack. 2001. Let Us Now Praise Great Men: Bringing the Statesman Back In. *International Security* 25:107-146

DiFilippo, Anthony. 2006. US Policy and the Nuclear Weapons Ambitions of the „Axis of Evil" Countries. *New Political Science* 28:101-123

Dyson, Stephen Benedict. 2006. Personality and Foreign Policy: Tony Blair's Iraq Decisions. *Foreign Policy Analysis* 2:289-306

Dyson, Stephen Benedict. 2009. *The Blair identity: leadership and foreign policy.* Manchester/ New York: Manchester University Press

Fathollah-Nejad, Ali. 2010. *Der Iran-Konflikt und die Obama-Regierung: Alter Wein in neuen Schläuchen?*. Potsdam: Universitätsverlag Potsdam

George, Alexander L. 1969. The „Operational Code": A Neglected Approach to the Study of Political Leaders and Decision-Making. *International Studies Quarterly* 13:190-222

George, Alexander L., und Andrew Bennett. 2005. *Case studies and theory development in the social sciences.* Cambridge, Massachusetts: MIT Press

Habibi, Nader. 2008. *The Iranian Economy in the Shadow of Economic Sanctions.* http://www.brandeis.edu/crown/publications/meb/MEB31.pdf. Zugegriffen: 13.12.2014

Hastedt, Glenn P. 2013. The Presidency. In *Routledge Handbook of American Foreign Policy,* Hrsg. Steven W. Hook und Christopher M. Jones, 151-164. New York: Routledge

Hermann, Margaret G. 1980. Foreign policy makers, personality attributes, and interviews: A note on reliability problems. *International Studies Quarterly* 24: 67-73

Hermann, Margaret G. 1994. Presidents, Advisers, and Foreign Policy: The Effect of Leadership Style on Executive Arrangements. *Political Psychology* 15:75-96

Hermann, Margaret G. 2002. Political Psychology as a Perspective in the Study of Politics. In *Political Psychology,* Hrsg. Kristen Monroe, 43-60. Mahwah, New Jersey: Lawrence Erlbaum Associates

Hermann, Margaret G. 2003: Assessing Leadership Style: Trait Analysis. In *The Psychological Assessment of Political Leaders: With Profiles of Saddam Hussein and Bill Clinton,* Hrsg. Jerrold M. Post, 178-212. Ann Arbor: University of Michigan Press

Hermann, Margaret G. 2008. Content Analysis. In *Qualitative Methods in International Relations. A Pluralist Guide,* Hrsg. Audie Klotz und Deepa Prakash, 151-167. Basingstoke/New York: Palgrave Macmillan

Hermann, Margaret G. 2011. *Curriculum Vitae.* http://www.maxwell.syr.edu/uploadedFiles/faculty/psc/Peg%20Hermann%20CV.pdf. Zugegriffen: 11.12.2014.

Hermann, Margaret G. 2013. The Study of American Foreign Policy. In *Routledge Handbook of American Foreign Policy,* Hrsg. Steven W. Hook und Christopher M. Jones, 3-18. New York: Routledge

Hook, Steven W. 2013. The Post-Cold War Era. In *Routledge Handbook of American Foreign Policy,* Hrsg. Steven W. Hook und Christopher M. Jones, 46-58. New York: Routledge

Jahanbegloo, Ramin. 2009. *The Obama Administration and Iran: Towards a Contructive Dialogue.* https://www.cigionline.org/sites/default/files/wp_43-web.pdf. Zugegriffen: 10.12.2014.

Kaarbo, Juliet, und Margaret G. Hermann. 1998. Leadership styles of prime ministers: How individual differences affect the foreign policymaking process. *Leadership Quarterly* 9:243-263

Kai, He, und Feng Huiyun. 2013. Xi Jinping's Operational Code Beliefs and China's Foreign Policy. *The Chinese Journal of International Politics.* 6:209-231

Katzman, Kenneth. 2013. *Iran Sanctions.* http://fpc.state.gov/documents/organization/212999.pdf. Zugegriffen: 12.12.2014.

Kesgin, Baris. 2012. Tansu Çiller's Leadership Traits and Foreign Policy. *Perceptions* 17:29-50

Kubbig, Bernd W., und Sven-Eric Fikenscher. 2008. *Die Iran-Politik der Regierung Bush ab 2005: Brüche – rivalisierende Konzepte – Durchsetzungschancen.* http://www.hsfk.de/fileadmin/downloads/report0508.pdf. Zugegriffen: 13.12.2014.

Lake, Eli. 2011. Inside Obama's Israel Bomb Sale. *Newsweek* http://www.newsweek.com/obama-arms-israel-67479. Zugegriffen: 30.03.2015

Levy, Jack S. 2003. Political Psychology and Foreign Policy. In *The Oxford Handbook of Political Psychology,* Hrsg. Leonie Huddy, David O. Sears, und Jack S. Levy, 253-284. New York: Oxford University Press

Lindsay, James M. 2011. George W. Bush, Barack Obama and the future of US global leadership. *International Affairs* 2011:765-779

McDermott, Rose. 2004. *Political Psychology in International Relations.* Ann Arbor: University of Michigan Press

Möller, Ulrika, und Isabell Shierenbeck. 2009. *Hidden Treasure or Sinking Ship? Diagnosing the Study of Political Leadership.* http://www.qog.pol.gu.se/digitalAssets/1350/1350722_2009_27_moller_shierenbeck.pdf. Zugegriffen: 14.12.2014.

Murray, Donette. 2010. *US Foreign Policy and Iran: American-Iranian Relations since the Islamic Revolution.* London: Routledge

Naji, Saeid, und Jayum A. Jawan. 2011. US-Iran Relations in the Post-Cold War Geopolitical Order. *Asian Social Science* 7:95-108

Obama, Barack. 2007. *Obama Flashback: The Day I'm Inaugurated Muslim Hostility Will Ease.* http://www.breitbart.com/Breitbart-TV/2012/09/14/FLASHBACK-Obama-The-Day-Im-Inaugurated-Muslim-Hostility-Will-Ease. Zugegriffen: 12.12.2014.

Obama, Barack. 2009a. *Inaugural Address.* http://www.nytimes.com/2009/01/20/us/politics/20text-obama.html?pagewanted=all&_r=0. Zugegriffen: 12.12.2014.

Obama, Barack. 2009b. *Interview with George Stephanopoulos.* http://blogs.suntimes.com/sweet/2009/01/obama_interview_with_george_st.html. Zugegriffen: 12.12.2014.

Obama, Barack. 2009c. *Remarks by the President on a New Beginning.* http://www.whitehouse.gov/the_press_office/Remarks-by-the-President-at-Cairo-University-6-04-09. Zugegriffen: 12.12.2014.

Obama, Barack. 2009d. *Videotaped Remarks by the President in Celebration of Nowruz.* http://www.whitehouse.gov/video/The-Presidents-Message-to-the-Iranian-People. Zugegriffen: 12.12.2014.

Onuf, Nicholas. 1998. Constructivism: A User's Manual. *International Relations in a Constructed World* New York/London, M.E. Sharpe.

Özcan, Nihat Ali, und Özgür Özdamar. 2009. Iran's Nuclear Program and the Future of U.S.-Iranian Relations. *Middle East Policy* 16:121-133

Parsi, Trita. 2012. *A Single Roll of the Dice: Obama's Diplomcay with Iran.* New Haven, Connecticut: Yale University Press.

Pressman, Jeremy. 2009. Power without Influence: The Bush Administration's Foreign Policy Failure in the Middle East. *International Security* 33:149-179

Rudolf, Peter. 2010. *Das neue Amerika: Außenpolitik unter Barack Obama.* Frankfurt am Main: Suhrkamp

Sanger, David E. 2012. Obama Order Sped Up Wave of Cyberattacks Against Iran. *New York Times.* http://www.nytimes.com/2012/06/01/world/middleeast/obama-ordered-wave-of-cyberattacks-against-iran.html?_r=0. Zugegriffen: 30.03.2015

Schafer, Mark. 2000. Issues in Assessing Psychological Characteristics at a Distance: An Introduction to the Symposium. *Political Psychology* 21:511-527

Shahram, Akbarzadeh. 2009. Obama and the US policy change on Iran. *Global Change, Peace & Security* 21:397-401.

Shannon, Vaughn P., und Jonathan W. Keller. 2007. Leadership Style and International Norm Violation: The Case of the Iraq War. *Foreign Policy Analysis* 3:79-104

Singh, Robert. 2012. *Barack Obama's Post-American Foreign Policy: The Limits of Engagement.* London/New York: Bloomsbury Academic

Stahl, Bernhard. 2006. Vergleichende Außenpolitikanalyse: Das Verhalten ausgewählter EU-Staaten in der Irak-Krise. In *Methoden der sicherheitspolitischen Analyse. Eine Einführung,* Hrsg. Alexander Siedschlag, 135-167. Wiesbaden: VS Verlag für Sozialwissenschaften

Sullivan, Paul. 2009. *President Barack Hussein Obama and the Middle East: The Peace Process, Iran, Iraq and Reasonable Expectations.* Jordan Journal of International Affairs 2:9-36

Townsend, Amy Rose. 2012. *How US Foreign Policy affects Iran's Identity: Implications for the Nuclear Issue.* http://www.e-ir.info/2012/03/21/how-us-foreign-policy-affects-irans-identity-implications-for-the-nuclear-issue/. Zugegriffen: 07.12.2014.

US Government Printing Office. 2013. *Public Papers of the Presidents of the United States.* http://www.gpo.gov/. Zugegriffen: 30.11.2014.

Walker, Stephen G., und Lawrence S. Falkowski. 1984. The Operational Codes of U.S. Presidents and Secretaries of State: Motivational Foundations and Behavioral Consequences. *Political Psychology* 5:237-266

Walker, Stephen G., und Mark Schafer. 2010. Operational Code Theory. In *The International Studies Encyclopedia,* Hrsg. Robert A. Denemark, 5492-5514. Oxford: Wiley-Blackwell

Winter, David G. 2003. Personality and Political Behavior. In *The Oxford Handbook of Political Psychology,* Hrsg. Leonie Huddy, David O. Sears, und Jack S. Levy, 110-145. New York: Oxford University Press

Winter, David G., und Abigail Stewart. 1977. Content Analysis as a Technique for Assessing Political Leaders. In *A Psychological Examination of Political Leaders,* Hrsg. Margaret G. Hermann, 27-61. New York: Free Press

Woodward, Bob. 2009. *The War Within: A Secret White House History 2006-2008.* New York: Simon & Schuster

Wolley, John, und Gerhard Peters. 2013. *American Presidency Project.* http://www.presidency.ucsb.edu/. Zugegriffen: 12.12.2014.

Young, Michael, und Margaret G. Hermann. 2012. *Profiler Plus.* http://www.social-scienceautomation.com/. Zugegriffen: 29.11.2014.

Zakaria, Fareed. 2007. Zakaria: Hysteria Over Iran. *Newsweek.* http://www.newsweek.com/zakaria-hysteria-over-iran-102879. Zugegriffen: 08.04.2015.

Anhang

Tabelle A1: Leadership Traits und Kodierungsschema

Leadership Trait	Description	Coding
Glaube, Ereignisse kontrollieren zu können (Belief in Ability to Control Events)	Description of the world as an environment leader can influence. Leader's own state is perceived as an influential actor in the international system.	Percentage of verbs used that reflect action or planning for action of the leader or relevant group.
Verlangen nach Macht (Need for Power)	A concern with gaining, keeping and restoring power over others.	Percentage of verbs that reflect actions of attack, advice, influence the behavior of others, concern with reputation.
Selbstbewusstsein (Self-Confidence)	Personal image of self-importance in terms of the ability to deal with the environment.	Percentage of personal pronouns used such as „my", „myself," „I," „me," and „mine," which show speaker perceives self as the instigator of an activity, an authority figure, or a recipient of a positive reward.
Konzeptionelle Komplexität (Conceptual Complexity)	Capability of discerning different dimensions of the environment when describing actors, places, ideas, and situations.	Percentage of words related to high complexity (i.e., „approximately," „possibility," „trend") vs. low complexity (i.e., „absolutely," „certainly," „irreversible").
Aufgabenfokus (Task Focus)	Relative focus on problem solving versus maintenance of relationship to others. Higher score indicates greater problem solving focus.	Percentage of words related to instrumental activities (i.e., „accomplishment," „plan," „proposal") vs. concern for other's feelings and desires (i.e., „collaboration," „amnesty," „appreciation").
Vorurteile ggü. Ingroup (In-group Bias)	Perception of one's group as holding a central role, accompanied with strong feelings of national identity and honor.	Percentage of references to the group that are favorable (i.e., „successful," „prosperous," „great"), show strength (i.e., „powerful," „capable") or a need to maintain group identity (i.e., „decide our own policies," „defend our borders").
Misstrauen ggü. anderen (Distrust of Others)	Doubt about and wariness of others.	Percentage of nouns that indicate misgivings or suspicions that others intend harm toward speaker or speaker's group.

Quelle: Dyson 2006, S. 292

Tabelle A2: Ergebnisse der LTA für George W. Bush und Barack Obama

Year	Belief in Ability to Control Events	Need for Power	Self-Confidence	Conceptual Complexity	Task Focus	In-group Bias	Distrust of Others
				Results			
			George W. Bush				
2001	0,369	0,344	0,329	0,698	0,607	0,133	0,027
2002	0,378	0,341	0,488	0,564	0,571	0,093	0,167
2003	0,292	0,215	0,472	0,714	0,603	0,091	0,026
2004	0,274	0,188	0,381	0,535	0,564	0,115	0,18
2005	0,429	0,195	0,183	0,581	0,603	0,125	0,042
2006	0,322	0,237	0,163	0,671	0,605	0,2	0,096
2007	0,296	0,144	0,385	0,602	0,636	0,081	0,118
2008	0,333	0,24	0,321	0,575	0,552	0,143	0,066
Mean	0,34	0,24	0,34	0,62	0,59	0,12	0,09
Deviation*	-0,02	/	-0,11	+0,02	-0,03	-0,01	-0,03
Expression	*moderate*	*moderate*	*low*	*moderate*	*moderate*	*moderate*	*low*
			Barack Obama				
2009	0,351	0,219	0,61	0,63	0,584	0,208	0,081
2010	0,418	0,184	0,536	0,66	0,621	0,105	0,083
2011	0,413	0,281	0,513	0,636	0,597	0,133	0,051
2012	0,398	0,226	0,511	0,54	0,636	0,207	0,114
Mean	0,40	0,23	0,54	0,62	0,61	0,16	0,08
Deviation*	+0,04	-0,01	+0,09	+0,02	-0,01	+0,03	-0,04
Expression	*high*	*moderate*	*high*	*moderate*	*moderate*	*high*	*low*
			Norming Group (Anglo-American Leaders, N=15)				
Mean	0,36	0,24	0,45	0,6	0,62	0,13	0,12
Std. Dev.	0,04	0,02	0,08	0,05	0,06	0,03	0,03

Anmerkung: Eigene Darstellung (Ergebnisse einer selbst durchgeführten Studie)

II. EMOTIONEN, AFFEKTE & POLITIK

Respekt und Missachtung in der internationalen Politik – Statusansprüche aufsteigender Mächte aus Sicht der Politischen Psychologie

Sven-Eric Fikenscher/Lena Jaschob/Reinhard Wolf

1.   Das Streben nach Status in Sozialpsychologie und internationaler Politik*

Dass Status für Menschen (und Primaten) einen intrinsischen Wert besitzt, ist schon lange bekannt. In den Internationalen Beziehungen wurde das Streben nach Statuswahrung oder -maximierung jedoch selten als eigenständiger Antriebsfaktor behandelt. Wenn überhaupt, dann wurde Status eher als Mittel betrachtet, das Staaten Einfluss verschafft, aber nicht als unmittelbares Ziel (Gilpin 1981; Morgenthau 1954). Erst in jüngster Zeit ist das wissenschaftliche Interesse an internationalen Statusfragen wieder neu erwacht – eine Renaissance, die offenbar im Zusammenhang mit dem wirtschaftlichen und militärischen Aufstieg von Ländern wie China, Indien und Brasilien zu sehen ist. Dabei wird insbesondere die Frage gestellt, inwieweit das Streben nach weiteren Status*zugewinnen* zwischenstaatliche Konflikte intensiviert und die etablierte Ordnung destabilisiert. Weniger erörtert wird hingegen die Frage, wie die Anerkennung oder Missachtung *bereits etablierter* Statuspositionen Kooperationsbereitschaft beeinflusst.

Erleichtert ein respektvoller Umgang tatsächlich internationale Zusammenarbeit, während subjektiv erfahrene Missachtung sie gefährdet? Prominente Entscheidungsträger scheinen genau dieser Ansicht zu sein. So hat Barack Obama bereits im Wahlkampf und dann in den ersten Monaten seiner Präsidentschaft mehrfach angekündigt, er werde Europa, Lateinamerika, China, der islamischen Welt und nicht zuletzt Iran mit mehr Respekt begegnen (Wolf 2014). Dies tat er offenbar, weil er zu der Einschätzung gelangt war, dass die vorhergehende Administration durch ein respektloses Auftreten viele bestehende und potentielle Partner gegen sich aufgebracht hatte. Diese Wahrnehmung wurde nicht nur von einigen Betroffenen geteilt, sie fand auch unter außenpolitischen Experten großen Anklang, die russische oder chinesische Konfrontationspolitik immer öfter auf subjektiv erfahrene Missachtung zurückführen (Shirk 2008, Kap. 6, 8; Stent 2014). Abgesehen von dieser eher anekdotischen Evidenz sprechen auch sozial-

---

*   Dieser Beitrag basiert auf einem DFG-geförderten Projekt über „Respekt, Missachtung und die Bereitschaft zur internationalen Kooperation" (WO 797/8-1). Die Autoren danken den Herausgebern, dem Discussant Christian von Scheve und den Teilnehmer/inne/n des Autoren-Workshops für wertvolle Hinweise.

psychologische Studien und Umfragen für solche Vermutungen. Diese haben wiederholt gezeigt, dass Mitarbeiter größten Wert auf respektvollen Umgang am Arbeitsplatz legen (Mercer LLC 2007) und eine entsprechende Behandlung damit honorieren, dass sie soziale Normen besser einhalten und stärkeren Einsatz für die Ziele ihres Teams oder ihres Unternehmens zeigen (Cremer 2002; Tyler u. Blader 2000). Umgekehrt wurde nachgewiesen, dass das Erleben von Missachtung den Wunsch nach Vergeltung weckt (Miller 2001) und Verärgerung auslöst, die ihrerseits risikofreudigeres und aggressiveres Verhalten begünstigt (Lerner u. Keltner 2001; van Kleef et al. 2008).

Für diesen Beitrag stellt sich die Frage, ob Staaten und die sie repräsentierenden Regierungen analog reagieren: Inwieweit lassen sich diese sozialpsychologischen Forschungen zum Erleben und Agieren von Individuen wirklich übertragen auf die Interaktion zwischen großen, institutionalisierten Gruppen wie staatlich verfassten Nationen? Schließlich werden letztere in der Regel nicht mehr von impulsiven Alleinherrschern geführt, sondern von großen Bürokratien. Und letztere werden meist von Parlamenten und Medien überwacht, welche von den Verantwortlichen rationales und sorgfältiges Abwägen verlangen (Wolf 2012a). Ob ranghohe Entscheidungsträger tatsächlich so empfindlich wie Individuen agieren und für die Sicherung des nationalen Status ihrem Staat materielle Kosten und Risiken aufbürden, ist ein komplexer Forschungsgegenstand, der nur mit einer Vielzahl empirischer Studien ausreichend belegt werden könnte.

Der vorliegende Beitrag versteht sich daher als Plausibilitätsprobe, die aufzeigen soll, ob es einen ‚hinreichenden Anfangsverdacht‘ gibt, dass staatliche Repräsentanten (nicht Staaten!) in diesem Bereich ähnlich reagieren wie Individuen, die sich in Mikro-Kontexten respektiert oder missachtet fühlen. Demnach gilt es, die Auswirkung von Respekts- beziehungsweise Missachtungserfahrungen zu untersuchen, die von den Entscheidungsträgern als starke – positive respektive negative – Veränderung in der Wertschätzung ihres Landes wahrgenommen werden. Inwieweit Respekts- und Missachtungserfahrungen die Kooperationsbereitschaft beeinflussen, soll anhand von zwei qualitativen Fallstudien analysiert werden. Kooperationsbereitschaft wird dabei, in Anlehnung an Keohane (1984, S. 51), verstanden als Bereitschaft, eigenes Verhalten an die Präferenzen anderer Akteure anzupassen, je nachdem, ob deren Angebote oder Forderungen aufgegriffen, erweitert oder abgelehnt werden. Am Beispiel der deutsch-britischen Beziehungen vor 1914 und der indisch-amerikanischen Beziehungen seit 1947 werden die Reaktionen auf solche Erfahrungen analysiert. In beiden Fällen war das allgemeine Beziehungsmuster eher ambivalent und ohne klare materielle Interessenkonflikte (z.B. Territorialkonflikte), welche die Wirkung von Respekts- und Missachtungserfahrungen von vornherein stark einschränken oder überlagern könnten. Ferner war der Status der unterlegenen Seite mitunter nicht eindeutig geklärt beziehungsweise hat sich im Untersuchungszeitraum gewandelt. Zudem beinhaltet diese Fallauswahl kulturelle und zeitliche Varianz, um aufzuklären, ob Respekts- beziehungsweise Missachtungserfahrungen nur in einer bestimmten Region respektive Epoche wirkten.

2. Zum Begriff ‚Respekt'

‚Respekt' ist in den letzten Jahrzehnten fast schon zu einem Modewort avanciert. Allenthalben wird er eingefordert, ohne dass näher definiert würde, worin er denn besteht und warum man ein Recht auf ihn zu haben glaubt (Haidt u. Joseph 2004). Wie der allgemeine Sprachgebrauch verdeutlicht, ist Respekt eine Haltung, die durch ein bestimmtes Verhalten ‚gezeigt' wird. Im Gegensatz zur Anerkennung, die ganz unterschiedliche Formen bis hin zu Bewunderung und Liebe annehmen kann, wird Respekt immer ganz ‚geschuldet'. Er bezieht sich nicht auf die gesamte ‚Persönlichkeit' eines Akteurs mit all ihren Facetten, sondern nur auf die Anerkennung von angeblichen sozialen Vorzügen, auf den sozialen Status. Respekt kann also definiert werden als eine Haltung, welche die Anerkennung eines sozialen Status zum Ausdruck bringt (Wolf 2011).

Konflikte um Respekt ergeben sich vor allem daraus, dass zwei Akteure nicht darin übereinstimmen, welche Statusposition eine der beteiligten Kräfte aktuell einnimmt oder legitimerweise einnehmen sollte. Sie entzünden sich an unterschiedlichen Auffassungen darüber, was genau anzuerkennen ist und wie stark diese Anerkennung sein muss. ‚Sozialer Status' ist, allgemein gesprochen, der Rang, den ein Akteur innerhalb einer sozialen Hierarchie einnimmt (Dafoe et al. 2014). Unklar ist dabei oft, welche Akteursattribute oder -leistungen für solche Einstufungen maßgeblich sind (militärisches Potential, Wohlstand, zivilisatorische Errungenschaften, bisherige Leistungen für die internationale Gemeinschaft, rechtliche Privilegien?), anhand welcher Kriterien diese Attribute zu vergleichen sind (wie sind zivilisatorische Errungenschaften zu ‚messen'?) und in welchem Maße der einzustufende Akteur diese Kriterien erfüllt (Paul et al. 2014). Angesichts solcher Unwägbarkeiten ist es nicht verwunderlich, dass es häufig zu Meinungsverschiedenheiten darüber kommt, wie der relative Status eines Akteurs einzuschätzen ist. Entscheidend ist dabei natürlich nicht, welcher Status dem Akteur ‚tatsächlich' zusteht. Maßgeblich für die politische Wirkung von Respekt oder Missachtung ist, ob der Akteur den Status angemessen beachtet sieht, den er selbst zu verdienen glaubt.

3. Mögliche Wirkungen von Respekt und Missachtung

Positiver Respekt dürfte die Bereitschaft zur Kooperation vor allem dadurch fördern, dass er soziale Distanz verringert und Statuskonflikte vermeiden hilft. Ein kausaler Pfad, der in psychologischen Untersuchungen wiederholt nachgewiesen wurde, betont die Wirkung auf Gemeinschaftsgefühle. So konnte belegt werden, dass sich Mitarbeiter, die sich am Arbeitsplatz respektiert fühlen, stärker mit ihrem Team und seinem Erfolg identifizieren. Entsprechend zeigen sie auch größeren Einsatz für dessen Ziele (Tyler u. Blader 2000). Auf der internationalen Ebene sind solche Effekte vermutlich schwächer ausgeprägt, da von Entscheidungsträgern erwartet wird, dass sie sich stärker an den materiellen Interessen der Nation orientieren. Zudem ist davon auszugehen, dass Identitätswandel hier langsamer vonstatten geht als auf der Mikro-Ebene, weil die Interaktion weniger umfassend und direkt ist. Dennoch erscheint es plausibel, dass auch hier solche Effekte auftreten können (Wolf 2012a). Sozialkonstruktivisten wie Wendt (1994) oder Risse-Kappen (1996) haben verdeutlicht, dass kollektive Identitäten auf übernationaler Ebene die Bereitschaft zur Zusammenarbeit fördern können, z.B. indem sie die Internalisierung von Solidaritätsnormen erleichtern oder ein Interesse am Wohlergehen anderer Nationen wecken.

Ein weiterer Kausalpfad besteht in der Förderung von Vertrauen durch Berechenbarkeit (zum Folgenden: Wolf 2011). Respekt durch andere wird als eine Form von angemessenem Verhalten erlebt, weil dieses Normen einhält, die sich auf den eigenen Status beziehen (z.B. die Achtung von statusrelevanten Rechten). Insofern erscheint der respektierende Akteur eher als einer, der sich insgesamt normenkonform verhält. Er wirkt demnach vertrauenswürdiger als ein Akteur, welcher den eigenen Status nicht angemessen beachtet. Zudem bringt ein respektvoller Akteur statusrelevanten Leistungen und Fähigkeiten auch die Wertschätzung entgegen, die sie nach Ansicht ihres Trägers verdienen. Entsprechend ist eher zu erwarten, dass er seinerseits stärker an einem kooperativen Verhältnis interessiert ist als ein Akteur, der eine geringere Meinung von seinem möglichen Partner hat, weil er dessen Leistungen und Fähigkeiten niedriger schätzt. Schließlich lässt eine höhere Einschätzung des eigenen Status auch ganz generell erwarten, dass dem anderen Akteur an einer stabilen Beziehung gelegen sein muss, da eine Assoziierung mit einem wichtigen Partner für seinen eigenen Status günstiger ist als die Verbindung mit einem weniger bedeutenden Akteur (Brennan u. Pettit 2004, Kap. 3).

Ein dritter positiver Effekt besteht in der Unterbindung von Statuskonflikten, welche ansonsten die Verteilung von Kooperationsgewinnen oder die Erörterung von gemeinsamen Lösungsstrategien behindern könnten. Solange sich die Akteure über ihren relativen Status uneins sind, besteht immer die Möglichkeit, dass die Aufteilung der Kooperationsgewinne als Indikator für den sozialen Rang betrachtet wird. Entsprechend wird härter verhandelt, damit sichergestellt wird, dass beim Partner oder Dritten ‚nur ja kein falsches Bild entsteht'. Politiker, die sich (als Person oder Repräsentant ihres Staates) respektiert fühlen, können hier leichter Zugeständnisse machen, z.B. indem sie anerkennen, dass ihr Partner in diesem konkreten Fall den größeren Beitrag geleistet hat oder ein stärkeres Interesse an dem zu verteilenden Gut hat. Entscheidungsträger, die sich nicht respektiert fühlen, werden sich weniger offen für eine deliberative Vorgehensweise zeigen, bei der es nur um das bessere Argument geht. Sie werden sich weniger leicht von ihrem ‚arroganten' Gegenüber überzeugen lassen und manchmal sogar wider besseres Wissen auf ihrem Standpunkt beharren, um ihre prekär erscheinende Statusposition nicht zusätzlich zu gefährden (Hogg u. Abrams 2003, S. 420; Wright u. Taylor 2003, S. 438, 447).

Dagegen stimuliert subjektiv erfahrene Missachtung auf verschiedene Weise einen Rückgang der Kooperationsbereitschaft und die Neigung zu Vergeltung oder Widerstand. Wenn sie in einer unzureichenden Wertschätzung von Fähigkeiten oder Leistungen besteht oder diese sogar negativ bewertet, dann beeinträchtigt Missachtung unmittelbar das (kollektive) Selbstwertgefühl. Durch offenen Widerspruch wird dann zumindest deutlich gemacht, dass diese ‚unangemessene' Einschätzung umstritten ist. Offener Widerstand kann dies zusätzlich unterstreichen, z.B. indem ein Entscheidungsträger signalisiert, dass er ein negativ bewertetes Attribut so hoch schätzt, dass er öffentlich für seine Neubewertung eintritt (Man denke etwa an kulturelle Werte und Praktiken, die im Westen als ‚vormodern' gelten.). Insofern besitzt kämpferische Zurückweisung oft schon einen intrinsischen Wert (Honneth 1992, S. 263). Über diese expressive Komponente hinaus kann sie jedoch auch strategisch sinnvoll sein, indem sie öffentliche Ansehensverluste verhindert, die sonst den Einfluss auf Dritte schmälern könnten.

Noch dringlicher ist Widerstand, sobald Rechte beeinträchtigt werden, die anderen Akteuren als Gradmesser zur Bestimmung der Statusposition von Entscheidungsträgern beziehungsweise der des repräsentierten Landes dienen. Diese Art der Missachtung bedroht noch stärker das Image des Akteurs und wirft die Frage auf, ob er überhaupt bereit ist, entschlossen für seine Rechte einzutreten. Ein populäres Argument in der Forschung ist, dass Widerstand dann sinnvoll ist, wenn die fragliche Übertretung von Dritten wahrgenommen wird, mit denen man künftig noch interagieren könnte. Selbst wenn der unmittelbare materielle Schaden gering ausfällt, wäre es unter diesen Umständen nützlich, für die eigene Reputation zu kämpfen (Dafoe et al. 2014). Tatsächlich neigen Individuen aber auch in Situationen zu Widerstand, in denen diese Bedingungen nicht gegeben sind, z.B. in Auseinandersetzungen mit Fremden, denen sie voraussichtlich nie wieder begegnen werden. Ausschlaggebend für diese Disposition ist offenbar eine angeborene Neigung zu wütenden Verteidigungsreaktionen, die vermutlich sicherstellen, dass Menschen nicht durch eine Vielzahl geringfügiger Benachteiligungen, die jede für sich kaum einen Kampf lohnen, evolutionär benachteiligt werden (Frank 1986, Kap. 2; Rosen 2005, Kap. 3).

Zu dieser emotionalen Disposition zu spontanen Gegenmaßnahmen tritt noch eine kognitive Komponente, die ebenfalls auf den intrinsischen Wert von Widerstand verweist. Dabei handelt es sich um einen unerwünschten Kategorisierungseffekt, der mit solchen Übertretungen verbunden sein kann: wenn jemand unsere statusrelevanten Rechte verletzt, signalisiert er schließlich, dass er annimmt, man sei jemand, mit dem man auf diese Weise umgehen könnte. Sofern dies unwidersprochen hingenommen wird, bestätigt man ihn in dieser Annahme und muss sich selbst eingestehen, dass man tatsächlich jemand ist, ‚mit dem man so etwas machen kann'. Auch deshalb erscheint hier Widerstand unmittelbar geboten (Gould 2003, S. 52-56; Miller 2001). Diese Reaktionen gehen häufig mit Verärgerung einher, die regelmäßig mit der Erfahrung von Missachtung verbunden ist. Experimente haben wiederholt gezeigt, dass Wut und Ärger negative Vorurteile auslösen, die Nachfrage nach entscheidungsrelevanten Informationen verringern, Entscheidungszeiten verkürzen und dementsprechend risikofreudigere und aggressivere Verhaltensweisen begünstigen (Lerner u. Keltner 2001).

4. Die Auswirkungen von Respekt und Missachtung auf die Kooperationsbereitschaft von Entscheidungsträgern

Spätestens an dieser Stelle drängt sich aber die eingangs formulierte Frage erneut auf, ob solche Dispositionen, die bisher vor allem auf der Individualebene nachgewiesen wurden, auch auf der Ebene institutionalisierter Kollektive wirken können. Dies gilt insbesondere für Emotionen, die ja wohl nur von Personen und nicht von Staaten erlebt werden können. Derartigen Bedenken ist zu entgegnen, dass Emotionen keineswegs rein individuelle Phänomene darstellen. Vielmehr werden sie in der unmittelbaren Interaktion leicht übertragen. Personen ‚stecken sich leicht an' mit den Emotionen, die sie bei anderen wahrnehmen (Ross 2014, Kap. 2; Goleman 1997, S. 149-53; 2007, S. 13-26, 38-49). Öffentliche Kommunikation kann ebenfalls leicht bestimmte Emotionen übertragen, sofern diese erfolgreich so dargestellt werden, als seien sie die angemessene Reaktion für Mitglieder einer gemeinsamen Gruppe.

Dass kollektive Gefühle von geschickten Rednern manipuliert werden können, ist nichts Neues. Inzwischen haben empirische Studien jedoch demonstriert, dass es hierfür schon genügt, wenn die Identifikation mit einer Gruppe angeregt wird und ein bestimmtes Gefühl für gruppentypisch erklärt wird. Individuelle Zuhörer erleben dann nicht nur das entsprechende Gefühl, sondern neigen dann auch zu den gleichen Reaktionsweisen, die von diesem Gefühl gefördert werden, wenn es in unmittelbarer Interaktion geweckt wird. Dies gilt nicht zuletzt für die oben beschriebenen Effekte von Wut und Verärgerung (Mackie et. al. 2008; Rydell et. al. 2008). Bekanntlich haben politische Entscheidungsträger oft auch ein strategisches Interesse daran, Stimmungen gegen vermeintlich ‚respektlose Ausländer' zu schüren, um von innenpolitischen Auseinandersetzungen abzulenken. Aber auch in anderen Fällen können sie es sich oft nicht leisten, empörte Gefühle der Bevölkerung zu ignorieren. Schließlich zeigen moralpsychologische Forschungen, wie schwierig es ist, moralischen Emotionen mit rationalen Argumenten zu begegnen. Üblicherweise halten Menschen an ihren moralischen Urteilen fest, solange sie sich subjektiv ‚richtig anfühlen' (Haidt 2001).

Hinzu kommt, dass auch die Entscheidungsträger selbst längst nicht so kühl und rational auf fremde Missachtung reagieren. Schließlich neigen diese stark dazu, sich mit der Nation zu identifizieren, die sie repräsentieren. Zudem ist zu vermuten, dass sie im Hinblick auf Statusfragen eine besondere Sensibilität zeigen, weil sie sich doch selbst für den Kampf um Führungspositionen entschieden haben und darin besonders erfolgreich waren (Wolf 2012a, S. 46). Wie die folgenden Fallstudien belegen, zeigt sich das persönliche Statusempfinden nationaler Repräsentanten besonders deutlich, wenn der eigene Staat unangemessen behandelt erscheint. Im umgekehrten Fall äußern sich die Entscheidungsträger dagegen eher zurückhaltend. Die positive Wirkung von Respekt macht sich offenbar viel weniger bemerkbar.

Die Fokussierung auf hochrangige Entscheidungsträger – und gegebenenfalls herausragende Gruppen (z.B. Kabinette) – ist dem Umstand geschuldet, dass sich die außenpolitischen Auswirkungen von Wahrnehmungen und Emotionen auf der Makro-Ebene nur schwer nachweisen lassen. Es bleiben somit große Herausforderungen, wenn kausale Effekte und deren relative Wirkung nachgewiesen werden sollen – zumal in einem komplexen politischen Umfeld, das sich nicht mit den Laborbedingungen sozialpsychologischer Untersuchungen vergleichen lässt.

Bei der Analyse von politischen Entscheidungsprozessen tritt das Problem hinzu, dass oft nicht klar zu trennen ist zwischen Beobachtungen, die auf die bloße Präsenz von Emotionen hinweisen, und solchen, die ihre tatsächliche Wirkung belegen (Wolf 2012b). Diese Schwierigkeit lässt sich nur bedingt dadurch beheben, dass zur Erhebung von subjektiven Gefühlen (wie auch in diesem Beitrag) auf die Auskünfte der unmittelbar Beteiligten zurückgegriffen wird. Denn schließlich können sich letztere über ihre Emotionen täuschen oder mögen daran interessiert sein, diese unaufrichtig darzustellen. Dass ähnliche Schwierigkeiten auch auftreten, wenn die Wirkung rationaler Überlegungen belegt werden sollen, ist hierbei nur ein schwacher Trost (McDermott 2004).

Aufgrund dieser methodischen Einschränkungen soll dieser als Plausibilitätsprobe konzipierte Beitrag zunächst nur deutlich machen, dass in der Folge von markanten (Dis-)Respektserfahrungen politische Entscheidungen tatsächlich in der theoretisch erwarteten Richtung ausfallen. Der Schwerpunkt liegt dabei auf diachronen Tests, die der Frage nachgehen, ob einer Erfahrung von (Dis-)Respekt auch die erwartete Veränderung der Kooperationsbereitschaft folgt. Soweit die Datenlage es zulässt, werden auch die naheliegenden Zwischenschritte untersucht, die beide Variablen miteinander verbinden.

Im Einzelnen betrifft das eine besonders stark ausgeprägte positive (respektive negative) emotionale Reaktion auf das Respekts- beziehungsweise Missachtungserlebnis sowie geringere (respektive stärkere) Vorbehalte gegenüber dem respektierenden beziehungsweise missachtenden Akteur und seiner Politik. Diese diachronen Vergleiche werden z. T. ergänzt durch synchrone Tests, die abprüfen, ob innerhalb der Entscheidungszirkel die ausgeprägtesten individuellen Wahrnehmungen von (Dis-)Respekt auch mit den größten Veränderungen der Kooperationsbereitschaft einhergingen. In Ermangelung besserer Daten wird die Intensität dieser individuellen Wahrnehmungen vor allem anhand von Selbstauskünften und Beobachtungen anderer Entscheider untersucht.

5. Ein Mangel an Respekt(sfällen)

Die indische Elite hat ihr Land traditionell als zivilisatorischen Eckpfeiler und Wiege der asiatischen Gesellschaft gesehen (Nayar u. Paul 2004, Kap. 4; Sinigoj 1998, S. 24-27). Vor diesem Hintergrund reklamierte Indiens erster Premierminister Nehru bereits kurz nach der 1948 erlangten Unabhängigkeit eine „einzigartige und bedeutende Rolle" für sein Land auf dem asiatischen Kontinent (Chopra 1968, S. 82) sowie in der internationalen Gesellschaft insgesamt (Cohen 2001). Indiens selbst gewählte Rolle als führendes Mitglied der blockfreien Staaten bestätigte Neu-Delhi in der Selbstwahrnehmung als „moralische" Großmacht zwischen zwei egoistischen Supermächten (Sinigoj 1998, S. 24-27). Dieses Bedürfnis nach Anerkennung stand in völligem Widerspruch zur amerikanischen Politik. Washington suchte loyale Verbündete in der Auseinandersetzung mit der Sowjetunion und schmiedete deswegen Allianzen mit Indiens regionalen Erzfeinden Pakistan und China. Diese Ignoranz gegenüber Indien bei gleichzeitiger Aufwertung von Neu-Delhis Rivalen verletzte den indischen Stolz zutiefst (Mansingh 1984, S. 71; Palmer 1984, S. 56-57).

Aufgrund der geostrategischen Ausrichtung der Vereinigten Staaten und der indischen Sensibilität gab es für Indien während des Ost-West-Konflikts nahezu keine subjektiv empfundenen Respektserlebnisse. Auch wenn führende Entscheidungsträger wie etwa Indira Gandhi und Lyndon B. Johnson beziehungsweise Ronald Reagan ein in Teilen positives und vertrauensvolles Verhältnis miteinander pflegten (Kux 1992), übersetzten sich diese zwischenmenschlichen Erfahrungen nicht in signifikante Aufwertungserlebnisse Indiens.

Erst in den letzten Jahren zeigten sich indische Politiker zunehmend beeindruckt von der Bedeutung, die ihnen Washington zu Teil werden ließ. Der fünftägige Staatsbesuch von Bill Clinton 2000 – der erste eines amerikanischen Präsidenten seit 22 Jahren – signalisierte einen Wandel von Indiens Stellung, insbesondere im Vergleich zu Pakistan, wo Clinton nur wenige Stunden verbrachte und sich von der Führung Islamabads demonstrativ distanzierte. Außenminister Singh sprach damals vielsagend von einer „Neuevaluierung von Indiens Standing" (The Hindu, 26. März 2000). Insgesamt zeuge Washingtons Politik von einer „besseren Wertschätzung von Indiens Position" (Indurthy 2002, S. 4).

Die unmittelbaren Folgen dieser neuen Anerkennung sind jedoch unklar. Einschlägige Studien (Ayoob 2000; Adhikari 2004) behandeln die von der indischen Regierung empfundene Aufwertung nur am Rande. Auf Basis dieser Datenlage ist kein klarer Bezug zu der abhängigen Variable, der Kooperationsbereitschaft der respektierten Entscheidungsträger, zu erkennen. Im Rahmen des Staatsbesuchs haben beide Seiten zwar unter anderem vereinbart, die wirtschaftliche und technologische Zusammenarbeit zu vertiefen sowie Anti-Terror-Maßnahmen zu koordinieren. Dabei handelte es sich jedoch um das Ergebnis langfristiger Verhandlungen zum beiderseitigen Nutzen, deren Genese in Entwicklungen weit vor dem offenkundigen Respektserlebnis liegt (Ayoob 2000; Talbott 2004).

Das Deutsche Kaiserreich verstand sich unter Kaiser Wilhelm I. und Otto von Bismarck als Reichskanzler als saturierte Großmacht im Herzen Europas (Gall 2001, S. 503). Nach der Thronbesteigung Kaiser Wilhelms II. begann eine neue Ära in der deutschen Außenpolitik (Ullrich 2000, S. 27; Snyder 1991, S. 84–90; Canis 1999). Mit der Politik des „Neuen Kurses" emanzipierte sich die politische Führung des Deutschen Kaiserreichs von den auf Europa konzentrierten Plänen Bismarcks und strebte vermehrt nach einer führenden, weltpolitischen Stellung: dem deutschen „Platz an der Sonne" (Bernhard von Bülow 1897; Frie 2004, S. 66; Schieder 1977, S. 247). Das neue deutsche Selbstverständnis drückte sich vor allem in unstetem, hektischem, unkoordiniertem außenpolitischen Tatendrang aus, welcher besonders bei der Weltmacht Großbritannien auf Unmut und Argwohn stieß (Ullrich 2000, S. 32-34; Craig 1980, S. 243). Zwischen der Hegemonialmacht und dem Aufsteiger entwickelte sich in den 1890er Jahren ein Antagonismus, welcher sich weniger auf substantielle, materielle Machtfragen bezog, sondern sich verstärkt um Fragen von Status, Respekt und Anerkennung drehte (Kennedy 1980; Massie 1993; Hildebrand 1995; Schieder 1977).

Die deutsch-britischen Beziehungen verschlechterten sich nach dem Herrschaftsantritt von Wilhelm II. und der Entlassung Bismarcks 1890 zunehmend. Bis zum Ausbruch des Ersten Weltkriegs im Sommer 1914 war das bilaterale Verhältnis von stetig steigender Unzufriedenheit ob der Ziele, Forderungen und Absichten beider Staaten geprägt (Kennedy 1980, S. 218–233; Afflerbach 2002, S. 390–393). Das maritime Wettrüsten, welches durch die Etablierung einer deutschen Flotte mit weltpolitischem Anspruch ausgelöst wurde, stellt dabei nur das sichtbarste Zeichen dieser sich nahezu permanent verschlechternden Beziehung dar (Berghahn 1971; Deist 1976; Hildebrand 1982, S. 318). Dieser deutlich erkennbare Abwärtstrend in den Beziehungen machte subjektiv empfundene Respektserlebnisse bei deutschen Entscheidungsträgern nahezu unmöglich. Trotz der engen familiären Beziehungen des Deutschen Kaisers zum britischen Königshaus[1], entwickelte sich ein politisches Klima, welches sehr empfänglich für subjektiv empfundene Missachtungserfahrungen war und positive Erlebnisse zunehmend ausblendete.

Diese subjektive Grundhaltung führte dazu, dass in fast jedem außenpolitischen Schritt Großbritanniens eine Nichtberücksichtigung, Abwertung oder offensive Missachtung des Deutschen Kaisers, des Deutschen Kaiserreiches und dessen Vertreter oder zumindest deutscher Interessen gesehen wurde. Eine signifikante Kooperationsbereitschaft konnte sich unter diesen Umständen nur schwer entwickeln oder gar dauerhaft etablieren. Das Bild von Großbritannien als „perfides Albion" setzte sich immer stärker fest (Hamilton u. Herwig 2004, S. 24). Dies bedeutet letztlich, dass sich subjektiv empfundener Respekt auf politischer Ebene nicht nachweisen lässt, weil selbst bei positiven Erfahrungen mit der britischen Seite eine negative Absicht unterstellt und erwartet wurde – aus dem politischen Gegensatz entwickelte sich ein feststehender Glaubenssatz (Hildebrand 1982, S. 323).

6. Psychologische und politische Folgen von Missachtungserlebnissen

6.1 Revanche und Ressentiments: Indiens Reaktion auf die aufoktroyierte Bittsteller-Rolle in der Lebensmittel-Frage Mitte der 1960er Jahre

Der Mangel an eindeutigen Respektserlebnissen und die damit verbundene methodische Problematik lenken den Blick auf die Missachtungsfrage. Entsprechende Ereignisse gab es in der Geschichte der indisch-amerikanischen Beziehungen zuhauf. So war Premierminister Shastri im Frühjahr 1965 etwa „zutiefst beleidigt" (Kux 1992, S. 233), als sein geplanter Staatsbesuch in Washington kurzfristig und überraschend abgesagt wurde. Die US-Regierung hatte befürchtet, dass Shastri Kritik an den USA üben und dadurch die Südasien-Vorhaben im Kongress in Misskredit bringen würde (Bearth 1989, S. 73-75). Shastris Nachfolgerin, Indira Gandhi, zeigte sich ähnlich verstört, als sich die Vereinigten Staaten und China 1971 annäherten. Gandhi fühlte sich übergangen und erklärte, dass Staaten wie Indien „nicht länger bereit seien, die Bauern in einem globalen Schachspiel zu sein" (Palmer 1984, S. 52).

Am eindrucksvollsten ist Indiens Sensibilität im Hinblick auf den eigenen Status Mitte der 1960er Jahre zu erkennen. Damals erhoben die USA die Forderung,

---

1　Kaiser Wilhelm II. war der Enkel von Königin Victoria. Schon in seiner Kindheit und Jugend war er regelmäßig zu Besuch bei seinen britischen Verwandten. Er war äußerst empfänglich für symbolische Anerkennungen, aber auch für subjektiv empfundene Missachtungen gegnüber seiner Person (Röhl 2001, S. 116–117). Aufgrund dieser engen dynastischen Beziehung schwankte der Kaiser regelmäßig zwischen euphorischen Verbundenheitsbekundungen und radikaler Abneigung, weil er das Gefühl hatte, als Deutscher Kaiser nicht ausreichend ernst genommen zu werden (Jaschob 2012, S. 5).

Wirtschafts- und Landwirtschaftsreformen vorzunehmen. Andernfalls drohte Washington damit, dringend benötigte Lebensmittellieferungen einzustellen. Um den Druck auf Indien zu erhöhen, begannen die USA 1965 damit, ihre Hilfslieferungen gezielt zu verzögern und den indischen Bedarf nur noch kurzfristig und notdürftig zu decken (Bearth 1989, S. 226-228).

Bei einem Staatsbesuch im Frühjahr 1966 einigten sich US-Präsident Johnson und Indira Gandhi zunächst auf einen vorübergehenden Kompromiss, demzufolge Johnson eine Grundsatzerklärung über die weitere Versorgung Indiens mit Nahrungsmittelhilfen abgab, während Neu-Delhi Gespräche über Wirtschaftsreformen mit der Weltbank aufnehmen sollte (Kux 1992, S. 251). Johnson sagte Gandhi im Rahmen des Staatsbesuchs zudem Nahrungsmittellieferungen und Entwicklungshilfekredite zu, die es ihr erleichtern sollten, die eingeforderten Reformen umzusetzen. Teile der versprochenen Hilfszahlungen wurden aber von der US-Regierung erneut zurückgehalten, um den Druck auf Indien zu forcieren (Bearth 1989, S. 176, 188). Im August 1966 kündigte Präsident Johnson sogar an, sämtliche Weizenlieferungen zu stoppen und wies später auch eine persönliche Bitte von Indira Gandhi um deren Wiederaufnahme zurück. Erst im Dezember gab Johnson je 450.000t Weizen und Hirse zur Lieferung nach Indien frei, um einen drastischen Versorgungsengpass zu vermeiden (Bearth 1989, S. 259-261, 264). Für die indische Regierung war Johnsons Politik überaus frustrierend. Der kollektive Eindruck innerhalb der Gandhi-Regierung war, man erfülle die wesentlichen Bedingungen, um weiterhin Hilfe zu erhalten, werde aber von Washington hintergangen und gequält (Kux 1992, S. 260).

Diese Situation war für Indira Gandhi besonders demütigend, weil es ihr die Abhängigkeit Indiens vom Ausland vor Augen führte. Aufgrund der kolonialen Vergangenheit ihres Landes haben indische Entscheidungsträger stets besonders sensibel auf Ereignisse reagiert, die Indiens Qualität als selbstständiger Akteur in Frage zu stellen schienen (Miller 2013). Premierministerin Gandhi kündigte daher an, die Fortsetzung der Nahrungsmittellieferungen sicherzustellen, gleichzeitig aber „keine Hilfe [zu] akzeptieren, welche Ehre und Selbstrespekt des indischen Volkes verletze" (Bearth 1989, S. 80-81). Ihre Landsleute würden „eher hungern als ihre nationale Ehre zu verkaufen" (Paarlberg 1985, S. 161).

Neben diesen öffentlichen Erklärungen finden sich auch Hinweise auf ähnliche Aussagen von Indiens Premierministerin in vertraulichen Gesprächen. Nach einem Telefonat mit Johnson sagte Gandhi einmal im Kreise ihrer engsten Mitarbeiter, sie wolle „nie wieder um Lebensmittellieferungen betteln müssen" (Kux 1992, S. 257). Ihrem Vertrauten Inder Malhotra gegenüber erklärte sie einmal, ihre zentrale Mission sei es, „Lebensmittel und Devisenreserven zu erhalten, aber ohne den Eindruck zu erwecken, darum zu bitten" (Kux 1992, S. 250).

Indira Gandhis Eindrücke deckten sich mit den Wahrnehmungen anderer hochrangiger Entscheidungsträger. Auch letztere beklagten sich über Indiens – aus ihrer Sicht – unwürdige Rolle als Bittsteller und bemängelten explizit das arrogante amerikanische Vorgehen, das sie als besonders erniedrigend empfanden. Landwirtschaftsminister Subramaniam bezeichnete den US-Präsidenten beispielsweise als „'districtnawab' [indischer Herrschertitel], der alles kontrollieren möchte und nicht einsehen will, dass andere auch dazu in der Lage sind, Verantwortung zu tragen" (Kux 1992, S. 247). Berichte attestieren Subramaniam zudem, in wachsendem Maße von dem ‚demütigenden' Verhalten der Regierung Johnson gezeichnet gewesen zu sein. Der Einschätzung von Außenstehenden zufolge – darunter ein damaliges Mitglied der US-Regierung – bekümmerte ihn, dass ihm nichts anderes übrig blieb, als „Männchen zu machen und um neue Tropfen auf den heißen Stein zu betteln" (Kapur et al. 1997, S. 390).

Der indische Botschafter in den USA, B.K. Nehru, hatte in Washington bereits auf den Missbrauch von Indiens Hilflosigkeit hingewiesen, indem er fragte, warum man Indien aushungern wolle (Bearth 1989, S. 236). Ferner beklagte Nehru die erzwungene Abwertung der indischen Rupie (dabei handelte es sich um eine der insbesondere von Washington angemahnten wirtschaftlichen Reformmaßnahmen, über die parallel zu den Lebensmittellieferungen verhandelt wurde). Aufgrund der Bedeutung der Rupie für das indische Selbstbewusstsein meinte Nehru, „es sei so, als ob die Währungsabwertung Indien kastriert habe" (Kux 1992, S. 254). Auch den amerikanischen Diplomaten blieb dieses subjektive Demütigungsgefühl unter Indiens Entscheidungsträgern nicht verborgen. Ende 1966 vermerkten Indien-Experten in einem internen Memorandum an Präsident Johnson, dass die „indischen Offiziellen sehr stolz sind und es hassen, um etwas zu betteln" (Chaudhry u. Vanduzer-Snow 2011, S. 308-309). Präsident Johnson wiederum schien seine Machtfülle offenbar zu gefallen, was die indischen Entscheidungsträger und politischen Beobachter jedoch nur in ihrer Wahrnehmung bestätigte, einer „herabwürdigenden" Haltung seitens der USA ausgesetzt zu sein (Lewis 1995, S. 129).

Die subjektiv empfundene Missachtungserfahrung ging mit negativen Emotionen einher. Die indische Perzeption der USA war in dieser Zeit von Unmut (Palmer 1984, S. 162), Wut und Verärgerung (Chaudhry u. Vanduzer-Snow 2011, S. 16) bestimmt. Der Politikwissenschaftler Norman D. Palmer fasst die Verbitterung von Premierministerin Gandhi wie folgt zusammen: „In later years she often spoke bitterly about the pressure on her from external sources to take (…) drastic action and the failure of those abroad who had urged her to take (…) action to live up to their promises of continuing support for India during its economic crisis" (Palmer 1984, S. 146). Bei dem oben erwähnten Telefonat zwischen Gandhi und Johnson umgriff die angespannte Premierministerin etwa mit verkrampften Fingern den Hörer und war nach dem Gespräch laut Aussage ihres Pressesprechers Sharada Prasad sichtlich erbost. Landwirtschaftsminister Subramaniam blickte auf die Streitigkeiten über die Lebensmittellieferungen laut eigener Aussage ebenfalls mit einer „gewissen Verbitterung" zurück (Kux 1992, S. 257). Die indischen Vertreter mussten sich im Abstand von wenigen Wochen mit ihren amerikanischen Gegenparts treffen, um zu erklären, dass die indischen Reform-Bemühungen gut genug vorankommen, um die auch in Zukunft dringend benötigten Nahrungsmittellieferungen zu erhalten. Subramaniam schlussfolgerte daraufhin, dass die Vereinigten Staaten trotz ihrer an sich großzügigen Politik ein „Gefühl der Ablehnung" auf Seiten Indiens hervorriefen (Subramaniam 1979, S. 54).

Selbst bei einer einhelligen Definition von Problemen zeigte die indische Regierung schließlich eine zunehmende Kooperations- und Deliberationsverweigerung gegenüber Washington. Indira Gandhi gab beispielsweise ihre anfängliche Zurückhaltung in der Vietnam-Frage nach und nach auf und übte zunehmend Kritik an Washington (Mansingh 1984, S. 80), obwohl beide Staaten das gemeinsame Ziel hatten, die pro-chinesischen Kommunisten zu schwächen. Gandhi deutete im Oktober 1966 vorsichtig an, eine einseitige Einstellung des Bombardements zu befürworten (Thakur 1984, S. 210-211). Schon bald forderte sie jedoch in einer gemeinsamen Erklärung mit den ebenfalls blockfreien Staaten Jugoslawien und Ägypten ein Ende der Bombadierung Nordvietnams (Paarlberg 1985, S. 166-167). Im Februar 1967 wiederholte Außenminister M.C. Chagla den Apell seiner Regierungschefin. Da erst wenige Tage zuvor der nordvietnamesische Außenminister Nguyen Trinh dieselbe Forderung erhoben hatte (Thakur 1984, S. 211), symbolisieren Chaglas Aussagen eine Abkehr von der zurückhaltenden und Amerika-freundlichen Haltung und eine deutliche Annäherung an Hanoi.

Etwa zu dieser Zeit beendete Indien auf persönlichen Geheiß Indira Gandhis auch die geplante bilaterale Zusammenarbeit im Bildungssektor (Gupta 1992, S. 292). Die Pläne für den Aufbau der sogenannten Indo-American Educational Foundation gingen auf Präsident Johnson zurück. Bei einem Staatsbesuch Indira Gandhis Anfang 1966 in Washington unterbreitete er die Idee, die besagte Stiftung ins Leben zu rufen. Die Finanzierung sollte ausschließlich über die Rupien-Reserven laufen, die die Vereinigten Staaten als Gegenleistung für Nahrungsmittellieferungen erhalten haben und wäre für Indien somit nicht mit eigenen Kosten verbunden gewesen. Johnson und Gandhi verabredeten, zunächst 300 Mio. Dollar aus dem US-Vermögen in die Foundation zu investieren. Die Etablierung des Instituts scheiterte jedoch letztlich an der Verärgerung über das als solches wahrgenommene amerikanische Diktat (Goswami 1983, S. 58-59) im Kontext der Nahrungsmittel-Frage. Die Einstellung eines Projekts, das die eigene Bevölkerung besser ausgebildet und für das de-facto die Vereinigten Staaten die Kosten übernommen hätten, lässt sich mit den etablierten IB-Theorien nicht erklären. Letztere heben vor allem auf materielle Interessen und moralische Bedenken als Ursachen für Kooperationsverweigerung ab, die bei der Finanzierung eines Bildungsprojekts durch Dritte keine Rolle gespielt haben. Im Hinblick auf die zuvor erwähnten synchronen Tests gilt es festzuhalten, dass die Politikerin, die sich offenkundig am deutlichsten missachtet fühlte, auch die geringste Kooperationsbereitschaft bewies, nämlich Premierministerin Gandhi.

Dennoch ist es erstaunlich, dass sich die Gandhi-Administration den USA im Kontext der Nahrungsmittel-Frage nicht direkt widersetzt hat, obwohl letztere das Missachtungsgefühl hervorrief und der Landwirtschaftsminister die Wahrnehmungen und Emotionen seiner Regierungschefin teilte. Diese Erkenntnis legt nahe, dass die Kosten der Kooperationsverweigerung trotz allen emotionalen Impulsen, die eine unmittelbare Trotzreaktion begünstigen, von den Entscheidungsträgern sorgsam abgewogen werden. Kein indischer Politiker verweigerte die Kooperation mit den USA auf einem Gebiet, auf dem es für Indien mit extremen Kosten verbunden gewesen wäre. Nahrungsmittellieferungen nicht mehr anzunehmen, konnten sich indische Regierungsmitglieder trotz entsprechender Drohungen nicht leisten, wohl aber eine Trotzreaktion, bei der sich die Kosten in Grenzen hielten.

Das amerikanische Vorgehen in der Nahrungsmittel-Frage – aber auch diverse frühere und spätere Missachtungserlebnisse – setzten sich im indischen Gedächtnis fest. Zu frustrierend war der Eindruck, nicht als die einzigartige Nation behandelt zu werden, als die man sich selbst erachtete. Unter diesen Umständen genügten oftmals schon vergleichsweise belanglose Ereignisse, um seitens der indischen politischen Elite ein Gefühl der Missgunst auszulösen (Mansingh 1984, S. 85). Wie sehr sich diese negative Perzeption im Denken der indischen Entscheidungsträger festgesetzt hatte, zeigt eine Aussage des damaligen Außenministers I.K. Gujral Mitte der 1990er Jahre, der das amerikanisch-indische Verhältnis als Interaktion von Herr und Knecht beschrieb. „Bis wir etwas dagegen tun", so Gujral, „bevormunden [sie] uns" (Perkovich 1999, S. 383). Diese Haltung trug in einigen Fällen zu einem schrofferen diplomatischen Kurs gegenüber Washington bei, als dies ansonsten zu erwarten gewesen wäre. Vor allem linksorientierte Gruppierungen – eine wichtige Klientel für die mächtige Kongresspartei – sprachen sich für einen anti-amerikanischen Kurs aus (Mansingh 1984, S. 71). Insgesamt, so lässt sich festhalten, entwickelte sich eine indische Neigung, die eigene Ehre zu verteidigen, indem Neu-Delhi Position gegen Washington bezog (Perkovich 1999, S. 24).

6.2 Die Bundesrath-Affäre 1899/1900: subjektive Missachtungserfahrungen und ihre Auswirkungen auf das deutsch-britische Verhältnis

Die diplomatischen und politischen Beziehungen zwischen dem Deutschen Kaiserreich und Großbritannien erreichten mit dem Krügertelegramm vom 3. Januar 1896[2] ihren ersten Tiefpunkt. Der bis dahin nur schwelende und latent wahrgenommene Antagonismus brach nun offen aus (Nasson 2010, S. 52; Ullrich 2007, S. 187). Die offensive deutsche Unterstützung für die Burenrepublik Transvaal erreichte ihren Höhe- und Wendepunkt (Kröger 2001, S. 30). Sowohl in Deutschland wie auch in Großbritannien führte das Telegramm zu großem öffentlichen Aufruhr und die britische Regierung reagierte heftig (Rosenbach 1993, S. 50). London verstand es als offene Brüskierung und unverhältnismäßige Einmischung in seine Kolonialpolitik, die Folge war eine deutsch-britische Pressefehde, welche das politische Klima nachhaltig negativ beeinflusste (Bender 2009, S. 27–28). Die deutsche Führung sah in ihrer Unterstützungsbekundung eine Demonstration neuen deutschen Selbstbewusstseins (Bender 2009, S. 29). Die harsche britische Reaktion war so nicht einkalkuliert und wurde nun als Zurückweisung aufgenommen. Das bereits vorhandene Gefühl in Kolonialfragen von Großbritannien als „quantité négliable" angesehen zu werden verfestigte sich weiter (Kennedy 1980, S. 178; Schieder 1977, S. 278), weil erneut die Wertschätzung für deutsche Bemühungen von britischer Seite ausblieb beziehungsweise sogar negativ war. Die

---

2   Kaiser Wilhelm II. schickte dem Präsidenten der Burenrepublik Transvaal ein Glückwunschtelegramm, nachdem sich die Republik erfolgreich gegen unautorisierte britische Übergriffe gewehrt hatte. Im Vorfeld der Krise gab es deutsch-britische Verhandlungen über Kolonialfragen im südlichen Afrika. Das deutsche Reich fühlte sich bei diesen Verhandlungen nicht ausreichend respektiert und wollte Großbritannien mit der offenen Unterstützung der Buren eine Lektion erteilen (Canis 1999, S. 177–189).

deutsch-britischen Beziehungen kühlten sich weiter ab. Dennoch erklärte das Deutsche Kaiserreich bei Ausbruch des Burenkrieges 1899[3] seine Neutralität.

Bülow machte im März 1899 unmissverständlich deutlich: „was den Streit zwischen England und den Buren angeht, so werden wir umso eher neutral bleiben können, je mehr England unseren Interessen in der Welt Rechnung trägt und alles unterlässt, was die deutsche öffentliche Meinung als Herausforderung empfinden wird." (zitiert nach: Rosenbach 1993, S. 160). Die politische Führung des Deutschen Kaiserreichs wollte sich auf keinen Fall erneut missachten lassen, und so knüpfte man eine potentielle Kooperationsbereitschaft an ein deutliches Entgegenkommen Großbritanniens. Diese politisch wie emotional aufgeladene Stimmung bildet den Rahmen für die Bundesrath-Affäre 1899/1900: Berlin machte eine fehlende Kooperationsbereitschaft auf Seiten der britischen Regierung aus und löste so eine diplomatische Krise aus, welche vor allem auf deutscher Seite von hohem Misstrauen und subjektiven Missachtungsgefühlen geprägt war (Jaschob 2014). Ausgelöst wurde die Affäre durch die zivile Handelsschifffahrt.

Nach dem Beginn des Burenkrieges und den ersten britischen Niederlagen verschärfte die Royal Navy ihre Seekontrollen vor der afrikanischen Küste, um die Versorgungswege der Buren zu unterbrechen und den vermuteten Waffenschmuggel zu verhindern (Bender 2009, S. 187). Am 28. Dezember 1899 sowie am 4. und 7. Januar 1900 wurden drei deutsche Postdampfer von der Royal Navy vor der afrikanischen Küste aufgebracht und aufgrund des Verdachts des Transports von Kriegskonterbanden durchsucht. Die deutsche Führung reagierte empört ob des britischen Vorgehens und forderte sofortige Aufklärung. Als Außenminister Bülow am 28. Dezember 1899 von der Aufbringung des deutschen Postdampfers ‚Bundesrath' erfuhr, kontaktierte er sofort den deutschen Botschafter in London, Paul von Hatzfeldt, der am 31. Januar antwortete, dass die britische Regierung um eine schnelle Aufklärung bemüht sei und das Verhalten der Behörden vor Ort bedaure (Lepsius et al. 1924, Nr. 4414).

Trotz der kooperativen Antwort der britischen Regierung hakte Bülow weiter nach, denn die deutsche Öffentlichkeit forderte eine schnelle Lösung und eine harte Haltung gegenüber Großbritannien. Nach Kontakten mit dem betroffenen Reeder Woermann stellte Bülow am 2. Januar 1900 offiziell das britische Vorgehen in Frage, neutrale Schiffe ohne Anlass und konkreten Grund aufzubringen (Lepsius et al. 1924, Nr. 4416-4417). Er forderte Hatzfeldt am 3. Januar offiziell auf, eine Note an die britische Regierung zu richten, da die Aufbringung des neutralen Schiffes völkerrechtswidrig sei und es immer noch keine zufriedenstellende britische Antwort gegeben habe. Daher müsse den deutschen Forderungen nun schärfer Nachdruck verliehen werden (Lepsius et al. 1924, Nr. 4419). Bereits am 2. Januar äußerte sich auch Kaiser Wilhelm II. in ähnlicher Art und Weise zu den Vorfällen. Er forderte zusätzlich noch harte Konsequenzen für das britische Vor-

---

3   Ursache für den zweiten Burenkrieg (1899-1902) waren das verstärkte Streben nach Unabhängigkeit der Buren und die wachsenden wirtschaftlichen Interessen Großbritanniens an der Ausbeutung der 1886 entdeckten Goldvorkommen im Transvaal. Großbritannien wollte die südafrikanischen Gebiete zu einer Südafrikanischen Konföderation unter weißer Führung zusammenfassen, um optimale Bedingungen für eine dauerhafte koloniale Ausbeutung zu schaffen und die immer wieder aufflackernden Unruhen einzudämmen (Henshaw 2001, S. 17–18; Nasson 2010, S. 17, Kap. 2).

gehen und rief nach einer Verschärfung im Ton gegenüber Großbritannien (Rosenbach 1993, S. 230).

Als Bülow am 4. Januar von der Aufbringung des zweiten deutschen Dampfers erfuhr, begann die Situation zu eskalieren: Hatzfeldt solle sofort eine zweite offizielle Note einbringen und darauf hinweisen, dass bei weiterer Nichtbeachtung ernste Verwicklungen zu befürchten seien (Lepsius et al. 1924, Nr. 4420-4421). Bis zum 6. Januar lag Bülow noch immer keine offizielle Antwort der britischen Regierung vor, er hatte den Eindruck, dass der britische Premier Salisbury die Angelegenheit unterschätze. Es sei Deutschland nun nicht länger möglich, zu schweigen und es käme der Verdacht auf, dass Großbritannien die Klärung des Vorfalls bewusst verschleppe, um Deutschland aufzuzeigen, wie abhängig es von Großbritannien sei. Diese vermeintliche Abhängigkeit wies Bülow aufs Schärfste zurück und stellte klar, dass das Vorgehen gegen deutsche Schiffe eine „systematische Rücksichtslosigkeit" sei, es stelle eine Beleidigung dar, welche sich die deutsche Regierung nicht gefallen lassen werde. Sie habe den Entschluss gefasst „Ehrenfragen als Lebensfragen zu behandeln, denen gegenüber selbst die wichtigsten Interessenfragen zurückzutreten haben." (Lepsius et al. 1924, Nr. 4425). Als er einen Tag später von der Aufbringung eines dritten deutschen Schiffes erfuhr, war für Bülow endgültig klar, dass es sich um systematisches britisches Vorgehen handelte und die Nichtbeantwortung der deutschen Anfragen eine bewusste Missachtung deutscher Interessen darstelle (Lepsius et al. 1924, Nr. 4427).

In diese aufgeheizte Stimmung hinein erreichten Bülow immer mehr Nachrichten von Hatzfeldt, dass die britische Regierung die Angelegenheit schnell regeln wolle und zwei der drei Schiffe bereits wieder frei seien. Den deutschen Rechtsstandpunkt könne man jedoch nicht nachvollziehen und ein Prisengericht für die ‚Bundesrath' sei unumgänglich (Lepsius et al. 1924, Nr. 4430). Bülow forderte jedoch weiterhin die Beschleunigung der Freilassungen und stellte fest, dass Großbritannien nun auf einen Kurs einschwenke, den er schon vor Tagen gefordert habe. Am nächsten Tag lenkte Bülow jedoch ein und nahm die wohlwollende Haltung Salisburys zur Kenntnis. Mit Verweis auf die aufgebrachte deutsche öffentliche Meinung bat er um die sofortige Freilassung der ‚Bundesrath', um weitere Verwicklungen zu vermeiden, denn das Deutsche Kaiserreich sei an guten Beziehungen zu Großbritannien weiterhin interessiert (Lepsius et al. 1924, Nr. 4431).

Am 16. Januar 1900 erreichte Bülow endlich die Nachricht aus London, dass auch die ‚Bundesrath' freigegeben sei und keine Waffen gefunden wurden. Die britische Regierung erklärte sich bereit, eine Entschädigung zu zahlen und keine weiteren deutschen Schiffe aufzubringen. Salisbury bedankte sich persönlich bei Bülow für dessen Zurückhaltung und hoffte, die Sache damit aus der Welt geschafft zu haben (Lepsius et al. 1924, Nr. 4446). Bülow wiederum bedankte sich am folgenden Tag über Hatzfeldt ebenfalls bei Salisbury und sagte weitere Kooperation zu (Lepsius et al. 1924, Nr. 4448).

Die deutsche Führung empfand das britische Verhalten – besonders dasjenige von Premierminister Salisbury – als nicht angemessen. Die Aufbringung neutraler deutscher Handelsschiffe wurde als Missachtung der deutschen Position und Interessen verstanden; man fühlte sich herabgesetzt, obwohl man doch durch die Neutralitätserklärung seine Ansprüche deutlich artikuliert hatte und Kooperationsbereitschaft signalisiert hatte. Spätestens nach der Aufbringung des dritten Schiffes und nach dem Eingreifen des Kaisers entwickelte sich die diplomatische Auseinandersetzung zu einer Prestigefrage. Die deutsche Regierung fühlte sich von der britischen Führung nicht ausreichend beachtet, die deutsche Neutralität, welche nur mit starkem Unmut der öffentlichen Meinung in Deutschland gebilligt wurde, schien überhaupt nichts am britischen Verhalten zu ändern (Bender 2009, S. 189-191). Das Gefühl, als „quantité négligeable" angesehen zu werden, wurde aus deutscher Sicht bestätigt und die Statussensibilität weiter verstärkt.

Je länger die Krise andauerte, desto emotionaler wurden die Reaktionen auf deutscher Seite. Auf dem Höhepunkt der Krise (nach dem Eingreifen des Kaisers und der Aufbringung des zweiten Schiffes) reagierte Bülow sichtlich verärgert auf die Nachrichten aus London. An seinen Randbemerkungen zu Hatzfeldts Telegramm vom 8. Januar ist zu erkennen, dass ihm das britische Vorgehen weiterhin missfiel und er langsam die Geduld verlor. Bereits einen Tag später lenkte er jedoch ein: Bülow nahm die wohlwollende Haltung Salisburys zur Kenntnis und reagierte ohne erkennbare Emotionen oder Missachtungserfahrungen.

Auch Kaiser Wilhelm II. (1900, Hervorhebungen im Original) äußerste sich in emotionaler Weise zu den Konsequenzen der Affäre:

> „In Anbetracht der ausgesprochenen Unliebenswürdigkeiten um nicht zu sagen Feindseligkeit Englands gegen uns, welche sich im Aufbringen deutscher Schiffe unter anderem kennzeichnet, halte ich es für richtig, unsere *Neutralität* noch *intensiver* zu betonen. Es würde sich daher empfehlen, zunächst die *Ausfuhr* jedweden von England bei uns bestellten *Kriegsmaterials* (...) absolut zu verbieten."

Gerade beim Kaiser zeigt sich im synchronen Vergleich mit anderen Entscheidungsträgern (Bülow, Hatzfeldt), dass er besonders deutlich auf das britische Verhalten reagiert hat. Er fühlte sich als Person und Staatsoberhaupt besonders missachtet und verband diese Empfindung mit der aktiven Forderung nach drastischen Konsequenzen. Seine Reaktion fiel sehr viel heftiger aus als bei den anderen involvierten Entscheidungsträgern. Jedoch schwanden auch bei ihm der Ärger und das Missachtungsgefühl über das britische Verhalten schnell. Die von ihm angedrohten Konsequenzen wurden nicht in die Tat umgesetzt, es blieb bei der markigen Warnung. Dennoch lässt sich hierin der vermutete Kausalpfad zwischen subjektiver Missachtung und abnehmender Kooperationsbereitschaft erkennen.

Obwohl die Affäre von weiten Teilen der Öffentlichkeit und der politischen Führung als Missachtung des deutschen Weltmachtstatus angesehen wurde, fielen die unmittelbaren Reaktionen letztlich doch eher moderat aus. Durch die unvermittelte Entschuldigung der britischen Führung im letzten Drittel der Krise konnten die durch diese subjektiv empfundene Missachtungserfahrung belasteten Beziehungen kurzfristig wieder beruhigt werden. Denn es lag auch im Interesse der deutschen Führung, die Affäre nach außen hin bald für beendet zu erklären. Man wollte die Erinnerung an den Vorfall aber konservieren, um sie zur Erreichung der weltpolitischen Ziele noch später nutzen zu können. Das öffentlich geteilte Empfinden, von Großbritannien nicht ausreichend respektiert worden zu sein, sollte instrumentalisiert werden, um das umfangreiche deutsche Flottenprogramm noch stärker auszuweiten und somit langfristig dazu beitragen, den deutschen Weltmachtstatus – auch gegen Großbritannien – zu sichern.

Langfristig gesehen führte die Bundesrath-Affäre zu einer stetigen Abkühlung des Verhältnisses und bestätigte die gegenseitigen Ressentiments nur weiter. Die von deutscher Seite dauerhaft empfundene Nicht-Beachtung des angestrebten Weltmachtstatus verfestigte sich durch solche Vorfälle (z.B. die Marokkokrisen 1905 und 1911) und führte zu einer immer weiter abnehmenden Kooperationsbereitschaft. Aus innenpolitischen Erwägungen heraus – die Verabschiedung des zweiten Flottengesetzes, welches eine Verdoppelung der bisherigen Marine vorsah, stand kurz bevor – konnte sich die deutsche Führung jedoch um die Jahrhundertwende keinen offenen Machtkampf mit Großbritannien leisten (Bender 2009, S. 195-197; Rosenbach 1993, S. 235-236; Mommsen 2001, S. 5). Schließlich war sie auf relative außenpolitische Stabilität angewiesen, um diesen ambitionierten Plan, welcher das Deutsche Reich dem angestrebten Weltmachtstatus ein gutes Stück näher bringen würde, auch umsetzen zu können. Bülow äußerte sich in einem Privatbrief dazu: „His Majesty has ordered that (without any impolitic venom or hate campaign against Great Britain, but objectively) the seizure of the ‚Bundesrath' is to be made use of, with emphasis and consistency, in the interests of the naval bill." (zitiert nach Kröger 2001, S. 36).

Die Bundesrath-Affäre zeigt exemplarisch, welche Rolle subjektive Missachtungserfahrungen auf die bilateralen Beziehungen haben können. Nicht die Affäre an sich ist das Problem, sondern der Ton der Auseinandersetzung führt zu den sich verschlechternden Beziehungen (Kröger 2001, S. 37). Kurzfristig wird über solche Respektlosigkeiten, nachdem sich die erste Aufregung gelegt hat, vermeintlich hinweg gegangen, langfristig jedoch können sie die Politik eines Staates substantiell beeinflussen (Hildebrand 1995, S. 175; Kennedy 1980, S. 199f, 216-220). Die vermutete Kausalität kann also auch mit Verzögerung einsetzen.[4]

7. Schlussfolgerungen

Bei der Auswertung der Fallstudien fällt zunächst auf, dass die positiven Wirkungen von erfahrenem Respekt nicht eindeutig nachgewiesen werden konnten. Im deutschen Fall fehlte es überhaupt an entsprechenden Wahrnehmungen, weil man sich nie ‚wirklich' in seinem wachsenden Statusbewusstsein anerkannt fühlte. Selbstbild und Fremdwahrnehmung klafften hier so weit auseinander, dass es wohl einer grundsätzlichen Korrektur der britischen Politik bedurft hätte, um

---

4 Wie sehr wiederholte Missachtungswahrnehmungen auch auf britischer Seite sukzessive zu einer Verhärtung der Position beitrugen, zeigt eindrucksvoll das einflussreiche Crowe-Memorandum von 1907. Darin beklagt der Verfasser gar nicht so sehr die deutschen Positionsgewinne („There are no existing German rights, territorial or others, which this country could wish to see diminished."), sondern den deutschen „habit of bullying and offending England". Entsprechend schließt Eyre Crowe dann mit der Forderung „to show the most unbending determination to uphold British rights and interests in every part of the globe. There will be no surer or quicker way to win the respect of the German Government and the German nation" (Crowe 1926).

Berlins Statusansprüchen zu genügen.[5] Im indischen Fall lassen sich zwar solche positiven Erlebnisse feststellen, die auch mit ansteigender Kooperationsbereitschaft einhergingen. Angesichts der unbefriedigenden Datenlage blieb jedoch unklar, ob die Verbesserung der Beziehungen tatsächlich eine Folge der erfahrenen Anerkennung war. Insofern kann in Bezug auf positiven Respekt noch nicht festgehalten werden, dass die sozialpsychologischen Befunde auf der Mikroebene analog auf Beziehungen übertragen werden können, die politische Entscheidungsträger auf der Makroebene unterhalten.

Bei den negativen Erfahrungen ist der Befund klarer. In beiden Fallstudien lassen sich sowohl die erwarteten negativen Emotionen (insbesondere Ärger, Wut und Verbitterung) als auch damit einhergehende Forderungen nach einer Verhärtung der eigenen Politik beobachten. Vor allem die Umstände der indischen Reaktion deuten darauf hin, dass der eigenen Statusposition ein intrinsischer Wert beigemessen wurde, zu dessen Verteidigung besondere Kosten akzeptiert wurden. Indien zog sich etwa in Folge der *verzögerten und an Bedingungen geknüpften Nahrungsmittellieferungen* auf Weisung Indira Gandhis aus der *Indo-American Educational Foundation* zurück, obwohl das Projekt für Indien nicht mit Kosten verbunden gewesen wäre (Gupta 1992, S. 287), womit sich die utilitaristischen IB-Theorien nicht anwenden lassen. Eine internationale Norm, mit der sich das indische Verhalten erklären ließe, existierte ebenfalls nicht.

Die Reaktion der deutschen Reichsleitung in der ‚Bundesrath'-Affäre ist weniger eindeutig. Auf der einen Seite ist bei Entscheidern eine starke Verärgerung ersichtlich, die mit der Forderung nach einem härteren Kurs einherging. Insofern ist auch hier der Nexus zwischen Missachtung, negativen Emotionen und nachlassender Kooperationsbereitschaft zu erkennen. Allerdings sind die weiteren Folgen weniger offensichtlich. Dies lag zum einen daran, dass bald schon eine britische Entschuldigung erfolgte, die von deutscher Seite kurzfristig als hinreichende Beachtung des eigenen Status empfunden wurde. Zum anderen ist der Fall aber auch ein Beispiel dafür, dass die entscheidenden Akteure weiterhin (auch) strategisch agierten, insbesondere indem sie ihre eigene Empörung mit Blick auf die Entwicklung der militärischen Kräfteverhältnisse beherrschten. Die direkte Antwort fiel weniger heftig aus als es zu erwarten wäre, aber langfristig erfolgte auf diese Missachtungserfahrung eine deutliche Abschwächung der Kooperationsbereitschaft gegenüber Großbritannien.

Der Fall des Kaiserreichs zeigt aber auch eindrücklich, dass es zu einer innenpolitischen Instrumentalisierung von Missachtungserfahrungen kam, um diffuse weltpolitische Ziele – welche sich vornehmlich im Flottenbau manifestierten – verfolgen zu können. Diplomatische Vorfälle oder Verhandlungen wurden von den politischen Eliten bewusst negativ dargestellt und zu Beleidigungen hochstilisiert (Ge-

---

5   In extremen Fällen wahrgenommener Missachtung können respektvolle Gesten oder Zugeständnisse völlig wirkungslos bleiben, weil der Adressat davon ausgeht, dass ihn der Sender für grundsätzlich minderwertig hält. Dann wird jedes Entgegenkommen (in Folge des fundamental attribution error) nur als ein Zugeständnis gedeutet, das bloß durch äußere Umstände erzwungen wurde, statt durch einen Einstellungswandel auf Seiten des Senders. So blieben Obamas Kairoer Rede und seine deutliche Kritik am israelischen Siedlungsbau in der arabischen Welt ohne größere Wirkung, weil dort den amerikanischen Eliten ganz generell rassistische Arroganz gegenüber Arabern und Muslimen unterstellt wird (El Ghazi 2014).

ppert 2007). Gezielt wurden Fehlinterpretationen oder Umdeutungen von britischem Verhalten vorgenommen (Reinermann 2001, S. 23). Die Empfindlichkeit nahm allseits zu und das ohnehin schon vorhandene latente Missachtungsgefühl in Elite und Gesellschaft wurde verstärkt. Des Weiteren lässt die Instrumentalisierung von Missachtung darauf schließen, dass es in politischen Zusammenhängen nicht nur auf die subjektive, persönliche Erfahrung ankommt, sondern auch auf das politische Kalkül. Wenn zur Erreichung dieser Ziele ein Missachtungserlebnis hilfreich ist, weil die Öffentlichkeit darauf erregt reagiert, dann wird diese Option bewusst politisch ausgespielt. Insofern vergrößerte die wachsende öffentliche Empfindlichkeit gegenüber angeblichen britischen ‚Unverschämtheiten' den Handlungsspielraum der Angehörigen der politischen Eliten, die einen Ausgleich mit London ablehnten, und trug auch dadurch zu einer Verhärtung der deutschen Position bei.

Die Fallstudien belegen somit, dass ein als respektlos empfundenes Verhalten in zwischenstaatlichen Beziehungen ähnliche negative Folgen hat wie auf der interpersonellen Ebene. Dabei hat sich gezeigt, dass diese Effekte über zwei Einflusskanäle wirken können – sowohl über die direkte Reaktion einzelner Entscheidungsträger als auch indirekt über innenpolitisch motivierte Reaktionen auf die negativen Gefühle und Forderungen von Kollektiven.

Viele der im theoretischen Teil dieses Beitrages formulierten Unterhypothesen wären jedoch noch genauer zu überprüfen. Dies gilt insbesondere für den Einfluss von negativen Emotionen, die von internationalen Missachtungserfahrungen ausgelöst wurden. Ob sie tatsächlich auch in außenpolitischen Entscheidungsprozessen dazu führen, dass Entscheidungen schneller getroffen werden und sowohl aggressiver als auch risikofreudiger ausfallen, ließ sich mit dem vorhandenen Datenmaterial nicht exakt beantworten. Prinzipiell könnte eine detaillierte Prozessanalyse diese Fragen klären. Ebenso könnten Vergleiche zwischen den Gefühlen und Reaktionen unterschiedlicher Entscheidungsträger nützlich sein. Voraussetzung wäre aber ein Zugang zu detaillierten und verlässlichen Aufzeichnungen interner Debatten. Dieser wird erschwert durch den Umstand, dass in modernen Bürokratien eine Kultur der Rationalität vorherrscht, die der *offenen* Äußerung von emotionalen Beweggründen im Wege steht.

Eine andere Option für weitere Forschungen ist die Analyse öffentlicher Diskurse. Damit könnten zwar nicht die unmittelbaren Reaktionen auf erfahrene Missachtungen untersucht werden, wohl aber deren langfristige Folgen für außenpolitische Orientierungen. Sozialpsychologische Anknüpfungspunkte wären hier Studien zur Entstehung und Wirkung von Ressentiments. Diese treten bekanntlich im Zusammenhang mit unverdient erscheinenden Statusveränderungen auf (Feather u. Sherman 2002; Feather 2008) und führen zu verbalen Angriffen auf die moralische Qualität ranghöherer Akteure. Entsprechend hinterlassen kollektive Ressentiments nicht nur ‚sichtbare Spuren' im Diskurs, sondern begrenzen auch die Optionen, die für den Umgang mit dem negativ beschriebenen Akteur (z.B. mit dem „perfiden Albion") begründbar sind (Oldmeadow u. Fiske 2012). In Folge solcher Einschränkungen haben Missachtungserlebnisse, die Ressentiments auslösen oder verstärken, vermutlich auch reale Konsequenzen für längerfristige Orientierungen. Entsprechende Untersuchungen könnten eine fruchtbare Brücke zwischen sozialpsychologischen Forschungen und diskursanalytischen Vorgehensweisen schlagen.

Literatur

Adhikari, Gautam. 2004. India and America. Estranged No More. *Current History* 103:158-164.

Afflerbach, Holger 2002: *Der Dreibund.* Europäische Grossmacht- und Allianzpolitik vor dem Ersten Weltkrieg, Wien: Böhlau.

Ayoob, Mohammed. 2000. India Matters. *The Washington Quarterly* 23:27-39.

Bearth, Marcel. 1989. *Weizen, Waffen und Kredite für den indischen Subkontinent die amerikanische Südasienpolitik unter Präsident Johnson im Dilemma zwischen Indien und Pakistan, 1963-1969.* Stuttgart: Franz Steiner Verlag.

Bender, Steffen 2009. *Der Burenkrieg und die deutschsprachige Presse. Wahrnehmung und Deutung zwischen Bureneuphorie und Anglophobie 1899-1902,* Paderborn u.a.: Schöningh.

Berghahn, Volker R. 1971. *Der Tirpitz-Plan. Genesis und Verfall einer innenpolitischen Krisenstrategie unter Wilhelm II.* Düsseldorf: Droste.

Brennan, Geoffrey, und Philip Pettit. 2004. *The economy of esteem. An essay on civil and political society.* Oxford/New York: Oxford University Press.

Bülow, Bernhard von. 1897. Rede Bülows im Reichstag. Deutsche wirtschaftliche und politische Interessen in China; „Platz an der Sonne". In *Quellen zur deutschen Außenpolitik im Zeitalter des Imperialismus 1890-1911,* Hrsg. Michael Behnen, 165–166. Darmstadt: WBG.

Canis, Konrad. 1999. *Von Bismarck zur Weltpolitik.* Berlin: Oldenbourg Akadmieverlag.

Chaudhry, Praveen K., u. Marta Vanduzer-Snow. 2011. *The United States and India. A History Through Archives The Later Years. Volume 1.* New Delhi: Sage Publications.

Chopra, Pran. 1968. *Uncertain India. A Political Profile of Two Decades of Freedom.* Cambridge, MA: MIT Press.

Cohen, Stephen P. 2001. *India. Emerging Power.* Washington, DC: Brookings Institution Press.

Craig, Gordon A. 1980. *Germany. 1866-1945.* Oxford, New York, NY: Oxford University Press.

Cremer, David de. 2002. Respect and Cooperation in Social Dilemmas. The Importance of Feeling Included, *Personality and Social Psychology Bulletin* 28: 1335-1341.

Crowe, Eyre. 1926. Memorandum on the Present State of British Relations with France and Germany. In *British Documents on the Origins of the War, 1898-1914. The Testing of the Entente, 1904-6,* Hrsg. George P. Gooch u. Harold W. V. Temperley: 402-417. London: HM Stationery Office.

Dafoe, Allan, Jonathan Renshon, und Paul Huth. 2014. Reputation and Status as Motives for War. *Annual Review of Political Science* 17:371-393.

Deist, Wilhelm 1976. *Flottenpolitik und Flottenpropaganda. Das Nachrichtenbureau des Reichsmarineamtes 1897-1914.* Stuttgart: Deutsche Verlags-Anstalt.

El-Ghazi, Abdelkarim. 2014. *Die Perzeption der amerikanischen Außenpolitik im Respektdiskurs arabischer Länder,* Dissertation Universität Frankfurt.

Feather, Norman T. 2008. Effects of observer's own status on reactions to a high achiever's failure. Deservingness, resentment, schadenfreude, and sympathy. *Australian Journal of Psychology* 60:31-43.

Feather, Norman T., und Rebecca Sherman. 2002. Envy, Resentment, Schadenfreude, and Sympathy: Reactions to Deserved and Undeserved Achievement and Subsequent Failure. *Personality and Social Psychology Bulletin* 28:953-961.

Frank, Robert H. 1986. *Choosing the right pond. Human behavior and the quest for status*. New York, NY: Oxford University Press.

Frie, Ewald. 2004. *Das Deutsche Kaiserreich*. Darmstadt: WBG.

Gall, Lothar. 2001. *Bismarck. Der weiße Revolutionär*. Biographie. München: Ullstein.

Geppert, Dominik. 2007. *Pressekriege*. Öffentlichkeit und Diplomatie in den deutsch-britischen Beziehungen (1896-1912). München: Oldenbourg.

Gilpin, Robert. 1981. *War and change in world politics*. Cambridge/New York, NY: Cambridge University Press.

Goleman, Daniel. 1997. *Emotionale Intelligenz*. München: dtv.

Goleman, Daniel. 2007. *Soziale Intelligenz*. München: Knaur.

Goswami, Parbati K. 1983. *Ups and Downs of Indo-US Relations, 1947-1983*. Kalkutta: KLM.

Gould, Roger V. 2003. *Collision of wills. How ambiguity about social rank breeds conflict*. Chicago, IL/London: University of Chicago Press.

Gupta, Pranay 1992. *Mother India. A Political Biography of Indira Gandhi*. New Delhi: Viking Penguin.

Haidt, Jonathan, und Craig Joseph. 2004. Intuitive ethics. How innately prepared intuitions generate culturally variable virtues. *Daedalus* 133:55-66.

Haidt, Jonathan. 2001. The emotional dog and its rational tail. A social intuitionist approach to moral judgment. *Psychological Review* 108:814-834.

Hamilton, Richard F., und Holger H. Herwig. 2004. *Decisions for war, 1914-1917*. Cambridge, New York: Cambridge University Press.

Henshaw, Peter. 2001. The Origins of the Boer War. The Periphery, the Centre and the „Man on the Spot". In *The International Impact of the Boer War*, Hrsg. Keith M. Wilson, 8-24. New York: Acumen Publishing.

Hildebrand, Klaus 1982. Zwischen Allianz und Antagonismus. Das Problem bilateraler Normalität in den britisch-deutschen Beziehungen des 19. Jahrhunderts (1870-1914). In *Weltpolitik, Europagedanke, Regionalismus. Festschrift für Heinz Gollwitzer zum 65. Geburtstag am 30. Januar 1982*, Hrsg. Heinz Gollwitzer, Heinz Dollinger, Horst Gründer, und Alwin Hanschmidt. 305-331. Münster: Aschendorff.

Hildebrand, Klaus 1995. *Das vergangene Reich. Deutsche Aussenpolitik von Bismarck bis Hitler, 1871-1945*. Stuttgart: Oldenbourg Wissenschaftsverlag.

Hildebrand, Klaus 1997. *No intervention. Die Pax Britannica und Preußen 1865/66-1869/70. Eine Untersuchung zur englischen Weltpolitik im 19. Jahrhundert*. München: Oldenbourg Wissenschaftsverlag.

The Hindu. 26. März 2000. *U.S. reassessing India's international standing*. http://www.thehindu.com/thehindu/2000/03/27/stories/02270003.htm. Zugegriffen: 04. Mai 2015.

Hogg, Michael A., und Dominic Abrams, (2003), Intergroup Behavior and Social Identity, In *The SAGE Handbook of Social Psychology*, Hrsg. Michael A. Hogg, und Joel M. Cooper, 407-431. London: Sage Publications.

Honneth, Axel. 1992. *Kampf um Anerkennung. Zur moralischen Grammatik sozialer Konflikte*. Frankfurt am Main: Suhrkamp.

Indurthy, Rathnam. 2002. India and the Clinton-Bush Administrations. Why Friction to Friendship in the Aftermath of India's Nuclear Testing is not Likely to Lead to a Strategic Partnership. *World Affairs* 165:3-24.

Jaschob, Lena 2012. Ursachen und Auswirkungen von Respekt und Missachtung auf das politische Geschehen. Die deutsch-britischen Beziehungen zur Kaiserzeit. *Representation and Contexts* 1:1-23.

Jaschob, Lena 2014. (Dis-)respect and (non-)recognition in world politics. The Anglo-Boer war and German policy at the turn of the nineteenth/twentieth century. *Global Discourse* 4:1-14.

Kapur, Devesh, John P. Lewis, und Richard Webb. 1997. *The World Bank. Its First Half Century. Volume 1. History.* Washington, DC: The Brooking Institution Press.

Kaiser Wilhelm II. 02.01.1900. *Verhalten gegenüber Großbritannien.* Berlin.

Kennedy, Paul M. 1976. *The rise and fall of British naval mastery.* London: Krieger Publishing Company.

Kennedy, Paul M. 1980. *The rise of the Anglo-German antagonism. 1860-1914.* London, Boston, MA: Allen & Unwin.

Keohane, Robert O. 1984. *After Hegemony. Cooperation and Discord in the World Political Economy.* Princeton, MA: Princeton University Press.

Kröger, Martin 2001. Imperial Germany and the Boer War. From Colonial Fantasies to the Reality of Anglo-German Estrangement. In *The International Impact of the Boer War, Hrsg. Keith M. Wilson,* 25-42. New York, NY: Acumen Publishing.

Kux, Dennis. 1992. *India and the United States: Estranged Democracies 1941-1991.* Washington, DC: National Defense University Press.

Lepsius, Johannes; Mendelssohn Bartholdy, Albrecht; Thimme, Friedrich (Hg.) 1924. *Die Grosse Politik der Europäischen Kabinette 1871-1914. Sammlung der Diplomatischen Akten des Auswärtigen Amtes, Bd. 15: Rings um die Erste Haager Friedenskonferenz,* Berlin: Dt. Verl.-Ges. für Politik und Geschichte.

Lerner, Jennifer S., u. Dacher Keltner. 2001. Fear, anger, and risk. *Journal of Personality and Social Psychology* 81:146-159.

Lewis, John P. 1995. *India's Political Economy. Governance and Reform.* Oxford: Oxford University Press.

Mackie, Diane M., Eliot R. Smith, und Devin G. Ray. 2008. Intergroup Emotions and Intergroup Relations. *Social and Personality Psychology Compass* 2: 1866–1880.

Mansingh, Surjit. 1984. *India's Search for Power. Indira Gandhi's Foreign Policy 1966-1982.* New Delhi: Sage Publications.

Massie, Robert K. 1993. *Die Schalen des Zorns.* Grossbritannien, Deutschland und das Heraufziehen des Ersten Weltkrieges. Frankfurt am Main: S. Fischer.

McDermott, Rose. 2004. The Feeling of Rationality: The Meaning of Neuroscientific Advances for Political Science, *Perspectives on Politics* 2: 691-706.

Mercer LLC. 2007. *Engaging Employees to Drive Global Business Success. Insights from Mercer's What's Working Research.* https://www.mmc.com/knowledgecenter/Engaging_Employees_To_Drive_Business.pdf.

Miller, Dale T. 2001. Disrespect and the experience of injustice. *Annual Review of Psychology* 52:527-553.

Miller, Manjari C. 2013. *Wronged by Empire. Post-Imperial Ideology and Foreign Policy in India and China.* Redwood City, CA: Stanford University Press.

Mommsen, Wolfgang J. Introduction, In *The International Impact of the Boer War,* Hrsg. Keith M. Wilson, 1-8. New York, NY: Acumen Publishing.

Morgenthau, Hans Joachim. 1954. *Politics among nations. The struggle for power and peace.* New York, NY: Knopf.

Nasson, Bill. 2010. *The War for South Africa. The Anglo-Boer War 1899-1902.* Cape Town: NB Publishers.

Nayar, Baldev R., und Thazha V. Paul. 2004. *India in the World Order. Searching for Major-Power Status.* Cambridge: Cambridge University Press.

Oldmeadow, Julian A., u. Susan T. Fiske. 2012. Contentment to Resentment. Variation in Stereotype Content Across Status Systems. *Analyses of Social Issues and Public Policy* 1:324-329.

Paarlberg, Robert L. 1985. *Food Trade and Foreign Policy. India, the Soviet Union, and the United States.* Ithaca, NY: Cornell University Press.

Palmer, Norman. D. 1984. *The United States and India. The Dimensions of Influence.* New York, NY: Praeger.

Paul, Thazha V., Deborah W. Larson, und William C. Wohlforth (Hrsg.). 2014. *Status in World Politics.* Cambridge: Cambridge University Press.

Perkovich, George. 1999. *India's nuclear bomb. The impact on global proliferation.* Berkeley, CA: University of California Press.

Reinermann, Lothar. 2001. *Der Kaiser in England.* Wilhelm II. und sein Bild in der britischen Öffentlichkeit. Paderborn: Schöningh.

Risse-Kappen, Thomas. 1996. Collective identity in a democratic community. The case of NATO. In *The culture of national security. Norms and identity in world politics,* Hrsg. Peter J. Katzenstein, 357-399. New York, NY: Columbia University Press.

Röhl, John C.G. 2001. *Der Aufbau der persönlichen Monarchie.* 1888-1900, München: Oldenbourg.

Rosen, Stephen P. 2005. *War and Human Nature.* Princeton, NJ: Princeton University Press.

Rosenbach, Harald. 1993. *Das deutsche Reich, Grossbritannien und der Transvaal (1896-1902).* Anfänge deutsch-britischer Entfremdung. Göttingen: Vandenhoeck & Ruprecht.

Ross, Andrew A. 2014. *Mixed emotions. Beyond fear and hatred in international conflict.* Chicago, IL: The University of Chicago Press.

Rydell, Robert, Diane M. Mackie, Angela T. Maitner, Heather M. Claypool, Melissa J. Ryan und Eliot R. Smith. 2008. Arousal, processing, and risk taking: consequences of intergroup anger. *Personality & Social Psycholpogy Bulletin* 34: 1141–1152.

Schieder, Theodor. 1977. *Staatensystem als Vormacht der Welt.* 1848-1918. Frankfurt am Main: Propyläen Verlag.

Shirk, Susan L. 2008. *China. Fragile Superpower.* Oxford: Oxford University Press.

Sinigoj, Gabriele. 1998. *Indien und Blockfreiheit als außenpolitische Strategie.* Frankfurt am Main: Peter Lang Verlag.

Snyder, Jack L. 1991. *Myths of empire.* Domestic politics and international ambition. Ithaca, N.Y: Cornell University Press.

Stent, Angela. 2014. *The Limits of Partnership. US-Russian Relations in the Twenty-First Century.* Princeton, MA: Princeton University Press.

Subramaniam, Chidambaram. 1979. *The New Strategy in Indian Agriculture. The First Decade and After.* New Delhi: Vikas Publishing House.

Talbott, Strobe. 2004. *Engaging India: Diplomacy, Democracy, and the Bomb*. Washington, DC: The Brookings Institution Press.

Thakur, Ramesh. 1984. *Peacekeeping in Vietnam. Canada, India, Poland, and the International Commission*. Edmonton, AB: The University of Alberta Press.

Tyler, Tom R., und Steven L. Blader. 2000. *Cooperation in Groups. Procedural Justice, Social Identity, and Behavioral Engagement*. Milton Park: Psychology Press.

Ullrich, Volker. 2000. Zukunft durch Expansion? Die wilhelminische Weltpolitik. In *Otto von Bismarck und Wilhelm II. Repräsentanten eines Epochenwechsels?*, Hrsg. Lothar Gall, 27–39. Paderborn: Schöningh.

Ullrich, Volker. 2007. *Die nervöse Großmacht*. Frankfurt am Main: Fischer Taschenbuch Verl.

Vanduzer-Snow, Marta, und Praveen K. Chaudhry. 2011. *The United States and India. A History Through Archives The Later Years. Volume 1*. New Delhi: Sage Publications.

van Kleef, Gerben, Eric van Dijk, Wolfgang Steinel, Fieke Harinck, und Ilja van Beest. 2008. Anger in social conflict. Cross-situational comparisons and suggestions for the future. *Group Decision and Negotiation* 17:13-30.

Wendt, Alexander. 1994. Collective Identity Formation and the International State. *American Political Science Review* 88:384-396.

Wolf, Reinhard. 2011. Respect and Disrespect in International Politics: The Significance of Status Recognition. *International Theory* 3: 105–142.

Wolf, Reinhard. 2012a. Prickly States? Recognition and Disrespect between Persons and Peoples. In *The international politics of recognition*, Hrsg. Thomas Lindemann, und Erik Ringmar, 39–56. Boulder, CO: Paradigm Publishers.

Wolf, Reinhard. 2012b. Der ‚emotional turn‘ in den IB: Plädoyer für eine theoretische Überwindung methodischer Engführung. *Zeitschrift für Außen- und Sicherheitspolitik* 5:605-624.

Wolf, Reinhard. 2014. Treating Asian Nations with Respect. Promises and Pitfalls of Status Recognition. *Global Discourse* 4:462-480.

Wright, Stephen C., und Donald M. Taylor. 2003. The Social Psychology of Cultural Diversity. Social Stereotyping, Prejudice, and Discrimination. In *The SAGE Handbook of Social Psychology*. Hrsg. Michael A. Hogg u. Joel Cooper. 432-457. London: Sage Publications.

Neuropolitics:
Möglichkeiten und Grenzen bildgebender Verfahren für die Analyse der politischen Einstellungen und des Wahlverhaltens

Dorothea Prell/Tino Prell

1. Einleitung

Wieso sollte von politikwissenschaftlicher Seite ein Interesse an neurowissen-schaftlichen Studien und insbesondere an der Hirnaktivität bestehen? Zunächst, weil die Neurowissenschaften in den letzten Jahrzehnten unser Verständnis, wie das menschliche Hirn funktioniert, und damit auch Konzepte über das menschli-che Verhalten und Denken maßgeblich beeinflusst haben. Die bildgebenden Ver-fahren bieten die Chance, neue und relevante Faktoren zu analysieren, die im Rahmen einer politischen Entscheidung oder einer politischen Einstellung wichtig sind. Vor dem Hintergrund, dass eine Entscheidung in der Regel aus unbewussten und bewussten Anteilen besteht, zu einem guten Teil automatisiert abläuft und insbesondere durch Emotionen beeinflusst wird, können bildgebende Verfahren diesen Prozess und seine Einflussfaktoren objektiver und reliabler erfassen als mancher Fragebogen. Wenngleich neurowissenschaftliche Erkenntnisse und Ver-fahren auf ökonomischem Gebiet zahlreiche Impulse setzen konnten, ist ihre An-wendung für politikwissenschaftliche Fragen aktuell sehr überschaubar (Fowler u. Schreiber 2008). Der Nutzen neurowissenschaftlicher Erkenntnisse und die An-wendung neurowissenschaftlicher Methoden für politikwissenschaftliche Frage-stellungen soll im Folgenden „*Neuropolitics*" genannt werden. Ein Blick in die bestehende, vorwiegend angloamerikanische Literatur hierzu zeigt aber, dass auf dem Weg zu einem interdisziplinären Ansatz noch viele konzeptionelle und struk-turelle Hürden zu überwinden sind. Der vorliegende Aufsatz gibt anhand einer Auswahl von Magnetresonanz-Tomographie (MRT)-Studien mit politikwissen-schaftlichem Bezug einen Überblick über die anatomisch-funktionellen Grundla-gen, die Methoden und die politikwissenschaftliche Relevanz der Ergebnisse. Die hier behandelten Studien befassen sich mit zwei Themenkomplexen. Zum einen geht es um die Frage, wie sich die politische Einstellung (liberal vs. konservativ) auf der Hirnebene strukturell und funktionell manifestiert und wie sich zum an-deren politische Entscheidungen und das Wahlverhalten in cerebralen Mustern erfassen lassen. Unter der Idee, dem Politikwissenschaftler[1], der sich für bildge-bende Verfahren interessiert, die grundlegenden methodischen Kenntnisse zu ver-mitteln, wird sich dieser Artikel daher nicht explizit dem weiten Feld der vielfach diskutierten Geist-Hirn-Debatte widmen (Wuketits 2008; Roth 2008).

---

1   Im Sinne der besseren Lesbarkeit wird auf die explizite Nennung der weiblichen Formen, die stets inbegriffen sind, verzichtet.

2. Neuronale Grundlagen

Das zentrale Nervensystem besteht aus dem Rückenmark und dem Gehirn. Folgt man dem Rückenmark nach oben (kranial), schließt sich der Hirnstamm (bestehend aus Medulla oblangata, Pons und Mesencephalon), das Zwischenhirn (bestehend aus Thalamus und Hypothalamus) sowie das Kleinhirn (Cerebellum) und schließlich das Großhirn an. Die Oberfläche des Großhirns lässt sich anhand verschiedener Furchen in vier große Lappen einteilen: der Stirnlappen (Lobus frontalis), der Scheitellappen (Lobus parietalis), der Hinterhauptslappen (Lobus occipitalis) und der Schläfenlappen (Lobus temporalis). Diese Lappen sind durch weitere Furchen in Wülste (Gyri) unterteilt. Die Oberfläche des Gehirns (Cortex cerebri) sowie einige Kerngebiete in der Hirntiefe werden als Graue Substanz bezeichnet und bestehen aus den Nervenzellen oder Neuronen. Die Strukturen der Grauen Substanz werden durch zahlreiche Fasertrakte (Weiße Substanz) verbunden. Die Hirnstrukturen, die für diesen Übersichtsartikel und damit für die Entscheidungsprozesse, Einstellungen und Emotionen wichtig sind, sind folgende: die Inselrinde (Insula, Cortex insularis), das Cingulum (Gyrus cinguli, hier insbesondere der vordere Teil Gyrus cinguli anterior, ACC), der präfrontale Kortex[2], das limbische System und die Basalganglien[3] (Abbildung 1).

3. Funktionsweise bildgebender Verfahren

Das Hirn kann mittels bildgebender Verfahren grundsätzlich auf zwei Ebenen beschrieben werden. *Karten*, sog. Maps, beziehen bestimmte Informationen, wie bspw. die Präferenz für eine politische Partei auf einen bestimmten Ort im Gehirn. Die Untersuchung von *Konnektivität* befasst sich hingegen mit der Wechselwirkung zwischen verschiedenen Hirnregionen. Dies ist umso wichtiger bei der Analyse komplexer Verhaltensweisen, da hierbei in der Regel mehrere Areale miteinander wechselwirken. Darüber hinaus ist grundsätzlich zwischen strukturellen Analysen, die bspw. die Zu- oder Abnahme der Grauen Substanz untersuchen, und funktionellen Analysen, die die Hirnaktivität untersuchen, zu unterscheiden. Ein Verfahren zur strukturellen Analyse ist die Voxel-basierte Morphometrie[4]. Das am häufigsten genutzte Verfahren ist jedoch die Erfassung von Hirnaktivität mittels funktioneller MRT (fMRT). Das fMRT nutzt die unterschiedlichen magnetischen Eigenschaften von sauerstoffreichem und sauerstoffarmem Blut (der sog. BOLD-Kontrast). Die Aktivierung kortikaler Strukturen ist mit einer Steige-

---

2   Topografisch werden unterschieden: der ventro-laterale präfrontale Cortex (VLPFC), der dorso-laterale präfrontale Cortex (DLPFC), ein frontopolarer oder anteriorer präfrontaler Bereich, ein orbitofrontaler Bereich (OFC), der fronto-mediale präfrontale Cortex (FMPFC), der anteriore cinguläre Cortex (ACC), das frontale Augenfeld und das für die Sprachproduktion wichtige Broca-Areal (Übersicht in Ray u. Zald 2012).

3   Einen guten Ausgangspunkt für die Suche nach neurowissenschaftlich relevanten Original- und Übersichtsartikeln bietet die Medline-Datenbank: http://www.ncbi.nlm.nih.gov/pubmed.

4   Bei der VBM wird die Menge bzw. Dichte an Grauer und Weißer Substanz analysiert. Das Hirn lässt sich in Millionen kleine Quader (sog. Voxel) zerlegen, denen jeweils ein bestimmter Helligkeitswert in der jeweiligen MRT-Sequenz (in der Regel die sog. T1) zugewiesen ist. Dieser Wert gibt die Wahrscheinlichkeit an, ob es sich bei dem Voxel eher um Graue oder um Weiße Substanz handelt. Hierdurch können Zunahme oder Abnahme von Hirnmasse erfasst werden.

Abbildung 1: Lokalisation der Strukturen, die im Rahmen der hier behandelten Studien relevant sind

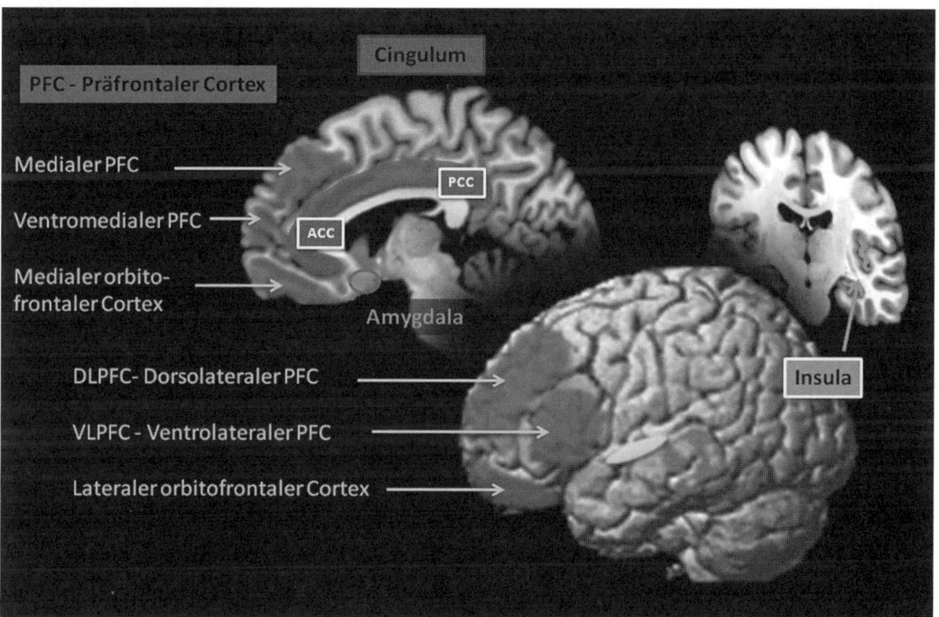

Anmerkung: Eigene Abbildung. Hirn-Templates mit SPM 8 (http://www.fil.ion.ucl.ac.uk/spm/software/spm8) und Anatomy-Toolbox (Eickhoff et al. 2005) erstellt.

rung des Stoffwechsels in diesem Areal verknüpft, wodurch sich der Blutfluss in diesem Gebiet erhöht. Die damit verbundene Änderung der Konzentration von sauerstoffreichem und sauerstoffarmem Hämoglobin ist die Grundlage für das gemessene MRT-Signal. Wechseln sich nun während einer fMRT-Messung Perioden, in denen durch geeignete Paradigmen bestimmte Hirnareale aktiviert werden (bspw. geht die Bewegung der Hand mit der Aktivierung des motorischen Cortex einher), mit Perioden der Ruhe ab, so kann aus der Differenz beider Zustände die Aktivierungskarte des Cortex bestimmt werden. Es gibt auch die Möglichkeit, die neuronale Aktivität und damit die Wechselwirkung zwischen neuronalen Netzwerken in Ruhe, sog. Resting-State-MRT, d.h. ohne Ausführung einer Aufgabe, zu bestimmen (Snyder u. Raichle 2012). Die Berechnung struktureller oder funktioneller Unterschiede zwischen den untersuchten Probanden erfolgt mittels verschiedener statistischer Verfahren und Programme. Um individuelle Gehirne verschiedener Probanden miteinander vergleichen zu können, müssen die Datensätze auf verschiedene Arten vorverarbeitet werden[5]. Erst danach können statistisch signifikante Unterschiede berechnet werden.

4. Studien

Verschiedene politikwissenschaftliche Themen, wie der Unterschied zwischen politisch interessierten und politisch uninteressierten Menschen (Gozzi et al. 2010) oder die Veränderungen von Hirnaktivität nach *Negative Campaigning* (Kato et al. 2009) wurden vorwiegend im angloamerikanischen Raum mittels bildgebender Verfahren bearbeitet. Die meisten Studien existieren aber zur Frage, wie sich unterschiedliche politische Einstellungen auf cerebraler Ebene darstellen und wie die politische Entscheidung auf der Hirnebene greifbar gemacht werden kann.

4.1 Studien zur politischen Einstellung

Eines der zentralen Konzepte in den theoretischen Ansätzen der Politikwissenschaft betrifft „Einstellungen" (Schumann 2009; Stahlberg u. Frey 1996). Zugleich ist in der Politischen Psychologie (Prell 2011) die Frage, inwieweit Menschen über ein internalisiertes, kohärentes „belief system"[6] verfügen und wie es sich entlang des Kontinuums von liberal bis konservativ abbilden lässt eine der größten Kontroversen. Wenngleich sich nur eine Minderheit der Bevölkerung den Begriffen liberal und konservativ konsistent zuordnen lässt[7] und auch das konzeptionelle Verständnis dieser Begriffe in der Bevölkerung sehr heterogen verteilt ist (Levitin u. Miller 1979; Erikson et al. 1980), so sind diese Kategorien dennoch wichtig für das Individuum. Sie beeinflussen nicht nur die Wahlentscheidungen (Conover u. Feldman 1981), sondern dienen auch zur „self-identification" und als In-Group/Out-Group Marker zur sozialen Distinktion, da mit der politischen Einstellung zugleich unterschiedliche Vorlieben, Denkweisen und Persönlichkeits-

---

5   Gängige Programme zur Vorverarbeitung sind FSL (FMRIB Software Library, http://fsl.fmrib. ox.ac.uk/fsl/fslwiki/FSL) oder SPM (Statistical Parametric Mapping, http://www.fil.ion.ucl.ac.uk/ spm/). Diese umfassen etwa: 1) Bewegungskorrektur, weil die Probanden nicht hundertprozentig ruhig liegen. 2) Die Daten des fMRT müssen auf strukturelle Datensätze des gleichen Probanden (bspw. T1) coregistriert werden. Nur so kann später das observierte Aktivierungsareal einer bestimmten anatomischen Hirnstruktur zugewiesen werden. 3) Während der Normalisierung werden die individuellen Gehirne dann in einen standardisierten Raum transformiert, um sie miteinander vergleichbar zu machen (bspw. MNI-Space). 4) Im Anschluss werden die Daten zur Verbesserung der Signal-Noise Ratio einem Smoothing unterzogen, wobei benachbarte Bildpunkte miteinander verbunden werden. Erst dann werden die so vorverarbeiteten Daten statistischen Testverfahren unterzogen. Wichtig ist zu wissen, dass die Vorverarbeitungsschritte und die statistischen Tests zahlreiche Stellschrauben haben, die die Qualität, das Ergebnis und damit ganz entscheidend auch die Validität des Ergebnisses beeinflussen (vgl. Ashburner 2012; Jenkinson et al. 2012).

6   In Anlehnung an Philip E. Converse wird hier der Begriff „belief system" anstatt des Begriffs der Ideologie verwendet: „We define a belief system as a configuration of ideas and attitudes in which the elements are bound together by some form of constraint or functional interdependence" (Converse 1964, S. 3).

7   Die Studie von Converse zeigte, dass nur etwa 15% der Wähler festgefügte Präferenzen haben, d.h. die Fragen im Fragebogen konsistent beantworteten; nur diese Minderheit ließ sich daher klar als konservativ oder liberal einstufen. Diese Studie zeigte vor allem die konzeptionelle Diskrepanz im „belief system" zwischen politischen Eliten und dem gemeinen Mann (Converse 1964).

merkmale[8] verknüpft sind. Zahlreiche Studien haben sich mit der Frage beschäftigt, wie sich diese mehrdimensionalen Wesensmerkmale erfassen lassen. Für diese Übersichtsarbeit sind auf psychologischer Ebene Unterschiede in der Prozessierung von Informationen relevant. Nach Jost et al. (2003) scheinen Konservative im Gegensatz zu Liberalen im Allgemeinen eine geringere „cognitive complexity"[9] und ein höheres Bedürfnis nach Struktur zu haben[10]. Konservative reagieren zudem stärker auf bedrohliche Situationen und Konflikte, lehnen Veränderungen und Unsicherheiten ab, während Liberale das Neue und das Ungewisse, welche mit Veränderung verknüpft sind, gerade zu anstreben (Übersicht zu psychologischen Unterschieden zwischen Liberalen und Konservativen bei: Jost 2006, S. 654; Hibbing et al. 2014). Auch auf physiologischer Ebene zeigt sich, dass Liberale und Konservative unterschiedlich auf riskante und bedrohliche Situationen reagieren (Oxley et al. 2008; Dodd et al. 2012). Bildgebende Verfahren können dazu beitragen, diese Unterschiede reliabel abzubilden. Durch den Nachweis der beteiligten Netzwerke können sie helfen, die Wechselwirkung der Reaktionsklassen[11] politischer Einstellung besser zu verstehen und inhaltlich zu erweitern.

Die Studie von Kanai et al. (2011) geht der Frage nach, ob sich die Hirnstruktur zwischen liberal und konservativ orientierten Personen unterscheidet, ob also die Graue Substanz in Abhängigkeit von der politischen Einstellung eine Zunahme oder Abnahme zeigt. Ausgangspunkt war hierbei die vieldiskutierte Studie von Amodio et al. (2007)[12], die bei Liberalen eine höhere neuronale Aktivität im ACC als bei Konservativen gefunden hatte. In der Studie von Kanai et al. (2011) wurde die politische Einstellung von 90 jungen Erwachsenen auf einer Fünf-Punkte-Skala von „sehr liberal" bis „sehr konservativ" erfasst. Im Anschluss wurden strukturelle Veränderungen der Grauen Substanz mittels Voxel-basierter Morphometrie berechnet. Hiernach erfolgten zwei Korrelationen: zum einen wurde die politische Einstellung mit bestimmten im Vorfeld ausgesuchten Hirnregionen korreliert (sog. Region-of-Interest, ROI), die in diesem Falle der ACC und die Amygdala waren. Zum anderen wurde die politische Einstellung mit jedem Voxel[13] im

---

8   Bezüglich der Big Five der Persönlichkeitspsychologie werten Konservative das Pflichtbewusstsein höher, während Liberale sich eher offen gegenüber Neuem zeigen (Caprara et al. 1999; Rentfrow et al. 2009).

9   „Cognitive complexity is the ability to differentiate the environment: degree of differentiation a person shows in describing and discussing other people, places, policies, ideas, or things" (Cottam et al. 2010, S. 28).

10 So schreiben Jost et al. „The results (…) show a clear tendency for conservatives to score higher on measures of dogmatism, intolerance of ambiguity, needs for order, structure, and closure and to be lower in openness to experience and integrative complexity than moderates and liberals" (Jost et al. 2003, S. 662).

11 Unter einer „attitude" verstehen Eagly u. Chaiken „a psychological tendency that is expressed by evaluating a particular entity with some degree of favor or disfavor" (Eagly u. Chaiken 1993, S. 1). Diese setzt sich strukturell aus kognitiven, affektiven und konativen Reaktionen zusammen. Insbesondere die Frage, ob und wann Einstellungen auf allen drei Reaktionsklassen basieren, wird kontrovers diskutiert.

12 Diese inhaltlich und methodisch nur unzureichend präsentierte Studie nutzte sog. „event-related potentials" (ERP), was bedeutet, dass kortikale Aktivität mittels Elektroenzephalographie während einer speziellen Aufgabe (Go/No-Go Task) abgeleitet wird.

13 Ein Voxel ist im Gegensatz zum Pixel eine dreidimensionale Struktur, die bei den meisten Studien 1x1x1 mm groß ist.

Hirn, das heißt völlig unabhängig davon, zu welchem Hirnareal es gehört („whole-brain analysis"), korreliert[14]. Erst im Nachhinein werden hierbei Ansammlungen von Voxeln (Cluster), die mit einer Eigenschaft korrelieren, unter Verwendung anatomischer Atlanten einer Hirnregion zugewiesen.

Bei der ROI-Analyse zeigte sich, dass die Eigenschaft liberal mit einem erhöhten Volumen der Grauen Substanz im ACC korrelierte und dass die Eigenschaft konservativ mit einem erhöhten Volumen in der rechten Amygdala korrelierte. Außerhalb dieser ROIs zeigten sich in der Ganzhirnanalyse keine signifikanten Korrelationen mit der politischen Einstellung. Auf einem unkorrigierten Signifikanzniveau, d.h. ohne Korrektur für multiple Vergleiche, korrelierten die linke Inselrinde und der entorhinale Cortex mit der Eigenschaft konservativ. Die Autoren schlossen daraus, dass die Graue Substanz in der ACC und dem rechten Amygdala spezifisch mit der politischen Einstellung assoziiert sei.

An dieser Studie lassen sich exemplarisch einige methodische Fallstricke auf dem Gebiet der bildgebenden Verfahren erkennen. Zunächst ist die Korrelation nur so gut, wie die zugrunde liegenden Daten. Hier wurde eine Fünf-Punkte-Skala zur Einschätzung der politischen Einstellung genutzt. Dies mag pragmatisch sein, ist jedoch vor dem oben erwähnten Hintergrund des heterogenen Verständnisses der Begriffe „liberal" und „konservativ" nicht unproblematisch. Relevant ist auch die Zusammensetzung der Kohorte aus Studierenden des University College London. Es wurde versucht, eine homogene Stichprobe zu erzielen, die im Vergleich zum nationalen Standard einen erhöhten Anteil an Individuen der Mittel- und Oberklasse enthielt, was sich – folgt man Converse – günstig im Hinblick auf ein kohärentes Verständnis der politischen Einstellung auswirkt (Converse 1964). Ein weiterer wichtiger Punkt betrifft den Ansatz der Querschnittsstudie sowie die Natur der Korrelationsanalyse. Denn Aussagen über kausale Zusammenhänge können hiermit nicht gemacht werden. Um insbesondere den Aspekt der Plastizität des Hirns, d.h. die strukturelle und funktionelle Anpassung des Hirns an wechselnde Bedingungen zu erfassen, wären methodisch jedoch nur schwer machbare, longitudinale Studien zielführender. Wichtig ist es auch, sich der Auswahl und Begründung der ROIs zu widmen. Der ACC wurde gewählt, weil hier funktionelle Veränderungen in einer früheren Studie gefunden wurden. In dieser früheren Studie wiederum wurde der ACC gewählt, weil sich Liberale und Konservative im Umgang mit Konflikten unterscheiden und der ACC damit assoziiert zu sein schien (Amodio et al. 2007). Wenn nun am Ende die Befunde als schlüssig dargestellt werden, weil der ACC für das Konflikt-Monitoring wichtig ist, so liegt ein Zirkelschluss vor, der zwar interessante Hypothesen generieren kann, jedoch nicht logisch ist. Ebenso sollte einem bewusst sein, dass die Untersuchung von ROIs natürlich andere Hirnregionen außerhalb der ROIs ausschließt und der ROI-basierte Ansatz daher immer nur einen Teilaspekt des in Netzwerken organi-

---

14 Bei diesem Ansatz ist auf einen wichtigen methodischen Aspekt zu achten, um die Validität der Ergebnisse sicherer beurteilen zu können. Vergleicht oder korreliert man nämlich die Millionen von Voxel im Hirn einzeln miteinander, so steigt bei diesem Test die Irrtumswahrscheinlichkeit Alpha und damit die Gefahr für falsch positive Ergebnisse. Um dies zu vermeiden, muss eine Korrektur für multiple Vergleiche erfolgen. In der Regel ist dies die sog. Family-Wise-Error Methode (FWE) (Nichols 2012).

sierten Hirns wiedergibt. Die Autoren versuchten dies durch eine Ganzhirnanalyse auszugleichen, die jedoch keine signifikanten Unterschiede außerhalb der ROIs zeigte. Dies heißt jedoch nicht, dass keine existieren. Es bedeutet nur, dass bei dieser Stichprobe, bei diesem MRT-Scanner und bei diesem Auswertealgorithmus keine weiteren Unterschiede detektiert wurden.

Doch zurück zum inhaltlichen Ergebnis und der politikwissenschaftlichen Relevanz. Vereinfacht zusammengefasst haben Liberale einen größeren ACC und Konservative eine größere Amygdala. Nimmt man an, dass die Ergebnisse valide sind und lässt man konzeptionelle und methodische Limitationen kurz etwas zurücktreten, was macht man aus diesem Ergebnis? Sicherlich nicht den Versuch, aus der Hirnstruktur auf die politische Einstellung zu schließen.[15] Wenn überhaupt sind sie Ausdruck unterschiedlicher Prozessierungen von Informationen, und nicht etwa die Repräsentation der Eigenschaften liberal bzw. konservativ an sich. Zunächst aber ein paar Worte zum ACC. Der ACC ist in zahlreiche Aufgaben involviert, wobei die Regulation von Emotionen und die kognitive Kontrolle zu den wichtigsten zählen (Gasquoine 2013). Vereinfacht gesagt werden hier das Ausmaß der Emotionen gesteuert und eingehende Informationen nach Relevanz sortiert. Ein Übermaß an Emotionen kann, wie allgemein bekannt ist, das Denken beeinträchtigen. Geht man von der o.g. psychologischen Ebene aus, dass Liberale gegenüber komplexen und mehrdeutigen Informationen sowie neuen Erfahrungen offener sind als Konservative (Jost 2003, S. 662) und sich daher stärker mit verschiedenen Optionen gedanklich auseinandersetzen, würde der Befund eines größeren ACC gut in dieses Bild passen. Neben dieser strukturellen Veränderung wurde bei einer anderen Studie in diesem Areal bei Liberalen zudem eine höhere neuronale Aktivität gefunden (Amodio et al. 2007). Die Amygdala wiederum ist vor allem für das Erlernen und Speichern von Emotionen relevant (Koban u. Pourtois 2014). Sachverhalte, die emotional besetzt sind, werden besonders effektiv gespeichert (Brosch et al. 2013; Marek et al. 2013). Es ist bekannt, dass Konservative auf bedrohliche Situationen mit mehr Aggression reagieren als Liberale und dass sie sensitiver auf bedrohliche Gesichtsausdrücke reagieren (Jost et al. 2003; Vigil 2010). In diesem Sinne, argumentieren Kanai et al. (2011) weiter, passe die vergrößerte Amygdala sehr gut dazu, dass bei Konservativen die Prozessierung von Informationen stärker emotional besetzt sei.[16] Die Vermeidung von Veränderung und die Bevorzugung von Stabilität wären in diesem Kontext weniger bedrohlich als das Unvorhersehbare, das mit Veränderungen einhergehen könnte. Die strukturellen Hirnunterschiede lassen sich also gut mit den psychologischen Unterschieden in Bezug auf die Informationsprozessierung zwischen Liberalen und Konservativen in Einklang bringen. Als Quintessenz kann zunächst festgehalten werden, dass auf Hirnebene strukturelle Gruppenunterschiede zwischen liberal und konservativ eingestellten Menschen existieren. Wenngleich hier-

---

15 Dieser Punkt ist wichtig, weil er immer wieder für Missverständnisse sorgt. Eine Aussage auf Individualniveau, also die Vorhersage, ob ein einzelnes Hirn einer bestimmten Kategorie (hier eben liberal oder konservativ) zugeordnet werden kann, ist mit diesem Ansatz nicht möglich. Es handelt sich hier um einen reinen Gruppenvergleich.

16 Einschränkend muss man sich an dieser Stelle in Erinnerung rufen, dass es sich hier nur um strukturelle Veränderungen handelt und Aussagen zur Funktion daher nicht gemacht werden können.

mit keine Aussage zur Kausalität getroffen werden kann, bestätigt sich, dass politische Einstellungen auf ein festgefügtes und längerfristig, weil strukturell nachweisbares, angelegtes internales System rekurrieren und dass dieses System emotionale und kognitive Strukturen involviert.

Unterschiede zwischen verschiedenen politischen Einstellungen wurden jedoch häufiger auf funktioneller, als auf struktureller Ebene untersucht. Typischerweise werden die Probanden dazu während der fMRT-Messung mit bestimmten Aufgaben konfrontiert. Die zweite Studie von Kaplan et al. (2007) ging der Frage nach, wie die politische Parteizugehörigkeit mit der neuronalen Aktivität zusammenhängt, während die Probanden Fotos von Politikern zu sehen bekamen. Dieser Ansatz ist aus politikwissenschaftlicher Sicht aufgrund von zwei Aspekten interessant. Erstens wird hier das Feld der Wechselwirkung zwischen Parteisympathie und Personen tangiert[17]. Zweitens, wenngleich es sicher nicht die reale Situation widerspiegelt, ist die Prozessierung von Gesichtern doch ein multisystemischer und mehrdimensionaler Prozess. Wie Gesichter vom jeweiligen Betrachter prozessiert werden, ist eng mit der sozialen Einstellung und mit der Zugehörigkeit zu einer bestimmten Gruppe assoziiert (Gobbini et al. 2004; Gobbini u. Haxby 2007; Gläscher et al. 2004). Offenbar greifen hier unbewusste, automatisch ablaufende und bewusste, kognitive Prozesse ineinander.[18] Dabei scheint die Aktivität in der Amygdala, wie sie bei der Verarbeitung von Out-Group-Gesichtern zu messen ist, eher automatisierte und unbewusst ablaufende Prozesse zu reflektieren (Phelps et al. 2000). Zum Beispiel wurde bei der Studie von Cunningham et al. die Hirnaktivität gemessen, während weiße Probanden die Gesichter dunkelhäutiger Menschen ansahen. Bei einer kurzen Präsentationszeit (30 ms) war hier eine erhöhte Aktivität in der Amygdala nachweisbar. Bei längerer Präsentationszeit (525 ms) wurde diese durch Aktivität im DLPFC und ACC ersetzt. Während die initiale Amygdala-Aktivität dabei Ausdruck automatisiert ablaufender, unbewusster Prozesse zu sein scheint, wird die Aktivität frontal und cingulär als Korrelat dafür gesehen, dass die Emotionen kognitiv kontrolliert werden (Cunningham et al. 2004).

Die Frage ist nun, ob politische Einstellungen einen ähnlichen Einfluss auf die Wahrnehmung von Gesichtern haben und wie sich hieran die Wechselwirkung zwischen emotionalen und kognitiven Bewertungsebenen nachzeichnen lässt? Kaplan et al. (2007) scannten hierzu 10 demokratische und 10 republikanische Wähler mittels fMRT, während ihnen für jeweils 2 Sekunden lang Bilder der Präsidentschaftskandidaten George W. Bush, John Kerry und Ralph Nader gezeigt wurden. Im Anschluss sollten die Probanden ihre Emotionen in Bezug auf die Kandidaten anhand einer 10-Punkte-Skala werten, wobei nach verschiedenen po-

---

17 Schumann u. Schoen (2003) konnten zeigen, dass zur Erklärung der Parteisympathie offenbar Sympathien für bestimmte Politiker die mit Abstand wichtigste Determinante ist.

18 Eine strenge Trennung zwischen emotionalen und kognitiven Prozessen lässt sich angesichts der neurowissenschaftlichen Erkenntnisse kaum noch halten. Vielmehr sind beide eng miteinander verknüpft (Adolphs 2003). Eine sog. automatisiert ablaufende Prozessierung sollte verschiedene Kriterien erfüllen: Sie muss spontan erfolgen und die Probanden sollen die Stimuli nicht kognitiv evaluieren. Sie läuft idealerweise unbewusst ab, bspw. indem die Aufmerksamkeit der Probanden auf eine andere Aufgabe gezogen wird (Lodge et al. 2006, S. 14).

sitiven und negativen Aspekten gefragt wurde (Stolz, Verbundenheit, Hoffnung bzw. Hoffnungslosigkeit, Enttäuschung, Angst etc.). Erwartungsgemäß waren die positiven Emotionen bei den Republikanern für George W. Bush höher als bei den Demokraten. Die negativen Emotionen waren bei den Demokraten für George W. Bush höher als bei den Republikanern (Kaplan et al. 2007).

Während der Betrachtung des gegnerischen Kandidaten kam es im Gegensatz zur Betrachtung des eigenen Kandidaten zu einer erhöhten Aktivierung im DL-PFC und dem posterioren/hinteren ACC[19]. Eine Aktivierung der Amygdala war nicht zu verzeichnen, was vermutlich auf die lange Präsentationszeit von 2 Sekunden zurückzuführen ist.[20] Die positiven und negativen emotionalen Ratings des Fragebogens wurden dann mit der Hirnaktivität korreliert. Hier zeigte sich, dass je negativer sie über den gegnerischen Kandidaten dachten und je positiver über den Eigenen, desto höher war die Aktivität im DLPFC. Was bedeutet dieses Aktivierungsmuster nun? Dazu muss man sich in Erinnerung rufen, wofür das DL-PFC-ACC-Netzwerk verantwortlich ist. Es ist dafür wichtig, emotionale Reaktionen zu kontrollieren und bspw. unerwünschte negative Emotionen zu unterdrücken (Lévesque et al. 2003). In diesem Kontext können die Ergebnisse dahingehend gedeutet werden, dass das Gesicht des gegnerischen Kandidaten mit dem Gefühl der Bedrohung verbunden ist und diese negative Emotion unterdrückt werden soll. Kaplan et al. (2007) schlagen noch eine weitere interessante Erklärung vor. Hierzu muss man wissen, dass bei der Hoch- oder Herunterregulation von negativen Emotionen ebenfalls der DLPFC und ACC involviert sind[21] und dass bei der Betrachtung des Gegenkandidaten auch eine zusätzliche Aktivierung in Hirnarealen gefunden wurde, die gemeinhin mit negativen Emotionen in Verbindung gebracht werden (Insel, Putamen, vorderer Temporalpol). Kaplan et al. (2007) schlussfolgern also, dass die Aktivierung des DLPFC-ACC-Netzwerks mit der Hochregulation negativer Emotionen bei den Probanden verbunden ist, d.h. das Gesicht des Gegenkandidaten ist mit einer Zunahme an negativen Emotionen verknüpft. Wieso kommt es dann bei der Betrachtung des eigenen Kandidaten nicht auch zur Hochregulation positiver Emotionen? Das Forscherteam spekuliert, dass eine Ursache im Negative Campaigning liegen könnte, das sich auf die Negativeigenschaften des Gegenkandidaten fokussiert. Wenngleich diese Erklärung dadurch eingeschränkt wird, dass die Prävalenz von Negative Campaigning in den letzten Jahrzehnten in den USA vermutlich nicht zugenommen hat

---

19 Die genaue Lokalisation im ACC ist insofern relevant, als dass sich der ACC offenbar funktionell in einen „emotionalen" vorderen und „kognitiven" hinteren Teil aufgliedern lässt. So ist der vordere Teil mit limbischen Strukturen, wie der Amygdala verbunden, während der hintere Teil vorwiegend Verbindungen mit präfrontalen, prämotorischen und supplementär motorischen Arealen sowie dem parietalen Cortex unterhält.

20 Einschränkend sollte hier gesagt werden, dass eine Aktivität in der Amygdala auch nach längerer Präsentationszeit detektierbar ist (Rule et al. 2010; ferner vgl. Knutson et al. 2006).

21 Individuen sind ständig damit konfrontiert, das Ausmaß ihrer positiven und negativen Emotionen zu regulieren. Eine Strategie ist es, die emotionale Antwort mental zu transformieren und die Bedeutung der emotionsauslösenden Situation aufzuarbeiten („cognitive reappraisal"). Ein Reappraisel muss nicht zwangsläufig zu einer Verbesserung der Situation führen, wenn etwa negative Emotionen heraufreguliert werden (bspw. wenn man sich das Schlimmste vorstellt, während ein Unfall passiert) (Ochsner et al. 2004).

(Lau u. Rovner 2009) und seine Effektivität längst nicht bewiesen ist (Lau et al. 2007), so erhält sie von der Tatsache Rückenwind, dass Menschen in der Regel negativen Stimuli mehr Aufmerksamkeit widmen als positiven (Baumeister et al. 2001). Fakt ist auch, dass es für das Individuum deutlich schwieriger ist, negative Emotionen herunter als hoch zu regulieren (Ochsner et al. 2004). Die unterschiedliche Reaktion und Prozessierung negativer Stimuli in Abhängigkeit von der politischen Einstellung – durch eine Vielzahl von Studien hinweg – scheint sogar einer der entscheidendsten Aspekte bei der Frage, was Liberale von Konservativen unterscheidet (Hibbing et al. 2014), zu sein. Menschen, die für negative Stimuli besonders sensibel sind, versuchen natürlicherweise negative Ereignisse zu vermeiden oder deren Konsequenzen abzumildern. Die Eintrittswahrscheinlichkeit für diese negativen Ereignisse kann in modernen Gesellschaften auch indirekt durch die politische Einstellung bzw. politische Partizipation reduziert werden. Hibbing et al. (2014) stellen daher die These auf, dass Menschen, die physiologisch und psychologisch gegenüber negativen Stimuli sehr sensibel sind, eine Politik favorisieren werden, die beängstigende Situationen vermeidet, indem sie etwa auf bewährte Lösungen setzt, protektiv agiert, die In-Group-Beziehungen über die Out-Group-Beziehungen stellt und auf einigende Politik und Autoritätsfiguren setzt (Hibbing et al. 2014; Janoff-Bulman 2009). Trotz der zahlreichen Evidenzen führen diese Hypothesen zur Natur politischer Einstellungen oft zu Verwirrungen, Skepsis und rasch zu Abwehrmechanismen, weil man vermutet, dass eine bestimmte politische Einstellung damit diffamiert werde oder aber weil es mit theoretischen Konzepten der Prä-*Neuropolitics*-Zeit nicht übereinstimmt. Es ist wichtig, sich in Erinnerung zu rufen, dass damit nicht eine Einstellung über die andere gestellt wird. Die Bildgebung zeigt hier lediglich, dass der Unterschied, den man meint, wenn man den einen als liberal und den anderen als konservativ bezeichnet, durch unterschiedliche Informationsprozessierungen auf verschiedenen Hirnebenen fundiert werden kann. Dabei ist einleuchtend, dass es bei solchen kategorialen Unterschieden wie jenen zwischen liberal und konservativ auch auf der Hirnebene Unterschiede geben muss. Man darf den Befund aber auch nicht überinterpretieren. Es muss erneut betont werden, dass es sich um Tendenzen innerhalb von Gruppenvergleichen handelt, was bedeutet, dass es viele Liberale und Konservative geben wird, die sich eben nicht entlang dieser Schemata verhalten. Ohnehin lässt sich nur ein kleiner Teil der Bevölkerung einem der beiden Pole der politischen Einstellung zuweisen. Dennoch beleuchten diese empirischen Daten, warum Menschen die gleiche Welt so unterschiedlich wahrnehmen können, warum der gleiche Stimulus von dem Einen so und von dem Anderen so bewertet wird. Wo der Eine Gefahren sieht, sieht der Andere Chancen. Der relative Vorteil oder Nachteil der jeweiligen Einstellung hängt dabei ganz entscheidend von den realen und aktuellen Kontextfaktoren ab.

Methodisch ist bei der hier vorgestellten Studie von Kaplan et al. aus dem Jahr 2007 anzumerken, dass es sich um eine sehr kleine Stichprobe handelt und daher die Generalisierbarkeit eingeschränkt ist. Ein Schwachpunkt vieler MRT-Studien ist, dass Überlegungen zur Effektstärke und Fallzahlplanung nicht erfolgen oder nicht nachvollziehbar dokumentiert sind, was die Reliabilität der Ergebnisse regelhaft einschränkt. Bezüglich der Bildgebung darf man bei der Betrachtung der

Studien, die sich ebenfalls mit dem Thema der politischen Einstellung befasst haben (Schreiber et al. 2013; Knutson et al. 2006; Westen et al. 2006; Lieberman et al. 2003), nicht vergessen, dass sich Ergebnisse aus einem Gruppenvergleich oft nicht exakt auf andere Gruppenvergleiche übertragen lassen, weil sich die untersuchten Gruppen in Bezug auf zahlreiche Confounder (Alter, Geschlecht, Bildungsstand etc.) unterscheiden. Ebenso bestimmen der gewählte MRT-Scanner und die Auswertungsmethoden die Reliabilität der Ergebnisse erheblich. Ein konsistentes und verallgemeinerungsfähiges, valides Bild ergibt sich daher in der Regel erst nach zahlreichen ähnlich konzipierten Studien an mehreren Kohorten.

Offen bleibt bei diesen Studiendesigns die Frage der Kausalität der beobachteten Hirnveränderung. Grundsätzlich sind hier zwei Vorstellungen denkbar. Entweder sind diese multidimensionalen Unterschiede zwischen verschiedenen politischen Einstellungen von Anfang an angelegt oder aber – und das ist die aktuell wahrscheinlichere Sicht – sie entwickeln sich im Laufe des Lebens und das Hirn parallelisiert diese Entwicklung aufgrund seiner plastischen Eigenschaften. Dabei ist es nur naheliegend und pragmatisch, dass politische Einstellungen, wie sie in weiten Bereichen des Lebens wirksam werden, in gewisser Weise abgelegt sind und eingehende Stimuli zunächst nach diesem Muster prozessiert werden.

4.2 Studien zum Wahlverhalten

Die zweite große Gruppe an Studien beschäftigt sich mit dem Wahlverhalten. Es gibt unzählige Theorien und Ansätze in diesem Forschungsgebiet, die hier nicht im Detail besprochen werden können.[22] Wenn sich jedoch aus der Fülle der Forschung der letzten Jahre ein Trend hervorheben lässt, so ist es der, dass sich das Wahlverhalten des Einzelnen heute deutlich komplexer, volatiler und heterogener darstellt als in der Vergangenheit gedacht wurde. Es zeigt sich, dass es nicht *den einen* kausalen Mechanismus im Wahlverhalten gibt, sondern dass zahlreiche Aspekte, wie Bildung, Medien, veränderte Parteibindung und strategisches Wählen zu berücksichtigen sind (Herrmann 2010; Houghton 2010, S. 161). Zudem spielen Affekte und Emotionen eine deutlich stärkere Rolle als bislang angenommen. Der Ansatz, die Wahlentscheidung als einen rein rationalen Prozess zu betrachten, kann daher im besten Fall nur noch als unvollständig bezeichnet werden (Steenbergen 2010). Eine Reihe vorwiegend angloamerikanischer Studien hat sich mit dem Einfluss von Affekten auf die politische Einstellung oder Kandidateneinstellung befasst (Abelson et al. 1982, Montada u. Schneider 1989; Marcus u. MacKuen 1993; Opp 1986; Schoen 2006; Sullivan u. Masters 1988), doch Studien zur Wechselwirkung zwischen affektiven Elementen und der Wahlentscheidung gibt es kaum. Dabei ist der Einfluss von Emotionen auf kognitive Prozesse und Entscheidungen,

---

22 Um das Wählerverhalten zu erklären, existieren vier relevante Ansätze in der Politikwissenschaft. Neben dem soziologischen Ansatz, dem Modell des rationalen Wählers und jenem des sozialen Milieus spielt der individualpsychologische Ansatz in diesem Kontext eine wichtige Rolle. Nach diesem letztgenannten Ansatz (Michigan School) entwickeln Wähler eine längerfristige emotionale Bindung an eine Partei (Campbell et al. 1960). Dieses Modell wurde später erweitert, indem etwa die Bedeutung von Langzeit- (Parteipräferenz) und Kurzzeit-Faktoren differenziert wurde (Lewis-Beck et al. 2008; Schoen u. Weins 2005).

und umgekehrt der Einfluss der Kognition auf die emotionale Antwort Gegenstand zahlreicher Studien und Debatten (Ray u. Zald 2012; Isbell et al. 2006; Westen et al. 2006; zur Relevanz von Emotionen in internationalen Beziehungen bei McDermott 2007, S. 153ff.; Übersicht zur Entwicklung der Emotionsforschung seit dem 19. Jahrhundert in Hartmann 2010)[23]. Mittlerweile dürfte nicht mehr die Frage sein, ob unbewusste und affektive Determinanten das Wahlverhalten modulieren, sondern nur noch wie (Bargh u. Williams 2006; Steenbergen 2010). Für diese Fragen bieten sich bildgebende Verfahren an. Denn, wenn sich Politikwissenschaftler mit dem Wahlverhalten und der Wahlentscheidung beschäftigt haben, wurde bislang oft auf Umfragen zurückgegriffen (Niemi et al. 2010, S. 4ff.). Der Vorteil des Fragebogens ist, dass die Ergebnisse, wenn sie methodisch gut erhoben wurden, eine gewisse Generalisierbarkeit erlauben und Informationen zu nahezu jedem Thema gesammelt werden können. Sie tragen jedoch nur wenig zum Verständnis bei, wie eine Entscheidung zu Stande kommt. Die Aussagen sind zudem in der Regel retrospektiv erfasst und stellen eher Begründungen dar, weshalb Kandidaten gewählt oder nicht gewählt wurden (Redlawsk u. Lau 2013, S. 147; Lau 2003, S. 42). Experimentelle Herangehensweisen können durch die Kontrolle der Variablen die kausalen Aspekte besser beleuchten. Bildgebende Verfahren können hier die Frage erhellen, welche Prozesse während der Entscheidung eine Rolle spielen. Sie können helfen, eine zeitliche und hierarchische Ordnung in das Netzwerk aus unbewussten und bewussten sowie emotionalen und kognitiven Prozessen zu bringen[24]. Freilich ist es jedoch aufgrund der Multifunktionalität einzelner Hirnareale und ihres komplexen Zusammenwirkens nicht möglich, die beteiligten emotionalen und kognitiven Prozesse bis ins Kleinste zu spezifizieren. So kann eben in der Regel nicht von der Beteiligung einer bestimmten Hirnregion auf nur eine bestimmte Emotion geschlossen werden.

Da die bildgebenden Verfahren in den experimentellen Settings natürlich nie den gesamten Entscheidungsprozess, wie er in der Realität erfolgen würde, abbilden können, liegt die Stärke dieser Methode vor allem in der Erfassung der automatisierten und unbewusst ablaufenden Prozesse, die die Wahlentscheidung und das Verhalten maßgeblich beeinflussen. Dies ist ein ganz entscheidender Punkt bei der Beantwortung der Frage, wie rational Wähler wirklich wählen.

Eine politikwissenschaftlich relevante Frage ist, wie nonverbale Attribute von Politikern und ihre emotionale Bewertung die Wahlentscheidung beeinflussen können. Da die Zeiten, in denen Politiker ihre Botschaften vorwiegend per Zei-

---

23 In Bezug auf das Entscheidungsverhalten/Decision-Making sei hier auf das Gebiet der Neuroeconomics verwiesen, das sich neurowissenschaftliche Verfahren für ökonomische Fragestellungen nutzbar macht, um etwa Themen wie Belohnung, erwarteter Nutzen und Gewinn sowie Entscheidungen bei Risiko zu studieren (Übersicht in Böhmer 2010; Kenning u. Plassmann 2005; Camerer et al. 2005; Glimcher et al. 2009). Viele Entscheidungen im täglichen Leben, so auch politische, können als Entscheidung unter Risiko beschrieben werden (Fox u. Poldrack 2009, S. 145f.). Dass diese Prozesse keine streng rationalen, kognitiven Evaluationen sind, sondern ganz entscheidend von Emotionen beeinflusst werden, ist bekannt (Slovic et al. 2004; Loewenstein et al. 2001; Lerner u. Keltner 2000; Moser et al. 2013). MRT-Studien können dabei helfen zu verstehen, wie die Verarbeitung von Risiko durch Emotionen beeinflusst wird und welchen Einfluss Kontextfaktoren haben (Mohr et al. 2010).

24 Zur Debatte um die Definitionen von Affekt und Emotion vgl. bspw. Cottam et al. 2010, S. 49ff.

tung oder Radio vermittelten, längst der Vergangenheit angehören, bestimmen Fernsehen und Internet maßgeblich den politischen Informationsprozess. Viel stärker sind daher auch nonverbale Attribute von Politikern in den Vordergrund gerückt. Zahlreiche Studien widmen sich der Frage, inwieweit das Aussehen und die Attraktivität des kandidierenden Politikers die Beurteilung des Selbigen und die Wahlentscheidung beeinflussen können (Dailey et al. 2008, S. 52; Übersicht in Ottati u. Deiger 2002, S. 81ff.). Wahlen oder Abstimmungen werden regelhaft durch Affekte beeinflusst und daher sollte dies auch stärker in Modellen zum Wahlverhalten berücksichtigt werden (Isbell u. Ottati 2002, S. 55ff.; Debus 2010; Schemer et al. 2010; Geise u. Brettschneider 2010). Diese emotionalen Determinanten haben zudem einen prädiktiven Wert im Hinblick auf die Gesamtbeurteilung des Kandidaten, wie auch auf die Wahlentscheidung für oder gegen einen Kandidaten selbst (Sullivan u. Masters 1988; Ottati et al. 1992; Granberg u. Brown 1989). Die Tatsache, dass Menschen andere Menschen relativ rasch aufgrund ihres äußeren Erscheinungsbildes beurteilen, ist bekannt (Todorov et al. 2005; Todorov u. Uleman 2003; Willis u. Todorov 2006; Rosenberg 1986; Rosenberg et al. 1991). Es scheint sogar so zu sein, dass das Urteil, das man sich aufgrund des Gesichtsausdrucks politischer Kandidaten bildet (sog. „thin-slice-information") mit dem tatsächlichen Wahlausgang korreliert und daher die Prozessierung visueller Informationen die Wahlentscheidung mit beeinflusst (Todorov et al. 2005; Ballew u. Todorov 2007; Chiao et al. 2008)[25]. Das fMRT kann an dieser Stelle genutzt werden, um die Prozesse und Strukturen zu evaluieren, die an diesen raschen und teils automatisiert ablaufenden Entscheidungen beteiligt sind. Ein naheliegendes und häufig gewähltes Setting stellt die Präsentation von Fotos der Kandidaten während einer fMRT-Messung dar. In diesem Kontext ist die Studie von Spezio et al. (2008) interessant, weil sie auch der Frage nachgeht, ob die Wahlentscheidung dabei stärker durch positive oder negative Attribute beeinflusst wird. Spezio et al. führten zwei Substudien durch, bei denen Probanden Bilder realer Politiker (Republikaner und Demokraten) gezeigt wurden. In der ersten Substudie sollten die 24 Probanden nach Präsentation der Politikerbilder entscheiden, ob sie diese wählen würden oder nicht. Der Anteil der Probandengruppe, der für bzw. nicht für einen Politiker gestimmt hatte („positive lab vote share" bzw. „negative lab vote share") wurde dann für die Analyse innerhalb verschiedener ROIs verwendet. Es zeigte sich, dass die „positive lab vote share" mit keinem der ROIs korrelierte. Die „negative lab vote share" hingegen korrelierte mit der Aktivität in der Insel und dem ACC (jeweils bilateral). Der Befund, dass bei der Betrachtung von Gewinnern keine signifikante Aktivierung, jedoch bei der Betrachtung von Verlierern eine Aktivierung in diesen Regionen nachweisbar war, legte die Vermutung nahe, dass negative Attributierungen in diesem Prozess eine Rolle spielen könnten. In der zweiten Substudie mussten die Probanden daher den realen, aber unbekannten Politikern, die zwischen 2000 und 2004 zu den Kon-

---

25 Ein ähnliches Phänomen ist auch bei der Auswahl von Autos zu beobachten. Hier lässt sich anhand der Aktivierungsmuster im fMRT, die in Abwesenheit bewusster Entscheidung zu messen sind, eine Vorhersage treffen, welches Auto die Probanden später am ehesten kaufen (Tusche et al. 2010).

gresswahlen angetreten waren, gewisse vordefinierte positive („attractiveness", „competence") und negative („public deseitfulness", „personal threat") Attribute zuweisen. Auf der Verhaltensebene ist zu bemerken, dass die Attributierungen dahingehend mit den tatsächlichen Wahlausgängen korrelierten, dass Wahlgewinner häufiger als kompetent eingeschätzt wurden. Die stärkste Korrelation mit dem Wahlausgang fand sich aber zwischen dem negativen Attribut „personal threat" und dem Verlieren der Wahl. Im Folgenden wurde daher auch nur dieses negative Attribut in die fMRT-Analyse einbezogen. Hier zeigte sich, dass Kandidaten, die in der realen Welt tatsächlich die Wahl gewonnen hatten, bei den Probanden keine signifikante Aktivierung hervorriefen, jedoch Kandidaten, die verloren hatten, eine höhere Aktivierung in der Insel und dem ACC aufwiesen. Durch die zwei Substudien konnte mit einer guten Reliabilität gezeigt werden, dass die Präsentation von Wahlverlierern nicht jedoch von Wahlgewinnern und damit auch die negative Attributierung mit einer Aktivierung der Insel und des ACC einhergeht. Das Ergebnis ist insofern interessant, als dass sich dieser Befund bei zwei Studien, mit unterschiedlichen Probanden, unterschiedlichen Politikern, unterschiedlichen Aufgaben und unterschiedlichen Erfassungen von Wahlausgängen (simulierte und reale) zeigte. Negative Attribute scheinen daher die Entscheidung, die binnen weniger Sekunden aufgrund der äußeren Erscheinung gefällt wird, stärker zu beeinflussen als positive. Dies scheint vor allem dann eine Rolle zu spielen, wenn den Entscheidern keine weiteren Informationen zur Verfügung stehen (Lau u. Pomper 2001; Martin 2004; Stevens et al. 2008).

Die letzte Studie, die hier im Detail vorgestellt werden soll, ist von besonderem Interesse, weil hier Präferenzen für deutsche Parteien an deutschen Probanden untersucht wurden. Denn inwieweit die Daten aus den angloamerikanischen Studien auf das deutsche System übertragbar sind, bleibt offen. So ist etwa das Wahlverhalten im deutschen Mehrparteiensystem nicht nur von der Partei- und Politikerpräferenz, sondern auch von Überlegung zu möglichen Koalitionen beeinflusst (Huber 2014; Shikano et al. 2009). Das Besondere an der Studie von Tusche et al. (2013) ist, dass es gelingt, zwischen Aktivitätsmustern, die eine Präferenz für den bestimmten Politiker anzeigen und Aktivitätsmustern, die eine Parteipräferenz anzeigen, zu differenzieren. Darüber hinaus wurde die Parteipräferenz nicht nur mittels Fragebogen erfasst, sondern auch durch ein Verhaltensexperiment, bei dem die Probanden einen Teil ihrer Aufwandsentschädigung einer Partei spenden konnten. Dies berührt einen methodisch wichtigen Aspekt, der in vielen Studien noch unzureichend berücksichtigt wird, nämlich die Verbindung zwischen Wahlabsicht und dem tatsächlichen Verhalten.[26] Die Studie beschäftigt sich mit der automatischen, unbewussten Prozessierung von visuellen Stimuli. Es hat sich in früheren Studien gezeigt, dass die Art der Hirnaktivität während dieser automatischen Prozessierung einen gewissen prädiktiven Wert haben kann und die Präferenzen der Individuen widerspiegelt, ohne dass diese bewusst reflektiert werden

---

26 Die Theorie des überlegten Handelns (Theory of Reasoned Action) bzw. deren Erweiterung, die „Theorie des geplanten Handelns" (Theory of Planned Behavior), sind leistungsfähige theoretische Ansätze zur Erklärung von Verhalten. Mit ihnen geht die Unterscheidung zwischen der Intention etwas zu tun und dem tatsächlichen Verhalten einher (Ajzen u. Fishbein 1980; Ajzen 1991).

(Tusche et al 2010; Lebreton et al. 2009). Die Leitfrage der Studie war, ob die Hirnaktivität während der automatischen Prozessierung von Politikergesichtern mit einer bestimmten Politiker- und Parteipräferenz zusammenhängt. Die 20 Probanden wurden angewiesen, während sie im MRT lagen, immer dann einen Knopf zu drücken, wenn ein kleines Quadrat im Gesichtsfeld auftaucht. Den Probanden wurde vor dem Test nur mitgeteilt, dass in unvorhersehbaren Intervallen zusätzlich Gesichter von Politikern erscheinen würden, die nur dazu dienten ihre Aufmerksamkeit abzulenken und dass diese von ihnen ignoriert werden sollten. Die Politikergesichter waren also „task-irrelevant". Es handelte sich hierbei um bekannte oder unbekannte[27] deutsche Politiker aus einer präferierten und nicht-präferierten Partei (SPD oder CDU)[28]. Nach der MRT-Messung wurde die Politiker- und Parteipräferenz eines jeden Probanden mittels Fragebogen sowie mittels einer Computeraufgabe, bei der sie einen Teil ihrer Aufwandsentschädigung einer Partei spenden konnten, erfasst.

Das Ergebnis der Analyse zeigte, dass die Präferenz für bekannte und unbekannte Politiker mit der Aktivität im ventralen Striatum korrelierte und zwar unabhängig davon, zu welcher Partei der jeweilige Politiker gehörte. Das bedeutet, die striatale Aktivität basiert allein auf der Prozessierung des individuellen Gesichts und abstrakte kategoriale Eigenschaften, wie die Parteizugehörigkeit, spielen hier noch nicht hinein.

Im zweiten Analyseschritt zeigte sich, dass die Aktivität in der Insel, im ACC und im medialen präfrontalen Cortex anstieg, wenn den Probanden Politiker ihrer präferierten Partei präsentiert wurden. Dieser Effekt war unabhängig von der Präferenz für den Politiker. Das heißt, dass die Parteipräferenz – im Rahmen der automatischen Prozessierung – auf einer anderen Ebene prozessiert wird, als die Präferenz für die Gesichter. Dies ist naheliegend, da die Präferenz für eine Partei ein höheres Abstraktionsniveau verlangt als die Präferenz für ein Gesicht. Passend dazu wurden die Insel und der cinguläre Cortex bereits in anderen Studien als Hirnregionen identifiziert, die für die Kodierung von Präferenzen relevant sind; sowohl bei bewussten Entscheidungsprozessen (Paulus u. Frank 2003; Berns et al. 2010) als auch bei automatisiert ablaufenden Prozessierungen (Lebreton et al. 2009; Levy et al. 2011). Davon ausgehend, dass die Aktivität in der Insel und dem medialen präfrontalen Cortex einen prädiktiven Wert hat und das tatsächliche Verhalten in früheren Experimenten vorhersagen konnte (Tusche et al. 2010; Falk et al. 2010), wurde, wie bereits erwähnt, in der Studie von Tusche et al. noch ein Verhaltensexperiment angeschlossen. Passend zu den obigen Befunden, korrelierte die Hirnaktivität in diesen Regionen nicht nur mit der per Fragebogen erhobenen Parteipräferenz, sondern auch mit den Spenden der Probanden an ihre präferierte Partei. Tatsächlich sind der ACC und die Insel auch aktiv, wenn Entscheidungen hinsichtlich von Spenden erfolgen und damit Präferenzen in direktes Handeln übergehen (Moll et al. 2006; Hare et al. 2010). Zusammengefasst belegt diese

---

27 Ob es sich dabei um ein bekanntes oder unbekanntes Gesicht eines Politikers handelt, wurde in unabhängigen Vortests an einer unabhängigen Stichprobe getestet.
28 Die Parteipräferenz wurde, wie erwähnt, durch Fragebogen und Verhaltensexperiment nach dem MRT ermittelt.

Studie in einer inhaltlich validen Form, dass politische Präferenzen verschiedener Abstraktionsniveaus (Präferenz für individuelle Politiker vs. Parteipräferenz) mit Hirnaktivitätsmustern auf verschiedenen Ebenen zusammenhängen. Die Präferenz für die Bilder von individuellen Politikern korrelierte mit der Aktivierung im Striatum. Hirnregionen wie die Insel und der cinguläre Cortex hingegen sind für Prozessierung von assoziativem und somit abstrakterem Wissen über die Parteipräferenz entscheidend. Interessant ist dabei, dass sich diese Muster während eines automatisierten Prozesses, also nicht während einer bewussten Entscheidung zeigten[29]. Dies ist insofern valide, als dass die Präferenz für etwas – in dem Fall für eine Partei – eine mehr oder weniger feste Einstellung ist, und sich nicht stets bewusst gemacht werden muss. Diese Sichtweise, dass Einstellungen und Überzeugungen durch die Exposition mit einem entsprechenden Stimulus automatisch aktiviert werden, wird auch durch empirische Studien außerhalb der bildgebenden Verfahren gestützt (Morris et al. 2003). Es äußert sich bspw. in einer kürzeren Reaktionszeit auf affektiv-kongruente als auf inkongruente politische Konzepte (Lodge u. Taber 2005).

5. Diskussion der bildgebenden Methoden

Nachdem bei der Vorstellung der einzelnen Studien bereits spezifische methodische Aspekte diskutiert wurden, sollen im Folgenden die wesentlichen Punkte rekapituliert und ausgeführt werden.

Um die Frage zu beantworten, wie belastbar die bildgebenden Befunde und welche Schlussfolgerungen zulässig sind (Henson 2006, S. 64ff.; Poldrack 2008, S. 223; Poldrack 2006, S. 59), sollte man für jede Studie – im Übrigen nicht nur bei MRT-Studien – die folgenden grundlegenden Punkte bedenken. Reliable und valide Ergebnisse sind zu erwarten, wenn 1) eine ausreichend große und repräsentative Probandenzahl untersucht wurde (also Angaben zur Effektgröße und Fallzahlplanung vorliegen), 2) Alter, Geschlecht und sonstige Confounder in die statistische Analyse einbezogen wurden, 3) bei Ganzhirnanalysen eine Korrektur für multiple Vergleiche erfolgt ist, 4) alle Angaben zum MRT-Scanner, zur Vorverarbeitung und statistischen Analyse aufgeführt sind und 5) die Auswahl an ROIs und damit die *a-priori* Hypothese schlüssig hergeleitet ist. Besonders sollte auch auf die Probandenauswahl oder die Kontrollgruppe geachtet werden. Die häufig gewählten jungen College-Studenten (Tingley 2006, S. 22) bei angloamerikanischen Studien können ebenso wie der kulturelle Kontext einen Bias darstellen, den es zu berücksichtigen gilt (Arnett 2008; Henrich et al. 2010). Bezüglich des fMRT ist hervorzuheben, dass die zeitliche (ein fMRT-Scan erfolgt alle 2-3 Sekunden) und räumliche Auflösung der detektierten Signale nicht perfekt sind. Um ein

---

29 Studien wie diese, bei denen Aktivitätsmuster lange vor einer „freien Entscheidung" erfassbar sind und diese automatisierten Muster auch noch das tatsächliche (experimentelle-) Verhalten vorhersagen, geben immer wieder Anlass zur interdisziplinären Diskussion um die Existenz des freien Willens. Außer Acht lassen sollte man dabei aber nicht, dass es hier nur um eine bestimmte, für das einzelne Individuum typische Prozessierung von Stimuli unter experimentellen Bedingungen geht. Der Mechanismus mag zu gewissen Anteilen automatisiert ablaufen, doch solange über die Implementierung der Mechanismen Unklarheit herrscht, sollte man diese Diskussion mit Bedacht führen.

Signal im fMRT möglichst genau zu lokalisieren und die zugrunde liegende Hirnstruktur ausfindig zu machen, ist daher stets ein hochauflösender struktureller Datensatz notwendig, der erhoben wird, während die Probanden im MRT liegen.

Jede der hier vorgestellten Studien hat auf einem der Gebiete Schwachpunkte. Entscheidend ist an dieser Stelle, dass von einer einzelnen Studie kein umfassendes Konzept zu erwarten ist. Mit jeder Replikation von Ergebnissen erhöht sich die Validität und vielmehr ergibt sich ein konsistentes, reliables und inhaltlich valides Bild erst durch die metaanalytische Betrachtung zahlreicher verschiedener Studien. So zeigt sich über mehrere Studien hinweg, dass erstens, emotionale und kognitive Prozesse aufs Engste bei politischen Entscheidungsprozessen wechselwirken und die affektiven Komponenten einen Effekt auf die Entscheidung und das tatsächliche Verhalten haben. Zweitens zeigt sich, dass die politische Einstellung entlang der Liberal-Konservativ-Linie mit spezifischen strukturellen und funktionellen cerebralen Besonderheiten bei der Prozessierung von Informationen verknüpft ist. Es mehren sich dabei Hinweise, dass insbesondere die Prozessierung negativer emotionaler Stimuli ganz entscheidend die Informationsverarbeitung zwischen liberal und konservativ unterscheidet.

Der wichtigste methodische Aspekt ist jedoch die Verknüpfung zwischen MRT-Scan und Verhaltensexperiment, weil sich die Bedeutung der MRT-Befunde bei der „forward inference" immer erst durch die Verknüpfung mit dem Verhalten ergibt. Es kann nur nochmals betont werden, dass die Gültigkeit der MRT-Befunde nur gewährleistet ist, wenn auch das Verhaltensexperiment, mit dem das MRT korreliert wird, reliabel und valide ist. Wenn der Fragebogen oder das experimentelle Setting nicht das misst, was es vorgibt zu messen, dann ist folgerichtig auch die Korrelation mit bildgebenden Befunden wertlos. Wenn der Score, mit dem beispielsweise die politische Einstellung erfasst werden soll, nur mäßig valide ist oder es überhaupt strittig ist, ob eine Eigenschaft konstant vorliegt oder nicht (Lieberman u. Schreiber 2003, S. 683), so ist auch die Aussagekraft der Korrelationen zum MRT eher gering (Tingley 2006, S. 24). Scores oder Assessments, die keine stabilen Ergebnisse abbilden, sich also über einen kurzen Zeitraum hinweg ändern, sind eher ungeeignet, um mit strukturellen Veränderungen im Hirn[30] korreliert zu werden, da diese – im Gegensatz zu funktionellen Veränderungen – in der Regel über einen längeren Zeitraum erfolgen. Die sinnvolle Konstruktion des Verhaltensexperiments ist daher der entscheidende Schritt, der politikwissenschaftliche Expertise notwendig macht.

---

30 Abhängig davon, ob bestimmte Hirnfunktionen regelmäßig genutzt werden oder nicht, passt sich das Hirn strukturell an diese Anforderungen an (Plastizität) (Draganski et al. 2004). Exemplarisch konnte gezeigt werden, dass bei Londoner Taxifahrern die Graue Substanz im posterioren Hippocampus, der für das Lernen – in diesem Fall das Lernen des Stadtplanes – und das räumliche Verständnis wichtig ist, im Gegensatz zu Kontrollen und auch im Gegensatz zu Londoner Busfahrern größer ist (Maguire et al. 2003; Maguire et al. 2006; Woollett et al. 2011). Umgekehrt kann Graue Substanz auch krankheitsbedingt abnehmen.

6. Schlussbetrachtungen

Was für den Neurowissenschaftler eine Erkenntnis schlechthin ist, nämlich die Entdeckung welches Hirnareal bei welchem kognitiven Prozess beteiligt ist, kann für den Politikwissenschaftler mitunter ernüchternd sein oder bestenfalls nur eine Bestätigung dessen, was er aus anderen psychologischen Testverfahren schon wusste, bspw. die vordergründige Rolle negativer Emotionen bei der Evaluation von Kandidatengesichtern. Es wäre aber an dieser Stelle falsch, die Bestätigung von Erkenntnissen durch eine andere Modalität – in diesem Fall die Bildgebung – abzuwerten. Der wissenschaftliche Wert und die Validität bestehen in eben dieser translationalen Kongruenz von Ergebnissen über die verschiedenen methodischen Modalitäten hinweg. Im methodischen Vergleich haben die bildgebenden Verfahren gegenüber Fragebögen etc. den einzigartigen Vorteil, objektiver und reliabler zu sein und dabei die zugrunde liegenden mentalen Prozesse in nahezu Echtzeit zu visualisieren. Dies ist mit keinem anderen herkömmlichen psychologischen Assessment möglich. Die Anwendung bildgebender Verfahren für politikwissenschaftliche Fragestellungen steht jedoch erst am Anfang. Wie kann daher ein zukünftiger komplementärer *Neuropolitics*-Zugang aussehen? Zunächst muss von politikwissenschaftlicher Seite eine klare Fragestellung formuliert werden: etwa die Frage, ob sich die Beurteilung der Attraktivität eines Kandidaten durch die Bereitstellung zusätzlicher Informationen über den Kandidaten oder seine Pläne ändert. Der folgende Teil, die Planung des Verhaltensexperiments, ist der umfangreichste und wichtigste: Es muss definiert werden, welche Aspekte von Attraktivität erfasst werden sollen; positive oder negative und welche im Speziellen? Man kann überlegen, ob Probanden – zur Reduktion des Hawthorne-Effekts – tatsächlich über alle Endpunkte der Studie informiert werden sollten oder nicht. Wichtig ist, die verschiedenen Einflussvariablen auf die Beurteilung von Attraktivität, wie etwa kultureller Hintergrund, Geschlecht etc., in der Stichprobe zu kontrollieren. Die Stichprobe muss sich so zusammensetzen, dass sie repräsentativ ist. Die Präsentation der Kandidaten muss bestimmt werden (Foto des Gesichts, des Körpers oder ein Film). Sollen bekannte und unbekannte Kandidaten evaluiert werden? Welche Informationen (zur Person, zum Wahlprogramm) sollen in welcher Form dargeboten werden und wie werden diese mit den spezifischen Präferenzen und dem Kenntnisstand der Probanden abgeglichen? Um die Relevanz der Ergebnisse zu erhöhen, wäre es zudem sinnvoll, das Experiment nicht bei der bloßen Erfassung von Präferenzen per Fragebogen zu belassen, sondern Präferenzen auch in konkretem Verhalten zu messen. Aufgabe der Neurowissenschaft ist nun die Umsetzung und Auswertung der MRT-Messung und die Beantwortung der folgenden Fragen: Welche Hirnareale sind für den mutmaßlichen mentalen Prozess relevant und sollen untersucht werden? Welche MRT-Scanner und Protokolle sind für die Fragestellung geeignet und mit welchen Vorverarbeitungsschritten und -programmen soll gearbeitet werden? Welche Präsentation von Stimuli ist sinnvoll, um bspw. den Fokus auf automatisiert ablaufende Prozesse zu legen? Die Auswertung sollte hypothesengeleitet erfolgen. Eine Frage könnte lauten, ob bei der Betrachtung von unattraktiven Kandidaten die Aktivität in Hirnregionen, die mit negativen Emotionen assoziiert sind, abnimmt, wenn dem Probanden mehr

Informationen über den Kandidaten gegeben werden und ob dies davon abhängt, ob die Informationen (bspw. das Wahlprogramm) als gut oder schlecht empfunden werden. Dieses interdisziplinäre Vorgehen könnte von politikwissenschaftlicher Seite die Frage erhellen, auf welcher Ebene die Bereitstellung von Informationen die Evaluation von Kandidaten tatsächlich ändert oder nicht ändert. Wird die Evaluation durch emotional besetzte Informationen oder sachbezogene Informationen moduliert? Wenn ja, führt die Modulation von eher emotional oder kognitiv besetzten Signalwegen zu einer Änderung des Verhaltens? Und wie hängt dies mit der individuellen Disposition des Probanden zusammen? Die Bildgebung ist mit all ihren Vor- und Nachteilen auch nur eine weitere Modalität neben etablierten psychologischen und psychophysiologischen Testverfahren, die der Erfassung spezifischer Muster dienen. Letztlich hängt also die Validität und Originalität der Ergebnisse maßgeblich vom Studiendesign und hier insbesondere von der Konzeption der Verhaltensmessung ab. Damit die Politikwissenschaft weiter von bildgebenden Verfahren profitieren kann, ist auf dem Gebiet der *Neuropolitics* eine interdisziplinäre Herangehensweise von Politikwissenschaftlern und Neurowissenschaftlern die vielversprechendste.

Literatur

Abelson, Robert P., Donald R. Kinder, Mark D. Peters, und Susan T. Fiske. 1982. Affective and semantic components in political person perception. *Journal of Personality and Social Psychology* 42:619-630.

Adolphs, Ralph. 2003. Cognitive neuroscience of human social behaviour. *Nat Rev Neurosci.* 4:165-178.

Ajzen, Icek. 1991. The Theory of Planned Behavior. *Organizational Behavior and Human Decision Processes* 50:179-211.

Ajzen, Icek, und Martin Fishbein. 1980. *Understanding attitudes and predicting social behavior.* Englewood Cliffs, NJ: Prentice-Hall.

Amodio, David M., John T. Jost, Sarah L. Master, und Cindy M. Yee. 2007. Neurocognitive correlates of liberalism and conservatism. *Nat Neurosci* 10:1246–1247.

Arnett, Jeffrey J. 2008. The neglected 95%: Why American psychology needs to become less American. *American Psychologist* 63:602-614.

Ashburner, John. 2012. SPM: a history. *Neuroimage* 62:791-800.

Ballew, Charles C., und Alexander Todorov. 2007. Predicting political elections from rapid and unreflective face decisions. *Proceedings of the National Academy of Science* 104:17948–17953.

Bargh, John A., und Erin L. Williams. 2006. The Automaticity of Social Life. *Curr Dir Psychol Sci* 15:1–4.

Baumeister, Roy F., Ellen Bratslavsky, Catrin Finkenauer, und Kathleen D. Vohs. 2001. Bad is stronger than good. *Review of General Psychology* 5:323–370.

Berns, Gregory S., C. Monica Capra, Sara Moore» und Charles Noussair. 2010. Neural mechanisms of the influence of popularity on adolescent ratings of music. *Neuroimage* 49:2687-2696.

Böhmer, Gerd. 2010. Neuroökonomie (Neuroeconomics): Neuronale Mechanismen ökonomischer Entscheidungen. Mainz. http://ubm.opus.hbz-nrw.de/volltexte/2010/2299/pdf/doc.pdf (02.06.2014).

Brosch, Tobias, Klaus R. Scherer, Didier Grandjean, und David Sander. 2013. The impact of emotion on perception, attention, memory, and decision-making. *Swiss Med Wkly* 143:w13786.

Camerer, Colin, George Loewenstein, und Prelec Drazen. 2005. Neuroeconomics: How neuroscience can inform economics. *Journal of Economic Literature*. XLIII:9-64.

Campbell, Angus, Philip E. Converse, Warren E. Miller, und Donald E. Stokes. 1960. *The American Voter*. The University of Chicago Press.

Caprara Gian Vittorio, Claudio Barbaranelli, C., und Philip G. Zimbardo. 1999. Personality profiles and political parties. *Political Psychology* 20:175–197.

Chiao, Joan Y., E. Bowman Nicholas, und Harleen Gill. 2008. The political gender gap: gender bias in facial inferences that predict voting behavior. *PLoS ONE* 3:3666.

Conover, Pamela Johnston, und Stanley Feldman. 1981. The Origins and Meaning of Liberal/Conservative Self-Identifications. American Journal of Political Science 25:617-645.

Converse, Philip E. [1964] 2006. The Nature of Belief Systems in Mass Publics. *Critical Review* 18:1-74.

Cottam, Martha L., Beth Dietz-Uhler, Elena Mastors, und Thomas Preston. 2010. *Introduction to Political Psychology: 2nd Edition*. Psychology Press.

Cunningham, William A., Marcia K. Johnson, Carol L. Raye, J. Chris Gatenby, John C. Gore, und Mahzarin R. Banaji. 2004. Separable neural components in the processing of black and white faces. *Psychol Sci* 15:806-813.

Dailey, William O., Edward A. Hinck, und Shelly S. Hinck. 2008. *Politeness in Presidential Debates: Shaping Political Face in Campaign Debates from 1960 to 2004*. Lanham, Maryland: Rowman & Littlefield Publishers.

Debus, Marc. 2010. Sympathien gegenüber politischen Akteuren und ihre Auswirkungen auf die individuelle Wahlentscheidung: Mehr als nur eine Nebensache? In *Information – Wahrnehmung – Emotion: Politische Psychologie in Der Wahl- und Einstellungsforschung*. Hrsg. Thorsten Faas, Kai Arzheimer, Sigrid Rossteutscher, 291-313. Wiesbaden: VS Verlag für Sozialwissenschaften.

Dodd, Michael D., Amanda Balzer, Carly M. Jacobs, Michael W. Gruszczynski, Kevin B. Smith, und John R. Hibbing. 2012. The political left rolls with the good and the political right confronts the bad: connecting physiology and cognition to preferences. *Philos Trans R Soc Lond B Biol Sci* 367:640-649.

Draganski, Bogdan, Christian Gaser, Volker Busch, Gerhard Schuierer, Ulrich Bogdahn, und Arne May. 2004. Neuroplasticity: changes in grey matter induced by training. *Nature* 427:311-312.

Eagly, Alice Hendrickson, und Shelly Chaiken 1993. *The psychology of attitudes*. Fort Worth, TX: Harcourt Brace Jovanovich College Publishers.

Eickhoff, Simon B., Klaas E. Stephan, Hartmut Mohlberg, Christian Grefkes, Gereon R. Fink, Katrin Amunts, und Karl Zilles. 2005. A new SPM toolbox for combining probabilistic cytoarchitectonic maps and functional imaging data. *NeuroImage* 25:1325-1335.

Erikson, Robert S., Norman R. Luttbeg, Kent L. Tedin. 1980. *American Public Opinion: Its Origins, Content and Impact.* New York: Wiley.

Falk, Emily B., Elliot T. Berkman, Traci Mann, Brittany Harrison, und Matthew D. Lieberman. 2010. Predicting persuasion-induced behavior change from the brain. *J Neurosci* 30:8421-8424.

Fowler, James H., und Darren Schreiber. 2008. Biology, politics, and the emerging science of human nature. *Science* 322:912-914.

Fox, Craig R., und Russel A. Poldrack. 2009. Prospect theory and the brain. In *Neuroeconomics. Decision making and the brain.* Hrsg. Paul W. Glimcher, Ernst Fehr, Colin Camerer, Russell Poldrack, 145–173. London: Elsevier.

Gasquoine, Philip Gerard. 2013. Localization of function in anterior cingulate cortex: from psychosurgery to functional neuroimaging. *Neurosci Biobehav Re.* 37:340-348.

Geise, Stephanie, und Frank Brettschneider. 2010. Die Wahrnehmung und Bewertung von Wahlplakaten. Ergebnisse einer Eyetracking-Studie. In *Information – Wahrnehmung – Emotion: Politische Psychologie in Der Wahl- und Einstellungsforschung.* Hrsg. Thorsten Faas, Kai Arzheimer, Sigrid Rossteutscher, 71-95. Wiesbaden: VS Verlag für Sozialwissenschaften.

Gläscher, Jan, Oliver Tüscher, Cornelius Weiller, und Christian Büchel. 2004. Elevated responses to constant facial emotions in different faces in the human amygdala: an fMRI study of facial identity and expression. *BMC Neuroscience* 17:45.

Glimcher, Paul W., Colin Camerer, Ernst Fehr, und Russell A. Poldrack. 2009. *Neuroeconomics. Decision making and the brain.* Amsterdam: Elsevier.

Gobbini, M. Ida, und James V. Haxby. 2007. Neural systems for recognition of familiar faces. *Neuropsychologia* 45:32-41.

Gobbini, M. Ida, Ellen Leibenluft, Neil Santiago, und James V Haxby. 2004. Social and emotional attachment in the neural representation of faces. *Neuroimage* 22: 1628-1635.

Gozzi, Marta, Giovanna Zamboni, Frank Krueger, und Jordan Grafman. 2010. Interest in politics modulates neural activity in the amygdala and ventral striatum. *Hum Brain Mapp* 31:1763-1771.

Granberg, Donald, und Thad A. Brown. 1989. On Affect and Cognition in Politics. *Social Psychology Quarterly* 52:171-182.

Hare, Todd A., Colin F. Camerer, Daniel T. Knoepfle, John P. O'Doherty, und Antonio Rangel. 2010. Value computations in ventral medial prefrontal cortex during charitable decision making incorporate input from regions involved in social cognition. *J Neurosci.* 30:583-590.

Hartmann, Martin. 2010. *Gefühle: Wie die Wissenschaften sie erklären.* Frankfurt a.M.: Campus.

Henrich, Joseph, Steven J. Heine, und Ara Norenzayan 2010. The weirdest people in the world? *Behavioral and Brain Sciences* 33:61-83.

Henson, Richard. 2006. Forward inference using functional neuroimaging: dissociations versus associations. *Trends in Cognitive Sciences* 10:64–69.

Herrmann, Michael. 2010. Wenn Wenige den Ausschlag geben... Strategisches Erststimmenwählen bei deutschen Bundestagswahlen 1994-2009. *Politische Vierteljahresschrift* 51: 665-689.

Hibbing, John R., Kevin B. Smith, und John R. Alford 2014. Differences in negativity bias underlie variations in political ideology. *Behav Brain Sci* 37: 297-307.

Houghton, David P. 2010. *Political Psychology: Situations, Individuals, and Cases*. New York: Routledge.

Huber, Sascha. 2014. Coalitions and Voting Behavior in a Differentiating Multiparty System. In *Voters on the Move or on the Run?* Hrsg. Bernhard Weßels, Hans Rattinger, Sigrid Roßteutscher und Rüdiger Schmitt-Beck, 65-87. Oxford: Oxford University Press.

Isbell, Linda M., und Victor C. Ottati. 2002. The Emotional Voter: Effects of Episodic Affective Reactions on Candidate Evaluation. In *The Social Psychology of Politics*. Hrsg. Victor C. Ottati, R. Scott Tindale, John Edwards, Fred B. Bryant, Linda Heath, Yolanda Suarez-Balcazar, Emil J. Posavac, S. 55 – 74. New York: Kluwer.

Isbell, Linda M., Victor C. Ottati, und Kathleen C. Burns. 2006. Affect and Politics: Effects on Judgment, Processing, and Information Seeking. In *Feeling Politics: Emotion in Political Information Processing*. Hrsg. David P. Redlawsk, S. 57-86. New York: Palgrave MacMillan.

Janoff-Bulman, Ronnie. 2009. To provide or protect: Motivational bases of political liberalism and conservatism. *Psychological Inquiry* 20:120-28.

Jenkinson, Mark, Christian F. Beckmann, Timothy E.J. Behrens, Mark W. Woolrich, und Stephen M. Smith. 2012. FSL. *Neuroimage* 62:782-790.

Jost, John T. 2006. The end of the end of ideology. *Am Psychol* 61:651-670.

Jost, John T., Jack Glaser, Arie W. Kruglanski, und Frank J. Sulloway. 2003. Political conservatism as motivated social cognition. *Psychological Bulletin* 129:339-375.

Kanai, Ryota, Tom Feilden, Colin Firth, und Geraint Rees. 2011. Political orientations are correlated with brain structure in young adults. *Curr Biol* 21:677-680.

Kaplan, Jonas T., Joshua Freedman, und Marco Iacoboni. 2007. Us versus them: Political attitudes and party affiliation influence neural response to faces of presidential candidates. *Neuropsychologia* 45:55-64.

Kato, Junko, Hiroko Ide, Ikuo Kabashima, Hiroshi Kadota, Kouji Takano, und Kenji Kansaku. 2009. Neural correlates of attitude change following positive and negative advertisements. *Front Behav Neurosci* 3:1-13.

Kenning, Peter, und Hilke Plassmann. 2005. Neuroeconomics: an overview from an economic perspective. *Brain Res Bull* 67:343-354.

Knutson, Kristine M., Jacqueline N. Wood, Maria V. Spampinato, und Jordan Grafman. 2006. Politics on the brain: an FMRI investigation. *Soc Neurosci* 1:25-40.

Koban, Leonie, und Gilles Pourtois. 2014. Brain systems underlying the affective and social monitoring of actions: An integrative review. *Neurosci Biobehav Rev* S0149-7634(14)00067-0.

Lau, Richard R. 2003. Models of Decision-Making. In *Oxford Handbook of Political Psychology*. Hrsg. David O. Sears, Leonie Huddy, Robert Jervis, 19 -59. New York: Oxford University Press.

Lau, Richard R., und Gerald M. Pomper. 2001. Negative Campaigning by US Senate Candidates. *Party Politics* 7:69-87.

Lau, Richard R., und Ivy Brown Rovner. 2009. Negative Campaigning. *Annu. Rev. Polit. Sci* 12:285-306.

Lau, Richard R., Lee Sigelman, und Ivy Brown Rovner. 2007. The effects of negative political campaigns: a meta-analytic reassessment. *J. Polit.* 69:1176-1209.

Lebreton, Maël, Soledad Jorge, Vincent Michel, Bertrand Thirion, und Mathias Pessiglione. 2009. An automatic valuation system in the human brain: evidence from functional neuroimaging. *Neuron* 64:431-439.

Lerner, Jennifer S., und Dacher Keltner. 2000. Beyond valence: Toward a model of emotion-specific influences on judgement and choice. *Cognition and Emotion* 14:473-493.

Lévesque, Johanne, Fanny Eugène, Yves Joanette, Vincent Paquette, Boualem Mensour, Gilles Beaudoin, Jean-Maxime Leroux, Pierre Bourgouin, und Mario Beauregard: 2003. Neural circuitry underlying voluntary suppression of sadness. *Biological Psychiatry* 53:502-510.

Levitin, Teresa E., und Warren E. Miller. 1979. Ideological Interpretations of Presidential Elections. The American Political Science Review 73: 751-771.

Levy, Ifat, Stephanie C. Lazzaro, Robb B. Rutledge, und Paul W. Glimcher. 2011. Choice from non-choice: predicting consumer preferences from blood oxygenation level-dependent signals obtained during passive viewing. *J Neurosci* 31:118-125.

Lewis-Beck, Michael S., William G. Jacoby, Helmut Norpoth, und Herbert F. Weisberg. 2008. *The American Voter Revisited*. The University of Michigan Press.

Lieberman, Matthew D., Darren Schreiber, Kevin Ochsner. 2003. Is Political Cognition Like Riding a Bicycle? How Cognitive Neuroscience Can Inform Research on Political Thinking. *Political Psychology* 24:681-704.

Lodge, Milton, und Charles Taber. 2005. The Automaticity of Affect for Political Leaders, Groups, and Issues. An Experimental Test of the Hot Cognition Hypothesis. *Political Psychology* 26:455-482.

Lodge, Milton, Charles Taber, und Christopher Weber. 2006. First Steps toward a Dual-Process Accessibiilty: Model of Political Beliefs, Attitudes, and Behavior. In *Feeling Politics: Emotion in Political Information Processing*. Hrsg. David P. Redlawsk, 11-30. New York: Palgrave MacMillan.

Loewenstein, George F., Elke U. Weber, Christopher K. Hsee, und Ned Welch. 2001. Risk as feelings. *Psychol Bull* 127:267-286.

Maguire, Eleanor A., Hugo J. Spiers, Catriona D. Good, Tom Hartley, Richard S.J. Frackowiak, und Neil Burgess. 2003. Navigation expertise and the human hippocampus: a structural brain imaging analysis. *Hippocampus* 13:250-259.

Maguire, Eleanor A., Katherine Woollett, und Hugo J. Spiers. 2006. London taxi drivers and bus drivers: a structural MRI and neuropsychological analysis. *Hippocampus* 16:1091-1101.

Marcus, George E., Micheal B. MacKuen. 1993: Anxiety, enthusiasm, and the vote: The emotional underpinnings of learning and involvement during presidential campaigns. *American Political Science Review* 87:672-685.

Marek, Roger, Cornelia Strobel, Timothy W. Bredy, und Pankaj Sah. 2013. The amygdala and medial prefrontal cortex: partners in the fear circuit. *J Physiol* 591:2381-2391.

Martin, Paul S. 2004. Inside the Black Box of Negative Campaign Effects: Three Reasons Why Negative Campaigns Mobilize. *Political Psychology* 25:545–562.

McDermott. 2007. *Political Psychology in International Relations*. University of Michigan Press.

Mohr, Peter N.C., Guido Biele, und Hauke R. Heekeren. 2010. Neural processing of risk. *J. Neurosci* 30:6613-6619.

Moll, Jorge, Frank Krueger, Roland Zahn, Matteo Pardini, Ricardo de Oliveira-Souza, und Jordan Grafman. 2006. Human fronto-mesolimbic networks guide decisions about charitable donation. *Proc Natl Acad Sci U S A* 103:15623-15628.

Montada, Leo, und Angela Schneider. 1989. Justice and emotional reactions to the disadvantaged. *Social Justice Research* 3:313-344.

Morris, James P., Nancy K. Squires, Charles S. Taber, Milton Lodge. 2003. Activation of Political Attitudes. A Psychophysiological Examination of the Hot Cognition Hypothesis. *Political Psychology* 24:727-745.

Moser, Jason S., Tim P. Moran, Hans S. Schroder, M. Brent Donnellan, und Nick Yeung. 2013. On the relationship between anxiety and error monitoring: a meta-analysis and conceptual framework. *Front. Hum. Neurosci* 7:466.

Nichols, Thomes E. 2012. Multiple testing corrections, nonparametric methods, and random field theory. *Neuroimage* 62:811-815.

Niemi, Richard G., Herbert F. Weisberg, und David Kimball. 2010. *Controversies in Voting Behavior, 5th Edition*. Washington. DC: CQ Press.

Ochsner, Kevin N., Rebecca D. Ray, Jeffrey C. Cooper, Elaine R. Robertson, Sita Chopra, John D.E. Gabrieli, und James J. Gross. 2004. For better or for worse: neural systems supporting the cognitive down- and up-regulation of negative emotion. *Neuroimage* 23:483-499.

Opp, Klaus-Dieter. 1986: Soft incentives and collective action: Participation in the antinuclear movement. *British Journal of Political Science* 16:87-112.

Ottati, Victor C., und Megan Deiger. 2002. Visual Cues and the Candidate Evaluation Process. In *The Social Psychology of Politics*. Hrsg. Victor C. Ottati, R. Scott Tindale, John Edwards, Fred B. Bryant, Linda Heath, Yolanda Suarez-Balcazar, Emil J. Posavac, 75-88. New York: Kluwer.

Ottati, Victor C., Marco R. Steenbergen, und Ellen Riggle. 1992. The Cognitive and Affective Components of Political Attitudes: Measuring the Determinants of Candidate Evaluations. *Political Behavior* 14:423-442.

Oxley, Douglas R., Kevin B. Smith, John R. Alford, Matthew V. Hibbing, und Jennifer L. Miller. 2008. Political attitudes vary with physiological traits. *Science* 321:1667-1670.

Paulus, Martin P., und Lawrence R. Frank. 2003. Ventromedial prefrontal cortex activation is critical for preference judgments. *Neuroreport* 14:1311-1315.

Phelps, Elizabeth A., Kevin J. O'Connor, William A. Cunningham, E. Sumie Funayama, J. Christopher Gatenby, John C. Gore, und Mahzarin R. Banaji. 2000. Performance on indirect measures of race evaluation predicts amygdala activation. *J Cogn Neurosci.* 12:729-738.

Poldrack, Russell A. 2006. Can cognitive processes be inferred from neuroimaging data? *Trends Cogn Sci.* 10: 59-63.

Poldrack, Russell A. 2008. The role of fMRI in cognitive neuroscience: where do we stand? *Curr Opin Neurobiol* 18:223-227.

Prell, Dorothea. 2011. Politische Psychologie als Perspektive und Potential der politikwissenschaftlichen Analyse. *Zeitschrift für Politikwissenschaft* 21:487-509.

Ray, Rebecca D., und David H. Zald. 2012. Anatomical insights into the interaction of emotion and cognition in the prefrontal cortex. *Neurosci Biobehav Rev* 36:479-501.

Redlawsk David P., und Richard Lau. 2013. Behavioral Decision-Making. In *The Oxford Handbook of Political Psychology: Second Edition*. Hrsg. Leonie Huddy, David O. Sears, Jack S. Levy, 130-164. New York: Oxford University Press.

Rentfrow, Peter J., John T. Jost, Samuel D. Gosling, und Jeffrey Potter. 2009. Statewide differences in personality predict voting patterns in 1996–2004 U. S. presidential elections. In *Social and psychological bases of ideology and system justification*. Hrsg. John T. Jost, Aaron C. Kay, Hulda Thorisdottir, 314-47. New York: Oxford University Press.

Rosenberg SW. 1986. The image and the vote: the effect of candidate presentation on voter preferences. *American Journal of Political Science* 30:108-27.

Rosenberg, Shawn W., Shulamit Kahn, und Thuy Tran. 1991. Creating a political image: shaping appearance and manipulating the vote. *Political Behavior* 13: 345-367.

Roth, Gerhard. 2008. Homo neurobiologicus – ein neues Menschenbild? *APuZ* 44-45:7-12.

Rule, Nicholas O., Jonathan B. Freeman, Joseph M. Moran, John D. E. Gabrieli, Reginald B. Adams Jr, und Nalini Ambady. 2010 Voting behavior is reflected in amygdala response across cultures. *Soc Cogn Affect Neurosci* 5:349-355.

Schemer, Christian, Werner Wirth, und Jörg Matthes. 2010. Kognitive und affektive Einflüsse auf Einstellungen in direktdemokratischen Kampagnen. In *Information – Wahrnehmung – Emotion: Politische Psychologie in der Wahl- und Einstellungsforschung*. Hrsg. Thorsten Faas, Kai Arzheimer, Sigrid Roßteutscher, 277-289. Wiesbaden: VS Verlag für Sozialwissenschaften.

Schoen, Harald, und Cornelia Weins. 2005. Der sozialpsychologische Ansatz zur Erklärung von Wahlverhalten. In *Handbuch Wahlforschung*. Hrsg. Falter, Jürgen W., Schoen, Harald, 187-242. Wiesbaden: VS Verlag für Sozialwissenschaften.

Schoen, Harald. 2006. Beeinflusst Angst politische Einstellungen? Eine Analyse der öffentlichen Meinung während des Golfkriegs 1991. *Politische Vierteljahresschrift* 47:441-464.

Schreiber, Darren, Greg Fonzo, Alan N. Simmons, Christopher T. Dawes, Taru Flagan, James H. Fowler, und Martin P. Paulus. 2013. Red brain, blue brain: evaluative processes differ in Democrats and Republicans. *PLoS One* 8:e52970.

Schumann, Siegfried, und Harald Schoen. 2003. Köpfe machen Stimmung: Eine Analyse der Determinanten von Parteisympathien. *Zeitschrift für Politische Psychologie* 11:325-334.

Schumann, Siegfried. 2009. Strukturierte Einstellungen – Einstellungsstrukturen: Überlegungen am Beispiel der Parteisympathie. In *Politik – Wissenschaft – Medien: Festschrift für Jürgen W. Falter zum 65. Geburtstag* Hrsg. Hanna Kaspar, Harald Schoen, Siegfried Schumann, Jürgen R. Winkler, 203-220. Wiesbaden: VS Verlag für Sozialwissenschaften.

Shikano, Susumu, Michael Herrmann, und Paul W. Thurner. 2009. Strategic Voting under Proportional Representation: Threshold Insurance in German Elections. West European Politics 32:635-656.

Slovic, Paul, Melissa L. Finucane, Ellen Peters, und Donald G. MacGregor. 2004. Risk as analysis and risk as feelings: some thoughts about affect, reason, risk, and rationality. *Risk Anal* 24:311-322.

Snyder, Abraham Z., und Marcus E. Raichle. 2012. A Brief History of the Resting State: the Washington University Perspective. *Neuroimage* 62:902-910.

Spezio, Michael L., Antonio Rangel, Ramon Michael Alvarez, John P. O'Doherty, Kyle Mattes, Alexander Todorov, Hackjin Kim, und Ralph Adolphs. 2008. A neural basis for the effect of candidate appearance on election outcomes. *Social Cognitive and Affective Neuroscience* 3:344-352.

Stahlberg, Dagmar, und Dieter Frey. 1996. Einstellungen. Struktur, Messung und Funktion. In *Sozialpsychologie. Eine Einführung.* Hrsg. Wolfgang Stroebe, Miles Hewstone, 219-252. Berlin, Heidelberg, New York: Springer.

Steenbergen, Marco R. The New Political Psychology of Voting. 2010. In *Information – Wahrnehmung – Emotion: Politische Psychologie in Der Wahl- und Einstellungsforschung.* Hrsg. Thorsten Faas, Kai Arzheimer, Sigrid Rossteutscher, 13-32. Wiesbaden: VS Verlag für Sozialwissenschaften.

Stevens, Daniel, John Sullivan, Barbara Allen, und Dean Alger. 2008. What's Good for the Goose is Bad for the Gander: Negative Political Advertising, Partisanship and Turnout. *Journal of Politics* 70:527-541.

Sullivan, Denis G., und Roger D. Masters. 1988. „Happy Warriors": Leaders' Facial Displays, Viewers' Emotions, and Political Support. *American Journal of Political Science* 32:345-368.

Tingley, Dustin. 2006. Neurological imaging as evidence in political science: a review, critique, and guiding assessment. Social Science Information 45:5-33.

Todorov, Alexander, und James S. Uleman. 2003. The efficiency of binding spontaneous trait inferences to actors' faces. *Journal of Experimental Social Psychology* 39:549-562.

Todorov, Alexander, Anesu N. Mandisodza, Amir Goren, und Crystal C. Hall. 2005. Inferences of competence from faces predict election outcomes. *Science* 308: 1623-1626.

Tusche, Anita, Stefan Bode, und John-Dylan Haynes. 2010. Neural responses to unattended products predict later consumer choices. *J Neurosci* 30:8024-8031.

Tusche, Anita, Thorsten Kahnt, David Wisniewski, und John-Dylan Haynes. 2013. Automatic processing of political preferences in the human brain. *Neuroimage* 15:174-182.

Vigil, Jacob M. 2010. Political leanings vary with facial expression processing and psychosocial functioning. *Group Processes & Intergroup Relations* 13:547-558.

Westen, Drew, Pavel S. Blagov, Keith Harenski, Clint Kilts, und Stephan Hamann. 2006. Neural bases of motivated reasoning: an FMRI study of emotional constraints on partisan political judgment in the 2004 U.S. Presidential election. *J Cogn. Neurosci.* 18:1947-1958.

Willis, Janine, und Alexander Todorov. 2006. First impressions: making up your mind after a 100-ms exposure to a face. *Psychol Sci* 17:592-598.

Woollett, Katherine, und Eleanor A. Maguire. 2011. Acquiring „the Knowledge" of London's Layout Drives Structural Brain Changes. *Curr Biol* 21:2109-2114.

Wuketits, Franz M. 2008. Die Illusion des freien Willens. *APuZ* 44-45:3-5.

Politische Wahlen als Schönheitskonkurrenz: Ursachen – Mechanismen – Befunde

Ulrich Rosar/Markus Klein

1.   Einleitung: Physische Attraktivität und Wahlerfolg

Es ist inzwischen ein empirisch gut dokumentierter Befund, dass Wahlen in repräsentativen Demokratien Züge eines Beauty Contest tragen und dass der Wahlkampf der Kandidaten immer auch einem Lauf über den Catwalk gleicht. Dies belegen nicht nur experimentelle Studien (vgl. z.B. Barrett u. Barrington 2005; Budesheim u. DePaola 1994; Klein u. Rosar 2007, 2009; Lewis u. Bierly 1990; Riggle et al. 1992; Rohrbach u. Rosar 2013; Rosenberg et al. 1986, 1991; Schubert u. Curran 2001; Sigelman et al. 1986, 1987), sondern auch eine Reihe von Untersuchungen, die auf der Basis tatsächlicher Wahlergebnisse nachweisen können, dass der Erfolg von Kandidaten und Parteien einen signifikanten und substantiellen Zusammenhang mit der äußeren Anmutung der Kandidaten aufweist. Neben Studien für Deutschland, Finnland, Frankreich, Irland, die Schweiz und das Vereinigte Königreich (Banducci et al. 2008; Berggren et al. 2010; Buckley et al. 2007; Klein u. Rosar 2005; Lutz 2009; Rosar 2009; Rosar u. Klein 2010, 2013; Rosar et al. 2008) finden sich hier ebenso Studien für Australien und Kanada (Efran u. Patterson 1974; King u. Leigh 2007; Leigh u. Susilo 2009). Darüber hinaus variiert auch die Ebene des politischen Systems, auf der der Einfluss der Kandidatenattraktivität studiert wurde. Neben nationalen Parlamentswahlen (Berggren et al. 2010; Efran u. Patterson 1974; King u. Leigh 2007; Klein u. Rosar 2005; Lutz 2009; Rosar u. Klein 2010) finden sich hier ebenfalls Studien zu lokalen (Banducci et al. 2008; Berggren et al. 2010; Buckley et al. 2007; Leigh u. Susilo 2009; Rosar et al. 2012), regionalen (Rosar 2009; Rosar u. Klein 2013; Rosar et al. 2008) und supranationalen Wahlen (Klein u. Rosar 2014). Entsprechend unterschiedlich fallen die Rahmenbedingungen der jeweiligen Wahlsysteme aus. Die Bandbreite reicht dabei von der einfachen Mehrheitswahl über das System der Single Transferable Vote und dem des Panaschierens bis hin zur reinen Verhältniswahl. Vergleicht man die empirischen Befunde dieser verschiedenen Studien, so erscheint die elementare Relevanz der physischen Attraktivität der Kandidaten für die Entscheidungsfindung der Wählerinnen und Wähler erstaunlich robust gegenüber variierenden institutionellen und politisch-kulturellen Kontexten zu sein. Zudem ergibt sich aus den empirischen Befunden der Eindruck, dass es auch kaum einen Unterschied macht, ob Wahlkreis-, Listen- oder Spitzenkandidaten im Fokus der Analyse stehen (vgl. z.B. Banducci et al. 2008; Berggren et al. 2010; Efran u. Patterson 1974; King u. Leigh 2007; Klein u. Rosar 2005; Rosar 2009; Rosar u. Klein 2010, 2013; Rosar et al. 2008, 2012).

Es muss allerdings in Rechnung gestellt werden, dass – trotz der Vielschichtigkeit der bisherigen Studien – die Forschung zum Zusammenhang zwischen physischer Attraktivität und Wahlerfolg drei wichtige Leistungen bisher noch nicht in zufriedenstellender Weise erbracht hat: Erstens hat sie noch zu wenig die Mechanismen theoretisch systematisiert, über die die äußere Anmutung von Politikern die Wählerschaft beeinflusst. Zweitens ist sie bisher jenseits solitärer experimenteller Settings den Nachweis schuldig geblieben, dass von der politikwissenschaftlichen Attraktivitätsforschung behauptete zentrale psychologische Mechanismen tatsächlich die individuelle Entscheidungsfindung von Wählerinnen und Wählern beeinflussen. Konkret sind hier vor allem die oft behauptete höhere Aufmerksamkeit für und die bessere Memorierung von physisch attraktiven Kandidaten sowie die mutmaßlich größere Wertschätzung ihnen und ihren Parteien gegenüber zu nennen. Und drittens schließlich zeigen die oben exemplarisch genannten Studien zwar, dass sich die Wirkung der physischen Attraktivität von Kandidaten unter den unterschiedlichsten Rahmenbedingungen nachweisen lässt, zugleich zeigen sie aber auch, dass ihre Einflussstärke je nach untersuchter Wahl, je nach fokussierter abhängiger Variable und je nach einbezogenen Drittvariablen erheblich variieren kann. Inwieweit diese Schwankungen dabei auf Unterschiede des Anwendungsfalls und der Ausgestaltung der Analyse zurückzuführen sind oder ob sie Ausdruck der Flüchtigkeit von Attraktivitätseffekten im Zusammenhang mit politischen Wahlen sind, lässt sich gerade auf Grund dieser Variabilität der Rahmenbedingungen nicht feststellen. Aus Sicht der normativen Demokratietheorie wäre es aber begrüßenswert, hier mehr Klarheit zu erlangen, um ihr Potential als gegebenenfalls dysfunktionale Störgröße zuverlässiger in den Blick zu bekommen. Sollen also Aussagen über die Stabilität von Attraktivitätseinflüssen und ihrer Bedeutung relativ zu anderen Einflussfaktoren des Wahlerfolgs getroffen werden, so ist es erforderlich, die strukturellen Randbedingungen und das analytische Modell möglichst konstant zu halten und mehrere gleichartige Wahlen in Folge zu untersuchen.

Die vorliegende Untersuchung möchte dazu beitragen, diese drei Forschungslücken zumindest ein Stück weit zu schließen. Im Folgenden werden wir dazu zunächst die psychologischen Ursachen umreißen, die dafür verantwortlich sind, dass die physische Attraktivität von Kandidaten überhaupt den Ausgang politischer Wahlen beeinflussen kann. Dann werden wir die Mechanismen systematisieren, über die die Kandidatenattraktivität die Urteilsbildung der Wählerinnen und Wähler theoretisch-kausal beeinflussen kann (Abschnitt 2). Es folgt eine Beschreibung der Daten, die unseren empirischen Analysen zugrunde liegen (Abschnitt 3), bevor dann die Befunde der statistischen Auswertungen vorgestellt und diskutiert werden (Abschnitt 4). Den Abschluss bilden eine Zusammenfassung der zentralen Befunde und einige kurze Schlussfolgerungen (Abschnitt 5).

2. Theoretischer Hintergrund: Ursachen und Mechanismen der Wirkung der physischen Attraktivität

Die Auswirkungen der physischen Attraktivität eines Menschen auf seine Erfolgschancen in den unterschiedlichsten sozialen Kontexten sind an anderer Stelle bereits ausführlich beschrieben worden (vgl. z.B. Etcoff 2000; Hatfield u. Sprecher 1986; Patzer 1985; siehe auch die Meta-Analysen von Eagly et al. 1991; Feingold 1988, 1990, 1992; Hosoda et al. 2003; Jackson et al. 1995; Langlois et al. 2000; Mazzella u. Feingold 1994). Eine grundlegende Adaption der für die empirische Wahlforschung relevanten Aspekte der Attraktivitätsforschung wurde von Klein und Rosar (2005) bzw. Rosar et al. (2008) bereits vorgenommen. Hier gilt es daher nur noch einmal, die psychologischen Ursachen in ihrer Logik zu skizzieren, um dann die Pfade aufzeigen zu können, über die die physische Attraktivität der Kandidaten im Kontext politischer Wahlen ihre Wirkung entfalten kann. Die wesentlichen Ursachen, über die die physische Attraktivität in den verschiedensten sozialen Kontexten ihre Wirkung entfalten kann, sind dabei der *Attractiveness Consensus*, das *Attractiveness Stereotype*, der *Attractiveness Attention Boost*, der *Attractiveness Glamour Effect* und der *Attractiveness Treatment Advantage*.

Die elementarste Grundlage für die Wirksamkeit der physischen Attraktivität bildet dabei der *Attractiveness Consensus*. Mit diesem Begriff wird die Einsicht umschrieben, dass die Schönheit eines Menschen nicht so sehr im Auge des Betrachters liegt, sondern vor allem auf Merkmale der betrachteten Person zurückgeht. Die physische Attraktivität eines Menschen ist damit ein Personenmerkmal, das relativ eindeutig bestimmt werden kann (Köhler 1984: 140ff). Interkulturell und interpersonell besteht deshalb auch eine große Übereinstimmung in den Urteilen verschiedener Betrachter über die Attraktivität einer konkreten Person (Cross u. Cross 1971; Cunningham 1986; Cunningham et al. 1990, 1995, 1997; Henss 1987, 1992, 1998; Iliffe 1960; Jones 1995; Jones u. Hill 1993; Kowner u. Ogawa 1995; Rhodes et al. 2002, 2005). Sie lässt sich, wie das Geschlecht oder die Ethnie, als askriptives Merkmal eines Menschen auffassen, das der objektiven Messung zugänglich ist.

Auf den *Attractiveness Consensus* aufbauend kann die physische Attraktivität einer Person ceteris paribus dann eine Reihe klar beschreibbarer Wirkungen entfalten. An erster Stelle steht dabei das *Attractiveness Stereotype*. Gemäß der Formel „What is beautiful is good" (Dion et al. 1972: 285) werden attraktiven Personen von anderen Menschen a priori tendenziell Persönlichkeitseigenschaften zugeschrieben, die sozial hoch erwünscht sind (vgl. exemplarisch Chaiken 1979; Dermer u. Thiel 1975; Dion et al. 1972; Eagly et al. 1991; Feingold 1992; Henss 1998; Miller 1970; Unger et al. 1982). So gelten attraktive Personen beispielsweise als durchsetzungsfähiger, zielstrebiger, leistungsfähiger, fleißiger, intelligenter und kompetenter; aber auch als ehrlicher, zuverlässiger, kreativer, empathischer und sympathischer. Darüber hinaus ziehen attraktive Personen vielfach die Aufmerksamkeit anderer auf sich. Sie werden häufiger und eher wahrgenommen, intensiver betrachtet und ihre Aussagen und Handlungen werden besser memoriert (Maner et al. 2003, 2007; Mulford et al. 1998). Das ist der *Attractiveness Attention Boost*. In konkreten Interaktionssituationen dürfen attraktive Personen dank des *Attractiveness Treatment Advantage* zudem darauf bauen, dass sie eine bessere Behandlung durch andere erfahren, als dies bei ihren weniger ansehnlichen Zeitgenossen der Fall ist. Ihnen wird in der Regel mit mehr Zuversicht und Respekt begegnet und sie erfahren mehr Hilfe und Unterstützung (Benson et al. 1976; Bian 1997; Dabbs u. Stokes 1975; Dion u. Berscheid 1974; Hartnett et al. 1974; Hatfield u. Sprecher 1986; Langlois et al. 2000; Marwick 1988; McCabe 1988; Mulford et al. 1998; Ritter et al. 1991; White Stephan u. Langlois 1984, Wilson u. Dovidio 1985; Wilson u. Eckel 2006). Selbst eine offensichtliche Verfehlung muss diese Vorteile nicht unbedingt zunichtemachen, denn auf Grund des *Attractiveness Glamour Effect* (Bassili 1981; Dion et al. 1972; Grammer 2002, S. 169) dürfen attraktive Personen darauf bauen, dass sich ihr Fehlverhalten in der Wahrnehmung Dritter tendenziell relativiert. Dies kann zum einen dadurch geschehen, dass die Ursachenattribution in der Bewertung durch Dritte auf Gründe verlagert wird, die von der handelnden Person nicht zu verantworten sind. Zum anderen kann es aber auch dadurch geschehen, dass die Verfehlung einfach bagatellisiert wird. In der Konsequenz führen die genannten Mechanismen jedenfalls dazu, dass attraktive Personen unter Konstanthaltung aller weiteren möglichen Einflussfaktoren gegenüber ihren unattraktiveren Mitmenschen einen klaren *Attractiveness Competition Advantage* haben (Rosar et al. 2008, S.67ff).

Die meisten empirischen Studien zum Einfluss der physischen Attraktivität im Kontext politischer Wahlen entwickeln auf dieser Grundlage in idealtypischer Weise – implizit oder explizit – folgenden, vergleichsweise schlichten und direkten Kausalmechanismus: Dank des Attractiveness Consensus gelangen die Wählerinnen und Wähler hinsichtlich der Attraktivität der bei einer Wahl angetretenen Kandidaten zu sehr ähnlichen Einschätzungen. Durch den Attractiveness Attention Boost werden sie ihre Aufmerksamkeit eher, häufiger und intensiver attraktiven Kandidaten zuwenden und sich an deren Standpunkte und Taten sowie deren Parteizugehörigkeit besser erinnern. Bei der Herausbildung einer Wahlpräferenz dürfte dies dazu führen, dass diese Kandidaten den Wählerinnen und Wählern schlichtweg präsenter sind. Das dürfte ein erster wichtiger Vorteil sein. Davon abgesehen wird das Attractiveness Stereotype dazu führen, dass attraktiven Kandidaten eine überlegene politische Leistungsbereitschaft und Leistungsfähigkeit zugeschrieben wird. Das dürfte der zweite wichtige Vorteil sein. Dank des Attractiveness Treatment Advantage könnte es zudem sein, dass Wählerinnen und Wähler, die am Wahltag noch nicht völlig entschlossen sind, eher geneigt sind, in der Wahlkabine schließlich für den attraktiveren Kandidaten zu votieren. Das könnte ein dritter wichtiger Vorteil sein. Dabei muss es noch nicht einmal ins Gewicht fallen, wenn ein attraktiver Kandidat bei politischen Sachfragen möglicherweise einen abweichenden Standpunkt vertritt: Lassen sich solche Widersprüche doch dank des Attractiveness Glamour Effect auflösen, indem ihre Bedeutung heruntergespielt wird oder indem Entschuldigungen – wie beispielsweise die Notwendigkeit strategischer Kommunikation, der der Kandidat folgen muss – ins Feld geführt werden. Das dürfte der vierte wichtige Vorteil sein. Im Ergebnis steigt so jedenfalls die Wahrscheinlichkeit, dass attraktive Kandidaten am Wahltag – wiederum ceteris paribus – mehr Stimmen auf sich vereinen können, als das weniger attraktiven Mitbewerbern möglich ist.

Maurer und Schoen (2010) haben darauf hingewiesen, dass alternativ oder ergänzend zu diesem direkten Wirkungsmechanismus auch noch ein zweiter idealtypischer Pfad der Beeinflussung theoretische und empirische Evidenz beanspruchen kann. Für sie sind es nicht die Wählerinnen und Wähler, sondern Medienvertreter, die der Wirkung der äußeren Anmutung der Kandidaten ausgesetzt sind. Ohne dass die Mechanismen grundsätzlich anders arbeiten würden, führt aus diesem Blickwinkel betrachtet die physische Attraktivität vor allem zu einer häufigeren und positiveren Berichterstattung über attraktive Kandidaten und ihre jeweiligen Parteien in den Medien. Die Wählerschaft reagiert dann nicht auf die physische Attraktivität an sich, sondern viel mehr auf die häufigere und positivere Darstellung attraktiver Kandidaten in den von ihnen konsumierten Medien. Auch hier stehen am Ende eine größere Aufmerksamkeit, eine bessere Memorierung, eine positivere Evaluation und eine Neigung zur Besserbehandlung der ansehnlicheren Kandidaten und ihrer jeweiligen Parteien durch das Elektorat. Die Wählerinnen und Wähler sind jetzt jedoch nur mittelbar durch die Kandidatenattraktivität beeinflusst, indem sie auf Informationen reagieren, die in einer bestimmten Weise vorselektiert und verzerrt sind.

Wenn aber plausibel ist, dass Medienvertreter in ihrer Berichterstattung durch die physische Attraktivität der zu einer Wahl angetretenen Kandidaten beeinflussbar sind, dann ist es ebenfalls schlüssig anzunehmen, dass auch die eigentliche Wahlkampfführung durch die physische Attraktivität eines Kandidaten beeinflusst sein kann. Hier mag es – unter Konstanthaltung aller anderen Einflussfaktoren – zunächst so sein, dass attraktivere Kandidaten, die auf Grund ihrer äußeren Anmutung und der oben skizzierten Ursachen auch schon lange vor ihrem Weg in die Politik und in den unterschiedlichsten sozialen Kontexten immer wieder überproportional häufig positive Rückmeldungen und eine bessere Behandlung durch ihre Mitmenschen erfahren haben, im Wahlkampf selbstbewusster, aktiver, offensiver und überzeugender auftreten, weil sie – ganz im Sinne einer Self-Fulfilling Prophecy – schlichtweg von der Richtigkeit ihrer Standpunkte und ihrer eigenen Überlegenheit überzeugter sind als ihre weniger ansehnlichen Mitbewerber. Darüber hinaus ist es aber vor allem wahrscheinlich, dass sie mehr inner- und außerparteiliche Wahlkampfunterstützung generieren können und so aufgrund der besseren Ausstattung mit materiellen und personellen Ressourcen eine überlegene Performanz im Wahlkampf zeigen, die dann ihrerseits dazu führt, dass sie den Wählerinnen und Wählern präsenter sind und von ihnen positiver evaluiert werden. Wie schon bei der indirekten Beeinflussung über die Medienberichterstattung lässt sich auch für diesen indirekten Weg eine gewisse empirische Evidenz nachweisen (Schmatz 2014) und auch hier gilt konzeptionell, dass die physische Attraktivität der Kandidaten nicht so sehr die Wählerschaft, sondern viel mehr die politischen Protagonisten selbst und ihr politisches Umfeld beeinflusst – und dass die auf Seiten der Wählerinnen und Wähler erzeugten Einschätzungen und Handlungsabsichten Ausfluss der daraus resultierenden gesteigerten Wahlkampfperformanz der attraktiveren Kandidaten sind. Dabei ist es sogar denkbar, dass nicht oder nicht allein die Wählerinnen und Wähler, sondern auch Medienakteure durch die attraktivitätsgesteuerte, höhere Wahlkampfperformanz positiv beeinflusst werden, sodass sich theoretisch neben dem direkten Beeinflussungspfad und den beiden indirekten Pfaden erster Ordnung auch ein indirekter Einflusspfad zweiter Ordnung ergibt (vgl. Abbildung 1).

Abbildung 1: Mögliche Kausalpfade der Beeinflussung des Wahlerfolgs durch die physische Attraktivität der Wahlkreiskandidaten

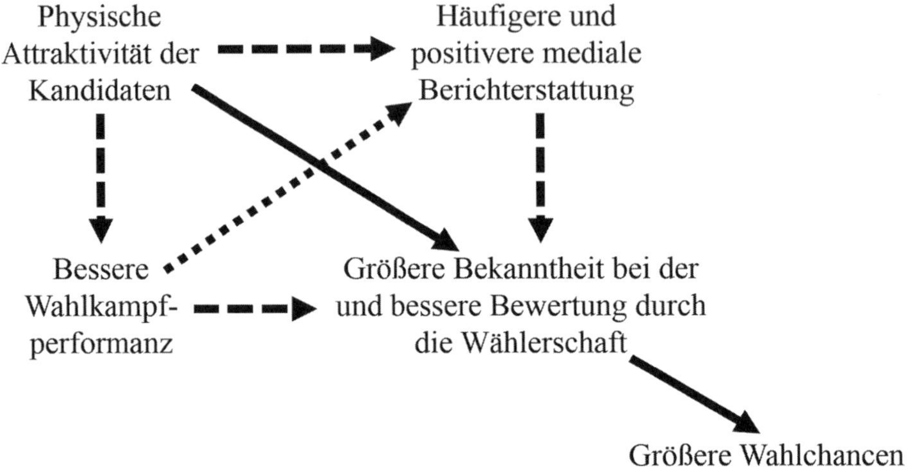

Anmerkung: Durchgezogene Pfeile = direkte Effekte; gestrichelte Pfeile = indirekte Effekte erster Ordnung; gepunktete Pfeile = indirekte Effekte zweiter Ordnung.

Doch ganz gleich, ob die physische Attraktivität der Kandidaten nun auf direktem Wege die Urteilsbildung des Elektorats beeinflusst, ob sie mittels einer überlegenen Wahlkampfperformanz virulent wird, ob sie über eine häufigere und positivere Medienberichterstattung ihre Wirkung entfaltet, ob sie als eine Verknüpfung dieser beiden indirekten Pfade wirkt oder ob eine Kombination aus allen drei Wirkungspfaden relevant ist, am Ende müssen stets dieselben Konsequenzen beobachtbar werden: Die Wählerinnen und Wähler sollten attraktivere Kandidaten eher und besser memorieren. Sie sollten attraktivere Kandidaten besser bewerten. Und sie sollten eher dazu neigen, ihre Stimme attraktiven Kandidaten zu geben, sodass per Saldo deren Stimmenanteile am Ende höher sein sollten. Genau dies soll nun getestet werden.

3. Datenbasis: Drei Bundestagswahlen, drei Online-Experimente und eine Wahlumfrage

Zur Überprüfung der Vermutung, dass attraktivere Kandidaten einen höheren Stimmenanteil erzielen, bietet sich vor allem die Analyse von amtlichen Wahlergebnissen auf Wahlkreis- oder Listenebene in Kombination mit prozessproduzierten Kandidatendaten sowie im Sinne eines Within Subject-Designs experimentell gewonnenen Attraktivitätsscores der Kandidaten[1] an – und nicht umsonst ist dies mit Blick auf den aktuellen Forschungsstand die dominante Vorgehensweise. Will man – jenseits des Laborexperiments – jedoch überprüfen, ob Wählerinnen und Wähler tatsächlich attraktivere Kandidaten eher memorieren sowie diese besser evaluieren, ist man auf repräsentative Wahlumfragen angewiesen, die hierzu geeignete Daten liefern und die gleichzeitig mit Informationen zur Person der angetretenen Kandidaten verknüpfbar sind.

Den in dieser Untersuchung berichteten empirischen Analysen liegen daher sowohl Makro- als auch Mikrodaten zugrunde. Der verwendete Mikrodatensatz umfasst die 2.540 Befragten der repräsentativen Umfrage „Bundestagswahl 2005 – Bürger und Parteien in einer veränderten Welt", die unmittelbar nach der Bundestagswahl 2005 durchgeführt wurde und die die oben beschriebenen Anforderungen optimal erfüllt. Die Auswahl der Befragungspersonen erfolgte bei diesem Survey nach einer mehrstufigen Zufallsstichprobe per Random-Route-Verfahren. Durchgeführt wurde die Befragung mittels computerunterstützter persönlicher Interviews.[2] Im Rahmen der Interviews wurden diejenigen Befragten, die sich an der Wahl beteiligt hatten, offen danach gefragt, ob sie sich noch an die Namen und die Parteizugehörigkeit der Direktkandidaten ihres Wahlkreises erinnern können.[3] Für jeden genannten Kandidaten wurden die Befragten dann um eine persönliche Bewertung gebeten. Diese erfolgte mittels eines elfstufigen Skalometers.[4] Im weiteren Verlauf des Fragebogens wurden die Befragten – neben vielen anderen Standardfragen der Politischen Soziologie – außerdem auch um die Angabe ihrer Parteiidentifikation, ihres politischen Interesses sowie ihres formalen Bildungsgrades gebeten. Das Befragungsinstitut erfasste für jeden Befragten, in welchem der 299 Bundestagswahlkreise dieser lebte und spielte die entsprechende Wahlkreisnummer dem Datensatz zu. Insgesamt wurden Personen aus 255 unterschiedlichen Wahlkreisen interviewt. Pro Wahlkreis wurden dabei durchschnittlich ca. 10 In-

---

1 Bei einem Experiment nach dem Within Subject-Design wird jede Versuchsperson mit jedem Experimentalstimulus – möglichst in randomisierter Reihenfolge – konfrontiert. Die Beobachtungseinheiten sind hier also nicht Experimental- bzw. Kontrollgruppen in ihrer (mittleren) Reaktion auf unterschiedliche Treatments, sondern die (mittleren) Reaktionen aller Versuchspersonen auf alle einzelnen Treatments.

2 Für eine ausführliche Dokumentation der Befragung vgl. die Studiendokumentation bei der Abteilung Datenarchivierung der GESIS. Die Studie ist dort unter der Nummer 4332 verfügbar (vgl. https://dbk.gesis.org/dbksearch/sdesc2.asp?no=4332&search=4332&search2=&DB=d&tab=0¬abs=&nf=1&af=&ll=10).

3 Die Frage lautete dort: „Können Sie sich noch an die Namen von einem oder vielleicht sogar mehreren der hiesigen Wahlkreiskandidaten oder Kandidatinnen erinnern, und können Sie mir sagen, für welche Partei sie bei der Bundestagswahl am 18. September angetreten sind?". Wenn die Befragten dies bejahten wurde sodann gefragt: „Bitte nennen Sie mir die Namen und die Partei der Kandidatinnen und Kandidaten". Die Antworten wurden dann in Variablen mit dem Titel „Kandidaten-Name/SPD", „Kandidaten-Name/CDU" etc. gespeichert. Man kann diese Form der Frageführung mit gutem Grund kritisieren, da sie das bloße Nennen des Namens eines Wahlkreiskandidaten ohne gleichzeitige Erinnerung an dessen Parteizugehörigkeit nicht zulässt. Man kann dieses Vorgehen aber auch verteidigen, indem man argumentiert, dass das Sich-Erinnern damit auf eine sehr strenge Art und Weise getestet wird.

4 Die Frage lautete: „Und sagen Sie mir bitte, ob Sie viel oder nicht so viel von [Name des Kandidaten] halten. Bitte benutzen Sie dafür die Skala von 1 bis 11. 1 bedeutet, dass Sie nicht viel von dem Politiker oder der Politikerin halten und 11 bedeutet, dass Sie sehr viel von ihm oder ihr halten. Mit den Werten dazwischen können Sie Ihre Urteil abstufen".

terviews realisiert. Durch die Kenntnis der Wahlkreiszugehörigkeit war es möglich zu prüfen, ob die Angaben der Befragten über die Direktkandidaten ihres Wahlkreises korrekt waren. Diese Information wurde dem Datensatz ebenfalls zugespielt. Darüber hinaus kann der Mikrodatensatz über die Wahlkreisnummer mit externen Informationen über die Wahlkreise und die verschiedenen Wahlkreiskandidaten verknüpft werden.

Diese Informationen wurden von uns in einem Datensatz zusammengestellt, der für alle 299 Wahlkreise der Bundestagswahl 2005 die Erststimmenanteile der zum Wahlzeitpunkt im Deutschen Bundestag vertretenen Parteien sowie detaillierte Informationen über deren jeweilige Wahlkreiskandidaten enthält. Die Angaben über die Wahlkreiskandidaten umfassen dabei in konzeptioneller und methodischer Anlehnung an die Auswahl der Merkmale, die in vielen der eingangs aufgezählten Studien Berücksichtigung gefunden haben, Alter, Geschlecht, Migrationshintergrund, akademische Titel, Adelsprädikate, eine bereits vor der Wahl bestehende Mitgliedschaft im Deutschen Bundestag sowie die politische Prominenz[5]. Der Datensatz enthält darüber hinaus Informationen über die Wahlkreise selbst, z.B. die Zahl der angetretenen Direktkandidaten. All diese Informationen wurden im Wesentlichen aus Dokumentationen entnommen, die auf der Homepage des Bundeswahlleiters[6] und des Deutschen Bundestags[7] angeboten werden. Da bei der Bundestagswahl 2005 in zwei Wahlkreisen kein Direktkandidat von Bündnis'90/Die Grünen und in neun Wahlkreisen kein Direktkandidat der PDS angetreten war, umfasst dieser Datensatz Angaben über insgesamt 1.484 Wahlkreiskandidaten.

Um nun aber tatsächlich den Einfluss der Attraktivität der Kandidaten auf ihre Bekanntheit, ihre Bewertung und ihre Wahlerfolge untersuchen zu können, mussten diesen Daten außerdem noch Messwerte für die Attraktivität der Kandidaten zugespielt werden. Wie in der Attraktivitätsforschung weithin üblich, benutzten wir als Grundlage der Attraktivitätsmessung Fotografien der Kandidaten, wobei wir – wenn immer möglich – klassische Portraitfotografien verwendeten. Die verwendeten Fotografien waren vor der Wahl den Wahlkampf-Internetseiten der Parteien entnommen worden, wobei es nur für 17 Kandidaten nicht gelang, eine geeignete Fotografie zu finden.

Die eigentliche Attraktivitätsmessung erfolgte experimentell in der Logik eines Within Subject-Designs und gemäß der *Truth of Consensus Method* (Patzer 1985, S.17). Hierbei beurteilt eine Gruppe von Probanden unabhängig voneinander die Attraktivität einer Person und durch Verrechnung der Einzelurteile zu einem Mit-

---

5   Als besonders prominent wurden angesehen die Spitzenkandidaten der Parteien, ihre Parteivorsitzenden, alle Bundesminister, der Bundestagspräsident, die Fraktionsvorsitzenden bzw. der bayerische Landesgruppenchef im Bundestag sowie die Kandidaten der kleinen Parteien, die bei der Bundestagswahl 2002 ein Direktmandat gewonnen hatten (Ströbele, Pau, Lötzsch). Dabei wird davon ausgegangen, dass den genannten Personen bzw. Personengruppen besondere mediale Aufmerksamkeit entgegengebracht wird, die zum einen ihre Bekanntheit bei den Wählerinnen und Wählern erhöht und zum anderen gegebenenfalls suggeriert, dass es sich hier um hochrelevante politische Akteure handelt, was sich wiederum positiv auf ihre Beurteilung und Unterstützung auswirken könnte.

6   http://www.bundeswahlleiter.de/

7   http://www.bundestag.de

telwert ergibt sich dann ein Messwert ihrer Attraktivität. Grundlage dieses Verfahrens ist der oben bereits erwähnte *Attractiveness Consensus*, also die Beobachtung, dass es sich bei der Attraktivität einer Person um ein Merkmal handelt, das verschiedene Betrachter sehr ähnlich wahrnehmen (vgl. Grammer et al. 2003; Henss 1987, 1992; Iliffe 1960). Variationen in der Attraktivitätsbeurteilung sind demnach im Wesentlichen auf nachrangige Geschmacksunterschiede zwischen den Betrachtern zurückzuführen. Dies bedeutet gleichzeitig, dass bereits mit einer sehr kleinen Gruppe von Probanden eine vergleichsweise stabile und zuverlässige Attraktivitätsmessung erzielt werden kann. In der Literatur wird es gemeinhin als ausreichend angesehen, wenn sich die Attraktivitätseinstufung auf die Urteile von zwei Dutzend Personen stützt. Bereits dann sei der durchschnittliche Attraktivitätswert so stabil, dass man auch mit 10.000 Probanden kaum ein anderes Ergebnis erzielen würde (Henss 1992, S.308).

Die in dieser Studie verwendeten Attraktivitätsmessungen der Wahlkreiskandidaten der Bundestagswahl 2005 basieren auf Bewertungen, die von zwölf männlichen und zwölf weiblichen Studierenden der Sozialwissenschaften der Universität zu Köln im Alter zwischen 20 und 28 Jahren abgegeben wurden. Diese Studierenden wurden für ihre Teilnahme an der Studie bezahlt und konnten die Kandidatenfotografien von ihrem heimischen Computer aus mittels einer Online-Befragung bewerten. Im Rahmen dieser Befragung wurden die auf eine einheitliche Höhe skalierten Fotografien jeweils auf einer eigenen Seite präsentiert. Nähere Informationen zu den auf den Fotos abgebildeten Personen wurden nicht gegeben, insbesondere wurde nicht mitgeteilt, dass es sich um Politiker handelt. Die Bewertung erfolgte anhand einer siebenstufigen Skala mit den Polen „unattraktiv" (im Datensatz als „0" codiert) und „attraktiv" (im Datensatz als „6" codiert).[8] Eine Reliabilitätsanalyse der Einzelbeurteilungen bestätigte empirisch den erwarteten hohen Konsens in der Attraktivitätseinschätzung. Gemäß der gängigen Vorgehensweise in der Attraktivitätsforschung wurden dabei die Probanden als Variablen und die präsentierten Fotografien als Fälle betrachtet. Cronbach's alpha betrug 0,95. Die Berechnung des Attraktivitätsscores für jeden einzelnen Kandidaten erfolgte durch Mittelwertbildung über die 24 Einzelurteile. Die Attraktivitätsscores der 17 Kandidaten, für die keine Fotografien gefunden werden konnten, wurde auf der Grundlage eines multiplen Regressionsmodells geschätzt.[9] Diese Approximation der Attraktivität für die Kandidaten ohne geeignete Fotografie wäre zwar nicht unbedingt erforderlich gewesen, sie bietet aber den Vorteil, dass die zusammengestellten Datensätze auf der Wahlkreis- und der Kandidatene-

---

8 Die Präsentation der Fotografien erfolgte dabei so, dass die Kandidaten eines Wahlkreises immer nacheinander angezeigt wurden, die Reihenfolge der Kandidaten innerhalb der Wahlkreise und die Reihenfolge der Wahlkreise aber zufällig rotierte.

9 Die Schätzung erfolgte auf der Basis der durchschnittlichen Attraktivitätswerte der 1.467 Kandidaten, für die eine geeignete Fotografie zur Verfügung stand. Nachdem deren Attraktivitätswerte ermittelt waren, wurden sie mittels einer OLS-Gleichung auf das Geschlecht, das Alter, den Migrationshintergrund, den akademischen Titel, den Adelstitel, den politischen Status und die Parteizugehörigkeit der Kandidaten regrediert. Auf der Grundlage dieser Regressionsgleichung konnte dann die Attraktivität der 17 Kandidaten geschätzt werden, für die zwar keine geeignete Fotografie ermittelt werden konnte, wohl aber die entsprechenden Personenmerkmale und die Parteizugehörigkeit bekannt waren.

bene als Vollerhebung behandelt werden können. Signifikanztests – deren messtheoretische Zulässigkeit vor dem Hintergrund der Spezifika unserer Daten ohnehin nicht eindeutig gegeben ist – müssen also nicht zwingend zur Bewertung der statistischen Generalisierbarkeit der im nachfolgenden Abschnitt berichteten empirischen Befunde herangezogen werden. Da ein zentrales Anliegen unserer Studie darin besteht zu überprüfen, wie stabil der Effekt der physischen Attraktivität auf den Wahlerfolg ist, replizierten wir die Schritte zur Sammlung der Makrodaten und der Attraktivitätsscores der Wahlkreiskandidaten für die Bundestagwahlen 2009 und 2013. Diesmal gelang es uns, jeweils für alle angetretenen Wahlkreiskandidaten alle relevanten Daten sowie eine geeignete Portraitfotografie zu sammeln. Da bei der Bundestagswahl 2009 in zwei Wahlkreisen kein Direktkandidat der Linken und in drei Wahlkreisen kein grüner Kandidat antrat, ergibt sich für dieses Jahr eine Zahl von 1.490 Untersuchungsfällen auf der Kandidatenebene. Für 2013 liegt die entsprechende Zahl bei 1.493, da lediglich in einem Wahlkreis kein Kandidat der Linken und in einem Wahlkreis kein FDP-Kandidat angetreten war.

Im Rahmen der Attraktivitätsbestimmung dienten uns diesmal jeweils 24 Studierende der Sozialwissenschaften der Heinrich-Heine-Universität Düsseldorf als Probanden, die sich zur Hälfte aus männlichen und weiblichen Personen zusammensetzten. Das Alter der Versuchspersonen variierte bei der Erhebung aus Anlass der Bundestagswahl 2009 zwischen 20 und 29 Jahren und bei der Erhebung aus Anlass der Bundestagswahl 2013 zwischen 19 und 23 Jahren. Wie schon bei der Attraktivitätsmessung aus Anlass der Bundestagswahl 2005 war die Urteilsübereinstimmung der Probanden auch diesmal extrem gut, sodass sich für jede der beiden Folgeerhebungen erneut ein Cronbach's alpha von 0,95 ergab. Tabelle 1 zeigt zentrale statistische Kennziffern zu den Attraktivitätsscores der Wahlkreiskandidaten der drei Bundestagswahlen. Ungeachtet marginaler Abweichungen erscheint die Attraktivität des Bewerberfeldes bei allen drei Bundestagwahlen sehr ähnlich: Median und arithmetisches Mittel zeigen an, dass die typischen Kandidaten eher von begrenzter Attraktivität sind, die Standardabweichung signalisiert jedoch, dass durchaus Variabilität in der Attraktivität besteht und die Spannweite macht deutlich, dass die Kandidaten dabei stets nahezu die gesamte Attraktivitätsskala abdecken.

Tabelle 1: Attraktivitätsscores der Wahlkreiskandidaten der Bundestagswahlen 2005 bis 2013, ermittelt anhand einer siebenstufigen Skala mit 0 „unattraktiv" und 6 „attraktiv"

	2005	2009	2013
Median	2,00	1,79	1,71
Arithmetisches Mittel	2,15	1,96	1,91
Standardabweichung	0,83	0,92	0,87
Minimum	0,33	0,04	0,13
Maximum	5,21	5,17	5,33
Spannweite	4,88	5,13	5,20
N	1.484	1.490	1.493

4. Empirische Analysen: Bekanntheit, Bewertung und Wahlerfolg

Im Folgenden werden zunächst simultane Auswertungen der Mikro- und Makrodaten für die Bundestagswahl 2005 präsentiert. Dabei sollen die oben behaupteten kausalen Mechanismen auf der Mikroebene der einzelnen Wählerinnen und Wähler empirisch getestet werden. In Abschnitt 4.1 wird dabei untersucht, ob attraktive Wahlkreiskandidaten tatsächlich bekannter sind und besser erinnert werden als weniger attraktive Wahlkreiskandidaten. In Abschnitt 4.2 wird dann geprüft, ob unter den erinnerten Wahlkreiskandidaten die Attraktiveren wirklich besser bewertet werden. Der dritte Untersuchungsschritt beschränkt sich dann auf die Analyse der Makrodaten. Dabei wird für die Bundestagswahlen 2005, 2009 und 2013 untersucht, ob sich die physische Attraktivität der Wahlkreiskandidaten in der erwarteten Weise in höhere Erststimmenanteile (Abschnitt 4.3) übersetzt. Dabei soll zugleich eine Antwort auf die Frage gegeben werden, wie stabil etwaige Attraktivitätseffekte sind und wie bedeutsam sie relativ zu anderen Einflussfaktoren sind.

4.1 Der Einfluss der Attraktivität der Wahlkreiskandidaten auf ihre Bekanntheit 2005

Im Rahmen unserer theoretischen Vorüberlegungen hatten wir die Erwartung formuliert, dass attraktive Wahlkreiskandidaten dem Elektorat eher bekannt sind und besser erinnert werden als unattraktive Wahlkreiskandidaten. Diese Hypothese soll nun einem empirischen Test unterzogen werden. Dazu verbinden wir die Daten der repräsentativen Wahlumfrage 2005 mit den Daten über die Wahlkreiskandidaten aus 2005. Der resultierende Datensatz ist hierarchisch strukturiert: Die Untersuchungseinheiten der ersten Ebene bilden die Antworten der Teilnehmer des Wahlsurveys auf die Frage nach den Wahlkreiskandidaten in ihrem Wahlkreis. Da für jeden Befragten die Angaben über fünf Wahlkreiskandidaten erfasst wurden, entspricht die Zahl der verfügbaren Level-1-Einheiten nicht dem Stichprobenumfang der Umfrage. Vielmehr stehen insgesamt 10.309 solcher Antworten für die Zwecke unserer Analyse zur Verfügung. Nannte ein Befragter den richtigen Namen und die richtige Parteizugehörigkeit eines Wahlkreiskandidaten, so wurde diese Antwort mit dem Wert „1" codiert. Konnte ein Befragter den Namen eines der fünf erhobenen Wahlkreiskandidaten nicht nennen oder waren die Angaben unkorrekt, so wurde die entsprechende Antwort mit „0" codiert. Die Untersuchungseinheiten der zweiten Ebene des Datensatzes bilden die 1.253 Wahlkreiskandidaten[10], auf die sich die Antworten der ersten Ebene beziehen. Jede Antwort kann dabei eindeutig einem Wahlkreiskandidaten zugeordnet werden;

---

10 Die Zahl der Kandidaten ist bei diesen Analysen kleiner als die Gesamtzahl der Wahlkreiskandidaten 2005 (N=1.484), da im Rahmen der analysierten Wahlumfrage nicht in allen Wahlkreisen Interviews durchgeführt wurden.

auf jeden Kandidaten beziehen sich im Durchschnitt die Antworten von 10 Befragten.[11]

Im Rahmen eines logistischen Mehrebenenmodells (vgl. Hox 2002; Snijders u. Bosker 1999) kann nun der Frage nachgegangen werden, welche Merkmale der Antworten und der Kandidaten Einfluss auf die Bekanntheit der Wahlkreiskandidaten nehmen. Auf der Ebene der Antworten schien es uns dabei sinnvoll, für das politische Interesse und die formale Bildung der Antwortenden zu kontrollieren. Dies lag nahe, da das politische Interesse und die Bildung zentrale Determinanten des politischen Informationsgrades darstellen. Darüber hinaus wurde dafür kontrolliert, ob die Antwort von einer Person mit einer Parteiidentifikation zu Gunsten der Partei des jeweiligen Kandidaten stammt oder nicht. Hierbei lag die Erwartung zu Grunde, dass Parteigebundene mit einer höheren Wahrscheinlichkeit über die Kandidaten der eigenen Partei informiert sind als über die Kandidaten des politischen Gegners. Auf der Ebene der Kandidaten wurden alle im Makro-Datensatz erfassten Merkmale berücksichtigt. Besonders hervorzuheben ist dabei, dass auch für die Parteizugehörigkeit der Kandidaten kontrolliert wurde. Dies schien uns unabdingbar, da in aller Regel nur die Kandidaten der großen Parteien reale Chancen haben, das Direktmandat zu gewinnen. Diese sollten daher im Zentrum der Aufmerksamkeit stehen und zwar auch bei Bürgerinnen und Bürgern, die keine Anhänger dieser Parteien sind. Die Parteizugehörigkeit sollte daher über das reine Stärkeverhältnis der Parteien hinaus einen eigenständigen Effekt auf die Bekanntheit der Kandidaten aufweisen.

Die in Tabelle 2 dokumentierten Ergebnisse der Modellschätzung bestätigen unsere theoretischen Erwartungen weitgehend: Es zeigt sich zunächst, dass die Hochgebildeten, politisch Interessierten und Parteigebundenen besonders informiert sind. Darüber hinaus sind die Wahlkreiskandidaten der Union, der SPD und der ostdeutschen PDS deutlich bekannter als die Kandidaten von FDP, Bündnis'90/Die Grünen und PDS in Westdeutschland. Eine bereits bestehende Mitgliedschaft im Deutschen Bundestag sowie eine besondere politische Prominenz erhöhen die Bekanntheit ebenfalls. Schließlich – und das ist für unseren Argumentation von besonderer Bedeutung – zeigt sich selbst bei Kontrolle der bislang genannten Variablen auch noch ein signifikanter Effekt der Attraktivität der Kandidaten: Attraktive Wahlkreiskandidaten werden besser erinnert als unattraktive Wahlkreiskandidaten.

---

11 Natürlich können die untersuchten Antworten nicht nur den Wahlkreiskandidaten eindeutig zugeordnet werden. Sie können darüber hinaus auch eindeutig den Befragten der Bevölkerungsumfrage zugeordnet werden. Der Datenstruktur wäre daher eigentlich ein kreuzklassifiziertes Mehrebenenmodell mit zwei unterschiedlichen Arten von Level-2-Einheiten angemessen gewesen. Solche Modelle waren aber nicht schätzbar, da die Befragten jeweils nur die Wahlkreiskandidaten ihres eigenen Wahlkreises bewerteten und dadurch in der Kreuzklassifikation der beiden Arten von Level-2-Einheiten eine enorm große Zahl von strukturell leeren Zellen auftritt.

Tabelle 2: Logistisches Mehrebenen-Regressionsmodell der Bekanntheit der Wahlkreiskandidaten der Bundestagswahl 2005

Level 1 Level 2	Bekanntheit
Fixe Effekte	
Interzept	
Interzept	-3,96**
Parteizugehörigkeit des Kandidaten (Referenzkategorie: CDU/CSU)	
SPD	0,08
FDP	-1,40**
Bündnis'90/Die Grünen	-1,65**
PDS (Ostdeutschland)	-0,16
PDS (Westdeutschland)	-2,74**
Geschlecht des Kandidaten: weiblich	-0,25
Alter des Kandidaten zum Wahlzeitpunkt (Referenzkategorie: jünger als 30 Jahre)	
30 bis 39 Jahre	0,60*
40 bis 49 Jahre	0,39
50 bis 59 Jahre	0,52*
60 Jahre und älter	0,49
Kandidat hat Migrationshintergrund	0,29
Kandidat führt einen akademischen Titel	-0,07
Kandidat führt ein Adelsprädikat	0,04
Kandidat ist zum Wahlzeitpunkt Mitglied des Bundestages	0,72**
Kandidat ist in einer prominenten Position	1,15**
Attraktivität des Kandidaten	0,24**
Antwort kommt von einem Befr. mit einer Parteiidentifikation zugunsten der Partei des Kandidaten	0,80**
Antwort kommt von einem Befragten mit politischem Interesse	0,46**
Antwort kommt von einem Befragten mit (Fach-)Hochschulreife	0,37**
Zufallseffekte	
Varianz des Interzepts	1,11**
Level-1-N	10.269
Level-2-N	1.253
Devianz	25.889,54
Anzahl der geschätzten Parameter	21

Anmerkung: Eintragungen sind unstandardisierte Koeffizienten; *: $p \leq 0{,}05$, **: $p \leq 0{,}01$.

4.2 Der Einfluss der Attraktivität der Wahlkreiskandidaten auf ihre persönliche Bewertung 2005

Nun ist die Tatsache, dass attraktive Wahlkreiskandidaten besonders gut erinnert werden, für sich genommen ihren Wahlchancen noch nicht notwendigerweise zuträglich. Würden sie von den Wählerinnen und Wählern als nicht vertrauenswürdig und inkompetent betrachtet, so wäre wohl eher das Gegenteil der Fall. Es muss also außerdem gezeigt werden, dass unter den erinnerten Kandidaten die Attraktiven besonders gut bewertet werden. Hierzu haben wir wieder ein Mehrebenenmodell spezifiziert. Die Einheiten der ersten Ebene sind in diesem Fall die Bewertungen der erinnerten Kandidaten. Die Einheiten der zweiten Ebene sind die Kandidaten, auf die sich diese Bewertungen beziehen. Da die abhängige Variable als näherungsweise metrisch betrachtet werden kann, handelt es sich nun um ein lineares Mehrebenenmodell.

Im Vergleich zu dem in Abschnitt 4.1 berichteten Modell wurde die Parteizugehörigkeit der Kandidaten nicht mehr als unabhängige Variable berücksichtigt. Im Falle der Bekanntheit der Kandidaten war die Berücksichtigung der Parteizugehörigkeit aus den oben genannten Gründen unabdingbar. Im Falle der Kandidatensympathie gibt es unserer Überzeugung nach aber a priori keinen theoretischen Grund zu der Erwartung, dass die Kandidaten der unterschiedlichen Parteien unterschiedlich bewertet werden, sobald man für die unterschiedlich starke Unterstützung der Parteien in der Wählerschaft durch die Kontrolle der Parteiidentifikation der die Bewertung abgebenden Personen im Modell kontrolliert. Die Bildung und das politische Interesse der bewertenden Personen wurden ebenfalls nicht im Modell berücksichtigt, da für sie keine klaren theoretischen Erwartungen bezüglich ihrer Wirkungen auf die Bewertungen formuliert werden können. Die in Tabelle 3 dokumentierten Ergebnisse der Modellschätzung zeigen, dass sich ein signifikanter Effekt der Attraktivität der Kandidaten auf ihre Bewertung nachweisen lässt: Je attraktiver ein erinnerter Kandidat, desto besser auch dessen Bewertung. Berücksichtigt man die Spannweite der empirischen Attraktivitätsscores, die bei der Bundestagswahl 2005 bei 4,88 Skalenpunkten liegt, und multipliziert sie mit dem unstandardisierten Regressionskoeffizienten der Kandidatenattraktivität von 0,33, so zeigt sich, dass der theoretische Maximaleffekt der Attraktivität mit 1,61 Skalenpunkten die Bewertung der Kandidaten ähnlich stark beeinflusst wie ein Migrationshintergrund und deutlich wirkungsmächtiger ist, als beispielsweise das Geschlecht oder das Alter.

Tabelle 3: Lineares Mehrebenen-Regressionsmodell der Sympathieskalometer der Wahlkreiskandidaten bei der Bundestagswahl 2005

Level 1 / Level 2	Kandidaten-skalometer
Fixe Effekte	
Interzept	
Interzept	3,26**
Geschlecht des Kandidaten: weiblich	-0,05
Alter des Kandidaten zum Wahlzeitpunkt (Referenzkategorie: jünger als 30 Jahre)	
30 bis 39 Jahre	0,79
40 bis 49 Jahre	0,87*
50 bis 59 Jahre	0,66
60 Jahre und älter	0,79
Kandidat hat Migrationshintergrund	1,66**
Kandidat führt einen akademischen Titel	-0,21
Kandidat führt ein Adelsprädikat	-1,95**
Kandidat ist zum Wahlzeitpunkt Mitglied des Bundestages	-0,17
Kandidat ist in einer prominenten Position	0,45
Attraktivität des Kandidaten	0,33*
Antwort kommt von einem Befragten mit einer Parteiidentifikation zugunsten der Partei des Kandidaten	2,28**
Zufallseffekte	
Varianz des Interzepts	1,43
Level-1-N	1.529
Level-2-N	550
Devianz	7.049,00
Anzahl der geschätzten Parameter	15

Anmerkung: Eintragungen sind unstandardisierte Koeffizienten; *: $p \leq 0{,}05$, **: $p \leq 0{,}01$.

4.3 Der Einfluss der Attraktivität der Wahlkreiskandidaten auf ihren Erststimmenanteil 2005, 2009 und 2013

Mit den bisher berichteten empirischen Analysen konnten wir zeigen, dass die von uns behaupteten Aufmerksamkeits- und Bewertungseffekte auf der Ebene der einzelnen Wählerinnen und Wähler tatsächlich existieren. Nun soll geprüft werden, ob sich auch die erwarteten Wirkungen auf das Wahlergebnis einstellen. Die Analysen erfolgen hierbei auf der Grundlage der oben beschriebenen Makrodatensätze. Dies hat den Vorteil, dass reale Wahlergebnisse analysiert werden und nicht mit diversen Fehlern behaftete Selbstauskünfte über die aktuelle Wahlabsicht oder vergangenes Wahlverhalten. Neben der physischen Attraktivität der Kandidaten, gehen das Geschlecht, das Alter, ein möglicher Migrationshintergrund, ein möglicher Adelstitel, ein möglicher akademischer Titel, eine gegebenenfalls zum Wahlzeitpunkt bestehende Mitgliedschaft im Bundestag, ein gegebenenfalls vorhandener Prominentenstatus, die Parteizugehörigkeit sowie die Anzahl der im

Wahlkreis insgesamt angetretenen Direktkandidaten als Prädiktorvariablen mit in die Modellbildung ein.[12] Da es sich bei der Anzahl der im Wahlkreis angetretenen Direktkandidaten nicht um ein Merkmal der einzelnen Kandidaten, sondern um ein Wahlkreismerkmal handelt, ist es auch hier erforderlich, alle Regressionsmodelle als lineare Mehrebenenmodelle zu schätzen.

Wie Tabelle 4 offenbart, lässt sich dabei für alle drei Bundestagswahlen ein erwartungskonformer Effekt der Attraktivität der Wahlkreiskandidaten auf den Erststimmenanteil nachweisen: Je größer die Attraktivität eines Wahlkreiskandidaten, desto höher ist im Durchschnitt auch der von ihm erzielte Erststimmenanteil. Die Einflussstärke der physischen Attraktivität schwankt zwar – ohne erkennbares Muster – zwischen den drei Bundestagswahlen, gleichwohl übt sie stets einen substantiellen Einfluss aus. Berücksichtigt man die Spannweite der empirischen Attraktivitätsscores zu den drei Bundestagswahlen, so ist ihr Einfluss dabei innerhalb der berechneten Modelle sogar stärker, als der der meisten anderen einbezogenen persönlichen Merkmale der Kandidaten. Für das Modell zur Bundestagswahl 2005 ergibt sich beispielsweise ein theoretischer Maximaleffekt der Attraktivität von durchschnittlich 4,49 Prozentpunkten im Erststimmenanteil, wenn man den unstandardisierten Regressionskoeffizienten von 0,92 mit der Spannweite der Attraktivitätsscores von 4,88 Skalenpunkten multipliziert. Dieser Effekt ist deutlich größer, als der Einfluss der im 2005er Modell von der Anzahl der im Wahlkreis angetretenen Direktkandidaten, vom Geschlecht und vom Alter der Kandidaten sowie von einem gegebenenfalls vorhandenen Migrationshintergrund, akademischen Titel oder Adelsprädikat ausgeht. Lediglich die Merkmale MdB und Prominentenstatus sowie natürlich die Parteizugehörigkeit sind bedeutsamer. Bestimmt man für 2009 und 2013 den theoretischen Maximaleffekt, so kommt man mit Werten von 3,18 und 3,90 zwar zu etwas schwächeren Ergebnissen, gleichwohl hält die physische Attraktivität jedoch auch hier als Prädiktorvariable ihren Rangplatz in der Abfolge der Effektstärken.

---

12 Die Variationen in der Anzahl der in einem Wahlkreis angetretenen Kandidaten wird vor allem dadurch beeinflusst, wie viele Klein- und Kleinstparteien in einem Wahlkreis Direktkandidaten aufstellen bzw. wie viele unabhängige Direktkandidaten antreten. Diese Zahl kann erheblich schwanken, nämlich zwischen keinem Kandidaten – in mehreren Wahlkreisen bei den Bundestagswahlen 2005 und 2009 – und elf bei der Bundestagswahl 2013 in den Wahlkreisen Nr. 75 „Berlin-Mitte" und Nr. 83 „Berlin-Friedrichshain-Kreuzberg – Prenzlauer Berg". Dabei konnten diese Bewerberinnen und Bewerber insgesamt 11,2 % bzw. 10,4 % der Erststimmen ihres Wahlkreises auf sich ziehen.

Tabelle 4: Lineares Mehrebenen-Regressionsmodell der Erststimmenanteile bei den Bundestagswahlen 2005 bis 2013

Level 1 Level 2	2005	2009	2013
Fixe Effekte			
Interzept			
Interzept	36,20**	36,34**	42,21**
Anzahl der Direktkandidaten im Wahlkreis	-0,42**	-0,32**	-0,29**
Parteizugehörigkeit des Kandidaten (Referenzkategorie: CDU/CSU)			
SPD	-1,86**	-10,89**	-14,01**
FDP	-32,71**	-27,79**	-40,64**
Bündnis'90/Die Grünen	-31,76**	-27,57**	-35,36**
PDS bzw. Die Linke (Ostdeutschland)	-11,27**	-9,46**	-20,01**
PDS bzw. Die Linke (Westdeutschland)	-31,95**	-28,62**	-36,77**
Geschlecht des Kandidaten: weiblich	-2,20**	-1,68**	-1,45**
Alter des Kandidaten zum Wahlzeitpunkt (Ref.kat.: jünger als 30 Jahre)			
30 bis 39 Jahre	1,79*	1,50*	1,17
40 bis 49 Jahre	1,20	1,65*	0,98
50 bis 59 Jahre	1,68*	1,17	1,34
60 Jahre und älter	2,27**	1,16	1,50
Kandidat hat Migrationshintergrund	-1,36	-0,95	-0,67
Kandidat führt einen akademischen Titel	0,62	0,61	0,29
Kandidat führt ein Adelsprädikat	0,43	-2,12	0,09
Kandidat ist zum Wahlzeitpunkt Mitglied des Bundestages	5,89**	4,32**	4,32**
Kandidat ist in einer prominenten Position	6,55**	9,46**	5,74**
Attraktivität des Kandidaten	0,92**	0,62**	0,75**
Zufallseffekte			
Varianz des Interzepts	0,01	0,01	0,01
Level-1-N	1.484	1.490	1.493
Level-2-N	299	299	299
Devianz	9.602,46	9.310,71	9.486,83
Anzahl der geschätzten Parameter	20	20	20

Anmerkung: Eintragungen sind unstandardisierte Koeffizienten; *: p ≤ 0,05, **: p ≤ 0,01.

5. Fazit: Politische Wahlen sind Schönheitswettbewerbe – aber wer ist die Jury?

Ausgangspunkt unserer Analysen waren vier Feststellungen. Die erste Feststellung bezog sich darauf, dass es inzwischen eine ganze Reihe empirischer Studien gibt, die für die unterschiedlichsten Kontexte nachweisen, dass attraktive Kandidaten bei politischen Wahlen für sich und ihre Parteien größere Erfolge erzielen können, als dies ihren weniger ansehnlichen Mitbewerbern möglich ist. Die zweite Feststellung betonte jedoch, dass die Ursachen und kausalen Mechanismen, die für die Übertragung eines gegebenen Attraktivitätsvorteils in einen Stimmenzuwachs verantwortlich sind, in diesen Studien nicht selten nur angerissen werden und insgesamt noch zu unsystematisch betrachtet werden. Die dritte Feststellung ergänzte diesen theoretischen Hinweis um das empirische Desiderat, dass die in diesem Zusammenhang zentralen Annahmen, dass attraktive Kandidaten vom Elektorat eher und besser memoriert werden und dass sie und ihre Parteien positiver bewertet werden, jenseits experimenteller Settings noch nicht zufriedenstellend empirisch überprüft wurden. Die vierte Feststellung verwies schließlich darauf, dass es ungeachtet der Vielzahl der inzwischen vorliegenden einschlägigen Studien noch an Untersuchungen mangelt, die es erlauben abzuschätzen, wie stabil der Einfluss der physischen Attraktivität auf den Wahlerfolg bei mehreren aufeinanderfolgenden gleichartigen Wahlen ist und welcher Stellenwert ihr grundsätzlich im Vergleich zu anderen, als Prädiktoren des Wahlerfolgs potentiell relevanten Kandidatenmerkmalen zukommt.

Um Antworten auf die Fragen zu finden, die sich aus den beiden letztgenannten Feststellungen ergeben, haben wir Daten und Fotografien zu den Wahlkreiskandidaten der Bundestagswahlen 2005, 2009 und 2013 gesammelt, die Fotografien einem experimentellen Attraktivitätsrating unterzogen und alle so gewonnenen Informationen gemeinsam mit den Ergebnissen der Nachwahlumfrage „Bundestagswahl 2005 – Bürger und Parteien in einer veränderten Welt" statistisch ausgewertet. Die Ergebnisse dieser empirischen Analysen haben zum einen bestätigt, dass Wählerinnen und Wähler attraktivere Wahlkreiskandidaten in der Tat besser erinnern und dass sie dazu neigen, attraktivere Kandidaten auch besser zu bewerten. Zum andern haben die empirischen Untersuchungen gezeigt, dass der Effekt, der von der Kandidatenattraktivität auf den Erststimmenanteil im Wahlkreis ausgeht, stabil und substantiell bedeutsam ist – auch wenn zugleich konstatiert werden muss, dass eine zum Wahlzeitpunkt gegebenenfalls bestehende Mitgliedschaft im Bundestag, ein etwaiger Prominentenstatus und insbesondere die Parteizugehörigkeit zumeist bedeutsamere Einflussfaktoren des Wahlerfolgs sind.

Hinsichtlich der Ursachen und Mechanismen, über die sich Attraktivitätsunterschiede in Stimmenanteilsunterschiede übersetzen, haben wir zum einen noch einmal die basalen Elemente zusammenfassend dargestellt, die im Rahmen der psychologischen Attraktivitätsforschung dafür verantwortlich gemacht werden, dass attraktive Menschen in der Regel einen systematischen Wettbewerbsvorteil in nahezu jedem sozialen Kontext haben. Zum anderen haben wir die Wege aufgezeigt, wie sich dieser systematische Wettbewerbsvorteil im Kontext politischer Wahlen – ceteres paribus – in einen Stimmenvorsprung übersetzen kann. Dabei sind wir zunächst dem direkten kausalen Einflusspfad von der Attraktivität der zu einer Wahl angetretenen Kandidaten zur Entscheidung der Wählerinnen und Wähler in der Wahlkabine gefolgt. Darüber hinaus haben wir aber auch herausgearbeitet, dass es alternativ oder ergänzend und damit verstärkend zwei indirekte Einflusspfade erster Ordnung sowie einen weiteren indirekten Einflusspfad zweiter Ordnung geben kann. Der eine der indirekten Pfade erster Ordnung führt über die Berichterstattung der Medien über die zu einer Wahl angetretenen Kandidaten, der andere über diese selbst und die Performanz ihres Wahlkampfes. Denkbar ist zudem, dass es auch zwischen diesen beiden indirekten Pfaden als indirekten Pfad zweiter Ordnung eine weitere Verknüpfung gibt, dergestalt, dass eine höhere Wahlkampfaktivität und -qualität zu einer größeren medialen Aufmerksamkeit und gegebenenfalls auch einem positiveren Medienecho führen kann.

Aus unserer Sicht wird es die Hauptaufgabe zukünftiger Studien zur Wirkung der physischen Attraktivität im Kontext politischer Wahlen sein, zu klären, über welchen dieser Einflusspfade – vorrangig oder gar ausschließlich – die äußere Anmutung der Kandidaten einer politischen Wahl ihre Wirkung auf die Entscheidungsfindung der Wählerinnen und Wähler und damit auch auf den Wahlausgang entfaltet. Dies ist nicht nur erforderlich, um eine bis hierhin noch ungeklärte Frage der Attraktivitätsforschung zu beantworten, sondern auch bedeutsam für die Verortung der politikwissenschaftlichen Attraktivitätsforschung im Kontext der politischen Psychologie. Würde sich etwa herausstellen, dass vor allem der direkte Einflusspfad relevant ist, wäre sie als Attraktivitätspsychologie des Wählens bedeutsam. Würde sich hingegen erweisen, dass vor allem der Pfad über die Wahlkampfführung relevant ist, so wäre sie im Wesentlichen eine Attraktivitätspsychologie des Wahlkampfes. Und würde sich schließlich erweisen, dass vor allem der über die Medien führende Pfad relevant ist, so wäre sie eine Attraktivitätspsychologie der journalistischen Berichterstattung über Wahlkämpfe oder gar über Politik allgemein.

Zudem ist aber auch aus dem Blickwinkel der normativen Demokratietheorie entscheidend, über welchen Wirkungspfad sich die physische Attraktivität von Wahlkreiskandidaten mit Blick auf ihre Bekanntheit, ihre Wertschätzung und ihren Wahlerfolg Bahn bricht. Würde der Weg alleine über die Wahlkampfperformanz bzw. die Wahlkampfperformanz und die Medienberichterstattung führen, wäre die Tatsache, dass von der äußeren Anmutung eines Kandidaten systematische und substantielle Einflüsse ausgehen, gegebenenfalls als nachrangiges Problem einzustufen, da sie – zumindest mit Blick auf den Wahlkampf, möglicherweise aber auch hinsichtlich des politischen Diskurses insgesamt – als Produktivitätsvorsprung gewertet werden können. Sind hingegen der direkte Wirkungspfad oder der indirekte Wirkungspfad erster Ordnung, der über die mediale Berichterstattung verläuft, dominant, so würden die skizzierten Vorteile attraktiver Kandidaten unzweideutig auf einen systematischen und mit Blick auf die normativen Vorgaben des demokratischen Wettbewerbs bei Wahlen nicht zu rechtfertigenden Diskriminierungseffekt hinauslaufen. Dann wäre er aber nicht einfach hinnehmbar und es müssten intensive Überlegungen angestellt werden, mit welchen Maßnahmen ihm erfolgreich begegnet werden könnte.

Literatur

Banducci, Susan A., Jeffrey A. Karp, Michael Thrasher, und Colin Rallings. 2008. Ballot Photographs as Cues in Low-Information Elections. *Political Psychology* 29 (6): 903-917.

Barrett, Andrew W., und Lowell W. Barrington. 2005. Is a picture worth a thousand words: Newspaper photographs and voter evaluations of political candidates. *The Harvard International Journal of Press/Politics* 10 (4): 98-113.

Bassili, John N. 1981. The attractiveness stereotype: Goodness or glamour? *Basic and Applied Social Psychology* 2 (4): 235-252.

Benson, Peter L., Stuart A. Karabenic, und Richard M. Lerner. 1976. Pretty Pleases: The effects of physical attractiveness on race, sex and receiving help. *Journal of Experimental Social Psychology* 12: 409-415.

Berggren, Niclas, Henrik Jordahl, und Panu Poutvaara. 2010. The Looks of a Winner: Beauty, Gender and Electoral Success. *Journal of Public Economics* 94: 8-15.

Bian F., 1997. *The Effects of Attractiveness on Helping Behavior.* Claremont: Harvey Mudd College.

Buckley, Fiona, Neil Collins, und Theresa Reidy. 2007. Ballot Paper Photographs and Low-Information Elections in Ireland. *Politics* 27 (3): 174–181.

Budesheim, Thomas L., und Stephen J. DePaola. 1994. Beauty or the beast? The effects of appearance, personality, and issue information on evaluations of political candidates. *Personality and Social Psychology Bulletin* 20 (4): 339-348.

Chaiken, Shelly. 1979. Communicator Physical Attractiveness and Persuasion. *Journal of Personality and Social Psychology* 37 (8): 1387-1397.

Cross, John F., und Jane Cross. 1971. Age, sex, race, and the perception of facial beauty. *Developmental Psychology* 5 (3): 433-439.

Cunningham, Michael R. 1986. Measuring the Physical in Physical Attractiveness: Quasi-Experiments on the Sociobiology of Female Beauty. *Journal of Personality and Social Psychology* 50 (5): 925-935.

Cunningham, Michael R., Anita P. Barbee, und Carolyn L. Pike. 1990. What Do Women Want? Facialmetric Assessment of Multiple Motives in the Perception of Male Physical Attractiveness. *Journal of Personality and Social Psychology* 59 (1): 61-72.

Cunningham, Michael R., Perri B. Druen, und Anita P. Barbee. 1997. Angels, Mentors, and Friends: Trade-offs among Evolutionary, Social, and Individual Variables in Physical Appearance. In *Evolutionary social psychology.* Hrsg. Jeffrey A. Simpson und Douglas T. Kenrick. 109-140. Mahwah, NJ: Lawrence Erlbaum.

Cunningham, Michael R., Alan R. Roberts, Anita P. Barbee, Perri B. Druen, und Cheng-Huan Wu. 1995. „Their ideas of beauty are, on the whole, the same as ours": Consistency and Variability in the Cross-Cultural Perception of Female Physical Attractiveness. *Journal of Personality and Social Psychology* 68 (2): 261-279.

Dabbs, James M., und Neil A. Stokes III. 1975. Beauty is Power: The Use of Space on the Sidewalk. *Sociometry* 38 (4): 551-557.

Dermer, Marshall, und Darrel L. Thiel. 1975. When beauty may fail. *Journal of Personality and Social Psychology* 31 (6): 1168-1176.

Dion, Karen K., und Ellen Berscheid. 1974. Physical attractiveness and peer perception among children. *Sociometry* 37 (1): 1-12.

Dion, Karen K., Ellen Berscheid, und Elaine Walster. 1972. What is Beautiful is Good. *Journal of Personality and Society Psychology* 24 (3): 285-290.

Eagly, Alice H., Richard D. Ashmore, Mona G. Makhijani, und Laura C. Longo. 1991. What is beautiful is good, but …: A meta-analytic review of research on the physical attractiveness stereotype. *Psychological Bulletin* 110 (1): 109-128.

Efran, Michael G., und E.W.J. Patterson. 1974. Voters Vote Beautiful: The Effect of Physical Appearance on a National Election, *Behavioral Science* 6 (4): 352-356.

Etcoff, Nancy. 2000. *Survival of the Prettiest.* New York: Doubleday & Company.

Feingold, Alan. 1988. Matching for attractiveness in romantic partners and same-sex friends: A meta-analysis and theoretical critique. *Psychological Bulletin* 104 (2): 226-235.

Feingold, Alan. 1990. Gender differences in effects of physical attractiveness on romantic attraction: A comparison across five research paradigms. *Journal of Personality and Social Psychology* 59 (5): 981-993.

Feingold, Alan. 1992. Good-looking people are not what we think. *Psychological Bulletin* 111 (2): 304-341.

Grammer, Karl. 2002. *Signale der Liebe. Die biologischen Gesetze der Partnerschaft.* Frankfurt a.M.: dtv.

Grammer, Karl, Fink, Bernhard, Møller, Anders P., und Randy Thornhill. 2003. Darwinian aesthetics: sexual selection and the biology of beauty. *Biological Review* 78 (3): 385-407.

Hartnett, John J., Balley, Kent O., und Craig S. Hartley. 1974. Body height, position and sex as determinants of personal space. *Journal of Psychology* 87: 129-136.

Hatfield, Elaine, und Susan Sprecher. 1986. *Mirror, Mirror: The Importance of Looks in Everyday Life.* Albany: State University of New York Press.

Henss, Ronald. 1987. Zur Beurteilerübereinstimmung bei der Einschätzung der physischen Attraktivität junger und alter Menschen. *Zeitschrift für Sozialpsychologie* 18 (2): 118-130.

Henss, Ronald. 1992. *„Spieglein, Spieglein an der Wand …".* Geschlecht, Alter und physische Attraktivität.* Weinheim: Psychologie Verlags Union.

Henss, Ronald. 1998. *Gesicht und Persönlichkeitseindruck.* Göttingen: Hogrefe.

Hosoda, Megumi, Eugene F. Stone-Romero, und Gwen Coats. 2003. The Effects of Physical Attractiveness on Job-Related Outcomes: A Meta-Analysis of Experimental Studies. *Personnel Psychology* 56 (2): 431-462.

Hox, Joop J. 2002. *Multilevel Analysis. Techniques and Applications.* New Jersey / London: Lawrence Erlbaum Associates.

Iliffe, Alan H. 1960. A study of preferences in feminine beauty. *British Journal of Psychology* 51 (1): 267-273.

Jackson, Linda A., John E. Hunter, und Carole N. Hodge. 1995. Physical Attractiveness and Intellectual Competence: A Meta-Analytic Review. *Social Psychology Quarterly* 58 (2): 108-122.

Jones, Doug. 1995. Sexual Selection, Physical Attractiveness and Facial Neoteny: Cross-cultural Evidence and Implications. *Current Anthropology* 36 (5): 723-748.

Jones, Doug, und Kim Hill. 1993. Criteria of facial attractiveness in five populations. *Human Nature* 4 (3): 271-296.

King, Amy, und Andrew Leigh. 2007. *Beautiful Politicians.* Working Paper. Adelaide: University of South Australia.

Klein, Markus, und Ulrich Rosar. 2005. Physische Attraktivität und Wahlerfolg. Eine empirische Analyse am Beispiel der Wahlkreiskandidaten bei der Bundestagswahl 2002. *Politische Vierteljahresschrift.* 46: 263-287.

Klein, Markus, und Ulrich Rosar. 2007. Ist Deutschland reif für eine Kanzlerin? Eine experimentelle Untersuchung aus Anlass der Bundestagswahl 2005. In *Die Bundestagswahl 2005. Analysen aus Sicht der Wahlforschung, der Kommunikationswissenschaft und der Parteienforschung.* Hrsg. Frank Brettschneider, Oskar Niedermayer, Barbara Pfetsch und Bernhard Weßels: 271-291. Wiesbaden: VS Verlag für Sozialwissenschaften,.

Klein, Markus, und Rosar, Ulrich. 2009. Sie, Sie, Sie oder Er? Angela Merkel im Spiegel der Daten einer experimentellen Befragung. In *Wahlen und Wähler. Analysen aus Anlass der Bundestagswahl 2005*. Hrsg. Oscar W. Gabriel, Jürgen W. Falter und Bernhard Weßels: 346-357. Wiesbaden: VS Verlag für Sozialwissenschaften.

Klein, Markus, und Ulrich Rosar. 2014. Front-Runner's Attractiveness and Electoral Success. An Empirical Analysis of the European Election 2004. *Zeitschrift für Vergleichende Politikwissenschaft* 8, Supplement 2, Special Issue 5: 197-209.

Köhler, Bernd. 1984. Physische Attraktivität und Persönlichkeitsmerkmale. In *Brennpunkte der Persönlichkeitsforschung. Band 1*. Hrsg. Manfred Amelang und Hans-Joachim Ahrens: 139-153. Brennpunkte der Persönlichkeitsforschung. Band 1. Göttingen: Hogrefe.

Kowner, Rotem, und Toshiki Ogawa. 1995. The role of raters' sex, personality, and appearance in judgments of facial beauty. *Perceptual and Motor Skills* 81: 339-349.

Langlois, Judith H., Lisa Kalakanis, Adam J. Rubenstein, Andrea Larson, Monica Hallam, und Monica Smoot. 2000. Maxims or myths of beauty? A meta-analytic and theoretical review. *Psychological Bulletin* 126 (3): 390-423.

Leigh, Andrew, und Tirta Susilo. 2009. Is voting skin-deep? Estimating the effect of candidate ballot photographs on election outcomes. *Journal of Economic Psychology* 30 (1): 61–70.

Lewis, Kathryn E., und Margaret Bierly. 1990. Toward a Profile of the Female Voter: Sex Differences in Perceived Physical Attractiveness and Competence of Political Candidates. *Sex Roles* 22 (1/2): 1-12.

Lutz, Georg. 2009. *The electoral success of beauties and beasts*. FORS Working Papers 2009-2. Lausanne: Swiss Foundation for Research in Social Sciences.

Maner, Jon K., Matthew T. Gailliot, Aaron D. Rouby, und Saul L. Miller. 2007. Can't Take My Eyes off You: Attentional Adhesion to Mates and Rivals. *Journal of Personality and Social Psychology* 93 (3): 389-401.

Maner, Jon K., Douglas T. Kenrick, Vaughn D. Becker, Andreas W. Delton, Brian Hofer, Chris J. Wilbur, und Steven L. Neuberg. 2003. Sexually Selective Cognition: Beauty Captures the Mind of the Beholder. *Journal of Personality and Social Psychology* 85 (6): 1107-1120.

Marwick, Arthur. 1988. *Beauty in History. Society, politics and personal appearance c. 1500 to the present*. London: Thames and Hudson.

Maurer, Marcus, und Harald Schoen. 2010. Der mediale Attraktivitätsbonus. Wie die physische Attraktivität von Wahlkreiskandidaten die Medienberichterstattung in Wahlkämpfen beeinflusst. *Kölner Zeitschrift für Soziologie und Sozialpsychologie* 62 (2): 277-295.

Mazzella, Ronald, und Alan Feingold. 1994. The Effects of Physical Attractiveness, Race, Socioeconomic Status, and Gender of Defendants and Victims on Judgments of Mock Jurors: A Meta-Analysis. *Journal of Applied Social Psychology* 24 (15): 1315-1344.

McCabe, Viki. 1988. Facial proportions, perceived age, and caregiving. In *Social and Applied Aspects of Perceiving Faces*. Hrsg. Alley, Thomas R.: 89-95. Hillsdale: Earlbaum.

Miller, Arthur G. 1970. Role of physical attractiveness in impression formation. *Psychonomic Science* 19 (4): 241-243.

Mulford, Matthew, John Orbell, Catherine Shatto, und Jean Stockard. 1998. Physical Attractiveness, Opportunity and Success in Everyday Exchange. *American Journal of Sociology* 103 (6): 1565-1593.

Patzer, Gordon L. 1985. *The Physical Attractiveness Phenomena*. New York: Plenum.

Rhodes, Gillian, Kate Harwood, Sakiko Yoshikawa, Miwa Nishitani, und Ian McLean. 2002. The Attractiveness of Average Faces: Cross-Cultural Evidence and Possible Biological Bias. In *Facial Attractiveness. Evolutionary, Cognitive, and Social Perspectives*. Hrsg. Gillian Rhodes und Leslie A Zebrowitz: 35-58. Westport und London: Ablex Publishing.

Rhodes, Gillian, Kieran Lee, Romina Palermo, Mahi Weiss, Sakiko Yoshikawa, Peter Clissa, Tamsyn Williams, Marianne Peters, Chris Winkler, und Linda Jeffery. 2005. Attractiveness of own-race, other-race, and mixed-race faces. *Perception* 34: 319-340.

Riggle, Ellen D., Victor C. Ottati, Robert S. Wyer, James Kuklinski, und Norbert Schwarz. 1992. Basis of political judgements: The role of stereotypic and nonstereotypic information. *Political Behavior* 14(1): 67-87.

Ritter, Jean M., Rita J. Casey, und Judith H. Langlois. 1991. Adults' responses to infants varying in appearance of age and attractiveness. *Child Development* 62 (1): 68-82.

Rohrbach, Katherina, und Ulrich Rosar. 2013. Merkel reloaded. Eine experimentelle Untersuchung aus Anlass der Bundestagswahl 2009. In *Koalitionen, Kandidaten, Kommunikation. Analysen zur Bundestagswahl 2009*. Hrsg. Thorsten Faas, Kai Arzheimer, Sigrid Roßteutscher und Bernhard Weßels: 79-105. Wiesbaden: Springer VS Verlag für Sozialwissenschaften.

Rosar, Ulrich. 2009. Fabulous Front-Runners. Eine Analyse zur Bedeutung der physischen Attraktivität von Spitzenkandidaten für den Wahlerfolg ihrer Parteien und zu den Möglichkeiten der Gegensteuerung durch das Wahlrecht. *Politische Vierteljahresschrift* 50 (4): 754-773.

Rosar, Ulrich, und Markus Klein. 2010. And the Winner is ... – Ein Drei-Länder-Vergleich zum Einfluss der physischen Attraktivität von Direktkandidaten auf den Wahlerfolg bei nationalen Parlamentswahlen. In *Komparative empirische Sozialforschung*. Hrsg. Tilo Beckers, Klaus Birkelbach, Jörg Hagenah und Ulrich Rosar: Wiesbaden: 307-335. VS Verlag für Sozialwissenschaften.

Rosar, Ulrich, und Markus Klein. 2013. Pretty Politicians. Die physische Attraktivität von Spitzenkandidaten, ihr Einfluss bei Wahlen und die These der Personalisierung des Wahlverhaltens. In *Koalitionen, Kandidaten, Kommunikation. Analysen zur Bundestagswahl 2009*. Hrsg. Thorsten Faas, Kai Arzheimer, Sigrid Roßteutscher und Bernhard Weßels: 149-170. Wiesbaden: Springer VS Verlag für Sozialwissenschaften.

Rosar, Ulrich, Markus Klein, und Tilo Beckers. 2008. The frog pond beauty contest. Physical attractiveness and electoral success of the constituency candidates at the North Rhine-Westphalia state election of 2005. *European Journal of Political Research* 47 (1): 64-79.

Rosar, Ulrich, Markus Klein, und Tilo Beckers. 2012. Magic Mayors. Predicting Electoral Success from Candidates' Physical Attractiveness under the Conditions of a Presidential Electoral System. *German Politics* 21 (4): 372-391.

Rosenberg, Shawn W., Lisa Bohan, Patrick McCafferty, und Kevin Harris. 1986. The image and the vote: The effect of candidate presentation on voter preference. *American Journal of Political Science* 30 (1): 108-127.

Rosenberg, Shawn W., Shulamit Kahn, und Thuy Tran. 1991. Creating a Political Image: Shaping Appearance and Manipulating the Vote. *Political Behavior* 13 (4): 345-367.

Schmatz, Raphael. 2014. *Zum Einfluss der physischen Attraktivität und der Wahlkampf-aktivitäten auf den Wahlerfolg. Eine empirische Untersuchung auf Basis der Deutschen Kandidatenstudie 2005* (unveröffentlichte Master-Abschlussarbeit). Düsseldorf: Heinrich-Heine-Universität Düsseldorf.

Schubert, James N., und Margaret A. Curran. 2001. *Stereotyping effects in candidate evaluation: The interaction of gender and attractiveness bias.* Paper prepared for presentation at the 2001 annual meeting of the Midwestern Political Science Association. DeKalb: Northern Illinois University.

Sigelman, Carol K., Dan B. Thomas, Lee Sigelman, und Frederick D. Robich. 1986. Gender, physical attractiveness, and electability: An experimental investigation of voter biases. *Journal of Applied Social Psychology* 16 (3): 229-248.

Sigelman, Lee, Carol K. Sigelman, und Christopher Fowler. 1987. A Bird of a Different Feather? An Experimental Investigation of Physical Attractiveness and the Electability of Female Candidates. *Social Psychology Quarterly* 50 (1): 32-43.

Snijders, Tom, und Roel Bosker. 1999. *Multilevel Analysis. An introduction to basic and advanced multilevel modeling.* London / Thousand Oaks / New Dehli: Sage.

Unger, Rhoda K., Marcia Hilderbrand, und Theresa Madar. 1982. Physical attractiveness and assumptions about social deviance: Some sex by sex comparisons. *Personality and Social Psychology Bulletin* 8 (2): 293-301.

White Stephan, Cookie, und Judith H. Langlois. 1984. Baby beautiful: Adult attributions of infant competence as a function of infant attractiveness. *Child Development* 55 (2): 576-585.

Wilson, Midge, und John F. Dovidio. 1985. Effects of perceived attractiveness and feminist orientation on helping behavior. *Journal of Social Psychology* 125 (4): 415-420.

Wilson, Rick K., und Catherine C. Eckel. 2006. Judging a Book by Its Cover: Beauty and Expectations in the Trust Game. *Political Research Quarterly* 59 (2): 189-202.

III. POLITISCHE PSYCHOLOGIE VON GRUPPEN

Kontakt, Identität und politische Einstellungen: Ergebnisse einer Panelstudie zur Rolle von sozialen Interaktionen im internationalen Kontext für die europäische Identität und die politischen Einstellungen zur EU

Florian Stöckel

1. Einleitung*

Soziale Interaktionen haben eine wichtige Funktion für die Bildung und den Zusammenhalt einer politischen Gemeinschaft, wie bereits Karl Deutsch in seinen Arbeiten zur Bildung von Nationen zeigt (Deutsch 1953, 1953a). Er legt dar, wie Interaktionsprozesse zwischen den Bewohnern der Zentren und der Peripherie eines Landes dazu beitragen, dass sie sich als Angehörige einer politischen Gemeinschaft wahrnehmen. Für die Europäische Union (EU) ergibt sich daraus die aktuelle Frage, ob soziale Interaktionen nun zwischen den Angehörigen verschiedener Nationen eine ähnliche Rolle spielen können. Denn die öffentliche Akzeptanz der politischen Integration Europas beruht in entscheidender Weise darauf, ob sich die Bürgerinnen und Bürger der EU auch selbst als Teil einer politischen Gemeinschaft begreifen (Lindberg u. Scheingold 1970; Hooghe u. Marks 2005; Fuchs u. Klingemann 2011; Stoeckel 2013; Kuhn u. Stoeckel 2014). Vor diesem Hintergrund untersucht der vorliegende Beitrag die kausale Rolle von sozialen Interaktionen für eine europäische Identität einerseits und für politische Einstellungen zur EU andererseits. Während sich hier das Konzept der europäischen Identität darauf bezieht, inwieweit sich eine Person als Bürgerin der EU begreift, umfassen die untersuchten politischen Orientierungen die Einstellungen zur EU als politische Institution.

Ziel der vorliegenden Studie ist es, einen theoriegeleiteten und empirisch fundierten Beitrag für ein Feld zu leisten, auf dem bisherige Befunde ein überraschend uneinheitliches Bild zeichnen. Zum Beispiel belegen auf Querschnittsdaten basierende Studien, dass soziale Interaktionen zwischen EU-Bürgern verschiedener Nationalitäten durchaus zu einer europäischen Identität (Fligstein 2008; Mau 2010)

* Ich möchte mich herzlich bei Christopher Cohrs, Pamela Conover, Liesbet Hooghe, Hanna Kleider, Gary Marks, Thomas Risse, Emmanuel Sigalas, Ute Stöckel und den Herausgebern des PVS-Sonderheftes Politische Psychologie für wertvolle Hinweise und Kommentare bedanken. Mein Dank gilt auch den Erasmus-Koordinatoren der 38 Hochschulen, die an diesem Projekt teilgenommen haben. Darüber hinaus danke ich dem Center for European Studies der University of North Carolina, dem ERC-Projekt „Causes and Consequences of Multilevel Governance" (Grant #249543) und der Kolleg-Forschergruppe „The Transformative Power of Europe" an der Freien Universität Berlin für die finanzielle Unterstützung meiner Forschung.

und zu positiveren Einstellungen zur politischen Institution der EU (Kuhn 2011, 2012) führen. Querschnittsdaten erlauben allerdings nur begrenzt Rückschlüsse auf die Richtung des kausalen Zusammenhangs. Personen, die sich bereits als Europäer begreifen, könnten auch aus diesem Grund heraus ein stärkeres Interesse an Kontakt mit Menschen in anderen Ländern der EU haben. Längsschnittdaten können Ursache und Wirkung deshalb besser belegen. In den Längsschnittdaten von Roose (2013), Sigalas (2010, 2010a) und Wilson (2011) zeigen sich jedoch keine Belege dafür, dass soziale Interaktionen zu einer europäischen Identität oder anderen Einstellungen zur europäischen Integration führten.

Der Artikel gliedert sich in folgende Abschnitte. In einem ersten Schritt wird ein theoretisches Modell über die Implikationen sozialer Interaktionen zwischen den Bürgerinnen und Bürgern unterschiedlicher EU Mitgliedsstaaten entwickelt. Aus sozialpsychologischer Perspektive ist besonders ein Effekt von Kontakt auf die Verstärkung einer europäischen Identität zu erwarten. In der politikwissenschaftlichen Forschung werden darüber hinaus Anhaltspunkte dafür genannt, warum Kontakt zwischen Europäern einen Effekt auf deren Einstellung zur EU als politischer Institution haben soll. Auf Basis dieser Betrachtungen werden Hypothesen für beide Zusammenhänge formuliert. Im empirischen Teil werden diese Hypothesen mittels eines neuen Paneldatensatzes am Beispiel von Studierenden getestet. Die Datengrundlage dafür umfasst 1200 deutsche Studierende, die vor und nach ihrer Teilnahme am Erasmus-Austauschprogramm befragt wurden. Gleichfalls liegen Daten für eine Kontrollgruppe von 300 Studierenden vor, die sich nicht im Ausland aufhielten, aber der Experimentalgruppe in wichtigen Merkmalen entsprechen. Diese Daten, die über einen Zeitraum von 18 Monaten erhoben wurden, gehen in ihrem Umfang und der Länge des Erhebungszeitraumes deutlich über bisherige Studien hinaus. Das Panel bietet die Möglichkeit, Ursache und Wirkung von sozialen Interaktionen besser nachzuvollziehen, da Daten zur abhängigen Variable vor und nach dem intensiven Kontakt der Befragten mit anderen Europäern im Ausland vorliegen. In einem ersten Analyseschritt kann gezeigt werden, wie sich europäische Identität und Einstellungen zur EU durch den Auslandsaufenthalt verändert haben. Darüber hinaus wurden Daten zu den sozialen Interaktionen erhoben, welche die Befragten im Ausland hatten. Diese Daten erlauben in einem zweiten Analyseschritt mit Regressionsanalysen zu testen, inwiefern soziale Interaktionen mit Veränderungen in der Intensität einer europäischen Identität und in den Einstellungen zur EU in Verbindung zu bringen sind. Im letzten Teil wird auf Unterschiede in den Ergebnissen zu früheren Arbeiten eingegangen, es werden die Limitierungen der vorliegenden Studie angesprochen und Fragen für zukünftige Forschungsprojekte aufgeworfen.

2. Theoretischer Rahmen

2.1 Kontakt und kollektive Identität

Die frühen Arbeiten von Deutsch liefern den Hintergrund für die neuere politikwissenschaftliche Forschung zur Rolle von sozialen Interaktionen im Kontext der europäischen Integration. Deutsch thematisiert die Rolle sozialer Interaktionen für die Entstehung eines Zusammengehörigkeitsgefühls zwischen den Angehörigen einer Nation (Deutsch 1953). Er weist bereits darauf hin, dass dieser Prozess Implikationen für Interaktionen über nationalstaatliche Grenzen hinweg hat (Deutsch 1953a), ohne allerdings Anhaltspunkte zum Verständnis des Wirkungszusammenhangs auf der Ebene des Individuums zu liefern.

Um zu verstehen, wie der Mechanismus funktioniert, ist ein Blick auf die sozialpsychologische Forschung zur Rolle von Kontaktsituationen besonders fruchtbar. Hier wird Kontaktsituationen bereits seit den 1950er-Jahren eine große Aufmerksamkeit geschenkt. Von zentraler Bedeutung ist Allports Kontakthypothese (1954). Sie postuliert, dass Kontakt zwischen den Angehörigen unterschiedlicher sozialer Gruppen unter bestimmten Bedingungen zu positiveren Einstellungen der beteiligten Personen zueinander führt (Allport 1954).[1] Die Kontakthypothese basiert im Kern auf der Annahme, dass negative Einstellungen, die Personen gegenüber den Angehörigen fremder Gruppen haben – zum Beispiel Menschen anderer Hautfarbe, Religion oder Nationalität – aus Vorurteilen bestehen, die ihre Ursachen in Unwissenheit und Ängsten haben. Kontakt kann nun einerseits einen kognitiven Prozess fördern, indem Unwissenheit abgebaut und damit Vorurteile beseitigt werden. Andererseits begünstigt Kontakt auch einen affektiven Prozess, der darin besteht, Berührungsängste abzubauen und Empathie für die andere Gruppe zu stärken. Damit soziale Interaktionen diese Wirkung entfalten, muss Kontakt unter günstigen Bedingungen stattfinden: indem es keine Statusunterschiede gibt, Angehörige unterschiedlicher Gruppen gemeinsam an Aufgaben arbeiten, soziale Normen geteilt werden oder die Kontaktsituation intensiv genug ist, damit Freundschaften über Gruppengrenzen hinweg gebildet werden können (Allport 1954; Stephan u. Stephan 1996; Pettigrew u. Tropp 2006).

Die Kontakthypothese allein beschreibt allerdings nicht, warum soziale Interaktionen zur Bildung einer kollektiven Identität beitragen. Um diese Verbindung zu verstehen, hilft das Common In-Group Identity Modell (Gaertner et al. 1994; Gaertner und Dovidio 2000). Aus Sicht dieses Modells baut Kontakt unter anderem deshalb Vorurteile ab, weil er dazu führen kann, dass sich Personen nicht mehr als Mitglieder verschiedener Gruppen, sondern als Angehörige einer größeren gemeinsamen Gruppe verstehen. Dieser Perspektivwechsel wird möglich, da jede Person mehrere soziale Identitäten besitzt und sich folglich als Teil unterschiedlicher Gruppen begreifen kann. Eine Person kann ihr Gegenüber als Angehörigen einer anderen Gruppe wahrnehmen, zum Beispiel wenn ein weißer US-Amerikaner einen afroamerikanischen Mitbürger als „Out-Group" betrachtet. Die gleiche Person kann aber auch als „In-Group", also Mitglied einer gemeinsamen Gruppe wahrgenommen werden, wenn für die weiße Person nicht mehr die

---

1   Eine breite Literatur beschäftigt sich auch mit den negativen Konsequenzen sozialer Interaktionen auf Vorurteile, beispielsweise weil Kontakt ein Gefühl der Gruppenbedrohung auslösen kann (für Deutschland siehe Weins 2011). Vor dem Hintergrund, dass bisherige Befunde eine Debatte darüber nahe legen, dass Kontakt zwischen Europäern entweder einen positiven Effekt auf die europäische Identität und Einstellungen zur EU hat oder aber keinen Effekt, nicht aber einen negativen Effekt, wird diese Literatur aus Platzgründen nicht diskutiert.

Hautfarbe, sondern die nationale Identität das situationsdefinierende Kriterium darstellt (Transue 2007).[2]

Diese Logik lässt sich auf den Kontext der europäischen Integration anwenden. Nationale Identitäten definieren Gruppenzugehörigkeiten mit eindeutigen Grenzen. Menschen, die in Mitgliedsländern der EU leben, gehören gleichzeitig einer größeren Gemeinschaft an, denn sie sind auch Bürger der EU. Es besteht also eine größere, gemeinsame Gruppenzugehörigkeit, bei der sich die Angehörigen unterschiedlicher Nationen gegenseitig nicht mehr als Mitglieder unterschiedlicher Gruppen, sondern als Angehörige der gleichen Gemeinschaft begreifen können. Ob Bundesbürger nun Personen in anderen EU-Ländern als Mitglieder ihrer Gemeinschaft ansehen oder nur als Fremde, hängt damit zusammen, inwiefern sie eine duale Identität besitzen, d.h. wie weit sich Bundesbürger nicht nur als Deutsche, sondern gleichzeitig als Europäer identifizieren. Auf Basis des Common In-Group Modells kann argumentiert werden, dass Kontakt zwischen Europäern verschiedener Nationalitäten zu einer stärkeren Ausprägung einer europäischen Identität führt.[3]

Es handelt sich bei diesem Ansatz also um ein Modell, welches erklären kann, warum nicht ausschließlich der Kontakt von Europäern mit Nicht-Europäern in anderen Teilen der Welt zur Verstärkung einer europäischen Identität führt. Bisherige Arbeiten zum Common In-Group Modell haben jedoch nur untersucht, inwiefern Kontakt zwischen zwei Gruppen dazu führen kann, dass eine umfassendere Identität bzw. Gruppenzugehörigkeit bedeutsamer wird (Gaertner und Dovidio 2000). Die vorliegende Studie trägt zum Verständnis bei, ob die Erkenntnisse des Modells auch auf einen Kontext übertragbar sind, in dem es eine große Anzahl von heterogenen Teilgruppen gibt.[4]

Europäische Identität wird hier als eine soziale Identität verstanden, was dem Verständnis des Begriffs in der Meinungsforschung zur europäischen Integration entspricht. Das Konzept wird auf Basis von Tajfels Definition einer sozialen Identität angewandt (Bruter 2009; Diez Medrano u. Gutierrez 2001; Fligstein 2008).[5]

---

2   Zum Abbau von Vorurteilen trägt dieser Perspektivwechsel bei, weil Vorurteile oft darauf beruhen, dass fremde Personen als „Out-Group" wahrgenommen werden, mit denen man nichts gemein hätte. Dieser Unterschied besteht gerade nicht mehr, wenn die Mitgliedschaft in einer gemeinsamen, größeren und inklusiveren sozialen Gruppe deutlich wird.

3   Die Verstärkung der europäischen Identität muss keinesfalls damit einhergehen, dass die nationale Identität schwächer wird. Hooghe und Marks (2005) zeigen, wie nationale Identität und europäische Identität für einen großen Teil der Unionsbürger als duale Identität koexistieren. Es ist plausibel, dass Bundesbürger von einem Auslandsaufenthalt im europäischen Ausland nicht nur mit einer stärker ausgeprägten europäischen Identität zurückkommen, sondern auch mit einer stärker ausgeprägten nationalen Identität.

4   Der Effekt von Kontakt ist bei einer größeren Anzahl von Teilgruppen unter anderem deshalb komplexer, weil beispielsweise Personen ihre eigene Gruppe als besseren Repräsentant der übergeordneten Kategorie – hier der europäischen Identität – sehen könnten, woraus sich Konflikte ergeben anstelle einer ausgeprägten europäischen Identität (Wenzel et al. 2007).

5   Das Konzept der europäischen Identität ist Gegenstand einer breiten empirischen Literatur, die sich nicht immer auf den gleichen Forschungsgegenstand bezieht (Bruter 2005, 2009; Kaina u. Karolewski 2009; Checkel u. Katzenstein 2009; Stoeckel 2011; Mols u. Weber 2013). Cram (2012) weist auf die Unterscheidung zwischen der „identification as a European" und der „identification with the EU" hin. Die „identificaton as a European" ist die hier als „europäische Identität" bezeichnete soziale Identität. Die „identification with the EU" unterscheidet sich davon und ist eine diffuse Unterstützung für ein politisches System im Sinne von Easton (1975).

Eine soziale Identität umfasst das Wissen um die Zugehörigkeit zu einer sozialen Gruppe (kognitiver Teil) und die emotionale Bedeutung dieser Zugehörigkeit (affektiver Teil) (Tajfel 1981, S.255). Die europäische Identität ist ausgeprägt, wenn eine Person sich als Europäer bezeichnet und mit dieser Identität auch eine emotionale Bindung an die Gemeinschaft der Unionsbürger besteht. Ich folge der Literatur auch in Bezug auf die Verwendung des Begriffs „Europäer", der sich in diesem Kontext auf den Personenkreis der Bürgerinnen und Bürger der EU bezieht.[6]

Obwohl das Konzept der europäischen Identität ähnlich der nationalen Identität verwendet wird, bestehen wichtige Unterschiede, besonders im Bereich der psychologischen Existenz beider sozialer Identitäten (Castano 2004; Anderson 1991). Im Vergleich zur Nation ist es für Menschen schwerer, sich als Teil der Gemeinschaft von Bürgerinnen und Bürger der EU zu sehen, denn diese Gruppe ist weitaus abstrakter und es mangelt ihr an psychologischer Existenz (Risse 2013, S.23). Genau diese Situation ist ein wichtiger Grund dafür, warum soziale Interaktionen zwischen den Bürgerinnen und Bürgern der Mitgliedsländer der EU zu einer europäischen Identität beitragen können: sie machen die Gemeinschaft von Bürgerinnen und Bürgern der EU auf einer persönlichen Ebene erfahrbar und geben der EU eine psychologische Bedeutung als Gemeinschaft von Menschen.

2.2 Empirische Befunde zur Rolle von sozialen Interaktionen

Aus sozialpsychologischer Sicht gibt es also Gründe dafür, dass soziale Interaktionen zwischen den Bürgerinnen und Bürgern verschiedener Mitgliedsstaaten der EU zu einer ausgeprägten europäischen Identität führen. Für diese Erwartung gibt es allerdings widersprüchliche empirische Befunde. Fligstein (2008) belegt mit Eurobarometerdaten, dass Personen, die häufig ins europäische Ausland reisen, eher eine europäische Identität besitzen. Rother und Nebe 2009 zeigen, dass EU-Bürger, die in ein anderes Mitgliedsland der EU umziehen, sich häufiger als Europäer und nicht lediglich als Bürger des Heimatlandes bezeichnen. Mau (2010) erhebt Daten zu transnationalen sozialen Interaktionen der Deutschen. Auf Basis dieser Daten zeigt sich ein positiver Zusammenhang von Kontakt der Bundesbürger zu Personen im europäischen Ausland und europäischer Identität. Das EUCROSS-Projekt bestätigt dieses Muster mit Umfragedaten aus sechs Ländern der EU (Hanquiet u. Savage 2013). Befragungen von Erasmus-Studierenden nach ihrer Rückkehr unterstützen ebenso die These des Zusammenhangs zwischen sozialen Interaktionen unter Europäern und europäischer Identität (King u. Ruiz-Gelices 2003; Mitchell 2012; van Mol 2013).

Diese Studien gleichen sich darin, dass sie auf Querschnittsdaten beruhen. Querschnittsdaten zeigen jedoch lediglich Korrelationen. Ursache und Wirkung können nur theoretisch hergeleitet werden. Trotz guter Gründe für die kausale Rolle sozialer Interaktionen ist es ebenso plausibel, dass Personen mit einer ausge-

---

6 Risse (2010, S.51) begründet diese synonyme Verwendung mit dem Hinweis darauf, dass die Formulierung „Europäer zu sein" für die Bürgerinnen und Bürger von Mitgliedsländern der EU sich in erster Linie auf die politische Gemeinschaft der EU bezieht und nicht auf das geographische Europa.

prägten europäischen Identität eher bereit sind, mehr zu reisen, in einem internationalen Kontext zu arbeiten und privat mehr Kontakt zu anderen Europäern zu suchen. Die sozialen Interaktionen wären dann eine Folge und keine Ursache einer europäischen Identität. Die neuere Forschung ist deshalb auf Paneldaten ausgewichen. Paneldaten können den Zusammenhang von Ursache und Wirkung besser nachweisen, da Daten zur abhängigen Variable vor und nach der Wirkung einer unabhängigen Variable erhoben werden. Paneldaten zeigen aber erstaunlich ernüchternde Ergebnisse für den Effekt von sozialen Interaktionen. Sigalas (2010) hat Erasmus-Studierende vor und nach ihrem Auslandsaufenthalt befragt. Beim Vergleich von Antworten vor und nach der Rückkehr findet er keinen Unterschied in der Ausprägung einer europäischen Identität. Wilson (2011) erhebt ebenfalls Paneldaten zu Erasmus-Studierenden und findet auch keinen Effekt.

Ausgehend von den hohen Erwartungen an die Bedeutung von Kontakt für die Bildung einer europäischen Identität, hat sich außerdem eine primär empirisch orientierte Literatur in der Politikwissenschaft für die Frage interessiert, ob soziale Interaktionen zwischen Europäern auch Einstellungen zur EU als politischer Institution verändern. Die Befunde hinsichtlich dieses Zusammenhangs sind auch keinesfalls eindeutig. Sie basieren auf folgenden beiden Annahmen.

Erstens wird davon ausgegangen, dass soziale Interaktionen nicht ausschließlich eine europäische Identität verstärken, sondern untrennbar auch politische Einstellungen zur EU beeinflussen. Diese Erwartung scheint plausibel, weil Personen mit einer ausgeprägten europäischen Identität auch diejenigen sind, die besonders positive Einstellungen zur EU haben (Hooghe u. Marks 2005). Allerdings muss die Korrelation von europäischer Identität und Zustimmung zur europäischen Integration im Querschnitt nicht bedeuten, dass soziale Interaktionen zwischen EU-Bürgern unmittelbar Einstellungen zu einer politischen Institution beeinflussen. Kontakt kann in erster Linie eine unpolitische Erfahrung sein und somit zu einer europäischen Identität führen, ohne Einstellungen zur EU zu verändern. Nichtsdestotrotz argumentiert Kuhn (2011, 2012), dass soziale Interaktionen zuerst eine kosmopolitischere Weltsicht hervorrufen, die dann sowohl eine europäische Identität speist, als auch eine Legitimierung der EU. Sigalas (2010, S.1347) geht davon aus, dass Kontakt zum Abbau von Vorurteilen führt, weshalb Ländergrenzen und nationalstaatliche Souveränität als Anachronismen empfunden würden. Daraus ergäben sich positivere Einstellungen zur EU.

Zweitens wird innerhalb eines utilitaristischen Modells angenommen, dass Kontakt sogar ohne Änderung der europäischen Identität zu positiveren Einstellungen zur EU führen kann. Kuhn (2011, 2012) argumentiert, dass Interaktionen über Ländergrenzen hinweg ein Weg sind, wie Menschen die Vorteile der europäischen Integration besonders nutzen. In dem Maße, wie sie diese Vorteile für sich beanspruchen, nehme Euroskeptizismus ab (Kuhn 2011, S.817). Sigalas (2010) und Wilson (2011) weisen darauf hin, dass Studierende als Teilnehmerinnen des Erasmus-Programms unmittelbare Vorteile durch die EU genießen und sich dadurch Implikationen für Einstellungen zur EU ergeben.

Empirisch lässt sich der Zusammenhang zwischen Kontakt und Einstellungen zur EU nur bedingt finden. Mit Daten zu Bewohnern von Grenzregionen kann Kuhn (2012) zumindest für Deutschland zeigen, dass soziale Interaktionen über

Grenzen hinweg mit einer höheren Zustimmung zur EU korrelieren. Sigalas (2010a) und Wilson (2011) können in ihren Daten zu Erasmus-Studierenden jedoch keinen Unterschied zwischen den politischen Einstellungen zur EU vor und nach einem Auslandsaufenthalt feststellen.

Die bisherige Forschung motiviert die Annahme, dass soziale Interaktionen zwischen den Bürgerinnen und Bürgern verschiedener Länder der EU sowohl einen Effekt auf das Ausmaß einer europäischen Identität haben, als auch auf ihre Einstellungen zur EU als politischer Institution. Aus sozialpsychologischer Sicht ist ein Zusammenhang zwischen Kontakt und Identität zu erwarten. Aus politikwissenschaftlicher Sicht hat Kontakt auch eine Funktion für die Einstellungen zur politischen Institution der EU. Zu beiden Zusammenhängen werde ich Hypothesen entwickeln und testen.

2.3 Hypothesen

Der Mechanismus für einen Zusammenhang zwischen Kontakt und Identität lässt sich wie folgt zusammenfassen: Allports Kontakthypothese und deren Erweiterung durch das Common In-Group Identity Modell nehmen an, dass Kontakt dann zu einer europäischen Identität beitragen kann, wenn die beteiligten Personen einen gleichen Status und die Möglichkeit zu intensiven Kontakten wie beispielsweise im Rahmen von Freundschaften haben. Dadurch entsteht ein Gefühl der Verbundenheit. Nationale Identitäten werden weniger als trennende Gruppengrenze wahrgenommen. Gleichzeitig stellt die gemeinsame Mitgliedschaft in der Gemeinschaft von Bürgerinnen und Bürgern der EU eine „Common In-Group" Identität dar, die es allen Beteiligten erlaubt, sich als Teil einer Gemeinschaft zu begreifen. Empirisch ist somit zu erwarten, dass soziale Interaktionen zu einer stärker ausgeprägten europäischen Identität führen.

> *Hypothese 1: Positive soziale Interaktionen zwischen den Angehörigen unterschiedlicher EU-Länder führen zu einer stärker ausgeprägten europäischen Identität.*

Die bisherige Forschung geht davon aus, dass Kontakt zwischen Europäern parallel auch Einstellungen zur EU als politischer Institution beeinflussen kann. Soziale Interaktionen sind in erster Linie eine unpolitische Erfahrung. Es ist deshalb leicht vorstellbar, dass die Verbundenheit zwischen Europäern größer werden kann, ohne dass sich dadurch Einstellungen zur EU, also dem politischen Überbau, ändern. Um die Frage nach einem Zusammenhang zu klären, unterscheide ich zwischen zwei Einstellungsvariablen: Erstens der Beurteilung der Vorteilhaftigkeit des Ist-Zustandes der Mitgliedschaft Deutschlands in der EU und zweitens dem Wunsch nach einer weitergehenden Integration der EU in der Zukunft. In der politikwissenschaftlichen Forschung wird darauf verwiesen, dass Bürgerinnen, die intensiven Kontakt mit Europäern in anderen EU Ländern haben, in besonderer Weise Vorzüge der europäischen Integration nutzen. Wenn es einen Brückenschlag zwischen transnationalen sozialen Interaktionen und Einstellungen zur EU gibt, dann sollte er sich in dieser Variable besonders widerspiegeln.

> *Hypothese 2: Positive soziale Interaktionen zwischen den Angehörigen unterschiedlicher EU-Länder verstärken die Wahrnehmung, dass die EU mit Vorteilen verbunden ist.*

In der politikwissenschaftlichen Literatur wird darüber hinaus von einem Effekt sozialer Interaktionen auf die Einstellungen zur EU ausgegangen, weil Kontakt eine kosmopolitischere Weltsicht hervorbringt und damit eine Voraussetzung für die Akzeptanz einer supranationalen Institution wie der EU geschaffen ist (Kuhn 2011, 2012; Sigalas 2010a; Wilson 2011). Dieser Zusammenhang sollte empirisch bedeuten, dass nicht nur die EU als vorteilhaft zu bewerten ist, sondern mit intensivem Kontakt auch eine tiefer gehende Integration Europas befürwortet wird.

Ein wichtiger Unterschied zwischen der europäischen Identität und der Zustimmung zu einer weiterreichenden europäischen Integration liegt darin, dass sich eine Person stärker als Europäer begreifen kann, ohne dass sie sich dafür weniger mit Deutschland identifizieren muss. Bei der Zustimmung zur europäischen Integration ist das anders. Ein zentrales Charakteristikum dieser Entwicklung ist die Aufgabe nationaler Souveränität und der Transfer von Entscheidungskompetenzen zu den Institutionen der EU. Es ist also schwierig, sich für mehr Integration auszusprechen, ohne einen politischen Steuerungsverlust auf der nationalen Ebene hinzunehmen. Die Hürde scheint damit höher zu liegen, dass soziale Interaktionen zwischen Europäern auch den Wunsch nach einer stärkeren Integration Europas beeinflussen. Mit der dritten Hypothese teste ich, ob es dennoch einen Zusammenhang gibt.

> *Hypothese 3: Positive soziale Interaktionen zwischen den Angehörigen unterschiedlicher EU-Länder führen zur Befürwortung einer Vertiefung der europäischen Integration.*

3. Methodisches Vorgehen

3.1 Forschungsdesign

Im Folgenden sollen die Hypothesen mit Daten aus einer neu erhobenen Panelumfrage getestet werden. Es wurden Studierende an 38 deutschen Universitäten und Fachhochschulen online befragt, bevor sie an einem Auslandssemester im EU-Ausland teilnahmen, während des Auslandsaufenthaltes und noch einmal nach ihrer Rückkehr. Daten wurden auch für eine Kontrollgruppe erhoben.[7]

Studierende bieten sich zur Untersuchung meiner Hypothesen besonders deshalb an, weil ihre Interaktionen während des Auslandsaufenthaltes die Bedingungen für einen ‚optimalen' Kontakt im Sinne von Allports Kontakthypothese erfül-

---

7 Die Erasmus-Studierenden wurden über die Erasmus-Büros der 38 Universitäten und Hochschulen erreicht. Die Erasmus-Beauftragten haben meine Einladung zur Umfrage inklusive Link an ihre Studierenden weitergeleitet. Die Kontrollgruppe rekrutiert sich aus Studierenden der Freien Universität Berlin. Zur Rekrutierung haben Professoren großer Vorlesungen meine Umfrage an ihrer Studierenden gesendet. Zusätzlich fielen alle Studierenden in die Kontrollgruppe, die im Register der Erasmus-Beauftragten für einen Auslandsaufenthalt gemeldet waren, aber trotzdem in Deutschland blieben.

len (1954): Studierende kommen mit anderen Studierenden im Ausland in Kontakt und haben im Rahmen von Lehrveranstaltungen und sozialen Aktivitäten die Möglichkeit, intensiv zu interagieren. Dabei haben sie einen vergleichbaren sozialen Status, sodass keine Hierarchieunterschiede deutlich sind und es besteht die Möglichkeit, Freundschaften zu gründen, die über den Auslandsaufenthalt hinaus andauern.

Die erste Welle der Umfrage fand im Juli und August 2010 statt, bevor die Studierenden für ein oder zwei Semester ins Ausland gingen. Die Befragten wurden noch einmal im Mai 2011 für die zweite Welle der Umfrage kontaktiert. Zu diesem Zeitpunkt hatten zwei Drittel der Studierenden ihren Auslandsaufenthalt hinter sich, ein Drittel der Studierenden blieb für ein zweites Semester im Ausland. Ende des Jahres 2011 fand die dritte Umfragewelle statt. Studierende, die für zwei Semester im Ausland waren, sind dann gerade erst zurückgekehrt. Die Teilnehmerinnen und Teilnehmer haben ihren Auslandsaufenthalt in 24 der 28 Mitgliedsstaaten der EU absolviert (siehe Online-Anhang, Tabelle A1).

Abbildung 1: Forschungsdesign und Zeitpunkte der Befragungen

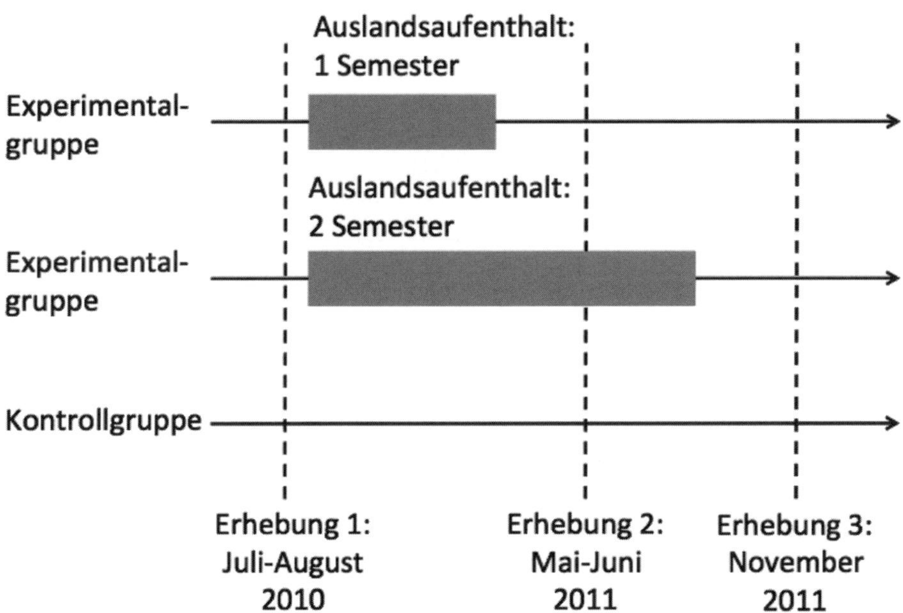

3.2 Operationalisierung der Variablen

Ein Großteil der empirischen Forschung zur europäischen Identität basiert auf Daten des Eurobarometers. Die dort verwendete Frage bittet die Teilnehmerinnen und Teilnehmer anzugeben, ob sie sich nur als Deutsche, als Deutsche und Europäer, als Europäer und Deutsche oder aber nur als Europäer sehen. Mein Instrument zur Messung europäischer Identität ist demgegenüber genauer und basiert, angelehnt an die Arbeit von Sigalas (2010), auf fünf Items, die die kognitive und affektive Dimension einer sozialen Identität abbilden.[8] Die Items beziehen sich auf der kognitiven Seite darauf, wie sehr eine Person der Meinung ist, mit anderen Europäern etwas gemeinsam zu haben und wie oft sie sich als EU-Bürger sieht.[9] Auf der affektiven Seite wird abgefragt, wie stolz eine Person darüber ist, EU-Bürger zu sein, ob sie sich anderen Europäern nahe fühlt und wie stark sie sich Europa generell verbunden fühlt. Cronbachs alpha für diese fünf Variablen ist 0,79. Das stellt eine relativ hohe Reliabilität dar und erlaubt die fünf Variablen zu einem additiven Index zusammen zu fassen.[10]

Daten zu politischen Einstellungen zur EU werden anhand von zwei Variablen erhoben. Die Bewertung, ob mit der europäischen Integration Vorteile einhergehen, wird mit einer Frage aus dem Eurobarometer gemessen, wobei statt der zwei Antwortmöglichkeiten im Eurobarometer („keine Vorteile", „Vorteile") eine elfstufige Skala verwendet wird. Die Einstellung zur europäischen Integration insgesamt wird mit einer Frage aus der Europäischen Wahlstudie gemessen. Hier werden die Befragten ebenfalls auf einer Skala gebeten anzugebenen, ob die europäische Integration ihrer Meinung nach bereits zu weit gegangen ist (null) oder weiter voran schreiten soll (zehn).[11]

Hinsichtlich der sozialen Interaktionen, die Studierende während ihres Auslandsaufenthaltes haben, unterscheide ich zwischen zwei Arten von Kontakt. Erstens messe ich den Kontakt, den Deutsche mit Studierenden vor Ort haben, die im Gastland beheimatet sind. Zweitens messe ich den Kontakt, den die Deutschen im Ausland mit anderen internationalen Studierenden haben. Durch die Teilnahme der meisten Studierenden am Erasmus-Programm, den so genannten ‚Erasmus-Blasen' und Seminaren speziell für Erasmus-Studierende, handelt es sich hierbei in erster Linie um andere Erasmus-Studierende. Die Intensität des Kontaktes mit den beiden Gruppen messe ich mit den von Sigalas (2010) vorgeschlagenen drei Items: (1) wie oft eine Person generell Kontakt mit der jeweiligen Gruppe hatte, (2) wie oft im Kontakt mit anderen internationalen Studierenden bzw. Gastgebern persönliche Probleme eine Rolle gespielt haben und (3) wie oft der Kontakt sich auf akademische Inhalte bezog. Cronbachs alpha für die drei Items zum Kontakt mit Personen aus dem Gastgeberland ist 0,80 und 0,91 für die Items, die soziale Interaktionen mit anderen internationalen Studierenden messen. Ich fasse die drei Variablen jeweils zu einem Index zusammen, um der Multikollinearität zu begegnen, würden diese Items einzeln und gleichzeitig als Prädiktoren in ein Regressionsmodell eingefügt.

---

8   Eine ausführlichere Diskussion der Mehrdimensionalität des Konzeptes der sozialen Identität ist zu finden bei: Abdelal et al. 2006 und Roccas et al. 2008.

9   Die vollständigen Fragen sind im Online-Anhang in der Tabelle A6 zu finden.

10 Ein additiver Index hat gegenüber eines im Rahmen einer Faktorenanalyse extrahierten Faktors zudem den Vorteil, dass die Skala und seine Einheiten intuitiv nachvollziehbar bleiben. Die im Abschnitt 4 dargelegten Ergebnisse sind robust auch wenn jeweils eine der fünf Variablen aus dem Index entfernt wird.

11 Die Pearsons R Korrelationen zwischen den Variablen europäische Identität, Bewertung der Vorteilhaftigkeit der EU-Mitgliedschaft und Einstellungen zur Vertiefung der europäischen Integration sind zwischen 0,30 und 0,46 (siehe Tabellen A19, A20, A21 im Online Anhang).

3.3 Kontrollvariablen

In einem ersten Analyseschritt vergleiche ich die Mittelwerte der abhängigen Variablen europäische Identität und Einstellungen zur EU vor und nach dem Auslandsaufenthalt. In einem zweiten Schritt untersuche ich im Regressionsmodell, ob soziale Interaktionen während des Auslandsaufenthaltes die Veränderungen in den abhängigen Variablen über die Zeit erklären können. Damit Effekte auf Kontakt zurückgeführt werden können, kontrolliere ich für eine Reihe weiterer Faktoren, die möglicherweise ebenfalls zu Veränderungen in den abhängigen Variablen führen. Hier unterschiede ich zwischen zwei Arten von Alternativerklärung: die Bewertung des Auslandsaufenthaltes einerseits und dem Hintergrund einer Person andererseits. Daraus resultierend kontrolliere ich dafür, wie sehr eine Person mit ihrem Auslandsaufenthalt insgesamt zufrieden war, wie schwer ihr die Anpassung an die neue Umgebung gefallen ist und inwieweit sie Heimweh hatte. Sigalas (2010) weist darauf hin, dass der persönliche Hintergrund einer Person einen Effekt darauf haben kann, wie sich der Auslandsaufenthalt auf politische Einstellungen auswirkt, beispielsweise weil Studierende, die ohnehin oft reisen, einen Auslandsaufenthalt anders wahrnehmen könnten. Ich kontrolliere deshalb dafür, ob ein Studierender schon einmal im Ausland gelebt hat, die Anzahl der Auslandsreisen innerhalb der letzten 12 Monate, wie viele Fremdsprachen der Studierende beherrscht und ob die Eltern eine unterschiedliche Staatsangehörigkeit haben.

Darüber hinaus ist es plausibel, dass Studierende gerade wegen ihrer kosmopolitischen Einstellung ins Ausland gehen. Gerade diese Offenheit könnte dafür verantwortlich sein, dass sie sich nach dem Auslandsaufenthalt stärker als Europäer identifizieren. Diese Problematik versuche ich in mein Modell zu integrieren, indem ich für die Beweggründe des Auslandsstudiums kontrolliere. Die Teilnehmerinnen und Teilnehmer der Umfrage haben aus einer Liste von elf Gründen maximal drei auswählen können, die am besten beschreiben, warum sie sich für einen Auslandsaufenthalt entschieden haben. Hier kann zwischen spezifisch kosmopolitischen Gründen und einer Reihe funktionaler Ursachen unterschieden werden. Ein funktionaler Grund wäre beispielsweise, dass Studierende durch ihren Auslandsaufenthalt ihre Chancen auf dem Arbeitsmarkt verbessern wollen. Die drei kosmopolitischen Beweggründe sind „um zu reisen", „um das eigene Land aus einer anderen Perspektive zu sehen" und „um ein besseres Verständnis für ein anderes Land zu entwickeln". Die meisten Studierenden haben angegeben, dass einer dieser kosmopolitischen Gründe neben anderen für das Interesse am Auslandsaufenthalt verantwortlich ist. 14 Prozent haben keinen dieser drei kosmopolitischen Gründe angegeben. Das erlaubt es mir mittels einer Dummy-Variable für diese Personengruppe zu testen, ob Studierende ohne kosmopolitische Motive für den Auslandsaufenthalt eine geringere Veränderung in ihrer Identität und ihren Einstellungen über die Zeit aufweisen.

3.4 Die Experimentalgruppe, die Kontrollgruppe und die Panelsterblichkeit

Studierende in der Kontroll- und Experimentalgruppe sind sich sehr ähnlich (Tabelle A2 im Anhang). Um zu überprüfen, ob es Variablen gibt, die dennoch die Mitgliedschaft einer Person in einer der beiden Gruppen vorhersagen, rechne ich eine logistische Regression; die abhängige Variable nimmt hier die Werte eins (Mitgliedschaft in Experimentalgruppe) und null (Mitgliedschaft in Kontrollgruppe) an (Tabelle A3 im Anhang). Auf dieser Basis lassen sich folgende Unterschiede feststellen: Gegenüber Studierenden in der Experimentalgruppe sind Studierende in der Kontrollgruppe etwas älter, sie sprechen weniger Fremdsprachen, sie sind etwas weniger mobil und sind weniger der Überzeugung, dass die europäische Integration Vorteile brächte. Beide Gruppen unterscheiden sich nicht darin, wie ausgeprägt die europäische Identität zu Beginn des Erhebungszeitraumes ist und wie die Teilnehmerinnen und Teilnehmer zu einer vertieften Integration der EU stehen.

Die Panelsterblichkeit führt zum Verlust von Teilnehmerinnen und Teilnehmern während der drei Wellen der Umfrage. An der ersten Welle nahmen etwa 1500 Studierende teil. Davon sind 1206 Studierende ins Ausland gegangen und zählen somit zur Experimentalgruppe. 291 Personen studierten den gesamten Erhebungszeitraum in Deutschland und bilden die Kontrollgruppe. Die Panelsterblichkeit in der Experimentalgruppe beträgt 39 Prozent zwischen der ersten und zweiten Umfragewelle und weitere 29 Prozent zwischen zweiter und dritter Welle. Diese Zahlen sind nicht zu vernachlässigen, liegen aber unter denen von Studien mit vergleichbaren Forschungsdesigns (Sigalas 2010; Wilson 2011). Wichtig ist allerdings nicht in erster Linie das Ausmaß der Panelsterblichkeit, sondern die Frage, ob die Ergebnisse dadurch beeinflusst sind. Eine Verzerrung der Ergebnisse würde zum Beispiel dadurch entstehen, dass sich Personen, die aus der Umfrage ausscheiden, systematisch von denen unterscheiden, die alle Wellen beantworten. Um herauszufinden, ob zwischen diesen Personen mit Daten für alle Erhebungszeitpunkte und denjenigen, die ausgeschieden sind, Unterschiede bestehen, untersuche ich mit Hilfe einer logistischen Regression, ob es Variablen gibt, die vorhersagen, wer in der jeweiligen Gruppe ist. Dieser Analyse zufolge haben lediglich ältere Personen eine höhere Wahrscheinlichkeit vorzeitig auszuscheiden (Tabellen A4 und A5 im Anhang). Keine der anderen Variablen ist ein signifikanter Prädiktor zur Vorhersage des Ausscheidens.

Tabelle 1: Panelsterblichkeit

		Welle 1	Welle 2	Welle 3
Experimental-gruppe	N	1206	738	530
	Verlust in Prozent		38,8	29,2
Kontrollgruppe	N	291	149	99
	Verlust in Prozent		49,8	33,6
Summe	N	1497	887	629

4. Ergebnisse der Analyse

In einem ersten Analyseschritt vergleiche ich die Werte der abhängigen Variablen vor und nach dem Auslandsaufenthalt mit Hilfe des t-Tests für abhängige Stichproben. Diese Analyse zeigt ein eindeutiges Bild für die Rolle von Kontakt im EU-Ausland auf die europäische Identität und ein demgegenüber uneindeutiges Bild für den Effekt von Kontakt im EU-Ausland auf die Einstellungen zur EU. In einem zweiten Analyseschritt untersuche ich mittels von Regressionen, wie Kontakt eine Veränderung in den abhängigen Variablen über die Zeit erklärt.

4.1 Ergebnisse des Vergleichs von Pre- und Post-Test Werten

Die Ergebnisse in Tabelle 2 zeigen deutlich, dass ein Auslandsaufenthalt zur Bildung einer europäischen Identität beiträgt. Alle Studierenden, die während der Erhebung im Ausland waren, weisen eine statistisch signifikant stärker ausgeprägte europäische Identität nach ihrer Rückkehr auf. Studierende, die für zwei Semester ins Ausland gehen, zeigen zudem einen größeren Anstieg der europäischen Identität als Studierende, die nur ein Semester im Ausland verbringen. In der Kontrollgruppe ist keine signifikante Veränderung der europäischen Identität im gleichen Zeitraum zu erkennen.

Die politischen Einstellungen zur EU ändern sich nicht in einer ebenso konsistenten Art. Hinsichtlich der Frage, ob durch die europäische Integration Vorteile bestünden, liegt bei Studierenden mit einem Auslandssemester ein statistisch signifikanter Anstieg vor. Bei Studierenden, die zwei Semester im Ausland verbringen, ist der Anstieg fast doppelt so hoch und ebenfalls statistisch signifikant. In der Kontrollgruppe gibt es keine statistisch signifikante Veränderung. Bei der Frage, ob die europäische Integration weiter vorangetrieben werden sollte, ist weder in einer der Experimentalgruppen noch in der Kontrollgruppe eine Veränderung zu erkennen.

Die Ergebnisse dieser Vergleiche auf Basis des t-Tests für abhängige Stichproben werden auch bestätigt, wenn ein Mehrebenen-Modell zur Analyse der vorliegenden Zusammenhänge verwendet wird (Moskowitz u. Hershberger 2002; Rabe-Hesketh u. Skrondal 2008). Ein Mehrebenen-Modell hat den Vorteil, dass die Veränderung von Experimental- und Kontrollgruppe über den Betrachtungszeitraum innerhalb eines einzigen Modells analysiert werden kann. Personen stellen die höhere Ebene dar und beinhalten mehrere Beobachtungen über die Zeit. Diese Analyse bestätigt die dargestellten Effekte (siehe Tabellen A7-A18 im Online-Anhang).

Tabelle 2: Ergebnisse von t-Tests

Variable	Gruppe	Pre-test	Post-test	Veränderung	N
Europäische Identität	1 Semester	3,77	3,91	0,14***	556
	2 Semester	3,87	4,12	0,25***	168
	Kontrollgruppe	3,61	3,52	-0,09	149
Vorteile durch EU	1 Semester	7,17	7,34	0,17*	461
	2 Semester	7,54	7,84	0,30*	171
	Kontrollgruppe	6,38	6,26	-0,12	155
Vertiefung der europäischen Integration	1 Semester	6,41	6,35	-0,05	557
	2 Semester	6,94	6,91	-0,03	168
	Kontrollgruppe	5,89	5,98	0,09	156

*Anmerkung: * p < 0,05, ** p < 0,01, *** p < 0,001, zweiseitiger t-Test für abhängige Stichproben*

4.2 Ergebnisse von Regressionsanalysen

In diesem Schritt soll untersucht werden, ob soziale Interaktionen eine Ursache für die im vorigen Abschnitt dargestellten Veränderungen sind. Diesen Zusammenhang ermittele ich mit Regressionsanalysen. Es wird getestet, ob das Ausmaß sozialer Interaktionen einen Effekt auf Veränderungen in der europäischen Identität bzw. in den Einstellungen zur EU hat. Um die Veränderung zwischen Pre- und Post-Test Wert zu modellieren, ist die abhängige Variable jeweils der Wert nach der Rückkehr, während eine unabhängige Variable jeweils für den Wert vor der Abreise kontrolliert.[12] Alle Koeffizienten beziehen sich folglich auf die Veränderung zwischen Abreise und Rückkehr aus dem Ausland. Alle Teilnehmerinnen und Teilnehmer in der Experimentalgruppe werden gemeinsam analysiert, unabhängig davon, wie lang sie im Ausland waren. Eine Dummy-Variable kontrolliert Unterschiede in der Länge des Auslandsaufenthaltes; die Referenzkategorie ist ein einsemestriger Aufenthalt im Ausland.

Tabelle 3: Soziale Interaktionen und europäische Identität

	Modell 1		Modell 2	
	Koeff.	SF	Koeff.	SF
Kontakt mit intern. Studierenden	0,05***	0,01	0,04**	0,02
Kontakt mit Studierenden aus Gastland	0,03	0,02	0,02	0,02
2 Semester im Ausland (Ref.: 1 Semester)	0,11	0,06	0,10	0,06
Zufriedenheit mit Auslandsaufenthalt			0,04	0,03
Eingewöhnung			0,02	0,02
Heimweh			-0,02	0,02
Alter			-0,02	0,01
Geschlecht			0,06	0,06
Bereits im Ausland gelebt			-0,08	0,06
Reise			0,08**	0,03
Sprachen			0,00	0,03
Eltern			0,15	0,10
Keine kosmopolitischen Gründe für Auslandsaufenthalt			0,03	0,07
Links-Recht Orientierung			-0,02	0,02
Pre-Test Wert von europäischer Identität	0,66***	0,03	0,64***	0,03
Konstante	1,11***	0,13	1,21**	0,43
Adj.-R^2	0,48		0,47	
N	715		687	

Anmerkung: * $p < 0{,}05$, ** $p < 0{,}01$, *** $p < 0{,}001$, zweiseitiger t-Test, Koeff.= Koeffizienten (unstandardisiert), SF= Standardfehler

---

12 In der Literatur gibt es eine größere Debatte zur korrekten Modellierung von Veränderung über die Zeit in einer Regressionsanalyse (Allison 1990; Finkel 1995; Plewis 1985). Der hier verwendete (lagged dependent variable) Ansatz gleicht der üblichen Modellierung von Veränderungen über die Zeit auf Basis von Zeitreihen in der Politikwissenschaft. Dieses Modell minimiert die Korrelation von Fehlern gegenüber einem Modell, indem die Veränderung zwischen t_0 und t_1 abhängige Variable ist („change score") und gleichzeitig für den Wert der abhängigen Variablen bei t_0 kontrolliert wird.

Die Ergebnisse in Tabelle 3 zeigen, dass soziale Interaktionen zwischen Deutschen und Studierenden aus anderen Ländern zu einer stärker ausgeprägten europäischen Identität führen. Im Modell 1 sind nur die sozialen Interaktionen mit internationalen Studierenden und Studierenden aus dem Gastland als Prädiktoren eingefügt. Der Koeffizient für die Interaktionen zwischen Studierenden aus Deutschland und anderen internationalen Studierenden ist statistisch signifikant, während der Koeffizient für den Kontakt zwischen Deutschen und Studierenden aus dem Gastland nicht signifikant ist.

Die Studierenden unterscheiden sich jedoch beispielsweise darin, wie viele Fremdsprachen sie sprechen, wie zufrieden sie mit ihrem Auslandsaufenthalt sind und aus welchem Grund sie ins Ausland gingen. Im Modell 2 wird für diese Unterschiede kontrolliert. Die Effekte bestätigen sich bei Aufnahme der Kontrollvariablen: Nur die Interaktionen zwischen Deutschen und Studierenden anderer Länder, nicht aber die Interaktionen mit Studierenden aus dem Gastland, verstärken die europäische Identität. Unter den Kontrollvariablen ist lediglich die Variable zur Reisehäufigkeit vor dem Auslandsaufenthalt statistisch signifikant. Personen, die öfter gereist sind, zeigen eine stärkere Veränderung. Herauszuheben ist ferner, dass die Dummy-Variable für die Beweggründe des Auslandsaufenthaltes nicht signifikant ist. Studierende, die lediglich aus funktionalen Gründen ins Ausland gehen, unterscheiden sich in dieser Analyse nicht substantiell von ihren Kommilitonen, die aus kosmopolitischen Motiven ins Ausland gegangen sind. Hypothese 1 über den positiven Effekt von sozialen Interaktionen auf die europäische Identität kann somit bestätigt werden.

Tabelle 4 stellt die Ergebnisse von Regressionen dar, in denen der Effekt von sozialen Interaktionen auf die Einstellungen zur EU getestet wird. Die Ergebnisse legen nahe, dass soziale Interaktionen zwischen den Bürgerinnen und Bürgern verschiedener EU-Mitgliedsländer nur bedingt auch die Einstellungen zur EU als politischer Institution beeinflussen. Soziale Interaktionen mit internationalen Studierenden verstärken die Überzeugung, dass die europäische Integration Vorteile mit sich bringt (Tabelle 4, Modell 3). Der Koeffizient für soziale Interaktionen zwischen Deutschen und internationalen Studierenden ist statistisch signifikant, der Koeffizient für Interaktionen zwischen Deutschen und Studierenden aus dem Gastland ist es dagegen nicht. Dieser Zusammenhang besteht auch im Modell vier, das alle Kontrollvariablen mit einbezieht. Unter den Kontrollvariablen sind die Länge des Auslandsaufenthaltes, Alter und Geschlecht signifikant. Studierende, die zwei Semester statt nur einem im Ausland waren, jüngere Studierende und weibliche Studierende zeigen eine stärkere Veränderung durch ihren Auslandsaufenthalt. Hypothese 2 zum Zusammenhang zwischen sozialen Interaktionen und den durch die europäische Integration wahrgenommenen Vorteilen kann bestätigt werden.

Die Modelle 5 und 6 geben Aufschluss über den Zusammenhang zwischen sozialen Interaktionen und Einstellung gegenüber einer Vertiefung der europäischen Integration. Der Vergleich der Werte vor und nach dem Auslandsaufenthalt hat bereits angedeutet, dass Kontakt hier keine Rolle spielt. In Modell 5, in dem keine Kontrollvariablen verwendet werden, haben soziale Interaktionen mit internationalen Studierenden einen statistisch signifikanten Effekt. Wenn die Kontrollvariablen mit einbezogen werden (Modell 6), ist dieser Effekt nicht mehr signifikant. Unter den Kontrollvariablen sind sowohl die Zufriedenheit mit dem Auslandsaufenthalt insgesamt als auch die politische Links-Rechts Selbsteinstufung statistisch signifikant. Sowohl eine größere Zufriedenheit mit dem Aufenthalt als auch eine politische Einstellung, die eher links als rechts ist, sind mit einer stärkeren Überzeugung nach dem Auslandsaufenthalt verbunden, dass die europäische Integration vertieft werden sollte. Soziale Interaktionen scheinen mit dieser Überzeugung nicht direkt in Verbindung zu stehen, was Hypothese 3 widerlegt.

Tabelle 4: Soziale Interaktionen und Einstellungen zur EU

	Vorteile durch die europäische Integration				Die europäische Integration soll vertieft werden			
	Modell 3		Modell 4		Modell 5		Modell 6	
	Koeff.	SF	Koeff.	SF	Koeff.	SF	Koeff.	SF
Kontakt mit intern. Studierenden	0,10**	0,03	0,08*	0,04	0,08*	0,04	0,06	0,04
Kontakt mit Studierenden aus Gastland	0,04	0,04	0,03	0,05	0,09	0,05	0,04	0,05
2 Semester im Ausland (Ref.: 1 Semester)	0,27*	0,14	0,27*	0,15	0,20	0,16	0,25	0,16
Zufriedenheit mit Auslandsaufenthalt			0,10	0,07			0,14*	0,07
Eingewöhnung			0,04	0,06			0,03	0,06
Heimweh			0,02	0,06			-0,09	0,06
Alter			-0,11**	0,04			0,03	0,04
Geschlecht			0,39**	0,15			0,28	0,15
Bereits im Ausland gelebt			0,18	0,14			-0,22	0,14
Reise			0,05	0,07			0,04	0,08
Sprachen			0,01	0,08			-0,06	0,08
Eltern			0,02	0,25			0,22	0,25
Keine kosmopolitische Gründe für Auslandsaufenthalt			-0,08	0,19			-0,21	0,19
Links-Recht Orientierung			0,01	0,04			-0,11*	0,04
Vorteile durch eur. Int. (y_{t-1})	0,47***	0,03	0,44***	0,03				
Vertiefung eur. Int. (y_{t-1})					0,56***	-0,03	0,54***	0,03
Konstante	3,42***	0,32	5,03***	1,15	2,05***	-0,30	1,57	1,12
Adj.-R^2	0,27		0,28		0,35		0,37	
N	722		695		715		688	

Anmerkung: * p < 0,05, ** p < 0,01, *** p < 0,001, zweiseitiger t-Test, Koeff.= Koeffizienten (unstandardisiert), SF= Standardfehler

Überraschend ist der starke Unterschied zwischen dem Effekt sozialer Interaktionen, die deutsche Studierende mit Personen aus dem Gastland haben und den Interaktionen, die sie mit anderen internationalen Studierenden haben. Den Studierenden fällt es offenbar schwerer, einen Bezug zu Europa als „Common In-Group" herzustellen, wenn lediglich die Angehörigen zweier Nationen miteinander interagieren. Theoretisch gesehen bietet die europäische Identität bereits in diesem Kontext eine „Common In-Group". Die Daten legen aber den Schluss nahe, dass eine Intensivierung einer europäischen Identität nur dann stattfindet, wenn der Kontext der Interaktionen Personen verschiedener Nationalitäten miteinbezieht und die Diversität der EU eher widergespiegelt ist.

Tabelle 5: Der Effekt von sozialen Interaktionen auf die Einstellungen zum Gastland und den Gastgebern

	Einstellungen zu Menschen im Gastland		Einstellungen zu Gastland	
	Koeff.	SF	Koeff.	SF
Kontakt mit intern. Studierenden	-0,01	0,02	-0,01	0,02
Kontakt mit Studierenden aus Gastland	0,26***	0,03	0,09***	0,02
2 Semester im Ausland (Ref.: 1 Semester)	-0,02	0,08	0,01	0,07
Zufriedenheit mit Auslandsaufenthalt	0,25***	0,04	0,26***	0,03
Eingewöhnung	-0,05	0,03	-0,04	0,03
Heimweh	-0,07*	0,03	-0,02	0,02
Alter	-0,03	0,02	-0,03*	0,02
Geschlecht	-0,19*	0,08	-0,16*	0,07
Bereits im Ausland gelebt	-0,15*	0,07	-0,16*	0,06
Reise	-0,02	0,04	-0,01	0,03
Sprachen	-0,03	0,04	0,02	0,04
Eltern	0,11	0,13	-0,02	0,11
Keine kosmopol. Gründe für Ausland	0,05	0,10	-0,18*	0,08
Links-Rechts Orientierung	-0,01	0,02	-0,02	0,02
Konstante	3,88***	0,57	5,04***	0,48
Adj.-R²	0,29		0,23	
N	692		695	

Anmerkung: * p < 0,05, ** p < 0,01, *** p < 0,001, zweiseitiger t-Test, Koeff. = Koeffizienten (unstandardisiert), SF= Standardfehler

Meine Daten zeigen aber auch, dass die sozialen Interaktionen zwischen Deutschen und Studierenden aus dem Gastland keineswegs bedeutungslos sind. In der Umfragewelle nach ihrer Rückkehr wurden die Studierenden gefragt, wie sich Einstellungen zum Gastland und zu den dort lebenden Menschen verändert haben. In einer Regression mit Einstellungen zu den Gastgebern als abhängiger Variable hat nur das Ausmaß der sozialen Interaktionen mit den Gastgebern einen signifikanten Effekt, nicht aber die sozialen Interaktionen mit anderen internationalen Studierenden.[13] In einem Modell mit Einstellungen zum Gastland hat das Ausmaß an Kontakt mit den Gastgebern einen statistisch signifikanten Effekt, während auch hier die sozialen Interaktionen zwischen Deutschen und anderen internationalen Studierenden keinen Einfluss haben.[14] Insofern kommt den Interaktionen mit den Gastgebern durchaus eine wichtige Rolle zu: sie stellen eine Verbindung zwischen Besuchern und Gastgebern her, die nicht durch die Interaktion eines Studierenden nur mit anderen internationalen Studierenden entsteht.

5. Zusammenfassung, Diskussion und Ausblick

Kontakt zwischen den Bürgerinnen und Bürgern aus verschiedenen Ländern der EU kann dazu beitragen, dass sie sich als Teil einer über den Nationalstaat hinausgehenden Gemeinschaft begreifen. Auf Basis von Daten zu deutschen Studierenden, die ein bis zwei Semester im EU-Ausland verbrachten, kann eine Intensivierung ihrer europäischen Identität gezeigt werden, die es nicht in einer Kontrollgruppe gibt. Daten zu den sozialen Interaktionen der Studierenden während des Auslandsaufenthaltes zeigen, dass insbesondere die intensiven Interaktionen zwischen Deutschen und anderen internationalen Studierenden zu einer europäischen Identität beitragen. Interaktionen von Deutschen mit Personen aus ihrem Gastland haben diese Wirkung nicht. Darüber hinaus tragen soziale Interaktionen zwischen den Studierenden verschiedener EU-Länder auch zur Einstellung bei, dass die europäische Integration Vorteile mit sich bringt. Trotzdem führt Kontakt zwischen Europäern nicht gleichzeitig zu einem Wunsch nach einer stärkeren politischen Integration der Mitgliedsländer der EU.

Das Muster dieser Ergebnisse erlaubt folgende Schlussfolgerungen. Erstens unterstützt das Null-Resultat bezüglich des Zusammenhangs von Kontakt und Wunsch nach einer tiefer integrierten EU die Validität der Ergebnisse bezüglich der Rolle von Kontakt für die europäische Identität. Würde ein Anstieg bei allen Variablen über die Zeit zu finden sein, wäre es möglich, dass Befragte lediglich erwünschte Antworten geben oder zwischen Items zur Messung von europäischer Identität und Zustimmung zur europäischen Integration nicht unterschieden wird. Zweitens zeigen die Ergebnisse, dass ein Null-Resultat in diesem Kontext nicht mit einem „Ceiling-Effekt" begründet werden kann, wie Kuhn (2012a) argumentiert. Verglichen mit anderen Bevölkerungsgruppen gehören Studierende zu denjenigen, die sich am stärksten als Europäer sehen und die EU besonders unterstützen. Dennoch ist eine Veränderung in der europäischen Identität zu konstatieren und es kann davon ausgegangen werden, dass auch in den Einstellungen zur

---

13 Die abhängige Variable ist ein Index aus drei Fragen (Cronbachs alpha = 0,84), die (1) das Vertrauen zu Menschen im Gastland, (2) das Gefühl, Menschen im Gastland nahe zu sein und (3) das Gefühl, mit Menschen im Gastland etwas gemeinsam zu haben misst.

14 Die abhängige Variable ist ein Index aus drei Fragen (Cronbachs alpha = 0,74), die (1) die Verbundenheit zum Gastland, (2) das subjektive Wissen über das Gastland und (3) das Interesse am Gastland misst.

EU eine Veränderung möglich gewesen wäre. Drittens spricht das Muster der Ergebnisse dafür, dass soziale Interaktionen in erster Linie Erfahrungen sind, die nicht unmittelbar etwas mit der EU als politischer Institution, sondern nur direkt etwas mit der Wahrnehmung der EU als einer Gemeinschaft von Personen unterschiedlicher Nationalitäten zu tun haben.

Insgesamt sollte das vorliegende Ergebnis nicht so verstanden werden, als hätten soziale Interaktionen zwischen Europäern keine Wirkung auf eine politische Dimension der europäischen Integration. Einerseits stehen Personen mit einer europäischen Identität der europäischen Integration weiteraus positiver gegenüber als Personen, die sich lediglich mit ihrer Nation identifizieren (Hooghe u. Marks 2005). Es ist zu vermuten, dass soziale Interaktionen langfristig auch Einstellungen zur EU beeinflussen. Meine Ergebnisse legen lediglich den Schluss nahe, dass soziale Interaktionen zuerst eine europäische Identität generieren. Andererseits besteht in einer europäischen Identität eine wichtige Voraussetzung dafür, dass die EU in ihren aktuellen Strukturen eine breite Akzeptanz findet. Es ist für die europäische Integration deshalb durchaus relevant, dass Interaktionen dazu führen können, dass EU Bürger sich als Teil einer Gemeinschaft begreifen. Diese Wahrnehmung ist wichtig dafür, dass eine erneute Einschränkung von Mobilität durch Ländergrenzen oder anders geartete Rückschritte in der Integration als Anachronismen empfunden würden.

Die vorliegenden Ergebnisse unterscheiden sich von früheren Längsschnittstudien, in denen kein Zusammenhang zwischen Kontakt und europäischer Identität gefunden wurde (Sigalas 2010; Wilson 2011). Sigalas (2010) hat die Vermutung geäußert, dass sein Null-Resultat unter anderem dadurch zustande kam, dass er britische Studierende im Ausland bzw. ausländische Studierende in Großbritannien befragt hat. Auch Wilson (2011) hat lediglich Studierende befragt, die ihren Auslandsaufenthalt in Großbritannien verbracht haben. In meinen Daten finde ich keine Anzeichen dafür, dass ein Auslandsaufenthalt in Großbritannien mit einem unterdurchschnittlichen Anstieg der europäischen Identität in Verbindung zu bringen ist.[15] Eher scheinen verschiedene Messinstrumente und Analyseschritte die unterschiedlichen Ergebnisse zu erklären. Wilson (2011) beispielsweise misst europäische Identität lediglich mit einem einzelnen Item, das Befragte zwingt, sich entweder mit der eigenen Nation zu identifizieren oder als Europäer. Dieses Vorgehen widerspricht der Auffassung, dass Personen sich mit der eigenen Nation identifizieren können und sich gleichzeitig auch als Europäer sehen können (Risse 2010). Sigalas (2010) arbeitet mit einer differenzierteren Batterie zur Messung von Identität, fasst aber seine sechs Items mittels einer Faktorenanalyse zusammen. Das kann zu Problemen führen, weil der Vergleich von ex-ante und ex-post Werten nur dann valide ist, wenn die gleichen Gewichte zur Berechnung des Faktors vor und nach dem Auslandsaufenthalt benutzt werden. Umgeht man dieses Problem, indem man einen additiven Index generiert, findet man auch in den Da-

---

15 Auch der Teil der Studierenden, die ihren Auslandsaufenthalt in Großbritannien verbringen, weisen eine statistisch signifikant stärker ausgeprägte europäische Identität nach ihrer Rückkehr in meinen Daten auf (ein Auslandssemester: $t(53)=1{,}69$, $p=0{,}10$ (zweiseitig), $d=0{,}18$; zwei Auslandssemester: $t(26)=2{,}53$, $p=0{,}02$ (zweiseitig), $d=0{,}39$).

ten von Sigalas (2010) eindeutigere Anzeichen für die kausale Rolle von Kontakt für die europäische Identität.[16]

Die vorliegenden Ergebnisse werfen auch Fragen für die zukünftige Forschung auf. Im Alltag vieler Bürgerinnen und Bürger gibt es eine Reihe von Kontaktsituationen, die nicht den günstigen Charakteristika der sozialen Interaktionen von Studierenden im Erasmus-Programm entsprechen. Die Repräsentativität der vorliegenden Ergebnisse ist auf Kontexte beschränkt, in denen die Kontaktsituation ähnlich positiv wie bei Erasmus-Studierenden ist, also beispielsweise Hierarchieunterschiede minimal sind und zudem Möglichkeiten zur Bildung von Freundschaften bestehen. Zukünftige Forschungsbemühungen könnten hier ansetzen und analysieren, wie sich weniger günstige Kontaktsituationen auswirken. Besonders interessant sind Kontakte, die nicht freiwillig sind, die weniger intensiv sind oder im Heimatland stattfinden. So wird es für viele Bürgerinnen und Bürger alltäglicher, auf dem virtuellen Weg grenzüberschreitende Interaktionen zu erleben, zum Beispiel durch den Interneteinkauf oder durch Kontakte in sozialen Netzwerken wie Facebook und Twitter. Andere Alltagssituationen gehen mit erheblichen Statusunterschieden einher, beispielsweise wenn Aushilfstätigkeiten für Inländer im Dienstleistungssektor regelmäßig von Personen aus anderen EU-Ländern durchgeführt werden. Hier stellt sich die Frage, wie sich diese sozialen Interaktionen auswirken, die ständig durch Hierarchieunterschiede gekennzeichnet sind.

Literatur

Abdelal, Rawi, Yoshiko M. Herrera, Alastair I. Johnston, und Rose McDermott. 2006. Identity as a Variable. *Perspectives on Politics* 4: 695-711.

Allison, Paul D. 1990. Change scores as dependent variables in regression analysis. *Sociological Methodology* 20: 93–114.

Allport, Gordon W. 1954. *The nature of prejudice*. Reading: Addison-Wesley.

Anderson, Benedict. 1991. *Imagined communities: Reflections on the origin and Spread of nationalism*. London: Verso.

Bruter, Michael. 2005. *Citizens of Europe?: The emergence of a mass European identity*. Houndsmills, Basingstoke: Palgrave Macmillan.

Bruter, Michael. 2009. Time bomb? The dynamic effect of news and symbols on the political identity of European citizens. *Comparative Political Studies* 42: 1498-1536.

Castano, Emanuele. 2004. European identity: A social-psychological perspective. In *Transnational Identities: Becoming European in the EU*. Hrsg. Richard K. Herrmann, Marilynn Brewer und Thomas Risse, 40–58. Lanham: Rowman and Littlefield.

Checkel, Jeffrey T., und Peter J. Katzenstein (Hrsg.). 2009. *European Identity*. Cambridge: Cambridge University Press.

Cram, Laura. 2012. Does the EU need a navel? Implicit and explicit identification with the European Union. *Journal of Common Market Studies* 50: 71-86.

Deutsch, Karl W. 1953. *Nationalism and social communication*. Cambridge: MIT Press.

---

16 Wiederholt man Sigalas' Analyse (Sigalas 2010, S.253) auf Basis eines additiven Indizes, findet man eine signifikante Verstärkung der europäischen Identität bei britischen Studierenden die ein Semester im Ausland verbringen, t(143)=3,73, p<0,001 (zweiseitig), d=0,23.

Deutsch, Karl W. 1953a. The growth of nations: Some recurrent patterns of political and social integration. *World Politics* 5: 168-195.

Díez Medrano, Juan, und Paula Gutiérrez. 2001. Nested identities: National and European identity in Spain. *Ethnic and Racial Studies* 24: 753-78.

Easton, David. 1975. A Reassessment of the Concept of Public Support. *British Journal of Political Science* 5: 435–57.

Finkel, Steven E. 1995. *Causal analysis with panel data* (Sage University Paper Series on Quantitative Applications in the Social Sciences, 07-105). Thousand Oaks, CA: Sage.

Fligstein, Neil. 2008. *Euroclash: The EU, European identity, and the future of Europe.* Oxford: Oxford University Press.

Fuchs, Dieter, und Hans-Dieter Klingemann (Hrsg.). 2011. *Cultural diversity, European identity and the legitimacy of the EU.* Cheltenham: Edward Elgar Publishing.

Gaertner, Samuel L., und John F. Dovidio. 2000. *Reducing intergroup bias: The common ingroup identity model.* Philadelphia: Psychology Press.

Gaertner, Samuel L., Mary C. Rust, John F. Dovidio, Betty A. Bachman, und Phyllis A. Anastasio. 1994. The Contact Hypothesis: The role of a common ingroup identity on reducing intergroup bias. *Small Group Research* 25: 224-249.

Hanquinet, Laurie, und Mike Savage. 2013. Europeanisation and globalization (EUCROSS working paper # 6). *EUCROSS working paper series.* Chieti: Università 'G. d'Annunzio' di Chieti-Pescara.

Hooghe, L., und G. W. Marks. 2005. Calculation, community and cues. *European Union Politics* 6: 419–43.

Kaina, Viktoria, und Ireneusz P. Karolewski. 2009. EU Governance and European identity. *Living Reviews in European Governance* 4: 5-41.

King, Russell, und Ruiz-Gelices Enric. 2003. International student migration and the European 'year abroad': Effects on European identity and subsequent migration behaviour. *International Journal of Population Geography* 9: 229–52.

Kuhn, Theresa. 2011. Individual transnationalism, globalisation and euroscepticism: An empirical test of Deutsch's transactionalist theory. *European Journal of Political Research* 50: 811-37.

Kuhn, Theresa. 2012. Europa ante Portas: Border Residence, Transnational Interaction and Euroscepticism in Germany and France. *European Union Politics* 13: 94-117.

Kuhn, Theresa. 2012a. Why educational exchange programmes miss their Mark: Cross-border mobility, education and European identity. *Journal of Common Market Studies* 50: 994-1010.

Kuhn, Theresa, und Florian Stoeckel. 2014. When European integration becomes costly: The Euro crisis and public support for European integration. *Journal of European Public Policy* 21: 624-641.

Lindberg, Leon N., und Stuart A. Scheingold. 1970. *Europe's would-be polity: Patterns of change in the European community.* Englewood Cliffs: Prentice-Hall.

Mau, Steffen. 2010. *Social Transnationalism: Lifeworlds beyond the nation-state.* New York: Routledge.

Mitchell, Kristin. 2012. Student mobility and European identity: Erasmus study as a civic experience? *Journal of Contemporary European Research* 8: 490-518.

Mols, Frank, und Martin Weber. 2013. Laying sound foundations for social identity theory-inspired European Union attitude research: Beyond attachment and deeply rooted identities. *Journal of Common Market Studies* 51: 505-521.

Moskowitz, Debbie S., und Scott L. Hershberger. 2002. *Modeling intraindividual variability with repeated measures data: methods and applications.* Mahwah, N.J.: L. Erlbaum Associates.

Pettigrew, Thomas F., und Linda R. Tropp. 2006. A meta-analytic test of intergroup contact theory. *Interpersonal Relations and Group Processes* 90: 751-83.

Plewis, Ian. 1985. *Analysing change: Measurement and exploration using longitudinal data.* Chichester, UK: John Wiley.

Rabe-Hesketh, Sophia, und Anders Skrondal. 2008. *Multilevel and longitudinal modelling using Stata.* College Station: STATA Press.

Risse, Thomas. 2010. *A community of Europeans?* Ithaca: Cornell University

Risse, Thomas. 2013. Solidarität unter Fremden? Europäische Identität im Härtetest. *KFG Working Paper Series*, No. 50. Kolleg-Forschergruppe (KFG) „The Transformative Power of Europe". Freie Universität Berlin.

Roccas, Sonia, Lilach Sagiv, Shalom Schwartz, Nir Halevy, und Roy Eidelson. 2008. Toward a Unifying Model of Identification with Groups: Integrating Theoretical Perspectives. *Personality and Social Psychology Review* 12: 280-306.

Roose, Jochen. 2013. How European is European Identification? Comparing Continental Identification in Europe and Beyond. *Journal of Common Market Studies* 51: 281-297.

Rother, Nina, und Tina Nebe. 2009. More mobile, more European? Free movement and EU identity. In *Pioneers of European Integration: Citizenship and Mobility in the EU.* Hrsg. Adrian Favell and Ettore Recchi, 120-155. Cheltenham: Elgar.

Sigalas, Emmanuel. 2010. Cross-border mobility and European identity: The effectiveness of intergroup contact during the ERASMUS year abroad. *European Union Politics* 11: 241-65.

Sigalas, Emmanuel. 2010a. The Role of Personal Benefits in Public Support for the EU: Learning from the Erasmus Students. *West European Politics* 33: 1341-1361.

Stephan, Walter G, und Cookie W. Stephan. 1996. Intergroup *relations.* Boulder: Westview.

Stoeckel, Florian. 2011. EU Media Salience, Instrumental Thinking and Identification with the EU. In *Issue Salience in International Politics.* Hrsg. Kai Oppermann und Henrike Viehrig, 137-155. New York: Routledge.

Stoeckel, Florian. 2013. Ambivalent or Indifferent? Revisiting the Structure of EU Public Opinion. *European Union Politics* 14: 23-45.

Tajfel, Henri. 1981. *Human groups and social categories.* Cambridge: Cambridge University Press.

Transue, John. 2007. Identity Salience, Identity Acceptance, and Racial Policy Attitudes: American National Identity as a Uniting Force. *American Journal of Political Science* 51: 78-91.

Van Mol, Christof. 2013. Intra-European student mobility and European identity: A successful marriage? *Population, Space and Place* 19: 209–22.

Weins, Cornelia. 2011. Gruppenbedrohung oder Kontakt? *Kölner Zeitschrift für Soziologie und Sozialpsychologie* 63: 481-499.

Wenzel, Michael, Amélie Mummendey, und Sven Waldzus. 2007. Superordinate identities and intergroup conflict: The ingroup projection model. *European Review of Social Psychology* 18: 331-372.

Wilson, Iain. 2011. What should we expect of Erasmus generations? *Journal of Common Market Studies* 49: 1113-40.

Die Messung der Parteiidentifikation auf Basis des Ansatzes sozialer Identität

Sabrina Jasmin Mayer

1. Einleitung

Das sozialpsychologische Modell nach Campbell et al. (1954, 1960) ist ohne Frage eines der heute dominierenden Modelle zur Erklärung individueller Wahlentscheidungen (Schoen u. Weins 2005, S. 241; Lewis-Beck et al. 2008, S. 15f.). Zentrales Konzept ist die Parteiidentifikation, die eine langfristige, psychologische Bindung eines Individuums an eine Partei darstellt (Campbell et al. 1960, S. 121). Als stabiler Wahrnehmungsfilter prägt sie die Beurteilung der Lösungsansätze und der Kandidaten der politischen Parteien. Parteianhänger nehmen in der Regel häufiger an Wahlen teil, beurteilen Parteiprogramme und Spitzenkandidaten der eigenen Identifikationspartei positiver und wählen sie häufiger (Campbell et al. 1960, S. 126f., 133-144). Die Parteiidentifikation beeinflusst direkt wie auch indirekt über die Kandidaten- und Issueorientierung die individuelle Wahlentscheidung. Dabei stellt sie in der Regel den stärksten Prädiktor für die individuelle Wahlentscheidung im sozialpsychologischen Modell dar (Schoen u. Weins 2005, S. 218; Roth 2008, S. 42ff.). Theoretisch ist die Parteiidentifikation in der Bezugsgruppentheorie verortet. Parteien können sowohl einen negativen als auch einen positiven Bezugspunkt für die Identifikation darstellen (Campbell et al. 1960, S. 121f.). Auch multiple Identifikationen werden nicht ausgeschlossen und sind besonders in Mehrparteien-Systemen denkbar (Weisberg 1999; Garry 2007).

In allen großen deutschen Studien wird die Parteiidentifikation seit 1972 mit der gleichen Einzelfrage erhoben. Für Längsschnittanalysen steht im Sozio-ökonomischen Panel eine eindrucksvolle Zeitreihe zur Verfügung (Arzheimer u. Schoen 2005). Seit Mitte der 1990er Jahre wird die Parteiidentifikation im Rahmen der Comparative Study of Electoral Systems (CSES) in mehr als 25 Ländern mit dem gleichen Item erhoben, das die Nähe zu einer Partei abfragt. Diese Frage ermöglicht es, den Analysefokus von der nationalen auf die international-vergleichende Ebene zu verschieben. Entsprechend ist die Parteiidentifikation heute einer der am meisten verwendeten Indikatoren in der empirischen Politikforschung.

In der Forschung besteht Einigkeit darüber, dass die Parteiidentifikation einen wichtigen Beitrag zur Erklärung und Prognose der Wahlentscheidung eines Individuums leistet. Konzeptualisierung und Operationalisierung der Parteiidentifikation stehen jedoch immer wieder im Zentrum wissenschaftlicher Diskussionen (Budge et al. 1976; Fiorina 1981; Greene 1999; Bartle u. Bellucci 2009). Seit den 1970er Jahren wurde eine Vielzahl verschiedener Einzelitems erhoben, um neue Operationalisierungsmöglichkeiten zu testen, die jedoch nicht immer theoriegeleitet und auf sozialpsychologischer Basis entwickelt wurden.

Obgleich die Parteiidentifikation das Kernkonzept des sozialpsychologischen Modells darstellt, ist ihre Operationalisierung in der Regel nur wenig sozialpsychologisch fundiert (Greene 2002, S. 173) und erlaubt keine Messung theoretisch möglicher Phänomene wie multiple oder negative Bindungen. Periodisch immer neue Operationalisierungen zielen in der Regel nicht darauf ab, beide Schwächen gleichzeitig zu überwinden. Da sich in der Sozialpsychologie in den letzten Jahren zahlreiche Fortschritte ergaben, neue theoretische Ansätze entstanden und Messinstrumente etabliert wurden, scheint es zwingend, diese Entwicklungen für eine Operationalisierung des sozialpsychologischen Modells mit einzubeziehen.

Das Ziel dieser Arbeit ist es daher, mit Hilfe der politischen Psychologie ein theorieadäquates Messinstrument für die Parteiidentifikation im Ansatz der sozialen Identität zu erarbeiten und exemplarisch auf Basis eigener Daten für alle Parteien anzuwenden.

Die weiteren Ausführungen lassen sich in drei Teile gliedern. Zu Beginn wird das Konzept der Parteiidentifikation und die gängige Operationalisierung in Deutschland vorgestellt und kritisch diskutiert. Wie ein neues Messinstrument aussehen kann und welche Vorteile es für die Messung der Parteiidentifikation bietet, wird im zweiten Teil erörtert. Hier wird der Ansatz der sozialen Identität als theoretische Fundierung herangezogen und auf zwei vielfach erprobte Messinstrumente dieses Ansatzes zurückgegriffen, die für die Parteiidentifikation adaptiert werden. Dabei handelt es sich um eine Einzelfrage und ein Mehr-Item-Instrument. Im empirischen Teil werden diese Operationalisierungen, die in einer Online-Umfrage im November 2013 erhoben wurden, mit dem bisherigen Indikator verglichen und für die Erklärung politischer Einstellungen und der Wahlabsicht herangezogen. Hierbei soll untersucht werden, welche Aussagen über die einzelnen Identifikationsdimensionen möglich sind, wenn ein Mehr-Item-Instrument angewendet wird. Zusätzlich soll analysiert werden, ob die Einzelfrage nicht ein ähnliches Erklärungspotential wie die Mehr-Item-Skala bietet, wenn die Betrachtung einzelner Identifikationsdimensionen nicht im Zentrum des Untersuchungsinteresses steht.

2. Konzept und Operationalisierung: Warum die Parteiidentifikation anders gemessen werden sollte

Bereits bei Belknap und Campbell (1951) findet der Begriff der Parteiidentifikation Verwendung. Die heute gängige Konzeptualisierung als vorgelagerte, langfristige Einflussgröße beruht jedoch auf der Darstellung in „The American Voter" (Campbell et al. 1960). Nach dieser klassischen Definition wird die Parteiidentifikation als langfristige, psychologische Bindung an eine Partei im Sinne der Bezugsgruppentheorie verstanden:

> „We use the concept here to characterize the individual's affective orientation to an important group-object in his environment. Both reference group theory and small-group studies of influence have converged upon the attracting or repelling quality of the group as the generalized dimension most critical in defining the individual-group relationship, and it is this dimension that we call identification." (Campbell et al. 1960, S. 121).

Die Parteiidentifikation ist bei Campbell et al. (1960) nur vage konzeptualisiert und die Bezugsgruppentheorie wird nur in wenigen Nebensätzen ohne konkreten Bezug erwähnt (Campbell et al. 1960, S. 121, 296, 332). Die Wirkungsmechanismen der positiven Parteiidentifikation werden ohne theoretische Verweise dargestellt (Campbell et al. 1960, S. 133f.; siehe auch Green et al. 2002, S. 5) und negative wie auch multiple Parteibindungen werden nicht thematisiert.

Während bei Belknap und Campbell (1951, S. 601) die Parteiidentifikation noch mit der Frage nach der Wahlabsicht bei der nächsten Präsidentschaftswahl operationalisiert wurde, erfolgte bereits 1952 die Erhebung mit der heute gängigen Frage: *„Generally speaking, do you usually consider yourself to be a Democrat, Republican, Independent, or other?“*. In keinem der Werke der Forschergruppe aus Michigan (Campbell et al. 1954, 1960) finden sich Hinweise, warum gerade diese Operationalisierung gewählt wurde und ob sie auf etablierten Instrumenten der sozialpsychologischen Forschung beruht. Eine Messung negativer oder multipler Parteibindung ist mit dieser Formulierung nicht möglich.

In Deutschland stand lange Zeit die Frage nach der Übertragbarkeit des Konzeptes im Raum (siehe für einen Überblick Kaase 1976; Falter 1977). Versuche, der US-amerikanischen Formulierung zu entsprechen, scheiterten, da sich diese als unübersetzbar herausstellte und ihre Übertragung durch die in Deutschland bestehende Anti-Parteienhaltung erschwert wurde. Eine Vielzahl von Einzelfragen wurde eingesetzt, die sich auf den Aspekt der Anhängerschaft, eine positive Haltung oder die Bindung in Form eines ‚Zuneigens‘ bezogen. Je nach Frageformulierung lag der Anteil der Parteianhänger in Deutschland zwischen 27 und 80 Prozent (Kaase 1976). Mit einer Einzelfrage ist es jedoch nur möglich einen Ausschnitt auf einem Kontinuum zu messen. Dabei gibt es ‚harte‘ Formulierungen, die nur wenige Befragte erfassen, und ‚weiche‘ Formulierungen, die möglicherweise mehr messen, als das Konzept vorgibt, indem beispielsweise die „vorübergehende Parteisympathie *und* echte Identifikationen“ (Falter 1977, S. 485, Hervorhebung im Original) erhoben werden. Die heute verwendete Standardfrage wurde in den frühen 1970er Jahren als funktionelles Äquivalent zur US-amerikanischen Frage entwickelt (Kaase u. Klingemann 1994, S. 346f.) und erstmalig von Berger (1973) eingesetzt. Dabei fehlen jedoch Informationen, wie der Prozess der Entwicklung verlief und warum genau diese Formulierung ein funktionelles Äquivalent darstellen soll. Seit Mitte der 1970er Jahre wird sie in allen Wahlstudien und im Politbarometer durchgehend erhoben: *„Viele Leute in der Bundesrepublik neigen längere Zeit einer bestimmten Partei zu, obwohl sie auch ab und zu eine andere Partei wählen. Wie ist das bei Ihnen? Neigen Sie – ganz allgemein gesprochen – einer bestimmten Partei zu?“*. Mittlerweile gilt die Frage nach der Übertragbarkeit des Konzeptes auf Deutschland als beantwortet (Falter et al. 2000), auch wenn der verwendete Indikator zur Messung der Parteiidentifikation in Deutschland als suboptimal beurteilt wird (Gluchowski 1983; Ohr u. Quandt 2012; Schultze 2012).

Konzeptionell bezieht sich die Parteiidentifikation auf die Beziehung zwischen Individuum und einer politischen Partei. Sie ist als psychologische, längerfristige Bindung angelegt, die anziehender oder abstoßender Natur sein kann (Campbell et al. 1960, S. 121). Bei kritischer Betrachtung der gängigen Operationalisierung lassen sich gleich mehrere Schwächen ausmachen. Obgleich die Parteiidentifikation eine Kernkomponente des sozialpsychologischen Modells darstellt, beruht ihre Operationalisierung sowohl in den USA als auch in Deutschland in der Regel auf „surprisingly little social-psychological theory" (Greene 2002, S. 173). Im internationalen Vergleich wird die deutsche Frageformulierung als eher weiche Formulierung beurteilt, die zu einer Überschätzung des Anteils der Parteianhänger führen kann, da nur schwer zwischen einer tief gehenden Identifikation mit einer Partei und kurzfristigen Sympathien unterschieden werden kann (Gluchowski 1983, S. 422f.; Johnston 2006, S. 340). Zudem zeigt sich, dass mit dem Standardinstrument das Konzept nur unter Informationsverlusten gemessen werden kann. Obwohl negative und multiple Parteibindungen Teil der Konzeptualisierung sind und eigene Effekte auf die Erklärung der Wahlentscheidung aufweisen (Garry 2007; Medeiros u. Noel 2014), können sie mit der Standardfrage nicht erfasst werden. Das Standarditem in Deutschland ermöglicht daher weder eine theorieadäquate noch eine sozialpsychologisch fundierte Messung der Parteiidentifikation.

3. Die Messung der Parteiidentifikation im Ansatz der sozialen Identität

Für eine solche theorieadäquate und sozialpsychologisch fundierte Messung soll die Parteiidentifikation nachfolgend als Gruppenidentifikation im Ansatz der sozialen Identität konzeptualisiert werden. Anschließend werden Messinstrumente sozialer Identifikation diskutiert und für die Erhebung der Parteiidentifikation adaptiert, sodass die Messung negativer und multipler Identifikationen möglich wird und eine Untersuchung verschiedener Identifikations-Aspekte mit einem Mehr-Item-Instrument sowie eine generelle Analyse mit einer Einzelfrage geschehen kann. Abschließend werden Hypothesen erarbeitet, die die spätere empirische Untersuchung strukturieren.

3.1 Die Parteiidentifikation als Bezugsgruppenzugehörigkeit bei Campbell et al. (1960)

Theoretisch ist die Parteiidentifikation in der Bezugsgruppentheorie verortet. Politische Parteien können hier als negative oder positive Bezugsgruppen dienen (Campbell et al. 1960, S. 296). Neu an der Bezugsgruppentheorie war damals der Gedanke, dass objektive Gruppenmitgliedschaften nicht automatisch Einstellungen und Verhaltensintentionen des Individuums beeinflussen, sondern erst eine subjektive Gruppenidentifikation, d.h. eine Annahme als Bezugsgruppe, dafür sorgt, dass die Gruppe prägende Kraft entfaltet. Dafür ist es nicht notwendig, dass ein Individuum objektives Mitglied der Bezugsgruppe ist (Merton u. Rossi 1968, S. 35). Zwei Funktionen von Bezugsgruppen können dabei unterschieden werden. Zum einen nutzen Individuen normative Bezugsgruppen als Ankerpunkt, um sich in der komplexen sozialen Welt zurecht zu finden und orientieren sich dabei in der Regel an der Gruppenmehrheit oder an den wahrgenommenen Führungspersönlichkeiten der Gruppe (Hyman u. Singer 1968, S. 9, 13-17). Die Konsequenz normativer Bezugsgruppen ist eine Übereinstimmung des Individuums mit den Normen und Standards der jeweiligen Gruppe. Oftmals handelt es sich um Bezugsgruppen, in denen das Individuum Mitglied ist und die Gruppe so die Möglichkeiten hat, Nichtkonformität zu bestrafen oder konformes Verhalten zu belohnen (Kelley 1968, S. 78f.). Zum anderen führt das inhärente Bedürfnis des Einzelnen, die eigene Meinung und Fähigkeiten zu überprüfen, zur Auswahl komparativer Bezugsgruppen (siehe auch Festinger 1954). Diese dienen dem Individuum als Bezugspunkt oder auch als Maßstab, um die eigene Statusposition zu ermitteln (Kelley 1968, S. 79). Obwohl die Bezugsgruppentheorie von verschiedenen sozialwissenschaftlichen Disziplinen aufgegriffen wurde, erfolgte keine Weiterentwicklung zu einem konsistenten Theoriegebilde. Gerade die Auswahl normativer Bezugsgruppen und der Ablauf der Übernahme von Gruppennormen in Gruppen ohne objektive Mitgliedschaft wurden kaum detailliert untersucht (Hyman u. Singer 1968, S. 14).

Betrachtet man die Parteiidentifikation im Licht der Bezugsgruppentheorie, so dient die politische Partei vor allem als normative Bezugsgruppe, da die Übernahme von Gruppenstandards und -normen im Vordergrund steht (Campbell et al. 1960, S. 296f.). Genauer dargestellt wird bei Campbell et al. (1960) nur die positive Parteiidentifikation. Die Wahl einer Partei als positive Bezugsgruppe erfolgt bereits in der primären Sozialisation durch Prägung im Elternhaus und ändert sich nur bei gravierenden Ereignissen im Lebensverlauf (Campbell et al. 1960, S. 135f.). Die Identifikation führt dazu, dass der Anhänger eine Vorstellung von der generalisierten ‚Gruppe' der Parteianhänger und dem ihr angemessenen Verhalten ausbildet und dieses Idealbild auf die eigenen Einstellungen sowie Verhaltensabsichten überträgt (Campbell et al. 1960, S. 296). Campbell et al. (1960, S. 124-144) weisen eine hohe Übereinstimmung zwischen der Parteiidentifikation und der Übernahme von politischen Einstellungen im Sinne der Partei und ihrer Ziele nach. Die Parteiidentifikation soll dabei als Wahrnehmungsfilter aktiv werden, der die Einstellungen hinsichtlich der Partei färbt (Campbell et al. 1960, S. 133f.). Wie genau eine solche Übernahme ohne Mitgliedschaftsgruppe und Druck zur Konformität durch Gruppenmitglieder abläuft, bleibt jedoch unklar.

3.2 Lässt sich die Parteiidentifikation als Gruppenidentifikation konzeptualisieren?

3.2.1 *Der Ansatz sozialer Identität*

Mittlerweile gilt die Bezugsgruppentheorie als veraltet und wird kaum noch angewendet (Lewis-Beck et al. 2008, S. 132). Inhaltlich aufbauend auf der Bezugsgruppentheorie entwickelte sich in den 1970er Jahren die Theorie sozialer Identität (SIT) (Tajfel u. Turner 1979) und die Selbstkategorisierungstheorie (SCT) (Turner et al. 1987), die gemeinsam zum „Ansatz der sozialen Identität" zusammengefasst werden.[1] Dieser Ansatz stellt aktuell den dominierenden Ansatz zur

---

1   Dabei handelt es sich bei der SCT um „the next stage in the social identity story" (Turner und Reynolds 2010: 19), die die einzelnen Sachverhalte, die Teil der SIT sind, aber dort nicht konkret ausgearbeitet sind (wie beispielsweise die Fragen, wie der Prozess der Übernahme von Gruppennormen abläuft und wie sozialer Einfluss entsteht), genauer darlegt.

Erklärung von gruppenbasiertem Verhalten dar (Brewer u. Brown 1998), der heute von einer Vielzahl von Disziplinen genutzt wird.

In einer Serie von Laborexperimenten konnte Henri Tajfel zusammen mit Kollegen (Tajfel u. Turner 1979) zeigen, dass weder Interessenskonflikte noch gemeinsame Interaktion der Gruppenmitglieder notwendig sind, um Zwischengruppendiskriminierung zu erzeugen. Tajfel (1979) führte dieses Verhalten darauf zurück, dass Individuen nach positiver sozialer Identität streben und so versuchen, die eigene Gruppe positiv von Fremdgruppen abzugrenzen. Vor allem John Turner entwickelte diese Überlegungen in den nächsten Jahren zur SIT und SCT weiter. Die persönliche und soziale Identität stellen dabei verschiedene Ebenen der Selbstkategorisierung dar. Die persönliche Identität bezieht sich auf Selbstkategorisierungen, die das Individuum auf Basis seiner individuellen Charakteristika von anderen Personen unterscheiden. Die soziale Identität hingegen ist definiert als der Teil des Selbstkonzepts eines Individuums „which derives from his knowledge of his membership of a social group (or groups) together with the value and emotional significance attached to that membership" (Tajfel 1981, S. 255). Diese soziale Identität basiert auf der Definition des Individuums auf Basis der Gemeinsamkeiten mit anderen Mitgliedern der gleichen sozialen Kategorie im Vergleich zu anderen sozialen Kategorien (Turner et al. 1994, S. 454f.) und stellt daher ein „shared social categorical self" (Turner et al. 1994, S. 454) dar.

Es gilt, dass Individuen nach einem positiven Selbstkonzept streben, die eigene soziale Identität positiv als auch negativ bewertet werden kann und der soziale Status als auch die Bewertung der sozialen Identität aus dem Vergleich der Eigengruppe mit anderen relevanten Gruppen resultieren (Tajfel u. Turner 1979, S. 40). Als Resultat suchen Individuen nach positiver sozialer Identität, die durch positive Distinktheit, d.h. einem vorteilhaften Vergleich zwischen Eigengruppe und relevanten Fremdgruppen erzielt werden kann (Tajfel u. Turner 1979, S. 37f.). Drei Reaktionsmöglichkeiten bestehen bei negativer sozialer Identität. Bei durchlässigen Gruppengrenzen besteht die Möglichkeit der individuellen Mobilität, bei der sich das Individuum von der Gruppe löst (sozusagen ‚desidentifiziert'), während die Ursprungsgruppe weiterhin niedrig bewertet wird (Tajfel u. Turner 1979, S. 43). Eine solche Strategie wird vor allem von Individuen mit einer schwachen Identifikation gewählt (Brewer u. Brown 1998, S. 571). Sofern es aufgrund von objektiven oder ideologischen Gründen nicht möglich ist, die Gruppe zu wechseln, kann zum einen die Wahrnehmung der Gruppe durch soziale Kreativität geändert werden, indem Elemente der Vergleichssituation verändert werden. Zum anderen kann durch die Strategie des sozialen Wettbewerbs die subjektiv wahrgenommene Position der Eigengruppe verbessert werden (Tajfel u. Turner 1979, S. 45). Daraus kann sowohl eine Bevorzugung der Eigengruppe als auch eine Abwertung der Fremdgruppe resultieren (Tajfel u. Turner 1979, S. 39).

Während sich die SIT vor allem mit den Auswirkungen sozialer Kategorisierungen auf Zwischengruppenbeziehungen befasst, legt die SCT den Fokus auf kognitive Prozesse der Gruppenzugehörigkeit und fragt, wie und wann Individuen Normen der Gruppe übernehmen. Jedes Individuum verfügt über eine Vielzahl sozialer Identifikationen. Welche davon salient, d.h. aktiv handlungsleitend wird, ist kontextabhängig und beruht auf der Zugänglichkeit (‚accessibility') sowie der normativen und komparativen Passung („fit'). Eine saliente soziale Identifikation führt zu einem Prozess der Depersonalisierung, bei dem Informationen über die soziale Kategorie und deren Prototypen abgerufen werden (Turner et al. 1994, S. 455f.). Bei Prototypen handelt es sich um die kognitiven Repräsentationen der als typisch oder ideal wahrgenommenen Eigenschaften der jeweiligen Kategorie, die abhängig vom Kontext sind. Zum Erreichen einer positiven Distinktheit der eigenen sozialen Identität wird versucht, die Unterschiede zwischen Eigen- und Fremdgruppe zu maximieren. Hierfür wird oftmals ein idealtypisches oder reales Gruppenmitglied herangezogen, das sich möglichst stark vom Prototyp der Fremdgruppe unterscheidet oder am ehesten die Idee der Gruppe repräsentiert (Turner u. Reynolds 2010, S. 23). Bei bekannten Gruppen sind in der Regel stabile und schnell verfügbare Repräsentationen eines solchen Prototyps vorhanden (Hogg u. Smith 2007, S. 95). Mit Hilfe der Gruppenprototypen kann die normensetzende Wirkung von Gruppen erklärt werden. Im Zuge der Depersonalisierung geschieht eine Selbststereotypisierung des Individuums bei der es versucht, dem Gruppenprototyp zu entsprechen. Normen, Stereotype und Einstellungen des Gruppenprototyps werden im Zuge der Depersonalisierung internalisiert und untrennbar mit den eigenen Normen, Vorstellungen und Einstellungen verbunden (Turner u. Reynolds 2010, S. 21). Je stärker die Identifikation ist, desto konformer ist dabei das eigene Verhalten (Turner 1982, S. 219).

Verglichen mit der Bezugsgruppentheorie deckt die SIT hauptsächlich die komparative Funktion ab, während die SCT auch die normative Funktion von Bezugsgruppen erklären kann.

3.2.2 *Die Parteiidentifikation als Gruppenidentifikation*

Die Anwendung des Ansatzes der sozialen Identität auf politische Phänomene ist bereits vielfach erfolgt (beispielsweise Stürmer u. Simon 2004; Livingstone u. Haslam 2008). Seine erstmalige Verwendung für die Konzeptualisierung der Parteiidentifikation geschah bereits Ende der 1980er Jahre durch Kelly (1988) für Großbritannien. Diese Idee wurde von verschiedenen Autoren aufgegriffen (Green u. Schickler 1993; Greene 1999; Rosema u. Krochik 2009) und als vielversprechend beurteilt. Für Deutschland erfolgte die erste Untersuchung der Parteiidentifikation als soziale Identifikation durch Ohr und Quandt (2012), die sich jedoch hauptsächlich auf die SIT beziehen und soziale Identität als Teilaspekt der Parteiidentifikation betrachten.

Da es sich bei der Parteiidentifikation um eine Selbstkategorisierung handelt, sollte die Parteiidentifikation hier eher als Element der sozialen Identität verstanden werden (vgl. Turner et al. 1994, S. 454f.). Betrachtet man die Parteiidentifikation als Gruppenidentifikation, so stellt sie ein längerfristig bestehendes Gefühl der Zugehörigkeit zu einer politischen Partei dar und weist für den Anhänger eine emotionale Bedeutung oder einen gewissen Wert auf (Tajfel 1981, S. 258). Sie definiert den Anhänger auf Basis geteilter Gemeinsamkeiten mit anderen Anhängern. Ursprünglich ist die Parteiidentifikation als psychologische Bindung an eine Partei angelegt (Campbell et al. 1960, S. 121). Wird die Parteiidentifikation salient, beispielsweise während des Wahlakts, so orientiert sich der Anhänger automatisch am Gruppenprototyp, d.h. an seiner Vorstellung eines realen oder idealtypischen Anhängers. Er übernimmt dessen Einstellungen, Wertorientierungen und Verhaltensintentionen, mit dem Ziel einen größtmöglichen Kontrast zu relevanten Fremdgruppen zu erzielen. Diese Selbststereotypisierung auf Basis des Gruppenprototyps entspricht der Funktion der Parteiidentifikation als Wahrnehmungsfilter (Campbell et al. 1960, S. 133f.). Die Kandidaten und Lösungsvorschläge der Identifikationspartei werden positiver beurteilt und die Identifikationspartei öfter gewählt, da es dem Bild des Gruppenprototyps entspricht, die eigene Partei zu unterstützen und letzten Endes auch zu wählen.

Durch das Streben nach positiver sozialer Identität erfolgt ein Vergleich der eigenen Partei mit relevanten Fremdgruppen. Eine leicht verfügbare, objektive Vergleichsdimension stellen Wahl- und Umfrageergebnisse dar. Im Falle negativer Vergleichsergebnisse kann sich die Stärke der Parteibindung abschwächen, bevor sich der Anhänger schlussendlich von der Partei abwendet und einer anderen Partei zuwendet oder sich als unabhängig betrachtet (Tajfel u. Turner 1979, S. 43). Da die Parteiidentifikation als langfristige Bindung angelegt ist, kann angenommen werden, dass die Identifikation eine ganze Zeit lang aufrechterhalten wird und mit einer anderen Strategie auf eine negative soziale Identität reagiert wird. Möglich ist der Wechsel der Vergleichsdimension (so können statt Wahlergebnissen ideologische Standpunkte verglichen werden) oder der Vergleich mit einer anderen Partei.

Da sich politische Parteien in einem stetigen Wettbewerb um Wählerstimmen und Mandate befinden (Kelly 1988, S. 330), kann in dieser unsicheren Situation die Strategie des sozialen Wettbewerbs, die Abwertung der relevanten Fremdpartei und/oder die Bevorzugung der eigenen Identifikationspartei genutzt werden, um den eigenen Status zu verbessern (Tajfel u. Turner 1979, S. 39f., 45f.). Die Wahl dieser Strategie kann aus Sicht der SIT den Effekt der Parteiidentifikation als Wahrnehmungsfilter erklären: Um die eigene Identität positiver zu beurteilen, werden Kandidaten und Lösungsansätze der Identifikationspartei aufgewertet und möglicherweise die Kandidaten und Lösungsansätze der anderen Partei abgewertet. Die Abwertung anderer Parteien kann dabei entscheidend von der Verbindung der eigenen Identifikation zu übergeordneten Kategorien wie ideologischen Lagern oder Koalitionen beeinflusst werden (Garry 2007; González et al. 2008), sodass die Mehrheit der Anhänger die Parteien des eigenen Lagers positiver bewertet als die Parteien des gegnerischen Lagers.

Die SCT kann dabei die Übernahme von Normen und Einstellungen der Gruppe, die SIT jedoch die Abnahme von Parteibindungen besser erklären. Mit beiden Theorien kann die Funktion der Parteiidentifikation als Wahrnehmungsfilter plausibel dargestellt werden. Auch negative und multiple Bindungen können auf Basis beider Theorien konzeptualisiert werden.

3.3 Die Messung der Parteiidentifikation im Ansatz der sozialen Identität

Es zeigt sich, dass die Parteiidentifikation eine Gruppenidentifikation darstellt und sich die skizzierten Wirkungsmechanismen mit ihrer ursprünglichen Definition problemlos vereinbaren lassen. Daher ist es möglich, die Messinstrumente sozialer Identifikation für ihre Operationalisierung heranzuziehen und entsprechend anzupassen.

3.3.1 Die Messung sozialer Identifikation

Studien und Messinstrumente zur sozialen Identität sind mittlerweile kaum noch zu überschauen. In den 1980er und 1990er Jahren dominierten vor allem ein- bis zweidimensionale Messinstrumente. Zu den bekanntesten zählen hierbei die *Identification with a Psychological Group* (IDPG)-Skala nach Mael und Tetrick (1992) und die *Collective Self-Esteem* (CSE)-Skala nach Luhtanen und Crocker (1992). Die IDPG-Skala diente ursprünglich zur Messung der Identifikation mit einer Organisation. Mael und Tetrick (1992, S. 815f.) zeigten mittels konfirmatorischen Faktorenanalysen, dass ihrer Skala zwei zentrale Dimensionen zugrunde liegen. Die Dimension *Shared Characteristics* bezieht sich dabei auf die Wahrnehmung des Individuums, bestimmte Charakteristika mit prototypischen Gruppenmitgliedern zu teilen, während die Dimension *Shared Experiences* den Bezug der Erfolge und Niederlagen der Organisation auf das Selbst umfasst (Mael u. Tetrick 1992, S. 816).

Seit den 2000er Jahren sind es vor allem mehrdimensionale Messinstrumente, die beständig neu entwickelt und modifiziert werden (Beispiele hierfür Jackson u. Smith 1999, Cameron 2004 und Leach et al. 2008). Anzahl und Benennung der Dimensionen unterscheiden sich dabei stark zwischen den verschiedenen Autoren (siehe für einen Überblick Ashmore et al. 2004; Leach et al. 2008). Das von Leach et al. (2008) entwickelte fünfdimensionale Modell integriert dabei die meisten Items und Subdimensionen bestehender Instrumente und wird seit seinem Erscheinen immer öfter aufgegriffen und verwendet. Die fünf Komponenten werden durch zwei übergeordnete Dimensionen, Selbstdefinition und Selbstinvestition, strukturiert. Die Dimension der Selbstinvestition enthält Fragen zur Zentralität der Identifikation und untersucht, inwieweit die Identifikation kognitiv verankert ist (Leach et al. 2008, S. 147). Zudem ist die Komponente der Solidarität enthalten, die ein Zusammengehörigkeitsgefühl mit anderen Anhängern abbildet, und eine Zufriedenheitskomponente, die emotionale Bewertungen der Gruppenzugehörigkeit umfasst. Die Dimension der Selbstdefinition enthält die wahrgenommenen Gemeinsamkeiten der Anhänger und die Selbststereotypisierung des Individuums als typisches Mitglied der betreffenden Gruppe (Leach et al. 2008, S. 145ff.). Ein generelles Problem vieler Skalen ist jedoch der fehlende theoretische Rückbezug zum Ansatz sozialer Identität. Auch wenn zu Beginn der Arbeiten Tajfel und Turner (1979) erwähnt werden, bleibt die theoretische Verortung oft nur oberflächlich (siehe beispielsweise die Komponente *Solidarity* bei Leach et al. 2008).

Der aktuelle Trend in der Forschung geht mittlerweile zu reduzierten Instrumenten, die in der Praxis wesentlich einfacher angewendet werden können. Postmes et al. (2013) schlagen eine Verkürzung der ursprünglichen 14-Item-Skala von Leach et al. (2008) auf ein Item vor. Dabei wird direkt gefragt, ob sich ein Individuum mit der jeweiligen Kategorie oder Gruppe identifiziert. Diese Einzelfrage (*Single Item Social Identification measure,* SISI) weist eine hohe Reliabilität und Validität auf. Reysen et al. (2013, S. 463) konnten die Ergebnisse von Postmes et

al. (2013) im Wesentlichen[2] replizieren, schlagen jedoch eine etwas andere Frageformulierung vor. Gerade in Fällen, in denen eine separate Untersuchung unterschiedlicher Identifikationsdimensionen nicht von Interesse ist, kann die SISI adäquat zur Messung sozialer Identifikation herangezogen werden. Für die meisten
Fragestellungen, für die die Parteiidentifikation eingesetzt wird, scheint eine Einzelfrage ausreichend.

3.3.2 Die Messung der Parteiidentifikation als Gruppenidentifikation

In Abschnitt 2 konnte gezeigt werden, dass die aktuelle Erhebung mittels der Parteineigungsfrage weder sozialpsychologisch fundiert ist, noch eine theorieadäquate Messung darstellt. Mittlerweile wurde die Parteiidentifikation mehrfach im
Rahmen des Ansatzes der sozialen Identität gemessen (Kelly 1988; Greene 1999;
Green et al. 2002; Rosema u. Krochik 2009; Ohr u. Quandt 2012).[3] Dabei konnte gezeigt werden, dass die Parteiidentifikation so valide erhoben werden kann
(Greene 1999; Green u. Schickler 1993). Zudem waren diese Messinstrumente
zeitlich stabil (Green et al. 2002) und die Prognose- und Erklärungskraft für politische Einstellungen und Wahlverhalten konnte verbessert werden (Greene 2002;
Rosema u. Krochik 2009). Weisberg und Hasecke (1999) ziehen den Schluss, dass
die US-amerikanische Standardfrage bereits zu einem gewissen Teil eine Gruppenidentifikation messe, das Maß zur sozialen Identifikation jedoch zusätzlichen
Informationsgewinn liefere. Ohr und Quandt (2012, S. 200) stellen fest, dass die
Parteineigungsfrage eine Gruppenzugehörigkeit nur unzulänglich misst und eher
eine affektive Orientierung erhebt. Dabei sollten neue Messinstrumente mit der
bisherigen Einzelfrage korreliert sein und so auf jeden Fall Ähnliches messen. Dieser Zusammenhang wird jedoch durch den nun erfolgenden Einbezug der Gruppenzugehörigkeit eher moderat als stark ausfallen (Hypothese 1).

Die Messung mittels einer Mehr-Item-Skala bietet den Vorteil, dass verschiedene Identifikationsdimensionen separat untersucht und, beispielsweise in Panelstu-
dien, gesondert auf ihre zeitliche Stabilität überprüft werden können. Mit Hilfe
einer solchen Skala könnte genauer als bisher analysiert werden, wie eine ‚Desidentifikation‘ mit einer Partei abläuft, d.h. welche Dimensionen zuerst von einer
Abschwächung der Parteibindung betroffen sind. Da bisher vorliegende Anwendungen für die Messung der Parteiidentifikation zu Beginn der 2000er Jahre entstanden oder auf Befragungen aus diesem Zeitraum beruhen (Ohr u. Quandt
2012), nutzen die meisten Studien die IDPG-Skala. Um an die bisherigen Ergebnisse der Forschung anzuschließen, soll als Mehr-Item-Skala eine reduzierte Va-

---

2   Während die SISI bei Postmes et al. (2013) vor allem mit der Dimension der Selbstinvestition zusammenhängt, stellen Reysen et al. (2013) fest, dass sie vor allem mit den kognitiven Subskalen
anderer Instrumente korreliert und am ehesten eine Selbstkategorisierung abdeckt. Sie können
zeigen, dass die SISI mit allen Dimensionen der Gruppenidentifikation signifikant korreliert (Reysen et al. 2013: 469).

3   Problematisch ist jedoch, dass diese Messungen entweder nur für die Partei, die bei der Standardfrage genannt wurde, erfolgten (Kelly 1988; Ohr u. Quandt 2012), was die Messung multipler/
negativer Identifikationen ausschließt oder nur für eine räumlich begrenzte, homogene Population
vorliegen (Greene 1999, 2002; Rosema u. Krochik 2009), was keine Aussagen über die Gesamtbevölkerung ermöglicht.

riante der IDPG-Skala verwendet werden. Diese reduzierte Skala enthält für jede Dimension der Parteiidentifikation ein Item, um so die affektive, kognitive und Selbststereotypisierungsfacette abzudecken.[4]

Betrachtet man das Mehr-Item-Messinstrument, so ist anzunehmen, dass ein affektiv-geprägtes Item eher bejaht wird als ein kognitives Item, das explizit nach einem Zusammen- und Zugehörigkeitsgefühl fragt (Hypothese 2a). Generell können die Items nach ihrer Schwierigkeit in eine Reihenfolge gebracht werden, beginnend beim affektiven Item. An zweiter Stelle steht das Zuschreiben einiger typischer Eigenschaften eines Anhängers auf die eigene Person, was beispielsweise auch problemlos bei Befragten, die sich früher mit der Partei identifizierten, möglich ist. Das schwierigste Item der Skala wäre die Frage nach dem Zusammen- und Zugehörigkeitsgefühl, der sicherlich nur von überzeugten Anhängern zugestimmt wird (Hypothese 2b). Da der SIT zufolge eine negativ bewertete soziale Identität bei offenen Gruppengrenzen eher zur Desidentifikation durch individuelle Mobilität führt, kann erwartet werden, dass fast alle Befragte die Partei, der sie sich zugehörig fühlen, auch positiv bewerten (Hypothese 2c).

Die Funktion der Parteiidentifikation als Wahrnehmungsfilter führt dazu, dass Kandidaten und Lösungsansätze der eigenen Partei positiv wahrgenommen werden (Campbell et al. 1960, S. 133f.). Es ist daher zu erwarten, dass die neuen Messinstrumente einen positiven Einfluss auf die Kandidatenorientierung aufweisen (Hypothese 3a). Da die neuen Messinstrumente Bereiche der Parteiidentifikation erfassen, die mit dem Standardmaß nicht abgedeckt werden (wie die kognitive Dimension der Gruppenzugehörigkeit), wird angenommen, dass sich die Erklärungskraft der Modelle, selbst bei Kontrolle der Parteineigungsfrage, weiter erhöht (Hypothese 3b). Gleichzeitig wird vermutet, dass Parteibindungen mit Parteien aus dem gegnerischen ideologischen Lager einen negativen Effekt (Hypothese 3c) und Parteibindungen mit anderen Parteien aus dem gleichen ideologischen Lager einen positiven Effekt auf die Kandidatenorientierung (Hypothese 3d) zeigen.

Auch zwischen der Wahlabsicht für die Identifikationspartei und der Parteiidentifikation sollte für alle Messinstrumente ein starker, positiver Zusammenhang zwischen Parteiidentifikation und Wahlabsicht bestehen (Hypothese 4a). Zudem sollten die beiden neuen Messinstrumente die Erklärungskraft der Modelle, selbst nach Berücksichtigung der Parteineigungsfrage, weiter erhöhen (Hypothese 4b).

4. Empirische Analyse: So kann die Parteiidentifikation gemessen werden

Folgend werden zuerst Datensatz und Operationalisierungen vorgestellt. Im Fokus der empirischen Analyse stehen zwei Sachverhalte. Zum einen soll untersucht werden, ob die neuen Operationalisierungen zur Messung der Parteiidentifikation geeignet sind. Für eine erste Validierung werden dafür Interkorrelationen mit der Standardfrage sowie in multivariaten Analysen die Erklärungskraft für politische Einstellungen und die Wahlabsicht betrachtet. Zudem wird untersucht, ob die Parteiidentifikation als Gruppenidentifikation einen eigenständigen und zusätzli-

---

4   Für eine Begründung der Auswahl siehe Abschnitt 4.1.

chen Einfluss auf die Kandidatenorientierung und Wahlintention aufweist. Zum anderen soll geklärt werden, ob die SISI ähnliches Erklärungspotential wie die IDPG-Skala aufweist, wenn die Betrachtung einzelner Identifikationsdimensionen nicht im Zentrum des Untersuchungsinteresses steht.

4.1 Daten und Operationalisierung

Die für die Untersuchung verwendeten Indikatoren wurden mit finanzieller Unterstützung durch die Fritz Thyssen Stiftung im Rahmen der Befragung eines Online-Access-Panels der Respondi AG vom 22. November bis 2. Dezember 2013 erhoben. Insgesamt wurden 1.014 Personen befragt. Die Einladung zur Umfrage erfolgte quotiert nach den Anteilen im Mikrozensus für Bundesland und Altersgruppe. Die Daten wurden für die Auswertung nicht gewichtet.

Für die Erhebung der Parteiidentifikation wurden drei unterschiedliche Messinstrumente, jeweils für die CDU, SPD, GRÜNE, FDP und LINKE, abgefragt. Als erstes Messinstrument wurde das Standarditem und die anschließende Frage nach der Stärke der Identifikation (1=sehr schwach bis 5=sehr stark) eingesetzt. Insgesamt 68,3 Prozent der Befragten weisen eine Parteineigung auf, davon entfallen 31,8 Prozent auf die CDU/CSU, knapp 26 Prozent auf die SPD, 16,2 Prozent auf die GRÜNEN, 4,2 Prozent auf die FDP und 14,9 Prozent auf die LINKE. Vergleicht man diese Verteilung mit dem Nachwahlquerschnitt der GLES 2013, so zeigt sich, dass Parteianhänger der kleineren Parteien, insbesondere der LINKEN und der GRÜNEN überproportional vertreten sind.

Das zweite Messinstrument, die IDPP[5]-Skala, beruht auf der IDPG-Skala von Mael und Tetrick (1992). Für diese Skala gibt es bereits verschiedene Verkürzungen (Weisberg u. Hasecke 1999; Green et al. 2002), deren Entstehen jedoch wenig begründet wurde. Basierend auf den theoretischen Überlegungen aus Abschnitt 2 und 3 sowie den Ergebnissen einer Vorstudie[6] soll dabei ein Drei-Item-Instrument genutzt werden, das für jede Partei abgefragt wird. Dieses enthält eine kognitive Dimension der Zusammen- und Zugehörigkeit (*„Wenn ich über diese Partei spreche, sage ich meistens eher ,wir' als ,sie'"*, im Folgenden ,Wir'), eine emotionale Komponente (*„Erfolge dieser Partei sind für mich ein Grund zur Freude"*, im Folgenden ,Freude') sowie die Selbstzuschreibung typischer Eigenschaften als Zeichen der Annahme der sozialen Identifikation (*„Ich habe einige Eigenschaften, die typisch für Anhänger dieser Partei sind"*, im Folgenden ,Typisch'), die auf fünfstu-

---

5   Abkürzung für Identification with a Political Party.
6   Mit Hilfe einer studentischen Befragung, bei der die Parteineigungsfrage als Filter diente, konnte eine dreifaktorielle Struktur der IDPG-Skala auf Basis von N=255 mittels einer CFA (Verfahren MLMV) bestätigt werden: Zwei-Faktor-Modell wie bei Mael und Tetrick (1992): CFI=0,895, RMSEA=0,084 (0,067-0,138), AIC=4466,84; Drei-Faktor-Modell (F1:Items 1 2 4 5 7, F2: Items 6 8 9 10, F3: Items 3): CFI=0,963, RMSEA 0,050 (0,000-0,081), AIC=4441,453. Die Auswahl des Items erfolgte auf Basis der höchsten Ladungen bei F2, bei F1 auf Basis der Ergebnisse einer qualitativen Pilotstudie (N=5) und einer Diskussion der Angemessenheit des Einsatzes für die Parteiidentifikation mit Kollegen. Die Übersetzung der Items erfolgte dabei durch drei Kollegen und unter Berücksichtigung der schon durch Ohr und Quandt (2012) erfolgten Übersetzung. In zukünftigen Untersuchungen sollte darauf geachtet werden, dem längerfristigen Charakter der Parteiidentifikation gerecht zu werden und den erweiterten Zeithorizont zu betonen.

figen Ratingskalen von 1 „trifft überhaupt nicht zu" bis 5 „trifft voll und ganz zu" gemessen werden. Die drei Items werden zu einem Mittelwertindex zusammengefasst. Die interne Konsistenz ist dabei zufriedenstellend (α_{CDU}=0,79, α_{SPD} =0,77, $\alpha_{GRÜNE}$=0,75, α_{FDP}=0,75, α_{LINKE}=0,80).[7]

Das dritte Messinstrument, die SISI-PI, besteht aus der Einzelfrage zur sozialen Identifikation in der Modifikation nach Reysen et al. (2013): *Ich identifiziere mich stark mit dieser Partei*[8] und wird auf einer siebenstufigen Skala von 1=„stimme überhaupt nicht zu" bis 7=„stimme voll und ganz zu" gemessen.[9]

4.2 Zusammenhangsanalyse der neuen Messinstrumente und des Standarditems

Die Betrachtung der Korrelationen zwischen den verschiedenen Messinstrumenten in Tabelle 1 zeigt, dass die Parteineigungsfrage moderat, aber hoch signifikant, mit den neuen Messinstrumenten korreliert (r=0,34-0,53). Dabei zeigt das Item ‚Freude' der IDPP, das eine eher affektive Komponente der sozialen Identifikation mit einer Partei abdeckt, die höchste Korrelation eines Items der IDPP mit der Standardfrage (r=0,48). Dies deckt sich mit den Aussagen anderer Autoren, die deutsche Frageformulierung messe zu gewissen Teilen auch bloße Sympathien (Falter 1977) und stelle im weltweiten Vergleich eine eher weiche Frageversion (Johnston 2006) dar. Die höchste Korrelation weist jedoch die Einzelfrage SISI-PI auf (r=0,53). Hypothese 1 kann insgesamt vorläufig bestätigt werden.

Betrachtet man den Zusammenhang von SISI-PI und IDPP, so kann die Korrelation der SISI-PI von r=0,71 mit dem affektiven Item der IDPP (‚Freude') darauf hindeuten, dass die SISI-PI einen starken affektiven Bezug aufweist, während die Korrelation mit dem kognitiven Item wesentlich niedriger liegt (r=0,45). Für die Mehr-Item-Skala IDPP zeigt sich, dass die verschiedenen Items unterschiedliche Itemschwierigkeiten aufweisen. Während das Item ‚Wir' einen Mittelwert von 1,54 hat, liegt dieser beim Item ‚Freude' mit 2,36 wesentlich höher. Dieser Unterschied lässt sich bei allen Parteien betrachten, bei keiner Partei überschreitet der Mittelwert für ‚Wir' den Wert 1,64, während das Mittel des Items ‚Freude' im Schnitt zwischen 0,45 (FDP) und 1,05 (GRÜNE) Skalenpunkte darüber liegt. Das Item ‚Typisch' liegt dabei zwischen beiden Items. Dies entspricht den Zusammenhängen, die in Hypothese 2a formuliert wurden: Ein affektiv geprägtes Item, wie die Frage nach der Freude über die Erfolge einer Partei, kann auch von Befragten bejaht werden, die nicht unbedingt eine Bindung an diese Partei aufweisen, während ein Item, das konkret ein Zugehörigkeitsgefühl abdeckt, nur von Befragten positiv beantwortet wird, die sich tatsächlich auch als Anhänger sehen. Es stellt

---

7   Mael und Tetrick (1992, S. 817) selbst berichten α_{SE}=0,81, α_{SC}=0,66 für die beiden Teildimensionen, Ohr und Quandt (2012, S. 195) α =0,74 für ihre reduzierte Skala, daher bewegen sich die hier erreichten Werte im Rahmen bisheriger Ergebnisse.

8   Ob sich die SISI dann auf die Partei als Organisation oder die Gruppe der Parteianhänger beziehen sollte, bleibt noch offen. Beide Varianten sind jedoch mit r=0,84, p<0,001 sehr hoch korreliert. Aus Platzgründen wird in der vorliegenden Untersuchung jedoch nur die Variante mit dem Bezugspunkt der Partei verwendet, da sich die Parteineigungsfrage und die IDPP ebenfalls auf die Partei(-organisation) und weniger auf die Gruppe der Anhänger beziehen.

9   Die Parteineigungsfrage wurde dabei gemäß dem üblichen Vorgehen in der GLES am Ende der Befragung platziert, während die SISI-PI zu Beginn und die IDPP-Skala in der Mitte erhoben wurden.

sich jedoch angesichts der sehr niedrigen Zustimmungswerte des Items ‚Wir' die Frage, ob dieses Item für die Messung einer psychologischen Bindung an eine Partei zu stark formuliert ist. Dieses Item bezieht sich nicht nur auf die eigene Zugehörigkeit zu einer sozialen Kategorie, sondern beinhaltet gleichzeitig eine Referenz auf ein Zusammengehörigkeitsgefühl. Kaina und Karolewski (2013) zeigen, dass ein Gefühl der Zugehörigkeit eine notwendige, jedoch keine hinreichende Bedingung für eine gefühlte Zusammengehörigkeit ist. Zudem stellt sich die Frage, ob ein solches Gefühl der Zusammengehörigkeit bei einer psychologischen Identifikation mit einer Parteiorganisation überhaupt bestehen kann. Auch bei Ohr und Quandt (2012) erfuhr dieses Item niedrige Zustimmung. Möglicherweise ist die Formulierung daher für die Erhebung der Bindung an eine Partei nicht angemessen.[10] Die Reihenfolge der Schwierigkeiten entspricht Hypothese 2b.

Tabelle 1: Verteilung und Korrelationen zwischen den Items

	Messinstrument	Mittel-wert	sd.	Trenn-schärfe-Koeffizient	Korrelationskoeffizienten			
					(1)	(2)	(3)	(4)
(1)	Parteineigungsfrage	0,44	1,21		1,00			
(2)	Wenn ich über diese Partei spreche, sage ich meistens eher „wir" als „sie	1,54	0,97	0,51	0,34	1,00		
(3) IDPP	Erfolge der Partei sind für mich ein Grund zur Freude	2,36	1,29	0,69	0,48	0,47	1,00	
(4)	Ich habe einige Eigenschaften, die typisch für Anhänger dieser Partei sind.	2,20	1,21	0,69	0,41	0,46	0,69	1,00
(5) SISI-PI	Ich identifiziere mich stark mit dieser Partei	2,27	1,24		0,53	0,45	0,71	0,64

Anmerkung: Stacked data, N=5070, Parteineigungsfrage: (0=keine PI – 5=sehr starke PI). Alle Korrelationen Pearsons r und auf 0,1% Niveau signifikant, Item 5 rekodiert (1 2/3 4 5/6 7), die Korrelation zwischen rekodiertem Item und Originalitem liegt dabei zwischen r=0,98 und r=0,99, p<0,001, es ist davon auszugehen, dass diese Rekodierung Intensität und Stärke der Zusammenhänge nicht substantiell beeinflusst.

Es wurde angenommen, dass die drei Items nach ihrer Schwierigkeit in eine Reihenfolge gebracht werden können, die monoton eingehalten wird. Daher wird ein Befragter, der dem Item ‚Wir' zustimmt, in der Regel auch dem Item ‚Freude' zustimmen.[11] Eine solche Reihenfolge lässt sich auch für die fünf Parteien erkennen, zwischen 92 (GRÜNE) und 96 (FDP) Prozent der Befragten antworteten entspre-

---

10 Erste Ergebnisse aus eigenen qualitativen Befragungen mit Anhängern der GRÜNEN und der SPD bestätigen diesen Eindruck.

11 Der Reproduktionskoeffizient nach Guttman liegt bei 0,957, somit würde es sich um eine sehr gute, wenn auch sehr kurze Guttman-Skala handeln.

chend diesem Muster.[12] Da nur ein Bruchteil der Befragten ein Zugehörigkeitsgefühl zur Partei aufweist, ohne anzugeben, sich über die Erfolge dieser Partei zu freuen (0,6-1,3 Prozent), kann auch Hypothese 2c vorläufig bestätigt werden.

4.3 Der Einfluss der Parteiidentifikation auf politische Einstellungen und Wahlentscheidung

Der Parteiidentifikation wird vielfach die Funktion eines ‚Wahrnehmungsfilters‘ zugeschrieben, der die Beurteilung der Kandidaten prägt und häufiger zur Wahl der eigenen Identifikationspartei führt. In Tabelle 2 sind die Ergebnisse einer Regressionsanalyse auf die Kandidatenorientierung dargestellt. Dabei ist neben soziodemographischen Kontrollvariablen auch die Parteineigung für die Partei des Kandidaten im Modell enthalten. Gleichzeitig können die Effekte für die neuen Messinstrumente IDPP und SISI-PI für alle fünf abgefragten Parteien untersucht werden. Es fällt auf, dass sich die Koeffizienten von Modell 1 (IDPP) und Modell 2 (SISI-PI) in Stärke, Signifikanz und Richtung stark ähneln. Bis auf die Erklärung der Kandidatenorientierung für Rösler hat dabei die Parteineigung für die jeweilige Partei, auch nach Kontrolle der neuen Messinstrumente, weiterhin einen signifikanten Einfluss auf die Kandidatenorientierung. In allen Fällen ist der Einfluss der neuen Messinstrumente höher als der Einfluss der Parteineigungsfrage. Schätzt man die Modelle einmal ohne die neuen Messinstrumente und einmal mit ihnen, so ergibt sich nach Einbeziehung der IDPP-Skala ein Zuwachs des korrigierten R^2 von knapp 0,13 bis 0,21 sowie nach Einbeziehung der SISI-PI ein Zuwachs von 0,18 bis 0,25. Die Hypothesen 3a und 3b können daher bestätigt werden.

Durch die simultane Betrachtung der neuen Messinstrumente für alle fünf Parteien zeigt sich, dass eine Identifikation innerhalb des eigenen ideologischen Lagers zusätzlich bei fast allen Parteien einen signifikanten positiven Einfluss auf die Bewertung des Kandidaten der designierten Koalitionspartei aufweisen kann. Dies entspricht Hypothese 3d. Zugleich wirken sich negative Identifikationen mit dem gegnerischen Lager ebenfalls in einer höheren Sympathie für die Kandidaten des eigenen Lagers aus, so werden Steinbrück und Trittin positiver wahrgenommen, umso niedriger die Identifikation mit der CDU ist. Dieser Effekt trifft jedoch nicht für alle Parteien gleichermaßen zu, so hat eine IDPP für die GRÜNEN und die SPD keinen signifikanten Einfluss auf die Beurteilung der Kandidaten der CDU und FDP. Auffällig ist jedoch, dass eine Identifikation mit der SPD einen positiven Einfluss auf die Sympathie mit Angela Merkel hat, dieser Einfluss ist jedoch nur in Modell 2 signifikant. Hypothese 3c kann daher nur teilweise bestätigt werden.

---

12 Siehe Online-Anhang für eine grafische Darstellung, Zustimmung entspricht dabei dem Skalenwert 4 oder 5.

Tabelle 2: Lineare Regressionsanalyse des simultanen Einflusses neuer Messinstrumente auf die Kandidatenorientierung

	Modell 1 (IDPP als unabhängige Variable)					Modell 2 (SISI-PI als unabhängige Variable)				
	Merkel	Steinbrück	Trittin	Rösler	Lafontaine	Merkel	Steinbrück	Trittin	Rösler	Lafontaine
Parteineigung	0,46***	0,32***	0,22***	0,09	0,26***	0,30***	0,28***	0,21***	0,27**	0,18**
	(0,07)	(0,07)	(0,07)	(0,13)	(0,08)	(0,06)	(0,07)	(0,07)	(0,12)	(0,08)
IDPP/SISI CDU	1,58***	-0,41***	-0,53***	-0,04	-0,36***	2,06***	-0,07	-0,20**	0,23**	-0,15
	(0,11)	(0,10)	(0,09)	(0,09)	(0,09)	(0,11)	(0,10)	(0,09)	(0,09)	(0,10)
IDPP/SISI SPD	0,11	1,20***	0,07	-0,04	0,07	0,37***	1,61***	0,46***	0,09	0,22**
	(0,12)	(0,14)	(0,11)	(0,10)	(0,11)	(0,11)	(0,13)	(0,10)	(0,10)	(0,11)
IDPP/SISI GRÜNE	-0,03	0,26**	1,32***	-0,20*	-0,05	-0,06	0,33***	1,47***	0,01	0,07
	(0,12)	(0,12)	(0,13)	(0,10)	(0,11)	(0,11)	(0,12)	(0,12)	(0,10)	(0,11)
IDPP/SISI FDP	-0,24*	-0,06	-0,10	1,32***	-0,35***	-0,02	-0,04	-0,06	1,38***	-0,36***
	(0,13)	(0,13)	(0,12)	(0,13)	(0,12)	(0,13)	(0,13)	(0,12)	(0,13)	(0,13)
IDPP/SISI LINKE	-0,58***	-0,22**	0,08	-0,25***	1,36***	-0,54***	-0,03	0,13	-0,18**	1,67***
	(0,10)	(0,10)	(0,09)	(0,08)	(0,11)	(0,10)	(0,10)	(0,09)	(0,09)	(0,11)
Alter	-0,01	-0,01*	-0,01	-0,02***	-0,01**	-0,00	-0,00	0,00	-0,02***	-0,01
	(0,00)	(0,01)	(0,01)	(0,01)	(0,01)	(0,01)	(0,01)	0,01	(0,01)	(0,01)
Weiblich	0,79***	-0,19	0,40***	0,56***	0,46***	0,67***	-0,22	0,47***	0,47***	0,51***
	(0,16)	(0,16)	(0,15)	(0,14)	(0,15)	(0,15)	(0,15)	(0,14)	(0,14)	(0,15)
Wohnort Ost	0,60***	-0,22	-0,29	-0,25	-0,30	0,63***	-0,23	-0,19	-0,20	-0,22
	(0,21)	(0,21)	(0,19)	(0,19)	(0,20)	(0,20)	(0,20)	(0,19)	(0,19)	(0,20)
Bildung	0,35**	0,31*	-0,24	-0,22	-0,54***	0,24	0,20	-0,36**	-0,32**	-0,58***
	(0,17)	(0,17)	(0,15)	(0,15)	(0,16)	(0,16)	(0,16)	(0,15)	(0,15)	(0,16)
Konstante	-3,59***	-1,64***	-2,23***	-3,07***	-1,45**	-5,17***	-3,67***	-4,42***	-4,24***	-3,15***
	(0,60)	(0,60)	(0,55)	(0,53)	(0,58)	(0,62)	(0,62)	(0,59)	(0,57)	(0,61)
Adj. R²	0,43	0,30	0,33	0,22	0,34	0,49	0,36	0,35	0,24	0,37
Δ R² zum Modell ohne SISI/IDPP	0,19	0,13	0,21	0,15	0,19	0,25	0,18	0,23	0,17	0,22
N	980	960	964	965	969	980	960	964	965	969

Anmerkung: Unstandardisierte Regressionskoeffizienten, Standardfehler in Klammer, abhängige Variable gemessen auf einem Skalometer von -5=halte überhaupt nichts bis +5=halte sehr viel von diesem Politiker. PID jeweils Mittelwertsindex von 1 bis 5; Parteineigung jeweils für die Partei des Kandidaten, kodiert mit 0=keine PI bis 5 = „sehr starke PI"; Bildung vierstufig: kein Abschluss, Hauptschul-, Realschulabschluss und (Fach)Hochschulreife.

Schlussendlich soll untersucht werden, welchen Einfluss die neuen Messinstrumente auf die Erklärung der Wahlentscheidung haben. Hier ist notwendig, dass sich Wahlentscheidung und Parteiidentifikation empirisch klar trennen lassen und separate Konstrukte darstellen (Falter 1977). Gleichwohl sollte jedoch zwischen allen Messinstrumenten und der Wahlabsicht ein starker, positiver Zusammenhang bestehen. Untersucht man Interkorrelationen mit der Wahlabsicht (siehe Online-Anhang, Tabelle 2), so weisen alle Messinstrumente hochsignifikante (alle p<0,001), moderate bis hohe Zusammenhänge auf. Die Parteineigungsfrage korreliert dabei am stärksten mit der Wahlabsicht (r=0,67), während das Item ‚Wir‘ nur schwach mit der Wahlabsicht korreliert (r=0,27; IDPP r=0,44). Dies könnte, wie bereits in Abschnitt 4.2 diskutiert, dadurch bedingt sein, dass viele Wähler und tatsächliche Anhänger einer Partei kein Gefühl der Zusammengehörigkeit mit anderen Anhängern verspüren. Die SISI-PI weist eine moderate Korrelation mit der Wahlabsicht auf (r=0,50). Generell zeigt sich, dass das affektive Item ‚Freude‘ (r=0,44) und die Parteineigungsfrage (die in der Regel als eher affektive Frage eingeordnet wird) eine recht hohe Korrelation mit der Wahlabsicht aufweisen, ähnliches gilt für die Einzelfrage, die ja bereits in Abschnitt 4.2 stark mit dem affektiven Item korrelierte. Es stellt sich die Frage, ob das verwendete Item ‚Wir‘ für die Erhebung der kognitiven Dimension (die Frage nach dem ‚Wir-Gefühl‘) ungeeignet ist. Bei bisherigen Studien zeigte sich, dass die Einzelfrage SISI stärker mit kognitiven Subskalen korreliert, während hier ein starker Zusammenhang mit den affektiven Items besteht, was die These der suboptimalen Frageformulierung des Items ‚Wir‘ stützen könnte. Möglich wäre aber auch, dass erst eine emotionale Bewertung der Partei einen Anhänger zur Wahl einer Partei ‚aktiviert‘.

Bei der Kandidatenorientierung konnte bereits gezeigt werden, dass die neuen Messinstrumente, auch bei Berücksichtigung der Parteineigungsfrage, die Erklärungskraft der Modelle deutlich erhöhen. Um dies auch für die Wahlentscheidung zu betrachten, wurden logistische Regressionsmodelle für die fünf größten Parteien gerechnet, in denen die Kovariaten Lösungskompetenzzuspruch, Kandidatenorientierung, Geschlecht, Alter, Bildung und Herkunft Ost/West kontrolliert wurden.[13] Die Parteineigungsfrage wurde ebenfalls in die Modelle aufgenommen. Die Ergebnisse dieser zehn Berechnungen sind in Abbildung 1 zu sehen: Für jede Partei wurde die Wahlwahrscheinlichkeit in Abhängigkeit vom neuen Messinstrument für diese Partei abgetragen. Alle anderen Variablen wurden dabei auf ihren Mittelwert/Median fixiert. Um zu zeigen, welchen zusätzlichen Einfluss die neuen Instrumente aufweisen, wurde der Wert für die Parteineigungsfrage einmal auf 0 und einmal auf größer 0 gesetzt.

---

13 Lösungskompetenzzuspruch: „Und welche Partei ist geeignet, das wichtigste Problem in Deutschland zu lösen?“; Kandidatenorientierung „Was halten Sie von diesem Politiker?“, abgefragt für Merkel, Steinbrück, Trittin, Rösler und Lafontaine auf elfstufiger Skala; andere Operationalisierungen siehe Tabelle 2.

Abbildung 1: Identifikation mit einer Partei und Wahlabsicht (vorhergesagte Wahrscheinlichkeiten)

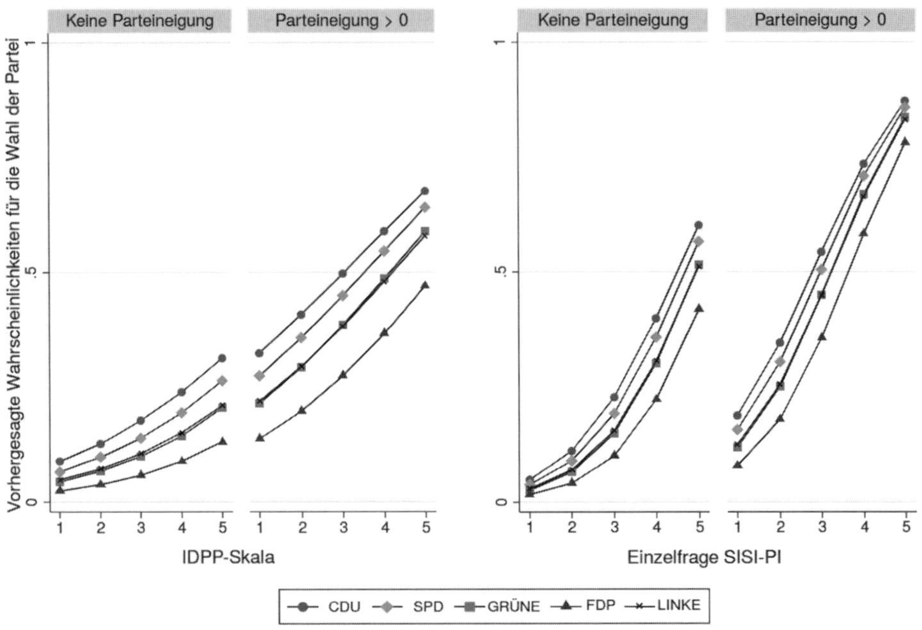

Bei Befragten, die keine Parteineigung aufweisen, liegt die Wahrscheinlichkeit, eine Partei zu wählen, beim Skalenwert 1 für die IDPP-Skala bei zwei bis neun Prozent, für die SISI-PI beim Skalenwert 1 bei knapp zwei bis fünf Prozent. Die Wahrscheinlichkeit steigt in Abhängigkeit vom Skalenwert für die IDPP/SISI-PI deutlich um bis zu 25-50 Prozentpunkte an. Auch bei Befragten mit einer Partei-neigung können die neuen Messinstrumente die Wahrscheinlichkeit, die jeweilige Partei zu wählen, weiter beeinflussen. So weisen Befragte mit einer Parteineigung für die SPD bei einem Wert für die SISI-PI von 3 eine knapp 50-prozentige Wahr-scheinlichkeit für die Wahl der SPD auf. Diese Wahlwahrscheinlichkeit steigt bei einem Wert für die SISI-PI von 5 auf knapp 85 Prozent. Ähnliches gilt für die ID-PP-Skala, hier steigt die Wahrscheinlichkeit für die Wahl der SPD von knapp 44 Prozent (IDPP=3) auf 63 Prozent (IDPP=5). Generell lässt sich feststellen, dass die Einzelfrage die Wahlwahrscheinlichkeit für die jeweilige Partei stärker beeinflusst als die IDPP. Vor allem bei niedrigen Werten für die SISI-PI sind die Wahlwahr-scheinlichkeiten wesentlich geringer als bei den entsprechenden Werten für die IDPP. Dies könnte möglicherweise dadurch begründet sein, dass die SISI-PI eine starke affektive Orientierung aufweist, die sich bei der Wahlabsicht als entschei-dend für die tatsächliche Stimmabgabe zeigt. Generell lässt sich feststellen, dass die beiden Messinstrumente, selbst bei Vorliegen einer Parteineigung, einen zu-sätzlichen Einfluss auf die Erklärung der Wahl einer Partei aufweisen.

5. Fazit

Ziel des Beitrags war es, ein Messinstrument für die Parteiidentifikation zu erarbeiten, das die theorieadäquate Messung ermöglicht. Basierend auf dem aktuellen Forschungsstand zur Messung sozialer Identifikation wurden zwei Messinstrumente vorgestellt, die eine solche theorieadäquate Messung ermöglichen. Diese beiden Messinstrumente wurden im November 2013 in einer Onlineumfrage für alle etablierten Parteien erhoben. Während die IDPG-Skala von Mael und Tetrick (1992) schon mehrfach für die Messung der Parteiidentifikation eingesetzt wurde, stellt diese Studie die erste Anwendung der SISI für die Erhebung der Parteiidentifikation dar.

Mit Hilfe dieser Studie konnte nun exemplarisch gezeigt werden, welche Potentiale ein neues Messinstrument aufweisen kann. Die Analyse zeigte, dass die ID-PP-Skala eine zufriedenstellende interne Konsistenz aufweist und beide Instrumente moderat (r=~0,4-0,5) mit der Standardfrage zusammenhängen. Zudem korreliert das affektive Item der IDPP stark mit der SISI-PI, was bisherigen Studien widerspricht und möglicherweise zeigt, dass die Frage zur Gruppenzugehörigkeit des IDPP eher ungeeignet für die Erhebung der Parteiidentifikation ist, da nicht nur ein Zugehörigkeitsgefühl, sondern bereits ein Zusammengehörigkeitsgefühl gemessen wird. Analog zu den Annahmen der SIT gibt es kaum Befragte, die sich einer Partei zugehörig fühlen, ohne dass diese Partei für sie eine emotionale Bedeutung hat. Da nur Querschnittsdaten vorlagen, konnten die verschiedenen Identifikationsdimensionen zur Untersuchung nicht voll ausgeschöpft werden. Für weitere Analysen erscheint es von Interesse, mit Hilfe der verschiedenen Items der IDPP-Skala Desidentifikationsprozesse nachzuvollziehen – kommt es zuerst zu einem Rückgang der positiven Beurteilung der Erfolge einer Partei, bevor das Gefühl der Zugehörigkeit zur Partei abnimmt?

Beide Messinstrumente können erfolgreich zur Erklärung der Kandidatenorientierung herangezogen werden. Auch nach Kontrolle für die Standardfrage weisen sie einen eigenen Einfluss auf. Zudem haben sie auf die Kandidatenorientierung mit allen Politikern einen größeren Einfluss als die Parteineigungsfrage. Durch die simultane Erhebung der Items für alle etablierten Parteien ist es möglich, die Skalen für alle Parteien gleichzeitig in die Analyse mit einzubeziehen. Dabei zeigte sich, dass Identifikationen innerhalb des eigenen Lagers zusätzlich einen positiven Einfluss auf die Kandidatenorientierung aufweisen, bzw. dass Identifikationen mit Parteien des gegnerischen Lagers einen negativen Einfluss auf die Kandidatenorientierung zeigen. Durch den Einbezug der neuen Messinstrumente steigt die Erklärungskraft der einzelnen Modelle um mindestens 13 (IDPP) bzw. 18 (SISI-PI) Prozent. Betrachtet man den Effekt der neuen Messinstrumente auf die Wahlentscheidung, so zeigt sich, dass beide Messinstrumente, zusätzlich zur Parteineigungsfrage, einen signifikanten eigenen Einfluss aufweisen.

Beide Messinstrumente zeigen die Zusammenhänge, die für Indikatoren, die die Parteiidentifikation messen, theoretisch zu erwarten sind: Es besteht eine starke Korrelation mit der Wahlabsicht, trotzdem sind Wahlabsicht und Parteiidentifikation voneinander verschieden. Kandidatenorientierung und Wahlabsicht werden positiv beeinflusst, zudem besteht ein moderater Zusammenhang mit der

Parteineigungsfrage, die bereits als etabliert gilt, aber eine eher affektive Seite der Parteiidentifikation zu messen scheint (Falter 1977). Es konnte gezeigt werden, dass beide Operationalisierungen einen zusätzlichen Informationsgewinn bieten, der bis jetzt noch nicht durch das Standardinstrument abgedeckt war. Dabei konnten in der multivariaten Analyse kaum Unterschiede zwischen den Ergebnissen für die beiden Messinstrumente festgestellt werden, was das Potential einer Einzelfrage für größere Befragungen, bei der die Untersuchung verschiedener Teildimensionen nicht von Interesse ist, verdeutlicht.

Eine Analyse negativer und multipler Parteibindungen war mit dem Standardinstrument bisher nicht möglich. Der Ansatz der sozialen Identität verspricht hier großes Potential, da auch die Wirkungsweise dieser Bindungen überzeugend konzeptualisiert werden kann. Es wurde gezeigt, dass durch die Erhebung der Instrumente für alle Parteien negative und multiple Bindungen einfach integriert werden können.

Da die Umfrage zwei Monate nach der Bundestagswahl 2013 durchgeführt wurde und der Zugang zur Umfrage lediglich quotiert erfolgte, stellt sich die Frage nach der Belastbarkeit der Ergebnisse. Es ist zu vermuten, dass einige Zusammenhänge, wie beispielsweise die positive Beurteilung von Angela Merkel durch SPD-Parteianhänger, möglicherweise dem politischen Kontext der damaligen Koalitionsverhandlungen zwischen CDU/CSU und SPD geschuldet sind. Auch wenn dies abschließend erst durch eine erneute Untersuchung geklärt werden kann, so zeigte sich dennoch, dass die separat untersuchten Zusammenhänge zwischen etablierten Konstrukten (beispielsweise Wahlintention, Kandidatenorientierung oder Issueorientierung) denen repräsentativer Studien entsprechen. Durch eine, eventuell qualitative, Untersuchung sollte jedoch geklärt werden, ob das Item ‚Wir‘ tatsächlich als ungeeignet empfunden wird, die eigene Zugehörigkeit zur Partei auszudrücken. Während die Einzelfrage SISI-PI eine sparsame Möglichkeit einer erweiterten Messung der Parteiidentifikation bietet, stellt sich die Frage, was hiermit eigentlich gemessen wird. Eine ähnliche Frage wird bereits seit Jahren ohne definitive Antwort bei den Sympathieskalometern für die einzelnen Parteien diskutiert: Was bedeutet es, etwas von einer Partei zu halten? Was meinen Befragte damit, sich mit etwas zu identifizieren? Hängt die Verwendung der Formulierung ‚identifizieren‘ eventuell vom Alter der Befragten ab, da sich diese Redensart erst in den letzten Jahren etabliert hat? Auch hierfür wäre eine weitere Untersuchung notwendig. Zudem erscheint eine ausführliche Validierung der Instrumente, auch hinsichtlich der Stabilität, unverzichtbar und ist nach einer erneuten Datenerhebung geplant.

Generell lässt sich auf Basis der Ergebnisse der Arbeit feststellen, dass sich auch nach 60 Jahren Forschung zum sozialpsychologischen Modell Lücken und Ansatzmöglichkeiten für Verbesserungen finden lassen, um die Parteiidentifikation und ihre Auswirkungen auf politische Einstellungen und Wahlverhalten präziser als bisher zu betrachten.

Literatur

Arzheimer, Kai, und Harald Schoen. 2005. Erste Schritte auf kaum erschlossenen Terrain. Zur Stabilität der Parteiidentifikation in Deutschland. *Politische Vierteljahresschrift* 46: 629–654.

Ashmore, Richard D., Kay Deaux, und Tracy McLaughlin-Volpe. 2004. An organizing framework for collective identity: articulation and significance of multidimensionality. *Psychological bulletin* 130: 80–114. doi: 10.1037/0033-2909.130.1.80.

Bartle, John, und Paolo Bellucci (Hrsg.). 2009. *Political parties and partisanship.* Social identity and individual attitudes. London: Routldge.

Belknap, George, und Angus Campbell. 1951. Political Party Identification and Attitudes Toward Foreign Policy. *Public Opinion Quarterly* 15: 601–623. doi: 10.1086/266348.

Berger, Manfred. 1973. Parteiidentifikation in der Bundesrepublik. *Politische Vierteljahresschrift* 14: 215–225.

Brewer, Marilynn B., und Rupert J. Brown. 1998. Intergroup relations. In *The handbook of social psychology*, Hrsg. Daniel Todd Gilbert, Susan T. Fiske, und Gardner Lindzey, 554–594. Boston, Mass.: McGraw-Hill.

Budge, Ian, Ivor Crewe, und Dennis Farlie (Hrsg.). 1976. *Party identification and beyond.* Representations of voting and party competition. London: Wiley.

Cameron, James E. 2004. A Three-Factor Model of Social Identity. *Self and Identity* 3: 239–262. doi: 10.1080/13576500444000047.

Campbell, Angus, Philip E. Converse, Warren E. Miller, und Donald E. Stokes. 1960. *The American voter.* Chicago: Univ. of Chicago Pr.

Campbell, Angus, Gerald Gurin, und Warren E. Miller. 1954. *The voter decides.* Westport, Conn: Greenwood Press.

Falter, Jürgen W. 1977. Einmal mehr: Lässt sich das Konzept der Parteiidentifkation auf deutsche Verhältnisse übertragen? Theoretische, methodologische und empirische Probleme einer Validierung des Konstrukts „Parteiidentifikation" für die Bundesrepublik Deutschland. *Politische Vierteljahresschrift* 18: 476–500.

Falter, Jürgen W., Harald Schoen, und Claudio Caballero. 2000. Dreißig Jahre danach: Zur Validierung des Konzepts ‚Parteiidentifikation' in der Bundesrepublik. In *50 Jahre empirische Wahlforschung in Deutschland. Entwicklung, Befunde, Perspektiven, Daten*, Hrsg. Markus Klein, Wolfgang Jagodzinski, Dieter Ohr, und Ekkehard Mochmann, 235–271. Wiesbaden: Westdt. Verl.

Festinger, Leon. 1954. A Theory of Social Comparison Processes. *Human Relations* 7: 117–140. doi: 10.1177/001872675400700202.

Fiorina, Morris P. 1981. *Retrospective voting in American national elections.* New Haven: Yale University Press.

Garry, John. 2007. Making ‘party identification' more versatile: Operationalising the concept for the multiparty setting. *Electoral Studies* 26: 346–358. doi: 10.1016/j.electstud.2006.07.003.

Gluchowski, Peter. 1983. Wahlerfahrung und Parteiidentifikation. Zur Einbindung von Wählern in das Parteiensystem der Bundesrepublik. In *Wahlen und politisches System. Analysen aus Anlass der Bundestagswahl 1980*, Hrsg. Max Kaase, 442–477. Opladen: Westdt. Verlag.

González, Roberto, Jorge Manzi, José L. Saiz, Marilynn Brewer, Pablo de Tezanos-Pinto, David Torres, María Teresa Aravena, und Nerea Aldunate. 2008. Interparty Attitudes in Chile: Coalitions as Superordinate Social Identities. *Political Psychology* 29: 93–118. doi: 10.1111/j.1467-9221.2007.00614.x.

Green, Donald P., Bradley Palmquist, und Eric Schickler. 2002. *Partisan hearts and minds.* Political parties and the social identities of voters. New Haven/Conn/London: Yale University Press.

Green, Donald Philip, und Eric Schickler. 1993. Multiple-Measure Assessment of Party Identification. *The Public Opinion Quarterly* 57: 503–535.

Greene, Steven. 1999. *The Psychological Structure of Partisanship: Affect, Cognition, and Social Identity in Party Identification*: The Ohio State University, Dissertation.

Greene, Steven. 2002. The Social-Psychological Measurement of Partisanship. *Political Behavior* 24: 171–197.

Hogg, Michael A., und Joanne R. Smith. 2007. Attitudes in social context: A social identity perspective. *European Review of Social Psychology* 18: 89–131.

Hyman, Herbert H., und Eleanor Singer. 1968. Introduction. In dies.: *Readings in Reference Group Theory and Research*, 3–21. New York: Free Press.

Jackson, Jay W., und Eliot R. Smith. 1999. Conceptualizing Social Identity: A New Framework and Evidence for the Impact of Different Dimensions. *Personality and Social Psychology Bulletin* 25: 120–135. doi: 10.1177/0146167299025001010.

Johnston, Richard. 2006. Party Identification: Unmoved Mover or Sum of Preferences? *Annual Review of Political Science* 9: 329–351. doi: 10.1146/annurev.polisci.9.062404.170523.

Kaase, Max. 1976. Party Identification and Voting Behaviour in the West German Election of 1969. In *Party identification and beyond. Representations of voting and party competition*, Hrsg. Ian Budge, Ivor Crewe, und Dennis Farlie, 81–102. London: Wiley.

Kaase, Max, und Hans-Dieter Klingemann. 1994. Electoral research in the Federal Republic of Germany. *European Journal of Political Research* 25: 343–366. doi: 10.1111/j.1475-6765.1994.tb00425.x.

Kaina, Viktoria, und Ireneusz Pawel Karolewski. 2013. EU governance and European identity. *Living Reviews in European Governance* 8 (Stand: 09.02.2015).

Kelley, Harold. 1968. Two Functions of Reference Groups. Readings in Reference Group Theory. Reprint 1952. In *Readings in Reference Group Theory and Research*, Hrsg. Herbert H. Hyman, und Eleanor Singer, 77–83. New York: Free Press.

Kelly, Caroline. 1988. Intergroup differentiation in a political context. *British Journal of Social Psychology* 27: 319–332. doi: 10.1111/j.2044-8309.1988.tb00835.x.

Leach, Colin Wayne, Martijn van Zomeren, Sven Zebel, Michael L. W. Vliek, Sjoerd F. Pennekamp, Bertjan Doosje, Jaap W. Ouwerkerk, und Russell Spears. 2008. Group-level self-definition and self-investment: A hierarchical (multicomponent) model of in-group identification. *Journal of Personality and Social Psychology* 95: 144–165. doi: 10.1037/0022-3514.95.1.144.

Lewis-Beck, Michael S., William G. Jacoby, Helmut Norpoth, und Herbert F. Weisberg. 2008. *The American voter revisited.* Ann Arbor: University of Michigan Press.

Livingstone, Andrew, und S. Alexander Haslam. 2008. The importance of social identity content in a setting of chronic social conflict: Understanding intergroup relations in

Northern Ireland. *British Journal of Social Psychology* 47: 1–21. doi: 10.1348/ 014466607X200419.

Luhtanen, Riia, und Jennifer Crocker. 1992. A Collective Self-Esteem Scale: Self-Evaluation of One's Social Identity. *Personality and Social Psychology Bulletin* 18: 302–318. doi: 10.1177/0146167292183006.

Mael, Fred A., und Lois E. Tetrick. 1992. Identifying Organizational Identification. *Educational and Psychological Measurement* 52: 813–824.

Medeiros, Mike, und Alain Noel. 2014. The Forgotten Side of Partisanship: Negative Party Identification in Four Anglo-American Democracies. *Comparative Political Studies* 47: 1022–1046. doi: 10.1177/0010414013488560.

Merton, Robert K., und Alice Kitt Rossi. 1968. Contributions to the Theory of Reference Group Behavior. In *Readings in Reference Group Theory and Research*, Hrsg. Herbert H. Hyman, und Eleanor Singer, 28–68. New York: Free Press.

Ohr, Dieter, und Markus Quandt. 2012. Parteiidentifikation in Deutschland: Eine empirische Fundierung des Konzeptes auf Basis der Theorie „Sozialer Identität". *Politische Vierteljahresschrift, Sonderheft 2011*: 179–202.

Postmes, Tom, S. Alexander Haslam, und Lise Jans. 2013. A single-item measure of social identification: Reliability, validity, and utility. *British Journal of Social Psychology* 52: 597–617. doi: 10.1111/bjso.12006.

Reysen, Stephen, Iva Katzarska-Miller, Sundé M. Nesbit, und Lindsey Pierce. 2013. Further validation of a single-item measure of social identification. *European Journal of Social Psychology*: 463–470. doi: 10.1002/ejsp.1973.

Rosema, Martin, und Margarita Krochik. 2009. *Dissecting partisanship: Social identity, in-group and out-group attitudes, and electoral choice.* http://www.utwente.nl/mb/pa/ staff/rosema/publications/working_papers/paper_rosema_and_krochik_ispp.pdf.

Roth, Dieter. 2008. *Empirische Wahlforschung*. Ursprung, Theorien, Instrumente und Methoden. Wiesbaden: VS Verlag für Sozialwissenschaften.

Schoen, Harald, und Cornelia Weins. 2005. Der sozialpsychologische Ansatz zur Erklärung von Wahlverhalten. In *Handbuch Wahlforschung*, Hrsg. Jürgen W. Falter, und Harald Schoen, 187–242. Wiesbaden: VS Verlag für Sozialwissenschaften.

Schultze, Martin. 2012. Parteiidentifikation trotz kognitiver Mobilisierung. *Zeitschrift für Politikwissenschaft* 22: 271–286.

Stürmer, Stefan, und Bernd Simon. 2004. The role of collective identification in social movement participation: a panel study in the context of the German gay movement. *Personality & social psychology bulletin* 30: 263–277. doi: 10.1177/ 0146167203256690.

Tajfel, Henri. 1979. Individuals and groups in social psychology. *British Journal of Social & Clinical Psychology* 18: 183–190.

Tajfel, Henri. 1981. *Human groups and social categories*. Studies in social psychology. Cambridge: Cambridge Univ. Press.

Tajfel, Henri, und John C. Turner. 1979. An integrative theory of intergroup conflict. In *The social psychology of intergroup relations*, Hrsg. William G. Austin, und Stephen Worchel, 33–47. Monterey, Calif: Brooks/Cole.

Turner, John. 1982. Towards a cognitive redefinition of the social group. In *Social Identity and Intergroup Relations*, Hrsg. Henri Tajfel, 15–40. Cambridge: Cambridge University Press.

Turner, John C., Michael A. Hogg, Penelope Oakes, Stephen D. Reicher, und Margaret S. Wetherell. 1987. *Rediscovering the social group*. A self-categorization theory. Oxford: Blackwell.

Turner, John C., Penelope J. Oakes, S. Alexander Haslam, und Craig McGarty. 1994. Self and Collective: Cognition and Social Context. *Personality and Social Psychology Bulletin* 20: 454–463. doi: 10.1177/0146167294205002.

Turner, John C., und Katherine J. Reynolds. 2010. The story of social identity. In *Rediscovering social identity*, Hrsg. Tom Postmes, und Nyla R. Branscombe, 13–32. New York: Psychology Press.

Weisberg, Herbert F. 1999. Political Partisanship. In *Measures of political attitudes*, Hrsg. John P. Robinson, Phillip R. Shaver und Lawrence S. Wrightsman, 681–729. San Diego: Acad. Press.

Weisberg, Herbert F., und Edward B. Hasecke. 1999. *What is Partisan Strength? A Social Identity Theory Approach*. Paper presented at the annual meeting of the American Political Science Association, Atlanta, GA.

Groupthink und Regierungssysteme: Außenpolitische Fiaskos als kontextabhängiges Phänomen?

Klaus Brummer

1. Einleitung

Der analytische Fokus dieses Beitrags liegt auf der außenpolitischen Entscheidungsfindung in Kleingruppen. Hierunter fallen Regierungen und Regierungsausschüsse ebenso wie *ad hoc* gebildete Gremien, die mit außenpolitischen Entscheidungen betraut werden. Kleingruppen sind in der außenpolitischen Entscheidungsfindung allgegenwärtig (Hart et al. 1997a, S. 8). Dabei wird der Entscheidungsfindung in Kleingruppen im Vergleich zur Entscheidungsfindung durch Einzelpersonen eine Reihe von positiven Effekten zugesprochen, etwa in Form der Verbreiterung der Expertise, auf deren Grundlage eine Entscheidung getroffen werden kann, oder aufgrund der Möglichkeit der kritischen Prüfung von Positionen durch mehrere Personen.

Die außenpolitische Entscheidungsfindung in Kleingruppen kann allerdings auch negative Folgen zeitigen. Das gilt insbesondere dann, wenn Konformitätszwänge, die häufig aus der wiederholten Interaktion innerhalb der Gruppe herrühren, dazu führen, dass die oben angeführten positiven Effekte einer Entscheidungsfindung in Gruppen überlagert werden (Vertzberger 1990, S. 241). Das wohl am häufigsten im Zusammenhang mit fehlerhaften außenpolitischen Entscheidungen von Kleingruppen diskutierte Phänomen ist *Groupthink* (Janis 1972, 1982).[1] Dieses verweist auf „a deterioration of mental efficiency, reality testing, and moral judgment that results from in-group pressures" (Janis 1982, S. 9). Mitglieder einer Entscheidungsgruppe, die zum „Opfer" von *Groupthink* (*victim of Groupthink*; Janis 1972) wurde, schenken der Bewahrung der – vermeintlichen oder tatsächlichen – Übereinstimmung innerhalb der Gruppe größere Beachtung als der Bearbeitung des ihnen angetragenen Sachverhalts. Die Fokussierung auf die Gruppe anstatt auf das Problem führt zu Fehlern bei der Informationsaufnahme und -verarbeitung. Diese Fehler wirken sich ihrerseits negativ auf die Qualität des Entscheidungsprozesses aus, an dessen Ende mit großer Wahrscheinlichkeit ein Beschluss steht, der nicht zur Erreichung der von der Gruppe anvisierten Ziele führt – und der häufig sogar in einem außenpolitischen ‚Fiasko' endet.

Bezogen auf die Außenpolitik wird *Groupthink* dabei als ein Phänomen präsentiert, das überall vorkommen kann, wo Entscheidungen in bzw. von Kleingruppen

---

1   Für eine Diskussion der Rolle von Entscheidungsgruppen in der Außenpolitik jenseits von *Groupthink* siehe Hart et al. (1997b).

getroffen werden.[2] Unter bestimmten Vorbedingungen, etwa bezüglich der Zusammensetzung der Entscheidungsgruppe oder des situativen Kontexts, in dem die Gruppe ihre Entscheidung trifft, soll jede Entscheidungsgruppe bzw. jede Person innerhalb einer Entscheidungsgruppe *Groupthink* anheim fallen können (Janis 1982, S. 243). Der übergeordnete Kontext des politischen Systems, in dem die außenpolitische Entscheidungsgruppe angesiedelt ist, findet bei den Diskussionen zu den Bedingungen für das Auftreten von *Groupthink* keine weitere Berücksichtigung. Die ausbleibende systematische Untersuchung nach einem möglichen Zusammenhang zwischen bestimmten Arten von Regierungssystemen und dem Auftreten von *Groupthink* ist umso erstaunlicher, als dass sich die absolute Mehrzahl der empirischen Studien mit Entscheidungen – genauer: mit außenpolitischen ‚Fiaskos' – von US-Regierungen beschäftigt (z.B. Janis 1982; Smith 1984; Yetiv 2003; Badie 2010). Angesichts der unbestreitbaren US-lastigkeit der empirischen Forschung fragt Paul 't Hart (1994, S. x) dann auch, ob *Groupthink* „an exclusively American phenomenon" sei.

Vor diesem Hintergrund beschäftigt sich dieser Beitrag für den Bereich der Außenpolitik mit der Frage, ob bestimmte Typen von Regierungssystemen mit ihren jeweiligen Spezifika das Auftreten von *Groupthink* befördern bzw. weniger wahrscheinlich werden lassen. Vor dem Hintergrund der vorliegenden, zuvorderst auf die USA bezogenen empirischen Studien lautet die konkrete konzeptionelle Leitfrage, inwiefern für Mehrheitsdemokratien typische Einparteienregierungen die Entstehung der Vorbedingungen für *Groupthink* begünstigen. Der Fokus liegt nachfolgend somit auf dem Auftreten von *Groupthink* in Entscheidungsgruppen innerhalb der Exekutive, die in ihrer Gesamtheit bzw. in einer bestimmten Untergliederung in Form von Kabinettsauschüssen etc. für außenpolitische Entscheidungen eines Landes verantwortlich zeichnet („foreign policy executive"; Hill 2003, S. 56ff.).

Der Rest des Beitrags gliedert sich wie folgt. Im nächsten Abschnitt wird das *Groupthink*-Modell dargelegt, wobei den Vorbedingungen für das Auftreten des Phänomens besondere Aufmerksamkeit zukommt. Dem folgt die Diskussion möglicher Zusammenhänge zwischen bestimmten Typen von Regierungssystemen und dem Auftreten der Vorbedingungen für *Groupthink*. Das abschließende Fazit fasst die Ergebnisse des Beitrags zusammen und gibt Hinweise für die künftige Forschung.

2. Das *Groupthink*-Modell

2.1 Grundannahmen des Groupthink-Modells

Das *Groupthink*-Modell wurde vom amerikanischen Sozialpsychologen Irving Janis (1972, 1982) entwickelt. Das Modell geht von einer Verbindung zwischen

---

2 Die im *Groupthink*-Modell angeführten Dynamiken sind weder auf die Außenpolitik noch auf politische Entscheidungen im Allgemeinen begrenzt. Vielmehr hat das *Groupthink*-Modell in einer Vielzahl von Disziplinen (Organisationstheorie, Kommunikationswissenschaften etc.) Anwendung gefunden, was auf die Übertragbarkeit seiner Annahmen auf andere (nicht politische) Entscheidungskontexte hinweist (siehe z.B. Esser 1998; Turner u. Pratkanis 1998). Gleichwohl wurde das Modell im Kontext der Außenpolitikforschung entwickelt (Janis 1972, 1982) und ist entsprechend häufig auch auf außenpolitische Entscheidungen angewendet worden. Das Auftreten von *Groupthink* im Kontext außenpolitischer Entscheidungsgruppen steht daher auch im Mittelpunkt dieses Beitrags.

der Qualität des Entscheidungsprozesses und der Qualität einer Entscheidung aus. Laut Janis kann jede Entscheidungsgruppe bzw. jede Person innerhalb einer solchen Gruppe zum Opfer von *Groupthink* werden. Janis (1982, S. 242f.) verweist zwar einerseits darauf, dass es bestimmte Persönlichkeitsfaktoren (Verhalten in Stresssituationen etc.) gibt, die dazu führten, dass bestimmte Personen für *Groupthink* besonders empfänglich seien. Andererseits betont er jedoch, dass selbst Personen, deren Charaktereigenschaften (großes Selbstvertrauen etc.) eigentlich dagegen sprächen, sich Gruppenzwängen zu unterwerfen, Opfer von *Groupthink* werden können. Janis Fazit, welche Personen bzw. Entscheidungsgruppen empfänglich für *Groupthink* sind und welche nicht, fällt entsprechend eindeutig aus: „In certain powerful circumstances that make for groupthink, probably *every member of every policy-making group*, no matter whether strongly or mildly predisposed, is susceptible" (Janis 1982, S. 243; meine Hervorhebung, K.B.). *Groupthink* wird somit als ein Phänomen dargestellt, das in jeder Entscheidungsgruppe auftreten kann.

Hart (1994, S. 196) konkretisiert die Ausführungen von Janis insofern, als dass er bestimmte Entscheidungsgruppen benennt, die von der *Groupthink*-Forschung besonders in den Blick genommen werden sollten. Hierzu gehören Regierungen (v.a. ‚Küchenkabinette‘), Regierungsausschüsse, hochrangige Beratergremien und Parlamentsausschüsse. Weiterhin benennt Hart einen bestimmten Typus außenpolitischer Entscheidungen, bei denen Entscheidungsgruppen mit größerer Wahrscheinlichkeit Opfer von *Groupthink* werden sollten, und zwar bei „non-routine types of decisional issues" (Hart 1994, S. 196). Gemeint sind Entscheidungssituationen, bei denen Standardlösungen nicht greifen, die nennenswerte Folgen nach sich ziehen können, die kontrovers und potenziell konfliktträchtig sind und die auch in außenpolitischer und strategischer Hinsicht Folgen für den Entscheidungsträger haben können. Harts Ausführungen helfen zweifelsohne zu spezifizieren, in welchen Kontexten *Groupthink* auftreten sollte. Wie bei Janis findet sich jedoch auch bei Hart keine Diskussion dahingehend, ob es eine Verbindung zwischen *Groupthink* und bestimmten Typen von Regierungssystemen gibt. Schließlich sind die von Hart angeführten Entscheidungsgruppen und Entscheidungstypen nicht spezifisch für bestimmte Regierungssysteme.

Nach diesen Ausführungen zu grundsätzlichen Möglichkeiten des Auftretens von *Groupthink* richtet sich der Blick nunmehr auf die spezifischen Faktoren, die das Phänomen hervorrufen sollen (Abbildung 1). Das Auftreten von *Groupthink* in Entscheidungsgruppen wird auf mehrere, empirisch beobachtbare Ursachen (*observable causes*) zurückgeführt. In diesem Zusammenhang werden drei Vorbedingungen (*antecedent conditions*) genannt, welche „produce, elicit, or facilitate the occurrence of the syndrome [*Groupthink*; K.B.]" (Janis 1982, S. 176). Zu diesen Vorbedingungen, die im nächsten Abschnitt genauer erörtert werden, gehören die Geschlossenheit der Entscheidungsgruppe (A), administrativ-strukturelle Faktoren (B-1) und der situative Kontext (B-2).

Abbildung 1: Das *Groupthink*-Modell

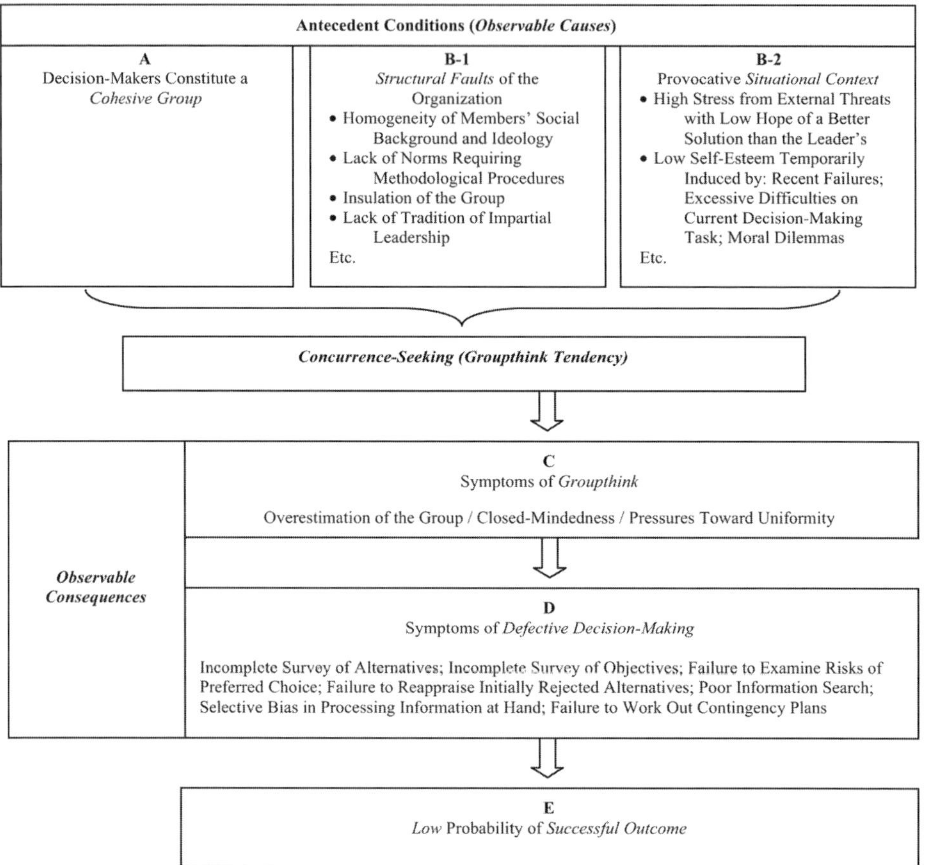

Quelle: Angepasste und ergänzte Darstellung nach Janis (1982, S. 244).

Die drei Vorbedingungen (A, B-1 und B-2) begünstigen, dass sich in Entscheidungsgruppen ein übergroßer Druck entwickelt, die Harmonie und den Zusammenhalt innerhalb der Gruppe zu wahren. Janis (1982, S. 244) spricht von einer „groupthink tendency" innerhalb der Gruppe. Gemeint ist das Bestreben der Gruppenmitglieder, innerhalb ihrer Gruppe „um jeden Preis" Übereinstimmung herzustellen bzw. zu bewahren (*concurrence-seeking*). Die Gruppenmitglieder sind angeleitet von „their desire for genuine concurrence on all important issues", was dazu führt, dass sie „match their opinions with each other and (...) conduct themselves in accordance with each other's wishes" (Janis 1982, S. 247). Spezifische inhaltliche Aspekte einer Entscheidung rücken dabei in den Hintergrund zugunsten der Bewahrung der vermeintlichen oder tatsächlichen Übereinstimmung innerhalb der Gruppe.

Das aus den Vorbedingungen resultierende Streben nach Übereinstimmung innerhalb der Entscheidungsgruppe zieht eine Reihe von miteinander verbundenen und empirisch beobachtbaren Folgen (*observable consequences*) nach sich. Hierunter fallen zunächst mehrere „Symptome von *Groupthink*" (*symptoms of groupthink*; C). Die insgesamt acht Symptome werden in drei Kategorien bzw. ‚Typen' eingeteilt. Hierzu gehört die Überschätzung der eigenen Gruppen (Typ 1), etwa in dem Sinne, stets moralisch richtig zu handeln. Außerdem kann die Gruppe eine gewisse „Engstirnigkeit" an den Tag legen (Typ 2). Dies führt beispielsweise dazu, dass stereotype Sichtweisen auf die Gegenseite entwickelt werden. Schließlich können sich innerhalb der Entscheidungsgruppe auch Zwänge dahingehend ergeben, allen Entwicklungen entgegenzutreten, die die Uniformität innerhalb der Gruppe gefährden können (Typ 3). Dies kann beispielsweise zur „Selbstzensur" führen, in deren Folge Gruppenmitglieder Bedenken aufgrund der möglichen negativen Folgen für den Gruppenzusammenhalt nicht auszusprechen wagen, wie auch zur Ausübung von Druck gegenüber vermeintlich illoyalen Gruppenmitgliedern.

Die angeführten Symptome von *Groupthink* führen zu defizitären Entscheidungsprozessen. Fehler treten dabei insbesondere bei der Aufnahme und Verarbeitung von Informationen durch die Gruppenmitglieder auf. Zu den Indikatoren bzw. „Symptomen" für fehlerhafte Entscheidungsprozesse (*symptoms of defective decision-making*; D) zählen die lückenhafte Prüfung von Handlungsalternativen und Handlungszielen, eine mangelhafte Suche nach, wie auch Prüfung von, Informationen (v.a. von solchen, die dem Gruppenkonsens zuwiderlaufen) sowie die ausbleibende Ausarbeitung von Notfallplänen (Janis 1982, S. 175).

Letztlich führen die vom Streben nach Übereinstimmung ausgelösten Symptome von *Groupthink* und die aus diesen resultierenden Defizite im Entscheidungsprozess dazu, dass die von der Gruppe getroffene Entscheidung wahrscheinlich nicht das erwünschte Ergebnis erzielt (*low probability of successful outcome*; E). Janis betont den Aspekt der Wahrscheinlichkeit deshalb, weil nicht jede Entscheidung einer Gruppe, die zum Opfer von *Groupthink* wurde, zwangsläufig zu schlechten bzw. unerwünschten Ergebnissen oder gar zu ‚Fiaskos' führen muss. Unter bestimmten Bedingungen, wie beispielsweise Zufall, Glück oder die Unfähigkeit der Gegenseite (Janis 1982, S. 11), können selbst Gruppen, die Opfer von *Groupthink* wurden, Entscheidungen treffen, die gute bzw. erwünschte Ergebnisse hervorbringen. Um zu klären, ob das von der Entscheidung hervorgerufene Politikergebnis gut oder schlecht ist, lassen sich laut Schafer und Crichlow (2002, S. 50) zwei inhaltliche Maßstäbe heranziehen: die Nicht-/Umsetzung nationaler Interessen eines Landes sowie die De-/Eskalation eines internationalen Konflikts infolge der Entscheidung.

2.2 Die Vorbedingungen für das Auftreten von *Groupthink*

Im Mittelpunkt dieses Beitrags stehen die Vorbedingungen, welche *Groupthink* auslösen können, weshalb nun ein genauerer Blick auf diese geworfen wird. Wie im vorherigen Abschnitt kurz erwähnt, führt das *Groupthink*-Modell das Streben nach der Bewahrung von Übereinstimmung innerhalb einer Entscheidungsgruppe auf drei Vorbedingungen (*antecedent conditions*) zurück. Zusammengenommen bestimmen diese Vorbedingungen (A, B-1 und B-2) die Wahrscheinlichkeit, mit der Symptome von *Groupthink* in Entscheidungsgruppen auftreten (Janis 1982, S. 243).

Eine dieser Vorbedingungen bezieht sich auf die Geschlossenheit (*cohesiveness*; A) der Entscheidungsgruppe. Diese zeigt sich beispielsweise daran, ob die Mitglieder der Gruppe Empathien füreinander hegen, die Gruppe als solche positiv bewerten und die Tatsache wertschätzen, dass sie Mitglied der Gruppe sind (Janis 1982, S. 4, 176). Mögen sich die Gruppenmitglieder und schätzen sie die Gruppe wie auch ihre Gruppenmitgliedschaft, begünstigt dies das Auftreten von *Groupthink*: „The more amiability and esprit de corps among the members of an in-group of policy-makers, the greater is the danger that independent critical thinking will be replaced by groupthink" (Janis 1982, S. 245). Je geschlossener also eine Gruppe ist, desto eher wird sie zum Opfer von *Groupthink*. Dies soll freilich nicht heißen, dass alle anderen Gruppen nicht zu fehlerhaften Entscheidungen kommen können, sondern lediglich, dass deren fehlerhafte Entscheidungen nicht auf *Groupthink* zurückzuführen sind. Die Existenz einer in sich geschlossenen Gruppe ist allerdings noch nicht ausreichend für das Auftreten von *Groupthink*. Es bedarf weiterer Faktoren, die im Zusammenspiel mit einer „moderately or highly cohesive group" (Janis 1982, S. 245) *Groupthink* hervorrufen können. Janis unterteilt diese Faktoren in administrativ-strukturelle (B-1) und situative (B-2).

Bei den administrativ-strukturellen Faktoren (B-1) verweist Janis auf die Zusammensetzung, die internen Abläufe und die Verortung der Entscheidungsgruppe innerhalb einer Organisation. Mit Blick auf die Zusammensetzung einer Gruppe soll das Auftreten von *Groupthink* dann begünstigt werden, wenn es eine große Homogenität zwischen den Gruppenmitgliedern hinsichtlich ihres sozialen Hintergrunds oder ihrer politischen Überzeugungen bzw. Ideologien gibt. Die Abgrenzung zwischen diesen strukturellen Faktoren und der bereits diskutierten Geschlossenheit der Entscheidungsgruppe könnte allerdings deutlicher sein, da beispielsweise Empathie und Korpsgeist aus gemeinsamen Erfahrungen und Erlebnissen (universitär, beruflich etc.) und geteilten Überzeugungen bzw. Ideologien erwachsen kann.

Hinsichtlich der internen Abläufe in der Entscheidungsgruppe gilt es wiederum als problematisch, wenn in der Gruppe keine Regeln existieren, auf deren Grundlage Informationen in systematischer Weise gewonnen, geprüft und verarbeitet werden können. Auch das Fehlen einer Tradition unvoreingenommener und unparteiischer Führung innerhalb der Gruppe soll zum Auftreten von *Groupthink* beitragen. Die Verortung einer Entscheidungsgruppe innerhalb einer Organisation wird wiederum dann zum Problem, wenn die Gruppe von anderen Einheiten isoliert ist, wodurch sie von externen Informationen und Beurteilungen abgeschnitten wird. Hart (1994, S. 120) verweist auf einen weiteren strukturellen Aspekt, der das Auftreten von *Groupthink* befördern kann, und zwar auf Konflikte zwischen der Entscheidungsgruppe und anderen Gruppen, weil dies den Zusammenhalt innerhalb der Gruppe befördere. Die angeführten Faktoren sollten Symptome von *Groupthink* auslösen, weil „each of these antecedent conditions represents the *absence* of a potential source of organizational *constraint* that could help to prevent the members of a cohesive policy-making group from developing a norm of indulging in uncritical conformity" (Janis 1982, S. 249; Hervorhebungen im Original).

Der situative Kontext (B-2), in dem sich eine Entscheidungsgruppe befindet, gilt ebenfalls als begünstigender Faktor für das Auftreten von *Groupthink*. Janis nennt hier einerseits den Einfluss von Stress, der ‚von außen' auf Mitglieder einer

Gruppe wirkt. Er betont jedoch ausdrücklich, dass solcher Stress allein nicht zu *Groupthink* führe (Janis 1982, S. 250). Diese Wirkung entfalte von außen auf die Gruppe wirkender Stress nur in Verbindung mit einer gering ausgeprägten Hoffnung innerhalb der Gruppe, eine bessere Lösung zu finden als diejenige, die vom Leiter der Gruppe bevorzugt wird (1982, S. 254). Geht hingegen in Stresssituationen der Glaube an die Fähigkeiten des Gruppenleiters verloren, sollte sich kein Übereinstimmungsdruck entwickeln.

Neben von außen auf die Entscheidungsgruppe einwirkenden Stress sollte *Groupthink* auch durch „internal sources of stress" (Janis 1982, S. 255) begünstigt werden. Dieser ‚von innen' kommende Stress führe dazu, dass innerhalb der Gruppe das Selbstverstrauen wie auch das Selbstwertgefühl zumindest vorübergehend gemindert werde. Janis (1982, S. 255) nennt unterschiedliche Quellen, aus denen sich gruppeninterner Stress speisen kann. Hierzu gehören unlängst erlittene Fehlschläge der Gruppe, im Sinne von Gruppenentscheidungen, die nicht das gewünschte Ergebnis zeitigten und die den Gruppenmitgliedern ihre eigenen Unzulänglichkeiten vor Augen führten. Eine ähnliche Wirkung soll aus aktuellen, komplexen Entscheidungssituationen resultieren, denen sich die Gruppe gegenübersieht und die sie überfordern. Zu nennen sind ferner moralische Dilemmata, in denen sich die Gruppenmitglieder befinden, wenn sie als einzige Lösung für eine als wesentlich eingestufte Sachfrage eine Option sehen, die gegen ihre ethischen Standards verstößt. Alle genannten Aspekte sollen dazu beitragen, dass die Gruppenmitglieder zumindest vorübergehend den Glauben an die eigenen Fähigkeiten verlieren oder die eigene Integrität anzweifeln. Um solch unliebsamen Selbsteinschätzungen zu begegnen bzw. zu entgehen, neigen die Mitglieder einer Gruppe zu *Groupthink*: „For all such sources of internal stress, participating in a unanimous consensus along with the respected fellow members of a congenial group will bolster the decision-maker's self esteem" (Janis 1982, S. 256).

2.3 Die empirische Forschung zum Auftreten von *Groupthink* im Bereich der Außenpolitik

Tabelle 1 bietet eine Übersicht über empirische Analysen, in denen mittels qualitativer Fallstudien außenpolitische (Fehl-)Entscheidungen (‚Fiaskos') auf der Grundlage des *Groupthink*-Modells untersucht worden sind.[3] Während die Übersicht nur einen, wenn auch sehr großen Ausschnitt der Anwendungen des *Groupthink*-Modells zur Erklärung außenpolitischer Entscheidungen der USA wiedergibt, sind alle (wenigen) dem Autor bekannten Studien angeführt, die das Modell auf nicht amerikanische außenpolitische Entscheidungen bezogen haben. Die bereits in der Einleitung dieses Beitrags kurz angeführte ‚US-lastigkeit' in der empirischen For-

---

3 Experimentelle Arbeiten zum *Groupthink*-Modell (z.B. Mullen et al. 1994; Park 2000), bei denen es zumeist um die Überprüfung einzelner Komponenten des Modells geht, werden nachfolgend nicht berücksichtigt. Auch wenn in den experimentellen Studien wiederholt die Vorbedingungen in den Blick genommen werden anhand der Fragen, ob diese tatsächlich bzw. ob nur diese zum Auftreten von *Groupthink* führen, wird die für diesen Beitrag relevante Frage nach einem Zusammenhang zwischen dem Auftreten der Vorbedingungen und bestimmten Typen von politischen Regierungssystemen nicht erörtert.

schung zu *Groupthink* wird offenkundig.[4] Dies bezieht sich nicht nur auf die mit dem Modell arbeitenden Forscherinnen und Forscher, die überwiegend an amerikanischen Universitäten arbeiten. Darüber hinaus beschäftigen sich die vorliegenden Fallstudien zu *Groupthink* in den allermeisten Fällen mit der amerikanischen Außenpolitik (u.a. Janis 1982; Smith 1984; Yetiv 2003; Badie 2010).

Tabelle 1: Qualitative Fallstudien zu *Groupthink*

Autor/en	Entscheidung/en	Land	Präsidentielle oder parlamentarische Demokratie	Mehrheits- oder Konsensdemokratie (Lijphart)
Janis (1982)	Schweinbuchtinvasion, Eskalation des Vietnamkonflikts, Koreakrieg etc.	USA	präsidentiell	Mehrheitsdemokratie
Kuntz (2007)	„War on Terror"/ Intervention im Irak	USA	präsidentiell	Mehrheitsdemokratie
Badie (2010)	Intervention im Irak	USA	präsidentiell	Mehrheitsdemokratie
Hart (1994)	Iran-Contra-Affäre	USA	präsidentiell	Mehrheitsdemokratie
Mitchell/ Massoud (2009)	Intervention im Irak	USA	präsidentiell	Mehrheitsdemokratie
Yetiv (2003)	Golfkrieg	USA	präsidentiell	Mehrheitsdemokratie
Smith (1984)	Geiselbefreiung im Iran	USA	präsidentiell	Mehrheitsdemokratie
McCauley (1989)	Schweinebucht, Vietnam etc.	USA	präsidentiell	Mehrheitsdemokratie
Raven (1998)	Schweinebucht etc.	USA	präsidentiell	Mehrheitsdemokratie
Mulcahy (1995)	Vietnam	USA	präsidentiell	Mehrheitsdemokratie
Verbeek (1994)	Suez	Großbritannien	parlamentarisch	Mehrheitsdemokratie
Walker/ Watson (1989)	Sudetenkrise	Großbritannien	parlamentarisch	Mehrheitsdemokratie
Bodenstein (2001)	Intervention in Tschetschenien	Russland	präsidentiell	Deutliche „majoritäre Elemente"*
Forsberg/ Pursiainen (2006)	Beitrittsantrag zur EG, Reaktion auf die Anschläge des 11. September 2001	Finnland	parlamentarisch	Konsensdemokratie mit „majoritären Zügen"

* Lijphart (2012) bezieht sich ausschließlich auf Staaten, die seit mindestens 20 Jahren demokratisch sind, weshalb er Russland nicht in seine Untersuchung einbezieht.

Quelle: Eigene Zusammenstellung.

---

4 Quantitative Analysen unter Bezugnahme auf das *Groupthink*-Modell (z.B. Herek et al. 1987; Schafer u. Crichlow 1996) stützen sich fast ausschließlich auf Fehlentscheidungen von US-Regierungen.

Außenpolitische (Fehl)-Entscheidungen nicht amerikanischer Regierungen werden hingegen nur selten aus der Perspektive des *Groupthink*-Modells analysiert. In zwei Fällen ist das Modell auf außenpolitische Fiaskos Großbritanniens angewendet worden. Walker und Watson (1989) beschäftigen sich mit der gescheiterten *Appeasement*-Politik von Premierminister Neville Chamberlain im Zuge der Sudetenkrise im Herbst 1938. Verbeek (1994) untersucht die Interventionsentscheidung der britischen Regierung im Kontext der Suezkrise im Jahr 1956. Bodenstein (2001) wendet das *Groupthink*-Modell auf eine nicht konsolidierte Demokratie an.[5] Er untersucht die Entscheidung Russlands zur Intervention in Tschetschenien während des ersten Tschetschenienkriegs (1994–1996). Forsberg und Pursiainen (2006) nehmen wiederum 17 Krisenentscheidungen finnischer Regierungen in den Blick, wo sie für zwei Fälle – die Entscheidung zur Beantragung des Beitritts zur Europäischen Gemeinschaft sowie die Reaktion auf die Anschläge des 11. Septembers 2001 – *Groupthink* nachweisen.

3. Typen von Regierungssystemen und das Auftreten von *Groupthink*

3.1 Zuordnung der Fälle von *Groupthink* zu bestimmten Typen von Regierungssystemen

Die im vorherigen Abschnitt dargelegten empirischen Befunde für das Auftreten von *Groupthink* in außenpolitischen Entscheidungsgruppen vermitteln in der Tat den Eindruck, dass *Groupthink*, wie von Hart (1994, S. x) gemutmaßt, ein US-spezifisches Phänomen sein könnte. Dagegen sprechen allerdings die (wenn auch wenigen) weiteren Studien, die das Auftreten von *Groupthink* in nicht amerikanischen Kontexten nachgewiesen haben, genauer in Großbritannien, Russland und Finnland. Diese Studien legen nahe, dass *Groupthink* kein exklusiv amerikanisches Phänomen ist, sondern auch außenpolitische Entscheidungsgruppen in anderen Staaten betreffen kann.

Die Frage lautet daher, ob bestimmte Typen von Regierungssystemen mit ihren jeweiligen Spezifika das Auftreten der Vorbedingungen von *Groupthink* begünstigen. Die Gruppierung derjenigen Regierungssysteme, in denen *Groupthink* nachgewiesen wurde, gemäß der klassischen Unterscheidung zwischen präsidentiellen und parlamentarischen Regierungssystemen (z.B. Steffani 1979) hilft jedoch nicht weiter. Schließlich sind mit den USA und Großbritannien die beiden ‚Prototypen‘ präsidentieller bzw. parlamentarischer Regierungssysteme im Sample enthalten. Wenn *Groupthink* sowohl in präsidentiellen als auch in parlamentarischen Regierungssystemen auftreten kann, lassen sich auf der Grundlage dieser Unterscheidung keine Rückschlüsse zwischen bestimmten Typen von Regierungssystemen und *Groupthink* ziehen.

Viel versprechender scheint die Typologie von Arend Lijphart (2012), der zwischen Mehrheitsdemokratien und Konsensdemokratien unterscheidet. Zentral für

---

5 Der zweite von Bodenstein berücksichtigte Fall ist die Entscheidung der Sowjetunion zur Intervention in Afghanistan (1979). Da sich die nachfolgende Diskussion auf unterschiedliche Typen von demokratischen Regierungssystemen bezieht, wird diese Entscheidung hier nicht diskutiert.

den Gegenstand dieses Beitrags sind dabei zwei von Lijphart (2012, S. 3) konstatierte Unterschiede zwischen diesen beiden Typen hinsichtlich der Exekutive-Parteien-Dimension (*executives-parties dimension*). Mehrheitsdemokratien zeichnen sich demnach durch eine Konzentration der exekutiven Gewalt in einem Einparteien-Mehrheitskabinett (*single party majority cabinet*) sowie durch eine Dominanz der Exekutive gegenüber der Legislative aus.[6] Konsensdemokratien sind hingegen charakterisiert durch eine Machtteilung innerhalb der Exekutive im Rahmen einer Mehrparteien-Koalitionsregierung sowie durch ein Machtgleichgewicht zwischen der Exekutive und der Legislative.

In Mehrheitsdemokratien führt somit eine Partei die Regierung.[7] Entsprechend setzen sich auch Entscheidungsgruppen innerhalb der Regierung (Kabinettsausschüsse etc.) aus Vertretern einer Partei zusammen. Die Dominanz der Regierung gegenüber dem Parlament bietet der Regierung wiederum weitreichende Handlungsspielräume. Für außenpolitische Entscheidungen bedeutet dies, dass mit der Thematik befasste Entscheidungsgruppen innerhalb der Exekutive in der Regel mit Vertretern einer einzigen Partei besetzt sind und dass diese Gruppen aufgrund der Vorrangstellung der Regierung gegenüber dem Parlament ihre Entscheidungen weitgehend autonom treffen können.

Demgegenüber bilden in Konsensdemokratien Repräsentanten mehrerer Parteien die Regierung, was sich auch in der Zusammensetzung von exekutiven Entscheidungsgruppen widerspiegeln sollte. Das Gleichgewicht zwischen Regierung und Parlament schränkt wiederum die autonomen Handlungsmöglichkeiten der Regierung ein, die bei ihren Entscheidungen in einem stärkeren Maße Rücksicht auf die Interessen der Parlamentarier nehmen muss als dies in Mehrheitsdemokratien der Fall ist. Für außenpolitische Entscheidungen bedeutet dies, dass Entscheidungsgruppen der Regierung mit Vertretern mehrerer Parteien besetzt sind und dass diese Gruppen wegen des gewichtigeren Einflusses des Parlaments eingeschränkter in ihren Handlungsmöglichkeiten sind.

Werden nunmehr die Regierungssysteme, für die in empirischen Studien *Groupthink* nachgewiesen worden ist, auf der Grundlage von Lijpharts Typologie – genauer entlang der Exekutive-Parteien-Dimension – eingeordnet, fällt auf, dass sich nunmehr fast alle Fälle einem Typus zuordnen lassen. Die Regierungssysteme der USA und Großbritanniens gehören eindeutig in die Kategorie der Mehrheitsdemokratien. Nicht ganz so eindeutig fällt die Zuordnung der beiden anderen Fälle aus. Gleichwohl lassen sich auch für die außenpolitischen Entscheidungsprozesse in Russland und Finnland ‚majoritäre Züge‘ aufzeigen.

Russland in den 1990er Jahren ist als ein sich im Übergang zur Demokratie befindender Staat zu sehen, weshalb Lijpharts Typologie grundsätzlich anwend-

---

6 Die drei weiteren von Lijphart angeführten Unterscheidungsmerkmale zwischen Mehrheitsdemokratien und Konsensdemokratien entlang der Exekutive-Parteien-Dimensionen (Parteiensystem, Wahlsystem und Interessengruppen) sind für diesen auf außenpolitische Entscheidungen von Regierungen abhebenden Beitrag nicht von Bedeutung. Selbiges gilt für die zweite von Lijphart angeführte Unterscheidungsdimension (föderal-unitarisch). Für eine kritische Auseinandersetzung mit Lijpharts Typologie siehe z.B. Vatter (2009).

7 Die Koalitionsregierung in Großbritannien (2010-2015) kann dabei als Ausnahme gesehen werden, die die Regel bestätigt.

bar scheint. In Lijpharts Arbeit wird Russland zwar nicht berücksichtigt, weil er ausschließlich Länder einbezieht, die seit mindestens 20 Jahren demokratisch sind (Lijphart 2012, S. 50). Inwieweit dieses Ausschlusskriterium dem Umstand geschuldet ist, dass sich Lijpharts Aussagen nur bedingt auf post-kommunistische Staaten übertragen lassen (Fortin 2008), ist an dieser Stelle nicht von Bedeutung. Wichtig ist hingegen, dass für Russland in den 1990er Jahren auf der Grundlage der 1993 angenommenen Verfassung für den Bereich der Außenpolitik sowohl eine parteipolitisch bzw. ideologisch homogene Zusammensetzung der Exekutive[8] und damit auch etwaiger Entscheidungsgruppen innerhalb der Exekutive[9] als auch eine Dominanz der Exekutive – v.a. des Präsidenten (Furtak 2002: 124f.) – gegenüber dem Parlament festzustellen ist (Brunner 2002; Mommsen 2010).

Während die USA und Großbritannien eindeutig in die Kategorie der Mehrheitsdemokratien fallen und sich für Russland klare Anhaltspunkte finden lassen für die Existenz der beiden für diesen Beitrag maßgeblichen Charakteristika von Mehrheitsdemokratien, fällt das finnische Regierungssystem zumindest teilweise ‚aus dem Rahmen‘. In Lijpharts Typologie – genauer in der Exekutive-Parteien-Dimension – zählt das finnische System zu den am stärksten ausgeprägten Konsensdemokratien (Lijphart 2012, S. 305). Wie es für diese Systeme charakteristisch ist, sind Koalitionsregierungen die Regel, welche im finnischen Fall häufig vier oder mehr Parteien umfassen (Auffermann 2009, S. 236f.).[10] Entsprechend setzen sich auch etwaige Entscheidungsgruppen innerhalb der Regierung aus Vertretern mehrerer Parteien zusammen. Zudem ist es in Finnland wiederholt vorgekommen, dass die Regierung von einer anderen Partei geführt wird als von derjenigen, aus deren Reihen der – in der Außenpolitik einflussreiche – finnische Staatspräsident stammt. Laut Elgie (2011, S. 88) gab es seit 1919 in knapp 45 Prozent des Zeitraums eine geteilte Exekutive insofern, als dass Staatspräsident und Regierungschef aus unterschiedlichen Parteien kamen, die Partei des Staatspräsidenten aber in der Regierung vertreten war. In rund 20 Prozent des Zeitraums gab es sogar eine Kohabitation, während der die Partei des Präsidenten überhaupt nicht in der Koalitionsregierung vertreten war. Auch dieser Befund führt weg von der für Mehrheitsdemokratien charakteristischen Dominanz einer Partei in der Exekutive.

Untypisch für Konsensdemokratien ist im finnischen Fall allerdings die starke Stellung des Staatspräsidenten in der Außenpolitik.[11] Bis in die 1980er Jahre hin-

---

8 Der russische Präsident wird direkt gewählt. Auf Vorschlag des Präsidenten ernennt die Staatsduma den Regierungschef. Anschließend schlägt der Regierungschef dem Präsidenten die Regierungsmitglieder vor (Mommsen 2010, S. 429).

9 Bodenstein (2001, S. 58) verweist im Kontext des ersten Tschetschenienkriegs speziell auf die Rolle des Sicherheitsrats.

10 Die beiden für diesen Beitrag relevanten Entscheidungen wurden von Mehrparteienkoalitionsregierungen unter Esko Aho (Beitritt zur Europäischen Gemeinschaft) bzw. Paavo Lipponen (Reaktion auf den 11. September) getroffen.

11 Folgt man Duvergers (1980) Erweiterung der klassischen Unterscheidung zwischen parlamentarischen und präsidentiellen Regierungssystemen um den Typus der semi-präsidentiellen Regierungssysteme, so gehört Finnland zu diesem Typus, der sich u.a. durch eine starke Stellung des Präsidenten in der Außenpolitik auszeichnet. Ob Finnland seit der Verfassungsreform im Jahr 2000 weiterhin ein semi-präsidentielles System ist, ist jedoch ebenso umstritten wie die Frage, ob es überhaupt semi-präsidentielle Regierungssysteme gibt (Siaroff 2003; Beyme 2014, S. 33ff.).

ein war die Außenpolitik die „unbestrittene (…) Domäne" (Auffermann 2009, S. 259) des Staatspräsidenten. Mit dem Inkrafttreten der neuen Verfassung im Jahr 2000 wurde seine Rolle geschmälert und die der Regierung (Staatsrat) aufgewertet. Der Staatspräsident hat nunmehr in außenpolitischen Fragen mit der Regierung zusammenzuarbeiten (Förster et al. 2014, S. 81). Trotz dieser Verschiebungen innerhalb der doppelköpfigen Exekutive hat diese in der Außenpolitik weiterhin eine Vorrangstellung gegenüber der Legislative. Zwar ließe sich für die meisten, wenn nicht sogar für alle Konsensdemokratien (und für Mehrheitsdemokratien ohnehin) eine gewisse Vorrangstellung der Regierung gegenüber dem Parlament in der Außenpolitik feststellen. Im finnischen Fall scheint diese allerdings deutlich stärker ausgeprägt zu sein, wodurch das System zumindest für den Bereich der Außenpolitik ‚majoritäre Züge' aufweist.

3.2 Das Auftreten der Vorbedingungen von *Groupthink* in Mehrheits- und Konsensdemokratien

Auch wenn die Zuordnung der in der empirischen Forschung identifizierten Fälle von *Groupthink* zu Lijpharts Typen von Regierungssystemen nicht völlig eindeutig ist, legen die bisherigen Ausführungen nahe, dass eine Korrelation zwischen Mehrheitsdemokratien und *Groupthink* existieren könnte. Inwieweit systemimmanente Eigenschaften von Mehrheitsdemokratien tatsächlich das Auftreten der Vorbedingungen von *Groupthink* (A, B-1, B-2) befördern sowie umgekehrt die Charakteristika von Konsensdemokratien das Auftreten des Phänomens begrenzen, wird nunmehr diskutiert. Im Mittelpunkt stehen dabei die beiden oben angeführten Unterschiede zwischen Mehrheits- und Konsensdemokratien in der Exekutive-Regierungs-Dimension: die Existenz von Einparteienregierungen (Mehrheitsdemokratien) vs. die Existenz von Koalitionsregierungen (Konsensdemokratien) sowie die Dominanz der Exekutive gegenüber der Legislative (Mehrheitsdemokratien) vs. ein Machtgleichgewicht zwischen Exekutive und Legislative (Konsensdemokratien).

Zunächst richtet sich die Diskussion auf das zweitgenannte Unterscheidungsmerkmal zwischen Mehrheits- und Konsensdemokratien, in Form des Machtverhältnisses zwischen der Exekutive und der Legislative in Fragen der Außenpolitik. Dieses lässt sich nur teilweise mit den im *Groupthink*-Modell angeführten Vorbedingungen in Verbindung setzen. Ein direkter Einfluss etwa auf die Strukturierung und Abläufe innerhalb der Entscheidungsgruppe ist nur schwer ersichtlich, da Regierungen unabhängig vom Demokratietyp ihre internen Verfahren festlegen.

Allerdings könnten bspw. Konflikte zwischen Regierung und Parlament die Geschlossenheit einer Entscheidungsgruppe steigern helfen, wobei solche Konflikte per se nicht exklusiv für Mehrheits- oder für Konsensdemokratien sind. Aufgrund der gleichgewichtigeren Rolle des Parlaments gegenüber der Regierung und der sich daraus ergebenden Notwendigkeit zur Abstimmung könnten derlei Konflikte in Konsensdemokratien jedoch insofern ‚folgenreicher' sein, als dass sie den von außen auf die Entscheidungsgruppe einwirkenden Stress zusätzlich erhöhen und damit das Auftreten von *Groupthink* begünstigen. Andererseits könnten jene Abstimmungserfordernisse der Isolation der Entscheidungsgruppe vorbeugen helfen, was das Auftreten von *Groupthink* weniger wahrscheinlich werden lässt. Zudem ist nicht zu vergessen, dass selbst in den Fällen, in denen eine Regierung zum Opfer von *Groupthink* wurde und als Folge zu einer Entscheidung gelangte, die wenig Aussicht auf Erfolg verspricht, das Parlament durch die Verweigerung seiner Zustimmung zu dieser Entscheidung deren Umsetzung verhindern und auf diese Weise außenpolitischen Schaden abwenden kann.

Da für Mehrheitsdemokratien von einer Vorrangstellung der Exekutive gegenüber der Legislative ausgegangen wird, sollte hier der vom Parlament auf die Regierung ausgeübte Druck geringer ausfallen. Anderseits könnte die größere Unabhängigkeit der Regierung vom Parlament eher zu einer Isolation der Entscheidungsgruppe führen und damit *Groupthink* begünstigen. Zugleich sollten in Mehrheitsdemokratien etwaige von *Groupthink* geprägte Entscheidungen der Regierung mit größerer Wahrscheinlichkeit implementiert werden aufgrund der größeren Handlungsautonomie der Exekutive gegenüber der Legislative.

Mit Blick auf Entscheidungen zur Entsendung von Streitkräften ins Ausland – und somit der Thematik, die in den meisten Fällen Gegenstand von empirischen Studien zu *Groupthink* ist – ist festzustellen, dass die Parlamente in Mehrheitsdemokratien häufig deutlich geringere Einflussnahmemöglichkeiten (geschweige denn ein Vetorecht) gegenüber den Regierungen in diesen Fragen haben als die Parlamente in Konsensdemokratien (Peters u. Wagner 2011, S. 189f.). Gleichwohl kann auch für Konsensdemokratien die Ablehnung einer Regierungsentscheidung durch das Parlament nicht als Routine gelten. Vielmehr zöge sie schwerwiegende politische Folgen nach sich, zumal in den Fällen, in denen sich die Regierungskoalition auf eine parlamentarische Mehrheit stützt (sprich: keine Minderheitsregierung existiert). In einem solchen Fall dürfte die Ablehnung einer Regierungsentscheidung einen massiven Vertrauensverlust in die Handlungsfähigkeit der Regierung zur Folge haben, woran weder die Regierung noch die Regierungsfraktionen im Parlament interessiert sein können. So ist dann auch bspw. für Deutschland festzustellen, dass bislang noch keiner der mehr als 240 Anträge der Bundesregierung zur Entsendung der Bundeswehr in einen Auslandseinsatz (Gauck 2014, S. 121) vom Bundestag abgelehnt worden ist (Brummer 2014).

Nun richtet sich der Blick auf das andere für diesen Beitrag wesentliche Unterscheidungsmerkmal zwischen Mehrheits- und Konsensdemokratien, in Form der Existenz von Einparteienregierungen in Mehrheitsdemokratien bzw. von Koalitionsregierungen in Konsensdemokratien. Im Unterschied zum eben diskutierten Unterscheidungsmerkmal sind hier unmittelbarere Rückschlüsse zum Auftreten der Vorbedingungen von *Groupthink* möglich.

Was die Geschlossenheit der Entscheidungsgruppe (A) anbelangt, so könnte diese in Mehrheitsdemokratien tendenziell stärker ausgeprägt sein als in Konsensdemokratien, insbesondere was den Aspekt der Empathie anbelangt. In Einparteienregierungen sollten die Mitglieder der Entscheidungsgruppe tendenziell größere Empathie füreinander haben als dies in Koalitionsregierungen der Fall ist. Geteilte Parteimitgliedschaften sind sicherlich keine Garantie für ein gutes Miteinander. Vielmehr können die Akteure unterschiedlichen Fraktionen der Regierungspartei angehören, was zu inhaltlichen Spannungen bis hin zum Rücktritt einer Regierung führen kann (Druckmann 1996).[12] Darüber hinaus können Rivalitäten um Einfluss und Ämter die Beziehungen von Akteuren einer Partei belasten. Gleichwohl führt eine gemeinsame Parteizugehörigkeit dazu, dass sich die Akteure in der Regel über Jahre, wenn nicht sogar Jahrzehnte kennen und sich auf dieser Grundlage ein Gefühl der Vertrautheit entwickeln kann. Demgegenüber führen Koalitionsregierungen Akteure aus verschiedenen Parteien zusammen, die sich deutlich weniger vertraut sind und die sich obendrein möglicherweise noch im vorangegangen Wahlkampf als Gegner gegenüberstanden.[13] Trotz der angeführten Einschränkungen sollte daher der Grad an Empathie in den Einparteienregierungen von Mehrheitsdemokratien insgesamt stärker ausgeprägt sein als in Koalitionsregierungen von Konsensdemokratien.

Als nächstes werden die strukturellen Vorbedingungen für das Auftreten von *Groupthink* (B-1) diskutiert, unter denen Janis mehrere Aspekte subsumiert hat. Zunächst geht es um den die Homogenität innerhalb der Entscheidungsgruppe mit Blick auf die sozialen Hintergründe und die Ideologie der Gruppenmitglieder. Wie weiter oben bereits angeführt, besteht ein Zusammenhang zwischen diesem und dem eben diskutierten Aspekt der Geschlossenheit einer Entscheidungsgruppe: Eine hinsichtlich der sozialen Hintergründe wie auch bezüglich der Überzeugungen und Ideologie der Gruppenmitglieder homogene Gruppe sollte sich als geschlossener erweisen im Vergleich zu einer Gruppe, die in diesen Punkten nennenswerte Unterschiede aufweist.

Was nunmehr konkret die Homogenität innerhalb der Entscheidungsgruppe mit Blick auf die sozialen Hintergründe und die Ideologie der Gruppenmitglieder anbelangt, so scheint hierbei ein klarer Unterschied zwischen Mehrheits- und Konsensdemokratien zu bestehen. Auch wenn die zunehmende Erosion der Verbindungen zwischen sozialen Milieus und politischen Parteien (Scarrow u. Gezgor 2010, S. 828) allgemeine Aussagen zusehends erschweren, sollten die Mitglieder der für Mehrheitsdemokratien typischen Einparteienregierungen hinsichtlich ihres sozialen Hintergrunds tendenziell größere Ähnlichkeiten aufweisen als Mitglieder von Koalitionsregierungen. In jedem Fall ist für Einparteienregierungen von einer vergleichsweise großen ideologischen Nähe der Akteure auszugehen, die sich aus der gemeinsamen Parteizugehörigkeit ergibt. Dies gilt auch für parteilose Mitglieder der Regierung, deren Ernennung wohl nicht erfolgt wäre, wenn sie die ideologischen Vorstellungen der Regierungspartei nicht teilten. Demgegenüber bringen Koalitionsregierungen ,per Definition' Vertreter unterschiedlicher Parteien zusammen. Auch wenn ideologische und daraus erwachsende inhaltliche Nähe ein wesentlicher Faktor für die Auswahl von Koalitionspartnern ist (Döring u. Hellström 2013, S. 688), sollte die ideologische Distanz zwischen unterschiedlichen Parteien einer Koalitionsregierung in der Regel deutlich stärker ausgeprägt sein als die ideologischen Unterschiede innerhalb einer Einparteienregierung. Insge-

---

12 Auch wenn Druckmann sein Argument auf Koalitionen bezieht, können parteiinterne Fraktionen auch zu Spannungen innerhalb von Einparteienregierungen führen.

13 Der Grad an Vertrautheit zwischen den Akteuren unterschiedlicher Parteien könnte freilich umso mehr zunehmen, je länger die Parteien gemeinsam einer Regierungskoalition angehören (und ggf. auch je länger sie gemeinsam in der Opposition waren).

samt sollte in Einparteienregierungen somit eine weitaus größere Homogenität in den sozialen Hintergründen und insbesondere in der Ideologie der Mitglieder der Entscheidungsgruppe vorzufinden sein als in Koalitionsregierungen, was die für Einparteienregierungen bereits konstatierte, tendenziell größere Geschlossenheit der Entscheidungsgruppe zusätzlich bekräftigen bzw. befördern dürfte.

Inwiefern die Führung innerhalb der Gruppe wiederum unvoreingenommen und unparteiisch agiert, hängt in erster Linie von den Persönlichkeitsfaktoren der für diese Aufgabe verantwortlich zeichnenden Person ab (Preston u. Hart 1999; Schafer u. Crichlow 2010). Gleichwohl ist dieser Faktor möglicherweise in Koalitionsregierungen eher vorzufinden aufgrund der Zusammenführung mehrerer Parteien in der Regierung, was der Parteilichkeit der Gruppenführung insofern von vornherein gewisse Grenzen setzt, als dass die Person zum Erhalt der Regierung auf die Interessen der Koalitionspartner eingehen muss. Für die Abschottung der Entscheidungsgruppe in Koalitionsregierungen lässt sich ebenfalls vermuten, dass diese in Koalitionsregierungen weniger wahrscheinlich ist aufgrund der Rückbindung der Mitglieder der Entscheidungsgruppe an unterschiedliche Parteien.

Für die letzten beiden von Janis angeführten strukturellen Aspekte ist von keinen nennenswerten Unterschieden hinsichtlich der Wahrscheinlichkeit ihres Auftretens in Einparteien- bzw. Koalitionsregierungen auszugehen. Ob innerhalb der Entscheidungsgruppe systematische Regeln für die Aufnahme und Verarbeitung von Informationen existieren, kann nicht auf bestimmte Typen von Regierungen zurückgeführt werden. Selbiges gilt für das Auftreten von Konflikten zwischen der Entscheidungsgruppe und anderen Gruppen, die ebenfalls sowohl bei Einparteienregierungen als auch bei Koalitionsregierungen vorkommen können.

Ähnlich uneindeutig sind die Bewertungen für das mögliche Auftreten der situativen Faktoren (B-2). Interner Stress und hierbei insbesondere ein geringes Selbstwertgefühl aufgrund jüngerer Fehlschläge oder moralischer Dilemmata sind nicht spezifisch für Einparteien- oder Koalitionsregierungen. Was schließlich den extern auf die Gruppe einwirkenden Stress in Verbindung mit einer geringen Hoffnung auf Lösungen jenseits derjenigen, die von der Gruppenführung bevorzugt wird, anbelangt, könnte dies eher in Einparteienregierungen vorkommen, in denen der Regierungschef in der Regel eine dominantere Stellung einnimmt als Regierungschefs in Koalitionsregierungen. Tabelle 2 fasst die Diskussion zusammen.

Tabelle 2: Das Auftreten der Vorbedingungen für *Groupthink* in Mehrheits- und Konsensdemokratien

Geschlossenheit der Gruppe (Empathie etc.) (A)	In Mehrheitsdemokratien *tendenziell stärker* ausgeprägt als Konsensdemokratien
Strukturelle Aspekte (B-1)	
Homogenität in sozialen Hintergründen und Ideologie unter Gruppenmitgliedern	In Mehrheitsdemokratien tendenziell *deutlich stärker* ausgeprägt als in Konsensdemokratien (v.a. Ideologie)
Fehlen von Regeln, die ein systematisches Vorgehen bei der Aufnahme und Verarbeitung von Informationen ermöglichen	Keine Tendenz erkennbar
Abschottung der Gruppe	In Konsensdemokratien tendenziell *weniger wahrscheinlich* als in Mehrheitsdemokratien
Fehlende Tradition unvoreingenommener und unparteiischer Führung	In Konsensdemokratien tendenziell *weniger wahrscheinlich* als in Mehrheitsdemokratien
Konflikte mit anderen Gruppen (Hart)	Keine Tendenz erkennbar
Situativer Kontext (B-2)	
Hoher Stress durch externe Bedrohungen i. V. m. geringer Hoffnung auf Lösung jenseits der von der Gruppenführung bevorzugten / Beibehaltung des Glaubens an die Qualitäten der Gruppenleitung	In Mehrheitsdemokratien tendenziell *stärker ausgeprägt* als in Konsensdemokratien (bzgl. Vertrauen in Gruppenführung)
Interner Stress / Geringes Selbstwertgefühl, etwa infolge jüngerer Fehlschläge oder moralischer Dilemmata	Keine Tendenz erkennbar

Quelle: Eigene Zusammenstellung.

3.3 Illustrationen

Die bisherigen Ausführungen legen nahe, dass die in Mehrheitsdemokratien in der Regel vorhandenen Einparteienregierungen zu einer höheren Geschlossenheit (Vorbedingung A) sowie einer stärker ausgeprägten ideologischen Homogenität (Teilaspekt von Vorbedingung B-1) unter den Mitgliedern der Entscheidungsgruppe beitragen, als dies in für Konsensdemokratien typischen Koalitionsregierungen der Fall ist. Diese Vorbedingungen sollten somit in Mehrheitsdemokratien mit größerer Wahrscheinlichkeit auftreten als in Konsensdemokratien. In Verbindung mit den weiteren Vorbedingungen, deren Auftreten jedoch nicht spezifisch für den einen noch den anderen Regierungstyp erscheint, könnten Regierungen in Mehrheitsdemokratien somit anfälliger für das Auftreten von *Groupthink* sein als es bei Regierungen in Konsensdemokratien der Fall ist. Da die Regierungen in Mehrheitsdemokratien zugleich unabhängiger von den Parlamenten agieren können als dies in Konsensdemokratien der Fall ist, dürften von *Groupthink* geprägte Entscheidungen anschließend auch mit größerer Wahrscheinlichkeit implementiert werden.

Das Auftreten der genannten Vorbedingungen in Einparteienregierungen von Mehrheitsdemokratien im Kontext von in der Literatur als „*Groupthink*-Entscheidungen" diskutierten außenpolitischen Fiaskos wird nunmehr illustriert. In den letzten Jahren wurde insbesondere die Entscheidung der US-Regierung von

George W. Bush zur Intervention im Irak aus der Perspektive von *Groupthink* analysiert (Kuntz 2007; Mitchell u. Masoud 2009; Badie 2010; Schafer u. Crichlow 2010). Neben dem Präsidenten gehörten Vizepräsident Richard Cheney, Verteidigungsminister Donald Rumsfeld, Außenminister Colin Powell, die Nationale Sicherheitsberaterin Condoleeza Rice, der stellvertretende Verteidigungsminister Paul Wolfowitz sowie der stellvertretende Außenminister Richard Armitage zu den maßgeblichen Mitgliedern der Entscheidungsgruppe (Mann 2004). Die Entscheidungsgruppe war charakterisiert sowohl durch ein hohes Maß an Geschlossenheit als auch an ideologischer Homogenität. Grundlage hierfür waren u.a. gemeinsame berufliche Erfahrungen von Gruppenmitgliedern in früheren Administrationen (z.B. unter Nixon und Reagan) wie auch gemeinsamen Aktivitäten in den 1990er Jahren im Rahmen des „Project for a New American Century", dessen Vertreter (u. a. Cheney, Rumsfeld und Wolfowitz) sich für einen Regimewechsel im Irak aussprachen (Badie 2010, S. 282). Selbst Powell, der intensive Diskussionen u.a. mit Cheney und Rumsfeld über das angemessene Vorgehen gegenüber Saddam Hussein hatte, war „Teil" der Gruppe und trug deren Entscheidungen mit (Kuntz 2007, S. 84f.). Trotz zweifelsohne vorhandener Unterschiede im Detail einte die Gruppe eine gemeinsame Sichtweise auf die Stellung der USA in der Welt, einschließlich der Rolle des Militärs als Instrument zur Wahrung und Durchsetzung amerikanischer außenpolitischer Interessen (Mann 2004). Zur weitgehenden Geschlossenheit und ideologischen Homogenität innerhalb der Entscheidungsgruppe als Vorbedingungen für das Auftreten von *Groupthink* kamen weitere begünstigende Faktoren hinzu. Dies gilt insbesondere für den von außen auf die Entscheidungsgruppe einwirkenden Stress infolge der Terroranschläge des 11. September 2001, die, wie Renshon (2008, S. 834) nachgewiesen hat, bei Präsident Bush zu einer nachhaltigen Veränderung seiner politischen Überzeugungen in Richtung einer konfliktiveren und stärker auf die Bestrafung von Feinden ausgerichteten Sichtweise auf die Außenpolitik führten. Das Auftreten mehrerer Vorbedingungen zog mehrere Symptome von *Groupthink* nach sich und mündete schließlich im Fiasko der Irakintervention.

Auch für andere außenpolitische Fiaskos der USA, in denen Groupthink nachgewiesen worden ist, wird auf die Geschlossenheit sowie auf die Homogenität der Entscheidungsgruppe als Vorbedingungen für das Auftreten des Phänomens verwiesen. Dies gilt bereits für die wegbereitenden Arbeiten von Janis (1982). Dieser konstatierte für die Entscheidung der Truman-Regierung zur Intervention in Korea, dass sich die Mitglieder der Entscheidungsgruppe gegenseitig wertschätzten und zudem gemeinsame Überzeugungen besaßen insbesondere hinsichtlich der Notwendigkeit, den Kommunismus einzudämmen (Janis 1982, S. 49). Für die Entscheidung der Johnson-Regierung zur Eskalation des Vietnamkonflikts stellte Janis ebenfalls einen hohen Grad an Zusammenhalt innerhalb der Entscheidungsgruppe („Tuesday Cabinet") fest, der auf „bonds of mutual friendship and loyalty" beruhte (Janis 1982, S. 99).

Da Janis Untersuchungen allerdings wenig systematisch ausfielen, hat McCauley (1989) in einer Metaanalyse die von Janis untersuchten Fälle einer abermaligen und klarer strukturierten Analyse unterzogen. Für sämtliche Entscheidungen, in denen Janis Groupthink aufgezeigt hatte, stellt McCauley eine große Geschlossenheit der Entscheidungsgruppe fest, und in der Mehrzahl der Fälle auch eine große Homogenität innerhalb der Entscheidungsgruppe, wobei er jedoch nicht zwischen sozialen und ideologischen Faktoren unterschied (McCauley 1989, S. 257).

Für die nicht auf die USA bezogenen Fälle von Groupthink sprechen Walker und Watson mit Blick auf die *Appeasement*-Politik der britischen Regierung unter Chamberlain während der Sudetenkrise ebenfalls von einer hohen Geschlossenheit innerhalb des „Inner Cabinet", die – in Verbindung mit einem Gruppenführer mit einer klaren inhaltlichen Präferenz sowie der Existenz einer äußeren Bedrohung – zur Entstehung von *Groupthink* beigetragen habe (Walker u. Watson 1989, S. 210).[14] Und Bodenstein hebt für die russische Entscheidung zur Intervention in Tschetschenien ebenfalls auf die Bedeutung einer homogenen Entscheidungsgruppe ab, und zwar bezogen auf den Sicherheitsrat, der „eine[n] homogenen Kreis von Akteuren" umfasste und für die Interventionsentscheidung verantwortlich zeichnete (Bodenstein 2001, S. 58).

4. Fazit

Dieser Beitrag diskutierte, ob im Kontext außenpolitischer Entscheidungen bestimmte Typen von Regierungssystemen mit ihren jeweiligen Spezifika das Auftreten von *Groupthink* befördern bzw. weniger wahrscheinlich werden lassen. Unter Bezugnahme auf die Typologie demokratischer Regierungssysteme von Arend Lijphart (2012) wird argumentiert, dass Mehrheitsdemokratien im Vergleich zu Konsensdemokratien strukturelle Eigenschaften bezüglich der Anlage und Zusammensetzung von außenpolitischen Entscheidungsgruppen aufweisen – insbesondere Einparteienregierungen und sich daraus ergebende Folgen für die Geschlossenheit und ideologische Homogenität unter den Gruppenmitgliedern –, die die Entstehung der Vorbedingungen von *Groupthink* begünstigen. Entsprechend sollten im Bereich der Außenpolitik Regierungen in Mehrheitsdemokratien eher zum ‚Opfer' von *Groupthink* werden als Regierungen in Konsensdemokratien. Harts (1994) Spezifizierungen für das Auftreten von *Groupthink* hinsichtlich bestimmter Arten von Entscheidungsgruppen und Typen von Entscheidungen lässt sich somit tentativ ein weiteres, nunmehr auf bestimmte Typen von Regierungssystemen abhebendes Element hinzufügen.

Inwieweit sich dieses neue Element halten lässt, gilt es in empirischen Studien weiterer außenpolitischer Fiaskos genauer zu untersuchen. Für Großbritannien böten sich neben den bereits untersuchten Entscheidungen zu *Appeasement* und der Suezintervention etwa die Entsendung von Truppen in den Koreakrieg oder die beiden gescheiterten Beitrittsanträge zur Europäischen Gemeinschaft an (Bennett 2013) und für Deutschland bspw. die Anerkennung von Kroatien und Slowenien oder die Enthaltung im Sicherheitsrat der Vereinten Nationen bei der

---

14 In seiner Studie zur Politik der britischen Regierung im Kontext der Suezkrise geht Verbeek (1994) nicht weiter auf die Vorbedingungen ein, sondern fokussiert auf das Auftreten der Symptome von *Groupthink*. Der Aufsatz von Forsberg und Pursiainen (2006) zu finnischen Krisenentscheidungen gibt die zentralen Inhalte eines Forschungsprojekts wieder, dessen Abschlussbericht nur in finnischer Sprache vorliegt. Im Aufsatz selbst wird nicht weiter auf das Vorliegen der Vorbedingungen eingegangen.

Abstimmung zu Libyen (Wagner 2007: 151; Müller 2011). Wenn die Untersuchung dieser und weiterer außenpolitischer Fiaskos zeigen würde, dass die Vorbedingungen von *Groupthink* tatsächlich zuvorderst in Mehrheitsdemokratien auftreten, erhärtete dies die in diesem Beitrag aufgezeigten Korrelationen zwischen diesem Typus von Regierungssystem und *Groupthink*.

Neben den angeführten Aspekten für die künftige Forschung zur Außenpolitik demokratischer Staaten legt der Beitrag darüber hinaus gehende ‚Brückenschläge‘ zum Bereich der Innenpolitik wie auch zu nicht demokratischen Staaten nahe. Für die Innenpolitik ist zu fragen, inwieweit sich die angeführten Korrelationen zwischen bestimmten Typen von Regierungssystemen und dem Auftreten von *Groupthink* auch hier nachweisen lassen oder ob Entscheidungsgruppen im Bereich der Innenpolitik aufgrund der heterogeneren Akteurslandschaft weniger anfällig für *Groupthink* sind als Entscheidungsgruppen in der Außenpolitik, die noch eher eine ‚domaine réservée‘ der Exekutive darstellt.[15] Für nicht demokratische Staaten stellt sich hingegen eher die Frage, ob deren Exekutiven aufgrund ihrer häufig ebenso umfangreichen wie autonom zu nutzenden Kompetenzen möglicherweise noch anfälliger für das Auftreten von *Groupthink* sind als die Exekutiven in demokratischen Regierungssystemen. Möglicherweise existiert bezogen auf die Anfälligkeit von Regierungen für *Groupthink* ein Kontinuum, das von besonders anfälligen Autokratien über Mehrheitsdemokratien hin zu am wenigsten anfälligen Konsensdemokratien reicht.

Literatur

Auffermann, Burkhard. 2009. Das politische System Finnlands. In *Die politischen Systeme Westeuropas*, 4. Auflage, Hrsg. Wolfgang Ismayr, 219-263. Wiesbaden: VS Verlag für Sozialwissenschaften.

Badie, Dina. 2010. Groupthink, Iraq, and the War on Terror: Explaining US Policy Shift toward Iraq. *Foreign Policy Analysis* 6, 277-296.

Bennett, Gill. 2013. *Six Moments of Crisis. Inside British Foreign Policy*. Oxford: Oxford University Press.

Beyme, Klaus von. 2014. *Die parlamentarische Demokratie. Entstehung und Funktionsweise 1789-1999*, 4. Auflage. Wiesbaden: Springer VS.

Bodenstein, Thilo. 2001. Vetospieler in Krisenentscheidungen. Eine Analyse der Entscheidungsprozesse zum Afghanistan- und Tschetschenienkonflikt. *Zeitschrift für Internationale Beziehungen* 8, 41-72.

Brummer, Klaus. 2014. Die begrenzten „war powers" des Bundestags. *Zeitschrift für Parlamentsfragen* 45, 596-614.

Brunner, Georg. 2002. Präsident, Regierung und Parlament: Machtverteilung zwischen Exekutive und Legislative. In *Neue Regierungssysteme in Osteuropa und der GUS*.

---

15 Diese Annahme wird herausgefordert durch die bereits erfolgte Nutzung des *Groupthink*-Modells zur Erklärung innenpolitischer Entscheidungen in den USA, etwa durch Hensley u. Griffin (1986), Esser u. Lindoerfer (1989), Kowert (2002: Kap. 5) oder auch durch Janis (1982), der sein Modell auf die Watergate-Affäre anwandte.

Probleme der Ausbildung stabiler Machtinstitutionen, Hrsg. Otto Luchterhandt, 67-122. Berlin: Arno Spitz.

Döring, Holger, und Johan Hellström. 2013. Who Gets What into Government? Coalition Formation in European Democracies. *West European Politics* 36, 683-703.

Druckman, James N. 1996. Party Factionalism and Cabinet Durability. *Party Politics* 2, 397-407.

Duverger, Maurice. 1980. A New Political System Model: Semi-Presidential Government. *European Journal of Political Research* 8, 165-187.

Elgie, Robert. 2011. Semi-Presidentialism in Western Europe. In *Semi-Presidentialism and Democracy*, Hrsg. Robert Elgie, Sophie Moestrup, und Yu-Shan Wu, 81-97. Basingstoke: Palgrave Macmillan.

Esser, James K. 1998. Alive and Well after 25 Years: A Review of Groupthink Research. *Organizational Behavior and Human Decision Processes* 73, 116-141.

Esser, James K., und Joanne S. Lindoerfer. 1989. Groupthink and the Space Shuttle Challenger Accident: Toward a Quantitative Case Analysis. *Journal of Behavioral Decision Making* 2, 167-177.

Förster, Christian, Josef Schmid, und Nicolas Trick. 2014 *Die nordischen Länder. Politik in Dänemark, Finnland, Norwegen und Schweden.* Wiesbaden: Springer VS.

Fortin, Jessica. 2008. Patterns of Democracy? Counterevidence from Nineteen Post-Communist Countries. *Zeitschrift für Vergleichende Politikwissenschaft* 2, 198-220.

Forsberg, Tuomas, und Christer Pursiainen. 2006. Crisis Decision-Making in Finland: Cognition, Institutions and Rationality. *Cooperation and Conflict* 41, 235-260.

Fuller, Sally Riggs, und Ramon J. Aldag. 1998. Organizational Tonypandy: Lessons from a Quarter Century of the Groupthink Phenomenon. *Organizational Behavior and Human Decision Processes* 73, 163-184.

Furtak, Robert J. 2002. Zum Verhältnis von Staatspräsident und Regierung in postsozialistischen Staaten. In *Neue Regierungssysteme in Osteuropa und der GUS. Probleme der Ausbildung stabiler Machtinstitutionen*, Hrsg. Otto Luchterhandt, 123-174. Berlin: Arno Spitz.

Gauck, Joachim. 2014. Deutschlands Rolle in der Welt – Anmerkungen zu Verantwortung, Normen und Bündnissen. *Zeitschrift für Außen- und Sicherheitspolitik* 7, 115-122.

Hart, Paul 't. 1994. *Groupthink in Government. A Study of Small Groups and Policy Failure.* Baltimore: Johns Hopkins University Press.

Hart, Paul 't, Eric K. Stern, und Bengt Sundelius. 1997a. Foreign Policy-Making at the Top: Political Group Dynamics. In dies.: *Beyond Groupthink. Political Group Dynamics and Foreign Policy-Making*, 3-34. Ann Arbor: University of Michigan Press.

Hart, Paul 't, Eric K. Stern, und Bengt Sundelius (Hrsg.). 1997b. *Beyond Groupthink. Political Group Dynamics and Foreign Policy-Making.* Ann Arbor: University of Michigan Press.

Hensley, Thomas R., und Glen W. Griffin. 1986. Victims of Groupthink. The Kent State University Board of Trustees and the 1977 Gymnasium Controversy. *Journal of Conflict Resolution* 30, 497-531.

Herek, Gregory M., Irving L. Janis, und Paul Huth. 1987. Decision Making during International Crises: Is Quality of Process Related to Outcome?. *Journal of Conflict Resolution* 31, 203-226.

Hill, Christopher. 2003. *The Changing Politics of Foreign Policy*. Basingstoke: Palgrave Macmillan.

Janis, Irving L. 1972. *Victims of Groupthink: A Psychological Study of Foreign-Policy Decisions and Fiascoes*. Boston et al.: Houghton Mifflin.

Janis, Irving L. 1982. *Groupthink. Psychological Studies of Policy Decisions and Fiascoes*, 2. Auflage. Boston et al.: Houghton Mifflin.

Kowert, Paul A. 2002. *Groupthink or Deadlock. When Do Leaders Learn from Their Advisors?*. Albany: State University of New York Press.

Kuntz, Friederike. 2007. *Der Weg zum Irak-Krieg. Groupthink und die Entscheidungsprozesse der Bush-Regierung*. Wiesbaden: VS Verlag für Sozialwissenschaften.

Lijphart, Arend. 2012. *Patterns of Democracy: Government Forms and Performance in Thirty-Six Countries*, 2. Auflage. New Haven/London: Yale University Press.

Mann, James. 2004. *Rise of the Vulcans. The History of Bush's War Cabinet*. New York: Viking Penguin.

McCauley, Clark. 1989. The Nature of Social Influence in Groupthink: Compliance and Internalization. *Journal of Personality and Social Psychology* 57, 250-260.

Mitchell, David, und Tansa George Massoud. 2009. Anatomy of Failure: Bush's Decision-Making Process and the Iraq War. *Foreign Policy Analysis* 5, 265-286.

Mommsen, Margareta. 2010. Das politische System Russlands. In *Die politischen Systeme Osteuropas*, 3. Auflage, Hrsg. Wolfgang Ismayr, 419-478. Wiesbaden: VS Verlag für Sozialwissenschaften.

Müller, Harald. 2011. *Ein Desaster. Deutschland und der Fall Libyen* (HSFK-Standpunkte 2/2011). Frankfurt a. M.: Hessische Stiftung Friedens- und Konfliktforschung.

Mulcahy, Kevin V. 1995. Rethinking Groupthink: Walt Rostow and the National Security Advisory Process in the Johnson Administration. *Presidential Studies Quarterly* 25, 237-250.

Mullen, Brian et al. 1994. Group Cohesiveness and Quality of Decision Making: An Integration of Tests of the Groupthink Hypothesis. *Small Group Research* 25, 189-204.

Park, Won-Woo. 2000. A Comprehensive Empirical Investigation of the Relationships Among Variables of the Groupthink Model. *Journal of Organizational Behavior* 21, 873-887.

Peters, Dirk, und Wolfgang Wagner. 2011. Between Military Efficiency and Democratic Legitimacy: Mapping Parliamentary War Powers in Contemporary Democracies, 1989-2004. *Parliamentary Affairs* 64, 175-192.

Preston, Thomas, und Paul 't Hart. 1999. Understanding and Evaluating Bureaucratic Politics: The Nexus Between Political Leaders and Advisory Systems. *Political Psychology* 20, 49-98.

Raven, Bertram H. 1998. Groupthink, Bay of Pigs, and Watergate Reconsidered. *Organizational Behavior and Human Decision Processes* 73, 352-361.

Renshon, Jonathan. 2008. Stability and Change in Belief Systems. The Operational Code of George W. Bush. *Journal of Conflict Resolution* 52, 820-849.

Scarrow, Susan E., und Burcu Gezgor. 2010. Declining Memberships, Changing Members? European Political Party Members in a New Era. *Party Politics* 16, 823-843.

Schafer, Mark, und Scott Crichlow. 1996. Antecedents of Groupthink. A Quantitative Study. *Journal of Conflict Resolution* 40, 415-435.

Schafer, Mark, und Scott Crichlow. 2002. The Process-Outcome Connection in Foreign Policy Decision Making: A Quantitative Study Building on Groupthink. *International Studies Quarterly* 46, 45-68.

Schafer, Mark, und Scott Crichlow. 2010. *Groupthink Versus High-Quality Decision Making in International Relations.* New York: Columbia University Press.

Siaroff, Alan. 2003. Comparative Presidencies: The Inadequacy of the Presidential, Semi-presidential and Parliamentary Distinction. *European Journal of Political Research* 42, 287-312.

Smith, Steve. 1984. Groupthink and the Hostage Rescue Mission. *British Journal of Political Science* 15, 117-126.

Steffani, Winfried. 1979. *Parlamentarische und präsidentielle Demokratie. Strukturelle Aspekte westlicher Demokratien.* Opladen: Westdeutscher Verlag.

Turner, Marlene E., und Anthony R. Pratkanis. 1998. Twenty-Five Years of Groupthink Theory and Research: Lessons from the Evaluation of a Theory. *Organizational Behavior and Human Decision Processes* 73, 105-115.

Vatter, Adrian. 2009. Lijphart Expanded: Three Dimensions of Democracy in Advanced OECD Countries. *European Political Science Review* 1, 125-154.

Verbeek, Bertjan. 1994. Do Individual and Group Beliefs Matter? British Decision-Making During the 1956 Suez Crisis. *Cooperation and Conflict* 29, 307-332.

Vertzberger, Yacoov Y. I. 1990. *The World in Their Minds. Information Processing, Cognition, and Perception in Foreign Policy Decisionmaking.* Stanford: Stanford University Press.

Wagner, Wolfgang. 2007. Die Außen-, Sicherheits- und Verteidigungspolitik der Europäischen Union. In *Handbuch zur deutschen Außenpolitik*, Hrsg. Siegmar Schmidt, Gunther Hellmann, und Reinhard Wolf, 143-154. Wiesbaden: VS Verlag für Sozialwissenschaften.

Walker, Stephen G., und George L. Watson. 1989. Groupthink and Integrative Complexity in British Foreign Policy-Making: the Munich Case. *Cooperation and Conflict* 24, 199-212.

Yetiv, Steve A. 2003. Groupthink and the Gulf Crisis. *British Journal of Political Science* 33, 419-442.

Grenzen der rationalen Abschreckung: Psychologische Korrelate von aggressivem Verhalten in experimentellen Krisenverhandlungsspielen

Hanja Blendin/Gerald Schneider

1. Einleitung*

Die Weiterverbreitung von Atomwaffen und die Gefahr des Erwerbs von Massenvernichtungswaffen durch terroristische Organisationen haben die Debatte über die Wirksamkeit der Abschreckung erneuert. Auf der einen Seite schreiben die Befürworter der Theorie rationaler Abschreckung diesem sicherheitspolitischen Instrument einen deeskalierenden Einfluss zu. Dazu gehört nicht zuletzt der Nobelpreisträger Thomas Schelling (2006, S. 6093), der Ende der 1950er und Anfang der 1960er Jahre den Aspekt der Glaubwürdigkeit als zentrales Abschreckungsmittel identifizierte und der in seiner Vorlesung zur Überreichung des Nobelpreises für Wirtschaftswissenschaften auf die Bedeutung der spieltheoretisch fundierten Abschreckungstheorie für die Sicherheitspolitik verwies:

> „I expect that we may come to a new respect for deterrence. If Iran should, despite every diplomatic effort to prevent it, acquire a few nuclear weapons, we may discover again what it is like to be the deterred one, not the one doing the deterring. (I consider us – NATO – as having been deterred from intervening in Hungary in 1956 and Czechoslovakia in 1968.) I also consider it crucial that Iran learn to think, if it has not already, in terms of deterrence".

Zentral für die Absenz eines Nuklearkrieges in den Dekaden nach Hiroshima ist nach Schelling also, dass die Bedrohten wie die Drohenden die Logik dieser Waffen verstehen.[1] Doch seit dem Ende der 1950er Jahre, als die moderne rationalistische Abschreckungstheorie entwickelt wurde, haben unterschiedlichste Kritiker

---

* Eine erste Version dieses Artikels wurde an der PVS-Autorenkonferenz an der Universität Mainz, 25.-27. September 2014 präsentiert. Wir danken dem Publikum, unserem Diskutanten Boris Egloff sowie den Herausgebern des Sonderheftes für hilfreiche Kommentare. Dieser Artikel entstand dank finanzieller Unterstützung für die Forschungsinitiative „Science of Social Stress and Conflict Resolution" (SoSSCR) im Rahmen der 3. Förderlinie der Exzellenzinitiave. Urs Fischbacher, Kate Bendrick und Irenäus Wolff vom Thurgauer Wirtschaftsinstitut (TWI) haben uns bei der Programmierung wertvolle Unterstützung gewährt. Replikationsmaterial und weitere Angaben zum hier vorgestellten Experiment sind auf der Replikations-Homepage des zweiten Autors zu finden: http://www.polver.uni-konstanz.de/gschneider/arbeitspapiere/replikationsdaten/

1 In diesem Artikel bezeichnen wir die von Schelling angestoßene nicht-kooperative Version der Abschreckungstheorie als ‚rationale' Abschreckungstheorie. Zagare (2004, siehe auch Zagare u. Kilgour 2000) reserviert diesen Begriff für die klassische realpolitische Variante der Abschreckung durch Gleichgewichtspolitik und bezeichnet seinen eignen Ansatz als „Perfekte Abschreckungstheorie", wobei sich das Attribut auf das spieltheoretische Konzept der Teilspielperfektheit und damit einen Grundbaustein der nichtkooperativen Spieltheorie bezieht.

auf die Grenzen solcher Empfehlungen verwiesen. Die ursprünglichen Anfechtungen waren durch die Furcht motiviert, dass der mit diesem Ansatz verknüpfte Anspruch, ‚die Bombe zu denken‘, gerade das Konfliktrisiko schüre. Besonders drastisch meinte Green (1966, S. 225), „(...) deterrence theory justifies the indiscriminate killing of innocent persons under certain circumstances". Moderater fiel die Kritik des Psychologen Anatol Rapoport (1964, S. 166, Kursivsetzung im Original) aus, der schon früh die Grundlagen der Abschreckungstheorie kritisierte[2] und auf die Notwendigkeit einer psychologischen Fundierung dieses Ansatzes verwies:

> „...any research which can seriously claim to be directed toward the prevention of war or especially toward the establishment of peace must be *essentially* concerned with psychological matters, with man, his motivations and social order".

Dieser Aufforderung kommen wir in diesem Aufsatz nach und überprüfen in einem spieltheoretisch fundierten Experiment, ob in Abschreckungssituationen bestimmte Handlungskontexte oder Individuen mit besonderen Dispositionen die Eskalation schüren. Dabei fokussieren wir besonders auf die Faktoren Zeitdruck und Überoptimismus, die verschiedenste Forscher in der jüngsten Zeit mit einer erhöhten Eskalationsbereitschaft in Verbindung gebracht haben. So zeigen Blendin und Schneider (2012) in einem *Groupthink*-Experiment, dass Zeitdruck als situativer Stressor die Entscheidungsqualität mindert, während Cortisol und damit ein biologischer Stressor keinen systematischen Effekt ausübt. Johnson et al. (2012) und andere haben ferner gezeigt, dass ein übersteigertes Selbstvertrauen, das wir auf die Formel des ‚Überoptimismus‘ bringen, das Eskalationsrisiko erhöht; diese Tendenz begründen Johnson und Fowler (2011) evolutionstheoretisch. Selbstüberschätzung – der Glaube besser zu sein, als man tatsächlich ist – gilt als eine der häufigsten kognitiven Verzerrungen in der Wahrnehmung von Individuen (Johnson u. Fowler 2011, S. 317).

Als weitere psychologische Korrelate der Abschreckung kontrollieren wir die Risikoscheue und den Narzissmus der Probanden. Krämer und Schneider (2003, siehe auch Schneider und Krämer 2004) zeigen, dass das Sicherheitsbedürfnis sowie antisoziale Neigungen das Verhandlungsverhalten beeinflussen. In verschiedenen Studien (z. B. Resick et al. 2009 oder Chatterjee u. Hambrick 2011) wird Risikoverhalten mit narzisstischen Persönlichkeitsstörungen in Verbindung gebracht.

Das Experiment evaluiert diese Thesen zum Einfluss von zwei situativen (Stress sowie eines risikofördernden Handlungsrahmens) und von drei individuellen Faktoren (Selbstüberschätzung, Risikoaversion und Narzissmus) auf das Verhalten in Abschreckungssituationen. Konkret untersuchen wir auf der Grundlage eines Krisenverhandlungsspiels die Bereitschaft eines Kontrahenten, eine Forderung eines Gegners abzulehnen und damit eine Eskalation zu riskieren. Die Probanden sind

---

2 So stellte Rapoport (1964, S. 166) fest, „(...) the assumption of rationality is an exceedingly strong one". Dieser Auffassung blieb er weiter treu. In einem Symposium des *Journal of Theoretical Politics* zur Abschreckungstheorie in den 1990er Jahren schrieb er hierzu: „I cannot take seriously any normative theory of decision in the context of international relations that builds on the principle of individual rationality, especially if the term ‚rationality' is used to suggest that it has an unambiguous meaning in situations of this sort" (Rapoport 1992, S. 484).

dabei im Experiment unsicher darüber, ob ein Zurückweisen oder ein Eingehen auf das Verlangen der Gegenseite die adäquate Antwort ist. Um den möglichen Einfluss von Stress zu erfassen, vergleicht das Experiment zwei Experimentalgruppen miteinander: Im Stress-Treatment entscheiden die Spieler unter Zeitdruck, in der Kontrollgruppe ohne. Damit wir den Effekt eines eskalationsfördernden Handlungsrahmens erfassen können, konfrontieren wir die Probanden mit unterschiedlichen Aussichten auf Gewinn im Eskalationsprozess. In einem Szenario hängt die Gewinnwahrscheinlichkeit vom Abschneiden in einem Test bestehend aus zehn gängigen IQ-Testfragen ab, im alternativen Spielaufbau sind die Gewinnaussichten zufällig. Um schließlich den Einfluss von Persönlichkeitsmerkmalen auf das Abschreckungsverhalten zu evaluieren, erheben wir zum einen mithilfe von Einschätzungsfragen die Variable ‚Überoptimismus‘. Dieses Konzept erfasst, ob sich die Person tendenziell selbst überschätzt. Die Variable „Risikoaversion" operationalisieren wir über die Wahl zwischen einer sicheren oder unsicheren Lotterie mit identischem Erwartungswert, und für die Messung von ‚Narzissmus‘ greifen wir auf ein einschlägiges Persönlichkeitsinventar zurück, dem wir zwei unterschiedliche Dimensionen dieser individuellen Disposition entnehmen.

Die statistische Auswertung ergibt, dass das Eskalationsverhalten von situativen Faktoren wie auch der Persönlichkeit der Entscheider abhängt. Zum einen erhöht der Überoptimismus die Eskalationsbereitschaft eines Spielers, wenn die Gewinnwahrscheinlichkeit von der eigenen Fähigkeit abhängt. Bei zufälliger Gewinnwahrscheinlichkeit zeigt sich hingegen, dass Risikoaversion negativ mit der Eskalationsbereitschaft korreliert. Dies demonstriert nach unserem Dafürhalten, dass Persönlichkeitsmerkmale das Abschreckungsverhalten im Kontext von bestimmten Anreizen beeinflussen. Eine der Narzissmus-Skalen ist ebenfalls mit einer erhöhten Eskalationsbereitschaft verbunden. Zum anderen zeigen wir in Abgrenzung zur *Groupthink*-Literatur (Janis 1971; Blendin u. Schneider 2012), dass neben der individuellen Risikoaversion Zeitdruck und damit ein weiterer situativer Faktor die Eskalationsbereitschaft dämpft. Wir argumentieren abschließend, dass eine realistische Neuversion der Abschreckungstheorie das von uns beobachtete Zusammenwirken von Entscheidungssituation und Persönlichkeit berücksichtigen sollte.

2. Determinanten des Abschreckungserfolgs und -misserfolgs

Abschreckung ist nach den gängigen Definitionen der Versuch eines potentiell Angegriffenen, einem Aggressor durch die Androhung von Gewalt den Anreiz zum Angriff zu nehmen:

> „*A* is expected to take some action x whose consequences *B* does not like. *B* therefore announces that if *A* does x, *B* will take some action y whose consequences *A* does not like (…). If so, *B* can be said to have deterred *A* from doing x" (Wagner 1992, S. 115).

Während erste Abschreckungsmodelle noch der Logik der kooperativen Spieltheorie folgten und dabei etwa das Feiglingsspiel (Chicken Game) zum Einsatz kam, hielt besonders über die Vorarbeiten von Schelling (1958, 1960) die nicht-kooperative Variante dieser formalen Theorie Einzug in die Literatur. Wesentlich für diese dynamischen Modelle ist die Einsicht, dass der Erfolg der Abschreckungsbemühungen des ‚Verteidigers‘ von der Glaubwürdigkeit einer Drohung zu einem Gegenschlag abhängt.

In einer Welt mit Nuklearwaffen erwiesen sich militärische Doktrinen, die mit einem atomaren Gegenschlag drohen als Antwort auf einen aggressiven Schritt des Kontrahenten, als Rohrkrepierer, da sie den eigenen Suizid im sprichwörtlichen Sinne von ‚lieber tot als rot‘ voraussetzen. Glaubwürdig ist für Schelling in einer solchen Situation eine Strategie des *Brinkmankship*, die nach der Formel „a threat that leaves something to chance" ein Restrisiko dem Zufall überlässt (Schelling 1960, S. 187ff.). Die Glaubwürdigkeit einer solchen Drohung hängt wesentlich vom Einsatz ab, mit dem sich ein Verteidiger für seine Position in solch impliziten Verhandlungen einsetzt: je größer seine Bereitschaft, die Kontrolle über die Eskalation abzugeben, desto nachhaltiger wirkt seine Drohung.[3] Um Erfolg zu haben, muss ein Verteidiger also darauf setzen, dass die andere Seite ihn als ‚irrational‘ oder zumindest risikobereit wahrnimmt.

Der Abschreckungserfolg ist damit in der Brinkmanship-Perspektive nicht mehr abhängig vom Wettlauf um immer größere militärische Kapazitäten, sondern stellt einen Wettkampf um Risikobereitschaft dar (vgl. Jervis 1979; Powell 1987; Schelling 1960, 1966).[4] Entscheidend für den Abschreckungserfolg ist also nur, ob die Signale des Verteidigers, auf der Eskalationsleiter eine Stufe weiter zu gehen, falls die Gegenseite den Konfrontationskurs fortsetzt, diese zum Einlenken bewegen. Schellings Ansatz setzt sich damit vom klassischen realistischen Gleichgewichtsdenken ab, wonach militärische Kapazitäten über den Abschreckungserfolg entscheiden (Zagare 1996). Vielmehr sind die Signale entscheidend, die Verteidiger und Angreifer über ihre Eskalationsbereitschaft austauschen. Damit hat Schelling das Werk von Jervis (1976) und anderen beeinflusst, die auf die kognitiven Probleme hinwiesen, die Botschaften der Gegenseite korrekt zu interpretieren.

Schellings Modelle wurden seit den 1980er Jahren weiter entwickelt und nahmen dabei die Form von ‚Krisenverhandlungsspielen‘ an, in denen die Kontrahenten unsicher über die Entschlossenheit der Gegenseite sind, die Eskalation weiterzutreiben (Zagare u. Kilgour 2000). Der Ansatz hat dabei unter anderem auch der These des Demokratischen Friedens eine theoretische Fundierung verliehen, war es doch auf der Grundlage von Krisenverhandlungsspielen Fearon (1994) möglich zu zeigen, wie demokratische Regierungen ihre Unterstützer manipulieren, um ihre Gegenschlagsdrohung glaubhafter zu machen.

Gegner der modernen Theorie der rationalen Abschreckung haben seit der Genese dieses Ansatzes darauf hingewiesen, dass die Modellwelt sich nicht auf reale politische Abschreckungssituationen übertragen lasse und dass die handelnden Akteure die Rationalitätsannahmen nicht erfüllen könnten, die aus den spieltheo-

---

3   In den Worten von Schelling (1966, S. 150) hängt die Glaubwürdigkeit einer Drohung von den Kosten und Risiken ab, die mit der Ausführung der Drohung für die drohende Partei verknüpft sind.

4   Darüber hinaus diskutiert Schelling (1960, 1966) die Möglichkeiten von verbindlichen Selbstverpflichtungen als Mittel, das Glaubwürdigkeitsparadoxon zu überwinden. Fearon (1995) und andere zeigen, dass in einer anarchischen Welt solche „self-commitments" an logische Grenzen stoßen.

retischen Grundlagen folgen. Am leichtesten zu widerlegen ist die Fundamentalkritik, wie sie der Icherzähler in einem Roman des Literaturnobelpreisträgers Coetzee (2008, S. 20) anbringt, dass sich terroristische Organisationen im Gegensatz zu den Kontrahenten des Kalten Krieges nicht durch die prohibitiven Kosten von Attentaten abhalten ließen:

> „The Islamist terrorists, on the other hand, are nothing about survival (...). Nor do such terrorists follow the rationalist calculus of costs and benefits: to deal a blow to God's enemies is enough, the cost of that blow, material or human, is unimportant."

Diese Interpretation übersieht, dass Selbstmordattentäter nur Instrumente der Planer der Anschläge sind und dass diese Organisatoren ihre Terrorkampagnen zum Erreichen von politischen Zielen und nicht als Selbstzweck durchführen.[5] Ähnliches gilt für die bekannte metaphorische Kritik Halperins (1987, S. 85, 113), wonach Brinkmanship das Monster erst erschaffe, das es zu bekämpfen vorgebe. Demnach sei die Abschreckungstheorie und die auf ihr aufbauende Sicherheitspolitik eine „doomsday machine linked to a roulette wheel". Doch Unsicherheit ist für Abschreckungssituationen konstitutiv, und der Verzicht, ‚die Bombe zu denken' und sich entsprechend mit ihr intellektuell auseinander zu setzen, erhöht wohl eher das Konfliktrisiko, als es zu mindern.[6]

In einem Sonderheft der Zeitschrift *World Politics* argumentierten Lebow und Stein (1989, S. 224) ebenso fundamental, dass rationale Abschreckungstheorien „(...) ‚theories' about nonexistent decision makers operating in nonexistent environments" seien. Grundlage für diese Zurückweisung waren quantitative Untersuchungen, welche wie bei Janis' (1972, 1971) Fallstudien zum Gruppendenken-Phänomen fast ausschließlich gescheiterte Abschreckungsbemühungen untersuchten und damit einem Induktionsschluss unterlagen (Achen und Snidal 1989).

Eine weitere, wenn auch stärker fokussierte Grundsatzdebatte entspannte sich jüngst zum Konzept der „Publikumskosten" („audience costs"), das Fearon (1994) in die Debatte einführte. Publikumskosten stellen nach Tomz (2007, S. 871) den innenpolitischen Preis dar, den politische Führer in einer Krise für das Entwickeln von Drohungen und das Zurücknehmen von ihnen zu zahlen bereit sind. Snyder und Borghard (2011) verweisen darauf, dass Publikumskosten unter anderem in Krisen deshalb eine geringe Bedeutung hätten, weil demokratische Regierungen sich nicht eindeutig auf eine Abschreckungsdrohung verpflichten ließen, um bei einem Scheitern des Konfrontationskurses innenpolitisch noch ihre Haut retten zu können. In einem Symposium zu Trachtenbergs (2012) historischer Analyse, in welcher der amerikanische Historiker wenige bis keine Belege für Fearons Kausalmechanismus zu glauben fand, nahm Mercer (2012, S. 402) noch einmal die Standardkritik an der Abschreckungstheorie auf:

---

5   Weil Nuklearwaffen in einem Waffengang nicht einsetzbar sind, stellen sie nach Schelling (2006) ausschließlich ein Mittel zur diplomatischen Einflussnahme dar. Diese Nutzung lasse sich durch internationale Abkommen wie den Kernwaffenteststopp-Vertrag ächten.

6   Erst in der Periode des zweiten Kalten Krieges, in den 1980er Jahren, befasste sich die Literatur mit dem umgekehrten Fall, nämlich der Möglichkeit, dass eine Unkenntnis der Abschreckungslogik die Gefahr eines ‚nuklearen Winters' oder eines anderen katastrophalen Endes einer zwischenstaatlichen Krise vergrößern können (dazu etwa Frei 1982).

„Audience cost arguments seem not to exist in practice because rational people do not think the way rational choice theorists think they should think."[7]

So fruchtbar solche Zuspitzungen manchmal sein mögen, so wenig konstruktiv sind sie in anderen Fällen, da die Kritiker bis jetzt keine Alternative vorgelegt haben, sieht man von den Versuchen ab, die „Prospect Theory" von Kahneman und Tversky (1979) für die Analyse von Abschreckungssituationen fruchtbar zu machen (z. B. Levy 1992a, b; Farnham 1994).[8] Dazu kommt, dass die Hypothesen, die sich aus Krisenverhandlungsspielen ableiten lassen, durchaus einige empirische Unterstützung erhalten (z. B. Tomz 2007).

Ernster zu nehmen sind die Hinweise in der Nachfolge zu Rapoport (1964), dass die Abschreckungstheorie einer psychologischen Fundierung bedürfe. In seinem Anschluss forderten etwa Jervis (1988) oder Stein (1988), dass bei der Analyse des politischen Entscheidungsverhaltens verstärkt die individuelle Bedrohungswahrnehmung eine Rolle spielen soll. Spätestens seit Janis (1971, 1972) wissen wir überdies um die Bedeutung von krisenimmanenten Faktoren wie Zeit- und Gruppendruck. Im Folgenden diskutieren wir, welche psychologischen Korrelate die Eskalationsbereitschaft in Abschreckungssituationen erhöhen bzw. dämpfen könnten. Grundsätzlich sind wir dabei der Überzeugung, dass der mögliche Nachweis von nicht-rationalen Determinanten des Abschreckungsverhaltens eher zu einer Korrektur der Theorie und nicht zu einer Zurückweisung der rationalistischen Postulate führen sollte. Unser Streben richtet sich also nach einer realistischen Theorie, die die Entscheider und die besondere Situation berücksichtigt, in der diese stehen. Die Theorie der rationalen Abschreckung und die Psychologie müssen sich also in unserer Perspektive nicht widersprechen, sondern eher ergänzen. In diesem Sinne verstehen wir auch Mercer (2010, S. 13), wonach Emotionen und damit nicht-rationale Faktoren die Glaubwürdigkeit einer Gegenschlagsdrohung erst ermöglichten: „Imagining that emotion only interferes with analysis is wrong: someone deprived of all emotion becomes vacuous, not neutral". Andere Skeptiker der rationalistischen Abschreckungspostulate wie Jervis (1976, 1988) haben deshalb ähnlich wie Mercer das Grundgerüst der dynamischen Abschreckungsanalyse übernommen, verweisen aber zum Beispiel auf die Probleme, die Signale der Gegenseite in einer konkreten Eskalation zu entschlüsseln.[9]

Unsere theoretische Erweiterung der rationalen Abschreckungstheorie unterscheidet zwischen dem Kontext, in dem Abschreckung stattfindet, und den individuellen Dispositionen der Entscheidungsträger. Um den Vorwurf des theoretischen Eklektizismus zu vermeiden, beschränken wir uns dabei in der Diskussion vorwiegend auf Faktoren, die in der jüngeren Abschreckungsdiskussion und der

---

7 Das Symposium ist in *Security Studies* (21/3) erschienen. In ihm setzen sich Spieltheoretiker wie Kenneth A. Schultz und Branislav L. Slantchev für das Konzept der Publikumskosten ein, während etwa Jack S. Levy eine Mittelposition einnimmt. Zu den Kritiker des Ansatzes gesellen sich neben Mercer auch aus einer mehr realpolitischen Perspektive Erik Gartzke und Yonatan Lupu.

8 Bei diesen Übertragungsversuchen aus der Sozialpsychologie wird nach O'Neill (2002) oft übersehen, dass in Abschreckungskontexten die für die Prospect-Theorie zentrale kardinale Nutzenmessung nicht möglich ist.

9 Davis (2013) diskutiert den Beitrag Jervis' für die Abschreckungstheorie und die Internationalen Beziehungen.

experimentellen Verhandlungsliteratur eine zentrale Rolle einnehmen: Stress, Framing und Selbstüberschätzung. Wir kontrollieren zusätzlich, ob Persönlichkeitsmerkmale wie Narzissmus und Risikoscheue den Zusammenhang beeinflussen. Während der Stress und das Framing zu den situativen Faktoren gehören, ordnen wir die anderen Korrelate den individuellen Dispositionen zu.

Situative Faktoren: In der Regel werden Entscheidungen über Kooperation oder Eskalation in einer Abschreckungssituation unter Stress getroffen. Die sozialpsychologische Forschung hat mehrfach festgestellt, dass Stress in Form von Zeitdruck die Entscheidungsfindung beeinflusst (vgl. Ben Zur u. Breznitz 1981; De Dreu 2003; Svenson 1981; Svenson u. Maule 1993). Auch in der Politik ist Zeitdruck ein Faktor, der sowohl als konfliktschürender Stressor wie auch als kooperationsfördernde Verhandlungstaktik interpretiert wird. Verhandlungsführer erzeugen oft Zeitdruck, um Kompromisse zu erreichen bzw. zu erleichtern. Der amerikanische Präsident Jimmy Carter soll während der Verhandlungen zwischen Ägypten und Israel in Camp David 1978 auf diese Strategie gesetzt und dadurch eine Einigung zwischen den Kontrahenten bewirkt haben (Carnevale u. Lawler 1986, S. 637). Dennoch verringert Zeitdruck die Chance, dass sich Streithähne in bilateralen Verhandlungen gütlich einigen (Pinfari 2011; Carnevale u. Lawler 1986; Carnevale et al. 1993).

Eine zentrale Rolle spielt der Stress in der Konfliktforschung spätestens seit Janis' (1971) grundlegendem Beitrag zum Phänomen des Gruppendenkens. Zu berücksichtigen ist dabei allerdings nach Janis und Mann (1977), dass der Zusammenhang zwischen Stress und Entscheidungsqualität kurvilinear ist und dass sich bei einem mittleren Stressniveau die Informationsverarbeitung verbessert, ein Zusammenhang, den Brecher (1980) anhand zweier Fallstudien (Israels Entscheidungskrisen 1967 und 1973) bestätigt. Hermann (1979, S. 29) ist skeptischer und weist auf die Schwierigkeiten hin, den Umschlagepunkt zu bestimmen, ab dem Stress das Verhalten beeinträchtigt.

Die jüngere experimentelle Forschung liefert aber genügend Belege für Janis' (1971) ursprüngliche Skepsis. So konnten die Autoren in einem *Groupthink*-Experiment zeigen, dass „Stress in Form von Entscheidungsdruck durch Zeitdruck und Tonsignal im Schnitt die Entscheidungsqualität mindert" (Blendin u. Schneider 2012, S. 76). Andere Studien bestätigen diesen Zusammenhang. Das Computerexperiment von Ibañez, Czermak und Sutter (2009) demonstriert ferner, dass gerade bei unerfahrenen Spielern das Suchverhalten suboptimal ist. Wir vermuten aufgrund dieser verschiedenen Befunde, dass Zeitdruck die Gefahr einer Eskalation steigert.

Die Chance, in einer Krise bestehen zu können, ist indes durch die Gewinnaussichten vermittelt. Im konkreten Experiment unterscheiden wir zwei Entscheidungssituationen, um Framingeffekten auf die Spur zu kommen. In einem ersten Experiment teilen wir den Probanden mit, dass ihr Entscheidungsverhalten von ihrem Erfolg bzw. erzielten Ranglistenplatz in einem Wissenstest abhängt. Die zweite Möglichkeit ist dabei, dass ihre Erfolgschance zufälliger Natur ist. Wir erwarten, dass sich der Einfluss der Erklärungsfaktoren unterscheidet, je nachdem, ob sich ein Akteur in den entsprechenden ‚Rang'- oder ‚Zufallsspielen' befindet.

Framing-Effekte, wie wir sie hier postulieren, spielen in der empirischen Abschreckungsforschung eine große Rolle. So haben verschiedenste Studien auf der Grundlage der Prospect-Theorie (Kahneman u. Tversky 1979) nachzuweisen versucht, dass das Risikoverhalten in einer Verlustsituation ausgeprägter sein sollte als in einem positiven Entscheidungsrahmen. So sollte nach Levy (1992b, S. 289) ein Staat bei drohenden Verlusten eher zu riskanten Entscheidungen neigen, was sich negativ auf den Abschreckungserfolg auswirken sollte. Umgekehrt sollte der Abschreckungserfolg wahrscheinlicher sein, wenn der Angreifer risikoavers ist und den Status quo hoch bewertet. Ähnlich erwarten wir, dass der Entscheidungsrahmen den Einfluss von Stress auf die Eskalationsbereitschaft moderiert. Im Rangspiel sind sich die Spieler sicher, dass sie die Situation erfolgreich bestehen können.

Wir erwarten deshalb unter Stress einen größeren Effekt im Rang- im Vergleich zum Zufallsspiel.

> *H1: Zeitdruck erhöht die Eskalationsbereitschaft eines Verteidigers in einer Situation akuter Abschreckung. Dieser Effekt ist größer im Rang- im Vergleich zum Zufallsspiel.*

Selbstüberschätzung und weitere psychologische Erklärungsfaktoren: Zu Situationen, die suboptimales Verhalten fördern, kommen individuelle Dispositionen als mögliche Konfliktverstärker. Zentral ist dabei das Konzept der Selbstüberschätzung. Darunter ist eine kognitive Verzerrung zu verstehen, die verschiedene Ursachen und Ausprägungen annehmen kann (Pallier et. al 2002). Wir konzentrieren uns hierbei auf das Phänomen des Überoptimismus, das in der letzten Dekade vermehrt für Eskalationstendenzen verantwortlich gemacht wurde (Johnson et al. 2012; Johnson u. Fowler 2011; Johnson 2004), als einer zentralen Komponente der Selbstüberschätzung. Unter „Overconfidence" wird demnach eine positive Illusion in die eigenen Fähigkeiten, eine zu optimistische Einschätzung von Gefahren oder die Unterschätzung von Risiken verstanden (Johnson 2004).

In der experimentellen Forschung zeigt sich, dass Akteure in Verhandlungsspielen eher mit Zugeständnissen durch den Gegner rechnen, wenn sie die eigenen Erfolgswahrscheinlichkeiten höher einschätzen (Kochan u. Jick 1978). Übertriebener Optimismus in die eigenen Fähigkeiten korreliert nicht nur mit der Wahrscheinlichkeit einer Einigung, sondern auch mit der Einigungsanstrengung der Parteien (vgl. Carnevale u. Pruitt 1992, S. 557). Johnson et al. (2006) simulieren ein Krisenverhandlungsspiel, in dem die Teilnehmer die Rolle eines staatlichen Führers einnehmen. Sie finden einen Zusammenhang zwischen Überoptimismus und aggressiven Strategien, jedoch ist der kausale Zusammenhang aufgrund der Komplexität des Entscheidungsspiels nicht eindeutig. Johnson und Fowler (2011) begründen die Persistenz dieser Ergebnisse durch den Vorteil, den diese spezielle Erscheinungsform der Selbstüberschätzung in einer evolutionären Perspektive aufweist (Johnson u. Fowler 2011). In internationalen Krisen begünstigen Überoptimismus und fehlerhafte Einschätzungen der Akteure eine Bereitschaft zum Einsatz militärischer Mittel und verringern die Chancen auf friedliche Einigungen und kooperatives Verhalten (Kahneman u. Renshon 2007, S. 34). Johnson et al. (2012) bestätigen diese Tendenzen.

Johnson (2004, S. 5) bringt den Zusammenhang zwischen der überoptimisti-schen Einschätzungsverzerrung und der Wahrscheinlichkeit der Kriseneskalation auf die Formel: „(…) overconfidence contibutes to causing war". Wir übernehmen diese Hypothese für unsere Experimentalstudie und postulieren gleichzeitig einen weiteren Framingeffekt. So gehen wir davon aus, dass diese Tendenz größer ist in Situationen, in denen der Erfolg einer Konflikteskalation von den eigenen Fähig-keiten abhängt, wofür in unserem Experiment das Szenario des Rangspiels steht.

H2: Überoptimistische Persönlichkeiten neigen in einer Situation akuter Abschreckung eher zu Konflikteskalation. Dieser Effekt sollte besonders im Rangspiel auftreten.

Im Zusammenhang mit Selbstüberschätzung in Form von überoptimistischen Selbsteinschätzungen kontrollieren wir das Persönlichkeitsmerkmal Narzissmus. Es reicht von einer Tendenz, sich selbst übertrieben positiv wahrzunehmen („po-sitive illusion"), bis zu einer Wahrnehmung des eigenen Selbsts als großartig und einzigartig (Gabriel et al. 1994; Raskin u. Hall 1981). Ein narzisstisches Persön-lichkeitskonstrukt, welches sich durch Selbstüberschätzung und ein dominant-aggressives Interaktionsverhalten auszeichnet, wird zwar nicht als klinisch, aber dennoch als problematisch eingeschätzt (Schütz et al. 2004, S. 203).

Zook (2000) beschwört die Gefahr eines Nuklearkrieges zwischen Indien und Pakistan mit einem kulturellen Narzissmus als Erklärungskonzept. Sozialpsycho-logische Studien haben fernab von solchen Spekulationen gezeigt, dass hoch-nar-zisstische Top-Manager besonders dann risikobereit sind, wenn sie sich auf positi-ve Medienreaktionen stützen können (Chatterjee u. Hambrick 2011). Zeigler-Hill, Enjaian und Essa (2013) zeigen überdies, dass unter Männern Narzissmus mit sexueller Aggression einhergeht, während Jones und Paulhus (2010) demonstrie-ren, dass gerade Narzissten aufgrund einer Provokation eher mit Aggression reagieren als Individuen, bei denen diese Persönlichkeitsstörung nicht vorhanden ist.[10] Aufgrund dieser Regelmäßigkeiten können wir davon ausgehen, dass nar-zisstische Persönlichkeiten in einer Konfliktsituation unabhängig von der spezifi-schen Abschreckungssituation den Konflikt tendenziell weiter treiben.

Zu beachten ist dabei allerdings, dass nur bestimmte Formen des Narzissmus die Neigung zu aggressivem Verhalten beeinflussen. So weisen Pincus und Luko-witsky (2010) nach, dass scheue Narzissten aufgrund ihrer Hypersensitivität ge-genüber Kritik eher Auseinandersetzungen meiden, während psychopatische Nar-zissten eher mit Neid und Aggression reagieren. Auch Evaluationen zentraler Messinstrumente wie etwa des *Narcissistic Personality Inventory* (NPI) legen nahe, dass Narzissmus ein mehrdimensionales Konzept ist (Ackerman et al. 2011).

H3: Narzisstische Persönlichkeiten neigen in einer Situation akuter Ab-schreckung eher zu Konflikteskalation.

Die Erwartungsnutzentheorie wie die Prospect-Theorie stimmen darin überein, dass Entscheidungen unter Unsicherheit durch die Einstellung der Akteure zu Ri-

---

10 Pailing, Boon und Egan (2014) zeigen aber auch, dass Narzissmus nicht mit Gewaltbereitschaft korreliert.

siken beeinflusst werden. Vor diesem Hintergrund überrascht es wenig, dass Risikoaversion bzw. – freudigkeit einen großen Stellenwert haben in der Diskussion zur Effektivität der Abschreckung. So erklärt etwa Farnham (1992, siehe auch Farnham 1994) in einer Fallstudie zur Sudetenkrise, dass Präsident Roosevelt im Laufe der Verhandlungen zum Münchner Abkommen die Entscheidung über einen möglichen Krieg in einen möglichen Verlust umwandelte, den er fortan vermeiden wollte, auch wenn dies mit neuen Risiken einherging. Mercer (2010) führt ferner unter anderem Saddam Husseins Kurs vor dem 2. Golfkrieg auf die Fehlwahrnehmung zurück, wonach die Vereinigten Staaten durch eine übertriebene Risikoaversion geleitet seien. Dazu kommt experimentelle Evidenz, welche die Einstellung zur Entscheidungsfindung unter Unsicherheit als Mitursache für sichere oder risikoreichere Entscheidungen sieht. So zeigen etwa Thaler et al. (1997), dass die Tendenz zu kurzfristiger Verlustaversion, einem Konzept der Prospect-Theorie mit konservativen Anlageentscheidungen einhergeht. In einem Experiment zu Mechanismen der fairen Teilung stellen Krämer und Schneider (2003) für risikoscheue Probanden fest, dass sie eher Verfahren wählen, die sie aus dem Alltag kennen. Die Prospect-Theorie lässt darüber hinaus erwarten, dass der Handlungsrahmen eine Rolle spielt. So sollte im Rangspiel die Tendenz zur Deeskalation, die mit Risikoaversion einhergeht, ausgeprägter sein als im Zufallsspiel.

H4: Risikoaverse Persönlichkeiten vermeiden in einer Situation akuter Abschreckung den Konflikt weiter eskalieren zu lassen. Diese Tendenz sollte im Zufallsspiel ausgeprägter sein.

3. Forschungsdesign und Methode

In unserem Experiment gehen wir von einem Szenario aus, in dem die sog. generelle Abschreckung bereits gescheitert ist und in dem der erste Schritt im zugrundeliegenden Krisenverhandlungsspiel – das Formulieren einer monetären Forderung durch den Angreifer – bereits erfolgt ist. Der Gegenpart zu diesem Aggressor, der Verteidiger, muss daher entscheiden, ob er dieser Forderung stattgibt oder eine Gegenforderung stellt.

Formaltheoretisch kann die rationale Entscheidung aus den Wahrscheinlichkeitsparametern des Modells hergeleitet werden, das wir in einem Online-Anhang näher skizzieren. Dem nicht-kooperativen Spiel liegt die Annahme zugrunde, dass der Verteidiger unsicher über die Eskalationsbereitschaft der Gegenseite ist. In anderen Worten weiß dieser Spieler nicht, wie glaubwürdig die Drohung zu einer weiteren Eskalation ist.

Handlungsoptionen und Auszahlungen: Im Experiment wurden je zwei Versuchspersonen einander zugeteilt und anonym über zwei Rechner miteinander verbunden. Die Situation setzt mit einer Forderung von Spieler 1 – dem Angreifer – ein. Spieler 2 – der Verteidiger – kann auf die Forderung eingehen und eine kooperative Strategie wählen oder die Forderung ablehnen und damit eskalieren. Untersucht wird konkret, welche Faktoren die Eskalationsbereitschaft des Verteidigers beeinflussen.

Abbildung 1 stellt die Grundstruktur des Experiments dar, das auf einem Modell von Zagare und Kilgour (2000, Kap. 5) beruht. Der Verteidiger entscheidet unter Unsicherheit, wobei die kritische Größe die Wahrscheinlichkeit p_A (eskalieren) ist: Die optimale Entscheidung des Verteidigers hängt davon ab, wie wahrscheinlich der Angreifer eskalieren wird. Die Auszahlungen im Experiment wurden so gestaltet, dass der Verteidiger – im Folgenden Spieler 2 – bei $p_A = 0{,}5$ zwischen den beiden Optionen *kooperieren* und *eskalieren* indifferent ist. Damit ergibt sich als Nullhypothese des Verteidigerverhaltens: Ohne externe Einflussfaktoren ist zu erwarten, dass beide Entscheidungen gleich häufig auftreten müssten. Die Entscheidung von Spieler 2 wird über die Variable *Eskalationsbereitschaft* erhoben, die den Wert 1 annimmt, wenn Spieler 2 die Forderung ablehnt, und 0, wenn er sie annimmt.

Abbildung 1: Grundstruktur Abschreckungsexperiment

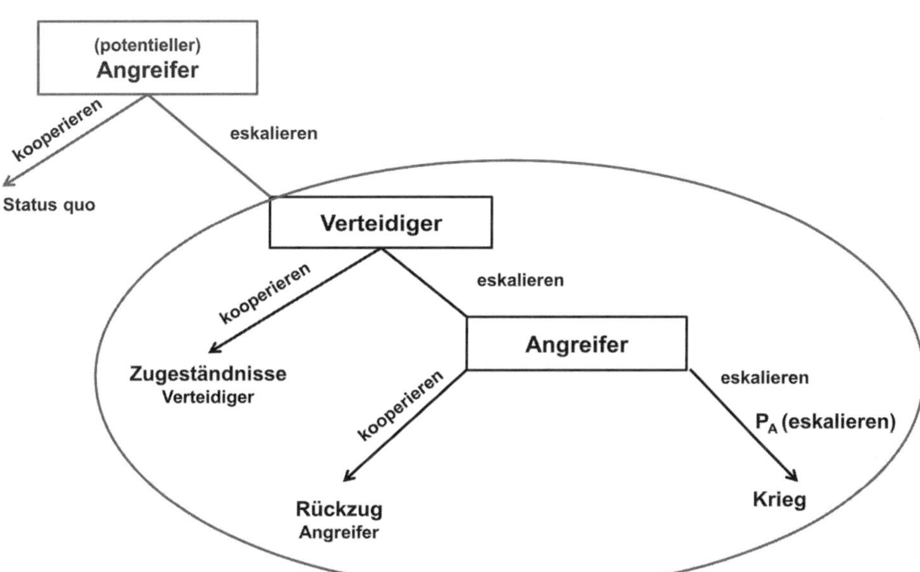

Framingeffekte: Abweichungen vom oben hergeleiteten Gleichgewicht erwarten wir teilweise in Abhängigkeit zum Handlungsrahmen. Es werden zwei Entscheidungssituationen unterschieden: In einem ersten Experiment teilen wir den Probanden mit, dass ihre Gewinnwahrscheinlichkeit von ihrem Abschneiden in einem Wissenstest – ihrem erzielten Ranglistenplatz – abhängt. Im zweiten Setting ist die Erfolgschance zufälliger Natur. Wir erwarten, dass sich der Einfluss der Erklärungsfaktoren unterscheidet, je nachdem, ob sich ein Akteur in den entsprechenden ‚Rang'- oder ‚Zufallsspielen' befindet. Im Zufallsspiel wird der im Konflikt siegende Spieler zufällig ermittelt. Die Wahrscheinlichkeiten p_A und p_V sind demnach beiden Spielern bekannt und die Entscheidung wird unter Unsicherheit getroffen. Ohne Verzerrungen sollte davon ausgegangen werden, dass hier gemäß der Erwartungsnutzentheorie entschieden wird. Im Rangspiel hingegen hängen sie von im Vorfeld ermittelten Ranglistenplätzen der Spieler ab, welche unbekannt sind. Die Entscheidungssituation hat also eine zusätzliche Quelle der Unsicherheit, da die Wahrscheinlichkeiten p_A und p_V von den Spielern eingeschätzt werden müssen. Entsprechend ihres Abschneidens in einem Fragentest zu Beginn des Experiments, bestehend aus 10 IQ-Testfragen, wurden die Probanden in eine eindeutige Reihenfolge gebracht. Je mehr Wissensfragen richtig beantwortet wurden und je schneller diese beantwortet wurden, desto höher rangierte der/die einzelne Proband/in. Wir gehen davon aus, dass sich die Experimentalteilnehmer hier selbst einschätzen und eine Vorstellung davon bilden, wie hoch ihre individuelle Gewinnwahrscheinlichkeit ist.

Spieler 2 wird zu Beginn einer Runde darüber informiert, welche Variante gespielt wird, nicht aber, welche konkrete Auszahlung ihn im Konflikt erwarten würde. Es wird also angenommen, dass er eine Einschätzung über die Gewinnwahrscheinlichkeit bildet. In der Variante *Zufallsspiel* ist die Gewinnwahrscheinlichkeit exogen (p_A = 0,5). Da dieser *a priori*-Wert dem Indifferenzschwellenwert des Verteidigers entspricht, kann gemäß der Erwartungsnutzentheorie in dieser Variante angenommen werden, dass Spieler 2 eine gemischte Strategie spielt und beide Aktionen mit gleicher Wahrscheinlichkeit gewählt werden. Anders ist hingegen die Logik beim *Rangspiel*. Wie im Online-Anhang gezeigt, gibt es formal und unter vollkommener Information nur eindeutige Strategien: Die Spieler der oberen Rangfolgenhälfte sollten eskalieren, die Spieler der unteren kooperieren. Indifferent ist lediglich der Medianspieler.

Zeitdruck: Während einer vorbereitenden Aufgabe, die aus der Beantwortung von Wissensfragen bestand, wurde den Teilnehmern im Zeitdruck-Treatment ein Countdown von 15 Sekunden angezeigt, der mit dem Geräusch einer tickenden Uhr verbunden war. Nach Ablauf der Zeit erschien ein blinkendes Textfeld: „Bitte entscheiden Sie jetzt!!!", und das Geräusch einer Sirene ertönte. Wenn eine Probandin diesem Treatment unterworfen war, hat die Variable den Wert 1, 0 für den anderen Fall.

In Experimenten, die auf einer ähnlichen Entscheidungssituation beruhen, zeigten sich unterschiedliche Effekte. Sutter, Kocher und Strauß (2003) stellen beispielsweise in einem Experiment zum Ultimatumspiel fest, dass enge zeitliche Beschränkungen die Ablehnungsrate von Angeboten erhöhen (Sutter et al. 2003). Mosterd und Rutte (2000) untersuchen die Rolle von Zeitdruck in einer reduzierten Verhandlungssituation, die strukturell einem Feiglingsspiel ähnelt. Offenbar haben Spieler, die auf sich selbst gestellt sind, unter Zeitdruck eine höhere Kooperationsbereitschaft, während Spieler, die eine Gruppe repräsentieren, eher zu aggressiven Entscheidungen neigen. Darüber hinaus muss davon ausgegangen werden, dass die Stress-Leistungs-Kurve konkav verläuft, also die Leistungsqualität im niedrigeren Stress-Niveau zunächst ansteigt und erst ab einem bestimmten Stressniveau beeinträchtigt wird (Hermann 1979). Es ist also nicht eindeutig, welcher Effekt von diesem Stresstreatment auf die Entscheidungen der Spieler erwartet werden kann. Mit Janis' (1971) Konzept des *Groupthink*, welches situativen Stress in der Form von Zeitdruck als wesentliche Ursachen für defizitäre Entscheidungen in der internationalen Politik annimmt, gehen wir hier davon aus, dass extreme verkürzte Entscheidungshorizonte die Einschätzung der Situation bei den Experimentalteilnehmern beeinflussen und die Wahrscheinlichkeit einer Konflikteskalation erhöhen.

Selbstüberschätzung: Selbstüberschätzung wird zu Beginn des Experiments über Einschätzungsfragen zum Wissenstest erhoben. Anhand von drei Einschätzungsfragen wird gemessen, ob der Spieler sich tendenziell besser einschätzt, als er tatsächlich war. Aus diesem Grund erfasst unser Indikator der Selbstüberschätzung den möglichen Überoptimismus der Probanden. Die drei Items sind an die in der Literatur diskutierten Überschätzungsarten angelehnt: (1) die Unfähigkeit, sich selbst adäquat einzuschätzen mit der Tendenz, sich besser einzuschätzen als man tatsächlich ist („calibration based overconfidence": Gigerenzer et al. 1991, Keren 1991, Russo u. Schoemaker 1992), (2) die Positiv-Illusion, die sich darin zeigt, dass sich Menschen hinsichtlich der eigenen Fähigkeiten oder Leistungen sicherer sind, als es der Realität entspricht (Langer 1975, McKenna 1993, Weinstein 1980, Zakay u. Glicksohn 1992) und (3) der besser-als-der-Durchschnitt-Effekt („better-than-average-effect"), der beschreibt, dass sich Menschen im Vergleich zu anderen tendenziell zu gut einschätzen (Alicke et al. 1995, Eiser et al. 2001, Svenson 1981). Da die drei Aspekte zugunsten der Eindeutigkeit (ja, nein) in der Messung stark reduziert wurden, haben wir eine Variable kodiert, die für Selbstüberschätzung den Wert 1 nur dann annimmt, wenn alle drei Aspekte auf Selbstüberschätzung schließen lassen.

Risikoaversion: In einem Beitrag von Holt und Laury (2002) wird Risikoaversion in Experimenten über die Wahl von mehr oder weniger sicheren Lotterie-Alternativen modelliert (Holt u. Laury 2002). Daran angelehnt wurde die Risikoneigung hier mit einer einfachen Auswahlfrage erhoben: „Wählen Sie eine Alternative: (1) 5,00 ECU sicher, oder (2) 10,00 ECU mit einer 50:50 Chance". Alternative 1 steht für Risikoaversion, Alternative 2 für Risikoaffinität.

Narzissmus: In diesem Zusammenhang wurde für die Kontrolle von Narzissmus als Persönlichkeitsmerkmal hier das Narzissmus Inventar (NI) von Denecke und Hilgenstock (1989) verwendet, das für die Feststellung von unterschwelliger, leichter bis hin zu krankhafter Selbstüberschätzung ein valides Messinstrument darstellt (Denecke u. Hilgenstock 1989). Um der Mehrdimensionalität des Konstrukts Genüge zu tun, haben wir zwei Subskalen herausgegriffen: aus der Skala „klassisch narzisstische Persönlichkeit" das „Größenselbst"[11], und aus der Skala „idealistisches Selbst" die Subskala „Autarkie-Ideal"[12]. Die Skala Größenselbst „entspricht dem nicht-klinischen Konzept von Narzissmus als Persönlichkeitskonstrukt am meisten" (Schütz et al. 2004, S. 203), weswegen sie hier Verwendung findet. Im Gegensatz hierzu geht die Skala Autarkie-Ideal umgekehrt von der Auffassung eines bedrohten Selbsts aus, welches sich über narzisstische Einstellungen zu schützen versucht. Die insgesamt 20 Items wurden über

---

11 Die klassisch narzisstische Persönlichkeit „vereinigt Vorstellungen, in denen die eigene Person durch besondere Begabungen und Fähigkeiten ausgezeichnet ist" (Denecke u. Hilgenstock 1989, S. 32), welche sich durch eine übersteigerte Betonung der eigenen Person ausdrückt.

12 Die Ausprägung des Autarkie-Ideals betont den Selbstschutz der Persönlichkeit durch eine übertriebene Eigenverantwortlichkeit und Selbstbestimmung. „Das Selbst versucht, sich seiner Autarkie zu versichern, indem es hohe Leistungsanforderungen an sich stellt und sich einem ständigen Erfolgsdruck aussetzt" (Denecke u. Hilgenstock 1989, S. 32).

Zustimmung oder Ablehnung bestimmter Aussagen mit einer Likert-Skala von 1 (nicht zutreffend) bis 5 (völlig zutreffend) erhoben. Die Items werden für beide Skalen separat aufsummiert und der Durchschnittswert gebildet.

Ablauf des Experiments: Die Experimente fanden an sieben Sitzungen im Wintersemester 2011/2012 im Computerexperimentallabor *LakeLab* der Universität Konstanz statt. Das Experiment wurde mit z-Tree programmiert (Fischbacher 2007). Die Versuchspersonen wurden mit ORSEE, dem Online-Rekrutierungssystem für ökonomische Experimente, rekrutiert (Greiner 2004). Nach einer Teilnahme wurde die Person für weitere Sitzungen ausgeschlossen, um Sitzungseffekte zu vermeiden. Von den insgesamt 168 Teilnehmern waren 87 Männer und 81 Frauen, was einem Frauenanteil von 48% entspricht. In drei zufällig ausgewählten Sitzungen wurde das Zeitdruck-Treatment (ZTT) angewandt, so dass 60 Personen im Zeitdruck-Treatment waren, 30 davon in der Rolle des Verteidigers (15 Frauen, 15 Männer). Das Durchschnittsalter betrug 22,27 Jahre, der jüngste Teilnehmer war 18, der älteste 30 Jahre alt. Es nahmen Studierende aller Fakultäten teil. Zunächst waren zehn Spielrunden geplant. Allerdings zeigte sich in der Feldphase, dass die komplexe Spielstruktur längere Wartezeiten für die Teilnehmer bedeutete, welche die ersten Teilnehmer in ihren Rückmeldungen als störend bezeichneten. Um die Ergebnisse hierdurch nicht zu beeinträchtigen, wurden schließlich nur noch fünf Runden gespielt. Die Daten der Runden 6-10 wurden in der Auswertung nicht berücksichtigt. Die Datenanalyse lässt darauf schließen, dass Ermüdungstendenzen die Entscheidungen schon nach drei Runden beeinflussen. Die Ergebnisse, die wir im nächsten Abschnitt berichten, beziehen sich daher auf jeweils drei und fünf Spielrunden.

Jeder Teilnehmer erhielt 5,00 Euro Aufwandsentschädigung plus eine Auszahlung in Abhängigkeit von den getroffenen Entscheidungen während des Experiments und in Abhängigkeit davon, welche Runde zur Auszahlung ausgewählt wurde. Es konnten bis zu 20,00 Euro zusätzlich erspielt werden. Pro Sitzung wurden jeweils die Hälfte der Teilnehmer zufällig zu Spieler 1 (Angreifer) und die andere Hälfte zu Spieler 2 (Verteidiger) gekürt. Diese Rolle blieb während des gesamten Experiments erhalten. Zu Beginn des Experiments wurden die Instruktionen laut vorgelesen. Die Informationen, die allen Teilnehmern zu Beginn des Experiments vorgelesen wurden, sind im Online-Anhang zu finden.

4. Ergebnisse

Dieser Artikel prüft, welche psychologischen Faktoren das Konfliktverhalten in einem akuten Abschreckungsfall beeinflussen. Dabei unterscheiden wir zwischen situativen Faktoren (Stress in Form von Zeitdruck, Framing in Form von unterschiedlichen Gewinnerwartungen) und Persönlichkeitsmerkmalen der Probanden (Überoptimismus, Risikoaversion, Narzissmus).

Wir erfassen dabei die Neigung, den Konflikt eskalieren zu lassen, über die Variable Eskalationsbereitschaft. Wie Abbildung 2 zeigt, übersteigt diese den erwarteten Wert von 0,5. Allerdings fällt sie von Runde 1 bis 4 ab, um in der Schlussperiode noch einmal nach oben zu schnellen. Es überlagern sich hier möglicherweise Lern- und Schlussrundeneffekte.

Das Abweichen vom erwarteten Durchschnittswert widerlegt die spieltheoretisch abgeleitete Nullhypothese, wonach die Probanden indifferent sein müssten zwischen den beiden Optionen, die Forderung des Angreifers zu akzeptieren oder sie abzulehnen und so den Konflikt eskalieren zu lassen. Dies wirft die Frage auf, ob sich das unterschiedliche Verhalten durch den Entscheidungskontext bzw. die individuellen Dispositionen erklären lässt. Dazu haben wir unterschiedliche logistische Modelle errechnet, die wir in Tabelle 1 ausweisen. Die Tests beziehen sich auf drei bzw. fünf Perioden. Wir unterscheiden drei Modelltypen. Zunächst präsentiert die Tabelle die Resultate für das Gesamtmodell, anschließend für das Zufallsspiel und am Schluss für das Rangspiel. Den Einfluss der unterschiedlichen Frames versuchen wir also über eine Teilung des Samples zu demonstrieren. Modelle 1, 5 und 9 erfassen den Einfluss des Zeitdruck-Treatments, Modelle 2, 6 und 10 eruieren den Effekt des Überoptimismus, Modelle 3, 7 und 11 berücksichtigen beide Variablen gleichzeitig, und die Modelle 4, 8 und 12 beinhalten die Kontrollvariablen (beide Aspekte des Narzissmus und Risikoaversion).

Abbildung 2: Entwicklung der Eskalationsneigung über die fünf ersten Verhandlungsperioden

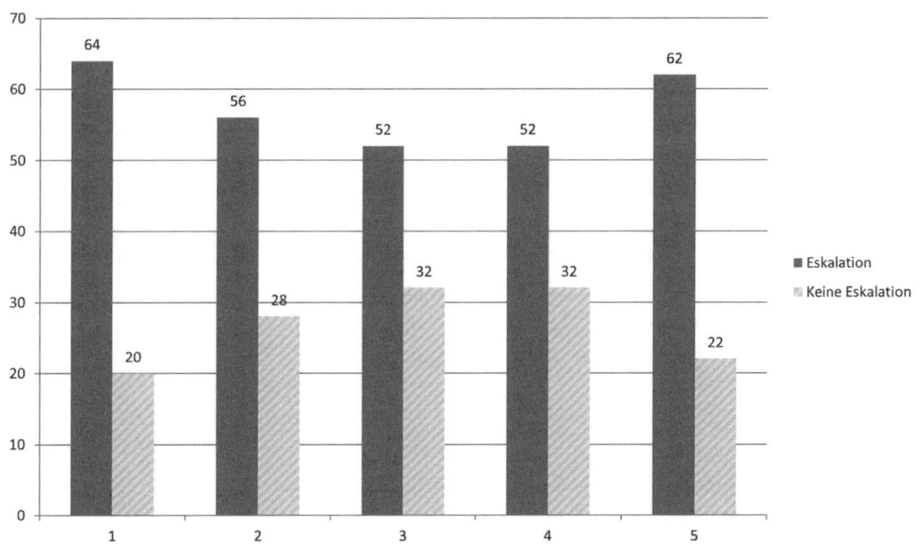

Die empirischen Ergebnisse unterstützen die aus der Literatur abgeleiteten Hypothesen mehrheitlich. Im Widerspruch zu einer zentralen These der *Groupthink*-Literatur und zur ersten Hypothese steht das Ergebnis, dass Entscheidungsträger unter Zeitdruck eher einer Eskalation zuneigen. In einem ähnlich gehaltenen Experiment konnten wir auch zeigen, dass bei einem analogen Zeitdruck-Treatment die Entscheidungsqualität abnimmt (Blendin u. Schneider 2012). Zeitdruck scheint Akteure aber im konkreten Abschreckungskontext bereiter zu Konzessionen gegenüber einer monetären Forderung zu machen. In der Überprüfung mit fünf Perioden zeigt sich auch, dass dieser Effekt wie vermutet stärker in der Konstellation eines Zufallsspiels wirkt im Vergleich zu einer Situation, in der sich die Verteidiger angesichts von Informationen über ihr Abschneiden in einem IQ-Test größere Erfolgsaussichten ausmalen können, wenn sie dem Angreifer widerstehen. Dieser Effekt besteht nicht im Falle, wenn die Tests nur die ersten drei Spielperioden erfassen. Allerdings unterscheiden sich die Kreuzproduktverhältnisse nicht substantiell.

Für die zweite Hypothese finden wir vor allem in Tabelle 1-A Unterstützung. So zeigt es sich für alle Fälle (komplettes Modell) wie auch für das Rangspiel, dass überoptimistische Probanden eher zur Konflikteskalation neigen. Die Resultate belegen damit vor allem auch, dass die Selbstüberschätzung besonders dann die Konfliktneigung fördert, wenn die Individuen in einer Situation sind, in der ein Erfolg bei konfliktivem Verhalten von den eigenen Fähigkeiten abzuhängen scheint. Wie für Top-Manager gezeigt werden konnte, erhöht Selbstüberschätzung in einem geeigneten Umfeld das Risikoverhalten (Chatterjee u. Hambrick 2011). Dass die Überoptimismus-These nicht auf alle fünf Perioden bezogen greift, kann mit dem angesprochenen Endrundenverhalten und den Ermüdungseffekten zusammenhängen.

Hypothese 3 ließ uns unabhängig von Entscheidungskontext für narzisstische Entscheidungsträger eine erhöhte Eskalationsneigung vermuten. Dies können wir mit Ausnahme einer Modellkonstellation (Zufallsspiel mit fünf erfassten Perioden) für eine der beiden verwendeten Skalen bestätigen: je höher der Wert auf der Größenselbstskala, desto eher sind Probanden bereit, den Konflikt eskalieren zu lassen. Dieser Zusammenhang ist umso bedenkenswerter, als die in Krisenstäben entscheidenden Politiker wohl ebenso narzisstische Züge aufweisen. So finden Watts et al. (2013) Belege dafür, dass die 42 von ihnen erfassten amerikanischen Präsidenten in Bezug auf das Größenselbst narzisstischer als die Gesamtbevölkerung sind und dass die Tendenz zum Narzissmus im Laufe der Zeit zugenommen hat. Die zweite Dimension des Narzissmus, die das mögliche Autarkie-Ideal der Probanden erfasst, dämpft eher die Risikoneigung. Dies bestätigt, dass die Skalen unterschiedliche Dimensionen des Narzissmus erfassen. Für die weitere Forschung bedeutet dies, dass eine Fokussierung auf das Phänomen des Größenselbst besonders fruchtbar scheint.

Schließlich bekräftigen die logistischen Regressionen, dass risikoscheue Entscheidungsträger tatsächlich eher eine Forderung akzeptieren als risikofreudige Individuen. Im Sinne der vierten Hypothese gilt dieser Zusammenhang besonders für das Zufallsspiel. Die Unterscheidung in das Zufalls- und das Rangspiel unterstreicht, dass Individuen die Anreize in ihr Kalkül einbeziehen, wenn sie sich Gedanken über die Minimierung eines Verlustes machen müssen, wie es für eine Situation der akuten Abschreckung typisch ist.

Tabelle 1: Determinanten des Verteidigerverhalten in einem bereits eskalierten Abschreckungsspiel
A: Drei Perioden

	Komplettes Modell				Zufallsspiel				Rangspiel			
	(1)	(2)	(3)	(4)	(5)	(6)	(7)	(8)	(9)	(10)	(11)	(12)
Zeitdruck	0,71***		0,74***	0,68***	0,70		0,65***	0,42**	0,71***		0,78	0,87
	(0,08)		(0,08)	(0,06)	(0,16)		(0,10)	(0,14)	(0,09)		(0,12)	(0,14)
Überoptimismus		1,61***	1,45***	1,59***		0,70	0,63	0,66		3,96**	3,86**	3,92**
		(0,13)	(0,11)	(0,10)		(0,31)	(0,26)	(0,23)		(2,49)	(2,30)	(2,15)
Risikoaversion				0,28***				0,14***				0,47
				(0,10)				(0,07)				(0,32)
Autarkie-Ideal (Narzissmus)				0,52*				0,35				0,65
				(0,18)				(0,24)				(0,20)
Größenselbst (Narzissmus)				1,80***				1,64***				1,99***
				(0,37)				(0,17)				(0,49)
Konstante	2,45***	1,95***	2,21***	5,54	2,38***	2,21***	2,67***	63,84**	2,52***	1,70**	1,87***	1,02
	(0,41)	(0,38)	(0,36)	(8,34)	(0,30)	(0,52)	(0,51)	(126,31)	(0,53)	(0,38)	(0,31)	(2,19)
Log likelihood	-156,71	-156,52	-155,96	-144,02	-80,98	-89,54	-80,16	-71,01	-75,70	-72,52	-72,35	-68,73
Korrekt klassifiziert	68,25	68,25	68,25	67,46	67,44	67,44	67,44	68,99	69,11	69,11	69,11	73,17
N	252	252	252	252	129	129	129	129	123	123	123	123

B: Fünf Perioden

	Komplettes Modell				Zufallsspiel				Rangspiel			
	(1)	(2)	(3)	(4)	(5)	(6)	(7)	(8)	(9)	(10)	(11)	(12)
Zeitdruck	0,75**		0,75***	0,69***	0,62***		0,60***	0,45***	0,94		0,96	1,01
	(0,09)		(0,08)	(0,08)	(0,10)		(0,08)	(0,10)	(0,23)		(0,17)	(0,19)
Überoptimismus		1,05	1,00	0,98		0,88	0,79	0,83		1,27	1,27	1,23
		(0,31)	(0,28)	(0,31)		(0,24)	(0,20)	(0,20)		(0,98)	(0,95)	(0,92)
Risikoaversion				0,33***				0,15***				0,65
				(0,08)				(0,08)				(0,28)
Autarkie-Ideal (Narzissmus)				0,54***				0,43**				0,66***
				(0,18)				(0,17)				(0,10)
Größenselbst (Narzissmus)				1,56***				1,20				2,02***
				(0,21)				(0,34)				(0,41)
Konstante	2,37***	2,11***	2,38***	7,71**	2,42***	2,11***	2,58***	81,07**	2,33***	2,16***	2,19***	0,91
	(0,37)	(0,28)	(0,33)	(7,30)	(0,40)	(0,28)	(0,52)	(165,80)	(0,37)	(0,42)	(0,31)	(1,04)
Log likelihood	-262,09	-262,09	-262,09	-246,74	-136,58	-137,82	-136,37	-121,61	-124,90	-124,71	-124,71	-120,44
Korrekt klassifiziert	68,10	68,10	68,10	68,33	66,82	66,82	66,82	69,12	69,46	69,46	69,46	70,94
N	420	420	420	420	217	217	217	217	203	203	203	203

Anmerkung: Die Modelle weisen die Kreuzproduktverhältnisse (Odds Ratio Faktor) aus und die robusten Standardfehler, die nach Perioden geclustert sind.
* $p < 0,1$, ** $p < 0,05$, *** $p < 0,01$

5. Schlussfolgerungen

Die rationale Abschreckungstheorie, wie sie Schelling und andere Militärstrategen begründet haben, ist zentraler Baustein der Sicherheitspolitik der NATO mindestens seit der Ausformulierung der Strategie der flexiblen Antwort. Der Versuch, zwischenstaatliche militärische Krisen, auch zwischen Nuklearmächten, durch dosierte Drohungen kalkulierbar zu machen, gleicht der Brinkmanship-Strategie Schellings, die paradoxerweise auf die Schaffung eines Kriegsrisikos als glaubwürdige Antwort auf eine Sicherheitsbedrohung setzt. Dieser Artikel hat die Kritik an diesem Ansatz aufgegriffen und aufgrund von Entwicklungen in der Sozialpsychologie und der Verhaltensökonomie den Einfluss von Persönlichkeitsmerkmalen und der Entscheidungssituation auf das Verteidigerverhalten in einem spieltheoretischen Abschreckungsszenario untersucht.

Das Abschreckungsexperiment, das wir durchführten, lieferte eindeutige Belege für die These, dass extrarationale Faktoren wie Selbstüberschätzung in der Kombination mit *Groupthink*-ähnlichen Anreizstrukturen die Eskalationsbereitschaft der Akteure fördern. Damit ergeben sich Übereinstimmungen zu einem Gruppenexperiment, in dem Selbstüberschätzung ebenfalls zum suboptimalen Verhalten der Probanden beitrug (Baker et al. 2013). Als ergebnisrelevant haben sich neben den situativen Bedingungen und den Persönlichkeitsmerkmalen der Akteure Framingeffekte erwiesen. Auch wenn die externe Validität der Ergebnisse aufgrund der abstrakten Entscheidungssituation im Labor zunächst problematisch erscheint, kann davon ausgegangen werden, dass einige der hier diskutierten Faktoren wie Zeitdruck oder Überoptimismus Entscheidungssituationen beeinflussen können. Militärische Entscheidungsträger sollten zwar prinzipiell so geschult werden, dass sie besser mit Zeitdruck als der Durchschnittsproband umgehen können. Aber damit ist die Gefahr einer unnötigen Konflikteskalation nicht gebannt, da die Mitglieder von Krisenstäben oft eine ähnlich problematische Persönlichkeitsstruktur aufweisen wie Topentscheider in der Wirtschaft.

Grundsätzlich scheint es uns möglich, das Problem mangelnder externer Validität durch vergleichende Studien zu lindern. Diese könnten etwa das Entscheidungsverhalten bei Geiselnahmen erfassen, in denen Krisenstäbe im Sinne der Abschreckungstheorie erwägen müssen, ob sie auf die Forderungen eingehen oder ob sie den Konflikt eskalieren lassen. Solche Studien fehlen in der Politikwissenschaft besonders im deutschsprachigen Raum, obwohl es gerade in der Geschichte der Bundesrepublik aufgrund des Terrorismus der Roten Armee Fraktion eigentlich genügend Krisenfälle gab, die sich für einen systematischen Vergleich eignen. Allerdings besteht bei solchen möglichen zeitgeschichtlichen Erkundungen das Problem, dass sich die psychologischen Wesensmerkmale der Entscheidungsträger bestenfalls *post hoc* erfassen lassen.

Trotz dieser zwangsläufigen Limiten unserer Untersuchungsanlage erachten wir es als ermutigend, dass in vergleichenden Tests zum rationalen Abschreckungsmodell, bei denen reale zwischenstaatliche Krisen untersucht werden, viele theoretische Implikationen des Gedankengebäudes empirische Unterstützung erhalten (Fearon 2003). Angesichts der Bedeutung der Abschreckungstheorie in der politischen Praxis genügen die üblichen Evaluationsmaßstäbe jedoch nicht, um die Erklärungskraft der Theorie zu überprüfen. So wirft eine durch extra-rationale Faktoren bereits geringfügig erhöhte Eskalationsbereitschaft die Frage auf, ob die Theorie nicht auch jene Faktoren miteinschließen sollte, die für diese Eskalationstendenzen verantwortlich sind. Obgleich wir keine ausgearbeitete Alternative zur rationalistischen Abschreckungstheorie offerieren können, halten wir es für angebracht, dass Verhaltensbesonderheiten wie etwa der Zusammenhang zwischen Selbstüberschätzung und dem Risikoverhalten in die Theorie eingebaut werden. Dies erfordert zum einen, dass die Modelle auch stärker für risikofreundliche Akteure durchdacht werden und so die dogmatische Annahme der Risikoaversion durchbrochen wird. Für Krisenentscheidungsstäbe ist zu berücksichtigen, dass neben dem Gruppendenken auch die Rekrutierung von narzisstischen oder zur Selbstüberschätzung neigenden Entscheidungsträgern das Risiko einer weiteren Eskalation fördern könnte.

Literatur

Achen, Christopher H., und Duncan Snidal. 1989. Rational Deterrence Theory and Comparative Case Studies. *World Politics* 41: 143-169.

Ackerman, Robert A., Edward A. Witt, M. Brent Donnellan, Kali H. Trzesniewski, Richard W. Robins, und Deborah A. Kashy. 2011. What Does the Narcissistic Personality Inventory Really Measure? *Assessment* 18: 67-87

Alicke, Mark D., M. L. Klotz, David L. Breitenbecher, Tricia J. Yurak, und Debbie S. Vredenburg. 1995. Personal Contact, Individuation, and the Better-than-Average Effect *Journal of Personality and Social Psychology* 68: 804–825.

Baker, Christopher, Blendin, Hanja, und Schneider, Gerald. 2013. *Groupthink: Theory and Evidence*. Unveröffentlichtes Arbeitspapier, Universität Konstanz.

Ben Zur, Hasida, und Shlomo J. Breznitz. 1981. The Effect of Time Pressure on Risky Choice Behavior. *Acta Psychologica* 47: 89–104.

Blendin, Hanja, und Gerald Schneider. 2012. Nicht jede Form von Stress mindert die Entscheidungsqualität: Ein Laborexperiment zur Groupthink-Theorie. *Jahrbuch für Handlung- und Entscheidungstheorie* 7: 61–80

Brecher, Michael (mit Benjamin Geist). 1980. *Decision in Crisis. Israel, 1967 and 1973.* Berkeley: University of California Press.

Carnevale, Peter J. D., und Edward J. Lawler. 1986. Time Pressure and the Development of Integrative Agreements in Bilateral Negotiations, *Journal of Conflict Resolution* 30: 636–659.

Carnevale, Peter J., und Dean G. Pruitt. 1992. Negotiation and Mediation, *Annual Review of Psychology* 43: 531–582.

Carnevale, Peter J., Kathleen M. O'Connor, und Christopher McCusker. 1993. Time Pressure in Negotiation and Mediation. In *Time Pressure and Stress in Human Judgement and Decision Making*, Hrsg. Ola Svenson, O. und A. John Maule, 117-127. New York: Plenum Press.

Chatterjee, Arijit, und Donald C. Hambrick 2011. Executive Personality, Capability Cues, and Risk Taking: How Narcissistic CEOs React to their Successes and Stumbles. *Administrative Science Quarterly* 56: 202–237.

Coetzee, J. M. 2008. *Diary of a Bad Year*. London: Penguin.

Davis, James W. Hrsg. 2013. *Psychology, Strategy and Conflict. Perceptions of Insecurity in International Relations.* London and New York: Routledge.

De Dreu, Carsten K. W. 2003. Time Pressure and Closing of the Mind in Negotiation, *Organizational Behavior and Human Decision Processes* 91: 280–295.

Denecke, Friedrich-Wilhelm, und Hurkard Hilgenstock. 1989. *Narzissmus Inventar (NI),* Bern: Hans-Huber-Verlag.

Eiser, J. Richard, Sabine Pahl, und Yvonne R. A. Prins. 2001. Optimism, Pessimism, and the Direction of Self-Other Comparisons. *Journal of Experimental Social Psychology* 37: 77–84.

Farnham, Barbara. 1992. Roosevelt and the Munich Crisis: Insights from Prospect Theory. *Political Psychology* 13: 205-235.

Farnham, Barbara. 1994. *Avoiding Losses/Taking Risks: Prospect Theory and International Conflict.* Ann Arbor: University of Michigan Press.

Fearon, James D. 1994. Domestic Political Audiences and the Escalation of International Disputes. *American Political Science Review* 88: 577–592.

Fearon, James D., 1995. Rationalist Explanations for War, *International Organization* 49: 379–414.

Fearon, James D. 2003. Selection Effects and Deterrence. *International Interactions* 28: 5-29.

Fischbacher, Urs. 2007. Z-Tree: Zurich Toolbox for Ready-Made Economic Experiments. *Experimental Economics* 10: 171-178

Frei, Daniel 1982. *Risks of Unintentional Nuclear War.* Totowa, N.J.: Allanheld.

Gabriel, Marsha. T., Joseph W. Critelli, und Juliana S. Ee. 1994. Narcissistic illusions in self-evaluations of intelligence and attractiveness. *Journal of Personality* 62: 143-155.

Gigerenzer, Gerd, Ulrich Hoffrage, und Heinz Kleinbölting. 1991. Probabilistic Mental Models: A Brunswikian Theory of Confidence. *Psychological Review* 98: 506–528.

Green, Philip. 1966. *Deadly Logic: The Theory of Nuclear Deterrence.* Columbus: Ohio State University Press.

Greiner, Ben. 2004. An Online Recruitment System for Economic Experiments. *Forschung und wissenschaftliches Rechnen 2003. GWDG Bericht* 63: 79-93

Halperin, Morton. 1987. *Nuclear Fallacy: Dispelling the Myth of Nuclear Strategy.* Cambridge: Ballinger.

Hermann, Margaret G. 1979. Indicators of Stress in Policymakers during Foreign Policy Crises. *Political Psychology* 1: 27–46.

Holt, Charles A., und Susan K. Laury. 2002. Risk Aversion and Incentive Effects. *American Economic Review* 92: 1644–1655.

Ibañez, Marcela, Simon Czermak, und Matthias Sutter. 2009. Searching for a Better Deal – On the Influence of Group Decision Making, Time Pressure and Gender on Search Behavior. *Journal of Economic Psychology* 30: 1–10.

Janis, Irving L. 1971. Groupthink among Policy Makers. In *Sanctions for Evil: Sources of Social Destructiveness.* Hrsg. Comstock Nevitt und Craig Sanford, 71–89. San Francisco: Jossey-Bass.

Irving Janis l. 1972. *Victims of Groupthink: A Psychological Study of Foreign-Policy Decisions and Fiascoes.* Boston: Houghton Mifflin.

Janis, Irving L., und Leon Mann, L. 1977. *Decision Making. A Psychological Analysis of Conflict, Choice, and Commitment,* New York: Macmillan.

Jervis, Robert. 1976. *Perception and Misperception in International Politics*. Princeton: Princeton University Press.

Jervis, Robert. 1979. Review: Deterrence Theory Revisited. *World Politics* 31: 289–324.

Jervis, Robert. 1988. War and Misperception. *Journal of Interdisciplinary History* 18: 675–700.

Johnson, Dominic D. P. 2004. *Overconfidence and War. The Havoc and Glory of Positive Illusions*. Cambridge: Harvard University Press.

Johnson, Dominic D. P., Rose McDermott, Emily S. Barrett, Jonathan Cowden, Richard Wrangham, Matthew H. McIntyre, und Stephen Peter Rosen. 2006. Overconfidence in Wargames: Experimental Evidence on Expectations, Aggression, Gender and Testosterone. *Proceedings of the Royal Society B: Biological Sciences* 273: 2513–2520.

Johnson, Dominic D. P., und James H. Fowler. 2011. The Evolution of Overconfidence. *Nature* 477: 317-320.

Johnson, Dominic D.P., Rose McDermott, Jon Cowden, und Dustin Tingley. 2012. Dead Certain: Confidence and Conservatism Predict Aggression in Simulated International Crisis Decision-Making. *Human Nature* 23: 98-126.

Jones, Daniel N., und Delroy L. Paulhus. 2010. Different provocations trigger aggression in narcissists and psychopaths. *Social Psychology and Personality Bulletin* 1: 12–18.

Kahneman, Daniel, und Jonathan Renshon. 2007. Why Hawks Win. *Foreign Policy* 158: 34–38.

Kahneman, Daniel, und Amos Tversky. 1979. Prospect Theory: An Analysis of Decision under Risk. *Econometrica* 47: 263-292

Keren, Gideon. 1991. Calibration and Probability Judgements: Conceptual and Methodological Issues. *Acta Psychologica* 77: 217–273.

Kochan, Thomas A., und Todd Jick. 1978. The Public Sector Mediation Process: A Theory and Empirical Examination. *Journal of Conflict Resolution* 22: 209–240.

Krämer, Ulrike Sabrina, und Gerald Schneider. 2003. Faire Formeln. Psychologische und prozedurale Einflussfaktoren auf die Lösung von distributiven Konflikten. *Kölner Zeitschrift für Soziologie und Sozialpsychologie* 55: 55-78.

Langer, Ellen J. 1975. The Illusion of Control. *Journal of Personality and Social Psychology* 32: 311–328.

Lebow, Richard Ned, und Janice Gross Stein. 1989. Rational Deterrence Theory: I Think, Therefore I Deter. *World Politics* 41: 208-224.

Levy, Jack S. 1992a. An Introduction to Prospect Theory. *Political Psychology* 13: 171–86.

Levy, Jack S. 1992b. Prospect Theory and International Relations: Theoretical Applications and Analytical Problems. *Political Psychology* 13: 283-310.

McKenna, Frank P. 1993. It Won't Happen to me: Unrealistic Optimism or Illusion of Control. *British Journal of Psychology* 84: 39–50.

Mercer, Jonathon. 2012. Audience costs are toys. *Security Studies* 21: 398-404.

Mercer, Jonathan. 2010. Emotional beliefs. *International Organization* 64: 1-31.

Mosterd, Igor, und Rutte, Christel G. 2000. Effects of Time Pressure and Accountability to Constituents on Negotiation, International *Journal of Conflict Management* 11: 227–247.

O'Neill, Barry. 1992. Deterrence Theory Discussion: II: Are Game Models of Deterrence Biased towards Arms-Building? Wagner on Rationality and Misperception. *Journal of Theoretical Politics* 4: 459–477.

O'Neill, Barry. 2002. Risk aversion in international relations theory. *International Studies Quarterly* 454: 617–40

Pailing, Andrea, Julian Boon, und Vincent Egan. 2014. Personality, the Dark Triad and Violence. *Personality and Individual Differences* 67: 81–86.

Pallier, Gerry, Rebecca Wilkinson, Vanessa Danthiir, Sabina Kleitman, Goran Knezevic, Lazar Stankov, und Richard D. Roberts. 2002. The Role of Individual Differences in the Accuracy of Confidence Judgments. *Journal of General Psychology* 129: 257-299.

Pincus, Aaron L., und Lukowitsky, Mark R. 2010. Pathological narcissism and narcissistic Personality disorder. *Annual Review of Clinical Psychology* 6: 421-446.

Pinfari, Marco. 2011. Time to Agree: Are Deadlines Good for Peace Negotiations? *Journal of Conflict Resolution* 55: 683-709.

Powell, Robert. 1987. Crisis Bargaining, Escalation, and MAD, *American Political Science Review* 81: 717–735.

Rapoport, Anatol. 1964. *Strategy and Concsience*. New York: Harper&Row.

Rapoport, Anatol. 1992. Comments on „Rationality and Misperceptions in Deterrence Theory". *Journal of Theoretical Politics* 4: 479 – 484.

Raskin, Robert, und Calvin S. Hall 1981. The Narcissistic Personality Inventory: Alternative Form Reliability and Further Evidence of Construct Validity, *Journal of Personality Assessment* 45: 159–162.

Resick, Christian J., Daniel S. Whitman, Steven M. Weingarden, und Nathan J. Hiller. 2009. The Bright-Side and the Dark-Side of CEO Personality: Examining Core Self-Evaluations, Narcissism, Transformational Leadership, and Strategic Influence. *Journal of Applied Psychology* 94: 1365–1381.

Russo, J. Edward, und Schoemaker, Paul J. H. 1992. Managing Overconfidence, *Sloan Management Review*. Reprint Series 33: 6–17.

Schelling, Thomas C. 1958. *The Reciprocal Fear of Surprise Attack*. The RAND Corporation.

Schelling, Thomas C. 1960. *The Strategy of Conflict*, Harvard: University Press.

Schelling, Thomas C. 1966. *Arms and Influence*, Yale: University Press.

Schelling, Thomas C. 2006. An Astonishing Sixty Years. The Legacy of Hiroshima. *PNAS* 103: 6089-6093.

Schneider, Gerald, und Krämer, Ulrike Sabrina. 2004. The Limitations of Fair Division: An Experimental Assessment of Three Procedures. *Journal of Conflict Resolution* 48: 506–524.

Schütz, A., Marcus, B., und Sellin, I. 2004. Die Messung von Narzissmus als Persönlichkeitskonstrukt: Psychometrische Eigenschaft einer Lang- und einer Kurzform des Deutschen NPI (Narcissistic Personality Inventory), *Diagnostica* 50: 202–218.

Snyder, Jack, und Borghard, Erica. 2011. The Cost of Empty Threats: A Penny, Not a Pound. *American Political Science Review* 105: 437–56.

Stein, Janice. G. 1988. Building Politics into Psychology: The Misperception of Threat, *Political Psychology* 9: 245–271.

Sutter, Mathias, Martin Kocher, und Sabine Strauß. 2003. Bargaining Under Time Pressure in an Experimental Ultimatum Game, *Economics Letters* 81: 341–347.

Svenson, Ola. 1981. Are We All Less Risky and More Skillful Than Our Fellow Drivers?, *Acta Psychologica* 47: 143–148.

Svenson, Ola, und A. John Maule (Hrsg.) 1993. *Time Pressure and Stress in Human Judgment and Decision Making*, New York: Plenum Press.

Thaler, Richard H., Amos Tversky, Daniel Kahneman, und Alan Schwartz. 1997. The Effect of Myopia and Loss Aversion on Risk Taking: An Experimental Test. *Quarterly Journal of Economics* 112: 647-661.

Tomz, Michael. 2007. Domestic Audience Costs in International Relations: An Experimental Approach. *International Organization* 61: 821–40.

Trachtenberg, Marc. 2012. Audience Costs: An Historical Analysis. *Security Studies* 21: 3–42.

Wagner, R. Harrison 1992. Rationality and Misperception in Deterrence Theory, *Journal of Theoretical Politics* 4: 115–141.

Watts, Ashley L., Scott O. Lilienfeld, Sarah Francis Smith, Joshua D. Miller, W. Keith Campbell, Irwin D. Waldman, Steven J. Rubenzer, und Thomas J. Faschingbauer. 2013. The Double-Edged Sword of Grandiose Narcissism: Implications for Successful and Unsuccessful Leadership Among U.S. Presidents. *Psychological Science* 24: 2379-2389.

Weinstein, Neil D. 1980. Unrealistic Optimism About Future Life Events, *Journal of Personality and Social Psychology* 39: 806–820.

Zagare, Frank C. 1996. Classical Deterrence Theory: A Critical Assessment, *International Interactions* 21: 365–387.

Zagare, Frank. C., und Mark D. Kilgour. 2000. *Perfect Deterrence*, Cambridge: Cambridge University Press.

Zagare, Frank C. 2004. Reconciling Rationality with Deterrence: A Re-Examination of the Logical Foundations of Deterrence Theory. *Journal of Theoretical Politics* 16: 107–141.

Zeigler-Hill, Virgil, Brian Enjaian, und Lauren Essa 2013. The Role of Narcissistic Personality Features in Sexual Aggression. *Journal of Social and Clinical Psychology.* 32:. 186-199.

Zook, Darren C. 2000. A Culture of Deterrence: Nuclear Myths and Cultural Chauvinism in South Asia. *World Policy Journal* 17: S. 39-46.

Zakay, Dan, und Joseph Glicksohn. 1992. Overconfidence in a Multiple-Choice Test and ist Relationship to Achievement. *The Psychological Record.* 42: 519-524

IV. PROZESSE POLITISCHER INFORMATIONSVERARBEITUNG

Der Einfluss des Geschlechts auf Kandidatenbeurteilungen: Eine experimentelle Studie zu Kontexteffekten und individuellen Faktoren in Deutschland

Nathalie Giger/Sascha Huber

1. Einführung

Frauen sind in der deutschen Politik weiterhin unterrepräsentiert, auch wenn das Land von einer Kanzlerin regiert wird. So steigt der Frauenanteil im deutschen Bundestag nur langsam an und beträgt derzeit knapp ein Drittel, was Rang 21 im weltweiten Ranking der Frauenrepräsentation bedeutet (Inter-Parliamentary Union 2014). Das könnte unter anderem an der Psychologie der Wähler liegen. Frauen wären demnach benachteiligt, weil Wähler Geschlechterstereotype anwenden und aufgrund dieser weibliche Kandidaten möglicherweise schlechter bewerten als männliche. In diesem Beitrag gehen wir deshalb der Frage nach, ob Wähler in Deutschland männliche und weibliche Kandidierende systematisch unterschiedlich wahrnehmen und ob diese unterschiedlichen Wahrnehmungen auch zu schlechteren Bewertungen weiblicher Politiker[1] führen. Konkret betrachten wir in unserer Studie mit experimentellen Methoden, ob weibliche Kandidaten anders beurteilt werden als männliche, durch welche Kontextbedingungen ein solcher Unterschied beeinflusst wird und welche individuellen Faktoren der Wähler dabei eine Rolle spielen.

Für die USA ist recht gut belegt, dass Wähler weibliche Kandidaten systematisch anders beurteilen und ihnen beispielsweise andere Kompetenzbereiche oder aber auch linkere Positionen zuschreiben. Dagegen sind Studien zu Europa bisher eher selten. Matland (1994) testet in einem experimentellen Setting, ob Politikerinnen in Norwegen anders als Politiker wahrgenommen werden. Matland und Tezcür (2011) verwenden ein ähnliches Design in der Türkei. Beide Studien finden systematisch unterschiedliche Bewertungen von Kandidierenden nach Geschlecht. Die Ergebnisse von Campbell und Cowley (2014) sind etwas weniger ausgeprägt, deuten aber auch an, dass im britischen Kontext die Wahlchancen von weiblichen Kandidaten schlechter beurteilt werden. Bieber (2013) untersucht schließlich für Deutschland in einem Experiment, inwieweit Wähler weibliche und männliche Kandidaten mit und ohne Migrationshintergrund unterschiedlich bewerten, und

---

1 Wir verwenden in diesem Beitrag Kandidierende, Kandidaten und Politiker synonym und benutzen die Adjektive „weiblich" und „männlich", um nach Geschlecht zu trennen.

findet, dass gerade weibliche Kandidaten mit Migrationshintergrund in mehreren Dimensionen anders bewertet werden.[2]

Mit unserer Studie wollen wir den Zusammenhang zwischen Geschlecht und Kandidatenbeurteilung für den deutschen Fall genauer beleuchten. Neben der Beantwortung der allgemeinen Frage nach der Wirkung des Kandidatengeschlechts auf die Wahrnehmungen und Beurteilungen der Wähler, leistet unsere Studie zwei wichtige Beiträge zur Literatur: Erstens gehen wir der Frage nach, wie der Umfang an Information über die einzelnen Kandidaten die Zuschreibung von geschlechtsspezifischen Eigenschaften und deren Bewertung beeinflusst. In der bisherigen Forschungsliteratur wurde diese Frage bisher kaum systematisch untersucht. Wir erwarten dabei, dass der Rückgriff auf Geschlechter-Stereotype besonders dann ausgeprägt ist, wenn Wähler nur wenige Informationen über die politische Ausrichtung der Kandidierenden haben. In unserer Experimentalstudie haben wir deshalb neben dem Geschlecht der Kandidaten auch den Informationskontext variiert: Die Probanden erhielten entweder Informationen über den Charakter der Kandidaten oder über deren politische Ausrichtung oder über beides. Unsere Ergebnisse deuten darauf hin, dass der Informationskontext die Wirkungen des Kandidatengeschlechts tatsächlich systematisch moderiert.

Zweitens beschäftigen wir uns neben den Kontexteigenschaften auch mit individuellen Unterschieden in der Zuschreibung von geschlechtstypischen Merkmalen. Die direkte Messung von allgemeinen Gender-Stereotype erlaubt es uns dabei, den moderierenden Effekt dieser Einstellungen empirisch zu testen. Die Resultate bestätigen unsere Vermutung, dass insbesondere Individuen, deren Denken stark durch geschlechtsspezifische Stereotype geprägt ist, unterschiedliche Bewertungen für männliche und weibliche Kandidierende vornehmen.

Empirisch stützen wir uns dabei auf ein Experiment, das wir im Herbst 2013 durchgeführt haben und bei dem wir den Befragten fiktive Kandidaten präsentiert haben. Experimentelle Studien erscheinen bei der Untersuchung von Effekten des Kandidatengeschlechts ideal, da nur so der Effekt des Geschlechts von anderen Faktoren systematisch unterschieden werden kann (vgl. McDermott 1998). Vergleicht man in Umfragen beispielsweise die Wahrnehmungen von realen Politikern und Politikerinnen, unterscheiden sich diese möglicherweise, es bleibt aber unklar, ob ihr Geschlecht dafür verantwortlich ist oder ob andere Faktoren, wie deren Auftreten, deren politische Positionen oder deren politische Funktionen, diese Unterschiede bedingen. In Experimenten können alle diese Faktoren konstant gehalten und so der interessierende Faktor isoliert werden (vgl. Faas u. Huber 2010).

Der Beitrag ist wie folgt aufgebaut: Wir vertiefen zunächst die theoretischen Hintergründe unserer Arbeit und entwickeln die Hypothesen, die die empirischen Analysen leiten werden. In einem nächsten Abschnitt beschreiben wir den Aufbau des Experiments und die Operationalisierung der einzelnen Variablen. Danach werden die empirischen Ergebnisse dargestellt, die Schlussbemerkungen runden den Beitrag dann ab.

---

2   Darüber hinaus gibt es einige Studien, die auf Umfragedaten basieren und sich mit geschlechtsspezifischen Einstellungen beschäftigen, ohne jedoch besonders auf die Auswirkungen dieser Einstellungen auf Kandidatenurteile einzugehen (z.B. Lefkofridi et al. 2013; Westle 2009).

2. Theoretischer Hintergrund und Hypothesen

Das Geschlecht eines Kandidaten ist ein sehr einfach wahrzunehmendes Kriterium, aus dem mit wenig Vorwissen und Information viel abgeleitet werden kann. Die Literatur sieht das Geschlecht deshalb als Prototyp einfacher Heuristiken, die Wähler zur Entscheidungsfindung heranziehen, ohne dafür große Informationskosten tragen zu müssen (Lau und Redlawsk 2001; Matland 1994; McDermott 1997). Basierend auf dem Merkmal Geschlecht können Wähler Kandidaten eine ganze Fülle von verschiedenen Eigenschaften zurechnen und somit sehr wenig Information zu einer charakterlichen, aber auch politischen Einschätzung von Kandidaten gelangen. Individuen greifen dabei auf sogenannte Stereotype zurück, d. h. die Zuschreibung von Attributen zu einer Gruppe von Personen. Im Fall des Kandidatengeschlechts werden Merkmale, die die Wähler als typisch weiblich oder männlich sehen (sogenannte Gender-Schemata), auf politische Kandidaten projiziert.

Für die USA ist der Gebrauch von Geschlechterstereotypen bei der Beurteilung von weiblichen und männlichen Kandidaten in verschiedenen Bereichen gut dokumentiert. Das betrifft zunächst Unterschiede im Charakter: Während weibliche Kandidatinnen in der Regel als mitfühlender, wärmer, freundlicher und passiver angesehen werden, werden männlichen Kandidaten häufig eher Attribute wie Härte, Aggressivität, Entscheidungsfreudigkeit oder Tatkraft zugeschrieben (Alexander u. Andersen 1993; Burrell 2008; Huddy u. Terkildsen 1993b; King u. Matland 2003; Lawless 2004; Leeper 1991; Sapiro 1981; Dolan 2013). Neben den Charakterzuschreibungen erfolgen aber auch politische Zuschreibungen aufgrund des Kandidatengeschlechts. So werden zum einen die Kompetenzbereiche von weiblichen und männlichen Abgeordneten oder Kandidaten unterschiedlich eingeschätzt. Frauen werden dabei Kompetenzen in typisch weiblichen Bereichen wie Gesundheit, Gleichstellung oder Familienpolitik zugeschrieben, während Männer eher in den Bereichen der Außenpolitik, der Verteidigung und der Wirtschaft als kompetent eingeschätzt werden (Sapiro 1981; Matland 1994; Alexander u. Andersen 1991; Koch 2002). Zum anderen gibt es eine Vielzahl von Studien, die zeigen, dass weibliche Kandidaten auch bei ihren eingenommenen politischen Positionen und bei ihrer allgemeinen ideologischen Ausrichtung anders eingeschätzt werden: Sie werden häufig als weiter links stehend wahrgenommen als ihre männlichen Kollegen (Koch 2000; McDermott 1998; Alexander u. Andersen 1993; Huddy u. Terkildsen 1993a).

Obwohl sich der Großteil der Befunde auf den US-Kontext bezieht, ist anzunehmen, dass der Mechanismus des Rückgriffs auf Gender-Stereotype universal ist (siehe auch Sczensny et al. 2004, welche die interkulturelle Anwendbarkeit von Gender-Stereotypen bestätigen). Das legen auch die wenigen Arbeiten nahe, die sich mit Europa beschäftigen (z.B. Matland u. Tezcür 2011). Mit Hilfe von Umfragedaten konnte auch in Deutschland gezeigt werden, dass Wähler grundsätzlich relativ starke Geschlechtsstereotype bezüglich Männern und Frauen in der Politik besitzen (z.B. Westle 2009). Erste experimentelle Untersuchungen weisen zudem darauf hin, dass diese auch bei der Beurteilung von Kandidaten genutzt werden (Bieber 2013).

Gleichzeitig stellt sich die Frage, ob sich mit der Kanzlerschaft von Angela Merkel und der Einnahme von Spitzenpositionen anderer Politikerinnen, wie Ursula von der Leyen oder Hannelore Kraft, mittlerweile bereits ein Wandel vollzogen hat. Durch die Beispiele dieser Politikerinnen haben die Wähler in Deutschland möglicherweise ihre Einschätzungen zu Frauen und Männern in der Politik überdacht. So erscheint die Bundeskanzlerin vielen Wählern beispielsweise als durchaus durchsetzungsfähig und nicht unbedingt als zu emotional. Genauso erscheint sie im Zuge der Eurokrise auch wirtschaftliche Politikbereiche bewältigt zu haben. Wähler könnten aufgrund dieser Erfahrungen einerseits ihre Geschlechterstereotype über Kandidaten und Kandidatinnen angepasst haben oder sie wenden diese, aufgrund der abweichenden Erfahrungen, nicht mehr so stark bei ihrer Urteilsbildung bezüglich politischer Kandidaten an. In der Konsequenz würde dies in beiden Fällen implizieren, dass sich in Deutschland, wenn überhaupt, nur noch geringe Unterschiede in der Bewertung von Kandidatinnen und Kandidaten finden lassen.[3]

Aufgrund der bisherigen Evidenz erwarten wir aber immer noch einen Einfluss des Kandidatengeschlechts auf die Wahrnehmung und Beurteilung von Kandidaten und formulieren folgende Hypothese:

H1: Individuen benutzen Gender-Stereotype um politische Kandidaten zu beurteilen:

a. Sie nehmen weibliche Kandidierende systematisch als mitfühlender und emotionaler wahr und männliche Kandidierende als durchsetzungsfähiger, selbstbewusster und rationaler.

b. Sie bewerten weibliche Kandidierende systematisch als kompetenter in weiblichen Domänen wie Sozialpolitik und Gleichstellungspolitik und männliche Kandidierende als kompetenter in den Bereichen Verteidigung, Sicherheit und Wirtschaft.

c. Sie bewerten weibliche Kandidierende systematisch als weiter links stehend sowohl bei spezifischen politischen Sachfragen als auch auf einer allgemeinen Links-Rechts-Dimension.

In der bisherigen Forschung lassen sich zwei wichtige Schwachstellen lokalisieren, auf die wir im Folgenden genauer eingehen werden. Erstens wird häufig beklagt, dass die hypothetischen Kandidatenprofile unvollständig sind und insbesondere Informationen zur politischen Orientierung oder zur Parteizugehörigkeit fehlen (Sapiro 1981; King u. Matland 2003; Dolan u. Sanbonmatsu 2011). So zeigen Matland und King (2002) in ihrem Review-Artikel auf, dass nur eine von 15 publizierten Studien Angaben zur Parteizugehörigkeit der Kandidierenden machte und dass dies auch häufig nicht durch andere politische Informationen aufgefangen wurde. Daran anschließend stellt sich die Frage nach der externen Validität dieser Experimente und es ist anzunehmen, dass Geschlechtereffekte in bisherigen

---

3 Wir sind uns natürlich völlig bewusst, dass diese Überlegungen rein spekulativ sind und wir sie mit unserem Untersuchungsdesign nicht testen können. Theoretisch erscheinen sie allerdings durchaus plausibel. Wir diskutieren den Zusammenhang unserer Ergebnisse mit realen Vorbildern nochmals ausführlicher im Schlussteil.

Studien wahrscheinlich überschätzt wurden, da die Wähler mangels alternativer Informationen fast gezwungen waren, auf Geschlechtsstereotype zurückzugreifen.

Während Studien, die den Wählern mehr Information geben, tendenziell kleinere Unterschiede zwischen den Bewertungen von weiblichen und männlichen Profilen finden, steht ein direkter Test, ob wirklich die Informationsmenge die Stärke des Geschlechtereffekts beeinflusst, noch aus (vgl. Dolan u. Sonbanmatsu 2011). In unserer Studie wollen wir den möglichen moderierenden Effekt des Informationskontexts auf den Einfluss des Kandidatengeschlechts erstmals testen. Wir manipulieren deshalb den Fokus der Kandidatenbeschreibungen und präsentieren den Versuchsteilnehmern deshalb Beschreibungen, die unterschiedlich viele substantielle politische Informationen enthalten.

Dabei gehen wir davon aus, dass der Informationskontext eine entscheidende Rolle bei der Verwendung der Geschlechtsstereotype als Heuristik hat. Die Heuristiken-Forschung in der Psychologie hat wiederholt gezeigt, dass sich Menschen der unterschiedlichen Validität verschiedener Hinweise durchaus bewusst sind (vgl. z.B. Gigerenzer u. Todd 1999). Sie werden deshalb versuchen, möglichst valide Hinweise zu nutzen, und insbesondere dann auf schlechtere Hinweise zurückgreifen, wenn keine besseren Hinweise zur Verfügung stehen. Für die Güte der Entscheidungsbildung ist es deshalb besonders wichtig, wie der (Informations-) Kontext beschaffen ist: je valider die Hinweise oder Informationen, die zur Verfügung stehen, desto besser wird auch die Urteilsbildung sein. Übertragen auf die politische Urteilsbildung zu Kandidaten bedeutet das: Wähler werden bei ihrer Urteilsbildung substantielle Hinweise zur politischen Position von Kandidaten nutzen, wenn sie denn zur Verfügung stehen. Wenn sie aber nicht zur Verfügung stehen, müssen sie auf weniger valide Heuristiken, wie das Geschlecht, ausweichen (vgl. für eine ähnliche Argumentation bei unpolitischen Kandidateneigenschaften auch Huber 2012, Kap. 4). Wir erwarten deshalb, dass Wähler insbesondere dann auf das Kandidatengeschlecht bei ihrer Urteilsbildung zurückgreifen, wenn sie wenig andere Informationen und Hinweise zur Verfügung haben.

> *H2: Die Benutzung von Gender-Stereotypen ist umso ausgeprägter, je informationsärmer der Entscheidungskontext ist.*
>
> *a. Davon betroffen sollten vor allem politische Urteile sein: Kompetenzzuschreibungen und die Wahrnehmungen von Positionen und ideologischer Verortung sollten nur dann vom Kandidatengeschlecht beeinflusst werden, wenn keine anderen politischen Hinweise zur Verfügung stehen.*

Eine weitere Lücke in der experimentellen Forschung betrifft die individuellen Unterschiede in der geschlechtsspezifischen Beurteilung von Kandidierenden. Einige wenige Arbeiten thematisieren das Geschlecht der Wähler und halten fest, dass Männer eher auf Stereotype zurückgreifen (Hayes 1997; Johns u. Shepard 2007) und dass es Tendenzen gibt, den Kandidierenden des eigenen Geschlechts eher positive Eigenschaften zuzuschreiben (Plutzer u. Zipp 1996). Allgemein wird jedoch meistens angenommen, dass alle Individuen gleichermaßen das Geschlecht eines Kandidierenden als Kriterium heranziehen, um weitere Persönlichkeitsmerkmale sowie politische Positionen zu schätzen.

Wir halten diese Annahme für problematisch und fokussieren uns dabei auf einen wichtigen Moderator, nämlich die Ausgeprägtheit des Denkens in (politischen) Geschlechter-Stereotypen. Aus der bisherigen Forschung wird deutlich, dass nur gewisse Teile der Bevölkerung in Geschlechter-Stereotypen denken, während andere dem Geschlecht keine große Rolle (mehr) zuschreiben. In den USA ist es ungefähr die Hälfte der Befragten, die angeben, dass das Geschlecht keine Rolle mehr spielt, während in Finnland als extrem gleichstellungsfreundlichen Land dieser Anteil bei ca. 80% liegt (Sanbonmatsu 2002; Dolan 2010, 2013; Lefkofridi et al. 2013).

Im Anschluss daran nehmen wir deshalb an, dass es eine Rolle spielt, wie stark stereotype Ansichten bezüglich weiblicher und männlicher Politiker im Kopf des jeweiligen Wählers verankert sind. In anderen Worten: Wenn eine Wählerin der Ansicht ist, dass auch Frauen gute Verteidigungsminister sein können und dass Frauen und Männer gleich ehrgeizig und machtbewusst sind, wird auch eine reine Charakterbeschreibung bei ihr keinen Rückgriff auf Gender-Stereotype auslösen. Konkret analysieren wir in dieser Studie, ob die Stärke der eigenen Gender-Stereotype einen moderierenden Einfluss auf die Beurteilung männlicher und weiblicher Kandidaten ausübt.

> *H3: Der Effekt des Geschlechts ist umso stärker, je stärker das Denken des Individuums von Gender-Stereotypen geprägt ist.*

Die Auswirkungen des Kandidatengeschlechts auf die Gesamtbewertungen von Kandidaten und darüber vermittelt auch auf die Wahlentscheidungen der Bürger werden in der Literatur kontrovers diskutiert. Sowohl eine direkte Benachteiligung von Frauen als auch ein indirekter Effekt über die unterschiedliche Beurteilung der Kandidatenmerkmale ist möglich. US-amerikanische Studien weisen nach, dass zwar selten eine direkte Benachteiligung von weiblichen Kandidaten von Seiten der Wähler existiert (siehe jedoch Fox u. Oxley 2003; Kahn 1994, 1996), die geschlechtsspezifischen stereotypen Ansichten jedoch häufig zu einer indirekten Benachteiligung führen, da Kandidatinnen andere Eigenschaften zugeschrieben werden und sie so generell als weniger für die Politik geeignet beurteilt werden oder aber auch ihre Wahlchancen systematisch kleiner eingeschätzt werden (Sapiro 1981; Leeper 1991; Huddy u. Terkildsen 1993b). In unserer Studie überprüfen wir nicht direkt die Wahlentscheidungen der Bürger, dafür aber die Gesamtbewertungen der beschriebenen Kandidaten. Dabei vermuten wir, dass das Kandidatengeschlecht auch in Deutschland nur einen indirekten Einfluss auf die Gesamtbewertungen der Kandidaten ausübt. Wähler werden aufbauend auf ihren Stereotypen weibliche Kandidatinnen in vielen Bereichen anders wahrnehmen als männliche Kandidaten: bei den Charaktereigenschaften genauso wie bei Kompetenzen und Positionen. Da Wähler diese Urteile als Grundlage ihrer Gesamtbewertung nutzen, werden sich möglicherweise auch die Gesamtbewertungen unterscheiden. Einen zusätzlichen direkten Effekt des Kandidatengeschlechts erwarten wir nicht. Entscheidend ist die Art der stereotypisierten Urteile über Charakter, Positionen oder Kompetenzen. Wenn Frauen beispielsweise als weniger durchsetzungsfähig eingeschätzt werden als Männer, Wähler diese Eigenschaft aber bei Politikern sehen wollen, wird sich das auch auf die Gesamtbewertung von weiblichen Kandidaten auswirken. Aufbauend auf die amerikanische Literatur erwarten wir, dass weibliche Kandidaten aufgrund der vorgelagerten stereotypisierten Urteile über Charakter und Kompetenzen insgesamt negativer bewertet werden als männliche Kandidaten (vgl. Dolan u. Sanbonmatsu 2011). In unserer Studie überprüfen wir deshalb schließlich auch die beiden folgenden Hypothesen:

H4: Weibliche Kandidaten werden insgesamt negativer bewertet als männliche Kandidaten.

H5: Das Kandidatengeschlecht beeinflusst die Gesamtbewertung von Kandidaten nur indirekt über vorgelagerte stereotypisierte Einschätzungen und Wahrnehmungen.

Bevor wir unsere Hypothesen überprüfen, werden im nächsten Abschnitt zunächst die erhobenen Daten und das experimentelle Design beschrieben.

3. Daten und experimentelles Design

Das Experiment fand im November/Dezember 2013 statt und wurde online durchgeführt. Dabei haben wir insgesamt 1024 Bürger befragt, von denen 922 alle Fragen bis zum Schluss beantworteten. Die Rekrutierung der Befragten war offen und geschah über Werbung in sozialen Netzwerken und über E-Mail-Listen von Befragten, die bereits an früheren Befragungen der Universität Mannheim teilgenommen haben. Dabei wurde versucht, ein möglichst breites Spektrum der Gesellschaft zu erreichen. Als Anreiz wurde unter den Befragten Gutscheine über jeweils 30 Euro verlost. Das resultierende Sample war deutlich vielfältiger als ein rein studentisches Sample, entsprach aber natürlich keiner Zufallsauswahl und enthält manche Bevölkerungsgruppen deutlich häufiger als andere. Das Alter der Befragten hatte eine vergleichsweise große Varianz und einen Mittelwert von 38,5 Jahren. Die Parteiidentifikation der Befragten verteilte sich über das gesamte politische Spektrum: 23% Union, 22% SPD, 15% Grüne, 9% Linke, 5% FDP und 9% AfD. Auf der allgemeinen Links-Rechts-Dimension stuften sich die Befragten bei einer 11er-Skala im Mittel bei 5,3 ein. Bei der Bildung der Befragten zeigte sich eine deutliche Überrepräsentation der höheren Abschlüsse: 8% Hauptschule oder weniger, 17% Realschule/Mittlere Reife, 42% Abitur, 34% Hochschule/Universität. Schließlich waren auch Männer mit 62% in unserem Sample etwas überrepräsentiert.

Nachdem die Befragten einige Fragen zu ihrem politischen Interesse und ihren politischen Einstellungen beantwortet haben, wurden ihnen zwei fiktive politische Kandidaten vorgestellt, deren Beschreibungen zufällig variiert wurden. Den Probanden wurde jeweils ein kurzer Text vorgelegt, in dem zuerst Kandidat 1 und dann Kandidat 2 beschrieben wurden. Das experimentelle Design war faktoriell und bezog sich auf die jeweiligen Beschreibungen der fiktiven Kandidaten: 2 (Geschlecht der Kandidaten: männlich vs. weiblich) X 3 (Beschreibung der Kandidaten: Charakter vs. Charakter/Politik vs. Politik). In jeder der Experimentalbedingungen wurden die Kandidaten mit dem jeweils identischen biographischen Abriss eingeführt. Die Manipulation des Geschlechts erfolgte über die Namen der fiktiven Kandidaten (Kandidat/in 1. Thomas Kleeberg vs. Tanja Kleeberg; Kandidat/in 2: Silke Fischer vs. Anton Fischer) und die Verwendung weiblicher bzw. männlicher Pronomen im Beschreibungstext. Zusätzlich zu der Manipulation des Geschlechts wurde der Informationskontext variiert. In der Charakter-Bedingung wurden ausschließlich Informationen über den Werdegang der Kandidaten und deren charakterliche Eigenschaften beschrieben. Dabei wurden die Kandidaten beispielsweise als bodenständig und kompromissbereit dargestellt, oder es wurde dargelegt, ob sie bei öffentlichen Auftritten überzeugen und wie durchsetzungsfähig sie in der eigenen Partei waren. In der Politik-Bedingung wurden zusätzlich zum biographischen Abriss Informationen über die politischen Standpunkte der Kandidaten gegeben: Kandidat/in 1 wurde als eher konservativ beschreiben (z.B. für Schuldenabbau, gegen Ausbau des Sozialstaates, skeptisch bei Mindestlohn, keine weitere Kompetenzübergabe an EU), Kandidat/in 2 wurden eher linke Positionen zugeschrieben (z.B. für mehr Umverteilung, für Steuererhöhungen für Wohlhabende, für Mindestlohn, für weitere Vertiefung der EU). In der Charakter/Politik-Bedingung wurden Informationen sowohl zum Charakter als auch zu den politischen Positionen der Kandidaten gegeben, die jeweils inhaltlich den ausführlichen Beschreibungen in der ausschließlichen Politik bzw. Charakter-Bedingung entsprachen, aber weniger ausführlich dargestellt wurden.[4]

Nach der Beschreibung des Kandidaten wurden die Befragten jeweils gebeten, eine Bewertung der Kandidaten vorzunehmen. Dabei fragten wir nach Einschätzungen verschiedener Charaktereigenschaften (durchsetzungsfähig, selbstbewusst, einfühlsam, rational, emotional), der Kompetenzen bei der Bewältigung verschiedener politischer Aufgaben (Schaffung neuer Arbeitsplätze, EU-Rettungsschirm, Schaffung neuer Kitaplätze, Ausarbeitung Bundeswehrreform), den wahrgenommen politischen Positionen bei verschiedenen politischen Streitfragen (Europäisches Hilfsprogramm gegen Jugendarbeitslosigkeit in Krisenländern, Steuererhöhungen für Wohlhabende, Einführung einer Frauenquote in Aufsichtsräten, Schuldenabbau des Staates), der wahrgenommenen Position auf der allgemeinen Links-Rechts-Dimension und schließlich der allgemeinen Bewertung der Kandidaten.[5] Die Bewertungen der Kandidaten erfolgten jeweils direkt nach der Beschreibung des jeweiligen Kandidaten, Kandidat/in 1 wurde also bewertet, bevor Kandidat/in 2 beschrieben wurde. Nachdem auch Kandidat/in 2 beschrieben und bewertet wurde, folgten dann einige weitere allgemeine politische Fragen und am Ende des Fragebogens wurden schließlich Fragen zu Geschlechterstereotypen und demographischem Hintergrund gestellt. Dabei lehnen wir uns bei der Messung der Gender-Stereotypen eng an die amerikanische Forschung an und verwenden identische Fragebatterien (siehe z.B. Sanbonmatsu 2002; Dolan 2010, 2013). Abgefragt wird jeweils für vier Charaktereigenschaften und vier Kompetenzbereiche, ob eher männliche oder weibliche Politiker damit in Verbindung gebracht wer-

---

4 Eine vollständige Dokumentation der Beschreibungstexte in den jeweiligen Versuchsbedingungen findet sich im Online-Appendix zu diesem Beitrag.
5 Die Charaktereigenschaften, die Kompetenzen und die Positionen der Kandidaten bei politischen Streitfragen wurden jeweils auf einer 5er Skala gemessen, die Links-Rechts-Position und die Gesamtbewertung wurden auf 11er Skalen gemessen.

den. Für die folgenden Analysen der Wahrnehmungen und Einschätzungen der Kandidaten verwenden wir jeweils die Einschätzungen zu beiden Kandidaten, sodass wir pro Befragten jeweils zwei Bewertungen nutzen können: die Bewertungen von Kandidat/in 1 und Kandidat/in 2.[6] Der Fragebogen war dabei so konstruiert, dass immer einer der beiden Kandidaten männlich und einer der Kandidaten weiblich war.[7] Verglichen werden dann immer die Einschätzungen zu den jeweils bis auf das Geschlecht identisch beschriebenen Kandidaten.[8]

4. Ergebnisse

4.1 Auswirkungen des Kandidatengeschlechts

Im ersten Teil unserer Analysen überprüfen wir die Haupteffekte unserer experimentellen Manipulation des Kandidatengeschlechts – unabhängig von dem Informationskontext der Kandidatenbeschreibungen. In Abbildung 1 wenden wir uns zunächst den wahrgenommenen Charaktereigenschaften zu. Je höher der abgetragene Wert, desto stärker werden diese Eigenschaften bei dem beschriebenen Kandidaten von unseren Probanden wahrgenommen.

Bei der Zuschreibung von männlichen Charaktereigenschaften finden sich keine signifikanten Unterschiede zwischen den Versuchsgruppen (zweiseitiger t-Test: t=1,01; p=0,32). In Bezug auf Ehrgeiz, Durchsetzungsfähigkeit und Rationalität schätzten die Befragten die weiblichen Kandidaten sehr ähnlich wie die männlichen Kandidaten ein. Das ist durchaus erstaunlich und unterscheidet sich deutlich von Ergebnissen in amerikanischen Studien. Offensichtlich nutzen unsere deutschen Probanden nicht das Geschlecht, um auf ‚männliche‘ Eigenschaften wie die Durchsetzungsfähigkeit von politischen Kandidaten zu schließen. Deutliche Unterschiede finden sich dagegen bei weiblich stereotypisierten Eigenschaften wie Empathie und Emotionalität. Allgemein wurde den Kandidatinnen in unserem Experiment diese Eigenschaften signifikant häufiger zugeschrieben als den ansonsten identischen Kandidaten (zweiseitiger t-Test: t=8,87; p<0,001). Damit zeigt sich ein interessantes Muster: den Kandidatinnen wurden zwar genauso stark ‚männliche‘ Eigenschaften zugeschrieben wie den Kandidaten, sie behielten aber ihren Vorsprung bei traditionell weiblich stereotypisierten Eigenschaften.

---

6   Die Ergebnisse für Kandidat 1 und Kandidat 2 unterscheiden sich nicht systematisch, weshalb wir dieses Vorgehen für sinnvoll erachten.

7   Wenn der Befragte bei Kandidat 1 einen männlichen Kandidaten zugeteilt bekam, war Kandidat 2 weiblich. Wenn der Befragte bei Kandidat 2 einen weiblichen Kandidaten zugeteilt bekam, war Kandidat 2 männlich.

8   Aus Gründen der Übersichtlichkeit machen wir in der Analyse keinen Unterschied, ob zuerst ein männlicher Kandidat vorgestellt wurde oder zuerst ein weiblicher. Wir haben jedoch in zusätzlichen Analysen Reihenfolgeeffekte getestet. Dabei ergaben sich zwar teilweise kleinere Unterschiede in den Ergebnissen, diese scheinen aber nicht systematischer Natur zu sein. Nichtsdestotrotz erscheint das Thema der Reihenfolgeeffekte bei der Darstellung von weiblichen und männlichen Kandidaten für zukünftige Forschung ein interessanter Aspekt zu sein.

Abbildung 1: Kandidatengeschlecht und die Wahrnehmung von Charaktereigenschaften

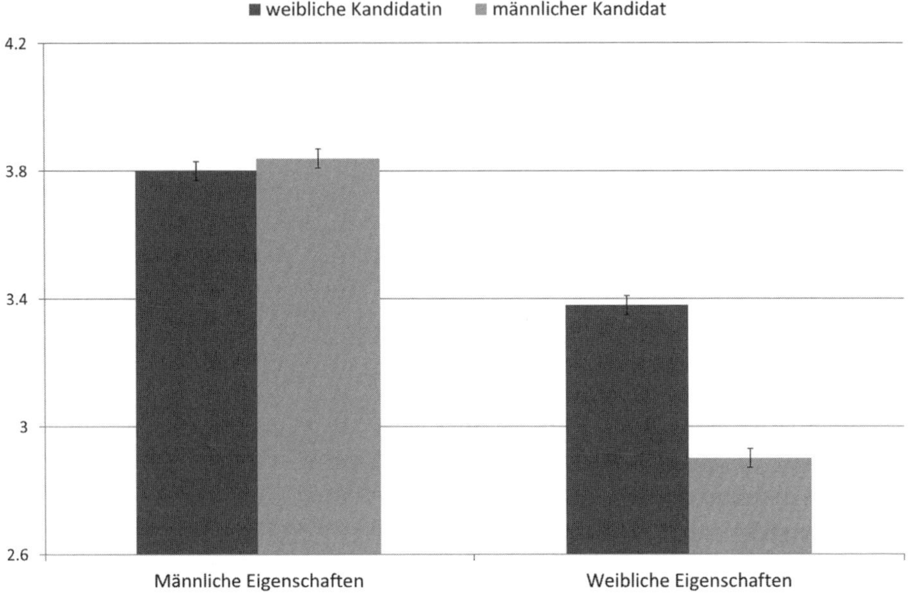

Anmerkung: Angegeben sind jeweils die Mittelwerte und Standardfehler

Als nächstes beschäftigen wir uns mit der Zuschreibung von Kompetenzbereichen. In Tabelle 1 sind die Ergebnisse zu den vier Bereichen dargestellt, die wir abgefragt haben. Höhere Werte bedeuten jeweils eine bessere Kompetenzzuschreibung; die Skala reicht von 1-5. Während bei den beiden eher wirtschaftlich geprägten Themen (Arbeitsplätze und EU-Rettungsschirm) keine signifikanten Unterschiede bestehen, zeigen sich bei den Themen Kitaplätze und Bundeswehrreform die erwarteten Muster: Kandidatinnen werden als signifikant kompetenter im Bereich der Familienpolitik eingeschätzt, während Kandidaten eher zugetraut wird, eine Bundeswehrreform auszuarbeiten.

Weiter zeigt Tabelle 1 auch die Resultate bezüglich der Unterschiede bei Issue-Positionen. Für diese Variablen bedeuten höhere Werte eher Zustimmung, was für die ersten drei Themen mit eher linken Positionen gleichgesetzt werden kann, während für Schuldenabbau höhere Werte eine eher konservative Position bedeuten. Weiblichen Kandidaten werden also in allen Fällen – bis auf den Schuldenabbau – signifikant linkere Positionen zugeschrieben, besonders ausgeprägt sind die Unterschiede beim Thema der Einführung einer Frauenquote. Weiblichen Kandidaten wird hier im Allgemeinen eine sehr viel wohlwollendere Haltung zugeschrieben als den ansonsten identischen männlichen Kandidaten.

Tabelle 1: Kandidatengeschlecht und die Wahrnehmung von Kompetenzbereichen

Kompetenzbereiche	Geschlecht Kandidaten	Mittel-wert	Standard-fehler	t	Effektgröße
Schaffung neuer Arbeitsplätze	weiblich	3,24	0,03	0,08	0,00
	männlich	3,24	0,03		
Ausarbeitung EU-Rettungsschirm	weiblich	3,15	0,04	0,04	0,00
	männlich	3,15	0,04		
Schaffung neuer Kitaplätze	weiblich	3,61	0,04	9,57**	0,52
	männlich	3,09	0,04		
Ausarbeitung Bundeswehrreform	weiblich	2,52	0,04	6,33**	-0,34
	männlich	2,85	0,04		
Issue-Positionen					
EU-Hilfsprogramm gegen Jugend-arbeitslosigkeit in	weiblich	3,65	0,04	3,27**	0,19
Krisenländern	männlich	3,46	0,04		
Steuererhöhungen für	weiblich	3,49	0,05	2,15*	0,15
Wohlhabende	männlich	3,34	0,05		
Einführung Frauenquote	weiblich	3,75	0,04	14,92**	0,88
Aufsichtsräte	männlich	2,87	0,04		
Stärkerer Schuldenabbau	weiblich	3,63	0,04	0,12	-0,01
	männlich	3,64	0,04		

Anmerkung: * Unterschiede signifikant auf dem 0,05-Niveau, ** Unterschiede signifikant auf dem 0,01-Niveau

In Abbildung 2 sind schließlich die Mittelwerte der Links-Rechts-Einstufung und der Gesamtbewertung für die weiblichen und männlichen Kandidaten dargestellt, wobei höhere Werte bei der Links-Rechts-Einstufung für eher rechte ideologische Positionen stehen. Bei der Gesamtbewertung stehen höhere Werte für eine positivere allgemeine Einschätzung der Kandidaten.

Entsprechend unseren Erwartungen werden Kandidaten eher rechts und Kandidatinnen eher links eingeschätzt. Der Unterschied bei der Einschätzung ansonsten identisch beschriebener Kandidaten ist dabei statistisch signifikant (zweiseitiger t-Test: t=2,21; p<0,05). Besonders interessant ist nun der Einfluss des Geschlechts auf die Gesamtbewertung der Kandidaten. Entgegen unseren Erwartungen (Hypothese 4) werden die weiblichen Kandidaten besser bewertet als die männlichen. Auf die Frage, was sie ganz allgemein von den Kandidaten halten, antworten die Befragten positiver, wenn es sich um eine Frau handelt. Auch hier sind die Unterschiede signifikant (zweiseitiger t-Test: t=2,26; p<0,05). Insgesamt finden wir in unseren Analysen also vor allem Unterstützung für Hypothese 1: Männer und Frauen werden unterschiedlich wahrgenommen. Dies führt aber nicht dazu, dass Frauen schlechter bewertet werden als Männer.

Abbildung 2: Kandidatengeschlecht, Links-Rechts-Einschätzung und Gesamtbewertung

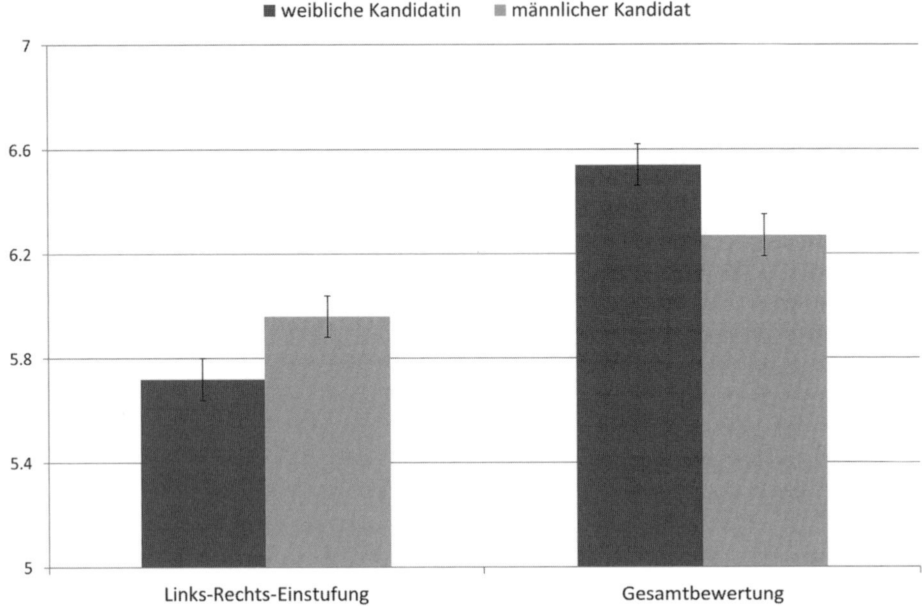

Anmerkung: Angegeben sind jeweils die Mittelwerte und Standardfehler

4.2 Der moderierende Einfluss des Informationskontextes auf die Wirkungen des Kandidatengeschlechts

Wir erwarten, dass Wähler vor allem dann auf das Kandidatengeschlecht als Stereotyp zurückgreifen, wenn der Informationskontext ihnen wenig andere substantielle Angaben über die Kandidaten liefert (Hypothese 2). Sobald sie andere Informationen haben, sollten diese stärkere Auswirkungen haben und den Effekt des Geschlechts verringern. Das sollte insbesondere für die politischen Einschätzungen der Kandidaten gelten. In unserem Experiment haben wir drei verschiedene Informationskontexte getestet: in einem wurde auf den Charakter der Kandidaten fokussiert, in einem wurden sowohl Charakter als auch die politische Ausrichtung der Kandidaten beschrieben und in einem wurde nur auf die politische Ausrichtung der Kandidaten abgehoben. Im Folgenden überprüfen wir nun den moderierenden Einfluss dieser Informationskontexte auf die Wirkungen des Kandidatengeschlechts. In Abbildung 3 wenden wir uns zunächst den Einschätzungen des Kandidatencharakters zu. Für diese Aspekte der Kandidatenevaluation erwarten wir – anders als für die politischen Urteile – nur einen geringen Einfluss des Informationskontextes.

Abbildung 3: Informationskontext, Kandidatengeschlecht und die Wahrnehmung von Charaktereigenschaften

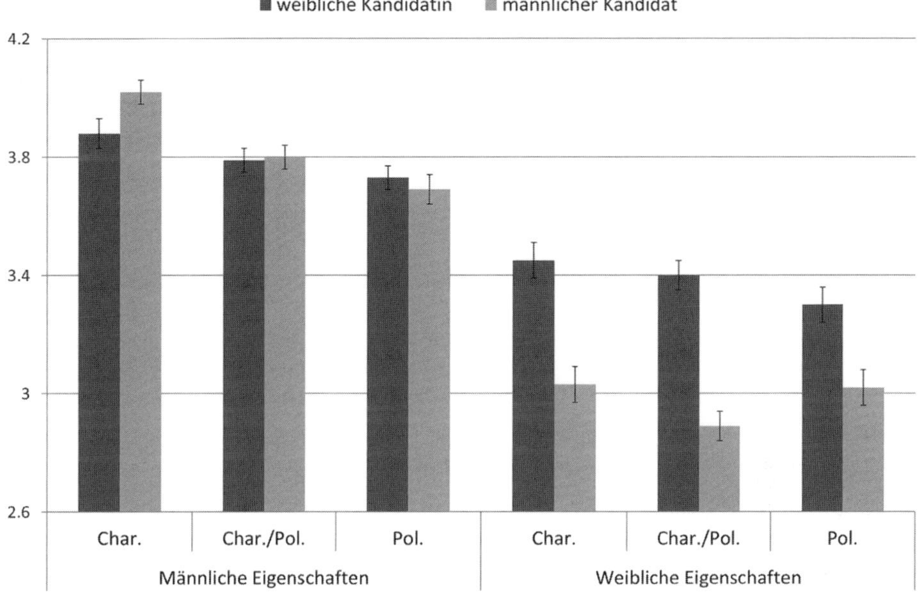

Anmerkung: Angegeben sind jeweils die Mittelwerte und Standardfehler

Bei den männlich stereotypisierten Eigenschaften (durchsetzungsfähig, selbstbewusst und rational) finden sich ausschließlich in den Bedingungen mit Charakterbeschreibungen Unterschiede zwischen den männlichen und weiblichen Kandidaten. Kandidaten werden dort stärker männlich stereotypisierte Eigenschaften zugeschrieben als Kandidatinnen (zweiseitiger t-Test: t=2,28; p<0,05). In der Mischbedingung und der Bedingung mit Fokus auf der politischen Beschreibung der Kandidaten finden sich keine Unterschiede zwischen Kandidaten und Kandidatinnen. Entgegen unserer Erwartung hat das Kandidatengeschlecht also nur dann einen Einfluss auf die Einschätzungen ‚männlicher‘ Eigenschaften, wenn in den Beschreibungen viele Informationen über den Charakter der Befragten gegeben wurden. Offensichtlich haben die Befragten die gegebenen Informationen, die ja identisch waren für die jeweils verglichenen Kandidaten, anders interpretiert, wenn es sich um eine Frau handelte, als wenn es sich um einen Mann handelte.

Bei den weiblich stereotypisierten Charaktereigenschaften zeigen sich in allen drei Versuchsbedingungen signifikante Unterschiede zwischen männlichen und weiblichen Kandidaten. Den Kandidatinnen wurden jeweils häufiger weiblich stereotypisierte Eigenschaften wie Empathie zugesprochen als den Kandidaten. Auch hier waren die Unterschiede in den Bedingungen mit Informationen über den Charakter besonders ausgeprägt. Die geringsten Unterschiede zeigen sich in der Bedingung mit ausschließlich politischer Beschreibung der Kandidaten. Aber auch diese Unterschiede sind noch deutlich und statistisch signifikant.

Als nächstes schauen wir uns an, ob die Geschlechtsunterschiede in der Zuschreibung von Kompetenzbereichen nach der Art des Informationskontextes variieren. Hier erwarten wir nun wie oben beschrieben, dass sich die Unterschiede zwischen den Geschlechtern verringern, wenn die Teilnehmer mehr Information über die Kandidaten erhalten. Abbildung 4 zeigt die entsprechenden Ergebnisse. Dargestellt sind hier die Differenzen zwischen weiblichen und männlichen Kandidaten für vier Bereiche. Positive Werte deuten an, dass Frauen in diesem Bereich eine größere Kompetenz zugeschrieben wird, während negative Werte einen Kompetenzvorsprung der männlichen Kandidaten angeben.

Abbildung 4: Informationskontext, Kandidatengeschlecht und Kompetenzzuschreibungen

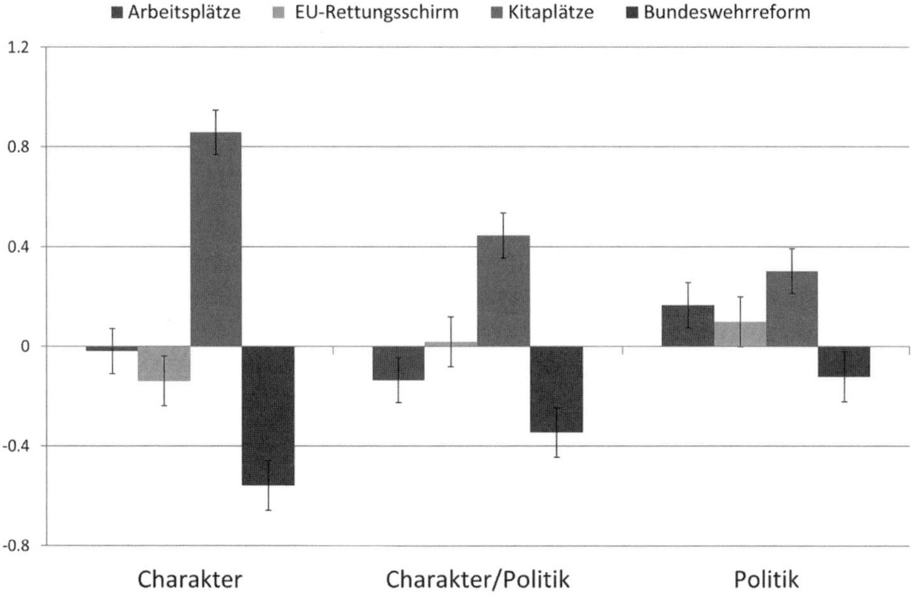

Anmerkung: Dargestellt sind die Differenzen in den Kompetenzzuschreibungen nach Versuchsbedingungen und Standardfehler

Während wir für den Bereich „Arbeitsplätze" und „EU-Rettungsschirm" wie bei den Haupteffekten minimale Unterschiede finden und diese auch nicht systematisch nach Kontextbedingung variieren, verringern sich die Geschlechtsunterschiede in den anderen beiden Bereichen massiv, wenn den Wählern mehr politische Information zu den Kandidierenden vermittelt wird. Die Kompetenzvorteile von Frauen (Kitaplätze) bzw. Männern (Bundeswehrreform) schmelzen in der Politik-Bedingung dahin und sind für letzteres Thema nicht einmal mehr signifikant (zweiseitiger t-Test: t=1,38). Dies deutet darauf hin, dass die Antworten vor allem dann durch Gender-Stereotype geprägt sind, wenn den Wählern schlicht die Information fehlt, um die Kandidierenden in detaillierten politischen Fragen einzuschätzen.

Daran anknüpfend lassen sich auch die Resultate für die Issue-Positionen interpretieren. Zuerst werden in Abbildung 5 die Unterschiede in den einzelnen Themen genauer beleuchtet. Dargestellt sind wiederum die Unterschiede zwischen den sonst identischen männlichen und weiblichen Kandidaten. Positive Werte bedeuten, dass weiblichen Kandidaten eher zugeschrieben wird, die entsprechenden Vorschläge zu unterstützen, während negative Werte darauf hindeuten, dass diese Positionen eher den männlichen Kandidaten zugeschrieben werden.

Abbildung 5: Informationskontext, Kandidatengeschlecht und Issue-Positionen

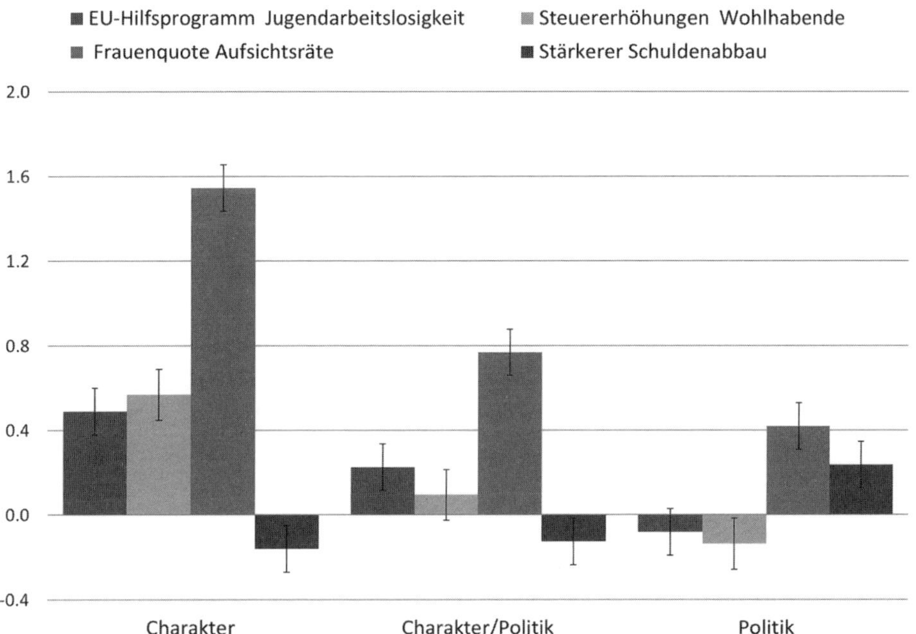

Anmerkung: Dargestellt sind die Differenzen in den Kompetenzzuschreibungen nach Versuchsbedingungen und Standardfehler

Bei der Analyse der Haupteffekte hatten sich hier signifikante Unterschiede in den Positionen zum EU-Hilfspaket für Jugendarbeitslosigkeit, Steuererhöhungen für Reiche und der Frauenquote in Aufsichtsräten gezeigt. Für alle drei Themen verringern sich die Unterschiede in den Positionen, sobald der Fokus der Kandidatenbeschreibung stärker auf politische Orientierungen liegt, wie wir es in Hypothese 2 postuliert haben. Während beim Thema der Frauenquote die Unterschiede auch in der Politik-Bedingung signifikant bleiben, unterschieden sich weibliche und männliche Kandidierende bei den ersten beiden Themen nicht mehr signifikant. Beim Thema Schuldenabbau findet ein interessanter Umkehreffekt statt, bei dem in der Politik-Versuchsbedingung Frauen plötzlich als eher diese Position vertretend wahrgenommen werden – ein Phänomen, das wir gleich bei der Analyse der ideologischen Unterschiede näher diskutieren werden.

Abbildung 6 überprüft den moderierenden Effekt des Informationskontexts zusätzlich für die allgemeine ideologische Einschätzung der Kandidaten. Die Analysen des Haupteffekts zuvor haben ergeben, dass Kandidatinnen insgesamt tatsächlich etwas weiter links stehend eingeschätzt werden als Kandidaten. Die in Abbildung 6 dargestellten Unterschiede in den einzelnen Versuchsbedingungen zeigen nun ein interessantes Muster. In der Bedingung, in der nur auf den Charakter der Kandidaten fokussiert wurde und die Befragten folglich fast keine Informationen über die politische Ausrichtung der Kandidaten hatten, waren die Unterschiede zwischen weiblichen und männlichen Kandidaten am größten. Während die Kandidaten bei durchschnittlich 6,8 auf der 11er Skala gesehen wurden, schätzten die Befragten die ideologische Position der Kandidatinnen auf 5,8. Die Kandidatinnen wurden also bei identischer Beschreibung um einen ganzen Skalenpunkt weiter links eingeschätzt als die Kandidaten (zweiseitiger t-Test: t=6,74; p<0,001).

Abbildung 6: Informationskontext, Kandidatengeschlecht und die Links-Rechts-Einschätzung der Kandidaten

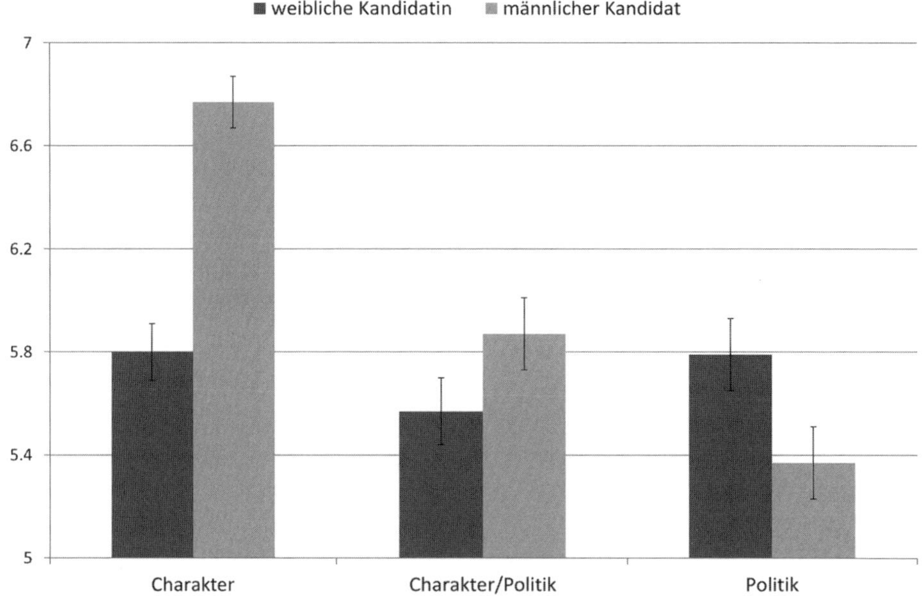

Anmerkung: Angegeben sind jeweils die Mittelwerte und Standardfehler

In der Bedingung mit Informationen sowohl über den Charakter als auch über die politische Ausrichtung der Kandidaten finden sich deutlich geringere Unterschiede zwischen männlichen und weiblichen Kandidaten, die auch nicht mehr statistisch signifikant sind (zweiseitiger t-Test: t=1,54; p=0,12). Ganz offensichtlich haben die gegebenen Informationen über die politische Positionierung der Kandidaten ausgereicht, um den Effekt des Kandidatengeschlechts verschwinden zu lassen. Die Versuchspersonen haben so gut wie nicht mehr auf ihre Geschlechterstereotype zurückgegriffen, sobald sie substantielle politische Informationen erhielten. Besonders bemerkenswert ist nun die Bedingung mit dem ausschließlichen Fokus auf die politische Beschreibung. Hier bekamen die Probanden die politischen Positionen der Kandidaten sehr ausführlich beschrieben. In dieser Bedingung dreht sich der Unterschied zwischen männlichen und weiblichen Kandidaten sogar um: Die weiblichen Kandidatinnen werden als weiter rechts eingestuft als die männlichen Kandidaten. Der Unterschied ist dabei auch knapp signifikant (zweiseitiger t-Test: t=-2,11; p<0,05). Eine mögliche Erklärung besteht in im sogenannten ‚overcorrecting‘: Wenn Menschen ihre Stereotype in einem Einzelfall widerlegt sehen, neigen sie manchmal dazu, für die Stereotype ‚zu‘ stark zu korrigieren. Das war wahrscheinlich auch hier der Fall: Wenn den Wählern ein explizit linker männlicher Kandidat präsentiert wurde, korrigierten sie sehr stark für ihr Stereotyp, genauso wie sie umgekehrt sehr stark korrigierten, wenn sie mit einer explizit rechten Kandidatin konfrontiert wurden. Zusammengenommen kommt es dann zu dem oben beschriebenen Ergebnis: Bei einer politischen Beschreibung wurden die Kandidaten im Durchschnitt als weiter links stehend wahrgenommen als die Frauen.

Abbildung 7 untersucht schließlich den moderierenden Effekt des Informationskontexts auf die Gesamtbewertung der Kandidaten. Hier sind die Erwartungen weniger klar als bei den stereotypisierten ideologischen Einschätzungen. Während wir ursprünglich die Erwartung formuliert hatten, dass Frauen eher negativer bewertet werden als Männer, zeigte sich bei der Auswertung der Haupteffekte ein anderes Bild. Weibliche Kandidatinnen werden insgesamt positiver wahrgenommen. Gleichermaßen erwarten wir weiterhin, dass sich die Evaluation von weiblichen und männlichen Kandidaten angleicht, sobald der Fokus der Beschreibung stärker auf politische Eigenschaften gelegt wird.

In der Bedingung mit Beschreibungen des Charakters finden sich keine Unterschiede in der Gesamtbewertung von weiblichen und männlichen Kandidaten (zweiseitiger t-Test: t=0,11; p=0,91). Beide wurden fast identisch bewertet. In der Bedingung, in der sowohl der Charakter als auch die politischen Ansichten der Kandidaten beschrieben wurden, zeigen sich bereits geringe Unterschiede zwischen Kandidaten und Kandidatinnen, die aber nicht signifikant sind (zweiseitiger t-Test: t=1,17, p=0,25). In der Bedingung, in der ausschließlich auf die politischen Positionen der Kandidaten fokussiert wurde, zeigt sich nun ein deutlicher und signifikanter Unterschied (zweiseitiger t-Test: t=2,39; p<0,05). Die weiblichen Kandidatinnen wurden bei ansonsten identischer Beschreibung insgesamt positiver beurteilt als die männlichen Kandidaten. Mit geringen Einschränkungen lässt sich somit Hypothese 2 auch bestätigen: Der Informationskontext moderiert den Einfluss des Kandidatengeschlechts in erheblichem Ausmaß. Wenn Wähler mehr substantielle Informationen über Kandidaten zur Verfügung haben, rückt die Bedeutung des Kandidatengeschlechts deutlich in den Hintergrund.

Abbildung 7: Informationskontext, Kandidatengeschlecht und die Gesamtbewertung der Kandidaten

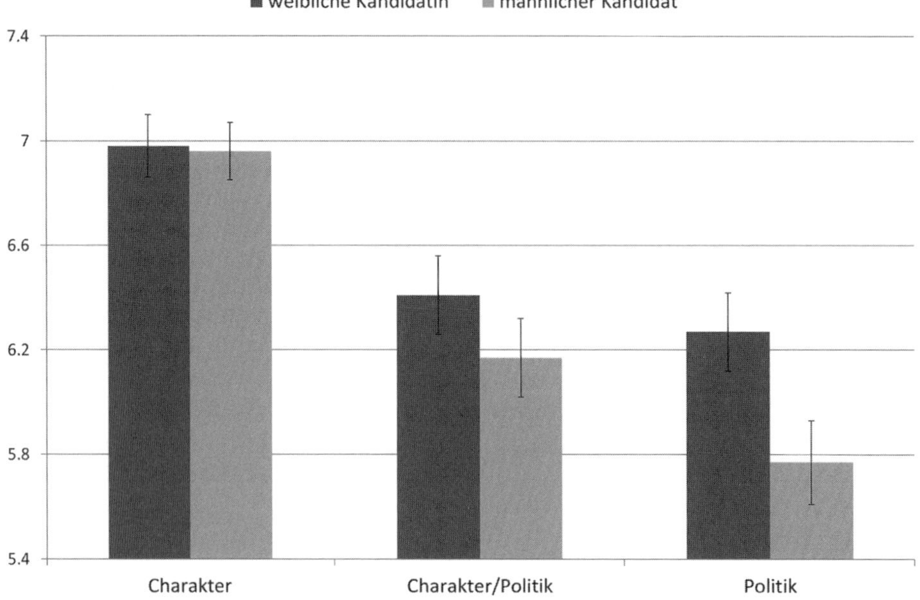

Anmerkung: Angegeben sind jeweils die Mittelwerte und Standardfehler

4.3 Der moderierende Einfluss der Stärke der Gender-Stereotype auf die Wirkungen des Kandidatengeschlechts

Neben dem moderierenden Einfluss des Informationskontexts[9] interessiert uns in dieser Studie auch die individuelle Heterogenität bezüglich der unterschiedlichen Wahrnehmung von weiblichen und männlichen Kandidaten. Insbesondere wollen wir untersuchen, ob Wähler, deren Denken stärker von Stereotypen geprägt ist, eher unterschiedliche Bewertungen abgeben. Wir haben daher einen Index kreiert, der das Ausmaß des stereotypisierten Denkens beschreibt und von 0 bis 8 reicht[10]. Im Folgenden zeigen wir die Resultate von OLS-Regressionen, in denen dieser Index mit dem Geschlecht des Kandidaten interagiert wird. Die Erwartung ist dabei, dass die unterschiedliche Einschätzung von weiblichen und männlichen Kandidaten umso ausgeprägter ist, je höhere Werte der Stereotypen-Index annimmt.

---

9   Schaut man sich die hier gezeigten Resultate separat für die einzelnen Informationskontexte an, zeigt sich das bereits beschriebene Bild, dass die Effekte für die Charakter-Bedingung im Allgemeinen stärker sind.

10 Dabei wird für jede der 8 Fragen nach Stereotypen ein ‚Punkt' für eine stereotypisierte Antwort vergeben. Wer bei allen acht Fragen eine solche Antwort abgegeben hat, erreicht das Maximum von 8 Punkten. Der Mittelwert des Indices liegt bei 4,08 und die Standardabweichung beträgt 1,9.

Tabelle 2: Interaktionen von Gender-Stereotypen und Kandidatengeschlecht (Charakter, links-rechts Positionierung und Gesamtbewertung)

	Männl. Eigenschaften		Weibl. Eigenschaften		Links-Rechts		Gesamt-bewertung	
Geschlecht Kandidat	-0,08	0,09	-0,24	0,12	-0,29	0,27	0,15	0,28
Stereotypen Index	-0,02	0,01	0,02	0,02*	-0,09	0,04*	0,10	0,04*
Interaktion Geschlecht*Stereotypen	0,03	0,02	-0,04	0,03	0,12	0,06*	-0,10	0,06
Konstante	3,88	0,06**	3,28	0,08**	6,09	0,19**	6,12	0,20**
N	1588		1558		1694		1699	

Anmerkung: Unstandardisierte Regressionskoeffizienten (OLS), robuste Standardfehler.
* p<0,05, **p<0,01

Die Ergebnisse, wie sie in Tabelle 2 präsentiert sind, geben dabei ein gemischtes Bild ab. Für die männlichen Charaktereigenschaften finden wir keine Unterschiede nach dem Ausmaß an stereotypisiertem Denken. Anders sieht dies bei den weiblichen Eigenschaften aus, hier ist der Interaktionsterm nur ganz knapp nicht signifikant (zweiseitiger t-Test t=-1,51, p=0,132), deutet aber in die erwartete Richtung. Eindeutigere Ergebnisse zeigt die Regression mit der Links-Rechts-Einschätzung als abhängige Variable. Hier finden wir einen signifikanten moderierenden Einfluss des Stereotypen-Indexes. In Abbildung 8 ist diese Interaktion graphisch dargestellt.

Abbildung 8: Marginaler Effekt des Stereotypen-Index auf die Wirkung des Kandidatengeschlechts

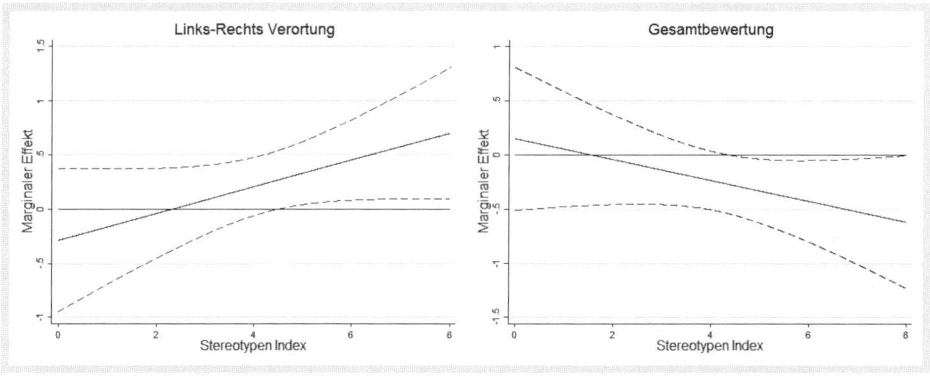

Anmerkung: Die Darstellung beruht auf Tabelle 2, Modell 3 (links-rechts) bzw. Modell 4 (Gesamtbewertung). Dargestellt sind jeweils der marginale Effekt (ausgezogene Linie) sowie das 95%-Konfidenzintervall (gestrichelte Linien).

Während die Unterschiede zwischen weiblichen und männlichen Kandidaten bezüglich der Links-Rechts-Verortung auf der linken Seite der Abbildung klein sind, vergrößert sich der Abstand zunehmend, je höhere Werte der Stereotypen-Index annimmt. Dies deutet darauf hin, dass gerade Individuen mit einem ausgeprägt stereotypen

Denken große Unterschiede bezüglich der Links-Rechts-Position zwischen den sonst identischen Kandidaten sehen. Ein ähnliches Bild zeigt sich auch für die Gesamtbewertung, wobei die Effekte hier etwas weniger ausgeprägt sind. Wiederum sehen wir, dass vor allem Individuen mit hohen stereotypen Werten weibliche und männliche Kandidaten unterschiedlich beurteilen, während Individuen, deren Weltsicht nicht durch Stereotype gekennzeichnet ist, beide Geschlechter gleich bewerten.

Tabelle 3: Interaktionen von Gender-Stereotypen und Kandidatengeschlecht (Kompetenzbereiche und Issue-Positionen)

	Kitaplätze (K)		Bundeswehr-reform (K)		Jugend-arbeitslosigkeit		Steuer-erhöhung Wohlhabende		Einführung Frauenquote	
Geschlecht Kandidat	-0,27	0,15	-0,11	0,13	0,02	0,18	0,09	0,21	-0,50	0,18*
Stereotypen Index	0,05	0,02*	-0,06	0,02**	0,04	0,02	0,05	0,03	0,08	0,02**
Geschlecht* Stereotypen	-0,06	0,03*	0,11	0,03**	-0,05	0,04	-0,05	0,05	-0,09	0,04**
Konstante	3,40	0,09**	2,77	0,09**	3,48	0,10**	3,27	0,12**	3,42	0,11**
N	1648		1456		1651		1660		1607	

Anmerkung: Unstandardisierte Regressionskoeffizienten (OLS), robuste Standardfehler.
Die ersten beiden Modelle zeigen die Zuschreibung von Kompetenzen (K), während die letzten drei die Zuschreibung von Positionen untersuchen.
* p<0,05, **p<0,01

Tabelle 3 zeigt die Ergebnisse bezüglich der Zuschreibung von Kompetenzbereichen und der Issue-Positionen. Wir zeigen hier nur diejenigen Bereiche, für die wir bereits signifikante Haupteffekte gefunden haben, der Rest der Modelle befindet sich im Appendix. Während die Interaktionsterme für alle Themen in die erwartete Richtung gehen, sind die Koeffizienten nur für die Themen „Kitaplätze", „Bundeswehrreform" und „Frauenquote" signifikant. Dies hängt wahrscheinlich damit zusammen, dass gerade für diese beiden Themen große Unterschiede in der Zuschreibung von Kompetenzen existieren (siehe auch Tabelle 1). Wiederum wird deutlich, dass gerade Individuen mit ausgeprägten Stereotypen bezüglich der Rolle von Männern und Frauen in der Politik zu einer unterschiedlichen Beurteilung der Kompetenzgebiete neigen. Hypothese 3 wird somit teilweise bestätigt.

4.4 Welche Einschätzungen bewirken den Einfluss des Kandidatengeschlechts bei der Gesamtbewertung?

Im folgenden Abschnitt wenden wir uns schließlich der Frage zu, welche stereotypisierten Einschätzungen für den Effekt unserer experimentellen Variation des Kandidatengeschlechts auf die Gesamtbewertung verantwortlich sind. Wie bereits beschrieben, ist ein zentraler Befund unseres Experiments, dass weibliche Kandidaten – bei ansonsten identischer Beschreibung – insgesamt besser bewertet werden als männliche Kandidaten. Die differenzierte Betrachtung nach Informationskontexten hat zudem ergeben, dass dies insbesondere dann der Fall ist, wenn ausreichend politische Informationen über die Kandidaten verfügbar waren. In Tabelle 4 untersuchen wir nun noch einmal detaillierter mögliche vermittelnde Mechanismen. Das Kandidatengeschlecht kann auf unterschiedliche Art und Weise auf die Gesamtbewertungen der Kandidaten gewirkt haben. Eine Möglichkeit besteht darin, dass die Befragten zu den weiblichen Kandidaten eine geringere ideologische Distanz wahrgenommen haben als zu den männlichen Kandidaten. Weitere Möglichkeiten sind, dass die Befragten die Charaktereigenschaften oder die politischen Kompetenzen von weiblichen und männlichen Kandidaten unterschiedlich eingeschätzt haben. Neben diesen indirekten Wirkungsweisen ist aber natürlich auch möglich, dass das Kandidatengeschlecht einen direkten Einfluss auf die Gesamtbewertungen ausübte, völlig unabhängig von politischen oder persönlichen Einschätzungen der Kandidaten. Das wird in Tabelle 4 mit Hilfe von verschiedenen multivariaten Modellen getestet. Dabei wird jeweils der Einfluss der experimentellen Manipulation des Kandidatengeschlechts auf die Gesamtbewertung der Kandidaten analysiert – unter Kontrolle verschiedener potentiell vermittelnder Wahrnehmungen und Einschätzungen der Kandidaten. Zusätzlich werden in allen Analysen einige Hintergrundvariablen der Befragten – Alter, Bildung und Geschlecht – kontrolliert.

In Modell 1 zeigt sich zunächst der schon oben in den bivariaten Analysen beschriebene Zusammenhang: Das weibliche Kandidatengeschlecht hat einen signifikant positiven Effekt auf die Gesamtbewertung der Kandidaten. Das gilt auch, wenn für die Hintergrundvariablen des Geschlechts, der Bildung und des Alters kontrolliert wird. Modell 2 überprüft nun, ob die wahrgenommene ideologische Distanz für den Effekt des Kandidatengeschlechts verantwortlich ist. Tatsächlich zeigt sich ein sehr starker Effekt der wahrgenommen ideologischen Distanz auf die Bewertung der Kandidaten: je geringer die Distanz auf der Links-Rechts-Dimension zu einem Kandidaten eingeschätzt wird, desto positiver wird er bewertet. Bemerkenswert ist dabei der sehr starke Zuwachs der erklärten Varianz. Offensichtlich spielt bei den Gesamtbewertungen der Kandidaten das politische Urteil der wahrgenommenen Distanz eine bedeutende Rolle.

Der Effekt des Kandidatengeschlechts bleibt dabei aber fast unverändert. Die wahrgenommene Distanz kann also nicht für die Unterschiede in der Gesamtbewertung von Kandidaten und Kandidatinnen verantwortlich sein. In Modell 3 werden zusätzlich die Einschätzungen der männlich stereotypisierten Charaktereigenschaften hinzugefügt. Auch diese haben einen signifikant positiven Einfluss: Wer die Kandidaten und Kandidatinnen als besonders selbstbewusst und durchsetzungsfähig einschätzt, gibt ihnen auch eine positivere Gesamtbewertung. Auch hier wird der Einfluss des Kandidatengeschlechts aber nicht eliminiert: der Effekt der experimentellen Manipulation bleibt bestehen. In Modell 4 sind nun zusätzlich die Einschätzungen der weiblich stereotypisierten Charaktereigenschaften einbezogen. Wiederum zeigt sich ein positiv signifikanter Einfluss. Interessanter für unsere Analyse ist aber die Eliminierung des Effekts des Kandidatengeschlechts. Offensichtlich ist der Effekt des Kandidatengeschlechts durch die Einschätzungen weiblich stereotypisierter Eigenschaften vermittelt. Die Befragten schrieben den Kandidatinnen eher zu, empathischer und emotionaler zu sein als den Kandidaten. Und diese Einschätzungen führten offenbar auch zu einer positiveren Gesamtbewertung der Kandidatinnen.

Tabelle 4: Kandidatengeschlecht, Kandidatenwahrnehmungen und Gesamtbewertung

	Modell 1	Modell 2	Modell 3	Modell 4	Modell 5	Modell 6
Kandidatengeschlecht: Frau	0,28 (0,13)*	0,25 (0,10)*	0,30 (0,10)**	0,01 (0,10)	0,25 (0,10)*	0,07 (0,10)
Wahrgenommene ideologische Distanz		-0,72 (0,03)***	-0,68 (0,03)***	-0,56 (0,03)***	-0,51 (0,03)***	-0,47 (0,03)***
„Männliche" Eigenschaften			0,95 (0,08)***	1,13 (0,07)***		
„Weibliche" Eigenschaften				0,81 (0,06)***		
Kompetenz Arbeitsplätze					0,95 (0,06)***	0,89 (0,06)***
Kompetenz EU-Rettungsschirm					0,23 (0,05)***	0,17 (0,05)**
Kompetenz Bundeswehr					0,11 (0,05)*	0,12 (0,05)*
Kompetenz Kindertagesstätten						0,37 (0,05)***
Geschlecht: Frau	0,38 (0,09)***	0,26 (0,10)*	0,15 (0,10)	0,10 (0,09)	0,16 (0,09)	0,14 (0,09)
Bildung: hoch	-0,08 (0,12)	0,11 (0,13)	-0,05 (0,13)	0,02 (0,12)	-0,01 (0,12)	0,01 (0,13)
Alter	0,00 (0,00)	0,01 (0,00)*	0,00 (0,00)	0,00 (0,00)	0,00 (0,00)	0,00 (0,00)
Konstante	6,80 (0,18)***	8,16 (0,20)***	4,69 (0,36)***	1,03 (0,43)*	3,66 (0,34)***	2,58 (0,37)***
R^2	0,01	0,37	0,45	0,53	0,53	0,56
N (Bewertungen)	1706	1638	1499	1416	1324	1314
N (Befragte)	874	846	800	772	734	730

Anmerkung: Unstandardisierte Regressionskoeffizienten (OLS), robuste Standardfehler in Klammern.
* p<0,05, **p<0,01, ***p<0,001

Die Modelle 5 und 6 analysieren schließlich den Einfluss der Kompetenzzuschreibungen. In Modell 5 werden zunächst die neutral oder männlich stereotypisierten Politikfelder der Bekämpfung der Arbeitslosigkeit, der Ausgestaltung des EU-Rettungsschirms und der Bundeswehrreform einbezogen. Dabei zeigen sich jeweils signifikante Effekte auf die Gesamtbewertung. Je kompetenter die Kandidaten eingeschätzt werden, desto positiver fällt auch die Gesamtbewertung aus. Der Effekt des Kandidatengeschlechts bleibt dabei aber bestehen und wird offensichtlich nicht durch diese Kompetenzzuschreibungen vermittelt. In Modell 6 wird zusätzlich die Kompetenz bei dem Ausbau von Kindertagesstätten berücksichtigt; der

Effekt des Kandidatengeschlechts verringert sich beträchtlich und ist auch nicht mehr statistisch signifikant. Viele Befragten schrieben den weiblichen Kandidatinnen deutliche größere Kompetenzen bei der Frage des Kita-Ausbaus zu (siehe oben) und offensichtlich war das einer der Gründe für die positiveren Gesamtbewertungen der Kandidatinnen.

Zusammengenommen liefert Tabelle 4 also deutliche Hinweise für die Beantwortung der Frage, warum die Versuchspersonen in unserem Experiment weibliche Kandidaten insgesamt besser bewerteten als identisch beschriebene männliche Kandidaten. Den Kandidatinnen wurden zwar in vielen traditionell männlich stereotypisierten Bereichen gleiche Qualitäten wie den Kandidaten zugeschrieben, bei typisch weiblichen Eigenschaften wie Empathie, Emotionalität oder bei typisch weiblichen sozialen Politikfeldern wie dem Ausbau von Kindertagesstätten sahen viele Befragte sie aber im Vorteil und bewerteten sie offensichtlich deshalb auch insgesamt besser als die männlichen Kandidaten. Damit zeigt unsere Studie auch, dass weibliche Kandidaten durchaus im Vorteil sein können, wenn den Wählern Kompetenzen in der Sozialpolitik sowie weibliche Charaktereigenschaften wichtig sind.[11] Die Analysen bestätigen insgesamt Hypothese 5: Das Kandidatengeschlecht hat keinen direkten Einfluss auf die Bewertung von Kandidaten, sondern nur indirekt über vorgelagerte stereotypisierte Einschätzungen und Wahrnehmungen.

5. Schlussbemerkungen

Eingangs haben wir beschrieben, dass Frauen in der deutschen Politik immer noch unterrepräsentiert sind, und haben die Frage aufgeworfen, ob dafür auch die Urteilsbildung von Wählern verantwortlich gemacht werden kann. Die Ergebnisse dieser Studie deuten nicht darauf hin: weibliche und männliche Kandidaten werden zwar immer noch unterschiedlich wahrgenommen, in wichtigen Bereichen wie den Zuschreibungen „männlicher" Eigenschaften oder der Zuschreibung von Kompetenzen auf „harten" Politikfeldern wie Wirtschaft werden sie aber nicht mehr anders evaluiert als Männer. Unsere Ergebnisse deuten vielmehr darauf hin, dass weibliche Kandidaten in der Gesamtbewertung mittlerweile sogar etwas besser eingeschätzt werden als männliche Kandidaten, insbesondere auch weil sie immer noch Vorteile in traditionell weiblichen Gebieten haben.

Diese Studie leistet einen Beitrag zur internationalen Debatte über die Effekte des Kandidatengeschlechts, indem sie die überwiegend US-amerikanische Forschung auf Deutschland überträgt, dabei den Informationskontext systematisch untersucht und gleichzeitig individuelle Faktoren näher betrachtet. Dabei erweist sich die experimentelle Methode als sehr wertvoll, da sie einerseits erlaubt, den Effekt des Geschlechts zu isolieren und andererseits auch den Informationskontext systematisch zu variieren. In Studien, die sich auf Umfragedaten und die Einschätzungen realer Politiker und Politikerinnen stützen, ist die Schätzung des rei-

---

11 Zu einem ähnlichen Schluss kam bereits die Studie von Paolino (1995), die nachweist, dass die Bevorzugung von weiblichen Kandidatinnen bei der US-Senatswahl 1992 auf einen Kompetenzvorsprung in typisch weiblichen Bereichen zurückzuführen ist.

nen Geschlechtereffekts wegen Selektionseffekten und einer nicht-zufälligen Verteilung von Eigenschaften und Positionen von Kandidaten und Kandidatinnen so gut wie unmöglich. Der klare Vorteil experimenteller Forschung zu Geschlechtereffekten liegt damit bei der hohen internen Validität. Ein Nachteil, der dabei in Kauf genommen werden muss, ist die vergleichsweise künstliche Entscheidungssituation mit der Präsentation fiktiver Kandidaten. Das kann zu Problemen externer Validität führen. Wir haben versucht, die Kandidaten möglichst realitätsnah zu präsentieren, trotzdem erfordern natürlich auch unsere Ergebnisse eine vorsichtige Interpretation. Ein weiterer Grund, der zur vorsichtigen Interpretation Anlass gibt, ist das Convenience-Sample des Experiments. Mit unserer Rekrutierung haben wir zwar bewusst versucht, über die in der Experimentalforschung üblichen reinen Studentensamples hinauszugehen, und haben dabei eine vergleichsweise große Vielfalt an Versuchspersonen gewonnen, dennoch ist das Sample natürlich keine Zufallsstichprobe aus der Gesamtbevölkerung.

Aus unseren Ergebnissen geht hervor, dass Frauen und Männer immer noch unterschiedlich beurteilt werden, insbesondere in Bezug auf typisch weibliche Eigenschaften, aber auch in Bezug auf die zugeschriebenen Positionen und Kompetenzbereiche. Spannend ist dabei zu sehen, wie in Deutschland wirtschaftliche Themen nicht mehr als Kernkompetenz eines Geschlechts wahrgenommen werden, sondern allen Kandidaten ähnliche Kompetenzen und Positionen zugeschrieben werden. Gleichzeitig gibt es aber auch im deutschen Kontext noch Bereiche, die traditionell nach Stereotypen beurteilt werden, es sind dies Sozialpolitik (weiblich) und Verteidigung/Sicherheit (männlich). Interessant ist außerdem, dass typisch männliche Eigenschaften, wie Selbstbewusstsein und Durchsetzungsfähigkeit, weiblichen Kandidaten mittlerweile genauso zugeschrieben werden wie männlichen Kandidaten.

Vor dem Hintergrund der mittlerweile langjährigen Kanzlerschaft von Angela Merkel sind diese gemischten Befunde vielleicht nicht allzu überraschend. Die Art und Weise, wie Angela Merkel ihre Rolle als Kanzlerin ausgefüllt hat, hat möglicherweise dazu geführt, dass einige der alten Rollenvorstellungen aufgebrochen wurden oder mittlerweile weniger stark auf Politikerinnen angewandt werden. Mit unserer Studie konnten wir dynamischen Veränderungen im Zeitverlauf und auch einem möglichen Merkel-Effekt nicht nachgehen. Für zukünftige Forschung erscheint es aber lohnenswert, den Effekt prominenter Politikerinnen sowohl auf Geschlechtsstereotype als auch auf deren Anwendung auf politische Kandidaten und Kandidatinnen näher zu untersuchen.

Ein weiterer wichtiger Befund unserer Analysen betrifft die Bedeutung des Informationskontextes. In vielen Bereichen zeigen sich stereotypisierte Einschätzungen von weiblichen und männlichen Kandidaten nur, wenn Wähler wenig andere substantielle politische Informationen haben. Offensichtlich verwenden Wähler die Heuristik des Kandidatengeschlechts vor allem dann, wenn ihnen der politische Kontext keine anderen validen Hinweise zur politischen Ausrichtung der Kandidaten zur Verfügung stellt. In der politischen Realität bedeutet das, dass Effekte des Kandidatengeschlechts verringert werden können, wenn Wähler beispielsweise in Wahlkämpfen möglichst viele andere (politische) Informationen und Hinweise zu den Kandidaten erhalten und verarbeiten. So sollte das Kandidatengeschlecht beispielsweise bei Bundestagswahlen eine geringere Rolle spielen als auch auf Lokal- oder Länderebene. Für die experimentelle Forschung zu Effekten des Kandidatengeschlechts bedeutet das, dass es ganz zentral ist, welche Informationen Versuchsteilnehmer zusätzlich zum Geschlecht der Kandidaten erhalten, da diese sehr wahrscheinlich die Größe der Effekte mitbestimmen. Im Sinne einer Steigerung der externen Validität sollten zukünftige Experimente noch stärker versuchen, den Wählern möglichst realitätsnahe Profile von Kandidaten zu präsentieren.

Schließlich haben unsere Ergebnisse auch gezeigt, dass stereotype Vorstellungen zu politischen Kandidaten immer noch verbreitet sind und dass die Stärke dieser Stereotype mitbestimmt, ob die Heuristik des Kandidatengeschlechts bei der Urteilsbildung auch angewendet wird. Eine detaillierte Analyse der Beweggründe, Einflussfaktoren und weiterer Konsequenzen dieser Stereotype wäre daher sicher ein lohnendes, weiteres Forschungsgebiet. Dabei wäre beispielsweise auch spannend zu beobachten wie sich die Präsenz von Ursula von der Leyen als neue Verteidigungsministerin auf die Geschlechter-Stereotype der Deutschen auswirkt und ob ihr Auftritt die Bewertung von Verteidigungspolitik als typisch männliche Politikdomäne aufbrechen kann.

Literatur

Alexander, Deborah, und Kristi Andersen. 1993. Gender as a Factor in the Attribution of Leadership Traits. *Political Research Quarterly* 46: 527-45.

Bieber, Ina. 2013. Benachteiligung von Minderheiten: Eine experimentelle Untersuchung der Wirkung des Kandidatengeschlechts und der -herkunft auf das Wählerverhalten. In *Koalitionen, Kandidaten, Kommunikation: Analysen Zur Bundestagswahl 2009*, Hrsg. Thorsten Faas, Kai Arzheimer, Sigrid Roßteutscher and Bernhard Weßels. Wiesbaden: Springer-Verlag. 105-28.

Burrell, Barbara. 2008. Likeable? Effective Commander in Chief? Polling on Candidate Traits in the 'Year of the Presidential Woman'. *PS: Political Science & Politics* 41: 747-52.

Campbell, Rosie, und Philip Cowley. 2014. What Voters Want: Reactions to Candidate Characteristics in a Survey Experiment. *Political Studies* 62: 745-65.

Dolan, Kathleen. 2013. Gender Stereotypes, Candidate Evaluations, and Voting for Women Candidates: What Really Matters?. *Political Research Quarterly*.

Dolan, Kathleen. 2010. The Impact of Gender Stereotyped Evaluations on Support for Women Candidates. *Political Behavior* 32: 69-88.

Dolan, Kathleen, und Kira Sanbonmatsu. 2011. Candidate Gender and Experimental Political Science. *Cambridge Handbook of Experimental Political Science*: 289.

Faas, Thorsten, und Sascha Huber. 2010. Experimente in der Politikwissenschaft: Vom Mauerblümchen zum Mainstream. *Politische Vierteljahresschrift* 51: 721-49.

Fox, Richard L., und Zoe M Oxley. 2003. Gender Stereotyping in State Executive Elections: Candidate Selection and Success. *Journal of Politics* 65: 833-50.

Gigerenzer, Gerd, und Peter M Todd. 1999. *Simple Heuristics That Make Us Smart*: Oxford University Press.

Hayes, Bernadette C. 1997. Gender, Feminism and Electoral Behaviour in Britain. *Electoral Studies* 16: 203-16.

Huber, Sascha. 2012. *Strukturen des Politischen Kontexts und die Demokratische Kompetenz der Wähler. Experimentelle Studien zur Urteils- und Entscheidungsbildung*. Baden-Baden: Nomos.

Huddy, Leonie, und Nayda Terkildsen. 1993a. The Consequences of Gender Stereotypes for Women Candidates at Different Levels and Types of Office. *Political Research Quarterly* 46: 503-25.

Huddy, Leonie, und Nayda Terkildsen. 1993b. Gender Stereotypes and the Perception of Male and Female Candidates. *American Journal of Political Science*: 119-47.

Inter-Parliamentary Union. 2014. Women in national parliaments, online database: http://www.ipu.org/wmn-e/classif.htm

Johns, Robert, und Mark Shephard. 2007. „Gender, Candidate Image and Electoral Preference." *The British Journal of Politics & International Relations* 9: 434-60.

Kahn, Kim Fridkin. 1994. „Does Gender Make a Difference?" An Experimental Examination of Sex Stereotypes and Press Patterns in Statewide Campaigns. *American Journal of Political Science*: 162-95.

Kahn, Kim Fridkin. 1996. *The Political Consequences of Being a Women*: New York: Columbia University Press.

King, David C., und Richard E Matland. 2003. Sex and the Grand Old Party an Experimental Investigation of the Effect of Candidate Sex on Support for a Republican Candidate. *American Politics Research* 31: 595-612.

Koch, Jeffrey W. 2000. Do Citizens Apply Gender Stereotypes to Infer Candidates' Ideological Orientations?. *The Journal of Politics* 62: 414-29.

Koch, Jeffrey W. 2002. Gender Stereotypes and Citizens' Impressions of House Candidates' Ideological Orientations. *American Journal of Political Science*: 453-62.

Lau, Richard R., und David P. Redlawsk. 2001. Advantages and Disadvantages of Cognitive Heuristics in Political Decision Making. *American Journal of Political Science* 45: 951-71.

Lawless, Jennifer L. 2004. Women, War, and Winning Elections: Gender Stereotyping in the Post-September 11th Era. *Political Research Quarterly* 57: 479-90.

Leeper, Mark Stephen. 1991. The Impact of Prejudice on Female Candidates: An Experimental Look at Voter Inference. *American Politics Research* 19: 248-61.

Lefkofridi, Zoe, Nathalie Giger, und Anne Maria Holli. 2013. *Stereotypes & Electoral Choice in Preferential Voting Systems: Evidence from Finland*. Paper presented at the ECPR Joint Sessions, Mainz.

Matland, Richard E. 1994. Putting Scandinavian Equality to the Test: An Experimental Evaluation of Gender Stereotyping of Political Candidates in a Sample of Norwegian Voters. *British Journal of Political Science* 24: 273-92.

Matland, Richard E., und David C King. 2002. Women as Candidates in Congressional Elections. Paper presented at the Women transforming congress.

Matland, Richard E., und Güneş Murat Tezcür. 2011. Women as Candidates: An Experimental Study in Turkey. *Politics & Gender* 7: 365-90.

McDermott, Monika L. 1998. Race and Gender Cues in Low-Information Elections. *Political Research Quarterly* 51: 895-918.

McDermott, Monika L. 1997. Voting Cues in Low-Information Elections: Candidate Gender as a Social Information Variable in Contemporary United States Elections. *American Journal of Political Science* 41: 270-83.

Paolino, Phillip. 1995. Group-Salient Issues and Group Representation: Support for Women Candidates in the 1992 Senate Elections. *American Journal of Political Science* 39: 294-313.

Plutzer, Eric, und John F Zipp. 1996. Identity Politics, Partisanship, and Voting for Women Candidates. *Public Opinion Quarterly* 60: 30-57.

Sanbonmatsu, Kira. 2002. Gender Stereotypes and Vote Choice. *American Journal of Political Science*: 20-34.

Sapiro, Virginia. 1981. If Us Senator Baker Were a Woman: An Experimental Study of Candidate Images. *Political Psychology* 3: 61-83.

Sczesny, Sabine, Janine Bosak, Daniel Neff, und Birgit Schyns. 2004. Gender Stereotypes and the Attribution of Leadership Traits: A Cross-Cultural Comparison. *Sex Roles* 51: 631-45.

Westle, Bettina. 2009. Immer noch in der Steinzeit? Gesellschaftliche und politische Gender-Orientierungen. In *Wähler in Deutschland,* Hrsg. Oskar Niedermayer, Steffen Kühnel, Bettina Westle. Springer. 137-65.

Zur Wirksamkeit und zu den Wirkungsbedingungen von Framing-Strategien am Beispiel der Rente mit 67

Sven Stadtmüller

1.   Einleitung

Eine beliebte Strategie politischer Akteure, um Unterstützung für die eigene Position zu gewinnen, ist Framing – die Einbettung einer Sachfrage in einen übergeordneten Interpretationsrahmen mit dem Ziel, die Deutungshoheit in der öffentlichen Debatte zu erlangen (Entman 1993, S. 52; Nelson u. Oxley 1999, S. 1041). Frames stellen in ihrem Kern Argumente für oder gegen eine Position dar und basieren zumeist auf relevanten Informationen zur entsprechenden Sachfrage (Druckman u. Bolsen 2011, S. 662). Zugleich blenden sie konkurrierende Deutungsmuster und Informationen aus, um die Bewertungskriterien ihrer Empfänger im Sinne des Absenders zu beeinflussen.

Zahlreiche Studien aus den Vereinigten Staaten (Nelson et al. 1997; Haider-Markel u. Joslyn 2001; Druckman u. Nelson 2003; Chong u. Druckman 2007a, 2010, 2013), aus Skandinavien (de Vreese 2004; Slothuus 2007, 2008; Lecheler u. de Vreese 2010, 2011), aber auch die wenigen einschlägigen Untersuchungen aus Deutschland (Faas u. Schoen 2010, Mader u. Schoen 2013, anders Faas u. Schoen 2014) konnten bislang belegen, dass Frames in der Lage sind, Einstellungen ihrer Rezipienten[1] zu beeinflussen. Somit verleihen die Ergebnisse der Framing-Forschung jenen politischen Akteuren Auftrieb, die planen, mit einer Framing-Strategie um die Gunst der Bevölkerung zu werben. Jedoch hat die Forschung zu sogenannten Moderatorvariablen von Framing-Effekten in jüngeren Jahren gezeigt, dass der Einfluss von Frames auf individuelle Einstellungen keineswegs unkonditional ist: So schränken konkurrierende, sogenannte dual-Frames die Wirkung eines einseitigen Frames erheblich ein (Sniderman u. Theriault 2004; Chong u. Druckman 2010; Druckman et al. 2012). Auch hängt die Wirksamkeit von Frames von individuellen Prädispositionen des Empfängers (Sniderman u. Theriault 2004) und von der politischen Kompetenz des Rezipienten (Druckman u. Nelson 2003; Lecheler u. de Vreese 2012) ab.

Der vorliegende Beitrag greift die wachsende Skepsis in Bezug auf Framing-Strategien auf und untersucht die Einstellungseffekte von insgesamt fünf Botschaften zur politischen Sachfrage der Rente mit 67. Diese zielen in der Mehrzahl darauf ab, Unterstützung für diese, in der Bevölkerung höchst unpopuläre Reform zu gewinnen. Da die moderierende Wirkung sowohl von Charakteristika der Informationsumwelt als auch von Merkmalen der Rezipienten in den Blick

---

1   Bei allen Bezeichnungen, die auf Personen bezogen sind, meint die gewählte Formulierung beide Geschlechter, auch wenn aus Gründen der leichteren Lesbarkeit die männliche Form steht.

genommen wird, erlaubt der Beitrag zum einen, die allgemeine Wirksamkeit einer (Framing-)Kampagne zur Rente mit 67 zu bewerten. Zum anderen sind auch Aussagen über die Effekte von Botschaften möglich, die sich in der Präsentation ihres zentralen Arguments geringfügig unterscheiden.

Der Beitrag legt in Kapitel 2 zunächst die theoretischen Grundlagen für die insgesamt vier Hypothesen, die sich auf die (1) Einstellungseffekte einseitiger Botschaften (2) die Effekte von dual-Frames sowie auf die moderierende Rolle der (3) individuellen Voreinstellung (4) und der politische Kompetenz beziehen. Im Rahmen des dritten Kapitels werden die empirische Datengrundlage und die verwendeten experimentellen Stimuli vorgestellt und Unterschiede zwischen den Botschaften herausgearbeitet. Der vierte Abschnitt widmet sich der Prüfung der Hypothesen, ehe im finalen Kapitel die Befunde zusammengefasst, mögliche politik-praktische Implikationen diskutiert und auf einige Probleme der vorliegenden Untersuchung hingewiesen werden.

2. Theoretische Grundlagen

2.1 Effekte von Frames auf Einstellungen zur Rente mit 67

Die zentrale Ursache für Effekte von Frames auf Einstellungen ist der Zustand der Ambivalenz, in dem sich das Gros der Menschen in Bezug auf politische Sachfragen befindet (Zaller 1992; Feldman u. Zaller 1992; Alvarez u. Brehm 1997). Ambivalenz entsteht – setzt man die Existenz freier Medien voraus – einerseits durch den ausgewogenen Kommunikationsfluss in der medialen Berichterstattung und andererseits durch den verbreiteten Mangel an tief verwurzelten Prädispositionen. In der Folge internalisieren Menschen eine Vielzahl an konkurrierenden Argumenten zu einer politischen Sachfrage, da sie nicht in der Lage sind, einzelne Argumente zu verwerfen, weil es ihnen hierfür an einer Richtschnur mangelt, die ihnen zentrale Wertorientierungen bieten könnten.

Framing setzt nun genau an dieser Stelle an: Durch die bewusste Hervorhebung einer Betrachtungsweise bzw. eines Arguments (unter Vernachlässigung konkurrierender Deutungsangebote) wird der Versuch unternommen, dem Rezipienten zu vermitteln, worum es in der Sachfrage eigentlich geht (Gamson u. Modigliani 1987, S. 143). Dieser Versuch ist Erfolg versprechend, da ein Großteil der Menschen nicht über gespeicherte und leicht abrufbare Einstellungen zu politischen Sachfragen verfügt, sondern seine Einstellung vor dem Hintergrund gegenwärtig disponibler Betrachtungsweisen konstruiert. Um Ressourcen zu sparen, werden sie dabei keine allzu intensive Suche nach passenden Betrachtungsweisen im Langzeitgedächtnis vornehmen, sondern auf die sogenannten salienten Betrachtungsweisen zurückgreifen – das sind vorrangig jene, mit denen sie jüngst in Berührung gekommen sind (Zaller 1992, S. 33). Wird in einem Frame nun auf die demografische Betrachtungsweise der Rente mit 67 abgestellt, so ist bei den Rezipienten des Frames diese Betrachtungsweise der Sachfrage hochgradig salient. Diese erhöhte Zugänglichkeit sollte in einer positiveren Bewertung der Reform resultieren, da der Sinngehalt der Betrachtungsweise eine günstige Evaluation der Sachfrage nahelegt (Pro-Frame). Umgekehrt erhöht die Lektüre einer Botschaft, welche die Rente mit

67 aufgrund ihrer Ignoranz gegenüber der gesundheitlichen Situation vieler älterer Menschen (sowie der nach wie vor problematischen Arbeitsmarktsituation Älterer) als eine verkappte Rentenkürzung darstellt, die Salienz dieser Betrachtungsweise, die eine negative Bewertung der Reform nahelegt (Contra-Frame).

In der skizzierten Vorstellung von Einstellungseffekten von Frames offenbart sich das Bild eines rein passiven Empfängers externer Botschaften. Dieses Bild wurde zwar in jüngeren Jahren um reflektierende Prozesse ergänzt. So wird anerkannt, dass nicht jede beliebige Botschaft einen Einstellungseffekt in die gewünschte Richtung hervorbringen kann, sondern dass ihr Sinngehalt auf Seiten des Empfängers auf ein Mindestmaß an Akzeptanz treffen muss (Chong u. Druckman 2007a, S. 640). Da es aber, wie bereits erwähnt, den meisten Menschen an zentralen Wertorientierungen mangelt, die als Kriterien für die Akzeptanz oder die Zurückweisung des Sinngehalts einer Botschaft herangezogen werden könnten, sind auf der Grundlage dieser Hinwendung zum „thoughtful receiver"[2] Einstellungseffekte von Frames zwar an Bedingungen geknüpft, im Aggregat aber dennoch in hohem Maße plausibel. Dies gilt nicht zuletzt, da die Prüfung der Akzeptanz ein bestimmtes Maß an Verarbeitungsmotivation erfordert, über das längst nicht jeder Rezipient verfügt. Daher lautet Hypothese 1:

> *Hypothese 1: Die Rezeption eines gerichteten Pro- (Contra-) Frames führt zu einer günstigeren (ungünstigeren) Einstellung zur Rente mit 67.*

Folgt man der eben dargelegten Argumentation, so sollten hingegen zweiseitige dual-Frames den Zustand der Ambivalenz nicht überwinden, sofern beide Betrachtungsweisen als annähernd gleich akzeptabel eingestuft werden.[3] In dieser Konstellation wird die Einstellung des Rezipienten, vereinfacht gesprochen, zunächst in die eine und anschließend in die andere Richtung manövriert, sodass sie sich nach der Lektüre der Botschaft wieder nahe am Ausgangspunkt bewegt. Demgemäß sind auch die empirischen Befunde zur Einstellungswirkung von dual-Frames zu erklären, die zumeist in jener Experimentalgruppe mit zweiseitiger Botschaft ein mittleres Einstellungsniveau zeigen, das zwischen dem Einstellungsniveau in den Experimentalgruppen mit einseitigen Botschaften und – sofern vorhanden – in etwa auf dem Niveau einer unbeeinflussten Kontrollgruppe liegt (dies wird als ein „cancellation-Effekt" bezeichnet (siehe Chong u. Druckman 2010, S. 668; Druckman et al. 2012, S. 437)). Entsprechend wird im Rahmen dieses Beitrags angenommen:

> *Hypothese 2: Die Rezeption eines dual-Frames zur Rente mit 67 bewirkt einen cancellation-Effekt und führt im Aggregat zu keiner Einstellungsänderung.*

---

2 Zur Gegenüberstellung des passive und thoughtful receivers siehe Brewer (2001).
3 In der Literatur ist in diesem Zusammenhang häufig von der Bedingung gleich „starker" Frames die Rede (z.B. Chong u. Druckman 2007b, S. 640).

2.2 Moderatorvariablen von Frames

Von kaum einer Botschaft ist zu erwarten, dass sie von allen Rezipienten völlig unvoreingenommen empfangen und verarbeitet wird. Schon die frühen Forschungen zur Rolle politischer Prädispositionen für die Selektion und Wahrnehmung politischer Inhalte (Campbell et al. 1960, S. 128-136), aber auch die jüngeren Forschungen zu Prozessen des motivated reasonings (Taber u. Lodge 2006; Taber et al. 2009; Braman u. Nelson 2007) legen nahe, dass die Verarbeitung externer Botschaften stark von der bisherigen Einstellung zum interessierenden Einstellungsobjekt geleitet wird.

Zur Begründung der unterschiedlichen Wahrnehmung externer Botschaften in Abhängigkeit der Ausprägung der individuellen Voreinstellung bietet sich die balance-Theorie von Heider (1958) an. Ihr zufolge streben Menschen nach Konsonanz der kognitiven Elemente im Gedächtnis. Die kognitive Konsonanz ist gefährdet, sofern eine Botschaft rezipiert wird, deren Position der eigenen deutlich widerstrebt. In diesem Fall weist der Rezipient die Motivation auf, den Zustand der kognitiven Konsonanz aufrechtzuerhalten. Sein primäres Verarbeitungsziel ist es somit nicht, zu einem angemessenen, sondern zu einem gewünschten Ergebnis zu gelangen (zur Unterscheidung von „accuracy goals" und „directional goals" im Verarbeitungsprozess siehe Kunda 1990, S. 485). Das Resultat einer Informationsverarbeitung mit directional goals ist in der Literatur als motivated reasoning bekannt (Lodge u. Taber 2000; Redlawsk 2002) und kann sich zum einen in einem sogenannten „congruency bias" niederschlagen. Dieser besagt, dass Botschaften, die der eigenen Einstellung entsprechen, als stärker und überzeugender wahrgenommen werden (Taber et al. 2009, S. 139). Zum anderen unternimmt der Rezipient bei Botschaften, die der eigenen Voreinstellung widersprechen, womöglich den Versuch, die Argumentation zu entkräften und/oder bewertet Charakteristika der Botschaft, z.B. deren Glaubwürdigkeit oder Objektivität, betont negativ. Dies sollte einem Einstellungseffekt der Botschaft abträglich sein.

In der Summe ist somit mit Blick auf den Pro- und Contra-Frame gemäß Hypothese 3 Folgendes zu erwarten:

Hypothese 3: Die Wahrnehmung des Pro-(Contra-)Frames ist umso positiver, je günstiger (ungünstiger) die Einstellung des Probanden zur Rente mit 67 vor der Rezeption der Botschaft ausfällt. Zugleich beeinflusst die Wahrnehmung der Botschaft die Stärke ihres Effekts.

Von besonderem Interesse in der Framing-Forschung ist die Frage, ob sich politische Kompetenz auf die Einstellungseffekte von Frames eher zu- oder abträglich auswirkt. Die empirischen Befunde fallen hier, analog zu den theoretischen Annahmen, sehr uneinheitlich aus. Um sich aus theoretischer Perspektive der moderierenden Rolle politischer Versiertheit zu nähern, wird zumeist auf das Yale-Modell der Informationsverarbeitung (McGuire 1968) zurückgegriffen. In diesem wird die Informationsverarbeitung als ein mehrstufiger Prozess verstanden, wobei alle Stufen erfolgreich durchlaufen werden müssen, damit die Information einen Effekt auf die Evaluation ausüben kann. Im Verarbeitungsprozess an erster Stelle steht die Exposition von Informationen (exposure). Anschließend folgen die Stufen attention und comprehension, d. h. die Aufmerksamkeit muss auf die Information gerichtet und ein Verständnis ihres Sinngehalts gegeben sein. Eine weitere wichtige Stufe stellt die Akzeptanz (acceptance) der Information dar, die ihrer Bewertung (evaluation) vorgelagert ist.

Von Bedeutung ist nun, dass politische Kompetenz, in Übereinstimmung mit dem reception-Axiom von Zaller (1992), auf der einen Seite die Wahrscheinlichkeit erhöht, sich Botschaften mit politischem Inhalt überhaupt auszusetzen, sie aufmerksam zu rezipieren und ihren Sinngehalt zu verstehen (siehe z.B. Berinsky 2007). Auf der anderen Seite ist eine ausgeprägte politische Versiertheit der Akzeptanz des Sinngehalts einer Nachricht jedoch abträglich, da Menschen mit hoher politischer Kompetenz sowohl über eine höhere Motivation verfügen, sich kritisch mit dem Sinngehalt der Botschaft auseinanderzusetzen als auch eine höhere Fähigkeit besitzen, die in der Botschaft kommunizierten Argumente zu entkräften (so Zaller im Rahmen seines Resistance-Axioms, siehe ebenso Chong u. Druckman 2007a, S. 640; Lecheler u. de Vreese 2011, S. 966). Folglich stellt sich die Frage, welcher dieser konkurrierenden Zusammenhänge stärker wiegt.

Im Rahmen des vorliegenden Beitrags wird davon ausgegangen, dass der Effekt eines gerichteten Frames umso schwächer ausfällt, je politisch versierter der Rezipient ist. Mit anderen Worten: Es wird angenommen, dass der positive Zusammenhang von politischer Kompetenz mit der Exposition, der Aufmerksamkeit und mit dem Verständnis der Botschaft aus dem Yale-Modell der Informationsverarbeitung für die vorliegende Untersuchung weitaus weniger bedeutsam ist als der negative Zusammenhang von politischer Versiertheit und der Akzeptanz ihres Sinngehalts (Claassen 2011). Dies gilt, da im Zuge der Experimentalstudie Unterschiede insbesondere auf den Stufen exposure und attention nivelliert werden, weil (1) jeder Proband die Botschaft erhält und (2) die (aufmerksame) Lektüre des Artikels durch verschiedene Maßnahmen forciert wurde (siehe Kapitel 3). Schließlich wurde bei der Konstruktion der Botschaft besonderen Wert auf eine hohe Verständlichkeit gelegt, sodass auch dieser positive Zusammenhang schwächer ausfallen sollte als in der ‚realen‘ Informationsumwelt. Hypothese 4 lautet somit:

Hypothese 4: Je höher die politische Versiertheit des Rezipienten, desto schwächer fallen die Effekte der Frames aus.

3. Daten und Methoden

Der Beitrag basiert auf einer Online-Experimentalstudie, die im Rahmen des von der Fritz-Thyssen-Stiftung geförderten Forschungsprojekts „Information und Offenheit für Reformen durch Framing" (Projektleiter: Prof. Dr. Kai Arzheimer) am Institut für Politikwissenschaft der Johannes Gutenberg-Universität Mainz vom Verfasser konzipiert und vom IFAK Full Service-Institut für Markt- und Sozialforschung in Kooperation mit der respondi AG durchgeführt wurde.

Die Probanden sind Teil eines Online-Access-Panels, sodass von einer Zufallsauswahl aus einer relevanten Grundgesamtheit keine Rede sein kann. Dieser Mangel an Repräsentativität wird auch nicht dadurch kompensiert, dass die Randverteilungen des Samples im Hinblick auf die sozio-demografischen Merkmale Alter, Geschlecht und formale Bildung jenen der wahlberechtigten Bevölkerung Deutschlands weitgehend entsprechen. Insgesamt stellen Sampling und Sample jedoch kein allzu großes Problem dar, weil weniger die verlässliche Schätzung von Mittel- oder Anteilswerten als vielmehr die Analyse von Unterschieden in der Reaktion auf verschiedene Stimuli in Abhängigkeit bestimmter Rezipientenmerkmale im Vordergrund steht. Anders formuliert: Im Zentrum steht die interne Validität und somit die Frage, ob die experimentelle Manipulation (und nur diese) eine Veränderung der Einstellung hervorbringt – und falls ja, ob das Ausmaß dieser Veränderung zwischen Personen mit bestimmten Merkmalen variiert. Die externe Validität, also die Übertragbarkeit der Ergebnisse auf einen größeren Kontext, ist der internen Validität nachgelagert und sowohl durch das Fehlen einer Zufallsstichprobe als auch durch die Künstlichkeit der Informationsaufnahme im experimentellen Rahmen (siehe hierzu auch Kapitel 5) begrenzt. Dennoch wurde, da die Zielsetzung der Untersuchung auch darin besteht, Aussagen über die Wirksamkeit von Framing-Strategien im realweltlichen Kontext zu treffen, großen Wert auf eine hohe ökologische Validität (als Teil der externen Validität) gelegt (Morton u. Williams 2010). Dies äußert sich z.B. darin, dass die Stimuli in Gestalt eines (fiktiven) Zeitungsartikels dargeboten wurden, um so den Rahmen der Informationsaufnahme möglichst authentisch zu gestalten.

Die vorliegenden Analysen beziehen sich auf insgesamt zwei Erhebungen (Feldzeit der Ersterhebung: Oktober 2011; Feldzeit der zweiten Erhebung: Oktober-November 2012)[4], in denen der identische Fragebogen und annähernd identische Stimuli zum Einsatz kamen. Lediglich das Layout der Botschaften wurde zwischen beiden Erhebungswellen marginal verändert. Zudem erforderte der unterschiedliche zeitliche Kontext (in der Ersterhebung stand die Einführung der Rente mit 67 unmittelbar bevor, in der zweiten Erhebung war das Gesetz bereits in Kraft) eine redaktionelle Anpassung des Textes.[5] Obgleich der zeitliche Abstand zwischen beiden Erhebungen mehr als ein Jahr beträgt, ist die Einstellung der Befragten im Aggregat nahezu identisch.[6] Auch die Stärke der Effekte und die interessierenden Zusammenhänge gestalten sich sehr ähnlich, sodass die Fälle aus beiden Erhebungen gepoolt werden können. Dass die Differenzen so gering ausfallen,

---

4   Die zweite Erhebung wurde vom Forschungszentrum Demografischer Wandel (FZDW) der Frankfurt University of Applied Sciences (vormals: Fachhochschule Frankfurt) finanziert. Nach der Ersterhebung wuchs das Interesse an den Wirkungsbedingungen jener Botschaften, die eine positive Bewertung der Rente mit 67 nahelegen. Für aussagekräftige Analysen erwiesen sich jedoch die in der ersten Erhebungswelle realisierten Fallzahlen als zu gering. Daher wurde für einzelne Experimentalgruppen eine zweite Erhebung durchgeführt.

5   Alle experimentellen Stimuli sind im Online-Anhang einzusehen.

6   So beläuft sich bspw. die mittlere Einstellung zur Rente mit 67 in der Kontrollgruppe in der ersten Erhebung auf 2,77 (N=122) in der zweiten Erhebung auf 2,70 (N=77). Diese Werte beziehen sich auf die Bewertung der Aussage „Die Rente mit 67 ist insgesamt eine gute Sache" auf einer Skala von 1 („stimme überhaupt nicht zu") bis 7 („stimme voll und ganz zu").

ist sicherlich auch der sehr spärlichen, einschlägigen Informationsumwelt im Umfeld beider Erhebungen geschuldet.[7]

Sowohl in der Ersterhebung als auch in der zweiten Erhebung ging der (randomisierten) Konfrontation mit einem der Stimuli ein Eingangsfragebogen voraus, der sozio-demografische Merkmale, politisches Interesse, allgemeines und themenspezifisches Wissen sowie die Sympathie mit politischen Parteien und die Parteiidentifikation erfasste. Nach der Rezeption des Artikels wurde die Wahrnehmung der Botschaft erhoben und die zentrale abhängige Variable gemessen.

Die Botschaften wurden, wie bereits angedeutet, allesamt mit der Zielsetzung konstruiert, hinsichtlich ihres Layouts und Stils einem Artikel aus einer deutschen Tageszeitung zu ähneln. Entsprechend wurde den Probanden unmittelbar vor der Konfrontation mit dem Stimulus mitgeteilt, im Folgenden würden sie gebeten, einen Artikel aus einer großen deutschen Tageszeitung zu lesen.[8] Um sicherzustellen, dass die Probanden den Stimulus tatsächlich lesen, wurde erstens der Weiter-Button zur Fortsetzung der Befragung für 30 Sekunden deaktiviert (de Vreese et al. 2011, Fußnote 8). Zweitens wurde unmittelbar nach der Konfrontation mit dem Stimulus eine Faktenfrage gestellt, deren Nicht- oder Falschbeantwortung zur Folge hatte, dass für die Befragungspersonen die Umfrage beendet war (Bullock 2011, S. 500).[9]

Insgesamt sind für den vorliegenden Beitrag die folgenden sechs Artikel von Bedeutung:

1. Der *Demografie-Pro-Frame* stellt die Rente mit 67 vor dem Hintergrund der Alterung und Schrumpfung der Bevölkerung sowie der stetig steigenden Lebenserwartung der Menschen und der Umlagefinanzierung der gesetzlichen Rentenversicherung als eine sinnvolle und notwendige Reform dar (vgl. Abbildung 1), blendet jedoch konkurrierende Deutungsmuster und Argumente aus und weist somit deutliche Wesenszüge eines Frames auf. Zusätzlich steht am Ende ein Expertensignal eines (fiktiven) Professors der Volkswirtschaftslehre, der das zentrale Argument für die Reform bilanziert.

---

7 So erschien während der Feldzeit der Ersterhebung im Mittel an jedem zehnten Tag ein Artikel in der Frankfurter Allgemeinen Zeitung (FAZ) und in der Süddeutschen Zeitung (SZ), der den Begriff „Rente mit 67" beinhaltete. Dabei handelte es sich in den meisten Fällen um Artikel, die das Thema nur am Rande streiften. In der zweiten Erhebung war an 12 Prozent (FAZ) bzw. 16 Prozent (SZ) der Tage von der Reform die Rede. Zum Vergleich: Für den gesamten Zeitraum 2007 bis 2013 belaufen sich die Werte auf 29 Prozent (FAZ) bzw. 21 Prozent (SZ). Die mediale Aufmerksamkeit für die Rente mit 67 war während beider Feldzeiten somit, zumindest in den beiden untersuchten Medien, stark unterdurchschnittlich ausgeprägt.

8 Dabei wurde bewusst auf die Ausweisung einer konkreten Tageszeitung verzichtet, um Quelleneffekte zu vermeiden. Ebenso wurde bei allen Artikeln darauf geachtet, das Layout nicht zu sehr an die Optik einer bestimmten Tageszeitung anzupassen. Schließlich wurde, ebenfalls bei allen Stimuli, ein fiktiver Name für die verantwortliche Journalistin gewählt.

9 Zusätzlich wurde der Zurück-Button im Rahmen der gesamten Befragung deaktiviert, um zu verhindern, dass die Probanden zurückspringen, um die richtige Antwort nachzulesen.

Abbildung 1: Der Demografie-Pro-Frame

Rente mit 67 trägt demografischer Entwicklung Rechnung

Im kommenden Jahr fällt der Startschuss für die Rente mit 67. Vier Jahre ist es nun her, dass der Bundestag das Gesetz mit dem sperrigen Titel „Rentenversicherungs-Nachhaltigkeitsgesetz" verabschiedete. Doch noch immer stößt die Reform bei vielen Menschen nicht gerade auf Gegenliebe.

Dabei kann die Notwendigkeit der Rente mit 67 kaum bezweifelt werden. Das Umlageverfahren, auf dem die gesetzliche Rente basiert, lebt nämlich von der Hand in den Mund: die von den Erwerbstätigen gezahlten Rentenbeiträge fließen umgehend in die Taschen der jeweiligen Rentner. Das hat locker funktioniert, als noch drei Arbeitnehmer auf einen Rentner kamen. Heute aber kommen, bedingt durch die demografische Entwicklung – also die Alterung und Schrumpfung der Bevölkerung –, lediglich noch zwei Arbeitnehmer auf einen Rentner, Tendenz weiter fallend. Zudem hat sich die Dauer des Rentenbezugs seit 1960 von rund zehn auf stolze 18,2 Jahre erhöht.

Ein genialer Schachzug

Wer also die Rentenkasse nicht dauerhaft zum milliardenschweren Zuschussbetrieb machen will, muss entweder die Beiträge erhöhen oder die Renten senken. Oder – und das ist doch, sollte man meinen, ein genialer Schachzug – das Renteneintrittsalter verlängern. Arbeitnehmer zahlen länger ein, die Rente läuft kürzer. Zumal diese Veränderung zur biologischen Uhr der deutschen Gesellschaft passt. Die Menschen werden älter und bleiben im Schnitt länger fit. So äußern sich auch zahlreiche Wissenschaftler positiv zur Reform: „Die Rente mit 67 trägt der demografischen Entwicklung Rechnung und stabilisiert gleichzeitig die Rentenkasse", glaubt Peter Speermann, Professor für Volkswirtschaftslehre an der Universität Mannheim.

In Deutschland vollzieht sich die Anhebung des Rentenalters bis zum Jahr 2024 stufenweise um jeweils einen Monat pro Jahr. Bis zum Jahr 2029 steigt das gesetzliche Renteneintrittsalter dann um jährlich zwei Monate. Für all diejenigen, die nach 1964 geboren wurden, gilt die Rente mit 67 somit in vollem Umfang. Einzige Ausnahme: Wer mindestens 45 Jahre in die Rentenkasse eingezahlt hat, der kann auch künftig weiterhin bei vollen Bezügen mit 65 in Rente gehen.

Annika Schubert

60 Jahre BKA - Staatsschützer im Pferdestall

Deutschlands oberste Staatsschutzbehörde feierte sechs Jahrzehnte Fahndungsgeschichte. Bilder aus dem Archiv des Bundeskriminalamts zeigen, wie viel Wert die Terrorjäger stets auf Hightech legten. Doch heutzutage wirken einige der Apparate wie Relikte aus einer anderen Welt.

Wiesbaden. Deutschlands oberste Staatsschutz-Behörde begann ganz bescheiden: Am 7. Mai 1951 traten 26 Kriminalbeamte und ein Verwal-

die Hälfte sind Kriminalbeamte. Neben Wiesbaden gibt es Standorte in Berlin und Meckenheim.

weil es damals Streit um eine mögliche Fusion des BKA mit der Bundespolizei gab. Jetzt wird doch gefeiert. Gegen ein kompletten Umzug nach Berlin und eine Fusion mit der Bundespolizei hat sich das aber BKA erfolgreich gewehrt. Hartnäckigkeit bewies das BKA nicht nur, was den Kampf um den Dienstsitz angeht: In Krisenzeiten wusste es stets seine Macht auszuweiten. In den Siebzigern rückte die Behörde ins Zentrum des Vorgehens gegen die Rote Armee Fraktion (RAF) - und bekam dabei neue Ermittlungskompe-

2. Der *Arbeitsmarkt-Contra-Frame* stellt die Rente mit 67 dagegen als verkappte Rentenkürzung dar, da sie die problematische Arbeitsmarktlage älterer Menschen verkenne und zugleich übersehe, dass es vielen Menschen aus physischen und/oder psychischen Gründen nicht möglich ist, bis 67 zu arbeiten. Neben Länge und Aufbau gleichen sich Pro- und Contra-Frame hinsichtlich des ersten und des letzten Absatzes und des Expertensignals, das vom identischen (fiktiven) Professor gesendet wird. Somit erinnern beide Artikel sehr stark an jene kontrastierenden Frames, die in der amerikanischen und skandinavischen Framing-Forschung zum Einsatz kommen und die sich einzig im kommunizierten Deutungsangebot unterscheiden (siehe z.B. Nelson et al. 1997; Druckman 2001; Slothuus 2007).

3. Der *Demografie-Party-Frame* unterscheidet sich vom Demografie-Pro-Frame lediglich in der Person, die das Argument für die Reform nochmals zusammenfasst. Handelt es sich im Pro-Frame um einen vermeintlichen Wissenschaftler, so kommt im Party-Frame ein (fiktiver) Unionspolitiker zu Wort.

4. Im *dual-Frame* zur Rente mit 67 werden die Betrachtungsweisen des Pro- und Contra-Frames nacheinander dargelegt. Dies hat zur Folge, dass dieser Artikel wesentlich länger ist als die einseitigen Botschaften. Zugleich stammen die Expertensignale für beide Betrachtungsweisen nun von verschiedenen (fiktiven) Wissenschaftlern. Der dual-Frame wurde in zwei Varianten konstruiert, um etwaige primacy- oder recency-Effekte (Hogarth u. Einhorn 1992, S. 2) zu kontrollieren: in der einen Variante folgte die demografische Betrachtungsweise jener, die auf die mangelnde Beschäftigungsfähigkeit und

Abbildung 2: Der Arbeitsmarkt-Contra-Frame

hof und neuem Tiefbahnhof nur für die Fernzüge. Diese "Kombivariante" sei aus verkehrlicher Sicht nicht so schlecht und verbinde mit dem unterirdischen Fernverkehr und dem Regionalverkehr darüber die Vorteile der beiden bisherigen Alternativen, so Hermann, in dessen Ministerium der Vorschlag "intensiv geprüft" worden ist. Das Ergebnis soll in den nächsten Tagen öffentlich gemacht werden, schon jetzt aber könne er

Während für den Projektsprecher das Gutachten der Schweizer Verkehrplaner SMA "eindeutig bewiesen hat, dass der Stresstest bestanden wurde", hält der Verkehrsminister die darin aufgezeigten Perspektiven für "nicht ausreichend". Alle fünf Kriterien des Landes, etwa die Umsetzung des integralen Taktfahrplans, seien nicht umfänglich erfüllt worden, so Hermann: "Das ist zu wenig Bahnhof für zu viel Geld." Bei prognosti-

21 fest. Noch diesen Herbst will der Verkehrskonzern weitere Aufträge für die Talquerung durch den Schlossgarten und die Strecke nach Feuerbach vergeben, erklärte Dietrich, den vor allem die Skepsis der Gegner stört. Ingenieure aus Baden-Württemberg würden auf der ganzen Welt viel kompliziertere Projekte bauen: "Und ausgerechnet im eigenen Land vertraut man dieser angesehenen Ingenieurkunst nicht."

Rente mit 67 verkennt die Lage am Arbeitsmarkt

Im kommenden Jahr fällt der Startschuss für die Rente mit 67. Vier Jahre ist es nun her, dass der Bundestag das Gesetz mit dem sperrigen Titel „Rentenversicherungs-Nachhaltigkeitsgesetz" verabschiedete. Doch noch immer stößt die Reform bei vielen Menschen nicht gerade auf Gegenliebe.

Das hat auch seine guten Gründe: Die Rechnung der Reformbefürworter geht nämlich nur auf, wenn es tatsächlich gelingt, möglichst viele Beschäftigte bis zum 67. Lebensjahr in Arbeit zu halten. Bislang aber ist die Lage auf dem Arbeitsmarkt für Ältere noch immer eher trostlos, wie es die lausigen Beschäftigungsquoten für die Altersgruppe 60 plus nahelegen. Diese haben zwei zentrale Ursachen: Erstens gibt es noch immer viel zu viele Unternehmen und Personaler,

die dem Jugendwahn huldigen und bei denen Ältere prinzipiell schlechte Karten haben. Zweitens führen zu viel Stress an den Schreibtischen und zu hohe körperliche Belastungen in den Fabrikhallen dazu, dass die meisten Beschäftigten gegenwärtig kaum eine Chance haben, überhaupt bis 65 zu arbeiten – von 67 mal ganz zu schweigen.

Eine verkappte Rentenkürzung

Wenn aber Arbeiten bis 67 für einen guten Teil der Beschäftigten unerreichbar bleibt, entpuppt sich die Verlängerung der Lebensarbeitszeit für viele schlichtweg als Rentenkürzung, da dann hohe Abschläge auf die Altersrenten fällig werden. Dies wiederum erhöht die Gefahr einer wachsenden Altersarmut. So äußern sich auch

zahlreiche Wissenschaftler kritisch zur Reform: „Die Rente mit 67 verkennt die momentane Lage am Arbeitsmarkt völlig", glaubt Peter Speermann, Professor für Volkswirtschaftslehre an der Universität Mannheim.

In Deutschland vollzieht sich die Anhebung des Rentenalters bis zum Jahr 2024 stufenweise um jeweils einen Monat pro Jahr. Bis zum Jahr 2029 steigt das gesetzliche Renteneintrittsalter dann um jährlich zwei Monate. Für all diejenigen, die nach 1964 geboren wurden, gilt die Rente mit 67 somit in vollem Umfang. Einzige Ausnahme: Wer mindestens 45 Jahre in die Rentenkasse eingezahlt hat, der kann auch künftig weiterhin bei vollen Bezügen mit 65 in Rente gehen.

Annika Schubert

60 Jahre BKA - Staatsschützer im Pferdestall

Deutschlands oberste Staatsschutzbehörde feierte sechs Jahrzehnte Fahndungsgeschichte. Bilder aus dem Archiv des Bundeskriminalamts zeigen, wie viel Wert die Terrorjäger stets auf Hightech legten. Doch heutzutage wirken einige der Apparate wie Relikte aus einer anderen Welt.

Wiesbaden. Deutschlands oberste Staatsschutz-Behörde begann ganz bescheiden: Am 7. Mai 1951 traten 26 Kriminalbeamte und ein Verwal-

die Hälfte sind Kriminalbeamte. Neben Wiesbaden gibt es Standorte in Berlin und Meckenheim.

weil es damals Streit um eine mögliche Fusion des BKA mit der Bundespolizei gab. Jetzt wird doch gefeiert. Gegen ein kompletten Umzug nach Berlin und eine Fusion mit der Bundespolizei hat sich das aber BKA erfolgreich gewehrt. Hartnäckigkeit bewies das BKA nicht nur, was den Kampf um den Dienstsitz angeht: In Krisenzeiten wusste es stets seine Macht auszuweiten. In den Siebzigern rückte die Behörde ins Zentrum des Vorgehens gegen die Rote Armee Fraktion (RAF) - und bekam dabei neue Ermittlungskompe-

Beschäftigungschancen älterer Menschen abzielt, in der anderen Variante ist die Reihenfolge umgekehrt.

5. Der *Informationsframe* stellt die relevanten Fakten der demografischen Betrachtungsweise der Rente mit 67 dar (Funktionsweise des Umlageverfahrens, demografische Entwicklungstrends), ohne diese wertend zu interpretieren. Auf diese Weise ist die Zielsetzung des Artikels, eine Einstellungsänderung beim Rezipienten zu bewirken, weitaus weniger offensichtlich als im Falle des Pro-, Contra- und des Party-Frames. Zugleich wird in der Botschaft auf ein Expertensignal verzichtet.

6. Beim Artikel für die Kontrollgruppe handelt es sich schließlich um einen realen Zeitungsartikel, der sich mit einem völlig anderen Thema, namentlich der Präimplantationsdiagnostik, beschäftigt. Um die Versuchsbedingungen für alle Teilnehmer annähernd konstant zu halten (und somit bspw. Ermüdungseffekte zu kontrollieren), wurde auch die Kontrollgruppe mit einer Botschaft konfrontiert.

Abbildung 3: Der Informationsframe

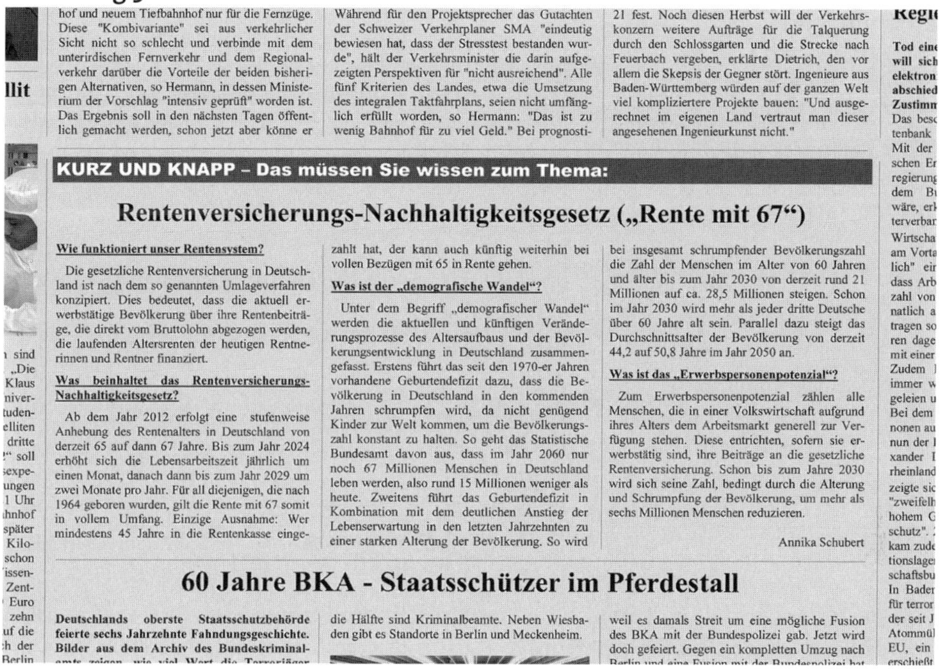

hof und neuem Tiefbahnhof nur für die Fernzüge. Diese "Kombivariante" sei aus verkehrlicher Sicht nicht so schlecht und verbinde mit dem unterirdischen Fernverkehr und dem Regionalverkehr darüber die Vorteile der beiden bisherigen Alternativen, so Hermann, in dessen Ministerium der Vorschlag "intensiv geprüft" worden ist. Das Ergebnis soll in den nächsten Tagen öffentlich gemacht werden, schon jetzt aber könne er

Während für den Projektsprecher das Gutachten der Schweizer Verkehrplaner SMA "eindeutig bewiesen hat, dass der Stresstest bestanden wurde", hält der Verkehrsminister die darin aufgezeigten Perspektiven für "nicht ausreichend". Alle fünf Kriterien des Landes, etwa die Umsetzung des integralen Taktfahrplans, seien nicht umfänglich erfüllt worden, so Hermann: "Das ist zu wenig Bahnhof für zu viel Geld." Bei prognosti-

21 fest. Noch diesen Herbst will der Verkehrskonzern weitere Aufträge für die Talquerung durch den Schlossgarten und die Strecke nach Feuerbach vergeben, erklärte Dietrich, den vor allem die Skepsis der Gegner stört. Ingenieure aus Baden-Württemberg würden auf der ganzen Welt viel kompliziertere Projekte bauen: "Und ausgerechnet im eigenen Land vertraut man dieser angesehenen Ingenieurkunst nicht."

KURZ UND KNAPP – Das müssen Sie wissen zum Thema:

Rentenversicherungs-Nachhaltigkeitsgesetz („Rente mit 67")

Wie funktioniert unser Rentensystem?

Die gesetzliche Rentenversicherung in Deutschland ist nach dem so genannten Umlageverfahren konzipiert. Dies bedeutet, dass die aktuell erwerbstätige Bevölkerung über ihre Rentenbeiträge, die direkt vom Bruttolohn abgezogen werden, die laufenden Altersrenten der heutigen Rentnerinnen und Rentner finanziert.

Was beinhaltet das Rentenversicherungs-Nachhaltigkeitsgesetz?

Ab dem Jahr 2012 erfolgt eine stufenweise Anhebung des Rentenalters in Deutschland von derzeit 65 auf dann 67 Jahre. Bis zum Jahr 2024 erhöht sich die Lebensarbeitszeit jährlich um einen Monat, danach dann bis zum Jahr 2029 um zwei Monate pro Jahr. Für all diejenigen, die nach 1964 geboren wurden, gilt die Rente mit 67 somit in vollem Umfang. Einzige Ausnahme: Wer mindestens 45 Jahre in die Rentenkasse einge-zahlt hat, der kann auch künftig weiterhin bei vollen Bezügen mit 65 in Rente gehen.

Was ist der „demografische Wandel"?

Unter dem Begriff „demografischer Wandel" werden die aktuellen und künftigen Veränderungsprozesse des Altersaufbaus und der Bevölkerungsentwicklung in Deutschland zusammengefasst. Erstens führt das seit den 1970-er Jahren vorhandene Geburtendefizit dazu, dass die Bevölkerung in Deutschland in den kommenden Jahren schrumpfen wird, da nicht genügend Kinder zur Welt kommen, um die Bevölkerungszahl konstant zu halten. So geht das Statistische Bundesamt davon aus, dass im Jahr 2060 nur noch 67 Millionen Menschen in Deutschland leben werden, also rund 15 Millionen weniger als heute. Zweitens führt das Geburtendefizit in Kombination mit dem deutlichen Anstieg der Lebenserwartung in den letzten Jahrzehnten zu einer starken Alterung der Bevölkerung. So wird bei insgesamt schrumpfender Bevölkerungszahl die Zahl der Menschen im Alter von 60 Jahren und älter bis zum Jahr 2030 von derzeit rund 21 Millionen auf ca. 28,5 Millionen steigen. Schon im Jahr 2030 wird mehr als jeder dritte Deutsche über 60 Jahre alt sein. Parallel dazu steigt das Durchschnittsalter der Bevölkerung von derzeit 44,2 auf 50,8 Jahre im Jahr 2050 an.

Was ist das „Erwerbspersonenpotenzial"?

Zum Erwerbspersonenpotenzial zählen alle Menschen, die in einer Volkswirtschaft aufgrund ihres Alters dem Arbeitsmarkt generell zur Verfügung stehen. Diese entrichten, sofern sie erwerbstätig sind, ihre Beiträge an die gesetzliche Rentenversicherung. Schon bis zum Jahre 2030 wird sich seine Zahl, bedingt durch die Alterung und Schrumpfung der Bevölkerung, um mehr als sechs Millionen Menschen reduzieren.

Annika Schubert

---

60 Jahre BKA - Staatsschützer im Pferdestall

Deutschlands oberste Staatsschutzbehörde feierte sechs Jahrzehnte Fahndungsgeschichte. Bilder aus dem Archiv des Bundeskriminal-amts zeigen, wie viel Wert die Terroriäger

die Hälfte sind Kriminalbeamte. Neben Wiesbaden gibt es Standorte in Berlin und Meckenheim.

weil es damals Streit um eine mögliche Fusion des BKA mit der Bundespolizei gab. Jetzt wird doch gefeiert. Gegen ein kompletten Umzug nach Berlin und eine Fusion mit der Bundespolizei hat

---

Tabelle 1 stellt die verschiedenen Gruppen dar, die sich aus der Kombination der sieben Artikel der dual-Frame weist zwei Varianten auf und der beiden experimentellen Designs ergeben. Letztlich sind es jedoch keine 14 (7 x 2) sondern lediglich 13 Gruppen, da der Artikel für die Kontrollgruppe nur im Rahmen des Posttest-only-Designs zum Einsatz kam, bedarf es doch keiner Referenzgruppe, wenn eine Vorhermessung der Zielvariablen durchgeführt wird. Zusätzlich sind für beide Erhebungswellen die realisierten Fallzahlen ausgewiesen.

Obgleich in der Ersterhebung für alle Gruppen – mit Ausnahme der Kontrollgruppe – identische Fallzahlen anvisiert wurden, ist die Experimentalgruppe mit dual-Frame deutlich schwächer besetzt (N=56 im Pretest-Posttest-Design, Gruppen 7 und 9; bzw. N=59 im Posttest-only-Design, Gruppen 8 und 10). Dies hängt mit einem höheren Dropout aufgrund der falsch beantworteten Faktenfrage zusammen. Hier dürfte die Länge der Botschaft eine wichtige, weil potenziell abschreckende Rolle gespielt haben. Schließlich ist ersichtlich, dass sich die zweite Erhebung – aus gezielten Forschungsinteressen heraus – nur auf jene Gruppen konzentrierte, die eine Botschaft zur Rente mit 67 erhielten, welche eine positive Bewertung der Reform nahelegt. Die unterschiedlichen Fallzahlen resultieren dabei nicht aus selektivem Dropout, sondern sind das Resultat ungleicher Auswahlwahrscheinlichkeiten.

Tabelle 1: Übersicht der Gruppen und der realisierten Fallzahlen in den beiden Erhebungen

Gruppe	Artikel	Design	N (1. Erhebung)	N (2. Erhebung)	N (Gesamt)
1	Demografie-Pro-Frame	Pretest-Posttest	69		69
2	Demografie-Pro-Frame	Posttest-only	66	149	215
3	Arbeitsmarkt-Contra-Frame	Pretest-Posttest	68		68
4	Arbeitsmarkt-Contra-Frame	Posttest-only	71		71
5	Demografie-Party-Frame	Pretest-Posttest	63		63
6	Demografie-Party-Frame	Posttest-only	63	69	132
7	dual-Frame Variante I	Pretest-Posttest	27		27
8	dual-Frame Variante I	Posttest-only	30		30
9	dual-Frame Variante II	Pretest-Posttest	29		29
10	dual-Frame Variante II	Posttest-only	29		29
11	Informationsframe	Pretest-Posttest	68		68
12	Informationsframe	Posttest-only	66	142	208
13	Artikel für Kontrollgruppe	Posttest-only	122	77	199
Gesamt			771	437	1.208

Um die zentrale abhängige Variable, namentlich die Einstellung zur Rente mit 67, sowohl vor als auch nach der Konfrontation mit dem Stimulus zu erfassen, wurden die Befragten gebeten, die Aussage „Die Rente mit 67 ist insgesamt eine gute Sache" auf einer Skala von 1 („stimme überhaupt nicht zu") bis 7 („stimme voll und ganz zu") zu bewerten. Als weitere abhängige Variable ist im Rahmen von Hypothese 3 die Wahrnehmung des Artikels von Bedeutung. Hier wurden alle Studienteilnehmer aufgefordert, den Artikel – jeweils auf einer Sieben-Punkt-Skala von „trifft überhaupt nicht zu" bis „trifft voll und ganz zu" – hinsichtlich der Kriterien Verständlichkeit, Informationsgehalt und Objektivität zu bewerten. Aus diesen drei Items wurde ein Summenindex gebildet, dessen ursprünglicher Wertebereich beibehalten wurde (1 = sehr negative Wahrnehmung bis 7 = sehr positive Wahrnehmung der Botschaft).[10]

Schließlich wird in Hypothese 4 die moderierende Wirkung politischer Versiertheit für die Effekte der einzelnen Botschaften untersucht. Das verwendete Maß zur Erfassung der politischen Versiertheit basiert dabei auf drei Merkmalen, die gleichberechtigt in einen Summenindex einfließen: (1) das politische Interesse (gemessen auf der Grundlage einer Sieben-Punkt-Skala), (2) das allgemeine politische Wissen, gemessen auf der Basis zweier Faktenfragen (Wer wählt den Bundeskanzler? Welche Stimme ist wichtiger: Die Erst- oder die Zweitstimme?) sowie (3) das themenspezifische Wissen, gemessen anhand der beiden Fragen, für wen die Rentenbeiträge bestimmt sind, die Arbeitgeber und Arbeitnehmer in die gesetzliche Rentenversicherung einzahlen und ob es zutreffend ist, dass die gegenwärtige Altersstruktur der deutschen Bevölkerung die Form einer Pyramide aufweist.[11]

---

10 Der Wert für Alpha nach Cronbach für diese drei Items beläuft sich auf 0,83.
11 Bei den Wissensfragen wurde jede korrekte Antwort mit dem Wert 0,5 kodiert.

Der Index wurde anschließend auf einen Wertebereich von 0 bis 1 normiert, wobei hohe Werte eine hohe politische Kompetenz signalisieren.

4. Empirische Ergebnisse

4.1 Einstellungseffekte der Frames

Im Pretest-Posttest-Design lassen sich die Einstellungseffekte der Frames über einen simplen Vergleich der Evaluation des Einstellungsobjekts in der Vorher- und Nachhermessung identifizieren. In Abbildung 4 sind entsprechend die jeweiligen Mittelwertdifferenzen aus Post- und Pre-Messung sowie deren 95-prozentige Konfidenzintervalle (basierend auf einem t-Test für abhängige Stichproben) dargestellt. Die zusätzlich ausgewiesenen Signifikanzniveaus basieren dabei, in Übereinstimmung mit Hypothese 1, auf gerichteten Alternativhypothesen. So wird für die einseitig gerichteten Frames davon ausgegangen, dass sie eine positive (Demografie-Pro-Frame, Demografie-Party-Frame sowie Informationsframe) bzw. negative (Arbeitsmarkt-Contra-Frame) Einstellungsänderung bewirken. Dies hat zur Konsequenz, dass signifikante Testergebnisse auch dann möglich sind, wenn das Konfidenzintervall der Mittelwertdifferenz den Wert 0 umschließt, da ein Vorzeichenwechsel des Intervalls lediglich die statistische Signifikanz einer ungerichteten Alternativhypothese (mit einer Irrtumswahrscheinlichkeit von weniger als fünf Prozent) ausschließt. Für die dual-Frame-Gruppe wird dagegen das Signifikanzniveau einer ungerichteten Alternativhypothese ausgewiesen, da hier keine Annahme zur Richtung der Einstellungsänderung vorliegt bzw. eine Einstellungsänderung gar nicht erst angenommen wird. In der Abbildung sind zudem die gruppenspezifischen Mittelwerte der Vorhermessung eingetragen, um einen Überblick über die jeweiligen Ausgangsniveaus zu vermitteln.

Die Grafik verdeutlicht, dass in allen Gruppen die mittlere Evaluation der Rente mit 67 nach der Rezeption des Stimulus positiver ausfällt als noch zuvor. Entspricht dies hinsichtlich der beiden Demografie-Frames und des Informationsframes den Erwartungen, so mag diese Konstellation für den Arbeitsmarkt-Contra-Frame überraschen, kann aber auf das niedrige Ausgangsniveau der Einstellung zurückzuführen sein.[12] Vor diesem Hintergrund relativieren sich die Effektstärken des Demografie-Pro- und Partyframes, auch wenn diese jeweils ein statistisches signifikantes Testergebnis zutage fördern.

---

12 So begrenzt das niedrige Ausgangsniveau den Spielraum für eine zunehmend skeptische Evaluation. Bereits in der Vorhermessung wiesen 30 der 68 Probanden der Contra-Frame-Gruppe den Wert 1 auf und stimmten somit der Aussage „Die Rente mit 67 ist insgesamt eine gute Sache" überhaupt nicht zu. Bei diesen Probanden war eine negativere Evaluation in der Nachhermessung gar nicht erst möglich. Umgekehrt gab es in dieser Experimentalgruppe keinen Teilnehmer, der in der ersten Messung den Maximalwert vergab.

Abbildung 4: Einstellungseffekte der Frames (Pretest-Posttest-Design)

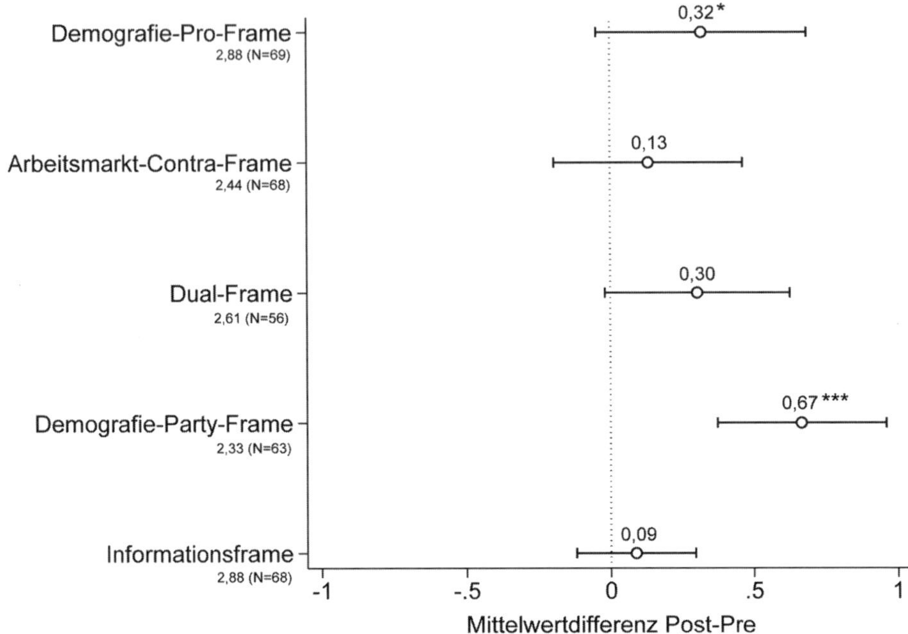

Anmerkung: *** p < 0,001; ** p < 0,01; * p < 0,05; eigene Darstellung und Berechnung.

Zwar hat das Pretest-Posttest- gegenüber dem Posttest-only-Design den Vorzug, dass es durch die Erfassung der Voreinstellung verlässlichere Aussagen zu Einstellungsänderungen erlaubt. Jedoch ist es mit dem Problem der Pretest-Sensibilisierung behaftet: So neigen manche Befragte dazu, ihre erste Antwort zu erinnern und bei der neuerlichen Messung der abhängigen Variablen ein möglichst konsistentes Antwortverhalten an den Tag legen zu wollen (Shadish et al. 2002; Kim u. Willson 2010). Im Ergebnis werden Effekte der Stimuli unterschätzt. Entsprechend fällt im Posttest-only-Design die Wirkung der Botschaften bisweilen etwas markanter aus, doch ist die Schätzung ihrer Effekte mit einer ungleich größeren Unsicherheit behaftet. Folglich soll die Randomisierung Gruppen hervorbringen, die in ihrem (mittleren) Ausgangsniveau der Einstellung nahezu identisch sind.[13] Zudem wird darauf vertraut, dass sich vom Einstellungsniveau in der unbeeinflussten Kontrollgruppe auf das in den Experimentalgruppen nicht erfasste Einstellungsniveau vor der Rezeption des Stimulus schließen lässt.

---

13 Dass diese Annahme gewagt ist, zeigen die durchaus beträchtlichen Differenzen im Ausgangsniveau der Evaluation zwischen den einzelnen Gruppen in Abbildung 4. Jedoch ist zu bedenken, dass die Gruppengrößen mitunter sehr klein ausfallen, was das Ausmaß an Unterschieden im Ausgangsniveau begünstigt.

Abbildung 5: Einstellungseffekte der Frames (Posttest-only-Design)

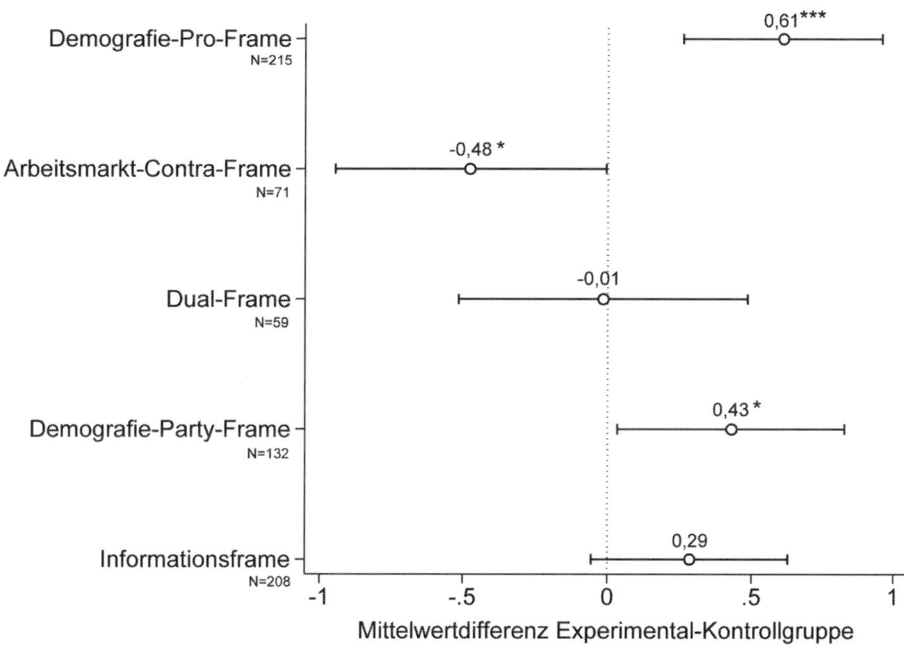

Anmerkung: *** p < 0,001; ** p < 0,01; * p < 0,05; das arithmetische Mittel der Kontrollgruppe liegt bei 2,74 (N=199).

Basiert die Schätzung der Effektstärken der Stimuli auf diesen Annahmen, so bewirkt der Demografie-Pro-Frame eine um rund 0,6 Skalenpunkte günstigere Bewertung der Rente mit 67. Dies entspricht einem Anstieg um knapp zehn Prozent. Zugleich handelt es sich um einen statistisch hochsignifikanten Effekt.[14] Zwar weisen die Werte in den Experimentalgruppen mit Party- bzw. Informationsframe ebenfalls in die erwartete Richtung, bleiben in ihrer Effektstärke mit rund 0,4 bzw. 0,3 Skalenpunkten aber hinter der des Pro-Frames zurück. Umgekehrt fällt in der Experimentalgruppe mit Contra-Frame die mittlere Bewertung der Reform um rund einen halben Skalenpunkt ungünstiger aus als in der Kontrollgruppe. Somit sprechen die Befunde in der Zusammenschau zugunsten von Hypothese 1, insbesondere im Hinblick auf die beiden Demografie-Frames. Dem Informationsframe gelingt es dagegen nur bedingt, eine positivere Evaluation der Reform zu erzeugen.

Auch erfährt Hypothese 2 durch die vorliegenden Daten weitgehend Unterstützung: So pendelt sich der Wert in der Experimentalgruppe mit dual-Frame im Posttest-only-Design nicht nur zwischen den Experimentalgruppen mit den unterschiedlich gerichteten Frames ein. Auch entspricht er dem Niveau der Kontrollgruppe und liefert damit einen weiteren empirischen Beleg für den cancellation-

---

14 Die Aussagen zur statistischen Signifikanz basieren hier, anders als noch zuvor, auf t-Tests für unabhängige Stichproben.

Effekt zweiseitiger Botschaften. Einschränkend ist jedoch festzuhalten, dass im Pretest-Posttest-Design die Rezeption des dual-Frames eine günstigere Bewertung der Reform zur Folge hat.

4.2 Moderatorvariablen der Effekte

Für die Analyse des Einflusses der individuellen Voreinstellung auf die Wahrnehmung der Botschaft wird zunächst auf die Probanden des Pretest-Posttest-Designs zurückgegriffen. In einem ersten Schritt soll untersucht werden, ob Probanden mit einer negativen Voreinstellung den rezipierten Artikel als weniger verständlich, informativ und objektiv bewerten als Probanden, die im Vorfeld eine neutrale oder positive Evaluation der Rente mit 67 äußerten. In einem zweiten Schritt soll dann der Nachweis erbracht werden, dass die Wahrnehmung des Artikels Einfluss auf die Stärke seines Einstellungseffekts ausübt. Hierfür werden die Probanden des Posttest-only-Designs herangezogen und die Differenz in der mittleren Einstellung zwischen der jeweiligen Experimental- und der Kontrollgruppe für Personen betrachtet, die den rezipierten Artikel vergleichsweise positiv bzw. negativ bewerten. Der Rückgriff auf das Posttest-Sample liegt neben den höheren Fallzahlen auch in der valideren Messung der Einstellung zur Rente mit 67 begründet, da diese nicht durch eine Vorhermessung verzerrt ist. Dies kompensiert nach Ansicht des Verfassers die bereits beschriebenen Probleme eines Posttest-only-Designs.

Abbildung 6 weist die Mittelwertdifferenzen in der Bewertung der verschiedenen Stimuli zwischen Personen mit einer kritischen Voreinstellung (Werte 1-3 auf der Sieben-Punkt-Skala zur Bewertung der Aussage „Die Rente mit 67 ist insgesamt eine gute Sache") und Personen mit einer neutralen oder positiven Voreinstellung (Werte 4-7) aus. Eine negative Mittelwertdifferenz bedeutet demnach, dass jene Personen, die sich vor der Lektüre des Artikels kritisch zur Rente mit 67 äußerten, den Artikel als weniger verständlich, informativ und objektiv bewerten.

Die Resultate sprechen insbesondere für die beiden Demografie-Frames eine klare Sprache: Stand der Rezipient der Rente mit 67 im Vorfeld sehr kritisch gegenüber, so bewertet er den Artikel markant negativer als im Falle einer neutralen oder positiven Voreinstellung. Auch zeigt sich der erwartete (umgekehrte) Zusammenhang beim Arbeitsmarkt-Contra-Frame: Eine skeptische Evaluation der Reform vor der Lektüre des Artikels geht in dieser Gruppe mit einer günstigeren Bewertung des Artikels einher. Diese Resultate stellen eindeutige empirische Evidenzen für Prozesse des motivated reasonings dar.

Interessant ist, dass die Artikel in unterschiedlichem Maße Prozesse des motivated reasonings anstoßen. So wird der Informationsframe im Mittel nicht nur positiver wahrgenommen als alle übrigen Botschaften. Auch ist seine Bewertung als verständlich, informativ und objektiv völlig unabhängig von der individuellen Voreinstellung. Dies verwundert zunächst, da ja auch dieser Artikel eine positive Evaluation der Rente mit 67 nahezulegen versucht. Jedoch dürfte die fehlende *explizite* Absicht einer Beeinflussung der Einstellung ebenso eine wichtige Rolle spielen wie der größere Raum, den (scheinbar) objektive Fakten einnehmen. Dies drückt sich darin aus, dass gerade hinsichtlich der wahrgenommenen Objektivität der Informationsframe den übrigen gerichteten Frames deutlich überlegen ist.

Abbildung 6: Unterschiede in der Wahrnehmung des Artikels in Abhängigkeit der Voreinstellung

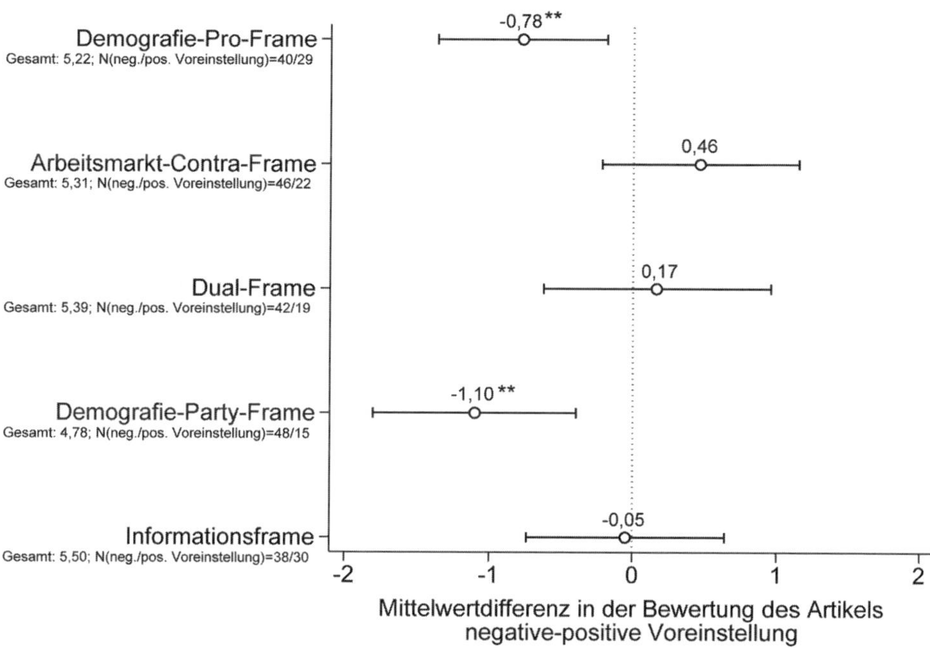

Anmerkung: *** p < 0,001; ** p < 0,01; * p < 0,05; eigene Darstellung und Berechnung.

Im zweiten Schritt soll nun untersucht werden, ob die unterschiedliche Wahrnehmung der Botschaft deren Wirkung auf die Einstellung beeinflusst. Hierzu werden in Abbildung 7 die Mittelwertunterschiede zwischen den verschiedenen Experimental- und der Kontrollgruppe für zwei Gruppen von Probanden verglichen: Bei der einen Gruppe von Probanden handelt es sich um jene, die eine Bewertung des Artikels aufweisen, die sich unterhalb des gruppenspezifischen Medians bewegt (oder diesem exakt entspricht). Die andere Gruppe von Probanden verfügt über einen Indexwert, der größer als der gruppenspezifische Median ausfällt. Unterscheiden sich die Effektstärken, gemessen anhand des Einstellungsunterschieds zu Personen aus der Kontrollgruppe, zwischen diesen beiden Gruppen im Posttest-only-Design, so ist der (indirekte) Nachweis erbracht, dass die individuelle Voreinstellung die Einstellungseffekte der Botschaft moderiert.[15]

---

15 Für die Kontrollgruppe wurde ein solcher Median-Split ebenfalls vorgenommen, da die Wahrnehmung des Artikels von Drittvariablen abhängen kann und somit eine bessere Vergleichbarkeit beider Gruppen gewährleistet ist.

Abbildung 7: Die Stärke des Einstellungseffekts der Botschaften in Abhängigkeit von ihrer Wahrnehmung

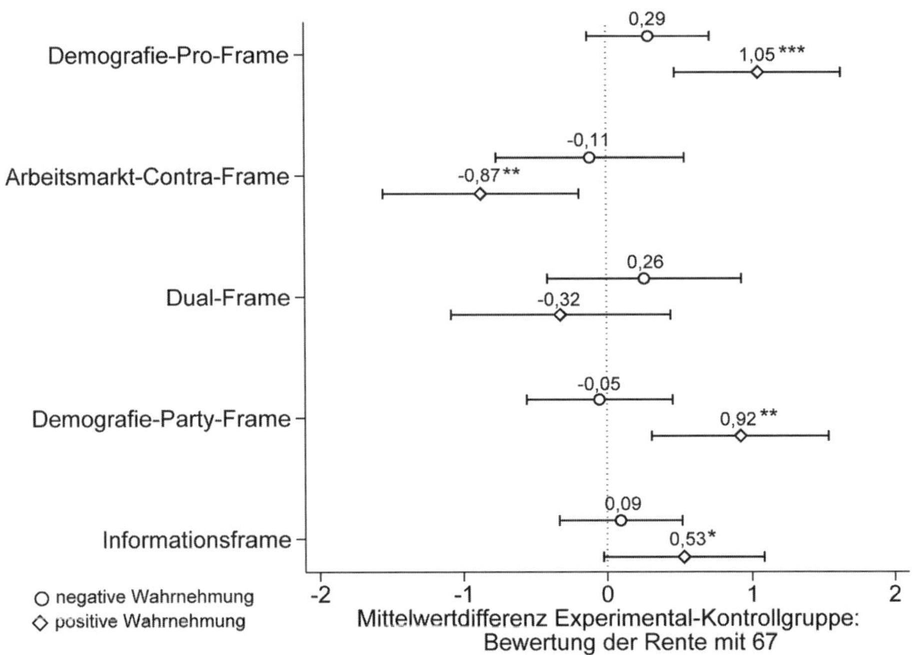

Anmerkung: *** p < 0,001; ** p < 0,01; * p < 0,05; die arithmetischen Mittel der Einstellung zur Rente mit 67 in der Kontrollgruppe liegen bei 2,71 (negative Wahrnehmung des Artikels; N=110) und 2,79 (positive Wahrnehmung des Artikels; N=89); eigene Darstellung und Berechnung.

Blickt man auf die Experimentalgruppe mit Demografie-Pro-Frame, so fällt die Bewertung der Rente mit 67 im Mittel um 0,29 Skalenpunkte günstiger aus als in der Kontrollgruppe, wenn die Probanden beider Gruppen den rezipierten Artikel vergleichsweise negativ bewerten. Wie das Konfidenzintervall andeutet, ist dieser Mittelwertunterschied nicht statistisch signifikant. Deutlich stärker (und zudem statistisch signifikant) ist der Effekt des Demografie-Pro-Frames hingegen bei jenen Probanden mit einer vergleichsweise positiven Wahrnehmung des Artikels. Hier beträgt er mehr als einen Skalenpunkt. Dieses Bild zeigt sich nahezu identisch für den Demografie-Party-Frame, in etwas abgeschwächter Form für den Informationsframe und – den Erwartungen entsprechend in umgekehrter Art und Weise – für den Arbeitsmarkt-Contra-Frame. Dort geht eine positive Bewertung des Stimulus mit einer um rund 0,9 Skalenpunkte negativeren Bewertung im Vergleich zur Kontrollgruppe einher. Vergleicht man zudem die Einstellungen in den beiden Experimentalgruppen mit Demografie-Pro-Frame auf der einen und mit Arbeitsmarkt-Contra-Frame auf der anderen Seite direkt miteinander, so zeigt sich bei jenen Personen, die ihren jeweiligen Artikel als überaus verständlich, informativ und objektiv bewerten, ein Einstellungsunterschied von 1,92 Skalenpunkten (1,05+0,87). Bei jenen Personen mit einer vergleichsweise negativen Wahrnehmung der Artikel beträgt der Effekt dagegen nur 0,4 Skalenpunkte.

In der Zusammenschau entfaltet keiner der experimentellen Stimuli eine signifikante Wirkung auf die Einstellung, wenn die Wahrnehmung des Artikels vergleichsweise negativ ausfällt. Nur wenn der Artikel als überdurchschnittlich verständlich, informativ und objektiv bewertet wird, beeinflusst er die Einstellung des Rezipienten auf markante Art und Weise. Somit wird klar ersichtlich, dass die Wahrnehmung der Botschaft, die, wie zuvor gezeigt, eine Funktion der individuellen Voreinstellung darstellt, den Effekt auf Einstellungen moderiert. Hypothese 3 erfährt somit Unterstützung.

Um schließlich den moderierenden Effekt der politischen Versiertheit zu untersuchen, wird analog verfahren: Zunächst werden für sämtliche Experimentalgruppen sowie für die Kontrollgruppe zwei Fraktionen gebildet, die sich in ihrer politischen Kompetenz unterscheiden. Dabei vollzieht sich die Einteilung wieder anhand des (gruppenspezifischen) Medians des Index der politischen Versiertheit, der auf die Selbsteinstufung des politischen Interesses, auf das allgemeine und auf das themenspezifische Wissen der Probanden zurückgreift. All diese Merkmale wurden vor der Rezeption des Stimulus erfasst.[16] Anschließend werden, wie bereits zuvor in Abbildung 7, die Mittelwertdifferenzen im Posttest-only-Design zwischen den einzelnen Experimentalgruppen und der Kontrollgruppe für (a) politisch versierte Probanden und (b) für politische Laien ausgewiesen, da diese aggregierten Einstellungsunterschiede in der Logik dieses experimentellen Designs die gruppenspezifischen Effektstärken repräsentieren. Gemäß Hypothese 4 wird dabei erwartet, dass die Effektstärken der einseitigen Botschaften in der Gruppe mit hoher politischer Versiertheit geringer ausfallen.

Auch diese Hypothese wird durch die vorliegenden Daten unterstützt.[17] Insbesondere beim Contra-Frame und beim Informationsframe fallen die Effekte der Botschaft deutlich stärker aus, wenn der Rezipient nur über eine geringe politische Kompetenz verfügt. Bei den beiden Demografie-Frames ist dies in der Tendenz auch der Fall, wenngleich sich die Effektstärken zwischen beiden Gruppen mit kontrastierender politischer Versiertheit nur geringfügig unterscheiden. Stellt man die beiden Experimentalgruppen mit Demografie-Pro-Frame und Arbeitsmarkt-Contra-Frame gegenüber, so beläuft sich der mittlere Einstellungsunterschied auf 1,25 Skalenpunkte, wenn die politische Versiertheit vergleichsweise gering ausgeprägt ist. In der Kontrastgruppe mit hoher politischer Kompetenz beträgt der Unterschied dagegen nur 0,7 Skalenpunkte.

---

16 Dies ist bedeutsam, da die Antworten auf die themenspezifischen Fragen in einigen Botschaften enthalten waren. Durch die Deaktivierung des Zurück-Buttons war es jedoch nicht möglich, seine Antworten auf die Wissensfragen nach der Rezeption des Artikels zu korrigieren.

17 Das verwendete Vorgehen entspricht einer linearen Regressionsanalyse mit einer Dummy-Interaktion (Dummy für Experimentalgruppe x Dummy für die Zugehörigkeit zu einer der beiden Gruppen politischer Versiertheit). Die Ergebnisse fallen jedoch ähnlich aus, sofern Interaktionen mit der ursprünglichen Indexvariable geschätzt werden, also keine Dichotomisierung der Moderatorvariablen vorgenommen wird. Dies gilt auch für die Analysen zur moderierenden Rolle der individuellen Voreinstellung.

Abbildung 8: Die Stärke des Einstellungseffekts der Botschaften in Abhängigkeit von der politischen Versiertheit des Rezipienten

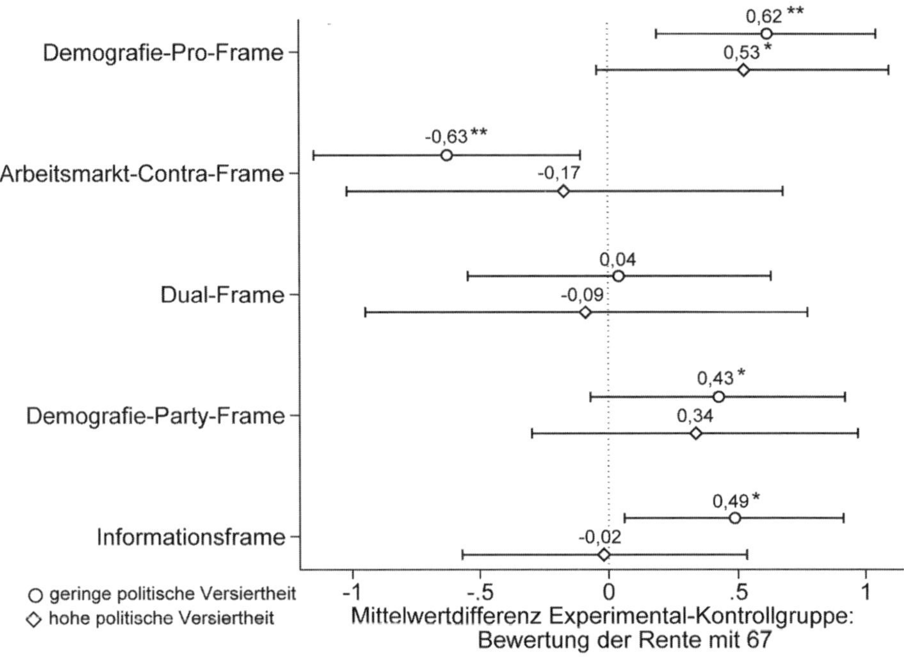

Anmerkung: *** p < 0,001; ** p < 0,01; * p < 0,05; die arithmetischen Mittel der Einstellung zur Rente mit 67 in der Kontrollgruppe liegen bei 2,44 (geringe politische Versiertheit; N=117) und 3,17 (hohe politische Versiertheit; N=82); eigene Darstellung und Berechnung.

Noch markanter zugunsten von Hypothese 4 gestalten sich die Befunde, sofern der Index um die formale Bildung erweitert wird. In dieser Konstellation belaufen sich die Mittelwertdifferenzen zur Kontrollgruppe für den Demografie-Pro-Frame auf 0,95 (geringe kognitive Kapazitäten) bzw. 0,24 (hohe kognitive Kapazitäten) Skalenpunkte, für den Demografie-Party-Frame auf 0,59 (gering) bzw. 0,25 (hoch) und für den Informationsframe auf 0,61 (gering) bzw. -0,06 (hoch) Skalenpunkte. Lediglich der Arbeitsmarkt-Contra-Frame entspricht nicht diesem Muster, fällt doch sein Effekt bei Probanden mit hohen kognitiven Kapazitäten stärker aus (-0,57) als bei Probanden mit geringen kognitiven Kapazitäten (-0,42). Insgesamt aber sprechen die Befunde dafür, dass im experimentellen Rahmen die Effekte gerichteter Botschaften umso stärker ausfallen, je weniger politische Kompetenz bzw. kognitive Kapazitäten (zieht man zusätzlich die formale Bildung heran) der Rezipient aufweist. Wie im theoretischen Part erläutert, dürfte dies damit zusammenhängen, dass im experimentellen Rahmen Unterschiede in der Exposition und in der Aufmerksamkeit weitgehend nivelliert werden. So hat der Proband im Experiment in der Regel keine Möglichkeit, sich dem Stimulus zu entziehen. Versucht er dies doch, z.B. indem er der Botschaft bewusst keinerlei Aufmerksamkeit schenkt, so wird er – wie im vorliegenden Fall – das Experiment nicht beenden und für die Analysen nicht in Betracht kommen. Dies gilt, da er die Faktenfrage, die eine aufmerksame Lektüre der Botschaft voraussetzt, voraussichtlich nicht wird beantworten können. Im realweltlichen Kontext sind Variationen in Exposition und Aufmerksamkeit dagegen in deutlich größerem Umfang auf Unterschiede in der politischen Versiertheit zurückzuführen.

5. Schlussbetrachtung

Insgesamt hinterlässt der vorliegende Beitrag einen gemischten Eindruck, möchte man auf seiner Grundlage Aussagen zur Wirksamkeit von Framing-Strategien treffen. Auf der einen Seite nährt er weitere Zweifel an Framing als einer Erfolg versprechenden Strategie, um in der Öffentlichkeit Unterstützung für die eigene Position zu gewinnen. Diese Skepsis stützt sich insbesondere auf drei Punkte:

1. Die Rente mit 67 ist in der Bevölkerung höchst unpopulär, sodass aufgrund des niedrigen Ausgangsniveaus der aggregierten Einstellung ein beträchtlicher Spielraum vorhanden ist, um die Bewertung der Reform in eine positive Richtung zu manövrieren. Vor diesem Hintergrund muten Effektstärken von rund einem halben Skalenpunkt eher unbedeutend an. Aufgrund seiner ungünstigen Ausgangslage erscheint dagegen der (vom Betrag her ähnlich starke) Effekt des Arbeitsmarkt-Contra-Frames von größerer Relevanz zu sein. Jedoch erweist er sich über beide experimentellen Designs nicht als robust.

2. Teile der Rezipienten sind annähernd immun gegenüber Einstellungseffekten der Botschaften, was deren Reichweite entscheidend einschränkt. Dies betrifft bspw. Personen mit einer Voreinstellung zur interessierenden Sachfrage, die dem Sinngehalt der Botschaft widerspricht. Auch ist eine hohe politische Versiertheit Framing-Effekten abträglich.

3. Schließlich ist es aufgrund einzelner Spezifika im experimentellen Setting wahrscheinlich, dass die Effekte der Botschaften im Vergleich zu einer Framing-Kampagne in der ‚realen‘ Informationsumwelt eher über- denn unterschätzt werden. Dies gilt zum einen, da im Rahmen der experimentellen Prozedur sowohl der Empfang der Botschaft als auch die Aufmerksamkeit, welche diese erfährt, massiv forciert werden (Kinder 2007, S. 157; Barabas u. Jerit 2010). Zum anderen dürften mit den gerichteten Frames vergleichbare Botschaften in der realen Informationsumwelt nur eher selten anzutreffen sein, widerspricht doch eine tendenziöse Berichterstattung mit einseitiger Rhetorik und zusätzlichen Expertensignalen den Normen einer freien und unabhängigen Presse. Jene Botschaften hingegen, die etwas näher an der Wirklichkeit sind – so zum Beispiel der dual-Frame (aufgrund seiner Ausgewogenheit) oder auch der Informationsframe (aufgrund der Prominenz von Fakteninformationen) – rufen aber weitaus schwächere Einstellungseffekte hervor.

Auf der anderen Seite gibt es auch einige Argumente, die, ausgehend von den vorliegenden Befunden, für das Einstellungspotenzial von Frames sprechen:

1. Von einer einmaligen Konfrontation mit dem Stimulus sollte man keine allzu starken Einstellungseffekte erwarten. Da im Rahmen von (Framing-)Kampagnen zur Erzeugung von Unterstützung für politische Sachfragen die Wieder-

holung der Botschaft eine wesentliche Komponente darstellt, dürften die vorliegenden Ergebnisse die Wirksamkeit von Framing-Strategien unterschätzen. Vor diesem Hintergrund nehmen sich Einstellungseffekte von rund einem halben Skalenpunkt durchaus beachtlich aus.

2. Nicht unberücksichtigt bleiben darf das behandelte Thema. So wird in der Framing-Forschung argumentiert, abstrakte Sachfragen eignen sich für eine Framing-Strategie deutlich besser als Themen, die materielle Eigeninteressen der Menschen berühren und im politischen Wettstreit eine prominente Rolle spielen (Ross 2000). Dies gilt, da bei solchen Sachfragen eine weite Verbreitung gefestigter Voreinstellungen zu erwarten ist, die sich dämpfend auf Einstellungseffekte externer Botschaften auswirkt. Da es sich bei der Rente mit 67 eindeutig um eine Sachfrage mit hoher persönlicher Relevanz und politischer Bedeutung handelt, sind die berichteten Einstellungseffekte womöglich eindrucksvoller als zunächst angenommen.

3. In diesem Zusammenhang ist auch zu bedenken, dass die im Rahmen der experimentellen Stimuli kommunizierten Betrachtungsweisen vielen Rezipienten durch die anhaltende mediale Berichterstattung keineswegs neu gewesen sein dürften. Auch dies sollte sich abträglich auf die Einstellungseffekte der Botschaften auswirken. Umgekehrt sind stärkere Effekte von solchen Frames zu erwarten, die Deutungsangebote in die Öffentlichkeit lancieren, die nur wenigen Empfängern geläufig sind.

Diese verschiedenen Argumente deuten an, dass es zur Beurteilung der Wirksamkeit von Framing-Strategien weiterer Forschung bedarf. Hierzu zählt die Analyse von Einstellungseffekten (a) verschiedener Botschaften mit variierenden Charakteristika (b) zu unterschiedlichen Themen und (c) unter der Bedingung multipler Konfrontation. Wichtig ist in diesem Zusammenhang auch, die Persistenz etwaiger Einstellungseffekte auf der Basis einer Follow-Up-Befragung zu untersuchen. Dieser Aspekt fand im Rahmen der vorliegenden Experimentalstudie zwar Berücksichtigung, soll jedoch an anderer Stelle näher thematisiert werden. Zudem erscheint es sinnvoll, den Studienteilnehmern mehr Freiheiten bei der Auswahl der Information einzuräumen, um die Phänomene der selektiven Informationsauswahl (inklusive der bewussten Vermeidung von Informationen) zu integrieren (für ein Beispiel siehe Druckman et al. 2012). Weiterhin hat die vorliegende Untersuchung angedeutet, wie wertvoll die Implementation eines Pretest-Posttest-Designs sowohl für die Analyse der Robustheit der Befunde als auch für vertiefte Einblicke zu einzelnen Fragestellungen sein kann. Zielführend könnte es in diesem Zusammenhang sein, zwischen der Messung der initialen Einstellung und der Konfrontation mit dem experimentellen Stimulus (und der anschließenden Zweitmessung der Evaluation) ein Zwischenintervall vorzusehen, das einerseits groß genug ist, um unerwünschte Sensibilisierungseffekte zu reduzieren, andererseits aber nicht zu groß ausfällt, als dass der in der ersten Welle realisierte Messwert bei der folgenden Messung noch vor der Rezeption der Botschaft bereits wieder überholt ist (für ein solches Vorgehen siehe bspw. Brewer 2002).

Neben weiteren empirischen Studien sollte sich der Fokus künftiger Forschung auch auf eine konzeptionelle Schärfung und Abgrenzung von Framing, Priming und Persuasion richten. Dies betrifft sowohl die Frage nach Gemeinsamkeiten und Unterschieden in ihrem jeweiligen Wirkungsmechanismus auf Einstellungen als auch in ihren unterschiedlichen Wirkungsbedingungen. Es betrifft aber auch die Frage nach zentralen Wesensmerkmalen von Frames bspw. in Abgrenzung zu persuasiven Botschaften. Auch die vorliegende Untersuchung muss sich dieser Frage stellen, beinhalten die verwendeten Frames neben Expertensignalen auch andere Elemente persuasiver Rhetorik. Dies schränkt die Aussagekraft der Resultate in Bezug auf das Wirkungspotenzial und auf die Wirkungsbedingungen von Framing-Strategien partiell ein.

Literatur

Alvarez, R. Michael, und John Brehm. 1997. Are Americans Ambivalent towards Racial Policies? *American Journal of Political Science* 41: 345-374.

Barabas, Jason, und Jennifer Jerit. 2010. Are Survey Experiments Externally Valid? *American Political Science Review* 104: 226-242. doi:10.1017/S0003055410000092

Berinsky, Adam J. 2007. Assuming the Costs of War: Events, Elites, and American Public Support for Military Conflict. *The Journal of Politics* 69: 975-997. doi: 10.1111/j.1468-2508.2007.00602.x

Braman, Eileen, und Thomas E. Nelson. 2007. Mechanism of Motivated Reasoning? Analogical Perception in Discrimination Disputes. *American Journal of Political Science* 51: 940-956. doi: 10.1111/j.1540-5907.2007.00290.x.

Brewer, Paul R. 2001. Value Words and Lizard Brains: Do Citizens Deliberate about Appeals to their Core Values? *Political Psychology* 22: 45-64. doi: 10.1111/0162-895X.00225.

Brewer, Paul R. 2002: Framing, Value Words, and Citizens' Explanations of their Issue Opinions. *Political Communication* 19: 303-316. doi: 10.1080/01957470290055510.

Bullock, John G. 2011: Elite Influence on Public Opinion in an Informed Electorate. *American Political Science Review* 105: 496-515. doi: 10.1017/S0003055411000165.

Campbell, Angus, Philip E. Converse, Warren E. Miller, und Donald E. Stokes. 1960. *The American Voter*. New York: Wiley.

Chong, Dennis, und James N. Druckman. 2007a. Framing Public Opinion in Competitive Democracies. *American Political Science Review* 101: 637-655. doi: 10.1017/S0003055407070554.

Chong, Dennis, und James N. Druckman. 2007b. Framing Theory. *Annual Review of Political Science* 10: 103-126. doi: 10.1146/annurev.polisci.10.072805.10305.

Chong, Dennis, und James N. Druckman. 2010. Dynamic Public Opinion: Communication Effects over Time. *American Political Science Review* 104: 663-680. doi: 10.1017/S0003055410000493.

Chong, Dennis, und James N. Druckman. 2013. Counterframing Effects. *The Journal of Politics* 75: 1-16. doi: 10.1017/S0022381612000837.

Claassen, Ryan L. 2011. Political Awareness and Electoral Campaigns: Maximum Effects on Minimum Citizens? *Political Behavior* 33: 203-223. doi: 10.1007/s11109-010-9129-6.

de Vreese, Claes H. 2004. The Effects of Strategic News on Political Cynicism, Issue Evaluations, and Policy Support: A Two-Wave Experiment. *Mass Communication & Society* 7: 191-214. doi: 10.1207/s15327825mcs0702_4.

de Vreese, Claes H., Hajo G. Boomgaarden, und Holli A. Semetko. 2011. (In)direct Framing Effects: The Effects of News Media Framing on Public Support for Turkish Membership in the European Union. *Communication Research* 38: 179-205. doi: 10.1177/0093650210384934.

Druckman, James N. 2001. Evaluating Framing Effects. *Journal of Economic Psychology* 22: 91-101. doi: 10.1016/S0167-4870(00)00032-5.

Druckman, James N., und Kjersten R. Nelson. 2003. Framing and Deliberation: How Citizens' Conversations Limit Elite Influence. *American Journal of Political Science* 47: 729-745. doi: 10.1111/1540-5907.00051.

Druckman, James N., und Toby Bolsen. 2011. Framing, Motivated Reasoning, and Opinions About Emergent Technologies. *Journal of Communication* 61: 659-688. doi: 10.1111/j.1460-2466.2011.01562.x.

Druckman, James N., Jordan Fein, und Thomas J. Leeper. 2012. A Source of Bias in Public Opinion Stability. *American Political Science Review* 106: 430-454. doi: 10.1017/S0003055412000123.

Entman, Robert M. 1993. Framing: Toward Clarification of a Fractured Paradigm. *Journal of Communication* 43: 51-58. doi: 10.1111/j.1460-2466.1993.tb01304.x.

Faas, Thorsten, und Harald Schoen. 2010. Mehrwertsteuer und Staatsverschuldung: Lassen sich die Einstellungen der Bevölkerung durch Framing verschieben? In *Information – Wahrnehmung – Emotion. Politische Psychologie in der Wahl- und Einstellungsforschung*, Hrsg. Thorsten Faas, Kai Arzheimer und Sigrid Roßteutscher. 123-143. Wiesbaden: VS Verlag.

Faas, Thorsten, und Harald Schoen. 2014. Staatshilfe für Opel? Eine Analyse von Framing-Effekten auf der Basis eines Online-Experiments. In *Framing als politischer Prozess. Beiträge zum Deutungskampf in der politischen Kommunikation*, Hrsg. Frank Marcinkowski, 179-194. Baden-Baden: Nomos.

Feldman, Stanley, und John Zaller. 1992. The Political Culture of Ambivalence: Ideological Responses to the Welfare State. *American Journal of Political Science* 36: 268-307.

Gamson, William A., und Andre Modigliani. 1987. The Changing Political Culture of Affirmative Action. In *Research in Political Sociology Vol. 3.* (Hrsg.) Richard D. Braungart. 137-176. Greenwich: JAI Press.

Haider-Markel, Donald P., und Mark R. Joslyn. 2001. Gun Policy, Opinion, Tragedy, and Blame Attribution: The Conditional Influence of Issue Frames. *The Journal of Politics* 63: 520-543. doi: 10.1111/0022-3816.00077.

Heider, Fritz. 1958. *The Psychology of Interpersonal Relations*. New York: Wiley.

Hogarth, Robin M., und Hillel J. Einhorn. 1992. Order Effects in Belief Updating: The Belief-Adjustment Model. *Cognitive Psychology* 24: 1-55. doi:10.1016/0010-0285(92)90002-J.

Kim, Eun Sook, und Victor L. Willson. 2010. Evaluating Pretest Effects in Pre-Post Studies. *Educational and Psychological Measurement* 70: 744-759. doi: 10.1177/0013164410366687.

Kinder, Donald R. 2007. Curmudgeonly Advice. *Journal of Communication* 57: 155-162. doi: 10.1111/j.1460-2466.2006.00335.x.

Kunda, Ziva. 1990. The Case for Motivated Reasoning. *Psychological Bulletin* 108: 480-498. doi: 10.1037/0033-2909.108.3.480.

Lecheler, Sophie, und Claes H. de Vreese. 2010. Framing Serbia: The Effects of News Framing on Public Support for EU Enlargement. *European Political Science Review* 2: 73-93. doi: 10.1017/S1755773909990233.

Lecheler, Sophie, und Claes H. de Vreese. 2011. Getting Real: The Duration of Framing Effects. *Journal of Communication* 61: 959-983. doi: 10.1111/j.1460-2466.2011. 01580.x.

Lecheler, Sophie, und Claes H. de Vreese. 2012. News Framing and Public Opinion: A Mediation Analysis of Framing Effects on Political Attitudes. *Journalism & Mass Communication Quarterly* 89: 185-204. doi: 10.1177/1077699011430064.

Lodge, Milton, und Charles S. Taber. 2000. Three Steps toward a Theory of Motivated Political Reasoning. In *Elements of Reason: Cognition, Choice, and the Bounds of Rationality*, Hrsg. Arthur Lupia, Mathew D. McCubbins und Samuel L. Popkin, 183-213. Cambridge: University Press.

Mader, Matthias, und Harald Schoen. 2013. Alles eine Frage des Blickwinkels? Framing-Effekte und Bevölkerungsurteile über einen möglichen Bundeswehreinsatz in Libyen. *Zeitschrift für Internationale Beziehungen* 20: 5-34.

McGuire, William J. 1968. Personality and Attitude Change: An Information-Processing Theory. In *Psychological Foundations of Attitudes*, Hrsg. Anthony C. Greenwald, Timothy C. Brock und Thomas M. Ostrom, 171-196. New York: Academic Press.

Morton, Rebecca, und Kenneth Williams 2010. *Experimental Political Science and the Study of Causality. From Nature to the Lab.* Cambridge: University Press.

Nelson, Thomas E., Rosalee A. Clawson, und Zoe M. Oxley. 1997. Media Framing of a Civil Liberties Conflict and Its Effect on Tolerance. *American Political Science Review* 91: 567-583. doi: 10.2307/2952075.

Nelson, Thomas E., und Zoe M. Oxley. 1999. Issue Framing Effects on Belief Importance and Opinion. *The Journal of Politics* 61: 1040-1067. doi: 10.2307/2647553.

Redlawsk, David P. 2002. Hot Cognition or Cool Consideration? Testing the Effects of Motivated Reasoning on Political Decision Making. *The Journal of Politics* 64: 1021-1044. doi: 10.1111/1468-2508.00161.

Ross, Fiona. 2000. Framing Welfare Reform in Affluent Societies: Rendering Restructuring More Palatable. *Journal of Public Policy* 20: 169-193.

Shadish, William R., Thomas D. Cook, und Donald T. Campbell. 2002. *Experimental and Quasi-Experimental Designs for Generalized Causal Inference.* Boston: Mifflin.

Slothuus, Rune. 2007. Framing Deservingness to Win Support for Welfare State Retrenchment. *Scandinavian Political Studies* 30: 323-344. doi: 10.1111/j.1467-9477.2007. 00183.x.

Slothuus, Rune. 2008. More Than Weighting Cognitive Importance: A Dual-Process Model of Issue Framing Effects. *Political Psychology* 29: 1-28. doi: 10.1111/j.1467-9221. 2007.00610.x.

Sniderman, Paul M., und Sean M. Theriault. 2004. The Structure of Political Argument and the Logic of Issue Framing. In *Studies in Public Opinion. Attitudes, Nonattitudes, Measurement Error, and Change*, Hrsg. Willem E. Saris und Paul M. Sniderman, 133-165. Princeton/Oxford: Princeton University Press.

Taber, Charles S., Damon Cann, und Simona Kucsova. 2009. The Motivated Processing of Political Arguments. *Political Behavior* 31: 137-155. doi: 10.1007/s11109-008-9075-8.

Taber, Charles S., und Milton Lodge. 2006. Motivated Skepticism in the Evaluation of Political Beliefs. *American Journal of Political Science* 50: 755-769. doi: 10.1111/j.1540-5907.2006.00214.x.

Zaller, John R. 1992. *The Nature and Origins of Mass Opinion*. Cambridge: University Press.

Kandidaten-Priming in Wahlkämpfen: Ein Mehrebenenmodell zum Einfluss des politisch-kommunikativen Kontexts und der moderierenden Wirkung von Individualmerkmalen

Dieter Ohr/Sünje Paasch-Colberg

1. Einleitung

Priming ist in der Politischen Psychologie wie in der Kommunikationswissenschaft zu einem wichtigen und vieluntersuchten Mechanismus der Informationsverarbeitung und kognitiven Wirkung politischer Kommunikation avanciert (Scheufele u. Tewksbury 2007). Als Informationsverarbeitungsphänomen greift Priming generell bei Urteilsbildungen oder Evaluationen und bezeichnet einen kognitionspsychologischen Prozess, durch den die Salienz bestimmter Wissenseinheiten erhöht wird und sich in der Folge die Gewichte relevanter Entscheidungskriterien bei Individuen verschieben (Price u.Tewksbury 1997).

Etwas spezifischer bezeichnet der Begriff des im Folgenden untersuchten *Medien-Primings* solche Priming-Prozesse, die durch Medienberichterstattung ausgelöst werden (Peter 2002, S.22); grundsätzlich wird dabei angenommen, dass die Prominenz von Ereignissen und Themen im politisch-kommunikativen Kontext (speziell in den führenden Leitmedien) bestimmt, welche bestehenden Kognitionen oder Wissenseinheiten in einer Entscheidungssituation in welchem Ausmaß relevant werden. Unser Beitrag konkretisiert Medien-Priming für die *Wahlentscheidung* in einer deutschen Bundestagswahl, denn empirisch sind Priming-Effekte auf das Wahlverhalten in Mehrparteien-Systemen bisher eher selten empirisch untersucht worden (Sheafer u. Weimann 2005, S.350). Durch die Berichterstattung im Wahlkampf können verschiedene akteurspezifische Überzeugungen ‚geprimt‘ werden, wie die themenspezifische Kompetenz von Parteien oder die Orientierungen gegenüber deren Spitzenkandidaten. Wir untersuchen das sog. *Kandidaten-Priming*, wonach Kandidatenorientierungen als Folge personalisierter Berichterstattung im Wahlkampf wichtiger für die Wahlentscheidung werden (z. B. Mendelsohn 1996; Schoen 2004, S.324; Dragojlovic 2011). Denn einerseits gibt es zum Kandidaten-Priming im Kontext deutscher Wahlkämpfe bisher noch wenig empirische Evidenz; andererseits gilt dieses als eine empirisch besonders bedeutsame Variante des Primings (Gidengil et al. 2002, S.77).

Bemerkenswert ist schließlich die Forschungslücke zum *moderierenden* Einfluss von Individualmerkmalen auf Priming-Prozesse in der Wahlforschung: Wahrscheinlichkeit und Stärke von Priming-Prozessen werden in der Literatur als von verschiedenen Bedingungen (*contingent conditions*) abhängig gesehen, etwa dem Politikinteresse, dem Vorwissen über Politik, der Intensität und Dauer der Mediennutzung oder der Aufmerksamkeit, mit der politische Kommunikation wahrgenommen wird; auch komplexere, auf mehrere Indikatoren gründende Konzepte wie „political awareness" (Zaller 1992) oder „need for orientation" (Matthes 2006) spielen in der Analyse des Primings eine wichtige Rolle als moderierende Größen auf der Individualebene. So unstrittig es ist, dass Priming *konditional* zu verstehen ist, so wenig eindeutig sind bislang die empirischen Befunde zum Einfluss der genannten Merkmale (z. B. Miller u. Krosnick 1996; Iyengar u. Kinder 2010[1987]). Und besonders in der deutschen Wahlforschung steht die Auseinandersetzung mit der konditionalen Natur politischer Informationsverarbeitung und dem Zusammenspiel von Individualmerkmalen und Wahlverhalten noch weitgehend aus (Schmitt-Beck 2012, S.14-15).

Unser Beitrag ist wie folgt aufgebaut: Zuerst stellen wir den Forschungsstand zum Priming im Allgemeinen und zum Kandidaten-Priming im Speziellen sowie zu ausgewählten Moderatorvariablen der Individualebene dar; zudem wird auf die jüngere theoretische Diskussion von Priming eingegangen. Darauf aufbauend entwickeln wir ein *Mehrebenenmodell des Kandidaten-Primings*, das drei Variablengruppen enthält: In einem ersten Teil sind dies verschiedene Aspekte der Berichterstattung in Presse und Fernsehen zu den Spitzenkandidaten während des Wahlkampfes, die als *kommunikativer (Makro-)Kontext den potentiellen Informationsinput* des einzelnen Wählers beschreiben. Der zweite Teil des Gesamtmodells umfasst eine Variante des Michigan-Modells der Wahlentscheidung, darunter die Wahlabsicht, (kürzerfristige) Orientierungen gegenüber Kandidaten und Parteien sowie zuletzt die Parteiidentifikation. Dritter Teil des Modells sind zentrale Individualmerkmale, welche als moderierende Größen einbezogen werden.

Datengrundlage unserer Mehrebenenanalysen ist die *German Longitudinal Election Study (GLES) zur Bundestagswahl 2009*; die ‚Inputseite' des Kandidaten-Primings erfassen wir mittels detaillierter Inhaltsanalysen, die für deutsche Qualitätszeitungen und die Bild-Zeitung sowie für die wichtigsten TV-Nachrichtensendungen täglich während der engeren Wahlkampfzeit durchgeführt wurden; für die Analyse der Priming-Prozesse bei den Wählern ziehen wir die Rolling-Cross-Section-Studie der GLES heran, die es uns erlaubt, Priming-Effekte in feiner zeitlicher Differenzierung zu modellieren und gleichzeitig die Einflüsse der wichtigsten „contingent conditions" systematisch zu testen.

2. Priming: Theorie und Forschungsstand

2.1 Theoretische Modelle des Primings

Priming wird in der Literatur häufig als Folgeffekt von individuellem Agenda Setting interpretiert und in theoretischer Hinsicht als dessen Weiterentwicklung verstanden (vgl. z. B. Iyengar et al. 1982; Scheufele 2000); beide Konzepte gelten daher als theoretisch verwandt (Peter 2002). Zwei Perspektiven der theoretischen Erklärung von Priming-Effekten lassen sich unterscheiden (vgl. auch im Folgenden Paasch-Colberg 2014, S.68-87): Häufig wird Priming mithilfe kognitionspsychologischer Modelle erklärt und gilt als ein eher kurzfristiger, kognitiver *Zugänglichkeitseffekt*, der unbewusst ablaufe. In der neueren Literatur wird dagegen auf *Zwei-Prozess-Modelle* der Informationsverarbeitung verwiesen, mit denen neben kurzfristigen auch längerfristige und bewusster erfolgende Priming-Prozesse erklärbar seien. Dazu passt die Beobachtung, dass der Salienzbegriff in der Literatur nicht einheitlich definiert ist, sondern mit zwei verschiedenen Bedeutungen in Verbindung gebracht wird: Neben kognitiver Zugänglichkeit wird Salienz auch im Sinne von *Wichtigkeit* oder *Zentralität* gebraucht (Eichhorn 1996, S.89-90; Takeshita 2006, S.277).

Der ersten Perspektive zuzurechnen ist das Modell von Price und Tewksbury (1997) zur Erklärung von Agenda Setting, Priming und Framing, das in der Priming-Literatur weit verbreitet ist. Die Autoren konzipieren das menschliche Gedächtnis als nicht-hierarchisches Netzwerk von Kognitionen und Affekten; durch externe Stimulierung werde die kognitive Zugänglichkeit und Abrufbarkeit dieser Wissenseinheiten erleichtert. Aufgrund des Netzwerk-Charakters könnten auch benachbarte Wissenseinheiten durch einen Stimulus aktiviert werden (Price u. Tewksbury 1997, S.185-188, 192). Zentral sei schließlich die *applicability* oder Anwendbarkeit: Ein Stimulus aktiviere nur solche Wissenseinheiten, deren zentrale Eigenschaften mit denen des Stimulus übereinstimmen; für Urteilsbildungen würden nur Wissenseinheiten tatsächlich verwendet, die aktiviert und inhaltlich auf das Urteilsobjekt anwendbar sind (Price u. Tewksbury 1997, S.190, 193).[1]

Wissenseinheiten könnten temporär zugänglich werden, wenn sie entweder vor kurzem oder wiederholt durch einen anwendbaren Stimulus aktiviert wurden. Einheiten, die stetig aktiviert werden und damit in verschiedenen Subnetzwerken eingebunden sind bzw. eine zentrale Position im Netzwerk aufweisen, seien dagegen chronisch zugänglich (Price u. Tewksbury 1997, S.188-190). Solche chronisch zugänglichen Einheiten gelten auch als „general habits of thinking" (Price u. Tewksbury 1997, S.199).

Das Zugänglichkeitsmodell erfährt auch Kritik: Scheufele hält die Übertragung der Priming-Modelle der Psychologie auf Medien-Priming für problematisch; die Stimuli der psychologischen Priming-Experimente würden der hohen Komplexität von Medienberichterstattung nicht gerecht (Scheufele 2004, S.36-37). Roskos-Ewoldsen et al. kritisieren zudem, dass in den psychologischen Experimenten sehr viel kürzere Zeitspannen untersucht werden als in den Studien zum Medien-Priming (Roskos-Ewoldsen et al. 2002, S.105-106, 108; Roskos-Ewoldsen et al. 2009, S.84).

Andere Autoren diskutieren, dass empirisch beobachtbare Priming-Effekte tatsächlich auch Lerneffekte sein könnten: So informiere die Berichterstattung im Wahlkampf über Themen und die Positionen von Parteien und/oder Kandidaten zu diesen Themen; auf diese Weise könne das Wissen der Rezipienten verändert werden: Der Rezipient übernehme die Position der präferierten Partei oder des präferierten Kandidaten und ändere daher seine Bewertung eines Akteurs oder seine Wahlabsicht – nicht aber zwangsläufig aufgrund von Priming (z. B. Lenz 2009, S.822-823; ähnlich auch Jenkins 2002, S.391-392).

Mit Verweis auf den uneinheitlichen Forschungsstand zum Einfluss individueller Moderatorvariablen (wie Politikinteresse, Involvierung, Mediennutzung) auf

---

1 Innerhalb dieses Modells kann Framing als ein applicability-Effekt verstanden werden: Werden durch die Berichterstattung kontinuierlich zwei Konzepte miteinander in Verbindung gebracht, so werden diese auch im Kopf der Rezipienten zunehmend vernetzt (Price u. Tewksbury 1997, S.197-198).

Auftreten und Stärke der Agenda Setting-Effekte wird vor allem in der jüngeren Literatur auch die Ansicht vertreten, dass Priming auf unterschiedlichen kognitiven Prozessen basiere. So plädiert Schemer (2009) für ein integratives Modell von Priming: Mit Verweis auf Zwei-Prozess-Modelle der Informationsverarbeitung nimmt er an, dass Persönlichkeitsmerkmale (Motivation, kognitive Fähigkeit) den Prozess der Informationsaufnahme und -verarbeitung entscheidend beeinflussen. Mediale Informationen würden demnach entweder systematisch oder heuristisch verarbeitet; die daraus resultierenden kognitiven Medienwirkungen wie Priming seien entsprechend unterschiedlich zu interpretieren. Priming-Effekte, die aufgrund aufmerksamer Rezeption und systematischer, aktiver Informationsverarbeitung auftreten, beruhten auf explizitem Wissen und nicht lediglich auf kognitiver Verfügbarkeit; derartiges Priming sei demnach eher als systematischer Lerneffekt einzuordnen. Freilich seien auch Medienwirkungen möglich, die bei heuristischer Verarbeitung gleichsam automatisch aufträten und auf einer Verfügbarkeitsheuristik beruhten (Schemer 2009, S.45-69). Des Weiteren neige ein Teil der Rezipienten vermutlich eher zu heuristischer Mediennutzung, während eine zweite Gruppe die Medieninhalte eher systematisch verarbeite; in beiden Gruppen seien Priming-Effekte zu erwarten, die sich allerdings in ihrem Wesen oder ihrer Qualität unterschieden (Schemer 2009, S.68). Auf derartige Unterschiede verweisen auch die in Abschnitt 2.3 diskutierten Ergebnisse zum moderierenden Einfluss von Individualmerkmalen auf den Priming-Prozess.

2.2 Medien-Priming: Empirischer Forschungsstand

Grundannahme des Medien-Primings ist, dass eine intensive Berichterstattung die Salienz eines Themas oder Objektes beim Rezipienten erhöht und es in der Folge für Bewertungen oder eine Urteilsbildung wichtiger wird (Roskos-Ewoldsen et al. 2009, S.75; Paasch-Colberg 2014, S.20-21). Priming kann deswegen mit beachtlichen Wirkungen politischer Kommunikation verbunden sein, ohne dass bestehende Einstellungen oder Überzeugungen in ihrer Richtung geändert werden (Mendelsohn 1996, S.113); in Abgrenzung zu persuasiven Medienwirkungen gilt Priming daher als ein kognitiver Medieneffekt (Peter 2002, S.21).

Medien-Priming ist empirisch wiederholt nachgewiesen worden und zwar sowohl in kontrollierten Laborexperimenten (z. B. Iyengar et al. 1982; Iyengar et al. 1984; Valentino 1999; Miller u. Krosnick 2000; Valentino et al. 2002; Holbert et al. 2003; McGraw u. Ling 2003; Holbrook u. Hill 2005; Lee 2010) und Feldstudien (z. B. de Vreese 2004; Togeby 2007; van der Brug et al. 2007; Valenzuela 2009; Kim et al. 2010; Smith u. Tolbert 2010) als auch in Zeitreihenanalysen auf der Aggregatebene (z. B. Kepplinger u. Brosius 1990; Willnat u. Zhu 1996; Zeh u. Hagen 1999; Quiring 2003, 2004); dabei fanden sich Priming-Effekte für verschiedene Themen und abhängige Variablen. Auch eine Meta-Analyse von über 60 empirischen Studien zeigt einen signifikant positiven Einfluss des Medien-Stimulus auf Bewertungen und Verhalten (Roskos-Ewoldsen et al. 2007, S.65). Besonders häufig empirisch untersucht ist der Einfluss der Berichterstattung über ein Thema auf die Bewertung von Politikern (v. a. des US-Präsidenten) (Peter 2002).

Sowohl hinsichtlich der unabhängigen als auch der abhängigen Variablen kann in der jüngeren empirischen Forschung eine Ausdifferenzierung der Forschungsfragen beobachtet werden (Paasch-Colberg 2014, S.29-34): So gibt es inzwischen einige Studien, die *Priming-Effekte auf die Wahlentscheidung* in Mehrparteien-Systemen empirisch untersuchen. Sheafer und Weimann (2005) demonstrieren für mehrere Knesset-Wahlen Priming-Effekte auf die individuelle Wahlabsicht und das aggregierte Wahlergebnis; eine Reihe anderer Untersuchungen belegt Priming im Kontext kanadischer Unterhauswahlen (Johnston et al. 1992; Mendelsohn 1996; Gidengil et al. 2002; Valenzuela 2009). Priming-Effekte in deutschen Wahlen wurden bisher v. a. auf der Aggregatebene untersucht (Kepplinger u. Brosius 1990; Brosius u. Kepplinger 1992; Zeh u. Hagen 1999; Quiring 2003, 2004), während Studien auf der Individualebene noch selten sind (Schoen 2004; Reinemann et al. 2013; Paasch-Colberg 2014).

Andere jüngere Studien widmen sich dem *Kandidaten-Priming*, indem die Einflüsse der medialen Sichtbarkeit von Politikern beleuchtet werden. Aufgrund zunehmend personalisierter Wahlkampagnen sei Kandidaten-Priming im Wahlkampf in der Regel empirisch bedeutsamer als Issue-Priming (Gidengil et al. 2002, S.78). Mendelsohn vermutet, dass Kandidaten-Priming insbesondere durch Fernsehberichterstattung bewirkt werde, weil Politik im Fernsehen überwiegend episodisch ‚geframt‘ und personalisiert erzählt werde (Mendelsohn 1996, S.113). Für die kanadische Unterhauswahl 1988 kann Mendelsohn empirisch zeigen, dass die Kandidateneigenschaften über die Dauer der Wahlkampagne an Erklärungskraft für die Wahlabsicht gewinnen, während der Einfluss der Parteiidentifikation schwächer wird (Mendelsohn 1996, S.117-118). Auch Gidengil et al. (2002, S.88) können einen solchen Kandidaten-Priming-Effekt für die kanadischen Wahlen 1993 und 1997 empirisch nachweisen. Datengrundlage beider Studien ist eine Rolling-Cross-Section-Befragung. Kritisch anzumerken ist, dass die Autoren keine Medieninhaltsdaten zur Argumentation heranziehen, so dass Medien-Priming-Effekte bei Individuen nur in einem indirekten Sinn geprüft werden.

Zum Kandidaten-Priming im Kontext deutscher Wahlkämpfe gibt es bisher nur die empirische Untersuchung von Schoen (2004), die sechs Bundestagswahlen zwischen 1980 und 1998 einschließt: Kandidaten-Priming wird mittels logistischer Regressionen auf die Wahlabsicht zugunsten der SPD bzw. der Union geschätzt. Ein Interaktionsterm aus der Kandidatenpräferenz und einer Zeit-Variablen soll schätzen, ob die Kandidatenorientierung im Verlauf des Wahlkampfes als Entscheidungskriterium an Bedeutung gewinnt. Es ergeben sich einige empirische Hinweise auf eine gestiegene Bedeutung der Kandidatenpräferenz für die Wahlentscheidung im Verlauf des Wahlkampfes (Schoen 2004, S.341). Auch an dieser Studie mag man kritisieren, dass weder Medieninhalte noch die Mediennutzung der Befragten berücksichtigt und somit Medienwirkungen nur indirekt geprüft werden.

2.3 Priming-Effekte und Individualmerkmale

In der deutschen Wahlforschung werden die konditionale Natur individueller Informationsverarbeitung und besonders der moderierende Einfluss von Individualmerkmalen auf das individuelle Wahlverhalten bisher weitgehend ausgeblendet

(Schmitt-Beck 2012, S. 14). In der Priming-Forschung existieren dagegen einige theoretische Annahmen über den Einfluss individueller Merkmale; so gelten etwa das Politikinteresse, das Wissen über Politik sowie die Intensität und Aufmerksamkeit der Mediennutzung als wichtige Einflüsse auf Wahrscheinlichkeit und Stärke von individuellen Priming-Effekten. Der empirische Forschungsstand zum Einfluss dieser moderierenden Variablen ist allerdings uneinheitlich, was auch auf die Existenz verschiedener Wirkungsprozesse von Priming hinweisen mag (siehe 2.1). Systematische Forschung zum Zusammenspiel verschiedener Moderatorvariablen liegt bisher so gut wie gar nicht vor (Paasch-Colberg 2014, S.77-82). Im Folgenden geben wir einen kurzen Überblick zum empirischen Forschungsstand (vgl. auch Paasch-Colberg 2014, S.77-82), werden dabei aber nur auf diejenigen Merkmale Bezug nehmen, für die uns in unserer Datenbasis (siehe 3) geeignete Indikatoren zur Verfügung stehen.

Die Befunde zum Einfluss der *individuellen Mediennutzung* auf die Stärke von Priming-Effekten sind widersprüchlich: Während es einerseits empirische Evidenz für einen positiven Moderatoreffekt dieser Variablen gibt (Pan u. Kosicki 1997, S.21), wird andererseits ein negativer moderierender Einfluss der Mediennutzung (Krosnick u. Brannon 1993, S.972) oder kein systematischer Einfluss gefunden (Goidel et al. 1997, S.308).

Auch für das *Politikinteresse* ergibt sich in der Zusammenschau der empirischen Befunde ein uneinheitliches Bild: Einige Studien finden keine Hinweise auf einen Einfluss dieses Merkmals, das allerdings auch auf unterschiedliche Weisen operationalisiert wird (für Politik-Involvierung: Iyengar u. Kinder 2010[1987], S.92-94; für Interesse an der Wahl: Goidel et al. 1997, S.308; für einen Index der Aufmerksamkeit für Politik: van der Brug et al. 2007, S.132-133). Eine andere Studie ergibt, dass Personen mit geringem Politikinteresse die stärksten Priming-Effekte aufweisen (de Vreese 2004, S.56-59). In Anlehnung an Zaller (1992) wird schließlich auch die Hypothese vertreten, dass der Einfluss des Politikinteresses auf den Priming-Effekt nicht-linear sei und sich Medienwirkungen v. a. bei moderatem Interesse zeigten: Die Studie von Dragojlovic kann diese Hypothese für das Merkmal *political awareness* (Interesse an und Zuwendung zu Politik) empirisch bestätigen (Dragojlovic 2011, S.1000-1002); in der Untersuchung von Valenzuela wird die Annahme eines nicht-linearen Einflusses für zwei der vier Indikatoren von Politik-Involvierung (Wissen über Politik, Diskussionsfreude) gestützt; für den Indikator Politikinteresse ergibt sich dagegen ein negativer Moderatoreffekt (Valenzuela 2009, S.765-766).

In der Agenda Setting-Forschung rückten Individualmerkmale und deren Intervention im Agenda Setting-Prozess schon früher in den Fokus (vgl. zusammenfassend Hügel et al. 1992, S.143-144; Rössler 1997, S.163-165); entsprechend ist auch der empirische Forschungsstand deutlich umfassender. Doch obwohl Agenda Setting und Priming in der Literatur sehr einmütig als verwandte kognitionspsychologische Prozesse gelten (Peter 2002, S.21), bauen die zwei Forschungsstränge nicht systematisch auf den Erkenntnissen des jeweils anderen Forschungsprogramms auf (vgl. für diese Kritik auch Paasch-Colberg 2014, S.34); in der Priming-Forschung werden die Befunde zum (moderierenden) Einfluss von Individualmerkmalen im Agenda Setting daher kaum wahrgenommen.

In der Agenda Setting-Forschung gilt das *Orientierungsbedürfnis* (need for orientation, NFO) als entscheidendste Randbedingung auf der Individualebene (McCombs 2004, S.53-67), welches die Intensität und die Aufmerksamkeit der Mediennutzung und damit indirekt auch die Wahrscheinlichkeit und Stärke von Agenda Setting-Effekten beeinflusse (Rössler 1997, S.178-181). Ein positiver Einfluss des NFO auf individuelles Priming spreche eher für eine bewusste Informationsverarbeitung und damit gegen das Zugänglichkeitsmodell (Paasch-Colberg 2014, S.79).

Theoretisch wird der NFO als ein latentes, zweidimensionales Konstrukt verstanden, das durch die manifesten Konstrukte der Relevanz einer Information und der Unsicherheit gegenüber ihrem Gegenstand bestimmt werde (McCombs u. Weaver 1973, S.4; Weaver 1977, S.109). Relevanz wird in der Forschungspraxis häufig durch das Individualmerkmal *Politikinteresse* operationalisiert, wobei auf verschiedene Indikatoren zurückgegriffen wird (McCombs u. Weaver 1973, S.6-7; Hügel et al. 1992, S.149; Rössler 1997, S.272-273; Camaj u. Weaver 2013, S.1448). Das zweite Konstrukt der Unsicherheit wird auch durch die (Abwesenheit von) *Parteiidentifikation* und/oder Wahlabsicht gemessen (McCombs u. Weaver 1973, S.6-7; Weaver 1977, S.112, 118, 171-191; Hügel et al. 1992, S.149; Camaj u. Weaver 2013, S.1448). Diese Operationalisierung ist allerdings als zu pauschal kritisiert worden (Rössler 1997, S.181-182; Matthes 2006, S.427).

Eine gängige Typologie differenziert drei Ausprägungen des Orientierungsbedürfnisses, wobei die Relevanz für die Stärke des NFO verglichen mit der Unsicherheit als wichtiger eingeschätzt wird: schwacher NFO bei geringer Relevanz (unabhängig von der Unsicherheit), moderater NFO bei hoher Relevanz und geringer Unsicherheit, starker NFO bei hoher Relevanz und großer Unsicherheit (McCombs u. Weaver 1973, S.4-5; Weaver 1977, S.109; Camaj u. Weaver 2013, S.1448). Neuere Befunde weisen daraufhin, dass die Relevanz für die Stärke des NFO auch empirisch von größerer Bedeutung ist als die Unsicherheit (Matthes 2006, S.439).

Für einen positiven Zusammenhang zwischen Orientierungsbedürfnis und Mediennutzung gibt es einige empirische Evidenz (McCombs u. Weaver 1973, S.7; Weaver 1977, S.110-112; Hügel et al. 1992, S.152-153; Rössler 1997, S.302, 312-319; Paasch-Colberg 2014, S.252-258); auch der positive Einfluss auf die Stärke des individuellen Agenda Setting-Effektes konnte wiederholt nachgewiesen werden (McCombs u. Weaver 1973, S.8; Weaver 1977, S.113-114; Rössler 1997, S.312-319; Matthes 2008, S.449). Andere Studien liefern dagegen Hinweise auf einen nicht-linearen bzw. einen negativen Zusammenhang zwischen NFO und Agenda Setting (McLeod et al. 1974, S.154-155; Camaj u. Weaver 2013, S.1453-1454, 1459).

3. Analyseansatz, Hypothesen und Daten

Wenn wir im Folgenden das Kandidaten-Priming empirisch in den Blick nehmen, dann besteht die Grundidee unseres Analyseansatzes darin, am täglichen Informationsinput für die Wähler anzusetzen, zu analysieren, inwieweit sich dieser über die Tage des Wahlkampfes hinweg verändert und sodann zu bestimmen, wie sich diese Variation auf die politischen Präferenzen individueller Wähler auswirkt. Dabei sind unsere Indikatoren zum Inhalt der Medienberichterstattung (s. u.) während des Wahlkampfes keine echten Individualmerkmale, sondern Aggregatmerkmale, die für jeden Tag des Wahlkampfes für jeden Befragten denselben Wert annehmen: „The main comparison is (...) between different media environments or information environments" (Sheafer 2007, S.29). Methodisch gesehen untersuchen wir mithin die Hypothese des Kandidaten-Primings mit einem mehrebenenanalytischen Ansatz – mit den Inhalten der Medienberichterstattung zu den Spitzenpolitikern an jedem Wahlkampftag als kontextuelle Merkmale und den Bewertungen und Präferenzen der Wähler als Individualvariablen.

Aufgrund des bisher referierten theoretischen und empirischen Forschungsstandes können die folgenden Erwartungen für die empirischen Analysen abgeleitet werden. Dabei nehmen wir grundsätzlich an, dass im Bundestagswahlkampf 2009 Kandidaten-Priming-Effekte zu beobachten sind.

> *Hypothese 1: Je stärker ein Kandidat in der Medienberichterstattung präsent ist, desto wichtiger wird infolgedessen die Bewertung des Kandidaten als Kriterium der Wahlentscheidung eines Individuums.*

Darüber hinaus soll auch der Einfluss einiger zentraler Moderatorvariablen auf der Individualebene untersucht werden, um den Prozess, der dem Priming zugrunde liegt, vertiefend charakterisieren zu können. Aufgrund des uneinheitlichen Forschungsstandes können wir dazu nicht immer explizite Hypothesen ableiten. Hinsichtlich des *Politikinteresses* legt es das RAS-Modell von Zaller (1992) aus theoretischer Sicht nahe, Medienwirkungseffekte, mithin auch Priming-Effekte, nicht-linear zu konzipieren; Priming-Effekte würde man folglich besonders bei mittlerem Politikinteresse erwarten. Empirisch sind die diesbezüglichen Befunde zum Einfluss des Politikinteresses auf den Priming-Prozess freilich eher disparat, was sich auch bei den Studien zeigte, in denen das Politikinteresse den Relevanzaspekt des latenten Orientierungsbedürfnisses (NFO) messen sollte (s. 2.3). Wir formulieren zum Einfluss des Politikinteresses deswegen (lediglich) eine Forschungsfrage:

> *Forschungsfrage 1: Inwiefern modifiziert das Politikinteresse das Kandidaten-Priming? Lassen sich in Abhängigkeit des Politikinteresses unterschiedlich starke Kandidaten-Priming-Effekte nachweisen?*

Eindeutiger vorhersagbar sind mutmaßliche Moderationseffekte für die Merkmale der *Existenz einer Parteiidentifikation* (als zweites manifestes Konstrukt des NFO), der *Intensität der politischen Mediennutzung* und der *Aufmerksamkeit der politischen Mediennutzung*: So mag man vor dem Hintergrund der empirischen Befunde zum Orientierungsbedürfnis (NFO) im Rahmen der Agenda Setting-Forschung (s. 2.3) die Ausprägung „keine Parteiidentifikation" als Unsicherheit im Hinblick auf die Wahlentscheidung ansehen, die aus dieser Sicht eine Grundlage für verstärkte Priming-Effekte darstellen sollte. Die gleiche Erwartung ergibt sich aus der Perspektive des Michigan-Modells, denn bei den *politisch Unabhängigen* rücken fast zwangsläufig die kürzerfristigen Bestimmungsgründe der Wahlentscheidung in den Vordergrund. Insofern sollte die Medienberichterstattung zu den Spitzenkandidaten gerade bei politisch nicht gebundenen Wählern auf eine erhöhte Resonanz stoßen. Unsere Erwartung lautet damit:

Hypothese 2: Kandidaten-Priming ist dann stärker, wenn keine Parteiidentifikation vorliegt.

Was die Intensität der Mediennutzung angeht, so sind die bisher vorliegenden empirischen Befunde nicht eindeutig (vgl. 2.3); dennoch scheint aus theoretischem Blickwinkel nur eine Erwartung plausibel, nämlich die, dass das Priming umso stärker ausfällt, je intensiver Medien wahrgenommen werden. Denn beide Mechanismen des Medien-Primings, Verfügbarkeit und Bedeutsamkeit, setzen ein Mindestmaß an Rezeption der Medien voraus. Dieses Argument gilt dann in gleicher Weise für die Aufmerksamkeit, mit der die Medienberichterstattung verfolgt wird. Als Hypothesen können somit formuliert werden:

Hypothese 3a: Bei intensiver Mediennutzung zeigen sich stärkere Kandidaten-Priming-Effekte.

Hypothese 3b: Bei aufmerksamer Mediennutzung zeigen sich stärkere Kandidaten-Priming-Effekte.

Diese Hypothesen und Forschungsfragen werden mithilfe dreier Datensätze der German Longitudinal Election Study (GLES), die zur Bundestagswahl 2009 erhoben wurden, untersucht und geprüft: die Medieninhaltsanalysen Fernsehen und Print und die Rolling-Cross-Section-Befragung (RCS).[2] Die *RCS-Befragungen* ermöglichen es, für jeden der 60 Tage vom 29. Juli bis zum 26. September eine repräsentative Zufallsauswahl deutscher Wahlberechtigter zu analysieren, wobei die Stichprobengröße an den meisten Tagen rund 100 beträgt; insgesamt wurden 6.008 Interviews vor der Wahl durchgeführt. In der RCS-Befragung wurden alle zentralen Konstrukte des Michigan-Modells mit den Standardfragen der Wahlforschung erhoben (Parteien- und Kandidatenorientierung, Parteiidentifikation, Wahlabsicht); der Fragebogen umfasst zudem einige für die Priming-Forschung relevante Individualmerkmale, welche die Stärke von Priming-Effekten beeinflussen könnten: das Politikinteresse, die Intensität und die Aufmerksamkeit der Mediennutzung zur politischen Information (vgl. GESIS Leibniz-Institut für Sozialwissenschaften 2013; zu den Deskriptivstatistiken für sämtliche Variablen aus der RCS-Befragung s. Anhang, Tabelle A1; zu den Frageformulierungen s. Anhang). Für jeden der 60 Tage liegt ein identischer Satz an Variablen vor. Dies ist eine we-

---

2   Die genannten Datensätze tragen die folgenden Kennungen: Rattinger, Hans, Roßteutscher, Sigrid, Schmitt-Beck, Rüdiger, Weßels, Bernhard (2013): Rolling Cross-Section-Wahlkampfstudie mit Nachwahl-Panelwelle (GLES 2009). GESIS Datenarchiv, Köln. ZA5303 Datenfile Version 6.0.0, doi:10.4232/1.11604; Rattinger, Hans, Roßteutscher, Sigrid, Schmitt-Beck, Rüdiger, Weßels, Bernhard (2012): Wahlkampf-Medieninhaltsanalyse, Printmedien (GLES 2009). GESIS Datenarchiv, Köln. ZA5307 Datenfile Version 1.0.0, doi:10.4232/1.11387; Rattinger, Hans, Roßteutscher, Sigrid, Schmitt-Beck, Rüdiger, Weßels, Bernhard (2010): Wahlkampf-Medieninhaltsanalyse, Fernsehen (GLES 2009). GESIS Datenarchiv, Köln. ZA5306 Datenfile Pre-Release1.0 doi:10.4232/1.10366. Die Daten wurden von GESIS - Leibniz-Institut für Sozialwissenschaften aufbereitet, dokumentiert und zugänglich gemacht. Die Fernseh-Inhaltsanalyse wurde im Auftrag der GLES von der Göfak Medienforschung GmbH konzipiert und durchgeführt.

sentliche Voraussetzung für die empirische Analyse von Effekten des Kandidaten-Primings in einem longitudinalen Untersuchungsdesign, da so, auf der Basis vollkommen übereinstimmender Erklärungsmodelle der Wahlentscheidung, geprüft werden kann, in welchem Ausmaß sich die Erklärungsgewichte der Kandidatenorientierungen über die Zeit hinweg verschieben.

Für die *Fernseh-Inhaltsanalyse* wurde über die 91 Tage vor der Bundestagswahl (28. Juni bis 26. September 2009) eine Vollerhebung der Hauptnachrichtensendungen der vier reichweitenstärksten Fernsehsender in Deutschland durchgeführt (ARD Tagesschau, ZDF heute, RTL aktuell, Sat.1 Nachrichten). Im Untersuchungszeitraum wurden 364 Nachrichtensendungen mit insgesamt 4.564 thematisch klassifizierbaren Beiträgen untersucht; 1.395 dieser Beiträge weisen einen Bezug zu deutscher Bundespolitik auf und/oder thematisieren einen deutschen politischen Akteur. Für die folgenden Analysen wird auf diese Beiträge mit Politikbezug zurückgegriffen. Die *Inhaltsanalyse der Printmedien* erstreckt sich auf den Zeitraum vom 29. Juni bis zum 26. September 2009 und basiert auf einer dreistufigen Stichprobenziehung: Auf Stufe eins wurden die fünf wichtigsten überregionalen Qualitätszeitungen ausgewählt (Frankfurter Rundschau, Süddeutsche Zeitung, Frankfurter Allgemeine Zeitung, Die Welt, die tageszeitung) sowie die auflagenstärkste deutsche (Boulevard-)Zeitung (BILD). Auf der zweiten Stufe wurden relevante Ressorts bestimmt: die Titelseite der Zeitung, für die BILD zusätzlich die Seite 2, für die SZ und die FR zusätzlich die Meinungsseite und für die taz die Seite „Meinung & Diskussion". Untersucht wurden auf der dritten Stufe schließlich alle Artikel, die sich auf deutsche Bundespolitik beziehen oder in denen deutsche bundespolitische Akteure vorkommen (2.323 Artikel) (GESIS Leibniz-Institut für Sozialwissenschaften 2012, S.1-5). Da für die folgenden Analysen nur Fernsehbeiträge mit Politikbezug berücksichtigt werden (siehe oben), können die hier untersuchte Fernseh- sowie die Print-Stichprobe als strukturgleich gelten.[3]

Die *Präsenz oder Thematisierung politischer Akteure* wurde in beiden Inhaltsanalysen identisch erfasst: Auf der Ebene der Beiträge bzw. Artikel wurde das Auftreten der Spitzenkandidaten der Bundestagsparteien (in Wort und/oder Bild) verschlüsselt. Auch die *Bewertung politischer Akteure* wurde in beiden Inhaltsanalysen erhoben: Für jeden Beitrag oder Artikel wurde dazu die Gesamttendenz in Bezug auf die drei erstgenannten politischen Akteure kodiert (GESIS Leibniz-Institut für Sozialwissenschaften 2012, S.41-47; GöfaK Medienforschung GmbH 2010, S.55-60).

Kandidaten-Priming werden wir nachfolgend für die beiden Kanzlerkandidaten Angela Merkel und Frank-Walter Steinmeier untersuchen. Für die empirischen Analysen haben wir die Daten der Inhaltsanalysen auf Tagesebene aggregiert und gleichzeitig die letzten 60 Tage vor dem Wahltag ausgewählt, da die RCS-Befragung genau diesen Zeitraum umfasst; dabei wird zwischen den einzelnen Fernsehsendungen bzw. Tageszeitungen nicht differenziert. Damit ergibt sich als ein Indikator für die Fokussierung auf die Kanzlerkandidaten die *Anzahl der Beiträge bzw. Artikel pro Tag, in denen der Kandidat in Wort und/oder Bild (an erster bis*

---

3   Zu den Reliabilitäten der TV- und der Print-Inhaltsanalysen vgl. GöfaK Medienforschung GmbH (2010, S.7-26) und GESIS Leibniz-Institut für Sozialwissenschaften (2012, S.6-20).

dritter Stelle) thematisiert wird. Gleiches wurde für die Bewertungen vorgenommen: Pro Tag und Kandidat wurde die *Anzahl positiver und die Anzahl negativer Beiträge/Artikel* berechnet. Wir haben bewusst darauf verzichtet, innerhalb der Mediengattungen, also zwischen einzelnen Zeitungen oder zwischen einzelnen TV-Nachrichtensendungen, zu differenzieren, da es bei Medien-Priming zuallererst um die (mediale) Sichtbarkeit von Akteuren geht. Für die bloße Sichtbarkeit dürften aber, anders als bei anderen möglichen Medienwirkungen, Eigenschaften der Kommunikationsquelle wie etwa deren Glaubwürdigkeit nur eine untergeordnete Rolle spielen, weswegen eine separate Analyse einzelner Medien aus diesem Blickwinkel nicht sinnvoll erscheint.[4]

4. Empirische Analysen

4.1 Wahlabsicht, Kandidatenbewertung und Medienpräsenz der Kandidaten

In diesem Abschnitt wird Kandidaten-Priming im Wahlkampf 2009 empirisch geprüft; angenommen wird, dass eine zunehmende mediale Sichtbarkeit der Kandidaten im Wahlkampfverlauf die Einstellungen zu diesen Kandidaten (also die Kandidatenorientierungen) für die individuelle Wahlentscheidung wichtiger werden lässt. Je mehr Angela Merkel bzw. Frank-Walter Steinmeier in der Medienberichterstattung präsent sind, desto wichtiger sollte deren Bewertung im Elektorat als Kriterium der Wahlentscheidung zugunsten der CDU/CSU bzw. SPD werden (Hypothese 1).

Bezugsrahmen unserer Analysen ist eine Variante des Michigan-Modells der Wahlentscheidung, das drei Erklärungsfaktoren der Wahlentscheidung enthält: *Parteienorientierungen* und *Kandidatenorientierungen* als eher kürzerfristige, summarische Bewertungen und die *Parteiidentifikation* als längerfristig-stabile, emotional grundierte Bindung an eine Partei (Campbell et al. 1960). Die Parteien- und Kandidatenorientierungen sollen dabei alle relevanten kurzfristigen Wahrnehmungen und Bewertungen von Parteien und Spitzenkandidaten erfassen, darunter etwa Kompetenzeinschätzungen der beiden Akteursgruppen in der Wählerschaft. Mit Blick auf potentiell als Moderatorvariablen für die Stärke des Kandidaten-Primings wirkende Individualmerkmale führen wir für das *Politikinteresse*, die *Existenz einer Parteiidentifikation*, die *Intensität der politischen Mediennutzung* und die *Aufmerksamkeit bei der politischen Mediennutzung* Tests durch (Forschungsfrage 1, Hypothesen 2, 3a, 3b).

Operationalisiert werden die Parteienorientierungen mittels der Skalometer-Bewertung der Parteien, in gleicher Weise die Kandidatenorientierungen über die Skalometer-Bewertung der Kanzlerkandidaten; für die Parteiidentifikation verwenden wir die Standardfrage der deutschen Wahlforschung und bilden daraus zwei 0-1-kodierte Variablen (Parteiidentifikation zu CDU oder CSU bzw. zur SPD, Referenzgruppe sind politisch Unabhängige sowie die an eine kleinere Partei Ge-

---

4   Die fehlenden Werte in den Zeitreihen der Tageszeitungen (Sonntage) wurden jeweils ersetzt. In Anlehnung an Krause und Fretwurst (2007, S.179) haben wir eine Imputation angewandt, bei der fehlende Werte mit einer Zufallsvariable ersetzt werden, die den Mittelwert und die Standardabweichung der umliegenden sechs Werte einschließt.

bundenen). Damit entspricht unsere Konkretisierung des Michigan-Modells – Parteiidentifikation als längerfristige Größe, Parteien- und Kandidatenorientierungen als kürzerfristige Erklärungsfaktoren – sowohl konzeptuell als auch operational fast exakt derjenigen von Schoen (2004).

Das Politikinteresse erfassen wir mittels eines additiven Indexes, bestehend aus dem allgemeinen Interesse an Politik und dem Interesse am Wahlkampf; für die individuelle Mediennutzung verwenden wir einen additiven Index, der das Verfolgen der TV-Nachrichten und die Lektüre der Tageszeitung kombiniert; die Aufmerksamkeit wird ebenfalls über einen additiven Index operationalisiert, in dem die Aufmerksamkeit den TV-Nachrichten gegenüber und die Aufmerksamkeit bei der Zeitungslektüre zusammengefasst werden (zu den Details der Kodierung vgl. die Legenden der Tabellen 1, 3a bis 3c, Fußnote 7).

Abbildung 1 zeigt die Entwicklungen unserer beiden abhängigen Variablen, der Wahlabsicht für die CDU/CSU und für die SPD, während des Wahlkampfes,[5] Abbildung 2 die Bewertungen der beiden Kanzlerkandidaten in der Wählerschaft, an deren Einfluss auf die Wahlabsicht über die Tage des Wahlkampfes hinweg wir etwaige Effekte des Kandidaten-Primings festmachen (gleitende Durchschnitte in beiden Abbildungen, Stützbereich jeweils drei Tage).

Abbildung 1: Wahlabsicht CDU/CSU und SPD während des Wahlkampfes

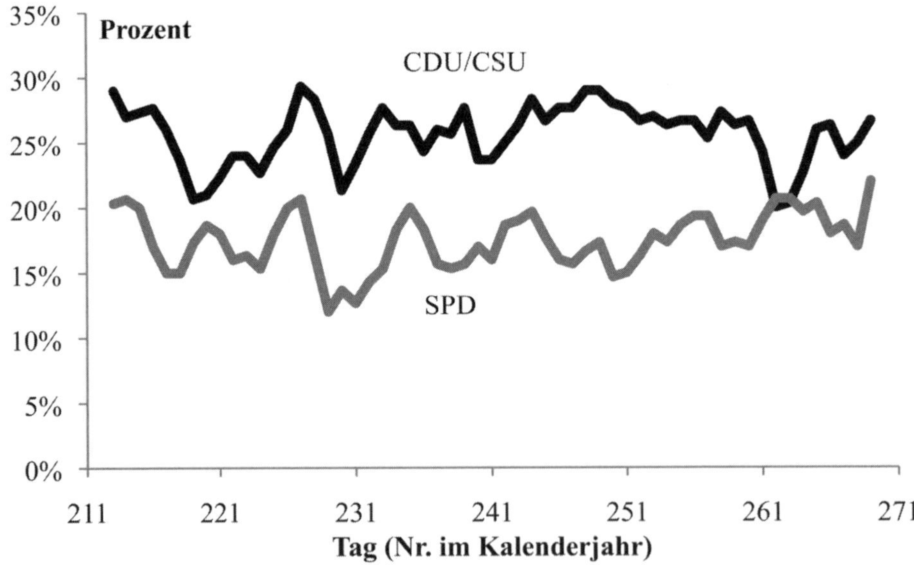

---

5 Die Unentschlossenen („weiß nicht" bei der Wahlabsichtsfrage) sind einbezogen; deren Anteil liegt im Mittel der Tage bei rund 30 Prozent und wird mit dem nahenden Wahltag nicht systematisch kleiner. Sollte die Validität der Wahlabsichtsfrage mit der Nähe zum Wahltag steigen, so würde dies grundsätzlich zur Folge haben, dass sich die Effekte der erklärenden Variablen (etwaige Priming-Effekte eingeschlossen) genauer schätzen lassen (King et al. 1994, S.163; s. auch Schoen 2004, S.328).

Abbildung 2: Gesamtbewertung Merkel und Steinmeier während des Wahlkampfes

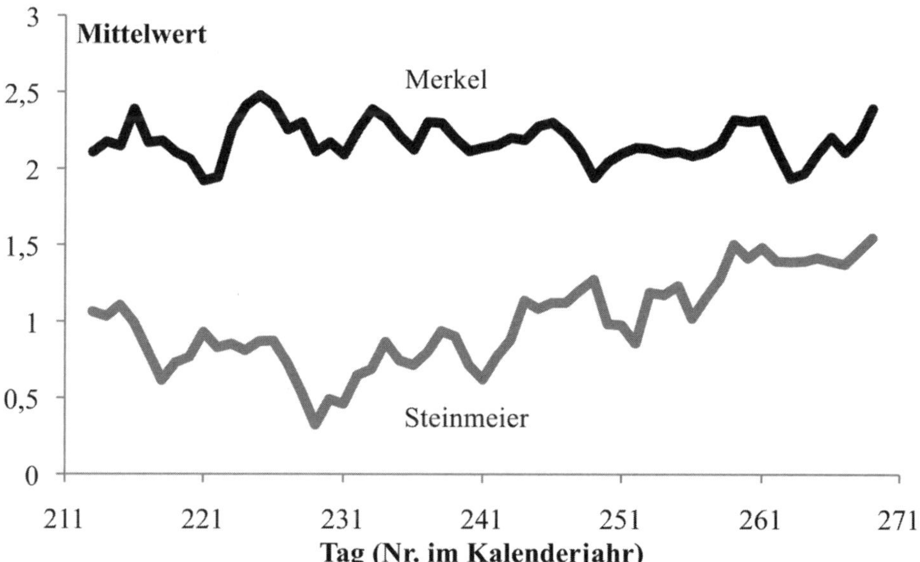

Die zentrale erklärende Größe für das Kandidaten-Priming ist die Präsenz der Kandidaten in der Medienberichterstattung im Wahlkampfverlauf. Wir unterscheiden drei Varianten dieser Präsenz: erstens das Auftreten der Kandidaten in den Fernsehnachrichten, zweitens in der Berichterstattung der Tageszeitungen und schließlich drittens beide Präsenzformen zusammengenommen, die in der Summe einen guten Schätzer für den massenmedialen Gesamtinput eines Wahlkampftages darstellen. In den Abbildungen 3a und 3b ist für Angela Merkel und Frank-Walter Steinmeier angegeben, wie häufig beide Kandidaten an jedem Tag des Untersuchungszeitraums in der medialen Berichterstattung vorkommen.

Dabei fällt zweierlei auf: Zum einen ist das Niveau der Medienpräsenz in Fernsehen und Presse bei der Amtsinhaberin – wie zu erwarten – deutlich höher; sie erscheint an mehreren Tagen mehr als 15-mal, an einigen Tagen sogar mehr als 20-mal, während ihr Konkurrent an den meisten Tagen nur auf einstellige Häufigkeiten kommt. Zum anderen steigert sich die Medienpräsenz bei Angela Merkel noch einmal zum Wahltag hin; bei Frank-Walter Steinmeier lässt sich hingegen keine solche Zunahme feststellen.

Ließe sich nun für Angela Merkel zeigen, dass ihre Bewertung unter den Wählern umso wichtiger für die Wahlentscheidung wird, je näher die Wahl rückt, so könnte das Muster in Abbildung 3a eine empirische Basis für einen möglichen Priming-Effekt darstellen: Eine zum Wahltag hin stärkere Hervorhebung der Politikerin fände ihre Entsprechung in einem wachsenden Gewicht ihrer Bewertung für die Parteienwahl.

Abbildung 3a: Präsenz Merkel in Presse und Fernsehnachrichten

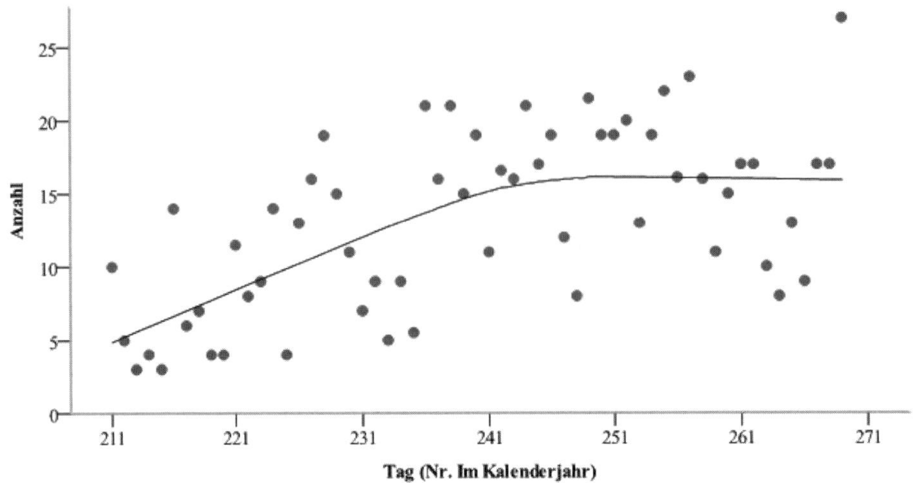

Abbildung 3b: Präsenz Steinmeier in Presse und Fernsehnachrichten

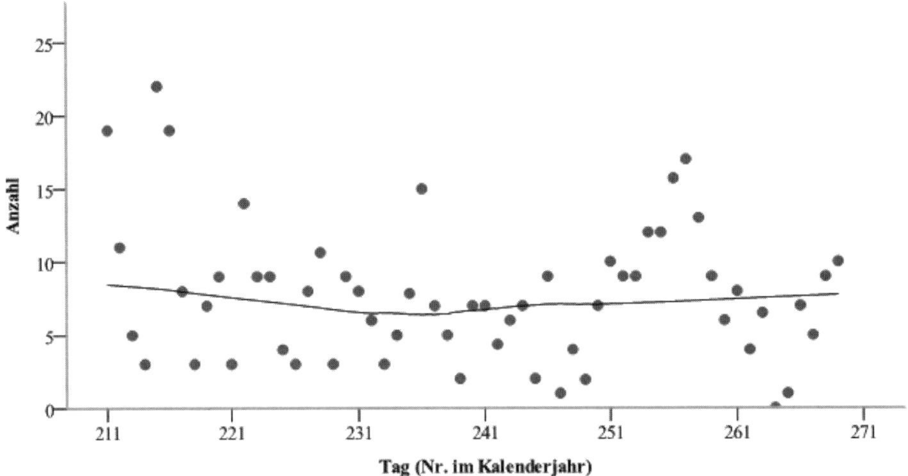

Anmerkung: In beiden Abbildungen ist für das Fernsehen und die Presse zusammengenommen die Anzahl der Beiträge bzw. Artikel pro Tag wiedergegeben, in denen der Kandidat/die Kandidatin thematisiert wird; Anpassungslinie: Loess (Epanechnikov).

4.2 Multilevel-Analysen von Priming-Effekten im Bundestagswahlkampf 2009

Die Schätzungen der Multilevel-Modelle wurden mit *HLM* (6.02) durchgeführt. Tabelle 1 dokumentiert die beiden Ausgangsmodelle für die Wahlabsicht zugunsten von CDU/CSU bzw. SPD. Dabei enthält der obere Teil der Tabelle die (mittleren) Effekte von Parteienorientierungen, Kandidatenorientierungen und Parteiidentifikation über alle Wahlkampftage, während im unteren Teil der Tabelle die Varianzkomponenten darüber informieren, in welchem Maß die Effekte der Erklärungsgrößen über die knapp zwei Monate des Wahlkampfes hinweg variieren. Alle drei Bestimmungsgrößen der Wahlabsicht haben die erwarteten Effekte: So macht eine Parteiidentifikation für die SPD die Wahl dieser Partei wahrscheinlicher, gleiches gilt für eine positive Bewertung der SPD und eine positive Bewertung Frank-Walter Steinmeiers; umgekehrt senken eine Parteiidentifikation für die Union, eine positive Bewertung von CDU/CSU und von Angela Merkel die Wahrscheinlichkeit, SPD zu wählen. Die einzige Ausnahme bildet die Bewertung des Herausforderers, die keinen signifikanten (negativen) Einfluss auf die CDU-Wahl hat.[6]

Tabelle 1: Erklärung der Parteienwahl, Basismodelle

	Wahlabsicht CDU/CSU		Wahlabsicht SPD	
Interzept	-3,007***		-3,197***	
Bewertung CDU/CSU	0,353***		-0,103***	
Bewertung SPD	-0,089***		0,386***	
Bewertung Merkel	0,276***		-0,071**	
Bewertung Steinmeier	0,022		0,248***	
PID CDU/CSU	1,818***		-0,901***	
PID SPD	-0,735***		2,053***	
Varianzkomponenten		d.f.		d.f.
u_0	0,159**	58	0,067	58
Bewertung CDU/CSU	0,010	58	0,001	58
Bewertung SPD	0,001	58	0,019	58
Bewertung Merkel	0,021**	58	0,008	58
Bewertung Steinmeier	0,003	58	0,031*	58
PID CDU/CSU	0,117	58	0,089	58
PID SPD	0,378	58	0,130	58
N	4912		4912	

Anmerkung: Eigene Berechnungen; ***: signifikant, ≤ 0,01; **: signifikant, ≤ 0,05; *: signifikant, ≤ 0,10; Binäre logistische Multilevel-Regression; eingetragen ist im oberen Teil der Tabelle jeweils der logistische Regressionskoeffizient, im unteren Teil die geschätzte Varianz dieser Koeffizienten über die 59 Tage hinweg; *Antwortkategorien und Kodierung*
Wahlabsicht CDU/CSU: 1 „CDU oder CSU als Partei genannt", 0 „andere Partei wird bei Wahlabsicht genannt" oder Angabe von „weiß nicht" (zur Wahlabsichtsfrage hinzugefügt haben wir die sehr kleine Zahl der Briefwahlangaben); *Wahlabsicht SPD* analog; *Bewertung CDU/CSU*: -5 „halte überhaupt nichts von der Partei", 5 „halte sehr viel von der Partei"; *Bewertung SPD* analog; *Bewertung Angela Merkel*: -5 „halte überhaupt nichts von der Politikerin", 5 „halte sehr viel von der Politikerin"; *Bewertung Frank-Walter Steinmeier* analog; *PID CDU/CSU*: 1 „CDU oder CSU als Identifikations-Partei genannt", 0 „andere Partei genannt" oder „keine Parteiidentifikation" oder Angabe von „weiß nicht"; *PID SPD* analog; Referenzgruppe: Befragte ohne Parteiidentifikation oder mit Identifikation zu einer kleineren Partei oder mit Angabe von „weiß nicht".

---

6   Nicht in das Erklärungsmodell aufgenommen wurden Indikatoren für die Zugehörigkeit zu sozialen Großgruppen wie etwa die Konfession oder die Mitgliedschaft in einer Gewerkschaft. Solche Merkmale spielen nach wie vor eine Rolle für das Wahlverhalten, doch beeinflussen diese, in dem Sinne eines „funnel of causality" (Campbell et al. 1960), das Wahlverhalten in erster Linie *indirekt*, über intervenierende und der Wahlabsicht unmittelbar vorgelagerte Größen wie die Parteien- und Kandidatenorientierungen. Insofern dürften wir die wesentlichen *direkten* Effekte auf die Wahlabsicht modelliert haben.

Die Varianzen speziell der Effekte der Kandidatenorientierungen haben besondere Relevanz für das Testen von Priming-Effekten: Denn nur wenn die Effekte der Kandidatenorientierungen sich über die Wahlkampfzeit hinweg verändern, gibt es empirischen Spielraum für das Kandidaten-Priming. Wie Tabelle 1 zeigt, existiert dieser Spielraum: So ist die Varianzkomponente für den Effekt der Bewertung Angela Merkels (Wahlabsicht CDU/CSU) auf dem 5-Prozent-Niveau signifikant von null verschieden, die entsprechende Varianz bei Frank-Walter Steinmeier (Wahlabsicht SPD) immerhin noch auf dem 10-Prozent-Niveau.

Wenn wir annehmen, dass der Kommunikationsinput eines Wahlkampftages Einfluss auf die Kriterien der Wahlentscheidung nehmen kann, dann braucht es eine gewisse Zeit, bis Individuen diese Information aufnehmen und verarbeiten. Dies gilt sowohl für die direkte Mediennutzung während des Wahlkampfes als auch für die interpersonale Kommunikation im Anschluss an eine Nachrichtensendung oder die Lektüre eines Zeitungsartikels. Welche konkrete Zeitspanne den Prozess des Medien-Primings am besten beschreibt, lässt sich kaum im Lichte der Literatur beantworten, da es zur Frage des Wirkungsintervalls zum einen noch keine systematische Untersuchung gibt und zum anderen die Ergebnisse nicht eindeutig sind (Arendt 2013, S.348; Roskos-Ewoldsen et al. 2009, S.81). Auch die Meta-Analyse von Roskos-Ewoldsen et al. liefert diesbezüglich keine eindeutigen Hinweise (Roskos-Ewoldsen et al. 2007, S.71; Paasch-Colberg 2014, S.75-76). Die richtige Wahl des Time-Lags ist wichtig, weil eine zu kurze Zeitspanne nur einen Teil des Wirkungsprozesses erfassen und so die Gesamtwirkung unterschätzen würde; eine zu lange Spanne würde ebenfalls eine Unterschätzung des Priming-Effekts bedeuten, weil der Medienimpuls dann bereits wieder verblasst sein könnte. In der empirischen Literatur zum Medien-Priming finden sich Studien ohne Zeitverzögerung als auch solche mit Time-Lags von einigen Wochen.

Wir haben in den nachfolgenden Analysen sämtliche Medienvariablen mit einem *Time-Lag von einem Tag* in die Analyse einbezogen. Die Wahl dieser Wirkungsspanne dürfte mit Blick auf die beiden theoretischen Wirkungsmechanismen des Primings, der Verfügbarkeit und der Bedeutsamkeit, einigermaßen neutral sein – nicht zu kurz, sodass die Verfügbarkeitsannahme begünstigt würde und nicht zu lang, sodass die Bedeutsamkeitshypothese bevorteilt würde. Zudem dürften damit auch noch Gespräche im persönlichen Umfeld, die an die Medienrezeption anknüpfen, in den Priming-Prozess einfließen. Durch diese Festlegung des Time-Lags um einen Tag reduziert sich die Anzahl der Tage bei den inhaltsanalytischen Daten und der RCS-Befragung auf 59; mit dem 29. Juli 2009 fällt der erste Tag der RCS-Befragung weg, der mit nur 22 Befragten den deutlich kleinsten Stichprobenumfang aufweist. Bereits am zweiten Erhebungstag umfasst die Stichprobe 31 Befragte, um sich danach sehr schnell einem täglichen Umfang von rund 100 Befragten anzunähern.

Getestet wurde, ob sich bei der Erklärung der CDU/CSU-Wahl gemäß Hypothese 1 ein Priming-Effekt für die Bewertung Angela Merkels finden lässt und dem entsprechend, ob Priming bei der SPD-Wahl für die Bewertung Steinmeiers nachweisbar ist: Je höher die Präsenz Angela Merkels in der Medienberichterstattung (des Vortages), desto stärker sollte ihre Bewertung in der Wählerschaft Eingang in die Wahlentscheidung finden. Gleiches wird für die Medienpräsenz Frank-Walter Steinmeiers und für den Effekt seiner Wählerbewertung auf die Parteienwahl erwartet. Methodisch gesehen handelt es sich dabei um einen Cross Level-Interaktionseffekt, der den Kontext der Medienberichterstattung einerseits und die Bewertung des jeweiligen Kandidaten andererseits einschließt. Tabelle 2 weist sämtliche Interaktionseffekte aus.

Für die Medienpräsenz Angela Merkels insgesamt (TV und Presse) sowie für ihre Präsenz in der Presseberichterstattung finden wir jeweils signifikante, den Einfluss der Wählerbewertung Merkels verstärkende Effekte. Damit zeigt sich ein erster systematischer Hinweis auf relevante Effekte des Kandidaten-Primings, wenn auch durchgängig nur für die Amtsinhaberin. Gleichzeitig haben wir getestet, ob sich die Bewertung Merkels in ihrem Einfluss mit der Nähe zum Wahltag systematisch verändert, indem wir (alternativ) eine Zeitvariable als eine die Merkel-Bewertung moderierende Größe einbezogen haben. Der entsprechende Interaktionseffekt ließ sich allerdings nicht statistisch absichern.

Tabelle 2: Effekte des Kandidaten-Primings

	β *Bewertung Merkel*	β *Bewertung Steinmeier*
TV und Presse		
Merkel bzw. Steinmeier	0,005[**(1)]	-0,000
TV		
Merkel bzw. Steinmeier	0,004	0,005
Merkel bzw. Steinmeier, negativ	-0,029[**]	-0,035
Presse		
Merkel bzw. Steinmeier	0,006[**]	-0,002
Merkel bzw. Steinmeier, negativ	0,000	-0,005
N	4912	4912

Anmerkung: Eigene Berechnungen; ***: signifikant, ≤ 0,01; **: signifikant, ≤ 0,05; *: signifikant, ≤ 0,10; Binäre logistische Multilevel-Regression; eingetragen ist jeweils der logistische Regressionskoeffizient, der den Effekt der betreffenden Medienvariablen auf den Einfluss angibt, den die Bewertung Angela Merkels bzw. Frank-Walter Steinmeiers auf die Wahl von CDU/CSU bzw. SPD ausübt.

(1) *Lesehilfe:* Jede (weitere) Nennung Angela Merkels in Fernsehen oder Presse verstärkt den Effekt der Bewertung Angela Merkels auf die Logits der Wahl von CDU/CSU um 0,005 Einheiten. Dieser verstärkende Effekt ist auf dem 5-Prozent-Niveau signifikant (zweiseitiger Test).

Der Priming-Hypothese entgegen steht der negative Moderationseffekt bei den negativen Bewertungen Angela Merkels in der TV-Berichterstattung (-0,029), was inhaltlich gerade eine die Wählerbewertung Merkels *abschwächende* Wirkung bedeuten würde. Wir haben keine substantielle Erklärung für diesen Effekt und tendieren dazu, ihm keine große Bedeutung zuzumessen, ist er doch unter allen durchgeführten Schätzungen für sämtliche Wähler und für Teilgruppen der einzige Effekt mit dem ‚falschen' Vorzeichen.

Im Folgenden dokumentieren wir, ob und in welchem Maß Priming-Effekte eine Änderung erfahren, wenn als eine (zusätzliche) Bedingung das *Politikinteresse*, die *Existenz einer Parteiidentifikation*, die *Intensität* oder die *Aufmerksamkeit bei der Mediennutzung* eingeführt wird. Für das Politikinteresse haben wir lediglich eine Forschungsfrage formuliert, da die bisherigen empirischen Befunde nicht einheitlich sind. Folgt man Zaller (1992) und seinen theoretischen Überlegungen im Rahmen des RAS-Modells, dann sollte Priming am ehesten bei mittlerem Politikinteresse vorkommen.

Im Einklang mit der Folgerung aus dem RAS-Modell ist der Befund, wonach bei schwachem Politikinteresse Kandidaten-Priming überhaupt nicht anzutreffen ist, dies sowohl für Merkel als auch für Steinmeier (Tabelle 3a).

Signifikante Priming-Effekte finden sich für Angela Merkel in der Gruppe derjenigen mit mittlerem Politikinteresse, dabei für die mediale Berichterstattung insgesamt (TV und Presse) sowie für das Fernsehen. Freilich zeigt sich auch bei starkem Politikinteresse ein signifikanter Interaktionseffekt für die Hervorhebung Merkels in der Presseberichterstattung. Insgesamt entspricht damit das Effektmuster für die Moderatorvariable des Politikinteresses mit Einschränkungen dem theoretisch begründeten, nicht-linearen Muster des RAS-Modells.

Sowohl im Lichte eines höheren Orientierungsbedürfnisses, falls eine Parteiidentifikation nicht vorliegt, als auch aus Sicht des Michigan-Modells wird man stärkere Priming-Effekte dann erwarten, wenn keine Parteiidentifikation vorliegt (Hypothese 2). Für beide Perspektiven zeigen sich empirische Belege in unseren Ergebnissen (Tabelle 3b): Signifikante Priming-Effekte gibt es (hinsichtlich der Bewertung Merkels) durchgängig nur bei den politisch nicht Gebundenen, und dies jeweils für die Medienberichterstattung insgesamt, die Berichterstattung des Fernsehens und die der Presse.

Keine eindeutigen Hinweise auf einen das Priming moderierenden Effekt finden wir für die *Intensität der Mediennutzung* während des Wahlkampfes (Hypothese 3a). Immerhin sind bei intensiver Medienrezeption alle drei Merkel-Variablen fast auf dem 10-Prozent-Niveau signifikant (ohne Tabelle). Da wir für unsere Priming-Hypothese verstärkende Interaktionseffekte erwarten und somit eine gerichtete Hypothese testen, mag man den zweiseitigen Test als einen im statistischen Sinn konservativen Test ansehen. Insofern liefert das empirische Muster für die individuelle Mediennutzung einen schwachen Hinweis auf dessen moderierende Wirkung im Einklang mit den theoretischen Erwartungen.[7]

Überzeugender entsprechen den Erwartungen (Hypothese 3b) hingegen die Befunde für die *Aufmerksamkeit bei der Rezeption* von TV-Nachrichten und dem Lesen der Tageszeitung (Tabelle 3c): Bei einer überdurchschnittlichen Aufmerksamkeit bei der Medienrezeption erfährt der Effekt der Merkel-Bewertung durch die Präsenz von Angela Merkel in Fernsehen und Presse eine Verstärkung im Sinne der Priming-Annahme; ebenso zeigt sich dieser Verstärkungseffekt für die Präsenz in der Presseberichterstattung.

---

7 Die *Rezeption der Medienberichterstattung* erfassen wir über einen additiven Index, bestehend aus den Indikatoren Rezeption ARD-Nachrichten, ZDF-Nachrichten und dem Lesen der Tageszeitung (zu den Frageformulierungen s. den Anhang). Kodiert haben wir wie folgt: 0 „an keinem Tag Rezeption", 7 „an sieben Tagen Rezeption"; für die konditionale Analyse haben wir unterschieden in „niedrige" Intensität der Rezeption (≤ 2,78 Tage = Mittelwert) und „hohe" Intensität (> 2,78 Tage).

Tabelle 3a: Kandidaten-Priming und Politikinteresse

	β *Bewertung Merkel*	β *Bewertung Steinmeier*
	Politikinteresse schwach	
TV und Presse		
Merkel bzw. Steinmeier	0,002	-0,003
TV		
Merkel bzw. Steinmeier	-0,002	0,010
Presse		
Merkel bzw. Steinmeier	0,004	-0,007
N	1081	1081
	Politikinteresse mittel	
TV und Presse		
Merkel bzw. Steinmeier	0,007[*]	0,009
TV		
Merkel bzw. Steinmeier	0,018[**]	0,013
Presse		
Merkel bzw. Steinmeier	0,004	0,009
N	1174	1174
	Politikinteresse stark	
TV und Presse		
Merkel bzw. Steinmeier	0,005	-0,005
TV		
Merkel bzw. Steinmeier	-0,000	-0,002
Presse		
Merkel bzw. Steinmeier	0,007[*]	-0,007
N	2657	2657

Anmerkung: Eigene Berechnungen; ***: signifikant, ≤ 0,01; **: signifikant, ≤ 0,05; *: signifikant, ≤ 0,10; Binäre logistische Multilevel-Regression; eingetragen ist jeweils der logistische Regressionskoeffizient, der den Effekt der betreffenden Medienvariablen auf den Einfluss angibt, den die Bewertung Angela Merkels bzw. Frank-Walter Steinmeiers auf die Wahl von CDU/CSU bzw. SPD ausübt;

Politikinteresse: Additiver Index aus den beiden Indikatoren des allgemeinen Politikinteresses und des Interesses am Wahlkampf (zu den Frageformulierungen s. den Anhang); 0 „überhaupt kein Politikinteresse", 4 „sehr starkes Politikinteresse"; < 2 = „schwach", 2 = „mittel", > 2 = „stark".

Tabelle 3b: Kandidaten-Priming und Parteiidentifikation

	β *Bewertung Merkel*	β *Bewertung Steinmeier*
	Keine Parteiidentifikation [1]	
TV und Presse		
Merkel bzw. Steinmeier	0,012**	-0,004
TV		
Merkel bzw. Steinmeier	0,018*	-0,010
Presse		
Merkel bzw. Steinmeier	0,011**	-0,003
N	1446	1446
	Parteiidentifikation [1]	
TV und Presse		
Merkel bzw. Steinmeier	0,002	0,001
TV		
Merkel bzw. Steinmeier	-0,002	0,006
Presse		
Merkel bzw. Steinmeier	0,004	-0,001
N	3466	3466

Anmerkung: Eigene Berechnungen; ***: signifikant, ≤ 0,01; **: signifikant, ≤ 0,05; *: signifikant, ≤ 0,10; Binäre logistische Multilevel-Regression; eingetragen ist jeweils der logistische Regressionskoeffizient, der den Effekt der betreffenden Medienvariablen auf den Einfluss angibt, den die Bewertung Angela Merkels bzw. Frank-Walter Steinmeiers auf die Wahl von CDU/CSU bzw. SPD ausübt;

(1) Bei den Modellen für Befragte ohne Parteiidentifikation wurden nur die Parteien- und die Kandidatenbewertungen als erklärende Variablen einbezogen; bei den Modellen für Befragte mit Parteiidentifikation wurde für die Parteibindung zur CDU/CSU und zur SPD kontrolliert.

Tabelle 3c: Kandidaten-Priming und Aufmerksamkeit bei der Medienrezeption

	β *Bewertung Merkel*	β *Bewertung Steinmeier*
	Aufmerksamkeit bei Medienrezeption niedrig	
TV und Presse		
Merkel bzw. Steinmeier	0,002	0,006
TV		
Merkel bzw. Steinmeier	0,002	0,002
Presse		
Merkel bzw. Steinmeier	0,002	0,008
N	2124	2124
	Aufmerksamkeit bei Medienrezeption hoch	
TV und Presse		
Merkel bzw. Steinmeier	0,008**	-0,005
TV		
Merkel bzw. Steinmeier	0,009	0,004
Presse		
Merkel bzw. Steinmeier	0,009**	-0,009
N	2645	2645

Anmerkung: Eigene Berechnungen; ***: signifikant, ≤ 0,01; **: signifikant, ≤ 0,05; *: signifikant, ≤ 0,10; Binäre logistische Multilevel-Regression; eingetragen ist jeweils der logistische Regressionskoeffizient, der den Effekt der betreffenden Medienvariablen auf den Einfluss angibt, den die Bewertung Angela Merkels bzw. Frank-Walter Steinmeiers auf die Wahl von CDU/CSU bzw. SPD ausübt;

Aufmerksamkeit bei Medienrezeption: Additiver Index aus beiden Indikatoren Aufmerksamkeit bei Rezeption der TV-Nachrichten und Aufmerksamkeit beim Lesen der Tageszeitung (0 „überhaupt nicht aufmerksam", 3 „sehr aufmerksam"; zu den Frageformulierungen s. den Anhang); für die konditionale Analyse haben wir unterschieden in „niedrige" (≤ 1,68 = Mittelwert) und „hohe" Aufmerksamkeit (> 1,68).

5. Zusammenfassung und Schlussfolgerung

Priming kann als ein genereller Mechanismus der Informationsverarbeitung und Urteilsbildung verstanden werden, der sich prinzipiell auf jedes denkbare Urteilsobjekt beziehen kann und (insbesondere im Kontext moderner Demokratien und Wahlkämpfe) in erster Linie durch massenmediale Inhalte ausgelöst werden dürfte. Dieser Beitrag widmet sich spezifisch dem Kandidaten-Priming im Wahlkampf, das v. a. für deutsche Wahlen bisher so gut wie nicht untersucht wurde. Mit dem moderierenden Einfluss von Individualmerkmalen wird zudem eine zweite Forschungslücke der (deutschen) Wahlforschung in den Blick genommen. Wie die Zusammenschau der entsprechenden kommunikationswissenschaftlichen Befunde zeigt, ist der Forschungsstand zur Konditionalität von Priming-Effekten recht uneinheitlich. Mit der aktuellen Diskussion des theoretischen Verständnisses von Priming sind die widersprüchlichen Befunde allerdings gut vereinbar, wird doch in der jüngeren Literatur das Priming als ein Effekt aufgefasst, der auf zwei verschiedenen Informationsverarbeitungsprozessen beruhen und entweder als kognitiver Zugänglichkeitseffekt oder als systematischer Lerneffekt verstanden werden kann.

In der empirischen Analyse dieses Beitrags wurde Kandidaten-Priming im deutschen Bundestagswahlkampf 2009 geprüft und empirisch nachgewiesen. Unsere Analyse geht über bisherige empirische Arbeiten zum Kandidaten-Priming im Wahlkampf (Mendelsohn 1996; Gidengil 2002 et al; Schoen 2004) insofern hinaus, als dass explizit die Inhalte der Medienberichterstattung im Wahlkampf einbezogen wurden. Während Priming-Analysen ohne Daten zur Medienberichterstattung nur indirekte Rückschlüsse auf Priming-Effekte erlauben, konnten wir direkt prüfen, ob Veränderungen in der medialen Präsenz von Spitzenkandidaten Veränderungen im Gewicht von Kandidatenorientierungen für die Wahlentscheidung der einzelnen Wähler nach sich ziehen. Die Ergebnisse zeigen, dass es im Wahlkampf 2009 Kandidaten-Priming gab, das auf Medieninhalte zurückzuführen ist. Die Tatsache, dass wir Priming-Effekte nur für die Amtsinhaberin, nicht aber für den Herausforderer gefunden haben, mag darauf hindeuten, dass Priming erst ab einem bestimmten Niveau der Medienpräsenz erfolgt (vgl. die Abbildungen 3a und 3b).

Hinsichtlich der drei verschiedenen Medieninhaltsvariablen (Präsenz der Kandidaten in der Presse, den Fernsehnachrichten und in beiden Medien zusammen) sind die Befunde für die gesamte Stichprobe sehr plausibel: Für die CDU/CSU-Wahlabsicht und die Bewertung Angela Merkels zeigt sich ein signifikant positiver Priming-Effekt für ihre Präsenz in der Presse sowie in beiden Medien zusammengenommen, nicht aber für ihre Präsenz allein im Fernsehen. Dieses Ergebnis widerspricht zwar der Annahme Mendelsohns (1996), nach der Kandidaten-Priming v. a. durch die stärker personalisierte Fernsehberichterstattung zu erwarten sei (vgl. 2.2). Vor dem Hintergrund dieser unterschiedlichen Selektions- und Präsentationslogik von Presse und Fernsehen erscheint uns das Ergebnis aber gerade einleuchtend: Im Wahlkampf ist eine zunehmende Personalisierung der Fernsehnachrichten wenig wahrscheinlich, weil das Fernsehen generell stark auf Politiker fokussiert; in der Presseberichterstattung ist dagegen durchaus ein gewisser Spielraum für Personalisierung im Wahlkampfverlauf vorhanden.

Des Weiteren haben wir für einige wichtige Individualmerkmale untersucht, in welchem Maß diese die Wirkung des medialen Kontextes zu den Spitzenkandidaten auf die Kriterien der Wahlentscheidung zu modifizieren vermögen: Für das Merkmal Politikinteresse können zwei Effekte bei mittlerem und ein Effekt bei starkem Interesse identifiziert werden. Man könnte diese Befunde in der Zusammenschau (vorsichtig) als Hinweis auf einen nicht-linearen Einfluss des Politikinteresses auf die Stärke individueller Priming-Effekte interpretieren.

Bemerkenswert ist auch, dass ein moderierender Einfluss auf Priming überzeugender für die Aufmerksamkeit als für die Intensität der politischen Mediennutzung nachgewiesen werden konnte. Dieses Ergebnis spricht dafür, dass die identifizierten Priming-Effekte eher auf einem aktiven Lernprozess basieren und weniger auf einem kognitiven Zugänglichkeitseffekt. Denn für eine tiefe, systematische Informationsverarbeitung ist eine aufmerksame Medienrezeption wichtiger als eine intensive (d. h. häufige) Mediennutzung, die durchaus nebenbei und wenig aufmerksam stattfinden kann. Hätten sich dagegen Priming-Effekte bei häufiger Mediennutzung gezeigt, so würde dies eher für reine Zugänglichkeitseffekte sprechen.

Insgesamt liefert damit dieser Beitrag neue Erkenntnisse zur Konditionalität individueller Priming-Effekte: Kandidaten-Priming kann im Wahlkampf 2009 eher auf die Politikberichterstattung der Presse zurückgeführt werden, zudem zeigt sich Priming eher für Wähler mit aufmerksamer politischer Mediennutzung, mit großer Unsicherheit (d. h. ohne Parteiidentifikation) und mit mittlerem (oder starkem) Politikinteresse. Damit spricht unsere Studie dafür, Priming nicht als (bloßen) kognitiven Zugänglichkeitseffekt zu verstehen, wie es lange Konsens gewesen ist. Dies ist auch für die normative Bewertung von Priming entscheidend, geht es bei der theoretischen Erklärung von Priming doch letztlich um die Frage, mit welcher Bewusstheit Wähler politische Informationen verarbeiten und politische Urteile treffen.

Literatur

Arendt, Florian. 2013. News Stereotypes, Time, and Fading Priming Effects. *Journalism & Mass Communication Quarterly* 90: 347-362.

Brosius, Hans-Bernd, und Hans Mathias Kepplinger. 1992. Beyond Agenda-Setting: The Influence of Partisanship and Television Reporting on the Electorate's Voting Intentions. *Journalism Quarterly* 69: 893-901.

Camaj, Lindita, und David H. Weaver. 2013. Need for Orientation and Attribute Agenda-Setting During a U.S. Election Campaign. *International Journal of Communication* 7: 1464-1485.

Campbell, Angus, Philip E. Converse, Warren E. Miller, und Donald E. Stokes. 1960. *The American Voter*. New York: Wiley.

de Vreese, Claes H. 2004. Primed by the Euro: The Impact of a Referendum Campaign on Public Opinion and Evaluations of Government and Political Leaders. *Scandinavian Political Studies* 27: 45-64.

Dragojlovic, Nicolas Isak. 2011. Priming and the Obama Effect on Public Evaluations of the United States. *Political Psychology* 32: 989-1006.

Eichhorn, Wolfgang. 1996. *Agenda-Setting-Prozesse. Eine theoretische Analyse individueller und gesellschaftlicher Themenstrukturierung*. Kommunikationswissenschaftliche Studien, Bd. 16. München: Fischer.

GESIS Leibniz-Institut für Sozialwissenschaften. 2012. GLES 2009. *Wahlkampf-Medieninhaltsanalyse Printmedien. Methodenbericht*. Mannheim.

GESIS Leibniz-Institut für Sozialwissenschaften. 2013. GLES 2009. *Rolling Cross-Section-Wahlkampfstudie mit Nachwahl-Panelwelle, ZA5303, Version 6.0.0. Studienbeschreibung*. Mannheim.

Gidengil, Elisabeth, André Blais, Neil Nevitte, und Richard Nadeau. 2002. Priming and Campaign Context. Evidence from Recent Canadian Elections. In *Do Political Campaigns Matter? Campaign Effects in Elections and Referendums*, Hrsg. David M. Farrell und Rüdiger Schmitt-Beck, 76-91. London: Routledge.

Goidel, Robert K., Todd G. Shields, und Mark Peffley. 1997. Priming Theory and RAS Models: Toward an Integrated Perspective of Media Influence. *American Politics Research* 25: 287-318.

GöfaK Medienforschung GmbH. 2010. *Fernsehnachrichtenanalyse zum Bundestagswahlkampf 2009. Methodenbericht / Methodendokumentation*. Potsdam.

Holbert, R. Lance, Owen Pillion, David A. Tschida, Greg G. Armfiled, Kelly Kinder, Kristin L. Cherry, und Amy R. Daulton. 2003. *The West Wing* as Endorsement of the U.S.

Presidency: Expanding the Bounds of Priming in Political Communication. *The Journal of Communication* 53: 427-443.

Holbrook, R. Andrew, und Timothy G. Hill. 2005. Agenda-Setting and Priming in Prime Time Television: Crime Dramas as Political Cues. *Political Communication* 22: 277-295.

Hügel, Rolf, Werner Degenhardt, und Hans-Jürgen Weiß. 1992. Strukturgleichungsmodelle für die Analyse des Agenda Setting-Prozesses. In *Medienwirkungen. Einflüsse von Presse, Radio und Fernsehen auf Individuum und Gesellschaft*, Hrsg. Winfried Schulz, 143-160. Weinheim: VCH, Acta Humaniora.

Iyengar, Shanto, Mark D. Peters, und Donald R. Kinder. 1982. Experimental Demonstrations of the „Not-So-Minimal" Consequences of Television News Programs. *American Political Science Review* 76: 848-858.

Iyengar, Shanto, Donald R. Kinder, Mark D. Peters, und Jon A. Krosnick. 1984. The evening news and presidential evaluations. *Journal of Personality and Social Psychology* 46: 778-787.

Iyengar, Shanto, und Donald R. Kinder. 2010[1987]. News that Matters. Television and American Opinion. Chicago: University of Chicago Press. Updated ed.

Jenkins, Richard W. 2002. How Campaigns Matter in Canada: Priming and Learning as Explanations for the Reform Party's 1993 Campaign Success. *Canadian Journal of Political Science – Revue Canadienne de Science Politique* 35: 383-408.

Johnston, Richard, André Blais, Henry E Brady, und Jean Crête. 1992. *Letting the people decide. Dynamics of a Canadian Election.* Stanford: Stanford University Press.

Kepplinger, Hans Mathias, und Hans-Bernd Brosius. 1990. Der Einfluß der Parteibindung und der Fernsehberichterstattung auf die Wahlabsichten der Bevölkerung. In *Wahlen und Wähler. Analysen aus Anlass der Bundestagswahl 1987. Schriften des Zentralinstituts für sozialwissenschaftliche Forschung der Freien Universität Berlin, Bd. 6*, Hrsg. Max Kaase und Hans-Dieter Klingemann, 675-686. Opladen: Westdeutscher Verlag.

Kim, Sei-Hill, Miejeong Han, und Dietram A. Scheufele. 2010. Think about Him This Way: Priming, News Media, and South Koreans' Evaluation of the President. *International Journal of Public Opinion Research* 22: 299-319.

King, Gary, Robert O. Keohane, und Sidney Verba. 1994. *Designing Social Inquiry. Scientific Inference in Qualitative Research.* Princeton, NJ: Princeton University Press.

Krause, Birgit, und Benjamin Fretwurst. 2007. Kurzfristige Agenda-Setting-Effekt von Fernsehnachrichten. Eine Zeitreihenanalyse am Beispiel Ausländerfeindlichkeit und Rechtsradikalismus. In *Fortschritte der politischen Kommunikationsforschung. Festschrift für Lutz Erbring*, Hrsg. Birgit Krause, Benjamin Fretwurst und Jens Vogelgesang, 171-196. Wiesbaden: VS Verlag für Sozialwissenschaften/ GWV Fachverlage GmbH.

Krosnick, Jon A., und Laura A. Brannon. 1993. The Impact of the Gulf war on the Ingredients of Presidential Evaluations: Multidimensional Effects of Political Involvement. *American Political Science Review* 87: 963-975.

Lee, Gunho. 2010. Who let Priming out? Analysis of first- and second-level agenda setting effects on priming. *International Communication Gazette* 72: 759-776.

Lenz, Gabriel S. 2009. Learning and Opinion Change, Not Priming: Reconsidering the Priming Hypothesis. *American Journal of Political Science* 53: 821-837.

Matthes, Jörg. 2006. The Need For Orientation Towards News Media: Revising and Validating a Classic Concept. *International Journal of Public Opinion Research* 18: 422-444.

Matthes, Jörg. 2008. Need For Orientation as a Predictor of Agenda-Setting Effects: Causal Evidence From a Two-Wave Panel Study. *International Journal of Public Opinion Research* 20: 440-453.

McCombs, Maxwell E., und David H. Weaver. 1973. Voters' Need for Orientation and Use of Mass Communication. *International Communication Association Convention.* Montreal.

McCombs, Maxwell E. 2004. Setting the Agenda. *The Mass Media and Public Opinion.* Cambridge: Polity.

McGraw, Kathleen M., und Cristina Ling. 2003. Media Priming of President and Group Evaluations. *Political Communication* 20: 23-40.

McLeod, Jack M., Lee B. Becker, und James E. Byrnes. 1974. Another Look at the Agenda-Setting Function of the Press. *Communication Research* 1: 131-166.

Mendelsohn, Matthew. 1996. The Media and Interpersonal Communications: The Priming of Issues, Leaders, and Party Identification. *Journal of Politics* 58: 112-125.

Miller, Joanne M., und Jon A. Krosnick. 1996. News Media Impact on the Ingredients of Presidential Evaluations: A Program of Research on the Priming Hypothesis. In *Political Persuasion and Attitude Change*, Hrsg. Diana C. Mutz, Paul M. Sniderman und Richards A. Brody, 79-99. Ann Arbor: University of Michigan Press.

Miller, Joanne M., und John A. Krosnick. 2000. News Media Impact on the Ingredients of Presidential Evaluations: Politically Knowledgeable Citizens Are Guided by a Trusted Source. *American Journal of Political Science* 44: 301-315.

Paasch-Colberg, Sünje. 2014. *Die Bedeutung politischer Themen im Wahlkampf. Ein interdisziplinäres Modell und eine empirische Mehrebenen-Analyse medialer Thematisierungswirkungen im Bundestagswahlkampf 2009.* Unveröffentlichte Dissertation, eingereicht am Fachbereich Politik- und Sozialwissenschaften, Freie Universität Berlin.

Pan, Zhongdang, und Gerald M. Kosicki. 1997. Priming and Media Impact on the Evaluations of the President's Performance. *Communication Research* 24: 3-30.

Peter, Jochen. 2002. Medien-Priming – Grundlagen, Befunde und Forschungstendenzen. *Publizistik* 47 : 21-44.

Price, Vincent, und David Tewksbury. 1997. News Values and Public Opinion: A Theoretical Account of Media Priming and Framing. In *Advances in Persuasion (Progress in Communication Sciences, Bd. 13)*, Hrsg. George A. Barnett und Franklin J. Foster, 173-212. London: Greenwich.

Quiring, Oliver. 2003. Die Fernsehberichterstattung über die Arbeitslosigkeit und ihr Einfluss auf wahlrelevante Vorstellungen der Bevölkerung – eine Zeitreihen-Analyse 1994-1998. *Publizistik* 48: 1-24.

Quiring, Oliver. 2004. *Wirtschaftsberichterstattung und Wahlen.* Konstanz: UVK Verlagsgesellschaft.

Reinemann, Carsten, Marcus Maurer, Thomas Zerback, und Olaf Jandura. 2013. *Die Spätentscheider. Medieneinflüsse auf kurzfristige Wahlentscheidungen.* Wiesbaden: Springer.

Rössler, Patrick. 1997. *Agenda-Setting. Theoretische Annahmen und empirische Evidenzen einer Medienwirkungshypothese.* Opladen: Westdeutscher Verlag.

Roskos-Ewoldsen, David R., Beverly Roskos-Ewoldsen, und Francesca R. Dillman Carpentier. 2002. Media Priming: A Synthesis. In *Media Effects. Advances in Theory and Research*, Hrsg. Jennings Bryant und Dolf Zillmann, 97-120. Mahwah, New Jersey, London: Lawrence Erlbaum Asscociates.

Roskos-Ewoldsen, David R., Mark R. Klinger, und Beverly Roskos-Ewoldsen. 2007. Media-Priming: A Meta-Analysis. In *Mass Media Effects Research. Advances through Meta-Analysis*, Hrsg. Raymond W. Preiss, Barbara Mae Gayle, Nancy Burrell, Mike Allen, und Jennings Bryant, 53-80. Mahwah, New Jersey, London: Lawrence Erlbaum Asscociates.

Roskos-Ewoldsen, David R., Beverly Roskos-Ewoldsen, und Francesca Dillmann Carpentier. 2009. Media Priming. An Updated Synthesis. In *Media Effects, Advances in Theory and Research*, Hrsg. Jennings Bryant, und Mary B. Oliver, 74-93. New York: Routledge.

Schemer, Christian. 2009. *Politische Kampagnen für Herz und Verstand. Affektive und kognitive Einflüsse der Massenmedien auf politische Einstellungen*. Reihe Rezeptionsforschung, Bd. 19. Baden-Baden: Nomos.

Scheufele, Bertram. 2004. Framing-Effekte auf dem Prüfstand. Eine theoretische, methodische und empirische Auseinandersetzung mit der Wirkungsperspektive des Framing-Ansatzes. *Medien & Kommunikationswissenschaft* 52: 30-55.

Scheufele, Dietram A. 2000. Agenda-Setting, Priming, and Framing Revisited: Another Look at Cognitive Effects of Political Communication. *Mass Communication and Society* 3: 297-316.

Scheufele, Dietram A., und David Tewksbury. 2007. Framing, Agenda Setting, and Priming: The Evolution of Three Media Effects Models. *Journal of Communication* 57: 9-20.

Schmitt-Beck, Rüdiger. 2012. Empirische Wahlforschung in Deutschland: Stand und Perspektiven zu Beginn des 21. Jahrhunderts. *Politische Vierteljahreszeitschrift*, Sonderheft 45: 3-39.

Schoen, Harald. 2004. Kandidatenorientierungen im Wahlkampf. Eine Analyse zu den Bundestagswahlkämpfen 1980-1998. *Politische Vierteljahreszeitschrift* 45: 321-345.

Sheafer, Tamir, und Gabriel Weimann. 2005. Agenda Building, Agenda Setting, Priming, Individual Voting Intentions, and the Aggregate Results. An Analysis of Four Israeli Elections. *Journal of Communication* 55: 347-365.

Sheafer, Tamir. 2007. How to Evaluate It: The Role of Story-Evaluative Tone in Agenda Setting and Priming. *Journal of Communication* 57: 21-39.

Smith, Daniel A., und Caroline J. Tolbert. 2010. Direct Democracy, Public Opinion, and Candidate Choice. *Public Opinion Quarterly* 74: 85-108.

Takeshita, Toshio. 2006. Current Critical Problems in Agenda-Setting Research. *International Journal of Public Opinion Research* 18: 275-296.

Togeby, Lise. 2007. The Context of Priming. *Scandinavian Political Studies* 30: 345-376.

Valentino, Nicholas A. 1999. Crime News and the Priming of Racial Attitudes during Evaluations of the President. *Public Opinion Quarterly* 63: 293-320.

Valentino, Nicholas A., Vincent L. Hutchings, und Ismail K. White. 2002. Cues That Matter: How Political Ads Prime Racial Attitudes during Campaigns. *American Political Science Review* 96: 75-90.

Valenzuela, Sebastian. 2009. Variations in Media Priming: The Moderating Role of Knowledge, Interest, News Attention, and Discussion. *Journalism & Mass Communication Quarterly* 86: 756-774.

van der Brug, Wouter, Holli Semetko, und Patti Valkenburg. 2007. Media Priming in a Multi-Party Context: A Controlled Naturalistic Study in Political Communication. *Political Behavior* 29: 115-141.

Weaver, David H. 1977. Political Issues and Voter Need for Orientation. In *The Emergence of American Political Issues: The Agenda-Setting Function of the Press*, Hrsg. Donald L. Shaw und Maxwell E. McCoimbs, 107-120. St. Paul: West Publishing.

Willnat, Lars, und Jian-Hua Zhu. 1996. Newspaper Coverage and Public Opinion in Hong Kong: A Time-Series Analysis of Media Priming. *Political Communication* 13: 231-246.

Zaller, John R. 1992. *The Nature and Origins of Mass Opinion.* Cambridge: Cambridge University Press.

Zeh, Reimar, und Lutz M. Hagen. 1999. „Nun zum Sport…" und andere kurzfristige Effekte von Fernsehnachrichten auf die Wahlabsicht im Bundestagswahlkampf 1998. Eine zeitreihenanalytische Untersuchung. In *Wahlkampf in den Medien – Wahlkampf mit den Medien. Ein Reader zum Wahljahr 1998,* Hrsg. Christina Holtz-Bacha, 188-217. Wiesbaden: VS Verlag für Sozialwissenschaften.

Anhang

Daten und Frageformulierungen

Tabelle A1: Deskriptivstatistiken für die Variablen der RCS-Befragung

	N	Min.	Max.	$\overline{X}$	s
Wahlabsicht CDU/CSU	5119	0	1	0,256	0,436
Wahlabsicht SPD	5119	0	1	0,177	0,381
Bewertung CDU/CSU	5896	-5	5	0,600	2,719
Bewertung SPD	5882	-5	5	0,759	2,484
Bewertung Merkel	5933	-5	5	2,199	2,514
Bewertung Steinmeier	5796	-5	5	1,037	2,413
Parteiidentifikation CDU/CSU	5746	0	1	0,246	0,431
Parteiidentifikation SPD	5746	0	1	0,212	0,409
Index Politikinteresse	5986	0	4	2,280	0,975
Index Medienrezeption	5984	0	7	2,775	1,966
Index Medienaufmerksamkeit	5746	0	3	1,677	0,692

Frageformulierungen, RCS 2009

Bewertung der Parteien

„Was halten Sie so ganz allgemein von den einzelnen Parteien? Benutzen Sie dafür bitte wieder das Thermometer von +5 bis -5 mit einem Nullpunkt in der Mitte. +5 bedeutet, dass Sie sehr viel von der Partei halten; -5 bedeutet, dass Sie überhaupt nichts von der Partei halten. Mit den Werten dazwischen können Sie Ihre Meinung abstufen. … Was halten Sie von der CDU?".

Bewertung der Kanzlerkandidaten (analog zu Bewertung der Parteien)

Parteiidentifikation

„In Deutschland neigen viele Leute längere Zeit einer bestimmten politischen Partei zu, obwohl sie auch ab und zu eine andere Partei wählen. Wie ist das bei Ihnen: Neigen Sie – ganz allgemein gesprochen – einer bestimmten Partei zu? Und wenn ja, welcher?".

Politikinteresse, allgemein

„Einmal ganz allgemein gesprochen: Wie stark interessieren Sie sich für Politik – sehr stark, ziemlich stark, mittelmäßig, weniger stark oder überhaupt nicht?".

Interesse am Wahlkampf

„Und wie stark interessiert Sie speziell der gerade laufende Wahlkampf zur bevorstehenden Bundestagswahl – sehr stark, ziemlich stark, mittelmäßig, weniger stark oder überhaupt nicht?".

Mediennutzung während des Wahlkampfes

„Im Wahlkampf gibt es verschiedene Möglichkeiten, wie man sich über das aktuelle politische Geschehen in Deutschland informieren kann. Beginnen wir mit den Tageszeitungen. Lesen Sie gelegentlich oder regelmäßig die BILD-Zeitung? Falls ja: An wie vielen Tagen haben Sie in der vergangenen Woche politische Berichte in der BILD-Zeitung gelesen?".
„Kommen wir nun zu den Nachrichtensendungen im Fernsehen. Beginnen wir mit den Nachrichtensendungen der ARD, also der Tagesschau und den Tagesthemen: An wie vielen Tagen haben Sie in der vergangenen Woche die Tagesschau oder die Tagesthemen der ARD gesehen?".

Aufmerksamkeit bei der Rezeption von Berichten über Politik während des Wahlkampfes

„Wie aufmerksam waren Sie beim Lesen der … alles in allem für Berichte über die Parteien und den Wahlkampf – sehr aufmerksam, aufmerksam, weniger aufmerksam oder überhaupt nicht aufmerksam?".
„Als Sie Nachrichten im Fernsehen gesehen haben, wie aufmerksam waren Sie da alles in allem für Berichte über die Parteien und den Wahlkampf – sehr aufmerksam, aufmerksam, weniger aufmerksam oder überhaupt nicht aufmerksam?".

Ursachen und Konsequenzen ambivalenter Einstellungen

Jan Eric Blumenstiel/Konstantin Leonardo Gavras

1. Einleitung

George W. Bush, Präsident der USA von 2001 bis 2009, wurde oft dafür kritisiert, die Welt in Gut und Böse einzuteilen (vgl. z.B. Singer 2004; Spiegel Online 2009). Hierfür bedurfte es keiner näheren Erklärung, es galt gewissermaßen als Common Sense, dass eine von Schwarz-Weiß-Malerei geprägte, bipolare Weltsicht vereinfachend und falsch sei. Diese Erkenntnis wird durch sozialpsychologische Befunde bestätigt. Bereits Festinger (1957) argumentiert, dass verschiedene Kognitionen eines Menschen dissonant zueinander sein können. Das gilt auch für Einstellungen, denn Personen müssen nicht notwendigerweise eine eindeutige ‚wahre' Einstellung gegenüber einem Einstellungsobjekt haben, sondern können gleichzeitig verschiedene positive und negative und sogar widersprüchliche Empfindungen haben (z.B. Kaplan 1972; Scott 1968; Zaller u. Feldman 1992). So könnte ein Wähler einen Kandidaten beispielsweise gleichzeitig als sympathisch aber entscheidungsschwach wahrnehmen. Positive Gefühle gegenüber einer Person zu haben, bedeutet nicht automatisch, keine negativen Gefühle ihr gegenüber zu haben (Abelson et al. 1982; Martinez et al. 2005a).

Erstaunlicherweise wurden ambivalente Einstellungen in der Politikwissenschaft lange Zeit kaum beachtet und rückten erst in den 1990er-Jahren stärker in den Blickpunkt (z.B. Zaller u. Feldman 1992; Thompson et al. 1995), sind jedoch in Deutschland von wenigen Ausnahmen abgesehen (Schoen 2010; Urban u. Mayerl 2013) noch immer ein nahezu unerforschtes Gebiet geblieben. Inzwischen ist unbestritten, dass ambivalente Einstellungen nicht nur ein theoretisches, sondern auch ein empirisches Phänomen sind; viele Personen haben gleichermaßen starke positive und negative Gefühle gegenüber politischen Akteuren (Thompson et al. 1995). Zudem hat sich Einstellungsambivalenz in den USA als zentrale Moderatorvariable von Einstellungsstabilität und der Entscheidungsfindung erwiesen; insbesondere den Präsidentschaftskandidaten der beiden großen Parteien stehen viele Wähler mit ambivalenten Gefühlen gegenüber (Lavine 2001). Vor diesem Hintergrund wird im Folgenden am Beispiel der Bundestagswahl 2013 den Fragen nachgegangen, wie verbreitet ambivalente Einstellungen gegenüber den Kanzlerkandidaten sind, wie diese entstehen und welche Konsequenzen sich daraus ergeben.

Mit der Konzentration auf Kanzlerkandidaten und die Wahl 2013 weist die Analyse zwei Besonderheiten auf, die bei der Einordnung der Befunde berücksichtigt werden müssen. Die Präsidentschaftskandidaten nehmen im personalisierten Wahlsystem der USA eine herausgehobene Stellung ein, während die maßgeblichen Zweitstimmen in Deutschland für Landeslisten der Parteien abgegeben werden. Jedoch haben Kandidatenorientierungen, und insbesondere Einstellungen gegenüber den Spitzen- und Kanzlerkandidaten, auch bei Bundestagswahlen einen erheblichen Einfluss auf das Abstimmungsverhalten (Brettschneider 2002; Ohr u. Rosar 2013; Wagner u. Weßels 2012). Angesichts des vieldiskutierten Trends der „Amerikanisierung" deutscher Wahlkämpfe wird mitunter sogar eine über die Zeit zunehmende Personalisierung des Wahlverhaltens vermutet (Gabriel u. Brettschneider 2002; Gabriel u. Neller 2005; Ohr 2000). Während des Wahlkampfs sind die Kanzlerkandidaten die sichtbarsten Repräsentanten ihrer Parteien, viele in den Kampagnen vermittelte Informationen betreffen die Kandidaten oder werden von den Kandidaten selbst kommuniziert. Die einzelnen Informationen über die Kandidaten können dabei widersprüchlich oder inkonsistent zueinander sein, d.h. die Bürger begegnen sowohl positiven als auch negativen Werturteilen über einen Kandidaten. Die Parteien stellen die positiven Eigenschaften ihres Kandidaten in den Vordergrund oder kritisieren den Kontrahenten. Medien berichten zwar objektiver, je nach politischer Ausrichtung aber keineswegs werturteilsfrei. Auf diese Weise wird die Entstehung ambivalenter Einstellungen begünstigt, sodass Ambivalenz auch im Hinblick auf Einstellungen gegenüber den Kanzlerkandidaten ein weit verbreitetes Phänomen sein sollte. Zu diesem Ergebnis kommt auch Schoen (2010), wenngleich Ambivalenz gegenüber den Parteien in seiner Untersuchung noch etwas verbreiteter ist.

Angesichts der Konzentration der Analyse auf das Beispiel der Bundestagswahl 2013 müssen die Besonderheiten dieser Wahl berücksichtigt werden, insbesondere im Hinblick auf die beiden Kanzlerkandidaten. Für CDU und CSU trat die seit 2005 als Bundeskanzlerin amtierende Angela Merkel erneut als Kanzlerkandidatin an. Im Wahlkampf setzte die Union auf den Amtsinhaber-Bonus und die guten persönlichen Umfragewerte Merkels und verwendete die Kanzlerin als „Wahlkampagne" (Hilmer u. Merz 2014, S.183), in der Angela Merkel in erster Linie als bewährte und vertrauenswürdige Kanzlerin dargestellt werden sollte. Für den sozialdemokratischen Herausforderer Steinbrück bestand die Aufgabe darin, seine Bekanntheit während des Wahlkampfs zu erhöhen und zugleich aus dem Schatten Merkels herauszutreten. Seine Arbeit als Bundesfinanzminister von 2005 bis 2009 wurde zwar in der Öffentlichkeit gewürdigt, er war dabei jedoch unter der Kanzlerin Angela Merkel tätig und zudem seit 2009 nicht mehr dauerhaft in der Öffentlichkeit präsent. Sein Wahlkampf unter dem Motto „Klartext" sorgte für Aufsehen, wirkte mit der Diskussion um seine Vortragshonorare, unbedachte Äußerungen und umstrittene Symbole (‚Stinkefinger'-Affäre) aber sehr polarisierend (Holtz-Bacha 2015).

Insgesamt können für das Ausmaß der Ambivalenz gegenüber den beiden Kanzlerkandidaten deshalb gegenteilige Erwartungen formuliert werden. Für Angela Merkel ist ein verhältnismäßig geringes Ausmaß der Ambivalenz zu erwarten. Im Jahr 2013 war sie seit über einem Jahrzehnt in höchsten politischen Ämtern in der Öffentlichkeit präsent, seit acht Jahren davon als Bundeskanzlerin, blieb in dieser Zeit ohne persönliche Skandale und konnte ihr Ansehen kontinuierlich steigern. Aufgrund seiner stärker polarisierenden Aussagen sowie seines persönlichen Verhaltens während des Wahlkampfs kann für Peer Steinbrück dagegen ein deutlich höheres Ausmaß ambivalenter Einstellungen erwartet werden.

Der Beitrag gliedert sich wie folgt. Im folgenden Abschnitt werden zunächst theoretische Überlegungen zur Definition von Ambivalenz und möglichen Ursachen und Konsequenzen ambivalenter Einstellungen präsentiert. Anschließend werden die verwendeten Daten, Operationalisierungen und Methoden vorgestellt. In diesem Zusammenhang wird insbesondere die Messung ambivalenter Einstellungen diskutiert und ein neues Frageformat zur Messung ambivalenter Einstellungen dargestellt, das die Grundlage für die folgenden Analysen bildet. Die Ergebnisse der Analysen werden in drei Schritten präsentiert. Zunächst werden deskriptive Auswertungen zum Ausmaß ambivalenter Einstellungen gegenüber den Kanzlerkandidaten präsentiert. Im zweiten Schritt wird den Ursachen ambivalenter Einstellungen nachgegangen, bevor im letzten Schritt die Stärke der Skalometerbewertungen der Kanzlerkandidaten und die Unentschlossenheit bei der Kanzlerpräferenz als mögliche Konsequenzen von Ambivalenz untersucht werden. Der Beitrag schließt mit einer Diskussion der gewonnenen Erkenntnisse für den Stand der Forschung.

2. Theoretische Überlegungen und Hypothesen

Nachdem ambivalenten Einstellungen zuvor nur geringe Aufmerksamkeit gewidmet worden war, erschienen insbesondere in den USA seit den 1990er Jahren etliche Studien, die sich mit den Ursachen und Konsequenzen ambivalenter Einstellungen beschäftigen. Auf den kleinsten gemeinsamen Nenner gebracht wird unter Ambivalenz in diesen Studien verstanden, dass die Empfindungen einer Person gegenüber politischen Akteuren widersprüchliche oder inkonsistente Bewertungen, Einschätzungen oder Gefühle beinhalten (Alvarez u. Brehm 1995; Lavine 2001; Martinez et al. 2005a; Zaller u. Feldman 1992). Die Relevanz dieses Phänomens ergibt sich aus der Verbreitung ambivalenter Einstellungen: „Most people possess opposing considerations on most issues, that is, considerations that might lead them to decide the issue either way." (Zaller u. Feldman 1992, S.585). Da viele Personen folglich nicht über sehr ‚wahre' Einstellungen verfügten, entsprächen ihre Antworten in Umfragen eher einem im Moment der Befragung gebildeten Mittelwert aus ihren unterschiedlichen und möglicherweise widersprüchlichen Überlegungen und Empfindungen (Zaller 1992; Zaller u. Feldman 1992). Dieser Mittelwert könne zudem, abhängig von zum Zeitpunkt der Befragung besonders präsenten Einstellungen, variieren. Antworten auf eindimensionale Einstellungsskalen können deshalb in doppelter Hinsicht nicht als präzise Messungen einer Einstellung interpretiert werden, weil sie die zugrunde liegende und durch Ambivalenz verursachte zeitliche und substantielle Varianz der Einstellung ignorieren. Auch wenn diese Sichtweise insbesondere aus der Perspektive eines on-line-Modells der Informationsverarbeitung (z. B. Lodge et al. 1989; Lodge et al. 1995) kritikwürdig ist, wurden in vielen Studien empirische Hinweise für ambivalente Einstellungen gefunden.

Abgesehen von einem sehr groben gemeinsamen Grundverständnis wird der Begriff Ambivalenz keineswegs einheitlich verwendet, vielmehr können damit je nach Untersuchungsgegenstand und verwendeten Indikatoren verschiedene Formen der Ambivalenz gemeint sein. Die folgende Analyse konzentriert sich auf Einstellungsambivalenz in Form konfliktärer Empfindungen gegenüber einem einzigen Einstellungsobjekt wie einem Kandidaten oder einer politischen Partei[1]. Gemeint ist beispielsweise ein Wähler, der sich einer bestimmten Partei ideologisch nahe fühlt, ihr aber nicht die Lösung der aktuell dringlichen Probleme zutraut. Ein weiteres Beispiel wäre eine Person, die eine Kandidatin zwar als wirtschaftskompetent wahrnimmt, sie aber für persönlich unsympathisch hält. Solche Konflikte sind keineswegs eine neue Entdeckung, sondern wurden in ähnlicher Form unter dem Begriff „cross-pressures" bereits in der Entstehungsphase der empirischen Wahlforschung diskutiert. Beziehen sich Lazarsfeld et al. (1944) noch primär auf gegenläufige Einflüsse des sozialen Umfeldes, so wird bereits bei Campbell et al. (1954, 1960) die Bedeutung attitudinaler Inkonsistenzen für die Wahlentscheidung diskutiert. Für diese Form der Ambivalenz findet sich in der Literatur auch die Bezeichnung „individuelle" Ambivalenz, da sich die betreffenden widersprüchlichen Einstellungen jeweils auf ein einzelnes Einstellungsobjekt beziehen.

2.1 Ursachen ambivalenter Einstellungen

Über die Ursachen von Ambivalenz ist bislang noch immer verhältnismäßig wenig bekannt (Martinez et al. 2005a; Rudolph u. Popp 2007). In früheren Studien wurden im Wesentlichen drei unterschiedliche theoretische Erklärungsansätze vorgeschlagen, die jedoch alle nur begrenzte empirische Unterstützung erfahren haben: intrapersonelle Konflikte, externe Informationen und die Art und Weise der Informationsverarbeitung.

Die Vermutung, intrapersonelle Konflikte seien ursächlich für die Herausbildung ambivalenter Einstellungen, kann u.a. aus Zallers RAS-Modell (1992) abgeleitet werden. Nach diesem Modell verfügen viele Personen nicht über eine klar definierte ‚wahre' Einstellung zu einem Thema, sondern über eine Reihe unterschiedlicher und möglicherweise widersprüchlicher Überlegungen und Empfindungen, sodass ihre Antworten auf eine Frage nach ihrem Standpunkt zu einem Thema auf einer bipolaren Skala in beide Richtungen ausfallen können. Da sie auf keine verfestigte Meinung zurückgreifen können, basieren ihre Antworten auf einer erst im Moment der Befragung gezogenen Stichprobe aus diesen verschiedenen Überlegungen. Besteht nun ein stärkerer interner Konflikt zwischen den einzelnen Überlegungen einer Person, so werden mit größerer Wahrscheinlichkeit sowohl gute als auch schlechte Seiten eines Einstellungsobjekts wahrgenommen und die Bandbreite möglicher Antworten auf dieselbe Frage nimmt zu. Dieser Logik folgend wurde in einigen Studien vermutet, dass Wertekonflikte ursächlich für die Herausbildung ambivalenter Einstellungen seien (z.B. Alvarez u. Brehm 1995; Al-

---

1 Die zweite Form der Ambivalenz kann als Entscheidungsambivalenz bezeichnet werden, dabei geht es um akteurübergreifende Einstellungskonflikte. Können bei einer Wahl beispielsweise drei Kandidaten gewählt werden, die ein Wähler alle drei exakt gleich gut bewertet, so ist er gegenüber den Alternativen ambivalent. Da kein Einstellungsobjekt (oder Entscheidungsalternative) eindeutig präferiert wird, wird diese Form der Ambivalenz auch als ambivalente oder nicht eindeutige Entscheidungssituation bezeichnet (Plischke 2014), in der englischsprachigen Literatur finden sich auch die Bezeichnungen „partisan" oder „comparative ambivalence" (Lavine 2001; Basinger u. Lavine 2005; Mulligan 2011).

varez u. Brehm 2002; Craig et al. 2005a; Feldman u. Zaller 1992; Martinez et al. 2005a, 2005b). Diese Vermutung basiert auf der Annahme, dass grundlegende Wertedimensionen prägend für soziale Einstellungen und Verhaltensweisen sind. Trotz mancher unterstützender Befunde hinsichtlich einzelner Wertekonflikte (Craig et al. 2002, 2005a; Alvarez u. Brehm 1995; Martinez et al. 2005b) hat sich dieser Erklärungsansatz insgesamt nur sehr bedingt bewährt (Martinez et al. 2005a)[2]. Aus diesem Grund stellten Armitage und Conner (2005) die zugrundeliegende theoretische Annahme infrage und sprachen sich zugleich dafür aus, andere Formen interner Konflikte bei der Erklärung der Ursachen von Ambivalenz zu berücksichtigen. Gainous et al. (2010) tragen dieser Forderung Rechnung, indem sie neben Wertekonflikten auch den Beitrag affektiver Konflikte für die Erklärung ambivalenter Einstellungen gegenüber einem Einstellungsobjekt untersuchen. Darunter fällt insbesondere Ambivalenz gegenüber anderen Einstellungsobjekten. Beispielsweise zeigte sich, dass Ambivalenz hinsichtlich wohlfahrtsstaatlicher Einstellungen vergleichsweise am besten durch Einstellungskonflikte hinsichtlich anderer Sachfragen erklärt werden kann. Einen solchen Zusammenhang zwischen der Einstellungsambivalenz gegenüber verschiedenen Objekten kann Schoen (2010) für Deutschland zumindest für unterschiedliche Akteure der gleichen parteipolitischen Couleur bestätigen. Übertragen auf Einstellungen gegenüber den beiden Kanzlerkandidaten lässt sich daraus die Erwartung ableiten, dass ein Einstellungskonflikt gegenüber einem der beiden Kandidaten die Wahrscheinlichkeit eines Einstellungskonflikts gegenüber dem anderen Kandidaten erhöht.

> *H1a: Ambivalenz einem Kanzlerkandidaten gegenüber führt zu größerer Ambivalenz dem anderen Kanzlerkandidaten gegenüber.*

Ein zweiter Erklärungsansatz nimmt die Auswirkungen externer Informationen auf Ambivalenz in den Blick. Um sich eine Meinung über einen Politiker oder zu einem Thema bilden zu können, ist eine Person auf Informationen von externen Quellen angewiesen. Es ist deshalb denkbar, dass der Inhalt der aufgenommenen Informationen die Herausbildung ambivalenter Einstellungen beeinflusst. Je heterogener die erhaltenen Informationen ausfallen, desto wahrscheinlicher sollte eine Person ambivalente Einstellungen entwickeln. Theoretisch lässt sich dieses Argument auf alle aufgenommenen Informationen anwenden, beispielsweise die über Printmedien oder TV-Nachrichten rezipierten Inhalte. Empirisch wurde aber vor allem die Homogenität bzw. Heterogenität der Parteipräferenzen im persönlichen sozialen Netzwerk betrachtet (z.B. Huckfeldt et al. 2004; Mutz 2002), was auch daran liegen dürfte, dass es sich dabei um einen zwar groben, aber in Umfragen relativ leicht zu messenden Proxy für die Einseitigkeit der aufgenommenen Informationen handelt. Die dahinter stehende Annahme lautet, dass der Informationsaustausch in persönlichen Interaktionen einen starken Einfluss auf die Einstellungen einer Person ausüben kann. Befindet sich eine Person in einem heterogenen Netzwerk, führt also regelmäßig politische Gespräche mit Diskussionspartnern

---

2 Auch die Messung und Operationalisierung von Wertekonflikten ist nicht unproblematisch. In den für die folgende Analyse verwendeten Daten sind keine Indikatoren zur Abbildung relevanter Wertekonflikte enthalten, deshalb wurde auf eine Berücksichtigung dieses Erklärungsansatzes verzichtet.

mit abweichender Parteipräferenz, trägt dies zu größerer Ambivalenz der Einstellungen dieser Person bei. So verfügen Personen in heterogenen Netzwerken zwar über starke, aber geringer polarisierte Einstellungen gegenüber einem Kandidaten, d.h. sie nehmen mit größerer Wahrscheinlichkeit sowohl gute als auch schlechte Seiten wahr (Huckfeldt et al. 2004, S.92). Genau genommen wirken heterogene Informationen letztlich auf Ambivalenz, indem sie verstärkend auf intrapersonelle Konflikte wirken: Die Einbindung in ein heterogenes soziales Netzwerk erhöht die Wahrscheinlichkeit, mit den eigenen Ansichten widersprechenden Informationen in Kontakt zu kommen, was wiederum die Unsicherheit über den eigenen Standpunkt erhöhen und damit ambivalente Einstellungen begünstigen kann (Mutz 2002, S.840).

H1b: Heterogene soziale Netzwerke führen zu größerer Ambivalenz.

Die Art und Weise, wie die erhaltenen Informationen aufgenommen und verarbeitet werden, steht im Mittelpunkt des dritten Erklärungsansatzes (Rudolph u. Popp 2007). Ambivalenz wird demnach durch den individuellen Aufwand bei der Verarbeitung politischer Informationen beeinflusst. Personen die häufiger über Politik nachdenken und dabei mehr politische Informationen verarbeiten, haben eine größere Wahrscheinlichkeit, widersprüchlichen Informationen und Überlegungen ausgesetzt zu sein. Zumindest für Personen, bei denen Argumente beider Seiten wenigstens teilweise auf Zustimmung treffen, kann dies zu größerer Ambivalenz führen. Jedoch ist die Wirkungsrichtung gründlicher Informationsverarbeitung umstritten (vgl. Thompson et al. 1995; Keele u. Wolak 2008). So argumentieren Thompson et al. (1995), dass eine systematische Informationsverarbeitung zwar in der Tat eher zur Wahrnehmung widersprüchlicher Informationen führen sollte. Diese könnten aber im Zuge der systematischen Verarbeitung kognitiv in Einklang gebracht werden und würden dann sogar die Wahrscheinlichkeit ambivalenter Einstellungen reduzieren. In diesem Fall sollte zudem höhere politische Versiertheit mit geringerer Ambivalenz einhergehen (vgl. Keele u. Wolak 2008; Steenbergen u. Brewer 2004; Zaller 1992; Zaller u. Feldman 1992; abweichend Rudolph u. Popp 2007).

Zusätzlich spielen die Selektivität und Motivation der Informationsverarbeitung eine Rolle (Lodge u. Taber 2000; Rudolph u. Popp 2007). Der beschriebene positive Zusammenhang sollte vor allem für Personen gelten, die eine objektive und ausgewogene Informationsgrundlage anstreben und daran interessiert sind, um eine möglichst optimale Entscheidung zu treffen. Personen auf der (selektiven) Suche nach Informationen zu Bestätigung ihrer bestehenden Präferenz tendieren dagegen dazu, einseitig in Richtung ihrer Prädispositionen verzerrte Informationen zu konsumieren; dies sollte ambivalenten Einstellungen entgegenwirken.

H1c: Systematische Informationsverarbeitung führt zu größerer Ambivalenz, selektive Informationsverarbeitung zu geringerer Ambivalenz.

Empirisch haben die drei Erklärungsansätze bisher nur begrenzte Unterstützung erfahren, ein großer Teil der Varianz ambivalenter Einstellungen konnte bislang nicht erklärt werden. Vermutlich sind die Ursachen von Ambivalenz in den bisherigen Erklärungen nicht vollständig abgedeckt. Als eine vierte Ursache sollen im Folgenden psychologische Prädispositionen und Persönlichkeitsmerkmale untersucht werden. Besonders über die zeitliche Stabilität ambivalenter Einstellungen auf individueller Ebene ist bisher nur wenig bekannt (s. aber Rudolph 2011). Deshalb ist unklar, ob Ambivalenz primär ein kontext- und situationsabhängiges Merkmal von Einstellungen ist oder ob es Personen mit einer Prädisposition für ambivalente Einstellungen gibt. Sollte letzteres der Fall sein, könnten ambivalente Einstellungen auf langfristig stabile individuelle Merkmale zurückzuführen sein. Zu den zeitlich stabilsten Eigenschaften zählen Persönlichkeitseigenschaften und psychologische Prädispositionen, deshalb soll überprüft werden, ob Personen mit bestimmten Persönlichkeitsmerkmalen in besonderem Maße zu ambivalenten Einstellungen tendieren. In früheren Studien wurden zwei Zusammenhänge berichtet, die in diese Richtung deuten. Erstens zeigen entscheidungsschwache Personen, die sich vor den Konsequenzen falscher Entscheidungen fürchten, eine Tendenz zu höherer Ambivalenz (Thompson et al. 1995), da es ihnen schwieriger fällt, positive und negative Empfindungen gegeneinander abzuwägen, um zu einem klaren Gesamturteil zu gelangen. Dagegen haben zweitens Personen mit einer Neigung zu klaren Meinungen und vielen Überzeugungen seltener ambivalente Einstellungen (Keele und Wolak 2008), ihnen gelingt es besser, die dominierende Richtung ihrer Empfindungen auszumachen. Darüber hinaus wird die Persönlichkeit eines Menschen durch weitere Eigenschaften bestimmt, die nach dem Big Five-Modell in die Dimensionen Neurotizismus, Extraversion, Offenheit für neue Erfahrungen, Gewissenhaftigkeit und Verträglichkeit unterteilt werden können. Diese Merkmale sind über die Zeit hinweg auf Personenebene sehr stabil. Wenn es zutrifft, dass über die Zeit hinweg immer wieder dieselben Personen zu ambivalenten Einstellungen neigen, könnte dies deshalb mit der Ausprägung dieser fünf Dimensionen im Zusammenhang stehen. Da es zu dieser Vermutung bisher keine empirischen Untersuchungen gibt, sollen die fünf Persönlichkeitsmerkmale explorativ als weitere mögliche Ursachen der Ambivalenz getestet werden, um zu überprüfen ob die Persönlichkeit über bisherige Erklärungsansätze hinaus zur Erklärung von Ambivalenz beitragen kann und um sicherzugehen, dass es sich bei den Effekten der Entscheidungsschwäche nicht lediglich um Scheinkorrelationen handelt, die letztlich auf bestimmte Merkmalskombinationen der fünf Persönlichkeitsdimensionen zurückzuführen sind.

H1d: Entscheidungsschwache Personen neigen stärker zu ambivalenten Einstellungen, Personen mit klaren Meinungen haben seltener ambivalente Einstellungen.

2.2 Konsequenzen ambivalenter Einstellungen

Die Bedeutung von Ambivalenz ergibt sich nicht nur aus dem Ausmaß ambivalenter Einstellungen in der Bevölkerung, sondern vor allem durch die Auswirkungen dieser Einstellungskonflikte auf andere politische Einstellungen und Verhaltensweisen. In den letzten zwei Jahrzehnten haben etliche Studien die Auswirkungen ambivalenter Einstellungen untersucht, die sich in verschiedenen Kontexten als zentrale Erklärungsvariable erwiesen haben. Da stärkere Ambivalenz nach der oben dargestellten Logik zu einer größeren Bandbreite möglicher Antworten auf dieselbe Frage zu verschiedenen Zeitpunkten führen müsste, wurde vermutet, dass die Einstellungsstabilität bei Personen mit ambivalenten Einstellungen geringer sein sollte. Dieser Zusammenhang konnte u.a. von Craig et al. (2005b) und Lavine (2001) gezeigt werden. Gleichermaßen bedeutet eine größere Einstellungsambivalenz, dass eine Person nicht ausschließlich positive oder negative Eigenschaften eines Einstellungsobjektes wahrnimmt, sondern dieses über mehrere Dimensionen sehr unterschiedlich bewertet. So kann die Position einer Partei zu einer bestimmten Sachfrage als übereinstimmend mit den eigenen Präferenzen wahrgenommen werden, während bei einer anderen Sachfrage ein Widerspruch zwischen der eigenen und der Position der Partei empfunden wird. Für die Gesamtbeurteilung des entsprechenden politischen Akteurs sollte sich daraus eine mäßigende Wirkung ergeben, sodass die Globalurteile über ambivalent wahrgenommene Einstellungsobjekte in der Regel weniger extrem ausfallen (Meffert et al. 2004; Schoen 2010).

> *H2a: Einstellungsambivalenz hat eine mäßigende Wirkung auf die Gesamtbewertung des jeweiligen Kandidaten.*

Ambivalenz kann jedoch nicht nur Auswirkungen auf die Bewertung eines Einstellungsobjektes haben, sondern auch für Entscheidungen, also die Abwägung zwischen mehreren Einstellungsobjekten, bedeutsam sein. Insbesondere ist denkbar, dass ambivalente Einstellungen mit größeren Schwierigkeiten einhergehen, sich zwischen den zur Wahl stehenden Alternativen zu entscheiden oder eine klare Präferenz zu entwickeln. Damit wäre Einstellungsambivalenz nicht mehr nur ein Zustand der inneren Zerrissenheit über die Beurteilung einer Person oder Partei, sondern wäre auch entscheidungsrelevant. Eine ambivalente Einstellung gegenüber einer Partei bedeutet einerseits, dass diese in bestimmter Hinsicht positiv bewertet wird, was die Wahlchancen dieser Partei erhöht. Andererseits wird die Partei gleichzeitig in bestimmter Hinsicht negativ wahrgenommen, was einer Stimmabgabe für sie entgegenwirkt. Deshalb kann Ambivalenz nicht nur den Zeitpunkt einer Entscheidung verzögern (Plischke 2014), sondern auch die Konsistenz zwischen Einstellungen und Verhalten reduzieren (Armitage u. Conner 2000). Bezogen auf Kandidaten wurde gezeigt, dass Personen mit ambivalenten Einstellungen häufiger keine Präferenz für einen der beiden Präsidentschaftskandidaten besitzen (Lavine 2001), folglich sollte Ambivalenz auch die Wahrscheinlichkeit der Unentschlossenheit gegenüber den Kanzlerkandidaten erhöhen.

> *H2b: Einstellungsambivalenz gegenüber den Kanzlerkandidaten führt zu Unentschlossenheit bei der Kanzlerpräferenz.*

3. Daten, Operationalisierungen und Methoden

3.1 Daten

Für die empirische Überprüfung der oben genannten Hypothesen werden die Daten des Vorwahl-Querschnitts zur Bundestagswahl 2013 der German Longitudinal Election Study (GLES, Rattinger et al. 2014) verwendet. Für diese Erhebung wurden vom 29. Juli bis zum 21. September 2013 insgesamt 2001 Personen befragt, die Ausschöpfungsquote beträgt 32,1 Prozent. Die Auswahl der Befragten erfolgte auf Grundlage des ADM-Stichprobendesigns, die Grundgesamtheit stellen alle in der Bundesrepublik Deutschland lebenden deutschen Staatsbürger ab 16 Jahren dar. Die Interviews wurden persönlich-mündlich durchgeführt, die durchschnittliche Befragungsdauer lag bei 66 Minuten. Für die folgenden Analysen wurden die Daten gewichtet. In das Gewicht fließt erstens ein Designgewicht ein, welches das Oversampling von Befragten aus Ostdeutschland korrigiert. Zweitens wird mithilfe eines Transformationsgewichts die gezogene Haushaltsstichprobe in eine Personenstichprobe umgewandelt, in erster Linie wird dazu die höhere Auswahlwahrscheinlichkeit von Personen in Ein-Personen-Haushalten korrigiert. Drittens wurde eine iterative sozialstrukturelle Anpassung der Stichprobe an bekannte Merkmale der Grundgesamtheit vorgenommen.

3.2 Operationalisierungen

Ambivalenz. Eine ambivalente Einstellung gegenüber einem Kandidaten bedeutet, dass dieser zugleich negativ und positiv wahrgenommen wird. Ambivalenz wird demnach erst beim Vergleich mehrerer Einstellungskomponenten sichtbar, sie kann deshalb nicht mit einer einzigen bipolaren Skala gemessen werden. Auf der anderen Seite genügt es zur Messung ambivalenter Einstellungen nicht, mehrere Einstellungsdimensionen lediglich separat zu erfassen, denn letztlich interessiert gerade der Vergleich der einzelnen Bewertungen. Ein gutes Ambivalenzmaß sollte deshalb aus den unterschiedlichen Empfindungen gegenüber einem Einstellungsobjekt eine Maßzahl ableiten, die sowohl angibt wie stark als auch wie eindeutig oder ambivalent die Einstellung insgesamt ist. Diese Anforderungen werden am besten durch den sog. Griffin-Index erfüllt, der sich in der Literatur zur Messung von Einstellungsambivalenz etabliert hat und in seiner Grundform folgendermaßen berechnet wird (Thompson et al. 1995):

$$Ambivalenz_{Einstellung} = \frac{P+N}{2} - |P - N|,$$

wobei P und N den positiven und negativen Einstellungen gegenüber einem Akteur entsprechen. Damit misst dieser Index sowohl die Einstellungsstärke durch die Stärke von P und N als auch die Gleichheit der positiven und negativen Einstellungen durch die absolute Differenz zwischen P und N. Die Anwendung des Index ist weder auf ein bestimmtes Frage-, noch auf ein bestimmtes Skalenformat begrenzt, entscheidende Voraussetzung ist einzig die separate Erfassung der positiven und negativen Komponenten der Einstellung gegenüber einer Partei oder einem Kandidaten. Zur Bildung des Griffin-Index für Einstellungsambivalenz werden für die empirische Analyse folgende Fragen verwendet:

> „Manche Leute haben ausschließlich positive oder negative Gefühle gegenüber den Spitzenkandidaten. Andere haben sowohl positive als auch negative Gefühle. Wie ist das bei Ihnen? Wir möchten Sie nun bitten anzugeben, wie stark Ihre negativen und wie stark Ihre positiven Gefühle gegenüber den Spitzenkandidaten sind. Wie stark sind Ihre negativen Gefühle gegenüber Angela Merkel/Peer Steinbrück? Und wie stark sind Ihre positiven Gefühle gegenüber Angela Merkel/Peer Steinbrück?"

Die Antwortkategorien reichen von sehr starken Gefühlen bis überhaupt keinen Gefühlen gegenüber den Kanzlerkandidaten auf einer 5er-Skala. Diese Fragen wurden in ähnlicher Form bereits in einer Befragung im Rahmen der amerikanischen Wahlstudie ANES getestet (Martinez et al. 2012). Im Gegensatz zu offenen Fragen nach den guten und schlechten Seiten der Kandidaten (Lavine 2001; Basinger u. Lavine 2005; Schoen 2010) haben sie vor allem den Vorteil des geringeren kognitiven und zeitlichen Aufwands für Befragte und Interviewer. Zudem sollten bei der Erfassung der Antworten keine Interviewer-Effekte auftreten, die im Falle offener Fragen die Ergebnisse verzerren können. So sind die Fragen nach den guten und schlechten Seiten in einigen Studien nicht zur Messung von Ambivalenz geeignet, weil in vielen Fällen nur sehr wenige Nennungen erfasst wurden (Schoen 2010). Ferner eignet sich das geschlossene Frageformat besser für selbstadministrierte Befragungsmodi und ist aus diesem Grund besser für vergleichende Analysen zwischen verschiedenen Befragungen geeignet. Im Übrigen ähneln die verwendeten Fragen den bei Thompson et al. (1995) verwendeten Fragen, auf deren Grundlage der Griffin-Index entwickelt wurde. Für die Bildung des Griffin-Index wurden zunächst die Antwortkategorien so umkodiert, dass starke Gefühle dem höchsten Wert (4) und keinerlei Gefühle dem Wert 0 entsprechen. Bei dieser Kodierung umfasst der Griffin-Index Werte von -2 bis +4, wobei positive Werte eine Ambivalenz gegenüber dem jeweiligen Kanzlerkandidaten signalisieren und negative Werte auf einseitige Empfindungen hindeuten.

Kritisch könnte angemerkt werden, dass in der Frageformulierung von „Gefühlen" gesprochen wird, während konzeptionell eher verschiedene Einstellungsdimensionen gemeint sind. In der Alltagssprache ist der Begriff „Gefühle" jedoch gebräuchlicher und dürfte deshalb für die meisten Befragten intuitiv verständlich sein, zudem handelt es sich dabei um eine direkte Übersetzung des Begriffs „feelings", der in der englischen Originalfassung des Instruments verwendet wurde. Darüber hinaus lassen sich aus messtheoretischer Sicht weitere Argumente anführen, die für die anderen Ambivalenzmaße sprechen, etwa unter Verwendung der offenen Fragen nach den guten und schlechten Seiten. Diese erfordern zwar einerseits einen höheren kognitiven Aufwand, können damit aber zugleich als Maß der politischen Versiertheit dienen, zudem kann für die absolute Zahl genannter Faktoren bei der Bildung eines Ambivalenzmaßes kontrolliert werden. Andererseits haben diese offenen Fragen den Vorteil, dass sie ein geringeres Abstraktionsniveau erfordern als die oben vorgeschlagene Frage nach positiven und negativen Gefühlen, da jeder Befragte die konkreten Aspekte benennen kann, die ihm ge- oder missfallen. Auch ist die Gefahr von Nicht-Einstellungen deutlich geringer. Im direkten Vergleich zu den offenen Fragen sprechen allerdings nicht zuletzt die Modus-Unabhängigkeit und der Zeitbedarf für das hier vorgeschlagene Maß. Für zwei Kandidaten und im Rahmen einer face-to-face-Befragung ließen sich die Fragen nach guten und schlechten Seiten zwar gerade noch bewerkstelligen, für mehrere Kandidaten oder Parteien scheint dies aber kaum realisierbar. Darüber hinaus bedeutet die notwendige Kodierung der offenen Antworten nicht nur einen höheren Aufwand, sondern stellt auch eine zusätzliche Fehlerquelle da. Diese Überlegungen mögen dazu beigetragen haben, dass die Fragen nach guten und schlechten Seiten bisher nur in sehr wenigen Befragungen gestellt wurden (Klingemann 1986; Schoen 2010), allein aus diesem Grund scheint es sinnvoll, die Eignung eines weniger zeitaufwändigen Instrumentes zu überprüfen. Ohne die erstmals in einer deutschen Wahlstudie erhobenen direkten Ambivalenzfragen und die offenen Fragen bestand bisher lediglich die Möglichkeit, indirekte Maße zur Bildung der Einstellungsambivalenz zu verwenden. Dazu kamen vor allem die Fragen nach verschiedenen Eigenschaften der Kanzlerkandidaten (Durchsetzungsfähigkeit, Vertrauenswürdigkeit, Sympathie, Wirtschaftskompetenz, sowie die Repräsentation der eigenen Partei) infrage. Diese sind aus theoretischer Sicht aber nicht unbedingt zur Messung von Ambivalenz geeignet. Zumeist werden lediglich mehrere wünschenswerte Eigenschaften erhoben, wobei niedrigere Skalenwerte als negative und höhere als positive Einstellungen interpretiert werden. Für eine eigenschaftsbasierte Ambivalenzmessung müssten aber eigentlich gute und schlechte Eigenschaften erhoben werden, zudem müsste dazu eine größere Zahl positiver und negativer Eigenschaften berücksichtigt werden, um sicherzugehen, dass die zentralen Dimensionen für die globale Beurteilung erfasst sind. Zu Vergleichszwecken wurde aus diesen Fragen dennoch ein Griffin-Index gebildet, der in ähnlicher Form auch vereinzelt in den USA Verwendung fand (Lavine 2001).

Heterogenität des sozialen Netzwerks. Für die Operationalisierung des Netzwerks der Befragten wurden die Angaben der Befragten zu den Gesprächen über Politik und ihren Gesprächspartnern verwendet. Hierbei werden drei Formen von Netzwerken unterschieden (Huckfeldt et al. 2004). Erstens kann sich der Befragte überhaupt nicht über Politik unterhalten haben, also in kein Netzwerk eingebunden sein. Zweitens kann sich der Befragte in einem homogenen Netzwerk befinden, sich also mit einem oder mehreren Gesprächspartnern über Politik unterhalten haben, jedoch ausschließlich mit Personen gleicher Parteipräferenz. Drittens besteht die Möglichkeit eines heterogenen Netzwerks, wenn sich der Befragte mit einer oder mehreren anderen Personen über Politik unterhalten hat und dabei mindestens ein Gesprächspartner eine andere Parteipräferenz aufweist. Für Personen in homogenen und heterogenen Netzwerken wurden Dummy-Variablen angelegt, Personen ohne Netzwerk bilden somit die Referenzkategorie.

Informationsverarbeitung. Um die Neigung einer Person zu systematischer Informationsverarbeitung zu messen, wurde die Zustimmung zu einer Aussage verwendet, die den *Need for Cognition* messen soll (vgl. Rudolph u. Popp 2007; Thompson et al 1995). Ebenfalls wurde eine Aussage zur Messung des *Need to Evaluate* verwendet, um die Neigung zu klaren Meinungen und vielen Überzeugungen abzubilden (Jarvis u. Petty 1996). Eine Aussage zur Messung des *Need for Cognitive Closure* gibt an, wie entscheidungssicher eine Person ist (Kruglanski et al. 1993). Wenngleich diese Need-Fragen in früheren Studien in ähnlicher Weise verwendet wurden, muss darauf hingewiesen werden, dass es sich dabei lediglich um approximative Indikatoren handeln kann, da die Informationsverarbeitung letztlich nur einen Teil der zugrundeliegenden theoretischen Konzepte darstellt. Schließlich wird die Stärke der Parteiidentifikation als Maß für die Motivation einer Person zur selektiven Informationsverarbeitung verwendet (Keele u. Wolak 2008), auch in diesem Fall handelt es sich lediglich um ein indirektes Maß. Weitere verwendete Variablen sind Aussagen zur Messung der fünf Persönlichkeitsdimensionen Offenheit für Erfahrungen, Gewissenhaftigkeit, Extraversion, Verträglichkeit und Neurotizismus sowie die Stärke der eigenen Links-Rechts-Einstufung, politisches Interesse, politisches Wissen und die Unentschlossenheit bei der Wahlabsicht. Die genauen Fragestellungen und Antwortoptionen aller verwendeter Fragen können dem Anhang entnommen werden.

3.3 Methoden

Um die in den Hypothesen 1a bis 1d aufgestellten Vermutungen über die Ursachen von Ambivalenz zu überprüfen, wurden lineare Regressionen für die Griffin-Indizes zur Einstellungsambivalenz gegenüber Angela Merkel und Peer Steinbrück berechnet. Die einbezogenen unabhängigen Variablen ergeben sich aus der Operationalisierung der drei beschriebenen Erklärungsansätze, zusätzlich wurden die Big Five-Persönlichkeitsdimensionen aufgenommen.

Um den vermuteten mäßigenden Effekt von Einstellungsambivalenz (H2a) zu testen, wurden lineare Regressionen für die Stärke der Skalometerbewertungen Angela Merkels und Peer Steinbrücks berechnet. Die abhängige Variable ergibt sich jeweils aus den absoluten Werten des von -5 bis +5 kodierten Skalometers, als unabhängige Variablen wurden neben den Ambivalenzmaßen die Stärke der Parteiidentifikation, die Stärke der Links-Rechts-Selbsteinstufung, politisches Interesse und politisches Wissen berücksichtigt.

Die Auswirkungen ambivalenter Einstellungen auf die Unentschlossenheit bei der Kanzlerpräferenz (H2b) wurden mit einem binär-logistischen Regressionsmodell geprüft, bei dem die abhängige Variable den Wert 1 annimmt, wenn auf die Frage nach der Kanzlerpräferenz keiner der beiden Kandidaten der großen Parteien genannt wurde. Neben den unabhängigen Variablen des zuvor genannten Modells wurde ebenfalls die Unentschlossenheit bei der Wahlabsicht in das Modell aufgenommen.

4. Ergebnisse der Analysen

4.1 Deskription der Ambivalenz gegenüber den Kanzlerkandidaten

Bevor die Ergebnisse der Analysen zur Überprüfung der oben formulierten Hypothesen diskutiert werden, soll zunächst auf die Verbreitung ambivalenter Einstellungen in der Bevölkerung eingegangen werden. In Tabelle 1 sind die Antworten auf die Fragen nach den positiven und negativen Gefühlen für Merkel und Steinbrück zusammengefasst. Demnach sind gemischte Gefühle gegenüber den Kanzlerkandidaten weit verbreitet, so gibt etwa die Hälfte der Befragten für Angela Merkel an, dass sie sowohl positive als auch negative Gefühle gegenüber der Kanzlerin besitzen. Für Peer Steinbrück liegt der Anteil der Befragten mit gemischten Gefühlen sogar bei 61 Prozent. Weniger als vier Prozent der Personen besitzen weder positive noch negative Gefühle gegenüber dem jeweiligen Kandidaten. Die Gruppe der Personen mit einseitigen Einstellungen ist im Falle Angela Merkels nicht nur insgesamt stärker besetzt, sondern im Vergleich zu ihrem Herausforderer besitzt ein größerer Anteil der Befragten in dieser Gruppe einseitig positive Gefühle gegenüber der Kanzlerin (tabellarisch nicht dargestellt), was die größere Beliebtheit Merkels widerspiegelt. Wie erwartet ist der Anteil der Befragten mit gemischten Gefühlen gegenüber Peer Steinbrück größer. Gleichwohl mag das vergleichsweise hohe Ausmaß gemischter Gefühle gegenüber Angela Merkel überraschen, da sie zum Zeitpunkt der Befragung seit fast acht Jahren als Bundeskanzlerin amtierte. Selbst mittelmäßig involvierte Bürger sollten in dieser Zeit häufig über Merkel nachgedacht und Informationen über sie verarbeitet haben. Dass trotzdem viele Befragte ihr gegenüber ambivalente Empfindungen haben, spricht dafür, dass Ambivalenz auch die Form dauerhafter Einstellungskonflikte annehmen kann.

Tabelle 1: Einstellungsambivalenz gegenüber den Kanzlerkandidaten 2013

	Angela Merkel		Peer Steinbrück	
	N	Prozent	N	Prozent
einseitige Gefühle	885	45,3	666	35,2
keine Gefühle	70	3,6	64	3,4
gemischte Gefühle	998	51,1	1163	61,4
N	1953	100	1893	100

Anmerkung: Einseitige Gefühle bezeichnen ausschließlich positive oder negative Gefühle gegenüber einem Kandidaten, keine Gefühle zeigen keinerlei Gefühle gegenüber einem Kandidaten an, gemischte Gefühle sind positive wie auch negative Gefühle gegenüber einem Kandidaten.

Das beobachtete Ausmaß der Ambivalenz ist stark von den verwendeten Indikatoren abhängig. Werden statt den direkten Fragen nach den positiven und negativen Gefühlen die Eigenschaftsbeurteilungen der Kanzlerkandidaten verwendet, so sind die Anteile ambivalenter Befragter deutlich niedriger und betragen lediglich 30,9 Prozent für Angela Merkel und 32,0 Prozent für Peer Steinbrück (Tabelle 2). Aus theoretischer Sicht ist die separate Messung der positiven und negativen Einstellungskomponenten eine zentrale Anforderung an ein valides Ambivalenzmaß (Thompson et al. 1995), deshalb scheinen die mit diesen Behelfsvariablen ermittelten niedrigeren Werte das wahre Ausmaß ambivalenter Einstellungen zu unterschätzen.

Tabelle 2: Einstellungsambivalenz gegenüber den Kanzlerkandidaten 2013 auf Grundlage von Eigenschaftsbeurteilungen

	Angela Merkel		Peer Steinbrück	
	N	Prozent	N	Prozent
einseitige Beurteilungen	1203	66,9	1073	64,9
keine Beurteilungen	39	2,2	51	3,1
gemischte Beurteilungen	557	30,9	530	32,0
N	1799	100	1654	100

Anmerkung: Einseitige Beurteilungen bezeichnen ausschließlich positive oder negative Eigenschaftsbeurteilungen gegenüber einem Kandidaten, keine Beurteilungen zeigen ausschließlich indifferente Beurteilungen gegenüber einem Kandidaten an, gemischte Beurteilungen sind positive wie auch negative Eigenschaftsbeurteilungen gegenüber einem Kandidaten.

Aus den in Tabellen 1 und 2 dargestellten Variablen wurden anschließend Ambivalenzmaße mithilfe des Griffin-Index gebildet. Diese sind nur relativ schwach miteinander korreliert (Tabelle 3). Korrelationen im Bereich von +0,2 für die beiden Versionen der Einstellungsambivalenz gegenüber demselben Kandidaten erhärten die Erkenntnis, dass die Maße auf Basis der Fragen nach positiven und negativen Gefühlen und auf Basis der Eigenschaftsbeurteilungen nicht dasselbe Konstrukt messen. Bemerkenswert ist zudem Folgendes: die Ambivalenzskalen Merkels und Steinbrücks sind bei Verwendung der Fragen nach den positiven und negativen Gefühlen positiv korreliert (r=0,19), bei Verwendung der Eigenschafts-Skalen jedoch negativ (r=-0,18). Nicht nur das Ausmaß, sondern auch die Richtung transitiver Effekte zwischen der Ambivalenz gegenüber den Kanzlerkandidaten ist demnach von der Operationalisierung abhängig. Wenngleich das hier vorgeschlagene Ambivalenzmaß aus den oben diskutierten Gründen für das überlegene gehalten werden kann, so zeigt sich an dieser Beobachtung, dass inhaltliche und methodische Fragen bei der Untersuchung ambivalenter Einstellungen zumindest im gegenwärtigen Stand der Debatte nur schwerlich zu trennen sind.

Tabelle 3: Korrelationen zwischen Ambivalenzmaßen

	Ambivalenz Merkel	Ambivalenz Steinbrück	Ambivalenz Merkel (Eigenschaften)	Ambivalenz Steinbrück (Eigenschaften)
Ambivalenz Merkel	1,00			
Ambivalenz Steinbrück	0,19***	1,00		
Ambivalenz Merkel (Eigenschaften)	0,25***	-0,03	1,00	
Ambivalenz Steinbrück (Eigenschaften)	-0,10**	0,19***	-0,18***	1,00

Anmerkung: *p<0,05; ** p<0,01; ***p<0,001

Insgesamt bleibt festzuhalten, dass ambivalente Einstellungen gegenüber den wichtigsten Politikern in Deutschland kein Minderheitenphänomen sind; das Ausmaß der Ambivalenz liegt sogar über den in amerikanischen Studien genannten Werten (Lavine 2001).

4.2 Ursachen der Ambivalenz

Zur Überprüfung der Hypothesen 1a-1d wurden lineare Regressionen für die Griffin-Indizes zur Einstellungsambivalenz unter Berücksichtigung der dargestellten Erklärungsvariablen berechnet (Tabelle 4). In Übereinstimmung mit H1a hat Ambivalenz gegenüber dem jeweils anderen Kanzlerkandidaten einen signifikant positiven Effekt auf die Einstellungsambivalenz gegenüber Angela Merkel und Peer Steinbrück. Bei einem Anstieg der Ambivalenz gegenüber einem Kandidaten um eine Standardabweichung, erhöht sich die Ambivalenz gegenüber dem anderen Kandidaten jeweils um etwa 0,08 Standardabweichungen. Wer ambivalente Einstellungen gegenüber einem Kanzlerkandidaten besitzt, für den gilt dies demnach tendenziell auch hinsichtlich des jeweiligen Kontrahenten. Dies deutet darauf hin, dass Ambivalenz nicht ausschließlich auf kontextuale Faktoren und Eigenschaften von Einstellungen zurückzuführen ist, sondern bestimmte Personen mit größerer Wahrscheinlichkeit ambivalente Einstellungen entwickeln.

Hinsichtlich der Heterogenität der Parteipräferenzen im persönlichen sozialen Netzwerk war in Hypothese 1b die Erwartung formuliert worden, dass heterogene Netzwerke ambivalente Einstellungen verursachen sollten, während für homogene Netzwerke das Gegenteil gelten sollte. Dieses Muster bestätigt sich zwar für Angela Merkel, nicht jedoch für Peer Steinbrück. Die Zusammensetzung des Netzwerks spielt demnach für die Ambivalenz gegenüber dem SPD-Kandidaten Steinbrück keine Rolle. Ob sich die Effekte des sozialen Netzwerks systematisch zwischen Amtsinhaber und Herausforderer unterscheiden, kann im Rahmen der vorliegenden Fallstudie nicht geklärt werden.

Die in H1c aufgestellten Erwartungen bezüglich der Informationsverarbeitung werden durch die Ergebnisse nur teilweise unterstützt. Wie erwartet geht die Neigung zu selektiver Informationsverarbeitung (approximiert über die Stärke der Parteiidentifikation) mit geringerer Ambivalenz einher, erneut gilt dieser Zusammenhang aber nur für die Empfindungen gegenüber Merkel. Die Effekte des Bedürfnisses zu systematischer Informationsverarbeitung (*Need for cognition*) sind für beide Kandidaten nicht statistisch signifikant. Auch dieser Erklärungsansatz kann damit nur einen sehr geringen Beitrag zur Erklärung ambivalenter Einstellungen leisten, wenngleich darauf hingewiesen werden muss, dass dies zumindest teilweise auf die nur indirekte Messung der zugrundeliegenden theoretischen Konstrukte zurückzuführen sein könnte.

Für die Indikatoren der Persönlichkeitseigenschaften (H1d) zeigen sich keine signifikanten Effekte. Bei Kontrolle der anderen Erklärungsansätze leisten diese Variablen somit hier keinen zusätzlichen Erklärungsbeitrag, im Rahmen weiterer Studien sollte überprüft werden, ob sich dieser Erklärungsansatz auch in anderen Kontexten nicht bewährt.

Zusammenfassend bestätigen die Ergebnisse in erster Linie die Erkenntnis, dass die bisherigen theoretischen Ansätze nicht ausreichend zur Erklärung der Ambivalenz beitragen können (Armitage u. Conner 2005, Martinez et al. 2005a, Rudolph u. Popp 2007). Dies spiegelt sich auch in erklärten Varianzanteilen von deutlich unter 10 Prozent wider, insbesondere Ambivalenz gegenüber dem Herausforderer Steinbrück kann mit den verwendeten Erklärungsvariablen kaum erklärt werden. Einstellungsambivalenz gegenüber den Kanzlerkandidaten ist demnach auch in Deutschland ein zwar recht verbreitetes, aber in seiner Entstehung bisher unzureichend verstandenes Phänomen.

Tabelle 4: Lineare Regressionen für Ambivalenz gegenüber den Kanzlerkandidaten

Erklärungsvariable	Ambivalenz Merkel	Ambivalenz Steinbrück
Ambivalenz Merkel	–	0,08* (0,04)
Ambivalenz Steinbrück	0,08** (0,04)	–
Homogenes Netzwerk	-0,07* (0,11)	-0,01 (0,11)
Heterogenes Netzwerk	0,11** (0,11)	-0,04 (0,10)
Stärke Parteiidentifikation	-0,13*** (0,06)	-0,03 (0,06)
Need for cognition	-0,00 (0,05)	-0,07 (0,05)
Need for cognitive closure	0,01 (0,04)	0,01 (0,04)
Need to evaluate	-0,02 (0,06)	-0,03 (0,06)
Extraversion	-0,04 (0,05)	0,03 (0,04)
Verträglichkeit	-0,03 (0,05)	-0,04 (0,05)
Gewissenhaftigkeit	-0,02 (0,07)	0,05 (0,06)
Offenheit	0,06 (0,05)	-0,03 (0,05)
Neurotizismus	0,01 (0,05)	-0,04 (0,05)
Politisches Interesse	-0,01 (0,05)	-0,01 (0,05)
Politisches Wissen	-0,05 (0,09)	-0,04 (0,09)
N	1156	1156
Korrigiertes R^2	0,07	0,03

Anmerkung: *p<0,05; ** p<0,01; ***p<0,001; angegeben sind standardisierte Regressionskoeffizienten (Standardfehler).

4.3 Konsequenzen der Ambivalenz

Bezüglich der Konsequenzen von Einstellungskonflikten gegenüber den beiden Kanzlerkandidaten wurde die Erwartung formuliert, dass diese einen mäßigenden Effekt auf die Gesamtbeurteilung des jeweiligen Politikers haben (H2a). Zur Überprüfung dieser Hypothese wurden lineare Regressionen für die Stärke der Bewertung Merkels und Steinbrücks berechnet (Tabelle 5). Der vermutete negative Zusammenhang bestätigt sich dabei für beide Kanzlerkandidaten: wer einer Person mit gemischten Gefühlen gegenübersteht, beurteilt diese tendenziell deutlich moderater als Personen mit einseitig positiven oder negativen Gefühlen. So zeigt sich, dass ein Anstieg der Ambivalenz gegenüber Merkel um eine Standard-abweichung zu einer Minderung der Stärke der Bewertung von Merkel um 0,57 Standardabweichungen führt. Verglichen mit den anderen Variablen im Modell leistet Ambivalenz den mit Abstand größten Erklärungsbeitrag. Darüber hinaus zeigt sich zumindest für die Bewertung Merkels ein polarisierender Abstrahlungs-effekt: wer gegenüber Peer Steinbrück ambivalente Einstellungen besitzt, bewertet die Kanzlerin demnach im Mittel etwas extremer. Ebenfalls lediglich für die Kanz-lerin zeigt sich eine Tendenz stärkerer Parteiidentifizierer zu extremeren Bewer-tungen, während für Steinbrück eine extreme ideologische Selbsteinstufung leicht polarisierend wirkt. Für beide Kandidaten gilt, dass stärker politisch interessierte Befragte zu extremeren Bewertungen neigen.

Tabelle 5: Lineare Regressionen für die Stärke der Bewertungen der Kanzlerkandidaten

Erklärungsvariable	Stärke Bewertung Merkel	Stärke Bewertung Steinbrück
Ambivalenz Merkel	-0,57*** (0,03)	-0,01 (0,03)
Ambivalenz Steinbrück	0,07** (0,03)	-0,38*** (0,03)
Stärke Parteiidentifikation	0,11*** (0,05)	0,03 (0,06)
Stärke Links-Rechts Position	-0,02 (0,03)	0,07* (0,03)
Politisches Interesse	0,06* (0,04)	0,11*** (0,04)
Politisches Wissen	-0,03 (0,08)	-0,03 (0,08)
N	1160	1157
Korrigiertes R²	0,37	0,17

Anmerkung: *p<0,05; ** p<0,01; ***p<0,001; angegeben sind standardisierte Regressionskoeffizienten (Standardfehler).

Als zweite Folge ambivalenter Einstellung wurde die Hypothese aufgestellt, dass Einstellungskonflikte auch entscheidungsrelevant sein und insbesondere dazu füh-ren können, auf die Frage nach der Kanzlerpräferenz keinen der beiden Kanzler-kandidaten zu nennen, also in dieser Hinsicht unentschlossen zu sein (H2b). Zur Überprüfung dieser Vermutung wurde ein logistisches Regressionsmodell für die Unentschlossenheit bei der Kanzlerpräferenz berechnet (Tabelle 6). Es zeigt sich, dass ambivalente Einstellungen gegenüber Peer Steinbrück die Wahrscheinlichkeit erhöht, bezüglich der Kanzlerpräferenz unentschlossen zu sein, für Angela Merkel ist der Effekt lediglich auf dem 10%-Niveau signifikant. Ambivalenz gegenüber einem Kanzlerkandidaten erhöht damit nicht nur die Ambivalenz gegenüber dem anderen Kandidaten, sondern zumindest teilweise auch die Wahrscheinlichkeit, keinen der beiden Kontrahenten dem anderen eindeutig vorzuziehen. Damit ist Einstellungsambivalenz gegenüber den Kanzlerkandidaten (zumindest potentiell) entscheidungsrelevant. Die Kanzlerkandidaten können zwar nicht direkt gewählt werden, Einstellungen gegenüber den Kandidaten gelten jedoch als wichtiger Aspekt bei der Wahlentscheidung. Wenn die Kanzlerpräferenz infolge der Unentschlossenheit als Entscheidungskriterium wegfällt, so verschieben sich die Einflussgewichte in Richtung anderer Kriterien oder die Entscheidungen können insgesamt schlechter vorhergesagt werden d.h. die Einstellungs-Verhaltens-Konsistenz sinkt. Damit kann Einstellungsambivalenz wichtige Folgen sowohl für die Bewertung der Kanzlerkandidaten als auch für die Wahlentscheidung haben.

Tabelle 6: Logistische Regression für die Unentschlossenheit bei der Kanzlerpräferenz

Erklärungsvariable	Unentschlossenheit Kanzlerpräferenz
Ambivalenz Merkel	0,02 (0,01)
Ambivalenz Steinbrück	0,03*** (0,01)
Stärke Parteiidentifikation	-0,03 (0,02)
Stärke Links-Rechts Position	0,04*** (0,01)
Politisches Interesse	-0,03* (0,01)
Politisches Wissen	-0,02 (0,03)
Unentschlossenheit Wahlabsicht	0,03 (0,03)
N	1073
McFadden Pseudo R^2	0,09

Anmerkung: *p<0,05; ** p<0,01; ***p<0,001; angegeben sind average marginal effects (Standardfehler).

5. Zusammenfassung und Diskussion

In diesem Beitrag wurden die Ursachen und Konsequenzen ambivalenter Einstellungen gegenüber den Kanzlerkandidaten in Deutschland am Beispiel der Bundestagswahl 2013 untersucht. Die zentralen Ergebnisse der Analyse können wie folgt zusammengefasst werden. Erstens ist auch in Deutschland ein hohes Ausmaß an Einstellungsambivalenz gegenüber den Kanzlerkandidaten zu verzeichnen, je nach Kandidat verfügen zwischen 50 und 60 Prozent der Befragten über ambivalente Einstellungen. Das Ausmaß der Ambivalenz ist entscheidend von den verwendeten Indikatoren abhängig und wurde von den in früheren deutschen Wahlstudien verfügbaren Behelfsmaßen nur unzureichend erfasst, vermutlich wurde das Ausmaß der Ambivalenz damit deutlich unterschätzt. Um Einstellungsambivalenz valide zu messen, müssen positive und negative Einstellungen separat erhoben werden.

Zweitens bestätigte sich die Erkenntnis, dass die bisher vorgeschlagenen Erklärungsansätze unzureichend sind, um Ambivalenz zufriedenstellend zu erklären. Zwar deuteten sich leichte positive Abstrahlungseffekte der Ambivalenz gegenüber anderen Kandidaten und höhere Ambivalenz bei Personen in heterogenen sozialen

Netzwerken an. Insgesamt muss jedoch von unbefriedigenden Befunden gesprochen werden, die Varianzaufklärung der Regressionsmodelle ist trotz einer umfassenden Synthese der in der Literatur genannten Erklärungsfaktoren gering. Wenngleich dies z.T. an den verwendeten Indikatoren liegen mag, muss grundsätzlich in Frage gezogen werden, inwiefern sowohl die bisherigen Erklärungsversuche geeignet sind um ambivalente Einstellungen sinnvoll erklären zu können und ob dies mit den bisher in Wahlstudien erhobenen Variablen überhaupt möglich ist.

Drittens wurden zentrale Befunde früherer Studien zu den Konsequenzen von Ambivalenz bestätigt. Einstellungsambivalenz gegenüber den Kanzlerkandidaten führt zu gemäßigteren Globalurteilen über diese und erhöht die Wahrscheinlichkeit der Unentschlossenheit bei der Kanzlerpräferenz.

Zu problematisieren ist die Messung der Ambivalenz, insbesondere bezüglich der inhärenten Konstruktionsmängel des Griffin-Index unabhängig von den verendeten Fragen zur Messung positiver und negativer Empfindungen. So zeigt sich, je nach Kodierung der verwendeten Variablen, der Effekt, dass der Griffin-Index für Personen, die keinerlei Einstellungen besitzen und für bestimmte Ausprägungen mäßiger Ambivalenz (hier beispielsweise Personen mit dem Wert (3) bei positiven und (1) bei negativen Gefühlen), denselben Wert (0) annimmt. Somit ist der Griffin-Index nicht ausreichend in der Lage, zwischen indifferenten Personen und ambivalenten Personen zu trennen. Dieses Konstruktionsproblem ist bereits bei Thompson et al. (1995) ersichtlich, wurde aber nicht weiter diskutiert und ist mit der Etablierung des Griffin-Index als Standardinstrument in Vergessenheit geraten. Umso bemerkenswerter sind die bisherigen umfassenden Befunde zu den Konsequenzen ambivalenter Einstellungen, was die Relevanz dieses Themas unterstreicht.

Welche Erkenntnisse lassen sich aus diesen Ergebnissen für den Stand der Forschung ableiten – abgesehen von dem Vorschlag eines in Deutschland neuen Messinstruments und der Bestätigung und Erweiterung bisher vor allem in den USA gefundener Zusammenhänge in einem anderen politischen Kontext? Zunächst ist festzuhalten, dass Ambivalenz ein weit verbreitetes und wichtiges Phänomen ist, das in seinen Auswirkungen inzwischen gut erforscht, aber in seinen Ursachen nach wie vor untererforscht ist. Gerade angesichts der bedeutsamen Konsequenzen besteht dringender Forschungsbedarf bezüglich der Ursachen von Ambivalenz. Aus Sicht der Autoren liegt die Lösung des Rätsels jedoch nicht in der Erweiterung des Erklärungsmodells um weitere personenspezifische Merkmale – und schon gar nicht um soziodemographische Merkmale, auf deren oft habituelle Berücksichtigung in diesem Beitrag verzichtet wurde. Vielmehr scheint es ratsam, die Prämisse aufzugeben, dass Ambivalenz nur durch persönliche Einstellungen, Werte oder Prädispositionen hinreichend zu erklären sei. Die Befunde dieses Beitrags und früherer Studien legen den Schluss nahe, dass Ambivalenz darüber hinaus akteurs-, kontext-, und zeitspezifische Ursachen haben könnte. Zudem sollten die Problematiken des Griffin-Index umfassender evaluiert werden und dieser dahingehend erweitert werden, dass sich ein eindeutiges Maß für die Berechnung von Ambivalenz ergibt. Einschränkend muss erwähnt werden, dass die präsentierten Ergebnisse lediglich einer Fallstudie zur Bundestagswahl 2013 entstammen und die Möglichkeit besteht, dass die Befunde von den Besonderheiten dieser Wahl und den antretenden Kandidaten beeinflusst wurden.

Literatur

Abelson, Robert P., Donald R. Kinder, Mark D. Peters, und Susan T. Fiske. 1982. Affective and Semantic Components in Political Person Perception. *Journal of Personality and Social Psychology* 42: 619-30.

Alvarez, Michael R., und John Brehm. 1995. American Ambivalence Towards Abortion Policy: Development of a Heteroskedastic Probit Model of Competing Values. *American Journal of Political Science* 39: 1055-82.

Alvarez, Michael R., und John Brehm. 2002. *Hard Choices, Easy Answers: Values, Information, and American Public Opinion*. Princeton: Princeton University Press.

Armitage, Christopher J., und Mark Conner. 2000. Attitudinal Ambivalence: A Test of Three Key Hypotheses. *Personality and Social Psychology Bulletin* 26: 1421-32.

Armitage, Christopher J., und Mark Conner. 2005. Attitudinal ambivalence and political opinion: Review and avenues for further research. In *Ambivalence, politics, and public policy*, Hrsg. Stephen C. Craig und Michael D. Martinez. New York: Palgrave Macmillan.

Basinger, Scott J., und Howard Lavine. 2005. Ambivalence, Information, and Electoral Choice. *American Political Science Review* 99: 169-84.

Brettschneider, Frank. 2002. *Spitzenkandidaten und Wahlerfolg*. Wiesbaden: VS Verlag für Sozialwissenschaften.

Campbell, Angus, Gerald Gurin, und Warren E. Miller. 1954. *The Voter Decides*. Edited by University of Michigan Survey Research Center. Evanston/White Plains: Row, Peterson and Company.

Campbell, Angus, Philip E. Converse, Warren E. Miller, und Donald E. Stokes. 1960. *The American Voter*. New York/London: John Wiley.

Craig, Stephen C., James G. Kane, und Michael D. Martinez. 2002. Sometimes You Feel Like a Nut, Sometimes You Don't: Citizens' Ambivalence about Abortion. *Political Psychology* 23: 285-301.

Craig, Stephen C., Michael D. Martinez, James G. Kane, und Jason Gainous. 2005a. Core Values, Value Conflict, and Citizens' Ambivalence about Gay Rights. *Political Research Quarterly* 58: 5-17.

Craig, Stephen C., Michael D. Martinez, und James G. Kane. 2005b. Ambivalence and Response Instability: A Panel Study. In *Ambivalence and the Structure of Political Opinion*, Hrsg. Stephen C. Craig und Michael D. Martinez, 55-72. New York: Palgrave Macmillan.

Feldman, Stanley, und John Zaller. 1992. The Political Culture of Ambivalence: Ideological Responses to the Welfare State. *American Journal of Political Science* 36: 268-307.

Festinger, Leon. 1957. *A Theory of Cognitive Dissonance*. Stanford: Stanford University Press.

Gabriel, Oscar W., und Frank Brettschneider. 2002. The Non-Personalization of Voting Behavior in Germany. In *Leaders' Personalities and the Outcome of Democratic Elections*, Hrsg. Anthony King. Oxford: Oxford University Press.

Gabriel, Oscar W., und Katja Neller. 2005. Kandidatenorientierungen und Wahlverhalten bei den Bundestagswahlen 1994-2002. In *Wahlen und Wähler. Analysen aus Anlass der Bundestagswahl 2002*, Hrsg. Jürgen W. Falter, Oscar W. Gabriel und Bernhard Weßels, 213-43. Wiesbaden: VS Verlag für Sozialwissenschaften.

Gainous, Jason, Michael D. Martinez, und Stephen C. Craig. 2010. The Multiple Causes of Citizen Ambivalence: Attitudes about Social Welfare Policy. *Journal of Elections, Public Opinion & Parties* 20: 335-56.

Hilmer, Richard, und Stefan Merz. 2014. Die Bundestagswahl vom 22. September 2013: Merkels Meisterstück. *Zeitschrift für Parlamentsfragen (ZParl)* 1/2014: 175-206.

Holtz-Bacha, Christina. 2015. Bundestagswahlkampf 2013: der Kandidat, der sich nicht inszenieren lassen wollte. In *Die Massenmedien im Wahlkampf,* Hrsg. Christina Holtz-Bacha, 1-12. Wiesbaden: Springer.

Huckfeldt, Robert, Jeanette Morehouse Mendez, und Tracy Osborn. 2004. Disagreement, Ambivalence, and Engagement: The Political Consequences of Heterogeneous Networks. *Political Psychology* 25: 65-95.

Jarvis, W. Blair G., und Richard E. Petty. 1996. The Need to Evaluate. *Journal of Personality and Social Psychology* 70: 172-94.

Kaplan, Kalman J. 1972. On the Ambivalence-Indifference Problem in Attitude Theory and Measurement. *Psychological Bulletin* 77: 361-72.

Keele, Luke, und Jennifer Wolak. 2008. Contextual Sources of Ambivalence. *Political Psychology* 29: 653-73.

Klingemann, Hans D. 1986. Der vorsichtig abwägende Wähler. Einstellungen zu den politischen Parteien und Wahlabsicht. Eine Analyse anlässlich der Bundestagswahl 1983. In *Wahlen und politischer Prozeß. Analysen aus Anlaß der Bundestagswahl 1983,* Hrsg. Hans D. Klingemann und Max Kaase, 385-426. Opladen: Westdeutscher Verlag.

Kruglanski, Arie W., Donna M. Webster, und Adena Klem. 1993. Motivated Resistance and Openness to Persuasion in the Presence or Absence of Prior Information. *Journal of Personality and Social Psychology* 65: 861-76.

Lavine, Howard. 2001. The Electoral Consequences of Ambivalence toward Presidential Candidates. *American Journal of Political Science* 45: 915-29.

Lazarsfeld, Paul Felix, Bernhard D. Berelson, und Hazel Gaudet. 1944. *The People's Choice: How the Voter Makes Up His Mind in a Presidential Campaign.* New York: Columbia University Press.

Lodge, Milton, Kathleen M. McGraw, und Patrick Stroh. 1989. An Impression-Driven Model of Candidate Evaluation. *The American Political Science Review* 83: 399-419.

Lodge, Milton, Marco R. Steenbergen und Shawn Brau. 1995. The Responsive Voter – Campaign Information and the Dynamics of Candidate Evaluation. *American Political Science Review* 89: 309-26.

Lodge, Milton, und Charles S. Taber. 2000. Three Steps Toward a Theory of Motivated Political Reasoning. In *Elements of Reason: Cognition, Choice, and the Bounds of Rationality,* Hrsg. Arthur Lupia, Matthew D. McCubbins und Samuel L. Popkin, 183-213. Cambridge: Cambridge University Press.

Martinez, Michael D., Stephen C. Craig, und James G. Kane. 2005a. Pros and Cons: Ambivalence and Public Opinion. In *Ambivalence and the Structure of Political Opinion,* Hrsg. Stephen C. Craig und Michael D. Martinez, 1-14. New York: Palgrave Macmillan.

Martinez, Michael D., Stephen C. Craig, James G. Kane, und Jason Gainous. 2005b. Ambivalence and Value Conflict: A Test of Two Issues. In *Ambivalence, Politics, and Public Policy,* Hrsg. Stephen C. Craig und Michael D. Martinez. New York: Palgrave Macmillan.

Martinez, Michael D., Jason Gainous, und Stephen C. Craig. 2012. Measuring Ambivalence about Government. In *Improving Public Opinion Surveys: Interdisciplinary Innovation and the American National Election Studies,* Hrsg. Kathleen M. McGraw und John H. Aldrich, 238-59. Princeton: Princeton University Press.

Meffert, Michael F., Michael Guge, und Milton Lodge. 2004. Good, Bad, and Ambivalent: The Consequences of Multidimensional Political Attitudes. In *Studies in Public Opinion: Attitudes, Nonattitudes, Measurement Error, and Change*, Hrsg. Willem E. Saris und Paul M. Sniderman, 63-92. Princeton: Princeton University Press.

Mulligan, Kenneth. 2011. Partisan Ambivalence, Split-Ticket Voting, and Divided Government. *Political Psychology* 32: 505-30.

Mutz, Diana C. 2002. The consequences of cross-cutting networks for political participation. *American Journal of Political Science* 46: 838-855.

Nir, Lilach. 2005. Ambivalent Social Networks and Their Consequences for Participation. *International Journal of Public Opinion Research* 17: 422-42.

Ohr, Dieter. 2000. Wird das Wählerverhalten zunehmend personalisierter, oder: ist jede Wahl anders? Kandidatenorientierung und Wahlentscheidung in Deutschland von 1961-1988. In *50 Jahre Empirische Wahlforschung in Deutschland*, Hrsg. Markus Klein, Wolfgang Jagodzinski, Ekkehard Mochmann und Dieter Ohr, 272-308. Wiesbaden: Westdeutscher Verlag.

Ohr, Dieter, und Ulrich Rosar. 2013. Bewertungen der Kanzlerkandidaten und Wahlentscheidung bei der Bundestagswahl 2009. In *Wahlen und Wähler. Analysen aus Anlass der Bundestagswahl 2009*, Hrsg. Harald Schoen und Oscar W. Gabriel, 206-30. Wiesbaden: Springer VS.

Plischke, Thomas. 2014. *Wann Wähler entscheiden. Abläufe von Entscheidungsprozessen und der Zeitpunkt der Wahlentscheidung.* Baden-Baden: Nomos.

Rattinger, Hans, Sigrid Roßteutscher, Rüdiger Schmitt-Beck, Bernhard Weßels, und Christof Wolf. 2014. *Vorwahl-Querschnitt (GLES 2013).* GESIS Datenarchiv, Köln. ZA 5700 Datenfile Version 2.0.0.

Rudolph, Thomas J. 2011. The Dynamics of Ambivalence. *American Journal of Political Science* 55: 561-73.

Rudolph, Thomas J., und Elizabeth Popp. 2007. An Information Processing Theory of Ambivalence. *Political Psychology* 28: 563-85.

Spiegel Online. 2009. *„Bushs letzte Rede: Abschied eines Überzeugungstäters."* http://www.spiegel.de/politik/ausland/bushs-letzte-rede-abschied-eines-ueberzeugungstaeters-a-601584.html. 06.08.2014.

Schoen, Harald. 2010. Gute Seiten, schlechte Seiten. Eine Analyse zur Wirkung von Ambivalenz auf die politische Urteilsbildung in Deutschland. *Österreichische Zeitschrift für Politikwissenschaft* 39: 105-22.

Scott, William A. 1968. Attitude Measurement. In *The Handbook of Social Psychology*, Hrsg. Gardner Lindzey und Elliot Aronson, 204-73. Reading: Addison-Wesley.

Singer, Peter. 2004. *The President of Good & Evil: Taking George W. Bush Seriously.* London: Granta Books.

Steenbergen, Marco R., und Paul R. Brewer. 2004. The Not so Ambivalent Public: Policy Attitudes in the Political Culture of Ambivalence. In *Studies in Public Opinion, Attitudes, Non-attitudes, Measurement Error and Change*, Hrsg. Willem E. Saris und Paul M. Sniderman, 93-129. Princeton: Princeton University Press.

Thompson, Megan M., Mark P. Zana, und Dale W. Griffin. 1995. Let´s Not Be Indifferent About (Attitudinal) Ambivalence. In *Attitude Strength: Antecedents and Consequences*, Hrsg. Richard E. Petty und John A. Kosnick, 361-86. Mahwah: Lawrence Erlbaum Associate Publishers.

Urban, Dieter, und Jochen Mayerl. 2013. Politische Einstellungen: Gibt es die denn überhaupt? Warnung vor einer „schlechten" Praxis politischer Einstellungsforschung. In *Zivile Bürgergesellschaft und Demokratie*, Hrsg. Silke I. Keil und S. Isabell Thaidigsmann. Wiesbaden: Springer.

Wagner, Aiko, und Bernhard Weßels. 2012. Kanzlerkandidaten. Wie beeinflussen sie die Wahlentscheidung? In *Politische Vierteljahresschrift, Sonderheft 45 „Wählen in Deutschland"*, Hrsg. Rüdiger Schmitt-Beck, 345-70. Baden-Baden: Nomos.

Zaller, John. 1992. *The Nature and Origins of Mass Opinion*. Cambridge: Cambridge University Press.

Zaller, John, und Stanley Feldman. 1992. A Simple Theory of the Survey Response: Answering Questions versus Revealing Preferences. *American Journal of Political Science* 36: 579-616.

Anhang

Tabelle A1: Variablenindex

Variablenname	Fragetext	Kodierung
Wahlabsicht	Bei der Bundestagswahl können Sie ja zwei Stimmen vergeben. Die Erststimme für einen Kandidaten aus Ihrem Wahlkreis und die Zweitstimme für eine Partei. Hier ist ein Musterstimmzettel, ähnlich wie Sie ihn bei der Bundestagswahl erhalten. Was werden Sie auf Ihrem Stimmzettel ankreuzen? Bitte nennen Sie mir jeweils die Kennziffer für Ihre Erst- und Zweitstimme. (A) Erststimme (B) Zweitstimme	(01) CDU/CSU (Christlich Demokratische Union/Christlich-Soziale Union) (02) SPD (Sozialdemokratische Partei Deutschlands) (03) FDP (Freie Demokratische Partei) (04) DIE LINKE (DIE LINKE) (05) GRÜNE (BÜNDNIS 90/ DIE GRÜNEN) (09) andere Partei, und zwar
Subjektive Ambivalenz, negativ	Manche Leute haben ausschließlich positive oder negative Gefühle gegenüber den Spitzenkandidaten. Andere haben sowohl positive als auch negative Gefühle. Wie ist das bei Ihnen? Wir möchten Sie nun bitten anzugeben, wie stark Ihre negativen und wie stark Ihre positiven Gefühle gegenüber den Spitzenkandidaten sind. Wie stark sind Ihre negativen Gefühle gegenüber . . . ? (A) Angela Merkel (B) Peer Steinbrück	(1) sehr stark (2) stark (3) mittelmäßig (4) weniger stark (5) überhaupt keine negativen Gefühle
Subjektive Ambivalenz, positiv	Und wie stark sind Ihre positiven Gefühle gegenüber . . . ? (A) Angela Merkel (B) Peer Steinbrück	(1) sehr stark (2) stark (3) mittelmäßig (4) weniger stark (5) überhaupt keine positiven Gefühle

Variablenname	Fragetext	Kodierung
Stärke Parteiidentifikation	Wie stark oder wie schwach neigen Sie – alles zusammengenommen – dieser Partei zu: sehr stark, ziemlich stark, mäßig, ziemlich schwach oder sehr schwach?	(1) sehr stark (2) ziemlich stark (3) mäßig (4) ziemlich schwach (5) sehr schwach
Skalometer Politiker	Bitte sagen Sie mir nun, was Sie von einigen führenden Politikern halten. Benutzen Sie dafür bitte wieder die Skala von -5 bis +5. Wenn Ihnen ein Politiker nicht ausreichend bekannt ist, brauchen Sie ihn natürlich nicht einzustufen. Was halten Sie von...? (A) Angela Merkel (B) Peer Steinbrück	(1) -5 halte überhaupt nichts von diesem Politiker (2) -4 (3) -3 (4) -2 (5) -1 (6) 0 (7) +1 (8) +2 (9) +3 (10) +4 (11) +5 halte sehr viel von diesem Politiker
Kanzlerpräferenz	Nun wüsste ich gerne folgendes von Ihnen: Wen hätten Sie nach der Bundestagswahl lieber als Bundeskanzlerin bzw. Bundeskanzler: Angela Merkel oder Peer Steinbrück?	(1) Angela Merkel (2) Peer Steinbrück (3) keinen von beiden
Eigenschaften der Kanzlerkandidaten, Merkel	Und nun noch etwas genauer zu Angela Merkel. Sagen Sie mir bitte zu jeder der Aussagen, die ich Ihnen jetzt vorlese, inwieweit sie Ihrer Meinung nach auf Angela Merkel zutrifft oder nicht. (A) Sie ist durchsetzungsfähig. (B) Sie ist vertrauenswürdig. (C) Sie ist als Mensch sympathisch. (D) Sie hat vernünftige Vorstellungen, die Wirtschaft anzukurbeln. (E) Sie repräsentiert die Werte und politischen Vorstellungen der CDU/CSU.	(1) trifft überhaupt nicht zu (2) trifft eher nicht zu (3) teils/teils (4) trifft eher zu (5) trifft voll und ganz zu
Eigenschaften der Kanzlerkandidaten, Steinbrück	Und nun sagen Sie mir bitte, inwieweit die folgenden Aussagen auf Peer Steinbrück zutreffen. Benutzen Sie dafür bitte diese Skala. (A) Er ist durchsetzungsfähig. (B) Er ist vertrauenswürdig. (C) Er ist als Mensch sympathisch. (D) Er hat vernünftige Vorstellungen, die Wirtschaft anzukurbeln. (E) Er repräsentiert die Werte und politischen Vorstellungen der SPD.	(1) trifft überhaupt nicht zu (2) trifft eher nicht zu (3) teils/teils (4) trifft eher zu (5) trifft voll und ganz zu

Variablenname	Fragetext	Kodierung
Gespräche über Politik	Nun wüssten wir gerne etwas darüber, mit wem Sie sich in der letzten Zeit über Parteien oder die Bundestagswahl unterhalten haben. An wie vielen Tagen haben Sie sich in der vergangenen Woche mit anderen Personen, z.B. Familienmitgliedern, Freunden oder Arbeitskollegen, über die Parteien oder die Bundestagswahl unterhalten?	(0) gar nicht (1) 1 Tag (2) 2 Tage (3) 3 Tage (4) 4 Tage (5) 5 Tage (6) 6 Tage (7) 7 Tage
Netzwerkgröße	Was würden Sie sagen, wie viele Personen waren das insgesamt, mit denen Sie sich unterhalten haben?	(1) 1 Person (2) 2 Personen (3) 3 Personen (4) 4 Personen (5) 5 Personen (6) 6 Personen . . . (20) 20 Personen (21) mehr als 20 Personen
Gesprächspartner 1: Wahlentscheidung	Was meinen Sie, welche Partei wird diese Person bei der Bundestagswahl am 22. September wohl wählen, oder meinen Sie, dass die Person nicht zur Wahl gehen wird?	(1) CDU/CSU (2) CDU (3) CSU (4) SPD (5) FDP (7) DIE LINKE (6) GRÜNE (801) andere Partei, und zwar
Gesprächspartner 2: Wahlentscheidung	Was meinen Sie, welche Partei wird diese Person bei der Bundestagswahl am 22. September wohl wählen, oder meinen Sie, dass die Person nicht zur Wahl gehen wird?	(1) CDU/CSU (2) CDU (3) CSU (4) SPD (5) FDP (7) DIE LINKE (6) GRÜNE (801) andere Partei, und zwar
Psychologische Konstrukte	Bitte sagen Sie mir für jede der folgenden Aussagen auf dieser Liste, inwieweit sie auf Sie zutrifft. Benutzen Sie dazu bitte die Skala. (A) Ich bin eher zurückhaltend, reserviert. (B) Ich schenke anderen leicht Vertrauen, glaube an das Gute im Menschen. (C) Ich erledige Aufgaben gründlich. (D) Ich habe eine aktive Vorstellungskraft, bin phantasievoll. (E) Ich werde leicht nervös und unsicher. (F) Ich bilde mir zu allem eine Meinung. (G) Ich finde wenig Befriedigung darin, angestrengt und stundenlang nachzudenken. (H) Gewöhnlich treffe ich wichtige Entscheidungen schnell und sicher.	(1) trifft überhaupt nicht zu (2) trifft eher nicht zu (3) teils/teils (4) trifft eher zu (5) trifft voll und ganz zu

Variablenname	Fragetext	Kodierung
Links-Rechts Selbsteinstufung	Und wie ist das mit Ihnen selbst? Wo würden Sie sich auf der Skala von 1 bis 11 einordnen?	(1) 1 links (2) 2 (3) 3 (4) 4 (5) 5 (6) 6 (7) 7 (8) 8 (9) 9 (10) 10 (11) 11 rechts
Politisches Interesse	Einmal ganz allgemein gesprochen: Wie stark interessieren Sie sich für Politik: sehr stark, stark, mittelmäßig, weniger stark oder überhaupt nicht?	(1) sehr stark (2) stark (3) mittelmäßig (4) weniger stark (5) überhaupt nicht
Politisches Wissen: Erst-/Zweitstimme	Bei der Bundestagswahl haben Sie ja zwei Stimmen, eine Erststimme und eine Zweitstimme. Wie ist das eigentlich, welche der beiden Stimmen ist ausschlaggebend für die Sitzverteilung im Bundestag?	(1) die Erststimme (2) die Zweitstimme (3) beide sind gleich wichtig

Einstellungszugänglichkeit im Laufe von Wahlkämpfen: Aktivierungseffekte im Kontext der Bundestagswahlen 2005, 2009 und 2013

Maria Preißinger/Marco Meyer

1. Einleitung

Die Frage nach der Wirksamkeit von Wahlkampagnen ist ein bedeutsamer Gegenstandsbereich der Wahlforschung und nicht zuletzt für politische Akteure hochgradig relevant. Die klassische Wahlstudie von Lazarsfeld et al. (1968) und nachfolgende Arbeiten sowohl in den USA als auch in anderen Staaten (Bartels 2006; Claassen 2011; Erikson et al. 2010; Finkel 1993; Finkel u. Schrott 1995) erbrachten allerdings den Befund, dass der Erfolg persuasiver Kommunikation, Einstellungen von Wählern grundsätzlich zu verändern (Konversionseffekt), begrenzt sei. Vielmehr bestärke die Wahlkampfkommunikation stark politisch involvierte Wähler in ihren ,stehenden Entscheidungen' für eine Partei (Verstärkungseffekt) oder aktiviere im Laufe des Wahlkampfes zuvor noch unbewusste Prädispositionen weniger involvierter Wähler und veranlasse diese Personen mit Nähe zum Wahltag auf diese Weise dazu, allmählich in Einklang mit ihren Prädispositionen abzustimmen (Aktivierungseffekt).

Die bisherige Forschung zu Aktivierungseffekten ist hauptsächlich geprägt von korrelativen Untersuchungen. Hier wird das mit Nähe zum Wahltag steigende Einflussgewicht politischer Prädispositionen bei der Erklärung von Wahlabsichten (etwa Bartels 2006; Erikson et al. 2010; Claassen 2011) oder die wachsende Güte solcher Modelle (Johnston et al. 2014) als Beleg für Aktivierungsprozesse interpretiert. Bei dieser Vorgehensweise bleibt offen, welcher psychologische Mechanismus zu der Konvergenz von Wahlabsichten führt. So argumentiert Peterson (Peterson 2004; 2009) in Anlehnung an Gelman u. King (1993), die Verarbeitung politischer Informationen seitens der Bürger erhöhe die Sicherheit ihrer politischen Einstellungen gegenüber Kandidaten, sodass sie erst im Verlauf des Wahlkampfes lernen, welcher Kandidat zu ihren Prädispositionen passe. Eine andere Richtung der Literatur sieht sogar die Möglichkeit eines Methodenartefakts: Wahlabsichten würden mit Nähe zum Wahltag kongruenter mit Prädispositionen, weil Befragte mit Nähe zum Wahltag, unabhängig davon wie viele Wahlkampfinformationen sie verarbeiten, die Frage nach der Wahlabsicht zunehmend ernst nehmen und motiviert seien, aufrichtig zu antworten (Optimizing), während sie zu Beginn des Wahlkampfes noch Satisficing (Krosnick 1999, S. 546–559) betrieben haben (Enns u. Richman 2013).

Der vorliegende Artikel soll prüfen, ob der von Lazarsfeld und Kollegen behauptete Mechanismus – Prädispositionen treten den Bürgern im Verlauf des Wahlkampfes immer stärker ins Bewusstsein und beeinflussen deswegen immer stärker Wahlabsichten – für das empirische Muster der konvergierenden Wahlabsichten verantwortlich ist. Dazu soll die klassische Aktivierungstheorie mit dem Konzept der Einstellungszugänglichkeit (Fazio 1995) verknüpft werden, denn diese ist vereinbar mit der Vorstellung, dass Einstellungen im Laufe des Wahlkampfes kognitiv zugänglicher werden und deswegen einen größeren Einfluss auf das Verhalten ausüben (Grant et al. 2010). Zugänglichkeit beschreibt die Leichtigkeit, mit der eine Einstellung aus dem Gedächtnis abgerufen und bei einem Fragestimulus geäußert werden kann, weshalb für die Messung Antwortreaktionszeiten zur Anwendung kommen (Fazio 1995, S. 248). Je häufiger Einstellungen in der Vergangenheit aktiviert wurden und je kürzer die Zeitspanne nach der letzten Aktivierung, desto zugänglicher die Einstellungen (Fazio 1995, S. 252). Außerdem wissen wir, dass hochzugängliche Einstellungen einen größeren Einfluss auf Verhalten ausüben als schwach zugängliche Einstellungen (Fazio 1986). Trifft man die Annahme, dass der Wahlkampf mit seiner sich intensivierenden politischen Kommunikation die Prädispositionen der Bürger wiederholt aktiviert, folgt daraus die Erwartung, dass deren Zugänglichkeit mit Nähe zum Wahltag wächst und deswegen Wahlabsichten in zunehmendem Maße mit Voreinstellungen konvergieren. Erstmals wurde das Konzept der Zugänglichkeit von Grant et al. (2010) mit der Aktivierungstheorie verbunden: Sie haben die Zugänglichkeit von Parteibindungen im Laufe einer Midterm-Senats-Kampagne in einem amerikanischen Bundesstaat untersucht und hierbei gezeigt, dass diese sowohl zugänglicher werden als auch dass mit höherer Zugänglichkeit die Einstellungs-Verhaltens-Konsistenz zunimmt. Der vorliegende Beitrag soll dieser Forschungsrichtung anhand von repräsentativen Umfragedaten zu den drei jüngsten deutschen Bundestagswahlen von 2013, 2009 und 2005 weitere empirische Evidenz hinzufügen. Durch die Analyse von drei in ihrer Intensität variierenden Wahlkämpfen bietet sich dabei erstmals die Möglichkeit zu klären, inwiefern das Ausmaß an Aktivierungseffekten von den konkreten Randbedingungen einer Wahl abhängt.

Während die Nutzung von Reaktionszeiten eine lange Tradition in Laboruntersuchungen hat (siehe zusammenfassend Fazio 1989, 1995), sind sie in repräsentativen Erhebungen und im politikwissenschaftlichen Bereich bisher vergleichsweise selten angewendet worden. Bislang fand das Konzept der Einstellungszugänglichkeit, operationalisiert über Reaktionszeiten, hauptsächlich im Bereich der Konsistenz zwischen Stimmabsichten und berichtetem Verhalten Anwendung (Bassili 1995a, 1995b; Faas u. Mayerl 2010; Meyer u. Schoen 2014). Weitaus seltener sind Untersuchungen, welche die Kampagnendynamik von Einstellungszugänglichkeiten thematisieren, da solche Vorhaben hohe Anforderungen an die verwendeten Daten stellen (Grant et al. 2010; Huckfeldt et al. 1998; Huckfeldt et al. 2000). Generell erscheint es daher geboten und vielversprechend, neben den inhaltlichen Forschungsinteressen, die Technik und Interpretation von erfassten Zeitmessungen in ihrem Potential in diesem Beitrag weiter zu erkunden. Denn die Berücksichtigung dreier Bundestagswahlen stellt zugleich eine methodische Herausforderung dar, da sich in den drei Erhebungen die technische Erfassung und Genauigkeit der Zeitmessungen teilweise beträchtlich unterscheidet. Die vorliegende Untersuchung kann somit auch einen Beitrag zu der Frage leisten, inwiefern verschiedene Operationalisierungsvarianten zu substantiell relevanten Abweichungen führen, und somit wertvolle praktische Erkenntnisse für die weitere Nutzung und technische Implementation von Zeitmessungen liefern.

Der Artikel ist folgendermaßen gegliedert: Zunächst werden theoretisch-konzeptionelle Fragen diskutiert und darauf aufbauend Erwartungen für die empirische Analyse abgeleitet. Nach der Vorstellung der Datenbasis und Operationalisierung werden die Ergebnisse der empirischen Analyse dargestellt, die drei Ziele verfolgt: Erstens soll die Dynamik der Zugänglichkeit von Parteiidentifikationen sowie von Wahlabsichten im Laufe der drei Wahlkämpfe untersucht werden. Empirisch zeigt sich hierbei, dass Parteibindungen im Laufe der untersuchten Wahlkämpfe nicht zugänglicher werden, bei Wahlabsichten hingegen eine leichte Zugänglichkeitssteigerung erkennbar ist. Die drei betrachteten Bundestagswahlkämpfe waren offenbar nicht in der Lage, Parteibindungen von Wählern vielfach zu aktivieren. In einem zweiten Schritt wird analysiert, inwiefern individuelle Unterschiede hinsichtlich politischer Involvierung und Unterschiede zwischen den Wahlkämpfen einen Einfluss auf die Dynamik der Zugänglichkeiten ausüben. Hierbei resultiert eine gemischte empirische Evidenz, vornehmlich jedoch entgegen der theoretischen Erwartungen. Allerdings könnten diese Befunde zu Teilen auch durch methodische Limitationen entstanden sein, weshalb eine entsprechende Problematisierung erfolgt. Drittens wird die Einstellungszugänglichkeit explizit als Einstellungs-Verhaltens-Moderator aufgefasst und geprüft, ob schneller geäußerte Einstellungen Wahlverhalten besser voraussagen können als weniger zugängliche Einstellungen. Hierbei zeigt sich ein bedeutsamer Einfluss der Zugänglichkeit: Schneller geäußerte Parteibindungen führen, unabhängig vom Zeitpunkt des Wahlkampfs, eher zu einer kongruenten Wahlentscheidung. Abschließend werden die Befunde zusammenfassend diskutiert und Implikationen für die weitere Forschung aufgezeigt.

2. Theoretisch-konzeptionelle Überlegungen

In diesem Abschnitt soll die klassische Aktivierungstheorie mit dem Konzept der Einstellungszugänglichkeit verknüpft werden. Dies soll insbesondere mit politisch-psychologischen Aspekten der Informationsverarbeitung geschehen. Zudem werden Erwartungen hinsichtlich individueller Unterschiede sowie kontextueller Eigenschaften der drei untersuchten Bundestagswahlkämpfe formuliert und darauf aufbauend empirisch überprüfbare Hypothesen abgeleitet.

2.1 Eine Umformulierung der Aktivierungstheorie mithilfe des Zugänglichkeitskonzepts

Lazarsfeld und Kollegen argumentieren, dass der Aktivierungsprozess sich in vier Schritten entwickle. Während Kampagnen beim zunächst passiven Wähler in einem ersten Schritt Interesse wecken, beginnt er im zweiten Schritt selbst aktiv nach Informationen zu suchen (Lazarsfeld et al. 1968, S. 75), sodass politische Prädispositionen wiederholt aktiviert werden und dem Betroffenen verstärkt ins Bewusstsein treten. Diese Informationssuche, so Schritt drei, findet selektiv statt: Der Wähler setzt sich unbewusst solchen Informationen aus, die im Einklang mit seinen Prädispositionen stehen, und findet so immer mehr Argumente, die dafür sprechen, gemäß seinen Prädispositionen zu wählen. In einem vierten und letzten Schritt ‚kristallisiert' sich deswegen eine mit diesen Prädispositionen kongruente Wahlentscheidung heraus (Lazarsfeld et al. 1968, S. 76). Aufgrund dieser selektiven Prozesse ist es somit auch nicht weiter verwunderlich, dass in der klassischen Untersuchung vor allem Verstärkungs- und Aktivierungsprozesse beobachtet wurden und keine Umschwünge, also Konversionseffekte (Lazarsfeld et al. 1968, S. 102).

Obwohl die Columbia-Forscher das Konzept der Einstellungszugänglichkeit noch nicht kennen konnten, lässt sich ihre klassische Aktivierungstheorie nahtlos in dieses Forschungsparadigma übersetzen. Mit den Messinstrumenten dieser Forschungsrichtung eröffnen sich genauere Einblicke in die Informationsverarbeitung von Wählern und somit in die kausalen Mechanismen hinter dem empirisch zu beobachteten Muster der konvergierenden Wahlabsichten. Das Konzept der Einstellungszugänglichkeit setzt eine gewisse Vorstellung über die kognitive Architektur voraus, die im Folgenden kurz erläutert werden soll. Es wird angenommen, dass das politische Wissen über verschiedene Objekte in assoziativen Netzwerken im Langzeitgedächtnis abgespeichert ist. Die Knoten oder Objekte dieses Netzwerkes sind mit Bewertungen versehen, mit positiven, neutralen oder negativen Affekten, die in ihrer Stärke variieren können (Lodge u. Taber 2000, S. 193). In dieser Modellvorstellung ist eine Einstellung definiert als Objekt-Bewertungs-Assoziation, also als die Verbindung zwischen einem Objekt und seiner affektiven Bewertung (Fazio 1995). Einstellungszugänglichkeit beschreibt nun die Leichtigkeit, mit der eine Einstellung, verstanden als jene Objekt-Bewertungs-Assoziation, aus dem Langzeitgedächtnis abgerufen werden kann. Je stärker die Verbindung zwischen Objekt und Bewertung, desto zugänglicher ist die Einstellung und desto schneller kann sie bei einem Fragestimulus geäußert werden (Fazio 1995, S. 248). Liegt keine Einstellung zu dem gefragten Objekt im Gedächtnis vor („non-attitude", Converse 1970), sind Individuen darauf angewiesen, eine Bewertung an Ort und Stelle kognitiv aufwändig zu generieren, was mehr Zeit in Anspruch nimmt. Deswegen wird die Zugänglichkeit von Einstellungen über Antwortreaktionszeiten gemessen (Fazio 1995, S. 248–250).

Als wesentliche Einflussgröße auf die Zugänglichkeit von Einstellungen kann das assoziative Lernen angeführt werden. Je häufiger Individuen eine Objekt-Bewertungs-Assoziation ‚trainieren', d.h. je häufiger ihre Einstellung durch einen Stimulus aktiviert wird und je häufiger sie sich somit ihrer Einstellung bewusst werden, desto stärker wird die Verbindung zwischen dem Objekt und der Bewertung und kann bei erneuter Aktivierung schneller geäußert werden (Fazio 1995, S. 252). In Laboruntersuchungen wurde dieser Wiederholungscharakter durch eine wiederholte Konfrontation der Versuchspersonen mit einem Stimulus und der wiederholten Einstellungsabfrage umgesetzt (etwa Fazio 1995, S. 249; Lodge u. Taber 2000, S. 192), doch derartige Mechanismen lassen sich auch in der sozialen Wirklichkeit von Wahlkämpfen finden. Wahlkämpfe sind Zeitspannen intensiver politischer Kommunikation. Die Quantität politischer Kommunikation nimmt zu, doch auch die Qualität verändert sich, sie wird dezidiert persuasiv und ist darauf ausgerichtet, die Stimmen von Wählern zu gewinnen. Nimmt man an, dass mit Nähe zum Wahltag die Bürger verstärkt dieser persuasiven politischen Kommunikation ausgesetzt sind, werden innerhalb des Wahlkampfes ihre politischen Prädispositionen wiederholt aktiviert und sollten deswegen, gemäß der Logik des assoziativen Lernens, zugänglicher werden. Folgende empirisch zu prüfende Hypothese lässt sich daher formulieren:

H1: Je näher der Wahltag rückt, desto zugänglicher werden politische Voreinstellungen.

Dieser erwartete Zusammenhang steht in Kontrast zu der eingangs ebenfalls erwähnten Vermutung, Befragte könnten gerade mit fortschreitendem Wahlkampf die Frage nach der Wahlabsicht zunehmend ernst nehmen und deshalb *Optimizing* (Krosnick 1999, S. 546–559) betreiben, im Gegensatz zu *Satisficing* im Vorfeld (Enns u. Richman 2013). Ist dies der Fall, so sollten Antwortreaktionszeiten gerade mit Nähe zum Wahltag langsamer ausfallen, da für *Optimizing* mehr Zeit benötigt wird (siehe Krosnick 1991; Malhotra 2008). Die Analyse kann somit auch darüber Aufschluss geben, welcher Mechanismus – wahlkampfinduzierte erhöhte Zugänglichkeit oder wachsendes *Optimizing* – empirisch anzutreffen ist.

H1 bedarf noch einer Klarstellung. In der bisherigen Literatur wird implizit angenommen, dass sich Aktivierungseffekte linear entfalten (Grant et al. 2010). Es wird allerdings darüber geschwiegen, innerhalb welches Zeitfensters diese lineare Entwicklung vonstatten geht. Dies hängt vermutlich mit der schwierigen Frage zusammen, wie lange ein Wahlkampf dauert bzw. zu welchem Zeitpunkt ein Wahlkampf beginnt (vgl. Schoen 2003). Einigkeit besteht allerdings darin, dass es eine ‚heiße Phase‘ in Wahlkämpfen gibt, die in Deutschland etwa vier Wochen vor der Bundestagswahl beginnt. Ab jenem Zeitpunkt dürfen Parteien Wahlwerbespots im Fernsehen senden und Wahplakate aufstellen und somit Kommunikationsmittel einsetzen, die es nur in Wahlkampfzeiten gibt.[1] Die Frage ist nun, ob sich Aktivierungsprozesse vor oder während dieser ‚heißen Phase‘ ereignen. Es ist gut vorstellbar, dass viele Bürger den Wahlkampf erst bemerken, wenn die Wahlwerbung der Parteien präsent wird, und somit erst ab diesem Zeitpunkt Einstellungen wiederholt aktiviert werden. Demnach würden sich Aktivierungsprozesse erst ab knapp einem Monat vor der Wahl entwickeln.

Welche Auswirkung hat nun die wachsende Zugänglichkeit von politischen Einstellungen auf das Wahlverhalten? Wird eine Voreinstellung aktiviert, kann sie, durch Ingangsetzung selektiver Wahrnehmung, die Verarbeitung von nachfolgenden Informationen verzerren (Fazio 1986, S. 212). Anders als von den Columbia-Forschern angeführt, betrifft diese Verzerrung allerdings nicht nur die selektive Aufmerksamkeit zugunsten einstellungskongruenter Informationen (Lazarsfeld et al. 1968, S. 76). Verzerrungen treten auch in nachfolgenden Phasen der kognitiven Verarbeitung auf, etwa bei der Interpretation von Informationen (Gaines et al. 2007; Redlawsk 2002; Taber et al. 2009). Dabei gilt: Je zugänglicher eine Einstellung, desto leichter gelangt sie ins Arbeitsgedächtnis und desto stärker kann sie dort nachfolgende politische Informationsverarbeitung verzerren (Fazio 1995,

---

1   Da diese Regelungen landesrechtlich oder sogar kommunalrechtlich festgelegt sind, unterscheiden sich die Zeitpunkte leicht, es handelt sich allerdings um 3-4 Wochen vor der Wahl.

S. 258). Ist eine Einstellung jedoch nicht zugänglich, steht für ein situationsrelevantes Einstellungsobjekt, beispielsweise für die Frage nach der Wahl einer Partei, keine Voreinstellung zur Verfügung, weshalb eine Einstellung in der konkreten Situation erzeugt werden muss. Diese ad hoc generierte Einstellung sollte also stärker von Eigenschaften der unmittelbaren Situation als von bereits vorhandenen Einstellungen abhängen. Folglich ist im Vergleich zu automatisch aktivierbaren Einstellungen eine geringere Konsistenz zwischen Einstellungen und Verhalten zu erwarten (Fazio 1995, S. 257; siehe auch Mayerl 2009, S. 49–52). Dementsprechend lässt sich folgende Hypothese formulieren:

> *H2: Je zugänglicher politische Voreinstellungen, desto größer die Einstellungs-Verhaltens-Konsistenz.*

Wenn es zutrifft, dass politische Voreinstellungen im Laufe des Wahlkampfes zugänglicher werden (H1), sollte auch die Einstellungs-Verhaltens-Konsistenz mit Nähe zum Wahltag zunehmen und H2 ebenso eine zeitliche Dynamik beinhalten.

Welche Voreinstellungen sollten nun im Laufe des Wahlkampfes zugänglicher werden? Parteienidentifikationen können als wichtige Prädispositionen gelten, die andere politische Einstellungen und politisches Verhalten entscheidend beeinflussen (Campbell et al. 1960). Während die affektive Bindung zu einer Partei langfristig stabil und nicht im Laufe des Wahlkampfgeschehens durch eine Identifikation mit einer anderen Partei ersetzt werden sollte (Campbell et al. 1960, S. 148), ist es dennoch vorstellbar, dass sich die Zugänglichkeit der Parteiidentifikation im Laufe des Wahlkampfes kurzfristig erhöht. Mit anderen Worten: Nicht der Inhalt der Parteiidentifikation sollte sich im Wahlkampf verändern, sondern die Leichtigkeit, mit der diese inhaltlich unveränderte Identifikation geäußert werden kann. Denn ein Aktivierungseffekt auf Wahlverhalten setzt definitionsgemäß voraus, dass latente Prädispositionen nur geweckt und nicht inhaltlich verändert werden (Lazarsfeld et al. 1968, S. 75–76). Anderenfalls handelte es sich nicht um einen Aktivierungs- sondern um einen Konversionseffekt (vgl. Lazarsfeld et al. 1968, S. 87–93). Im Prinzip lässt sich dieses Argument auf weitere Prädispositionen, wie z.B. Wertorientierungen, ideologische Einstellungen oder die Mitgliedschaft in sozialen Gruppen übertragen. Entscheidend ist, welche Konstrukte Bürger nutzen, um ihr politisches Überzeugungssystem zu strukturieren und um zu einer Wahlentscheidung zu gelangen. Dies hängt nicht zuletzt auch davon ab, welche Konstrukte politische Akteure in ihrem Wahlkampf versuchen zu aktivieren. Bei der Parteiidentifikation kann davon ausgegangen werden, dass es sich um eine sowohl für Individuen als auch für politische Eliten wichtige politische Prädisposition handelt. Die Entwicklung der Zugänglichkeit von Wahlabsichten ist ebenfalls von Interesse. Durch die steigende Beschäftigung mit Politik sollten auch Wahlabsichten mit Nähe zum Wahltag zugänglicher werden (Bassili 1995a, 1995b). Allerdings gilt hier, dass sich neben der Zugänglichkeit für einen großen Teil des Elektorats auch der Inhalt von Wahlabsichten im Laufe des Wahlkampfes ändert (für die Bundestagswahl 2009 siehe: Steinbrecher 2013), sodass eine Zugänglichkeitssteigerung von Wahlabsichten per se keinen Aktivierungseffekt darstellt. Allerdings kann die Zugänglichkeit von Wahlabsichten als guter Vergleichsmaßstab für Entwicklungen der Zugänglichkeit für Parteiidentifikationen dienen.

Die Diskussion beinhaltete bislang die vereinfachte Vorstellung, dass alle Wahl-kämpfe gleichermaßen die Voreinstellungen des gesamten Elektorats aktivieren. Im nächsten Abschnitt soll differenzierter argumentiert und dargelegt werden, in-wiefern interindividuelle und kontextuelle Unterschiede von Wahlkämpfen Akti-vierungsprozesse beeinflussen sollten.

2.2 Kontextuelle und interindividuelle Variation in Aktivierungsprozessen

Ob die Einstellungszugänglichkeit im Laufe von Wahlkämpfen wächst, hängt – ganz im Sinne des Arguments der wiederholten Aktivierung – davon ab, wie vie-len und welchen Informationen Bürger ausgesetzt sind. Variation ist nun in zwei-erlei Hinsicht zu erwarten, einerseits aufgrund variierender Kampagnenintensität in den verschiedenen Wahlkämpfen, andererseits aufgrund interindividueller Un-terschiede in der Rezeption und Verarbeitung politischer Informationen.

Bisher wurde vereinfacht vermutet, dass sich die Intensität von Wahlkämpfen, die Wahrscheinlichkeit von Informationskontakten und folglich die Zugänglichkeit von Einstellungen mit zeitlicher Nähe zum Wahltag erhöht. Neben einer generellen Intensitätszunahme zum Wahltag hin ist allerdings zu berücksichtigen, dass sich Bundestagswahlkämpfe in der Quantität und Qualität ihrer politischen Kommuni-kation unterscheiden können. Beim Vergleich der hier interessierenden Bundestags-wahlen sind, je nachdem welche Aspekte zugrunde gelegt werden, verschiedene Erwartungen plausibel. So könnte der Wahlkampf 2005 als vergleichsweise inten-siv gelten, da sich insbesondere zwischen der CDU/CSU und der SPD ein lebhafter polarisierender Wahlkampf entzündete (Niedermayer 2007, S. 26–34). Obwohl die CDU/CSU Umfragen zufolge am Anfang des Wahlkampfes bereits als Wahlsiegerin erschien, gelang es der SPD in der heißen Wahlkampfphase durch Negativkampa-gnen insbesondere wirtschaftspolitischen Fragen eine sozialpolitische Dimension zu verleihen und somit den politischen Gegner als „Partei der sozialen Kälte" zu diskreditieren (Niedermayer 2007, S. 34). Die SPD versuchte nach der umstritte-nen Sozialgesetzgebung ihr „sozialdemokratisches Profil" zu stärken, um ent-täuschte Sozialdemokraten wieder zurückzugewinnen. Diese Strategie äußerte sich auch in dem Verzicht einer klaren Koalitionszusage an Bündnis'90/Die Grünen (Jun 2007, S. 499). FDP und CDU/CSU hingegen führten einen Lagerwahlkampf, in dem sie sich den Wählern als geschlossenes bürgerliches Lager präsentierten und sogar eine Zweitstimmenkampagne starteten (Jun 2007, S. 500). Deswegen ist es gut vorstellbar, dass die Kommunikation der politischen Eliten im Wahlkampf 2005 die Parteiidentifikation der Bürger aktivierte.

Im Gegensatz dazu muss der Wahlkampf im Jahre 2009 als ein Wahlkampf mit geringer Polarisierung gelten. CDU/CSU und SPD konnten keinen Wahlkampf führen, in dem sich beide Parteien scharf kritisieren, weil sie in der vergangenen Legislaturperiode in einer Großen Koalition gemeinsam die Regierung gestellt hatten. Es kann insofern auch nicht überraschen, dass Tenscher (2013, S. 71) in einer Analyse von verschiedenen Kampagnenstrategien für alle Parteien zum Schluss kommt, dass der Wahlkampf 2009, unfreiwillig oder freiwillig, mit weni-ger Engagement angegangen wurde. Die Wahlkampfstrategie der CDU/CSU sah Beobachtern zufolge vor, die Führungsfähigkeiten von Angela Merkel in den Mittelpunkt zu stellen und den politischen Gegnern „keine Angriffsflächen und damit Polarisierungs- und Mobilisierungsmöglichkeiten" (Weßels et al. 2013, S. 13) zu liefern. Der „Kanzlerinnenwahlkampf" der Union (Krewel et al. 2011, S. 38) betonte die Person Angela Merkel und aktivierte vermutlich eher keine Parteizugehörigkeiten. Auch die SPD versuchte sich an einer Personalisierungsstrategie (Krewel et al. 2011, S. 40). Insgesamt betrachtet wurden im Wahlkampf 2009 deshalb vermutlich Parteiidentifikationen weniger aktiviert, sodass Aktivierungseffekte in geringerem Maße auftreten als 2005. Für den Wahlkampf 2013 scheinen sich ähnliche Schlüsse anzudeuten, allerdings wurde dieser, im Gegensatz zu 2009, nicht nach einer großen Koalition geführt. Insofern könnte man erwarten, dass Aktivierungseffekte 2013 in stärkerem Maße als 2009 auftreten. Allerdings kann auch 2013 nicht unbedingt von einem ‚heißen' Wahlkampf zwischen den beiden großen Volksparteien gesprochen werden. Angela Merkel rückte erneut ihre positive Leistungsbilanz in wirtschaftspolitischen Fragen in den Mittelpunkt, während es der SPD nicht gelang, sozialpolitische Fragen zu ihrem Vorteil zu nutzen (Mader 2014, S. 354–355). In der öffentlichen Debatte herrschte die Auffassung, dass SPD-Kanzlerkandidat Peer Steinbrück als Vertreter der Agenda-2010-Politik nicht zum nach links gerückten Programm der SPD passe. Deswegen könnte es sein, dass gerade die SPD mit ihrem Wahlkampf Parteiidentifikationen nur schwerlich aktivieren konnte.

Trotz dieser verschiedenen Aspekte, die für potentielle Aktivierungsunterschiede ins Feld geführt werden können, erscheint es zu hoch gegriffen, eine explizite Erwartung zu formulieren, obgleich sich stärkere Aktivierungseffekte tendenziell für 2005 vermuten lassen. Diese möglichen Unterschiede sollen in der empirischen Analyse erkundet werden, weshalb sich folgende explorative Hypothese formulieren lässt:

H3: Zugänglichkeitssteigerungen mit Nähe zum Wahltag unterscheiden sich zwischen den drei betrachteten Wahlkampagnen.

Neben diesen verschiedenen Eigenschaften von Wahlkämpfen sind individuelle Unterschiede in der Dynamik der Einstellungszugänglichkeit insbesondere bei Merkmalen zu erwarten, denen ein Einfluss auf politische Informationsverarbeitung unterstellt werden kann. Bei den generellen Dispositionen, sich mit politischen Fragen zu beschäftigen und sich mit einer Partei als verbunden zu betrachten, dürfte dies der Fall sein. Absolut gesehen sollten politisch stark involvierte Personen über eine höhere Einstellungszugänglichkeit verfügen als unpolitische Personen, weil ihre politischen Voreinstellungen durch ihre Beschäftigung mit Politik insgesamt häufiger aktiviert werden. Ebenso sollten starke Parteianhänger absolut gesehen über zugänglichere Einstellungen verfügen, weil sie sich häufiger politischen Informationen aussetzen (Grant et al. 2010; siehe Steenbergen u. Lodge 2003, S. 130). Da diese Personen jedoch so stark involviert sind, dass sie auch in Nichtwahlkampfzeiten das politische Geschehen verfolgen und relativ zugängliche Einstellungen haben, sollte der Zuwachs an Zugänglichkeit minimal sein („Deckeneffekt"). Die Prädispositionen dieser stark politisierten Personen können vom Wahlkampf also nicht geweckt werden, weil sie schon vorher ‚hellwach' sind. Ein Zuwachs an Zugänglichkeit sollte also gerade für solche Personen zu beobachten sein, die zu Beginn des Wahlkampfes kein großes politisches Interesse und nur eine schwache Bildung zu einer Partei aufweisen, und erst durch die erhöhte Wahlkampfkommunikation zur Auseinandersetzung mit Politik angeregt werden. Entsprechend ergibt sich folgende zu prüfende Hypothese:

H4: Je niedriger das politische Interesse und je schwächer die Parteiidentifikation, desto größer die Zugänglichkeitszuwächse im Wahlkampf.

3. Daten und Operationalisierung

Zur Untersuchung der aufgeworfenen Fragen werden Daten aus Rolling-Cross-Section-Erhebungen anlässlich der Bundestagswahlen 2005, 2009 und 2013 verwendet (Rattinger et al. 2013; Rattinger et al. 2014; Schmitt-Beck u. Faas 2009). Diese zeichnen sich dadurch aus, dass für einen bestimmten Zeitraum vor der Wahl jeden Tag voneinander unabhängige Stichproben mit etwa 100 Personen gezogen werden, womit sie beste Möglichkeiten eröffnen, die Wahlkampfdynamik zu erfassen. Für die Untersuchung der Einstellungszugänglichkeit ist diese Erhebungsform besser geeignet als Wahlkampfpaneldaten, denn in letzteren bestünde die Gefahr, dass Einstellungen nicht aufgrund des Wahlkampfgeschehens zugänglicher werden, sondern durch die wiederholte Befragung selbst. Zudem enthalten alle drei Erhebungen eine Nachwahl-Panelkomponente, sodass die Beziehung zwischen Voreinstellungen aus der Vorwahlerhebung und berichtetem Verhalten untersucht werden kann.

In allen drei Erhebungen wurden Reaktionszeiten zur Parteiidentifikation und Wahlabsicht[2] erfasst. Die technische Umsetzung der Zeitmessung unterscheidet sich jedoch zwischen den Erhebungen (siehe Tabelle 1). In diesem Artikel soll für jedes Jahr die bestmögliche Operationalisierung der Reaktionszeiten verfolgt werden, auch wenn sich dadurch Operationalisierungen zwischen den Jahren unterscheiden. Robustheitstest mit einer über die Jahre vergleichbareren Operationalisierung zeigen, dass die substantiellen Ergebnisse der nachfolgenden Analysen nicht von der Art der Operationalisierung abhängen (siehe Anhang A5). Ein Umstand lässt sich allerdings nicht angleichen: So wurde die Zeitmessung 2009 und 2013 aktiv durchgeführt, das heißt der Interviewer löste die Messung nach Verlesen der Frage aus und stoppte sie, sobald der Befragte antwortete. Anschließend hielt er die inhaltliche Antwort fest. Im Gegensatz dazu wurde die Zeitmessung 2005 automatisch mit Eintragen der substantiellen Antwort gestoppt. Im Ver-

---

2   Die Messung der Wahlabsichtslatenz bezieht sich auf die Zweitstimme. Da die Reaktionszeitmessung 2009 und 2013 keine Wahlentscheidungen von Briefwählern und hypothetischen Wählern enthalten (wurde separat abgefragt), werden diese Fälle 2005 der Vergleichbarkeit wegen ebenfalls ausgeschlossen. „Weiß nicht"-Antworten bleiben in allen Jahren für die Zeitmessungen erhalten. 2009 und 2013 haben die Befragten, bevor sie zu ihrer Zweitstimme befragt wurden, zuvor schon eine Frage nach ihrer Erststimme beantwortet. Die Antwortreaktionszeiten 2009 und 2013 könnten also absolut gesehen schneller sein als 2005, weil durch die Fragenreihenfolge die Wahlabsicht möglicherweise bereits aktiviert wurde. Es besteht jedoch kein Anlass aus diesem Grund für 2009 und 2013 eine andere relative Entwicklung dieser Latenzzeiten über den beobachteten Zeitraum zu erwarten als 2005.

gleich ergeben sich für 2005 somit systematisch längere Reaktionszeiten als für die beiden jüngeren Erhebungen.

Bevor Reaktionszeiten als inhaltlich interessierende Konstrukte verwendet werden können, sind sie von potentiellen Störgrößen zu bereinigen, wofür die bisherige Forschung drei Schritte kennt: Der Ausschluss von ungültigen Messungen, die Bestimmung einer individuellen Basisgeschwindigkeit sowie die Bereinigung der interessierenden Reaktionszeiten um diese Basisgeschwindigkeit (Mayerl u. Urban 2008, S. 57–58). Ungültige Messungen können zunächst über Interviewervalidierungen ausgeschlossen werden, das heißt, der Interviewer gibt nach der aktiven Zeitmessung an, ob diese in gewünschter Weise erfolgte oder nicht. 2005 war keine Interviewervalidierung implementiert (siehe Tabelle 1 zur Übersicht). In diesem Fall bleibt nur die Identifikation von Ausreißerwerten, also auffallend kurzen und langen Reaktionszeiten (Mayerl u. Urban 2008, S. 58). Ein derartiges Vorgehen ist auch für die Erhebungen 2009 und 2013 ratsam, denn selbst nach Entfernen von als invalid gekennzeichneten Messungen verbleiben unplausibel lange Zeiten im Datensatz.

Tabelle 1: Überblick über technische Unterschiede der Antwortreaktionszeitmessungen zwischen RCS 2005, 2009 und 2013

	2005	2009	2013
N Vorwahl	3583	6008	7882
N Panel	2420	4027	5353
Startzeitpunkt vor Wahl	41 Tage	60 Tage	76 Tage
Erhebungseinheit	Sekunden	Hundertstelsekunden	Millisekunden
Interviewervalidierung	nein	ja	ja
Ausreißerbereinigung	2 Standardabweichungen vom Mittelwert	2 Standardabweichungen vom Mittelwert	2 Standardabweichungen vom Mittelwert
Errechnung der Basisgeschwindigkeit	Interviewlänge / respondentenspezifische Anzahl von Fragen	Interviewlänge / respondentenspezifische Anzahl von Fragen	mittlere Reaktionszeit zu drei soziodemograph. Merkmalen
Bereinigung um Basisgeschwindigkeit	Residualindex	Residualindex	Residualindex

Daten: ZA4991, ZA5303, ZA5703.

In der Literatur findet sich eine große Vielfalt an Vorschlägen für eine solche Ausreißerbereinigung, was nicht zuletzt daran liegt, dass je nach inhaltlichem Forschungsinteresse sehr unterschiedliche Spannweiten als plausible Bereiche angenommen werden können (Mayerl u. Urban 2008, S. 59). Entscheidend sollte somit nicht eine gewisse Standardprozedur sein, sondern vielmehr die Frage, ob ein bestimmter Wertebereich inhaltlich sinnvoll erscheint (siehe Meyer u. Schoen 2014, S. 433). In der vorliegenden Untersuchung wurden zwei Verfahren angewandt und auf ihre inhaltliche Plausibilität geprüft: Der Ausschluss von Messwerten, die sich zwei beziehungsweise drei Standardabweichungen über oder unter dem Mittelwert der Verteilung befinden.[3] Empirisch resultieren aus diesen Verfahren für 2009 und 2013 Reaktionszeiten, die unter zehn Sekunden bleiben (zwei Standardabweichungen) und zehn Sekunden leicht übersteigen (drei Standardabweichungen). Für 2005 ergeben sich aufgrund der differierenden Zeitmessung noch längere Zeiten. Hinsichtlich der Antwortzeit in einer CATI-Erhebung auf die Fragen nach der Wahlabsicht und Parteiidentifikation wird eine Reaktionszeit als plausibler angenommen, die aus dem Verfahren von zwei Standardabweichungen resultiert, weshalb die Befunde im Folgenden für dieses Verfahren berichtet werden.[4]

Neben der Ausreißerbereinigung gilt es zu berücksichtigen, dass sich Befragte individuell in ihrer kognitiven Basisgeschwindigkeit unterscheiden. Die reine Reaktionszeit ist deshalb um die Basisgeschwindigkeit zu bereinigen (Mayerl u. Urban 2008, S. 63). Im Idealfall sollte diese Basisgeschwindigkeit mit Reaktionszeiten zu Fragen ermittelt werden, die relativ einfach zu beantworten sind und die nicht mit den inhaltlich interessierenden Reaktionszeiten zusammenhängen, etwa Fragen zur Soziodemographie. Für die Erhebung 2013 ist dies mit Fragen zum Geschlecht, Alter und der Gewerkschaftsmitgliedschaft möglich. Für die Erhebungen 2005 und 2009 stehen dagegen nur Reaktionszeitmessungen zu Fragen zur Verfügung, die politische Einstellungen zum Gegenstand haben. Da davon ausgegangen werden kann, dass diese politischen Einstellungen selbst von Wahlkampfdynamik beeinflusst werden, kann damit schwerlich eine mittlere kognitive Basisgeschwindigkeit ermittelt werden. Stattdessen wird die gesamte Interviewdauer im Verhältnis zu den gestellten Fragen als Basisgeschwindigkeit verwendet.

In einem letzten Schritt gilt es, die interessierenden Reaktionszeiten um die individuelle Basisgeschwindigkeit zu bereinigen. Die Forschung hat hierbei ebenfalls verschiedene Verfahren vorgeschlagen und verglichen (Mayerl et al. 2005). Sie alle fußen auf der Logik der ‚Verrechnung‘ der individuellen Basisgeschwindigkeit mit der interessierenden Reaktionszeit, mit dem Ziel, den Zusammenhang zwischen Reaktionszeit und Basisgeschwindigkeit zu minimieren. Verfahren wie der Differenz-, Ratio- und Rate-Amount-Index (Mayerl 2003, S. 12) sind jedoch nicht in der Lage den Zusammenhang zu reduzieren (ähnlich Mayerl u. Urban, S. 80). Zur Bereinigung um die Basisgeschwindigkeit wird daher ein Residualindex angewendet, wie ihn Mayerl und Kollegen (2005, S. 5–6) vorgeschlagen haben. Hierbei werden die Residuen verwendet, die bei einer linearen Regression der interessierenden Reaktionszeit auf die Basisgeschwindigkeit entstehen.[5] Positive Residuen ergeben sich für Befragte, die eine längere Reaktionszeit aufweisen als wir es anhand ihrer Basisgeschwindigkeit prognostizieren würden. Umgekehrt

---

3 Sofern Einstellungen im Laufe von Wahlkämpfen zugänglicher werden, dürfte sich auch der Mittelwert im Laufe der Zeit verändern. Dies muss berücksichtigt werden. Zur Ausreißerbereinigung wurden daher wochen-spezifische Mittelwerte und Standardabweichungen berechnet.
4 Inhaltlich ergeben sich mit dem Verfahren von drei Standardabweichungen keine drastisch abweichenden Befunde. Dies ist ein Hinweis darauf, dass längere Reaktionszeiten als ein gewisses ‚Rauschen‘ gelten können, die nicht mit den inhaltlich interessierenden Konzepten korreliert sind.
5 Diese Regression wird mit gewichteten Daten durchgeführt. Das Gewicht ist in jedem Jahr eine Kombination aus Transformations- und sozialstrukturellem Anpassungsgewicht, das wochenweise berechnet wurde.

erhalten Befragte negative Werte, wenn ihre interessierende Reaktionszeit in Relation zu ihrer Basisgeschwindigkeit schneller ausfällt (siehe auch Mayerl u. Urban 2008, S. 74–75). Diese Indexwerte werden in der folgenden Analyse als relative Zugänglichkeit im Laufe des Wahlkampfgeschehens interpretiert (siehe Anhang A1 für deskriptive Kennzahlen dieser Indizes). In Anhang A2 ist die Operationalisierung weiterer in der Analyse verwendeter Variablen beschrieben.

4. Empirische Befunde

Bevor die Einstellungszugänglichkeit von Parteiidentifikationen und Wahlabsichten untersucht wird, soll zunächst ein deskriptiver Blick auf die Entwicklung des politischen Interesses und der Rezeption von Informationen geworfen werden (4.1). Anschließend werden die Dynamik der interessierenden Zugänglichkeiten während der Wahlkämpfe (4.2) und die Wirkung von individuellen Unterschieden (4.3) untersucht. Abschnitt 4.4 widmet sich der Konsistenz zwischen Einstellungen und berichtetem Wahlverhalten aus der Nachwahlwelle.

4.1 Die Dynamik politischen Interesses und politischer Rezeption

Wie anhand der Aktivierungstheorie diskutiert, sollten Einstellungen im Wahlkampf deshalb zugänglicher werden, weil durch erhöhte politische Kommunikation das politische Interesse zunimmt, die Bürger aktiv nach Informationen suchen und es folglich zu wiederholten Einstellungsaktivierungen kommt. Es lohnt sich daher zunächst eine deskriptive Übersicht über derartige Involvierungs- und Rezeptionsvariablen. Zwar kann mit den zur Verfügung stehenden Daten, wiederholten Querschnitten, kein intraindividueller Wandel beobachtet werden. Allerdings können aggregierte Maßzahlen verschiedener Wochenstichproben miteinander verglichen werden. So kann ein Anstieg von Mittelwerten im Aggregat darauf hinweisen, dass das politische Interesse und die Rezeption von Informationen für bestimmte Wählergruppen zunimmt oder zumindest stabil bleibt.[6] In Abbildung 1 sind die Mittelwerte des politischen Interesses und der Rezeptionsvariable nach der Erhebungswoche dargestellt. Die Woche 0 bezeichnet die Kalenderwoche, in der die Bundestagswahl stattfand. Empirisch zeigt sich, dass das politische Interesse und die Rezeption verschiedener politischer Medien während des Wahlkampfes in allen drei Jahren fast unverändert bleiben. Einzig die Häufigkeit politischer Gespräche und die Rezeption von unpersönlicher Parteiwerbung steigen etwa zwei bis drei Wochen vor der Wahl leicht an. Dieser Befund dämpft die Erwartung, in der nachfolgenden Analyse große Zugänglichkeitszuwächse zu finden.

---

6   Es wird nicht vermutet, dass politisches Interesse und Rezeption für bestimmte Wählergruppen sinken sollte.

Abbildung 1: Dynamik politischer Involvierung und Rezeption

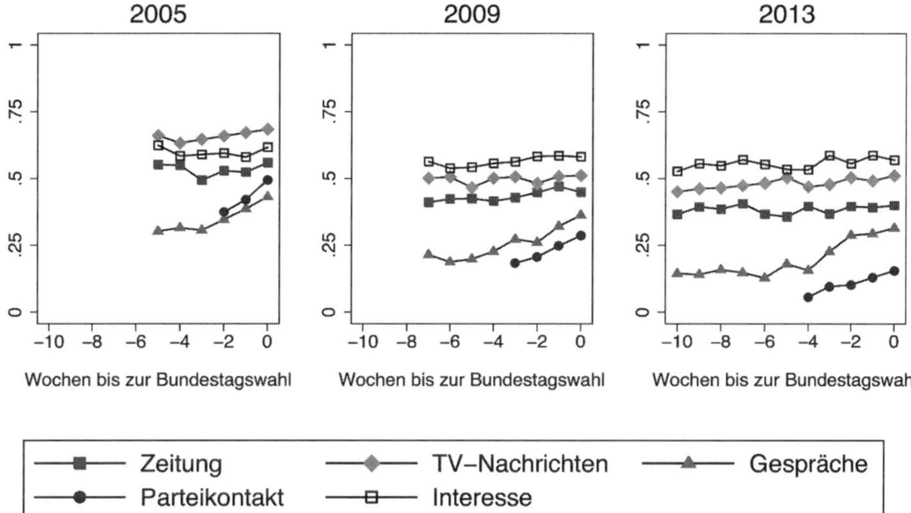

Anmerkung: Dargestellt sind Mittelwerte. Alle Variablen wurden für diese Darstellung auf einem Wertebereich von 0 bis 1 rekodiert. Daten: ZA4991, ZA5303, ZA5703.

4.2 Entwicklung der Einstellungszugänglichkeiten im Wahlkampf

Zur Erklärung der Latenzzeiten im Zeitverlauf werden lineare Regressionsmodelle geschätzt. Da wir bereits die Vermutung gewonnen haben, dass Aktivierungseffekte erst wenige Wochen vor der Wahl auftreten und somit ein linearer Effekt über einen langen Beobachtungsraum wie in 2009 und 2013 unangemessen wäre, wird in den Modellen für jede außer der letzten Erhebungswoche (=Referenz) eine Dummyvariable in die Regression eingeführt.[7] Die letzte Erhebungswoche wird als Referenz gewählt, damit ein Vergleich über die Bundestagswahlen mit ihrem unterschiedlichen Erhebungsbeginn aber identischem Erhebungsende möglich ist.[8] Die ausführlichen Modelle finden sich in Anhang A3. An dieser Stelle sollen für einen anschaulicheren Zugang vorhergesagte Werte der abhängigen Variablen graphisch dargestellt werden. Wenden wir uns zunächst der Zugänglichkeit von langfristigen Prädispositionen zu: In Abbildung 2 sind die aus den Regressionen

---

7   Diese Modelle werden ohne das politische Interesse und die politische Rezeption geschätzt. Selbstverständlich entfaltet nicht das Fortschreiten der Zeit an sich einen kausalen Effekt auf die Zugänglichkeit, sondern das in dieser Zeit theoretisch vermutete ansteigende Interesse und Informationsverhalten. Wie bereits gezeigt (4.1), steigt jedoch nur die Häufigkeit politischer Gespräche und die Parteiwerbungsrezeption. Nähmen wir die Zeit und diese Rezeptionsvariablen gleichzeitig in ein Modell auf, würden wir unser Modell gewissermaßen ‚über-kontrollieren‘ und so – technisch gesprochen – Multikollinearität produzieren.

8   Im Gegensatz zur Spezifizierung von Polynomen der Zeitvariable hat die Modellierung mit Zeitdummys den Vorteil, dass die gewonnenen Koeffizienten für die unterschiedlich langen Untersuchungszeiträume besser vergleichbar sind.

vorhergesagten Werte der Parteiidentifikationslatenzzeiten mit 95%-Konfidenzintervall abgetragen.[9] Entgegen den Vermutungen sind in keinem Jahr große Zugänglichkeitsgewinne mit Nähe zum Wahltag zu beobachten.

Abbildung 2: Dynamik der Parteiidentifikationslatenzzeiten

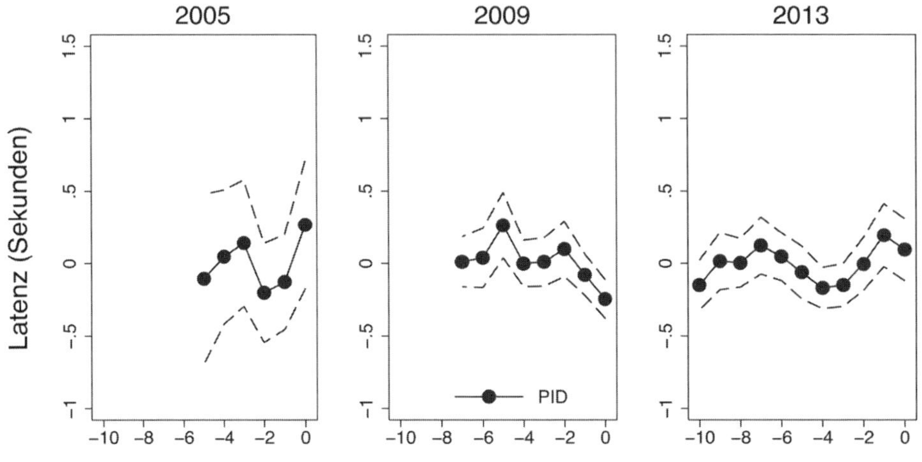

Anmerkung: Dargestellt sind vorhergesagte Werte aus einer linearer Regression der Latenzzeiten auf die Erhebungswoche mit 95%–Konfidenzintervall. Daten: ZA4991, ZA5303, ZA5703.

Die Entwicklungen 2005 verheißen auf den ersten Blick die größte Dynamik, doch zugleich ist die Unsicherheit der Schätzung relativ groß (siehe Konfidenzintervalle), was der schlechteren Messqualität der Antwortreaktionszeiten zuzuschreiben ist. Zudem nehmen 2005 vor der Wahl die Antwortlatenzen entgegen der Erwartung noch einmal zu, was bedeutet, dass Parteiidentifikationen weniger zugänglich werden. 2013 ist ebenfalls keine Abnahme der Latenzzeiten zu beobachten, die Latenzen wachsen sogar ab vier Wochen vor der Wahl an. Die entsprechenden Regressionskoeffizienten sind jedoch 2005 niemals und 2013 nur vereinzelt statistisch signifikant von 0 verschieden (p<0,05, siehe Anhang A3). Die zaghafte Abnahme der Latenzzeiten 2009 knapp zwei Wochen vor der Wahl entspricht noch nicht einmal einer halben Sekunde, sodass die praktische Relevanz dieser Entwicklung bezweifelt werden kann. Es erscheint daher geboten, insgesamt von Stabilität der Latenzzeiten in den drei Wahlkämpfen auszugehen. Wir können somit feststellen, dass in allen drei untersuchten Wahlkämpfen keine Aktivierungseffekte für die langfristige Prädisposition der Parteiidentifikation festzu-

---

9 Alle Graphiken sind auf der y-Achse auf den gleichen Wertebereich skaliert. Es gilt dabei zu bedenken, dass Vergleiche zwischen 2005 und den anderen Jahren aufgrund der technischen Unterschiede in der Antwortzeitmessung nur eingeschränkt möglich sind. Insbesondere verfügen die Latenzzeiten 2005 über einen weitaus größeren Wertebereich als in den anderen beiden Jahren.

stellen sind (H_1). Während für die Bundestagswahlen 2009 und 2013 aufgrund der geringen Intensität des Wahlkampfes keine große Dynamik erwartet wurde, findet sich selbst im von Beobachtern als polarisierend bezeichneten Wahlkampf 2005 kein klarer Aktivierungsprozesses.

Abbildung 3: Dynamik der Wahlabsichtslatenzzeiten

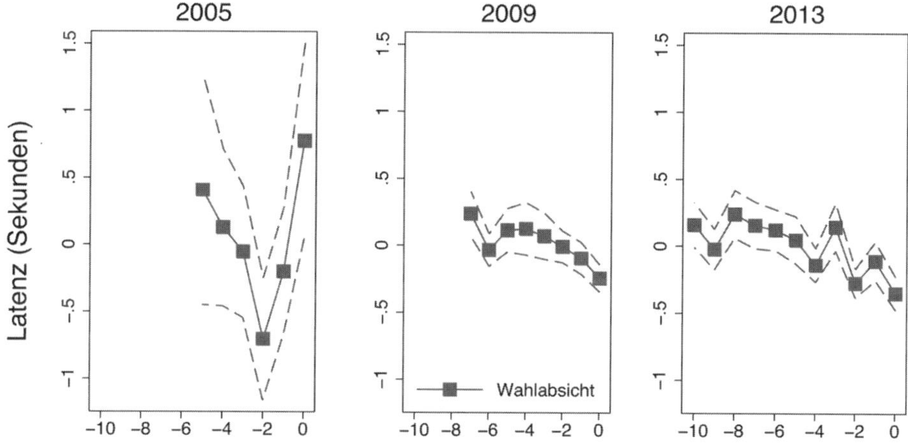

Anmerkung: Dargestellt sind vorhergesagte Werte aus einer linearer Regression der Latenzzeiten auf die Erhebungswoche mit 95%–Konfidenzintervall. Daten: ZA4991, ZA5303, ZA5703.

Wie entwickelt sich im Vergleich dazu die Zugänglichkeit von Wahlabsichten? 2005 finden wir für die Entwicklung dieser Latenzzeiten erneut ein unerwartetes Muster: Die Wahlabsichten werden zunächst zugänglicher, um ab der zweiten Woche vor der Wahl auf ihr Ursprungsniveau anzuwachsen. Die entsprechenden Koeffizienten sind statistisch signifikant von 0 verschieden (p<0,05, siehe Anhang A3). Während Wähler 2005 also zunächst klarer in ihrer Wahlabsicht werden, scheinen sie kurz vor der Wahl wieder länger zu brauchen, diese mental zu konstruieren. Dagegen sinken die Latenzzeiten 2009 und 2013 mit Nähe zum Wahltag leicht. 2009 beginnt die Abnahme der Latenzen vier Wochen vor der Wahl, ab jenem Zeitpunkt also, an welchem wir die ‚heiße Phase' des Wahlkampfes verortet haben. Ähnlich wie schon bei den Parteiidentifikationen in diesem Jahr spielen sich diese Veränderungen aber nur in einem sehr kleinen Bereich ab. 2013 ist die Abnahme etwas größer, allerdings schwanken die Latenzen innerhalb der heißen Wahlkampfphase noch und sind keiner monotonen Abnahme unterworfen. In den Jahren 2009 und 2013 kann also von Stabilität bzw. einer leichten Zugänglichkeitssteigerung hin zum Wahltag gesprochen werden. Dieser Befund zeigt, dass mit Reaktionszeiten zumindest keine *Optimizing*- und *Satisficing*-Prozesse im Laufe des Wahlkampfes gemessen werden. Denn wäre dies der Fall, so hätte *Optimizing*-Verhalten mit Nähe zum Wahltag, im Vergleich zu früheren Zeitpunkten, für längere Reaktionszeiten sorgen müssen. Das eigentümliche V-Muster bei der Wahlabsicht 2005 ist weder mit dem Zugänglichkeits- noch mit dem *Optimizing*-Argument vereinbar, denn ersteres kann nicht erklären, warum die Latenzen kurz vor der Wahl noch einmal auf ihr Niveau von fünf Wochen vor der Wahl anwachsen, letzteres hingegen kann nicht erklären, warum die Befragten zwei Wochen vor der Wahl über so kurze Latenzzeiten verfügen.

4.3 Interindividuelle Unterschiede in der Entwicklung der Einstellungszugänglichkeiten im Wahlkampf

Die bisherige Analyse bezog sich auf das gesamte Elektorat. Der Umstand, dass wir bislang keine Zugänglichkeitszuwächse der Parteibindungen finden konnten, könnte interindividuellen Unterschieden in der Wirkung des Wahlkampfes geschuldet sein. Wie theoretisch diskutiert, ist es plausibel anzunehmen, dass die Zugänglichkeit in bestimmten Wählersegmenten unterschiedlich vorhanden ist und sich unterschiedlich entwickelt. Schwache Parteianhänger und wenig politisch Interessierte sollten demnach den stärksten Zugänglichkeitszuwachs im Wahlkampf erfahren. Deswegen werden Interaktionsterme zwischen der Erhebungswoche und der Parteiidentifikationsstärke einerseits, und dem politischen Interesse andererseits berechnet.

In Tabelle 2 sind die Ergebnisse für die Untersuchung interindividueller Unterschiede in der Entwicklung der Parteiidentifikationszeiten dargestellt. Da die Erhebungswoche als Menge von Dummyvariablen in die Regression einbezogen wurde, muss mit jeder dieser Variablen ein Interaktionsterm berechnet werden. Die konditionalen Effekte der Erhebungswochen-Dummys, also der Effekt, wenn die Parteiidentifikation oder das politische Interesse gleich 0 sind, sollten positiv sein: Das heißt, die Latenzzeiten sollten größer sein als in der Wahlwoche (Referenzkategorie). Die Interaktionsterme sollten entsprechend ein negatives Vorzeichen tragen: Je stärker politisch involviert eine Person ist, desto unbedeutender sollte der Effekt der Erhebungswoche auf ihre Latenzzeiten werden, der totale Effekt der Erhebungswoche also gegen Null gehen. Tabelle 2 zeigt dieses Modell für die Zugänglichkeitsmessung der Parteiidentifikation (siehe Anhang A4 für Modelle mit Wahlabsicht).

Die Befunde stützen die Erwartungen allerdings nicht. 2005 erfahren die Interaktionseffekte niemals statistische Signifikanz, 2009 und 2013 nur so vereinzelt und substantiell schwach, dass von keinem systematischen Unterschied zwischen Gering- und Hochinteressierten oder zwischen schwachen und starken Parteianhängern die Rede sein kann. Prädispositionen treten also – entgegen der theoretischen Erwartung – auch niedrig involvierten Personen mit Nähe zum Wahltag nicht stärker ins Bewusstsein. Das Gleiche gilt für die Wahlabsichten – auch hier gibt es keine systematischen Unterschiede in der Entwicklung der Latenzzeiten von Niedrig- und Hochinvolvierten.

Tabelle 2: Zugänglichkeitsdynamik der Parteiidentifikation für Subgruppen (OLS)

	(1) 2005 PID-Latenz	(2) 2005 PID-Latenz	(3) 2009 PID-Latenz	(4) 2009 PID-Latenz	(5) 2013 PID-Latenz	(6) 2013 PID-Latenz
Abhängige Variable						
Moderator	PID-Stärke	Politisches Interesse	PID-Stärke	Politisches Interesse	PID-Stärke	Politisches Interesse
Konstante	0,60	0,23	-0,31**	-0,23	0,16	0,34
	(0,40)	(0,52)	(0,11)	(0,16)	(0,25)	(0,35)
Woche 1	-0,25	0,01	0,24	0,20	0,09	-0,00
	(0,48)	(0,68)	(0,16)	(0,24)	(0,32)	(0,47)
Woche 2	-0,23	-0,37	0,22	0,42	-0,51	-0,51
	(0,48)	(0,67)	(0,18)	(0,29)	(0,28)	(0,46)
Woche 3	-0,17	-1,30	0,15	0,07	-0,42	-0,88*
	(0,55)	(0,72)	(0,17)	(0,27)	(0,29)	(0,40)
Woche 4	0,04	-0,57	0,18	-0,04	-0,31	-0,47
	(0,55)	(0,71)	(0,16)	(0,24)	(0,28)	(0,39)
Woche 5	0,09	0,78	0,21	0,33	-0,29	-0,53
	(0,67)	(0,88)	(0,18)	(0,32)	(0,29)	(0,41)
Woche 6			0,22	-0,09	-0,20	-0,56
			(0,19)	(0,27)	(0,28)	(0,41)
Woche 7			0,29	-0,08	-0,36	-0,29
			(0,18)	(0,25)	(0,30)	(0,44)
Woche 8					-0,37	-0,52
					(0,28)	(0,42)
Woche 9					-0,34	-0,09
					(0,28)	(0,43)
Woche 10					-0,54	-0,95*
					(0,29)	(0,40)
Moderator	-0,19	0,01	0,01	-0,01	-0,04	-0,11
	(0,16)	(0,21)	(0,05)	(0,06)	(0,09)	(0,13)
Woche 1 * Moderator	-0,07	-0,17	-0,02	-0,01	0,01	0,05
	(0,20)	(0,27)	(0,07)	(0,09)	(0,12)	(0,17)
Woche 2 * Moderator	-0,12	-0,04	0,09	-0,03	0,22*	0,18
	(0,20)	(0,27)	(0,08)	(0,12)	(0,10)	(0,17)
Woche 3 * Moderator	0,04	0,50	0,07	0,08	0,10	0,28
	(0,22)	(0,31)	(0,07)	(0,11)	(0,10)	(0,15)
Woche 4 * Moderator	-0,23	0,15	0,07	0,13	0,03	0,09
	(0,22)	(0,29)	(0,07)	(0,10)	(0,10)	(0,15)
Woche 5 * Moderator	-0,24	-0,47	0,15	0,08	0,08	0,17
	(0,27)	(0,34)	(0,08)	(0,14)	(0,11)	(0,15)

Fortsetzung auf der nächsten Seite

Fortsetzung Tabelle 2

Abhängige Variable Moderator	(1) 2005 PID-Latenz PID-Stärke	(2) 2005 PID-Latenz Politisches Interesse	(3) 2009 PID-Latenz PID-Stärke	(4) 2009 PID-Latenz Politisches Interesse	(5) 2013 PID-Latenz PID-Stärke	(6) 2013 PID-Latenz Politisches Interesse
Woche 6*Moderator			0,08	0,17	0,07	0,23
			(0,09)	(0,10)	(0,10)	(0,15)
Woche 7*Moderator			0,00	0,15	0,21	0,14
			(0,08)	(0,10)	(0,11)	(0,16)
Woche 8*Moderator					0,15	0,19
					(0,11)	(0,16)
Woche 9*Moderator					0,16	0,00
					(0,11)	(0,16)
Woche 10*Moderator					0,17	0,32*
					(0,11)	(0,15)
N	3157	3284	4373	4566	5935	6190
R^2	0,01	0,01	0,01	0,01	0,01	0,01

Anmerkung: Unstandardisierte Regressionskoeffizienten mit robusten Standardfehlern. Daten: Rolling-Cross-Section-Wahlkampfstudien 2005 (ZA4991), 2009 (ZA5303) und 2013 (ZA5703). Daten wurden gewichtet, * p < 0,05, ** p < 0,01, *** p < 0,001.

Bei der Erklärung dieses Nichtbefundes wird jedoch ein weiteres methodisches Problem offenkundig: Der nicht existente Zusammenhang – zumindest was den Fall der Parteiidentifikationszugänglichkeit anbetrifft – könnte auch durch die querschnittliche Datenstruktur verursacht worden sein. Denn der Zusammenhang zwischen Parteibindungsstärke und Latenzzeit der Parteiidentifikation liegt nur zu einem gemeinsamen Zeitpunkt vor. Es könnte sein, dass ein Befragter die Stärke der Parteiidentifikation gerade aufgrund einer Zugänglichkeitssteigerung plötzlich als ‚stark' einschätzt, während sie zu einem früheren Zeitpunkt noch als ‚schwach' angegeben wurde. Die verwendeten RCS-Daten haben zwar den Vorteil, dass Einstellungen nicht allein durch die wiederholte Befragung derselben Personen zugänglicher werden können. Allerdings haben sie den Nachteil, dass Unterschiede im intraindividuellen Zugänglichkeitswandel nicht adäquat untersucht werden können. Reaktionszeitmessungen in einer Panelerhebung mit wenigen, weit auseinanderliegenden Wellen im Wahlkampf und Kontrollquerschnitten, um mögliches Panelconditioning auf Zugänglichkeiten testen zu können, wären geeignet, um einen derartigen intraindividuellen Wandel untersuchen zu können. Basierend auf den in dieser Analyse erbrachten Befunden muss H4 also zunächst als widerlegt angesehen werden. Aufgrund der methodischen Problematik ist es jedoch nicht auszuschließen, dass man mit einem alternativen Paneldesign zu einer empirischen Bestätigung der Hypothese gelangen könnte.

4.4 Einstellungs-Verhaltens-Konsistenz

Zwar werden, wie gezeigt, Parteiidentifikationen mit Nähe zum Wahltag nicht zugänglicher, dennoch ist in einem letzten Schritt zu fragen, ob deren Zugänglichkeit in entscheidendem Maße für eine kongruente Wahlentscheidung sorgt. Zur Beantwortung dieser Frage greifen wir auf logistische Regressionsmodelle zurück, in welchen die abhängige Variable die Information beinhaltet, ob ein Befragter in der Nachwahlwelle berichtet hat, kongruent zur Parteibindung, die in der Vorwahlwelle gemessen wurde, gestimmt zu haben (=1), oder nicht (=0).[10] Die Erwartung ist nun, dass je kleiner die Latenzzeit für die Parteiidentifikation ausfällt, die Wahrscheinlichkeit, dass Parteiidentifikation und Wahlentscheidung übereinstimmen, umso größer ist (negativer Effekt). Wie in Tabelle 3 zu sehen ist, zeigt sich der erwartete negative Effekt der Latenzzeiten. Darüber hinaus ergeben sich plausible Befunde für die Stärke der Parteibindung und das politische Interesse: Je stärker diese ausfallen, desto größer ist auch die Wahrscheinlichkeit einer kongruenten Wahlentscheidung.

Tabelle 3: Zugänglichkeit als Moderator der Einstellungs-Verhaltens-Konsistenz? Logistische Regression der Übereinstimmung zwischen Parteiidentifikation und Wahlabsicht

	2005	2009	2013
Konstante	-0,29	-1,30***	-0,89**
	(0,29)	(0,32)	(0,27)
Latenz PID	-0,07***	-0,13***	-0,09**
	(0,02)	(0,04)	(0,03)
Stärke PID	0,33***	0,67***	0,53***
	(0,10)	(0,10)	(0,10)
Politisches Interesse	0,16*	0,11	0,23***
	(0,07)	(0,07)	(0,07)
N	1578	2077	2952
McFaddens R^2	0,03	0,06	0,04

Anmerkung: Unstandardisierte Regressionskoeffizienten mit robusten Standardfehlern, Daten: Rolling-Cross-Section- Wahlkampfstudien 2005 (ZA4991), 2009 (ZA5303) und 2013 (ZA5703), Daten wurden gewichtet,

* p < 0,05, ** p < 0,01, *** p < 0,001.

---

10 Befragte ohne Parteiidentifikation werden von dieser Analyse ausgeschlossen, da für sie – unabhängig davon wie schnell sie antworten – keine Kongruenz zwischen ‚Nicht-Identifikation‘ und berichtetem Wahlverhalten ermittelt werden kann.

Abbildung 4: Einfluss der PID-Zugänglichkeit auf die Einstellungs-Verhaltens-Konsistenz

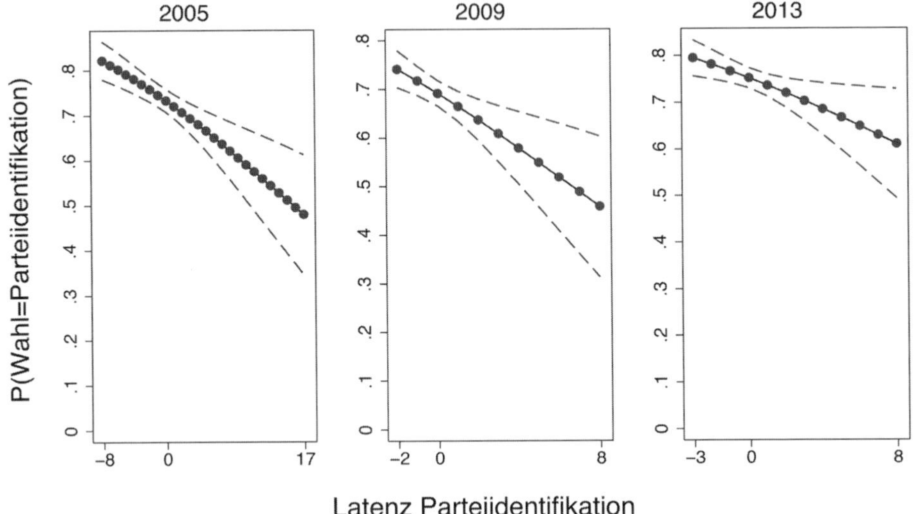

Anmerkung: Vorhergesagte Wahrscheinlichkeiten aus logistischer Regression mit 95%–Konfidenzintervall. Daten: ZA4991, ZA5303, ZA5703.

In Abbildung 4 ist die Entwicklung der Wahrscheinlichkeit einer kongruenten Wahlentscheidung in Abhängigkeit von verschiedenen Werten der PID-Latenz dargestellt.[11] In jedem Jahr variiert die Latenz auf der horizontalen Achse von ihrem jeweiligen Minimal- bis zum Maximalwert. Die Personen mit den geringsten Latenzen in den Stichproben haben mit 70-80% eine sehr hohe Wahrscheinlichkeit, Wahlentscheidungen in Einklang mit ihrer Parteiidentifikation zu treffen, die sich 2005 und 2009 bis zur größten Latenzzeit beinahe halbiert. 2013 hingegen haben Personen mit der größten Latenzzeit eine immer noch knapp 60%ige Chance, ‚ihre' Partei zu wählen.

Es zeigt sich also, dass die Zugänglichkeit von Parteiidentifikationen die Konsistenz zwischen Einstellung und Verhalten moderiert und H_2 bestätigt werden kann. Da Parteiidentifikationen aber über den Wahlkampf hinweg nicht zugänglicher werden, ändert sich auch an der Einstellungs-Verhaltens-Konsistenz, anders als in der Aktivierungstheorie vermutet, im Zeitverlauf nichts. Allerdings zerstreut dieser Befund erneut mögliche Bedenken, dass die unerwarteten Entwicklungsmuster der Parteiidentifikationslatenzzeiten daher rühren, dass wir mit den Latenzzeiten etwas anderes als die Einstellungszugänglichkeit messen, beispielsweise die Antwortmotivation der Befragten. Denn würden schnell geäußerte Parteibindungen für *Satisficing* sprechen, so sollte sich gerade bei diesen empirisch eine geringere Einstellungs-Verhaltens-Konsistenz zeigen.

---

11 Es handelt sich hierbei um mittlere Wahrscheinlichkeiten und nicht um Wahrscheinlichkeiten, die am Mittelwert der übrigen unabhängigen Variablen berechnet werden. Für eine Diskussion über den Unterschied zwischen diesen beiden Verfahren zur Errechnung von Wahrscheinlichkeiten siehe Bartus (2005).

5. Schlussfolgerung

Dieser Artikel ist der Frage nachgegangen, ob und inwiefern sich Aktivierungsprozesse mithilfe des Konzepts der Einstellungszugänglichkeit, operationalisiert über Antwortreaktionszeiten, aufspüren lassen. Im Gegensatz zu vielen Untersuchungen, die die psychologischen Mechanismen hinter dem vielfach beobachteten Muster der mit Prädispositionen konvergierenden Wahlabsichten nur annehmen, anstatt sie zu testen, oder diese Frage gar nicht thematisieren, wurde hier mit der Einstellungszugänglichkeit ein Konstrukt angewandt, das explizit auf der Ebene der kognitiven Informationsverarbeitung angesiedelt ist.

In der Untersuchung der Bundestagswahlkämpfe 2005, 2009 und 2013 konnte der Artikel zumindest für das Jahr 2013 eine leicht zunehmende Zugänglichkeit für Wahlabsichten als vergleichsweise kurzfristige Einstellungen nachweisen. Da sich diese Intentionen inhaltlich jedoch während des Wahlkampfes verändern, kann dies nicht als Beleg für einen genuinen Aktivierungsprozess gelten. Ein derartiger Prozess könnte eher unterstellt werden, sofern sich die Zugänglichkeit von Parteiidentifikationen – und somit von Prädispositionen, deren Inhalt langfristig stabiler sein sollte – erhöht. Empirisch traf dies jedoch für keinen Bundestagswahlkampf zu.

Für die Jahre 2009 und 2013 wurden vorab aufgrund des wenig polarisierenden Wahlkampfes keine großen Zugänglichkeitssteigerungen der Parteiidentifikation erwartet. Der Wahlkampf 2005 kann allerdings als einer der intensivsten Wahlkämpfe der jüngeren deutschen Geschichte gelten, in dem Parteien ausdrücklich versuchten, an die Parteibindungen der Wählerschaft zu appellieren. Dennoch vermochte er es nicht, die Zugänglichkeit derselben steigen zu lassen. Der über drei Bundestagswahlkämpfe konstante Nichtbefund könnte als Indiz dafür interpretiert werden, dass deutsche Bundestagswahlkämpfe anscheinend nicht in der Lage sind, die Parteibindungen von Wählern vielfach zu aktivieren und sie ihnen dadurch stärker ins Bewusstsein zu rufen. Dieser Schluss würde allerdings die Frage nach sich ziehen, welche Faktoren dafür verantwortlich sind, dass wachsende Parteibindungszugänglichkeiten in einem wenig intensiven Mid-Term-Election-Wahlkampf in den USA beobachtet werden konnten (Grant et al. 2010), dies für drei nationale Hauptwahlen in Deutschland allerdings nicht möglich war. Um die Ursache für diese Unterschiede zu verstehen, erscheint es wünschenswert, dass künftige Forschung Aktivierungsprozesse verstärkt vergleichend untersucht – sowohl anhand verschiedener Wahlen innerhalb eines politischen Systems als auch zwischen verschiedenen Systemen.

Es muss darauf hingewiesen werden, dass wir 2005, dem einzigen Jahr, in dem wir deutliche Aktivierungsprozesse erwarteten, gleichzeitig die schlechteste Qualität der Reaktionszeitmessungen antreffen: Die Zeiten wurden nicht aktiv durch den Interviewer gestoppt und es fehlten eine Interviewervalidierung sowie Reaktionszeiten zu soziodemographischen Fragen zur Erstellung der Basisgeschwindigkeit. Dadurch transportieren die generierten Latenzindizes im erheblichen Maße Störfaktoren mit, die vielmehr den Gegebenheiten des Interviews als der Zugänglichkeit der Einstellungen der Befragten geschuldet sind. Diesem unsystematischen Rauschen entspricht die große Unsicherheit der Schätzungen für 2005, die sich in breiten Konfidenzintervallen äußert. Diese Mängel könnten ein Grund dafür sein, dass wir gerade in einem Wahlkampf mit günstigen Randbedingungen für Aktivierungseffekte keine Aktivierungsprozesse beobachten konnten. In einem Robustheitstest wurden die Reaktionszeitmessungen von 2009 und 2013 ähnlich ‚unrein‘ gemacht wie für 2005 – die Basisgeschwindigkeit wurde über die Interviewlänge generiert und Messungen, die von den Interviewern als ungültig markiert wurden, nicht ausgeschlossen. An den substantiellen Ergebnissen für die beiden Jahre änderte sich jedoch nichts (Anhang A5). Dies ist eine gute Nachricht für Erhebungen, die auf Reaktionszeiten ohne Interviewervalidierung und adäquate Basiszeiten zurückgreifen müssen. Auf den ersten Blick würde dieser Robustheitsbefund dafür sprechen, auch die Ergebnisse von 2005 – kein Zuwachs von Parteibindungs- und Wahlabsichtszugänglichkeit – als inhaltlich substantiell zu akzeptieren. Doch ein Aspekt der unsauberen Messung 2005 ist nicht auf die anderen Jahre übertragbar, und zwar der Umstand, dass 2005 die Reaktionszeitmessungen nicht aktiv gestoppt wurden. Prinzipiell zeigt die Notwendigkeit dieser Robustheitstests auf, dass es wünschenswert erscheint, technische Details zumindest in der deutschen Wahlforschung in künftigen Erhebungen übereinstimmend zu handhaben. Dies betrifft beispielsweise die Integration von inhaltlich unabhängigen Reaktionszeitmessungen für die Basisgeschwindigkeitsberechnung, wie sie in der Erhebung 2013 implementiert wurde. Derartige Maßnahmen dürften dazu beitragen, die Anwendung von Antwortreaktionszeiten für politikwissenschaftliche Fragen weiter voranzutreiben und die Evidenz auf eine noch solidere empirische Basis zu stellen.

Bei der Untersuchung der Reaktionszeiten bestand generell die Möglichkeit, dass ein anderer psychologischer Mechanismus als die erhöhte Einstellungszugänglichkeit für Aktivierungseffekte verantwortlich ist, nämlich die mit Nähe zum Wahltag wachsende Motivation der Befragten, Surveyfragen ernsthaft zu beantworten (Enns u. Richman 2013). Die im Verlauf des Wahlkampfes sinkenden Latenzzeiten von Wahlabsichten 2009 und 2013 und der Umstand, dass schneller geäußerte Parteiidentifikationen zu einer größeren Einstellungs-Verhaltens-Konsistenz führen, sprechen allerdings gegen die Präsenz dieses Mechanismus. Das Argument von Peterson (2004; 2009), Aktivierungseffekte kämen zustande, weil Wähler mit Nähe zum Wahltag sicherer in ihren Einstellungen würden, wurde hier nicht direkt getestet. Es ist ohnehin fraglich, ob der von Peterson vorgenommenen strikten Unterscheidung zwischen Einstellungssicherheit und -zugänglichkeit zu folgen ist (vgl. dazu Gross et al. 1995, S. 221–222) und es sich also um substantiell verschiedene Mechanismen handelt. Folgt man jedoch dieser Unterscheidung, müssen sich die beiden Mechanismen dennoch nicht zwangsläufig gegenseitig ausschließen, da sie sich auf unterschiedliche Einstellungsobjekte beziehen können: So ist es vorstellbar, dass der Wahlkampf einerseits die Zugänglichkeit von langfristigen Einstellungen gegenüber Parteien erhöht, andererseits Bürger in ihren kurzfristigen Einstellungen gegenüber anfangs ihnen noch unbekannten Kandidaten sicherer werden lässt.

Wie jede empirische Untersuchung ist auch die vorliegende nicht frei von Limitationen. Einerseits war die querschnittliche Struktur der RCS-Erhebungen gut geeignet, potentielles Panel Conditioning und systematische Ausfälle auszuschließen. Reaktionszeiten hätten ansonsten beispielsweise durch die Befragung selbst und nicht durch das Wahlkampfgeschehen schneller werden können. Andererseits konnte in der vorliegenden Untersuchung individueller Wandel nicht direkt beobachtet werden. Eine Analyse von Reaktionszeiten in Verbindung mit wenigen Panelwellen, die weit auseinanderliegen, und Kontrollquerschnitten, die die Überprüfung von Panel Conditioning ermöglichen, könnte in dieser Hinsicht wertvolle Befunde liefern.

Literatur

Bartels, Larry M. 2006. Priming and Persuasion in Presidential Campaigns. In *Capturing campaign effects*, Hrsg. Henry E. Brady, und Richard Johnston, 78–112. Ann Arbor: University of Michigan Press.

Bartus, Tamás. 2005. Estimation of marginal effects using margeff. *The Stata Journal* 5: 309–329.

Bassili, John N. 1995a. On the psychological reality of party identification: Evidence from the accessibility of voting intentions and of partisan feelings. *Political Behavior* 17: 339–358.

Bassili, John N. 1995b. Response Latency and the Accessibility of Voting Intentions: What Contributes to Accessibility and How it Affects Vote Choice. *Personality and Social Psychology Bulletin* 21: 686–695.

Campbell, Angus, Philip E. Converse, Warren E. Miller, und Donald E. Stokes. 1960. *The American voter*. Chicago: University of Chicago Press.

Claassen, Ryan L. 2011. Political Awareness and Electoral Campaigns: Maximum Effects for Minimum Citizens? *Political Behavior* 33: 203–223.

Converse, Philip E. 1970. Attitudes and Non-Attitudes: Continuation of a Dialogue. In *The quantitative analysis of social problems*, Hrsg. Edward R. Tufte, 168–189. Reading: Addison-Wesley.

Enns, Peter K., und Brian Richman. 2013. Presidential Campaigns and the Fundamentals Reconsidered. *The Journal of Politics* 75: 803–820.

Erikson, Robert S., Costas Panagopoulos, und Christopher Wlezien. 2010. The Crystallization of Voter Preferences during the 2008 Presidential Campaign. *Presidential Studies Quarterly* 40: 482–496.

Faas, Thorsten, und Jochen Mayerl. 2010. Michigan reloaded: Antwortlatenzzeiten als Moderatorvariablen in Modellen des Wahlverhaltens. In *Information – Wahrnehmung – Emotion. Politische Psychologie in der Wahl- und Einstellungsforschung*. Hrsg. Thorsten Faas, Kai Arzheimer, und Sigrid Roßteutscher, 259–276. Wiesbaden: VS, Verlag für Sozialwissenschaften.

Fazio, Russell H. 1986. How do attitudes guide behavior? In *Handbook of motivation and cognition. Foundations of social behavior*, Hrsg. Richard M. Sorrentino, und E. Tory Higgins, 204–243. New York: Guilford Press.

Fazio, Russell H. 1989. On the power and functionality of attitudes: The role of attitude accessibility. In *Attitude structure and function*, Hrsg. Anthony R. Pratkanis, Steven James Breckler, und Anthony G. Greenwald, 153–180. Hillsdale, N.J: L. Erlbaum Associates.

Fazio, Russell H. 1995. Attitudes as object-evaluation associations. Determinants, consequences, and correlates of attitude accessibility. In *Attitude strength. Antecedents and consequences*, Hrsg. Richard E. Petty, und Jon A. Krosnick, 247–282. Mahwah, N.J: Lawrence Erlbaum Associates.

Finkel, Steven E. 1993. Reexamining the „Minimal Effects" Model in Recent Presidential Campaigns. *The Journal of Politics* 55: 1–21.

Finkel, Steven E., und Peter R. Schrott. 1995. Campaign Effects on Voter Choice in the German Election of 1990. *British Journal of Political Science* 25: 349–377.

Gaines, Brian J., James H. Kuklinski, Paul J. Quirk, Buddy Peyton, und Jay Verkuilen. 2007. Same Facts, Different Interpretations: Partisan Motivation and Opinion on Iraq. *The Journal of Politics* 69: 957–974.

Gelman, Andrew, und Gary King. 1993. Why Are American Presidential Election Campaign Polls so Variable When Votes Are so Predictable? *British Journal of Political Science* 23: 409–451.

Grant, J. Tobin, Stephen T. Mockabee, und J. Quin Monson. 2010. Campaign Effects on the Accessibility of Party Identification. *Political Research Quarterly* 63: 811–821.

Gross, Sharon Ruth, Rolf Holtz, und Norman Miller. 1995. Attitude Certainty. In *Attitude strength. Antecedents and consequences*, Hrsg. Richard E. Petty, und Jon A. Krosnick, 215–245. Mahwah, N.J: Lawrence Erlbaum Associates.

Huckfeldt, Robert, Jeffrey Levine, William Morgan, und John Sprague. 1998. Election Campaigns, Social Communication, and the Accessibility of perceived Discussant Preference. *Political Behavior* 20: 263–294.

Huckfeldt, Robert, John Sprague, und Jeffrey Levine. 2000. The Dynamics of Collective Deliberation in the 1996 Election: Campaign Effects on Accessibility, Certainty, and Accuracy. *The American Political Science Review* 94: 641–651.

Johnston, Richard, Julia Partheymüller, und Rüdiger Schmitt-Beck. 2014. Activation of Fundamentals in German Campaigns. In *Voters on the Move or on the Run?*, Hrsg. Bernhard Weßels, Hans Rattinger, Sigrid Roßteutscher, und Rüdiger Schmitt-Beck, 217–237. Oxford: Oxford University Press.

Jun, Uwe. 2007. Parteiensystem und Koalitionskonstellationen vor und nach der Bundestagswahl 2005. In *Die Bundestagswahl 2005. Analysen des Wahlkampfes und der Wahlergebnisse*, Hrsg. Frank Brettschneider, Oskar Niedermayer, und Bernhard Wessels, 491–515. Wiesbaden: VS Verlag für Sozialwissenschaften.

Krewel, Mona, Rüdiger Schmitt-Beck, und Ansgar Wolsing. 2011. *Geringe Polarisierung, unklare Mehrheiten und starke Personalisierung: Parteien und Wähler im Wahlkampf. In Zwischen Langeweile und Extremen: Die Bundestagswahl 2009*, Hrsg. Hans Rattinger, Sigrid Roßteutscher, Rüdiger Schmitt-Beck, und Bernhard Weßels, 33–57. Baden-Baden: Nomos.

Krosnick, Jon A. 1991. Response Strategies for Coping with the Cognitive Demands of Attitude Measures in Surveys. *Applied Cognitive Psychology* 5: 213–236.

Krosnick, Jon A. 1999. Survey research. *Annual Review of Psychology* 50: 537–567.

Lazarsfeld, Paul F., Bernard Berelson, und Hazel Gaudet. 1968. *The people's choice. How the voter makes up his mind in a presidential campaign.* New York: Columbia University Press.

Lodge, Milton, und Charles Taber. 2000. Three Steps toward a Theory of Motivated Political Reasoning. In *Elements of reason. Cognition, choice, and the bounds of rationality*, Hrsg. Arthur Lupia, Mathew D. McCubbins, und Samuel L. Popkin, 183–213. Cambridge/New York: Cambridge University Press.

Mader, Matthias. 2014. The German federal election, September 2013. *Electoral Studies* 34: 353–356.

Malhotra, Neil. 2008. Completion Time and Response Order Effects in Web Surveys. *Public Opinion Quarterly* 72: 914–934.

Mayerl, Jochen, Piet Sellke, und Dieter Urban. 2005. Analyzing cognitive processes in CATI-Surveys with response latencies. An empirical evaluation of the consequences of using different baseline speed measures. Schriftenreihe des Instituts für Sozialwissenschaften an der Universität Stuttgart, SISS No. 2/2005. Stuttgart: Universität Stuttgart.

Mayerl, Jochen, und Dieter Urban. 2008. *Antwortreaktionszeiten in Survey-Analysen. Messung, Auswertung und Anwendungen.* Wiesbaden: VS Verlag für Sozialwissenschaften / GWV Fachverlage.

Mayerl, Jochen. 2003. *Können Nonattitudes durch die Messung von Antwortreaktionszeiten ermittelt werden? Eine empirische Analyse computergestützter Telefoninterviews.* Schriftenreihe des Instituts für Sozialwissenschaften an der Universität Stuttgart, SISS No. 2/2003. Stuttgart: Universität Stuttgart.

Mayerl, Jochen. 2009. *Kognitive Grundlagen sozialen Verhaltens. Framing, Einstellungen und Rationalität.* Wiesbaden: VS Verlag für Sozialwissenschaften / GWV Fachverlage.

Meyer, Marco, und Harald Schoen. 2014. Response Latencies and Attitude-Behavior Consistency in a Direct Democratic Setting: Evidence from a Subnational Referendum in Germany. *Political Psychology 35: 431–440.*

Niedermayer, Oskar. 2007. Der Wahlkampf zur Bundestagswahl 2005. Parteistrategien und Kampagnenverlauf. In *Die Bundestagswahl 2005. Analysen des Wahlkampfes und der Wahlergebnisse*, Hrsg. Frank Brettschneider, Oskar Niedermayer, und Bernhard Wessels, 21–42. Wiesbaden: VS Verlag für Sozialwissenschaften.

Peterson, David A. M. 2004. Certainty or Accessibility: Attitude Strength in Candidate Evaluations. *American Journal of Political Science* 48: 513–520.

Peterson, David A. M. 2009. Campaign Learning and Vote Determinants. *American Journal of Political Science* 53: 445–460.

Rattinger, Hans, Sigrid Roßteutscher, Rüdiger Schmitt-Beck, Bernhard Weßels, und Christoph Wolf. 2014. *Rolling Cross-Section Campaign Survey with Post-election Panel Wave (GLES 2013). Köln: GESIS Data Archive ZA5703.*

Rattinger, Hans, Sigrid Roßteutscher, Rüdiger Schmitt-Beck, und Bernhard Weßels. 2013. *Rolling Cross-Section Campaign Survey with Post-election Panel Wave (GLES 2009).* Köln: GESIS Data Archive ZA5303.

Redlawsk, David P. 2002. Hot Cognition or Cool Consideration? Testing the Effects of Motivated Reasoning on Political Decision Making. *The Journal of Politics* 64: 1021–1044.

Schmitt-Beck, Rüdiger, und Thorsten Faas. 2009. *Bundestagswahl 2005 Kampagnendynamik – Vor- und Nachwahlstudie.* Köln: GESIS Datenarchiv ZA4991.

Schoen, Harald. 2003. Ein Wahlkampf ist ein Wahlkampf ist ein Wahlkampf? Anmerkungen zu Konzepten und Problemen der Wahlkampfforschung. In *Wahlkämpfe in Deutschland.* Fallstudien zur Wahlkampfkommunikation 1912-2005, Hrsg. Nikolaus Jackob, 34–44. Wiesbaden: VS Verlag für Sozialwissenschaften.

Steenbergen, Marco R., und Milton Lodge. 2003. Process Matters. Cognitive Models of Candidate Evaluation. In *Electoral democracy*, Hrsg. Michael MacKuen, und George Rabinowitz, 125–171. Ann Arbor: University of Michigan Press.

Steinbrecher, Markus. 2013. Die Qual der Wahl: Entscheidertypen bei der Bundestagswahl 2009. In *Koalitionen, Kandidaten, Kommunikation*, Hrsg. Thorsten Faas, Kai Arzheimer, Sigrid Roßteutscher, und Bernhard Weßels, 247–267. Wiesbaden: Springer Fachmedien Wiesbaden.

Taber, Charles S., Damon Cann, und Simona Kucsova. 2009. The Motivated Processing of Political Arguments. *Political Behavior 31: 137–155.*

Tenscher, Jens. 2013. Ein Hauch von Wahlkampf. In *Wahlen und Wähler. Analysen aus Anlass der Bundestagswahl 2009*, Hrsg. Bernhard Weßels, Harald Schoen, und Oscar W. Gabriel, 63–78. Wiesbaden: Springer VS.

Weßels, Bernhard, Harald Schoen, und Oscar W. Gabriel. 2013. Die Bundestagswahl 2009 – Rückschau und Vorschau. In dies.: *Wahlen und Wähler. Analysen aus Anlass der Bundestagswahl 2009*, 13–29. Wiesbaden: Springer VS.

V. POLITISCH-PSYCHOLOGISCHE BEITRÄGE ZUR POLITISCHEN THEORIE

Subjekt und Politik

Hans-Joachim Busch

1. Zum Ansatz einer Kritischen Politischen Psychologie. Einführung

Politische Psychologie ist ein Produkt der modernen bürgerlichen Gesellschaft. Sie reicht zurück bis ins 19. Jahrhundert und hat ihre Ursprünge in der berühmten Massenpsychologie Le Bons (1895).[1] Diese lagen in einer Zeit, in der weder von einer ausgeprägten Psychologie noch von der Psychoanalyse als einer Psychologie des Unbewussten die Rede sein konnte. Le Bons Schrift erwuchs aus einer Mischung von theoretischen Intuitionen und empirischen Betrachtungen eines gebildeten Laien (Le Bon war Arzt) zu den gesellschaftlichen Bewegungen seiner Zeit. Die Wirkung seines Werks strahlte bis weit ins 20. Jahrhundert aus. Es wurde zum Klassiker und zum Ratgeber einer Reihe von demokratischen Politikern, aber auch von Agitatoren vom Schlage Hitlers. Gleichwohl blieb sein Werk lange Zeit singulär. Erst die großen gesellschaftlichen Bewegungen in den ersten beiden Jahrzehnten des 20. Jahrhunderts wie der 1. Weltkrieg und die russische Revolution, aber auch die generelle Ausprägung von mehr oder weniger stabilen Massendemokratien sorgten für einen Forschungsbedarf, der zu einem Erwachen breiterer massen- und politpsychologischer Anstrengungen führte. Von psychoanalytischer Seite thematisierte Federn (1919) die Möglichkeiten einer revolutionär herbeigeführten „vaterlosen Gesellschaft“ und Freud (1921) unternahm mit seiner Le Bons Arbeit kritisch aufgreifenden „Massenpsychologie und Ichanalyse“ einen Anlauf, der zum Ausgangspunkt vieler nachfolgenden Bemühungen auf diesem Gebiet wurde (Reich 1933; Simmel 1946; Adorno 1951b; Moscovici 1984; Mitscherlich 1963; König 1992). Und gegen Ende dieses Jahrzehnts begannen schließlich auch die Gesellschaftswissenschaften, sich systematisch um eine Integration der psychologischen Perspektive zu bemühen (Fromm 1929; Horkheimer 1932).

An letzteren Versuchen möchte ich mich, sofern sie an Anregungen der Freudschen Psychoanalyse anknüpften, orientieren.[2] Denn nur so lassen sich das Unternehmen und der Anspruch einer Kritischen Politischen Psychologie (Horn 1972a,

---

1 Ihre Wurzeln gehen aber, wie neuerdings Saar (2013) zeigte, auf eine bereits in der politischen Philosophie Spinozas angelegte systematische Dimension der politischen Bedeutung von Affekten und Imaginationen zurück.

2 Dabei werde ich allerdings in meiner Argumentation jene Varianten nicht berücksichtigen, die, wie es bei Parsons (1968) der Fall war, in eine übersozialisierte, vorwiegend integrationistische Perspektive mündeten.

1989) sinnvoll begründen. Die hierfür infrage kommenden Ansätze beschränkten sich, sieht man einmal von dem interessanten, auf Freudschen Annahmen beruhenden staatspsychologischen Entwurf Kelsens ab (vgl. Busch 2015), im Wesentlichen auf die Frankfurter Schule der Kritischen Gesellschaftstheorie. In den 70er Jahren des vorigen Jahrhunderts trat der Ansatz einer Theorie des Imaginären von Cornelius Castoriadis hinzu, der viel Beachtung, auch und gerade in der neuesten politischen Theorie (Saar 2013), gefunden hat. Damit liegt ein weiterer begrüßenswerter Vorstoß vor, Psychologisches systematisch in einer nicht integrationistischen Theorie des Politischen zu verankern. Auch Castoriadis stützt sich, wie es hier in der Folge gleichermaßen der Fall sein wird, auf die psychoanalytische Psychologie Freuds. Was er mit seiner Theorie des Imaginären zu begreifen gedenkt, kann allerdings, wie ich demonstrieren werde, auf dem Wege einer materialistischen Sozialwissenschaft des Individuellen (Busch 2002) besser und differenzierter eingelöst werden. In Anbetracht der Tatsache, dass in der politischen Theorie bis in unsere Tage das systematische Interesse an den affektiven, sinnlich-imaginativen Aspekten und Implikationen des Politischen marginal geblieben ist, kann man die erwähnte Arbeit Saars, die dies entschieden auf die Tagesordnung setzt (Saar 2013, S. 328), als geeignete Formulierung der Anschlussstelle für eine kritische politische Psychologie nehmen.

In diesem Zusammenhang ist es erstaunlich, dass die in der Frankfurter Schule gegründete sozialpsychologische Traditionslinie bei Saar (und nicht nur bei ihm) überhaupt keine Rolle mehr zu spielen scheint. Vor allen anderen sozialwissenschaftlichen Schulen und Richtungen verfolgte doch gerade sie einen Ansatz, der die Perspektive der Motivation der einzelnen Akteure moderner Gesellschaften einbezog und sie mit den Kriterien autonomer, mündiger Subjektivität verband. Genau dies war die Quelle, der die hier verfolgte Kritische Politische Psychologie entsprang. Sie hob sich von einer anderen Richtung ab, die den Titel einer Politischen Psychologie zuerst beanspruchte und prägte (Lasswell 1927). Ihr ging es eher um pragmatische Fragestellungen, die nicht mit theoretisch-systematischen Reflexionen zum Verhältnis von Individuum und Gesellschaft und den dafür passenden sozialwissenschaftlichen, sozialphilosophischen und psychologischen Ansätzen verbunden waren. Auch neigte der sich daraus ergebende Hauptstrom politischer Psychologie bis in unsere Tage dazu, eher die Risiken und Steuerungsprobleme demokratischer Gebilde zu betonen und sich an Fragen der Kontrolle abweichender Tendenzen zu orientieren. Kritische Politische Psychologie als aus der Kritischen Theorie der Gesellschaft hervorgewachsener Ansatz ist demgegenüber einem dezidiert anderen Erkenntnisinteresse verpflichtet. Sie nimmt sich stärker der Position der Subjekte, deren Möglichkeiten der Bedürfnisartikulation und der Kräftigung ihrer Interessen an. In dieser Perspektive stellt sie die gegebenen gesellschaftlichen und politischen Verhältnisse immer auch infrage und tritt für (Re-)Politisierung und Demokratisierung ein. Im folgenden Text werde ich zuerst diese psychoanalytisch-sozialpsychologische Subjektkritik der 1. Generation der Frankfurter Schule erläutern; denn sie bildet das Fundament der hier vertretenen Kritischen Politischen Psychologie. Im nächsten Abschnitt werden die theoretischen Grundzüge dieser Kritischen Politischen Psychologie entfaltet: Die Kritische Theorie des Subjekts, die den Prozess der Sozialisation im Rahmen von Sprache,

Interaktion und Praxis begreift und so auch die subjektdeformierenden Wirkungen der Sozialisationsinstitutionen zu erfassen vermag. Im vierten Teil soll schließlich eine Argumentationslinie entworfen werden, die den hier skizzierten Subjektbegriff fruchtbar macht für eine Erweiterung des Giddensschen Konzepts der Lebenspolitik in der motivationalen Dimension.

2. Psychoanalyse als Subjektkritik. Die erste Generation der Sozialpsychologie der Kritischen Theorie

Die hier vertretene Perspektive einer Theorie des Subjekts bedarf, nachdem in den letzten Jahrzehnten eine strukturalistische Subjektkritik dominant wurde (Saar 2004), ihrerseits erst einmal der Rechtfertigung. Die Freudsche Psychoanalyse, die der hier verfolgten politischen Psychologie zugrunde gelegt wird, war von Anfang an Subjektkritik, getragen von der Einsicht, dass das Ich nicht Herr im eigenen Haus ist (Freud 1917, S. 11). Gerade hierin lag ihre Anziehungskraft für die erste Generation der Frankfurter Schule, die mit ihrer Hilfe die Genese, das Gemacht-Werden des Subjekts (vgl. Saar 2004, S. 333) untersuchen wollte. Beschädigungen und Verblendungen des Bewusstseins sollten aufgedeckt werden. Dieses Unternehmen führte in eine zeitweilige Resignation. Das Ende des Individuums, die Auslöschung des Subjekts war der Schluss, der aus der nationalsozialistischen Barbarei und dem sich ausbreitenden gesellschaftlichen Totalitätszusammenhang gezogen wurde. „Die vorbürgerliche Welt, kannte Psychologie noch nicht, die nachbürgerliche nicht mehr" war die vernichtende Diagnose, die Adorno (1955, S. 83) seiner Zeit stellte. Die erwähnte strukturalistische Subjektkritik knüpfte nicht an dieses Denken an, kam aber zu ganz ähnlichen Einsichten. Die strukturalistische Denkrichtung verschärfte theoriesystematisch aber noch den Vorrang von Struktur gegenüber dem Subjekt und besiegelte dessen Heteronomie. Ihrer Auffassung, das Subjekt sei „weniger gegeben als gemacht" (Saar 2004, S. 333) ist unschwer zuzustimmen. Gleichwohl würde ich an der „Unhintergehbarkeit von Individualität" (Frank 1986) festhalten und einen wenigstens residualen Kern von Subjektivität postulieren.[3] Auch in den poststrukturalistischen Debatten wie im Werk des späten Foucault finden sich genügend Hinweise, denen zufolge Freiheitsspielräume der Subjekte bestehen, die Machtdiskurse zu unterlaufen (Saar 2004), eine „Kunst, nicht regiert zu werden" (Foucault 1992, S. 12), zu pflegen. Kann sich die hier verfolgte kritische politische Psychologie in diesem Punkt problemlos anschließen, so geht sie doch über die dort gezogenen Schlussfolgerungen deutlich hinaus. Sie macht ernst mit der ‚Aufgabe‘ „der Nachzeichnung der groben und

---

3   Ich verbinde dies zugleich mit dem entschiedenen Einwand gegenüber einem subjektblassen (wenn nicht subjektlosen) Intersubjektivismus, wie er sich im Denken von Habermas und Honneth abzeichnet (Whitebook 2001, 2003; Busch 1985, 2001, 2003). Die positive Bedeutung, die der Psychoanalyse im frühen Werk von Habermas sowie in den Arbeiten Honneths beigemessen wird, ist gleichwohl nicht zu übersehen. Für die hier angestellten Überlegungen ist etwa vollkommene Übereinstimmung mit der Einschätzung der politischen Psychologie A. Mitscherlichs durch A. Honneth (2006, S. 102) gegeben: „Insofern ist das Projekt der Demokratisierung an die Voraussetzung des Zustands einer inneren Freiheit gebunden, für deren Charakterisierung die Psychoanalyse bis heute das beste Vorbild liefert". Dies genauer darzulegen (was man bei Honneth vermisst), nimmt sich mein Aufsatz vor.

feinen Wirkung der Macht auf Subjektivität" (Saar 2004, S. 347) und hat dafür auch wirksame begriffliche Instrumente.[4]

Diese Instrumente sind, wie schon betont wurde, gerade aus der Auseinandersetzung mit der Freudschen Psychoanalyse erwachsen. Freuds Ansatz bot sich deshalb an, weil er als umfassende Humanpsychologie konzipiert war, die psychische Entwicklung und Strukturbildung ebenso bedachte wie die hierfür konstitutiven Elemente: Trieb, Sexualität und Unbewusstes. Bei ihren Erkundungen des menschlichen Seelenlebens stieß sie folgerichtig auf dessen widersprüchlichen Zusammenhang mit den geschichtlichen, kulturellen und sozialen Prozessen. So war Freuds Psychoanalyse immer schon gleichermaßen Individual- wie Sozialpsychologie (Freud 1921, S. 65) und wandte sich der kritischen Betrachtung von Kunst und Kultur, Massen und Religion zu. In seinem sozialpsychologischen Hauptwerk „Das Unbehagen in der Kultur" entfaltete Freud (1930) das ganze Dilemma des augenscheinlichen kulturellen Fortschritts der Menschheit und des dazu eigentümlich kontrastierenden Zurückbleibens der individuellen Kultureignung. Er wies auf, wie wenig die menschlichen Aggressionen sich von der Zivilisation hatten befrieden lassen, wie sehr sie unter deren Oberfläche gärten und im 1. Weltkrieg hervorbrachen. Und er zeigte die Verführbarkeit der Individuen durch Massenbewegungen und deren Führer und Ideologien. Daher griffen die Autoren der Kritischen Theorie auf Freuds Erkenntnisse zurück, als sie der Bedrohung der politischen Kultur der Weimarer Republik gewahr wurden.[5] Sie untersuchten, wie sich autoritäre Bewusstseinsstrukturen über den damaligen Sozialcharakter der Gesellschaft in den meisten Individuen niederschlugen und festsctzten. So drangen sie zur Analyse der Strukturen des faschistischen Bewusstseins vor (Horkheimer und Adorno 1947; Adorno 1951b). Es hat, ihnen zufolge, seine Autonomie aufgegeben bzw. wieder verloren; seine innere moralische Instanz, das Über-Ich, ist im Sinne der Freudschen Massenpsychologie Führerautoritäten überantwortet und von ideologischen Parolen in Beschlag genommen. Seine Vorurteilshaltung ist chronisch und starr, die Welt wird paranoisch in Gut und Böse aufgeteilt. Differenzierter Betrachtung komplexer Phänomene weicht dieses Bewusstsein aus. Es sonnt sich im kollektiven Narzissmus dieses Massenwahns. Auch wenn die nationalsozialistische Diktatur überwunden werden konnte, sehen die Autoren die für sie mitverantwortlichen Grundstrukturen einer kapitalistischen verwalteten Welt fortexistieren. Alles in allem konnte so bereits die erste Generation Kritischer Theorie (Fromm, Adorno, Horkheimer, Marcuse) eine, wenn auch noch recht grobe, Sozialisationstheorie auf psychoanalytischer Grundlage entwickeln. In den Familien wurden Sozialisationsagenturen der Gesellschaft gesehen, die das Programm der sexuellen und persönlichen Entwicklung der Sozialisanden steuerten. Die überwiegend autoritäre Ausrichtung der Familien sorgte für die Herausbildung entsprechender Charaktere, die wiederum sehr anfällig und ansprechbar für

---

4 In dieser Hinsicht findet sie auch Rückhalt in Adornos (1966) späterer Revision seiner düsteren gegenwartsdiagnostischen Besiegelung jedweder Möglichkeit von Subjektivität und der auf sie gerichteten sozialpsychologischen Bestrebungen.
5 E. Fromm (1980) hatte in seinen frühen Untersuchungen die Anfälligkeit des Bewusstseins der Arbeiter und Angestellten der damaligen Zeit in Deutschland für autoritäre Einstellungen herausgefunden.

verkürzende massenpsychologische politische Angebote waren. Der Weg war frei für Vorurteilsbildungen, Projektionen und die Hingabe an kollektive Narzissmen, die die Ich-Schwäche der Einzelnen fatal kompensierten. Dieser außerordentlich anregende Theorieentwurf ist bis heute einflussreich geblieben (s. z.B. Hopf und Hopf 1997). Allerdings fehlten ihm die sozialpsychologischen und sozialisationstheoretischen Mittel, um die doch auch propagierte Genese autonomer Subjektivität zu begreifen (Busch 1985, 2001, 2006). Einzig Marcuse (1955) wartete mit einer kraftvollen geschichtsmaterialistischen Rekonstruktion der Freudschen Theorie auf, die die Perspektive einer Versöhnung von Sinnlichkeit und Vernunft im Subjekt eröffnete.

3. Sprache – Interaktion – Praxis. Von der Subjektkritik zur Kritischen Politischen Psychologie

3.1 Die Kritische Theorie des Subjekts als Grundlage politischer Psychologie

In der zweiten Generation kritischer Theorie fächerte sich die Psychoanalyse-Rezeption weiter auf und erreichte eine weitere Stufe. Entscheidend dafür waren neue theoretische Einflüsse, die insbesondere Jürgen Habermas (1968) zu verdanken waren. Sie führten zu einer erkenntnis- und wissenschaftstheoretischen Bestimmung der (vermeintlichen) Naturwissenschaft Psychoanalyse als einer selbstreflexiv-kommunikativen Sozialwissenschaft. Damit ergaben sich neue Anschlussmöglichkeiten an Hermeneutik, Sprach-, Symbol- und Interaktionstheorie. Und es führte damit ein Weg aus der Sackgasse, in die Adornos resignative Sicht der Psychoanalyse gelangt war. Psychoanalyse konnte nunmehr ihrem wissenschaftstheoretischen Status nach als emanzipatorisches Verfahren, als eine selbstkritische Subjektwissenschaft bestimmt werden. Der Umsetzung dieser Anregungen im Rahmen einer systematischen Subjekttheorie widmete sich in erster Linie A. Lorenzer (1970, 1974, 1986), der die tiefenhermeneutische Dimension der psychoanalytischen Verfahrensweise herausarbeitete und die interaktions-, symbol- und sprachtheoretische Transformation der psychoanalytischen Theorie der Triebe und der Persönlichkeit entscheidend voranbrachte. Er schuf den Ansatz einer tiefenhermeneutischen Kulturanalyse und kritischen Subjekttheorie, die der Verfallslogik der Adornoschen Subjektdiagnose zu entrinnen vermochte. Zugleich vermied er den psychoanalytischen Substanzverlust, den Adorno (1955) integrationistischen Sozialisationsmodellen wie jenem von Parsons vorgehalten hatte. In diesen drohte triebhaft-überschüssige Subjektivität restlos in der Gesellschaft aufzugehen. Dies gelang Lorenzer im Festhalten an der von Marcuse eingeschlagenen Linie einer historisch-materialistischen Vermittlung von Trieben und Gesellschaft. Damit konnte die Position einer prinzipiellen Unversöhnlichkeit von Subjektivität und Gesellschaft oder, anders ausgedrückt, einer immer nur partiellen, temporären Versöhnung von Subjektivität und Gesellschaft befestigt werden und als Sozialisationstheorie eigenständig Gestalt annehmen.[6] Klaus Horn (1972a, b, 1989, 1990) nahm die methodologischen und interaktions- und sozialisationstheoretischen Argumentationen seines engen Kollegen als Vorlage, um auf ihnen einen Ansatz politischer Psychologie zu entwerfen. In der Überschrift „Kritische Theorie des Subjekts" vereinigte er sich in der Rezeption der frühen 70er Jahre mit dessen Sozialisationstheorie. Horn ging es vor allem darum, das Subjektkonzept mit den politischen Diskussionen der damaligen Zeit (Gesellschaftliche Gewalt, Sinnlichkeit, Demokratie, Krieg, Friedensforschung, Aktionsforschung...) zu vermitteln. So schaffte es dieses Gespann, den bis heute avanciertesten Entwurf einer kritischen politischen Psychologie zu formulieren. Mit ihm wird psychoanalytisch-sozialpsychologischen Kurzschlüssen wie der mechanistischen Sozialcharakterologie, der irrigen Unterstellung eines gesellschaftlichen Unbewussten, ebenso eine Absage erteilt wie einer frühinfantilistischen Reduzierung der Einschätzung sozialer und politischer Akteure. Die Kritische Theorie des Subjekts führt Psychoanalyse und Soziologie sehr reflektiert Schritt für Schritt aufeinander zu und bleibt an den Punkten stehen, an denen eine vorschnelle Vereinigung im Begriff zu unsinnigen Konstruktionen führen würde. Sie orientiert sich an sozial- und sprachwissenschaftlichen sowie an sozialphilosophischen Erkenntnissen, denen sie ihr eigenes Recht lässt. D. h. sie nimmt keine blinden psychoanalytischen Übergriffe auf das Terrain von Politik und Gesellschaft vor.[7] Aber sie ebnet konzeptuell-terminologisch die Verbindungswege, baut Brücken für einen psychoanalytisch-sozialwissenschaftlichen Grenzverkehr. Das schafft sie, indem sie psychoanalytische Gehalte in Begrifflichkeiten von Symbol- und Sprachtheorie, von Interaktionstheorie und tiefenhermeneutischer Kulturanalyse zu fassen vermag. So lassen sich soziologische und psychoanalytische Begriffe aufeinander beziehen. Dabei sind auch bestimmte Ebenen auseinanderzuhalten. Gesellschaftliches kann nicht auf Individuelles einfach heruntergebrochen werden. Die krude historisch-materialistische Sozialisationsmechanik war ja gerade das, was die Kritische Theorie des Subjekts zu überwinden trachtete. Deswegen ging es ihr darum, die möglichen Wirkungen gesellschaftlicher Makrophänomene durch die Institutionen und Sozialisationsagenturen hindurch bis zu den Individuen zu verfolgen. Denn die Symbol- und Interaktionsstrukturen auf dieser Zwischenebene (Lebenswelt, Institutionen...) folgten teilweise eigenen Regeln, die es zu bedenken galt, und entsprachen nicht einfach den makroökonomischen Logiken. Diese Eigenlogik zu beachten, war ein bedeutendes theoretisches Motiv der Kritischen Theorie des Subjekts. Wichtig ist dabei zudem, dass der Settingwechsel zwischen psychoanalytischer Behandlung und Sozialpsychologie methodologisch ernst genommen und reflektiert wird und zu einer Unterscheidung der Konzeption von Sozialpsycholo-

---

6   Das verhalf dazu, den Habermasschen Weg in einen triebaufsaugenden Sprachintersubjektivismus nicht mitzumachen (vgl. Busch 1985). Dessen Anstöße, die nahe legten, Psychoanalyse als Modell rein sprachlicher Rekonstruktion und einer innersprachlich-intersubjektiven Sozialisationslogik zu betrachten, bedurften daher einer Korrektur.

7   Weder Politiker noch politische Inhalte kann man einfach „auf die Couch" legen. Auch wenn sich in der Psychoanalyse dafür der treffende Verweis der „wilden Deutung" eingebürgert hat, tritt das Übel der unterschiedslosen Verwendung neurosenpsychologischer Termini im therapiefremden Bereich der Gegenwarts- und Politikdiagnose immer wieder auf.

gie führt. Es kann also keineswegs darum gehen, klinische Etikette an sozialpsychologische Befunde zu heften. Das müsste im jeweiligen Einzelfall eigens begründet werden. So wie es nicht um Krankheit und Heilung geht, so gibt es auf gesellschaftsanalytischem Gebiet nicht die Rollenverteilung von Therapeut und Patient. Sozialpsychologie als Sozialtherapie zu verstehen, ist ein fataler Irrtum. Er führt zu einer pädagogisch-politischen Stigmatisierung der in ihrem Bewusstsein Zurückgebliebenen, über die sich in falscher Geste erhoben wird. Politische Psychologie hat aber von nirgendwo her einen Heilungsauftrag erhalten, sie will dagegen kritische Stellungnahme ermöglichen und den Subjekten zur Artikulation ihrer Stimme (und nicht nur zur elektoralen Abgabe derselben) verhelfen.

Kritische politische Psychologie greift entschlossen auf, was Adorno noch eher ambivalent betrachtete. Anders als es dessen berühmte Sentenz will, gibt es für sie ein „richtiges Leben im falschen" (Adorno 1951a, S. 43), wenigstens ein Hinarbeiten darauf. Ihr diesbezüglicher Optimismus ist zwar gemäßigt, aber sie lässt sich auch nicht bange, schon gar nicht mundtot machen. Worauf sie zielt, sind „neue Formen lebenspraktischer Verständigung", ist eine politische Apathie zurückdrängende, sie überwindende „Repolitisierung" (Horn 1972 b, S. 101) der Bürger. Sie versteht sich als Teil einer auf Erweiterung von Autonomie-Spielräumen individueller Subjektivität zielenden Bewegung, die sie (gerade auch als kritischer Begleiter) mit entwickeln hilft und aus der sie sich zugleich entfaltet (Horn1977, S. 64). Sie sieht insofern die herrschenden gesellschaftlichen Verhältnisse nicht als starr und Einflüssen unzugänglich an, sondern spricht von „dynamischen Vorgängen" in einem Feld des Politischen[8], einem „Zusammenspiel zwischen Erfahrungen und Veränderungswillen, Lücken- und Veränderungschancen in der Machtstruktur. Politische Psychologie müsste die Erweiterungchancen für solche Veränderungen gesellschaftlicher Strukturen, die natürlich auch ihren Niederschlag im Bewusstsein finden, aufzeigen. Auch der Prozess einer Veränderung muss selbst kritisch reflektiert werden. Erst dann verbinden sich politische Praxis und Bewusstseinsveränderung sinnvoll" (Horn 1977, S. 63).

3.2 Die Sozialisation des Subjekts zwischen innerer Natur, Sinnlichkeit und sprachlicher Diskursivität

Dabei hilft ihr die erwähnte theoretische Perspektivenverschiebung. Sie führt zum Entwurf einer interaktionistischen Theorie des Subjekts, die dessen Sozialisation schärfer und differenzierter fassen kann. War das Subjekt psychologisch vorher eher als Empfänger der Botschaften der Gesellschaft, in die es hineinwuchs, aufgetreten, als bloße Resonanzfläche des für es maßgeblichen Sozialcharakters, so war nun ein Ansatz gefunden, der es erlaubte, Schritte sowohl der Autonomie wie des Verlusts der Selbstverfügung im Sozialisationsprozess von Anfang an zu unterscheiden. Das Bemerkenswerte an diesem Unterfangen einer „Kritischen Theorie

---

8   Bourdieus Begriff des „politischen Feldes" kann hier nur erwähnt werden. Er eignet sich, wie das „Habitus"-Konzept generell, die Verbindungen zwischen der von der politischen Psychologie untersuchten Ebene des individuellen Subjekts und den gesellschaftlichen Herrschaftsstrukturen genauer zu analysieren (vgl. dazu Wollenhaupt 2008).

des Subjekts" ist, dass sie die in großen Teilen psychologisch-naturwissenschaftliche Terminologie der Freudschen Psychoanalyse in ein genuin sozialwissenschaftliches Konzept auflöst. Trieb, Sexualität, Unbewusstes werden lesbar als in und für Interaktionen gebildete innere Interaktionsformen. Sozialisatorische Interaktionen hinterlassen von Mutterleib an Spuren, neuronale Niederschläge, die als Handlungsbereitschaften künftigem Interagieren zur Verfügung stehen. Die psychische Struktur ist dann ein komplexes Geflecht solcher sinnlich-unmittelbarer, sinnlich-symbolischer und sprachsymbolischer Interaktionsformen. Die lebensgeschichtliche Gebrochenheit (Verdrängungen, Abwehrmechanismen…) spiegelt sich wider in deformierten Spielarten dieser Entwürfe. „Sprachzerstörung" ist in diesem Ansatz der Name für die Neurose, die zum Anlass einer Psychoanalyse wird. „Rekonstruktion" der teilweise verloren gegangenen Bezüge von Sprache und Lebensszenen heißt der heilende Prozess, den die psychoanalytische Dyade von Therapeut und Patient bewirkt. Sprachfähigkeit, Mündigkeit des Subjekts, systematische Selbstreflexion sind, so zeigen die wissenschaftstheoretischen Arbeiten A. Lorenzers (1970, 1974) und J. Habermas'(1968), genuin Ziele der psychoanalytischen Kur. So kann in einem viel umfassenderen Sinn als von den Autoren der ersten Generation der Kritischen Theorie Psychoanalyse zur Basis einer sozialwissenschaftlichen Subjekttheorie und kritischen politischen Psychologie gemacht werden.

Um diese Subjekttheorie zu vollenden, bedarf es aber eines weiteren Schritts. Der kritische Impuls des Triebbegriffs muss angemessen aufgehoben werden, ohne dem Freudschen Biologismus verhaftet zu bleiben. Interaktions- und sprachtheoretische Wendungen können (oder wollen) das aber nicht leisten. Da hilft die Besinnung auf die frühe materialistische Praxiskonzeption, die die menschlichen Wesenskräfte bedenkt. In deren Betonung kann ich auch Castoriadis folgen, der die kreativ-schöpferische Natur des Menschen in seinen symbolisch-imaginativen Fähigkeiten hervortreten sieht (vgl. auch Krovoza 2012, S. 86 ff.). Doch anders als dieser, der, um ein vor jedwedem sozial bereits Vorgegebenen liegendes Fundament alles Schöpferischen zu verankern, letztlich in der ontologischen Konstruktion eines Magmas Zuflucht sucht (Honneth 1990, S. 161), findet Lorenzers materialistische Sozialwissenschaft des Individuellen ihren außersozialen Ansatzpunkt in der materialistischen Idee der „Aneignung von Natur" (Schmidt 1962). Das Modell menschlicher Interaktion und Sozialisation wird von Lorenzer zwischen den Polen Natur und Gesellschaft ausgespannt. Der Mensch, so lautet die These, hat keine Triebe; wohl aber ist er immer auch, zu jedem Zeitpunkt seiner Biographie, ein Stück Natur. Analog zur Praxis gesellschaftlicher Arbeit als Aneignung äußerer Natur wird Sozialisation (von der Mutter-Kind-Dyade an) als Aneignung innerer Natur des Kindes gelesen (der Trieb wäre dann angeeignete, also gesellschaftlich-geschichtlich gewordene Natur). Diese innere Natur begegnet uns in der Eigengesetzlichkeit und Vergänglichkeit unserer Körper, in den Rätseln psychosomatischer Symptombildungen usw. Es handelt sich hierbei natürlich nie um reine, sondern um immer schon sozialisierte Natur. Zugleich ist Natur (innere wie äußere), wie Schmidt (1962) gezeigt hat, nie restlos anzueignen, in Gesellschaft aufzulösen. In allerletzter sozialisationstheoretischer Konsequenz lässt sich aber ein Zeitpunkt annehmen, zu dem am Beginn des werdenden Lebens im Moment der Verschmelzung von Samen und Eizelle pure Natur besteht.[9] Im unmittelbar einsetzenden körperlichen Zusammenspiel mit der schwangeren Mutter löst sich diese reine Natur aber sogleich auf und wird zum interaktiv geformten Substrat, das sich mehr und mehr (schon im und aus dem Körper der Mutter heraus) meldet. Ein Gutteil Naturgesetzlichkeit bleibt diesem Wesen immer eigen (Haar- und Augenfarbe sind unveränderlich, das Programm des körperlichen Wachsens und geschlechtlichen Reifens steht ebenso fest wie der Prozess der Alterung und der Tod.). So bildet innere Natur die außersoziale Quelle sozialen Interagierens, welche gleichwohl nur immer in den im konkreten Sozialisationsprozess entstandenen inneren Interaktionsformen des Säuglings und Kleinkinds zur Erscheinung gelangen konnte. Die Widerständigkeit von Subjektivität stützt sich also immer auf eine naturhafte Überschüssigkeit gegenüber den gesellschaftlichen Erwartungen und Zugriffen; auch den Versuchen, sich selbst und sein Leben unter diesen Einflüssen durch das gesellschaftliche Umfeld zu steuern, stellt sie sich als Quelle unvorhersehbarer Einwirkungen in die Quere. Dieser Gedanke nimmt auch das Motiv Horkheimers und Adornos vom „Eingedenken der Natur im Subjekt" (Schmid Noerr 1988) auf, mit dem ein Gegenentwurf zum in der Moderne vorherrschend gewordenen Modell bloßer „instrumenteller Vernunft" greifbar zu machen versucht wurde.

Die ‚Bausteine', aus denen nach und nach aus solcher sozialisatorischen Praxis der innere Aufbau dieser subjektiven Struktur entsteht, sind, wie erwähnt, die „Interaktionsformen". Sie zeigen, qua Begriff, zum einen ihren Resultatcharakter an als in Interaktionen geformte, zum anderen prägen sie die innere Motivationsbasis des künftigen Interaktionsstils eines bestimmten Individuums. In ihrer im Laufe der Lebensgeschichte aufsteigenden Stufung entfernen sie sich in Auseinandersetzung mit der (sozialen und naturalen) Außenwelt immer mehr von der sinnlichkörperlich unbewussten Praxis des Lebensanfangs. In den sinnlich-symbolischen (Musik, Architektur, Bilder, gegenständliche menschliche und natürliche Umwelt, Rituale etc.) und sprachsymbolischen Subjektformationen geht es darum, der weiter bestehenden und lebendig bleibenden körperlich-unbewussten Erlebnisschicht doch auch nach Möglichkeit gerecht zu werden. Dann würden Bedürfnisse, wenn nicht befriedigt, so doch immerhin adäquat artikuliert. Die Aufgabe, vor der die Sozialisation des Subjekts steht, ist, unbewusste mit symbolischen wie sprachlichen Interaktionsformen, soweit es geht, korrespondieren zu lassen.

Dies ist natürlich immer auch stets missglückender Anspruch, und es ist selbstredend Aufgabe einer interaktionstheoretischen Überführung psychoanalytischer Denkfiguren, individuelles Leid als interaktive und kommunikative Störung sichtbar zu machen. Lorenzer formuliert dies als Nicht-Zustandekommen bzw. Wiederauflösen der Verbindung zwischen den unbewussten, sinnlich-unmittelbaren Interaktionsformen auf der Ebene unmittelbaren szenischen Austauschs und den passenden, adäquaten sinnlichen und sprachlichen Symbolen auf der Ebene kommunikativer Verständigung. Im Prozess der „Desymbolisierung" rücken falsche

---

9   Die Diskussion heutiger Reproduktionstechnologien und humangenetischer Möglichkeiten wäre vor dem Hintergrund dieser und weiterer Argumentationen der Kritischen Theorie des Subjekts sicher in origineller Weise möglich. Beiträge hierzu sind mir indes nicht bekannt.

Namen und Ausdrucksgestalten schablonenhaft an die Stelle der richtigen, authentischen. Dies wäre auch die interaktionstheoretische Beschreibung des neurotischen Verdrängungsvorgangs. Wir haben uns also den Einzelnen als Teilnehmer gesellschaftlicher Prozesse vorzustellen, als ein in diesem Sinne sozialisiertes Ensemble unbewusster sinnlich-unmittelbarer, sinnlich-symbolischer und sprachsymbolischer Interaktionsformen, von sinnlichen und sprachlichen Schablonen sowie von aus der Verbindung zu den eigenen lebenspraktischen Entwürfen gelösten sprachlichen Zeichen. Das heißt, wir können uns Aneignung innerer Natur („Triebsozialisation") nun als interaktive und kommunikative Formung und – mehr oder weniger begrenzte – Einbindung in Gesellschaft klar machen.

3.3 Einbindung in Gesellschaft. Subjektdeformierende Wirkungen der Sozialisationsinstitutionen

Dieses Geschäft betreiben die Sozialisationsinstanzen, in denen die Individuen sich als soziale Akteure im Regelkontext sozialen Handelns, zum Teil in biographischer Folge (Familie, Kindergarten, Schule…) zum Teil synchron begegnen. Sie sind nicht bloße Agenturen der Umsetzung gesellschaftlicher Herrschaftsordnungen, sondern folgen eigenen Regelstrukturen. Zwar sucht sich in ihnen auch die strukturelle Grundverfassung einer Gesellschaft mit Macht durchzusetzen, doch können sich hier auch widersprechende Bedürfnisse und Interessen kommunikativ zur Geltung bringen. So kann man sagen, dass sich objektive gesellschaftliche Strukturen nicht einfach im Triebschicksal eines Individuums widerspiegeln. Der Einzelne ist mit ihnen zumeist in der je-spezifischen Brechung der von ihm geteilten Sozialisationsinstitutionen konfrontiert; die besonderen Muster, die eine solche Institution jeweils annimmt, bekommen ihr eigenes Gewicht. Sie betten den Strukturbildungsprozess des Individuums ein, stellen ein bestimmtes Geflecht von Einschränkungen, Bindungen, aber auch Spielräumen, Möglichkeiten von Autonomie und Widerstand dar. Diese Konstruktion sorgt gerade aufgrund der Erweiterung auf außer- und nachfamiliale Sozialisationsfelder dafür, dass gemeinsame Bedingungen früher Kindheit nicht mehr verkürzend zur alleinigen Determinante sozial interagierender Individuen erhoben werden können. Ohnehin würde letztere Auffassung aus den Augen lassen, dass Kindheit selbstredend ein besonderes, je-individuelles Gepräge hat. Die konkrete Bildung individueller Struktur geht, das macht das hier vertretene Verständnis von Sozialisationstheorie aus, in den sozialisatorischen Formen ihrer Aneignung nicht auf. Von der durch jene wohl erreich-, nicht jedoch durchgehend beherrschbaren Ebene des individuellen Unbewussten, der „Triebe", organisiert sich gegenläufig immer auch ein Bollwerk unintegrierter, ja widerständiger Subjektivität, gleich ob deren Ausdrucksformen symbolisches Niveau erreichen oder symptomhaft verkürzt bleiben.

Lorenzer selbst hat – über die Explikation eines sozialisationstheoretischen Rahmens und Neuentwurfs psychoanalytischer Entwicklungs- und Persönlichkeitslehre hinaus – auch systematisch den Versuch einer empirisch-sozialpsychologischen Anwendung seiner interaktionstheoretischen Terminologie unternommen. Mit „Das Konzil der Buchhalter. Die Zerstörung der Sinnlichkeit. Eine Religionskritik" (Lorenzer 1981) hat er eine zeitdiagnostische Studie mit exemplarischem, über den Anlass der Auseinandersetzung mit modernen Formen religiöser Sozialisation hinausweisenden Charakter vorgestellt. Lorenzers Religionskritik zielt auf genau jene Verkürzungen gegenwärtiger Subjektivität, die Marcuse (1967) zur Diagnose des „glücklichen Bewusstseins" veranlasst hatten. Sie rückt ihr aber mit den verfeinerten Instrumenten einer Theorie der Interaktionsformen zu Leibe, die den Weg vorsprachlicher und sprachlicher Sozialisation in der Ontogenese nachzuzeichnen vermag. Von daher ist die Verbindung Gesellschaft/Kultur-Individuum konkreter zu ziehen, das Schicksal des Unbehagens in der modernen Kultur präziser zu fassen. Den Zugang dazu sucht Lorenzer über die Unterscheidung zweier Formen von Gemeinschaftsbildung, in denen Gesellschaft das Individuum einbindet. Die eine wendet sich an ein entwickeltes Bewusstsein auf dem Niveau relativ unzerstörter Subjektivität mit ausgebildeter, dem sinnlichen Erleben korrespondierender Symbolik. Demgegenüber richtet sich der andere, defizitäre, Vergesellschaftungstyp auf individuelle Symptome „in der schlechten Einheit von Ersatzbefriedigung und Schablone" (Lorenzer 1981, S. 116)[10]. Den ersten Fall von Vergesellschaftung erläutert Lorenzer nun am Beispiel klassischer religiöser Sozialisation.

> „Setzt die kulturelle Organisation des erwachsenen Individuums an den symbolischen Interaktionsformen an, so ist der einzelne zwar befangen im Netz des herrschenden gesellschaftlichen Bewußtseins, des notwendigen falschen Bewußtseins der geschichtlichen Stunde. Er wird darin befestigt über die Gruppenideologie, bleibt aber erreichbar für Irritationen, die sich aus der Erfahrung von Widersprüchen zur Gesellschaft und zur Gruppe ergeben. Alleingelassen, empfindet er die Irritation zumindest als unbehaglich. Mit anderen zusammen kann er das Unbehagen eventuell zum Problembewußtsein verdichten, etwa in politischen Gruppierungen unter Einschluß jener, die noch keineswegs zur Erkenntnis der Widersprüche oder zur Erkenntnis des Grundes der Widersprüche gelangt sind, die Irritation also in Mystifikationen auffangen. In den Reigen dieser Mystifikation gehören auch die religiösen Mythen einer kirchlichen Gemeinschaft, für die deshalb gelten kann: wenn schon 'nicht die wahre Lösung', so sind sie doch 'die wahre Stellung der Aufgabe'. Was religiöse Mythen auszeichnet, ist, daß sie das Problem abbilden und noch in der falschen Abbildung in der Debatte belassen. Der Drang nach Selbstverwirklichung, nach Erfüllung des eigenen Glücksverlangens, nach Verwirklichung der Utopie und der Unmittelbarkeit sinnlicher Welterfahrung bleibt in der mythischen Form (...) bewahrt. Er wird nicht ausgelöscht wie in der Liaison von Ersatzbefriedigung und Schablone eines verselbständigten Bewußtseins." (Lorenzer 1981, S. 116/117)

Lorenzer geht es nun darum zu zeigen, dass die modernen Sozialisationsformen eben diese Auslöschung heraufbeschwören. Darin folgt er dem Marcuseschen Befund einer tendenziellen Einebnung jedweder emanzipatorischer Strebungen unter den Bedingungen einer mit raffinierteren Mitteln die Triebe verwaltenden, eindimensionalen Gesellschaft. Eine Gelenkstelle seiner Analyse ist der Begriff der Weltanschauung. Er wird in erster Linie sozialisationstheoretisch bestimmt und vom

---

10 „Schablone" ist der Begriff für jene von gesellschaftlichen Institutionen und Diskursen sowie deren maßgeblichen Protagonisten bereitgestellte präsentative und diskursive Muster mit heteronomem, prägendem Charakter.

Mythos unterschieden. Seine Eigentümlichkeit besteht in der schonungslosen Forcierung des Zerfalls von Subjektivität, eines von sinnlicher Welterfahrung zunehmend abgetrennten Bewusstseins. Damit werden die Hintergründe ein weiteres Stück aufgehellt, wie in der nachtraditionalen Gesellschaft des Spätkapitalismus Individualität über Prozesse der Massenbildung und die Verbreitung und stabile Verankerung von formelhaften, komplexe Realitätszusammenhänge verkürzenden und aufsplitternden Legitimationssystemen gesteuert wird. Lorenzer entfaltet seine Argumentation über die bereits sehr reichhaltigen Erkenntnisse aus der Sozialpsychologie des Faschismus bzw. Antisemitismus, des Paradebeispiels einer „pathologischen Massenbildung". Für diese sind vier Merkmale kennzeichnend:

„1. Die Kollektivbildung setzt an einer 'Symptom-Schablonen-Einheit' an, d.h.,

2. Die Massenbildung organisiert Erwachsene als 'Kinder', nämlich an ihrem infantil fixierten, zum Symptom geronnenen Persönlichkeitsdefekt. (...)

3. Der Effekt dieser Massenbildung ist eine individuelle Stabilisierung: Der Durchschnitts-Antisemit scheint eine relativ normale, gut angepaßte Persönlichkeit zu sein. Er geht seinen Geschäften nach, sorgt für seine Familie usw. Doch er haßt die Juden, und es tut ihm gut zu wissen, daß viele seiner Freunde seine Gefühle teilen.'

(...) Bei der Massenbildung, von der wir hier reden, kommt indes noch ein weiteres Moment hinzu:

4. Gruppenbildung ist keine zufällige Anhäufung von gestörten Individuen. Es bedarf eines 'objektiven Organisators', der in bereitliegende Persönlichkeitsdefekte einhakt: Es bedarf eines 'Wortes', einer *Idee*', die die weltanschauliche Ausrichtung besorgt..." (Lorenzer 1981, S. 119)

Neben der sozialisationstheoretischen Vertiefung der sozialpsychologischen Einsichten verdient vor allem Beachtung, wie Lorenzer in dankenswerter Klarheit die Verbindungen, aber auch die Grenzen zu einer individualpathologischen Betrachtungsweise formuliert. Auch wenn es sich bei dem in Rede stehenden Fehlformen von Massenbildung nicht etwa um die bloße „Akkumulierung privater Neurosen" (Lorenzer 1981, S. 129) handelt, so funktionieren sie doch nur, insoweit Persönlichkeitsdefekte auf Seiten der Individuen ihnen (im Sinne einer Verzahnung individueller Symptomatik mit offiziellen sinnlich- und sprachsymbolischen Schablonen) entgegenkommen, gewissermaßen zum Einfallstor der Weltanschauungen werden (Lorenzer 1981, S. 118). Keineswegs aber, so betont Lorenzer, ist die so zustande gekommene Massenbildung „das zwangsläufige Resultat einer frühkindlichen Sozialisation" (Lorenzer 1981, S. 129).[11] Gleichwohl sind die persönlichen Verunsicherungen, die sich die Massensozialisation zunutze zu machen

---

11 Im besten Sinne setzt Lorenzer damit konzeptuell um, was Adorno in produktivem Zweifel zutreffend formulierte: „Dem Ich ist kaum mehr etwas übrig, als entweder die Realität zu verändern oder sich wiederum ins Es zurückzunehmen. (...) In Wahrheit werden selektiv diejenigen infantilen Abwehrmechanismen mobilisiert, welche in das Schema der sozialen Konflikte des Ichs je nach der geschichtlichen Lage am besten hineinpassen. Erst das, nicht die vielzitierte Wunscherfüllung, erklärt die Gewalt der Massenkultur über die Menschen. Es gibt keine 'neurotische Persönlichkeit unserer Zeit' – der bloße Name ist ein Ablenkungsmanöver –, aber die objektive Situation weist den Regressionen ihre Richtung" (Adorno 1966, S. 74).

weiß, immer auch und immer schon Ausdruck einer 'sozial bedingten Persönlichkeitsirritation' (Lorenzer 1981, S. 121). Zum irrationalen Bewusstseinskurzschluss kommt es jedoch erst, wenn der Raum zur selbstreflexiven Auseinandersetzung mit den Irritationen nicht zur Verfügung steht bzw. zielsicher von den Agenturen der Eindimensionalität (Marcuse 1967), der Weltanschauungen besetzt wird. Die Gewährung von Prämien, mit denen die einzelnen gelockt und gefügig gemacht werden, erleichtert deren Geschäft. Ihre Wirksamkeit besteht darin, dass sie in der Lage sind, dem dem persönlichen Symptom inhärenten Streben nach Ersatzbefriedigung Nahrung zu geben und es systematisch an die verkürzten Gehalte zu fesseln. Denn ihre falschen Antworten beruhigen gleichwohl und führen zur seelischen Stabilisierung, vermitteln Gefühle von Gemeinschaft und Einklang mit der Realität. Sprach Marcuse noch von Triebverwaltung, so bestimmt Lorenzer die Tiefenstruktur dieses Wirkungszusammenhanges als indirekte Korrespondenz mit der Triebmatrix, die die unbewussten Wünsche auf falsche Fährten lockt, in Wirklichkeit aber zur „Abtrennung von der eigenen Triebmatrix, den unbewussten Interaktionsformen, die das Glücksverlangen enthalten", führen. (Lorenzer 1981, S. 125) Und im Hinblick auf den Faschismus formuliert er das der spätmodernen Lebensform unverändert innewohnende Destruktionspotential: „Die menschenzerstörende Objektivität im Individuum kann bis zur Matrix vordringen und die Selbstbehauptung in einer todessüchtigen Verschmelzungsphantasie tilgen. Die Blindheit der Schablonen und der Weltanschauung verfinstert die Selbstpreisgabe zum Todeskult, in den nicht von ungefähr die Vereinigungsrituale des Faschismus ausmündeten" (Lorenzer 1981, S. 125).

Die triebmanipulative Wirkung des herrschenden Systems von Werten und Normen verdankt ihre Kraft einer von Lorenzer erstmals so genau aufgewiesenen Auffächerung, die eine nähere Betrachtung wert ist. Die Sozialisationsagenturen bedienen sich für ihre Botschaften der dafür ontogenetisch und phylogenetisch ausgebildeten Kommunikationskanäle. Zum einen nehmen sie den Weg über die Sprache, zum anderen über außersprachliche – mimische, gestische, bildnerisch-gestaltende, musikalische – Formen der Interaktion und Verständigung. Bisherige Ansätze psychoanalytisch-sozialpsychologischer Zeitkritik haben in erster Linie den sprachlichen – über Reden, Texte, Medien vollzogenen – Transport weltanschaulicher, der infantilisierenden politischen Gruppenbildung dienender Schablonen mit dafür persönlichkeitsstrukturell anfälligen Einzelnen verfolgt. Die Einschwörung auf bestehende politische und ökonomische Praktiken wird aber nicht minder befestigt durch die alltäglichen Signale, die die kulturelle Lebenswelt in immer reicherer Zahl auch außerhalb von Sprache an das moderne Individuum richtet. Bereits die Wirkung des Faschismus lebte sehr stark von Bildern, rituellen Inszenierungen. Wenngleich im Dienste anderer Inhalte hat doch diese Tendenz zur Ästhetisierung der Politik sich fortgesetzt: das richtige Ins-Bild-Setzen der politischen Köpfe und Slogans, ihre mediengerechte Darbietung, ist gegenüber der rationalen politischen Auseinandersetzung deutlich in den Vordergrund getreten.[12] Für den Bereich der Warenwelt und des Konsums gilt dies ohnehin. Hier wird alles

---

12 Den Prozess zunehmender Intimisierung und Personalisierung der politischen Öffentlichkeit in westlichen Demokratien hat Richard Sennett (1977) herausgearbeitet.

darangesetzt, den Gebrauchswert der Waren nur noch zum Randphänomen einer ihnen innewohnenden geheimnisvoll wunschgerechten Erlebnisqualität zu machen, von der man sich eine kaufanregend-verführerische Wirkung erhofft. Das von Marcuse in die Debatte gebrachte „glückliche Bewusstsein" findet sich hier schärfer skizziert, als es jener vermochte. In die ihm vorgeführte ästhetische Schablonenwelt fügt es sich nahtlos ein, weil gerade sie prädestiniert ist, rein sprachlich nicht wirksame Glücksverheißungen in einer Welt des schönen Scheins auszumalen und auf verlockende Weise sinnlich greifbar werden zu lassen. „Wunschlos glücklich" ist es, weil ihm die rationale, aber auch sinnlich eigenständige Auseinandersetzung mit der sozialen und der natürlichen Umwelt ausgetrieben, es der Ansatzmöglichkeiten an Irritationen, an Unbehagen in der Kultur systematisch beraubt wird. Dieser Verstümmelung von sozialen Lebenswelten und individuellen Erlebnisfähigkeiten liegt nicht in erster Linie ein böswillig-raffiniertes Kalkül einzelner Agenten zugrunde, sondern es sind systemische Prozesse der fortgeschrittenen spätmodernen Gesellschaft eines inzwischen globalen Kapitalismus, die diese Entwicklung vorantreiben. Ästhetische Sozialisation wird den traditionellen Institutionen (Familie, Schule, Kirche...) zunehmend aus der Hand genommen oder von ihnen aus der Hand gegeben (vgl. Lorenzer 1981, S. 175) und geht über an die modernen Massenmedien, an Werbung und Warenästhetik. Dies führt zu einer Bevormundung der Individuen mit ästhetischen Mitteln. Wenn also immer wieder die Tendenz zur Ästhetisierung der ethisch-politischen Öffentlichkeit beklagt wird, so ist damit doch eigentlich diese ästhetische Enteignung der Subjekte gemeint. Es handelt sich, wie Juliane Rebentisch (2012, S. 342 ff.) aufgewiesen hat, genauerhin um eine „Anästhetisierung". Die Herausforderungen für eine weiterhin gelingende demokratische politische Sozialisation – so Rebentisch weiter – liegen folglich in den Gefahren einer „Anästhetisierung des Politischen", wie sie sowohl Totalitarismus und Postdemokratie bereithalten.

4. Das Subjekt der Lebenspolitik

Die Kritische Politische Psychologie hat sich, wie gesehen, in der Entwicklung ihrer Konzepte auf die Fälle von Beschädigung und Verblendung der Subjekte, auf irrationale faschistische Massenbildungen und Ideologiekritik konzentriert. Dies ist die Akzentsetzung, die die Tradition analytischer Sozialpsychologie in der Frankfurter Schule in erster Linie nahelegte. Ihr ist es aber gleichermaßen wichtig – und das ist ihre andere Seite – die begrifflichen Mittel für eine Stärkung und Revitalisierung von Subjektivität bereitzustellen. Diese Möglichkeiten sollen nun erörtert werden.

Die diese mögliche Praxis der Subjekte in der heutigen, spätmodernen Gesellschaft charakterisierende Haltung könnte, so schlage ich vor, in wichtigen Aspekten als „Lebenspolitik" (Giddens 1990) skizziert werden. Lebenspolitik hat als Träger ein Subjekt, das sich selbstreflexiv mit seiner Körperlichkeit, den Beziehungen zum anderen Geschlecht, seinen Bedürfnissen auseinanderzusetzen und darüber stimmig zu kommunizieren vermag. Zugleich kann ein solches Subjekt seine Lebenspraxis im Zusammenhang sehen mit den großen gesellschaftlichen Erfordernissen in Zeiten der Globalisierung von Wirtschaft und Politik. Giddens (1992,

S. 47 ff.) sieht sie in: Sicherung und Ausbau demokratischer Strukturen, Entmilitarisierung und Schaffung dauerhaften Friedens, Humanisierung und ökologisch verträgliche Gestaltung von Wirtschaft und Technik, Entwicklung von Alternativen zum System ungebremsten kapitalistischen Wachstums. Die psychischen Bedingungen eines solchen Subjekts sind in konstitutioneller Intoleranz gegenüber dem Krieg und der Schädigung der Umwelt, Angsttoleranz/Weltangst (vgl. dazu Busch 2007) in Resistenzfähigkeit gegenüber Massenregressionen und Aufrechterhaltung von Kritikfähigkeit sowie Vorurteilseinsicht zu sehen. Die Herausbildung die Destruktivität eindämmender postheroischer Persönlichkeitsstrukturen bleibt aus Platzgründen im Weiteren außer Betracht; ich beschränke mich auf einige Überlegungen zu den letzten beiden Punkten des Verhaltens in und gegenüber von Massen und der Urteils- und Handlungsfähigkeit.

4.1 Kritik-, Selbstregulations-, Reflexions- und Urteilsfähigkeit des Subjekts der Lebenspolitik

Soll ein Subjekt kritikfähig bleiben, muss es von früh an zu Unabhängigkeit und Eigenständigkeit angehalten und ermuntert werden. Das ist im Zeitalter der Massengesellschaft immens wichtig. Nicht nur, dass politische und wirtschaftliche Organisationen aus unterschiedlichen Interessen Einfluss auszuüben versuchen, in vielen Situationen seines Alltags erfährt sich doch der Einzelne – und das ist die andere Seite der „Individualisierung" – als Teil einer anonymen Masse (ob als Beschäftigter in einem Großbetrieb, Kunde in einem Warenhaus, stimmberechtigtes Mitglied einer Wählerschaft, als Medienrezipient, im modernen Massenverkehr oder Massentourismus). Das kann leicht zu einer Entmutigung des Selbstgefühls und der Autonomie führen oder ihr zumindest Vorschub leisten. Es nicht einfach zu machen wie alle anderen, nicht den Weg des geringsten Widerstandes zu gehen, sich nicht den politischen, sozialen und ökonomischen Parolen, Slogans, Botschaften und Praktiken einfach kritiklos unterzuordnen, sondern eine eigene Meinung zu bilden, ist nur einem durch gelungene Sozialisation gestärkten Ich möglich. Dieses verfügt über die Fähigkeit, sich von den öffentlich kursierenden Formeln nicht einnehmen zu lassen, und über einen frühzeitig geübten Blick für die eigene Vorurteilsanfälligkeit[13]. In einer theoretisch abstrakteren Sprache formuliert: Sinnliche und sprachliche Symbole wiegen in der Kommunikation und dem Erleben dieses Individuums vor, das in der Lage ist, die Vielfalt seiner inneren Wünsche stimmig zu artikulieren; klischeehafte Verkürzungen und emotionsarme Zeichenhaftigkeit sind in seinem Kommunikationsstil eher die Ausnahme. Diese Subjektformation nähert sich dem Idealtyp einer „demokratischen Persönlichkeit" (Busch 2007) an. Sie beruht auf einem starken Ich, das nicht seinen Trieben ausgesetzt ist und dem seine Affekte vertraut sind. Ihre Aggressionen gehorchen ihr und nicht umgekehrt – es sind „gekonnte Aggressionen" (Mitscherlich 1977a, S. 222), mit denen sie sich behauptet, Grenzen setzt, aber nicht verletzt und zerstört. Sie ist gesellschaftsfähig, ohne ihre individuelle Autonomie zu verlieren. Sie ist geschult darin, mit den Ungewissheiten einer aus Traditionen gelösten spätmodernen Gesellschaft umzugehen,

---

13 Dazu bereits sehr instruktiv Horkheimer und Adorno (1947, S. 221).

ohne darin unterzugehen.[14] Ihre Gehorsamkeit ist brüchig geworden und ist von starker Empfindlichkeit gegen autoritäre Weisungen geprägt (Mitscherlich 1963, S. 248).[15] Wenn es nötig ist, kann sie Protest gesellschaftlich artikulieren und organisieren in „politisch alarmierten Massen" (Mitscherlich 1977b, S. 520). Bei aller Begeisterung verliert sie nicht die Übersicht und ihr unabhängiges Urteil. Ihre Reflexions- und Kritikfähigkeit hält „der Herausforderung der Regression durch die Zustände"(Mitscherlich 1963, S. 324) stand. Sie findet sich in Gruppen zusammen, die sich durch „einen hohen Grad kritikfähiger Mitglieder" auszeichnen.

Weit von der Lähmung und Betäubung in passiven Massen entfernt, bildet sich so eine „urteilsfähige Multitude" (Rebentisch 2012, S. 346). Mehr der Ratio verpflichtet, erliegen deren Subjekte nicht den Verlockungen charismatischer Schablonen. So sind die Führungspersonen immer auch nicht-charismatische Führer (W. Benjamin, zit. n. Rebentisch 2012, S. 359). Doch bei aller Nüchternheit darf es dem „demokratischen Publikum" (Rebentisch 2012, S. 349) auch nicht an freudiger Einsatzbereitschaft für die deliberative Praxis fehlen. Folglich ist auch das charismatische Element unentbehrlich, muss aber immer in den demokratischen Prozess eingebettet bleiben. Hierzu bedarf es einer feinen Balance zwischen Charisma und demokratischer Legitimation. Das in demokratischen Ordnungen wirksame Charisma ist strikt anerkennungs- und bewährungsgebunden (vgl. Rebentisch 2012, S. 365). In dem Maße, in dem das Charisma aus den alten nicht-demokratischen Machtverhältnissen im Übergang zur demokratischen Praxis sich in seiner alten Gestalt auflöst, muss es doch, verteilt auf die Vielen, wiederkehren, in neuer Form untergebracht werden. Es kommt zu einer „Selbstcharismatisierung" der Individuen in säkularisierten modernen Gesellschaften (Oevermann 1995). In ihnen schwindet folglich Religiosität nicht, sondern geht über auf die tendenziell aufgeklärten, autonomen Subjekte. Deren Handeln orientiert sich an innerweltlicher Transzendenz (Berger 1969).

4.2 Sinnlich-symbolische Interaktionspraktiken des Subjekts der Lebenspolitik

Im Falle der Lebenspolitik wäre dies eine Umstellung gegenwärtiger Praxis, eine „Neudefinition des Fortschritts" (Marcuse 1955, S. 152).[16] Dieser Fortschritt folgt nicht länger dem Muster einer abstrakten, linearen instrumentellen Rationalität, sondern Praxis definiert sich von den Sinnen her, mit denen Vernunft sich versöhnt. Das Sinnliche ist vernünftig und das Vernünftige ist sinnlich. Libidinöse Moral tritt an die Stelle einer asketischen Leistungs- bzw. Arbeitsmoral. Der zuvor ein Schattendasein fristende psychosomatische Komplex rückt in die Mitte einer

---

14 So fasst Brumlik (2003) die Quintessenz des Mitscherlichschen Bildungsgedankens in der Formel „education for insecurity".

15 Empirisch kommt dem heute die von der aktuellen psychoanalytischen Gegenwartsdiagnose ausgerufene „postheroische Persönlichkeit" (Dornes 2012) sehr nah. Sie ist im Wesentlichen das Resultat veränderter Sozialisationsbedingungen („Vom Gehorchen zum Verhandeln") und zeigt erheblich mehr demokratietaugliche Strukturansätze als die Vorgängergenerationen.

16 Auf der Tagesordnung des „neuen Realitätsprinzips" stehen: „Verkürzung der Arbeitszeit", „Rückkehr zu einem niedrigeren Lebensstandard", „weltweite Befriedigung menschlicher Grundbedürfnisse", Fortschritt äußerer und innerer Freiheit.

neuen lustbetonten Ausrichtung von Politik und Kultur, die der Entfaltung der Sinnlichkeit und ästhetischen Phantasie Raum gibt und den Einklang mit der Natur anstrebt. Erst in dieser breiten Anlage der theoretischen Konzeption kann politisch-psychologisch die Substanz hochwertiger politischer Emotionen erfasst werden. Erst mit ihr erschließen sich die sich gegen gesellschaftliche Zurichtungen sperrenden und außerrational-unsagbaren Erlebnisorientierungen. Die dafür erforderlichen Sinnressourcen lagern nämlich nicht so sehr im Feld der logisch-rationalen sprachlichen Ordnung. Sie finden sich eher im Gebiet der über diese diskursive Symbolik hinausgehenden präsentativen Symbolik. Diese präsentative Symbolik umfasst die außersprachlich-sinnlichen menschlichen Ausdrucks- und Erlebnisformen, die sich in einer sinnlich-bildhaften Weise organisieren. Sie wurzelt gattungsgeschichtlich in den Mythen und Ritualen archaischer Kulturen. Die inneren Strukturelemente des Individuums, die seine diesbezügliche symbolische Ausdrucks- und Rezeptionsfähigkeit ermöglichen, sind die „sinnlich-symbolischen Interaktionsformen". Sie erwirbt es, wie bereits dargelegt, bereits im primären Sozialisationsprozess. Die Schicht der sinnlich-symbolischen Interaktionsformen, also der Bereich außersprachlicher Erlebnis- und Ausdruckskapazitäten der Persönlichkeitsstruktur gewinnt nun für das sozialisationstheoretische Konzept von Charisma und politischer Emotion entscheidende Bedeutung. Diese Schicht bildet sich im Wechselspiel mit der Welt der Gegenstände (der äußeren Natur) und präsentativen Symbolsysteme (Musik, Kunst, Architektur), mit der sie reaktiv und konstruktiv in Korrespondenz tritt. Auf diesem sinnlich-bildhaften Organisationsniveau wird eine „erste Ich-Struktur" (Lorenzer 1981, S. 162) gebildet, „die Identität der Person begründet und zugleich der Zusammenhang mit dem Kollektiv gestiftet" (Lorenzer 1981, S. 214).

Die lebenspolitischen Motive bzw. Intuitionen erwachsen also aus dem präsentativ-symbolischen Wechselspiel, in denen die lebenslangen Sozialisations- und Interaktionsprozesse der Individuen ablaufen. Sie zielen auf Probleme, die allein im Rahmen eines Diskurses von Aufklärung und Moderne nicht zu beantworten sind. Insofern eignet ihnen etwas das Bestehende Überschießendes. Sie widmen sich der Auseinandersetzung mit existentiellen bzw. fundamentalen Lebensfragen: Tod, Liebe, Gleichheit, Gerechtigkeit und Solidarität. Aus ihnen speisen sich rituell-symbolische Gemeinschaftserlebnisse wie sie sich im gemeinsamen Feiern, Kämpfen und Gedenken manifestieren. In ihnen werden Momente im Sinne eines ungeschiedenen Einsseins, auch des von Freud schon diskutierten, aber letztlich doch im Rahmen seines Ansatzes fallengelassenen, „ozeanischen Gefühls" (Freud 1930, S. 198), erlebbar. Auch die impulsiven Durchbrüche außersprachlich-unbewussten Handelns sind hier einzuordnen. In ihnen wird innerweltliche Transzendenz Wirklichkeit. Sie kommt in Phänomenen zum Vorschein wie der Supererogation, der Hingabe des Lebens für das eigene Kind, den Partner, die Freiheit – aber auch die eigene Nation, Partei, Bewegung – ebenso in spontanen Empfindungen von Abscheu gegenüber Mord, Krieg etc. Träger all dieser Intuitionen, Gefühle und Impulse ist ein Subjekt, das nicht nur sprachsymbolisch zu einer rational bewussten Auseinandersetzung mit der Realität der Moderne in der Lage ist. Vielmehr hat es die Gegenstände seiner Praxis immer auch libidinös besetzt. Es bedient sich seiner sinnlich-symbolischen Interaktionsformen, um auf der Grundlage der Entfaltung der Phantasie die Wirklichkeit auf eine sinnlich-bildhafte Weise anzueignen. Es zeigt sich die Möglichkeit, die Ordnung der Wirklichkeit zu erschüttern, in ihre Bestandteile zu zerlegen und neu zusammenzusetzen. Das Subjekt kann sich somit eine Änderung seiner Verhältnisse vorstellen und dieser Hoffnung Ausdruck verleihen. Dabei schöpft es aus dem lebensgeschichtlich in seiner Struktur abgelagerten unbewusst-sinnlichen Reservoir überschüssiger Erinnerungsspuren, nicht in Erfüllung gegangener Praxisfiguren.[17] Folglich liegt hier die Quelle von Wünschen, über das Bestehende hinausweisenden Praxisansprüchen, die nicht mit dem geltenden Normensystem in Einklang stehen und aufgegeben werden mussten. Diese Wünsche sind also „zu einem großen Teil unbewußt. Denn in unserer Sozialisation erfahren wir, daß Wünsche, die über das Maß des kollektiv Zulässigen hinausgehen, abzuwerten sind" (Bauriedl 1988, S. 96). Hier ist der Ort des Neuen, des Noch-Nicht, „'der Dämmerung nach Vorwärts'" (Bloch, zit. n. Lorenzer 2002, S. 153), „des geschichtlichen Fortschritts" (Bloch, zit. n. Lorenzer 2002, S. 156). Wobei hinzuzufügen ist, dass das Sinnsystem des Unbewussten immer auch das Nicht-Einverstandensein im Sinne des Widerstands, des So-Nicht erzeugt. Es ist sozusagen der Wächter gegen die falschen (Fort-)Schritte, die in der gesellschaftlichen Praxis vollzogen werden und die Subjektstrukturen in Mitleidenschaft ziehen. Das unbewusste (soziopsychosomatische) Sinnsystem wehrt sich unter Rückgriff auf unbewusste Symptombildungen oder, (vor-)bewusst, im Protest gegen krankmachende Verhältnisse.

4.3 Subjektive Lebenspolitik als Gesellschaftspraxis

Solcher Widerstand hätte sich in der spätmodernen Gesellschaft etwa zu richten gegen die Steigerungslogik eines unentwegt flexiblen, mobilen, kreativen Selbst, die neoliberale Anrufungen propagieren. Hier kommt es zur raffinierten Psychotechnik einer Selbstverwirklichung ohne Selbst, die in der stumm-resignativen Handlungsverweigerung der Depression ihr Pendant hat. Um dieses Leiden nicht beim Namen zu nennen, wird ihm gern der heroische Mantel eines Burn-out übergezogen. Sich diesen Anfechtungen lebenspolitisch zu widersetzen, bedarf es entschiedener postheroischer Orientierungen (Dornes 2012; s.o., Fn. 14). Dazu gehört ein gehöriges Maß an Härte, Beharrlichkeit, Energie (vgl. Mitscherlich 1966, S. 272) sowie „Ordnungsliebe und Selbstdisziplin" (Moore 1978, S. 159). Diese anstrengende Seite darf nicht außer Acht gelassen werden. (Auf sie ist z. B. zurückzuführen, dass die Spezies der Whistleblower eher selten ist; vgl. Flam 2002, S. 190 f.) Die in ihr wirksam werdenden seelischen Kräfte sind nicht lediglich libidinös, sondern manifestieren sich zwingend auch in ‚gekonnter Aggression'. Sie tritt z.B. in der Widerstandsform ‚empörtrechtenden Neids' (Haubl 2000, S. 70) auf. Grundsätzlich kann erfolgreicher Widerstand folglich nicht ohne die souveräne Inanspruchnahme aggressiver Emotionen auskommen. Erst in dieser Zusammenschau rundet sich aus der Perspektive einer Kritischen Politischen Psychologie das Bild des demokratischen Subjekts.

---

17 Lorenzer erinnert an Freuds Metapher vom Eisberg, dessen unter dem Wasser verborgener Teil, das Unbewusste, ungleich mächtiger sei als die über der Wasserfläche aufragende Spitze des Bewusstseins (Lorenzer 2002, S. 223).

Literatur

Adorno, Theodor W. 1951a. *Minima Moralia*. Frankfurt a. M.: Suhrkamp.

Adorno, Theodor W. [1951b] 1980. Die Freudsche Theorie und die Struktur der faschistischen Propaganda. In *Analytische Sozialpsychologie Bd. I*, Hrsg. Helmut Dahmer, 318-341. Frankfurt a. M.: Suhrkamp.

Adorno, Theodor W. [1955] 1972. Zum Verhältnis von Soziologie und Psychologie. In Ders., *Gesammelte Schriften 8, Soziologische Schriften 1*, Hrsg. Rolf Tiedemann, 42-85. Frankfurt a. M.: Suhrkamp.

Adorno, Theodor W. [1966] 1972. Postscriptum. In ders., *Gesammelte Schriften 8, Soziologische Schriften 1*, Hrsg. Rolf Tiedemann, 86-92. Frankfurt a. M.: Suhrkamp.

Bauriedl, Thea. 1988. *Das Leben riskieren. Psychoanalytische Perspektiven des politischen Widerstands*. München: Piper.

Berger, Peter L. [1969] 1991. *Auf den Spuren der Engel. Die moderne Gesellschaft und die Wiederentdeckung der Transzendenz*. Freiburg/Basel/Wien: Herder.

Brumlik, Micha. 2003. Alexander Mitscherlichs ‚Erziehung zur Unsicherheit‘. Vorwort zu: Mitscherlich, Alexander: *Auf dem Weg zur vaterlosen Gesellschaft*, I – XX. Weinheim-Basel: Beltz.

Busch, Hans-Joachim. 1985. *Interaktion und innere Natur. Sozialisationstheoretische Reflexionen*. Mit einem Vorwort von Klaus Horn und Alfred Lorenzer. Frankfurt a. M., New York: Campus.

Busch, Hans-Joachim. 2001. *Subjektivität in der spätmodernen Gesellschaft. Konzeptuelle Schwierigkeiten und Möglichkeiten psychoanalytisch-sozialpsychologischer Zeitdiagnose*. Weilerswist: Velbrück.

Busch, Hans-Joachim. 2002. Sprache, Interaktion, Praxis. Alfred Lorenzers Entwurf der Psychoanalyse als Sozialwissenschaft des Individuellen. *Werkblatt* 19: 11-39.

Busch, Hans-Joachim. 2003. Intersubjektivität als Kampf und die Anerkennung des Nicht-Intersubjektiven. Kommentar zur Honneth-Whitebook-Kontroverse. *Psyche – Z Psychoanal* 57: 262-274.

Busch, Hans-Joachim. 2006. Psychoanalytische Sozialpsychologie in Frankfurt – eine Tradition und ihre Zukunft. In *Spuren des Subjekts*, Hrsg. Hans-Joachim Busch, 13-54. Göttingen: Vandenhoeck&Ruprecht.

Busch, Hans-Joachim. 2007. Demokratische Persönlichkeit. Eine Annäherung aus der Perspektive politischer Psychologie. In *Demokratiebewusstsein. Interdisziplinäre Annäherungen an ein zentrales Thema der Politischen Bildung*, Hrsg. Dirk Lange und Gerhard Himmelmann., 41–55. Wiesbaden: VS Verlag für Sozialwissenschaften.

Busch, Hans-Joachim. 2015. The Individual and the Democratic State: Remarks on Kelsen's Reception of Freud and its Importance for a Critical Political Psychology and the Development of Democracy. In The Foundation of the Juridico-Political: Concept Formation in Kelsen and Weber, Hrsg. Peter Langford, Ian Bryan und John McGarry. London: Routledge (im Erscheinen).

Dornes, Martin. 2012. *Die Modernisierung der Seele. Kind – Familie – Gesellschaft*. Frankfurt a. M.: Fischer Taschenbuchverlag.

Federn, Paul. [1919] 1980. Zur Psychologie der Revolution: Die vaterlose Gesellschaft. In *Analytische Sozialpsychologie Bd. I*, Hrsg. Helmut Dahmer: 65-87. Frankfurt a. M.: Suhrkamp.

Flam, Helena. 2002. *Soziologie der Emotionen*. Konstanz: UVK Verlagsgesellschaft.

Foucault, Michel. 1992. *Was ist Kritik?* Berlin: Merve-Verlag.

Frank, Manfred. 1986. *Die Unhintergehbarkeit von Individualität*. Frankfurt a. M.: Suhrkamp.

Freud, Sigmund. 1917. Schwierigkeiten der Psychoanalyse. *Gesammelte Werke*, Bd. 12, 3-12. Frankfurt a. M: S. Fischer.

Freud, Sigmund. 1921. Massenpsychologie und Ich-Analyse. In Freud, Sigmund, *Studienausgabe*, Bd. IX, 61-134. Frankfurt a. M: S. Fischer.

Freud, Sigmund. 1930. Das Unbehagen in der Kultur. In Freud, Sigmund, *Studienausgabe*, Bd. IX, 191-270. Frankfurt a. M: S. Fischer.

Fromm, Erich. 1929. Psychoanalyse und Soziologie. In Fromm, Erich, *Gesamtausgabe*, Bd. 1, Sozialpsychologie, 3-5. Stuttgart: Deutsche Verlagsanstalt.

Fromm, Erich. 1980. *Arbeiter und Angestellte am Vorabend des Dritten Reiches. Eine sozialpsychologische Untersuchung*. Bearb. u. hrsg. von Wolfgang Bonß. Stuttgart: Deutsche Verlags-Anstalt.

Giddens, Anthony. 1990. *Konsequenzen der Moderne*. Frankfurt a. M.: Suhrkamp.

Giddens, Anthony. 1992. *Kritische Theorie der Spätmoderne*. Wien: Passagen-Verlag.

Habermas, Jürgen. 1968. *Erkenntnis und Interesse*. Frankfurt a. M.: Suhrkamp.

Haubl, Rolf. 2000. Über Hass, Neid und Gewaltbereitschaft. In *Große Gefühle. Bausteine menschlichen Verhaltens, Hrsg.* ZDF-nachtstudio, 47-75. Frankfurt a. M.: Suhrkamp.

Honneth, Axel. [1990] 1999. Eine ontologische Rettung der Revolution. Zur Gesellschaftstheorie von Cornelius Castoriadis. In ders.: *Die zerrissene Welt des Sozialen. Sozialphilosophische Aufsätze*, 123-143, Erw. Neuausgabe, Frankfurt a. M.: Suhrkamp.

Honneth, Axel. 2006. Demokratie und innere Freiheit. Alexander Mitscherlichs Beitrag zur kritischen Gesellschaftstheorie. In *Freud in der Gegenwart. Alexander Mitscherlichs Gesellschaftskritik,* Hrsg. Sybille Drews , 94-102. Frankfurt a. M.: Brandes & Apsel.

Hopf, Christel, und Hopf, Wulf. 1997. *Familie, Persönlichkeit, Politik. Eine Einführung in die politische Sozialisation*. Weinheim u. München: Juventa.

Horkheimer, Max. 1932. Geschichte und Psychologie. In *Analytische Sozialpsychologie Bd. I,* Hrsg. Helmut Dahmer, 158-178. Frankfurt a. M.: Suhrkamp 1980.

Horkheimer, Max, und Adorno Theodor W. 1947. *Dialektik der Aufklärung*. Amsterdam: De Munter.

Horn, Klaus. [1972a]. Politische Psychologie. In ders.: *Politische Psychologie, Schriften zur kritischen Theorie des Subjekts*, Bd. I, 19-55. Frankfurt a.M.: Nexus 1990. Wiederauflage, Gießen: Psychosozial 1998.

Horn, Klaus. [1972b]. Bemerkungen zur Situation des „subjektiven Faktors" in der hochindustrialisierten Gesellschaft kapitalistischer Struktur. In ders.: *Subjektivität, Demokratie und Gesellschaft. Schriften zur kritischen Theorie des Subjekts*, Bd. II, 63-118. Frankfurt a.M.: Nexus 1990. Wiederauflage, Gießen: Psychosozial 1996.

Horn, Klaus. 1977. Im Gespräch: Klaus Horn. In *Psychologie heute* 4: 57-64.

Horn, Klaus. [1989]. *Politische Psychologie, Schriften zur kritischen Theorie des Subjekts*, Bd. I. Hrsg. Hans-Joachim Busch, Frankfurt a.M.: Nexus. Wiederauflage, Gießen: Psychosozial 1998.

Horn, Klaus. [1990]. *Subjektivität, Demokratie und Gesellschaft, Schriften zur kritischen Theorie des Subjekts*, Bd. II. Hrsg. Hans-Joachim Busch, Frankfurt a.M.: Nexus. Wiederauflage, Gießen: Psychosozial 1996.

Kelsen, Hans. [1922a] 1984. *Der soziologische und der juristische Staatsbegriff. Kritische Untersuchung des Verhältnisses von Staat und Recht.* Aalen: Scientia.

Kelsen, Hans. 1922b. Der Begriff des Staates und die Sozialpsychologie. *Imago* VIII: 97-141.

König, Hans-Dieter. 1993. Die Methode der tiefenhermeneutischen Kultursoziologie. In *„Wirklichkeit" im Deutungsprozeß. Verstehen und Methoden in den Sozial- und Kulturwissenschaften*, Hrsg. Thomas Jung und Stefan Müller-Doohm, 190-222. Frankfurt a. M.: Suhrkamp.

König, Hans-Dieter. 2003. Der von Bush und bin Laden propagierte „Kampf der Kulturen". Tiefenhermeneutische Rekonstruktion medialer Inszenierungen nach dem 11. September. In *Sprache, Sinn und Unbewusstes. Zum 80. Geburtstag von Alfred Lorenzer*, Hrsg. Hans-Joachim Busch, 221-300. Tübingen: Edition diskord.

König, Helmut. 1992. *Zivilisation und Leidenschaften. Die Masse im bürgerlichen Zeitalter.* Reinbek bei Hamburg: Rowohlt Taschenbuch Verlag.

Krovoza, Alfred. 2012. Das Subjekt der Psychoanalyse als emanzipative Ressource. In Politische Psychologie heute? *Themen, Theorien und Perspektiven der psychoanalytischen Sozialforschung.* Hrsg. Markus Brunner, Jan Lohl, Rolf Pohl, Marc Schwietring und Sebastian Winter, 79-91. Gießen: Psychosozial-Verlag.

Lasswell, Harold. 1927. *Propaganda Technique in the World War.* New York: Garland.

Le Bon, Gustave. [1895] 1973. *Psychologie der Massen.* Stuttgart: Kröner.

Lorenzer, Alfred. 1970. *Sprachzerstörung und Rekonstruktion.* Frankfurt a. M.: Suhrkamp.

Lorenzer, Alfred. 1971. Symbol, Interaktion und Praxis. In *Psychoanalyse als Sozialwissenschaft*, 9-59. Frankfurt a.M.: Suhrkamp.

Lorenzer, Alfred. 1972. *Zur Begründung einer materialistischen Sozialisationstheorie.* Frankfurt a. M.: Suhrkamp.

Lorenzer, Alfred. 1974. *Die Wahrheit der psychoanalytischen Erkenntnis.* Frankfurt a. M.: Suhrkamp.

Lorenzer, Alfred. 1981. *Das Konzil der Buchhalter. Die Zerstörung der Sinnlichkeit. Eine Religionskritik.* Frankfurt a. M.: Europäische Verlagsanstalt.

Lorenzer, Alfred. 1986. Tiefenhermeneutische Kulturanalyse. In *Kultur-Analysen*, Hrsg. Hans-Dieter König, Alfred Lorenzer, Heinz Lüdde, Søren Nagbol, Ulrike Prokop, Gunzelin Schmid Noerr und Annelinde Eggert, 11-98, Frankfurt a. M.: Fischer Taschenbuchverlag.

Lorenzer, Alfred. 2002. *Die Sprache, der Sinn, das Unbewußte. Psychoanalytisches Grundverständnis und Neurowissenschaften.* Stuttgart: Klett-Cotta.

Marcuse, Herbert. 1955. *Triebstruktur und Gesellschaft.* Frankfurt a.M.: Suhrkamp.

Marcuse, Herbert. 1967. *Der Eindimensionale Mensch.* Neuwied und Berlin: Luchterhand.

Marcuse, Herbert. 1969. *Versuch über die Befreiung.* Frankfurt a. M.: Suhrkamp.

Meueler, Erhard. 1993. *Die Türen des Käfigs. Wege zum Subjekt in der Erwachsenenbildung.* Stuttgart: Klett-Cotta.

Mitscherlich, Alexander. [1963] 1983. Auf dem Weg zur vaterlosen Gesellschaft. In ders.: *Gesammelte Schriften, Bd. III, Sozialpsychologie 1*, 7-369. Frankfurt a. M.: Suhrkamp.

Mitscherlich, Alexander. [1966] 1983. Das soziale und das persönliche Ich. In Ders.: *Gesammelte Schriften, Bd. III, Sozialpsychologie 1*, 269-89. Frankfurt am Main: Suhrkamp.

Mitscherlich, Alexander. [1977a] 1983. Aggression und Anpassung. In ders.: *Gesammelte Schriften, Bd. V, Sozialpsychologie 3*, 215-252. Frankfurt a. M.: Suhrkamp.

Mitscherlich, Alexander. 1977b. Massenpsychologie und Ich-Analyse – Ein Lebensalter später. *Psyche* 31: 516-539.

Moore, Barrington. [1978] 1982. *Ungerechtigkeit. Die sozialen Ursachen von Unterordnung und Widerstand*. Frankfurt a. M.: Suhrkamp.

Moscovici, Serge. 1984. *Das Zeitalter der Massen*. München Wien: Carl Hanser.

Oevermann, Ulrich. 1995. Ein Modell der Struktur von Religiosität. Zugleich ein Modell von Lebenspraxis und sozialer Zeit. In *Religion und Biographie*, Hrsg. Monika Wohlrab-Saar, 27-102. Frankfurt a.M.: Campus.

Parsons, Talcott. 1968. *Sozialstruktur und Persönlichkeit*. Frankfurt a. M.: Europäische Verlagsanstalt.

Rebentisch, Juliane. 2012. *Die Kunst der Freiheit. Zur Dialektik demokratischer Existenz*. Berlin: Suhrkamp.

Reich, Wilhelm. [1933] 1971. *Die Massenpsychologie des Faschismus*. Köln Berlin: Kiepenheuer & Witsch.

Saar, Martin. 2004. Subjekt. In *Politische Theorie. 22 umkämpfte Begriffe zur Einführung*, Hrsg. Gerhard Göhler, Mattias Iser und Ina Kerner, 332-349. Wiesbaden: VS Verlag für Sozialwissenschaften.

Saar, Martin. 2013. *Die Immanenz der Macht. Politische Theorie nach Spinoza*. Berlin: Suhrkamp.

Schmid Noerr, Gunzelin. 1988. Das Eingedenken der Natur im Subjekt: Jenseits der Aufklärung? Zu Horkheimers und Adornos 'Dialektik der Aufklärung'. In ders.: *Metamorphosen der Aufklärung. Vernunftkritik heute*, 68-98. Tübingen: edition diskord.

Schmidt, Alfred. 1962. *Der Begriff der Natur in der Lehre von Karl Marx*. Frankfurt a. M.: Europäische Verlagsanstalt.

Sennett, Richard. 1977. *Verfall und Ende des öffentlichen Lebens. Die Tyrannei der Intimität*. Frankfurt a.M.: Fischer 1983.

Simmel, Ernst. 1946. Antisemitismus und Massen-Psychopathologie. *Psyche* 32: 492-527.

Whitebook, Joel. 2001. Wechselseitige Anerkennung und die Arbeit des Negativen. In *Psyche Z Psychoanal* 55: 755-789.

Whitebook, Joel. 2003. Die Grenzen des „intersubjective turn". Eine Erwiderung auf Axel Honneth. In *Psyche Z Psychoanal* 57: 250-261.

Wollenhaupt, Jonas. 2008. *Widerständige Subjektivität im Postfordismus*. Diplomarbeit, Fachbereich Gesellschaftswissenschaften der Goethe-Universität. Frankfurt a. M.

The Democratic Dilemma Revisited

Marco R. Steenbergen

1. Introduction

One of the enduring questions of political psychology concerns the nature of mass politics in democratic societies. The question may be formulated as such: how is it possible for citizens to make competent political decisions when, in fact, politics is one of their lesser priorities and a topic of which they know relatively little? In this paper, I wish to revisit this eminently normative question and address what Lupia and McCubbins (1998) famously dubbed the „democratic dilemma."

There is no shortage of answers to the question, central as it is to the whole democratic enterprise. Within political psychology, the dominant solution for the democratic dilemma appears to be the focus on *skills* beyond political knowledge.[1] More specifically, there is a widespread belief that heuristics allow citizens to be competent decision makers without paying close attention to politics. What has received much less attention in the literature is the motivational aspect of politics, which concerns not the skills but the *goals* citizens bring to bear on politics. In this paper, I argue that the solution of the democratic dilemma requires a consideration of both skills and motivations. I shall make a threefold argument. First, a focus on skills alone cannot resolve the democratic dilemma. Second, whether skills help to resolve the dilemma critically depends on citizens' motivations. Finally, common democratic competences of citizens are best served by a particular motivational constellation, which is commensurate with the ideas of pragmatist philosophy.

In making these arguments, I shall be considering thirty-plus years of research in political psychology. It is evident that I will not be able to do justice to all of the nuances in the literature. Instead, I sketch the broad contours of the field since the early 1980s, when cognitive approaches became prominent in political psychology. My reading of these contours is undoubtedly subjective, but I am confident that they are recognizable to those familiar with the literature. The objective of this paper is to demonstrate that the interaction between skills and motivations is paramount for resolving the democratic dilemma.

---

1   In the field of political behavior more broadly, one other prominent solution can be found in the macro-politics literature (e.g., Erikson et al. 2002). The idea here is that individual deficiencies in decision-making are filtered out through the process of opinion aggregation. Since this approach clearly falls outside the contours of political psychology, I shall not discuss it any further. For cogent criticisms of this approach, however, see Althaus (2003), Kuklinski et al. (2000), and Taber (2003).

2. Conceptualizing Competent Citizenship

To start my journey through the literature, it is important that I spell out first what constitutes competent decision-making among citizens. In a manner, this question goes back to civic virtues, a topic so eloquently discussed by Aristotle. Indeed, one might be inclined to copy his entire catalogue of virtues as has sometimes been done. However, this would ignore the fundamentally different nature of democracy in our times.

Democracy in our age is, for the most part, representative in nature. Elections are its central mechanism, augmented in some parts of the world by direct and other democratic forms. As Schumpeter (1942) pointed out, elections are primarily intended as a way to regulate the circulation of political elites. Accordingly, citizens should be in a position to hold elites *accountable*. This, in turn, requires that citizens hold accurate perceptions of elite performance, lest they may reward or punish the wrong elites.

Elections do serve another function: they are instruments, albeit blunt ones, for sending *policy* signals. By voting for a particular party, the citizen can signal his or her agreement with a particular ideology or set of policies. However, this presupposes that citizens accurately perceive the political positions of parties, in addition to knowing where they themselves stand. One could go even one step further by arguing that an effective policy voice requires citizens to reflect on their own preferences and to connect them meaningfully to their interests, values, and core beliefs.

Third, the previous roles of citizens assume that they are active participants. To hold elites accountable and send policy signals, the citizen has to take advantage of his or her right to vote. While abstention is certainly not devoid of political meaning, its interpretation is more ambiguous. Moreover, if too many citizens abstain, the accountability and signaling mechanisms break down or run the risk of being distorted in favor of certain groups. Political activism, however, presumes that citizens care deeply enough about politics to incur whatever costs the act of voting entails.

The democratic dilemma lies in the fact that these relatively minor requirements may still prove too much for citizens. Time and again, scholars have found that citizens are at best mildly interested in politics and often relatively uninformed about the topic. As early as the 1950s, Berelson (1952) observed that political interest and knowledge were in short supply in the American mass public. With rising education levels, pessimism gave rise to optimism in the 1970s (Nie et al. 1976), but this was rather short-lived. By the 1990s, Delli-Carpini and Keeter (1996) concluded that Americans knew little. Hibbing and Theiss-Morse (2002) even speak of a mass public that prefers to be mostly removed from the political goings-on. Although these findings stem from the United States, there is evidence that the same patterns hold true elsewhere (e.g., Oesterreich 2002) if perhaps at a lower level. Thus, it would appear that the average citizen is ill equipped to dispense with even the minimalist requirements of a representative democracy. How, then, is it possible for democracy to function?

3.   The Skillful Citizen

Over the past three decades, much of the political psychology literature has focused on citizens' political skills. Some of this literature has focused on skills qua knowledge. Given that political knowledge is often in short supply, however, much of the literature has sought to expand the concept of skills. The idea is that citizens can be skillful at making decisions even when they know relatively little. They do so by relying on a variety of shortcuts that substitute and compensate for political knowledge.

Political knowledge and the related concepts of expertise and sophistication remain among the most important explanatory variables in political psychology. Of all the different ways in which the mass public can be sliced, knowledge is often believed to yield the strongest insights (e.g., Zaller 1992). Knowledge is positively correlated with participation. It allows citizens to navigate the political landscape and make sense of the choices they are facing. It is correlated with better-crystallized policy views (Delli Carpini and Keeter 1996; Zaller 1992). In general, it is associated with enhanced information processing capacity, which facilitates political reasoning and decision-making (e.g., Fiske et al. 1983; Lau and Redlawsk 2006).

It is no surprise, then, that many scholars lament that political knowledge levels are not higher. Some have even proposed simulating what a truly informed public looks like. Indeed, this is the objective of deliberative polls, which hope to give citizens and policy-makers insight into a state of public opinion that is more sophisticated and less fickle than what typical opinion surveys produce (e.g., List et al. 2013).

While there continues to be much emphasis on political sophistication in the literature, many political psychologists have embarked on a different path. They acknowledge that knowledge levels among citizens are frequently low. However, this does not have to hinder competent decision making because citizens develop highly effective strategies for dealing with things political. Through the reliance on shortcuts, they can bypass large amounts of political information and still arrive at decisions that are good enough. In fact, under many circumstances, heuristic-based decisions are indistinguishable from what normative theories prescribe, which is for citizens to wade through all of the decision-relevant information, integrate this into a utility, and then form a decision based on utility maximization. Hence, the democratic dilemma is resolved through the availability of shortcuts—something one could call low-information rationality (Lupia and McCubbins 1998; Popkin and Dimmock 1999).

Unlike other psychologists, political psychologists have never been shy about proposing heuristics. They include, among other things, endorsements (Arceneaux and Kolodny 2009), ideology (Downs 1957), policy principles (Goren 2013), group likability (Sniderman et al. 1991), the how-do-I-feel heuristic (Lodge and Taber 2000), candidate occupations (McDermott 2005), religion (Campbell et al. 2011), gender (Koch 2000; McDermott 1997), facial features (Lenz and Lawson 2011), social networks (Lupia and McCubbins 1998) and, of course, partisanship (Rahn 1993). And the list keeps on growing.

While almost anything can be used as a shortcut, my own view is that the most useful heuristics are those that embed enduring features of a political system. Heuristics function because they encode essential information about the political choice menu, which then allows a person to make an informed choice without actually being informed. The better the choice menu is captured by the heuristic, the more likely it is to produce decisions that mimic those that would have been made under full information. Since the choice menus themselves to a large extent reflect enduring cleavages, it would seem that heuristics tied to those cleavages are particularly important.

A case in point is partisanship in the United States. As Sniderman (2000; Jackman and Sniderman 2002) has pointed out, political conflict in the States is partisan conflict. For this reason, whether one identifies with the Democrats or the Republicans contains a great deal of choice relevant information. It is no surprise, then, that voting with one's party often equates the decision one would have made using normative decision rules. At least, this is what one expects when politics operates as usual. What partisanship is in the States could be class, ideology, or religion in another country. Key is that the heuristic captures a great deal of information about the enduring political divisions in a country.

Heuristics are, in a sense, also political skills. If one thinks of skills as all those resources that help to facilitate political decision making, then heuristics are every bit as relevant as political sophistication. It is for this reason that I have combined knowledge and heuristics into a single rubric of skills-based approaches. They reflect high- and low-information rationality, respectively, and both provide a basis for understanding mass politics.

4. Do Skills Resolve The Democratic Dilemma?

Are skills the answer to the democratic dilemma? The answer depends a great deal on context. Heuristics, as I have sketched them, capture characteristics of a political system in homeostasis. When politics unfolds as usual, then political realities-issues and actor constellations, in particular-map well onto the expectations enshrined in the heuristics. In this case, knowing a party label or ideology captures a great deal of factual knowledge without the citizen actually having to pay much attention to the campaign specifics.

But politics often strays from the usual. New parties emerge, existing parties merge, new issues appear, old issues disappear, new themes dominate the campaign, and occasionally parties shift positions dramatically (e.g., New Labour). Under these circumstances, the correlation between the campaign context and an established heuristic may be severely weakened to the point that the citizen would forego crucial information if she relied solely on heuristics. The acquisition of new information now becomes critical for competent voting. The availability of such information then depends on the quality of political campaigns, as well as conventional and new media (e.g., Cappella and Jamieson 1997).

The imperfect mapping of political realities on existing heuristics may be viewed as a reduction in the informational value of the decision cue. Heuristics allow citizens to fill in the picture about political parties, without actually having to acquire the details afresh every time an election rolls around. But when politics strays from the usual, the details that are being filled in reflect only the politics from the past and have little to do with the realities of today. The result is bias and an increased likelihood of making suboptimal vote choices.

That heuristics can produce biases will not come at a surprise to most psychologists. In behavioral decision theory, for example, biases are usually mentioned under the same breath as heuristics. Until recently, however, this lesson somehow got lost in the translation to political psychology, where the optimistic assumption for a long time was that heuristics could substitute for full-information rationality. Biases, if they existed at all, would generally be so small as to not seriously affect the outcome. Increasingly, however, political psychologists are finding that heuristics do entail biases and that these biases can be severe. Kuklinski and Hurley (1994) were among the first to caution about heuristics (see also Kuklinski and Quirk 2000). Since then, many have observed that heuristic processing can be quite dangerous indeed. Delli-Carpini and Keeter (1996) point out that heuristic processing requires contextual knowledge, which may be particular sparse among low-sophisticates. In this vein, Lau and Redlawsk (2001) observe that while everyone uses heuristics, only political sophisticates seem to be able to do it well. Bartels (1996) also sounds a skeptical voice about heuristics, and recent evidence from survey experiments further shows that heuristics can reduce the quality of political decisions (Rogowski 2014).

An interesting case in point is partisanship, which I have argued is among the most prominent heuristics in politics. Bartels (2002), Nyhan and Reifler (2010), and Lavine et al. (2012) show that partisans, due to their reliance on partisan cues, often hold biased perceptions of basic political facts such as political performance. They also seem to derive their policy preferences disproportionately from party cues, embracing policies they would ordinarily disagree with if they are proposed by their own party (Cohen 2003; Lavine et al. 2012). These facts suggest that heuristic processing interferes with two important democratic functions, to wit accountability and policy signaling. Only on the participatory dimension, partisans seem to score particularly well (Levendusky 2009).

What is particularly disturbing about heuristics is that the biases may creep in below the radar screen of cognitive awareness. Recent work by Lodge and Taber (2013; Taber and Lodge 2006) suggests that the how-do-I-feel heuristic is particularly susceptible to this problem. Here existing feelings about political parties, which may derive from partisan, ideological, or other dispositions, influence subsequent information processing before the citizen may ever realize it. This causes citizens to avoid or counter-argue disagreeable information, including novel facts, even when it is highly relevant for decision-making.

Political knowledge does not seem to help much here, as biased processing is more common among political sophisticates than non-sophisticates. This brings me to the second point of this paper. Not only is it possible that political skill sets are poorly matched to the decision context. Quite disturbingly, skills may also detract from competent citizenship when they are mixed with the 'wrong' motivations. In the studies of Lodge and Taber (2013; Taber and Lodge 2006), those with strong skills, in the form of knowledge and heuristics, tended to be the most dismissive of relevant counter-attitudinal information, this all in the name of belief preservation (see also Zaller 1992).

To be sure, motivated skepticism about political messages is not altogether unhealthy, especially not in a world in which political campaigns and even news media too often spread misinformation. When taken to an extreme, however, such skepticism may itself produce misinformation, as reliable and important cues are ignored in the defense of existing beliefs and attitudes. Skills that should be an asset thus become a liability in the presence of certain motivations.

The arguments made so far lead me to the conclusion that we should bring motivation back into the picture of competent citizenship (see also Kuklinski et al. 2001). We should do this, first, because it requires a certain motivation to take in information when heuristics are inadequate for the situation. Second, we should do this because the interaction between motivations and skills would seem to underlie competent citizenship. I now turn to discussing a set of motivations that seem particularly relevant for politics. These then form the basis for my vision of the pragmatic citizen.

5. The Motivated Citizen

What motivations do citizens bring to the table when they deal with matters political? It would seem that these are the same kinds of motivations they bring to bear on other decision tasks and perusing the general motivational literature, it would seem that three are particularly important.[2] The first motivation can be characterized as *least effort*. All else equal, citizens would like to make decisions with as little effort as possible. We have already established that citizens often display middling levels of political interest and this by itself is enough to expect that they would seek to minimize their effort on political tasks. When we further consider that political decision-making competes with a large number of other decision tasks, some of which have far greater and more immediate consequences, it would seem that least effort is a powerful motivation indeed. It is a motivation that prompts heuristic processing, which is one of the information processing modes identified in dual-process models such as the heuristic-systematic model (Chaiken 1987; Chaiken et al. 1989). It is this processing mode that has taken center stage in low-information rationality accounts of mass politics.

The second motivation that we can read from the dual processing literature is *getting it right*. People, whether in their capacity as citizens or in some other context, want to make the right decision. At least, they want to feel sufficiently confident that they are doing the right thing. Put differently, no one intentionally makes bad decisions, not even when the decision task is low salience, as politics is for many people.

---

2   This list is not exhaustive. There is at least one other motivation, to wit, maintaining self-esteem, which has political implications. Indeed, following Tajfel (1978), this one is of eminent importance for understanding inter-group relations. Although I will not further discuss it here, an exhaustive treatment of civic virtues would also speak to those themes that implicate self-esteem.

The motivations of getting it right and expending the least amount of effort are often simpatico. It is easily conceivable that a person obtains sufficient confidence in a decision through the reliance on heuristics. There are, however, circumstances where the heuristic is *unreliable* and a person is aware of this. In this case, heuristic processing satisfies the goal of expending the least effort, but not the goal of getting it right (e.g., Chaiken 1987). Then the question poses itself what the citizen is supposed to do.

One course of action is to give up, which in mass politics would amount to abstention in an election. The systematic-heuristic model, however, envisions another possibility: systematic processing. Here, the decision maker suspends relying on heuristics and opts for a piecemeal consideration of decision-relevant information. While this means abandoning the least effort principle, it may be the only way toward satisfying the feeling that one has made the right decision.

There is a third motivation, which may be derived from the literature on motivated reasoning (Kunda 1990): *belief preservation*. Most people hold certain convictions that are so central to their belief system, and perhaps even their identity, that the thought of revising them is intolerable. We seek to protect those convictions, possibly by avoiding incongruent information or, if that fails, by discounting and counter-arguing such information. The strength of this instinct generally depends on the centrality of the convictions (Lodge and Taber, 2013; Taber and Lodge 2006).

When we consider the motivations together and in the context of the democratic dilemma, the following picture emerges. The motivations of least effort and belief preservation can provide a good foundation for competent decision-making on the part of citizens but not under all circumstances. The citizen who employs a heuristic strategy can do so effectively and without risking bias as long as the situation fits the premise of the heuristic. For example, if the person is a Democrat and decides to use this, and only this, information to cast a vote choice, this may indeed be a sound strategy. But it is only to the extent that political parties and candidates behave stereotypically. As I have argued earlier, partisan and other cues reflect certain expectations about the behavior of political parties and candidates. As long as these actors comply with the expectations, reliance on the sheer notion that X is a Democrat or Y is a Republican is unproblematic, in the sense of containing as much information as systematic processing would yield. However, when parties and candidates act counter-stereotypically, then cues will contain less information than systematic processing would yield. What is more, they will contain the wrong information.

The same holds true for belief preservation. Seeking to protect one's beliefs is natural and productive in the sometimes-cynical world of politics, where not everyone cares to tell the truth and many promise more than they can possibly deliver. Holding convictions also motivates citizens to be engaged – it invests them in the political debate. But, as Kunda (1990) argued, there comes a time that belief preservation becomes counter-productive, that a prior belief has become untenable, and that holding onto it ill-prepares the person for making adequate decisions.

When heuristic processing is inappropriate because the situation does not match that for which the heuristic was designed, then one would want citizens to abandon it in favor of systematic processing. One would want citizens to realize the inadequacy of the heuristic and to set it aside for information that reflects the actual political reality. Low-information rationality should make place for the acquisition of decision-relevant facts.

In the process of engaging in systematic processing, it is entirely possible that the citizen encounters information that runs counter to existing beliefs. One should hope that such information will not be discounted or counter-argued, for it is the incongruent facts that should cause citizens to adjust their decisions compared to those prompted by heuristics alone.

Not everyone, however, can engage in systematic processing. Unless decision-relevant information is readily available (see Basinger and Lavine 2005) and easy to process (Petty and Cacioppo 1986), it requires a certain skill level to process new information. Thus, we see again the interaction between motivation and skills as an essential component of competent citizenship. In the specific context of a motivation to get it right, high levels of knowledge may be quite beneficial as they provide citizens with the cognitive wherewithal to understand campaign information and its implications. Those same skills, however, may detract from competent citizenship when the motivation is to preserve existing beliefs.

If such good things can be expected from systematic processing, at least when political circumstances are unusual and citizens are capable of processing political messages, then the question arises how one can prompt it. Some individuals, as a routine matter, engage in systematic processing. Specifically, those high in need for cognition (Cacioppo and Petty 1982) tend to favor in-depth and systematic information processing. They are less prone to the biases introduced by heuristics, but this does not mean they are free of any and all biases. Biases may also arise due to overthinking, including a focus on non-optimal decision criteria (Petty et al. 2009; Wilson and Schooler 1991).

The key, then, is to know when to switch from heuristic to systematic processing. To date, the literature sketches two broad switching mechanisms. The first is contained in the affective intelligence model (AIM; Marcus et al. 2000) and the second in the ambivalence model (AM; Basinger and Lavine 2005; Lavine et al. 2012).

6. The Affective Intelligence Model

The AIM (Marcus et al. 2000) postulates the existence of two affective systems. The first – the disposition system – involves the reliance on habits, which, for my purposes, can be seen as heuristics. The second – the surveillance system – bypasses these heuristics and postulates what one might call a systematic processing mode. The disposition system is expected to be the normal mode in politics. Specifically, when it is politics as usual, citizens can – and probably should – rely on heuristics (see Marcus 2002). When politics operates according to expectations, citizens experience enthusiasm for their favored party and aversion toward the other party or parties. This helps to promote participation (see also Valentino et al. 2011).

The surveillance system comes into play when politics is not as usual, an eventuality that is being signaled by anxiety. When a person experiences this emotion, he or she suspends the reliance on heuristics and engages in systematic processing. Anxiety, here, is understood mostly in partisan terms, as a feeling of uneasiness about one's own party. It is normal to feel uneasy about the other parties, but uneasiness about the home team, so to speak, is both uncommon and unpleasant. It tells the citizen that something is awry and that she should pay attention. Reliance on heuristics might be counter-productive in this political climate and the experience of unease prompts the citizen to explore the facts of the campaign.

Marcus, Neuman, and MacKuen (2000) present compelling evidence that voters who experience uneasiness about their own party rely much less on their partisanship when evaluating political candidates. Instead they rely on information about political issues and candidates to a much greater degree than those who do not experience this anxiety. Heuristic processing gives way to systematic processing, but only when it appears that the political circumstances have changed.

In more recent research, Mackuen et al. (2010) demonstrate that the AIM also speaks to the third motivation of belief preservation. Here, they find that the experience of anxiety is associated with a relatively open-minded search for information. By contrast, aversion is associated with the kinds of biases uncovered by Taber and Lodge (2006), i.e., the avoidance and discounting of disagreeable information.

The AIM thus speaks to all three motivations that I have identified. It speaks to the least effort principle, as this is the predicted mode of behavior when political circumstances are normal. It accounts for systematic processing under unusual circumstances because citizens (i.e., partisans) find themselves anxious. They know that something unusual is happening, which forces them to abandon heuristic processing if they have any hope of making the right decision. Finally, the AIM speaks to belief perseverance in that certain emotions cater toward this motive whereas others do not.

7. The Ambivalence Model[3]

AM is the second model to shed light on switches between heuristic and systematic processing (Basinger and Lavine 2005; Lavine et al. 2012). It, too, has a partisan focus but the key here is the tension between one's partisan identity and beliefs about the parties. This tension was visible, for example, prior to the 2008 presidential elections, when many Republicans gave relatively poor scores to the performance of their own party under George W. Bush. The tension signals that partisan cues are no longer reliable, so that heuristic processing based on those cues fails to provide sufficient confidence that one is making the right decision. The result is that partisans are forced to abandon their partisan cues and to rely on systematic processing. The state of tension between partisan identities and current party evaluations is labeled partisan ambivalence. It has a symmetric quality,

---

3   I opt for a slightly longer discussion of the AM (in comparison to the AIM) because it is more recent and not yet as well known.

in that both negative beliefs about one's own party and positive beliefs about the other party contribute to ambivalence. Thus, unlike the AIM, the AM predicts that both uneasiness about one's own party and enthusiasm for the other party can trigger a switch to systematic processing.

The confidence threshold is not the only factor that is relevant for triggering systematic processing. There is a second mechanism and this speaks directly to the motivation of belief preservation. As Lodge and Taber (2005) demonstrate, ambivalent attitudes have the peculiar quality that they are not activated automatically (see also Fazio 1989). Univalent attitudes, by contrast, are characterized by automatic activation. This means that the mere exposure to the attitude object triggers an evaluative response, which then colors subsequent information processing by biasing it toward the initial attitude. This does not happen with ambivalent attitudes. Because they are not triggered automatically, they cannot color subsequent information processing, resulting in a reduced belief preservation effect. This is equivalent to saying that ambivalent citizens retain an open mind.

Ambivalent partisans would seem like somewhat exotic creatures. They have come to identify with a particular political party, probably already in childhood (Greenstein 1965), yet also hold views of the parties that are inconsistent with these identities. Such tensions between our identities (who we are) and our evaluations (what we think) arise against all odds, as one would expect motivated biases to keep our beliefs in line with our identities. Nevertheless, there are circumstances that might overwhelm these biases. These typically relate to the performance of the party in office. One's own party may be performing poorly, to the point that rationalizations can no longer mask this fact. Or, the other party may be doing an exceptional job. The performance judgments may be sociotropic (what is happening to the country) but they can also be based on personal considerations, for example, when people lose their job while their own party occupies the White House. The misalignment between partisan identities and evaluations is the essence of partisan ambivalence. One of its key features is that it plants a kernel of doubt in the partisan's mind (Lavine et al. 2012).

What is this doubt? It is doubt foremost about the reliability of partisan cues. The political world does not behave according to expectations and hence, the expectations themselves become suspect. Since heuristics encapsulate expectations, it means that they, too, become suspect. Partisanship no longer suffices for political decision-making and while this may seem like an obvious point, it has tremendous implications.

Let us consider the dimensions of competent citizenship we identified earlier, starting with participation. This would appear to be in trouble with ambivalent partisans. As I indicated earlier, when heuristic processing no longer suffices, one option for citizens is to disengage from the political process. Political decision-making has become too difficult, so the default response is not to decide at all. Indeed, Mutz (2006) has made this argument and brought persuasive evidence to bear on it. Yet, among partisans, the evidence that ambivalence suppresses participation is weak at best. Ambivalent partisans turn out in presidential elections just about as often as univalent partisans. In midterm elections they turn out less, but the difference with their univalent peers is quite small. Exit does not appear to be the typical response of the ambivalent partisan.

Why is this? Although the subject matter warrants further investigation, I suspect that the answer can be found in conviction. The citizen who loses his or her political convictions also loses the sense that politics matters. Why then should she bother to participate? The ambivalent partisan, however, is not someone without convictions. A more apt description would be that his or her convictions are *in doubt*. That clearly increases the costs of decision-making – the sheer reliance on partisanship will not suffice – but the person still has a stake in the process. Deep down, he or she is still rooting for a particular party – albeit as an idealized image that, at that time, does not match well to the reality of partisan politics. But there is a conviction there, which prepares for political action and works against apathy.

If ambivalent partisans are politically active, then how well do they deal with the other two critical aspects of citizenship in a representative democracy? Are ambivalent partisans in a good position to hold political elites accountable and to send policy signals? The evidence suggests they are. With respect to accountability, Lavine et al. (2012) observed that ambivalent partisans are much more inclined to form impressions in line with political reality. More than their univalent peers, who tend to view reality through the crooked lens of their partisanship, ambivalent partisans recognize when economic performance has actually changed, when crime has been reduced, or when the deficit has been decimated. This ability to identify the facts of politics correctly is the first step toward an effective accountability mechanism. It is important to note that the facts are not the kind open for multiple interpretations. We are not talking here about upticks in some economic indicators and downturns in others. On the contrary, we consider here unambiguous trends on which most every expert agrees.

How about policy signaling? A first requirement for policy signaling is that citizens know where they themselves stand on issues. Ambivalent partisans are not significantly more inclined to provide a „don't know" response to issue questions than univalent partisans. By contrast, non-partisans (so-called independents) are more likely to provide this response. A second requirement is that citizens accurately identify the policy positions of political parties. Here, ambivalent partisans outperform univalent partisans. The latter tend to fall prey to assimilation biases (e.g., Granberg 1993), which cause them to perceive their own party to be closer to their own issue stands than is really the case. Finally, for policy signaling to work, citizens need to let the issues flow into their vote decision. Univalent partisans, however, mostly base their vote choices on their partisanship; issues play a relatively minor role. It is only among ambivalent partisans that one observes less weight on partisanship and greater weight on the issues (Lavine et al. 2012).

When reading the comparisons between univalent and ambivalent partisans, one cannot escape the impression that ambivalent partisans tend to better approximate the ideal citizen than univalent partisans. I believe this is a fair impression, as long as one keeps in mind that we are not talking about two fundamentally different classes of partisans. While it is true that some individuals will always be univalent in their partisanship and others always ambivalent, for a large number of people the two types of partisanship are like two faces of a coin. At some points, specifically when politics operates in its normal cadence, the univalent face of partisanship shows and will prove quite useful for making competent decisions. At other times, however, when politics is unusual in the sense that common expectations about partisan politics fail to be met, the ambivalent face of partisanship shows. Under those circumstances, a different decision-making mode takes over because the usual mode – relying on partisan cues – is no longer functional.

The affective intelligence and ambivalence models appear to operate in parallel; there is no reason to assume that one subsumes the other (Lavine et al. 2012). They share several features. Both reserve an important role for heuristic processing and view this as the dominant mode of decision making among citizens. Importantly, however, both models also envision a mechanism that overrides heuristic processing and, in doing so, may prevent bad decision-making. While the proposed mechanisms are different for the two models, each envisions that heuristic processing is halted when it appears that politics has taken an unusual path. In the affective intelligence model, this appearance triggers anxiety; in the ambivalence model, it triggers ambivalence. In both models, the halting of heuristic processing means that some form of systematic processing takes its place. Thus, both models leave an important role for low-information rationality. However, unlike standard accounts of shortcuts in mass politics, the two models also envision mechanisms that can reduce the biases that would arise when a heuristic is applied in circumstances where it does not fit. This is what makes them particularly effective in resolving the democratic dilemma.

8. The Pragmatic Citizen

I conclude by describing what I perceive as the broader implications of the ambivalence and affective intelligence models. To my mind, these models postulate what one might call *pragmatic citizenship*. Pragmatism here has both a colloquial and a philosophical meaning and it is important to appreciate both.

In the colloquial sense, pragmatic citizenship refers to sensible decision-making. One can also say that it is about adaptive decision-making (Kahneman 2011; Klein 2009; Payne et al. 1993) because it is about citizens adjusting their decision-making mode to the political realities they observe. When politics is perceived as normal, the citizen relies on heuristics, specifically partisan cues. When politics is not usual, then he or she switches to systematic processing whereby partisan cues become less and election-specific information more influential.

The models do not end here in their depiction of the pragmatic citizen. They are also pragmatic in a philosophical sense. The key to this philosophical pragmatism is the specific status of beliefs and convictions. Philosophical pragmatists do not deny that convictions are crucial but, at the same time, they avoid their reification. This also is the essence of ambivalence and anxiety. Ambivalent and/or anxious citizens are not without convictions, as would be someone who is indifferent or with non-attitudes. They are individuals whose convictions are in doubt. It is this combination of conviction and doubt that allows for effective citizenship.

To show how the AIM and AM tie into philosophical pragmatism, I consider the writings of two philosophers in greater detail. The first is Charles Peirce, who perhaps was the first pragmatist philosopher when he attacked the weak spots of Cartesian philosophy. Although Peirce was a pragmatist on the topic of scientific inquiry, it is less clear that he also saw a role for pragmatism in politics. There can be no doubt, however, that John Dewey saw the importance of pragmatic politics. He is the second person whose ideas I shall explore.

Peirce's early criticisms of Descartes date back to papers written in 1868-69 (e.g., Bernstein 2010). He first states that „we cannot begin with complete doubt" (Peirce 1992, 28), meaning that any and all inquiry starts with some prejudices, as he calls them. These may be little more than a hunch, but they can also reflect elaborate theories about the world. It is simply ludicrous to assume that people approach the world without any preconceptions and it is best to be honest about this. What is more, without preconceptions we would not even know where to start our inquiries, so that scientific progress would come to a screeching halt. The parallel to the AIM and AM is clear. The ambivalent and/or anxious citizen, too, has her prejudices, which take the form of a particular party identification. It is what gives the citizen a stake in the political process and what probably motivates her to participate.

A second assertion qualifies this view on prejudices and, this too, is a critical aspect of philosophical pragmatism. Writing that, „to make single individuals absolute judges of truth is most pernicious", Peirce (1992, 29) introduces the idea of fallabilism.[4] Fallabilism is the idea that convictions should, when need dictates this, be scrutinized and revised. It is the idea, then, of keeping an open mind. To be sure, a conviction should not be abandoned too quickly but neither should it be kept past its expiration date. Convictions can become stale and out-of-touch with reality and such convictions should either be abandoned or updated.[5] The similarity to the AIM and AM is once again clear. The ambivalent and/or anxious citizen is one who is open to belief revision. In the case of ambivalence, for example, the person works hard to protect her convictions prior to reaching the state of ambivalence. She does not give up easy fighting for convictions that have proved quite useful in the past. But the ambivalent citizen does not put up a blind fight. She is willing to revise her beliefs when it is perfectly clear that they have become untenable and arcane. In the case of the ambivalent partisan, this can even mean abandoning one's prior partisan identity.

Pragmatic citizenship should not be mistaken for gullibility. A healthy democratic society cannot exist when citizens are pushed over too quickly by false

---

4   Peirce is more sanguine about making collectives of individuals the judges of truth. One could argue that such a conception fits the tenets of deliberative democratic theory (Bernstein 2010). Unfortunately, I do not have the space to fully engage in an analysis of this aspect of Peirce's take on pragmatism.

5   The whole idea reminds us of Popper's (1963) doctrine of falsificationism. An apt summary can be found in the words of another pragmatist philosopher, William James (1975: VI): „I live, to be sure, by the practical faith that we must go on experiencing and thinking over our experience, for only thus can our opinions grow more true; but to hold any of them – I absolutely do not care which – as if it could never be reinterpretable or corrigible, I believe to be a tremendously mistaken attitude."

logic and fake evidence. It is an orientation by which the citizen may rely for long periods on certain prejudices, believing, for example, that his or her party has the better ideas or competences for governing. It also is an orientation by which the citizen will argue vociferously to retain these prejudices. The key to pragmatism is not that all convictions are treated as equally valid (or invalid). Rather, it is that the citizen always retains an open ear for other views and evidence and is willing to change convictions when this seems prudent.

The research on ambivalence and anxiety has demonstrated that such an orientation can exist, perhaps not in all citizens but in many if not most, and perhaps not all of the time but some of the time. In this sense, I tend to share the optimism of John Dewey, another influential pragmatist philosopher and practitioner. Dewey did not deny that the mass public sometimes fails to function as one might wish but he never lost his belief that ordinary people can live up to the demands that democracy places on them (e.g., Dewey 1927). In the logic of the present paper, the right combination of motivations and skills resolves the democratic dilemma.

Dewey (1985) saw an important role for education to improve the democratic capacity among citizens, not only for instilling skills but also for motivating them to be flexible and open-minded. Education, however, was not the only place for resolving the democratic dilemma. As an exponent of the progressive political era, Dewey also understood that competent citizens would flourish only in a political context that would allow them to exercise their competences.

It is precisely at the contextual level, where I perceive some troubling developments, which narrow the scope for pragmatic citizenship. The first development is that it would appear that citizens play an ever-smaller role in politics. For one much of political reality is now shaped through organizations that are neither elected nor directly accountable to citizens. One can think here, for example, about the credit rating agencies, which can downgrade the credit rating of an entire country without ever having to even justify this decision. The effect downstream is political parties anticipating such decisions and eliminating certain policy alternatives right from the bat. Why should any citizen be motivated to engage in systematic processing (or even participating) when the choice menu has become so limited?

The second development is that it has become very easy for citizens to insulate themselves from information that might challenge their beliefs. For all of the benefits the so-called new media have to offer in a democratic society, the downsides should not be neglected. The citizen who insists on protecting his or her convictions can hide in a media cocoon of news groups, blogs, and chat rooms that have a clear ideological and/or partisan signature and are hence unlikely to challenge prior beliefs. Add to this that cable news and newspapers also often have a clear ideological tone and the person may never again have a need (or opportunity) to revise beliefs. The pragmatic vulnerability – no belief stands forever – is thus jeopardized.

9. Conclusions

The democratic dilemma is perhaps the most fundamental dilemma of democratic society. Are people capable of democratic citizenship, even when their duties are defined quite narrowly as is typically the case in a representative democracy? Skepticism about the political decision-making qualities of ordinary people has persisted over many centuries. It can be found as early as in Plato, has persisted through the American and French revolutions, and has made a strong comeback after the Second World War, this time backed up by scientific surveys and experiments.

Is there a democratic dilemma? While some make this case by pointing to the modest levels of political interest and knowledge found in surveys, others argue that the dilemma mostly reflects ungrounded fears. Citizens do not need to engage and know very much in order for them to be effective decision-makers. The key is that politics is more or less predictable and it is this predictability that allows citizens to take shortcuts. They can rely on simple strategies, which often produce decisions that are as good as those obtained from full-information. And so, the argument goes, the democratic dilemma ceases to exist.

In this paper, I have argued that shortcuts alone cannot solve the democratic dilemma. There is simply too much evidence of heuristics going wrong to make this bold pronouncement. This is my first argument.

Skills, in particularly political knowledge, are a double-edged sword, for many biases are particularly pronounced among political sophisticates. The key to those biases can be found in citizens' motivations. It is for this reason that I call for a shift away from skill-based explanations of mass politics to those that *also* consider motivation. This is my second argument.

My third argument is that the best chance for overcoming the democratic dilemma is to stimulate pragmatic citizenship. Pragmatic citizens are adaptive creatures. They adopt their decision-making style depending on circumstances. However, they also adapt their beliefs when necessary. Such flexibility holds the best chances for functional citizenship, i.e., behavior that is adapted adequately (if perhaps not optimally) to the situation. Pragmatics are neither dogmatic nor uncommitted pushovers who can be persuaded by anything and anyone. They blend true convictions with a real sense of modesty and doubt about their own beliefs.

The big question for democratic theory is how it will be possible to enhance pragmatic citizenship. That is, how can we instill the adaptive instinct? Ambivalence and anxiety are two paths toward this end, but it seems difficult to steer them – they seem to be mostly a product of circumstances. One thing seems to be clear, however: one needs the right institutional and political context to foster the proper orientations in citizens.

Literatur

Althaus, S.L. 2003. *Collective Preferences in Democratic Politics: Opinion Surveys and the Will of the People.* New York: Cambridge University Press.

Arceneaux, K., and R. Kolodny. 2009. Educating the Least Informed: Group Endorsements in a Grassroots campaign. *American Journal of Politics* 53: 755-70.

Bartels, L.M. 1996. Uninformed Votes: Information Effects in Presidential Elections. *American Journal of Political Science* 40: 194-230.

Bartels, L.M. 2002. Beyond the Running Tally: Partisan Bias in Political Perceptions. *Political Behavior* 24: 117-50.

Basinger, S.J., and H. Lavine. 2005. Ambivalence, Information, and Electoral Choice. *American Political Science Review* 99: 169-84.

Berelson, B. 1952. Democratic Theory and Public Opinion. *Public Opinion Quarterly* 16: 313-330.

Bernstein, R. 2010. *The Pragmatic Turn.* Cambridge: Polity Press.

Cacioppo, J.T., and R.E. Petty. 1982. The Need for Cognition. *Journal of Personality and Social Psychology* 42: 116-31.

Campbell, D.E., J.C. Green, and G.C. Layman. 2011. The Party Faithful: Partisan Images, Candidate Religion, and the Electoral Impact of Party Identification. *American Journal of Political Science* 55: 42-58.

Cappella, J.N., and K.H. Jamieson. 1997. *The Spiral of Cynicism: The Press and the Public Good.* New York: Oxford University Press.

Chaiken, S. 1987. The Heuristic Model of Persuasion. In M.P. Zanna, J.M. Olson, and C.P. Herman Hrsg. *Social Influence: The Ontario Symposium, Vol. 5.* Hillsdale, NJ: Erlbaum.

Chaiken, S., A. Liberman, and A.H. Eagly. 1989. Heuristic and Systematic Information Processing Within and Beyond the Persuasion Context. In J. Uleman and J. Bargh Hrsg. *Unintended Thought.* New York: Guilford Press.

Cohen, G.L. 2003. Party Over Policy: The Dominating Impact of Group Influence on Political Beliefs. *Journal of Personality and Social Psychology* 85: 808-22.

Delli-Carpini, M.X., and S. Keeter. 1996. *What Americans Know About Politics and Why It Matters.* New Haven, CT: Yale University Press.

Dewey, J. 1927. *The Public and Its Problems.* New York: Holt.

Dewey, J. 1985. Democracy and Education. In J.A. Boydston Hrsg. *J. Dewey: The Middle Works 1899-1924, Vol. 8.* Carbondale, IL: Southern Illinois University Press.

Downs, A. 1957. *An Economic Theory of Democracy.* New York: Harper and Row.

Erikson, R.S., M.B. MacKuen, and J.A. Stimson. 2002. *The Macro Polity.* New York: Cambridge University Press.

Fazio, R.H. 1989. On the Power and Functionality of Attitudes: The Role of Attitude Accessibility. In R.A. Pratkanis, S.J. Breckler, and A.G. Greenwald Hrsg. *Attitude Structure and Function.* Hillsdale, NJ: Erlbaum.

Fiske, S.T., D.R. Kinder, and W.M. Larter. 1983. The Novice and the Expert: Knowledge-Based Strategies in Political Cognition. *Journal of Experimental Social Psychology* 19: 381-400.

Goren, P. 2013. *On Voter Competence.* New York: Oxford University Press.

Granberg, D. 1993. Political Perception. In S. Iyengar and W.J. McGuire Hrsg. *Explorations in Political Psychology*. Durham, NC: Duke University Press.

Greenstein, F.I. 1965. *Children and Politics*. New Haven, CT: Yale University Press.

Hibbing, J.R., and E. Theiss-Morse. 2002. *Stealth Democracy: Americans' Beliefs about How Government Should Work*. Cambridge, MA: Cambridge University Press.

Jackman, S., and P.M. Sniderman. 2002. The Institutional Organization of Choice Spaces: A Political Conception of Political Psychology. In K.R. Monroe Hrsg. *Political Psychology*. Mahwah, NJ: Erlbaum.

James, W. 1975. *The Will to Believe*. Cambridge: Harvard University Press.

Kahneman, D. 2011. *Thinking, Fast and Slow*. New York: Farrar, Straus, and Giroux.

Klein, G. 2009. *Streetlights and Shadows: Searching for the Keys to Adaptive Decision Making*. Cambridge: MIT Press.

Koch, J.W. 2000. Do Citizens Apply Gender Stereotypes to Infer Candidates' Ideological Orientations? *Journal of Politics* 62: 414-29.

Kuklinski, J.H., and N.L. Hurley. 1994. On Hearing and Interpreting Political Messages: A Cautionary Tale of Citizen Cue-Taking. *Journal of Politics* 56: 729-51.

Kuklinski, J.H., and P.J. Quirk. 2000. Reconsidering the Rational Public: Cognition, Heuristics, and Mass Opinion. In A. Lupia, M.D. McCubbins, and S.L. Popkin Hrsg. *Elements of Reason: Cognition, Choice, and the Bounds of Rationality*. New York: Cambridge University Press.

Kuklinski, J.H., P.J. Quirk, J. Jerit, D. Schwieder, and R.F. Rich. 2000. Misinformation and the Currency of Democratic Citizenship. *Journal of Politics* 62: 790-816.

Kuklinski, J.H., P.J. Quirk, J. Jerit, and R.F. Rich. 2001. The Political Environment and Citizen Competence. *American Journal of Political Science* 45: 410-24.

Kunda, Z. 1990. The Case for Motivated Reasoning. *Psychological Bulletin* 108: 480-98.

Lau, R.R., and D.P. Redlawsk. 2001. Advantages and Disadvantages of Cognitive Heuristics in Political Decision Making. *American Journal of Political Science* 45: 951-71.

Lau, R.R., and D.P. Redlawsk. 2006. *How Voters Decide: Information Processing During Election Campaigns*. Cambridge: Cambridge University Press.

Lavine, H.G., C.D. Johnston, and M.R. Steenbergen. 2012. *The Ambivalent Partisan: How Critical Loyalty Promotes Democracy*. New York: Oxford University Press.

Lenz, G.S., and C. Lawson. 2011. Looking the Part: Television Leads Less Informed Citizens to Vote Based on Candidates' Appearance. *American Journal of Political Science* 55: 574-89.

Levendusky, M. 2009. *The Partisan Sort: How Liberals Became Democrats and Conservatives Became Republicans*. Chicago: University of Chicago Press.

List, C., R.C. Luskin, J.S. Fishkin and I. McLean. 2013. Deliberation, Single-Peakedness, and the Possibility of Meaningful Democracy: Evidence from Deliberative Polls. *Journal of Politics* 75: 80-95.

Lodge, M., and C.S. Taber. 2000. Three Steps Toward a Theory of Motivated Reasoning. In A. Lupi, M.D. McCubbins, and S.L. Popkin Hrsg. *Elements of Reason Cognition, Choice, and the Bounds of Rationality*. New York: Cambridge University Press.

Lodge, M., and C.S. Taber. 2013. *The Rationalizing Voter*. New York: Cambridge University Press.

Lodge, Milton, and Charles S. Taber. 2005. Automaticity of Affect for Political Candidates, Parties, and Issues: An Experimental Test of The Hot Cognition Hypothesis. *Political Psychology* 26(3): 455-82.

Lupia, A., and M.D. McCubbins. 1998. *The Democratic Dilemma: Can Citizens Learn What They Need to Know?* Chicago: University of Chicago Press.

Mackuen, M., J. Wolak, L. Keele, and G.E. Marcus. 2010. Civic Engagements: Resolute Partisanship or Reflective Deliberation. *American Journal of Political Science* 54: 440-458.

Marcus, G.E. 2002. *The Sentimental Citizen: Emotion in Democratic Politics.* University Park, PA: Pennsylvania State University Press.

Marcus, G.E., W.R. Neuman, and M.B. MacKuen. 2000. *Affective Intelligence and Political Judgment.* Chicago: University of Chicago Press.

McDermott, M.L. 1997. Voting Cues in Low-Information Elections: Candidate Gender as a Social Information Variable in Contemporary United States Elections. *American Journal of Political Science* 41: 270-83.

McDermott, M.L. 2005. Candidate Occupations and Voter Information Shortcuts, *Journal of Politics* 67: 201-19.

Mutz, D.C. 2006. *Hearing the Other Side: Deliberative Versus Participatory Democracy.* New York: Cambridge University Press.

Nie, N.H, S. Verba, and J.R. Petrocik. 1976. *The Changing American Voter.* Cambridge, MA: Harvard University Press.

Nyhan, B., and J. Reifler. 2010. When Corrections Fail: The Persistence of Political Misperceptions. *Political Behavior* 32: 303-30.

Oesterreich, D. 2002. *Politische Bildung von 14-Jährigen in Deutschland.* Opladen: Leske and Budrich.

Payne, J.W., J.R. Bettman, and E.J. Johnson. 1993. *The Adaptive Decision Maker.* New York: Cambridge University Press.

Peirce, C.S. 1992. *The Essential Peirce: Selected Philosophical Writings, Vol. 1: 1867-1893.* Bloomington, IN: Indiana University Press.

Petty, R.E., P. Briñol, C. Loersch, and M.J. McCaslin. 2009. The Need for Cognition. In M.R. Leary and R.H. Hoyle Hrsg. *Handbook of Individual Differences in Social Behavior.* New York: Guilford.

Petty, R.E., and J.T. Cacioppo. 1986. *Communication and Persuasion: Central and Peripheral Routes to Attitude Change.* New York: Springer.

Popkin, S.L., and M.A. Dimmock. 1999. Political Knowledge and Citizens Competence. In S.K. Elkin and K.E. Soltan Hrsg. *Citizens Competence and Democratic Institutions.* University Park, PA: Pennsylvania State University Press.

Popper, K. 1963. *Conjectures and Refutations.* London: Routledge.

Rahn, W.M. 1995. Candidate Evaluation in Complex Information Environments: Cognitive Organization and Comparison Processes. In M. Lodge and K. M. McGraw Hrsg. *Political Judgment: Structure and Process.* Ann Arbor: University of Michigan Press.

Rogowski, J.C. 2014. Electoral Choice, Ideological Conflict, and Political Participation. *American Journal of Political Science* 58: 479-94.

Schumpeter, J.A. 1942. *Capitalism, Socialism, and Democracy.* New York: Harper.

Sniderman, P.M. 2000. Taking Sides: A Fixed Choice Theory of Political Reasoning. In A. Lupia, M.D. McCubbins, and S.L. Popkin Hrsg. *Elements of Reason: Cognition, Choice, and the Bounds of Rationality*. New York: Cambridge University Press.

Sniderman, P.M., R.A. Brody, and P.E. Tetlock. 1991. *Reasoning and Choice: Explorations in Political Psychology*. Cambridge: Cambridge University Press.

Taber, C.S. 2003. Information Processing and Public Opinion. In *Oxford Handbook of Political Psychology*, Hrsg. David O. Sears, Leonie Huddy, and Robert Jervis. New York: Oxford University Press.

Taber, C.S., and M. Lodge. 2006. Motivated Scepticism in the Evaluation of Political Beliefs. *American Journal of Political Science* 50: 755-69.

Tajfel, H. 1978. *Introducing Social Psychology*. Harmondsworth: Penguin.

Valentino, N.A., T. Brader, E.W. Groenendyk, K. Gregorowicz, and V.L. Hutchings. 2011. Election Night's Alright for Fighting: The Role of Emotions in Political Participation. *Journal of Politics* 73: 156-170.

Wilson, T.D., and J.W. Schooler. 1991. Thinking Too Much: Introspection Can Reduce the Quality of Preferences and Decisions. *Journal of Personality and Social Psychology* 60: 181-92.

Zaller, J.R. 1992. *The Nature and Origin of Mass Opinion*. Cambridge: Cambridge University Press.

Auf die Couch! Beziehungsprobleme zwischen Rational Choice und Politischer Psychologie

Johannes Marx/Christine Tiefensee

1. Einleitung

In Diskussionen um die Politische Psychologie stößt man immer wieder auf die Meinung, dass die empirische Politische Psychologie und Rational Choice-Theorien in einem direkten Konkurrenzverhältnis zueinander stünden (Hoggett u. Thompson 2012, S. 1; Lodge u. Taber 2013, S. xiii; implizit etwa auch Green u. Shapiro 1996). Rational Choice-Ansätze konstruierten Akteure als rational kalkulierende Entscheider, wohingegen die Politische Psychologie betone, dass Entscheidungsprozesse maßgeblich durch Faktoren wie Heuristiken, Emotionen, Persönlichkeitsmerkmale und Lernmechanismen beeinflusst seien. Während Rational Choice Präferenzordnungen von Akteuren innerhalb theoretischer Modelle axiomatisch setze, sei Politische Psychologie an der empirischen Erhebung tatsächlicher Einstellungen interessiert. Wo Rational Choice eine homogene Wirkung von Strukturen auf Akteure postuliere, stelle die Politische Psychologie klar, dass aufgrund unterschiedlicher Persönlichkeitsmerkmale keine solche einheitliche Wirkung angenommen werden könne. Und während Rational Choice die Einfachheit und den weiten Anwendungsbereich ihrer Modelle preise, rühmten sich Politische Psychologen, die Black Box der Entscheidungsfindung zu öffnen und somit eine empirisch adäquatere, und damit bessere Erklärung von Entscheidungsprozessen zu liefern.

In diesem Beitrag möchten wir diesem angeblichen Konkurrenzverhältnis zwischen Politischer Psychologie und Rational Choice auf den Grund gehen. Anhand einer systematischen Untersuchung der jeweiligen wissenschaftstheoretischen Voraussetzungen beider Forschungsprogramme werden wir zeigen, dass der Unterschied zwischen Rational Choice und Politischer Psychologie trotz aller Verschiedenheiten nicht so groß ist, wie zunächst angenommen. Vielmehr werden wir argumentieren, dass auch die Politische Psychologie immer von einer minimalen Rationalitätsunterstellung ausgehen muss, während nicht nur realistisch gedeutete, sondern selbst instrumentell-strukturalistisch interpretierte Rational Choice-Theorien implizit auf psychologische Wirkmechanismen angewiesen sind.

Wir werden diese These in drei Schritten entwickeln. Im Rahmen unserer ersten Teilthese werden wir zunächst zeigen, weswegen Politische Psychologie nicht ohne Rationalitätsannahmen, wie sie auch von Rational Choice-Theorien vertreten werden, auskommen kann. In einem zweiten Schritt werden wir uns Rational Choice-Theorien, und damit unserer zweiten Teilthese, zuwenden und zwischen einer realistischen und einer instrumentalistischen Interpretation von Rational Choice unterscheiden. Unser Ziel wird sein, zu argumentieren, dass die realistische Interpretation von Rational Choice mit dem Ansatz der Politischen Psychologie zusammenfällt, dass aber auch instrumentalistische Rational Choice-Theorien, die zu erklärende Varianzen komplett auf strukturelle Änderungen zurückzuführen suchen, ebenfalls psychologisch gedeutet werden müssen. Ergebnis unserer Diskussion wird dementsprechend sein, dass kein striktes Konkurrenzverhältnis zwischen Politischer Psychologie und Rational Choice besteht. Dennoch stellt sich in Anbetracht fortbestehender Unterschiede die Frage, zu welchem Grad Erklärungen psychologisch fundiert oder eher Rational Choice basiert sein sollten. In einem letzten Schritt werden wir eine erste Antwort auf diese Frage vorschlagen. Ein kurzes Fazit fasst unsere Argumentation abschließend zusammen.

Doch bevor wir in unsere Argumentation einsteigen, sind zwei Vorbemerkungen angebracht. Um Missverständnissen vorzubeugen, möchten wir erstens darauf hinweisen, dass wir uns darüber bewusst sind, dass wir die beiden Erklärungsprogramme auf einer sehr abstrakten Ebene diskutieren. Von einer Politischen Psychologie zu reden, wäre hierbei jedoch genauso irreführend, wie von einer Rational Choice-Theorie auszugehen. Politische Psychologie und Rational Choice sind vielmehr als übergreifende Bezeichnungen zu verstehen, unter die eine Vielzahl verschiedener Annahmen und Theorien zusammengefasst werden. Wie in den nächsten Abschnitten klar werden wird, zeichnen sich die jeweiligen Theorien und Annahmen dennoch durch Merkmale aus, die es ermöglichen, Politische Psychologie und Rational Choice als separate Forschungsprogramme bzw. -ansätze zu behandeln. Zweitens muss klargestellt werden, welche Bedingungen erfüllt sein müssen, um überhaupt sinnvoll von einem Konkurrenzverhältnis zwischen Rational Choice und Politischer Psychologie reden zu können. Wir schlagen folgende Bedingungen vor:

(A) Forschungsgegenstand. Politische Psychologie und Rational Choice müssen denselben Forschungsgegenstand untersuchen. Politisch-psychologische und Rational Choice-basierte Erklärungen können nur dann miteinander konkurrieren und verglichen werden, wenn es beide zum Ziel haben, dasselbe Explanandum zu erklären.

(B) Erklärungsbegriff. Die Erklärungen beider Ansätze müssen an denselben Qualitätsmaßstäben gemessen werden können: Ohne einen solchen geteilten Maßstab ließen sich keine vergleichenden Aussagen über die alternativen Erklärungen treffen.

Im Folgenden werden wir nur Fälle betrachten, in denen *(A)* gegeben ist. Dies hat gewisse Einschränkungen zur Folge. Zum einen impliziert es, dass Rational Choice wie die Politische Psychologie als eine deskriptive Theorie und nicht wie von manchen vorgeschlagen als normative Theorie verstanden werden muss. Würde sie als normative Theorie interpretiert, die analysiert, wie Akteure rational handeln *sollten*, wohingegen Politische Psychologie untersucht, wie sich Akteure *tatsächlich* verhalten, wäre kein gemeinsamer Forschungsgegenstand und damit auch keine Konkurrenzgrundlage gegeben. Zum anderen bedingt die Erfüllung von *(A)* einen Fokus auf Erklärungen sozialer Makrophänomene unter Verweis auf individuelles Handeln. Da das Forschungsinteresse von Rational Choice im

Gegensatz zur Politischen Psychologie nicht darauf abzielt, beispielsweise die Entstehung von Persönlichkeitsmerkmalen zu erklären, konkurriert sie in dieser Hinsicht auch nicht mit Politischer Psychologie. Es wäre jedoch vorschnell, diesen Unterschied bezüglich des Forschungsgegenstands von Rational Choice und Politischer Psychologie lediglich als einen Fall unterschiedlicher Forschungsinteressen abzutun. Politische Psychologen interessieren sich nicht einfach für die Entstehung von Einstellungen, wohingegen Rational Choice-Theoretiker dieses Interesse nun einmal nicht teilen. Vielmehr gehen Politische Psychologen davon aus, dass eine Erklärung von Makrophänomenen und individuellem Handeln nur dann adäquat ist, wenn auch die der Handlung unterliegenden Faktoren erklärt sind. Anders ausgedrückt: Wie wir in den nächsten Abschnitten näher ausführen werden, sind Unterschiede hinsichtlich des Forschungsgegenstands der Politischen Psychologie und von Rational Choice auf die unterschiedlichen Gütekriterien zurückzuführen, die Politische Psychologen und Rational Choice-Theoretiker an sozialwissenschaftliche Erklärungen anlegen. Dennoch teilen beide in Einklang mit (*B*) den fundamentalen Anspruch, Kausalerklärungen für die jeweiligen Explananda auf Basis des methodologischen Individualismus zu entwickeln.

Zusätzlich zu Bedingungen (*A*) und (*B*), ohne deren Erfüllung keine Konkurrenz vorliegen könnte, stellen wir zwei weitere Bedingungen auf, die das Ausmaß des angeblichen Konkurrenzverhältnisses betreffen:

(C) *Umfang.* Um umfassende Konkurrenz herzustellen, muss der politisch-psychologische Ansatz mit allen Interpretationen des Rational Choice-Ansatzes – vor allem mit realistischen und instrumentalistischen Deutungen – in Konflikt stehen: Andernfalls würden nur manche Rational Choice-Vertreter die Argumente Politischer Psychologen ablehnen, wohingegen andere diese akzeptieren könnten.

(D) *Exklusivität.* Die konkurrierenden Erklärungen müssen sich gegenseitig ausschließen: Es darf nicht der Fall sein, dass sich eine der Erklärungen als Spezialfall in die andere Erklärung integrieren lässt.

Wie in der Hauptthese unseres Beitrags behauptet, sind Bedingungen (*C*) wie auch (*D*) verletzt. Dies zu zeigen, ist Ziel der nächsten beiden Abschnitte.

2. Der rationale Kern der Politischen Psychologie

Wie bereits angedeutet, vereinigt der politisch-psychologische Ansatz viele verschiedene Theorien und Forschungsansätze, die von einem Fokus auf Persönlichkeitsmerkmale und Charakterzüge über verschiedene Informationsverarbeitungsabläufe bis hin zu neuronalen Prozessen führen. Wir werden uns im Folgenden auf die empirisch orientierten Theorien der Politischen Psychologie konzentrieren, die sich erstens an dem Anspruch messen lassen, Handlungen eines Akteurs im begrifflichen Vokabular psychischer Variablen kausal zu erklären, und die zweitens dem methodologischen Individualismus verpflichtet sind.

2.1 Politisch-psychologische Erklärungen

Politische Psychologie gehört insofern zur Psychologie, als sie sich für die psychischen Merkmale handelnder Akteure und damit die psychologischen Aspekte, die Handlungen und Einstellungen beeinflussen und steuern, interessiert. Sie ist politisch, da sie sich mit Einstellungen und Handlungen in dezidiert politischen Kontexten befasst.[1] Demnach lässt sich der Forschungsgegenstand der Politischen Psychologie sowohl auf der Makro- als auch der Mikroebene verorten. Auf der Makroebene zielt sie auf die Erklärung sozialer Phänomene ab, wie z.B. auf Wahlen, die Bildung öffentlicher Meinung und kollektives Verhalten. Im Einklang mit dem methodologischen Individualismus erfolgt diese Erklärung unter Bezug auf die Mikroebene, und damit auf individuelles Verhalten. Dementsprechend geht der Erklärungsanspruch der Politischen Psychologie erstens über den der klassischen Psychologie hinaus, die primär an der Erklärung und Interpretation von lediglich individuellem Handeln interessiert ist. Zweitens verfolgt sie dabei auch ein umfassenderes Forschungsgebiet als Rational Choice, da sie nicht nur die Erklärung von intentionalen Handlungen als einer Teilklasse menschlichen Verhaltens, sondern auch die Erklärung von Verhalten generell, z.B. im Sinne unbewusster psychologischer Prozesse, zum Ziel hat.

Insgesamt ist kennzeichnend für Theorien der Politischen Psychologie, dass für die Erklärung sozialer Phänomene der Rekurs nicht nur auf individuelles Handeln, sondern auf die Ebene der Persönlichkeit der Akteure als notwendig erachtet wird. Der Grund hierfür liegt darin, dass empirischen Befunden zufolge Individuen über unterschiedliche Modi der Informationsverarbeitung und Entscheidungsfindung verfügen und diese mit persönlichen Merkmalen der Akteure in Verbindung stehen (Capara et al. 1999). Dies führt innerhalb der Politischen Psychologie bei der Rekonstruktion der individuellen Situationswahrnehmung und Handlungsselektion zu einer besonderen Betonung individueller Faktoren, wie sie sich in den folgenden Merkmalen widerspiegelt:

(a) *Deskriptiver Anspruch auf empirische Adäquatheit.* Politische Psychologen vertreten den Anspruch, empirisch adäquate Erklärungen für individuelles Handeln und Verhalten zu entwickeln. Aus Perspektive der Politischen Psychologie zielt eine sozialwissenschaftliche Erklärung somit auf die Identifikation der tatsächlichen Ursachen sozialer Phänomene und auf die empirisch adäquate Abbildung individueller Entscheidungsprozesse ab (Farnham 1990). Demnach wird die Frage nach den spezifischen Variablen, die diese Prozesse beeinflussen, als empirisch offen betrachtet. Dies führt zu einer Öffnung der Black Box von Entscheidungsprozessen in zweierlei Hinsicht.

---

1   Wir folgen damit dem in der Politischen Psychologie gängigen Verständnis, das Wort ‚politisch' nicht im Sinne einer substantiell politischen Positionierung zu verstehen – die politische Psychologie verfolgt als solche kein politisches Ziel – sondern lediglich als Spezifizierung des Anwendungsbereichs dieser empirischen Forschungsrichtung. Dies liegt in unserer Zielsetzung begründet, da wir uns für die Erklärungskraft der ausgewählten Theorien interessieren. Für einen Überblick über die historische Entwicklung und den Forschungsgegenstand der Politischen Psychologie, siehe u.a. Catellani 2004, Schoen 2006, Monroe et al. 2009 und Marcus 2013.

(b) *Öffnung der Black Box: Einstellungen und Informationsverarbeitung.* Theorien der Politischen Psychologie stimmen mit Rational Choice-Theorien überein in der Betonung der Relevanz von Überzeugungen (beliefs) und Präferenzen (preferences) für die Handlungserklärung. Da allerdings in zahlreichen experimentellen Studien systematische Verletzungen der von Rational Choice gemeinhin postulierten Rationalitätsansprüche an Präferenzordnungen und Belief-Sets nachgewiesen wurden, rücken die kognitive Struktur der Akteure und ihre individuelle Weise der Informationsverarbeitung in den Fokus der Politischen Psychologie (Kahneman u. Tversky 1981; Kahneman et al. 1991; Tversky 1975; Fazio 1990). Hierbei werden weder Rationalitätsanforderungen an die akteursspezifischen Belief-Sets noch an die der Präferenzen gestellt. Politisch-psychologische Theorien lassen somit Raum für Fehlwahrnehmungen, die Rolle von Heuristiken, inkonsistente Überzeugungen, intransitive Präferenzordnungen, Lerneffekte sowie den Wandel von Überzeugungen und Präferenzen im Zeitverlauf. Sollte dies für empirische Adäquatheit nötig sein, kann die Ebene von Einstellungen verlassen werden, um auch neuronale Prozesse und genetische Faktoren in Erklärungen zu integrieren (Marcus 2013).

(c) *Öffnung der Black Box: Handlungsselektion.* Auch der Prozess der Handlungsselektion wird innerhalb der Politischen Psychologie in besonderer Weise betrachtet. Während Rational Choice-Theorien den Aspekt der Nutzenmaximierung als zentrale Gesetzmäßigkeit der Handlungsselektion betonen, halten psychologische Theorien diesen Aspekt prinzipiell offen und bieten theoretische Erklärungen nicht nur für rationale, nutzenmaximierende Handlungswahlen, sondern auch für weitere Modi der Handlungsselektion. Eine besondere Rolle spielen hierbei Emotionen. Emotionen sind für Informationsverarbeitung wie auch die Entscheidungsfindung relevant, da sie sowohl bei der Speicherung von Informationen wie auch bei der Aktivierung von Einstellungen kausal wirksam sind: Emotionen beeinflussen Kognition, Motivation und Handeln eines Akteurs in vielfältiger Weise (Rothermund und Eder 2011; Small et al. 2006). Obwohl emotionale Prozesse oft zunächst unterhalb der Schwelle der bewussten kognitiven Kontrolle stattfinden, haben sie dennoch Einfluss auf das Handeln der Akteure.

(d) *Stopp-Bedingungen.* Wenn auch eine politisch-psychologische Erklärung klassischerweise im Vokabular von Einstellungen formuliert ist, findet sich innerhalb der Politischen Psychologie keine Stopp-Bedingung derart, dass Erklärungen von Akteursaktivität lediglich auf die Ebene von Überzeugungen und Präferenzen rekurrieren sollten. Stattdessen werden Einstellungen, die zu Handlungen führen, erstens nicht als gegeben angenommen, sondern selbst als erklärungsbedürftig betrachtet, so dass Einstellungen für die Politische Psychologie nicht exogene Faktoren, sondern Teil ihres Forschungsgegenstands sind. Zweitens werden Einstellungen hinsichtlich ihrer Funktion noch weiter ausdifferenziert und in neueren Strömungen der Politischen Psychologie unter Bezug auf neuronale Prozesse erweitert. Politisch-psychologische Erklärungen stoppen daher nicht unbedingt auf der Ebene der Einstellungen, sondern können auch neuronale Prozesse oder genetische Faktoren heranziehen. Wie tief eine Erklärung vordringen muss, ist folglich innerhalb der Politischen Psychologie prinzipiell offen.

2.2 Die Notwendigkeit von Rationalitätsunterstellungen in der Politischen Psychologie

Diese kurzen Erläuterungen mögen den Eindruck erwecken, dass alle Annahmen innerhalb der Politischen Psychologie offen für empirische Untersuchung sind: Ob Fragen wie ‚Maximieren Akteure Erwartungsnutzen?‘, ‚Sind ihre Präferenzen konsistent?‘, ‚Schätzen sie Wahrscheinlichkeiten kohärent ein?‘ oder ‚Sind Akteure rational?‘ zu bejahen oder zu verneinen sind, müsse empirische Forschung zeigen. Doch dieser Schein trügt. Wie wir nun zeigen werden, muss auch die Politische Psychologie davon ausgehen, dass Akteure zumindest minimalen Rationalitätsstandards genügen.

Der Grund hierfür liegt in den Zuschreibungskriterien für handlungswirksame Einstellungen, also Präferenzen und Überzeugungen. Wie Hempel (1961, S. 13-18) ausführt, entsprächen diese Einstellungen nicht lediglich Reiz-Reaktions-Mechanismen, sondern seien als weitgefasste Dispositionen des Akteurs zu verstehen. Betrachte man nun aber, wie diese Dispositionen spezifiziert werden, so sehe man, dass Überzeugungen und Präferenzen in Bezug aufeinander individuiert werden. In Hempels Worten (1961, S. 16):

> The statement that Henry wants a drink of water implies, among other things, that Henry is disposed to drink a liquid offered him – provided that he *believes* it to be potable water (and provided he has no overriding reasons for refusing to accept it, *et cetera*). Thus, ascription of an objective here has implications concerning characteristic overt behavior only when taken in conjunction with ascriptions of appropriate beliefs. Similarly, (…) the hypothesis that Henry *believes* the streets to be slushy implies the occurrence of characteristics [sic] overt behavior only when taken in conjunction with suitable hypotheses about Henry's objectives.
> And indeed it seems that generally a hypothesis about an agent's objectives can be taken to imply the occurrence of specific overt action only when conjoined with appropriate hypotheses about his beliefs; and *vice versa*.

Überzeugungs- und Präferenzzuschreibungen sind demnach epistemisch interdependent. Wie ist diese epistemische Interdependenz nun zu erklären? Weswegen implizieren Aussagen über die Ziele eines Akteurs Handlungen nur in Konjunktion mit Überzeugungen? Die Antwort findet sich in folgendem Prinzip *R*:

(R) Ein Akteur mit dem Ziel *z* führt diejenige Handlung *h* aus, die vor dem Hintergrund seiner eigenen Überzeugungen *ü* der Wahl adäquater Mittel zur Erreichung von *z* entspricht.

Dieses Prinzip begründet, weswegen Aussagen über Henrys Wunsch nach Wasser (*z*) Henrys Disposition implizieren, die angebotene Flüssigkeit zu trinken (*h*), solange er glaubt, dass diese Flüssigkeit Wasser ist (*ü*). Gleichermaßen implizieren Aussagen über Henrys Überzeugungen zum Zustand der Straßen (*ü*) nur dann, dass er disponiert ist, lieber zu Fuß zu gehen als das Auto zu nehmen (*h*), wenn er beabsichtigt, sicher unterwegs zu sein (*z*). Und letztlich werten wir Henrys Verhalten nur dann als Handlung (*h*), wenn es sich auf seine Ziele (*z*) und Überzeugungen (*ü*) zurückführen lässt. Anders ausgedrückt, wird das Dreieck aus Zielen *z*, Überzeugungen *ü* und Handlungen *h* erst geformt durch Prinzip *R*: Es ist dieses Prinzip, welches die epistemische Interdependenz von Einstellungszuschreibungen erklärt. Prinzip *R* ist nun allerdings nichts anderes, als das Rationalitätsprinzip: Es umfasst die klassische Definition instrumenteller Rationalität, welche Rationalität an die Wahl adäquater Mittel zur Zielerreichung knüpft.[2]

Für die Politische Psychologie bedeutet das nun Folgendes: Wenn wir Akteuren Überzeugungen und Ziele aufgrund ihrer Handlungen zuschreiben, setzen wir damit ihre Rationalität immer schon voraus.[3] Denn die Überprüfung wie auch die Begründung von bestimmten Einstellungszuschreibungen unterstellt immer schon, dass der Akteur rational ist, dass er also diejenige Handlungsoption wählt, die vor dem Hintergrund seiner Überzeugungen für seine Zielerreichung am erfolgversprechendsten ist. Wie Hempel (1961, S. 17) zusammenfasst, impliziert dies „that the way in which we use a person's actions as evidence in ascertaining his goals has the presupposition of rationality built into it." Ließen sich die Dispositionen eines Akteurs nicht in dieses rationale Dreieck von Zielen, Überzeugungen und Handlungen einbetten – hätte ein Individuum Dispositionen, die sich nicht durch das Prinzip *R* strukturieren ließen – könnten wir weder von Zielen und Überzeugungen, noch von einem intentional handelnden Akteur reden. Folglich sind es keine offenen Fragen, ob Akteure rational oder ihre Einstellungen konsistent sind. Insofern die Politische Psychologie auf Einstellungen handelnder, intentionaler Akteure rekurriert, kann sie nicht umhin, Akteuren Rationalität zuzusprechen.[4]

Heißt das, die Politische Psychologie ist überflüssig, so dass wir uns ganz und gar auf Rational Choice konzentrieren sollten? Zwei Einwände legen nahe, dass dieser Schluss verfrüht wäre. Erstens können Politische Psychologen auf empirische Studien verweisen, die belegen, dass Akteure Rationalitätsannahmen oft verletzen – die Studien von Kahneman und Tversky seien hier nochmals stellvertretend erwähnt (Kahneman u. Tversky 1981; Kahneman et al. 1991; Tversky 1975). Dieser Verweis auf empirische Studien ist unserer Meinung nach absolut legitim. Allerdings müssen daraus gezogene Schlüsse mit Sorgfalt betrachtet werden. Denn was diese empirischen Studien zeigen, ist nicht, dass die Rationalität von Akteuren grundsätzlich bezweifelt werden kann, sondern dass es eine offene

---

2 Dieses Prinzip darf nicht mit Formeln beispielsweise der SEU-Theorie verwechselt werden, die eine mathematische Repräsentation dieses Prinzips darstellen. Vgl. unsere Anmerkungen hierzu in Kapitel 3.1.

3 Dies wirft Fragen zum Status des Rationalitätsprinzips auf. So interpretiert Davidson 1984, 2004 Prinzip *R* als *normatives* Prinzip, das *konstitutiv* für Interpretationen ist. Hempel 1961 hingegen hält an einem *empirischen* Status fest. Unser Beitrag muss die Diskussion um den Status von Prinzip *R* ausklammern. Für eine Analyse des Einflusses dieser Diskussion auf die Realismus/Instrumentalismus-Debatte um Rational Choice-Theorien, siehe Tiefensee (i.E.).

4 An dieser Stelle könnte eingewandt werden, dass dieses Ergebnis wenig ergiebig sei, da es auf einem völlig entleerten Rationalitätsbegriff beruht. Da eben dieses Rationalitätsverständnis allerdings genau jenes ist, das Rational Choice-Theorien zugrunde liegt, kann dieser Punkt keine Kritik an einer Studie sein, die das angebliche Konkurrenzverhältnis von Politischer Psychologie und Rational Choice-Theorien untersucht. Außerdem ist es unserer Meinung nach von großem Interesse, dass ein Rationalitätsbegriff, der eben keine substantielle Anforderungen an die Inhalte von Präferenzen und Überzeugungen richtet, eine solche zentrale Rolle in der Zuschreibung propositionaler Einstellungen spielt. Vgl. auch Fußnote 3.

Frage ist, zu welchem Grad Akteure rational sind. Obwohl einem Individuum nur dann Ziele und Überzeugungen zugesprochen werden können, wenn sein Verhalten grundsätzlich vor dem Hintergrund des Rationalitätsprinzips interpretierbar ist, heißt dies nicht, dass seine Einstellungen vollkommen konsistent oder seine Handlungen immer rational sein müssen. Lokalisierte Formen der Irrationalität sowie systematische Abweichungen von Rationalitätsstandards, wie sie von der Politischen Psychologie aufgedeckt werden, sind mit der zentralen Rolle des Rationalitätsprinzips im Rahmen von Einstellungszuschreibungen kompatibel. Politisch-psychologische Untersuchungen, die das Ziel verfolgen, die Black Box der Einstellungen und der Entscheidungsfindung zu öffnen, verlieren folglich trotz der Zentralität von Rationalitätsannahmen nicht ihre Relevanz, greifen gleichzeitig aber die Annahme minimaler Rationalität nicht an.[5]

Zweitens beschäftigt sich die Politische Psychologie wie bereits oben erwähnt nicht nur mit Handlungen und Einstellungen, sondern auch allgemeiner mit Verhalten und neuronalen oder gar genetischen Faktoren, die Verhalten beeinflussen. Da sich unser Argument zum Rationalitätsprinzip aber lediglich auf Einstellungen und Handlungen bezieht, können Politische Psychologen folglich erwidern, dass dieses Untersuchungen zu allgemeinerem Verhalten und neuronalen Prozessen völlig unangetastet lasse. Diese Beobachtung stimmt sicherlich; allerdings muss auch sie mit Vorsicht behandelt werden. Sie ist insofern richtig und wichtig, als menschliches Handeln und Verhalten nicht zwangsläufig in der Sprache von Einstellungen beschrieben werden muss, sondern auch in rein naturwissenschaftlichem Vokabular wie dem der Neurobiologie gefasst werden kann. Die Beobachtung wäre jedoch irreführend, wenn sie implizieren wollte, dass politisch-psychologische Erklärungen den Rekurs auf Einstellungen komplett hinter sich lassen und rein naturwissenschaftliches Vokabular verwenden könnten. Dies ist darin begründet, dass einstellungsbasierte Erklärungen nicht nur die Ursachen einer Handlung explizieren, sondern auch die Handlungsgründe eines Akteurs.[6] Handlungsgründe bestehen nach Davidson (1980a) aus belief/desire-Paaren, welche die Handlungsmotive des Akteurs explizieren, wobei Handlungsursachen in physikalischen, z.B. neuronalen Prozessen zu verorten sind. Es ist nun genau dieser Doppelcharakter intentionaler Erklärungen, der uns die Handlungen eines Akteurs im Sinne seiner Handlungsgründe sowohl verstehen als auch im Sinne von Handlungsursachen erklären lässt, welcher die Attraktivität des intentionalen Zu-

---

5   Folglich sind psychologisch orientierte Theorien, wie zum Beispiel die Prospect Theory, nicht als vollkommen neue, eigenständige Theorien zu verstehen, sondern als Erweiterungen und Modifikationen von rationalitätsbasierten Theorien, um systematische Abweichungen von Rationalitätsstandards integrieren zu können.

6   Zum diffizilen Verhältnis zwischen mentaler und physikalischer Sprache sowie zu Einstellungen und neuronalen Prozessen, siehe Davidson 1980b, 2004. Zum Verhältnis zwischen Gründen und Ursachen siehe Davidson 1980a. Davidson argumentiert dort, dass eine (Token-)Identitätsbeziehung zwischen mentalen Zuständen einerseits und physikalischen Zuständen andererseits besteht, wodurch sowohl mithilfe mentaler Sprache als auch physikalischer Sprache auf dasselbe kausal wirksame Ereignis referiert werden kann, obwohl mentale Sprache nicht auf physikalische Sprache reduzierbar ist. Der Verweis auf einen Handlungsgrund erklärt wiederum nur dann eine Handlung, wenn diese durch diesen Handlungsgrund verursacht wurde. Für eine ausführliche Betrachtung dieser Problematik und ihrer Relevanz für die Sozialwissenschaften siehe etwa Marx 2010.

gangs ausmacht. Denn würden wir den Verweis auf die Einstellungen des Akteurs verlieren, wäre auch der Zugriff auf seine Handlungsgründe verspielt. So liefert z.B. eine Erklärung, die das Ankreuzen eines gewissen Kästchens auf dem Wahlzettel ausschließlich aufgrund neuronaler und motorischer Prozesse erklärt, zwar eine Kausalerklärung für die Stimmabgabe eines Akteurs; sie erlaubt allerdings keinerlei Einblicke in die Gründe, weswegen der Akteur dieses Kästchen angekreuzt hat, und die uns seine Handlung aufgrund seiner Überzeugungen und Präferenzen erst verstehen lassen. Dieses Verständnis liefert nur eine Erklärung, die auf die Einstellungen des Akteurs Bezug nimmt. Will Politische Psychologie diesen zentralen Aspekt des Verstehens nicht einbüßen, kann sie folglich durch das Rationalitätsprinzip strukturierte intentionale Sprache nicht außer Acht lassen.

Abschließend lässt sich damit festhalten, dass auch die Politische Psychologie die Rationalität von Akteuren nicht grundsätzlich in Frage stellen kann. Solange sie auf die Ziele und Überzeugungen von Akteuren rekurrieren will, setzt sie einen minimalen Standard von Rationalität voraus. Daher stellt sich auch für Politische Psychologen nicht die Frage, ob Akteure überhaupt rational sind, sondern lediglich, wie rational sie sind. Heißt das in Bezug auf das Konkurrenzverhältnis zwischen Politischer Psychologie und Rational Choice, dass die Kriterien des Umfangs (C) und der Exklusivität (D) verletzt sind? Nicht unbedingt. Denn obwohl Politische Psychologie Grundannahmen über minimale Rationalität mit Rational Choice-Theorien teilen muss, ist damit noch nicht gesagt, dass sie mit allen Rational Choice-Varianten kompatibel ist oder sich die beiden Ansätze ineinander integrieren lassen. Im nächsten Abschnitt werden wir uns diesen Fragen zuwenden.

3. Der psychologische Kern von Rational Choice

Nicht nur die Politische Psychologie umschließt verschiedene Forschungsfragen; auch der Begriff „Rational Choice" wird vielfältig verwendet. Wie bereits erläutert, werden wir uns hier nur auf eine empirisch-analytische Interpretation von Rational Choice beschränken, der zufolge Rational Choice politikwissenschaftliche Phänomene durch Rekurs auf das Handeln rationaler Akteure kausal zu erklären sucht. Alle Rational Choice-Theorien teilen im Kern vier Annahmen: (a) Sie sind dem methodologischen Individualismus verpflichtet, (b) Restriktionen sind eine Bedingung menschlichen Handelns, (c) Handeln ist als Verfolgung von Präferenzen zu verstehen, und (d) Handlungsoptionen werden nutzenmaximierend gewählt. Damit nutzenmaximierendes Verhalten möglich ist, müssen Präferenzen und die mentale Repräsentation der Restriktionen in Form von Überzeugungen gewisse Bedingungen erfüllen: Während Präferenzen u.a. konsistent geordnet werden können müssen, müssen Überzeugungen dergestalt sein, dass sich die Wahrscheinlichkeiten des Eintretens einander ausschließender Ereignisse auf 100 Prozent aufaddieren.

Gleichwohl finden sich unter dem Dach empirisch-analytisch orientierter Rational Choice-Theorien unterschiedliche Strömungen, die sich substantiell in der Verwendungsweise und Deutung der genannten Kernannahmen unterscheiden. Für den Vergleich mit dem Erklärungsprogramm der Politischen Psychologie werden wir daher auf Seiten der ökonomischen Theorien zwischen realistischen und instrumentalistischen Varianten unterscheiden und diese hier getrennt betrachten.

3.1 Realistische Rational Choice-Theorie

Der Forschungsgegenstand von realistischer Rational Choice lässt sich, wie der der Politischen Psychologie, ebenfalls in einen Makro- und einen Mikrobereich unterteilen. Auf der Makroebene geht es um die Erklärung politikwissenschaftlich interessanter Makrophänomene. Dies geschieht wiederum unter Rekurs auf die Mikroebene, und damit auf individuelle Handlungen, die aufgrund der Einstellungen und Überzeugungen von Akteuren vor dem Hintergrund rationaler Entscheidungsprozesse zu erklären sind. Hierbei intendieren realistische Rational Choice-Theorien, die tatsächliche, interne Entscheidungslogik eines Akteurs abzubilden. Anders ausgedrückt: Realistische Rational Choice-Theorie wird als eine Mikrotheorie des Akteurverhaltens verstanden, die das Handeln des Akteurs deskriptiv zutreffend zu beschreiben und erklären versucht. Damit ergeben sich folgende Merkmale für realistische Rational Choice-Theorien:

(a) *Deskriptiver Anspruch auf empirische Adäquatheit.* Auch realistische Rational Choice-Theoretiker erheben den Anspruch, eine empirisch adäquate Deskription der Handlungsmotivationen eines Akteurs, seiner Situationswahrnehmung sowie seines Entscheidungsverhaltens zu entwickeln. Aus Perspektive realistischer Rational Choice-Theorien zielt eine sozialwissenschaftliche Erklärung sozialer Phänomene somit auf die Identifikation der tatsächlichen Handlungsursachen der Akteure ab (Kunz 2004, S. 48f.).

(b) *Einstellungen.* Dementsprechend müssen die von dem Akteur in der Handlungssituation wahrgenommenen Handlungsalternativen und ihre subjektive Bewertung abgebildet werden. Dies erfordert, die Situationswahrnehmung der Akteure in Form von Überzeugungen und ihre Zielvorstellungen zu erheben, sowie kausale Hypothesen darüber zu formulieren, wie strukturelle Bedingungen der Handlungssituation Überzeugungen und Präferenzen beeinflussen (Opp 2013a, S. 102f.).

(c) *Handlungsselektion.* Vor dem Hintergrund der erhobenen Einstellungen muss auch das Entscheidungsverhalten der Akteure theoretisch gefasst werden. Hier halten realistische Rational Choice-Theorien an der Hypothese fest, dass Entscheidungen nutzenmaximierend getroffen werden: Wie in Prinzip *R* dargelegt, wählen Akteure diejenige Handlungsoption, die den höchsten Erwartungsnutzen verspricht. Dies darf nicht verwechselt werden mit der Behauptung, dass Akteure tatsächlich in ihrem Entscheidungsprozess SEU-Kalkulationen aufgrund von Nutzenfunktionen durchführen. Es geht vielmehr um die Hypothese, dass Akteure einen kognitiven, auf Präferenzen und Überzeugungen basierten Entscheidungsprozess durchlaufen, der mathematisch aufgrund von Nutzenfunktionen repräsentiert werden kann (Lehtinen u. Kuorikoski 2007, S. 123). Wie diese mathematische Repräsentation genau auszusehen hat – ob Erwartungswerte beispielsweise multiplikativ oder additiv zusammengesetzt sind – ist eine davon unabhängige Frage.

(d) *Stopp-Bedingungen.* Eine Handlungserklärung ist somit aus realistischer Rational Choice-Perspektive gelungen, wenn eine empirisch adäquate Bestimmung des Handlungsgrunds eines Akteurs vorliegt und dessen Entscheidungsverhalten mithilfe der Nutzenmaximierungshypothese erklärt werden kann, was wiederum Kenntnis der subjektiven Präferenzen und wahrgenommen Restriktionen voraussetzt. Allerdings stellt realistische Rational Choice auch klare Stopp-Bedingungen an Erklärungen. Erstens ist die Entstehung der Einstellungen der Akteure nicht Forschungsgegenstand von Rational Choice: Obwohl Rational Choice auf kausale Hypothesen zum Einfluss struktureller Bedingungen der Handlungssituation auf Überzeugungen und Präferenzen rekurriert, so ist dennoch nicht ihr Ziel, diesen Einfluss zu erklären. Zweitens ist mit dem Verweis auf Einstellungen die tiefste Ebene der Erklärung erreicht; Rekurs auf neuronale oder genetische Mikrofundierungen von Einstellungen ist in realistischen Rational Choice-Theorien nicht vorgesehen. Folglich bleiben Rational Choice-Erklärungen der intentionalen Sprache verhaftet und die Black Box neuronaler Prozesse geschlossen. Damit einher geht drittens die Beschränkung auf Erklärungen von Verhalten, welches als intentionales Handeln fassbar ist. Verhalten im weiteren Sinne, welches unbewusst abläuft oder generell nicht auf Einstellungen zurückführbar ist, wird nicht beachtet. Nicht zielgerichtetes Verhalten – man denke an wertrationales, affektives oder traditionales Handeln – wird von Rational Choice nur dann betrachtet, wenn es in den theoretischen Rahmen von Rational Choice integriert werden kann, wie zum Beispiel durch Modifikationen von Präferenzordnungen oder durch metatheoretische Betrachtungen zu Entscheidungsmodi vor dem Hintergrund gegebener Situationswahrnehmungen (siehe etwa Esser 1996; Kroneberg 2007).

3.2 Realistische Rational Choice-Theorie als eine Variante der Politischen Psychologie

Diese Ausführungen deuten bereits darauf hin, dass realistische Rational Choice-Theorien ein Teil der Politischen Psychologie sind. Da realistische Rational Choice-Theorien den Anspruch erheben, Entscheidungsprozesse akkurat zu beschreiben, müssen sie als psychologische Verhaltenstheorien über den kognitiven Entscheidungsprozess eines Akteurs verstanden werden. Allerdings finden sich auch signifikante Unterschiede zwischen beiden Ansätzen, von denen wir hier auf zwei hinweisen möchten. Diese Unterschiede sprechen jedoch nicht gegen die Einordnung der realistischen Rational Choice in die Politische Psychologie.

Erstens fällt auf, dass realistische Rational Choice-Theorien im Gegensatz zur Politischen Psychologie das Gesetz der Nutzenmaximierung nicht antasten. Dies ist zunächst verwunderlich. Denn wenn Vertreter der realistischen Rational Choice-Theorie der empirischen Erhebung von Einstellungen schon offen gegenüber stehen, weswegen bleiben sie dann gegenüber empirischen Studien zu Entscheidungsmechanismen dennoch verschlossen? Die Aufdeckung diverser systematischer Abweichungen von Rationalitätsstandards – genannt seien hier lediglich Simons (Simon 1957,

1985, 1986) Überlegungen zur bounded rationality wie auch Studien zu Reflection-, Endowment-, Certainty- oder Sunk-Cost-Effekten (Kahneman et al. 1991) – stellt schließlich ernsthafte Einwände gegen den Anspruch der realistischen Rational Choice-Theorie dar, eine psychologisch fundierte Theorie des Entscheidungsprozesses zu präsentieren. Sicherlich reagiert realistische Rational Choice-Theorie auf diese Befunde, indem sie beispielsweise Framing-Effekte bei der Bildung von Überzeugungen einschließt oder durch aufwendige Anreicherungen der Brückenhypothesen, welche strukturelle Faktoren und Akteurswahrnehmung verbinden, diesen Anomalien Herr zu werden versucht (Lindenberg 1993).[7] Dennoch scheint sie um das Nutzenmaximierungsprinzip einen starken Schutzmantel zu legen (Opp 2013b; Marx 2011). Warum? Zwei Erklärungen wären denkbar. Zum einen könnte argumentiert werden, dass es realistische Rational Choice-Theorien zum Ziel haben, nur denjenigen Bereich von Handeln abzudecken, in dem das Nutzenprinzip tatsächlich empirisch adäquat ist. In diesem Fall wäre das Anwendungsgebiet realistischer Rational Choice ein kleineres Teilgebiet der Politischen Psychologie. Zum anderen könnte das Festhalten am Nutzenmaximierungsprinzip auf gewisse Anforderungen zurückzuführen sein, die realistische Rational Choice-Theoretiker an Erklärungen stellen. Zentral in diesem Kontext sind Überlegungen zur Verallgemeinerbarkeit und zu Gesetzmäßigkeiten, die das Fundament einer jeder Erklärung bilden müssen. Wir werden auf diese wissenschaftstheoretischen Betrachtungen zu Erklärungen im Schlusskapitel unseres Beitrages zurückkommen.

Auch der zweite Unterschied zwischen realistischer Rational Choice und Politischer Psychologie ist in diesem wissenschaftstheoretischen Zusammenhang zu verorten. Dieser bezieht sich auf die genannten Stopp-Bedingungen, die auf der Ebene der Einstellungen zum Halt kommen. Erneut stellt sich die Frage, weswegen für realistische Rational Choice-Theoretiker eine adäquate Erklärung eines Phänomens bereits dann gegeben ist, wenn kausal relevante Einstellungen identifiziert wurden, ohne aber die Entstehung dieser Einstellungen betrachtet zu haben. Wieder ist die Antwort auf diese Frage in den unterschiedlichen Gütekriterien zu finden, die realistische Rational Choice-Theoretiker und Politische Psychologen an Erklärungen stellen und die am Ende dieses Beitrags diskutiert werden.

Hier lässt sich folgendes Zwischenfazit ziehen: Realistische Rational Choice-Theorie ist ein Spezialfall der Politischen Psychologie, da auch sie den Anspruch erhebt, eine empirisch adäquate, psychologische Mikrotheorie des jeweiligen Explanandums zu liefern. Demnach sind die Konkurrenzkriterien des Umfangs (*C*) und der Exklusivität (*D*) verletzt: Da Politische Psychologie mit der realistischen Interpretation des Rational Choice-Ansatzes kompatibel ist, kann keine umfassende Konkurrenz zwischen Politischer Psychologie und Rational Choice *per se* bestehen. Da sich realistische Rational Choice-Erklärungen als Spezialfälle politisch-psychologischer Erklärungen verstehen lassen, ist auch das Kriterium der Exklusivität nicht erfüllt. Realistische Rational Choice und Politische Psychologie stehen in keinem kategorischen Konkurrenzverhältnis.

---

7   Hier besteht eine mögliche Reaktion auf diese Anomalien darin, sie umzuinterpretieren: Deutet man sie als Verstöße gegen die Rationalitätsansprüche an Belief-Sets, verstoßen sie ggf. nicht mehr gegen das Nutzenmaximierungsaxiom (Kunz 2004, S. 152).

3.3 Instrumentalistische Rational Choice-Theorie

Die Überlappung zwischen realistischer Rational Choice-Theorie und Politischer Psychologie ist recht offensichtlich. Viel weniger klar ist jedoch, in welchem Verhältnis Politische Psychologie zu instrumentalistisch gedeuteten Rational Choice-Theorien steht.

Instrumentalistische Theoriemodelle von Rational Choice sind wie die Politische Psychologie und realistische Rational Choice-Theorien an der Erklärung sozialer Makrophänomene interessiert und dem methodologischen Individualismus verpflichtet. Allerdings teilen sie nicht den Anspruch einer ausgearbeiteten psychologischen Mikrotheorie, die Makrophänomene aufgrund empirisch adäquater Erklärung individuellen Handelns fassen möchte, sondern streben lediglich eine sogenannte Mikrofundierung ihrer Makroerklärungen an. Die folgenden Punkte fassen die wichtigsten Charakteristika instrumentalistischer Rational Choice-Theorie zusammen:

(a) *Kein deskriptiver Anspruch auf empirische Adäquatheit.* Instrumentalistische Rational Choice-Theoretiker zielen nicht auf empirisch adäquate Beschreibungen des tatsächlich ablaufenden psychologischen Entscheidungsprozesses ab. Stattdessen begreift diese Variante von Rational Choice den Verweis auf Einstellungen als ein Instrument, das sich zur Erklärung und Prognose sozialer Phänomene eignet, ohne die Black Box individueller Entscheidungsfindungen öffnen zu wollen. Daher sprechen manche Vertreter des Instrumentalismus auch davon, dass sich Akteure unter bestimmten Bedingungen so verhalten, ‚als ob‘ sie rational kalkulieren oder gewissen Präferenzen folgen würden. Die zentrale These des Instrumentalismus ist dementsprechend nicht, dass Akteure tatsächlich gewisse Einstellungen haben und kognitive Entscheidungsprozesse durchlaufen, sondern dass ihr Verhalten konsistent ist mit Interpretationen entlang solcher ‚als ob‘ Zuschreibungen (Satz u. Ferejohn 1994).

(b) *Einstellungen und Handlungsselektion.* Dementsprechend werden Einstellungen nicht empirisch erhoben, sondern innerhalb theoretischer Modelle im Einklang mit Rationalitätsstandards postuliert. Der theoretische Status von Präferenzen ist hierbei im Rahmen instrumentalistischer ökonomischer Theorien umstritten. Manche lehnen die Existenz mentaler Zustände ab und sehen Präferenzen und Überzeugungen lediglich als theoretische Konstrukte, die uns ermöglichen, beobachtbares Verhalten zu beschreiben.[8] Andere zweifeln die Existenz von Einstellungen nicht an, beharren aber darauf, dass diesen Einstellungen keinerlei kausale Rolle innerhalb von Rational Choice-Erklärungen zugeschrieben werden darf, da Einstellungszuschreibungen als fiktive Annahmen verstanden werden müssen. Gleiches gilt für die Unterstellung, dass Akteure Nutzen maximieren (Lovett 2006, S. 256-259). Da nicht behauptet wird, dass Akteure tatsächlich Nutzenmaximierer sind oder tatsächlich vollkommen konsistente Präferenzen besitzen, können Experimente,

---

8   Ein Grund hierfür liegt in Zweifeln über die Messbarkeit von Einstellungen. Wir blenden diese Zweifel hier aus.

die diese Annahmen durch das Aufdecken systematischer Anomalien zu widerlegen suchen, als irrelevant eingestuft und ignoriert werden.

(c) *Strukturen*. Da Annahmen über Entscheidungsprozesse folglich als instrumentelle ‚als ob' Aussagen verstanden werden, tragen sie keinerlei Erklärungslast. Diese Last wird vielmehr auf strukturelle Faktoren, d.h. situative Restriktionen verlagert. Die Analyse dieser situativen Bedingungskonstellationen, die das Handeln der Akteure extern strukturieren, soll die Problematik der Erfassung individueller Präferenzstrukturen und das Betreiben politischer Psychologie vermeiden. In diesem Zusammenhang ist auch die weitverbreitete Beschränkung des Anwendungsgebiets instrumentalistischer ökonomischer Theorien auf Situationstypen zu verstehen, in denen Verhaltensänderungen vollständig auf Restriktionsänderungen zurückgeführt werden sollen und in denen strukturelle Anreize Wahl der zur Verfügung stehenden Handlungsalternativen stark einschränken. Zu nennen wären hier beispielsweise Hochkostensituationen (Mensch 1999, 2000) oder institutionelle Kontexte mit starkem Wettbewerbsdruck, die langfristig nicht-rationale Akteure aus dem Spiel nehmen oder instrumentelle Güter in den Vordergrund rücken, deren Nützlichkeit für alle Akteure unterstellt werden kann (Zintl 2001). Daher könne Instrumentalisten zufolge in solchen Situationen von einem strukturellen Determinismus ausgegangen werden, der psychologische Betrachtungen überflüssig macht: Instrumentalisten „concentrate on the logic of the agent's situation and are spared the complexities of the psychology of the agent in that situation" (Latsis 1972, S. 211).

(d) *Stopp-Bedingungen*. Mit diesem Fokus auf strukturelle Faktoren und ‚als ob' Mikrofundierungen geht die Stopp-Bedingung einher, Erklärungen in strukturellen Faktoren und postulierten Einstellungen zu verankern. Da der Entscheidungsprozess von Akteuren fiktiv gedeutet wird, verbieten sich vor diesem Hintergrund sowohl Analysen zur Einstellungsentstehung als auch der Rekurs auf die neuronale Basis von Einstellungen.

3.4 Die Notwendigkeit von Psychologie in instrumentalistischen Rational Choice-Theorien

Da die Erklärungslast aus Sicht instrumentalistischer ökonomischer Theorien auf situativen Faktoren liegt, wohingegen Entscheidungsprozesse lediglich als Fiktion postuliert werden, scheinen instrumentalistische Rational Choice-Theorien und Politische Psychologie grundverschieden zu sein: Wohingegen erstere trotz Mikrofundierung strukturalistische Theorien sind, sind letztere zutiefst in der Psychologie verhaftet. Gegen diesen Eindruck möchten wir nun argumentieren: Selbst die instrumentalistische Variante erklärender Rational Choice-Theorie muss psychologischen Faktoren letztlich eine kausale Rolle zuschreiben und kann nicht bei Als-ob-Annahmen stehen bleiben.

Der Grund hierfür wird am leichtesten ersichtlich, wenn man die folgenden beiden Szenarien betrachtet. Im ersten Szenario haben wir es mit einer starken Wettbewerbssituation zu tun, wie z.B. dem politischen Wettbewerb der Parteien um

Stimmen. Im zweiten Szenario liegt keine solche Wettbewerbssituation vor; betrachten wir hier z.B. das Verhalten von Wählern. Es wird nun oft festgestellt, dass Rational Choice im ersten Szenario erfolgreich ist, im zweiten Beispiel allerdings nicht überzeugen kann. Verantwortlich für diesen Unterschied werden wiederum Strukturen gemacht: Wie Satz und Ferejohn (1994, S. 72) zusammenfassen:

> (…) rational-choice explanations are most plausible in settings in which individual action is severely constrained, and thus where the theory gets its explanatory power from structure-generated interests and not from actual individual psychology. In the absence of strong environmental constraints, we believe that rational choice is a weak theory, with limited predictive power.
> The primary reason for the asymmetry of explanatory success is that (…) voters face less competitive environments than (…) parties. We fully realize the irony of our contention: the theory of rational choice is most powerful in contexts where choice is limited.

Doch wie genau entfalten Strukturen ihre Kausalwirkung in den beiden Szenarien? Es wäre unplausibel anzunehmen, dass Strukturen manchmal kausal wirksam sind und manchmal eben nicht. Wie Satz und Ferejohn (1994) betonen, ist der Unterschied in den beiden Fällen vielmehr darin zu verorten, dass im ersten Szenario starke Strukturen spezifische Interessen der Parteien implizieren, wohingegen schwache Strukturen im Beispiel der Wähler dies nicht erlauben. Gleichzeitig werden die den Parteien so zugeschriebenen Interessen vor dem instrumentalistischen Hintergrund natürlich auch im ersten Szenario lediglich aufgrund der Position der Parteien in sozialen Strukturen fiktiv unterstellt, und nicht auf der Basis individueller psychologischer Faktoren zugeschrieben. Doch wieder stellt sich die Frage: Weswegen führen die ‚als ob‘ Zuschreibungen von Präferenzen im Fall starker Strukturen zu erfolgreichen Rational Choice-Erklärungen, im Fall schwacher Strukturen jedoch nicht, wo alle Einstellungszuschreibungen doch angeblich lediglich fiktiven Charakter haben? Unserer Meinung nach finden wir nur dann eine plausible Antwort auf den Unterschied zwischen den beiden Szenarien, wenn der fiktive Status von Einstellungszuschreibungen aufgegeben wird. Das heißt: Rational Choice greift bei starken Strukturen, wie sie etwa für Hochkostensituationen kennzeichnend sind, besser, weil starke Strukturen die Zuschreibung *tatsächlicher* Präferenzen und Situationswahrnehmungen erleichtern. Gleichzeitig ist Rational Choice im Fall schwacher Strukturen weniger erfolgreich, weil schwache Strukturen keine klaren Hypothesen über *tatsächliche* Präferenzen und Situationswahrnehmungen nahelegen. In anderen Worten: Strukturen sind in beiden Szenarien kausal wirksam. Die Fokussierung auf starke Strukturen entspricht allerdings einer Selektion jener Anwendungsfälle, in denen empirische Hypothesen über Präferenzen leichter zu formulieren sind, da Strukturen Präferenzen stärker begrenzen. Dies sollte uns jedoch nicht zu dem Schluss verleiten, dass Präferenzen deswegen lediglich instrumentell zu postulieren sind. Folglich darf der Erfolg von Rational Choice in starken strukturalistischen Kontexten nicht ausschließlich in Strukturen verortet werden, wohingegen Präferenzen eine kausale Rolle abgesprochen wird, sondern liegt in der Kombination von kausal wirksamen Strukturen und kausal wirksamen Präferenzen.[9]

Um Missverständnisse zu vermeiden, sei klargestellt, dass wir Rational Choice-Modellen, die mit ‚als ob‘-Hypothesen operieren und keinerlei Anspruch auf empirische Adäquatheit erheben, in gewissen Kontexten – wie z.B. im Rahmen explikativer oder normativer Forschungsinteressen – keineswegs ihre Daseinsberechtigung absprechen möchten. Diese Daseinsberechtigung bezieht sich aber auf Anwendungsbereiche, die eben *nicht* Erklärungen anstreben, sondern andere Ziele verfolgen. Insofern Rational Choice-Theorien eine erklärende Funktion übernehmen sollen, sind instrumentalistische Deutungen fehlgeleitet, da selbst strukturalistische Rational Choice-Theorien psychologisch verstanden werden müssen: Selbst wenn Strukturen gewisse Einstellungszuschreibungen plausibel machen, sind diese als empirische Hypothesen über kausal wirksame psychologische Faktoren zu interpretieren. Die Konkurrenzkriterien (*C*) und (*D*) sind demnach erneut verletzt: Die instrumentalistische Version der Rational Choice-Theorie geht in der realistischen Variante auf und ist damit nicht nur mit Politischer Psychologie kompatibel, sondern ist in diese integrierbar.

4. Sozialwissenschaftliche Erklärungen – rational und/oder psychologisch?

Unser Ergebnis mag den Schein erwecken, dass alle Mauern zwischen Politischer Psychologie und Rational Choice eingerissen sind: Wir haben argumentiert, dass Politische Psychologie von minimaler Rationalität ausgehen muss, wohingegen Rational Choice die kausale Rolle psychischer Faktoren nicht anzweifeln kann. Eine kategorische Konkurrenz zwischen beiden Ansätzen besteht demnach nicht. Impliziert dieses Ergebnis, dass keine relevanten Unterschiede zwischen diesen Programmen bestehen? Bedeutet es anders ausgedrückt, dass nichts auf dem Spiel steht, wenn wir uns zwischen einem politisch-psychologisch orientierten oder einem rationalitätsbasierten Forschungsdesign entscheiden sollen? Beide Fragen sind unserer Meinung nach zu verneinen. Denn selbst wenn kategorische Konkurrenz zurückgewiesen werden muss, bestehen gewisse Unterschiede zwischen diesen, vor allem im Hinblick auf Stopp-Bedingungen und Verweise auf die individuelle Vielfalt der Informationsverarbeitung und Handlungsselektion. Obwohl es aus unserer Sicht also verfehlt wäre, zu fragen, ob wir entweder Politische Psychologie oder Rational Choice akzeptieren sollten, stellt sich nach wie vor die Frage, ob sich sozialwissenschaftliche Erklärungen an politisch-psychologischen Ansätzen oder an rationalitätsbasierten Erklärungsmustern orientieren sollten.

---

9   Hier könnte eingewandt werden, dass dieses Argument es versäumt, zwei verschiedene Deutungen von Rational Choice-Erklärungen klar voneinander zu trennen, nämlich eine interne, die die Binnenperspektive des Akteurs einnimmt, und eine evolutionäre, die eine dem Akteur externe Perspektive sucht (siehe Kliemts (1996) Diskussion eines solchen Kritikpunkts). Unserer Meinung nach geht dieser Einwand jedoch fehl, da bei der evolutionären Interpretation intentionales Handeln eben *nicht* Teil des Kausalmechanismus ist. Wie Kliemt (1996, S. 89) es auf den Punkt bringt: „Insoweit kann man nur feststellen, daß die [evolutionär gedeuteten] Rational Choice-Ansätze mit den wirklichen Kausalmechanismen, die die Entwicklung sozialer Prozesse real beeinflussen, nichts zu tun haben." Ein solcher evolutionärer Ansatz mag eine Erklärung für ein Explanandum liefern; diese Erklärung sollte jedoch nicht als *Rational Choice*-Erklärung verstanden werden.

Anders ausgedrückt: Wie psychologisch bzw. Rational Choice-fundiert sollte eine Erklärung sozialen Handelns ausfallen?

Um einen klaren Blick auf diese Frage zu gewinnen, ist zu überlegen, welche Erklärungstiefe bei gleichem Forschungsinteresse erreicht werden sollte. Zur Verdeutlichung dieser Überlegung ist es hilfreich, die folgenden drei, zugegebenermaßen stilisierten, Erklärungen desselben Makrophänomens X zu vergleichen:

(PSYCHOLOGIE) Makrophänomen X ist dann zufriedenstellend erklärt, wenn die kausale Rolle von Strukturen, von empirisch erhobenen Einstellungen und Entscheidungsprozessen sowie deren Entstehungsprozess bzw. neuronale und/oder genetische Basis identifiziert wurde.

(RC_R) Makrophänomen X ist dann zufriedenstellend erklärt, wenn die kausale Rolle von Strukturen und deren Wirkung auf empirisch erhobene Einstellungen vor dem Hintergrund der Nutzenmaximierung identifiziert wurde.

(RC_I) Makrophänomen X ist dann zufriedenstellend erklärt, wenn die kausale Rolle von Strukturen und daraus abgeleiteten Einstellungen vor dem Hintergrund der Nutzenmaximierung identifiziert wurde.

Welches Erklärungsmuster sollten wir akzeptieren? Ist eine Entscheidung besser, wenn sie Einstellungen als endogene Faktoren versteht? Ist sie besser, wenn Einstellungen empirisch erhoben werden? Kurzum: Wie tief muss eine Erklärung sein?

Es lohnt an dieser Stelle, an drei substantielle Gütekriterien, die an Kausalerklärungen gerichtet werden, zu erinnern. Erstens müssen Erklärungen mit Hempel und Oppenheim (1948, S. 137) empirisch adäquat sein: Die Annahmen, die eine Erklärung trifft, müssen wahr sein. Zweitens ist das Ziel, Kausalprozesse zu identifizieren, erst dann erreicht, wenn strukturell beeinflusste intentionale Handlungen miteinbezogen werden (Little 1995, S. 35). Drittens müssen Erklärungen auf Gesetze rekurrieren: Sie müssen allgemeine Sätze über den Zusammenhang verschiedener Variablen enthalten. Eine Erklärung ist demnach dann eine gute Erklärung, wenn sie die tatsächlichen Ursachen des jeweiligen Makrophänomens mit Bezug auf eine Mikrotheorie identifiziert und in allgemeine Gesetzmäßigkeiten einbettet. In Anbetracht dieser substantiellen Gütekriterien schlagen wir nun folgende, zugegebenermaßen tentative Antwort auf die Frage nach der Tiefe von Erklärungen vor:

Die Forderung nach der empirisch adäquaten, mikrotheoretischen Identifikation kausaler Prozesse impliziert, dass Einstellungen sowie die Brückenhypothesen, die diese Einstellungen mit strukturellen Faktoren verbinden, empirisch erhoben und getestet werden müssen. Dieses Kriterium schließt daher (RC_I) aus: Wird (RC_I) rein instrumentalistisch interpretiert, ist es wie oben erläutert als Rational Choice-Erklärung abzulehnen, da fiktiven Einstellungen eben keine kausale Wirksamkeit zugesprochen wird. Nimmt man hingegen eine psychologische Lesart von (RC_I) an, die Einstellungen zwar eine kausale Rolle zuspricht, Präferenzen aber lediglich aufgrund von Plausibilitätsüberlegungen aus Strukturen theoretisch ableitet, kann (RC$_I$) höchstens als potentielle Erklärung eines Phänomens betrachtet werden, deren Überprüfung auf empirische Adäquatheit allerdings noch aussteht. Da diese Überprüfung empirische Untersuchungen von Einstellungen und Brückenhypothesen impliziert, fällt eine gute (RC$_I$)-Erklärung daher in eins mit (RC$_R$). Anders ausgedrückt: Um von der empirischen Adäquatheit einer Erklärung überzeugt zu sein, können wir nie bei (RC$_I$) stehen bleiben, sondern müssen immer den weiteren Schritt zu (RC$_R$) gehen. Dieses Ergebnis ist zudem unabhängig von Anwendungskontexten. Egal, ob wir beispielsweise an Hoch- oder an Niedrigkostensituationen interessiert sind, muss die empirische Adäquatheit unterstellter Einstellungen und Brückenhypothesen nachgewiesen werden.

Mit dem Wegfall von (RC$_I$) bleiben daher nur (RC$_R$) und (PSYCHOLOGIE) als Erklärungsmuster übrig. Hier könnte vorgeschlagen werden, dass das Gütekriterium der empirischen Adäquatheit auch in diesem Fall eine Entscheidung zwischen (RC$_R$) und (PSYCHOLOGIE) herbeiführt, und zwar zugunsten von (PSYCHOLOGIE). Denn wenn wir schon an Kausalprozessen interessiert sind, so das Argument, dann sollten wir auch auf die tiefste erreichbare Ebene dieser Prozesse vordringen und gegebenenfalls neurologische und genetische Faktoren einbeziehen. Wir teilen diese Argumentation nur zum Teil. Sicherlich schadet es einer Erklärung eines Makrophänomens nicht, eine neurologische Mikrofundierung von Entscheidungsprozessen anzubieten. Auch ist unbestritten, dass das Verfolgen bestimmter *individual*psychologischer Fragestellungen, wie z.B. von Persönlichkeitsentwicklungen, den Rekurs auf genetische oder neurologische Erkenntnisse verlangt und dass solche Erkenntnisse Eingang in unsere Mikrotheorien finden sollten. Allerdings haben wir Zweifel daran, dass die Erklärung von *sozialen Makro*phänomenen grundsätzlich durch einen solchen Rekurs bereichert wird. Wie oben angedeutet ist eine sozialwissenschaftliche Erklärung erst dann wertvoll, wenn sie in einer Sprache verfasst ist, die uns Handeln verstehen lässt. Dies wird geleistet von intentionaler Sprache, die auf die Präferenzen und Überzeugungen von Akteuren Bezug nimmt. Daher müssen genetische und neurologische Erkenntnisse an propositionale Einstellungen gebunden werden, welche die Basis einer sozialwissenschaftlichen Erklärung bilden. (PSYCHOLOGIE) ist damit (RC$_R$) nicht zwangsläufig überlegen.

Das dritte Gütekriterium hingegen – Erklärungen müssen auf Gesetze rekurrieren und verallgemeinerbar sein – unterstützt unseres Erachtens allerdings für (RC$_R$) und spricht für (PSYCHOLOGIE) zumindest ein gewisses Wort der Warnung aus. Ein solches allgemeines Gesetz sozialwissenschaftlicher Erklärungen ist unserer Meinung nach im Einklang mit Rational Choice-basierten Theorien im Rationalitätsprinzip *R* zu verorten. Erstens eignet sich dieses Prinzip als allgemeines Gesetz, da es einen eindeutigen Zusammenhang zwischen Einstellungen und Handlungen herstellt. Zweitens ist dieses Gesetz wie oben erläutert unerlässlich, wenn wir über menschliche Aktivität als Handlungen sprechen wollen. Das Rationalitätsprinzip kann damit als allgemeiner theoretischer Kern des sozialwissenschaftlichen Forschungsprogramms verstanden werden. Dies verschafft (RC$_R$)-Erklärungen einen nicht zu vernachlässigenden Vorteil, da diese explizit am Nutzenmaximierungsprinzip festhalten. Wir haben bereits oben erläutert, dass auch (PSYCHOLOGIE) das Rationalitätsprinzip nicht grundsätzlich ablehnen kann, wodurch (PSYCHOLOGIE) und (RC$_R$) näher aneinander rücken, als ursprünglich gedacht. Würde sich (PSYCHOLOGIE) in Auseinandersetzung mit nachgewiesenen Anomalien jedoch zu einer idiosynkratischen Individualwissenschaft entwickeln, die Verallgemeinerung und universale Gesetze unmöglich machte, würde sie vor dem Hintergrund des dritten Gütekriteriums in ernste Schwierigkeiten geraten. Dementsprechend bietet sich folgende Interpretation des Verhältnisses von Rational Choice und Politischer Psychologie an: Da Theoriemodifikationen nicht am Kern des Forschungsprogramms vorzunehmen sind, sondern durch Änderungen des Schutzgürtels geleistet werden müssen (Lakatos 1964, 1974), kann Politische Psychologie im Zusammenhang solcher Modifikationen im Sinne einer psychologischen Anreicherung von Brückenhypothesen verstanden werden, die in Rational Choice-Theorien verwendet werden und sich sowohl auf die Situationswahrnehmung des Akteurs wie auch auf dessen Zielvorstellungen beziehen können.

Eine detailliertere Entwicklung dieser Ideen wäre natürlich erforderlich, um eine überzeugende und vollständige Konzeption sozialwissenschaftlicher Erklärung anzubieten. Vor dem Hintergrund der genannten Gütekriterien an Erklärungen lautet allerdings unsere vorläufige Antwort auf die Frage, ob sich sozialwissenschaftliche Erklärungen eher an politisch-psychologischen Ansätzen oder an rationalitätsbasierten Erklärungsmustern ausrichten sollten: Greife auf psychologische Theorien zur Entwicklung von Brückenhypothesen zurück, doch orientiere dich für die Erklärung von Handlungen am Rationalitätsprinzip, wie es in (RC$_R$) formuliert ist.

5. Fazit

‚Auf die Couch!' lautet die Überschrift dieses Beitrags. Die Wahl dieser Überschrift liegt in unserer Überzeugung begründet, dass das Verhältnis von Politischer Psychologie und Rational Choice von Missverständnissen belastet ist. Weder teilen wir die instrumentalistische Position mancher Rational Choice-Vertreter, dass Handlungserklärungen ohne eine psychologische Mikrotheorie auskommen können und sich auf die Benennung struktureller Faktoren reduzieren lassen, noch halten wir einen Verzicht auf das Rationalitätsprinzip, wie es von manchen Vertretern der Politischen Psychologie proklamiert wird, für durchführbar. Wir haben stattdessen dafür plädiert, dass die Politische Psychologie minimale Rationalität und Rational Choice die kausale Rolle empirisch erhobener, psychischer Faktoren anerkennen muss. Folglich besteht keine kategorische Konkurrenz zwischen beiden Ansätzen. Stattdessen konzentrieren sie sich auf unterschiedliche Elemente einer sozialwissenschaftlichen Handlungserklärung, für deren Gelingen jedoch beides benötigt wird: psychologisch informierte kausale Hypothesen über die Effekte von Strukturen auf Informationsverarbeitung, Präferenzen und kognitive Prozesse, wie auch den Rekurs auf das Rationalitätsprinzip als allgemeines Handlungsgesetz.

Literatur

Capara, Gian Vittorio, Claudio Barbaranelli, und Philip Zimbardo. 1999. Personality profiles and political parties. *Political Psychology* 20 (1): S. 175-197.

Catellani, Patrizia. 2004. Political psychology. Overview. In *Encyclopedia of applied psychology*. Hrsg. Charles Donald Spielberger, S. 51-65. London: Elsevier.

Davidson, Donald. 1980a. Actions, Reasons and Causes. In ders.: *Essays on Actions and Events*, S. 3-20. Oxford: Clarendon Press.

Davidson, Donald. 1980b. Mental Events. In ders.: *Essays on Actions and Events*, S. 207-228. Oxford: Clarendon Press.

Davidson, Donald. 1984. Radical Interpretation. In ders.: *Inquiries into truth and interpretation*, S. 125-139. Oxford: Clarendon Press.

Davidson, Donald. 2004. *Problems of Rationality*. Oxford: Oxford University Press.

Esser, Hartmut. 1996. Definition der Situation. *Kölner Zeitschrift für Soziologie und Sozialpsychologie* 48 (1): S. 1-34.

Farnham, Barbara. 1990. Political cognition and decision-making. *Political Psychology* 11 (1): S. 83-111.

Fazio, Russell H. 1990. Multiple Processes by which Attitudes Guide Behavior: The Mode Model as an Integrative Framework. In *Advances in Experimental Social Psychology Bd. 23*. Hrsg. Mark P. Zanna, S. 75-109. London: Academic Press.

Green, Donald P., und Ian Shapiro. 1996. *Pathologies of rational choice theory. A critique of applications in political science*. Cambridge: Cambridge University Press.

Hempel, Carl G. (1961): Rational Action. In *Proceedings and Addresses of the American Philosophical Association* 35: S. 5-23.

Hempel, Carl G., und Paul Oppenheim. 1948. Studies in the Logic of Explanation. *Philosophy of Science* 15 (2): S. 135-175.

Hoggett, Paul, und Simon Thompson. 2012. Introduction. In dies.: *Politics and the Emotions. The affective turn in contemporary political studies*: S. 1-19. New York: Continuum.

Kahneman, Daniel, und Amos Tversky. 1981. The Framing of Decisions and the Psychology of Choice. *Science* 211 (4481): S. 453-458.

Kahneman, Daniel, Jack L. Knetsch, und Richard H. Thaler. 1991. Anomalies, the Endowment Effect, Loss Aversion and Status Quo Bias. *Journal of Economic Perspective* 5 (1): S. 193-206.

Kliemt, Hartmut. 1996. Rational Choice-Erklärungen? In *Handlungs- und Entscheidungstheorie in der Politikwissenschaft. Eine Einführung in Konzepte und Forschungsstand*. Hrsg. Ulrich Druwe und Volker Kunz, S. 83-105. Opladen: Leske und Budrich.

Kroneberg, Clemens. 2007. Wertrationalität und das Modell der Frame-Selektion. *Kölner Zeitschrift für Soziologie und Sozialpsychologie* 59 (2): S. 215-239.

Kunz, Volker. 2004. *Rational Choice*. Frankfurt: Campus.

Lakatos, Imre. 1964. Proofs and Refutations. 4. In *British Journal for the Philosophy of Science* 14 (56): S. 296-342.

Lakatos, Imre. 1974. Falsifikation und Methodologie wissenschaftlicher Forschungsprogramme. In Kritik und Erkenntnisfortschritt. Hrsg. Imre Lakatos und Alan Musgrave, S. 89-189. Braunschweig: Vieweg.

Latsis, Spiro J. 1972. Situational Determinism in Economics. *The British Journal for the Philosophy of Science* 23 (3): S. 207-245.

Lehtinen, Aki, und Jaakko Kuorikoski 2007. Unrealistic Assumptions in Rational Choice Theory. *Philosophy of the Social Sciences* 37: S. 155-138.

Lindenberg, Siegwart. 1993. Framing, Empirical Evidence, and Applications. In *Jahrbuch für Neue Politische Ökonomie.* Hrsg. Philipp Herder-Dorneich, Karl-Ernst Schenk und Dieter Schmidtchen, S. 11-49. Tübingen: Mohr Siebeck.

Little, Daniel. 1995. Causal Explanation in the Social Sciences. *Southern Journal of Philosophy* 34 (S1): S. 31-56.

Lodge, Milton, und Charles S. Taber. 2013. *The Rationalizing Voter.* Cambridge: Cambridge University Press.

Lovett, Frank. 2006. Rational Choice Theory and Explanation. *Rationality and Society* 18 (2): S. 237-272.

Marcus, George E. 2013. *Political psychology. Neuroscience, genetics, and politics.* New York: Oxford University Press.

Marx, Johannes. 2010. Rationalität, Hermeneutik und Neurowissenschaften. Eine Auseinandersetzung mit den kultur- und neurowissenschaftlichen Herausforderungen ökonomischer Theorien vor dem Hintergrund der Theorie von Donald Davidson. In *Jahrbuch für Handlungs- und Entscheidungstheorie. Bd. VI: Schwerpunkt neuere Entwicklungen des Konzepts der Rationalität und ihre Anwendungen.* Hrsg. Joachim Behnke, Thomas Bräuninger und Susumu Shikano, S. 130-161. Wiesbaden: Springer VS.

Marx, Johannes. 2011. Zum Status und zur Leistungsfähigkeit von Annahmen in der Ökonomik. *Zeitschrift für Internationale Beziehungen* 18 (1): S. 125-132.

Mensch, Kirsten. 1999. *Die segmentierte Gültigkeit von Rational-Choice-Erklärungen. Warum Rational-Choice-Modelle die Wahlbeteiligung nicht erklären können.* Opladen: Leske und Budrich.

Mensch, Kirsten. 2000. Niedrigkostensituationen, Hochkostensituationen und andere Situationstypen. Ihre Auswirkungen auf die Möglichkeiten von Rational-Choice-Erklärungen. *Kölner Zeitschrift für Soziologie und Sozialpsychologie* 52 (2): S. 246-263.

Monroe, Kristen Renwick, William Chiu, Adam Martin, und Bridgette Portman. 2009. What Is Political Psychology? *Perspectives on Politics* 7 (4): S. 859-882.

Opp, Karl-Dieter. 2013a. *Methodologie der Sozialwissenschaften. Einführung in die Probleme ihrer Theoriebildung und praktische Anwendung.* Wiesbaden: Springer VS.

Opp, Karl-Dieter. 2013b. Norms and Rationality. Is moral behavior a form of rational action? *Theory and Decision* 74 (3): S. 383-409.

Rothermund, Klaus, und Andreas B. Eder. 2011. *Allgemeine Psychologie. Motivation und Emotion.* Wiesbaden: VS Verlag.

Satz, Debra, und John Ferejohn. 1994. Rational Choice and Social Theory. *Journal of Philosophy* 91 (2): S. 71-87.

Schoen, Harald. 2006. Der demokratische Musterbürger als Normalfall? Kognitionspsychologische Einblicke in die black box politischer Meinungsbildung. *Politische Vierteljahresschrift* 47 (1): S. 89-101.

Simon, Herbert A. 1957. *Models of Man.* New York: John Wiley and Sons.

Simon, Herbert A. 1985. Human Nature in Politics: The Dialogue of Psychology with Political Science. *The American Political Science Review* 79 (2): S. 293-304.

Simon, Herbert A. 1986. Rationality in Psychology and Economics. *The Journal of Business* 59 (4): S. 209-224.

Small, Deborah, Jennifer Lerner, und Baruch Fischhoff. 2006. Emotion priming and attributions for terrorism: Americans' reactions in a national field experiment. *Political Psychology* 27 (2): S. 289-298.

Tiefensee, Christine. i.E. Why the Realist-Instrumentalist Debate about Rational Choice Rests on a Mistake.

Tversky, Amos. 1975. A Critique of Expected Utility Theory: Descriptive and Normative Considerations. *Erkenntnis* 9 (2): S. 163-173.

Zintl, Reinhard. 2001. Rational Choice as a Tool in Political Science. *Associations* 5 (1): S. 35-50.

ZUSAMMENFASSUNGEN

Quellen politischer Orientierung: Genetische, soziale, kulturelle und Persönlichkeitsfaktoren

Christian Kandler

Zusammenfassung: Verhaltensgenetische Studien haben konsistent gezeigt, dass politische Orientierungen genetisch beeinflusst sind. Interindividuelle Unterschiede in autoritärem Konservatismus unterliegen einer genetischen Basis, die über neuroanatomische und neurophysiologische Mechanismen sowie über grundlegende Persönlichkeitseigenschaften und in Auseinandersetzung mit der Umwelt ihre Wirkung entfaltet. Neben genetischen Einflüssen spielen verschiedene Umweltfaktoren auf verschiedenen Einflussebenen für die Ausprägung politischer Kernorientierungen eine wichtige Rolle (z.B. Familie, Partnerschaft und Kultur). Vor allem interindividuelle Unterschiede in sozialer Dominanzorientierung beziehungsweise Ungleichheitsakzeptanz sind stark abhängig von sozialen und individuellen Umwelteinflüssen.

Schlagwörter: Autoritärer Konservatismus, Soziale Dominanzorientierung, Zwillingsfamilienstudien, Anlage und Umwelt, Persönlichkeit

Persönlichkeit, politische Involvierung und politische Partizipation in Deutschland und Österreich

David Johann, Markus Steinbrecher, Kathrin Thomas

Zusammenfassung: Dieser Beitrag untersucht auf der Basis von Pfadmodellen, wie sich die sogenannten Big Five indirekt über politisches Wissen und Interesse sowie subjektive politische Kompetenz auf die Teilnahme an verschiedenen elektoralen und nicht-elektoralen Partizipationsformen auswirken. Die Analysen greifen auf Daten der österreichischen (AUTNES) und der deutschen Wahlstudie (GLES) zurück, was einen Ländervergleich zwischen Deutschland und Österreich erlaubt. Die Ergebnisse zeigen, dass Extraversion und Offenheit zentrale Voraussetzungen politischer Partizipation sind, die indirekt, vermittelt über politische Involvierung, wirken. Zudem deuten Ergebnisunterschiede im Ländervergleich an, dass die kausalen Erklärungsmuster politischer Partizipation kontextabhängig zu sein scheinen.

Schlagwörter: Politische Partizipation, Politische Involvierung, Persönlichkeit, Big Five

Persönlichkeit und Parteibindung unter den Bedingungen direkter Demokratie

Kathrin Ackermann, Markus Freitag

Zusammenfassung: Anschließend an die bisherigen Befunde zum Einfluss der Big Five Persönlichkeitseigenschaften auf die Bindung an eine Partei erörtert der Artikel eine mögliche Moderation dieses Zusammenhangs durch kontextuelle Faktoren. Wir argumentieren, dass der Effekt von Persönlichkeitseigenschaften auf die Stärke der Parteibindung nicht gleichförmig verläuft, sondern durch Institutionen der direkten Demokratie beeinflusst wird. Anhand von hierarchischen Heckman-Selektionsmodellen wird diese Annahme für die Schweiz getestet. In Einklang mit unseren Erwartungen wird der Effekt von Verträglichkeit entscheidend durch das direktdemokratische Umfeld beeinflusst. Weiterhin hängt der Grad an Extraversion mit der Stärke der Parteibindung zusammen.

Schlagwörter: Parteibindung, Persönlichkeit, Big Five, Kontext, Direkte Demokratie

Der Einfluss der Persönlichkeit auf die Stabilität politischer Orientierungen

Anja Mays

Zusammenfassung: Der vorliegende Aufsatz untersucht am Beispiel Großbritanniens und Deutschlands den Einfluss von Persönlichkeitseigenschaften (Big-Five) auf die längerfristige intraindividuelle Stabilität wichtiger politischer Orientierungsmerkmale (Politisches Interesse, Parteibindungen und Parteibindungsintensität). Auf Basis von Längsschnittdaten des British Household Panel Surveys und des Sozioökonomischen Panels und unter Verwendung latenter Wachstumskurvenmodelle sowie Regressionsanalysen zeigt sich, dass extrovertierte und offene Personen eine größere Bereitschaft zur Veränderung aufweisen. Gewissenhaftigkeit wirkt dagegen tendenziell stabilisierend. Keinen Einfluss auf die Stabilität der betrachteten Orientierungsmerkmale besitzt das Merkmal Emotionale Stabilität.

Schlagwörter: Stabilität politischer Orientierungen, Persönlichkeit, SOEP, BHPS, latente Wachstumskurvenmodelle

Präsidentielle Führungsmerkmale und außenpolitisches Verhalten: Die Iranpolitik von George W. Bush und Barack Obama im Vergleich

Benedikt Backhaus, Bernhard Stahl

Zusammenfassung: Das außenpolitische Verhalten der USA gegenüber Iran – so die Annahme dieses Artikels – kann mit Hilfe der Führungsmerkmale von George W. Bush und Barack Obama erklärt werden. Unter Rückgriff auf die Leadership Trait Analysis (LTA) nach Margaret G. Hermann werden die Persönlichkeitsprofile der beiden Präsidenten durch eine Inhaltsanalyse von Aussagen auf Pressekonferenzen erstellt. Auf der Basis beider Profile können Erwartungen an das außenpolitische Verhalten formuliert werden, die einem Kongruenztest in Bezug auf das tatsächliche beobachtete Verhalten der USA gegenüber Iran unterzogen werden. Im Ergebnis zeigen sich gemischte Ergebnisse für die LTA: Trotz eingeschränktem Anwendungsbereich und Erklärungswert bleibt sie ein wertvolles Instrument für die Außenpolitikanalyse.

Schlagwörter: Internationale Beziehungen, Führungsmerkmale, Außenpolitikforschung, US-Außenpolitik, Iran

Respekt und Missachtung in der internationalen Politik – Statusansprüche aufsteigender Mächte aus Sicht der Politischen Psychologie

Sven-Eric Fikenscher, Lena Jaschob, Reinhard Wolf

Zusammenfassung: Dieser Beitrag geht der Frage nach, ob politische Entscheidungsträger – wie sozialpsychologische Studien nahelegen – auf eine subjektiv empfundene Missachtung ihres Landes durch externe Kräfte mit geringerer Kooperationsbereitschaft reagieren. Zwei Fallstudien zum Verhalten Indiens gegenüber den Vereinigten Staaten und zum Verhalten des deutschen Kaiserreichs gegenüber Großbritannien haben ergeben, dass Indiens

Premierministerin Indira Gandhi im Zuge eines als Demütigung empfundenen Streits über verzögerte Nahrungsmittelhilfen in der Tat derartige Verhaltensmuster aufwies. Dahingegen reagierte das deutsche Kaiserreich im Kontext der Bundesrath-Affäre zwar ähnlich emotional, dies äußerte sich jedoch eher mittel- und langfristig und schlug sich nicht in unmittelbarer Kooperationsverweigerung nieder.

Schlagwörter: Status, Anerkennung, aufstrebende Mächte, IB-Psychologie, internationale Zusammenarbeit

Neuropolitics: Möglichkeiten und Grenzen bildgebender Verfahren für die Analyse der politischen Einstellungen und des Wahlverhaltens

Dorothea Prell, Tino Prell

Zusammenfassung: Neurowissenschaftliche Methoden haben in den letzten Jahren das Verständnis mentaler und emotionaler Prozesse grundlegend beeinflusst. Dieser Übersichtsartikel beschäftigt sich mit speziellen bildgebenden Verfahren, die funktionelle und strukturelle Hirnveränderungen erfassen, und somit für politikwissenschaftliche Fragestellungen angewandt werden können. Nach einer kurzen Darstellung der neuronalen Grundlagen werden strukturelle und funktionelle Verfahren sowie deren Limitationen vorgestellt. Die aufgeführten Studien befassen sich erstens mit der Frage, wie sich verschiedene politische Einstellungen auf Hirnebene widerspiegeln und zweitens, welche cerebralen Prozesse und Strukturen dem politischen Entscheidungsprozess bzw. dem Wahlverhalten zugrunde liegen.

Schlagwörter: Magnetresonanz-Tomographie, Politische Einstellung, Wahlverhalten, Emotionen, Amygdala

Politische Wahlen als Schönheitskonkurrenz: Ursachen – Mechanismen – Befunde

Ulrich Rosar, Markus Klein

Zusammenfassung: Der Wahlerfolg politischer Kandidaten wird auch von ihrer physischen Attraktivität beeinflusst. Dies hat eine ganze Reihe empirischer Studien eindrucksvoll gezeigt. Der Aufsatz legt in einem theoretischen Teil zunächst die Mechanismen dar, über die die Wirkungen der physischen Attraktivität auf den Wahlerfolg vermittelt sind. Im empirischen Teil wird am Beispiel der Bundestagswahl 2005 erstmalig gezeigt, dass attraktive Wahlkreiskandidaten von den Wählern besser erinnert und bewertet werden. Darüber hinaus wird am Beispiel der Bundestagswahlen 2005, 2009 und 2013 demonstriert, dass der Einfluss der Attraktivität der Wahlkreiskandidaten auf ihr Wahlergebnis über die Zeit robust ist. Im Schlussteil werden Perspektiven für die zukünftige Forschung aufgezeigt.

Schlagwörter: Bundestagswahlen, Kanzlerkandidaten, Physische Attraktivität, Bekanntheit, Wahlerfolg

Kontakt, Identität und politische Einstellungen: Ergebnisse einer Panelstudie zur Rolle von sozialen Interaktionen im internationalen Kontext für die europäische Identität und die politischen Einstellungen zur EU

Florian Stöckel

Zusammenfassung: Ausgehend von Karl Deutschs Arbeit (1953) zur Rolle sozialer Interaktionen für die Entstehung von Nationen wird der Effekt von Kontakt für die europäische Integration untersucht. Hypothesen werden auf der Basis von Arbeiten aus der Sozialpsychologie und Politikwissenschaft erarbeitet. Zu deren Überprüfung wurden 1200 Studierende an 38 deutschen Hochschulen vor, während und nach ihrem Auslandsstudium befragt. Daten wurden auch für eine Kontrollgruppe erhoben. Die Analyse ergibt, dass soziale Interaktionen, insbesondere zwischen Personen aus unterschiedlichen EU-Ländern, zu einer stärker ausgeprägten europäischen Identität führen. Die gleichen Interaktionen haben jedoch kaum einen Effekt auf Einstellungen zur EU als politischer Institution.
Schlagwörter: Einstellungen zur europäischen Integration, Erasmus, Europäische Identität, Kontakthypothese, Paneldaten

Die Messung der Parteiidentifikation auf Basis des Ansatzes sozialer Identität

Sabrina Jasmin Mayer

Zusammenfassung: Die Parteiidentifikation ist einer der meist genutzten Indikatoren der empirischen Politikforschung. Sie wird jedoch in Deutschland seit 40 Jahren mit der gleichen Einzelfrage gemessen, die sozialpsychologische Fortschritte und theoretisch mögliche Phänomene wie negative und multiple Parteibindungen ausklammert. Es wird gezeigt, dass die Parteiidentifikation eine Gruppenidentifikation im Rahmen des Ansatzes sozialer Identität darstellt und daher etablierte Messinstrumente dieses Ansatzes für die Operationalisierung der Parteiidentifikation herangezogen werden können. Auf Basis einer eigenen Erhebung werden exemplarisch zwei Instrumente (Einzelfrage und reduzierte IDPG-Skala) untersucht, um die Vorteile einer solchen Messung zu unterstreichen. Dabei zeigt sich, dass beide Instrumente geeignet sind, die Parteiidentifikation als soziale Identifikation zu messen und je nach Untersuchungsfokus verwendet werden können.
Schlagwörter: Parteiidentifikation, soziale Identität, Messung, quantitative Untersuchung

Groupthink und Regierungssysteme: Außenpolitische Fiaskos als kontextabhängiges Phänomen?

Klaus Brummer

Zusammenfassung: Unter Einbeziehung von Einsichten der Vergleichenden Politikwissenschaft diskutiert dieser Beitrag sozialpsychologische Prozesse im Kontext der außenpolitischen Entscheidungsfindung in Kleingruppen. Der Beitrag fragt, ob bestimmte Typen von Regierungssystemen das Auftreten der Vorbedingungen von *Groupthink* – welches häufig zu schwerwiegenden außenpolitischen Fehlentscheidungen (‚Fiaskos') führt – begünstigen bzw. weniger wahrscheinlich werden lassen. Unter Bezugnahme auf die Typologie demokratischer Regierungssysteme von Arend Lijphart wird argumentiert, dass Mehrheitsdemokratien strukturelle Eigenschaften bezüglich der Anlage und Zusammensetzung von außenpolitischen Entscheidungsgruppen aufweisen, die das Auftreten der Vorbedingungen von

Groupthink befördern. Demgegenüber besitzen Konsensdemokratien strukturelle Eigenschaften, die das Auftreten von *Groupthink* weniger wahrscheinlich werden lassen.

Schlagwörter: Fiaskos, Groupthink, Gruppenentscheidungen, Regierungssysteme, Sozialpsychologie

Grenzen der rationalen Abschreckung: Psychologische Korrelate von aggressivem Verhalten in experimentellen Krisenverhandlungsspielen

Hanja Blendin, Gerald Schneider

Zusammenfassung: Die moderne Theorie der rationalen Abschreckung, wie sie unter anderem Thomas Schelling entwickelte, gilt als Grundlage der modernen Verteidigungspolitik. Kritiker dieses Ansatzes und seiner spieltheoretischen Fundamente hinterfragen zentrale Annahmen der Modelle und zweifeln die Evidenz an, welche die theoretischen Implikationen stützen. In diesem Aufsatz untersuchen wir, inwiefern der Handlungskontext und individuelle Dispositionen von Entscheidungsträgern die Eskalationsbereitschaft fördern. Auf der Grundlage eines spieltheoretischen Experimentes können wir experimentell zeigen, dass Zeitdruck und Risikoaversion die Eskalationsbereitschaft eines bedrohten Spielers senken, Überoptimismus und Narzissmus diese hingegen fördern. Der Aufsatz schließt mit einer Diskussion der theoretischen wie praktischen Relevanz dieser Befunde.

Schlagwörter: Abschreckung, Rationalität, Überoptimismus, Narzissmus, Risikoaversion

Der Einfluss des Geschlechts auf Kandidatenbeurteilungen: Eine experimentelle Studie zu Kontexteffekten und individuellen Faktoren in Deutschland

Nathalie Giger, Sascha Huber

Zusammenfassung: Dieser Beitrag untersucht, ob in Deutschland weibliche Kandidaten bezüglich Charakter, Kompetenz und politischen Positionen anders beurteilt werden als männliche und ob der Informationskontext sowie die Ausgeprägtheit des stereotypisierten Denkens dabei eine moderierende Rolle spielen. Als empirische Grundlage dient ein Experiment mit 922 Befragten, bei dem die Teilnehmer hypothetische Kandidatenprofile in verschiedenen Dimensionen bewerten mussten, wobei sowohl das Geschlecht als auch der Informationskontext manipuliert wurde. Die Ergebnisse zeigen, dass Kandidaten aufgrund ihres Geschlechts systematisch unterschiedlich beurteilt werden, diese Effekte durch den Kontext moderiert werden und dass das Kandidatengeschlecht nur indirekt auf die Gesamtbewertungen einwirkt.

Schlagwörter: Kandidatenbewertung, Gender Effekte, Stereotype, Umfrage-Experiment, Informationskontext

Zur Wirksamkeit und zu den Wirkungsbedingungen von Framing-Strategien am Beispiel der Rente mit 67

Sven Stadtmüller

Zusammenfassung: In jüngeren Jahren haben Befunde zu den Wirkungsbedingungen von Framing-Effekten Zweifel an der Wirksamkeit von Framing-Strategien aufkommen lassen. Der vorliegende Beitrag nimmt diese zum Anlass, um am Beispiel der Rente mit 67 zu untersuchen, ob es verschiedenen gerichteten Frames gelingt, Einstellungen zu dieser Reform zu beeinflussen. Die Resultate eines Online-Experiments hinterlassen einen gemischten Eindruck: Zwar gelingt es Frames im Aggregat, Einstellungen ihrer Rezipienten in die intendierte Richtung zu verändern. Jedoch treten diese Effekte nur in bestimmten Subgruppen auf, während sich einzelne Merkmalsträger als immun gegenüber Frames erweisen.

Schlagwörter: Framing, Rente mit 67, individuelle Voreinstellungen, motivated reasoning, politische Versiertheit

Kandidaten-Priming in Wahlkämpfen: Ein Mehrebenenmodell zum Einfluss des politisch-kommunikativen Kontexts und der moderierenden Wirkung von Individualmerkmalen

Dieter Ohr, Sünje Paasch-Colberg

Zusammenfassung: Priming gilt als ein wichtiger Mechanismus der Informationsverarbeitung und ist zu einem viel untersuchten kognitiven Medienwirkungseffekt avanciert. Dieser Beitrag widmet sich der jüngeren Diskussion um die theoretische Erklärung des Effektes, dem empirischen Forschungsstand zu Kandidaten-Priming und dem moderierenden Einfluss von Individualmerkmalen. Die folgende empirische Analyse von Kandidaten-Priming im Wahlkampf 2009 geht in zweierlei Hinsicht über andere empirische Kandidaten-Priming-Studien hinaus: Zum einen berücksichtigen wir explizit die Inhalte der Berichterstattung und können Medienwirkungen explizit prüfen. Zum anderen modellieren wir mittels eines Mehrebenenmodells für wesentliche Individualvariablen, auf welche Weise diese den Priming-Effekt auf die individuelle Wahlentscheidung zu modifizieren vermögen.

Schlagwörter: Bundestagswahlkampf 2009, Massenmedien, Mehrebenenanalyse, Priming, Wahlkampfeffekte

Ursachen und Konsequenzen ambivalenter Einstellungen

Jan Eric Blumenstiel, Konstantin Leonardo Gavras

Zusammenfassung: Am Beispiel der Bundestagswahl 2013 werden Ursachen und Konsequenzen ambivalenter Kandidateneinstellungen untersucht. Ein im deutschen Kontext neues Messinstrument zeigt ein hohes Ausmaß der Ambivalenz. Trotz umfangreicher Synthese bisheriger Erklärungsansätze können die Ursachen von Ambivalenz bisher nur unzureichend erklärt werden. In künftigen Studien sollten deshalb auch akteurs-, kontext-, und zeitspezifische Ursachen untersucht werden. Einstellungsambivalenz gegenüber einem Kandidaten hat wichtige Konsequenzen für die Beurteilung der Kandidaten und für die Entscheidungsfindung. Zum einen wirkt Ambivalenz gegenüber einem Kandidaten mäßigend auf dessen Bewertung, zum anderen sind Personen mit ambivalenten Einstellungen bezüglich der Kanzlerpräferenz häufiger unentschlossen.

Schlagwörter: Ambivalenz, Kanzlerkandidaten, Kanzlerpräferenz

Einstellungszugänglichkeit im Laufe von Wahlkämpfen: Aktivierungseffekte im Kontext der Bundestagswahlen 2005, 2009 und 2013

Maria Preißinger, Marco Meyer

Zusammenfassung: Der Artikel widmet sich der Frage, ob und inwiefern sich Aktivierungsprozesse mithilfe des Konzepts der Einstellungszugänglichkeit, operationalisiert über Antwortreaktionszeiten, aufspüren lassen. Anhand von Daten aus Rolling-Cross-Section-Erhebungen anlässlich der Bundestagswahlen 2005, 2009 und 2013 werden die Zugänglichkeiten von Parteiidentifikationen und Wahlabsichten für verschiedene Subgruppen analysiert. Während sich leichte Zugänglichkeitssteigerungen im Laufe von Wahlkämpfen bei Wahlabsichten nachweisen lassen, bleibt die Zugänglichkeit von Parteiidentifikationen unverändert. In Kontrast zu Untersuchungen in anderen Ländern ergibt sich somit der Befund, dass die untersuchten deutschen Bundestagswahlkämpfe nicht in der Lage waren, Parteibindungen von Wählern vielfach zu aktivieren.
Schlagwörter: Wahlkampfeffekte, Einstellungszugänglichkeit, Einstellungsstärke, Aktivierung, Einstellungs-Verhaltens-Konsistenz

Subjekt und Politik

Hans-Joachim Busch

Zusammenfassung: Die Kritische Politische Psychologie geht aus der Frankfurter Schule hervor. Sie verbindet gesellschaftstheoretische mit psychoanalytischen Ansätzen und orientiert sich am Subjekt, seinen Bedürfnissen, seinen Leiden an den gesellschaftlichen Zuständen und seiner Widerständigkeit. Ihr Interesse gilt seiner politischen Handlungsfähigkeit. Wie gezeigt wird, umfasst ihr Subjektbegriff, anders als die meisten Versuche psychoanalytischer Sozialpsychologie, prinzipiell auch sozialisatorische, interaktionale, sprachliche und institutionelle Aspekte. Auf dieser Grundlage vermag sie die Struktur eines demokratischen Subjekts zu skizzieren, das gegen die Verblendung seiner Lebenszusammenhänge immunisiert ist und stattdessen sinnlich und vernünftig Lebenspolitik zu betreiben vermag.
Schlagwörter: Subjekt, Kritische Theorie, psychoanalytische Sozialpsychologie, Lebenspolitik

The Democratic Dilemma Revisited

Marco R. Steenbergen

Zusammenfassung: Ein Großteil der Forschung in der politischen Psychologie befasst sich mit dem demokratischen Dilemma: Das geringe Ausmaß an Interesse an und Wissen über Politik stellt demnach eine schlechte Ausgangsbasis für eine gut funktionierende Demokratie dar. Eine Lösung dafür wird in der Literatur in Heuristiken gesehen, die fehlendes Wissen kompensieren können. Allerdings kann dieser Ansatz das Dilemma nicht vollständig lösen. Vielmehr sollten für ein umfassendes Verständnis des Dilemmas und seiner Lösung kognitive Erklärungsansätze mit motivationalen Erklärungen kombiniert werden. Zwei dieser synergetischen Modelle werden hier ausführlich erläutert: die Theorie der affektiven Intelligenz und das Ambivalenzmodell. Der Artikel schließt mit Ideen aus der pragmatischen Philosophie und skizziert ein Modell von Staatsbürgerschaft, welches das demokratische Dilemma zu lösen vermag.

Schlagwörter: Ambivalenz, Bürgertugenden, Demokratie, Heuristiken, Motivation, Affekt, Pragmatismus

Auf die Couch! Beziehungsprobleme zwischen Rational Choice und Politischer Psychologie

Johannnes Marx, Christine Tiefensee

Zusammenfassung: In Diskussionen um die Politische Psychologie stößt man immer wieder auf die Meinung, dass die Politische Psychologie mit Rational Choice-Theorien in einem direkten Konkurrenzverhältnis stehe. Wohingegen Rational Choice-Theorien Akteure als rationale Entscheider konstruierten, betone die Politische Psychologie die Rolle individueller Persönlichkeitsmerkmale und Faktoren wie Heuristiken und Emotionen für Entscheidungsprozesse. In diesem Beitrag möchten wir diesem angeblichen Konkurrenzverhältnis auf den Grund gehen. Wir argumentieren, dass der Unterschied zwischen den beiden Ansätzen trotz aller Verschiedenheiten nicht so groß ist, wie zunächst angenommen. Vielmehr kann eine handlungstheoretische Erklärung weder auf psychologisch informierte kausale Hypothesen über die Effekte von Strukturen auf kognitive Prozesse noch auf das Rationalitätsprinzip als allgemeines Handlungsgesetz verzichten.
Schlagwörter: Politische Psychologie, Rational Choice, Instrumentalismus, Erklärung

ABSTRACTS

Sources of Political Orientation: Genetic, Social, Cultural, and Personality Factors

Christian Kandler

Abstract: Behavioral genetic studies have consistently shown that political orientations are genetically influenced. Individual differences in authoritarian conservatism are genetically anchored and this genetic basis appears to be mediated by neuro-anatomical and neuro-physiological mechanisms as well as underlying personality traits in interaction with environmental effects. Beyond genetic influences, multiple environmental factors play a major role at different levels of context (e.g., family, partners, and culture) for the individual development of core political orientations. Individual differences in social dominance orientation or acceptance of inequality, in particular, appear to be attributable to social and individual experiences.
Keywords: Authoritarian Conservatism, Social Dominance Orientation, Extended Twin Family Designs, Nature and Nurture, Personality

Personality, Political Involvement, and Political Participation in Germany and Austria

David Johann, Markus Steinbrecher, Kathrin Thomas

Abstract: This article investigates how the so-called Big Five indirectly affect involvement in electoral and non-electoral modes of participation by looking at political knowledge and interest as well as internal efficacy. The analyses rely on data collected by the Austrian (AUTNES) and the German Election Studies (GLES) using path models. Thus, they allow comparison of personality effects in Germany and Austria. Our results show that extraversion and openness to experience are central preconditions of political participation, which have an indirect effect mediated by political involvement. In addition, variation in the causal patterns across the two countries suggests that context matters.
Keywords: Political Participation, Political Involvement, Personality, Big Five

Personality, Party Attachment, and Direct Democracy

Kathrin Ackermann, Markus Freitag

Abstract: While a growing literature deals with the effect of personality traits on political attitudes and behaviour, only a few studies evaluate the interplay between personality and the political environment. In this paper we investigate the effect of personality on party attachment in context. The novel approach we advocate involves positioning personality variables within a politico-institutional framework. In particular, we emphasize the interaction between the Big Five personality traits and direct democracy in explaining the strength of party attachment. Running Heckman Selection Models of unique survey data from a random sample of Swiss eligible to vote, we confirm some important previous findings regarding personality and party attachment, and demonstrate that the relationship between, in particular, agreeableness and party attachment varies substantially over environmental stimuli, e.g. direct democratic contexts.
Keywords: Party Attachment, Personality, Big Five, Context, Direct Democracy

The Impact of Personality on Stability of Political Predispositions

Anja Mays

Abstract: Using the examples of Germany and UK the article analyses the impact of personality (BIG FIVE) on long term stability of important political predispositions (political interest, party identification, the strength of party identification). Latent growth curve models and regression models based on data from the British Household Panel Surveys and the German Socio-Economic Panel show that extraverted and open persons are more willing to change. Conscientious, by contrast, tend to have a stabilizing effect whereas Emotional Stability has no influence on the long term stability of party identification and political interest.
Keywords: Stability of Political Predispositions, Personality, SOEP, BHPS, Latent Growth Curve Models

Presidential Leadership Traits and Foreign Policy Behavior: Comparing George W. Bush's and Barack Obama's Foreign Policy toward Iran

Benedikt Backhaus, Bernhard Stahl

Abstract: By examining US foreign policy toward Iran this article assumes that the respective leadership traits of George W. Bush and Barack Obama play a central role for explanation. In order to find out whether 'presidents make a difference' Margaret G. Hermann's Leadership Trait Analysis (LTA) is employed to generate respective personality profiles by analyzing statements made in press conferences. These profiles allow for expectations of foreign policy behavior which are subsequently put to a congruency test with actual foreign behavior toward Iran. The empirical findings suggest that despite its limitations, LTA remains a valuable tool for foreign policy analysis.
Keywords: International Relations, Leadership Traits, Foreign Policy Analysis, US Foreign Policy, Iran

Respect and Disrespect in International Politics – Status Claims of Rising Powers in a Psychological Perspective

Sven-Eric Fikenscher, Lena Jaschob, Reinhard Wolf

Abstract: This article analyzes whether decision-makers – as social psychological studies suggest – are less willing to cooperate when they perceive their country to be disrespected by external players. Two case studies on the behavior of India vis-à-vis the U.S. and the German Kaiserreich vis-à-vis Great Britain have shown that Indian Prime Minister Indira Gandhi reacted as predicted to a seemingly derogatory conflict over the delayed shipment of food aid, whereas the German Kaiserreich also reacted emotionally to the Bundesrath affair, which, however, primarily had mid- to long-term implications as opposed to immediately causing a refusal to cooperate.
Keywords: Status, Recognition, Rising Powers, Psychology in IR, International Cooperation

Neuropolitics:
Applicability of advanced imaging techniques for the study of political attitudes and voting behavior

Dorothea Prell, Tino Prell

Abstract: During the past years neurosciences had great impact on our understanding of decision-making and underlined the pivotal role of emotions in this process. Advanced imaging techniques are also of interest for political science in order to improve our knowledge about special themes like voting behavior or political attitudes. This review gives an introduction to several studies using neuroimaging techniques for scientific political questions. After a short overview about the basics of the human brain, the imaging methods will be explained with special focus on their applicability and their limitations in political science. The presented studies focus on two main aspects: political attitudes and voting-behavior.
Keywords: Magnetic Resonance Imaging, Political Attitude, Voting Behavior, Emotions, Amygdala

Elections as a beauty contest: causes – mechanisms– findings

Ulrich Rosar, Markus Klein

Abstract: The electoral success of political candidates is influenced by their physical attractiveness. A number of empirical studies have demonstrated this impressively. The theoretical part of the paper outlines the transmitting mechanisms of the effects of physical attractiveness on electoral success. The empirical part shows that attractive constituency candidates are better remembered and judged by the voters. These analyses are done exemplarily with data of the 2005 German federal election. Additionally, the examples of the German federal elections 2005, 2009 and 2013 demonstrate that the influence of the attractiveness of the constituency candidates on their election result is robust over time. The final section of the paper discusses prospects for future research.
Keywords: German Federal Elections, Chancellor Candidates, Physical Attractiveness, Prominence, Electoral Success

Contact, identity and political attitudes: Transnational social interactions and their effect on a collective European identity and support for European integration

Florian Stöckel

Abstract: Following Deutsch's transactionalist framework (1953), this study tests the role of social interactions for community building in Europe. Insights from social psychology and political science are used to derive hypotheses on the causal role of contact. Data comes from a novel panel survey that includes a sample of about 1200 German students who have been surveyed before, during, and after a study abroad as well as a control group. The results indicate that social interactions among a diverse set of Europeans is most effective in contributing to a collective European identity. However, social interactions have a very limited effect on attitudes towards the EU as a political institution.
Keywords: EU Support, Contact Hypothesis, Erasmus, European Identity, Panel Data

Measuring party identification within the social identity approach

Sabrina Mayer

Abstract: Party identification quickly became one of the most used indicators in election studies since its emergence in the 1950s. However, the same measure is used since the 1970s that excludes advances in social psychology as well as theoretically possible phenomena as negative or multiple identifications. This paper shows that party identification can be seen as in-group identification within the social identity approach and established measures can be used for its measurement. Drawing on new data, two measures (a single measure and a multi-item measure) were used to show the advantages of measuring party identification as in-group identification.
Keywords: Party Identification, Social Identity, Measurement, Quantitative Analysis

Groupthink and Systems of Government: Foreign Policy Fiascos as a Context-dependent Phenomenon?

Klaus Brummer

Abstract: Drawing on insights from Comparative Politics this article discusses social psychological processes in the context of foreign policy decision-making in small groups. This article examines whether certain types of governmental systems facilitate or impede the emergence of the antecedent conditions for *Groupthink*, which frequently leads to severe foreign policy mistakes ('fiascos'). Drawing on Arend Lijphart's typology of democratic systems of government, this article argues that majoritarian democracies feature structural characteristics pertaining to the organization and composition of decision-making groups in charge of foreign policy that promote the emergence of the antecedent conditions for *Groupthink*. Conversely, consensus democracies exhibit structural characteristics that render the emergence of *Groupthink* less likely.
Keywords: Fiascos, Groupthink, Group Decision-Making, Systems of Government, Social Psychology

Limits of Rational Deterrence: Psychological Correlates of Aggressive Behavior in Experimental Crisis Bargaining Games

Hanja Blendin, Gerald Schneider

Abstract: The theory of rational deterrence, as Thomas Schelling among others developed it, is the central backbone of modern security policy making. Critics of this approach and its game-theoretic foundations question central assumptions of the models and contest the evidence gathered in support of them. We examine in this article how the decisional context and individual dispositions of decision makers foster the tendency to escalate the conflict. The empirical tests imply, based on a game-theoretic model, that risk aversion and time pressure dampen the willingness of an attacked player to escalate the conflict, while overconfidence and narcissism boost the conflict potential. The article concludes with a discussion of the theoretical and practical relevance of these findings.
Keywords: Deterrence, Rationality, Overconfidence, Narcissism, Risk Aversion

The role of gender on candidate evaluations. An experimental study to test contextual and individual effects in Germany.

Nathalie Giger, Sascha Huber

Abstract: This study analyses evaluations of female and male candidates with regard to personal characteristics, competence areas and political positions. We test specifically how the information context and gender stereotypes feed into these evaluations. Our study is based on an experimental sample with 922 respondents. Survey respondents had to evaluate hypothetical candidate profiles where the candidate's gender as well as the information context has been manipulated. Our findings show systematic gender effects for candidate evaluations as well as a strong moderating role of the information context. Also, gender has only an indirect effect on the overall assessment of candidates.
Keywords: Candidate Evaluation, Gender Effects, Stereotypes, Survey Experiment, Information Context

On the effects and constraints of framing strategies.

Sven Stadtmüller

Abstract: In recent years, a growing body of evidence documents a high conditionality of attitude changes triggered by political frames, which have raised doubts on the effectiveness of framing strategies in general. Taking this as a starting point, this paper examines whether different frames dealing with the increase of the retirement age in Germany can convince people of this reform. The results of an online experiment leave behind a mixed impression: Frames do, on aggregate level, influence recipients' attitudes in the intended direction. However, these effects only occurred in certain groups of participants while others remained immune to them.
Keywords: Framing, Increased Retirement Age, Prior Attitudes, Motivated Reasoning, Political Awareness

Candidate Priming in Election Campaigns. A Multilevel Model on the Impact of the Political-Communicative Context and the Moderating Effect of Individuals' Characteristics

Dieter Ohr, Sünje Paasch-Colberg

Abstract: Priming is considered to be an important mechanism of information processing and a highly studied cognitive media effect. This article focuses on the recent discussion regarding the theoretical basis of priming effects, the current state of empirical research on candidate priming as well as the moderating effect of personality factors. We then present the results of an empirical multilevel analysis of candidate priming effects during the German Bundestag election campaign in 2009. This analysis differs from other existing candidate priming studies insofar as it includes data on media content and therefore explicitly tests for media priming effects. Furthermore, the multilevel approach allows us to test the moderating effect of several central variables which characterize individuals on the priming effect of individual vote choice.
Keywords: Campaign Effects, German Bundestag Election Campaign 2009, Mass Media, Multilevel Analysis, Priming

Antecedents and consequences of attitudinal ambivalence

Jan Eric Blumenstiel, Konstantin Leonardo Gavras

Abstract: Antecedents and consequences of candidate ambivalence are studied at the example of the 2013 German federal election. Applying a different ambivalence measure than previous German surveys, a rather high level of ambivalence is demonstrated. Despite synthesizing previous theoretical approaches, the individual-specific antecedents of ambivalence remain ill-understood. Future research should instead focus on temporal, contextual, or object-specific aspects.

Individual ambivalence about a candidate affects the evaluation of this person and the voting decision. First, ambivalence reduces the extremity of candidate evaluation. Second, persons with ambivalent attitudes are more likely not to prefer any of the two chancellor candidates.

Keywords: Ambivalence, Chancellor Candidates, Chancellor Preference

Attitude accessibility in political campaigns: Activation effects in the German federal elections in 2005, 2009 and 2013

Maria Preißinger, Marco Meyer

Abstract: This article deals with the question whether and how activation processes can be detected by utilizing the concept of attitude accessibility, measured by response time. On the basis of Rolling-Cross-Section-Data for the German Bundestag elections in 2005, 2009, and 2013 the accessibility of party identifications and vote intentions were analyzed for different sub-groups. While we find a slight increase in the accessibility of vote intentions over the course of the campaign, the accessibility of party identifications remains unchanged. In contrast to studies in other countries, we find that the analyzed German elections were not able to activate partisan ties in a substantial way.

Keywords: Campaign Effects, Attitude Accessibility, Attitude Strength, Activation, Attitude-Behavior Consistency

Subject and Politics

Hans-Joachim Busch

Abstract: Critical political psychology has its origins in the theory developed by the Frankfurt School. It combines sociological and psychoanalytic approaches and is orientated toward the subject: its needs, its sufferings under the given social conditions, and its resistance against them. The capability to act politically is the main concern of critical political psychology. As will be demonstrated, in contrast to most approaches of psychoanalytic social psychology, this concept of the subject basically encompasses socialisatorical, interactional, linguistic and institutional aspects. On this basis it is able to outline the structure of a democratic subject which is immunized against the delusions present in its existential context, thus being able, instead, to pursue life politics sensually and rationally.

Keywords: Subject, Critical Theory, Psychoanalytic Social Psychology, Life Politics

The Democratic Dilemma Revisited

Marco R. Steenbergen

Abstract: Much research in political psychology has focused on the democratic dilemma, the idea that low levels of political interest and knowledge in the mass public would seem to provide a weak basis for a functioning democracy. Much of the literature seeks to resolve the dilemma by reflecting on heuristics that can compensate for the lack of knowledge. Here I argue that low information rationality of this type cannot fully resolve the democratic dilemma. Instead, cognitive approaches should be combined with motivational explanations in order to provide a full understanding of the dilemma and its resolution. Two of these synergistic models are explored in detail: the affective intelligence model and the ambivalence model. Exploring ideas from pragmatic philosophy the paper sketches a model of citizenship that seems particularly adept at resolving the democratic dilemma.
Keywords: Civic Virtue, Democracy, Heuristics, Motivation, Affect, Pragmatism, Ambivalence

Relationship Issues between Rational Choice and Political Psychology

Johannes Marx, Christine Tiefensee

Abstract: Political psychology is often surmised to stand in direct conflict with rational choice theories. Whereas rational choice theorists conceive of agents as rational decision makers, political psychologists lay specific emphasis on the role of individual personality traits, heuristics and emotions in decision processes. In our contribution, we aim to put this alleged conflict to the test. We will do so by arguing that, many differences notwithstanding, the gap between rational choice theories and political psychology is not as wide as is often assumed. Rather, we will suggest that explanations of actions can dispense neither with the principle of rationality as their covering law nor psychologically informed causal hypotheses about structural effects on cognitive processes.
Keywords: Political Psychology, Rational Choice, Instrumentalism, Explanation

VERZEICHNIS DER AUTORINNEN UND AUTOREN

Die Herausgeberinnen und Herausgeber:

Dr. Thorsten Faas ist Professor für Empirische Politikforschung an der Johannes Gutenberg-Universität Mainz; E-Mail: thorsten.faas@uni-mainz.de.

Dr. Cornelia Frank ist wissenschaftliche Mitarbeiterin im Arbeitsbereich „Internationale Institutionen und Friedensprozesse" am Institut für Politikwissenschaft der Goethe-Universität Frankfurt; E-Mail: frank@soz.uni-frankfurt.de.

Dr. Harald Schoen ist Inhaber des Lehrstuhls für Politische Wissenschaft, Politische Psychologie der Universität Mannheim; E-Mail: harald.schoen@uni-mannheim.de.

Die Autorinnen und Autoren:

Kathrin Ackermann, M.A., ist wissenschaftliche Mitarbeiterin am Institut für Politikwissenschaft der Universität Bern; E-Mail: kathrin.ackermann@ipw.unibe.ch.

Benedikt Backhaus ist wissenschaftlicher Mitarbeiter im Bereich „International Security" der Aarhus University; E-Mail: benedikt.backhaus@googlemail.com.

Dr. Hanja Blendin ist wissenschaftliche Mitarbeiterin in der Stabstelle Qualitätsmanagement der Universität Konstanz; E-Mail: Hanja.Blendin@uni-konstanz.de.

Dipl. Pol. Jan Eric Blumenstiel ist Consultant bei der mm customer strategy GmbH in München; E-Mail: jan.blumenstiel@mm-strategy.com.

Dr. Klaus Brummer ist Privatdozent am Institut für Politische Wissenschaft an der Friedrich-Alexander-Universität Erlangen-Nürnberg und vertritt derzeit die Professur für Politikwissenschaft IV: Außenpolitik und Internationale Politik an der Katholischen Universität Eichstätt-Ingolstadt; E-Mail: klaus.brummer@ku.de.

Dr. Hans-Joachim Busch ist außerplanmäßiger Professor für Soziologie mit dem Schwerpunkt Sozialpsychologie an der Goethe-Universität Frankfurt; E-Mail: busch@soz.uni-frankfurt.de.

Sven-Eric Fikenscher ist Research Fellow am Belfer Center for Science and International Affairs der John F. Kennedy School of Government, Harvard University; E-Mail: sven-eric_fikenscher@hks.harvard.edu.

Dr. Markus Freitag ist ordentlicher Professor und Direktor am Institut für Politikwissenschaft an der Universität Bern; E-Mail: markus.freitag@ipw.unibe.ch.

Konstantin Leonardo Gavras ist geprüfte wissenschaftliche Hilfskraft am Lehrstuhl für vergleichende politische Verhaltensforschung der Universität Mannheim; E-Mail: kgavras@mail.uni-mannheim.de.

Dr. Nathalie Giger ist Assistenzprofessorin für politisches Verhalten an der Universität Genf; E-Mail: nathalie.giger@unige.ch.

Dr. Sascha Huber ist Akademischer Rat am Lehrstuhl für Politische Wissenschaft I an der Universität Mannheim; E-mail: shuber@mail.uni-mannheim.de.

Lena Jaschob, M.A., ist wissenschaftliche Mitarbeiterin am Lehrstuhl für Internationale Beziehungen mit dem Schwerpunkt Weltordnungsfragen an der Goethe-Universität Frankfurt; E-Mail: jaschob@soz.uni-frankfurt.de.

Dr. David Johann ist Mitarbeiter im Projektteam der Österreichischen Nationalen Wahlstudie (AUTNES); E-Mail: david.johann@univie.ac.at.

Dr. Markus Klein ist Professor für Politische Soziologie an der Leibniz Universität Hannover; E-Mail: m.klein@ipw.uni-hannover.de.

Dr. Christian Kandler ist Akademischer Rat am Lehrstuhl für Differentielle Psychologie, Persönlichkeitspsychologie und Psychologische Diagnostik der Fakultät für Psychologie und Sportwissenschaft an der Universität Bielefeld; E-Mail: christian.kandler@uni-bielefeld.de.

Dr. Johannes Marx ist Inhaber des Lehrstuhls für Politische Theorie der Otto-Friedrich-Universität Bamberg; E-Mail: johannes.marx@uni-bamberg.de.

Sabrina Jasmin Mayer, M.A., ist wissenschaftliche Mitarbeiterin am Lehrstuhl für Innenpolitik/Politische Soziologie an der Johannes Gutenberg-Universität Mainz; E-Mail: mayer@politik.uni-mainz.de.

Dr. Anja Mays ist wissenschaftliche Mitarbeiterin in der quantitativen Abteilung am Methodenzentrum Sozialwissenschaften der Universität Göttingen; E-Mail: anja.mays@sowi.uni-goettingen.de.

Marco Meyer M.A. ist wissenschaftlicher Mitarbeiter am Lehrstuhl für Politische Soziologie an der Otto-Friedrich-Universität Bamberg; E-Mail: marco.meyer@ uni-bamberg.de.

Dr. Dieter Ohr ist Professor für Empirische Sozialforschung an der Freien Universität Berlin; E-Mail: dieter.ohr@fu-berlin.de.

Sünje Paasch-Colberg, M. A., ist wissenschaftliche Mitarbeiterin an der Arbeitsstelle „Medienanalyse/Forschungsmethoden" am Institut für Publizistik- und Kommunikationswissenschaft an der Freien Universität Berlin; E-Mail: s.colberg@ fu-berlin.de.

Maria Preißinger M.A. ist wissenschaftliche Mitarbeiterin am Lehrstuhl für Politische Wissenschaft, Politische Psychologie an der Universität Mannheim; E-Mail: maria.preissinger@uni-mannheim.de.

Dorothea Prell, M.A. ist wissenschaftliche Mitarbeiterin an der Professur für „Internationale Organisationen und Globalisierung" am Institut für Politikwissenschaft der Friedrich-Schiller-Universität Jena; E-Mail: Dorothea.Prell@uni-jena.de.

Dr. med. Tino Prell ist Facharzt für Neurologie in der Hans-Berger-Klinik für Neurologie des Universitätsklinikum Jena; E-Mail: Tino.Prell@med.uni-jena.de.

Dr. Ulrich Rosar ist Professor für Soziologie an der Heinrich-Heine-Universität Düsseldorf; E-Mail: Ulrich.Rosar@hhu.de.

Dr. Gerald Schneider ist Professor für Internationale Politik am Fachbereich für Politik- und Verwaltungswissenschaft und an der Graduate School of Decision Sciences der Universität Konstanz; E-Mail: Gerald.Schneider@uni-konstanz. de.

Sven Stadtmüller ist wissenschaftlicher Mitarbeiter am Forschungszentrum Demografischer Wandel (FZDW) der Frankfurt University of Applied Sciences; E-Mail: sven.stadtmueller@fzdw.de.

Dr. Bernhard Stahl ist Professor für Internationale Politik an der Universität Passau; E-mail: bernhard.stahl@uni-passau.de.

Dr. Marco Steenbergen ist Professor für Methoden der Politikwissenschaft an der Universität Zürich; E-Mail: steenbergen@ipz.uzh.ch.

Dr. Markus Steinbrecher ist Akademischer Rat am Lehrstuhl für Vergleichende Politische Verhaltensforschung der Universität Mannheim; E-Mail: markus.steinbrecher@uni-mannheim.de.

Dr. Florian Stöckel ist Postdoktorand im Max-Weber-Programm des Europäischen Hochschulinstitutes in Florenz; E-Mail: florian.stoeckel@gmail.com.

Dr. Kathrin Thomas ist Mitarbeiterin im Projektteam der Österreichischen Nationalen Wahlstudie (AUTNES); E-Mail: kathrin.thomas@univie.ac.at.

Dr. Christine Tiefensee ist Juniorprofessorin für Philosophie an der Frankfurt School of Finance & Management; E-Mail: C.Tiefensee@fs.de.

Dr. Reinhard Wolf ist Professor für Internationale Beziehungen mit dem Schwerpunkt Weltordnungsfragen an der Goethe-Universität Frankfurt; E-Mail: wolf@soz.uni-frankfurt.de.